ABÍLIO MADEIRA BORDALO
Juiz Conselheiro Jubilado

CRISTINA BORDALO DE MATOS
Licenciada em Direito

ANTOLOGIA DE ACÓRDÃOS DO SUPREMO TRIBUNAL ADMINISTRATIVO E TRIBUNAL CENTRAL ADMINISTRATIVO

ANO VIII – N.º 3

Abril a Julho
2005

ALMEDINA

ANTOLOGIA DE ACÓRDÃOS DO SUPREMO TRIBUNAL ADMINISTRATIVO
E TRIBUNAL CENTRAL ADMINISTRATIVO

AUTORES
ABÍLIO MADEIRA BORDALO
CRISTINA DE MATOS

EDITOR
EDIÇÕES ALMEDINA, SA
Rua da Estrela, n.º 6
3000-161 Coimbra
Tel.: 239 851 904
Fax: 239 851 901
www.almedina.net
editora@almedina.net

EXECUÇÃO GRÁFICA
G.C. – GRÁFICA DE COIMBRA, LDA.
Palheira – Assafarge
3001-453 Coimbra
producao@graficadecoimbra.pt

JANEIRO, 2006

DEPÓSITO LEGAL
124927/98

ABÍLIO MADEIRA BORDALO
CRISTINA BORDALO DE MATOS

ANTOLOGIA DE ACÓRDÃOS

DO
SUPREMO TRIBUNAL ADMINISTRATIVO
E
TRIBUNAL CENTRAL ADMINISTRATIVO

ÍNDICES

ANO VIII

ALMEDINA

Índices do Ano VIII

SUPREMO TRIBUNAL ADMINISTRATIVO PLENO

1.ª SECÇÃO

	Ano	Nº	Pág
Acto administrativo. Fundamentação. Incongruência. Contradição. Classificação de serviço. M.º P.º. Princípio da proporcionalidade. Ac. 13/10/2004. Rec. n.º 44 015/98	VIII	1	3
Acto administrativo. Pluralidade de fundamentos. Recurso contencioso. Invalidade de um dos fundamentos. Apreciação de todos os fundamentos. Ac. 28/10/2004. Rec. n.º 28055	VIII	1	6
Apoios financeiros. Sistema de apoio a jovens empresários (SAJE). Condições de admissão. Ac. 24/11//2004. Rec. n.º 47 094/01	VIII	1	9
Audiência Prévia. Contra-Interessados. Operações de Concentração de Empresas. Defesa da Concorrência. Ac. 25/01/2005. Rec. n.º 1240/02-20	VIII	2	3
Automóveis. Classificação. Veículo pesado de passageiros. Ac. 5/05/2005. Rec. n.º 547/02-20	VIII	3	3
Caixa Geral de Depósitos. Regime disciplinar. Tribunal competente. Ac. 24/05/2005. Rec. n.º 927/02-20	VIII	3	6
Concurso Público. Empreitada de Obras Públicas. Prazo de Pagamento. Ac. 5/05/2005. Rec. n.º 588/04-20	VIII	3	16
Concursos. Pessoal de enfermagem. Classificação final. Aviso de abertura. Ac. 12/04/2005. Rec. n.º 109/04-20	VIII	3	19
Conselho Superior dos Tribunais Administrativos e Fiscais. Reclamação facultativa. Classificação de juiz. Irrecorribilidade do acto que indefere reclamação de deliberação de classificação. Ac. 24/05//2005. Rec. n.º 1652/02-20	VIII	3	21
Declaração de inexistência de causa legítima de inexecução. Execução de julgado anulatório. Impossibilidade superveniente da lide. Responsabilidade por custas. Ac. 13/10/2004. Rec. n.º 39 766	VIII	1	11
Deficiente das Forças Armadas (DFA). Revisão da pensão de reforma. Aplicação do DL n.º 134/97, de 31 de Maio. Violação do princípio da igualdade (Não). Ac. 13/10/2004. Rec. n.º 1 918/03	VIII	1	14
Deficiente das Forças Armadas. DL n.º 43/76, de 20/1. Ac. 16/06/2005. Rec. n.º 274/04-20	VIII	3	25
Execução de julgado. Caducidade do direito. Interrupção e suspensão do prazo de caducidade. Ac. 16//02/2005. Rec. n.º 30690/92-A	VIII	2	6
Execução de sentença. Procedimento disciplinar. Anulação da pena e aposentação compulsiva. Acto punitivo renovador: pena de inactividade. Direito de promoção. Ac. 5/05/2005. Rec. n.º 29726/A-20	VIII	3	32
Expropriação. Vícios e formas de invalidade. Extemporaneidade do recurso contencioso. Ac. 13/10/2004. Rec. n.º 424/02	VIII	1	17
Fundo Social Europeu. Pedido de pagamento de saldo. Delegação de poderes. Indeferimento tácito. Recurso contencioso. Recurso hierárquico facultativo. Ac. 24/11/2004. Rec. n.º 1 402/02-20	VIII	1	22
Gestor do Programa Pessoa. IEFP. Atribuições. Formação Profissional. Saldo final. Ac. 5/05/2005. Rec. n.º 750/02-20	VIII	3	36
Inexistência de audiência dos interessados (art. 103.º, n.º 1, alínea *a*) do C.P.A.). Ac. 13/10/2004. Rec. n.º 1 218/02	VIII	1	24
Legitimidade. Aceitação tácita de acto administrativo. Contrato de concessão de Incentivos (RIME). Ac. 5/05/2005. Rec. n.º 1002/02-20	VIII	3	38
Património cultural. Recusa de autorização de exportação de pintura. Fundamentação. Direito de preferência. Princípios da justiça, igualdade, confiança, boa-fé e justa indemnização. Ac. 24/11/2004. Rec. n.º 672/02	VIII	1	28
Pensões de aposentação. Pensões degradadas. Actualização. Dec-Lei n.º 110-A/81, de 14 de Maio e Portaria n.º 54/91, de 19 de Janeiro. Ac. 9/11/2004. Rec. n.º 254/03-20	VIII	1	33
Princípio da hierarquia das normas. Art.º 4.º, n.º 3, do ETAF (DL n.º 129/84, de 27/4). Ac. 28/10/2004. Rec. n.º 45 687/02	VIII	1	37
Procedimento Administrativo. Instrução. Princípio do inquisitório. Prova por documentos. Poderes do órgão instrutor. Limitação da discricionariedade. Odontologista. Ac. 25/01/2005. Rec. n.º 175-03-20	VIII	2	10
Processamento de vencimentos. Progressão nos escalões. Notificação do acto Administrativo. Lista de progressão nos escalões. Ac. 12/04/2005. Rec. n.º 623/04.20	VIII	3	43
Recurso contencioso. Acto interno. Auto-estrada. Comparticipação nas despesas de portagem. Rejeição do recurso contencioso. Ac. 16/06/2005. Rec. n.º 963/03-20	VIII	3	46

	Ano	Nº	Pág
Recurso contencioso. Alegações. § único do art. 67.º do R.S.T.A. Constitucionalidade. Ac. 16/02/2005. Rec. n.º 617/03-20	VIII	2	14
Recurso contencioso. Inquérito. Remessa a diversas entidades. Acto lesivo. Recorribilidade contenciosa. Ac. 13/10/2004. Rec. n.º 194/02	VIII	1	40
Reforma agrária. Indemnização. Perda do direito de uso e fruição. Ac. 24/11/2004. Rec. n.º 1/02-20	VIII	1	52
Reforma Agrária. Nacionalização. Indemnização. Desanexação. Utilidade pública. Ac. 16/02/2005. Rec. n.º 292/02-20	VIII	2	16
Reforma agrária. Prova pericial. Valores irrisórios. Inconstitucionalidade. Frutos pendentes. Ac. 16/02//2005. Rec. n.º 1389/02-20	VIII	2	19
Reversão de bem expropriado. Princípio tempus regit actum. Matéria de facto. Ac. 5/05/2005. Rec. n.º 614/02	VIII	3	50
Revisão de processo disciplinar. Dever legal de decidir. Ac. 28/10/2004. Rec. n.º 508/03	VIII	1	55
Revista Excepcional nos termos do art.º 150.º do CPTA. Contencioso pré-contratual. Processo especial Urgente. Prazo. Ac. 24/11/2004. Rec. n.º 903/04-12	VIII	1	43
Vítimas de lesões corporais graves. Indemnização. Sucessão *mortis causa*. Ac. 13/10/2004. Rec. n.º 44 177	VIII	1	57

2.ª SECÇÃO

	Ano	Nº	Pág
Artigo 10.º, 4, in fine, da Lei n.º 85/2001, de 04.VIII. Inconstitucionalidade. Ac. 20/10/2004. Rec. n.º 313/03	VIII	1	60
Custas administrativas e fiscais. Cobrança coerciva. CPPT. Processo de execução fiscal. ETAF aprovado pela Lei n.º 13/02, de 19 de Fevereiro. Ac. 8/06/2005. Rec. n.º 413/05-50	VIII	3	54
Juros indemnizatórios. Taxa dos devidos quando em processo judicial se determine ter havido erro imputável aos serviços. Ac. 20/10/2004. Rec. n.º 1 041/03	VIII	1	62
Nulidade de acto tributário. Deliberação nula. Acto de liquidação. Anulabilidade. Ac. 22/06/2005. Rec. n.º 1259/04-50	VIII	3	55
Oposição de acórdãos. Caducidade da liquidação. Regime do seu conhecimento. Ac. 18/05/2005. Rec. n.º 1178/04-50	VIII	3	58
Privilégio creditório. Ac. 13/04/2005. Rec. n.º 442/04-50	VIII	3	60
Renovação de licença de publicidade. Taxa. Imposto. Afixação de anúncios em prédio particular. Reserva parlamentar em matéria fiscal. Ac. 18/05/2005. Rec. n.º 1176/04-50	VIII	3	63

SUPREMO TRIBUNAL ADMINISTRATIVO

1.ª SECÇÃO

	Ano	Nº	Pág
Acção de indemnização. Prescrição. Art. 7.º do DL 48.051. Ac. 16/03/2005. Rec. n.º 153/04-13	VIII	2	23
Acção de responsabilidade civil extracontratual do Estado. Demora na administração da justiça. Nexo de causalidade. Causa virtual. Ac. 9/06/2005. Rec. n.º 679/04-11	VIII	3	67
Acção para reconhecimento de direito. Meio processual adequado. Recurso contencioso. Ac. 18/02/2005. Rec. n.º 254/04-12	VIII	2	28
Acção procedimental. Idoneidade do meio processual. Art. 7.º do Dec. Lei 48.051, de 21-11-67. Ac. 7/10//2004. Rec. n.º 69/04	VIII	1	69
Acção. Prestação de serviços médicos. Ilicitude e culpa. Ac. 23/02/2005. Rec. n.º 1662/03-13	VIII	2	30
Acto administrativo contido em diploma legislativo (instalação de Casino em Lisboa). Recurso contencioso. Questões prévias (ordem de conhecimento). Recorribilidade, extemporaneidade, ilegitimidade. Notificação de acto administrativo contido em Decreto-lei. Publicação. Competência administrativa do Governo. Acto nulo. Ac. 23/09/2004. Recurso n.º 731/03-11	VIII	1	70
Acto constitutivo de direitos. Revogação. Ac. 16/11/2004. Rec. n.º 453/04-12	VIII	1	75
Acto implícito. Autorização tácita. Acto recorrível. Tempestividade. Ac. 21/09/2004. Recurso n.º 787/03	VIII	1	81
Acto juridicamente inexistente. Acto aparente. Rejeição do recurso contencioso. Objecto do recurso contencioso. Comunicação sobre decisão final. Acto inexistente. Ac. 3/05/2005. Rec. n.º 1139/04-12	VIII	3	69
Administração Pública. Concurso. Lista de Classificação final. Publicação. Notificação. Prazo de recurso. Ac. 3/11/2004. Rec. n.º 185-04	VIII	1	84
Alta Autoridade para a Comunicação Social (AACS). Recomendação. Lesividade. Recurso Contencioso. Rejeição. Ac. 11/05/2005. Rec. n.º 1234/04-12	VIII	3	73
Alvará de Loteamento. Alterações ao alvará. Desconformidade com o alvará. Alteração de pormenor. Ac. 13/01/2005. Rec. n.º 294/04-11	VIII	2	35

	Ano	Nº	Pág
Aprovação de projecto de arquitectura. Irrecorribilidade. Ac. 5/04/2005. Rec. n.º 100/04-12	VIII	3	77
Associação sindical. Legitimidade activa. Recurso contencioso. Defesa colectiva de interesses individuais. Ac. 11/05/2005. Rec. n.º 274/05-11	VIII	3	81
Câmara Municipal. Recrutamento de um chefe de serviços. DL 323/89, de 26.9. DL 198/91, de 9.5. Lei n.º 13/97, de 23.5. Ac. 24/11/2004. Rec. n.º 987/04	VIII	1	90
Concessão de serviço público essencial. Prescrição do crédito. Art.º 10.º da lei 23/96, de 26.07. Ac. 3/ /11/2004. Rec. n.º 33/04	VIII	1	93
Concurso de provimento. Homologação da lista de classificação. Nomeação. Anulação do acto de homologação. Início da produção de efeitos do novo acto. Ac. 17/02/2005. Rec. n.º 931/04-11	VIII	2	38
Concurso de provimento. Lista de classificação. Acto de homologação. Recurso hierárquico. Indeferimento tácito. Revogação do indeferimento tácito. Ac. 11/05/2005. Rec. n.º 770/04-11	VIII	3	84
Concurso para juiz do Supremo Tribunal Administrativo. Ordem de preenchimento de vagas. Artigo 95.º, n.º 1 do ETAF. Ac. 7/07/2005. Rec. n.º 1415/02-11	VIII	3	88
Concurso público. Concessão de obras públicas. Prazo da concessão. DL 100/84, de 29.3. Deliberação camarária. Anulabilidade. Ac. 14/10/2004. Rec. n.º 1921/02	VIII	1	97
Concurso. Função Pública. Princípio da imparcialidade. Júri. Aviso de abertura. Critérios de Avaliação. Ac. 13/01/2005. Rec. n.º 730/04-11	VIII	2	40
Confiança de processo. Processo administrativo. Acesso ao direito e aos Tribunais. Tutela jurisdicional efectiva. Ac. 11/01/2005. Rec. n.º 48 429-12	VIII	2	43
Constitucionalidade. Fiscalização concreta da constitucionalidade. Apreciação difusa da Inconstitucionalidade. Ac. 29/06/2005. Rec. n.º 442/05-12	VIII	3	93
CPTA. Processo executivo. Contra-interessados. Reversão. Caso julgado no recurso contencioso. Ac. 3/ /11/2004. Rec. n.º 46233-A	VIII	1	101
Deficiente das Forças Armadas (DFA). Revisão da Pensão de Reforma. Aplicação do DL n.º 134/97, de 31 de Maio. Violação do Princípio da Igualdade. Ac. 25/05/2005. Rec. n.º 990/04-11	VIII	3	96
Demolição de edifício. Recurso contencioso de anulação. Efeito suspensivo. Ac. 23/02/2005. Rec. n.º 1204/04-13	VIII	2	46
Direcção Geral das Contribuições e Impostos. Mudança de carreira. Cargo. Divisões de tributação e justiça tributária. Divisões de inspecção tributária. Fundamentação. Ac. 12/07/2005. Rec. n.º 935/02-12	VIII	3	100
Directivas Comunitárias. Importação de país terceiro de carne de caça selvagem. Ac. 3/02/2005. Rec. n.º 46 639-11	VIII	2	49
Direito de Audiência. Ac. 2/06/2005. Rec. n.º 170/05-11	VIII	3	105
Dirigentes sindicais. Dispensa de serviço. Ac. 15/03/2005. Rec. n.º 644/04-12	VIII	2	50
Docentes contratados. Docente licenciado não profissionalizado. Exercício transitório de funções. Índice remuneratório. Ac. 30/09/2004. Rec. n.º 1801/03-11	VIII	1	103
Domínio público marítimo. Licença de construção. Embargo de obra. Competência das DRAOT. Ac. 21/ /04/2005. Rec. n.º 1.363/02-11	VIII	3	107
Estatuto da Ordem dos Advogados. Regulamento. Regulamentos dos Centros Distritais de Estágio. Inscrição como Advogado. Interpretação de normas. Ac. 3/03/2005. Rec. n.º 1203/04-11	VIII	2	55
Formação dos contratos. Aquisição de serviços de iluminações de Natal. Concurso limitado sem apresentação de candidaturas. Apreciação das propostas. Reclamação. Recurso administrativo facultativo. Ac. 1/02/2005. Rec. n.º 48/05-12	VIII	2	59
Funcionalismo público. Carreiras. Dotações globais (DL 141/01, de 24.4). Ac. 13/01/2005. Rec. n.º 1147/04-11	VIII	2	62
Funcionalismo Público. Carreiras. Dotações globais (DL 141/01, de 24.4). Ac. 7/07/2005. Rec. n.º 538/05-11	VIII	3	111
Funcionário Judicial. Classificação de serviço. C.O.J.. C.S.M.P.. Estatuto dos Funcionários Judiciais. Constitucionalidade. Fundamentação do acto administrativo. Ac. 13/01/2005. Rec. n.º 694/04-11	VIII	2	64
Gestão de resíduos. Parecer vinculativo da câmara municipal. Acto contenciosamente recorrível. Ac. 19/ /10/2004. Rec. n.º 1896/03	VIII	1	105
Habilitações próprias para a docência. Ensino Preparatório e Secundário. Trabalhos Manuais. Ac. 17/03/ /2005. Rec. n.º 47/05-11	VIII	2	68
Indeferimento tácito. Recurso contencioso. Director Geral. Competência. Autorização de despesa. Ac. 28/04/2005. Rec. n.º 663/04-11	VIII	3	113
Informação prévia. Deferimento tácito. Revogação do acto tácito. Audiência prévia. Conceitos indeterminados: – Envolvente e altura e alinhamento dominantes. Ac. 14/10/2004. Rec. n.º 220/04	VIII	1	109
Intervenção cirúrgica. Responsabilidade civil extracontratual. Hospital. Intervenção provocada do Médico. Ac. 7/07/2005. Rec. n.º 561/05-11	VIII	3	116
Intimação para passagem de alvará. Loteamento. Montante das taxas. Ac. 6/10/2004. Rec. n.º 901/04-13	VIII	1	115
Intimação para protecção de direitos, liberdades e garantias. Natureza do processo. Pressupostos. Ac. 18/11/2004. Rec. n.º 978/04-11	VIII	1	117
Legitimidade contenciosa activa do município. Ac. 23/10/2004. Rec. n.º 1612/03-11	VIII	1	122
Licenciamento de edifícios. Plano de Urbanização da cidade de Viana do Castelo. Estudo de enquadramento. Ac. 5/04/2005. Rec. n.º 643/04-12	VIII	3	118
Licenciamento de obras. Obras clandestinas. Legalização de obras. Ac. 2/02/2005. Rec. n.º 633/04-13	VIII	2	72
Licenciamento. Embargo de obra. Revogação. Direito de construir. Princípio da proporcionalidade. Embargo parcial. Princípio da participação. Audiência prévia. Notificação. Ac. 26/10/2004. Rec. n.º 498/03	VIII	1	124

	Ano	Nº	Pág
Magistrado do M.º P.º. Antiguidade. Graduação. Erro material. Ac. 16/03/2005. Rec. n.º 912/04-13	VIII	2	76
Magistrado do Ministério Público. Revisão de Processo Disciplinar. Litigância de má fé. Ac. 25/05/2005. Rec. n.º 911/04-11	VIII	3	120
Nova reforma. Recurso excepcional de revista. Questão de importância fundamental. Relevância jurídica. Perda de mandato. Ac. 24/05/2005. Rec. n.º 579/05-11	VIII	3	127
Nulidade. Acto Anulável. Caso Julgado. Ac. 26/04/2005. Rec. n.º 1058/04-12	VIII	3	128
Parque nacional da Arrábida. Obras. Autorização prévia. Incompetência. Ac. 7/06/2005. Rec. n.º 405/05-12	VIII	3	132
Pessoal da Polícia Judiciária. Suplemento de risco. DL 53-A/98. Ac. 16/03/2005. Rec. n.º 1148/04-13	VIII	2	79
Plano de urbanização da Costa do Sol (PUCS). Aprovação de projecto de obras em desconformidade com as disposições do plano. Competência. Falta de autorização Ministerial. Sanção. Ac. 14/06/2005. Rec. n.º 1937/03-12	VIII	3	134
Procedimento disciplinar. Acto preparatório. Suspensão do procedimento. Irrecorribilidade contenciosa. Acto lesivo. Ac. 11/01/2005. Rec. n.º 1626/03-12	VIII	2	83
Processo disciplinar. Poder discricionário. Medida da sanção. Ac. 3/11/2004. Rec. n.º 329/04	VIII	1	129
Professores. Sistema remuneratório. Progressão na carreira. DL 312/99, de 10 de Agosto. Ac. 15/02/2005. Rec. n.º 1037/04-12	VIII	2	86
Programa RECRIA. Obras de reabilitação. Comparticipação camarária. Direito de propriedade. Princípio da igualdade. Princípio da boa fé. Ac. 21/10/2004. Rec. n.º 1 264/02	VIII	1	132
Projecto de arquitectura. Caducidade da sua aprovação. Sucessão de leis no tempo. Ac. 2/03/2005. Rec. n.º 1140/04-13	VIII	2	88
RAN. Certificado do solo. Nulidade. Ac. 21/06/2005. Rec. n.º 601/05	VIII	3	138
Reclassificação profissional. Requisitos. Prova do estágio. Ac. 2/12/2004. Rec. n.º 661/04	VIII	1	137
Recorribilidade contenciosa. Acto lesivo. Reclamação facultativa. Militares. Ac. 17/03/2005. Rec. n.º 1039/04-11	VIII	2	91
Recorribilidade contenciosa. Acto administrativo. Acto administrativo lesivo. Acto material. Acto de gestão privada. Ac. 3/11/2004. Rec. n.º 221/04	VIII	1	141
Recrutamento de Oficiais de Justiça. Selecção. Formação. Ac. 7/10/2004. Rec. n.º 660/04	VIII	1	145
Recurso contencioso. Rejeição. Acto lesivo. Deliberação camarária. Obras de urbanização. Recepção definitiva. Ac. 17/03/2005. Rec. n.º 1108/04-11	VIII	2	94
Recurso gracioso. Recurso hierárquico. Júri. Órgão colegial. Princípio do recurso único. Dever de remessa. Artigo 34.º do CPA. Ac. 3/11/2004. Rec. n.º 732-04	VIII	1	149
Regime jurídico da urbanização e edificação. Edificações existentes. Garantia de existência activa. Ac. 1/03/2005. Rec. n.º 291/04-12	VIII	2	98
Rescisão. Contrato de concessão de incentivos financeiros. Acto contenciosamente recorrível. Homologação ministerial. Ac. 5/04/2005. Rec. n.º 492/04-12	VIII	3	140
Reserva de não adjudicação. Princípio da legalidade. Ac. 7/07/2005. Rec. n.º 352/04-11	VIII	3	143
Responsabilidade civil extracontratual do Estado. Administração da justiça. 'Prazo razoável'. Ac. 17/03/2005. Rec. n.º 230/03-11	VIII	2	102
Responsabilidade civil extracontratual por facto ilícito. Responsabilidade pelo risco. Convolação. Ac. 3/03/2005. Rec. n.º 745/04-11	VIII	2	119
Responsabilidade civil extracontratual. Causalidade adequada. Culpa do lesado. Danos morais (decepação de um dedo). Ac. 3/11/2004. Rec. n.º 1603/03	VIII	1	151
Responsabilidade civil extracontratual. Companhia de seguros. Competência dos tribunais administrativos. Competência em razão da matéria. Ac. 18/01/2005. Rec. n.º 555/04-12	VIII	2	108
Responsabilidade civil extracontratual. Estrada municipal. Presunção de culpa. Ac. 15/03/2005. Rec. n.º 36/04-12	VIII	2	111
Responsabilidade civil extracontratual. Ilicitude. Intervenção da Comissão de Protecção de Menores. Ac. 8/03/2005. Rec. n.º 1232/04-12	VIII	2	115
Responsabilidade civil extracontratual. Sinalização da via pública. Ac. 19/10/2004. Rec. n.º 74/04	VIII	1	154
Revisores oficiais de contas. Ressalva dos direitos adquiridos. Ac. 13/01/2005. Rec. n.º 2003/03-11	VIII	2	122
Revogação. Figuras afins. Acto incompatível. Despesa pública. Averiguação da legalidade da despesa pública. Ac. 28/04/2005. Rec. n.º 1233/04-11	VIII	3	146
Servidão administrativa. Declaração de utilidade pública. Competência. DL 34021, de 11.10. Ac. 3/11/2004. Rec. n.º 592/04	VIII	1	158
Técnico Oficial de Contas. Processo Disciplinar. Direito de Audiência e Defesa. Ac. 14/06/2005. Rec. n.º 443/05-12	VIII	3	148
Vítimas de crimes. Indemnização. Conduta da vítima contrária ao sentimento de justiça e à ordem pública. Fundamentação. Ac. 11/05/2005. Rec. n.º 1515/03-12	VIII	3	152

2.ª SECÇÃO

	Ano	Nº	Pág
Acto de apuramento da matéria colectável. Impugnabilidade contenciosa à luz do artigo 89.º do Código de Processo Tributário. Ac. 27/10/2004. Rec. n.º 706/04	VIII	1	164

	Ano	Nº	Pág
Alegações de recurso. Notificação. Oposição à execução fiscal. Fundamentos. Caducidade do direito à liquidação. Falta de notificação da liquidação do tributo no prazo de caducidade. Ac. 11/05/2005. Rec. n.º 454/05-30	VIII	3	156
Anatocismo. Ac. 16/02/2005. Rec. n.º 1671/03-30	VIII	2	125
Anulabilidade. Tempestividade da impugnação. Ac. 12/01/2005. Rec. n.º 19/04-30	VIII	2	127
Anulação da venda. Prazos. Ac. 23/11/2004. Rec. n.º 713/04	VIII	1	165
Art.º 11.º do CCA. Ac. 20/10/2004. Rec. n.º 466/04	VIII	1	167
Autarquias locais. Taxa municipal pela realização de infra-estruturas urbanísticas. Regulamentos independentes. Leis n.os 1/87 e 42/98. Revogação da lei habilitante. Consequências. Ac. 19/01/2005. Rec. n.º 1086/04-30	VIII	2	130
Benefícios fiscais. Art. 36.º do EBF (hoje art. 27.º). Juros de capitais provenientes do estrangeiro, representativos de empréstimos. Eficácia diferida. Ac. 23/11/2004. Rec. n.º 24/04	VIII	1	170
Caducidade da garantia. Juros indemnizatórios. Ac. 18/05/2005. Rec. n.º 40-05	VIII	3	159
Cheques auto. Despesas confidenciais. Ac. 15/06/2005. Rec. n.º 45/05-30	VIII	3	163
Cobrança coerciva de taxas lançadas pelo município relativas aos anos de 1993 a 1997. Reversão contra responsável subsidiário. Lei geral tributária. Ac. 16/02/2005. Rec. n.º 1340/04-30	VIII	2	133
Contencioso Aduaneiro. Incompetência dos Tribunais Tributário em razão da matéria. Art. 4.º, 2, *c*) do ETAF. Art. 143.º do CPPT. Ac. 10/05/2005. Rec. n.º 1221/04-30	VIII	2	135
Contencioso aduaneiro. Fosfato dicálcico. Classificação pautal. Ac. 29/06/2005._Rec. n.º 97/05-40	VIII	3	166
Contra-ordenação aduaneira. Prescrição do procedimento. Ac. 19/01/2005. Rec. n.º 1294/04-40	VIII	2	137
Contra-ordenação fiscal aduaneira. Prescrição do procedimento. Ac. 18/05/2005. Rec. n.º 1.291/04-40	VIII	3	170
Contra-ordenação fiscal não aduaneira. Poderes de cognição do tribunal de recurso. Prescrição do procedimento contra-ordenacional. Aplicação do regime mais favorável. Suspensão da prescrição. Ac. 30/11/2004. Rec. n.º 1 017/04	VIII	1	176
Contra-ordenação fiscal. RGIT. Coima. Irrecorribilidade da decisão. Art. 83.º do RGIT. Ac. 22/06/2005. Rec. n.º 554/05-30	VIII	3	171
Contribuições para a Segurança Social. Exploração Agrícola. Princípio da hierarquia das normas. Inconstitucionalidade orgânica. Inconstitucionalidade material. Ac. 23/02/2005. Rec. n.º 1283/04-30	VIII	2	139
Cumulação indevida de impugnações judiciais. Indeferimento liminar. Notificação do impugnante para escolher a impugnação que quer ver apreciada. Ac. 10/03/2005. Rec. n.º 1390/04-30	VIII	2	141
Decisão de órgão de execução fiscal que determina penhora de cheques titulando reembolso de IRS para operar a compensação com dívida exequenda. Sindicância judicial. Meio processual próprio. Convolação. Ac. 13/10/2004. Rec. n.º 1 538/03	VIII	1	179
Decreto Regulamentar. Ac. 6/04/2005. Rec. n.º 1295/04-30	VIII	3	172
Derrogação do sigilo bancário. Art. 63.º-B, n.º 2, al. *c*) da LGT. Quantificação ou determinação da matéria colectável. Ac. 13/10/2004. Rec. n.º 950/04	VIII	1	181
Derrogação do sigilo bancário. Art. 63.º-B, n.os 1 e 2 da LGT. Autorização para consulta da documentação bancária. Ac. 16/02/2005. Rec. n.º 35/05-30	VIII	2	142
Embargos de terceiro. Terceiro. Arrombamento da porta de imóvel. Direito ao trespasse e arrendamento. Acção de resolução do contrato. Abuso do direito. Ac. 9/02/2005. Rec. n.º 1180/04-30	VIII	2	148
Empresa municipal. Lei n.º 58/98, de 18/8. Custas. Isenção. Regulamento das custas dos processos tributários. Ac. 13/10/2004. Rec. n.º 470/04	VIII	1	185
Escritura de compra e venda. Preço. Ac. 8/06/2005. Rec. n.º 230-05-30	VIII	3	176
Honorários ao patrono oficioso nomeado ao contribuinte para o patrocinar na oposição à execução fiscal. Legitimidade para recorrer da decisão que determina que o pagamento daqueles seja suportado pelo fundo a que se refere o art. 3.º n.º 3 do D.L. 29/98, de 12/02. Ac. 19/01/2005. Rec. n.º 1158/04-30	VIII	2	150
I.R.C.. Dedução de prejuízos fiscais. Actividades que beneficiam de isenção parcial e ou de redução de taxa. Reporte de prejuízos. Ac. 19/01/2005. Rec. n.º 1214/04-30	VIII	2	166
Imposto automóvel. Compatibilidade da tabela do Decreto-lei n.º 40/93 de 18/11, na redacção introduzida pelo art.º 8.º da Lei n.º 85/01 de 4/8, com o art.º 90.º do Tratado de Roma. Ac. 29/09/2004. Rec. n.º 1 992/03	VIII	1	187
Imposto automóvel. Pedido de revisão do acto de liquidação. Indeferimento por extemporaneidade. Meio processual adequado. Convolação. Ac. 20/10/2004. Rec. n.º 554/04	VIII	1	189
Imposto automóvel. Prazo para pedir a revisão da liquidação. Recurso contencioso. Erro na forma de processo. Ac. 16/02/2005. Rec. n.º 960/04-40	VIII	2	152
Impugnação de acto de liquidação de emolumentos registrais. Dissolução de sociedade com transmissão do seu património. Constitucionalidade. Direito comunitário. Reenvio prejudicial. Ac. 19/01/2005. Rec. n.º 1005/04-30	VIII	2	154
Impugnação judicial. Objecto. Reclamação graciosa. Acto tácito de indeferimento. Acto expresso. Impossibilidade da lide. Duplicação de colecta. Art. 287.º, n.º 1 do CPT. Ac. 12/01/2005. Rec. n.º 949/04-30	VIII	2	157
Impugnação. Art. 10.º, n.º 5, do CIRS. Mais-valias. Reinvestimento do produto da alienação de um imóvel destinado a habitação na aquisição de outro imóvel com a mesma finalidade. Ac. 2/02/2005. Rec. n.º 1124/04-30	VIII	2	160

	Ano	Nº	Pág
Impugnação. STA. Tribunal de revista. Erro na apreciação das provas e na fixação dos factos materiais. Dúvida fundada. Art. 121.º do CPT. Ónus de prova. Ac. 11/05/2005. Rec. n.º 94/05-30	VIII	3	180
Indeferimento tácito de pedido de revisão de acto tributário. Meio processual de reacção. Prazo. Ac. 2/ /02/2005. Rec. n.º 1171/04-30	VIII	2	161
Informação vinculativa. Obrigação de a prestar após a prática do acto tributário de liquidação respeitante à situação objecto do pedido de informação. Ac. 7/12/2004. Rec. n.º 908/04	VIII	1	191
IRC. Dedução de prejuízos fiscais. Art. 46.º, 2, do CIRC. Ac. 29/09/2004. Rec. n.º 687/04	VIII	1	195
IRC. Notificação de Liquidação Adicional a Sociedade. Carta Registada Simples. Caducidade da Liquidação. Ampliação da Matéria de Facto. Ac. 10/03/2005. Rec. n.º 1099/04-30	VIII	2	168
IRS. Mais Valias. Art. 5.º do DL n.º 442-A/88, de 30/11. Prédio urbano adquirido na vigência do CIMV. Ac. 04/11/2004. Rec. n.º 659/04	VIII	1	196
IRS. Proventos resultantes da venda de lotes de terreno. Escritura Pública de que consta preço inferior ao considerado pelo Fisco. Artigo 32.º do Código de Processo Tributário. Fundada dúvida sobre a existência e quantificação do facto tributário. Ac. 15/12/2004. Rec. n.º 1 083/04	VIII	1	198
IRS. Residente em Portugal. Rendimentos de trabalho obtidos na Alemanha. Imposto pago na Alemanha. Convenção. Dedução do imposto. Prova. Ac. 20/04/2005. Rec. n.º 1254/04	VIII	3	183
IVA. Aquisição intracomunitária de veículo usado seguida de revenda. Liquidação. Dedução. Ac. 30/11/ /2004. Rec. n.º 579/04	VIII	1	203
IVA. Art. 23.º do CIVA. Direito à dedução do imposto. Método *pro rata* ou da percentagem. Método da afectação real. Ac. 9/02/2005. Rec. n.º 860/04-30	VIII	2	170
IVA. Caducidade do direito à liquidação. Prazo. Art.s 45.º, n.º 5 da LGT e 11.º da Lei n.º 15/01 de 5/6/01. Ac. 4/05/2005. Rec. n.º 965/04-30	VIII	3	189
IVA. Créditos incobráveis. Direito à dedução ou reembolso. Prazo para o exercício do direito. Ac. 23/03/ /2005. Rec. n.º 888/03-30	VIII	2	173
IVA. Fixação da matéria tributável por métodos indiciários. Acordo entre os vogais na Comissão de Revisão. Inconstitucionalidade do art.º 86.º, n.º 4 da LGT. Impugnação contenciosa. Nulidades da sentença. Oposição entre os fundamentos e a decisão. Omissão de pronúncia. Ac. 23/11/2004. Rec. n.º 657/04	VIII	1	206
IVA. Impugnação judicial. Reclamação graciosa. Ac. 19/01/2005. Rec. n.º 118/04-30	VIII	2	174
IVA. Prestação de serviços. Ac. 30/11/2004. Rec. n.º 806/04	VIII	1	209
IVA. Artigo 3.º n.º 4. Reclamação prévia. Ac. 6/04/2005. Rec. n.º 1183/04-30	186		
Juros indemnizatórios. Regime do código de processo tributário. Inconstitucionalidade declarada com força obrigatória geral. Ac. 7/12/2004. Rec. n.º 995/04	VIII	1	212
LGT. Caducidade do direito à liquidação. Ac. 2/02/2005. Rec. n.º 928/04-30	VIII	2	177
Manifestações de fortuna. Valor de aquisição. Ac. 7/12/2004. Rec. n.º 1248/04	VIII	1	216
Pedido de revisão. Ac. 8/06/2004. Rec. n.º 16/05-40	VIII	3	193
Pedido de anulação da venda. Forma processual. Reclamação para o juiz nos termos do artigo 276.º do Código de Procedimento e de Processo Tributário. Ac. 11/05/2005. Rec. n.º 456/05	VIII	3	191
Prescrição da dívida exequenda. Ac. 15/09/2004. Rec. n.º 895/04	VIII	1	217
Prescrição da obrigação Tributária. Interrupção derivada de dedução de impugnação judicial. Cessação da interrupção. Paragem do processo de execução Fiscal imputável ao contribuinte. Ac. 23/02/2005. Rec. n.º 116/05-30	VIII	2	179
Prescrição do procedimento contra-ordenacional. Ac. 10/03/2005. Rec. n.º 1290/04-40	VIII	2	181
Prescrição de obrigação tributária. Impugnação. IVA. Prescrição como causa de inutilidade superveniente da lide. Processo parado por mais de um ano por facto não imputável ao contribuinte. Art. 134.º do CPT. Ac. 8/06/2005. Rec. n.º 92/05-30	VIII	3	196
Prescrição de quantias devidas ao Fundo Social Europeu. Ac. 29/06/2005. Rec. n.º 369/05-30	VIII	3	197
Procedimento de inspecção. Ac. 10/03/2005. Rec. n.º 1227-04.30	VIII	2	182
Questão fiscal. Concessão de restituições à exportação de carne de suíno. Reposição de verbas recebidas. Regulamento (CEE) n.º 2768/75, do conselho, de 29/10/75. Incompetência, em razão da matéria, do tribunal tributário. Remessa dos autos ao tribunal competente. Sua inoficiosidade. Ac. 8/06/ /2005. Rec. n.º 133/05-30	VIII	3	199
Reacção contra o despacho de reversão da execução fiscal. Meio processual adequado. Ac. 29/06/2005. Rec. n.º 501/05-30	VIII	3	202
Reclamação de despacho do chefe da repartição de finanças. Compensação da dívida com crédito de reembolso. Ac. 7/12/2004. Rec. n.º 1 245/04	VIII	1	220
Reclamação graciosa. Recurso hierárquico. Acto expresso de indeferimento. Objecto. Convolação do processo. Tutela judicial efectiva. Princípio *pro actione*. Arts. 97.º da LGT e 98.º do CPPT. Ac. 19/01/ /2005. Rec. n.º 1021/04-30	VIII	2	184
Reclamação da liquidação. Recurso hierárquico. Impugnação judicial. CPT. Exaustão dos meios graciosos. Definição da situação jurídica. Ac. 6/04/2005. Rec. n.º 1391/04-30	VIII	3	205
Reclamações e recursos das decisões do órgão da execução. Subida da reclamação. Arts. 276.º e 278.º do CPPT. Ac. 22/09/2004. Rec. n.º 897/04	VIII	1	222

	Ano	Nº	Pág
Recurso contencioso. Falta de alegações. Art.º 67.º do RSTA. Remissão para a petição inicial. Deserção do recurso. Ac. 22/09/2004. Rec. n.º 464/04	VIII	1	223
Responsabilidade solidária. Ac. 26/01/2005. Rec. n.º 582/04-40	VIII	2	188
Revisão do acto tributário. Pedido do contribuinte. Erro imputável aos serviços. Juros indemnizatórios. Ac. 11/05/2005. Rec. n.º 319/05-30	VIII	3	207
Revisão oficiosa do acto tributário. Indeferimento do pedido. Recurso. Forma de processo. Art.º 97.º do CPPT. Ampliação da matéria de facto. Ac. 20/10/2004. Rec. n.º 629/04	VIII	1	225
Santa Casa da Misericórdia de Lisboa. Tarifa de conservação de esgotos. Isenção. Decreto-Lei n.º 40.397, de 25/11/55. Ac. 6/10/2004. Rec. n.º 703/04	VIII	1	227
Sigilo bancário. Sisa. IRC. IVA. Processo inspectivo. Fixação do lucro tributável em sede de IRC. Art. 63.º-B da LGT. Ac. 22/06/2005. Rec. n.º 543/05-30	VIII	3	212
Taxa de publicidade. Ac. 26/01/2005. Rec. n.º 1167/04-30	VIII	2	193
Tributação de veículos em 2ª mão. Tributação da margem. Valor tributável. Ac. 8/06/2005. Rec. n.º 1958//03-30	VIII	3	215
Tributação pelo lucro consolidado em IRC. Ac. 29/06/2005. Rec. n.º 39/05-30	VIII	3	217

TRIBUNAL CENTRAL ADMINISTRATIVO

1.ª SECÇÃO

	Ano	Nº	Pág
Acto de Gestão Pública. Competência dos Tribunais Administrativos. (Art. 51.º, n.º 1, al. h), do ETAF). Ac. 14/04/2005. Rec. n.º 11 315/02/A	VIII	3	221
Aposentação antecipada. Determinação do regime aplicável. Dec. Lei n.º 116/85 de 19 de Abril. Declaração de inexistência de prejuízo para o serviço. Ac. 21/04/2005. Rec. n.º 00492/04	VIII	3	222
Aposentação por incapacidade. Acidente em condições de risco agravado. Homologação de parecer da PGR. Ac. 16/02/2005. Rec. n.º 12137/03	VIII	2	197
Aposentação. Pensões. Actualização. Ac. 3/02/2005. Rec. n.º 12276/03	VIII	2	202
Asilo político. Lei n.º 15/98, de 26 de Março. Prática de actividades. Exclusão do direito ao asilo ou autorização de residência. Ac. 3/02/2005. Rec. n.º 218/04	VIII	2	210
Assistente administrativo do Quadro de Vinculação Distrital dos Trabalhadores Não Docentes dos Estabelecimentos de Ensino Não Superior. Nomeação como Assistente Administrativo. Incompatibilidades. (Art. 78.º, 1, do EA, e art. 29.º, 2, al. e), do DL n.º 204/98, de 11-07). Nulidade. Ac. 19/05/2005. Rec. n.º 11 429/02	VIII	3	225
Caixa Geral de Aposentações (CGA). Despacho da Direcção da CGA. Ex-Combatentes subscritores da CGA. Direito à aposentação e à fixação de uma dívida de quotas. Aposentação e Sobrevivência (art.ºs 3.º e 9.º, da Lei n.º 9/2002, de 11-02). Ac. 28/10/2004. Rec. n.º 12 880/03	VIII	1	231
Carreira de escriturária-dactilógrafa. Carreira de oficial-administrativo. Ac. 6/01/2005. Rec. n.º 12271/03	VIII	2	212
Carreira e categoria. Carreiras horizontais. Categorias sem reporte a carreira. Progressão conforme as carreiras horizontais, de 4/4 anos. Encarregado de serviço de higiene e limpeza. Ac. 5/05/2005. Rec. n.º 558/05	VIII	3	227
Comissão de serviço extraordinária. Nomeação de pessoal docente que já tenha nomeação definitiva (Arts. 15.º, n.º 2 alínea *b)* *in fine* e 29.º n.º 2 do Dec. Lei n.º 427/89, de 7.12, na redacção dada pelo Dec. Lei n.º 218/98, de 17.7). Ac. 3/03/2005. Rec. n.º 6405/02	VIII	2	218
Competência territorial do TAF. Arts. 16.º e 19.º do CPTA. Procedimento pré-contratual. Ac. 16/03/2005. Rec. n.º 607/05	VIII	2	220
Competências do presidente da Câmara Municipal. Abertura de concursos e homologação de listas classificativas. Lei 18/91, de 12 de Junho. Ac. 11/11/2004. Rec. n.º 11 516/02	VIII	1	233
Concurso Externo de Ingresso para Admissão de um Lugar para Estagiário Técnico de Animação. Despacho revogatório de um despacho que determinou a abertura daquele concurso. Acto Lesivo. Princípio da Boa-Fé. Posições de vantagem e interesse legalmente protegido. Ac. 21/04/2005. Rec. n.º 00695/05	VIII	3	231
Concurso interno de provimento. Métodos de selecção. Critérios de avaliação curricular. Ac. 10/03/2005. Rec. n.º 2907/99	VIII	2	222
Concurso Interno para admissão de candidatos ao Curso de Formação de Inspectores de Nível 1. Vícios de violação de lei. Princípio da Igualdade. Vício de forma por falta de fundamentação. Ac. 3/02/2005. Rec. n.º 00222/04	VIII	2	224
Concurso público. Art. 100.º n.º 3 do Dec. Lei 197/99. Inaceitabilidade das propostas. Ac. 2/06/2005. Rec. n.º 00748/05	VIII	3	233
Contencioso pré-contratual. Procedimento cautelar. Caducidade. Nulidade. Ac. 12/05/2005. Rec. n.º 756/05	VIII	3	235
Conteúdo do dever de obediência. Âmbito das funções de canalizador. Processo diciplinar. Inexistência de culpa. Ac. 27/01/2005. Rec. n.º 11006/01	VIII	2	226

	Ano	Nº	Pág
Dec. Lei n.º 197/04, de 8 de Junho. Programas do concurso. Sua natureza jurídica. Reconhecimento na qualidade das assinaturas dos proponentes. Ac. 28/10/2004. Rec. n.º 00340/04	VIII	1	235
Dec. Lei n.º 498/88, de 30 de Dezembro de 2004. Ac. 9/12/2004. Rec. n.º 12 293/03	VIII	1	240
Declaração de ilegalidade de normas. Efeito mediatamente operativo. Necessidade de acto posterior de aplicação. Ac. 16/02/2005. Rec. n.º 12786/03	VIII	2	228
Directores-Gerais. Competência própria mas não exclusiva ou reservada. Promoção de um técnico de administração tributária adjunto à categoria do grau 4, do GAT. Ac. 14/04/2005. Rec. n.º 12 148/03	VIII	3	240
Equivalência de habilitações académicas obtidas no estrangeiro. Art. 13.º n.º 3 do Dec. Lei n.º 283/83, de 21 de Junho. Atribuição de classificação numérica. Poder discricionário do conselho científico das universidades. Ac. 18/11/2004. Rec. n.º 378/04	VIII	1	242
Hierarquia. Tutela. Superintendência. Acto lesivo. Acto recorrível. Ac. 22/09/2004. Rec. n.º 11 199/02	VIII	1	244
Inconstitucionalidade do n.º 1, do art.º 3.º, do DL n.º 204/91, de 07-06, e do n.º 1, do art.º 3.º, do DL n.º 61/92, de 15 de Abril. Acórdão do Tribunal Constitucional n.º 254/00, de 26-04-2000. Ac. 21/10//2004. Rec. n.º 12 053/03	VIII	1	246
Intimação camarária ao senhorio para execução de obras de conservação. Ac. 28/10/2004. Rec. n.º 314/04	VIII	1	248
Intimação judicial para a emissão de alvará de autorização de construção. Dec. Lei 555/99. Deferimento tácito. Sua revogação. Legalidade do acto revogatório. Ac. 27/01/2005. Rec. n.º 462/04	VIII	2	229
Intimação para passagem de certidões. Conselho de administração dos portos de Setúbal e Sesimbra. Legitimidade passiva. Ac. 20/01/2005. Rec. n.º 463/04	VIII	2	233
Intimação para protecção de direitos, liberdades e garantias. Inidoneidade do meio processual. Ac. 16//02/2005. Rec. n.º 0542/05	VIII	2	231
Intimação. Passagem de certidão. Conselho de Administração da EDP Distribuição – Energia, S.A.. Pressupostos (art.º 82.º, da LPTA). Art.ºs 51.º, 1, alíneas *d)* e *o)*, do ETAF. Ac. 23/09/2004. Rec. n.º 00306/04	VIII	1	259
Intimação. Passagem de certidão. Interesse directo, pessoal e legítimo na obtenção dos documentos relativos a notações de militar da Marinha, num Concurso de Admissão ao Curso de Formação de Sargentos em que ficou excluído. Dados confidenciais. Ac. 22/09/2004. Rec. n.º 00264/04	VIII	1	261
Jurisdição administrativa. Competência material. DL 197/99 de 8 de Junho. Hospitais de capitais exclusivamente públicos. Concurso de fornecimento de refeições a pessoal e doentes. Ac. 7/04/2005. Rec. n.º 559/05	VIII	3	241
Licença sem vencimento. Efeitos. Professores do quadro. Contrato administrativo de provimento. Ac. 21/04/2005. Rec. n.º 12488	VIII	3	247
Militares na reserva fora da efectividade de serviço. Pensão de reforma. EMFAR/99. Ac. 28/10/2004. Rec. n.º 12/04	VIII	1	264
Notação de funcionário. Art. 31.º n.º 1 do Dec. Regulamentar 44-B/83. Entrevista. Formalidade essencial. Ac. 14/04/2005. Rec. n.º 11494/02	VIII	3	248
Pensão de aposentação. Caixa Geral de Depósitos. Ordem de serviço n.º 7/95. Subsídio de desempenho e disponibilidade. Participação nos lucros. Ac. 13/01/2005. Rec. n.º 11856/02	VIII	2	237
Petição de recurso. Vícios arguidos genericamente. Vícios invocados nas alegações. Militares. Ingresso na academia militar após a passagem à RDL. Manutenção do hierárquico. Ac. 4/11/2004. Rec. n.º 06316/02	VIII	1	267
Princípio do arquivo aberto. Interpretação conforme à Constituição da República Portuguesa das normas relativas ao direito à informação. Pedido de parecer à CADA depois de intentada a intimação. Ac. 13/07/2005. Rec. n.º 880/05	VIII	3	250
Princípio *pro actione*. Incompetência material do Tribunal de recurso. Art. 4.º n.º 1 LPTA. Ac. 6/01/2005. Rec. n.º 157/04	VIII	2	238
Processo disciplinar. Consequências da falta de inquirição de testemunha arrolada pela defesa. Ac. 3//02/2005. Rec. Jur. n.º 7344/03	VIII	2	244
Programas de concurso. Critérios de avaliação. Sub-critérios e micro-critérios. Limites temporais e de conteúdo. Margem de livre apreciação. Ac. 19/05/2005. Rec. n.º 755/05	VIII	3	252
Providência cautelar. Competência dos tribunais administrativos e fiscais. Ac. 16/12/2004. Rec. n.º 357/04	VIII	1	270
Recurso contencioso de anulação. Trabalho extraordinário. Pessoal de enfermagem. Legitimidade processual dos Sindicatos. Decreto-Lei n.º 84/99, de 19-03. Ac. 9/06/2005. Rec. n.º 10 539/01	VIII	3	257
Recurso contencioso. Prazo de interposição. Remessa da petição por via postal. Ac. 4/11/2004. Rec. n.º 7 440/03	VIII	1	272
Reposição de Verbas. Prescrição. Acto de Processamento de Vencimentos. Acto constitutivo de direitos. Revogação. Art. 40.º, do DL n.º 155/92, de 28-07. Ac. 16/03/2005. Rec. n.º 11804/02	VIII	2	246
Responsabilidade civil extracontratual. Acção para reconhecimento de direito. Inadequação do meio. Acção de condenação. Ac. 18/11/2004. Rec. n.º 6364/02	VIII	1	274
Responsabilidade civil extracontratual. Pressupostos. Ilegal transferência da Autora. Actos de gestão pública. Competência do TACS. Ac. 14/04/2005. Rec. n.º 11 315/02	VIII	3	259

2.ª SECÇÃO

	Ano	Nº	Pág
Comissão de revisão. Regras de competência orgânica e de funcionamento. CPT. Arts. 85.º, n.º 1, na redacção do DL n.º 47/95, de 10 de Março, e 87.º, n.º 1, na redacção inicial. Ordem de conhecimento dos vícios. Art. 124.º do CPPT. Caducidade do direito à liquidação. Art. 33.º do CPT. Forma de notificação da liquidação adicional de IRS. Art. 65.º do CPT. Ac. 1/02/2005. Rec. n.º 5973/01	VIII	2	248
Contra-ordenação fiscal. Coima. Fixação. Elementos. Decisão. Requisitos legais. Fundamentação formal. Nulidade insanável. Ac. 11/01/2005. Rec. n.º 239-04	VIII	2	256
Contra-ordenação. Falta de remessa da declaração periódica e do meio de pagamento do IVA. Dificuldades económicas. Causa de exclusão da ilicitude e da culpa. Ac. 1/03/2005. Rec. n.º 5802/01	VIII	2	259
Contratos de Publicidade celebrados por Clube desportivo. Impugnação de IVA. Caducidade do direito à liquidação do IVA como imposto de obrigação única. Ac. 13/07/2005. Rec. n.º 522/03	VIII	3	261
Custas. Taxa de justiça inicial. (Falta da) comprovação do prévio pagamento da taxa de justiça inicial. Recusa da petição inicial. Art. 474.º, alínea *f*), do CPC. Constitucionalidade do DL n.º 324/2003, de 27 de Dezembro. Ac. 12/10/2004. Rec. n.º 191/04	VIII	1	275
Dupla tributação internacional. Convenção para evitar a dupla tributação. Falta de certificado de residência. Junção de documento em fase de recurso. Ac. 5/07/2005. Rec. n.º 5675/01	VIII	3	266
Execução fiscal. Compensação por iniciativa do contribuinte. Requisitos da compensação. Art. 90.º, do CPPT. Questão nova. Ac. 31/05/2005. Rec. n.º 619/05	VIII	3	271
Execução Fiscal. Reclamação de Créditos. Mútuo civil e mútuo comercial. Caso julgado. Preferência conferida por hipoteca e por penhora no atinente a capital mutuado e aos respectivos juros. Ac. 1/02//2005. Rec. n.º 1160/03	VIII	2	264
Execução Fiscal. Reclamação de Créditos. Preferência do direito de retenção face à hipoteca e sua constitucionalidade. Ac. 21/09/2004. Rec. n.º 17/04	VIII	1	281
Execução fiscal. Recurso judicial das decisões do órgão da execução fiscal. Art. 355.º do CPT. Decisão a que não corresponde despacho exarado no processo. Decisão recorrível. Lesão dos direitos e interesses legítimos dos interessados. Ac. 12/04/2005. Rec. n.º 6107/01	VIII	3	277
Imposto especial de consumo. Lei n.º 52-C/96, de 27 de Dezembro (LOE para 1997). Eficácia jurídica dos diplomas legais. Publicação da Lei. Distribuição do Diário da República. Retroactividade da lei fiscal. Ac. 7/12/2004. Rec. n.º 3 055/99	VIII	1	284
Impugnação de despacho que determinou a avaliação de um bem imóvel e dos actos consequentes de inscrição na matriz e de liquidação do CA. Nulidade da sentença por omissão de pronúncia e deficiência de fundamentação de sentença. Ac. 3/11/2004. Rec. n.º 3 439/00	VIII	1	289
Impugnação de IVA. Recurso sobre a matéria de facto. Ónus de alegar e concluir nos recursos. Ilegal aplicação dos métodos indiciários. Ac. 1/03/2005. Rec. n.º 404/04	VIII	2	274
Impugnação Judicial de IRS. Gratificações auferidas pelos empregados de banca dos casinos. Não conhecimento de vícios formais da sentença por accionamento do princípio *pro-actione* plasmado nos arts. 20.º e 268.º n.º 4 da CRP e 124.º do CPPT. Violação de norma comunitária e reenvio prejudicial. Inconstitucionalidade. Ac. 10/05/2005. Rec. n.º 528/05	VIII	3	283
Impugnação judicial de IRS. Ilegal aplicação dos métodos indiciários. Ac. 25/01/2005. Rec. n.º 343/04	VIII	2	286
Impugnação judicial. Caducidade do direito de liquidar. Falta de notificação da liquidação dentro do prazo da caducidade. Impugnação judicial e oposição à execução fiscal. Convolação. Ac. 7/06/2005. Rec. n.º 471/05	VIII	3	301
Impugnação judicial. Inexistência de facto tributário. IVA. Nulidade da sentença. Ac. 1/03/2005. Rec. n.º 4770/01	VIII	2	291
Impugnação judicial. IRC. Contabilidade. Declaração. Presunção de verdade. Controlo da Administração Fiscal. Dedutibilidade do custo. Pressupostos da liquidação. Ónus da prova. Ac. 31/05/2005. Rec. n.º 494-05	VIII	3	306
Impugnação judicial. IRC. Custos. Donativo. Contabilização. Princípio da especialização dos exercícios. Ac. 12/10/2004. Rec. n.º 184/04	VIII	1	297
Impugnação judicial. IRS. Remunerações acessórias. Colheita do benefício, como momento da tributação. Seguro de vida, como condição e penhor de empréstimo bancário. Ónus da prova. Ac. 31/05//2005. Rec. n.º 440-05	VIII	3	311
Impugnação judicial. IVA. Direito a dedução. Limitações. "Viaturas de turismo". Aparcamento: despesas de utilização. Ac. 13/07/2005. Rec. n.º 1354-03	VIII	3	314
Impugnação judicial. Reclamação do art. 84.º do CPT. Acto de fixação do lucro tributável. Fundamentação. Erro no julgamento da matéria de facto. Ónus de alegaçação do art. 690.º-A, n.º 1, do CPC. Ac. 29/03/2005. Rec. n.º 5867/01	VIII	2	297
Impugnação judicial. Taxa de urbanização. Omissão de pronúncia. A citação da lei habilitante pode fazer-se apenas no Edital que publicita o regulamento. – Inconstitucionalidade formal. Ac. 13/07/2005. Rec. n.º 7161/02	VIII	3	317
Impugnação Judicial em matéria aduaneira. Alteração do efeito do recurso. Liquidação a posteriori. Erro da autoridade aduaneira. Ac. 28/06/2005. Rec. n.º 1144/03	VIII	3	291
Impugnação. Alteração do efeito do recurso. Impostos especiais de consumo (IEC). Documento administrativo de acompanhamento. Responsabilidade do expedidor. Ac. 1/02/2005. Rec. n.º 338/04	VIII	2	304

	Ano	Nº	Pág
Intimação para passagem de certidão. Elementos que devem constar da citação do responsável subsidiário. Art. 22.º, n.º 4, da LGT. Arts. 24.º, n.º 1, e 37.º, n.º 1, do CPTT. Ac. 25/01/2005. Rec. n.º 433/05 ...	VIII	2	311
IRC 1992. Determinação do lucro tributável por métodos indirectos. Erro na quantificação da matéria tributável. Ónus da prova. Custos. Ac. 21/09/2004. Rec. n.º 5 046/01 ...	VIII	1	302
IRC. Conceito de relações especiais entre empresas por referência no art. 9.º, n.º 1, al. *b*) do Modelo de Convenção da OCDE de 1977, complementado por novo Relatório de 84, e no art. 57.º-C, n.º 2, do CIRC. Avaliação directa. Dúvida nos termos do art.º 121.º do CPT. Tributação do negócio constante de documento autêntico. Dever de pronúncia como dever de decidir da AF. Ac. 19/10/2004. Rec. n.º 7 127/02 ...	VIII	1	310
IRC. Consequência da falta de intervenção de perito independente requerida pela contribuinte ao abrigo do art. 91.º n.º 4 da LGT e quando já se encontrava disponível a listagem dos peritos independentes publicada no Diário da República de 25.07.2000 (DR, II Série, n.º 170, Aviso n.º 11545/2000). Preterição de formalidade essencial com efeitos invalidantes. Ac. 16/11/2004. Rec. n.º 190/04 ...	VIII	1	322
IRS. Rendimento tributável. Remuneração acessória. Exclusão de tributação: limites e condições legais. Despesas de deslocação, viagens ou representação. Pressupostos da liquidação. Ónus da prova. Ac. 12 /10/2004. Rec. n.º 10-04 ...	VIII	1	326
IVA incidente sobre a aquisição de veículos usados no espaço intracomunitário. Falta de fundamentação. Ac. 26/10/2004. Rec. n.º 123/04 ...	VIII	1	329
Oposição à execução fiscal. Fundamento legal. Falta de notificação da liquidação exequenda. Notificação deficiente. Ac. 16/11/2004. Rec. n.º 233-04 ...	VIII	1	336
Oposição à execução fiscal. Fundamentos. Legalidade da dívida exequenda. Decisão fundante da extracção da certidão de dívida. Indeferimento liminar. Ac. 3/05/2005. Rec. n.º 487-05 ...	VIII	3	325
Oposição à execução fiscal. Ilegalidade abstracta por inexistência do tributo. Ac. 26/10/2004. Rec. n.º 135/04 ..	VIII	1	339
Oposição à execução fiscal. Prescrição da obrigação exequenda. Reversão da execução. Prevalência do mérito da causa. Verdade material. Falta de elementos de facto necessários: anulação da sentença. Ac. 1/03/2005. Rec. n.º 65237 ...	VIII	2	315
Oposição à execução fiscal. Prescrição de dívidas por prestação de serviço de fornecimento de água. Natureza da prescrição e início da contagem do prazo. Ac. 9/11/2004. Rec. n.º 1 202/2003 ...	VIII	1	342
Oposição à execução fiscal. Restituição de verbas recebidas no âmbito do FSE. Prazo de prescrição. Ilegalidade em concreto da dívida exequenda. Art. 286.º, n.º 1, alínea g), do CPT. Ac. 15/06/2005. Rec. n.º 104/03 ...	VIII	3	327
Oposição. Discussão da legalidade concreta. Prazo de impugnação da liquidação. Vício do acto impugnado. (Im)Possibilidade de Convolação para processo de impugnação. Ac. 9/11/2004. Rec. n.º 181/04	VIII	1	346
Oposição. Inconstitucionalidade orgânica da norma constante do n.º 1 do D.L. n.º 58/77 de 21.02, tanto na primeira versão como na versão do D.L. n.º 272/81 de 28.09. Regime de prescrição de dívidas provenientes do Crédito Agrícola de Emergência. Nulidade do título executivo. Ac. 15/02/2005. Rec. n.º 412/04 ...	VIII	2	324
Oposição. Pagamento da dívida exequenda. Imputação do pagamento por conta como acto da competência exclusiva da entidade que emitiu o título. Ac. 31/05/2005. Rec. n.º 590/05 ...	VIII	3	331
Oposição. Pagamento de dívidas provenientes do Crédito Agrícola de Emergência. Regime de cobrança dos juros. Competência dos TT e dos órgãos da execução fiscal. Imputação do pagamento de parte da quantia exequenda como acto da competência exclusiva da entidade que emitiu o título. Ac. 1/03/ /2005. Rec. n.º 373/04 ...	VIII	2	329
Providências cautelares a favor do contribuinte. Pressupostos: receio fundado de lesão. Presunção legal: prova do contrário. Ac. 12/04/2005. Rec. n.º 544-05 ...	VIII	3	337
Reclamação do art. 276.º do CPPT. Taxa de conservação de esgotos. Taxa de justiça. Ac. 16/03/2005. Rec. n.º 499/05 ...	VIII	2	334
Recurso jurisdicional em processo de contra-ordenação tributária. Prescrição do procedimento contra-ordenacional. Sucessão de leis no tempo – art. 29.º, n.º 4, da CRP. Art. 21.º, n.º 3, do Código Penal. Ac. 16/03/2005. Rec. n.º 451/05 ...	VIII	2	341

Acórdãos do Supremo Tribunal Administrativo Pleno

1.ª Secção (Contencioso Administrativo)

AUTOMÓVEIS. CLASSIFICAÇÃO. VEÍCULO PESADO DE PASSAGEIROS.

(Acórdão de 5 de Maio de 2005)

SUMÁRIO:

I – Face ao disposto no art. 106.º, n.º 1 do Código da Estrada, não pode ser classificado como automóvel ligeiro um veículo com peso bruto de 1.600 kg. e lotação para 12 lugares, incluindo o condutor, pelo que enferma de vício de violação de lei, consubstanciado em erro nos pressupostos de direito, o acto que atribui a esse veículo a classificação de ligeiro de passageiros.

II – A eventualidade de o veículo não satisfazer os requisitos de classificação como veículo pesado de passageiros à face dos arts. 20.º a 29.º do Regulamento do Código da Estrada (diploma de natureza regulamentar), não impede a atribuição ao veículo referido da classificação de pesado, independentemente do relevo que a inobservância da globalidade dos requisitos dos veículos pesados de passageiros possa ter para efeito da recusa de matrícula.

ACORDAM, EM CONFERÊNCIA, NO PLENO DA 1ª SECÇÃO DO SUPREMO TRIBUNAL ADMINISTRATIVO:

RELATÓRIO

I. O SECRETÁRIO DE ESTADO DA ADMINISTRAÇÃO INTERNA recorre jurisdicionalmente para este Pleno do acórdão da 3ª Subsecção do STA, de 26.11.2003 (fls. 110 e segs.), que concedeu provimento ao recurso contencioso interposto por "UPPERCLASS, TRANSPORTES E SERVIÇOS, LDA", id. a fls. 2, anulando, por vício de violação de lei, o indeferimento tácito formado sobre o recurso hierárquico interposto para o Ministro da Administração Interna do despacho do Director Regional de Viação do Norte que classificou um veículo "*Limousine*" como veículo ligeiro de passageiros, e considerando prejudicado o conhecimento do vício de falta de fundamentação.

Na sua alegação, formula as seguintes conclusões:

1. O douto acórdão de 26 de Novembro de 2003, que agora se impugna, incorreu em erro sobre os pressupostos, porque concluiu que o veículo "*não possuía características próprias de automóveis ligeiros*", quando a simples consulta das normas regulamentares assinaladas pela DGV permite constatar que tal afirmação não corresponde à verdade;

2. A disciplina constante do artigo 106.º, n.º 1, al. a) e b) do Código da Estrada não prescinde da definição de "*peso bruto*" e de "*lotação*" que (só) se encontra no Regulamento do Código da Estrada (cfr. arts. 14.º, 24.º e 29.º);

3. O Regulamento do Código da Estrada aprovado pelo Decreto n.º 39 987, de 22 de Dezembro de 1954, é o regulamento de execução do actual Código da Estrada, aprovado pelo Decreto-Lei n.º 114/94, de 3 de Maio, ao contrário do que afirma o douto acórdão, que incorre deste modo em erro de interpretação do diploma de 1994, do artigo 119.º, n.º 1, do Código do Procedimento Administrativo e do artigo 7.º, n.º 2, do Código Civil;

4. A relação entre a lei e o respectivo regulamento de execução é uma relação de complementaridade, cumprindo ao regulamento desenvolver as disposições legislativas, para lhes conferir adequada aplicação;

5. Nesses termos, improcede a argumentação do douto acórdão tendente a afirmar a irrelevância das normas regulamentares, por razões de hierarquia das normas, o que constitui um erro de direito sobre os princípios gerais de direito administrativo;

6. O douto acórdão incorreu em erro de interpretação dos artigos 14.º e 20.º a 29.º do Regulamento, ao afirmar que "a eventualidade de o veículo referido não satisfazer os requisitos necessários (...) à face do Regulamento do Código da Estrada, designadamente os seus artigos 20.º a 29.º, não impede a atribuição ao veículo referido da classificação de pesado";

7. A omissão do douto acórdão relativamente à análise e à pronúncia sobre as normas regulamentares invocadas pela DGV constituirá uma nulidade, prevista no artigo 668.º, n.º 1, al. d), do Código do Processo Civil, já que a sua consideração assumia na economia do despacho recorrido (e do recurso de anulação) um papel fulcral.

Termos em que deve o presente recurso jurisdicional ser julgado procedente, revogando-se o douto Acórdão recorrido.

II. Não foram apresentadas contra-alegações, e o Exmo magistrado do Ministério Público neste Supremo tribunal pronunciou-se no sentido de que o recurso jurisdicional não merece provimento.

Colhidos os vistos, cumpre decidir.

FUNDAMENTAÇÃO

OS FACTOS

O acórdão impugnado considerou assentes, com interesse para a decisão, os seguintes factos:

a) a Recorrente requereu à Direcção Regional de Viação do Norte, para efeitos de matrícula, a classificação de uma *Limousine*, com a matrícula inglesa N907XDV, de que era proprietária, que classificou como veículo pesado;

b) o veículo referido tem peso bruto de 3600 Kg, e lotação para 12 pessoas, incluindo motorista (fls. 7 do processo instrutor);

c) na sequência de tal pedido, a Direcção Regional de Viação do Norte classificou o veículo como ligeiro de passageiros, informando a firma IMPAUTEXP, através de ofício datado de 16-10-2001, de que "*o veículo em questão, de matrícula N907XDV foi classificado como LIGEIRO DE PASSAGEIROS em virtude de não possuir nem reunir características para ser classificado como PESADO DE PASSAGEIROS*" (fls. 28 do processo instrutor);

d) em 8-11-2001, a ora Recorrente apresentou àquela Direcção Regional de Viação um requerimento pedindo que a informasse "*fundamentadamente das razões da referida classificação como veiculo ligeiro*" (fls. 29 e 30 do processo instrutor);

e) através de ofício datado de 16-11-2001, o Senhor Director Regional de Viação do Norte informou a ora Recorrente, nos seguintes termos (fls. 36 do processo instrutor):

"No requerimento para concessão de matrícula ao automóvel acima mencionado V.Ex.as identificaram-no como pertencente à categoria de pesados tipo passageiros, no entanto e após verificação efectuada pelos técnicos deste serviço, constatou-se que o mesmo apresenta características próprias dos automóveis ligeiros de passageiros, motivo pelo qual foi classificado como tal.

Mais se informa, que desde 2001/08/21, data em que apresentaram o automóvel acima identificado, nas nossas instalações para verificação e concessão de matrícula, que o processo se encontra parado a aguardar que V.Ex.as promovam as diligências necessárias a este tipo de processo".

f) em 7-12-2001, a requerente interpôs recurso hierárquico da decisão do Senhor Director-Regional de Viação do Norte que atribuiu esta classificação para o Senhor Ministro da Administração Interna;

g) Este recurso hierárquico não foi apreciado até 26-3-2002, data em que a Recorrente interpôs recurso contencioso, invocando indeferimento tácito daquele recurso hierárquico.

O DIREITO

O acórdão impugnado anulou, por vício de violação de lei, o indeferimento tácito formado sobre o recurso hierárquico interposto pela recorrente contenciosa do despacho do Director Regional de Viação do Norte que classificou um seu veículo "*Limousine*" como veículo ligeiro de passageiros, tendo sido considerado pela Subsecção que a decisão administrativa recorrida, "*ao atribuir tal classificação, enferma de vício de erro sobre os pressupostos de direito, violando, designadamente, o referido art. 106.º, n.º 1 alíneas a) e b) do Código da Estrada, vício que justifica a sua anulação (art. 136.º do CPA)*".

1. Insurgindo-se contra tal decisão, vem a entidade recorrente invocar, na conclusão 7 da sua alegação, a existência de nulidade de sentença (da qual há que conhecer prioritariamente), sustentando que a mesma enferma da nulidade prevista no art. 668.º, n.º 1, al. d) do CPCivil, por omissão de pronúncia "sobre as normas regulamentares invocadas pela DGV" em abono da classificação do veículo como veículo ligeiro, sufragada pelo acto silente contenciosamente impugnado.

Nenhuma razão lhe assiste.

Segundo a lei de processo civil, aqui aplicável nos termos do art. 102.º da LPTA, a sentença deve identificar as partes e o objecto do litígio, fixando as questões que ao tribunal cumpre solucionar (art. 659.º, n.º 1 do CPCivil), impondo-se expressamente ao juiz que resolva todas as questões que as partes tenham submetido à sua apreciação, exceptuadas aquelas cuja decisão esteja prejudicada pela solução dada a outras (art. 660.º, n.º 2).

E no art. 668.º, n.º 1 do mesmo Código estão indicadas taxativamente as causas de nulidade da sentença, prescrevendo a al. d) deste normativo que a sentença é nula "*quando o juiz deixe de pronunciar-se sobre questões que devesse apreciar ...*".

Ora, no caso *sub judice*, a Subsecção não deixou de afrontar a "questão" que lhe era colocada pelas partes: existência (alegada pela recorrente contenciosa e contestada pela entidade recorrida) de vício de violação de lei por erro sobre um pressuposto, consistente em o veículo em causa não possuir características próprias de automóveis ligeiros de passageiros.

Afrontou-a e decidiu-a em sentido negativo, afirmando expressamente, após análise da disciplina contida no art. 106.º do Código da Estrada, que, "*pelas alíneas a) e b) do n.º 1 do deste artigo, a distinção entre veículos, não tractores, ligeiros e passageiros faz-se em função do peso bruto e da lotação*", e que "*À face da alínea b) da matéria de facto fixada, tendo o veículo ... peso bruto de 3600 Kg, e lotação para 12 pessoas, incluindo motorista, é evidente que a classificação que lhe deveria ser atribuída era a de veículo pesado*".

Mas o acórdão não deixou de rebater (e não haveria nulidade de sentença se o não fizesse) a "argumentação" da entidade recorrida em defesa da sua tese, referente às normas regulamentares invocadas pela DGV em abono da classificação do veículo da recorrente como veículo ligeiro.

Na verdade, fazendo apelo à natureza das normas regulamentares como normas hierarquicamente inferiores às do Código da Estrada, que têm natureza legislativa, o acórdão afirma a tal propósito:

"*A eventualidade de o veículo referido não satisfazer os requisitos necessários para ser classificado como veículo pesado de passageiros, à face das normas do Regulamento do Código da Estrada, designadamente os seus arts. 20.º a 29.º, não impede a atribuição ao veículo referido da classificação de pesado, independentemente do relevo que a inobservância da globalidade dos requisitos dos veículos pesados de passageiros possa ter para efeitos da recusa de matrícula*".

Não ocorre pois, contrariamente ao pretendido, a invocada omissão de pronúncia, improcedendo, por consequência, a referida arguição de nulidade.

2. Nas restantes conclusões da sua alegação, invoca o recorrente, em suma, que o acórdão impugnado incorre em erro sobre os pressupostos, ao concluir que o veículo "*não possuía características próprias de automóveis ligeiros*", quando a simples consulta das normas regulamentares assinaladas pela DGV permite constatar que tal afirmação não corresponde à verdade, e que a disciplina constante do artigo 106.º, n.º 1, al. a) e b) do Código da Estrada não prescinde da definição de "*peso bruto*" e de "*lotação*" que (só) se encontra no Regulamento do Código da Estrada (cfr. arts. 14.º, 24.º e 29.º), salientando que a relação entre a lei e o respectivo regulamento de execução é uma relação de complementaridade, pelo que, ao afirmar a irrelevância das normas regulamentares, por razões de hierarquia das normas, o acórdão incorre em erro sobre os princípios gerais de direito administrativo.

Mais uma vez carece de razão.

Em primeiro lugar, o acórdão não afirmou, em parte alguma, a "irrelevância das normas regulamentares", mas sim a sua subordinação à lei que visa regulamentar, referindo expressamente que "*as normas do Regulamento do Código da Estrada são normas regulamentares, hierarquicamente inferiores às do Código da Estrada, que têm natureza legislativa, pelo que estas sempre terão de prevalecer sobre aquelas*".

E nem outra coisa poderia ser dita, sabido como é que as normas regulamentares de execução têm que conter-se nos limites da execução da lei que regulamentam, não podendo, sob pena de ilegalidade, extravasar o quadro legal de referência.

A actividade regulamentar da Administração traduz-se na elaboração de normas jurídicas que mediatizam os actos do poder legislativo.

Esta actividade normativa é normalmente catalogada como secundária, considerando-se as normas regulamentares como normas de 2.º grau, "*normas derivadas ou secundárias do ordenamento jurídico*" (Esteves de Oliveira, Direito Administrativo, pág. 109), com isso se significando que tal actividade tem o seu fundamento na lei habilitante, que visa executar ou complementar, em termos de subordinação e da sua necessária conformidade a normas ou princípios de grau hierárquico superior.

Por isso, e como se disse no Ac. deste STA de 03.02.2005 – Rec. 47.581, "*se apontam, no essencial, dois limites a essa actividade regulamentar: o da secundariedade (referência a uma norma primária hierarquicamente superior), e o da subordinação (sujeição ao quadro ou moldura legal de referência).*"

Nesta conformidade, o acórdão sob impugnação chamou à colação o art. 106.º do Código da Estrada[1], cujo n.º 1 dispõe:

Classes e tipos de automóveis

1 – Os automóveis classificam-se em:

a) Ligeiros: veículos com peso bruto até 3500 kg e com lotação não superior a nove lugares, incluindo o do condutor;

b) Pesados: veículos com peso bruto superior a 3500 kg ou com lotação superior a nove lugares, incluindo o do condutor, e veículos tractores.

Ora, na situação dos autos, e como resulta da matéria de facto assente, o veículo em causa (*Limousine* com matrícula inglesa N907XDV) tem o peso bruto de 3600 kg e lotação para 12 pessoas, incluindo motorista, face ao que, como bem se compreende, o acórdão tenha concluído que não lhe poderia ser atribuída a classificação de automóvel ligeiro, por o mesmo exceder quer o peso bruto, quer a lotação, previstos na citada norma legal para aquela classe de veículos, razão pela qual anulou o acto recorrido por vício de violação de lei consubstanciado em erro nos pressupostos de direito.

Não tem qualquer fundamento a afirmação, produzida pelo recorrente, de que a disciplina constante do art. 106.º, n.º 1, als. a) e b) do Código da Estrada não prescinde da definição de "*peso bruto*" e de "*lotação*" que (só) se encontra no Regulamento do Código da Estrada (arts. 14.º, 24.º e 29.º), em ordem a afastar a referida classificação.

Não estão em causa os conceitos de "peso bruto" ou de "lotação", efectivamente constantes do Regulamento do Código da Estrada (art. 14.º), e que são, respectivamente, "*o conjunto da tara e da carga que o veículo pode transportar*" e "*o número de pessoas que o veículo pode transportar, incluindo o condutor*".

Nenhum problema ou dissídio está, a esse propósito, suscitado. O que está em causa é, sim, a conformação quantitativa desses dois elementos na situação concreta deste veículo, a qual está obrigatoriamente condicionada pelas imposições decorrentes do citado art. 106.º, n.º 1 do Código da Estrada.

E estas não podem ser ignoradas ou subvertidas, como aconteceria se o veículo em causa fosse classificado como veículo ligeiro, apesar de possuir peso bruto e lotação superiores aos estabelecidos na dita disposição legal, necessariamente prevalente sobre qualquer disposição de natureza regulamentar.

Isso é que constituiria, sem sombra de dúvida, um assombroso e "estranho entendimento da relação entre a lei e o respectivo regulamento de execução".

O recorrente destaca na sua alegação a circunstância de o veículo em causa não satisfazer algumas das características previstas no Regulamento do Código da Estrada para os veículos pesados de passageiros, como sejam as relativas à caixa, portas, coxias e altura do veículo (arts. 20.º a 29.º), referindo que se nos depara "um veículo possuidor de numerosas características próprias de automóveis ligeiros de passageiros e, por outro lado, um veículo não possuidor de características próprias dos automóveis pesados".

Trata-se de um argumento verbal que é, naturalmente, reversível. Pode igualmente afirmar-se que o veículo é possuidor de características essenciais próprias dos veículos pesados (as definidas no citado art. 106.º, n.º 1 do C.Estrada), e, por isso mesmo, não possuidor, nessa matéria, das características próprias dos veículos ligeiros.

Com o reforço da prevalência, em termos da já referida hierarquia de normas, dos requisitos de classificação decorrentes do Código da Estrada (peso bruto e lotação).

[1] Na redacção do DL n.º 2/98, de 3 de Janeiro, vigente à data em que foi apresentado o requerimento de concessão de matrícula.

E nenhum erro de interpretação dos citados preceitos do Regulamento do Código da Estrada se vislumbra no acórdão sob recurso, ao afirmar que "*a eventualidade de o veículo referido não satisfazer os requisitos necessários (...) à face do Regulamento do Código da Estrada, designadamente os seus artigos 20.º a 29.º, não impede a atribuição ao veículo referido da classificação de pesado*";

Uma coisa é a classificação dos veículos (prevalente a do Código pelas razões já aduzidas); outra coisa é saber se, assente essa mesma classificação como veículo pesado, por força das imposições do art. 106.º, n.º 1 do CE, o veículo preenche ou não os requisitos previstos no Regulamento para os veículos pesados, e a consequência que daí possa advir para efeitos de recusa de matrícula.

Esta é uma outra questão, que directamente aqui não está em causa, estando antes e só a da classificação do veículo como ligeiro ou pesado.

Daí que o acórdão impugnado refira, para rebater argumento esgrimido pela entidade administrativa, que a eventualidade de o veículo não satisfazer os requisitos de classificação como veículo pesado de passageiros à face dos arts. 20.º a 29.º do Regulamento do Código da Estrada, "*não impede a atribuição ao veículo referido da classificação de pesado, independentemente do relevo que a inobservância da globalidade dos requisitos dos veículos pesados de passageiros possa ter para efeito da recusa de matrícula*", e que, nessa perspectiva, tenha concluído que "*independentemente da possibilidade ou não da atribuição de matrícula como veículo pesado de passageiros, é seguro que, com as características que tinha no momento em que foi requerida a atribuição de matrícula, não podia ser atribuída ao veículo ... a classificação de veículo ligeiro*".

Ao anular o acto recorrido por vício de violação de lei, consubstanciado em erro nos pressupostos de direito, o acórdão impugnado fez correcta aplicação da lei, não merecendo a censura que lhe vem dirigida.

DECISÃO

Com os fundamentos expostos, acordam em negar provimento ao recurso.

Sem custas, dada a isenção de que goza a entidade recorrente.

Lisboa, 5 de Maio de 2005.

Pais Borges (Relator)
António Samagaio
Azevedo Moreira
Angelina Domingues
Costa Reis
J. Simões de Oliveira
Adérito Santos
Rui Botelho

Recurso n.º 547/02-20

CAIXA GERAL DE DEPÓSITOS. REGIME DISCIPLINAR. TRIBUNAL COMPETENTE.

(Acórdão de 24 de Maio de 2005)

SUMÁRIO:

I – Caixa Geral de Depósitos nasceu com a Lei de 10 de Abril de 1876, germinando do Depósito Público criado no século XVI, desempenhou sempre um serviço público, através das suas vária e sucessivas transformações (Lei de 26/4//1880, Lei de 15/7/1885, Lei de 8/5/1896, Decreto de 23/6/1897, Lei de 26/9/1909, Decreto de 9/12//1909, Decreto n.º 4670, de 14/7/1918, Decreto n.º 8 162, de 29/5/1922).

II – Com o DL. n.º 48 953, (Lei Orgânica da Caixa Geral de Depósitos) a Caixa Geral de Depósitos passou a ser uma pessoa colectiva de direito público, dotada de autonomia e financeira, com património próprio, competindo-lhe o exercício das funções de instituto de crédito do Estado... (art.º 2.º).

Esta lei orgânica foi completada pelo DL. n.º 693/70, de 31/12, em nada alterando a natureza jurídica da CGD definida em tal lei, continuando, por isso, a ser uma pessoa colectiva de direito público, aliás o que continuou a afirmar-se no Decreto n.º 694/70, de 31/12, diploma este que aprovou o Regulamento da Caixa Geral de Depósitos.

III – O DL. n.º 298/92, de 31/12, que transpôs para a ordem jurídica interna as directivas comunitárias, aprovou o Regime Geral das Instituições de Crédito e Sociedades Financeiras, sujeitando ao seu regime as empresas públicas, designadamente a CGD (arts. 1.º n.º 2, 2.º e 3.º).

IV – Para adaptação final deste Regime Geral à CGD foi publicado o DL. n.º 287/93, de 20/8, que a transformou em sociedade anónima de capitais exclusivamente públicos (art.º 1.º n.º 1), natureza esta que foi novamente repetida no art.º 1.º dos Estatutos da Caixa Geral de Depósitos.

V – Até à publicação do DL n.º 287/93, aos trabalhadores da CGD era aplicável o regime jurídico da função pública e o regime disciplinar do Decreto de 22/2/1913. Após a publicação e entrada em vigor daquele DL n.º 287/93, é-lhes aplicável o regime do Contrato Individual de Trabalho.

VI – Quanto às normas disciplinares a que os funcionários da CGD estão sujeitas podem existir as seguintes situações:

a) regime disciplinar do Decreto de 22/2/1913;

– é aplicável aos trabalhadores que se encontravam ao serviço na data de entrada em vigor do DL. n.º 287/93 (1/9/3) e não optaram pelo Regime do Contrato Individual de Trabalho;

– é aplicável aos restantes trabalhadores da CGD quer se encontrassem ao serviço na data de entrada em vigor do DL n.º 287/93 (1/9/3) e que optaram pelo Regime do Contrato Individual

de Trabalho quer aos que entraram ao serviço em data posterior a 1/9/1993, que já foram contratados de acordo com este RCIT até à da entrada em vigor do Despacho n.º 104/93 do Conselho de Administração da CGD (31/8/1993).
b) regime disciplinar do Despacho n.º 104/93;
– é aplicável, desde a sua entrada em vigor, aos trabalhadores da CGD quer se encontrassem ao serviço na data de entrada em vigor do DL. n.º 287/93 (1/9/3) e que optaram pelo Regime do Contrato Individual de Trabalho quer aos que entraram ao serviço em data posterior a 1/9//1993, que já foram contratados de acordo com este RCIT.

VII– Para conhecer de uma pena constante do Regime disciplinar do Decreto de 22/2/1913 aplicada a trabalhador da CGD são competentes os tribunais administrativos.

ACORDAM NO TRIBUNAL PLENO DA SECÇÃO DO CONTENCIOSO ADMINISTRATIVO DO SUPREMO TRIBUNAL ADMINISTRATIVO:

José Manuel Pereira dos Santos, casado, empregado bancário, residente em Sátão, interpôs recurso contencioso de anulação da deliberação do Conselho de Administração da Caixa Geral de Depósitos (doravante, CACGD), de 17/3/1999, que lhe aplicou a pena disciplinar de despedimento com justa causa.

Por sentença o Tribunal Administrativo do Círculo de Coimbra declarou-se incompetente em razão da matéria para conhecer do recurso, declarando competente o Tribunal de Trabalho (fls. 203 a 205).

Não se conformando o recorrente contencioso com esta decisão, da mesma interpôs recurso jurisdicional para o Tribunal Central Administrativo.

Por acórdão de 28/2/2002 do TCA foi revogada a sentença recorrida e, julgando procedente o recurso contencioso, anulou a deliberação contenciosamente impugnada (fls. 293 a 309).

Deste acórdão interpôs o ora recorrente o presente recurso jurisdicional, com fundamento em oposição de julgados, oposição que foi reconhecida por acórdão deste tribunal de 19/2/2004 (fls. 382 a 391).

Nas suas alegações formula o recorrente as seguintes conclusões:

"1ª – O Despacho nº 104/93, emitido pelo Conselho de Administração da Caixa Geral de Depósitos, corresponde ao exercício do poder regulamentar e encontra-se submetido, como qualquer outra forma de actividade administrativa, ao respeito do princípio da legalidade, seja na vertente de preferência de lei, seja na vertente de precedência de lei (cf. fls. 44 do douto Parecer do Prof. Doutor Sérvulo Correia);

2ª – O artigo 36.º do Decreto-Lei n.º 48 953, na redacção dada pelo Decreto-Lei n.º 461/77, constitui a habilitação legal necessária à emissão do regulamento por um órgão administrativo. A revogação do artigo 36.º, operada pelo artigo 9.º, n.º 1, do Decreto-Lei n.º 287/93, não impele à procura de um outro padrão normativo aferidor da legalidade do regulamento nem implica que o Despacho n.º 104/93 tenha cessado a sua vigência (cf. fls. 44 do douto Parecer do Prof. Doutor Sérvulo Correia);

3ª – Tendo este entrado em vigor no dia 31 de Agosto de 1993, veio a integrar o regime jurídico aplicável aos funcionários da Caixa, regime esse que o artigo 7.º, n.º 2, do Decreto-Lei n.º 287/93, determinou que continuasse a ser aplicado depois de 1 de Setembro de 1993, data da entrada em vigor deste último diploma (cf. fls. 44 do douto Parecer do Prof. Doutor Sérvulo Correia);

4ª – Ao determinar, no n.º 1 do Despacho n.º 104/93, que os trabalhadores da Caixa ficariam sujeitos ao «regime disciplinar aplicável à generalidade dos trabalhadores bancários», o Conselho de Administração não extravasou o poder regulamentar que lhe fora atribuído pelo artigo 36.º do Decreto-Lei n.º 48 953, na redacção dada pelo Decreto-Lei n.º 461/77 (cf. fls. 44 do douto Parecer do Prof. Doutor Sérvulo Correia);

5ª – Da leitura conjugada dos artigos 31.º, n.º 2 e 36.º, resulta a compreensão do que possa ser, nas palavras do legislador, o «peculiar estatuto laboral» dos trabalhadores da Caixa Geral de Depósitos (preâmbulo do Decreto-Lei n.º 461/77 e fls. 45 do douto Parecer do Prof. Doutor Sérvulo Correia);

6ª – Se, por um lado, foi mantida a sujeição ao regime do funcionalismo público, não foi ignorado, por outro lado, a natureza da actividade bancária desenvolvida pela Caixa Geral de Depósitos e a sua progressiva aproximação ao direito privado (cf. fls. 45 do douto Parecer do Prof. Doutor Sérvulo Correia);

7ª – O sentido das normas que conferiam capacidade negocial à Caixa nos processos de contratação colectiva e que, em especial, atribuíram poder regulamentar em matéria disciplinar, apenas pode ser entendido como finalidade de afastamento do regime geral do funcionalismo público e de adaptação aos condicionalismos especiais do trabalho na Instituição (cf. fls. 45 do douto Parecer do Prof. Doutor Sérvulo Correia);

8ª – No momento em que foi exercido o poder regulamentar de que dispunha o Conselho de Administração da Caixa desde 1977 – em Agosto de 1993 – mais premente se tornara o imperativo de afastamento do regime geral do funcionalismo público e de aproximação ao direito privado (cf. fls. 45 do douto Parecer do Prof. Doutor Sérvulo Correia);

– Não só a Caixa já fora equiparada aos Bancos no respeitante ao tipo de actividades a desenvolver, através do Decreto-Lei n.º 298/92, como se encontrava na iminência de ser transformada em sociedade anónima pelo Decreto-Lei n.º 287/93 (cf. fls. 45 do douto Parecer do Prof. Doutor Século Correia);

10ª – A Caixa pertencia, assim, ao sector bancário em geral e os seus trabalhadores desempenhavam já actividades idênticas aos restantes trabalhadores bancários (cf. fls. 45 do douto Parecer do Prof. Doutor Sérvulo Correia);

11ª – O regime jurídico do contrato individual de trabalho, ao invés de ser apenas aplicado aos trabalhadores de outras instituições de crédito, passaria a ser aplicado na própria Caixa Geral de Depósitos, a todos os trabalhadores contratados após 1 de Setembro de 1993 (cf. fls. 45 do douto Parecer do Prof. Doutor Sérvulo Correia);

12ª – O objectivo pretendido pelo legislador do Decreto-Lei nº461/77 — «a harmonização das (...) condições de prestação de trabalho com as que são comuns à generalidade do sistema bancário» — operou-se, com a sujeição dos trabalhadores ao «regime disciplinar aplicável à generalidade dos trabalhadores bancários» (cf. fls. 46 do douto Parecer do Prof. Doutor Sérvulo Correia);

13ª – As normas jurídicas que compõem o regime disciplinar aplicável aos trabalhadores da Caixa Geral de Depósitos através do Despacho n.º104/93 não apresentam natureza jurídico-privada mas antes natureza jurídico-pública (cf. fls. 46 do douto Parecer do Prof. Doutor Sérvulo Correia);

14ª – A fonte, enquanto modo de formação de tais normas consiste num regulamento administrativo, de inequívoca natureza jurídico-pública (cf. fls. 46 do douto Parecer do Prof. Doutor Sérvulo Correia);

15ª – O mesmo sucede, como aliás decorre do n.º 1 e do n.º 2 do artigo 32.º do Dec-Lei n.º 48953 e tem sido sufragado pela jurisprudência administrativa, com as cláusulas de contratos colectivos de trabalho, as quais vigoram, não enquanto tais, mas enquanto normas regulamentares próprias da Caixa Geral de Depósitos (cf. fls. 46 do douto Parecer do Prof. Doutor Sérvulo Correia);

16ª – Não fosse esta diferença de fontes decisiva para a conclusão pela diferente natureza jurídica das normas por si reveladas, sempre se poderia acrescentar que, apesar da identidade do texto das normas, não nos encontramos perante a aplicação das mesmas normas disciplinares (cf. fls. 46 do douto Parecer do Prof. Doutor Sérvulo Correia);

17ª – Tal decorre, em primeiro lugar, das características da própria técnica remissiva, utilizada pelo n.º 1 do Despacho n.º 104/93 (cf. fls. 47 do douto Parecer do Prof. Doutor Sérvulo Correia);

18ª – Visando esta técnica a aplicação de normas, pertencentes a um instituto ou regime jurídico, diferentes daqueles que directamente regem a matéria, entende-se que as normas aplicáveis por força da remissão nunca serão exactamente aquelas que servem de referência à remissão mas antes normas paralelas, resultantes da necessária adaptação das normas ad quem a outros domínios jurídicos cf. fls. 47 do douto Parecer do Prof. Doutor Sérvulo Correia);

19ª – A aplicação, por força da técnica remissiva, há-de ser sempre, assim, uma mera «aplicação correspondente» (cf. fls. 47 do douto Parecer do Prof. Doutor Sérvulo Correia);

20ª – A adaptação sofrida pelas normas ad quem, aplicáveis por força da regra remissiva, será tão mais necessária quanto diferente é o domínio jurídico em que venham a ter aplicação (cf. fls. 47 do douto Parecer do Prof. Doutor Sérvulo Correia);

21ª – Será o caso da remissão, por normas administrativas, para normas de direito privado que integrarão, assim o sistema de direito administrativo, autónomo do direito privado (cf. fls. 47 do douto Parecer do Prof. Doutor Sérvulo Correia);

22ª – Os actos praticados ao abrigo do regime disciplinar são, assim, actos administrativos, convocando a aplicação de normas de competência, de regras gerais de validade e eficácia do acto administrando e importando a limitação do controlo jurisdicional sobre a margem de livre decisão (cf. fls. 47 do douto Parecer do Prof. Doutor Sérvulo Correia);

23ª – A diferenciação das normas aplicáveis por via do Despacho n.º 104/93 em relação às vigentes no direito privado é ainda reforçada por se tratarem de normas disciplinares (cf. fls. 47 do douto Parecer do Prof. Doutor Sérvulo Correia);

24ª – Enquanto normas sancionatórias da preterição de determinados deveres jurídicos, as normas disciplinares não contém a previsão de tais deveres, antes pressupondo a sua consagração em outras normas jurídicas (cf. fls. 47 do douto Parecer do Prof. Doutor Sérvulo Correia);

25ª – No que respeita aos trabalhadores da Caixa abrangidos pelo Despacho n.º 104/93, ao contrário dos trabalhadores sujeitos ao regime do contrato individual de trabalho, tais normas não pertencem a este regime mas sim ao do funcionalismo público, reforçando assim a natureza jurídico-pública das normas disciplinares aplicáveis (cf. fls. 48 do douto Parecer do Prof. Doutor Sérvulo Correia);

26ª – É indubitável, pois, a validade do Despacho n.º 104/93, de 11 de Agosto do Conselho de Administração da Caixa Geral de Depósitos (cf. fls. 48 do douto Parecer do Prof. Doutor Sérvulo Correia);

27ª – Acresce que o douto acórdão recorrido fundamentou a sua decisão no Acórdão da 1 Subsecção do Sup. Trib. Adm., de 14 de Outubro de 2000, proferido no recurso n.º 46 314, publicado na Antologia de Acórdãos do Supremo Tribunal Administrativo, ano IV, n.º 1, págs. 113-114,

Sucedendo, porém, que

28ª – O referido Acórdão de 14.10.00, em que o douto acórdão recorrido se louvou para decidir, como decidiu, nunca transitou em julgado e foi expressamente revoltado, por ser nulo, pelo acórdão do STA, 1ª Secção, de 31.05.01;

29ª – Em relação aos trabalhadores da CGD sujeitos ao regime de funcionalismo público:

a) as normas do ACTV do Sector Bancário relativas a admissões, acessos, categorias, vencimentos e outras condições, aplicam-se a esses trabalhadores como regulamento interno de direito público por força da declaração feita pela CGD aquando da outorga das revisões desse ACTV;

b) as normas do ACTV do Sector Bancário relativas a regime disciplinar aplicam-se a esses trabalhadores, como regulamento interno de direito público, por força do Despacho n.º 104/93, de 11 de Agosto, elaborado ao abrigo do n.º 1 do artigo 36.º do Dec-Lei 48 953, de 5 de Abril de 1969, na redacção dada pelo Dec-Lei n.º 461/77, de 7 de Novembro.

30ª – O Despacho n.º 104/93, de 11 de Agosto, integra o regime disciplinar aplicável aos funcionários da Caixa Geral de Depósitos sujeitos ao regime do funcionalismo público, é inteiramente válido e legal, como correctamente decidiu o Acórdão fundamento invocado neste recurso.

31ª – Como inteiramente válida e legal é também a deliberação do ora Recorrente de 17.03.1999, que aplicou ao ora Recorrido a sanção disciplinar de despedimento com justa causa;

Com efeito:

32ª – Ao arguido, ora Recorrido, foi aplicada a sanção disciplinar de despedimento por ter praticado os seguintes actos consubstanciadores de infracções disciplinares de manifesta e pesadíssima gravidade:

– ter procedido à montagem e autorização de um empréstimo de credicaixa em nome da filha de uma empregada da Agência de Sátão, onde, então, exercia as funções de Subgerente, alegadamente destinado à aquisição de material informático para a mesma, mas cujo produto, na verdade, foi recebido e aplicado pelo arguido no pagamento de despesas de registos de uma hipoteca a favor da Caixa, referentes a um crédito concedido a outros mutuários, registos esses que haviam caducado por deficiente controlo da sua parte;

– por ter autorizado mobilizações antecipadas de valores depositados e descobertos, de forma sistemática e indiscriminada, nomeadamente em contas tituladas pela esposa e mãe, alguns para seu próprio benefício; e

– por ter concedido empréstimos com fundamentação que bem sabia não corresponder à verdade, cujo produto era quase sempre aplicado em finalidades diferentes das declaradas e que visaram, essencialmente, aproveitar a rotação de capitais entre diversas contas e permitir a liquidação de outros já vencidos ou a regularização de descobertos.

33ª – A decisão punitiva de despedimento sem justa causa fundamentou-se nos n.os 1 a 3 do Despacho n.º 104/93, de 11 de Agosto, do Conselho de Administração da Caixa Geral de Depósitos, ora Recorrente;

34ª – Despacho esse que constituía o Regulamento Disciplinar de Direito Público ao caso aplicável;

35ª – Com remissão para os comandos – integrados por esse Despacho como normativos de direito público – do disposto nas cláusulas 34.º e 117.º n.º 1 al. e) do ACT para o sector bancário, nas alíneas b), d), e g) do n.º 1 do art. 20.º do DL. n.º 49 408, de 24/11/69, e, ainda, no n.º 1 do art. 9.º do DL n.º 64-A/89, de 27/2,

36º – Aplicáveis na Caixa como Regulamento Administrativo de Direito Público, aos funcionários, como o Recorrido, que se encontrem ligados por contrato administrativo de provimento, ex vi do Despacho n.º 104/93, de 11 de Agosto, do Conselho de Administração da Caixa Geral de Depósitos, elaborado ao abrigo do artigo 36.º do Dec-Lei n.º 48 953, de 5.4.969, na redacção dada pelo Dec-Lei n.º461/77, de 7 de Novembro.

Assim,

37ª – É inquestionável que o ora Recorrido foi despedido ou demitido com justa causa;

38ª – O acto recorrido é, pois, inteiramente válido e legal, devendo por isso ser mantido.

39ª – Decidindo, como decidiu, o douto acórdão recorrido violou o disposto no Despacho n.º 104/93, de 11 de Agosto, do Conselho de Administração da Caixa Geral de Depósitos, elaborado ao abrigo do artigo 36.º do Dec-Lei n.º 48 953, de 5.4.969, na redacção dada pelo Dec-Lei n.º 461/77, de 7 de Novembro,

40ª – E os artigos 31.º n.º 2, 32.º n.º 2 e 36.º n.º 1, do Dec-Lei n.º 48 953, de 5 de Abril de 1969, na redacção que lhes foi dada pelo Dec-Lei n.º 461/77, de 7 de Novembro e no artigo 7.º n.º 2, do Dec-Lei n.º 287/93, de 20 de Agosto.

41ª – O acto recorrido é, pois, inteiramente válido e legal, devendo por isso ser mantido.

Contra-alegou o recorrido, acabando por formular as seguintes conclusões:

"1ª – Para ocorrer oposição entre julgados é indispensável que sejam idênticos os factos neles tidos em conta e que, em ambos os arestos, a decisão haja assumido forma expressa, não bastando a simples oposição entre razões ou argumentos enformadores ou a simples invocação de decisões implícitas.

2ª – O Acórdão Fundamento não se pronuncia sobre a questão controvertida nos presentes autos – legalidade ou ilegalidade do despacho n.º 104/93 de 11/8 – limitando-se apenas a transcrever em sede de relatório os fundamentos de facto e, de direito, em que assentou a decisão da primeira instância.

3ª – Quer o acórdão fundamento, quer o acórdão recorrido, não proferiram decisão expressa sobre a mesma questão fundamental de direito sendo, inclusive, duvidoso que o aresto fundamento tenha, sequer implicitamente, aderido à tese do ora Recorrente acerca da legalidade do supra referido despacho 104/93 de 11/8.

4ª – Nos presentes autos, o caminho julgado adequado pelas instâncias foi o de verificar a legalidade do enquadramento punitivo, decidindo-se claramente pela ilegalidade do despacho n.º 104/93 de 11/08, porquanto não respeitou o disposto no nº 2 do art. 31.º do DL n.º 48 953 de 5 de Abril de 1969.

5ª – O acórdão fundamento, optou por analisar apenas o comportamento indiciador da sanção expulsiva não questionando a legalidade do enquadramento punitivo.

6ª – Os dois acórdãos objectos do presente recurso por oposição de julgados não se opõem.

7ª – A sanção de despedimento aplicada ao alegante reveste a natureza de uma pena inexistente, atenta a especificidade do regime disciplinar que é aplicável ao alegante, pelo que o acto em causa carece em absoluto de forma legal o que, nos termos do art. 133.º al. f) do C.P.A. acarreta a sua nulidade.

8ª – O Acórdão do Supremo Tribunal Administrativo de 14 de Outubro de 2000, proferido no Recº 41 942, in Ac. Doutrinais do STA n.º 424 p. 457), entende, também que o despacho n.º 104/93 de 11/08 é ilegal, porquanto não respeitou o disposto no n.º 2 do art. 31.º do DL. n.º 48953 de 5 de Abril de 1969.

Nestes termos e, para além de se declarar não existir a oposição nos acórdãos referidos, o provimento a dar ao presente recurso deve ser efectivado com a prolação de uma decisão que opte pela confirmação do sentido decisório do Acórdão proferido nos presentes autos, Acórdão do TCA de 28 de Fevereiro de 2002 (e no sentido do Acórdão do Supremo Tribunal Administrativo de 14 de Outubro de 2000 proferido no rec. n.º 41 942 in Ac. Doutrinais do STA n.º 424 p.457), e que decidiu pela ilegalidade do despacho 104/93 de 11/8, quando aplicado aos que prestam trabalho na Recorrente CGD, mantendo a sujeição ao Regime do Funcionalismo Público e, consequentemente, pela ilegalidade da sanção aplicada ao ora Alegante".

Emitiu douto parecer o Ex.mo Magistrado do Ministério Público com o seguinte teor:

"Sufragando o teor do parecer emitido e junto a fls. 424 a 473, deve considerar-se válido e legal o despacho n.º 104/93, de 18 de Agosto, proferido pelo Conselho de Administração da Caixa Geral de Depósitos, assim se concedendo provimento ao recurso jurisdicional ora interposto e revogando-se o acórdão recorrido

Colhidos os vistos legais cumpre decidir.

No acórdão recorrido foram dados como assentes os seguintes factos:

1 – O recorrente foi admitido em 1980 como funcionário da C.G.D. e não optou pelo regime jurídico do contrato individual do trabalho.

2 – A 20-5-97 e na sequência de auditoria realizada à agência da C.G.D. de Vila Franca do Campo, foi levada à consideração superior a justificação (e consequente pro-

posta) de instauração de processo disciplinar ao recorrente, sub-gerente daquela agência, com intenção de despedimento.

3 – Foi ordenada a instauração de processo disciplinar a 22 de Maio de 1997, tendo sido deduzida nota de culpa contra o recorrente depois do processo instrutor e que aqui se dá por reproduzido.

4 – Por deliberação de 27 de Novembro de 1997, foi aplicada ao recorrente pena disciplinar de despedimento com justa causa.

5 – Tal deliberação baseou-se no relatório final do processo disciplinar que considerou provados os factos constantes da nota de culpa.

6 – Tal deliberação baseou-se no "regime disciplinar aplicável à Caixa por força dos n.º 1 a 3 do Despacho n.º 104/93, de 11 de Agosto, do Conselho de Administração (cláusulas 34.ª alínea b), 115.º e 117.º n.º 1 alínea e) do ACT do Sector Bancário, alínea b), d), e g) do art. 20.º ao D.L. n.º 49 408, de 24 de Novembro, e, ainda, o nº 1 do art. 9.º do D.L. n.º 64-A/89, de 27 de Fevereiro).

7 – Sobre o projecto do despacho n.º 104/93 foi ouvida a Comissão de trabalhadores que emitiu parecer de concordância.

8 – Durante a pendência do processo disciplinar, o recorrente não foi suspenso do exercício das suas funções.

9 – No relatório final do processo disciplinar constata-se que as testemunhas arroladas pelo recorrente corroboraram a versão dos factos apresentados por ele.

10 – O recorrente não tem antecedentes disciplinares.

Tendo por base estes factos, o tribunal de lª instância entendeu serem os Tribunais Administrativos incompetentes para conhecer do objecto do litígio, cabendo materialmente tal competência ao Tribunal de Trabalho.

O acórdão recorrido revogou esta sentença, entendendo serem competentes os Tribunais Administrativos para conhecer do objecto do litígio e conhecendo do mérito anulou a deliberação contenciosamente impugnada.

E deste acórdão que vem interposto o presente recurso jurisdicional.

O que importa agora decidir é se ao caso dos autos "se deve aplicar o regime jurídico do funcionalismo público, com as modificações exigidas pela natureza específica da actividade da CGD como instituição de crédito" como se decidiu no acórdão recorrido, posição que é sufragada pelo recorrido, ou se "se, deve aplicar o regime do despacho nº104/93, de 18/8, do Conselho de Administração da CGD", como se decidiu no acórdão fundamento, posição que é defendida pelo recorrente.

Começaremos por apurar qual a natureza jurídica da Caixa Geral de Depósitos.

Foi a Lei de 10 de Abril de 1876 que criou a Caixa Geral de Depósitos, tendo a sua administração sido conferida à Junta de Crédito Público (artº1º).

Veio a Caixa Geral de Depósitos, então criada, ser a herdeira do antigo Depósito Público, nascido no século XVI, cujas finalidades principais eram a recolha e administração dos depósitos necessários que eram os efectuados por disposição da lei ou dos tribunais e a arrecadação dos depósitos voluntários que abrangiam o produto de economias dos particulares.

Nesta Caixa então criada, ou nas suas delegações, "darão entrada todos os depósitos em dinheiro, valores de oiro, prata e pedras preciosas, e quaisquer papeis de crédito, que pela legislação em vigor se acham a cargo das actuais repartições do depósito público de Lisboa e do Porto, e de quaisquer depositários judiciais das outras comarcas, bem como os que se destinam a afiançar contratos, a servir de caução ao exercício de qualquer emprego, e a habilitar concorrentes nas licitações, em hasta pública, sobre quaisquer obras públicas, empresas ou fornecimentos ao Estado" (art. 2.º). Mas a "Administração desta mesma Caixa fica autorizada a receber na mesma caixa depósitos em dinheiro efectivo, em títulos da dívida consolidada, ou em quaisquer outros papeis de crédito, que lhe forem voluntariamente oferecidos por qualquer pessoa, corporação ou associação legalmente constituída" (art. 6.º),

Tem, pois, a Caixa Geral de Depósitos uma função pública não só na recolha como na administração dos depósitos necessários, assim como uma função privada, e a arrecadação dos depósitos voluntários que abrangiam o produto de economias dos particulares.

No sentido de "difundir, promover e incitar nas classes menos abastadas o espírito de economia, facultando-lhes meios seguros de tornar frutífera a acumulação de quantias, que por sua pequenez dificilmente pudessem encontrar outra aplicação produtiva" foi criada com a garantia do Estado, pela Lei de 26/4/1880, a Caixa Económica Portuguesa. Esta Lei foi alterada e complementada pela Lei de 15/7/1885, no sentido de melhor facilitar a sua utilização e simplificação ao seu acesso.

Pela Lei de 8/5/1896 foi criada a Caixa Geral de Depósitos e Instituições de Previdência, abrangendo os seus serviços: a Caixa Geral de Depósitos, a Caixa Económica Portuguesa, a Caixa de Aposentações a trabalhadores assalariados e o Monte de piedade nacional (art. 1.º).

A nomeação do pessoal da caixa geral de depósitos e instituições de previdência era feita pelo ministro da fazenda (artº58º), e para o desempenho dos novos serviços atribuídos àquela caixa e àquelas instituições foram nomeados empregados especiais pelo governo sob proposta do administrador geral da caixa (art. 64.º).

Para confirmar a natureza pública da Caixa Geral de Depósitos e Instituições de Previdência vem o facto de elas gozarem da isenção de selos e custas nos tribunais e nas repartições públicas, nos mesmos termos que a fazenda nacional (art. 65.º), além de aos respectivos empregados se aplicarem as disposições concernentes aos empregados das direcções gerais do ministério da fazenda (art. 63.º) e poderem ser despedidos do serviço quando não satisfizessem devidamente as suas obrigações e pela mesma forma como eram nomeados (art. 64.º § único), competindo ao governo publicar os regulamentos necessários para a execução desta lei (art. 66.º).

Ao abrigo desta última disposição legal, foi publicado o Decreto de 23/6/1897 que aprovou o Regulamento dos Serviços da Caixa Geral de Depósitos e Instituições de Previdência.

O art. 1.º deste Regulamento estatuía, em termos semelhantes ao da anterior legislação que "a Caixa Geral de Depósitos e Instituições de Previdência abrangia os serviços relativos a: Caixa Geral de Depósitos, Caixa Económica Portuguesa, Caixa de Aposentações a Trabalhadores Assalariados; e Monte de Piedade Nacional". Acrescentava-se no art. 3.º seguinte que "os serviços da Caixa Geral de Depósitos e Instituições de Previdência eram divididos em quatro repartições: Contabilidade, Caixa Geral de Depósitos. Caixa Económica Portuguesa e Caixa de Aposentações e Monte de Piedade". E no seu § único referia-se que "o pessoal d'estas quatro repartições consta do quadro geral que vai designado na tabela anexa a este regulamento".

Mantêm-se as mesmas espécies de depósitos, pois que no art. 15.º Decreto 23/6/1897 refere-se que "a Caixa Geral de Depósitos e Instituições de Previdência tem por fim a arrecadação, guarda, administração e restituição de todos os depósitos em dinheiro, valores de oiro, prata e pedras preciosas, e quaisquer papéis de crédito, que, nos termos da carta de lei de 10 de Abril de 1876, possam ou devam ser recebidos pela mesma Caixa ou pelas suas delegações.

Vem, por sua vez, tratado no Título VIII o estatuto dos empregados e suas atribuições, nomeação, contrato e concurso (arts. 267.º a 280.º) e as disposições disciplinares: faltas, licenças e penalidades (arts. 291.º a 302.º).

Sendo a nomeação do pessoal do quadro da Caixa Geral de Depósitos e Instituições de Previdência será feita pelo ministro da fazenda, ou pelo governo, ou por concurso documental, conforme a categoria do cargo (arts. 267.º a 280.º), as penas disciplinares de repreensão é aplicada pelo administrador geral (art. 294.º), a pena de suspensão será aplicada, conforme a sua gravidade, ou pelo administrador geral (suspensão de um a oito dias) ou pelo ministro da fazenda (suspensão superior a oito dias) (art. 293.º), a pena de demissão será aplicada pelo ministro da fazenda (art. 295.º).

A Caixa Geral de Depósitos e Instituições de Previdência foi posteriormente regulamentada, para além do mais, uma melhor distribuição dos serviços, remodelando-os, autorizando-se o Governo a criar, quando não tenha disponíveis títulos da dívida interna necessários para a liquidação do débito, pela Lei de 26/9/1909

No art. 1.º (Base I) desta lei continua a afirmar que "a Caixa Geral de Depósitos e Instituições de Previdência abrange os serviços relativos: a) à Caixa Geral de Depósitos; b) à Caixa Económica Portuguesa, e; c) à Caixa de Aposentações para as classes operárias e trabalhadoras", sendo das atribuições da Caixa a arrecadação não só dos depósitos necessários como dos depósitos voluntários, pagando por estes um determinado juro (Base II – art. 2.º), assegurando o Estado a restituição de todos os depósitos, bem como garantir todas as operações efectuadas pela Caixa Económica Portuguesa, mesmo em casos fortuitos ou de força maior (art. 7.º – Base 1).

Continua a manter-se, de acordo com estes preceitos, a natureza pública da Caixa Geral de Depósitos e Instituições de Previdência, ideia esta indiciada ao afirmar-se no art. 8.º da Base I que "a Caixa Geral de Depósitos e Instituições de Previdência continuará a desempenhar os serviços relativos aos fundos de viação municipal e de instrução primária, e os demais constantes da legislação em vigor ou que de futuro lhe sejam incumbidos" e acrescentando-se no art. 9.º da Base I que "os corpos administrativos só poderão fazer os seus depósitos de fundos na Caixa Geral de Depósitos ou na Caixa Económica Portuguesa".

O Administrador Geral é de nomeação do Governo, de certas deliberações do Conselho da Caixa Geral de Depósitos e Instituições de Previdência cabe recurso para o Governo (arts. 6.º e 110 da Base III), sendo a nomeação do pessoal do quadro da Caixa Geral de Depósitos e Instituições de Previdência feita pelo Governo, nuns casos, e, noutros por concurso (arts. 19.º e 20.º da Base IV), todavia, "quando o desenvolvimento dos serviços da Caixa exija o aumento do quadro de pessoal, este só pode fazer-se por proposta do Conselho da caixa, e as nomeações só poderão efectuar-se depois de inscrita e aprovada a verba respectiva no Orçamento Geral do Estado" (art. 16.º da Base IV).

No art. 1.º da Base IV exigia-se que o orçamento da Caixa Geral de Depósitos e Instituições de Previdência fosse enviado ao Ministro da Fazenda até ao dia 15 de Setembro de cada ano, para ser incluído no Orçamento Geral de Estado, nos termos da lei de contabilidade, podendo o Governo mandar inspeccionar, sempre que o julgue conveniente, a escrita e o movimento de fundos da Caixa (art. 4.º-Base III), as contas anuais da gerência e do tesouro da Caixa serão submetidas ao julgamento do Tribunal de Contas (art. 5.º-Base III), sendo a Caixa Geral de Depósitos e Instituições de Previdência representada em juízo pelos agentes do Ministério Público.

Acresce que o art. 2.º da Base 4ª equipara a Caixa Geral de Depósitos e Instituições de Previdência a secretarias de Estado o art. 3.º da mesma Base isenta de imposto de selo as operações efectuadas pela Caixa Económica Portuguesa com os seus depositantes.

Esta Lei de 26/9/1909 foi regulamentada por Decreto de 9/12/1909, nele se mantendo a natureza pública da Caixa Geral de Depósitos e Instituições de Previdência e continuando a concessão de privilégios à mesma e a intervenção do Governo (a título meramente exemplificativo ver: arts. 9.º a 10.º, 17.º, 26.º, 72.º, 73.º, 86.º, 236.º, 266.º, 267.º a 293.º, 304.º a 364.º).

O Decreto n.º 4 670 de 14/7/1918 que veio regular novamente a Caixa Geral de Depósitos mantém-lhe a natureza pública, com determinadas prorrogativas, assim, a arrecadação de depósitos de valores em dinheiro e papéis de crédito que, por lei, nela só podem constituir-se, os chamados depósitos necessários (art. 1.º n.º 1), os administradores são nomeados pelo Governo (art. 3.º), o Governo tem o poder de mandar inspeccionar sempre que queira a escrita e o movimento de fundos da Caixa (art. 4.º), o Conselho de Administração envia mensalmente o seu boletim à Secretaria de Estado das Finanças (art. 5.º), o Conselho Fiscal da Caixa é constituído pelos directores gerais da fazenda e contabilidade públicas, por um dos membros do Conselho Superior da Administração Financeira do Estado, nomeado trienalmente pelo Governo, e por mais quatro vogais eleitos trienalmente pelo Senado, Câmara dos Deputados, Supremo Tribunal Administrativo e Junta do Crédito Público (art. 8.º), isenção de imposto de selo sobre as operações efectuadas pela Caixa Económica portuguesa com os seus depositantes (art.º2.º da Base IV), do despacho do administrador geral cabe recurso para os tribunais (art. 4.º da Base IV), sendo a caixa representada em juízo pelos M.ºP.º e gozando de isenção de selos e custas nos mesmos termos em que a tem a Fazenda Nacional (art. 3.º da Base IV), os vencimentos do pessoal do quadro da Caixa são os mesmos que os dos funcionários da Secretaria de Estado das Finanças (art. 14.º da Base IV).

O Regulamento da Caixa Geral de Depósitos previsto neste Decreto (art. 1.º) apenas foi publicado pelo Decreto n.º 8 162, de 29/5/1922.

A natureza pública da caixa aflora em vários preceitos. Assim, a CGD montará os seus serviços onde o interesse público o indicar (art.º2.º), onde o movimento demográfico nacional o exigir a assistência económica da CGD, poderá esta encarregar-se do serviço financeiro do Estado (art. 5.º), o administrador geral e os administradores vogais da CGD são de livre nomeação do Governo, tomando posse perante o Ministro das Finanças (art. 13.º), os funcionários da CGD têm as prerrogativas atribuídas aos da Direcção Geral das Contribuições e Impostos (art. 26.º), o administrador geral poderá consultar, sobre os negócios que lhe forem afectos, a Procuradoria Geral da República (art. 29.º), etc.

Face a este percurso legal até este momento percorrido, podemos, em síntese, afirmar que a Caixa Geral de Depósitos desempenha essencialmente "um serviço público – o do exercício de funções de crédito, além da gestão da previdência do funcionalismo – e, como tal, embora administrativa e financeiramente autónoma e dispondo de património próprio, não se distinguindo de qualquer outro serviço público, devendo, por consequência, subordinar-se, em princípio, às mesmas regras que disciplinam a administração burocrática do Estado".

Quanto ao regime e situação do pessoal da Caixa, o sistema que vem desde a sua criação, é o de aplicar integralmente a esse pessoal o regime jurídico do funcionalismo público (ver neste sentido: o preâmbulo do DL n.º 48 953, de 5/4/1969).

Porém, "além de outros inconvenientes, resulta desta concepção uma inevitável rigidez em diversos aspectos da estrutura e do funcionamento da Caixa, designadamente no tocante à organização dos serviços e ao recrutamento e situação do pessoal. Quanto ao primeiro ponto, o problema reside, em síntese, na dificuldade de adaptar rapidamente aquela orgânica às exigências de um sistema flexível de crédito, de acordo com as presentes condições da vida económica e social. Relativamente ao funcionalismo da Caixa, o regime aplicável acarreta sérias limitações, que frequentemente não consentem recrutar ou manter ao serviço elementos qualificados em número suficiente, dado serem atraídos por condições mais favoráveis em outros sectores. Tem-se sobretudo em vista o exercício de funções directivas ou de carácter técnico, e outras de especial responsabilidade, cuja importância, num estabelecimento com a dimensão e as atribuições da Caixa, é ocioso salientar" (Preâmbulo acima referido).

Assim, no sentido de imprimir uma maior flexibilidade e dinamismo à acção da Caixa, mediante o reforço da autonomia da sua gestão, o acréscimo da produtividade e eficiência dos serviços, e a garantia de colaboração, em todos os níveis, de elementos de trabalho aptos ao desempenho das múltiplas e cada vez mais complexas tarefas que incumbem ao estabelecimento.

Todavia, havendo a Caixa que se adaptar ao sentido destes ventos no aspecto económico, não se podia, porém, esquecer que a mesma é simultaneamente um estabelecimento de crédito do Estado e uma instituição gestora da previdência do funcionalismo público, além de no exercício das suas funções de crédito, o objecto da actividade da Caixa é a oferta no mercado de serviços de natureza bancária e financeira em condições de relativa concorrência com os demais elementos do sistema.

Para atingir este desiderato, foi publicada uma nova Lei Orgânica da Caixa Geral de Depósitos (DL. n.º 48 953, de 5/4/1969).

Deste diploma legal, e para o que neste momento interessa, importa transcrever os seguintes preceitos:

Art.º 1.º:

A Caixa Geral de Depósitos, Crédito e Previdência, que pode designar-se apenas por Caixa Geral de Depósitos, passa a reger-se pelo disposto no presente diploma e nos regulamentos que venham a ser adoptados em sua execução, continuando em vigor a legislação que lhe é aplicável em tudo o que não seja alterado por este decreto-lei e suas normas regulamentares.

Art.º 2.º

A Caixa Geral de Depósitos é uma pessoa colectiva de direito público, dotada de autonomia administrativa e financeira, com património próprio, competindo-lhe o exercício das funções de instituto de crédito do Estado....

Art.º 31.º

1– O pessoal da Caixa é comum aos seus serviços privativos e aos das instituições anexas.

2 – O referido pessoal continua sujeito ao regime jurídico do funcionalismo público, com as modificações exigidas pela natureza específica da actividade da caixa como instituição de crédito, de harmonia com o disposto no presente diploma e nos restantes preceitos especialmente aplicáveis ao estabelecimento.

Art.º 36.º

O pessoal continua sujeito ao regulamento disciplinar que actualmente lhe é aplicável, incumbindo ao conselho de administração exercer, em relação ao mesmo pessoal, a competência atribuída aos Ministros por aquele regulamento.

De acordo com estes preceitos acabados de transcrever, a CGD uma pessoa colectiva de direito público, o seu pessoal continua sujeito ao regime jurídico do funcionalismo público e sujeito ao regulamento disciplinar que actualmente lhe é aplicável.

O quadro de disposições legais pelas quais se devia reger a CGD foi posteriormente completado pelo DL. n.º 693/70, de 31/12. Porém, atentando nos seus preâmbulo e texto, verifica-se que são aditadas novas normas e alteradas outras, porém, todas elas respeitam ao funcionamento da caixa, ou seja, mais concretamente, são atinentes ao seu objecto que é a oferta no mercado de serviços de natureza bancária e financeira em condições de relativa concorrência com os demais elementos do sistema.

Em cumprimento do disposto no DL. n.º 48 953, de 5/4/1969 e no sentido de completar a reorganização efectuada por tal diploma legal e pelo DL. n.º 693/70, de 31/12 foi publicado o Decreto n.º 694/70, de 31/12 aprovou o novo Regulamento da Caixa Geral de Depósitos.

Neste regulamento continua a qualificar-se a CGD como uma pessoa colectiva de direito público, dotada de autonomia administrativa e financeira, com património próprio, competindo-lhe o exercício das funções de instituto de crédito do Estado e a administração da Caixa Geral de Aposentações e o Montepio dos Servidores do Estado, sob a designação genérica de Caixa Nacional de Previdência, e da Agência Financial de Portugal no Rio de Janeiro, criada pelo Decreto de 29 de Dezembro de 1887 (arts. 1.º, 3.º e 4.º).

Relativamente ao pessoal refere-se no art.º 108.º: "1 – o pessoal da Caixa é comum aos seus serviços privativos e aos das instituições anexas; 2 – o referido pessoal continua sujeito ao regime jurídico do funcionalismo público, com as modificações exigidas pela natureza específica da actividade da Caixa como instituição de crédito, de harmonia com o disposto no presente diploma e nos restantes preceitos especialmente aplicáveis ao estabelecimento; 3-. ..”

Acrescenta-se, ainda, no art.º 116.º: “1-o pessoal continua sujeito ao regulamento disciplinar que actualmente lhe é aplicável, incumbindo ao conselho de administração exercer, em relação ao mesmo pessoal, a competência atribuída aos Ministros por aquele regulamento; 2-as penas dos n.os 1 e 5 do art.º 6.º do referido regulamento são da competência do administrador-geral, podendo este delegar nos directores de serviços a aplicação das penas dos n.os 1 e 2 do mesmo artigo”.

O peculiar estatuto laboral dos trabalhadores da Caixa Geral de Depósitos – ligados a este instituto de crédito do Estado por contratos que conservavam a natureza administrativa de contratos de provimento, com um conteúdo de direitos e deveres tendente à harmonização das suas condições de prestação de trabalho com as que são comuns à generalidade do sistema bancário, aconselhou que se modifica, além do mais, o enquadramento normativo então vigente na Caixa em matéria disciplinar.

Então, pelo DL. n.º 461/77, de 7/11 (art.º 1.º), e para dar satisfação a esta necessidade foi dada nova redacção ao art.º 36.º do DL. n.º 48 953, de 5/4/1969, passando tal artigo a ter o seguinte teor:

“1 – As normas disciplinares aplicáveis ao pessoal da Caixa constarão também de regulamento interno aprovado pelo conselho de administração, tendo-se em conta as condições especiais da prestação de trabalho na instituição e o regime aplicável à generalidade do sector bancário público.

2 – Enquanto não for estabelecido o regulamento referido no número anterior, o pessoal permanecerá sujeito ao regulamento disciplinar que actualmente lhe é aplicável, continuando a incumbir ao conselho de administração exercer, em relação ao mesmo pessoal, a competência atribuída aos Ministros pelo referido regulamento”.

O art.º 2.º do mesmo DL. n.º 461/77 teve que dar nova redacção ao art.º 116.º do Regulamento da Caixa Geral de Depósitos, aprovado pelo Decreto n.º 694/70, de 31/12, para ficar harmonizado com a actual redacção do art.º 36.º do DL. n.º 48 953, de 5/4/1969.

Passou, assim, o art.º 116.º a ter o seguinte teor:

“1 – as normas disciplinares aplicáveis ao pessoal constarão também de regulamento interno aprovado pelo conselho de administração, tendo-se em conta as condições especiais de prestação de trabalho na instituição e o regime aplicável à generalidade do sector bancário público.

2 – Enquanto não for estabelecido o regulamento referido no número anterior, o pessoal permanecerá sujeito ao regulamento disciplinar que actualmente lhe é aplicável, continuando a incumbir ao conselho de administração exercer, em relação ao mesmo pessoal, a competência atribuída aos Ministros pelo referido regulamento e sendo da competência do administrador-geral a aplicação das penas dos n.os 1 a 5 do art.º 6.º do mesmo regulamento, com a faculdade de delegar nos directores de serviço a aplicação das penas dos n.os 1 e 2 daquele artigo”.

A regulamentação do sistema financeiro português, com exclusão do sector de seguros e de fundos de pensões, foi reformado com a transposição para a ordem jurídica interna, pelo DL. n.º 298/92, de 31/12, das Directivas n.º 77/780/CEE do Conselho, de 12/12/1989, n.º 897/646/CEE do Conselho, de 15/12/1989 e Directiva n.º 92/30/CEE do Conselho, de 6/4/1992.

Aquele DL. n.º 298/92 aprovou o Regime Geral das Instituições de Crédito e Sociedades Financeiras, estipulando este regulamento no seu art.º 1.º n.º 2 que “as instituições de crédito sob a forma de empresa pública ficam sujeitas às normas do presente diploma que não sejam incompatíveis com a sua forma”.

No art.º 2.º consagra-se que “são instituições de crédito as empresas cuja actividade consiste em receber do público depósitos ou outros fundos reembolsáveis, a fim de os aplicarem por conta própria mediante a concessão de crédito”.

Entre as instituições reconhecidas por este RGICSF vem mencionada a Caixa Geral de Depósitos (art.º 3.º), podendo esta efectuar todas as operações permitidas aos bancos, sem prejuízo de outras atribuições conferidas pela legislação que lhe é própria (art.º 4.º n.º 2).

Portanto, a Caixa Geral de Depósitos, criada pela Carta de Lei de 10 de Abril de 1876, nasceu com uma vocação exclusivamente centrada no âmbito do Estado, tendo como função principal a recolha e administração dos depósitos efectuados por imposição da lei ou dos tribunais; cresceu como um banco de poupança e investimento ligado à política económica, continuando a recolher os depósitos públicos ou determinados pelo Estado, bem como a poupança privada, e chegou aos nossos dias com uma posição de grande destaque no conjunto das instituições de crédito portuguesas, já não dependendo dos depósitos públicos, actuando como um banco universal e sendo a matriz do maior grupo financeiro português. E, pelo Regime Geral das Instituições de Crédito e Sociedades Financeiras, aprovado pelo DL. n.º 298/92, de 31/12, a CGD foi equiparada aos bancos no que respeita às actividades que está autorizada a exercer.

Ora, todos estes circunstancialismos apontam a sujeição da Caixa a um regime de direito privado, ou, mais rigorosamente, para a aplicação à instituição de regras idênticas às que regem as empresas privadas do sector, designadamente, a adopção da forma de sociedade anónima. Mas, dada a natureza da actividade exercida, a posição e o papel que a empresa ocupa no mesmo sector, foi entendido que deveria ser apenas o Estado, e não qualquer outra pessoa colectiva de direito público, o detentor do capital.

Para adaptação da natureza da Caixa Geral de Depósitos a estes novos princípios orientadores foi publicado o DL. n.º 287/93 de 20/8.

De acordo com este diploma legal, a Caixa Geral de Depósitos foi transformada em sociedade anónima de capitais exclusivamente públicos (art.º 1.º n.º 1). Esta natureza e denominação foi confirmada no art.º 1.º dos Estatutos da Caixa Geral de Depósitos.

A Caixa rege-se pelo disposto neste diploma, pelas normas gerais e especiais aplicáveis às instituições de crédito e pela legislação aplicável às sociedades anónimas (n.º 2 do art.º 1.º do mesmo decreto-lei).

Quanto aos trabalhadores da Caixa diz-se no art.º 7.º que: “1 – sem prejuízo do disposto nos números seguintes, os trabalhadores da caixa ficam sujeitos ao Regime

Jurídico do Contrato Individual de Trabalho; 2 – os trabalhadores que se encontrem ao serviço da Caixa na data da entrada em vigor do presente diploma continuam sujeitos ao regime que lhes era até aí aplicável, podendo contudo optar pelo regime previsto no número anterior, mediante declaração escrita feita nos termos e no prazo a fixar pela indemnização da Caixa; ...".

Acrescenta-se no n.º 3 do art.º 9.º seguinte que "se mantêm também em vigor, mas unicamente para aplicação aos trabalhadores da Caixa que não tenham exercido a faculdade a que se refere o n.º 2 do art.º 7.º, e com as necessárias adaptações, os artigos 31.º n.º 2, 32.º e 34.º n.º 2 do DL. n.º 48 953, de 5/4/1969".

Em 11/8/1993, o Conselho de Administração da Caixa Geral de Depósitos, tomou a deliberação, publicada através da Ordem de Serviço n.º 19/93 de 17/8/1993, de "1 – os empregados da Caixa Geral de Depósitos ficam abrangidos pelo regime disciplinar aplicável à generalidade dos trabalhadores bancários;...".

Aqui chegados apuramos, e muito resumidamente, que a Caixa Geral de Depósitos nasceu com a Lei de 10 de Abril de 1876, germinando do Depósito Público criado no século XVI, desempenhou sempre um serviço público, através das suas várias e sucessivas transformações (Lei de 26/4/1880, Lei de 15/7/1885, Lei de n.º 8/5/1896, Decreto de 23/6/1897, Decreto de 23/6/1897, Lei de 26/9/1909, Decreto de 9/12/1909, Decreto n.º 4670, de 14/7/1918, Decreto n.º 8 162, de 29/5/1922).

Com o DL. n.º 48 953, de 5/4/1969 (Lei Orgânica da Caixa Geral de Depósitos) a Caixa Geral de Depósitos passou a ser uma pessoa colectiva de direito público, dotada de autonomia administrativa e financeira, com património próprio, competindo-lhe a exercício das funções de instituto de crédito do Estado.... (art.º 2.º).

Esta lei orgânica foi completada pelo DL. n.º693/70, de 31/12, em nada alterando a natureza jurídica da CGD definida em tal lei, continuando, por isso, a ser uma pessoa colectiva de direito público, aliás o que continuou a afirmar-se no Decreto n.º 694/70, de 31/12, diploma este que aprovou o Regulamento da Caixa Geral de Depósitos.

O DL. n.º 298/92, de 31/12, que transpôs para a ordem jurídica interna as directivas comunitárias, aprovou o Regime Geral das Instituições de Crédito e Sociedades Financeiras, sujeitando ao seu regime as empresas públicas, designadamente a CGD (arts. 1.º n.º 2, 2.º e 3.º).

Para adaptação final deste Regime Geral à CGD foi publicado o DL. n.º 287/93, de 20/8, que a transformou em sociedade anónima de capitais exclusivamente públicos (art.º 1.º n.º 1), natureza esta que foi novamente repetida no art.º 1.º dos Estatutos da Caixa Geral de Depósitos.

A Caixa que nasceu como uma instituição prestando um serviço público, transformou-se, posteriormente, em pessoa colectiva de direito público e existe hoje como sociedade anónima de capitais exclusivamente públicos.

Estas sucessivas transformações da natureza jurídica iam-se projectando na natureza do vínculo que ligava a CGD aos seus trabalhadores.

Como se reconheceu no preâmbulo do DL. n.º 48 953, de 5/4/1969, o regime e situação do pessoal da Caixa que vem desde a sua criação, é o de aplicar integralmente a esse pessoal o regime jurídico do funcionalismo público.

No art.º 31.º n.º 2 deste diploma refere-se expressamente que "o pessoal da Caixa continua sujeito ao regime do funcionalismo público". E continua também sujeito ao regulamento disciplinar que naquele momento lhe era aplicável (art.º 36.º).

Estas ideias expressas nos arts. 31.º e 36.º foram, logo de seguida, repetidas no DL. n.º 693/70 e nos arts. 1.º, 3.º, 4.º, 108.º e 116.º do Regulamento da Caixa Geral de Depósitos (DL. n.º694/70).

Porém, pelo RGICSF (DL. n.º 298/92, de 31/12) a CGD foi equiparada aos bancos "no que respeita às actividades que está autorizada a exercer", nada referindo quanto aos seus funcionários, como aliás nada o justificava que fizesse, dado o mesmo versar tão só sobre a regulamentação da actividade das Instituições de Crédito e Sociedades Financeiras.

Assim, quanto aos funcionários da CGD o seu regime jurídico não foi modificado, continuando, por isso, em vigor tudo o que anteriormente lhes era aplicável.

A natureza jurídica da CGD foi alterada pelo DL. n.º 287/93, de 20/8, que a transformou de pessoa colectiva de direito público em "Sociedade Anónima de Capitais exclusivamente Públicos" (art.º 1.º n.º 1) e estatuindo no n.º 2 deste mesmo artigo que "a Caixa se rege pelo presente diploma, pelos seus estatutos, pelas normas gerais e especiais aplicáveis às instituições de crédito e pela legislação aplicável às sociedades anónimas".

Quanto aos funcionários da CGD, e para o que agora nos interessa, diz o art.º 7.º deste mesmo DL. n.º 287/93: "1 – Sem prejuízo do disposto nos números seguintes, os trabalhadores da Caixa ficam sujeitos ao Regime Jurídico do Contrato Individual de Trabalho. 2 – Os trabalhadores que se encontrem ao serviço da Caixa na data da entrada em vigor do presente diploma continuam sujeitos ao regime que lhes era até aí aplicável, podendo contudo optar pelo regime previsto no número anterior, mediante declaração escrita feita nos termos e no prazo a fixar pela administração da Caixa.3-Os trabalhadores da Caixa que sejam chamados a ocupar cargos nos órgãos desta empresa ou que sejam requisitados para exercer funções em empresas ou serviços públicos não podem, por esse facto, sofrer qualquer prejuízo, regressando aos seus lugares logo que terminem o mandato ou a requisição. 4-...".

Face ao disposto no art.º 7.º acabado de referir, podemos dizer que os funcionários da CGD que iniciaram funções a partir da entrada em vigor do DL. n.º 287/93 (o que aconteceu no dia 1/9/1993-art.º 10.º) ficaram sujeitos ao Regime Jurídico do Contrato Individual de Trabalho. Quanto aos funcionários de tal Caixa que já o eram aquando da entrada em vigor do DL. n.º 287/93 têm duas hipóteses: ou optam pelo Regime Jurídico do Contrato Individual de Trabalho ou, nada fazendo, continuam sujeitos ao regime que lhes era até aí aplicável – o regime da função pública.

Aqui chegados, resta-nos averiguar, por fim, qual o regime disciplinar aplicável aos funcionários da Caixa Geral de Depósitos.

Até à entrada em vigor do DL. n.º 48 953, de 5/4//1969 o pessoal da Caixa estava sujeito disciplinarmente ao Regulamento Disciplinar aprovado pelo Decreto de 22/2/1913 (vide neste sentido, o Acórdão do TP de 27/11/1986-rec. n.º 16 343, in AD.306.º, pág. 847 e ss.).

Após a entrada em vigor deste diploma legal e de acordo com o seu art.º 36.º "o pessoal da CGD continua sujeito ao regulamento disciplinar que actualmente lhe é aplicável, incumbindo ao conselho de administração exercer, em relação ao mesmo pessoal, a competência atribuída aos Ministros por aquele regulamento".

Isto mesmo resultava também do art.º 116.º do Regulamento da CGD (aprovado Decreto n.º 694/70, de 31/12).

Assim, de acordo com este preceito continuam os trabalhadores da Caixa sujeito ao Regulamento Disciplinar de 1913.

A este art.º 36.º, pelo DL. n.º 461/77 de 7/11, foi dada a seguinte redacção: "1 – As normas disciplinares aplicáveis ao pessoal da Caixa constarão também de regulamento interno aprovado pelo conselho de administração, tendo-se em conta as condições especiais da prestação de trabalho na instituição e o regime aplicável à generalidade do sector bancário público. 2 – Enquanto não for estabelecido o regulamento referido no número anterior, o pessoal permanecerá sujeito ao regulamento disciplinar que actualmente lhe é aplicável, continuando a incumbir ao conselho de administração exercer, em relação ao mesmo pessoal, a competência atribuída aos Ministros pelo referido regulamento".

O conteúdo desta nova redacção do art.º 36.º levou a que ao art 116.º do Regulamento da CGD fosse dada redacção de conteúdo idêntico, pelo art.º 2.º do mesmo DL. n.º 461/77.

O recorrente foi admitido em 1980 como funcionário da CGD e não optou pelo regime jurídico do contrato individual do trabalho, pelo que de acordo com o art.º 7.º deste mesmo DL. n.º 287/93 continuou sujeito ao regime que lhe era até aí aplicável, ou seja, o regime aplicável ao funcionalismo público.

Mas o regime disciplinar aplicável a todos os funcionários da Caixa, enquanto não fosse publicado o novo regulamento, era o da função pública – o Decreto de 22/2/1913 – (art.º 279.º do Regulamento da Caixa Geral de Depósitos, aprovado pelo DL. n.º 8162, de 29/5/1929, regime que foi mantido pelo disposto no art.º 36.º n.os 1 e 2 do DL. n.º 48 953). Também o n.º 2 do art.º19.º do Regulamento da Caixa Geral de Depósitos determinava que "as infracções, penalidades, efeitos e suspensão de penas, o processo disciplinar e sua revisão, são regidas pelo Regulamento Disciplinar dos Funcionários Civis, de 22/2/1913, com os ajustamentos introduzidos pelos diplomas orgânicos e regulamentares da Caixa".

Aliás, a própria CGD não pôs em causa a aplicação deste regulamento, pois que a mesma, na ocasião da Revisão do Contrato Colectivo do Sector Bancário, em declaração de voto, reafirmou as ressalvas feitas na sua declaração aquando da assinatura do CCT, então revisto, ressalvas estas relativamente "a matéria de processo disciplinar, invocando o art.º 36.º n.º1 do DL. n.º 48 953 (cfr. Boletim do Trabalho e Emprego, 1 série, n.º 26, de 15/7/1980 e n.º 18, de 15/5/1978).

O Conselho de Administração da Caixa Geral de Depósitos aprovou, em 11/8/1993, este Novo Regulamento Disciplinar, para entrar em vigor em 31/8/1993, sujeitando todos os trabalhadores da Caixa a este regime disciplinar.

Apurar o âmbito de aplicação deste regime disciplinar aprovado pelo despacho n.º 104/93 do Conselho de Administração da CGD é o que incumbe fazer a este tribunal no presente momento.

Não está em causa o poder do Conselho de Administração de poder regulamentar a matéria d isciplinar, pois existe uma lei habilitante – o art.º 36.º n.º1 do DL. n.º 48 953, de 5/4/1969 (na redacção dada pelo DL. n.º 461/77), mas sim, saber se o poder conferido pela lei habilitante seria extensível a todos os trabalhadores da Caixa ou somente àqueles a que se lhes fosse aplicável o Regime Jurídico do Contrato Individual de Trabalho, quer porque por ele tivessem optado quer porque tivessem sido contratados já após a entrada em vigor do DL. n.º 287/93 (o que aconteceu no dia 1/9/1993-art.º 10.º).

O n.º1 do art.º 36.º do DL. n.º48 953 prevê que o Conselho de Administração da CGD aprove o regulamento interno onde constem as normas disciplinares aplicáveis ao pessoal da Caixa, só que o n.º 2 do art.º 31 do mesmo diploma legal impõe, desde logo limites ao exercício de tal poder, pois que "o referido pessoal continua sujeito ao regime jurídico do funcionalismo público, com as modificações exigidas pela natureza específica da actividade da Caixa como instituição de crédito...".

Ora, o regime jurídico do funcionalismo público, o que poderemos apelidar de "Estatuto da Função Pública" é composto por várias normas dispersas por diversos diplomas legais, alguns de aplicação comum e outros de aplicação meramente sectorial (ex. Leis Orgânicas), estando a disciplina dos funcionários, que é apenas um capítulo daquele estatuto, regulada no actual Estatuto Disciplinar dos Funcionários e Agentes da Administração Central, Regional e Local (cfr. Marcelo Caetano, Manual de Direito Administrativo, 10ª ed., 2.º vol. Págs. 686/687).

Aliás, nas Bases do Direito da Função Pública deve estar o Estatuto da Função Pública, contendo este as medidas disciplinares aplicáveis ao funcionalismo público (cfr. Gustave Peiser, in Droit Administratif, 8 ª ed., pág. 9 e segs.).

Podemos, pois, concluir que ao permitir-se aos funcionários da Caixa Geral de Depósitos a sua sujeição ao regime jurídico funcionalismo público de acordo com o art.º 7.º deste mesmo DL. n.º 287/93, este regime englobava a disciplina.

Na verdade, não se compreenderia muito bem como é que o Despacho n.º 104/93 de 11/8/1993 se quer aplicável a todos os trabalhadores da Caixa, quando em 20/8/1993 é publicada um diploma legal (DL. n.º 287/93), de hierarquia superior àquele regulamento, a permitir que os trabalhadores que se encontrassem ao serviço da Caixa na data da sua entrada em vigor (1/9/1993) e que não optassem, pudessem continuar sujeitos ao mesmo regime jurídico – o do funcionalismo público – que até ali os regia.

Mas a sujeição de tais trabalhadores da Caixa, como o recorrido José Manuel Pereira dos Santos e outros que não optaram pelo Regime Jurídico do Contrato Individual de Trabalho, ao regime do funcionalismo público resulta claramente do disposto no art.º 9.º n.º 3 do DL. n.º 287/93, ao estatuir que "manterem-se em vigor, mas unicamente para aplicação aos trabalhadores da Caixa que não tenham exercido a faculdade de opção pelo Regime Jurídico do Contrato Individual de Trabalho, o disposto no art.º 31.º n.º 2 do DL. n.º 48953...,,, estatuindo-se neste preceito que "o pessoal da Caixa continua sujeito ao regime jurídico do funcionalismo público".

E não se argumente contra esta posição que foram as mudanças impostas pelo Regime Geral das Instituições de Crédito e Sociedades Financeiras (DL. n.º 298/92, de 31/12) e pelo DL. n.º 287/93, de 20/8 que transformou a CGD em sociedade anónima de capitais exclusivamente públicos e aprovou os Estatutos da mesma Caixa que impõem a aplicação do Regulamento Disciplinar aprovado pelo Despacho n.º104/93, de 11/8 à universalidade dos trabalhadores da Caixa. Tais diplomas legais vieram, *o primeiro*, produzir alterações quanto à liberdade de estabelecimento das empresas financeiras, a liberdade de prestação de serviços pelas mesmas empresas, a harmonização e o reconhecimento mútuo das regulamentações nacionais, a liberdade de circulação de capitais, a união económica e monetária, *o segundo*, a sujeição da Caixa às regras das empresas privadas do sector, que impuseram uma alteração ao regime disciplinar dos trabalhadores, pois que não há qualquer obstáculo a esta nova adaptação da Caixa às novas circunstâncias e a aplicação do regime disciplinar da função pública aos trabalhadores da CGD sujeitos ao regime do funcionalismo público.

Além disso, a solução propugnada por este aresto é aquela que melhor respeita a situação dos trabalhadores, baseada nas certeza e segurança jurídicas, de não verem alterada a sua situação jurídico-laboral.

Finalmente, a vigência simultânea destes dois regulamentos disciplinares será meramente transitória, pois que o instituído pelo Decreto de 22/2/1913 deixará de se aplicar quando deixarem de existir trabalhadores com o estatuto de funcionário público que não tenham optado pelo Regime do Contrato Individual de Trabalho, o que inexoravelmente vai acontecer.

Conclui-se, pois, que o Regulamento Disciplinar aprovado pelo Despacho n.º 104/93 viola o disposto no art. 31.º n.º 2 do DL. n.º 48 953, de 5/4/1969, ao mandar aplicar o seu regime aos trabalhadores da Caixa que continuaram sujeitos ao regime jurídico do funcionalismo público, por que a estes aplica-se-lhes o Regulamento Disciplinar do Decreto de 22/2/1913, sendo os tribunais administrativos os competentes para conhecer da legalidade do acto que lhes aplicar uma pena disciplinar.

Em concordância com tudo o exposto, improcedendo as conclusões das alegações do recorrente, e sendo os tribunais administrativos os competentes para conhecer do objecto do recurso contencioso interposto pelo ora recorrido, nega-se provimento ao presente recurso jurisdicional, confirmando-se o acórdão recorrido.

Sem custas.

Lisboa, 24 de Maio de 2005.

Pires Esteves (Relator)
António Samagaio
Azevedo Moreira
Santos Botelho
Rosendo José
Pais Borges
Adérito dos Santos
Maria Angelina Domingues
Costa Reis

Recurso n.º 927/02-20

CONCURSO PÚBLICO. EMPREITADA DE OBRAS PÚBLICAS. PRAZO DE PAGAMENTO.

(Acórdão de 5 de Maio de 2005)

SUMÁRIO:

I – O prazo máximo de 44 dias para o pagamento dos trabalhos executados, previsto no art. 212.º, n.º 1, do DL n.º 55/99, de 2 de Março, é imperativo para todos os contraentes.

II – Em concurso público de empreitada de obras públicas, uma proposta contemplando prazo de pagamento superior deve ser reduzida ao prazo máximo e avaliada em conformidade com essa redução.

ACORDAM EM CONFERÊNCIA NO PLENO DA 1ª SECÇÃO DO SUPREMO TRIBUNAL ADMINISTRATIVO

1.1. Por sentença do T.A.C. de Coimbra, proferida a fls. 69 e segs, foi negado provimento ao recurso contencioso interposto por "Pavia – Pavimentos e Vias, S.A." e "Intevial – Gestão Integral Rodoviária, S.A.", contra o Conselho de Administração da Região do Planalto Beirão, do acto de adjudicação da empreitada para reposição de pavimento no troço Ferreiros do Dão – Cabanas de Viriato à concorrente "Rosas – Construtores, S.A.".

1.2. Inconformadas interpuseram as recorrentes recurso jurisdicional para este S.T.A., o qual, por acórdão de fls. 170 e segs, da 1ª Secção, 3ª Subsecção, concedeu provimento ao recurso jurisdicional e anulou o acto contenciosamente recorrido com fundamento na violação, pelo acto impugnado, do art.º 212.º do DL 59/99, de 2.3.

1.3. Discordando do acórdão referido em 1.2, o Conselho de Administração da Associação de Municípios da Região do Planalto Beirão recorreu para este Pleno, com fundamento em oposição de julgados.

Indicou como acórdão fundamento o proferido no rec. 29/04, em 5-2-04, pela 1ª Secção, 1ª Subsecção deste S.T.A.

1.4. Por acórdão proferido a fls. 221 e segs foi julgada verificada a invocada oposição de julgados e ordenado o prosseguimento do recurso.

1.5. O Recorrente Conselho de Administração da Associação de Municípios da Região do Planalto Beirão apresentou as alegações de fls. 232 e segs, que concluiu do seguinte modo:

"1. A redacção da norma do Art.º 212.º do mencionado Dec.-Lei n.º 55/99 é clara quando estabelece que "Os contratos devem precisar os prazos (...) os quais não poderão exceder 44 dias...".

2. Efectivamente, aquela norma integra-se e diz respeito à fase da execução da empreitada propriamente dita, não tendo qualquer aplicação à fase do concurso público, da elaboração, apresentação e abertura das propostas.

SEM PRESCINDIR,

3. Por outro lado, apelando a argumento interpretativo – elemento sistemático – do diploma legal, se o legislador expressamente admite a concurso propostas que sejam totalmente omissas quanto aos prazos de pagamento, estabelecendo que deve considerar-se o prazo máximo legalmente permitido, então, por analogia de razões, também terão que ser admitidas propostas que estabeleçam prazos superiores, embora operando-se a redução do prazo apresentado ao prazo máximo admitido por lei.

4. A norma do n.º 2 do Art.º 212.º do Dec.-Lei n.º 59/99, de 2 de Março visa proteger os interesses do concorrente-empreiteiro, que se apresenta numa posição que o legislador entende como mais fraca e desprotegida.

5. Por um lado, pretendeu-se prevenir eventuais atrasos do dono da obra no cumprimento pontual das suas obrigações de pagamento dos trabalhos perante o empreiteiro, que possam, no limite, afectar a capacidade e o equilíbrio económico-financeiro da própria organização empresarial deste;

6. Por outro lado, pretendeu-se evitar que uma situação de asfixia financeira do empreiteiro possa gerar repercussões no próprio cumprimento do contrato, na própria execução integral da obra que lhe foi adjudicada;

7. Todavia, nada impede que, ao abrigo do princípio da liberdade contratual e da autonomia da vontade, o empreiteiro, livre e espontaneamente, proponha ser pago num prazo mais alargado, para além dos 44 dias que a lei estabelece."

1.6. Não houve contra-alegações e, o Exm.º Magistrado do M.º P.º junto deste S.T.A. emitiu o parecer de fls. 237, do seguinte teor: Renovamos o parecer anteriormente emitido na Secção.

Em consequência, entendemos que o presente conflito de jurisprudência deverá ser solucionado no sentido perfilhado no douto Acórdão recorrido, na senda, aliás, do douto Acórdão deste STA, de 20/04/04, rec. n.º 227/04, nele citado, destacando, em particular, os elementos teleológicos assinalados à interpretação da norma do n.º 1 do Art.º 212.º do Decreto-Lei n.º 59/99, de 2 de Março."

2. Colhidos os vistos legais cumpre apreciar e decidir

0.2. O DIREITO.

2.1. Conforme se deixou relatado no acórdão interlocutório de fls.221 e segs, o acórdão recorrido considerou que a norma do art.º 212.º do D.L. 59/99, de 2.3, ao impôr o prazo máximo de pagamento de 44 dias é imperativa, embora qualquer violação a esse limite legal não implique a rejeição das propostas que apresentem um prazo superior de pagamento sem juros. O que na situação terá de acontecer é que o prazo superior a 44 dias apresentado na proposta dos concorrentes terá de ser reduzido em conformidade com a norma.

O acórdão fundamento, proferido em apreciação de sentença do T.A.C. que julgou recurso contencioso de objecto idêntico, perante a invocada violação, pelas recorrentes, do aludido art.º 212.º do D.L. 59/99, por a proposta vencedora ter apresentado também um prazo de pagamento de 540 dias, considerou, ao invés, que o aludido prazo de 44 dias não era imperativo, podendo ser ultrapassado por expressa anuência do concorrente sem qualquer adicional de juros, tudo dentro do conteúdo possível das cláusulas contratuais.

Encontramo-nos, pois, perante soluções opostas para a mesma questão fundamental de direito pelo que, cabe agora apreciar qual das duas soluções se tem, aqui, por correcta, e, em consequência, se o acórdão recorrido merece ser revogado, conforme sustenta o Recorrente.

2.2. As conclusões das alegações do ora Recorrente reproduzem, praticamente, a síntese da motivação do acórdão fundamento, pelo que, convém começar por relembrá-la.

Considerou aquele aresto, em síntese, que o prazo a que se refere o art.º 212.º, n.º 1 em causa é um prazo de pagamento imposto ao dono da obra, pelo que seria evidente que a norma em causa surge em principal benefício do empreiteiro.

Mas, sendo assim, discorre o acórdão fundamento, se o que visa criar é um direito ao pagamento no prazo máximo de 44 dias "*em lado nenhum de lei resulta que dele o interessado se não possa despojar, por não ser tratado como um direito indisponível e, logo, irrenunciável. Por isso, nada afasta a possibilidade de que seja ultrapassado, desde que nisso o concorrente assinta expressamente na sua proposta.*

Aliás, na medida em que o art.º 73.º, n.º 1, al. d), do diploma em apreço permite que o concorrente estabeleça um "plano de pagamento" sem qualquer restrição temporal, parece claro que nesse domínio predomina a vontade do proponente".

A natureza *disponível* do que o acórdão fundamento considera um direito do empreiteiro ressaltaria, com mais clareza, do disposto no subsequente art.º 213.º, ao dispor sobre "mora no pagamento", em termos que não deixariam lugar a dúvidas.

Dele se retiraria que o prazo de pagamento do art.º 212.º não tem outra finalidade senão fixar o período dentro do qual o pagamento possa ser feito em singelo, sem qualquer adicional indemnizatório ou compensatório.

Ora, pondera o acórdão fundamento, "se a Administração pode ultrapassar aquele prazo limite, apenas se sujeitando ao pagamento de juros de mora (cf. art.º 804.º e segs do C.C.), é para nós claro que a barreira dos 44 dias pode ser ultrapassada por expressa anuência do concorrente sem qualquer adicional de juros. E isto está dentro do conteúdo possível das cláusulas contratuais face à amplitude do art.º 118.º, n.º 1, al. j), do diploma em análise".

2.3. O acórdão recorrido, ao invés (louvando-se na fundamentação do acórdão da 1ª Secção, 2ª Subsecção, de 20.4.04, rec. 227/04), considerou que o prazo máximo de 44 dias para o pagamento de trabalhos executados e eventuais acertos, a que se refere o preceito em causa (art.º 212.º, n.º 1 do D.L. 59/99, de 2.3), é um prazo imperativo para todos os contraentes.

Apoia esta interpretação, essencialmente, no seguinte:

O objectivo da norma não é apenas o da protecção do empreiteiro.

Existem vários objectivos concorrentes: equilíbrio do contrato, protecção do empreiteiro, protecção do dono da obra, transparência do procedimento pré-contratual e da execução do mesmo, embora todos eles derivados do "equilíbrio do contrato".

A protecção do empreiteiro que o preceito também visa, não tem como consequência a atribuição, no caso, de um direito disponível, sob pena de se frustrar os objectivos da almejada protecção, ao promover a tendência de obter o contrato a todo o custo.

A concorrência entre todos os interessados ficaria também prejudicada *"e a norma terminaria por não se impor a nenhum interveniente, nomeadamente ao promotor do concurso, pois lhe bastaria estabelecer uma regra preferencial quanto ao prazo para ficar, ele também objectivamente liberto do dito prazo tampão".*

A imperatividade da norma "*protege a transparência do procedimento pré-contratual, estabelecendo balizas que se consideram razoáveis para o equilíbrio do contrato, em termos dos interesses do dono da obra e dos concorrentes. Estabelecendo-se esse prazo máximo, imperativo, impede-se que se contemple, como critério de adjudicação um índice respeitante ao prazo de pagamento que permitira as mais diversas e díspares flutuações, podendo uma proposta, se bem que manifestamente desvantajosa, acabar por ser considerada vantajosa, apenas por ter estabelecido um prazo de pagamento muito mais dilatado que o de todos os restantes concorrentes ...*"

2.4. Entende-se que a razão está do lado do acórdão recorrido.

Na verdade, a solução do acórdão recorrido é o que decorre, com mais lógica, do *texto* do preceito em causa, ponto de partida e limite de qualquer interpretação correcta de normas legais, e aquela que melhor permite conciliar todos os interesses – públicos e particulares – em jogo.

Transcreve-se, para facilitar a apreensão do que subsequentemente se dirá, o texto do art.º 202.º em causa, bem como o art.º 213.º, n.ºs 1 e 2, que o acórdão fundamento convocou em abono da interpretação a que procedeu.

"Artigo 212.º
Prazo de pagamento

1– Os contratos devem precisar os prazos em que o dono da obra fica obrigado a proceder ao pagamento dos trabalhos executados e eventuais acertos, os quais não poderão exceder 44 dias, contados, consoante os casos:

a) Das datas dos autos de medição a que se refere o artigo 202.º;

b) Das datas de apresentação dos mapas das quantidades de trabalhos previstos no artigo 208.º;

c) Das datas em que os acertos sejam decididos.

2 – Os contratos devem ainda precisar os prazos em que o dono da obra fica obrigado a proceder ao pagamento das revisões e eventuais acertos, os quais não poderão exceder 44 dias, contados consoante os casos previstos na legislação especial aplicável.

3 – Nos casos em que os contratos não precisem os prazos a que se referem os números anteriores, entender-se-á que serão de 44 dias.

Artigo 213.º
Mora no pagamento

1 – Se o atraso no pagamento exceder o prazo estipulado ou fixado por lei nos termos do artigo anterior, será abonado ao empreiteiro o juro calculado a uma taxa fixada por despacho conjunto do Ministro das Finanças e do ministro responsável pelo sector das obras públicas.

2 – Se o atraso na realização de qualquer pagamento se prolongar por mais de 132 dias, terá o empreiteiro o direito de rescindir o contrato."

Como se vê, a norma em causa reporta-se a uma estipulação a constar dos próprios contratos quanto aos prazos de pagamento.

E, como também parece claro, a norma ao estatuir que os prazos de pagamento a constar dos contratos não poderão exceder 44 dias estabelece uma interdição.

Ora, como seria possível num contrato fazer funcionar uma interdição deste género como vinculativa apenas para uma das partes e facultativa para a outra?

Como bem se refere no acórdão de 20-4-2004, rec. 227/04, em análise crítica à motivação do acórdão fundamento, "a norma terminaria por não se impor a nenhum interveniente, nomeadamente ao promotor do concurso, pois lhe bastaria estabelecer uma regra preferencial quanto ao prazo para ficar, ele também, objectivamente liberto do dito prazo tampão"

Depois, o acórdão fundamento revela alguma incoerência ao desenvolver a sua ideia de que a norma em causa surge em principal benefício do empreiteiro.

Escreve-se, com efeito, a este respeito, no citado acórdão:

"Mais: dir-se-á que ela tem um primacial <u>objectivo proteccionista dos interesses de empresa de empreiteiro</u>, de maneira a evitar que eventuais faltas de pagamento pontual do preço dos trabalhos executados resultam numa afectação da sua capacidade financeira, altera o seu equilíbrio económico, crie ou potencie uma situação de facto que lhe retire, inclusive, aptidão para solver os seus próprios compromissos (laborais, bancários, comercias, etc.) e, com isso ponha em risco a própria execução integral da obra adjudicada".

Como se vê, o alcance que o acórdão fundamento atribui à norma em causa não é só o de "proteger os interesses da empresa do empreiteiro" pois que, afinal, se afirma que também se pretende evitar o risco para a própria execução integral da obra adjudicada".

Ora, este último objectivo é sem dúvida, de protecção dos interesses do ente público adjudicatário, visto que de um contrato de obras públicas se trata. E então não seria lógico colocá-lo à mercê da vontade do empreiteiro (na sua disponibilidade).

Nem se vê, ao invés do sustentado no acórdão fundamento, de que modo o conteúdo do art.º 213.º, n.ºs 1 e 2 (supra transcrito) possa conferir apoio ao referido entendimento.

Antes se nos afigura o contrário.

O art.º 213.º contempla uma fase distinta do preceito antecedente: a fase de execução do contrato.

E rege, precisamente, para os casos de *desrespeito* (inadimplemento) do contratualmente estabelecido, prevendo as possíveis *sanções* (juros ou mesmo o direito de rescisão do contrato) do comportamento infractor, o que, em nosso entender, reforça a ideia de imperatividade do disposto no artigo anterior.

Do preceituado nos arts. 73.º, n.º 1, alínea d) e 118.º, n.º 1, alínea j) do D.L. 59/99 também não se colhe nenhum subsídio argumentativo a favor de posição perfilhada pelo acórdão fundamento, ao invés do pressuposto por este.

De facto, conforme também se deixou expresso no acórdão recorrido, respeitando o limite de prazo imposto pelo art.º 212.º, a proposta do concorrente pode apresentar o plano de pagamentos que entender.

2.5. Não seria, de facto, razoável que a lei disciplinadora dos contratos de empreitada de obras públicas, precedidos de concurso público com pluralidade de concorrentes, tivesse como principal objectivo o que lhe foi apontado pelo acórdão fundamento.

Mais razoável se considera a pluralidade de objectivos que lhe são apontados no acórdão recorrido: equilíbrio do contrato, protecção do empreiteiro, protecção do dono da obra, transparência do procedimento pré-contratual e de execução do mesmo.

Conforme aí bem se refere «situando os concorrentes em patamares pré-estabelecidos e entendidos como equilibrados, nos quais, ainda assim, podem utilizar a margem de variação entendida por razoável pela lei, desincentivam-se propostas desajustadas, promove-se o funcionamento do mercado em condições concorrenciais sustentáveis.

Estabelecendo-se esse prazo máximo, imperativo, impede-se que se contemple, como critério de adjudicação, um índice respeitante ao prazo de pagamento que permitiria as mais diversas flutuações, podendo uma proposta, se bem que manifestamente desvantajosa, acabar por ser considerada vantajosa, apenas por ter estabelecido um prazo de pagamento muito mais dilatado que o de todos os restantes concorrentes»

Nenhuma censura merece, também, o entendimento subsequente do acórdão recorrido, segundo o qual, o desrespeito daquele prazo máximo de 44 dias referidos na norma não implica a rejeição das propostas que apresentem um prazo superior de pagamento sem juros, mas sim, a respectiva redução em conformidade com a norma.

Improcedem, assim, todas as conclusões das alegações do Recorrente.

3. Nestes termos, acordam em negar provimento ao recurso, confirmando o acórdão recorrido.

Sem custas.

Lisboa, 5 de Maio de 2005.

Maria Angelina Domingues (Relatora)
Azevedo Moreira
António Samagaio
Pais Borges
J. Simões de Oliveira
Costa Reis
Adérito Santos
Rui Botelho

Recurso n.º 588/04-20

CONCURSOS. PESSOAL DE ENFERMAGEM. CLASSIFICAÇÃO FINAL. AVISO DE ABERTURA.

(Acórdão de 12 de Abril de 2005)

SUMÁRIO:

Nos concursos no âmbito do pessoal de enfermagem, regidos pelo DL n.º 437/91, de 8/11 (redacção primitiva), a al. o) do n.º 1 do art.º 29.º do mesmo diploma, não exigia que do aviso de abertura de tais concursos constasse, referido ao sistema de classificação final dos concorrentes, os critérios e valoração a que o júri respectivo se deveria ater na classificação e graduação daqueles.

ACORDAM NO PLENO DA 1ª. SECÇÃO DO SUPREMO TRIBUNAL ADMINISTRATIVO:

ANTÓNIO JOSÉ CARVALHO CARDEIRA BATISTA, melhor identificado nos autos, vem recorrer para este Tribunal Pleno do acórdão do Tribunal Central Administrativo, de 30/10//2003 (fls. 138 e segts. dos autos), invocando encontrar-se o mesmo em oposição com o decidido no acórdão da Secção, de 12/5/98 (rec. n.º 42.660), já transitado em julgado, e junto por fotocópia a fls. 152 e segts. dos autos.

Pelo acórdão preliminar de fls. 179 e segts. foi julgado verificar-se a invocada oposição de julgados.

Alegou então o ora recorrente, formulando a final as conclusões seguintes, que se transcrevem:

«**1ª** – O sistema de classificação final dos concursos de provimento da carreira de enfermagem deve constar obrigatoriamente dos respectivos avisos de abertura, por força do disposto nos arts. 18.º, n.º 3, al. c) e 29.º, n.º 1, al. o), do DL n.º 437/91, de 8 de Novembro.

«**2ª** – O aludido sistema de classificação final, previsto naqueles preceitos, analisa-se nos factores e subfactores de avaliação dos métodos de selecção, nos coeficientes de ponderação destes e da fórmula de classificação final.

«**3ª** – Esta, a fórmula de classificação final, é um elemento constitutivo essencial do sistema de classificação, uma vez que contém os coeficientes de ponderação dos factores e subfactores de avaliação, dando a conhecer o peso e a relevância relativos destes, antes de serem conhecidos os currículos dos candidatos e à margem do júri, tornando-se assim, impossível qualquer acção conformadora deste órgão.

«**4ª** – No douto acórdão recorrido entendeu-se ser inexigível, à luz dos arts. 18.º, n.º 3, al. c) e 29.º, al. o), do DL n.º 437/91, que o aviso de abertura dos referidos concursos contenha qualquer dos elementos referidos nas conclusões anteriores, tendo julgado ser bastante uma mera remissão para o n.º do art.º 34.º Deste diploma legal.

«5ª – Mas do aviso de abertura do concurso a que se refere o douto acórdão recorrido nem sequer consta o texto daquele preceito (n.º 2 do art.º 34.º do DL n.º 437/91).

«6ª – No que se violou o disposto nos arts. 18.º, n.º 3, al. c) e 29.º, n.º 1, al. o), do DL n.º 437/91.

«7ª – A publicação do sistema de classificação final nos avisos de abertura, no âmbito dos concursos de provimento da carreira de enfermagem, tem por objectivo fundamental prevenir qualquer possibilidade de actuação parcial do júri, evitando-se, assim, objectivamente, qualquer possibilidade de formulação de juízos de suspeição de favorecimento ou desfavorecimento dos candidatos.

«8ª – A publicação do sistema de classificação final no aviso tem, assim, a finalidade de garantir, certa e seguramente, que nos concursos em causa não haverá a menor potencialidade de lesão dos princípios de confiança, igualdade, proporcionalidade, justiça, imparcialidade e da boa fé, consignados nos arts. 2.º e 266.º, n.º 2, da R.R.P., arts. 3.º, 6.º e 6.º A do C.P.A. e 18.º, n.º 3, als. b) e d) e 29.º, al. o) do DL n.º 437/91.

«9ª – O regime legal dos concursos de provimento da carreira de enfermagem, nomeadamente os seus arts. 18.º, n.º 1, al. c) e 29.º, n.º 1, al. o), daquele último diploma, constitui normação especial relativamente ao regime legal dos concursos de provimento do regime geral da função pública, constante então, do DL n.º 498/88 e 215/95 e, actualmente, do DL n.º 204/98, encontrando-se tais regimes numa relação de lei especial – lei geral.

«10ª – O douto acórdão recorrido ofende, pois, os preceitos constitucionais e legais identificados supra».

Contra-alegou o Secretário de Estado Adjunto do Ministro da Saúde, sustentando o improvimento do presente recurso, aderindo ao entendimento firmado no acórdão recorrido.

Igual posição defende o Exm.º magistrado do M.º P.º no seu parecer de fls. 220 dos autos.

Colhidos os vistos legais e redistribuído que foi o processo ao presente relator, cumpre decidir.

***

Em ambos os arestos – acórdão recorrido do Tribunal Central Administrativo e acórdão-fundamento da 1ª. Secção deste Supremo Tribunal – se estava na presença de concursos no âmbito da carreira de enfermagem, mais precisamente, de concursos de acesso à categoria de enfermeiro graduado, de natureza curricular, que haviam decorrido no domínio do DL n.º 4347/91, de 8/11 (primitiva redacção, anterior ao DL n.º 412/98, de 30/12, que modificou aquele diploma).

Ora a matéria que dividiu ambos os arestos tem a ver com o entendimento, diversamente acolhido nos mesmos, sobre o alcance da al. o), do n.º 1 do art.º 29.º do aludido diploma, na parte em que se refere ao "sistema de classificação final" que, como menção, além de outras, deveria constar obrigatoriamente em todos os concursos regidos pelo mesmo diploma e aos quais se aplicavam as normas do seu capítulo IV (arts. 18.º e segts.), como regras privativas próprias dos concursos do pessoal da carreira de enfermagem.

Enquanto o acórdão recorrido entendeu que tal menção referente ao "sistema de classificação final", que deveria, como se disse, constar obrigatoriamente do aviso de abertura dos referidos concursos, não integrava os factores de apreciação e respectiva ponderação, que caberia depois aos correspondentes júris fixar, o acórdão-fundamento acolheu entendimento oposto, decidindo que tais factores e respectiva ponderação deveriam também constar do aviso de abertura do concurso em causa.

O que em ambos os arestos levou a decisões opostas: enquanto o acórdão recorrido negou, também por esse fundamento, provimento ao recurso contencioso interposto por candidato graduado a final no concurso dos autos, o acórdão-fundamento, de modo oposto, anulou o despacho homologatório da classificação e graduação final do concurso em causa com fundamento na omissão da referência no respectivo aviso de abertura dos factores e respectiva ponderação a que o júri se teria necessáriamente de ater no concurso então em causa.

Verifica-se assim desenhar-se clara oposição de julgados – em situações fáctico-jurídicas idênticas – entre os referidos arestos, tal como se ajuizou no já referido acórdão preliminar de fls. 179 e segts.

Oposição essa cuja solução implica dilucidar o exacto alcance do que seja o "sistema de classificação final", na acepção vazada na já referida al. o), do n.º 1, do art.º 29.º, do DL n.º 437/91.

***

Já acima se disse, de passagem, que este último dispositivo legal se insere no capítulo IV do mesmo diploma, sob a epígrafe "concursos", disciplinando pois esta matéria no campo específico do pessoal a que se refere – o pessoal de enfermagem.

Trata-se, assim, de um regime privativo de concursos próprio de tal pessoal, que se afastava do regime geral que, na altura, era regido, como se disse, pelo DL n.º 498/88, de 30/12.

Ora acontece que este último diploma, no que às menções obrigatórias dos avisos de abertura de concursos dizia respeito, e naquilo que ao caso interessa, dispunha que de tais avisos devia constar "a especificação dos métodos de selecção a utilizar" – cfr. al. h) do art.º 16.º do referido DL n.º 498/88.

Norma esta que tinha de ser conjugada com a da al. c) do n.º 1 do art.º 5.º do mesmo diploma, na qual – e no que dizia respeito aos princípios gerais por que se regiam os concursos de pessoal na pública em geral – se dispunha, como um dos seus princípios, o da "divulgação atempada (...) do sistema de classificação final a utilizar".

Ora a jurisprudência deste Supremo Tribunal, de que é exemplo o seu acórdão de 28/1/97, rec. n.º 40.436 (no "apêndice" ao DR. de 25/11/99, vol. I, pp 565 e segts.), entendia aquelas expressões legais, secundando o entendimento perfilhado nos pareceres n.os 103/85, de 21/11/85 e 106/88, de 26/1/89, da Procuradoria-Geral da República (DR. II série, de 11/4/86 e de 21/4/89, respectivamente), no sentido de que as mesmas expressões legais não exigiam a enunciação antecipada dos códigos ou modelos representativos dos factores ou critérios de ponderação que deveriam consubstanciar o sistema de classificação.

Não se vê, neste momento razão válida que possa levar ao abandono de semelhante entendimento, que aqui se reitera.

Mas se era assim, como se acabou de ver, no âmbito geral dos concursos da função pública regidos pelo falado DL n.º 498/88, igual conclusão é de extrair no campo específico dos concursos do pessoal de enfermagem disciplinado pelo já mencionado DL n.º 437/91, uma vez que a al. o) do n.º 1 do seu art.º 29.º, no que dizia respeito às menções que deveriam constar obrigatoriamente dos avisos de abertura de tais concursos falava, além do mais, como se viu, do "sistema de classificação final", expressão esta com grande similitude da que era usada, em lugares paralelos, daquele DL n.º 498/88.

Daí não haver qualquer razão séria que possa levar a atribuir-lhe alcance diferente das expressões equivalentes usadas no referido DL n.º 498/88.

Aliás a essa conclusão se chegou no acórdão deste Supremo Tribunal, de 7/10/99, rec. n.º 42.062 ("Apêndice" ao DR de 23/9/2002, pp. 5529 e segts.), segundo o qual a al. o) do n.º 1 do art.º 29.º do DL n.º 437/91, agora em questão, não determinava a obrigatoriedade de inclusão no aviso de abertura dos concursos (da carreira de enfermagem) dos factores de apreciação a ponderar pelo júri.

Por outro lado, acrescente-se agora, semelhante conclusão sai corroborada pelas alterações legislativas que, em momento imediato ao espaço temporal agora em causa, vieram a sofrer tanto o DL n.º 498/88, como o DL n.º 437/91.

***

Com efeito, aquele primeiro, na alteração que veio a ser introduzida pelo DL n.º 215/98, de 22/8, viu alterado a al. h) do seu art.º 16.º, respeitante ao conteúdo do aviso de abertura aos concursos, o qual, no que dizia respeito aos "métodos de selecção a utilizar", passou a incluir a menção "dos factores de apreciação", o que inculca que estes, na primitiva redacção do preceito, não integravam o conteúdo do aviso de abertura dos concursos referidos.

Como igualmente, face à nova redacção introduzida no art.º 29.º do DL n.º 437/91, com a adição de um novo n.º 2 a esse preceito pelo posterior DL n.º 412/98, de 30/12, passou nele a consignar-se que o referido "sistema de classificação final", constante do n.º 1 do mesmo art.º 29.º, passava agora a incluir "o conjunto de regras constituído pelas médias aritméticas simples ou ponderadas, das classificações a atribuir a cada um dos métodos de selecção a utilizar, pelos factores que os integram e respectivos índices de ponderação".

O que significava que tais factores de ponderação se não incluíam nas menções obrigatórias da al. o) do n.º 1 do art.º 29.º do DL n.º 437/91, na sua inicial redacção – agora em jogo no caso sub judice, como se viu já –, quando nela se dizia singelamente que os avisos de abertura de concursos do pessoal de enfermagem deviam conter, além do mais, "o sistema de classificação final".

O que tudo conflui para o entendimento de que tal preceito, nessa sua primitiva redacção, devia ser entendido, na parte referida, e tal como o fez o acórdão ora recorrido, no sentido de não exigir que nos avisos de abertura dos concursos do pessoal de enfermagem se devessem incluir os modelos ou códigos representativos dos factores ou critérios de ponderação a utilizar pelos júris dos mesmos concursos (revendo aqui o relator do presente aresto a posição contrária que subscreveu no acórdão-fundamento).

Improcede assim a matéria de todas as conclusões do recorrente.

Termos em que nega provimento ao recurso.

Custas pelo recorrente.

Taxa de justiça: € 400.

Procuradoria : € 200.

Lisboa, 12 de Abril de 2005.

Pedro Manuel de Pinho de Gouveia e Melo (Relator)
António Fernando Samagaio
Fernando Manuel Azevedo Moreira
José Manuel da Silva Santos Botelho
Rosendo Dias José
Maria Angelina Domingues
Luís Pais Borges
Alberto Acácio de Sá Costa Reis
José Manuel Almeida Simões de Oliveira

Recurso n.º 109/04-20

CONSELHO SUPERIOR DOS TRIBUNAIS ADMINISTRATIVOS E FISCAIS. RECLAMAÇÃO FACULTATIVA. CLASSIFICAÇÃO DE JUIZ. IRRECORRIBILIDADE DO ACTO QUE INDEFERE RECLAMAÇÃO DE DELIBERAÇÃO DE CLASSIFICAÇÃO.

(Acórdão de 24 de Maio de 2005)

SUMÁRIO:

I – **Ao contrário da reclamação facultativa, que não carece de estar contemplada na lei reguladora de cada procedimento, visto ser admitida com carácter genérico (art. 161.º do CPA), a reclamação necessária, pelo seu carácter excepcional, tem de estar prevista explicitamente nessa lei.**

II – **O ETAF não prevê nenhuma reclamação necessária para o CSTAF das deliberações deste órgão, sendo as mesmas imediatamente recorríveis contenciosamente.**

III – **Não está previsto na mesma lei que o CSTAF funcione em Plenário, sendo essa opção legal impeditiva de que reúna e delibere dessa maneira.**

IV – **Não é aplicável à classificação de juízes da jurisdição administrativa e fiscal a norma do art. 165.º do CSM, que estabelece a reclamação (necessária) para o Plenário das deliberações tomadas pelo Conselho Permanente.**

V – **É, por conseguinte, irrecorrível a deliberação do CSTAF que, convolando em "reclamação facultativa" uma reclamação que é dirigida ao seu "Plenário" nos termos do art. 165.º do EMJ do Conselho, aprecia e decide o respectivo mérito e mantém na ordem jurídica a deliberação primária.**

VI – **Não pode invocar o princípio da igualdade a parte que, em processo do contencioso admi-**

nistrativo, pretende que o tribunal dê ao seu litígio solução idêntica ao de outro caso, pois não vigora entre nós o sistema do precedente e aquele princípio só releva no domínio da discricionariedade.

VII – Os recursos não se destinam a obter decisões sobre questões novas, não apreciadas pela instância inferior, mas a rever e modificar as decisões recorridas.

ACORDAM NO PLENO DA 1ª SECÇÃO DO SUPREMO TRIBUNAL ADMINISTRATIVO:

– I –

LÚCIA CELESTE DA FONSECA SOUSA, Juíza Desembargadora, recorre do Acórdão da subsecção que rejeitou, por irrecorribilidade (acto meramente confirmativo), o recurso contencioso do acórdão de 16.9.02 do CONSELHO SUPERIOR DOS TRIBUNAIS ADMINISTRATIVOS E FISCAIS que, indeferindo reclamação da recorrente, manteve o acórdão de 13.5.02, o qual atribuíra ao seu serviço a classificação de *BOM.*

Nas suas alegações, a recorrente enuncia as seguintes conclusões:

"A) À Recorrente é aplicável em todos os seus termos o Estatuto dos Magistrados Judiciais;

B) Entende-se por plenário de um órgão a sua formação ou reunião completa, com todos os seus membros;

C) O Conselho Superior dos Tribunais Administrativos e Fiscais não está legalmente impedido de funcionar em plenário;

D) Para funcionar em plenário, o C.S.T.A.F. não necessita de ter formação permanente, mas tão só reunir com todos os seus membros referidos no artigo 99.º, n.º 1, do Estatuto dos Tribunais Administrativos e Fiscais, o que, sem embargo do disposto no n.º 5 do mesmo artigo, não ocorreu com as deliberações sobre a Recorrente, de 13 de Maio e 16 de Setembro de 2002;

E) À Recorrente não foi admitida a reclamação para o plenário do C.S.T.A.F., da deliberação de 13 de Maio de 2002, por se entender não haver lugar à mesma;

F) Mas, em situação análoga, foi admitida ao Excelentíssimo Magistrado Judicial recorrente no recurso n.º47652, desse Supremo Tribunal, a reclamação para o plenário daquele Conselho;

G) A deliberação de 16 de Setembro de 2002, relativamente à Recorrente, foi considerada confirmativa da deliberação de 13 de Maio de 2002 e, por isso, tornou-se irrecorrível;

H) Em idêntica situação naquele recurso n.º 47652, tomou-se conhecimento da deliberação do plenário de 2 de Abril de 2001, admitindo-se recurso da mesma, não tendo esta sido considerada confirmativa da de 20 de Março de 2000;

I) Durante o período em que foram proferidas todas as identificadas deliberações, não se verificaram alterações legislativas que justificassem esta claríssima diferença de tratamentos.

J) Ao considerar-se que da deliberação de 13 de Maio de 2002, a Recorrente não tinha direito a reclamação para o plenário, violou-se não só o disposto no artigo 165.º do Estatuto dos Magistrados Judiciais, o princípio da igualdade consagrado no artigo 13.º da Constituição da República Portuguesa, como também as garantias de defesa constantes do artigo 18.º do mesmo diploma fundamental.

K) Ao não se admitir a reclamação para o plenário, subtraiu-se à Recorrente um grau de jurisdição gracioso e, ao conhecer daquela apenas facultativamente, nos termos do disposto no artigo 161.º do C.P.A. condicionou-se a mesma a apenas recorrer da deliberação de 13 de Maio de 2002.

L) Porém, o mesmo não ocorreu em idêntica situação quanto ao recorrente do mencionado recurso 47.652.

M) A Recorrente reclamou para o plenário do C.S.T.A.F. ao abrigo do disposto no artigo 165.º do E.M.J., no dia 8/7/2002, dentro do prazo de 30 dias mencionado no artigo 167.º do mesmo Estatuto;

N) E não como reclamação facultativa ao abrigo do artigo 161.º do C.P.A., cujo prazo de 15 dias, fixados no artigo 162.º do C.P.A., terminaram em 19/6/2002.

O) Daí que para além de indeferir a reclamação por inexistência de plenário, pronunciou-se como reclamação facultativa, o que não só não lhe fora solicitado, como também para a qual já há muito se encontrava ultrapassado o prazo;

P) Condicionando-se mais uma vez os direitos de defesa da Recorrente".

O recorrido contra-alegou, tendo concluído da seguinte forma:

"1. O acórdão sob recurso considerou irrecorrível a deliberação do CSTAF, de 16 de Setembro de 2002, que indeferiu a reclamação da Recorrente apresentada da deliberação do CSTAF, de 13 de Maio de 2002, que lhe atribuiu a classificação de serviço de "Bom", pelo desempenho de funções no Tribunal Administrativo de Círculo do Porto, entre 30.06.2000 a 13.09.2001, por ser confirmativa desta deliberação, de 13 de Maio.

2. Tal acórdão não merece reparo, porquanto é jurisprudência pacífica do Supremo Tribunal Administrativo que os actos confirmativos, porque destituídos de força inovatória, e portanto de lesividade, são insusceptíveis de recurso contencioso.

3. E o acto em causa nos presentes autos traduz-se numa repetição da deliberação anterior de 13 de Maio de 2002, pois tem o mesmo objecto e conteúdo desta.

4. Assim, tal acto não é recorrível.

5. Não ocorrendo omissão de regulamentação, não são aplicáveis ao funcionamento do CSTAF as disposições relativas ao funcionamento do CSM previstas nos arts. 150.º e seguintes do EMJ, pelo que as deliberações do CSTAF, tomadas com a composição a que se refere o mencionado art. 99.º do ETAF, consubstanciam actos administrativos, imediatamente recorríveis para os tribunais administrativos.

6. E o Pleno da 1ª Secção do STA considerou já que "não está, legalmente prevista nenhuma forma de impugnação administrativa necessária das deliberações do CSTAF, de que cabe imediato recurso contencioso, sem prejuízo de reclamação facultativa que, nos termos do art. 163.º/2 do CPA não tem efeito suspensivo." – cfr. Processo n.º 1651/2002, da 2ª Subsecção.

7. Não há qualquer inconstitucionalidade material por violação do princípio da igualdade, pois tratando-se de matéria estritamente vinculada não há qualquer espaço para se fazer apelo ao princípio da igualdade.

8. De todo o modo não vigora no nosso sistema jurídico o precedente, nem se pode entender que o STA e o

CSTAF ficam adstritos aos anteriores acórdãos/deliberações, sobretudo quando ilegais.

9. E o argumento de que o prazo para apresentar a reclamação facultativa já tinha expirado em nada altera a irrecorribilidade da deliberação, por ser um acto confirmativo".

O Ministério Público é de parecer que o recurso não merece provimento.

O processo foi aos vistos legais, cumprindo agora decidir.

– II –

São os seguintes os factos provados no acórdão recorrido, e acerca dos quais não existe controvérsia:

1 – Lúcia Celeste da Fonseca Sousa, Juíza Desembargadora, prestou serviço como juíza de direito, em comissão permanente de serviço, no Tribunal Administrativo de Círculo do Porto entre 17/2/97 e 13/9/2001, data a partir da qual foi nomeada Juíza Desembargadora e, como auxiliar, colocada no Tribunal da Relação de Lisboa.

2 – Na sequência de deliberação do CSTAF de 24/09/ /2001, foi a recorrente sujeita a "inspecção extraordinária ao serviço prestado (...) no Tribunal Administrativo de Círculo do Porto (...)".

3 – O Senhor Conselheiro Inspector propôs, no final da inspecção, a classificação de "BOM" (doc. fls. 11 dos autos).

4 – Em resposta ao relatório apresentado pelo Senhor Inspector, a recorrente invocou algumas inexactidões (fls. 55 dos autos).

5 – Após a "Informação Final" do Senhor Inspector, que manteve a proposta de classificação anterior (fls. 4), foi o relatório respectivo submetido a deliberação do CSTAF.

6 – Em 13/05/2002, o CSTAF deliberou, então, atribuir à recorrente a classificação de "BOM" entre 20/06/ 2000 e 13/09/2001 (fls. 54 a 89 dos autos).

7 – Inconformada, e invocando os arts. 165.º do Estatuto dos Magistrados Judiciais, aprovado pela Lei n.º 21/85, de 30/07, e 77.º do Estatuto dos Tribunais Administrativos e Fiscais, aprovado pelo DL n.º 129/84, de 27/04, a recorrente apresentou reclamação da referida deliberação para o Plenário do Conselho Superior (fls. 90 e segs. dos autos).

8 – O Conselho, sobre tal reclamação, disse:

«Começaremos por esclarecer que, não existindo neste Conselho a formação permanente referida no art. 150.º do EMJ, também aqui não encontra aplicação o disposto no art. 165.º do mesmo diploma, ao abrigo do qual vem apresentar esta reclamação. Por isso, dela se tomará conhecimento como simples reclamação facultativa submetida ao regime dos arts. 161.º e segs. do CPA» (fls. 147).

9 – Prosseguindo a análise da reclamação, o CSTAF concluiu pela improcedência dos vícios que nela lhe eram imputados e, em consequência, deliberou indeferi-la (fls. 147/149).

– III –

No presente recurso jurisdicional, a recorrente impugna o acórdão da subsecção que rejeitou o recurso contencioso de acórdão do C.S.T.A.F., com fundamento em ser meramente confirmativo doutro anterior. Este primeiro acórdão (de 13.5.02) atribuíra à recorrente a classificação de serviço de Bom pelo exercício de funções no TAC do Porto no período decorrido entre 20.6.00 e 13.9.01. Tendo apresentado "reclamação" para o "Plenário" do C.S.T.A.F, este proferiu em 16.9.02 o acórdão contenciosamente impugnado, a indeferir a mesma reclamação.

O acórdão recorrido entendeu, em síntese, que:

I – No quadro da autonomia contemplada na própria Constituição entre a Magistratura Judicial e a jurisdição administrativa e fiscal, são diferentes tanto a composição, como o modo de funcionamento dos respectivos Conselhos Superiores.

II – O Conselho Superior dos Tribunais Administrativos e Fiscais (CSTAF) não funciona em plenário, ao contrário do que acontece com o Conselho Superior da Magistratura (CSM) para o conhecimento das reclamações sobre deliberações tomadas pelo conselho permanente (arts. 167.º e 168.º do Estatuto dos Magistrados Judiciais (EMJ)).

III – Desse modo, e porque não está legalmente prevista nenhuma forma de impugnação administrativa necessária das deliberações do CSTAF, delas caberá imediato recurso contencioso, sem prejuízo da reclamação facultativa para o mesmo órgão, sem efeito suspensivo (art. 163.º, n.os 1 e 2, do CPA).

IV – A deliberação do CSTAF que, em sede de reclamação facultativa, mantém a decisão anterior de homologação da proposta do Senhor Inspector de classificação ao serviço prestado por um juiz não contém lesividade própria, limitando-se a meramente confirmar o acto anterior, sem lhe introduzir qualquer alteração qualitativa na sua substância, sendo, por isso, contenciosamente irrecorrível.

Inconformada, a recorrente defende que da deliberação do Conselho não cabia reclamação facultativa, mas reclamação necessária, visto lhe ser aplicável o art. 165.º do EMJ. Isso com base nos seguintes argumentos:

1. Não há razão impeditiva de que o C.S.T.A.F. funcione em Plenário, reunindo com todos os membros a que se refere o art. 99.º, n.º 1, do ETAF;

2. A reclamação da recorrente não foi admitida para o Plenário, mas em situação idêntica (recurso n.º 47.652) considerou-se a reclamação e aceitou-se o recurso contencioso, não se tendo entendido que se estava perante acto meramente confirmativo (recurso n.º 47.652).

3. Existe, assim, violação do princípio da igualdade (art. 13.º da Constituição Portuguesa), bem como as garantias de defesa constantes do art. 18.º

4. Ao não se admitir a reclamação para o Plenário, subtraiu-se à recorrente um grau de jurisdição gracioso e, ao conhecer dela apenas facultativamente, condicionou-se a mesma a recorrer apenas da deliberação de 13.5.02, o que de novo envolve desigual tratamento relativamente ao apontado caso.

5. O "Conselho" tratou a reclamação da recorrente como reclamação facultativa, o que não corresponde ao que lhe foi solicitado, e não teve em conta que o prazo para este tipo de reclamação (15 dias, *ex vi* do art. 162.º do CPA) já havia terminado – o que uma vez mais "condicionou" os direitos de defesa da recorrente.

A questão a decidir consiste, por conseguinte, em saber se as deliberações do *Conselho*, nomeadamente das que classifiquem o serviço dos juízes sujeitos à sua jurisdição, estão sujeitas a reclamação (necessária) para o próprio Conselho, funcionando em "Plenário", ou se delas cabe, logo, recurso contencioso, sendo qualquer reclamação meramente facultativa e por conseguinte insusceptível de gerar, com a respectiva decisão, a prática de acto administrativo recorrível.

A reclamação é um meio impugnatório que consiste em o interessado requerer ao próprio autor do acto a respectiva reapreciação. Acha-se genericamente prevista no art. 161.º do CPA, mas os artigos seguintes separam as hipóteses em que do acto caiba, ou não, recurso contencioso, e que justamente correspondem aos conceitos de reclamação facultativa e necessária.

Constitui entendimento jurisprudencial sedimentado que a reclamação necessária tem carácter excepcional, carecendo de estar prevista explicitamente na lei que regule determinado procedimento. Inversamente, a reclamação facultativa não necessita de estar directamente contemplada em diploma legal específico, visto ser admitida com carácter geral e universal – cf. Acs. do S.T.A. (Pleno) de 17.1.01, proc.º n.º 40.567, 11.12.02, proc.º n.º 39.181 e 13.11.02, proc.º n.º 362/02. V. t. ESTEVES DE OLIVEIRA e outros, *Código do Procedimento Administrativo Comentado*, vol. II, p. 282.

Ora, nos arts. 98.º e segs. do ETAF, que dizem respeito ao Conselho Superior dos Tribunais Administrativos e Fiscais, não se prevê nenhuma reclamação do actos do Conselho, seja a propósito de deliberações que apreciem o mérito de magistrados, seja de quaisquer outras. O que constitui índice bastante seguro de que toda a reclamação dos seus actos tem carácter facultativo.

Simplesmente, a recorrente defende que a reclamação necessária está prevista no art. 165.º do EMJ, preceito que lhe seria aplicável.

Mas não é assim.

É certo que naquele art. 165.º se estabelece que das deliberações do Conselho Permanente (do CSM) se reclama para o Plenário do Conselho.

Mas essa regra não pode ter-se por aplicável aos actos e procedimentos do CSTAF.

Primeiro, porque este possui uma regulamentação própria, instituída pelo ETAF, que é consequência da sua plena autonomia enquanto órgão de Estado a quem incumbe, legal e constitucionalmente, a *gestão e disciplina dos juízes da jurisdição administrativa e fiscal* – art. 217.º, n.º 2, da CRP e 99.º, n.º 1, do ETAF.

Depois, porque, enquanto o CSM funciona desdobrado em Conselho Permanente e Plenário, o CSTAF adoptou um modelo de organização diferente, em que as deliberações são tomadas pelo CSTAF, *tout court,* não estando previstas quaisquer sub-formações. De resto, a própria composição deste órgão é distinta do CSM, o que bem reflecte as especialidades que particularizam o seu regime e, indirectamente, a autonomia de jurisdições que entre nós vigora.

O princípio da aplicação supletiva do regime estatutário do EMJ, estabelecido no art. 77.º do ETAF, está naturalmente concebido para que do conjunto do regime especial destes juízes com o regime geral definido no EMJ, se necessário devidamente adaptado, se obtenha o leque de direitos e deveres que integram a condição estatutária dos juízes dos tribunais administrativos e fiscais. Não para importar do EMJ, e sobrepô-las às do ETAF, as normas que regulam a impugnação dos actos do CSM.

Alega a recorrente que nada há que impeça que o CSTAF funcione em Plenário. Esta afirmação é, no entanto, incorrecta, pois o que justamente impede que isso suceda é a opção legislativa por uma solução de organização e funcionamento que não inclui a existência de formações diferentes do mesmo órgão. A respectiva organização e funcionamento dos órgãos da Administração (*lato sensu*), a sua própria existência enquanto centro institucionalizado de poderes funcionais, bem como o elenco das respectivas competências têm de resultar directamente da lei. A tanto obriga o *princípio da legalidade* – arts. 266.º, n.º 2, da C.R.P. e 3.º do CPTA.

Também o Regulamento do CSTAF, aprovado em execução do preceito do art. 77.º, n.º 2, al. f) do ETAF, omite qualquer referência ao funcionamento do órgão em Plenário, assim como nada diz em matéria de reclamação das suas deliberações.

De resto, seria no mínimo duvidoso que esse regulamento pudesse validamente instituir uma formação mais curta e outra mais alargada, com recurso ou reclamação necessária para esta última dos actos da primeira. Na hipótese afim da estatuição de recurso tutelar, já se entendeu que está sujeita a reserva de lei material, visto que ao regulamento não é dado criar um pressuposto do recurso contencioso, impondo a apresentação de um meio impugnatório como condição prévia de acesso à via judiciária para impugnação de um acto administrativo – *vide* Acs. do S.T.A. de 15.12.99, proc.º n.º 44.588, 26.6.02, proc.º n.º 48.014 e Ac. do T.C. n.º 161/99, de 10.3.

Resulta, deste modo, claro que das deliberações do Conselho cabe logo recurso contencioso, e não reclamação necessária para o próprio Conselho, designadamente funcionando em Plenário. O que tem por consequência que o recurso contencioso interposto de deliberação do Conselho que decida uma reclamação (facultativa) que o interessado dirija ao CSTAF tem por objecto acto irrecorrível. Em hipótese como a dos autos, toda a carga lesiva para os interesses do juiz classificado provém da deliberação primária que o classificou, e não da que, sem nada inovar nesse plano, se limitou a manter aquela na ordem jurídica (acto meramente confirmativo). Neste sentido, v. o Ac. deste S.T.A. (Pleno) de 31.3.04, proc.º n.º 1.651/02.

A recorrente, porém, insiste em que a ser assim haverá violação do princípio da igualdade, pois o tribunal já decidiu de modo diferente no processo relativo a um seu Colega, não rejeitando o recurso por o acto ser meramente confirmativo (processo n.º 47.652).

Embora o aresto invocado não contenha nenhuma pronúncia expressa sobre tal questão, mas unicamente um julgado implícito sobre a recorribilidade de deliberação proferida sobre reclamação do interessado, impõe-se reconhecer que os tribunais não estão vinculados à observância do precedente, podendo adoptar (como tantas vezes acontece) decisões divergentes.

De igual modo, a recorrente labora em grosseiro erro quando, sob a invocação do princípio da igualdade, reclama para si solução idêntica à dada ao caso do seu Colega. Em matéria de estrita vinculação, como a presente, a solução a dar ao caso concreto depende exclusivamente daquilo que constituirá a boa interpretação dos textos legais e respectiva aplicação ao caso concreto, sem espaço para a intervenção do princípio da igualdade. Tendo dúvidas sobre a bondade de determinada decisão que anteriormente proferiu, o Tribunal não pode reeditá-la para resolver o novo litígio a benefício da uniformidade da Jurisprudência. Tem de certificar-se que está perante o bom direito, pois não pode haver igualdade na ilegalidade.

Ora, como se depreende do anteriormente exposto, não se partilha o entendimento que subjaz ao aresto invocado (pois que, repete-se, a questão não foi alvo de julgamento expresso). Nem o CSTAF funciona em Plenário, nem existe disposição que lhe seja aplicável que estabeleça reclamação necessária das suas deliberações, as quais são imediatamente recorríveis para o Tribunal.

Nem se diga, igualmente, que dessa forma a recorrente ficou privada de um grau de jurisdição graciosa.

Desde logo, porque o número de graus de apreciação e decisão administrativa é apenas função do que a lei em concreto dispuser, sem prejuízo da admissibilidade genérica da reclamação facultativa (art. 161.º do CPA). À partida, o particular não tem o direito ou garantia alguma de que o seu caso seja objecto de uma decisão primária e depois de outra secundária, antes de transitar para o contencioso administrativo, tudo dependendo do modo como a lei ordenar o procedimento em que a concreta actividade administrativa se insira.

Acresce ainda que, apesar de não haver lugar a reclamação necessária para o Plenário, o CSTAF convolou, e bem, a reclamação da recorrente como reclamação facultativa, apreciou-a de mérito e pronunciou-se efectivamente sobre ela, atingindo a conclusão de que a classificação atribuída era de manter. Também por este motivo não pode a recorrente queixar-se de que lhe foi subtraído um grau de jurisdição.

Restam as alegações levadas às últimas conclusões da alegação da recorrente: o recorrido não devia ter indeferido a sua reclamação (tida como facultativa), pois isso não lhe foi solicitado e, além disso, a reclamação, sendo desse tipo, estava fora de prazo.

Quando a recorrente diz que o CSTAF não devia ter indeferido a sua reclamação o que pretende certamente significar é que o mesmo não a devia ter, pura e simplesmente, apreciado. Na realidade, as razões por si apresentadas levariam, se pudessem colher, a que o Conselho não emitisse qualquer pronúncia.

Simplesmente, tal corresponde, em qualquer dos dois planos argumentativos, ao enunciar de questões novas, que se resolveriam em outros tantos vícios do acto, que a recorrente não arguiu perante a subsecção, quer em alegações finais, quer na petição de recurso. Razão por que o acórdão recorrido não teve ensejo de se pronunciar sobre tais hipotéticas ilegalidades. Se porventura aquelas arguições procedessem, a anulação do acto seria ditada por motivos diferentes dos que indicou nessas peças processuais, com consequências também diferentes no plano da execução do julgado.

Ora, como tantas vezes vem sendo dito nos tribunais superiores, os recursos jurisdicionais não se destinam a obter decisões sobre questões novas, mas a rever as decisões impugnadas – salvo, claro, quanto às questões que sejam de conhecimento oficioso (cf. os arts. 676.º e 674.º do C.P.C. e os Acs. da 1ª Secção de 20.3.02, proc.º n.º 44.997 – Pleno –, 28.1.03, proc.º n.º 48.363). A matéria em causa situa-se fora do âmbito do recurso jurisdicional, assim como exorbita da causa de pedir delineada pela recorrente, pelo que dela se não pode conhecer.

Em face do exposto, o recurso jurisdicional improcede.

Deste modo, acordam em negar provimento ao recurso.
Custas pela recorrente.
Taxa de justiça: € 300,00.
Procuradoria: 50%.

Lisboa, 24 de Maio de 2005.

J. Simões de Oliveira (Relator)
Costa Reis
António Samagaio
Rosendo José
Angelina Domingues
Pais Borges
Adérito Santos
João Belchior

Recurso n.º 1652/02-20

DEFICIENTE DAS FORÇAS ARMADAS. DL N.º 43/76, DE 20/1.

(Acórdão de 16 de Junho de 2005)

SUMÁRIO:

I – Nos termos do art.º 1.º, n.º 2, do DL n.º 43/76, de 20/1, é considerado deficiente das Forças Armadas o cidadão que, no cumprimento dos serviço militar e na defesa dos interesses da Pátria, adquiriu uma diminuição na capacidade geral de ganho quando, em resultado de acidente ocorrido em serviço de campanha ou em circunstâncias directamente relacionadas com o serviço de campanha, ou, ainda, no exercício das funções e deveres militares e por motivo do seu desempenho, em condições de que resulte, necessariamente, risco agravado, vem a sofrer uma diminuição permanente, causada por lesão ou doença, adquirida ou agravada.

II – O '*serviço de campanha*' pressupõe que ele tenha ocorrido no teatro de operações de guerra, guerrilha ou contra guerrilha, em consequência de operações directas ou indirectas do inimigo, ou em actividades de natureza operacional.

III – Deste modo, só poderá ser qualificado como DFA o militar que, sacrificando-se pela Pátria, se tenha deficientado num teatro de guerra ou de guerrilha por causa, directa ou indirecta, das actividades do inimigo ou do possível contacto com ele e que tudo ocorra em condições de perigo e dificuldade superiores às da vida castrense normal. Tal não significa que só possa ser assim considerado quem se tenha deficientado em resultado de actos de bravura e sacrifício próximos do heroísmo, visto que não sendo o espírito da lei premiar o cumprimento normal da função militar e, portanto, os riscos normais a ela inerentes, também não é o de premiar só os actos de heroísmo ocorridos em circunstâncias únicas ou verdadeiramente excepcionais.

IV – Não deve ser qualificado como DFA o militar que adquiriu a sua deficiência em resultado do Jeep em que seguia, integrado numa coluna militar, não ter sido capaz, por causa do mau estado da picada, da chuva e do cansaço do condutor, de se imobilizar com segurança quando viu a viatura que o precedia entrar em «ziguezagues» e, em função disso, se ter despistado e capotado.

ACORDAM NO PLENO DA SECÇÃO DE CONTENCIOSO ADMINISTRATIVO DO STA:

Carlos Alberto Jesus de Oliveira intentou, no Tribunal Administrativo de Círculo de Lisboa, **recurso contencioso de anulação** do despacho, de 7/10/99, do Sr. Secretário-Geral do Ministério da Defesa Nacional, que rejeitara a sua qualificação como Deficiente das Forças Armadas (doravante DFA), alegando que o mesmo era ilegal em resultado de vício de violação de lei – violação do disposto nos arts. 1.º e 2.º do DL 43/76, de 20/1 – de erro nos pressupostos de facto e de violação dos princípios constitucionais de justiça, imparcialidade e igualdade.

Tal recurso foi julgado improcedente, julgamento que foi revogado pelo Acórdão do TCA, de 13/11/2003, o que motivou recurso, por oposição de julgados, para este Tribunal, o qual, **reconhecendo essa oposição, ordenou o seu prosseguimento.**

O Recorrente apresentou a alegação a que se reporta o art. 767.º, n.º 2, do CPCivil, **formulando as seguintes conclusões**:

A. Por acórdão de 13.11.2003, o Tribunal Central Administrativo concedeu provimento ao recurso contencioso jurisdicional interposto em 06.02.2002, pelo ex -1.º Cabo Carlos Alberto de Jesus Oliveira, da decisão do Tribunal Administrativo do Círculo de Lisboa que julgou improcedente o recurso contencioso de anulação do acto do Secretário – Geral do Ministério da Defesa Nacional que indeferiu o pedido do referido militar para ser qualificado como DFA.

B. Perfilhando um entendimento diametralmente oposto quer à decisão anterior, proferida pelo TACL, quer ao acórdão de 18/11/98 do STA (Acórdão fundamento) e à jurisprudência constante do STA, nesta matéria e, bem assim, à doutrina da PGR por entender relativamente ao acidente de viação sofrido pelo recorrente, que «*sempre que o acidente ocorra numa actividade operacional em teatro de operações o mesmo deve considerar-se em campanha*».

C. Conforme se pode verificar pela análise destes dois Acórdãos, a divergente interpretação e aplicação da mesma norma jurídica levou a consagrar soluções diferentes para a mesma questão fundamental de direito o que coloca em causa a necessária certeza e segurança jurídicas.

D. Assim, após a interposição de recurso pelo Recorrente, o STA, no douto Acórdão de 24.11.04, entendeu verificada a oposição de julgados, porquanto existe uma *identidade quanto* à *matéria de facto* e *sendo* o *mesmo normativo,* a ***divergência de julgamento verificada nos Acórdãos recorrido e fundamento resultou de diferente interpretação jurídica.***

E. Ora, o critério fixado no acórdão recorrido não tem correspondência na lei, nem encontra acolhimento na doutrina e jurisprudência que, desde há largos anos, vêm apreciando os conceitos constantes dos artigos 1.º e 2.º do Decreto-Lei n.º 43/76, de 20.1.

F. Desde logo, por entender, no que respeita à subsunção do acidente ao conceito de "campanha", que uma vez definido que seja o teatro de operações, a característica essencial do serviço de campanha, reside na existência de uma actividade de natureza operacional conexionada ou não com qualquer acção directa ou indirecta do inimigo.

G. Com efeito, atendendo às definições do que se seja "teatro de operações" e "actividade operacional", imediatamente resulta evidente que a intenção do legislador não foi a de reconduzir o "serviço de campanha" a tais conceitos.

H. Na verdade, no "teatro de operações" podem coexistir tanto a actividade operacional "de combate", como toda a actividade operacional "logística" e "administrativa" com aquela relacionada.

I. Pelo que, de acordo com o critério estabelecido no Acórdão recorrido, um militar que sofra um acidente ou venha a contrair uma doença (ou esta sofra um agravamento) no decurso de qualquer uma dessas operações poderá, pois, ser qualificado como DFA, sendo totalmente irrelevante, para o efeito, averiguar as causas concretas do acidente ou da doença.

J. Ora, tal critério, diga-se desde já, peca por excesso e por defeito, pois,

K. Se, por um lado, permite considerar "em campanha" qualquer acidente ocorrido no decurso de uma actividade operacional, por causas que nada tenham a ver com uma especial perigosidade ou risco, sendo exemplos clássicos desta situação os mais diversos acidentes de viação ocorridos durante escoltas, patrulhamentos, etc., por causas como sejam o mau estado do piso da via, as deficientes condições de visibilidade e outras;

L. Por outro lado, deixará de fora do conceito "de campanha" acidentes como os que ocorreram com militares que, não se encontrando no desempenho de qualquer actividade de natureza operacional, foram, no entanto, vítimas de acções directas ou indirectas do inimigo, em virtude, por exemplo, de minas ou flagelações ao aquartelamento.

M. Sendo certo que a intenção do legislador, no DL 43/76, de 20.1, é claríssima no sentido de não prescindir das causas concretas dos acidentes e das doenças, sendo o respectivo apuramento indispensável para efeitos do seu enquadramento nas várias situações susceptíveis de levar à qualificação como DFA.

N. Mais: tais causas não são neutras; ou seja, da leitura dos artigos 1.º e 2.º do referido diploma resulta, inequivocamente, que só as doenças ou acidentes decorrentes de certas situações, em que o risco a que os militares foram expostos excedeu o que é o risco comum às demais actividades castrenses, são tidos como relevantes e merecedoras de reconhecimento.

O. Assim é, na verdade, uma vez que a qualificação como DFA, tal como prevista, no DL 43/76, não opera para todos aqueles que, chamados a cumprir o serviço militar obrigatório nas ex-Províncias Ultramarinas, se deficientaram, contraíram e/ou agravaram doenças em virtude do serviço prestado, os quais, desde logo, se encontram abrangidos pelo regime jurídico relativo à protecção dos acidentes em serviço ou doenças profissionais, mas apenas para aqueles em que tais deficiências ou doenças foram adquiridas ou contraídas em circunstâncias particularmente penosas e/ ou traumatizantes.

P. Ou seja, como se refere em Acórdão do STA de 8.2.1994 (rec. n.º 31.398): "*não é espírito do DL n.º 43/76, de 20.1, premiar aquilo que é tão só o exercício regular da função. O seu desiderato é o reconhecimento de situações verdadeiramente excepcionais de perigo*",

Q. A mesma ideia consta do preâmbulo do DL 43/76, onde pode ler-se: "*o Estado Português considera justo o reconhecimento do direito à plena reparação de consequências sobrevindas no cumprimento do dever militar aos que foram chamados a servir em situações de perigo ou perigos idade (...)*".

R. Pretende-se, pois, abarcar "certas" situações, e não "todas" as situações em que ocorreram acidentes ou foram contraídas doenças durante o cumprimento do serviço militar.

S. Daí a preocupação de, no articulado do diploma, se individualizar e concretizar tais situações.

T. E, no que respeita ao conceito de "campanha", é clara a identificação do referido perigo com as situações de contacto ou possível contacto com as forças inimigas.

U. Pois, se a intenção do legislador fosse a de considerar que um acidente "em campanha" é o que ocorre, conforme entendido pelo douto acórdão recorrido, numa "operação militar" em "teatro de operações", bastante diferente teria certamente resultado a redacção do n.º 2 do art.º 2.º do DL n.º 43/76, de 20.1.

V. E, nesse contexto, não faria qualquer sentido aludir, na norma em causa, a "*operações de guerra, de guerrilha ou contra guerrilha*", como totalmente desnecessárias seriam as referências, na mesma disposição legal, a "*acções directas do inimigo*" ou a "*eventos decorrentes de actividade indirecta do inimigo*".

W. Assim, a interpretação do Tribunal a quo, ao considerar que uma vez definido que seja o teatro de operações, a característica essencial do serviço de campanha, reside na existência de uma actividade de natureza operacional **conexionada ou não** com qualquer acção directa ou indirecta do inimigo (negrito nosso), pura e simplesmente ignorou, esvaziando-a de conteúdo e utilidade, a primeira parte do n.º 2 do art.º 2.º do Decreto-Lei n.º 43/76, de 20.1.

X. E nem tal entendimento tem sustentação na parte final do n.º 2 do referido art.º 2.º, por ali se aludir, de um modo mais genérico, a "*eventos determinados no decurso de qualquer outra actividade (...) de natureza operacional*", já que a mesma não pode ser interpretada como separada da primeira parte da norma, nem sem atender às restantes disposições do diploma.

Y. De facto, o significado desta parte da norma não é o de que naquelas situações se abandonou a exigência de verificação de um perigo como o que decorre das situações relacionadas com a actuação do inimigo a que a primeira parte da norma alude, de tal modo, que se queira abranger todo e qualquer acidente.

Z. Uma vez que tal entendimento entraria em profunda contradição o n.º 3 do mesmo art.º 2.º, e deixaria sem termo de comparação o n.º 4 da mesma disposição legal, o qual tem como pressuposto que em todas as outras situações previstas no DL 43/76, de 20.1 se verifique um risco "agravado".

AA. Ou seja, os "eventos determinados no decurso de qualquer outra actividade (...) de natureza operacional" só poderão considerados <u>se relacionados com as actividades do inimigo</u>, qualquer que seja a sua forma, seja actividade directa ou indirecta, seja a ameaça de ataque das forças inimigas, ou com a perigosidade da missão atendendo a tais circunstâncias, em conformidade, aliás, com a definição de "serviço de campanha" constante do art.º 2.º do DL n.º 210/73, de 9/5, que precedeu e inspirou o Decreto-Lei n.º 43/76, de 20.1, nesta matéria.

BB. Este é, com efeito, o espírito do DL n.º 43/76, o qual não visa, como já atrás se assinalou "*premiar aquilo que é tão só o exercício regular da função*", pois o seu "*desiderato é o reconhecimento de situações verdadeiramente excepcionais de perigo*".

CC. Este é, igualmente, o ponto unificador do diploma, a partir do qual deve ser estabelecido o critério de apreciação de todos os casos susceptíveis de nele serem integrados.

DD. Afastando-se desta perspectiva, o Acórdão recorrido, não respeitou nem a letra nem o espírito da lei, restando ainda assinalar que se desviou igualmente de doutrina consolidada do Conselho Consultivo da PGR, bem como da jurisprudência pacífica dos Tribunais Administrativos, em particular, do STA.

EE. Com efeito, e no que respeita à jurisprudência do STA, verifica-se ser unânime e constante o entendimento de que a causa dos acidentes é relevante, e de que, para efeitos da sua integração no conceito de "campanha", é necessário que entre os acidentes e a actividade do inimigo, ou o perigo decorrente dessa actividade, se demonstre a existência de um nexo causal.

FF. Assim, e em profunda divergência com o critério assumido no Acórdão recorrido, podem-se apontar inúmeros casos de acidentes que, apesar de ocorridos "em teatro de operações" e "no decurso de actividade operacional", não foram integrados nos conceitos de "campanha", ou de "circunstâncias directamente relacionadas com o serviço de campanha", por se ter considerado que tais circunstâncias se mostraram indiferentes para a produção do evento em termos de causalidade adequada.

GG. Foi o que sucedeu, entre outros, nos Acórdãos do STA, de 31.1.1980 (Rec. 12907); de 26.11.1985 (Rec. 017006); de 4.6.1996, proferido no (Rec. 45779); de 11.12.1997 (Rec. 39370); de 20.11.1997 (Rec. 37141); de 18.11.1998 (Rec. 36964); de 23.3.2000 (Rec. 45779), tendo os acidentes ali em causa sido qualificados como meros acidentes de serviço.

HH. De resto, nada do que atrás se disse é contrariado pelo Acórdão invocado na decisão recorrida, nem o mesmo é susceptível de ilustrar o entendimento que nessa decisão se pretende fazer valer, ou seja, que naquele caso a *causa concreta do acidente foi desprezada, atendendo-se antes* às *circunstâncias* em *que tal acidente ocorreu.*

II. De facto, na situação ali apontada não foi "desprezada" a causa concreta do acidente, retirando-se de tal decisão precisamente o entendimento contrário, ou seja, não só que é relevante a causa do acidente, como esta tem de relacionar-se com o "*serviço de campanha*" ou com "*circunstâncias directamente relacionadas com o serviço de campanha*", e que aquele envolve sempre actividade onde se verifiquem contactos directos ou indirectos com o IN, ou o perigo de tais contactos.

JJ. Por outro lado, não pode deixar de se chamar à atenção para a contradição constante do douto acórdão recorrido, o qual, após ter assinalado que se *aplicarmos este critério* ao *caso dos autos, concluímos seguramente que* o *acidente sofrido pelo recorrente ocorreu* em *serviço de campanha,* cuide seguidamente de procurar uma causa concreta que permita relacionar o acidente, próxima ou remotamente, com uma situação de campanha, ou susceptível de o integrar numa situação de risco agravado equiparável ao de campanha.

KK. Pois, um acidente ou ocorre "em campanha", nos termos do n.º 2 do art.º 2.º, ou ocorre "*em condições de que resulte necessariamente, risco agravado equiparável*" ao de campanha, nos termos do n.º 4 do mesmo artigo, sendo certo que, a causa do acidente, ou é relevante para o preenchimento daqueles conceitos, ou, como defendido na fundamentação da decisão recorrida, é irrelevante.

LL. No que se refere à busca da causa do acidente, a decisão recorrida acabou, pois, por considerar com base no depoimento de duas testemunhas ouvidas nos autos, que "*A zona do acidente era muito perigosa, obrigava* a *medidas de prevenção para evitar emboscadas,* a *mata cerrada envolvia todo* o *itinerário,* e o *inimigo não distinguia se seria pessoal para combate ou não, estando todos integrados na mesma operação de combate,* em *zona operacional* a *100%, por isso, potencialmente perigosa,* e a *todos por igual* a *ela sujeitos, desde* o *Comandante* ao *Soldado.»*

MM. O que, para além de não ter sido considerado como matéria de facto provada está em contradição com outros elementos constantes do processo instrutor, porquanto aquando da instrução do referido processo, decorrente do pedido de qualificação como DFA, em 1978, (5 anos após o acidente) o então requerente admitiu que «o *itinerário* em *que ocorreu* o *acidente, Negage-Carmona, não era necessário escolta* e *era autorizado* o *trânsito de viaturas civis sem escolta»,* no que foi corroborado por testemunhos prestados na mesma altura.

NN. De todo o modo, e ainda que se admitisse que a zona onde ocorreu o acidente era perigosa do ponto de vista de contacto com o inimigo, certo é que, esta circunstância, conforme já atrás referido, não seria suficiente para considerar o acidente ocorrido em campanha, porquanto não se provou que o mesmo se tenha ficado a dever a outra causa que não *«ao mau estado da picada,* à *chuva* e ao *cansaço do condutor.»* (alínea F) da «matéria de facto»).

OO. De resto, também não se vislumbra o alcance da parte final do Acórdão recorrido, onde se refere que o acidente sofrido pelo recorrente só seria descaracterizado se fosse provocado por ele intencionalmente, ou contra ordens expressa de superiores.

PP. Pois, como já resulta do exposto, é necessário mais do que isso para a aplicação do estatuto dos DFA.

QQ. Finalmente, no que respeita à citação, que no final da decisão ora recorrida, se faz do Acórdão do TCA, de 15.5.03, no Processo 11069/02, relativamente às situações de stress pós-traumático, apenas diremos que o mesmo não transitou em julgado uma vez que foi objecto de um recurso de agravo que se encontra em apreciação no STA.

RR. De todo o exposto resulta, pois, que o Acórdão recorrido efectuou uma errada interpretação das normas legais aplicáveis, encontrando-se em oposição com o Acórdão fundamento.

O Recorrido contra alegou, concluindo:

1. Vem o presente recurso de oposição de julgados interposto em virtude de, e na opinião da entidade ora recorrente, a qual foi sindicada por douto acórdão datado de 24/11/04 (em sentido contrário à opinião do recorrido e da Ex.ma Sr.ª PGA), o acórdão recorrido (proferido no Proc. 11419/02, da 2ª Subsecção do CA do TCA) e o acórdão fundamento (proferido no Proc. 36964, da 1.º Secção do STA) decidirem, no domínio da mesma legislação e perante a mesma situação de facto e de direito, em termos opostos, a questão de saber se um acidente de viação ocorrido no regresso (no caso do acórdão fundamento, na ida) de uma operação militar em zona 100% campanha, deve ser considerado como ocorrido em circunstâncias de campanha, ou (apenas) em serviço.

2. Analisando comparativamente os acórdãos em contradição, constata-se, conforme se alegou em articulado próprio, que, na opinião do recorrido, não existe oposição entre o acórdão fundamento e o acórdão objecto, porquanto as situações fácticas que lhes estão subjacentes não são idênticas, mas antes substancialmente diversas porquanto no acidente descrito no acórdão fundamento, as causas do mesmo ficaram a dever-se a <u>circunstâncias ocasionais e fortuitas (chuva forte</u>) ao passo que no acidente descrito no acórdão recorrido, as causas do mesmo estão intimamente ligadas com o <u>desgaste físico e psicológico dos condutores após</u> dias de <u>permanente actividade operacional.</u>

3. No acórdão fundamento, embora perante uma situação fáctica distinta da que se verifica no acórdão recorrido (já que na matéria de facto dada como provada, se verifica que o acidente de viação ocorreu na ida para uma operação militar, e se ficou a dever a circunstâncias ocasionais e fortuitas: chuva forte), considerou-se que o acidente não deve ser considerado como ocorrido em serviço de campanha, por inverificação do requisito previsto no art.º 1.º, n.º 2, do DL 43/76, porquanto a ocorrência se deveu a circunstâncias meramente ocasionais e fortuitas e não a especial perigosidade da operação, ainda só de transporte de tropas e que nada nos autos revela exceder o que é próprio das actividades castrenses.

4. No acórdão recorrido optou-se por solução diversa. O referido acórdão acolheu o seguinte critério (irrepreensível, do ponto de vista jurídico, na opinião do recorrido) interpretativo para o conceito de *"serviço de campanha"* tal como o mesmo vem definido no art.º 1.º, 2, do DL 43/76, de 20/1 "(...) *uma vez definido que seja o teatro das operações, a característica essencial do serviço em campanha, reside na existência de uma actividade de natureza operacional conexionada ou não com qualquer acção directa ou indirecta do inimigo (cfr. parte final do art.º 2.º, n.º 2, do DL n.º 43/76). Não é, pois, necessário para se falar em «serviço de campanha» que o acidente ocorra sob fogo do inimigo, ou decorrente de actividades militares deste (minas, armadilhas, etc.), <u>bastando que ocorra durante uma operação</u> militar em teatro operacional.* "

5. O douto acórdão recorrido aplicou, e bem, na opinião do ora recorrido, o referido critério, acolhido alias, por vasta jurisprudência. E aplicou-o, sustentando-se na matéria fáctica provada, e bem assim no depoimento de duas testemunhas, ambas Oficias do Exército Português, que deixaram, nos presentes autos, testemunhos vivos e conclusivos, de quem, à data viveu os acontecimentos e que têm (são Oficiais do Exército) profundo conhecimento da actividade militar em geral e experiência de cenários de guerra.

6. Na opinião do ora recorrido, os depoimentos prestados pelas testemunhas supra indicadas deverão ser valoradas pelo tribunal como prova pericial, já que as mesmas possuem conhecimentos específicos (técnicos) acerca da matéria de facto.

7. A seguinte matéria fáctica dada como provada não foi impugnada pelo recorrente:

– os militares envolvidos na operação em causa não conheciam a zona operacional e os condutores das berliet tinham reduzida experiência de condução e a adaptação das viaturas ao terreno era diminuta;

– o acidente ocorreu no regresso de uma complexa e perigosa operação militar que durou cerca de 4 dias de forma permanente;

– o acidente deu-se de noite, numa zona 100% campanha, que obrigava a medidas de prevenção para evitar emboscadas;

– naquele mesmo percurso a actuação do IN já se tinha registado, recentemente, e continuou a verificar-se em datas posteriores ao acidente

8. Resulta inequivocamente da prova produzida que foi determinante para a ocorrência do acidente o cansaço físico dos condutores (esgotados após dias de permanente actividade operacional) e o seu estado psicológico (estado de tensão de medo ou mesmo de pânico. sentimentos reforçados por se tratar de militares sem experiência. acabados de chegar a uma das piores frentes da guerra colonial em Angola. e que foram atacados pelo IN de forma reiterada mal acabaram de chegar.)

9. As causas do acidente são incindíveis da actividade operacional, não tendo sido o mesmo determinado por causas fortuitas. Na verdade aquele acidente só ocorreu porque os militares se encontravam num teatro de operação e não poderia ter ocorrido da mesma maneira não fora o circunstancialismo supra descrito.

10. Com efeito, fazendo um juízo de prognose póstuma, será forçoso concluir que se os militares não regressassem de uma operação militar altamente complexa, física e psicologicamente esgotados, noite cerrada, invadidos pelo pânico de serem novamente atacados pelo IN, numa picada considerada zona de campanha a 100%, que havia sido alvo de ataques muito recentemente, não fossem inexperientes, tivessem pratica de condução de berliets e conhecessem minimamente o itinerário, o acidente não teria certamente ocorrido.

11. Decorre desde logo do preâmbulo do DL 43/76, de 20/1, que é o diploma legal que estabelece os principais direitos e regalias sociais e económicas dos DF A, que "O *Estado Português considera justo o reconhecimento do direito à plena reparação de consequências sobrevindas no cumprimento do dever militar aos que f oram chamados a servir em situação de perigo ou perigosidade e estabelece que as novas disposições sobre a reabilitação e assistência devidas aos deficientes das forças armadas (DFA) passem a conter o reflexo da consideração que os valores morais e patrióticos por eles representados devem merecer por parte da Nação."* E, mais adiante: *"Entre as inovações a destacar neste decreto-lei avultam o alargamento do regime jurídico dos DF A aos casos que, embora não relacionados com campanha ou equivalente, justifiquem, pelo seu circunstancialismo, o mesmo critério de qualificação."*

12. Tal interpretação tomou-se ainda mais clara, com a introdução do n.º 3, do art.º 1.º, do DL 43/76, de 20/1, com a redacção que lhe foi dada pela Lei n.º 46/99, de 16/6, no qual se criou uma situação ainda mais abrangente que abarca todos os casos de perturbação psicológica relacionados com a exposição a factores traumáticos de stress durante a vida militar, independentemente da verificação dos requisitos do n.º 2 do mesmo artigo.

13. De tudo o que ficou exposto, se conclui que o acórdão recorrido decidiu bem, com a fundamentação aduzida, tendo feito correcta interpretação e aplicação da lei à situação de facto ora em análise, contrariamente, e salvo o devido respeito, ao acórdão fundamento, o qual, (insista-se!), embora partindo de um quadro fáctico com contornos bem diferentes, defendeu solução oposta, a qual atenta contra princípios elementares de justiça, como atrás se referiu, pelo que se requer que o presente recurso seja julgado improcedente, uniformizando-se os julgados no sentido perfilhado pelo acórdão recorrido.

A Ex.ma Sr.ª Procuradora Geral Adjunta **pronunciou-se no sentido de se negar provimento ao recurso.**

Mostrando-se colhidos os vistos legais **cumpre decidir.**

FUNDAMENTAÇÃO

I. MATÉRIA DE FACTO.

A decisão recorrida julgou **provados os seguintes factos**:

a) O recorrente foi incorporado no serviço militar, em 24-04-1972, integrando o Regimento de Infantaria 7.

b) Embarcou, em 16-09-1973, para a ex – Província de Angola, integrando o Regimento de Artilharia Pesada 3, Bateria de Artilharia 7340, tendo sido colocado em Negage – Norte de Angola.

c) Em Luanda, integrou uma coluna militar para Negage.

d) Em 15-10-73, quando seguia numa viatura militar tipo Jeep, integrado na referida coluna militar, quando regressava, no trajecto entre Carmona e Negage, foi vítima de um acidente de viação.

e) O acidente ocorreu, quando três viaturas saíram da picada, tendo aquela, em que o recorrente seguia, capotado, e este ficado debaixo da mesma.

f) O acidente deveu-se ao mau estado da picada, à chuva e ao cansaço do condutor.

g) O acidente ocorreu quando a viatura que seguia à frente da que transportava o recorrente derrapou e começou a «ziguezaguear», ficando quase atravessada na estrada (PI – fls. 22).

h) Nessa altura, o condutor do veículo que transportava o recorrente travou e tentou desviar-se para o lado contrário ao que se encontrava a outra viatura.

i) Devido a esta manobra e ao facto de a estrada se encontrar molhada, a viatura começou a derrapar e acabou por cair num precipício que marginava a estrada naquela zona.

j) O recorrente deu entrada no HM de Luanda, em 17-10-73, com *«fractura acetabular e mandibular»* (fls.49 do PI).

k) Foi evacuado para o HMP, em 31-01-74.

l) Foi presente à JHI/HMP, em 10-12-74, tendo sido considerado *"incapaz para todo o serviço militar e apto, parcialmente, para o trabalho e para angariar meios de subsistência com a desvalorização de 44%, por fractura do acetábulo e maxilar inferior viciosamente consolidada"*. (fls. 18 do PI).

m) Por despacho de 18-03-74, do General Comandante da Região Militar de Angola, o acidente foi considerado como ocorrido em serviço (fls. 22 dos autos).

n) A CPIP/DSS, em 25-08-75, emitiu parecer no sentido de que "*o motivo pelo qual a JHI julgou o militar incapaz para o serviço resultou das lesões sofridas no acidente de viação, quando em serviço de campanha, ocorrido, em 15-10-73, algures em Angola*" (fls. 19 do PI).

o) Por despacho de 9/9/75, do General Ajudante General, proferido por delegação do CEME, o parecer da CPIP/DSS não foi homologado, tendo o acidente sido qualificado apenas como ocorrido em serviço.

p) Por requerimento de 19-06-78, o militar requereu que "*o acidente sofrido lhe fosse considerado como adquirido em serviço de campanha*" (requerimento de fls. 91, do PI).

q) O oficial instrutor do processo de revisão, no relatório respectivo entendeu que o acidente devia ser enquadrado como ocorrido em serviço de campanha, até porque se enquadra no disposto nos n.os 3 e 4, do DL 43/76, de 20-01 (fls. 167 do PI).

r) Apreciado o processo na Direcção de Justiça e Disciplina, do Estado – Maior do Exército, foi entendido, nomeadamente, que "*a versão sustentada pelo requerente só veio a ser corroborada por duas testemunhas agora ouvidas (cerca de 20 anos após o acidente) que referem a perigosidade da zona onde o acidente ocorreu e a actividade operacional do militar, quando não foram invocados aquando da organização do processo de averiguações*".

s) O SGMDN, no uso de competência subdelegada (despacho 14.193/99, publicado no DR 172, II Série, de 26-07-99), não qualificou o recorrente como DFA, por o mesmo não preencher todos os requisitos exigidos pelo n.º 2, do artigo 1.º, do Decreto-Lei n.º 43/76, de 20-01.

II. O DIREITO.

1. O antecedente relato evidencia que o Recorrente, no ano de 1973, foi vítima de um acidente de viação quando se encontrava em Angola a prestar o serviço militar, que ocorreu por o Jeep em que seguia, integrado numa coluna militar, se ter despistado – em resultado do «*mau estado da picada, da chuva e do cansaço do condutor*» – e ter caído num precipício. Em consequência do mesmo o Recorrente sofreu «*fractura acetabular e mandibular*» e foi considerado pela JHI/HMP «*incapaz para todo o serviço militar e apto, parcialmente, para o trabalho e para angariar meios de subsistência com a desvalorização de 44%, por fractura do acetábulo e maxilar inferior viciosamente consolidada*».

E, porque assim, e considerando que a sua situação consentia que – para efeitos do disposto no DL 43/76, de 20/01 – fosse considerado como DFA, por o acidente que o vitimou ter ocorrido «*em serviço de campanha*», apresentou requerimento solicitando ser assim qualificado, pretensão que foi indeferida.

Inconformado, deduziu **recurso contencioso de anulação desse indeferimento** o qual, não tendo sido provido, deu origem à interposição de recurso jurisdicional para o TCA que, concedendo-lhe provimento, o anulou, o que determinou que o Sr. Secretário de Estado da Defesa e dos Antigos Combatentes **recorresse para este Tribunal com fundamento em oposição de julgados.**

Por Acórdão de fls. 210 a 223 foi entendido que entre os Acórdãos recorrido e fundamento havia identidade no tocante à matéria de facto e ao quadro normativo em que decidiram e que, sendo assim, a prolação de decisões contraditórias tinha resultado de divergente interpretação jurídica, o que significava que se **verificava a invocada oposição de julgados,** daí resultando o prosseguimento do recurso.

Deste modo, cumpridas que foram as restantes formalidades deste recurso por oposição de julgados, **e inexistindo razões para que a decisão que a declarou seja alterada**, cumpre apreciar se o Acórdão recorrido decidiu bem.

2. A questão que se coloca é a de saber se a realidade fáctica que se nos apresenta autoriza a que se afirme que o acidente que vitimou o Recorrente ocorreu "*em serviço de campanha*" ou "*em circunstâncias directamente relacionadas com o serviço de campanha*", pois que se a resposta a esta interrogação for positiva ter-se-á de qualificar o Recorrente como DFA e, consequentemente, considerar que o Acórdão recorrido decidiu bem quando assim o qualificou e, pelo contrário, se se entender que as circunstâncias daquele acidente não merecem os referidos qualificativos cumprirá revogar o decidido e manter o acto impugnado. O que nos remete para a análise do disposto no DL 43/76, de 20/1.

Vejamos, pois.

2.1. A **publicação do citado diploma teve em vista** «*a plena reparação das consequências sobrevindas no cumprimento do dever militar aos que foram chamados a servir em situação de perigo ou perigosidade*», já que se entendeu que a legislação em vigor não respondia à «*preocupação fundamental de encaminhar os deficientes para a recuperação e integração social, não fazia justiça no tratamento assistencial e não respeitou o princípio da actualização de pensões e outros abonos, o que provocou, no seu conjunto, situações económicas e sociais lamentáveis*", objectivo que foi considerado um imperativo nacional, visto estarem em jogo «*valores morais estabelecidos na sequência do reconhecimento e reparação àqueles que no cumprimento do seu dever militar se diminuíram, com consequências permanentes na sua capacidade de ganho*».– vd. o respectivo preâmbulo.

E, porque assim, foi estabelecido que "*o Estado reconhece o direito à reparação que assiste aos cidadãos portugueses que, sacrificando-se pela Pátria, se deficientaram ou se deficientem no cumprimento do serviço militar e institui as medidas e os meios que, assegurando as adequadas reabilitação e assistência, concorrem para a sua integração social*". – n.º 1 do seu art.º 1.º

E, tendo em vista concretização desse objectivo, foi estatuído que :

"2. ***É considerado deficiente das Forças Armadas Portuguesas o cidadão que****:*

No cumprimento do serviço militar e na defesa dos interesses da Pátria adquiriu uma diminuição na capacidade geral de ganho;

quando em ***resultado de acidente ocorrido****:*

– Em ***serviço de campanha*** *ou* ***em circunstâncias directamente relacionadas com o serviço de campanha****, ou como prisioneiro de guerra;*

– Na manutenção da ordem pública;

– Na prática de acto humanitário ou de dedicação à causa pública; ou

– No exercício das suas funções e deveres militares e por motivo do seu desempenho, em condições de que resulte, necessariamente, risco agravado equiparável ao definido nas situações previstas nos itens anteriores;

vem a sofrer mesmo à posteriori, ***uma diminuição permanente****, causada por lesão ou doença, adquirida ou agravada,* ***consistindo em****:*

– Perda anatómica; ou

– Prejuízo ou perda de qualquer órgão ou função;

tendo sido, em consequência declarado, nos termos da legislação em vigor*:*

– Apto para o desempenho de cargos ou funções que dispensem plena validez; ou

– Incapaz do serviço activo; ou

– Incapaz de todo o serviço militar,"

N.º 2 do art.º 1.º citado do DL 43/76, com sublinhados nossos.

A leitura do transcrito normativo evidencia que **o legislador quis fixar rigidamente o conceito de DFA** e que a sua preocupação de clareza e rigor foi tal que entendeu ser ele a **definir os diversos conceitos susceptíveis de contribuir para aquela qualificação,** designadamente os de *«serviço de campanha ou em campanha»* e as *«circunstâncias directamente relacionadas com o serviço de campanha».*

Deste modo, e por força desta legislação, só se poderá considerar ***«serviço de campanha ou em campanha»*** quando o mesmo tiver ***"lugar no teatro de operações*** *onde se verifiquem operações de guerra, de guerrilha ou de contra guerrilha* ***e envolve*** *acções directas do inimigo, os eventos decorrentes de actividade indirecta do inimigo e os eventos determinados no decurso de qualquer outra actividade terrestre, naval ou aérea de natureza operacional"* e só se poderá qualificar como ***«circunstâncias directamente relacionadas com o serviço de campanha»*** quando as mesmas tenham "***lugar no teatro de operações onde decorrem as operações*** *de guerra, guerrilha ou contra guerrilha* ***e envolvem*** *os eventos directamente relacionados com a actividade operacional que, pelas suas características, impliquem perigo em circunstâncias de contacto possível com o inimigo e os eventos determinados no decurso de qualquer outra actividade de natureza operacional, ou em qualquer actividade directamente relacionada que, pelas suas características próprias, possam implicar perigosidade.*" – vd. n.os 2 e 3 do art.º 2.º do mesmo diploma, com sublinhados nossos.

Sendo que, de acordo com o n.º 4 deste artigo 2.º, "*«O exercício de funções e deveres militares e por motivo do seu desempenho, em condições de que resulte, necessariamente, risco agravado equiparável aos definidos nas situações previstas nos itens anteriores», engloba aqueles casos especiais, não previsíveis, que, pela sua índole, considerado o quadro de causalidade, circunstâncias e agentes em que se desenrole, seja identificável com o espírito da lei".*

A jurisprudência do STA tem sustentado que a clareza com o que o legislador expôs e desenvolveu os citados conceitos revela que pretendeu que os mesmos fossem interpretados de um modo restritivo, o que quer dizer que **a atribuição da qualidade de DFA deve ser feita**, apenas e tão só, **a quem preencha por inteiro os apontados requisitos.**

E, sendo assim, **não basta** para ser qualificado como DFA que a deficiência tenha sido adquirida durante a prestação do serviço militar e por causa deste, em zona susceptível de ocorrerem ataques inimigos, pois que **a lei exige mais do que isso,** exige que a mesma tenha sido adquirida no **teatro de operações** onde tenham lugar operações de guerra, guerrilha ou contra guerrilha e tenha **resultado da actividade operacional**, directa ou indirecta, do inimigo ou de eventos ocorridos no decurso de qualquer actividade de natureza operacional que, pelas suas características ou pelas circunstâncias concretas do caso, impliquem **perigo superior ao normal.** – Neste sentido vejam-se Ac.s do Pleno de 8/2/94 (rec. 33.133), de 18.10.94 (rec. 31.398) e de 5/7/2001 (rec. n.º 36666) e da Secção de 4/6/96 (rec. 37.372), de 11.12.97 (rec.º 39.379), de 21/04/2005 (rec. 106/04) e de 19/05/2005 (rec. 1.852/03) e jurisprudência neles citada.

Ou seja, – como se afirma no citado Acórdão de 4/6/96 (rec. 37.372) – **a qualificação como DFA exige,** *«que o serviço seja prestado em condições de risco que ultrapassem, de modo sensível, o risco comum à generalidade dos militares em serviço activo, risco aquele especialmente agravado mercê das circunstâncias especiais ou excepcionais de lugar, modo e tempo, que acarretem para o prestador uma maior e particular vulnerabilidade ao desgaste de ordem física e psíquica e às respectivas sequelas traduzíveis na diminuição da respectiva capacidade aquisitiva. E mais: exige-se que tais circunstâncias sejam potenciadas por actuações de carácter humanitário ou patriótico, reveladoras do espírito de abnegação e sacrifício».*

Deste modo, só poderá ser qualificado como DFA o militar que, *sacrificando-se pela Pátria*[1], se tenha deficientado num teatro de guerra ou de guerrilha por causa, directa ou indirecta, das actividades do inimigo ou do possível contacto com ele e que tudo ocorra em condições de perigo e dificuldade superiores às da vida castrense normal.

Isso, porém, **não significa que só possa ser assim considerado quem se tenha deficientado em resultado de actos de bravura e sacrifício próximos do heroísmo**, visto que não sendo o espírito da lei premiar o cumprimento normal da função militar e, portanto, os riscos normais a ela inerentes, também não é o de premiar só os actos de heroísmo ocorridos em circunstâncias únicas ou verdadeiramente excepcionais.

O DFA é, pois, **o militar comum que, ao serviço da Pátria, no teatro de guerra e em circunstâncias anormais de perigo, cumpriu o seu dever**, com coragem e abnegação e, em função disso, adquiriu uma deficiência.

3. Descendo ao caso *sub judicio* verificamos que **o Recorrente adquiriu a sua deficiência em resultado** do Jeep em que seguia, integrado numa coluna militar, não ter sido capaz, por causa do mau estado da picada, da chuva e do cansaço do condutor, de se imobilizar com segurança quando viu a viatura que o precedia entrar em «ziguezagues» e, em função disso, se ter despistado e capotado.

Será que tais circunstâncias autorizam a que se qualifique aquele acidente como ocorrido em *serviço de campanha* ou em *circunstâncias directamente relacionadas com o serviço de campanha*?

A resposta é negativa. Vejamos porquê.

[1] N.º 1 do art.º 1.º do DL 43/76.

3.1. Em primeiro lugar, é incontroverso que os ferimentos que deficientaram o Recorrente **não advieram do seu contacto directo, ou indirecto, com o inimigo** e, portanto, de uma situação de guerra, de guerrilha ou de contra guerrilha.

De acordo com a sua alegação a qualificação das circunstâncias do acidente como sendo em *serviço de campanha* ou *directamente relacionadas com o serviço de campanha* resultam do facto daquele ter ocorrido no final de cinco dias consecutivos de operações militares, com duas noites sem dormir, numa zona sujeita a ataques do inimigo a qualquer momento e, portanto, numa zona de potencial guerra iminente onde a tensão era constante. E que **tendo sido essas circunstâncias, e as tensões por elas geradas, que determinaram o cansaço do condutor e o seu consequente despiste** cumpriria qualificar o acidente como tendo ocorrido em serviço de campanha e, consequentemente, atribuir-lhe a qualidade de DFA.

Mas **não tem razão.**

Na verdade, e desde logo, trata-se de uma **versão que só agora foi apresentada** – isto é, 20 anos após o acidente, vd. ponto r) do probatório – pois que – como se lê no relatório que fundamentou o acto impugnado – à data do acidente foi organizado um processo e nele o Recorrente não fez referência ao cansaço do condutor e aos cinco dias consecutivos de operação militar, nem atribuiu, de forma directa ou indirecta, a sua ocorrência a qualquer actividade do inimigo, nem à especial perigosidade da zona ou da missão que desempenhavam. Ao contrário, segundo o que se lê naquele relatório, o Recorrente e as testemunhas então ouvidas atribuíram o acidente ao estado da via, ao mau tempo, ao cansaço do condutor e à sua inexperiência.

Deste modo, e ainda que o Recorrente tenha, agora, apresentado duas testemunhas que confirmaram a sua versão isso não significa que a tenhamos de considerar verdadeira, porquanto, por um lado, a mesma só foi apresentada vinte anos após o acidente e, por outro, é contraditada pelo resultado das averiguações levadas a efeito no processo instruído após o acidente e inexistem razões para desqualificar esse resultado.

Daí que não haja motivo sério susceptível de pôr em causa a conclusão que se retira da al. f) do probatório, isto é, que o acidente se ficou a dever a causas mais prosaicas e ocasionais, designadamente ao mau estado da picada, à chuva e ao cansaço do condutor.

Nenhuma relação de causalidade especial pode, assim, ser estabelecida entre riscos inerentes à viagem entre as duas localidades onde o acidente ocorreu e a verificação deste, o que significa que **ficou por provar que este tenha sido especialmente propiciado ou favorecido pela natureza militar da missão e pelos perigos agravados que ela comportava.**

Ou seja, e dito de outra forma, **ficou por provar** que o acidente tenha ocorrido no decurso de uma operação directamente relacionada com acções de guerra inimigas ou que tenha sido provocado, ainda que indirectamente, por essas acções ou que as circunstâncias concretas do local do acidente eram de molde a propiciar perigo agravado e que, por isso, se tivesse que concluir que o mesmo ocorrera em *serviço de campanha* ou *directamente relacionadas com serviço de campanha.*

E, porque assim, **o Recorrente não se pode considerar que reúna os requisitos que lhe permitam ser qualificado como DFA.**

O que vale por dizer que o Acórdão recorrido não pode manter-se na ordem jurídica.

Termos em que os Juízes que compõem este Tribunal acordam **em conceder provimento ao recurso e, revogando a douta decisão recorrida, negar provimento ao recurso contencioso.**

Custas pelo Recorrente em 200 € no Tribunal Central Administrativo e em 300 € neste Supremo Tribunal, e procuradoria em metade.

Lisboa, 16 de Junho de 2005.

Alberto Acácio de Sá Costa Reis (Relator)
António Fernando Samagaio
Fernando Manuel Azevedo Moreira
Rosendo Dias José
Maria Angelina Domingues
José Manuel da Silva Santos Botelho
Luís Pais Borges
António Bernardino Peixoto Madureira

Recurso n.º 274/04-20

EXECUÇÃO DE SENTENÇA. PROCEDIMENTO DISCIPLINAR. ANULAÇÃO DA PENA E APOSENTAÇÃO COMPULSIVA. ACTO PUNITIVO RENOVADOR: PENA DE INACTIVIDADE. DIREITO DE PROMOÇÃO.

(Acórdão de 5 de Maio de 2005)

SUMÁRIO:

I – A eficácia do caso julgado limita-se aos vícios determinantes da anulação do acto administrativo e, portanto, não impede a substituição do acto recorrido por um outro que não os repita.

II – Se um comportamento foi punido disciplinarmente com a pena de aposentação compulsiva, anulada, porém, por aplicação indevida do art. 159.º, n.º 1, als. a) e b) da LOMP, está integralmente cumprida a execução da decisão judicial se o CSMP, cerca de dois meses depois do trânsito em julgado do acórdão anulatório, no mesmo procedimento renova o acto punitivo, aplicando desta vez a pena disciplinar de inactividade por 15 meses.

III – A promoção da interessada não é um efeito favorável que necessariamente decorre da anulação ou que se imponha na execução da sentença, esgotada, como se disse, na prática do acto renovador referido em II.

IV – Entendendo que tinha direito à promoção, deveria ter feito pedido nesse sentido, de cuja decisão, caso desfavorável, poderia recorrer.

ACORDAM NO PLENO DA 1ª SECÇÃO DO STA

I – M(..............................), Procuradora Adjunta do Ministério Público, requereu em Julho de 2003, a *execução do acórdão* de 3/05/94 deste STA, que anulou o acto do **Conselho Superior do Ministério Público** de 16/04/91 que lhe havia aplicado a pena de aposentação compulsiva.

Por acórdão de 27/03/2003, foi rejeitado o pedido com fundamento em *caducidade* do direito de promover a execução do aresto anulatório (fls. 140/144).

É deste acórdão que vem interposto o presente recurso jurisdicional, cujas alegações a recorrente **concluiu** do seguinte modo:

«I – O presente recurso é interposto da totalidade da douta decisão recorrida por omissão de pronúncia, violação da lei substantiva e da Constituição;

II – A douta decisão recorrida apenas apreciou que já tinham decorrido mais de três anos entre o trânsito em julgado do douto Acórdão cuja Execução se requer e o requerimento para execução ao abrigo do artigo 5.º DL n.º 256-A/77 e que após esse prazo o direito se deve considerar extinto, nos termos dos artigos 96.º/1. LPTA e 329.º cc;

III – Ainda apreciou que a interposição de um recurso contencioso não tem a virtualidade de interromper ou suspender a caducidade;

IV – Ora, a recorrente alegou como principal causa justificadora de só ter requerido a execução do Acórdão de 1994 em 2001 o facto de estar até essa data legalmente impedida temporariamente de invocar o seu direito, nos termos dos artigos 151.º e 154.º LOMP (na numeração da altura, hoje arts. 176.º e 179.º);

V – Com efeito, no Requerimento Inicial e no Subsequente, em resposta a questões levantadas pelo Digmo. M.P., a recorrente justificou longa e fundamentadamente que:

a) os artigos 151.º e 154 LOMP impedem a promoção da recorrente até Julho de 2001, por efeito da abertura de inquérito e procedimento disciplinar e do cumprimento da pena;

b) os artigos 298.º/2 e 329.º Cód. Civil prevêem que o prazo de caducidade só corre quando o direito pode ser invocado;

c) o artigo 96.º/1 LPTA ressalva situações especiais previstas na lei, como é o caso presente;

d) a interpretação deve ser favorável ao recorrente por estarmos perante direitos análogos aos direitos, liberdades e garantias constitucionais, nos termos dos artigos 17.º ss. CRP.

VI – Nenhum destes argumentos que justificam a não caducidade do seu direito foram apreciados ou rebatidos pelo Tribunal a quo, existindo nulidade por omissão de pronúncia, nos termos da alínea d) do n.º 1 do artigo 668.º CPC, aplicável ex vi do artigo 1.º LPTA;

VII – Na parte em que apreciou e decidiu o requerimento da recorrente a douta decisão recorrida violou a lei substantiva, designadamente os artigos 96.º/1, LPTA e artigos 298.º/2. e 329.º Cód. Civil;

VIII – Com efeito, a douta decisão recorrida entendeu que o prazo de três anos de caducidade do direito de requerer a execução das sentenças previsto no artigo 96.º/1. LPTA se deve contar sempre do trânsito em julgado da sentença a executar, sem ter em conta se o direito podia ser invocado legalmente antes do momento em que o foi;

IX – Na verdade, os artigos 298.º/2. e 329.º Cód. Civil claramente prevêem que o prazo de caducidade apenas começa a correr se o direito poder ser invocado pelo seu titular;

X – Considerando-se não a mera vontade do titular do direito, mas uma impossibilidade legal objectiva.

XI – E o artigo 96.º/1. LPTA ressalva situações legais especiais;

XII – A situação da recorrente era de uma efectiva impossibilidade legal temporária, por isso objectiva, independente da vontade da recorrente, derivada dos artigos 151.º e 154.º LOMP;

XIII – Desde Fevereiro de 1988 até Julho de 2001 a Administração estava legalmente impedida de promover a recorrente;

XIV – Isso foi reconhecido pela Administração em 1999, por documento junto aos autos;

XV – Além de que o longo período se deveu unicamente ao exercício de direitos constitucionais, o direito a impugnar actos lesivos da Administração, pelo que não pode prejudicar a recorrente;

XVI – Aliás, é jurisprudência hoje pacifica no STA que a notificação de recurso contencioso interrompe a prescrição;

XVII – E, deve salientar-se que não houve suspensão judicial da eficácia dos actos recorridos, mas a própria Administração resolveu suspender a eficácia dos mesmos, não lhes dando execução até ter transitado o último Acórdão de Fevereiro de 1998;

XVIII – Mais uma razão para que a recorrente não possa ser prejudicada por algo a que não deu causa;

XIX – Ainda a douta decisão recorrida violou os artigos 2.º, 17.º sgs. e 268.º/4. da Constituição, ao aplicar os artigos 96.º/1. LPTA e 329.º CC com a interpretação restritiva que deles fez;

XX – Na verdade, o direito à execução de julgados faz parte integrante do direito à tutela judicial efectiva, direito análogo aos direitos, liberdades e garantias constitucionais;

XXI – O seu regime, previsto nos artigos 17.º ss. CRP impede que esses direitos sejam restringidos de forma desnecessária, não legalmente fundada e casuisticamente, só podendo ceder face à necessidade de salvaguarda de outros direitos constitucionais protegidos;

XXII – Ora, os únicos interesses que no caso se contrapõem são o da certeza e segurança do Direito, valores importantes, mas não constitucionalmente tutelados;

XXIII – Face ao que, estava o Tribunal a quo obrigado constitucionalmente a interpretar os normativos citados da forma mais favorável ao administrado, garantindo assim a tutela de direitos análogos aos direitos, liberdades e garantias;

XXIV – O Tribunal a quo impediu o exercício do direito à execução de julgados, pois a recorrente estava legalmente impedida de invocar esse direito até Julho de 2001 e o Tribunal a quo entendeu que após essa data já o direito se tinha extinguido, por caducidade;

XXV – E existe uma verdadeira lacuna neste aspecto na LPTA e no DL n.º 256-A/77, pois aqui apenas se encontra prevista a situação de impossibilidade definitiva de execução (art. 6.º DL n.º 256-A/77) que permite a fixação de uma indemnização alternativa, não a mera impossibilidade legal temporária que sucedeu no presente caso concreto por feito dos artigos 151.º e 154.º LOMP;

XXVI – Tal lacuna tem que ser preenchida pelo regime geral da caducidade, nos termos dos artigos 298.º/2. e 329.º Cód. Civil, que estabelecem que o prazo de caducidade não começa a correr enquanto o direito não poder ser exercido;

XXVII – Interpretação que está de acordo com a natureza de direito, liberdade e garantia constitucional atribuído ao direito de execução de julgados;

XXVIII – Mas interpretação que não foi feita pela douta decisão recorrida, que é assim violadora da lei e da Constituição».

***

Apreciada a invocada nulidade de sentença por acórdão de fls. 194/197, os autos foram, posteriormente, com vista ao Ministério Público, cujo digno Magistrado opinou no sentido do improvimento do recurso (fls. 202V.º).

***

Cumpre decidir.

II – OS FACTOS

O acórdão recorrido deu por assente a seguinte matéria de facto:

«*a) Por acórdão do Pleno deste STA, de 3.5.94, transitado em julgado, foi anulada a deliberação do Conselho Superior do Ministério Público de 16.4.91, que aplicou à requerente a pena disciplinar de aposentação compulsiva.*

b) Na sequência dessa decisão o CSMP, em nova deliberação (de 6.7.94), impôs-lhe a pena disciplinar de 15 meses de inactividade.

c) Por requerimento de 23.5.01, a requerente pediu à autoridade requerida a execução integral do acórdão anulatório.

d) Tal pedido foi indeferido por deliberação do CSMP de 25.2.02, por caducidade».

III – O DIREITO

Da nulidade

O objectivo do processo executivo seria, na fase em que se encontra, a declaração judicial de *inexistência de causa legítima de inexecução.*

O acórdão recorrido, porém, rejeitou o pedido por o julgar extemporâneo, face ao disposto nos arts. 5.º e 6.º do DL n.º 256-A/77, de 17/06 e 96.º da LPTA. Isto é, por haverem sido ultrapassados todos os prazos, nomeadamente o de três anos previsto no último dos normativos invocados, ter-se-ia verificado a *caducidade do direito* de requerer a execução (art. 329.º do C.C.).

Só que a recorrente considera que o tribunal omitiu pronúncia sobre a causa invocada para a execução apenas em Agosto de 2001 do acórdão de 1994. Em seu entender teria havido impossibilidade temporária de exercer o direito assente nos seguintes motivos:

a) Por efeito da instauração em 3/2/88 de processo disciplinar ficou suspenso todo o procedimento de graduação e promoção, face ao disposto no art. 154.º da LOMP (versão original em vigor em 1988);

b) Com a aplicação da pena de aposentação compulsiva em 16/04/1991, o procedimento de promoção, suspenso desde 1988, foi dado sem efeito, nos termos do n.º 2, do art. 154.º citado (versão da Lei n.º 47/86, com a redacção da Lei n.º 2/90, de 21/01, em vigor em 1991);

c) Em execução do acórdão anulatório de 3/05/1994, estava o CSMP obrigado a dar seguimento à promoção da requerente a Procuradora da República com efeitos reportados a 1988, não o tendo, porém, feito;

d) A pena de inactividade aplicada em 6/07/1994 foi cumprida de 1 de Abril de 1988 a 1 de Julho de 1999;

e) A pena de inactividade, nos termos do art. 151.º da LOMP (hoje art. 176.º), impossibilitou o direito à promoção por um período de dois anos após o cumprimento da pena;

f) Assim, só após 1 de Julho de 2001 poderia ter começado a correr o prazo de três anos referido no art. 96.º da LPTA para o requerimento de execução.

Não tem razão.

É verdade que, na perspectiva da recorrente, essa teria sido a causa que a levou a requerer a execução apenas em meados de 2001.

Mas por certas também temos duas outras coisas.

Em primeiro lugar, a 1ª parte do discurso jurídico do julgado, mesmo sem decidir a questão da promoção da recorrente, teve-a por subentendida e presente. Isto é, ao arrumar expressamente a um canto os argumentos retirados da jurisprudência que mencionou e dos textos normativos que citou e transcreveu, deixou, ao menos implicitamente, afastada a alegada razão para o impulso tardio para a execução. Quer dizer, não viu necessidade de contra-argumentar este aspecto trazido pela recorrente porque estava prejudicado pela solução que acabava de encontrar com os fundamentos anteriormente expostos.

Em segundo lugar, e não obstante o acabado de referir, a parte final da fundamentação decisória não deixou de aflorar o tema da promoção. Para os julgadores, a posição agora reivindicada pela recorrente poderia ter sido defendida na execução tempestiva do acórdão anulatório. Com efeito, a coberto do "princípio da plenitude da execução", a recorrente poderia ter exposto então «*todos os seus pontos de vista a respeito da sua promoção*» (fls. 144, linha 6/7) e, bem assim, «*apurar da legalidade de todos os actos praticados em execução do julgado anulatório*» (loc. cit., linha 7).

Isto é, o acórdão em apreço, afinal, não deixou de tratar a questão da promoção. Simplesmente, não a achou relevante e com força capaz de destruir a caducidade do direito de requerer a execução.

Deste modo, improcede a arguida nulidade.

***

Do mérito do recurso

O que se discute no presente recurso jurisdicional é se, de facto, já não estaria em tempo a execução do acórdão deste STA de 3/05/94, que anulou a decisão do CSMP de 16/04/91 de aplicar à recorrente a pena disciplinar de aposentação compulsiva.

Sobre o assunto que ora nos prende a atenção, e que, como sabemos, se refere exclusivamente à execução de julgados, o STA tem seguido as seguintes linhas orientadoras:

1ª – a Administração deve abster-se de praticar um novo acto administrativo inquinado do vício ou vícios que determinaram a invalidação do acto recorrido;

2ª – a Administração deve praticar todos os actos jurídicos e operações materiais que forem necessários à reintegração da ordem jurídica, segundo o critério da *reconstituição da situação actual hipotética*, isto é, tem, por força do dever de acatamento da sentença, de eliminar da ordem jurídica os efeitos positivos ou negativos que o acto ilegal tenha produzido e de reconstituir, na medida do possível, a situação que neste momento existiria se o acto ilegal não tivesse sido praticado e se, portanto, o curso dos acontecimentos no tempo que mediou entre a prática do acto e o momento da execução se tivesse apoiado sobre uma base legal (neste sentido, **F. Amaral**, in *A execução das sentenças dos Tribunais Administrativos*, 2ª ed., pag. 45; tb. *Ac. do STA de 01/10/97, Rec. n.º 39 205, in Ap. Ao DR de 12/06/2001, pag. 5261*);

3ª – a eficácia do caso julgado limita-se aos vícios determinantes da anulação, ou seja, a observância do caso julgado não impede a substituição do acto recorrido por um acto de idêntico conteúdo regulador da situação jurídica, se a substituição se fizer sem a repetição dos vícios determinantes da anulação (neste sentido, *Ac. do STA, de 02/10/2001, Rec. n.º 34 44-A*). Aliás, o limite objectivo do caso julgado das decisões anulatórias de actos administrativos "*seja no que respeita ao efeito preclusivo, seja no que respeita ao efeito conformador do futuro exercício do poder administrativo, determina-se pelo vício que fundamenta a decisão*"(*Ac. do Pleno/STA de 08/05/ /2003, Rec. n.º 40 821-A*);

4ª – no processo de execução o tribunal só aprecia a actuação administrativa posterior à sentença exequenda quanto aos aspectos referentes à execução, isto é, quanto à observância do caso julgado; outros eventuais vícios dos novos actos com os quais a Administração pretenda ter dado execução ao julgado só poderão ser apreciados em recurso autónomo (v.g., *Ac. do STA de 22/01/2004, Proc. n.º 28957-A*).

A execução de julgado depende, como se sabe, dos fundamentos da decisão judicial e da situação de facto que lhe estejam subjacentes. Logo, os resultados variam de caso para caso. Pode haver situações em que a execução de um julgado desse tipo importe a consideração de *promoções* na carreira reconstituída por acção judicial (Acs. do STA, de 20/3/97, Proc. n.º 12074-A/Pleno; 9/02/99, Proc. n.º 24711-B; 24/05/2000, Proc. n.º 45977; 29/1/2002, Proc. n.º 22651-A; **F. Amaral**, in *A Execução das Sentenças Administrativas*, pag. 93/95).

Mas esse não é o caso dos autos, em que a anulação da pena não impediu a renovação do acto sancionador, isto é, não teve por resultado a eliminação pura e simples da sanção, antes permitiu a sua substituição por outra no quadro do mesmo procedimento disciplinar.

Recorde-se que o dito aresto, considerando embora censurável o comportamento da recorrente, entendeu, por outro lado, que ele não revelaria "incapacidade de adaptação às exigências da função", não representaria "insubordinação grave", nem comprometeria a relação funcional. Em consequência, deu por verificado o imputado erro de apreciação do art. 159.º, n.º1, als. a) e b) da L.O.M.P. (*Lei n.º 47/86, de 15/10*).

Isto é, não pôs o STA em causa a censurabilidade da atitude da recorrente, nem, por conseguinte, o merecimento da punição. O Tribunal apenas se inquietou com a interpretação que o órgão fez dos factos apurados, insubsumíveis, em seu critério, à previsão do citado preceito legal. Donde, por desmesurada e desproporcionada, a pena concreta não teria cabimento naquela moldura abstracta, abrindo, porém, a porta para outra qualquer sanção que o CSMP viesse a julgar pertinente e adequada à situação.

Quer isto dizer que não estava em causa o sancionamento em abstracto, mas sim o conteúdo do acto administrativo na parte referente à medida da punição.

Era, por isso, um acto renovável, que o seu autor podia de novo exercitar, expurgado, porém, do vício que tinha inquinado o anterior. Nisso consistiria o cumprimento do acórdão anulatório no pleno respeito pelo caso julgado e respectivos fundamentos (É, aliás, nisso que consiste a boa execução, sempre que a Administração pretender reintroduzir na ordem jurídica a força substancial do acto renovado). Na verdade, nunca o direito à promoção estivera na base fundamentante do recurso contencioso e, por isso, a anulação judicial não a teve, nem podia ter, em consideração.

Consequentemente, a *pretendida promoção da recorrente não poderia derivar automaticamente da decisão anulatória, nem alguma vez seria efeito que necessariamente se impusesse na sua execução.*

Ainda que uma das consequências da pena seja a impossibilidade de promoção, tal como resulta dos preceitos legais (arts. 150.º, 151.º, 154.º da LOMP), não poderia reclamar na execução da sentença mais do que o permitiriam os fundamentos da anulação. A *anulação da pena* reabre a possibilidade de promoção, mas não a determina necessariamente. São coisas distintas, pois.

De resto, anulado o acto punitivo de 16/4/91, pelo acórdão de 3/05/94, transitado em julgado em 18/5/94, a autoridade recorrida procedeu espontaneamente à sua execução logo em 6 de Julho (art. 5.º do DL n.º 256-A/77, de 17/06). Deste modo, a prática do acto renovador de 6/07/94 (agora com outro conteúdo: aplicação de pena disciplinar de 15 meses de inactividade) esgotou totalmente o seu alcance executório.

Nada mais havia a executar, sublinhe-se.

E não procede, sequer, o argumento da recorrente de que a Administração estava desde 1988 até 2001 objectivamente impossibilitada de promover a recorrente (primeiro pela aplicação da pena de aposentação: art. 154 da LOMP; depois, pela de inactividade: art. 151.º, n.º 1 do mesmo diploma) para justificar o pedido formulado somente em 23/05/2001.

Na verdade, este pedido foi feito, essencialmente, com vista à progressão na carreira. Mas, esse era um problema independente da execução do acórdão anulatório. Era, antes, um pedido que estava *legitimado* pela anulação da decisão de 16/4/91 e, mais tarde, pelo acto substitutivo de 6/07/94 (uma vez que a promoção só poderia ter lugar dois anos após o termo do cumprimento da pena de inactividade: art. 151.º, n.º 3, al. a) e 151.º, n.º 1 da LOMP).

E então, de duas uma:

a) ou se entende que, anulada a 1ª decisão punitiva, e até que nova sanção lhe viesse a ser aplicada, tinha direito à promoção, caso em que deveria ter formulado *nessa ocasião,* nesse intervalo de tempo, um pedido autónomo *nesse sentido*, de cuja decisão poderia recorrer caso lhe fosse desfavorável;

b) ou se entende que só em 2001 o poderia formular, caso em que da decisão que sobre o pedido recaiu caberia recurso contencioso autónomo.

Temos para nós, em suma, que a promoção <u>não é acto de execução</u> que decorra da anulação da pena de aposentação compulsiva, mas, eventualmente, um direito autónomo que só poderia ser activado ou plenamente satisfeito <u>uma vez afastada a causa que o impedisse</u> (ex: aposentação compulsiva ou demissão: arts. 152.º e 153.º, respectivamente), ou <u>terminada a causa suspensiva</u> (ex: cumprimento da pena de inactividade: arts, 151.º, n.º 1 e 150.º, n.º 3, da LOMP).

O que significa que, por esta razão, o recurso não pode proceder: não é possível declarar a inexistência de causa legítima de inexecução, por o acórdão anulatório de 3/05/94 estar já executado pelo acto substitutivo de 6/07/94, que aplicou pena de inactividade por 15 meses, totalmente cumprida entre 1/04/98 e 1/07/99.

***

Mesmo que assim não se entenda, nem por isso a recorrente merecerá ganho de causa. Na verdade, sendo acto renovável aquele que primeiramente foi anulado, a prática do acto renovador teve lugar no âmbito do mesmo procedimento disciplinar. E então, durante este, e até que surgisse a decisão final e definitiva (por caso decidido administrativo ou trânsito em julgado judicial) a promoção efectiva ficaria suspensa (art. 154.º da LOMP).

Ora, porque a pena concreta viria a ser a de inactividade, o direito à promoção só se concretizaria dois anos após o respectivo cumprimento (art. 151.º, n.º 1, cit. dip.).

Quer dizer, não é possível suscitar a execução do *julgado anulatório* se a pena anulada foi substituída por outra de menor gravidade – cuja legalidade também o tribunal apreciou em recurso contencioso que foi julgado improvido – que a visada cumpriu efectivamente.

Isto é, tudo o que ela poderia obter a partir daí era "cobrar" os efeitos do cumprimento efectivo da pena de inactividade: que se lhe aplicasse a norma que lhe reconhece o direito à promoção por antiguidade ou por mérito, consoante o caso. Mas isso já não é execução do julgado anulatório referido, mas sim a extracção de efeitos decorrentes do cumprimento da pena que lhe foi aplicada posteriormente. O que seria motivo para pedido nesse sentido e cuja decisão negatória abriria a recurso contencioso autónomo.

IV – DECIDINDO

Nesta conformidade, acordam em negar provimento ao recurso jurisdicional e, embora por diferentes fundamentos, confirmar a decisão do acórdão recorrido.

Custas pela recorrente.

Taxa de justiça: 350 €.

Procuradoria: 175 €.

Lisboa, 05 de Maio de 2005.

Cândido de Pinho (Relator)
António Samagaio
Azevedo Moreira
Angelina Domingues
Pais Borges
J. Simões de Oliveira
Costa Reis
Adérito Santos
Rui Botelho

Recurso n.º 29726/A-20

GESTOR DO PROGRAMA PESSOA. IEFP. ATRIBUIÇÕES. FORMAÇÃO PROFISSIONAL. SALDO FINAL.

(Acórdão de 5 de Maio de 2005)

SUMÁRIO:

I – **Nos termos do art. 8.º do DR n.º 15/94, de 6/7, o Instituto de Emprego e Formação Profissional (IEFP) era a entidade gestora dos programas quadro relativos a acções de formação profissional realizados no âmbito do II Quadro Comunitário de Apoio.**

II – **Nessa qualidade, competia ao IEFP, nos termos do art. 12.º, als. f) e g) do indicado diploma legal, aprovar as acções de formação, fazer o respectivo controlo contabilístico e financeiro e decidir, nos termos do art. 34.º, n.º 2, do mesmo diploma, a redução do financiamento concedido.**

III – **Nos termos do art. 33.º, n.º 3, do DR n.º 15/96, de 23/11, o IEFP manteve essa competência relativamente a acções aprovadas na vigência do referido DR n.º 15/94.**

IV – **A competência para se proceder à redução do financiamento aprovado, que foi atribuída aos gestores de programa designados ao abrigo do DR 15/96, apenas respeita aos financiamentos admitidos após a entrada em vigor deste último diploma legal.**

ACORDAM NO PLENO DA 1.ª SECÇÃO DO SUPREMO TRIBUNAL ADMINISTRATIVO:

O Secretário de Estado do Trabalho, invocando poderes entretanto delegados, interpôs recurso jurisdicional do acórdão da Subsecção, de fls. 164 e ss., que, concedendo provimento ao recurso contencioso deduzido pelo Instituto de Electromecânica e Energia (IEE) de um despacho do Ministro do Trabalho e da Solidariedade – o acto de 8/2/02, em que esta autoridade negara provimento ao recurso hierárquico interposto da decisão do Gestor do Programa Pessoa que aprovara o pedido de pagamento do saldo final no âmbito de um programa de formação profissional financiado pelo Fundo Social Europeu – declarou nulo, por incompetência absoluta, aquele mesmo despacho.

O recorrente terminou a sua alegação de recurso, oferecendo as conclusões seguintes:

1 – O despacho ministerial de 8/2/02 do, à data, Ministro do Trabalho e da Solidariedade, foi validamente assumido.

2 – O despacho controvertido negou provimento a recurso hierárquico interposto pelo Instituto de Electromecânica e Energia, IEE, da decisão n.º 1.346, de 5/9//2000, assumida pelo Gestor do POFPE/Pessoa.

3 – Após a nomeação deste órgão gestionário, com efeitos reportados a 1/2/97, passou a competir-lhe a gestão técnica, administrativa e financeira no âmbito da mencionada intervenção operacional.

4 – A aprovação do saldo final é, nos termos regulamentares (ponto 16 do regulamento próprio, aprovado por despacho ministerial de 17/12/96), uma das componentes da gestão.

5 – E porque o POFPE/Pessoa é um programa na perspectiva de intervenção operacional, não na de programa-quadro, não foi violado o n.º 3 do art. 33.º do DR n.º 15/96, de 23/11.

6 – Na verdade, os direitos e obrigações que se mantêm nas entidades gestoras ao abrigo do mesmo preceito são os decorrentes de programas-quadro.

7 – É entre essas que figura o Instituto do Emprego e Formação Profissional.

8 – Não tem, pois, razão de ser a invocação de nulidade baseada na al. b) do n.º 2 do art. 133.º do CPA.

9 – Isto porque a contestada decisão do Gestor foi assumida no âmbito das atribuições do ministério da tutela.

10 – Com efeito, o Gestor do POFPE/Pessoa, como encarregado de missão, desempenhava as suas funções junto do membro do Governo com responsabilidade predominante no volume de investimentos, ao tempo, o Ministro do Trabalho e da Solidariedade, hoje, o Ministro da Segurança Social e do Trabalho.

O recorrido IEE contra-alegou, defendendo a bondade do acórdão recorrido e pugnando, assim, pela sua manutenção.

O Ex.º Magistrado do M.ºP.º junto deste Pleno emitiu douto parecer no sentido do não provimento do recurso.

A matéria de facto pertinente é a dada como provada no aresto «sub judicio», que aqui damos por integralmente reproduzida – como se estabelece no art. 713.º, n.º 6, do CPC (cfr. os artigos 726.º e 749.º do mesmo diploma).

Passemos ao direito.

A questão básica enfrentada pelo acórdão «sub censura» consistiu em determinar a quem competia a aprovação, ocorrida em 5/9/2000, do pedido de pagamento do saldo final de um programa de formação profissional submetido ao II Quadro Comunitário de Apoio – se ao IEFP, que era a entidade gestora à luz do diploma (o DR n.º 15/94, de 6/7) vigente ao tempo da apresentação, admissão e aprovação da candidatura, se ao Gestor do Programa Pessoa que, na sequência do diploma revogatório e substitutivo do anterior (o DR n.º 15/96, de 23/11), ficara incumbido de se pronunciar sobre os saldos finais desse género de acções. Ora, o aresto recorrido entendeu que a competência para emitir a referida aprovação continuava a caber ao IEFP; e, por isso, a Subsecção considerou que o acto de 5/9/2000 era nulo, por falta de atribuições do referido Gestor, e que essa nulidade se comunicava ao despacho contenciosamente impugnado, em que o ora recorrente, decidindo um recurso hierárquico, mantivera na ordem jurídica o acto do mesmo Gestor.

O aqui recorrente insurge-se contra o assim decidido por considerar que a competência para a aprovação do saldo cabia realmente ao Gestor do Programa Pessoa, «ex vi» do DR n.º 15/96, e que Ministro decidiu o aludido recurso hierárquico no estrito âmbito das suas atribuições.

O acórdão recorrido ateve-se a uma vasta corrente jurisprudencial consolidada nas Subsecções e, entretanto, adoptada por este Pleno – cfr., a título ilustrativo, os arestos de 3/6/04, da 1.ª Subsecção, de 25/11/03, da 2.ª Subsecção, e de 14/1/04, da 3.ª Subsecção, proferidos, respectivamente, nos recursos ns.º 623/02, 48.328 e 48.015, e ainda os acórdãos do Pleno da Secção de 28/10/04 e de 16/12/04, proferidos, respectivamente, nos recursos ns.º 47.869 e 48.328. E, porque não vemos razões para nos desviarmos da linha decisória que, sem tergiversações, vem sendo seguida, desde já adiantaremos que o presente recurso jurisdicional está votado ao insucesso, como mais detalhadamente veremos «infra».

Já dissemos que a candidatura à acção de formação profissional a que estes autos respeitam foi apresentada, admitida e aprovada na vigência do DR n.º 15/94, de 6/7. É incontroverso que, nos termos do art. 8.º desse diploma, a gestão do programa em que tal acção se inseria era da competência do IEFP, pelo que a esta entidade incumbia, para além de outras tarefas – em que se incluíam aprovar as acções de formação e fazer o respectivo controlo contabilístico-financeiro (cfr. as alíneas f) e g) do art. 12.º) – decidir os pedidos de pagamento dos saldos finais, reduzindo porventura o financiamento concedido (cfr. os arts. 24.º e 34.º, n.º 2, do DR n.º 15/94).

Com a publicação do DR n.º 15/96, de 23/11, a competência para apreciar tais pedidos veio a ser atribuída, primariamente, ao Gestor do Programa Pessoa, não havendo dúvidas de que as coisas assim se passariam «in futurum». Mas o que nos autos se discute e agora importa discernir é se tal atribuição de competência ao dito Gestor também abrangeu as acções de formação aprovadas e desenvolvidas na vigência do DR pretérito.

A solução dessa dúvida encontra-se na norma de direito transitório constante do art. 33.º do DR n.º 15/96, cujo n.º 3 veio dispor que «as entidades gestoras de programas quadro aprovados no âmbito do Decreto Regulamentar n.º 15/94, de 6 de Julho, mantêm os direitos e obrigações decorrentes da execução dos mesmos até à aprovação do saldo final pela Comissão Europeia». Ora, deste preceito clara e imediatamente decorre que o IEFP, se porventura interveio na acção de formação dos autos como entidade gestora de um programa quadro, terá mantido, depois da publicação do DR n.º 15/96, a competência de que antes dispunha para se pronunciar sobre o saldo final da mesma acção.

Para evitar que se conclua pela manutenção dessa competência, o aqui recorrente distingue entre a gestão genérica de um programa quadro e a gestão, individualizada e concreta, de um seu subprograma; e afirma que o prosseguimento da competência do IEFP no primeiro caso não briga com a competência particular que o Gestor do Programa Pessoa passara a deter relativamente à acção singular que ora está em causa. Mas esta alegação não colhe, como já se disse nos acórdãos deste Pleno, «supra» referidos. Com efeito, consta desses arestos o seguinte:

«O DR 15/94, depois de definir no art. 2.º, n.º 1, al. a), a entidade gestora como "entidade responsável pela gestão de um programa quadro", define este último, na alínea d) do mesmo número 1, como "a subvenção global concedida pelo Ministério do emprego e da Segurança Social, por período superior a um ano, para a gestão e a execução das medidas que visem prosseguir objectivos gerais de política de formação, definidos a nível nacional, regional ou sectorial". E, no n.º 2 do mesmo art. 2.º, estabelece que, "para efeitos do disposto no presente diploma, o Instituto de Emprego e Formação Profissional (IEFP) é equiparado a entidade gestora do programa quadro".

Ora, nos termos do art. 12.º do DR 15/94, enquanto responsáveis pela gestão de um programa quadro, as entidades gestoras deviam, além do mais, "f) aprovar acções de formação..." e "g) fazer o acompanhamento técnico-pedagógico das acções, bem como efectuar o respectivo controlo contabilístico-financeiro".

Assim, torna-se claro que as obrigações das entidades gestoras, decorrentes da execução dos programas quadro aprovados no âmbito do DR 15/94 e salvaguardadas pelo citado n.º 3 do art. 33.º do DR 15/96, correspondem a actuações relativas a acções concretas e não apenas, como sugere a entidade recorrente na sua alegação, a intervenções ao nível da gestão de um programa quadro, sem interferência no desenvolvimento das acções de formação nele integradas.

Ainda neste sentido, cabe referir que não seria razoável admitir que, como pretende o recorrente, coubesse a uma entidade (Gestor do Programa Pessoa) tomar todas as decisões referentes às acções, ainda que revogatórias ou modificativas de decisões anteriores tomadas por outra entidade (IEFP), continuando esta a ser responsável pelos programas, nos quais o resultado final daquelas acções se iria reflectir.»

As anteriores considerações, a que inteiramente aderimos, evidenciam ainda que o problema em análise não se resolve mediante o estatuído no art. 33.º, n.º 1, do DR 15/96, pois este preceito – que faz subsistir a competência das entidades gestoras previstas no DR n.º 15/94 «enquanto não forem nomeados» os gestores a que alude o DR n.º 15/96 – reporta-se apenas às acções de formação que foram admitidas após a entrada em vigor desse diploma, mas antes da nomeação do Gestor do Programa Pessoa. Aliás, foi assim que este Pleno expressamente decidiu nos dois acórdãos citados.

Nesta conformidade, e assente o reconhecimento de que o IEFP, «ex vi» do art. 33.º, n.º 3, do DR n.º 15/96, manteve na vigência deste diploma a sua anterior competência para se pronunciar sobre o saldo final da acção de formação a que os autos se reportam, o recurso jurisdicional aproxima-se imediatamente de um fatal insucesso. Na verdade, e a propósito deste decisivo assunto, disse-se nos referidos arestos do Pleno o seguinte:

«O IEFP é um instituto público, uma pessoa colectiva de direito público, dotado de personalidade jurídica e autonomia financeira, que assume a gestão de um serviço público originariamente pertencente ao Estado, mas que se assume como uma pessoa colectiva diferente da pessoa colectiva Estado (Estado-Administração), que integra a chamada administração indirecta do Estado.

Os interesses públicos cuja realização lhe cabe com vista à prossecução dos seus fins específicos (atribuições), são alcançados através do complexo de poderes funcionais conferidos aos seus órgãos (competências), entre os quais os que foram enumerados, donde resulta que a prática de um acto da competência de um órgão do IEFP por um órgão de outra pessoa colectiva consubstancia um acto estranho às suas atribuições.

Ora, o Gestor do Programa Pessoa constitui um órgão "ad hoc" da Administração directa do Estado, integrando, portanto, a pessoa colectiva Estado-Administração (cfr., neste sentido, os acórdãos do Pleno de 15/10/2002, 19/2/2003 e 4/6/2003, proferidos nos recursos ns.º 45.917, 45.749 e 48.235, respectivamente), pelo que carecia de atribuições para praticar o acto que praticou (que se inseria nas atribuições de pessoa colectiva distinta, o IEFP) e que, objecto de recurso hierárquico, veio a dar origem ao acto recorrido, da autoria do Ministro do Trabalho e da Solidariedade, que igualmente se encontra inquinado de falta de atribuições, geradora da sua nulidade (art. 133.º, n.º 2, alínea b), do CPA).»

Reiteramos aqui esta jurisprudência, donde resulta que, como o aresto «sub judicio» asseverara, o acto contenciosamente recorrido é nulo na medida em que, alheando-se das atribuições conferidas a uma diferente pessoa colectiva de direito público, decidiu manter na ordem jurídica um acto primário que sofria de nulidade, por falta de atribuições do seu autor. Pois a competência que ao Gestor do Programa Pessoa era conferida pelo art. 6.º, n.º 4, al. b), do DR n.º 15/96 apenas valia para as candidaturas admitidas após a entrada em vigor desse diploma, por força da reserva estabelecida no transcrito art. 33.º, n.º 3, do mesmo DR n.º 15/96.

Consequentemente, improcedem todas as conclusões úteis da alegação de recurso, nenhuma censura merecendo o aresto «sub judicio».

Nestes termos, acordam em negar provimento ao presente recurso jurisdicional e em confirmar o acórdão recorrido.

Sem custas.

Lisboa, 5 de Maio de 2005.

Madeira dos Santos (Relator)
António Samagaio
Azevedo Moreira
Angelina Domingues
Pais Borges
J. Simões de Oliveira
Costa Reis
Rui Botelho
Adérito Santos

Recurso n.º 750/02-20

LEGITIMIDADE. ACEITAÇÃO TÁCITA DE ACTO ADMINISTRATIVO. CONTRATO DE CONCESSÃO DE INCENTIVOS (RIME).

(Acórdão de 5 de Maio de 2005)

SUMÁRIO:

I – No âmbito da ponderação dos pressupostos processuais, os princípios antiformalista, "pro actione" e "in dubio pro favoritatae instantiae" impõem uma interpretação que se apresente como a mais favorável ao acesso ao direito e a uma tutela jurisdicional efectiva".

II– O preceito do art. 47.º do RSTA deve ser interpretado restritivamente por limitativo do mais importante dos direitos e garantias dos administrados, que é o direito ao recurso contencioso de actos administrativos ilegais.

III– A aceitação tácita de um acto é a que deriva da prática, espontânea e sem reservas, de facto incompatível com a vontade de recorrer, não podendo ter esse efeito preclusivo aceitações ditadas por situações de necessidade ou premência, designadamente outorgas de contratos em que não seja razoável exigir ao interessado que recuse o efeito (parcialmente) favorável que o acto lhe traga para poder impugnar aquilo que ele tem de (parcialmente) desfavorável.

IV– Assim, a outorga, ainda que sem reserva, de contrato de concessão de incentivos, de cujos anexos, parte integrante do mesmo contrato, constam as despesas de investimento consideradas inelegíveis, bem como a ausência de qualquer subsídio à criação do próprio emprego, não significam, necessariamente, aceitação tácita, incompatível com a vontade de fazer prosseguir o recurso deduzido contra aquele acto, já instaurado, que considerou a inelegibilidade das despesas em causa e não ser o recorrente desempregado involuntário.

ACORDAM NO PLENO DA SECÇÃO DE CONTENCIOSO ADMINISTRATIVO DO SUPREMO TRIBUNAL ADMINISTRATIVO:

I – RELATÓRIO

José Manuel Abreu Gonçalves, com melhor identificação nos autos, vem recorrer do acórdão de 12.5.04, da 3.ª Subsecção deste Tribunal, que o julgou, supervenientemente, parte ilegítima, e, consequentemente, rejeitou o recurso contencioso que interpôs do despacho da **Ministra do Planeamento** (a que sucedeu, por força de alterações orgânicas a nível governamental a **Ministra de Estado e das Finanças** e mais tarde o **Ministro das Cidades, Administração Local, Habitação e Desenvolvimento Regional**) relativamente à decisão final do recurso hierárquico apresentado no processo do RIME 98/RIME/15/060.

Terminou a sua alegação formulando as seguintes conclusões:

1. O Acórdão de que se recorre não teve em conta todo o circunstancialismo subjacente na impugnação graciosa e contenciosa do acto por parte do recorrente, designadamente: a sua situação de desempregado involuntário e a **necessidade** de aceitar os aspectos favoráveis do acto administrativo;

2. A interpretação do artigo 18.º faz tábua rasa das diferentes naturezas de recursos (graciosos e contenciosos) e dos seus distintos efeitos, violando deste modo os artigos 17.º e 18.º da Resolução do Conselho de Governo n.º 154/96, de 17 de Setembro, bem como o disposto nos artigos 167.º e 170.º do CPA, bem como todas as normas que se reportam aos efeitos do recurso contencioso de anulação;

3. No artigo 18.º apenas se tem em vista os recursos hierárquicos e não o recurso contencioso;

4. Independentemente da natureza dos recursos o mais importante ficou por analisar, a saber, os respectivos efeitos;

5. No caso em apreço a impugnação do acto administrativo lesivo foi efectuada: em primeiro lugar, através de um recurso hierárquico facultativo, portanto, sem efeitos suspensivos, em segundo lugar, por via de um recurso contencioso de anulação, pelo que sempre subsistiu o fundado receio de caducidade do direito aos subsídios;

6. No douto Acórdão da 1.ª Secção não se analisou, nem se teve em conta a jurisprudência do Ac. n.º 39727, de 99/02/24, já citado nos presentes autos, bem como toda a jurisprudência invocada no presente recurso;

7. Concluir pela ilegitimidade superveniente do recorrente, por ter praticado um facto posterior à interposição do recurso contencioso, consubstancia uma denegação da realização da justiça, visto que desde sempre o mesmo se deparou com a "faca da caducidade no pescoço";

8. Nos termos do artigo 47.º do RSTA, só faz sentido falar em aceitação tácita quando o facto incompatível com a vontade de recorrer é praticado espontaneamente e sem reservas;

9. No caso em apreço o recorrente assinou o contrato movido por situações de necessidade ou premência.

A autoridade recorrida contra-alegou sustentando que:

"Vem o recorrente invocar a premência da assinatura do contrato, alegando que a douta sentença recorrida fez errada leitura do artigo 17.º, n.º 9 da Resolução do Conselho de Ministros n.º 154/96.

Ora, é manifesto que não assiste qualquer razão ao recorrente.

Com efeito, a douta decisão entendeu – e bem – que, ao assinar, em data posterior à da interposição de recurso contencioso, o contrato de incentivos financeiros, sem exprimir qualquer reserva do seu direito à impugnação do acto, o recorrente aceitou tacitamente o acto recorrido, perdendo assim o direito ao recurso.

Na verdade, nada permite ao recorrente afirmar que se encontrava obrigado a celebrar o contrato, sem ter possibilidade de manifestar a sua reserva quanto à decisão: bastava, para tanto, que o recorrente, aquando da assinatura do contrato, dissesse tão só que a assinatura do mesmo não podia ser entendida como desistência do recurso contencioso, e que continuava a entender que a Administração errara ao não considerar certas despesas como elegíveis, e ao não o considerar na situação de desemprego involuntário.

Mas não o fez.

O recorrente calou completamente qualquer reserva em relação ao montante dos incentivos concedidos, aceitando pacificamente o contrato nos precisos termos em que ele foi proposto, não dando sequer conhecimento à Administração de que havia interposto recurso contencioso da sua decisão.

Não pode assim proceder o argumento de que a premência na obtenção dos incentivos financeiros o obrigou a assinar o contrato, não sendo assim a sua aceitação uma aceitação espontânea e sem reservas.

Só assim poderia ser se pelo facto de manifestar a sua reserva o recorrente ficasse impossibilitado de receber os incentivos financeiros que lhe tinham sido concedidos.

O que não corresponde à verdade.

Com efeito, o recorrente poderia perfeitamente ter assinado o contrato, no mesmo prazo, recebendo a mesma quantia a título de incentivos financeiros, sem que tal assinatura, só por si, tivesse de ser interpretada como perda do direito ao recurso: bastava, como se disse, que manifestasse a sua reserva quanto ao montante recebido.

Pelo que a sua aceitação do acto não pode deixar de ser qualificada como aceitação espontânea.

Deste modo, outra não podia ser a decisão do que a de considerar a ilegitimidade do recorrente, por força do disposto nos artigos 47.º § 1 e 57.º § 4 do RSTA.

A douta decisão recorrida fez pois correcta interpretação e aplicação das normas legais, não merecendo por isso qualquer censura.

A Magistrada do Ministério Público junto deste Tribunal pronunciou-se pelo improvimento do recurso, remetendo para o seu parecer emitido na Secção.

Colhidos os vistos cumpre decidir.

II – FACTOS

Matéria de facto dada como assente na Secção:

1. O Recorrente apresentou no âmbito do RIME (Regime de Incentivos às Micro-empresas) a candidatura com o Código de projecto n.º 060/ RAM/98, no balcão de Associação dos Jovens Empresários Madeirenses, em 9/12/97, tendo como objectivo a criação de uma microempresa, sob a forma jurídica de sociedade por quotas unipessoal, com o objectivo de exercer a sua actividade nas áreas de contabilidade, consultadoria em fiscalidade, recursos humanos e elaboração de estudos de viabilidade económica e financeira.

2. O Recorrente foi notificado em 28.4.00 – após a tramitação do processo, em que foi ouvido e apresentou as reclamações que considerou pertinentes – do despacho do Secretário Regional do Plano e da Coordenação de 20/3/00, nos termos do qual a candidatura manteve os montantes apontados na 21.ª Comissão Regional e homologados em 20/12/99, pela Secretária de Estado do Desenvolvimento Regional e pelo Secretário de Estado do Emprego e Formação, a seguir indicados:

Consultadoria em fiscalidade, recursos humanos e elaboração de estudos de viabilidade económica financeira.

Investimento total – 17.311.941$00

Investimento Elegível – 11.395.322$00

Incentivo ao Investimento – 5.697.661$00

Incentivo à Criação de Emprego – 1.986.120$00.

Prémio à criação do próprio Emprego (oficio de fls. 62 e 63).

3. O Recorrente recorreu hierarquicamente deste despacho para a Ministra do Planeamento, conforme lhe facultava o n.º 4 do art.º 18.º da RCM n.º 154/96 de 17 de Setembro.

4. Por despacho da Ministra do Planeamento, de 4.10.01, foi negado provimento ao recurso hierárquico (fls. 294).

5. Em 24-2-02 deu entrada no T.A.F. Agregado do Funchal a petição do presente recurso contencioso.

6. Em 7 de Março de 2002 foi celebrado o contrato de concessão de incentivos, cuja cópia consta a fls. 254 e segs. entre o Governo Regional da Madeira, representado pelo Gestor Regional dos Fundos Comunitários, e o Promotor José Manuel de Abreu Gonçalves – Projectos de Modernização e Gestão de Empresas, Sociedade Unipessoal, Ld.ª representada pelo sócio-gerente José Manuel de Abreu Gonçalves, ora Recorrente.

III – DIREITO

1. Relembremos a matéria de facto. O recorrente apresentou um projecto no âmbito do RIME (Regime de Incentivos às Micro-empresas), tendo como finalidade a criação de uma microempresa, sob a forma jurídica de sociedade por quotas unipessoal, com o objectivo de exercer a sua actividade nas áreas de contabilidade, consultadoria em fiscalidade, recursos humanos e elaboração de estudos de viabilidade económica e financeira (ponto **1** dos factos provados); finda a tramitação processual o recorrente foi notificado de que o seu projecto havia sido aprovado, embora com cortes (ponto **2**); não se conformando com esses cortes (**não elegibilidade de algumas despesas e não aceitação do seu desemprego como desemprego involuntário**) interpôs recurso hierárquico para a Ministra do Planeamento ao abrigo do n.º 4 do art.º 18.º da RCM n.º 154/96 de 17 de Setembro, recurso a que foi negado provimento (pontos **3** e **4**); desse acto foi interposto o presente recurso contencioso em 24.2.02 (ponto **5**); em 7.3.02 foi celebrado o contrato de concessão de incentivos, entre o Governo Regional da Madeira, representado pelo Gestor Regional dos Fundos Comunitários, e o Promotor José Manuel de Abreu Gonçalves – Projectos de Modernização e Gestão de Empresas, Sociedade Unipessoal, Ld.ª representada pelo sócio-gerente José Manuel de Abreu Gonçalves, o recorrente (ponto **6**).

2. Vejamos o que se decidiu, a este respeito, no acórdão recorrido.

"Posteriormente à prática do acto contenciosamente impugnado e, antes de a entidade recorrida ser citada para responder no recurso contencioso interposto de tal acto, o Recorrente celebrou com a Região Autónoma da Madeira o contrato de concessão de incentivos, cuja cópia consta a fls. 254 a 263 dos autos.

Consta do referido contrato que o mesmo se rege pelas cláusulas dele constantes e seus anexos, que dele fazem parte integrante para todos os efeitos legais.

De harmonia com a cláusula segunda, fazem parte do âmbito e objecto do mesmo *"o processo de candidatura n.º 024/AJEM, com todos os documentos dela integrantes, bem como as condições de aprovação resultantes da avaliação da Primeira Contraente e correspondente homologação pelo Secretário Regional do Plano e Finanças e pelos Ministros do Equipamento e do Trabalho e Solidariedade*".

Por seu turno, o Anexo I ao referido contrato refere expressamente os montantes do Investimento total do Projecto, do Investimento Elegível e do *Investimento* não elegível (29.511.97E), com a discriminação dos quantitativos por rubricas.

Do anexo II (fls. 266) consta como incentivo à criação de 2 postos de trabalho – 9.172.89E e como *Incentivo à criação do próprio emprego* 0,00 E.

O contrato foi assinado pelo Promotor, a empresa unipessoal de que o Recorrente é proprietário e sócio-gerente, sem qualquer reserva.

Ora, um contrato, designadamente um contrato administrativo, decorre da conjugação das vontades das partes (v. art.º 178.º do C.P.A.).

Não faz qualquer sentido, como bem argumenta a entidade recorrida, assinar um contrato manifestando a sua adesão ao que dele consta – e dele *consta expressamente que fazem* parte do seu conteúdo os Anexos onde se discriminam os montantes não elegíveis, quer a título de investimento, quer a título de incentivos à criação do próprio emprego – *sem qualquer reserva,* e persistir na impugnação contenciosa do acto administrativo que, previamente à celebração do contrato, definiu, designadamente, os aludidos montantes.

Admitir que o recorrente continuasse a ter legitimidade para a impugnação do acto administrativo em causa, seria pura e simplesmente fazer tábua rasa da celebração do contrato e do acordo de vontades que o mesmo pressupõe.

Nem o disposto no art. 17.°, n.° 9 da Resolução do Conselho de Ministros n.º 154/96, de 17.9 constitui qualquer obstáculo ao entendimento proposto.

De facto, não é exacto, ao contrário da interpretação propugnada pelo Recorrente, que, nos termos do citado dispositivo legal, fosse obrigado a celebrar o contrato, no prazo aí consignado, sob pena de caducidade da concessão dos incentivos.

Na verdade, o preceito refere-se àquele tipo de situações em que não há recurso da decisão administrativa.

Para o caso de existência de reclamações e recursos, rege o preceito subsequente, art.º 18.º. Ora, existindo recurso para os Tribunais, como sucedeu no caso, o Recorrente sempre teria a possibilidade de, após a decisão f inal de tal recurso, celebrar o contrato de concessão de incentivos, nos termos resultantes da definição jurídica determinada pela decisão judicial quanto aos aspectos em causa.

Não houve assim uma situação de premência, como alegadamente existiria no acórdão citado pelo Recorrente, cujo sumário transcreveu, mas que não coincidindo com a data e o n.º do processo indicados, nos impossibilita de averiguar os específicos contornos da situação subjacente.

Face ao exposto, impõe-se concluir que, ao aceitar, sem qualquer reserva, outorgar no aludido contrato de concessão de incentivos, o Recorrente praticou facto incompatível com a vontade de recorrer revelando aceitação tácita do acto contenciosamente impugnado (art.º 47.º § 1.º do Reg. do STA).

Tratando-se de conduta ocorrida já depois da interposição do recurso contencioso do despacho identificado em 1.1. do presente aresto, deverá considerar-se que o recorrente deixou de ter interesse no seu provimento, verificando-se a perda superveniente da legitimidade, que determina a rejeição do recurso contencioso (neste sentido, entre muitos outros, ac. do Pleno de 2.10.97, rec. 35 874)."

3. Vamos lá a ver. De acordo com o disposto no art.º 47 do RSTA "Não pode recorrer quem tiver aceitado, expressa ou tacitamente, o acto administrativo depois de praticado", sendo que, nos termos do seu & 1.º "A aceitação tácita é a que deriva da prática, espontânea e sem reserva, de facto incompatível com a vontade de recorrer."

Como se vê no sumário do acórdão deste STA de 7.5.92, proferido no recurso 27662, "*O preceito do art. 47.º do RSTA deve ser interpretado restritivamente por limitativo do mais importante dos direitos e garantias dos administrados, que é o direito ao recurso contencioso de actos administrativos ilegais.*"

No caso que nos ocupa não houve aceitação expressa. A aceitação tácita – compreendida, implícita, subentendida – é, por definição legal, a "que deriva da prática, espontânea e sem reserva, de facto incompatível com a vontade de recorrer." Na economia do preceito apenas está considerada a ilegitimidade activa anterior à propositura do recurso contencioso exigindo-se, nesses casos, a prática de um facto incompatível com essa vontade. Mas estando o recurso já interposto, como é o caso, sabendo-se que o recorrente tem um recurso a correr, parece admissível a exigência de um critério mais apertado na apreciação desse "facto incompatível com a vontade de recorrer". É que, na primeira hipótese estamos perante uma vontade hipotética, uma categoria abstracta, e nesta temos já um desígnio cumprido, objectivado, um tipo concreto. **Portanto, nestas situações de ilegitimidade superveniente, em caso de dúvida, sempre seria mais razoável testar essa falta de vontade no prosseguimento do recurso solicitando ao interessado, no processo, uma manifestação sobre a matéria.**

Se nos ativermos ao caso dos autos aceita-se perfeitamente que o recorrente tenha intervindo no contrato, mas tenha simultaneamente continuado a manter interesse no prosseguimento do recurso contencioso, para continuar a discutir os pontos em aberto, abrangidos justamente pelo recurso. Como também se compreende que o recorrente se tenha mantido silencioso no procedimento para ultimação do contrato, com receio de que a manifestação de alguma reserva do seu lado inviabilizasse a sua celebração (**conjectura possível, razoável e até muito provável**, diga-se), correndo, assim, o risco de perder o mínimo conseguido nesse procedimento, como se costuma dizer nessas ocasiões, de "perder pau e bola".

Acresce que o recorrente demonstrou inequivocamente, até com o presente recurso jurisdicional, que, com a outorga do contrato, não pretendeu pôr fim ao recurso contencioso, querendo continuar a discutir com a Administração os pontos que haviam ficado em aberto, isto é, com o contrato pretendeu aproveitar os aspectos favoráveis do procedimento, com o prosseguimento do recurso (que nem sequer é com a instauração do recurso) pretendeu continuar a discutir os seus momentos desfavoráveis, **de modo que, qualquer dúvida razoável que pudesse colocar-se, a este propósito, devesse funcionar sempre a seu favor e não contra si**. À luz, também, da consideração sistematicamente afirmada neste STA, segundo a qual "No âmbito da ponderação dos pressupostos processuais, os princípios antiformalista, "pro actione" e "in dubio pro favoritatae instantiae" impõem uma interpretação que se apresente como a mais favorável ao acesso ao direito e a uma tutela jurisdicional efectiva" (acórdão do Pleno de 17.6.04 no recurso 40288), desiderato que, no caso, só com esta se logrará conseguir.

Por outro lado, a jurisprudência deste Tribunal tem, repetidamente, sustentado esta posição defendendo que "A aceitação dos momentos favoráveis do acto não prejudica a interposição de recurso restrito à parte desfavorável do acto "(acórdão STA de 22.10.03 no recurso 339/02[1]).

Se esta orientação jurisprudencial tem plena validade estando em causa um acto administrativo com aspectos positivos e negativos não se vê que perca o cabimento pelo facto de os aspectos positivos serem posteriormente materializados através de um contrato administrativo.

[1] Entre muitos outros, também os acórdãos STA de 29.5.03 no recurso 1063/02 e de 31.10.02 no recurso 1008/02.

De resto, o Tribunal (acórdão de 24.2.99 no recurso 39727[2]) já se pronunciou numa situação idêntica explicitando, no respectivo sumário, que "A aceitação tácita de um acto é a que deriva da prática, espontânea e sem reservas, de facto incompatível com a vontade de recorrer, não podendo ter esse efeito preclusivo aceitações ditadas por situações de necessidade ou premência, **designadamente outorgas de contratos** em que não seja razoável exigir ao interessado que recuse o efeito (parcialmente) favorável que o acto lhe traga para poder impugnar aquilo que ele tem de (parcialmente) desfavorável."

Como se discorre no respectivo texto, desenvolvendo um raciocínio que assenta, em todos os pontos, na situação dos autos, "O n.º 4 do artigo 53 do Código de procedimento Administrativo consagrou, no âmbito dos procedimentos administrativos de segundo grau (reclamação e recurso hierárquico), a regra do contencioso administrativo de anulação de que a aceitação expressa ou tácita de um acto implica ilegitimidade para pôr em causa a sua consistência jurídica (cfr. Mario Esteves de Oliveira, Pedro Costa Gonçalves e Joao Pacheco de Amorim, Código do procedimento Administrativo Comentado, volume I, Coimbra, 1993, págs. 345 e 346), vertida no transcrito artigo 47.º do Regulamento do Supremo Tribunal Administrativo.

Ora, como, a propósito deste preceito, este Supremo Tribunal Administrativo tem reiteradamente afirmado ao caracterizar a aceitação tácita como a que deriva da prática, espontânea e sem reserva, de facto incompatível com a vontade de recorrer, a lei exige que a conduta do recorrente, para além de ser de sua livre iniciativa, tenha um significado unívoco, de modo que dela se depreenda, sem margem para dúvidas, o propósito de não recorrer, pelo acatamento da determinação contida no acto. Não podem, assim, ter esse efeito preclusivo aceitações ditadas por situações de necessidade ou premência, designadamente aceitações de nomeações ou outorgas de contratos, em que não seja razoável pedir ao interessado que recuse o efeito (parcialmente) favorável que o acto lhe traga para poder impugnar aquilo que ele tem de (parcialmente) desfavorável.

No acórdão do Tribunal Pleno, de 25 de Novembro de 1981, recurso n.º 10810 (Apêndice ao *Diário da República,* de 10 de Julho de 1985, pág. 400, e Acórdãos Doutrinais do Supremo Tribunal Administrativo, n." 245, pág. 647), doutrinou-se:

"A aceitação do acto implica a vontade de não exercer o direito de o impugnar contenciosamente (mas não o reconhecimento da sua validade, que, aliás, seria irrelevante) e, tal como o decurso do prazo fixado na lei para a impugnação, tem o efeito de impedir a interposição do recurso. (...)

A aceitação tácita (...), para ter o efeito impeditivo, deve reunir os requisitos já mencionados e que são:

a) A incompatibilidade com a vontade de recorrer. Trata-se, naturalmente, de incompatibilidade lógico-jurídica, que resulta de a lei dar prevalência preclusiva à vontade de aceitar o acto relativamente à posterior vontade de o impugnar.

b) A espontaneidade. Quer dizer, os factos de que a aceitação derivar não devem ter sido praticados coactivamente ou sob ameaça de sanção, ou com o objectivo de evitar um prejuízo relevante;

c) A inexistência de declaração de reserva do exercício do direito a interpor o recurso, ou declaração equivalente de não aceitação *(protestatio contra factum*)."

No mesmo sentido, cfr., entre outros, os acórdãos de 26 de Março de 1981, recurso n.º 10475, de 18 de Dezembro de 1986, recurso n.º 22493, de 7 de Maio de 1992, recurso n.º 27662; e de 2 de Novembro de 1993, recurso n.º 29544, no Apêndice ao Diário da República, de 14 de Março de 1985, pág. 1485, de 15 de Outubro de 1992, pág. 5018, de 16 de Abril de 1996, pág. 2850, e de 15 de Outubro de 1996, pág. 5745, respectivamente. Como se assinala no terceiro acórdão citado, "o preceito do artigo 47.º do Regulamento do Supremo Tribunal Administrativo deve ser interpretado restritivamente, por limitar o mais importante dos direitos e garantias dos administrados, que é o seu direito a recorrer contenciosamente dos actos administrativos que consideram ilegais".

No caso presente, a aceitação da rasura da menção de índice 120 para índice 80, além de não respeitar a acto da iniciativa da recorrente, mas antes da iniciativa dos serviços face a nova interpretação que estes fizeram da legislação aplicável, o que logo retira espontaneidade àquele acto, não surge com o significado inequívoco, isento de dúvidas, de que, ao praticá-lo, a recorrente se conformou com a estatuição nele subjacente e que quis renunciar ao direito de fazer controlar, hierárquica e/ou contenciosamente, a sua legalidade. Isto é: nem a actuação da recorrente foi espontânea nem é incompatível com a vontade de recorrer.

Assim sendo, essa actuação não representou aceitação do acto, inibidora da sua impugnação hierárquica.[3] **O mesmo, aliás, sucederia se logo de início constasse do contrato que o índice remuneratório era de 80, pois, ao subscrevê-lo nesses termos, a interessada agiria pressionada pela necessidade de obtenção desse lugar de serviço docente, não sendo razoável exigir-lhe que recusasse a celebração do contrato, com as inerentes perda do lugar e correspondente remuneração, para poder questionar a legalidade da fixação daquele índice remuneratório.**

Consequentemente, a recorrente detinha legitimidade para impugnar hierarquicamente os actos de processamento de abonos pelo índice 80, pelo que a falta de decisão do recurso hierárquico no prazo legal integra indeferimento tácito, contenciosamente recorrível. E, por outro lado, é inquestionável a legitimidade da recorrente para este recurso contencioso, pois é titular de interesse directo, pessoal e legítimo na anulação desse indeferimento, relativamente ao qual não lhe vem atribuída nenhum acto posterior de aceitação do mesmo, que lhe retirasse essa legitimidade."

O acórdão recorrido não pode, portanto, manter-se.

IV – DECISÃO

Nos termos e com os fundamentos expostos, por procederem as conclusões 8 e 9 da alegação do recorrente, acordam em conceder provimento ao recurso, em

[2] E também, entre muitos outros, nos acórdãos STA de 17.4.97 no recurso 40373, de 12.4.98 no recurso 39119, de 28.4.98 no recurso 40381 e de 24.11.98 no recurso 40372.

[3] Sublinhado da nossa responsabilidade.

revogar o acórdão recorrido, e em ordenar a remessa dos autos à Secção para prosseguirem os seus termos subsequentes.

Sem custas.

Lisboa, 5 de Maio de 2005.

Rui Botelho (Relator)
António Samagaio
Azevedo Moreira
Pais Borges
Adérito dos Santos
Angelina Domingues (vencida nos termos da fundamentação constante do acórdão recorrido)
J. Simões de Oliveira (Vencido. O recorrente tinha a possibilidade de afastar os efeitos implícitos da assinatura do contrato pela simples aposição de declaração de reserva do que viesse a ser decidido pelo Tribunal Administrativo. Como também poderia alegar, no presente recurso, que a Administração se havia oposto a que tal reserva figurasse no contrato – o que não chegou a fazer. Manteria, pois, o acórdão recorrido.)
Costa Reis (Vencido pela razão invocada no voto antecedente)
Madeira dos Santos (Vencido, pelas razões expostas no voto do Sr. Cons.º Simões de Oliveira).

Recurso n.º 1002/02-20

PROCESSAMENTO DE VENCIMENTOS. PROGRESSÃO NOS ESCALÕES. NOTIFICAÇÃO DO ACTO ADMINISTRATIVO. LISTA DE PROGRESSÃO NOS ESCALÕES.

(Acórdão de 12 de Abril de 2005)

SUMÁRIO:

I – O processamento de vencimentos sem notificação da decisão que contenha os elementos do artigo 68.º n.º 1 do CPA não pode ter como efeito a formação de acto firme contra o funcionário, sendo insusceptível de determinar o início do decurso de prazo de recurso contencioso.

II – Do mesmo modo, a comunicação que consistiu na entrega de uma folha mecanográfica sem aqueles elementos não dá lugar à excepção do n.º 2 do art.º 69.º da LPTA em acção proposta para ver reconhecido o direito a certo escalão de vencimento de um funcionário.

III – A lista de funcionários e agentes que em cada mês e em cada serviço progridem de escalão, mesmo que tenha sido afixada nos termos previstos n.º 4 do artigo 20.º do DL 353-A/89, de 16.10 não determina nenhum efeito preclusivo dos direitos dos funcionários aos vencimentos calculados de acordo com o escalão que lhes competir por determinação legal e pelo tempo de exercício de funções que tiverem. Efectivamente, inexiste texto normativo ou princípio geral de direito que faça resultar da afixação daquela lista o efeito de definir unilateralmente a situação remuneratória do funcionário e a correspondente vinculação da Administração quanto ao escalão que compete aos integrados na lista ou aos que nela foram omitidos.

ACORDAM EM CONFERÊNCIA NO PLENO DA SECÇÃO DE CONTENCIOSO ADMINISTRATIVO DO STA:

1. O CONSELHO DIRECTIVO (CD) DO INSTITUTO NACIONAL DE ENGENHARIA E TECNOLOGIA INDUSTRIAL (INETI)

Inconformado com o Acórdão do TCA de 15/01/2004 que concedendo provimento ao recurso jurisdicional, revogou a sentença do TAC que julgara improcedente a acção para reconhecimento de direito interposta por Manuel Belmarço Caldeira Coelho e mandou prosseguir o processo na 1.ª Instância, recorre agora para este STA por ***oposição*** com o decidido no Acórdão do mesmo TCA de 28/2/2002, proferido no Proc. 2700/99, perante situação idêntica de funcionária do INETI.

O prosseguimento do recurso foi assegurado por despacho do relator de 29.6.2004 e

A entidade recorrente apresentou alegação sobre a resolução da divergência, em que formula as seguintes conclusões úteis:

– A lista de progressão dos funcionários do INETI nos escalões que produziu efeitos a partir de 1.1.92 foi afixada em cada serviço e decidiu em relação a cada funcionário a respectiva escala salarial, através da definição do escalão e índice remuneratório.

– O funcionário não impugnou os actos de processamento dos seus vencimentos, que se fixaram como caso resolvido.

– Deve decidir-se que a acção de reconhecimento de direitos não é meio adequado para a obtenção da pretensão formulada pelo demandante na acção.

O A. na acção e ora recorrido contra alegou e formulou conclusões em que diz de útil:

– A lista de progressão nos escalões foi assinada pela Directora de Serviços Administrativos que não é um órgão do INETI, limita-se a transmitir uma situação de facto e não contém uma decisão.

– Estamos perante um acto que se repete periodicamente pelo que a sua impugnação singular seria sempre insuficiente, mesmo que se tratasse de acto definitivo e executório, pelo que a impugnação não assegurava efectiva tutela jurisdicional.

O EMMP emitiu douto parecer em que opina pela emissão de decisão conforme o Acórdão recorrido, por entender que a lista de progressão nos escalões é acto administrativo contenciosamente impugnável pelos efeitos que projecta na esfera jurídica dos funcionários e a respectiva anulação contenciosa e execução permitia tutela eficaz e efectiva ao funcionário.

2. Comecemos por ver em que moldura de facto se moveram os dois Acórdãos apresentados como divergentes e como decidiu cada um deles.

O Ac. fundamento – a fls. 353-355 – apreciou recurso jurisdicional de sentença do TAC que absolveu da instância os R.R. Conselho Directivo do INETI, Ministro das Finanças e Ministro da Indústria e Energia, em acção na qual um funcionário do INETI pedia o reconhecimento do direito a ser reposicionado a partir de 1.6.92, na carreira de investigador principal, no índice mais aproximado do que caberia em caso de progressão na categoria inferior.

O Juiz no TAC tinha absolvido os RR da instância por entender que a anulação da lista de reposicionamento e os actos de processamento de vencimentos auferidos permitiam a tutela dos seus direitos, pelo que, nos termos do n.º 2 do artigo 69.º da LPTA, não podia ser admitida a acção de reconhecimento de direitos.

O TCA entendeu que a acção do artigo 69.º da LPTA apenas era utilizável quando os restantes meios contenciosos designadamente o recurso contencioso não constituam eficaz tutela dos direitos ou interesses em causa, o que não acontecia no caso, em que a lista de progressão de escalão do pessoal da carreira de investigação foi publicada e tinha posicionado o recorrente em certa posição, sem que fosse impugnada.

Segundo a decisão do TCA foi apenas a falta de impugnação daquela lista que deu lugar à situação de que se queixa o recorrente, motivo pelo qual a anulação e a execução de tal decisão teriam permitido integral satisfação da pretensão que agora é trazida através da via da acção.

Por seu lado *o Acórdão recorrido* apreciou um recurso jurisdicional de sentença do TAC que, em acção de reconhecimento do direito ao reposicionamento nos escalões de investigador principal do INETI, tinha julgado procedente a excepção de inadmissibilidade do meio, prevista no artigo 69.º n.º 2 da LPTA, porque a anulação contenciosa da lista de pessoal que progride nos escalões e a execução da respectiva sentença permitiria a tutela pretendida na acção. E ainda que assim não fosse, segundo a sentença, também a anulação contenciosa dos actos de processamento dos vencimentos permitiria o mesmo objectivo.

O TCA revendo esta decisão considerou que houve uma decisão da Administração sobre o posicionamento nos escalões do recorrente ao processar os seus vencimentos de cada mês, mas não consta do processo que tenha havido notificação dessa decisão, "*pelo que não podemos concluir que o recorrente tivesse ao seu alcance um outro meio de defesa dos seus direitos*".

Quanto à lista de progressão nos escalões publicada em, Maio de 1992 o Acórdão recorrido considerou que tal lista foi elaborada em 20.5.92, nos termos do n.º 4 do art.º 20.º do DL 353-A/89, de 16 de Outubro e assinada pela Directora de Serviços Administrativos, serviço de apoio que não pratica actos impugnáveis.

E tal lista configura acto que se repete periodicamente pelo que a sua impugnação singular seria insuficiente para obter o efeito pretendido pela acção.

Com fundamento neste argumentário o Acórdão decidiu revogar a sentença e ordenar o prosseguimento da acção, isto é julgou improcedente a excepção do n.º 2 do artigo 69.º da LPTA.

3. Vejamos agora se existe a oposição que é pressuposto do recurso, uma vez que a decisão anterior apenas visava assegurar o prosseguimento do recurso para esta fase final.

Quanto à parte da decisão que diz respeito à formação ou não de caso decidido obstativo da acção de reconhecimento de direitos por força do processamento de vencimentos o Acórdão fundamento limitou-se a dizer que a impugnação da lista e dos actos de processamento de vencimentos teriam permitido obter o efeito que pela acção é pedido, de uma forma genérica e sem analisar a situação concreta, enquanto o Acórdão recorrido efectuou a análise do caso e designadamente apreciou a situação decorrente da não notificação dos aludidos actos de processamento, o que não acontece no Acórdão fundamento, pelo que poderia parecer que não existe coincidência quanto ao objecto das duas pronúncias.

Porém, o que releva para caracterizar a existência de oposição não é o modo como foi tratada a questão em cada uma das decisões em confronto, mas que a questão seja a mesma.

Ora, no caso a questão a decidir era única, e consistia em saber se a não impugnação de processamentos de vencimentos impedia a propositura de acção de reconhecimento de direito a vencimento por diferente escalão. Determinar se um Acórdão tratou ou não exaustivamente esta questão é entrar na apreciação de fundo do recurso por oposição, pelo que se deve concluir que existe, sobre a apontada questão jurídica, a oposição de decisões a que se refere o artigo 24.º al. b) do ETAF.

Quanto à questão da formação de caso decidido pela lista não impugnada de posicionamento nos escalões trata-se de questão autónoma da que se indicou antes e quanto a ela não há dúvida de que enquanto o Acórdão fundamento considerou que era acto contenciosamente recorrível, o acórdão recorrido optou pela posição diametralmente oposta de que não tinha tal natureza.

Acrescentou, como argumento subsidiário, para o caso de se entender que era recorrível, que a sua anulação não era suficiente para a protecção pretendida por se tratar de acto repetido periodicamente.

4. Vejamos agora em que sentido devem ser decididas as divergências detectadas nos dois Acórdãos.

Quanto ao primeiro ponto a análise efectuada no Acórdão recorrido é aquela que está conforme com o regime legal da recorribilidade que tem de partir da análise da oponibilidade do acto à pessoa por ele visada ou atingida, de modo que a falta de notificação, ou a notificação desprovida de elementos essenciais é insusceptível de produzir os efeitos que lhe são próprios e não tem, nem marca quanto a esta pessoa, o início de contagem do prazo de recurso contencioso, pelo que não dá lugar à estabilização do acto nem à formação de caso resolvido – é o que decorre dos artigos 268.º n.º 3 da CRP, 66.º e 68.º do CPA, e do próprio artigo 55.º da LPTA.

De facto, o direito à notificação dos actos previsto no n.º 3 do artigo 268.º da Const. impõe à Administração o dever de dar conhecimento deles aos interessados mediante uma comunicação oficial e formal que é a notificação, devendo esta, obrigatoriamente, conter os elementos referidos no artigo 68.º n.º 1 do CPA.

No caso de a notificação os não conter, o acto administrativo que se pretendia transmitir pela notificação não é oponível ao interessado a cujo conhecimento deveria ter sido transmitido com todos aqueles elementos – Neste sentido ver os Ac. deste STA de 19.2.2003, P. 1629/03 e de 11.12.2003, P. 1629/03, bem como os Acórdãos deste STA citados no Acórdão recorrido, de 19.2.98, P. 40577; de 13.4.99, P. 31134 e de 11.3.99, P. 41278.

Surge com frequência a afirmação de que a notificação sem os elementos do artigo 68.º n.º 1 não é válida.

É uma forma de expressão menos rigorosa, porque a notificação como acto de comunicação, não contém nenhuma expressão ou emissão de vontade e por este motivo não lhe é aplicável a teoria nem as normas relativas a invalidade dos actos jurídicos que se destinam a introduzir inovação no mundo jurídico.

A notificação ou tem os elementos necessários para cumprir o seu papel de forma cabal – e esses elementos são os indicados no artigo 68.º – 1 do CPA – e neste caso é eficaz ou não contém tais elementos o que a torna incapaz de atingir os fins que a lei lhe assinala, mas não pode em rigor qualificar-se de válida ou inválida, no mesmo sentido do desvalor que é imputado aos actos jurídicos válidos ou inválidos.

Portanto, o Acórdão recorrido que procurou determinar se os actos de processamento de vencimentos eram ou não oponíveis ao autor na acção de reconhecimento de direitos para efeitos de se ter formado, ou não caso, resolvido obstativo da admissão daquela acção, nos termos do n.º 2 do artigo 69.º da LPTA fez boa interpretação e aplicação do direito, não merece censura e deve ser mantido.

Quanto ao segundo ponto, atinente a saber se a emissão e publicidade, em Maio de 1992, da lista de progressão nos escalões dos investigadores do INETI era acto administrativo a definir a situação remuneratória daquele pessoal pelo que era contenciosamente recorrível e se a falta de impugnação era impeditiva da acção que o A. propôs, comecemos por analisar o respectivo regime legal.

A lista em questão foi organizada nos termos do n.º 4 do artigo 20.º do DL 353-A/89, de 16.10.

Segundo este artigo a progressão nas categorias por mudança de escalão é automática e oficiosa – n.º 1 – não depende de requerimento do interessado, devendo os serviços proceder com diligência ao processamento oficioso das progressões – n.º 2 – dependendo o abono da nova remuneração "da simples confirmação das condições legais por parte do dirigente máximo do serviço" – n.º 3.

Diz depois o n.º 4: "*Mensalmente será afixada em cada serviço a listagem dos respectivos funcionários e agentes que tenham progredido de escalão*".

Em face destas disposições pode concluir-se que a lista não resulta da abertura de um procedimento administrativo para nele se produzir uma decisão sobre a situação de cada funcionário que progride nos escalões, nem é notificada aos interessados a abertura de procedimento, nem a emissão de um acto decisório sobre a sua inclusão ou não em certo escalão, e muito menos se prevê a fundamentação das razões pelas quais certo ou certos funcionários não tenham sido incluídos na situação de progressão, antes a lei estabelece um procedimento oficioso interno que culmina com a fixação de uma lista para a qual a lei não determina nenhum efeito preclusivo dos direitos dos funcionários nela incluídos ou que o deviam ser, mas efectivamente não foram incluídos.

O direito à remuneração e a uma remuneração de certo montante constitui-se a partir da aceitação da nomeação e nos casos em que não há aceitação reporta-se ao início do exercício efectivo de funções diz o artigo 3.º n.os 1 e 2 do DL 353-A/89.

Por seu lado o artigo 20.º deste diploma relativo à progressão nos escalões não refere nenhuma decisão sobre esta matéria quando estabelece que uma lista mensal dos funcionários que progridem de escalão será mensalmente afixada em cada serviço.

Pelo contrário, o que diz o texto do artigo 20.º é que o abono da quantia correspondente à devida a cada funcionário conforme o escalão, será pago mediante "simples confirmação das condições legais" efectuada pelo dirigente máximo do serviço a cujo quadro o funcionário pertence.

Ou seja, o direito à remuneração segundo o escalão determinado por lei vence-se no dia 1 do mês seguinte ao do preenchimento dos requisitos de progressão e uma vez vencido é um direito subjectivo do funcionário e uma obrigação da Administração.

A intervenção do dirigente máximo do serviço prevista no n.º 3 do artigo 20.º destina-se a confirmar as condições legais para o pagamento e não a definir a obrigação já constituída. Isto é, trata-se de acto de controlo interno essencial para o bom funcionamento dos serviços e designadamente da execução orçamental, mas nenhum efeito pode fazer incidir sobre o direito subjectivado na esfera jurídica do funcionário.

Em suma, a falta de inclusão na lista de funcionários que progridem de escalão organizada nos termos do artigo 20.º do DL 353-A/89 não é um acto de sentido claro e unívoco quanto à sua situação, tanto pode revelar que a situação daquele funcionário não foi apreciada para progressão, como pode ter sucedido que foi apreciada, mas por se considerar que não tinha as condições legais não foi incluído nos funcionários que progrediam nos escalões. De qualquer modo a lei não qualifica esta inclusão na lista, ou a sua falta, como comunicação de uma decisão, nem refere que exista alguma decisão no sentido em que a palavra é usada no artigo 120.º do CPA.

Não havendo uma apreciação e decisão do caso individual do funcionário não incluído na lista dos que progridem de escalão não pode aquela lista conduzir a "caso resolvido" quanto à progressão ou não em certo mês ao escalão seguinte como decidiu o Ac. de 7.3.2002, P. 48338.

A mesma conclusão resultaria também do facto de a denegação do direito de progressão nos escalões, acto restritivo dos direitos do funcionário, não lhe poder ser oposto sem a notificação nos termos e com os elementos indicados no artigo 68.º do CPA, como aconteceria se a publicidade, por afixação no serviço da lista onde se concluísse existir aquela falta, substituísse a notificação. Porém, este STA tem vindo a firmar jurisprudência no sentido de que é obrigatória a notificação dos actos que afectem direitos ou interesses dos cidadãos e o efeito da notificação apenas se obtém quando ela contenha os elementos referidos no artigo 68.º do CPA, sendo o alcance do texto constitucional do artigo 268.º n.º 3 da "notificação aos interessados na forma prevista na lei" a garantia de ser definido em diploma ao nível formal de lei, isto é, por lei ou decreto lei, o conteúdo e as formalidades necessárias para que um acto produza os efeitos que pela exigência constitucional a notificação visa salvaguardar. Neste sentido, entre outros, podem ver-se os Ac. deste STA de 7.3.2002, P. 48338; de 3.12.2002, P. 042/02 e de 30.04.2003, P. 40201.

Em condições como as que se indicaram antes não devem ser os tribunais administrativos – a quem incumbe assegurar a defesa dos direitos e interesses legalmente protegidos em que se inclui a tutela das posições subjectivas dos particulares resultantes da lei – a perscrutar na regulação legal da forma oficiosa de reposicionamento do pessoal nos escalões que consta do citado artigo 20.º um efeito restritivo daqueles direitos que a letra da norma não expressa, nem resulta de qualquer outra ou de algum principio geral de direito.

Do que se disse sobressai que o DL 353-A/89, ao estabelecer os traços comuns e gerais do regime da remuneração do pessoal da função pública, estatui em termos incisivos que *a remuneração é devida pelo exercício de funções – art.º 3.º n.º 1* –, de modo que a situação do pessoal em termos remuneratórios resulta da prestação de serviço em determinada situação e das normas jurídicas aplicáveis e não da inclusão ou não em certo lugar da lista referida no artigo 20.º n.º 4 do mesmo diploma.

Nestes termos é de manter, também neste segundo ponto, a decisão do Acórdão recorrido.

5. DECISÃO

Em conformidade com o exposto acordam em negar provimento ao recurso mantendo a decisão recorrida.

Sem custas atenta a isenção da recorrente.

Lisboa, 12 de Abril de 2005.

Rosendo José (Relator)
Angelina Domingues
António Samagaio
Azevedo Moreira
Santos Botelho
Pais Borges
Costa Reis
Edmundo Moscoso
J. Simões de Oliveira

Recurso n.º 623/04.20

RECURSO CONTENCIOSO. ACTO INTERNO. AUTO-ESTRADA. COMPARTICIPAÇÃO NAS DESPESAS DE PORTAGEM. REJEIÇÃO DO RECURSO CONTENCIOSO.

(Acórdão de 16 de Junho de 2005)

SUMÁRIO:

I – Só são susceptíveis de recurso contencioso os actos administrativos que lesem direitos ou interesses legalmente protegidos dos administrados (artigo 268.º, n.º 4 da CRP).

II – Actos administrativos são as decisões dos órgãos da Administração que, ao abrigo de normas de direito público, visem produzir efeitos jurídicos numa situação individual e concreta (artigo 120.º do CPA).

III – Não é acto administrativo o despacho de um Secretário de Estado que, na sequência de uma exposição de uma concessionária de auto-estradas – com vista a obter o regime de comparticipação do custo das portagens concedido à BRISA pelo DL 130/2 000, de 13/7 – informou que não era intenção do Governo tornar extensiva a outras concessionárias a comparticipação criada pelo referido diploma legal.

IV – E não pode ser assim qualificado porque, por um lado, não se trata de uma verdadeira decisão administrativa, isto é, de um acto praticado no exercício de um poder administrativo ao abrigo de normas de direito público e, por outro, os interesses que ele atingiu não podem ser configurados como interesses legalmente protegidos, isto é, como interesses cuja tutela pode ser feita através da interposição do recurso contencioso.

V – Não podendo assim ser considerado tal acto não é contenciosamente impugnável (artigo 268.º, n.º 4, da CRP, e 25.º, n.º 1, da LPTA), e, porque assim, o recurso dele interposto é manifestamente ilegal, pelo que deve ser rejeitado (artigo 24.º, alínea b), da LPTA e 57.º, § 40 do RSTA).

ACORDAM NO PLENO DA SECÇÃO DE CONTENCIOSO ADMINISTRATIVO DO STA:

Auto-Estradas do Atlântico, SA, recorre do Acórdão da 2.ª Subsecção deste Tribunal que, com fundamento na sua manifesta ilegalidade, **rejeitou o recurso contencioso** que tinha interposto do despacho do Sr. Secretário de Estado das Obras Públicas (doravante SEOP), de 6/03/2003, que não satisfez a pretensão que lhe dirigira no sentido de ser lhe ser concedido o benefício anteriormente atribuído à Brisa, por entender que o mesmo não consubstanciava um acto administrativo lesivo de direitos.

Inconformada, **a Recorrente agravou para este Tribunal rematando as suas alegações do seguinte modo**:

a) O acórdão recorrido incorre em erro e julgamento, ao considerar que o pedido formulado pela Recorrente, no sentido de ver aplicado em seu benefício o regime de comparticipação no pagamento de taxas de portagens, é, em bom rigor, um pedido de alteração da legislação vigente, daí extraindo a conclusão de que o acto recorrido (proferido em resposta ao pedido da Recorrente) não configuraria um acto administrativo recorrível, mas apenas a manifestação de uma intenção.

b) Com efeito, contrariamente ao sustentado no douto Acórdão recorrido, o pedido da Recorrente não consubstancia um pedido de alteração legislativa, mas antes um pedido de interpretação e aplicação da norma que estabelece o regime de comparticipação, em conformidade com o princípio constitucional da igualdade.

c) Mas, ainda que o pedido formulado pela Recorrente implicasse uma alteração legislativa, o que não se concede e só por expresso dever também aí o acto do SEOP não deixaria de ser qualificável como um acto lesivo dos direitos e interesses legítimos da Recorrente.

d) Quer o IEP, quer o SEOP, enquanto Administração, estão investidos de uma competência fiscalizadora da validade do direito que aplicam, competindo-lhes, nomeadamente, aferir se uma dada norma a aplicar ao caso concreto se mostra ou não conforme com os padrões de validade a que se encontra sujeita, *maxime* a respectiva conformidade com o texto constitucional.

e) No que concerne ao SEOP, é o próprio art.º 199.º, al. f), da CRP que prescreve uma expressa competência de defesa da legalidade democrática, em harmonia com a sua qualidade de órgão superior da Administração Pública capaz de fazer sempre prevalecer o seu juízo de validade, ou de invalidade do direito, relativamente aos juízos de validade efectuados pelas restantes estruturas organizativas sujeitas aos poderes governamentais de intervenção intra-administrativa.

f) O SEOP detinha competência para fiscalizar a constitucionalidade do DL n.º 130/2000, ao abrigo do art.º 199.º, al. f), da CRP, e para interpretar o mesmo em conformidade com a CRP, como é, aliás, admitido pela generalidade da Doutrina jus-publicista.

g) Como resulta do Preâmbulo do DL n.º 130/2000, e como é sublinhado no Parecer n.º 41/2004, da Procuradoria Geral da República, a comparticipação pelo Estado no custo das taxas de portagem da rede de auto-estradas da BRISA, é corolário de uma medida económica geral governativa de diminuição do encargo a suportar pelos utilizadores, como forma de reposição do seu poder de compra em resultado do aumento dos combustíveis.

h) A limitação originária deste regime de comparticipação à concessionária BRISA justifica-se por, à data da feitura do Decreto-Lei n.º 130/2000, a BRISA ser praticamente a única concessionária de auto-estradas abertas ao público em Portugal.

i) Se o Decreto-Lei n.º 130/2000 pode ser considerado como originariamente não inconstitucional, a verdade é que a abertura ao público das auto-estradas pela ora Recorrente acabou por colocar a concessionária BRISA numa situação de privilégio injustificado, por ser a única a beneficiar desta ajuda do Estado.

j) Dado que os factos justificativos do regime de comparticipação estatal se mantêm (mormente no tocante ao preço do petróleo), como se infirma pelo facto deste normativo não ter sido revogado até à data, impunha-se ao SEOP estender o regime de comparticipação à ora Recorrente, sob pena de perpetuar uma situação de inconstitucionalidade na interpretação e aplicação do DL n.º 130/2000.

k) Face à detecção de uma omissão inconstitucional superveniente o SEOP deveria ter preenchido a situação de lacuna mediante a aplicação analógica da regulamentação parcial positiva às situações indevidamente desconsideradas.

l) Se, face a um requerimento da Recorrente, solicitando a extensão do regime de comparticipação previsto no DL n.º 130/2000, o SEOP responde que não é intenção do Governo alargar o respectivo regime, então, está-se perante uma negação da pretensão da Recorrente, pois o SEOP podia, e devia, ter integrado a lacuna legal.

m) Dizer que não é intenção, que é intenção, ou que o Governo não vai aplicar esse regime à Recorrente, é absolutamente indiferente do ponto de quem recorre, pois nenhuma destas hipóteses satisfaz a pretensão da Recorrente.

n) Um despacho obrigatório de uma pretensão radicada na existência de um direito subjectivo público à aplicação do regime de comparticipação previsto no DL n.º 130/2000 (por força do princípio da igualdade), constitui um acto administrativo lesivo dos direitos da Recorrente, e portanto, contenciosamente, impugnável.

o) Apesar do Despacho do SEOP não ter sido formalmente dirigido à Recorrente, acabou por materialmente sê-lo, já que a resposta do IEP consiste na simples comunicação do referido Despacho, esse sim verdadeiramente lesivo dos direitos subjectivos ou interesses legítimos da Recorrente.

p) Os órgãos administrativos gozam de um poder genérico de controlo da constitucionalidade das normas que aplicam, e sempre que entenderem que as mesmas são inconstitucionais, devem desaplicá-las.

q) A não desaplicação de uma norma inconstitucional pelo SEOP constitui um acto lesivo dos direitos da Recorrente, pelo que é recorrível ao abrigo dos artigos 268.º, n.º 4, da CRP e 25.º, n.º 1, da LPTA.

r) Sem conceder, mesmo os Autores que rejeitam a existência de uma competência genérica da Administração Pública para desaplicar leis inconstitucionais, reconhecem a sindicabilidade dos actos que apliquem tais normas, actos esses que sendo ilegais devem ser anulados contenciosamente.

s) Impõe-se, pois, concluir, que o acto objecto de recurso consubstancia um verdadeiro acto administrativo, lesivo dos direitos e interesses legítimos da Recorrente, sendo, como tal recorrível, pelo que o Acórdão recorrido enferma de erro de julgamento.

t) E a via contenciosa para reagir contra tal acto é, seguramente, o recurso contencioso de anulação.

u) Finalmente, a Recorrente goza de legitimidade activa, pois tem um interesse directo pessoal e legítimo no provimento do recurso

A Autoridade recorrida contra alegou, concluindo:

a) O despacho impugnado não consubstanciou uma decisão sobre um pedido de interpretação extensiva do regime estabelecido no Decreto-Lei n.º 130/2000, de 13 de Julho, que aliás não foi expressamente formulado nem dirigido ao Sr. Secretário de Estado das Obras Públicas.

b) Foi emitido no âmbito de uma relação de tutela e superintendência existente entre o membro do Governo que o subscreve e o Instituto de Estradas de Portugal.

c) A resolução da questão suscitada perante este Instituto pela recorrente sempre teria que contemplar uma alteração legislativa, alargando o âmbito de comparticipações incluído naquele regime ou até, *maxime*, extinguindo-as totalmente.

d) Do despacho impugnado não resulta directa e imediatamente qualquer lesão de direitos ou interesses da recorrente no caso concreto.

e) Pelo que, ao decidir que o despacho recorrido não consubstancia um acto contenciosamente impugnável, o que conduz à conclusão de ilegalidade da interposição do recurso e fundamente a sua rejeição, o douto Acórdão sob recurso não incorreu em erro de julgamento.

O Ex.mo Sr. Procurador Geral Adjunto, no seu douto parecer (fls. 174), **pronunciou-se no sentido do não provimento do recurso.**

FUNDAMENTAÇÃO

I. MATÉRIA DE FACTO

O Acórdão recorrido julgou **provados os seguintes factos**:

1. O Governo, através do DL n.º 130/2000, de 13/7, estabeleceu a comparticipação, pelo Governo português, dos custos das taxas de portagem aplicáveis a veículos de passageiros e de mercadorias das classes 3 e 4 de portagens que fossem utentes da via verde, comparticipação essa que se traduziu num desconto no pagamento das taxas de 50% entre as 0 e as 6 horas e entre as 22 e as 24 horas e de 30% entre as 10 e as 16 horas.

2. Essa comparticipação apenas abrangeu as auto-estradas concessionadas à Brisa.

3. A recorrente é concessionária das auto-estradas A8 e A15, que não beneficiavam dessa comparticipação.

4. Com vista a que lhe fosse concedido esse benefício, a recorrente apresentou, ao Sr. SEOP, o Memorando de fls. 35-36 dos autos – que se dão por reproduzidas, tal como todas as outras que vierem a ser citadas – e ao Instituto de Estradas de Portugal, a exposição de fls. 31-33.

5. Na sequência desta exposição, o IEP elaborou o ofício de fls 30, cujo teor se transcreve:

"Na sequência da exposição anexa, da Auto-Estradas do Atlântico, venho solicitar a V. Ex.ª informação quanto ao previsto relativamente à medida legislativa que comparticipa as portagens de veículos pesados na rede concessionada à Brisa.

O problema apresentado por esta concessionária é recorrente, podendo estender-se à concessionária Aenor quando abrir este ano o sub-lanço Braga-Guimarães, o que já se verifica hoje entre a A1 e a A8 e entre a A9-CREL e a A15. Note-se que à data do referido Decreto-Lei a situação de concorrência não se colocava com esta acuidade, mas a conclusão da rede pela Auto-Estradas do Atlântico veio agravar essa discrepância.

A situação acaba por se reflectir na relação ente o IEP e as concessionárias, uma vez que a sua função de regulação sai prejudicada, ao aceitar uma ajuda do Estado a apenas uma das concessionárias, agravada por esta ser a mais forte economicamente.

Esta situação já foi objecto de conhecimento pelas autoridades comunitárias, por prefigurarem uma ajuda do Estado na rede nacional face aos outros Estados-Membros, e por ser dada apenas a uma concessionária.

Assim, e muito embora se reconheça que a alteração legislativa não depende deste Instituto, é nossa convicção que a mesma deva terminar, até porque o transporte rodoviário nocturno em outros países como a Áustria é penalizado, dado os seus impactes negativos em termos de ruído na passagem junto a aglomerados populacionais".

6. Este ofício foi enviado ao SEOP, que sobre ele exarou o seguinte despacho – acto recorrido – "*Não é intenção do Governo tornar extensiva a comparticipação criada através do DL n.º 130/2000, de 13 de Julho*" – fls. 30.

7. Esse despacho foi notificado pelo IEP à recorrida através do ofício de fls. 15.

II. O DIREITO

O relato antecedente evidencia que a Recorrente dirigiu ao Sr. SEOP e ao Instituto das Estradas de Portugal (IEP) requerimentos alertando-os para o facto de, por força do disposto no DL 130/2000, de 13/7, a Brisa gozar de um regime de excepção na exploração das auto estradas, que a discriminava positivamente em relação às restantes concessionárias, e solicitando que esse regime fosse alargado a todas elas de forma a que todas ficassem em situação de igualdade.

O que motivou o envio, pelo IEP, ao SEOP do ofício que se transcreveu no ponto 5 da matéria de facto onde se reconhece que, de facto, o citado diploma atribuía à Brisa benefícios únicos na exploração da sua rede de auto estradas e que a alteração desta situação só poderia ser feita por via legislativa, pelo que perguntava se havia intenção de alterar a situação por essa via.

Ao que o SEOP sobre ele exarou despacho recorrido que é do seguinte teor "*Não é intenção do Governo tornar extensiva a comparticipação criada através do DL n.º 130/2000, de 13 de Julho*".

Inconformada a Recorrente interpôs **recurso contencioso pedindo a sua anulação** o qual foi **rejeitado** pelo Acórdão recorrido, com fundamento na sua manifesta ilegalidade, pois foi entendido que aquele despacho não configurava qualquer pronúncia definitiva e inovadora de não atribuição da comparticipação em causa e, porque assim, **não se podia considerá-lo um acto administrativo lesivo** dos seus direitos ou interesses legítimos.

E justificou-se este entendimento da seguinte forma:

"E é assim não obstante a recorrente não ter visto, de facto, satisfeita a sua pretensão de ver comparticipadas as auto-estradas a ela concessionadas, o que a levou a considerar indeferida essa pretensão, pois que esse "indeferimento" nunca pode ser dissociado da pretensão formulada e esta foi apenas a de alteração legislativa que contemplasse essa comparticipação. O que se apresenta, aliás, numa perspectiva correcta, na medida em que se a comparticipação foi estabelecida em diploma legal, a alteração do seu regime só através de outro diploma legal podia ser efectuada.

O que o recorrido disse foi apenas que não era sua intenção alterar o regime estabelecido.

....

Donde resulta que o recorrido, através do acto contenciosamente impugnado, apenas manifestou uma intenção – que podia vir a ser concretizada ou não – não tendo tomado a decisão que a recorrente considera que tomou, decisão essa que, aliás, in casu, e tendo em conta a pretensão a que se reportava, não podia tomar.

O que significa que o acto contenciosamente impugnado não é um acto administrativo – uma decisão de um órgão da Administração que, ao abrigo de normas de direito público, visem produzir efeitos jurídicos numa situação individual e concreta (art.º 120.º do CPA) – mas apenas, como foi referido, um acto da Administração em que esta manifestou a sua intenção quanto ao seu procedimento relativamente à alteração de uma norma legislativa que havia sido solicitada pela recorrente. Ou seja, não é um acto lesivo de direitos da recorrente, pelo que não é contenciosamente impugnável (art.º 268.º, n.º 4 da CRP).

A lesão desses direitos, a ocorrer, decorre da lei, podendo a recorrente ser ressarcida no âmbito da responsabilidade civil eventualmente dela decorrente, ou, então, no âmbito do contrato de concessão celebrado entre ela e o IEP.

Por outro lado, se, como a recorrente defende, uma interpretação do DL n.º 130/2000 conforme à Constituição lhe confere o direito à comparticipação pretendida, o que a recorrente tem é que lançar mão de uma acção para o reconhecimento desse direito, sendo certo que a pretensão que formulou não foi a de que, em face da lei vigente, a comparticipação nela estabelecida fosse aplicável às suas auto-estradas, mas sim que a lei fosse alterada de molde a considerar essa comparticipação.

De salientar, finalmente, que, mesmo que se considere que a concessão da comparticipação estabelecida no referido diploma legal configura um acto administrativo, nem assim o acto contenciosamente impugnado seria um acto administrativo lesivo de direitos.

Na verdade, nesta hipotética situação, que se equaciona apenas para apresentar um quadro melhor ilustrativo dessa situação, o que o acto da Administração significaria era somente que ela se recusava a alterá-lo, mantendo o acto anterior, que seria a fonte de lesão dos alegados direitos da recorrente. E isto porque, conforme já foi referido, o acto impugnado não recaiu sobre um expresso e concreto pedido de comparticipação em face do anteriormente estabelecido, mas sim sobre a alteração desse quadro anterior."

Vejamos, pois, se ao assim decidir decidiu bem.

1. O Governo "*na sequência do aumento do preço dos combustíveis e considerando a necessidade de adoptar medidas extraordinárias de salvaguarda do transporte de mercadorias, decidiu comparticipar, em determinados períodos do dia, o custo das portagens em toda a rede de auto-estradas concedida à BRISA, S.A., aplicáveis a veículos de passageiros e de mercadorias que integrem as classes 3 e 4 de portagem e que sejam utentes do serviço Via Verde*", comparticipação essa que seria de carácter provisório e seria revista no momento em que o euro entrasse em circulação. – Vd. preâmbulo do DL 130/2000, de 13/7.

E nesse sentido **decretou que as taxas de portagem pela utilização** daquelas auto-estradas e classes de veículos "*entre as 0 e as 6 e entre as 22 e as 24 horas são pagas, em partes iguais pelo utilizadores e pelo Estado*" e que "*entre as 10 e as 16 horas serão pagas pelos utilizadores e pelo Estado, pagando aqueles 70% do seu preço e o Estado a parte restante*", sendo que na parte restante do dia essa utilização seria paga exclusivamente pelos utilizadores. – n.os 1, 2 e 3 do art.º 2.º do citado diploma.

A Recorrente sentindo-se injustiçada por aquele benefício ter sido, apenas e tão só, atribuído à BRISA dirigiu à Autoridade Recorrida e ao IEP os documentos aludidos no ponto 4 do probatório onde informava que as auto-estradas que lhe foram concessionadas (A8 e A15) estavam a sofrer um **impacto directo muito negativo em resultado das referidas comparticipações** – na medida em que sendo aquelas auto-estradas alternativas e concorrentes da A1 muito do seu potencial tráfego se desviava para esta via – e manifestava a opinião de que era vital e urgente alargar o âmbito daquelas comparticipações à totalidade das concessionárias.

Solicitação foi desatendida porquanto a Entidade Recorrida, pelo despacho recorrido, informou que não tinha intenção de proceder à pretendida alteração do DL 130/2000.

Será que, como se decidiu, este despacho é recorrível?

2. De acordo com o se prescreve no n.º do art.º 25.º da LPTA *"só é admissível recurso dos actos administrativos definitivos e executórios"*, entendido este conceito de harmonia com a nova redacção do art. 268.º da CRP (resultante da Lei Constitucional 1/89), o que vale por dizer que **só são susceptíveis de recurso contencioso os actos administrativos lesivos** dos direitos ou interesses legalmente protegidos dos seus destinatários[1].

Sendo que – por força do que se estatui no art.º 120.º do CPA – **por acto administrativo se devem considerar** *"as decisões dos órgãos da Administração que ao abrigo de normas de direito público visem produzir efeitos jurídicos numa situação individual e concreta."*.

Resulta, assim, claro que **o recurso contencioso só pode utilizado** quando estejam em causa decisões da Administração que se traduzam numa pronúncia definitiva e inovadora feita ao abrigo de normas de direito público, que afectem os direitos ou interesses legítimos do seu destinatário.

E, sendo assim, os despachos que enunciem meras intenções ou que se traduzam em orientações para os serviços e que, portanto, por si só, e imediatamente, não sejam capazes de extravasar do âmbito interno da Administração e atingir, de forma lesiva, a situação dos interessados não são susceptíveis de ser objecto de recurso contencioso.

Será que – como defende a Recorrente – o despacho recorrido pode ser qualificado como um acto administrativo lesivo ?

Vejamos.

2.1. Não há dúvida de que a Recorrente tem razão quando afirma que o despacho recorrido, ao declarar não ser intenção do Governo alargar às restantes concessionárias os benefícios concedidos à BRISA pelo DL 130/2000 **está indeferir-lhe a pretensão que lhe dirigiu no sentido de ser colocada em idêntica situação àquela concessionária** e, nessa medida deve ser configurado como um acto de indeferimento da sua pretensão e, portanto, um acto lesivo dos seus interesses imediatos. E a tal não obsta o facto daquele despacho ter sido proferido no rosto de um ofício enviado pelo IEP à Autoridade Recorrida onde aquela solicitava instruções de procedimento no tocante à pretensão da Recorrente e, portanto, e aparentemente, aparecer como uma mera instrução interna.

Na verdade, apesar dessa aparência, o referido acto, ainda que imediatamente provocado por um ofício entre duas entidades da Administração, **constituiu a resposta definitiva à pretensão da Recorrente** e, por isso, e porque afectava seus interesses, é que a mesma foi notificada dessa decisão.

Ou seja, **o acto recorrido teve efeitos externos e constituiu um verdadeiro indeferimento da pretensão da Recorrente**.

A questão a colocar é, todavia, outra e **traduz-se em saber se**, por um lado, (1) esse despacho pode ser qualificado como uma verdadeira uma decisão administrativa, isto é, como um acto jurídico praticado no exercício de um poder administrativo ao abrigo de normas de direito público cujos efeitos se repercutiram na esfera jurídica da Recorrente, e, por outro, (2) se os interesses por ela atingiu podem ser configurados como interesses legalmente protegidos, isto é, como interesses cuja tutela pode ser feita através da interposição de recurso contencioso.

Ora, a nosso ver, a resposta a dar a esta questão – em qualquer das vertentes em que a mesma foi decomposta – é negativa.

2.2. Com efeito, sendo a Recorrente concessionária da concepção, projecto, construção e exploração de determinados lanços de auto estrada por força Contrato de Concessão celebrado com o Estado Português as condições dessa exploração são as aí clausuladas, pelo que **será através da modificação daquele Contrato que estas condições poderão ser modificadas** e será com fundamento no que nele se acordou que se dirimirão os conflitos eventualmente emergentes dessa relação.

E, porque assim, não se nos afigura legítimo que a Recorrente, à margem desse clausulado e, porventura, contra o que aí se obrigou, procure, agora, forçar o outro

[1] Vd. neste sentido Cons. Santos Botelho in "Contencioso Administrativo", 4.ª ed., pg. 292, e, entre outros, Acórdãos deste Supremo Tribunal de 20/11/91, rec. 12.696, de 23/10/91, rec. 12.561, e do Pleno de 13/4/00, rec. 45.398.

Outorgante a alterar as condições de exploração anteriormente fixadas.

Sendo assim, e sendo que a pretensão manifestada pela Recorrente nos requerimentos que dirigiu, tanto à Autoridade Recorrida como ao IEP, foi a de alteração de uma parte daquele clausulado e, portanto, a de ver modificados os pressupostos em que o Contrato se fundou, entendemos que tal a pretensão não representa um interesse legítimo susceptível de protecção jurídica. E isto porque, muito embora tal pretensão não seja ilegal e, nessa medida, susceptível de ser deferida sem violação de nenhum princípio fundamental da ordem jurídica, **não pode ser retratada como um interesse legítimo**, isto é, como um interesse com protecção semelhante a um direito subjectivo e, por isso, **um interesse cuja defesa possa ser feita através da interposição de um recurso contencioso.**

2.3. Por outro lado, **a decisão da Autoridade Recorrida**, também, **não pode ser vista como uma decisão autoritária definidora da situação da Recorrente, proferida ao abrigo de normas de direito público**, pois que a sua recusa em deferir a pretensão que lhe foi colocada traduziu-se, tão só, no propósito de manter inalterados os pressupostos e o clausulado de um contrato livremente outorgado. O que significada que o despacho recorrido, ao proclamar que o Governo entendia desnecessária a alteração das condições em que a Recorrente explorava as suas auto estradas, não só não veio introduzir novidade naquele Contrato como também não se serviu do direito público como suporte da sua decisão.

Ou seja, **ao agir desta forma a Autoridade Recorrida não definiu, por si só, de forma autoritária, a situação jurídica da Recorrente** e, nessa medida, o despacho recorrido não pode ser qualificado como um acto administrativo.

A decisão da Autoridade Recorrida tem, assim, a mesma natureza que teria se a decisão da Recorrente se a situação a ponderar fosse a inversa, isto é, se a petição de alteração do Contrato partisse daquela Autoridade e a Recorrente se negasse a satisfazê-la.

E daí que – como se afirma no douto Acórdão recorrido, ainda que por razões algo diferentes – **o acto impugnado não seja recorrível** e que a ressarcibilidade dos prejuízos eventualmente sofridos pela Recorrente pelo facto de a BRISA beneficiar de um regime mais favorável tenha de ser feita no âmbito da responsabilidade civil decorrente do contrato no âmbito do contrato de concessão celebrado entre ela e o IEP ou da lei.

Termos em que acordam os Juízes que compõem este Tribunal em, por razões não inteiramente coincidentes, **negar provimento ao recurso e em confirmar a douta decisão recorrida.**

Custas pela Recorrente, fixando-se a taxa de justiça em 460 euros e a procuradoria em metade.

Lisboa, 16 de Junho de 2005.

Costa Reis (Relator)
António Samagaio
Azevedo Moreira
Rosendo José
Santos Botelho
Pais Borges
Angelina Domingues
António Madureira

Recurso n.º 963/03-20

REVERSÃO DE BEM EXPROPRIADO. PRINCÍPIO TEMPUS REGIT ACTUM. MATÉRIA DE FACTO.

(Acórdão de 5 de Maio de 2005)

SUMÁRIO:

I – A legalidade de um acto administrativo afere-se pela realidade fáctica existente no momento da sua prática e pelo quadro normativo então em vigor, conforme postula o princípio *tempus regit actum*.

II – Assim, não pode afirmar-se a legalidade do indeferimento de pedido de reversão, com base, apenas, na constatação da prematuridade da apresentação desse pedido, formulado, em 12.7.92, antes de se completar o período de 2 anos de que o beneficiário da expropriação dispunha para aplicar o bem expropriado ao fim determinante da expropriação, pois que tal pedido foi mantido actuante perante a Administração, até ao momento em que, em 7.12.01, foi indeferido, e, nesse momento, já aquele período se havia esgotado.

III – A legalidade ou ilegalidade do indeferimento de pedido de reversão dependerá somente de se julgar provado que a entidade beneficiária da expropriação (ou seu sucessor) começou a aplicar, até 7.2.94, o prédio expropriado ao fim determinante da expropriação ou, ao invés, de se julgar provado que tal prédio nunca foi aplicado ao mencionado fim.

ACORDAM, NO PLENO DA SECÇÃO DO CONTENCIOSO ADMINISTRATIVO, DO SUPREMO TRIBUNAL ADMINISTRATIVO:

1. Maria do Rosário Gonçalves Cantante Mota Fernandes Pinto, melhor identificada nos autos, recorre para este Tribunal Pleno do acórdão da 1ª Secção, que negou provimento ao recurso contencioso que interpôs do despacho, de 12.12.01, do Ministro da Agricultura, Desenvolvimento Rural e das Pescas (MADRP), exarado na Informação n.º 242/NAJ/2001, de 23 de Novembro, que indeferiu o pedido de reversão dos prédios rústicos denominados *Alqueive* e *Pupos*, sitos na freguesia de Benfica do Ribatejo, concelho de Almeirim.

Apresentou alegação, com as seguintes **conclusões:**

A) Para aquilo que releva, o douto acórdão recorrido negou provimento ao recurso interposto do acto de indeferimento do pedido de reversão do prédio denominado Pupos;

B) Nessa parte, incorreu, salvo o devido respeito, em erro de julgamento;

C) Com efeito, considerou-se no julgado que, à data em que foi formulado o pedido de reversão dos referidos prédio, ainda não tinha decorrido o prazo de dois anos previsto no artigo 5.º, n.º 1, do Código das Expropriações de 1991 para que a interessada pudesse exercer o seu direito;

D) Todavia, o certo é que, à data em que foi proferido o despacho recorrido – 12 de Dezembro de 2001 – esse prazo encontrava-se já, há muito, completado;

E) O princípio *tempus regit actum* postula que, em regra, a legalidade do acto administrativo se afira pela situação de facto e de direito existente à data da respectiva prolação;

F) Por seu turno, o exercício prematuro de direitos só é, também em regra, inaceitável quando afecte a tramitação procedimental, a racionalidade da decisão administrativa ou o respeito do princípio do contraditório;

G) Nada disso ocorrendo no caso dos autos, não existe razão para aplicar plenamente o referido princípio;

H) Ao decidir de modo diferente, considerando ter existido exercício prematuro do direito de reversão, o douto Acórdão recorrido incorreu em erro de julgamento por violação, concomitantemente, do assinalado princípio e do n.º 1 do artigo 5.º do Código das Expropriações de 1991.

Nestes termos, e nos demais de direito, que Vossas Excelências doutamente suprirão, deve o presente recurso ser julgado procedente e provado, revogando-se o douto Acórdão recorrido na parte em eu negou provimento ao recurso contencioso de anulação do despacho que indeferiu o pedido de reversão do prédio denominado Pupos, dessa forma se fazendo costumada Justiça.

A entidade recorrida (MADRP) contra-alegou, pugnando pela manutenção do acórdão recorrido. Refere que o prazo de dois anos, referido no art. 5 do C91, se conta a partir da data (7.2.92) de entrada em vigor desse CE. Pelo que tendo a recorrente formulado, em 31.7.92, o pedido de reversão da parcela em causa, o correspondente direito não existia ainda na respectiva esfera jurídica, não podendo, por isso ser exercido.

A Exma Magistrada do **Ministério Público** emitiu o seguinte parecer:

Na linha do meu parecer de fls. 162 a 165 afigura-se-me que o acórdão recorrido apreciou correctamente a matéria de facto e aplicou a Lei aos factos provados segundo a melhor interpretação. Aliás, a decisão impugnada está em consonância com a orientação deste Supremo tribunal sobre a matéria.

Os acórdãos a que a recorrente faz apelo não têm aplicação no caso; com efeito, o improvimento do recurso contencioso no tocante à parcela desanexada do prédio denominado Pupos não se deveu à formulação prematura do pedido de reversão e sim ao facto de o período de inércia apontado – período de mais de oito anos sobre a transmissão operada pela Portaria n.º 4/MAFA/84, publicada no DR II série de 30.05.84, decorrido até 31.07.92 (data do pedido de reversão) – não ter relevância para efeitos do disposto no art.º 5.º, n.º 1, do CE de 1991.

O prazo de dois anos de inércia a que alude este normativo conta-se a partir da data de entrada em vigor do diploma (07.02.92). Ora em 31.07.92 ainda não havia decorrido esse prazo, razão por que não foi demonstrado o pressuposto do direito de reversão que foi invocado, tal como entendeu o acórdão recorrido.

Nestes termos, emito parecer no sentido de que deverá ser negado provimento ao recurso jurisdicional.

Colhidos os vistos dos Exmos Adjuntos, cumpre decidir.

2. O acórdão recorrido baseou-se a seguinte **matéria de facto**:

A) Pela Portaria n.º 631/76, de 22/10, do Ministério da Agricultura, publicada no DR II série, n.º 248, daquela data, foram expropriados os prédios rústicos denominados Alqueive e Pupos, sitos na freguesia de Benfica do Ribatejo, Concelho de Almeirim, com as áreas, respectivamente, de 27,9080 ha e 5,4160 ha, que à data eram propriedade de Maria Virgínia Gonçalves Cantante Mota e marido;

B) A expropriação foi realizada ao abrigo do DL n.º 406-Al75, de 29/7, no âmbito da designada Reforma Agrária;

C) Pela Portaria 707/81, dos Ministros das Finanças e do Plano e da Agricultura e Pescas, publicada no DR, I Série, de 18/8/81, foi desanexada e transmitida a favor da Câmara Municipal de Almeirim para fins de utilidade pública, com destino à urbanização e ampliação de Benfica do Ribatejo, uma parcela com a área de 13,1400 ha do prédio denominado Alqueive, ao abrigo do disposto no art.º 40.º da Lei n.º 77/77, de 29/10;

D) Pela Portaria n.º 4/MAFAl84, dos Ministros das Finanças e do Plano e da Agricultura, Florestas e Alimentação, publicada no DR, II série, de 30/5/84, foi desanexado e transmitido a favor da mesma Câmara, nos mesmo termos e para os mesmos fins, o prédio denominado Pupos que está englobado no plano de urbanização da vila de Almeirim, com previsão de construção de equipamento colectivo;

E) A parcela do referido prédio denominado "Alqueive", foi inserida no Plano de Urbanização de Benfica e Cortiçóis (PUBRC, DR II – n.º 64 – 18/3/91), tendo a CMA levado a efeito um loteamento municipal, onde a área destinada à habitação é inferior às demais áreas de afectação social, estando aí presentes zonas de equipamento público, espaços verdes, estruturas viárias e de aparcamento, (constantes do PDM, art.º 3.º/3.2.2 al. c) – DR 127 – I B de 1/6/93);

F) O prédio denominado "Pupos" ficou integrado na parcela B do Plano de Pormenor da Zona HRD, Zona D de expansão do PGU de Almeirim, integrando aquela parcela, segundo a previsão ali contida, a) área de equipamento escolar e de saúde; b) área de instalação de estruturas viárias de acesso e distribuição e aparcamentos; c) áreas verdes complementares de integração; d) área de habitação;

G) As áreas mencionadas em a), b) e c) da alínea anterior comprometem 80% do total do prédio, sendo a restante área reservada a habitação a custos controlados (PDM de Almeirim – DR I B – de 1/6/93 – art.º 3.º);

H) Em 31/7/92, Maria Virgínia Gonçalves Cantante Mota dirigiu ao Sr. Ministro da Agricultura requerimentos em que pediu a reversão dos referenciados prédios, com fundamento na cessação do fim de utilidade pública que determinara a expropriação em causa;

I) Sobre esses pedidos incidiu informação em que se conclui que não é da competência do Ministério da Agricultura analisar o pedido de reversão pelo facto de os prédios terem sido expropriados no âmbito da reforma agrária, mas posteriormente terem sido desanexados e transferidos para a Câmara Municipal de Almeirim.

J) Sobre essas informações incidiram os despachos do Ministro da Agricultura, de 28/10/92: "Concordo. Dê-se conhecimento à requerente."

L) Destes despachos, foram interpostos recursos contenciosos.

M) Por Acórdão da Secção do Contencioso do STA, de 6 de Outubro de 1999 foi concedido provimento aos recursos e anulados os despachos recorridos.

N) Este acórdão foi confirmado pelo Acórdão do Pleno da Secção do Contencioso Administrativo, datado de 17 de Maio de 2001.

O) Em 23/11/2001 foi prestada a Informação n.º 242/ /NAJ/2001, pelos Serviços da Direcção Regional de Agricultura do Ribatejo e Oeste, constante de fls. 19 a 22, aqui dada por reproduzida, e de que se destaca:

"...7...«1. *As áreas expropriadas e nacionalizadas ao abrigo das leis que regularam o redimensionamento das unidades de exploração, efectuadas na zona de intervenção da reforma agrária, poderão ser revertidas, através de portaria conjunta do Primeiro Ministro e do Ministro da Agricultura, desde que se comprove que regressaram à posse dos anteriores titulares ou à dos respectivos herdeiros. 2. A reversão poderá ainda ter lugar nos casos em que as áreas referidas no número anterior se encontrem a ser exploradas por rendeiros e estes declarem não querer exercer o direito que lhes é conferido pelo DL. n.º 341/91, de 19 de Setembro, devendo contudo os seus direitos como arrendatários ficar expressamente salvaguardados».*

8. *Ora, face à condição estatuída no n.º 1 para a reversão parece-nos claro e inequívoco que, na sequência da Portaria n.º 631/76, de 22/10, o domínio dos prédios em causa foi transferido para a Câmara Municipal de Almeirim, que os tem mantido na sua posse e, consequentemente resulta 'a contrario sensu' a constatação que os mesmos não 'regressaram à posse dos anteriores titulares ou à dos respectivos herdeiros'.*

9. *É igualmente pacífico o reconhecimento que os prédios não foram entregues para expropriação a arrendatários ao abrigo do DL. n.º 341/91, de 19/9, ou a qualquer outro título, inexistindo, assim, a possibilidade de ser concedida a reversão, por desenquadrada na previsão do transcrito n.º 2.*

Pelo que, em conclusão, somos de parecer que:

Deve ser indeferida a reversão por não se encontrarem preenchidos os requisitos de facto previstos no art.º 44.º da Lei n.º 86/95, de 1/9".

P) Em 12 de Dezembro de 2001, o Sr. Ministro da Agricultura, do Desenvolvimento Rural e das Pescas, proferiu, sobre aquela informação, o seguinte despacho: *"Concordo. Indefiro o pedido"*.

Q) Este despacho foi notificado, por via postal simples, em data não determinada do mês de Fevereiro de 2002, ao mandatário da ora recorrente, entretanto habilitada como herdeira de Maria Virgínia Cerveira Gonçalves Cantante Mota;

R) Em 9 de Abril de 2002, Maria do Rosário Gonçalves Cantante Mota Fernandes Pinto, interpôs o presente recurso contencioso do referido despacho.

3. Alega a recorrente que o acórdão recorrido julgou erradamente, ao decidir que o acto contenciosamente impugnado, na parte em que indeferiu o pedido de reversão relativo à parcela de terreno desanexada do prédio denominado *Pupos*, não violou o art. 5.º, do Código das Expropriações (CE91), aprovado pelo DL 438/91, de 9 de Novembro.

Vejamos.

Para assim decidir, o acórdão baseou-se no seguinte discurso argumentativo:

...

De acordo com o n.º 1 deste artigo (5) *"há direito de reversão se os bens expropriados não forem aplicados ao fim que determinou a expropriação no prazo de dois anos após a adjudicação ou, ainda, se tiver cessado a aplicação a esse fim, sem prejuízo do disposto no n.º 4".*

O pedido de reversão formulado pela recorrente é relativa a duas parcelas de prédios rústicos distintos que foram desanexadas e transmitidas à CMA, para fins diversos: uma, para urbanização e ampliação de Benfica do Ribatejo e Cortiçóis e, a outra, para construção de equipamento colectivo, enquanto englobada no Plano de Urbanização da vila de Almeirim.

Relativamente, à parcela desanexada do prédio denominado *Pupos*, alega a recorrente, que, até 31/7/92 (data em que for formulado o pedido de reversão), passados oito anos sobre a transmissão efectuada através da Portaria n.º 4/MAFAI84, publicada no DR, II Série, de 30/5/ /84 – a CMA nada iniciara e muito menos fizera.

Sucede porém, que tendo o CE91 sido publicado em 9/11/91 e de acordo com o art.º 2.º do diploma legal que o aprovou, o mesmo entrou em vigor 90 dias após a sua publicação, ou seja, em 7/2/992.

Ora, era a partir desta data que se contava o prazo de dois anos de inércia a que alude o art.º 5.º n.º 1 de tal CE. Tendo a recorrente formulado o pedido de reversão em 31/7/92, ainda não tinham decorrido o prazo de dois anos para a recorrente poder exercer tal seu direito (Ac. do TP de 20/5/93-rec. n.º 45388 e do STA de 10/12/ /2003 – rec. n.º 44300).

Assim, relativamente, ao pedido de reversão feito pela recorrente e relativamente à parcela desanexada do prédio denominado *Pupos*, o acto contenciosamente impugnado não viola aquele art.º 5.º n.º 1 do CE/91.

...

A recorrente aceita que, como considerou o acórdão recorrido, o prazo de dois anos de inércia a que referido no n.º 1 do citado art. 5 se conta a partir do início de vigência do CE91 (7.2.92), pelo que o mesmo só se teria completado em 7 de Fevereiro de 1994.

Porém, a recorrente impugna esse mesmo acórdão, por nele se ter considerado como momento relevante para a apreciação da legalidade do acto impugnado o da apresentação do indeferido pedido de reversão.

Sustenta a recorrente que, para esse efeito, o momento relevante é o da prolação do despacho contenciosamente impugnado, de acordo com o princípio *tempus regit actum*, que postula que, em regra, a legalidade do acto administrativo se afere pela situação de facto e de direito existente à data da respectiva prolação.

E, com efeito, assim é.

Como reiteradamente tem afirmado a jurisprudência deste Supremo Tribunal, a legalidade do acto administrativo afere-se pela realidade fáctica existente no momento da sua prática e pelo quadro normativo então em vigor, segundo a indicada regra do *tempus regit actum*. Neste sentido, e entre outros, vejam-se os acórdãos da 1ª Secção, de 24.2.99-R.º 43459, de 14.3.02-R.º 47804, de 7.10.03-R.º 790/03, de 5.2.04-R.º 1918/02, de 22.6.04- -R.º 1577/04, e deste Pleno, de 24.10.00-R.º 37621 e de 6.2.02-R.º 35272. E, na doutrina, veja-se M. E. de Oliveira, *in Direito Administrativo*, I vol., 169.

É certo que aquela regra contém excepções, mas nenhuma dessas excepções opera no presente caso.

Como bem pondera o acórdão deste Pleno, de 19.1.00-R.º 37652, em termos que aqui têm inteiro cabimento e que, por isso, se transcrevem:

... há situações e que a lei expressamente determina que a decisão de facto a ter em conta na decisão administrativa não é a que se verifica na data desta decisão, mas sim em momento anterior. É o acontece, por exemplo, no procedimento de concurso da função pública, relativamente ao qual a regra é a de que os requisitos de admissão ao concurso devem estar reunidos até ao termo do prazo fixado para a apresentação das candidaturas (n.º 2 do artigo 21.º do Decreto-Lei n.º 498/88, de 30 de Dezembro). Em casos destes, é óbvia a irrelevância do superveniente preenchimento desses requisitos (idade, habilitações, tempo de serviço, classificação, etc.), e, assim, não padecerá de ilegalidade o acto que exclua um candidato por não reunir tais requisitos no termo do prazo para a apresentação das candidaturas, mesmo que já os possua no momento em que o acto de exclusão é praticado.

Mas a regulamentação legal do exercício de direito de reversão não insere qualquer disposição com esse alcance.

Por outro lado, também não é possível atribuir à apresentação do requerimento de autorização do exercício do direito de reversão a natureza de elemento constitutivo do correspondente direito. O direito à reversão forma-se com o decurso do prazo concedido à entidade expropriante para afectar o bem expropriado ao fim determinante da expropriação sem que essa afectação tenha lugar. Tanto assim que é a partir desse momento que se inicia a contagem do prazo de caducidade do exercício do direito de reversão.

Nesta perspectiva, o **momento de manifestação da pretensão de reversão não é elemento constitutivo do correspondente direito,** pois, como se sublinhou no citado acórdão de 22 de Outubro de 1998, «o pressuposto do direito de reversão é a não aplicação do bem expropriado ao concreto fim de utilidade pública que determinou a expropriação no período de dois anos, **não o facto da apresentação do requerimento em si mesmo.** Este é, substantivamente, a declaração de vontade de exercer o direito e procedimentalmente o acto de iniciativa, mas não interfere com a consumação da inércia do expropriante, que este sim é o facto jurídico a que a lei atribui o significado de constituir o direito de reversão».

Importa não esquecer que a Lei não protege a conservação do bem no património do expropriante (ou dos seus sucessores), contra a vontade do expropriado, fora da aplicação ao fim concreto da declaração de utilidade pública que motivou a expropriação. Pelo contrário, como se disse no acórdão n.º 827/96, do Tribunal Constitucional (Diário da República, II Série, n.º 53, de 4 de Março de 1998, pág. 2776), «para além do fundamento que se adopte [sobre a natureza do direito de reversão], o direito de reversão é uma exigência constitucional derivada do artigo 62.º [da Constituição da República Portuguesa], na medida em eu exprime uma harmonização valorativa entre o direito subjectivo e a responsabilidade do Estado na protecção e ordenação da propriedade privada de acordo dom os interesses envolvidos». Ora, a intempestividade do requerimento do requerimento (por antecipação) é um *facto neutro* relativamente aos interesses juridicamente relevantes para reversão ou nela conflituantes. Com efeito, a apresentação do requerimento antes de se ter consumado o prazo a que se refere o artigo 5.º, n.º 1, do Código das Expropriações de 1991 não interfere com a possibilidade de, no espaço de tempo sobrante, a entidade expropriante aplicar o bem expropriado ao fim que determinou a expropriação, ou de lhe ser dado outro destino mediante nova declaração de utilidade pública (artigo 5.º, n.º 4). Nem a tutela da situação do beneficiário da expropriação, nem a preservação dos poderes expropriativos da Administração, nem a regularidade da tramitação do processo de reversão impõem que se atribua natureza constitutiva do direito de reversão à apresentação do correspondente requerimento.

No mesmo sentido, vejam-se os acórdãos do Pleno, de 24.11.00, proferidos nos processos n.º 37657 e n.º 37649, e de 5.7.01, proferido no processo n.º 37651.

Assim sendo, e diversamente do que entendeu o acórdão recorrido, o indeferimento do pedido de reversão não pode encontrar apoio no facto de, à data do requerimento da recorrente, não se ter completado ainda o período de inércia na aplicação da coisa expropriada em conformidade com o fim previsto na declaração de utilidade pública, que é pressuposto da sua pretensão. A entidade competente para a decidir a reversão permaneceu instada e a vontade de a interessada recuperar o bem manteve-se viva. Na data em que foi proferido o despacho já, alegadamente, se verificava aquele pressuposto e é, como se viu, esse o momento relativamente ao qual deve ser aferida a legalidade desse indeferimento.

«*Aliás* – como bem pondera, ainda, o acórdão transcrito –, *o exercício prematuro de direitos só é, em regra, inaceitável quando determine perturbação da tramitação procedimental ou processual ou quando afecte a racionalidade da decisão administrativa ou judicial ou o respeito pelo princípio do contraditório, impondo o princípio pro actione que não se anteponham obstáculos formais injustificados a obtenção de decisões de mérito e ao seu efectivo controlo pelos tribunais*».

Conclui-se, pois, que, de acordo com o princípio *tempus regit actum*, que manda aferir a legalidade do acto administrativo pela situação de facto e de direito existente à data da sua prolação, deve considerar-se relevante, para o efeito, o momento em que foi proferido o despacho de indeferimento contenciosamente impugnado.

Assim sendo, para afirmar a legalidade do indeferimento do pedido de reversão não basta – contrariamente ao que se decidiu no acórdão recorrido – a constatação da prematuridade da apresentação desse pedido, pois que tal pedido foi mantido actuante perante a Administração até ao momento em que foi indeferido. Nesse momento, em 12.12.01, já haviam decorrido dois anos sobre a data da entrada em vigor do CE91, pelo que o pedido não podia ser indeferido com o fundamento de ainda não se haver esgotado esse período de tempo de dois anos de que o expropriante (ou seu sucessor) dispunha para aplicar o bem expropriado ao fim determinante da expropriação. A legalidade ou ilegalidade do indeferimento do pedido de reversão dependerá somente de se julgar provado que a entidade beneficiária da expropriação (ou seu sucessor) começou a aplicar, até 7 de Fevereiro de 1994, o prédio expropriado ao fim determinante da expropriação ou, ao invés, de se julgar como provado que tal não sucedeu. Trata-se de questão para a solução da qual o acórdão recorrido não carreou matéria de facto suficiente, impondo-se assim a sua revogação, para ampliação desta matéria, em ordem a constituir base adequada para a subsequente decisão da questão de direito.

4. Nos termos e com os fundamentos expostos, acordam em conceder provimento ao recurso jurisdicional, revogando o acórdão recorrido e determinando a remessa dos autos à Subsecção, para os efeitos indicados.

Sem custas.

Lisboa, 5 de Maio de 2005.

Adérito dos Santos (Relator)
Azevedo Moreira
Gouveia e Melo
Angelina Domingues
António Samagaio
Pais Borges
Simões de Oliveira
Costa Reis
Rui Botelho

Recurso n.º 614/02

2.ª Secção (Contencioso Tributário)

CUSTAS ADMINISTRATIVAS E FISCAIS. COBRANÇA COERCIVA. CPPT. PROCESSO DE EXECUÇÃO FISCAL. ETAF APROVADO PELA LEI N.º 13/02, DE 19 DE FEVEREIRO.

(Acórdão de 08 de Junho de 2005)

SUMÁRIO:

I – **Mantêm-se em vigor, no domínio da vigência do novo ETAF, aprovado pela Lei n.º 13/02 e entrado em vigor em 01/01/2004, os arts. 10.º, n.º 1, al. g), 148.º, n.º 1, al. a) e 151.º, todos do CPPT.**

II – **Pelo que a cobrança coerciva das custas relativas a processos tributários, pendentes ou não àquela data, deve continuar a efectuar-se através do processo de execução fiscal, a instaurar pela Administração Tributária, com intervenção dos tribunais tributários nos casos previstos no referido art. 151.º do CPPT.**

ACORDAM NO PLENO DA SECÇÃO DO CONTENCIOSO TRIBUTÁRIO DO STA:

O Presidente do TAF de Braga vem, nos termos do art. 93.º do CPTA, proceder a «reenvio prejudicial», solicitando pronúncia vinculativa sobre as seguintes duas questões:

«a) À face do preceituado nos arts. 10.º, n.º 1, alínea g), 148.º, n.º 1, alínea a) e 151.º do CPPT o processo de execução fiscal é, após a entrada em vigor do ETAF de 2002 e do CPTA, o meio processual adequado para a cobrança coerciva das custas relativas a processos tributários?

b) Em caso negativo, o processo de execução fiscal é o meio processual adequado para a cobrança coerciva de custas de processos tributários que tenham sido iniciados antes de 01/01/2004?»

A formação a que se refere o n.º 3 daquele normativo considerou preenchidos os pressupostos legais do reenvio.

O Ex.mo magistrado do Ministério Público emitiu parecer no sentido, face à primeira questão, de uma resposta negativa, por o ETAF de 2002 não conter disposição semelhante à do art. 62.º, n.º 1, al. a) do ETAF de 1996 e visto o disposto no art. 189.º, n.º 2 do CPTA que revogou tacitamente as atinentes disposições do CPPT; e, quanto à segunda, ser a execução fiscal o meio processual adequado para a cobrança coerciva de custas, se instaurada antes de 01/01/2004 mas já não assim se o for depois daquela data pois o CCJ só se aplica aos processos instaurados após a sua entrada em vigor, sendo que «a expressão "processos instaurados" abrange necessariamente tanto os processos em que são contadas custas, como os processos executivos para a sua cobrança coerciva: a norma não distingue e "ubi lex non distinguit, nec nos distinguere debemus", sendo certo, ademais, que não há razão ou necessidade de distinguir».

E, cumpridos os vistos legais, há que decidir.

Vejamos, pois:

O ETAF, aprovado pelo DL n.º 129/84, de 27 de Abril bem como as alterações introduzidas no seu art. 62.º, n.º 1 pelos DLs. n.ºs 229/96, de 29 de Novembro e 301-A/99, de 05 de Agosto, previa a competência dos tribunais tributários de 1ª instância para a cobrança coerciva de custas e multas aplicadas pelos tribunais administrativos e fiscais – cfr. respectivamente als. c) e o) – que podiam ser auxiliados pelos serviços da DGCI, nos termos estabelecidos na lei de processo, designadamente para efeitos de instauração e prosseguimento de cobranças coercivas – art. 60.º, n.º 2.

Todavia, o novo diploma de 2002, aprovado pela Lei n.º 13/02, entrado em vigor em 01/01/2004, não contém normas idênticas.

Por desnecessárias.

Na verdade, o art. 1.º, n.º 1, al. g) do CPPT – tal como anteriormente o art. 43.º, al. g) do CPT –, entre as disposições gerais relativas ao procedimento e ao processo tributário, atribui competência aos serviços da Administração Tributária para «cobrar as custas dos processos e dar-lhes o destino legal».

Cobrança coerciva efectuada através do processo de execução fiscal, nos termos do art. 148.º, n.º 1, al. a) do mesmo diploma.

No n.º 1 deste artigo, incluem-se, na verdade, normas genéricas determinando a aplicação do processo de execução fiscal para a cobrança de todos os créditos tributários, de qualquer natureza, aliás objectivo primeiro daquele meio processual.

Cfr. Jorge de Sousa, CPPT Anotado, 4ª edição, pág. 677, notas 2 e 4.

Por outro lado, o art. 151.º do CPPT estabelece a competência do tribunal tributário de 1ª instância no processo de execução fiscal.

Ora, face a tal conjunto normativo, é de entender, mesmo na vigência do novo ETAF, que a cobrança coerciva das custas relativas a processos tributários deve efectuar-se através do processo de execução fiscal a instaurar pela Administração Tributária, com intervenção do tribunal tributário nos casos previstos no dito art. 151.º.

Nem há, aí, qualquer problema de inconstitucionalidade.

É que, como é entendimento do Tribunal Constitucional, importa distinguir entre as intervenções legislativas directamente votadas à definição da competência e as que, inscrevendo-se no domínio da regulamentação processual, todavia acabam por interferir apenas indirecta, acessória e necessariamente com aquela competência; as primeiras são normas de competência e as segundas, puras normas de processo.

«A Constituição distingue com nitidez entre a matéria da competência e a matéria do processo; qualquer que seja o nível ou grau de definição da competência dos tribunais, reservado à Assembleia da República, seguramente que nele não entram as modificações da competência judiciária a que deva atribuir-se simples carácter processual.»

Cfr. os Acds do TC n.º 400/87 *in* DR, II série de 21/12//1987 e n.º 329/89, *ibidem*, de 22/06/1989.

Por outro lado, tem o mesmo tribunal entendido não haver invasão da reserva de competência da Assembleia da República quando se não altera a prévia distribuição de competência entre as várias ordens de tribunais (tributários e judiciais).

«A necessidade de autorização legislativa apenas é exigível se ocorre modificação das regras de competência judiciária material, com natural reflexo na distribuição das matérias pelas diversas espécies de tribunais» – cfr. Ac. n.º 114/00 *in* Acds do TC, pág. 415.

Cfr. ainda abundante jurisprudência sobre o ponto no Ac. do mesmo tribunal, de 28/11/2000, *in* DR, II série, de 05/01/2001 e J. J. Almeida Lopes, CRP, 6ª Revisão, Anotada, págs. 614 e s s.

Certo que o art. 189.º do CPTA estabelece que «o regime das custas na jurisdição administrativa e fiscal é objecto de regulação própria no Código das Custas Judiciais».

Tal não abrange, porém, a cobrança coerciva.

Esse regime é o dos arts. 73.º-A a 73.º-F como logo resulta da epígrafe daquele primeiro normativo «regime de custas».

Ou seja, é o regime substantivo das «custas administrativas e tributárias» – título II do CCJ.

No mesmo sentido, aponta o n.º 3 do dito art. 73.º-A ao estabelecer como normas subsidiárias do «regime das custas administrativas e tributárias», «as regras estabelecidas para as custas cíveis» – normas, pois, de carácter substantivo.

Pelo que não tem aplicação àquelas o disposto no art. 116.º do CCJ, epigrafado «Instauração da execução» a efectuar pelo MP e por apenso ao processo em que tem lugar a notificação para pagamento.

Para além de não haver qualquer lacuna, dada a normação referida do CPPT, tal norma nem sequer faz parte daquelas últimas regras por não integrar o título I do CCJ.

É, pois, de concluir, em termos de reenvio prejudicial a que se refere o art. 93.º do CPTA:

a) Manterem-se em vigor, no domínio da vigência do novo ETAF, aprovado pela Lei n.º 13/02 e entrado em vigor em 01/01/2004, os arts. 10.º, n.º 1, al. g), 148.º, n.º 1, al. a) e 151.º, todos do CPPT.

b) Pelo que a cobrança coerciva das custas relativas a processos tributários, pendentes ou não àquela data, deve continuar a efectuar-se através do processo de execução fiscal, a instaurar pela Administração Tributária, com intervenção dos tribunais tributários nos casos previstos no referido art. 151.º do CPPT.

Sem custas.

Lisboa. 08 de Junho de 2005.

Domingos Brandão de Pinho (Relator)
Lúcio Alberto Assunção Barbosa
Vítor Manuel Marques Meira
António José Pimpão
José Norberto de Melo Baeta de Queiroz
Francisco António Vasconcelos Pimenta do Vale

Recurso n.º 413/05-50

NULIDADE DE ACTO TRIBUTÁRIO. DELIBERAÇÃO NULA. ACTO DE LIQUIDAÇÃO. ANULABILIDADE.

(Acórdão de 22 de Junho de 2005)

SUMÁRIO:

I – Apenas os actos que ofendam o conteúdo essencial de um direito fundamental são nulos.

II – Um acto que, em aplicação da lei ordinária, viole alegadamente o princípio da legalidade tributária não é nulo mas anulável.

III – Assim, a propositura de uma impugnação de um acto tributário com fundamento na nulidade de uma deliberação de um órgão de autarquia local, que determina o lançamento de impostos ou taxas, está sujeita aos prazos fixados na lei para tal propositura, já que o acto de liquidação será eventualmente anulável, que não nulo.

ACORDAM NO PLENO DA SECÇÃO DE CONTENCIOSO TRIBUTÁRIO DO SUPREMO TRIBUNAL ADMINISTRATIVO:

1. **LISBOA PARQUE – Empreendimentos Imobiliários, Ld.**, com sede na Rua Marquês da Fronteira, 121, r/c, Lisboa, impugnou judicialmente, junto do então Tribunal Tributário de 1ª Instância de Lisboa, a liquidação de encargos de compensação por aumento de área de volumetria.

O Mm. Juiz do 5.º Juízo daquele Tribunal julgou a impugnação improcedente, por a ter julgado intempestiva.

Inconformada, a impugnante interpôs recurso para o Tribunal Central Administrativo – Sul.

Este, por acórdão de 11/5/2005, negou provimento ao recurso.

De novo inconformada, a impugnante interpôs recurso para o Pleno da Secção de Contencioso Tributário do Supremo Tribunal Administrativo.

Alegou oposição de acórdãos.

O Mm. Juiz relator do TCA julgou verificada a alegada oposição de acórdãos.

Sobre a questão de fundo, a impugnante, ora recorrente, apresentou as pertinentes alegações de recurso, que finalizaram no seguinte quadro conclusivo:

1. Os actos de órgãos e serviços municipais que determinem o lançamento e liquidação de impostos, taxas, derramas ou mais valias não previstas na lei, como se verifica *in-casu*, são nulos, conforme resulta expressamente do art. 1.º/4, da Lei n. 1/87, de 6/1.

2. Os actos *sub judice* são ainda claramente nulos *por falta de elementos essenciais* (vide art. 133.º, 1, do CPA), pois traduziram-se na criação de obrigações tributárias *sem causa legal* e em clara violação do princípio reforçado da *legalidade tributária* (vide art. 103.º da CRP e art. 133.º, 3, do CPA), e do *direito fundamental da propriedade privada* (ver art. 62.º da CRP).

3. Os actos *sub judice* são nulos por *falta de atribuições* (art. 133.º, 2, b) do CPA), pois os órgãos e agentes das autarquias locais não podem criar taxas ou impostos que não se encontrem previstos na lei (v. art.ºs 103.º e 168.º, /1/i, da CRP; cfr. art. 88.º, 1, a) e c) do DL 100/84, de 29/3).

4. Os actos de liquidação e cobrança em análise sempre seriam nulos, por serem eles próprios *actos consequentes* do despacho n.º 166/P/84, do Senhor Presidente da CML que, conforme se reconheceu no douto aresto recorrido, enferma de nulidade (v. art.ºs 133.º, 2, e 134.º dom CPA).

5. O douto acórdão recorrido enferma de manifestos erros de julgamento, na parte em que decidiu julgar intempestiva a impugnação deduzida pela ora recorrente, pois os actos de liquidação e cobrança *sub judice* são *nulos* e, além, disso, não foram notificados na forma prevista na lei (v. art.ºs 103.º e 268.º, 3, da CRP e art. 134.º do CPA).

6. No douto acórdão recorrido apenas se deu como provado que "em 1991.11.29 foi expedido aviso à impugnante para proceder ao pagamento, no prazo de trinta dias, da 1ª prestação do tributo" ... não tendo sido *dado como provado* qual o efectivo conteúdo do referido aviso, nomeadamente se dele contava a *autoria, data, sentido, objecto e fundamentação do acto em análise* e a referência aos respectivos *actos de delegação e subdelegação de poderes* (v. art. 268.º/3 da CRP...)

7. No douto acórdão recorrido também *não foi dado como provado* que a ora recorrente *tenha efectivamente recebido o referido aviso*, nomeadamente mediante assinatura dos seus representantes constantes do respectivo *registo postal* ou *aviso de recepção* (v. art. 268.º, 3, da CRP ...).

8. O facto de a ora recorrente ter tido conhecimento da exigência das quantias em causa antes de ser notificada dos *elementos essenciais do respectivo acto de liquidação* (v. art. 123.º do CPA), procedendo inclusivamente ao respectivo *pagamento*, nunca poderia pôr em causa a tempestividade da presente impugnação, pois tal pagamento não revela, por si só, o conhecimento pelo respectivo interessado da *autoria, data, sentido, fundamentação e objecto dos respectivos actos de liquidação* (v. art. 268.º, 3 da CRP), "a fim de (permitir à interessada) avaliar o alcance integral da decisão e poder decidir do recurso a quaisquer meios de impugnação (v. Gomes Canotilho e Vital Moreira CRP anotada ...).

9. Era ao recorrido e não à recorrente que competia o ónus de prova dos factos que integram a alegada intempestividade do presente meio processual pelo que, *não tendo sido produzida qualquer prova nesse sentido*, é manifesta a tempestividade da presente impugnação.

10. O douto acórdão recorrido enferma assim de manifestos erros de julgamento, tendo violado frontalmente, além do mais, o disposto nos art.ºs 62.º, 103.º, 168.º/1/i) e 268.º da CRP, nos art.ºs 133.º e 134.º do CPA, no art. 1.º/4 da Lei 1/87, de 6/1, no art. 64.º/2 do CPT e no art. 36.º do CPPT.

Nestes termos,

Deverá ser dado provimento ao presente recurso, revogando-se o douto acórdão recorrido, com as legais consequências, e decidir-se que:

a) Os actos de liquidação e cobrança *sub judice* são nulos por violação ao art. 1.º/4 da Lei 1/87, de 6/1, por violação dos art.ºs 62.º e 103.º da CRP, por falta de elementos essenciais (v. art. 133.º/1 do CPA), por falta de atribuições (v. art. 133.º/2/b) do CPA; cfr. art.ºs 103.º e 168.º/1/i da CRP), bem como por constituírem actos consequentes de anterior acto nulo (v. art.ºs 133.º/2 e 134.º do CPA);

b) A impugnação deduzida pela ora recorrente é claramente tempestiva, pois os actos em análise são nulos (v. art. 134.º do CPA) e nunca foram notificados nos termos da lei (v. art. 268.º/3 da CRP).

Não houve contra-alegações.

Neste STA, o EPGA pronunciou-se, em douto parecer, pelo improvimento do recurso.

Colhidos os vistos legais cumpre decidir.

2. Importa desde já apreciar se ocorre a alegada oposição de acórdãos.

Na verdade, sendo embora certo que o Mm. Juiz relator do TCA decidiu haver oposição, tal decisão não vincula este STA.

Porém, não há dúvida que ocorre oposição entre o acórdão fundamento e o acórdão recorrido.

Na verdade, enquanto aquele considerou que o acto de lançamento de imposto não previsto na lei está ferido de nulidade, podendo ser impugnado a todo o tempo, diversamente no acórdão recorrido, decidiu-se que tal acto é anulável e não nulo.

Assim parece poder admitir-se pacificamente que ocorre oposição de julgados, já que estamos no domínio da mesma legislação.

Mas tão só neste aspecto, que será o único apreciado no presente recurso por oposição de acórdãos. Como melhor adiante se explicitará.

3. Posto isso convém precisar o âmbito do recurso, de modo a delimitar-lhe o seu objecto.

E há que notar desde logo que estamos perante um recurso por oposição de julgados.

Para isto há que atentar no acórdão fundamento e saber o que decidiu e em que medida decidiu.

Escreveu-se no acórdão referido:

"As questões decidendas.

"São duas: uma é a de saber se é ilegal por falta de dedução da reclamação prévia a que alude o n.º 2 do art. 22.º da Lei n.º 1/87 a impugnação de um imposto aplicado pela Câmara Municipal de Lisboa apelidado do "compensação por aumento de área"; outra é a de saber se caducou o direito de impugnação por estar excedido o prazo estabelecido no art. 123.º do CPT em virtude do acto estar ferido apenas de *anulabilidade* e não de *nulidade*".

É bom de ver que só esta segunda questão constitui fundamento de oposição, que não a primeira, que não foi tratada no acórdão recorrido.

E a caducidade do direito de impugnar (que gera a intempestividade da impugnação) há-de ter a ver apenas com o vício do acto (nulidade versus anulabilidade).

Estão assim necessariamente fora do âmbito do recurso as questões da falta de atribuições (conclusão 3ª) os alegados erros de julgamento, consistentes na falta de notificação na forma prevista na lei (conclusão 5ª), o facto de não ter sido dado como provado o conteúdo do aviso (conclusão 6ª), a falta de prova de que a recorrente recebeu o aviso (conclusão 7ª), a falta de notificação (pelo menos atempada) dos elementos essenciais do acto de liquidação (conclusão 8ª) e a questão do ónus de prova (conclusão 9ª).

Depurado o âmbito do recurso, estamos agora em condições de avançar para a solução jurídica da questão colocada à apreciação deste Supremo Tribunal.

Vejamos então.

4. Como vem realçado nos autos, o Pleno deste STA (e mesmo o Plenário deste Tribunal) já se tem pronunciado sobre a questão.

Em termos coincidentes aos fixados no acórdão recorrido.

E tendo o ora relator subscrito a posição que fez vencimento, não se encontram razões para alterar tal posição.

Vejamos então.

Como é sabido e é inquestionável, o acto nulo (e não simplesmente anulável) permite impugnação contenciosa a todo o tempo, independentemente do prazo.

Assim, o direito ao recurso contencioso (no caso, impugnação judicial) não terá caducado se estivermos perante um acto nulo.

Será a hipótese dos autos?

Pois bem.

Concordamos que os actos que ferem princípios constitucionais são nulos.

Mas não todos.

Na verdade, só aqueles que contendem com o núcleo duro de princípios fundamentais.

É o que dispõe a al. d) do n.º 2 do art. 133.º do CPA, que dispõe:

"São, designadamente, actos nulos:

"...

"Os actos que ofendam o conteúdo essencial de um direito fundamental".

Que, na nossa óptica, são aqueles que contendem com os direitos, liberdades e garantias dos cidadãos.

Mas já não com aqueles que contendam com o princípio da legalidade tributária.

Tais actos, violadores do dito princípio da legalidade tributária, são anuláveis, mas não nulos.

Assim, não podem eles ser impugnados a todo o tempo, mas só nos prazos previstos nas leis ordinárias adequadas.

No sentido ora exposto, pode ver-se o Acórdão deste STA de 9/10/96 (rec. n.º 20.873) – in Ap. DR de 28/12/98, pp. 2843 e ss.

Escreveu-se:

"O acto que aplica norma interna desconforme àqueles direitos (constitucional ou comunitário) não é nulo, antes está viciado por erro nos pressupostos de direito, que integra a dita violação de lei, causa de mera anulabilidade".

É que uma coisa é o vício do acto, outra, diversa, o vício da norma.

Como se escreve no Acórdão deste STA – Pleno – de 26/6/95, in Ac. Dout. 409-84:

"Além, uma norma ferida de morte, de nulidade, que os tribunais têm de ignorar; aqui, um acto administrativo, fazendo aplicação de uma norma no errado pressuposto da sua validade, da sua existência ou relevância jurídica, e que integra o vício de violação de lei por erro nos pressupostos de direito ... causa de mera anulabilidade".

Na verdade, pese embora a nulidade, cominada pela lei, da deliberação que serviu de suporte ao acto de liquidação – vide art. 1.º, n. 4, da Lei n. 1/87, de 6/1 – a verdade é que este (o acto de liquidação) não é nulo mas anulável.

Como repetidamente se tem escrito nesta Secção de Contencioso Tributário, a própria nulidade do acto normativo, ou mesmo a sua inexistência, não implica a nulidade do acto de liquidação.

Trazemos aqui à colação o acórdão do Plenário deste Supremo Tribunal de 7/4/2005, para cuja ampla fundamentação remetemos.

Sendo o acto impugnado anulável, que não nulo, o acórdão recorrido não merece censura.

5. Face ao exposto, acorda-se em negar provimento ao recurso.

Custas pela recorrente, fixando-se a taxa de justiça em 400 € e a procuradoria em metade.

Lisboa, 22 de Junho de 2005.

Lúcio Barbosa (Relator)
António Pimpão
Brandão de Pinho
Vítor Meira
Baeta de Queiroz
Pimenta do Vale
Jorge de Sousa

Recurso n.º 1259/04-50

OPOSIÇÃO DE ACÓRDÃOS. CADUCIDADE DA LIQUIDAÇÃO. REGIME DO SEU CONHECIMENTO.

(Acórdão de 18 de Maio de 2005)

SUMÁRIO:

A caducidade da liquidação não é de conhecimento oficioso.

ACORDAM NO PLENO DA SECÇÃO DE CONTENCIOSO TRIBUTÁRIO DO SUPREMO TRIBUNAL ADMINISTRATIVO:

1. O **Director de Serviços de Regimes de Segurança Social** interpôs recurso para este Pleno do acórdão da Secção de Contencioso Tributário do Tribunal Central Administrativo que concedeu provimento a um recurso para aí interposto pela recorrente **Santos Silva – Estudos de Formação Profissional, Ld.**, acórdão que julgou verificada a excepção de caducidade do direito à liquidação de tributos, assim julgando procedente o recurso contencioso, com a inerente anulação do acto de liquidação impugnado.

Alegou o recorrente oposição de acórdãos.

Por despacho do Exm.º Desembargador relator foi julgada verificada a alegada oposição.

Escreveu aquele Magistrado:

"Embora no acórdão recorrido se considere que a caducidade do direito à liquidação foi oportunamente arguida pela recorrente e sobre a mesma se omitiu pronúncia na sentença recorrida, também é certo que se considerou ser a dita caducidade de conhecimento oficioso, *havendo pois, nesta parte, oposição de acórdãos nos termos perfilados na douta alegação de 1.º grau*".

Que dizer?

Pois bem. Na situação presente dos autos, é pacífico que a alegação da caducidade do direito à liquidação foi suscitada não na petição inicial, mas apenas nas alegações finais do recurso contencioso.

E o acórdão ora recorrido considerou que, ao não se pronunciar sobre a caducidade (alegada em tal momento), o Mm. Juiz cometeu omissão de pronúncia, pelo que a sentença é nula.

Mas não declarou a nulidade da sentença por entender que "a caducidade do direito à liquidação ... é de conhecimento oficioso ... podendo ser invocada em qualquer fase do processo ...".

Quer isto dizer que só conheceu da dita caducidade por esta, na sua óptica, ser de conhecimento oficioso.

Ou seja, o que está em causa é saber se a caducidade é ou não de conhecimento oficioso, sendo que o acórdão recorrido, como vimos, entende que sim, e o acórdão fundamento entende que não.

Quer isto dizer que nada há a opor à decisão do Mm. Juiz relator que julgou verificada a oposição de acórdãos.

Referindo-se, porém que, a proceder o recurso, devem os autos ser remetidos ao TCA para que profira novo acórdão, agora na consideração de que a caducidade não é de conhecimento oficioso, devendo tomar posição sobre a invocada nulidade de sentença, também na perspectiva de saber se é bastante a invocação da caducidade nas alegações finais antes da prolação da sentença em 1ª instância, conhecendo, se for caso disso, das restantes questões suscitadas no recurso.

Sobre a questão de fundo, o recorrente apresentou as respectivas alegações, que finalizaram no seguinte quadro conclusivo:

1. A ora recorrida, interpôs um recurso contencioso de anulação de um acto de liquidação, não tendo, na respectiva petição, arguido a caducidade do direito à mesma.

2. O Tribunal Tributário de 1ª Instância de Lisboa, em consequência do que é referido no número anterior, não conheceu de tal caducidade, só referida pela então recorrente nas alegações finais do recurso contencioso.

3. O referido Tribunal convolou, observando o princípio da economia processual, o dito recurso contencioso em processo de impugnação de liquidação, por decisão manifestamente do interesse da impugnante.

4. A recorrente do recurso contencioso, tendo ficado vencida em 1ª Instância, interpôs recurso para o Tribunal "a quo", no qual foi proferido o douto acórdão recorrido, em que se decidiu, fundamentalmente, que a caducidade do direito à liquidação de prestações tributárias é de conhecimento oficioso pelo Tribunal, pelo que, por maioria de razão, será arguível em qualquer fase do processo.

5. Ora, a caducidade do direito de praticar um acto de liquidação, segundo o douto acórdão fundamento, com que a ora recorrente concorda inteiramente, tendo já invocado tal entendimento em fases anteriores do processo, é susceptível apenas de conduzir à respectiva anulação, porquanto não se encontra tal ilegalidade elencada entre aquelas que conduzem à nulidade dos actos (cfr. art. 133.º do Código de Procedimento Administrativo), sendo certo que só são nulos os actos para os quais a lei comine expressamente tal forma de invalidade.

6. Além disso, entendeu o douto acórdão recorrido que a caducidade do direito à prática de um acto de liquidação de tributo se regeria pelo art. 333.º do Código Civil, quando tal disposição se aplica a prazos de natureza adjectiva ou processual e não a actos administrativos, como é o caso daquele a que se referem os autos, cuja caducidade se reveste de natureza substantiva. Com efeito, nem a caducidade nem a prescrição de direitos da Administração Tributária estão sujeitos à disciplina do Direito Privado, como resulta, por exemplo, da disposição do art. 259.º do CPT (hoje art. 175.º do CPPT), cuja solução diverge claramente da consignada no art. 303.º, quanto ao conhecimento da prescrição.

7. Conhecendo da questão da nulidade do direito à liquidação, a qual não fora oportunamente invocada pela recorrente no recurso contencioso, com o predito fundamento da possibilidade legal da respectiva oficiosidade, violou, pois, o douto acórdão recorrido o disposto no n.º 1 do citado art. 133.º do CPA e incorreu em excesso de pronúncia, por conhecer de questão cujo conhecimento lhe estava vedado, pelo que é nulo, nos termos do disposto na segunda parte da alínea d) do n.º 1 do art. 668.º do Código de Processo Civil.

8. Por todo o exposto, bem como por divergir da solução perfilhada no douto acórdão fundamento, deve o

douto acórdão recorrido ser revogado, decidindo-se que a caducidade do direito à prática de acto de liquidação de tributos é geradora de mera anulabilidade do acto, apesar dela, praticado, devendo tal forma de invalidade ser alegada pela parte interessada no seu conhecimento, na petição inicial da impugnação e não posteriormente.

9. É quanto a recorrente espera desse Supremo Tribunal, a bem da Justiça e em benefício da uniformização da jurisprudência dos Tribunais Tributários.

Contra-alegou a recorrida, que terminou as suas contra-alegações com o seguinte quadro conclusivo:

a) A obstrução da Recorrente, em fornecer à Contra Alegante, durante a instrução do procedimento instrutor do acto contenciosamente recorrido, a informação que lhe era devida, retardou para o momento da consulta desse procedimento instrutor depois apensado aos autos, o conhecimento das situações lesivas dos direitos da Contra Alegante;

b) O procedimento instrutor foi apensado aos autos em 10.Dez.1997;

c) O primeiro articulado que a Contra Alegante levou aos autos após aquela apensação, foi o de Alegações Finais de recurso contencioso;

d) Nessas Alegações arguiu logo a caducidade do direito à liquidação exercitando, dessa forma, a faculdade prevista pelo art. 506.º, n.º 1 do CPC, aplicável por força do art. 1.º da LPTA;

e) O momento da sua arguição nunca, nos autos, foi objecto de qualquer decisão que contrariasse a oportunidade dessa arguição;

f) A arguição foi tempestiva;

g) Voltou a arguir essa mesma caducidade em todos os articulados que, a partir daí levou aos autos;

h) Nas alegações de recurso jurisdicional para o TCA foi afirmada a nulidade da sentença de 1ª instância por omissão de pronúncia sobre a invocada caducidade;

i) Constando tal fundamento das conclusões dessa alegação de recurso, estava o TCA obrigado a pronunciar-se sobre a matéria sob pena de incorrer, por sua vez, em nulidade por omissão de pronúncia como previsto pelo art. 125.º, 1 do CPPT;

j) A partir daí são irrelevantes, neste concreto aspecto, as considerações que adornam o acórdão recorrido e precedem a parte decisória do mesmo;

k) O Acórdão recorrido decidiu a questão da caducidade porque esta foi tempestivamente alegada e foi submetida à apreciação do Tribunal daí decorrendo a obrigação legal de sobre ela tomar ser tomada decisão no acórdão recorrido;

l) Não se verificando a alegada intempestividade da arguição da caducidade e sendo imperativa a decisão sobre a mesma através do acórdão recorrido, nenhuma das situações do acórdão fundamento concorrem no acórdão recorrido.

m) Este recurso por oposição não tem fundamento.

Neste STA, o EPGA defende que o recurso merece provimento.

Colhidos os vistos legais cumpre decidir.

2. Está em causa, como dissemos, saber se a caducidade da liquidação é de conhecimento oficioso.

Esta a questão.

2.1. Da caducidade da liquidação. Regime do seu conhecimento.

Será a caducidade da liquidação de conhecimento oficioso?

A questão é controversa.

Defendem uns, arrimando-se no disposto no art. 333.º, 1, do Código Civil (CC), que a mesma é de conhecimento oficioso.

Objectam outros que, sendo a caducidade da liquidação uma ilegalidade que afecta o respectivo acto, e não sendo caso de nulidade, terá um tratamento idêntico às restantes ilegalidades, susceptíveis de impugnação, e como tal a necessitar de alegação prévia. Ou seja: a caducidade não é de conhecimento oficioso.

Quid juris?

A caducidade do direito do Estado à liquidação, ao contrário da prescrição, não obteve acolhimento no Código do Processo das Contribuições e Impostos.

A sua pesquisa haveria de fazer-se nas várias leis de tributação (vide, a título de exemplo, o art. 28.º do CIMV, o art. 94.º, do CCI, o art. 35.º do CIP e o art. 41.º do CIC).

Não assim a prescrição que constava expressamente do art. 27.º do CPCI.

Não era esta então de conhecimento oficioso, a não ser em hipóteses contadas (vide §§ 2.º e 3.º deste artigo).

O Código de Processo Tributário vem consagrar expressamente a figura da caducidade do direito à liquidação de impostos e outras prestações tributárias (art 33.º), nada adiantando, porém, sobre o regime do seu conhecimento (se era oficioso ou não).

Por sua vez, consagra-se também nesse Código a prescrição das obrigações tributárias (art. 34.º), esclarecendo-se que o seu conhecimento é oficioso (art. 259.º).

A caducidade da liquidação tem depois assento na Lei Geral Tributária (art. 45.º), nada se dizendo também aqui sobre o regime do seu conhecimento.

Por sua vez, a prescrição das dívidas tributárias tem previsão no art. 48.º da LGT, estatuindo o art. 175.º do CPPT que o seu conhecimento é oficioso.

Não havendo nas leis tributárias qualquer norma sobre o regime do conhecimento da caducidade da liquidação, impõe-se saber se esta é ou não de conhecimento oficioso.

Já vimos que aqueles que assim pensam, ou seja, que defendem que a caducidade da liquidação é de conhecimento oficioso, estribam o seu pensamento no art. 333.º, 1, do CC, que reza assim:

"A caducidade é apreciada oficiosamente pelo tribunal e pode ser alegada em qualquer fase do processo, se for estabelecida em matéria excluída da disponibilidade das partes".

Pois bem. Como, no tocante a impostos, estamos patentemente perante matéria excluída da disponibilidade das partes, é óbvio que, para quem entende aplicável este preceito, é a caducidade de conhecimento oficioso.

É nestas águas que se move o acórdão recorrido.

Mas não nos parece ser esta a melhor solução.

Desde logo, e se bem atentarmos, não é paralelo o caminho seguido no direito civil para a prescrição (a invocar sempre pelas partes – art. 303.º do CC), o que desde logo evidencia não haver aqui consonância com o direito tributário, onde, como vimos, a prescrição é de conhecimento oficioso. Não é pois decisivo apontar a regra prevista no CC para a caducidade, pois, como vimos, onde as disposições são expressas – na prescrição – o regime é diverso.

Depois porque se nos afigura patentemente que a liquidação efectuada já depois de decorrido o prazo de caducidade, é apenas uma ilegalidade, idêntica a outras ilegalidades, susceptível de gerar a anulabilidade do acto, a alegar expressamente no processo de impugnação.

Vemos realmente no art. 99.º do CPPT que constitui fundamento de impugnação "qualquer ilegalidade", sendo que nos parece inequívoco que a liquidação depois de decorrido o prazo de caducidade, é igualmente uma ilegalidade idêntica a todas as outras que se englobam no citado art. 99.º do CPPT, e que não merece pois tratamento diverso.

A necessitar de alegação na petição inicial. Sob pena do seu conhecimento ficar precludido.

Tal e qual como acontece com as outras ilegalidades.

Estando nós no domínio da legalidade tributária, afigura-se-nos ser de apelar aos princípios que a regem, a procurar no direito tributário, e não ao Código Civil.

É certo que a prescrição é de conhecimento oficioso. Mas aqui podemos ver uma questão que tem a ver com a eficácia do acto, que não com a sua ilegalidade, justificando assim tratamento diverso.

Concluímos assim que a caducidade da liquidação não é de conhecimento oficioso.

3. Face ao exposto, acorda-se em conceder provimento ao recurso, revogando-se o acórdão recorrido, ordenando-se a baixa dos autos ao TCA, a fim de que profira novo acórdão na perspectiva acima assinalada.

Custas pela recorrida, que contra-alegou, fixando-se a taxa de justiça em 300 € e a procuradoria em 50%.

Lisboa, 18 de Maio de 2005.

Lúcio Barbosa (Relator)
António Pimpão
Vítor Meira
Baeta de Queiroz
Pimenta do Vale
Brandão de Pinho

Recurso n.º 1178/04-50

PRIVILÉGIO CREDITÓRIO.

(Acórdão de 13 de Abril de 2005)

SUMÁRIO:

Nos termos do art.º 240. n.º 1 do CPPT podem ser reclamados créditos com privilégio creditório pois que este preceito legal "deve ser interpretado amplamente, de modo a terem-se por abrangidos na sua estatuição, não apenas os credores que gozam de garantia real, *stricto sensu,* mas também aqueles a quem a lei substantiva atribui causas legítimas de preferência, designadamente, privilégios creditórios".

ACORDAM NO PLENO DA 2ª SECÇÃO DO SUPREMO TRIBUNAL ADMINISTRATIVO:

1.1. A FP e o Instituto de Gestão Financeira da Segurança Social, inconformados com o acórdão desta Secção do STA de fls. 72 a 94, que negou provimento ao recurso e confirmou a sentença recorrida que rejeitou a graduação de créditos reclamados por este relativos a contribuições para a segurança social e por aquela relativos a IRC e IVA, recorrem para o Pleno por oposição com o acórdão da mesma Secção do STA de 04-02-2004, Rec. 2078/03 (cfr. fls. 99) e de 02-07-2003, Rec. 882/03 encontrando-se este junto a fls. 105 e 106.

A decisão de fls. 115 entendeu que se verifica a oposição invocada pelos recorrentes pelo que ordenou a notificação dos mesmos para alegarem, nos termos do art.º 282.º 3 do CPPT.

A recorrente FP apresentou alegações (cfr. fls. 100 e 101) concluindo pela ocorrência de oposição entre o acórdão recorrido e fundamento.

O recorrente Instituto de Gestão Financeira da Segurança Social sustenta a fls. 113 a oposição entre o acórdão recorrido e fundamento fazendo "suas as doutíssimas alegações da RFP".

Escreveu-se na decisão de fls. 115 que "enquanto o acórdão recorrido, interpretando o art.º 240.º 1 do CPPT, concluiu apenas poderem ser admitidos ao concurso de credores os que gozam de garantia real, nos acórdãos fundamento entendeu-se poderem ser admitidos àquele concurso aqueles a quem a lei substantiva atribui causas legítimas de preferência, designadamente privilégios creditórios" e daí que tenha entendido que "ocorre a alegada oposição".

1.2. Apresentou a recorrente FP alegações nas quais formulou as seguintes conclusões:

a) Os créditos reclamados nos autos pela Fazenda Pública beneficiam de privilégio creditório geral.

b) O privilégio creditório consiste na faculdade que a lei concede, em atenção à causa do crédito, de ser pago com preferência em relação a outros.

e) O privilégio creditório geral é uma mera preferência de pagamento.

d) A circunstância de ser uma mera preferência de pagamento não implica o afastamento do crédito da reclamação e graduação no lugar que lhe competir.

e) A admissão ao concurso de credores constitui a razão de ser da atribuição do privilégio creditório.

f) Termos em que deverá o presente recurso ser considerado procedente, revogando-se o acórdão recorrido por não ter feito a interpretação mais correcta do artigo 733.º do Código Civil e acolhendo-se a interpretação consagrada no acórdão de 4 de Fevereiro de 2004 – recurso n.º 2078/03, admitindo-se a graduação dos créditos reclamados pela Fazenda Pública.

O Recorrente Instituto apresentou a fls. 120 o seguinte requerimento:

"Relativamente ao recurso interposto do ... acórdão da Secção de 16 de Junho de 2004, com base em oposição com acórdão proferido pela mesma Secção em 4 de Fevereiro de 2004, no recurso n.º 2078/03, quanto à questão da admissibilidade ao concurso de credores, em execução fiscal, dos créditos que gozem de privilégio creditório geral e não gozem de qualquer garantia real stricto sensu, o IGFSS, vem, nos termos do art.º 282.º, n.º 3 do CPPT, alegar para efeitos de ser fixada jurisprudência, nos termos seguintes:

Faz suas as doutíssimas alegações da Representante da Fazenda Pública.

Deve ser fixada jurisprudência no sentido de ser admitida a reclamação no caso de o credor ser possuidor de um privilégio creditório, pois, de contrário, ficaria prejudicado perante os credores reclamantes que não possuíssem garantia real, mas apenas um comum título executivo, como seria o caso de o recorrente concorrer com uma normal certidão de dívida (título executivo) desprovida de qualquer privilégio creditório ou renunciando a este para evitar o problema). Paradoxalmente, seria melhor não possuir privilégios!!!

Termos em que, e nos mais de direito, deve ser decidido no sentido de ser sempre admitida a reclamação, independentemente da existência ou não de garantia real.".

1.3. O EMMP entende que o recurso merece provimento (cfr. fls. 126) e que o acórdão recorrido deve ser revogado e substituído por acórdão que determine a admissão ao concurso dos credores dos créditos reclamados pois que sufragando o entendimento do Mmo juiz relator no tribunal recorrido sobre a verificação dos requisitos legais da oposição de acórdãos (fls. 115) o conflito deve ser resolvido no sentido da adesão à doutrina dos acórdãos fundamento, segundo os quais a norma constante do art. 240.º n.º 1 CPPT deve ser interpretada conferindo dimensão lata à expressão «credores que gozem de garantia real», por forma a abranger não apenas os credores que gozem de garantia real *stricto sensu* mas também aqueles a quem a lei atribui causas legítimas de preferência, designadamente privilégios creditórios.

Sem embargo da brilhante argumentação expendida no acórdão recorrido, a sua doutrina colide com jurisprudência largamente dominante no STA que não deve ser postergada, na ausência de motivos suficientemente ponderosos que implacavelmente destruam a argumentação subjacente à doutrina dos acórdãos fundamento, em homenagem ao princípio da interpretação e aplicação uniformes do direito (art. 8.º n.º 3 CCivil; acórdãos STA 13.10.2004 processo n.º 382/04; 29.09.2004 processo n.º245/04; 7.07.2004, processo n.º 112/04;16.06.2004 processo n.º 442/04;4.02.2004 processo n.º 2078/03; 22.10.2003 processo n.º 946/03).

2.1. Entendeu o acórdão recorrido que não podiam os créditos beneficiando de privilégio creditório ser reclamados enquanto que os acórdãos fundamento se pronunciaram em sentido contrário.

Com efeito no acórdão recorrido foi apreciada tal questão referentemente a créditos de contribuições para a segurança social, de IRC e IVA tendo sido penhorado o direito ao arrendamento e trespasse de um armazém tendo entendido que os mesmos não podiam ser reclamados.

No acórdão fundamento de 02-07-2003 (cfr. fls. 105 e conclusão 3ª das alegações) está em causa privilégio imobiliário referente a contribuições para a segurança social e no acórdão fundamento de 04-02-04 encontrando-se penhorado um imóvel (cfr. ponto 3.1.4 da matéria de facto) questionavam-se créditos à segurança social tendo-se nestes entendido que tais créditos podiam ser reclamados.

Entendeu-se, como anteriormente se referiu, que ocorre oposição entre o acórdão recorrido e os acórdãos fundamento.

Reafirma-se a existência da identidade da questão de direito e da situação de facto pois que perante o mesmo quadro factual e referentemente ao mesmo período temporal entendeu o acórdão recorrido que não podiam os ditos créditos com privilégio ser reclamados enquanto que os acórdãos fundamento se pronunciaram em sentido afirmativo.

Existindo identidade da questão de direito e de facto reafirma-se que têm, por isso, as decisões proferidas nos ditos acórdãos sentidos divergentes pelo que existe a referida oposição.

2.2. A questão que importa apreciar consiste em saber se os créditos que gozam de privilégio (mobiliário ou imobiliário) podem ser reclamados em execução fiscal, nos termos do art.º 240.º 1 do CPPT.

Estabelece este preceito legal que "podem reclamar os seus créditos no prazo de 15 dias após a citação nos termos do artigo anterior os credores que gozem de garantia real sobre os bens penhorados".

No acórdão recorrido os créditos reclamados não foram admitidos ao concurso de credores no entendimento de que, nos termos do artigo 240.º do Código de Procedimento e de Processo Tributário (CPPT), só podem ser reclamados os créditos de credores com garantia real, sendo que pelo credor ora recorrente não foi «invocada qualquer garantia real para além do privilégio referido o qual não constitui garantia real.

Daí que importe averiguar se o privilégio mobiliário geral de que gozam os créditos a que se refere o acórdão recorrido permite que os mesmos sejam admitidos e graduados na reclamação de créditos apensa à execução e, posteriormente, pagos pelo produto da venda do bem penhorado.

O legislador na execução fiscal, como da execução comum, optou pela execução de bens individualizados do património do executado com vista á satisfação dos créditos do exequente, diversamente do que acontece na execução universal de bens do devedor.

Contudo na execução fiscal, cfr. o mencionado art.º 240.º 1 do CPPT, estabeleceu que «podem reclamar os seus créditos **(...)** os credores que gozem de garantia real sobre os bens penhorados».

Estabeleceu também na execução comum, cfr. o art.º 865.º do Código de Processo Civil (CPC), que qualquer «credor que goze de garantia real sobre os bens penhorados pode reclamar, pelo produto destes, o pagamento dos respectivos créditos».

Como se escreveu no acórdão fundamento de 04-02-2004 "para alguma doutrina, direitos reais de garantia em sentido próprio serão, apenas, a penhora, o penhor, a hipoteca, o direito de retenção e a consignação de rendimentos. Já quanto aos privilégios creditórios, que o artigo 733.º do Código Civil (CC) define como «a faculdade que a lei, em atenção à causa do crédito, concede a certos credores, independentemente do registo, de serem pagos com preferência a outros», não há unanimidade, entendendo alguns que não serão verdadeiros direitos reais de garantia, mas qualidades do crédito, atribuídas pela lei em atenção à sua origem. Praticamente unânime é o entendimento quanto aos privilégios gerais: estes não são qualificáveis como direitos reais de garantia.

Em todo o caso, há, na doutrina, como na jurisprudência, concordância quanto a que os privilégios creditórios conferem preferência sobre os credores comuns…".

É inquestionável, conforme se escreve no acórdão recorrido, (cfr. fls. 77) que "os créditos de contribuições para a segurança social, de IRC e de IVA gozam de privilégio mobiliário geral nos termos dos art.ºs 10.º 1 e 2 do DL n.º 103/80, de 9-5, 108.º do CIRC e 736.º 1 do CCivil, estes últimos com a limitação temporal prevista nesta disposição".

Com efeito estabelece o artigo 10.º n.º 1 do decreto-lei n.º 103/80, de 9 de Maio, que «os créditos das caixas de previdência por contribuições e os respectivos juros de mora gozam de privilégio mobiliário geral, graduando-se logo após os créditos referidos na alínea a) do n.º 1 do artigo 747° do Código Civil».

Acrescenta o art.º 11.º do mesmo diploma que «os créditos pelas contribuições, independentemente da data da sua constituição, e os respectivos juros de mora, gozam de privilégio imobiliário sobre os bens imóveis existentes no património das entidades patronais à data da instauração do processo executivo, graduando-se logo após os créditos referidos no artigo 748.º do Código Civil».

Igualmente consagram tal privilégio quer o mencionado art.º 108.º do CIRC quer o referido art.º 736.º 1 do CCivil.

Na situação concreta dos presentes autos estamos perante créditos gozando de privilégio mobiliário geral pelo que, conforme se escreveu no acórdão fundamento de 04-02-2004, o que significa que a lei não atribui um poder específico sobre um bem, não conferindo direito de sequela o que, de qualquer forma, nem por isso deixa de assumir relevo no momento do concurso de credores, atribuindo uma preferência geral anómala, conforme estabelece o falado artigo 11.º do decreto-lei n.º 103/80.

Ainda segundo o mesmo acórdão fundamento, que continuaremos a acompanhar, o facto de a preferência atribuída pelo privilégio … ser anómala, ou seja, não resultar de uma garantia real, em sentido próprio, não significa que o credor que goza do privilégio não deva ser admitido a requerer a verificação e graduação do seu crédito, tendo em vista obter pagamento pelas forças do produto da venda do imóvel penhorado. Com efeito o n.º 2 do artigo 604.º° do Código Civil aponta como «causas legítimas de preferência, além de outras admitidas na lei, a consignação de rendimentos, o penhor, a hipoteca, o privilégio e o direito de retenção». E «para não prejudicar as causas legítimas de preferência é que o Código de Processo Civil não obstante a natureza singular que a execução passou a revestir depois de 1961, manda citar para a execução, na altura própria, todos os credores que tenham garantia real, relativamente aos bens penhorados (art. 864.º, n.º 1)».

Neste sentido se compreende a vasta jurisprudência, quer do Supremo Tribunal de Justiça, quer deste Supremo Tribunal Administrativo, que tem, ao longo dos anos, apreciado questões de escalonamento de créditos, no respectivo apenso de verificação e graduação, envolvendo créditos da Segurança Social que não gozam senão de privilégio geral, sem questionar a sua admissão ao concurso, não obstante não beneficiarem, esses créditos, de garantia real, no sentido próprio tendo mesmo em alguns acórdãos qualificado como garantia real o privilégio imobiliário de que gozam os créditos por contribuições devidas á segurança social (cfr. os acórdãos citados no referido acórdão fundamento de 04-02-2004 do Supremo Tribunal de Justiça, de 18 de Novembro de 1997 no recurso n.º 97A804 e, do STA de 22 de Outubro de 2003, no recurso n.º 946/03).

Este STA tem entendido, maioritariamente, que devem tais créditos ser reclamados, admitidos e graduados (cfr. acórdãos de 2 de Julho e 22 de Outubro de 2003, nos recursos n.ºs 882/03 e 946/03, respectivamente).

Como se escreveu no acórdão fundamento de 04-02-2004 "assim o impõe a unidade do sistema jurídico, pois não faria sentido que a lei substantiva estabelecesse uma prioridade no pagamento do crédito como faz o artigo 11.º do decreto-lei n.º 103/80 e nos demais preceitos legais citados e a lei adjectiva obstasse à concretização da preferência, impedindo o credor privilegiado de acorrer ao concurso pois que exigir a esse credor que, para fazer valer o privilégio, obtivesse penhora ou hipoteca, seria deixar sem sentido útil o regime substantivo dos privilégios creditórios pois que, nesse caso, o respectivo crédito passaria a dispor de garantia real, sendo-lhe inútil o privilégio.

Acresce que tal privilégio só na execução singular pode ter algum sentido não o tendo já na execução universal, por força do art.º 152.º do Código dos Processos Especiais de Recuperação da Empresa e de Falência.

Daí que se possa concluir que o art.º 240.º n.º 1 do CPPT "deve ser interpretado amplamente, de modo a terem-se por abrangidos na sua estatuição, não apenas os credores que gozam de garantia real, *stricto sensu*, mas também aqueles a quem a lei substantiva atribui causas legítimas de preferência, designadamente, privilégios creditórios".

Do exposto resulta que procede o presente recurso.

4. Termos em que se acorda em conceder provimento ao presente recurso, em revogar o acórdão recorrido bem como a sentença que o mesmo manteve para ser substituída por outra que admita os créditos reclamados se a tal nada mais obstar.

Sem custas.

Lisboa, 13 de Abril de 2005.

António Pimpão (Relator)
Baeta de Queiroz
Pimenta do Vale
Brandão de Pinho
Lúcio Barbosa
Vítor Meira
Fonseca Limão
Almeida Lopes
Jorge de Sousa (Vencido nos termos do acórdão recorrido
Mendes Pimentel (Vencido nos termos da declaração do Exm.º Conselheiro Jorge de Sousa).

Recurso n.º 442/04-50

RENOVAÇÃO DE LICENÇA DE PUBLICIDADE. TAXA. IMPOSTO. AFIXAÇÃO DE ANÚNCIOS EM PRÉDIO PARTICULAR. RESERVA PARLAMENTAR EM MATÉRIA FISCAL.

(Acórdão de 18 de Maio de 2005)

SUMÁRIO:

I – Tem a natureza de imposto e não de taxa, o tributo cobrado anualmente pela Câmara Municipal de Lisboa por renovação automática de licença de publicidade, ao abrigo dos arts. 24.º e 25.º da Tabela de Taxas e Outras Receitas Municipais.

II – Nos termos dos arts. 103.º, n.º 2, 165.º, n.º 1, alínea i), e 198.º, n.º 1, alínea b), da C.R.P. [arts. 106.º, n.º 2, 168.º, n.º 1, alínea i), e 200.º, n.º 1, alínea b), nas redacções anteriores à actual], os impostos só podem ser criados por acto de natureza legislativa e pela Assembleia da República ou pelo Governo com base em autorização legislativa.

III – Por isso, enferma de inconstitucionalidade material e orgânica a deliberação da Assembleia Municipal de Lisboa que criou o tributo referido.

ACORDAM NO PLENO DA SECÇÃO DO CONTENCIOSO TRIBUTÁRIO DO SUPREMO TRIBUNAL ADMINISTRATIVO:

1 – METROPOLITANO DE LISBOA, E.P., impugnou no Tribunal Tributário de 1.ª Instância de Lisboa a liquidação da quantia de 1.359.109$00, efectuada pela Câmara Municipal de Lisboa a título de licença de reclamos luminosos.

Aquele Tribunal julgou a impugnação improcedente.

A Impugnante interpôs recurso da sentença para a Secção do Contencioso Tributário do Supremo Tribunal Administrativo, que veio a declarar-se incompetente, em razão da hierarquia para o conhecimento do recurso.

Remetido o processo ao Tribunal Central Administrativo, foi por este Tribunal negado provimento ao recurso.

Novamente inconformada, a Impugnante interpôs o presente recurso jurisdicional para este Pleno, invocando oposição entre o acórdão recorrido e dois acórdãos, um da Secção do Contencioso Tributário do Tribunal Central Administrativo e outro da Secção do Contencioso Tributário do Supremo Tribunal Administrativo.

Notificada para indicar um só acórdão como fundamento do recurso, a Impugnante optou pelo acórdão deste Supremo Tribunal Administrativo de 22-6-1999, proferido no recurso n.º 21278.

A Impugnante apresentou alegações com as seguintes conclusões:

1. O douto acórdão recorrido encontra-se, tal como foi confirmado por douto despacho de fls., em patente oposição com o aliás douto acórdão do Tribunal Central Administrativo, proferido pela Secção do Contencioso Tributário, no processo n.º 4475/00, em 06/03/2001 (vide Boletim da Administração Central Tributária, Ciência Técnica e Fiscal, n.º 401, 320 ou em www.dgsi.pt) e com o douto acórdão do Supremo Tribunal Administrativo, proferido pela 2.ª Secção, no processo 021278, em 22/06/99 (Acs. Dout. STA, 457, 51 ou em www.dgsi.pt);

2. É entendimento da ora Recorrente que a solução jurídica correcta para o litígio dos presentes auge é a perfilhada por estes dois acórdãos ao invés da constante do aliás douto acórdão recorrido,

3. E que, portanto, a taxa liquidada pela Câmara Municipal de Lisboa a ora Recorrente a título de renovação de licença de publicidade, ao abrigo dos artigos 24.º e 25.º da Tabela de Taxas e outras Receitas Municipais, deve ser anulada, por se tratar de um verdadeiro "imposto" e, portanto, ser ilegal e inconstitucional;

4. Defende grande parte da doutrina e da jurisprudência que o encargo pela remoção de um obstáculo jurídico ao exercício de determinada actividade por parte do tributado só pode considerar-se como "taxa" se com essa remoção se vier a possibilitar a utilização de um bem público ou semi-público (Sousa Franco in Finanças Públicas e Direito Financeiro, 4.ª Edição, Vol. I, pag. 33 e acórdãos do TCA e STA de 06/03/2001 e 22/06/1999 melhor identificados supra);

5. Como ficou provado nos presentes autos, os reclamos luminosos estão instalados, respectivamente, na fachada e telhado de prédios da ora Recorrente, pelo que não estamos perante a utilização de bens públicos ou semi-públicos, mas de bens ou locais pertencentes apenas e tão só à ora Recorrente;

6. Acresce que a Câmara Municipal de Lisboa não proporcionou à ora Recorrente nos anos de 2000 e 2001 qualquer tipo de contraprestação directa e especifica pelas alegadas "taxas" que lhe pretende cobrar, por não lhe ter prestado qualquer serviço público;

7. A ausência de utilização de um bem público ou semi-público e a ausência de contraprestação por parte da Câmara determinam a qualificação jurídica de "imposto" ao valor liquidado pela Câmara Municipal de Lisboa a título de renovação de licença de publicidade, ao abrigo do disposto nos artigos 24.º e 25.º da Tabela de Taxas e Outras Receitas Municipais e artigos 16.º e 20.º do Regulamento sobre Publicidade de Câmara Municipal de Lisboa, dada a manifesta ausência de carácter sinalagmático da alegada "taxa";

8. Só a Assembleia da República ou o Governo, munido de uma autorização legislativa daquela, podem criar um imposto. Uma autarquia local não tem poderes para o fazer em qualquer circunstância, pelo que os artigos 16.º e 20.º do Regulamento sobre Publicidade da Câmara Municipal de Lisboa (aprovado pelo Edital n.º 35/92, Diário Municipal n.º 16336, de 19 de Março de 1992) e o artigo 25.º de Tabela de Taxas, Licenças e Outras Receitas Municipais (aprovada anualmente em Assembleia Municipal) porque criadas por diploma não emanado pela Assembleia da República, ou pelo Governo devidamente autorizado por aquela, devem ser considerados formal e organicamente inconstitucionais, por violação do princípio da legalidade fiscal previsto nos artigos 103.º, n.º 2 e 165.º, n.º 1, al. i) da C.R.P.;

9. Acresce que o artigo 20° Regulamento sobre Publicidade da Câmara Municipal de Lisboa (aprovado pelo

Edital n.º 35/92, Diário Municipal n.º 16336, de 19 de Março de 1992) deverá ser, igualmente, considerado materialmente inconstitucional por violação do artigo 18.º, n.º 2 e 3 da C.R.P. E a Lei n.º 97/88, de 17 de Agosto de 1988, deve ser considerada inconstitucional se interpretada no sentido de permitir que o exercício de Direitos, Liberdades e Garantias, fique sujeito a prévia autorização por acto administrativo.

10. Este é, aliás, corno já se referiu, o entendimento dos doutos acórdãos do Tribunal Central Administrativo e do Supremo Tribunal Administrativo, supra identificados, que se encontram em patente oposição com o acórdão ora recorrido, e que deve ser acolhido, sob pena de se estarem a violar, entre outras normas jurídicas, as constantes nos artigos 18.º, n.º 2 e 3, 103°, n.º 2 e 165.º, n.º 1 al. i) todos da C.R.P

Nestes termos e nos do sempre mui douto suprimento de V.Exas. deve o presente recurso ser julgado procedente e, em consequência, o douto acórdão recorrido substituído por outro que, na esteira do douto acórdão do Tribunal Central Administrativo, proferido pela Secção do Contencioso Tributário, no processo n.º 4475/00, em 06/03/2001 (vide Boletim da Administração Central Tributária, Ciência Técnica e Fiscal, n.º 401, 320 ou em www.dgsi.pt) e do douto acórdão do Supremo Tribunal Administrativo, proferido pela 2.ª Secção, no processo 021278, em 22/06/99 (Acs. Dout. STA, 457,51 ou em www.dgsi.pt), anule a taxa liquidada pela Câmara Municipal de Lisboa à ora Recorrente por renovação da licença de publicidade, por esta ser ilegal e inconstitucional.

Só assim se fará a costumada JUSTIÇA!

Não foram apresentadas contra-alegações.

O Excelentíssimo Procurador-Geral Adjunto emitiu douto parecer nos seguintes termos:

1. São requisitos legais cumulativos do conhecimento do recurso por oposição de acórdãos (TCA secção de Contencioso Tributário/STA secção de Contencioso Tributário):

– identidade da questão de direito

– ausência de alteração substancial da regulamentação jurídica

– soluções jurídicas opostas (art. 30.º al. b') ETAF, aprovado pelo DL n.º129/84, 27 Abril)

2. Oposição de acórdãos

A oposição de acórdãos é resultante da procedência das 1ª, 2ª, 3ª, 4ª, e 6ª conclusões, aqui consideradas reproduzidas (fls. 128/129)

A circunstância de não serem formalmente idênticas as normações subjacentes aos tributos sob análise no acórdão recorrido e no acórdão fundamento não obsta a que se considere substancialmente idêntica a regulamentação jurídica, na medida em que ambas definem o fundamento jurídico da taxa pela licença de publicidade cobrada pela CMLisboa.

3. Conflito de jurisprudência

O Tribunal Constitucional tem destilado jurisprudência sustentando que:

– o tributo designado por taxa de publicidade tem a natureza jurídica de imposto (por inexistência de nexo sinalagmático) quando a publicidade é afixada em suportes instalados em propriedade privada

– aquele tributo apenas configura uma taxa quando a quantia paga à entidade pública representa a contrapartida da remoção de um obstáculo à utilização de um bem público ou semi-público (acórdãos 312/92; 558/98, 29.09.98 DR n°261, II Série 11.11.98; 63/99 2.02.99 DR n.º 76 II Série 31.03.99; 32/2000, 12.01.2000 DR n.º 57 II Série 8.03.2000).

– em consequência, enfermam de inconstitucionalidade, por violação das normas constantes dos arts.106.º n.º 2 e 168.º, n.º 1, al. i) CRP RC/82 as normas regulamentares editadas pelas autarquias locais que constituem o fundamento jurídico da criação e cobrança daquele tributo (licença para publicidade afixada em propriedade privada).

Impõe-se a adesão à doutrina do acórdão fundamento, pela sua consonância com a jurisprudência especialmente qualificada do Tribunal Constitucional.

CONCLUSÃO

O recurso merece provimento.

O acórdão recorrido deve ser revogado e substituído por acórdão declaratório da procedência da impugnação judicial e anulatório da liquidação impugnada.

As partes foram notificadas deste douto parecer e nada vieram dizer.

Corridos os vistos legais, cumpre decidir.

2 – A decisão do Excelentíssimo Relator no Tribunal Central Administrativo que reconheceu a existência de oposição não é obstáculo a que no julgamento do conflito de jurisprudência se decida em sentido contrário, como vem sendo entendido pacificamente.

Como resulta do texto do n.º 1 do art. 284.º do C.P.P.T. e do preceituado no art. 30.º, alínea b), do E.T.A.F., a viabilidade dos recursos com fundamento em oposição de julgados depende da invocação de um acórdão em oposição com o recorrido, isto é, um acórdão em que, quanto ao mesmo fundamento de direito e na ausência de alteração substancial de regulamentação jurídica, tenha sido perfilhada solução oposta à do acórdão recorrido.

No acórdão recorrido apreciou-se a questão de saber se as quantias cobradas por um município como contrapartida do licenciamento ou renovação da licença de afixação de painéis publicitários em edifícios privados constituem taxas ou devem ser qualificadas como impostos. Naquele acórdão, entendeu-se que aquele tributo tem a natureza de taxa e concluiu-se que sua criação e liquidação por um município não enferma de inconstitucionalidade ou ilegalidade.

No acórdão fundamento, dando-se execução a um acórdão do Tribunal Constitucional não identificado, entendeu-se que o tributo referido tem a natureza de imposto, pelo que é inconstitucional a sua criação por órgão diferente da Assembleia da República ou Governo munido de autorização legislativa.

Há assim, manifesta oposição entre o acórdão recorrido e o acórdão fundamento.

Por outro lado, ambos os acórdãos contêm decisões expressas, foram proferidos em processos diferentes e ao abrigo do mesmo regime jurídico, pelo que é inequívoco que estão reunidos os requisitos dos recursos com fundamento em oposição de julgados.

3 – Está em causa no presente recurso jurisdicional saber se as quantias cobradas por um município como contrapartida do licenciamento ou renovação da licença de afixação de painéis publicitários em edifícios privados constituem taxas ou devem ser qualificadas como impostos.

A distinção entre imposto e taxa faz-se com base no carácter unilateral ou bilateral dos tributos: o imposto tem estrutura unilateral, a taxa tem carácter bilateral e sinalagmático.

Para um tributo ser qualificável como taxa terá de haver correspectividade entre a prestação paga pelo contribuinte e a prestação concreta de um serviço público ou utilização de um bem do domínio público ou remoção de um obstáculo jurídico ao comportamento dos particulares, como está hoje expressamente estabelecido no n.º 2 do art. 4.º da L.G.T.

«Tal relação sinalagmática entre a contrapartida e o montante a pagar não pode deixar de ter um carácter substancial ou material, e não meramente formal o que não implica, porém, que se exija uma equivalência económica rigorosa entre ambos, não sendo incompatível com a natureza sinalagmática da taxa o facto de o seu montante ser "superior (e, porventura, até consideravelmente superior) ao custo do serviço prestado" contudo o que não pode é ocorrer uma «desproporção intolerável»", ou seja, "manifesta" e comprometedora, "de modo inequívoco, da correspectividade pressuposta na relação sinalagmática", devendo a respectiva aferição tomar em conta, não apenas o valor da quantia a pagar, mas também a utilidade do serviço prestado».[1]

No caso em apreço, os tributos liquidados reportam-se a renovação de licenças de instalação anúncios em reclamos luminosos colocados na fachada e na cobertura de prédios que são propriedade da Impugnante, licenças essas de carácter anual e automaticamente renováveis desde que não se verifique o seu cancelamento [alínea a) da matéria de facto fixada].

Reportando-se a liquidação a situação em que os anúncios estavam colocados em prédio particular e em que não houve qualquer actividade do Município de Lisboa relativamente aos anos a que se reporta a liquidação, o tributo liquidado não pode ser qualificado como taxa.

Na verdade, apesar de, inicialmente, no momento em que é autorizada a colocação dos anúncios haver uma contrapartida do Município consubstanciada na actividade destinada a verificar se eles respeitam o equilíbrio urbano, ambiental e paisagístico e, designadamente, os critérios de licenciamento definidos nos arts. 3.º e 4.º da Lei n.º 97/88, de 17 de Agosto[2], essa actividade é desenvolvida apenas no momento da instalação dos anúncios[3] e não da renovação da licença, que se concretiza automaticamente. Por isso, não se pode ver uma relação de correspectividade entre essa actividade de natureza momentânea e um tributo que é cobrado anualmente, sem qualquer novo procedimento de licenciamento, a título de renovação de licença.

Também não pode ver-se uma contrapartida nos deveres gerais de polícia exercidos pelo Município, pois essa actividade visa salvaguardar a tranquilidade e segurança da generalidade dos cidadãos, não constituindo um serviço individualizado prestado ao proprietário do imóvel em que é afixada publicidade. [4]

Por outro lado, como entendeu o Tribunal Constitucional no acórdão n.º 313/92, de 6-10-92, proferido no processo n.º 435/91, «mesmo nas hipóteses em que a actividade dos particulares sofre uma limitação, aqueloutra actividade estadual, consistente na retirada do obstáculo à mencionada limitação mediante o pagamento de um tributo, é vista pela doutrina como a imposição de uma «taxa» somente desde que tal retirada se traduza na dação de possibilidade de utilização de um bem público ou semi-público».

Pelo exposto é de concluir que o tributo em causa tem a natureza de imposto.

4 – Como resulta do disposto nos arts. 103.º, n.º 2, e 165.º, n.º 1, alínea i), da C.R.P., na redacção vigente [arts. 106.º, n.º 2, e 168.º, n.º 1, alínea i), da C.R.P., na redacção anterior], os impostos só podem ser criados por acto de natureza legislativa e a sua criação insere-se na reserva relativa de competência legislativa da Assembleia da República, pelo que só podem ser criados por esta ou pelo Governo com base em autorização legislativa [art. 198.º, n.º 1, alínea b), da C.R.P., na redacção vigente, a que corresponde o art. 200.º, n.º 1, alínea b), na redacção anterior].

Tendo o tributo a natureza de imposto, as normas que concretizam a sua criação, designadamente o art. 25.º da Tabela de Taxas e outras receitas Municipais vigente nos anos de 2000 e 2001, que estabelece as taxas aplicáveis, e os arts. 16.º e 20.º do Regulamento sobre Publicidade do Município de Lisboa, que prevêem o pagamento de taxas pela renovação automática de licenças, enfermam de inconstitucionalidade orgânica e material.

Por isso, a liquidação do tributo em causa enferma de ilegalidade, pelo que se justifica a sua anulação (art. 135.º do C.P.A.).

Termos em que acordam neste Pleno da Secção do Contencioso Tributário em

– conceder provimento ao recurso jurisdicional;
– revogar o acórdão recorrido;
– julgar procedente a impugnação;
– anular a liquidação impugnada.

Sem custas, por a Autoridade Recorrida estar isenta (art. 2.º da Tabela de Custas).

Lisboa, 18 de Maio de 2005.

Jorge de Sousa (Relator)
Pimenta do Vale
Brandão de Pinho
Lúcio Barbosa
Vítor Meira
António Pimpão
Baeta de Queiroz (com a declaração de que voto o acórdão, não por divergir dos fundamentos do acórdão recorrido, mas por consideração da jurisprudência firmada do Tribunal Constitucional.

Recurso n.º 1176/04-50

[1] Acórdão deste Supremo Tribunal Administrativo de 26/01/2005, proferido no recurso n.º 1167/04, cujas linhas essenciais se seguem.

[2] À semelhança do que sucede com o controle da verificação das condições de licenciamento de qualquer construção.

[3] Também à semelhança do que sucede com o licenciamento de qualquer construção.

[4] Essencialmente neste sentido, pode ver-se o acórdão do Tribunal Constitucional n.º 109/2004, de 11/02/2004, proferido no processo n.º 409/2003.

Acórdãos do Supremo Tribunal Administrativo

1.ª Secção (Contencioso Administrativo)

ACÇÃO DE RESPONSABILIDADE CIVIL EXTRACONTRATUAL DO ESTADO. DEMORA NA ADMINISTRAÇÃO DA JUSTIÇA. NEXO DE CAUSALIDADE. CAUSA VIRTUAL.

(Acórdão de 9 de Junho de 2005)

SUMÁRIO:

I – **Tendo-se provado que a causa determinante da impossibilidade de cobrança da quantia em que foi condenado o réu na acção cível proposta pelo recorrente foi o facto de, já nessa altura o Réu não possuir bens penhoráveis inexiste nexo de causalidade adequada entre a conduta que o Autor imputa aos órgãos Estado (demora na administração da justiça) e os prejuízos decorrentes do não ressarcimento do seu crédito.**

II – **O problema da causa virtual do dano ocorre quando "há uma causa real, efectiva do dano; e há, ao lado dela, um facto que teria produzido o mesmo dano se não operasse a causa real", só se aceitando relevância da causa virtual negativa – a que exonera (ou reduz) a responsabilidade do autor da causa real, que alegou e provou a existência da causa virtual –, situando-se o problema "não no domínio do nexo causal, mas no capítulo da extensão do dano a indemnizar".**

ACORDAM EM CONFERÊNCIA NA SECÇÃO DO CONTENCIOSO ADMINISTRATIVO DO SUPREMO TRIBUNAL ADMINISTRATIVO

Eduardo Mendes Amaral, identificado nos autos, recorre da sentença de 4-03-2004, do Tribunal Administrativo do Círculo de Coimbra, que julgou improcedente a acção ordinária que intentou contra o "Estado Português" com vista à condenação deste na indemnização de € 110.228,91 euros pelos prejuízos sofridos, em consequência da culpa funcional dos serviços públicos de justiça, por não ter obtido uma decisão judicial em prazo razoável na acção judicial emergente de acidente de viação que, oportunamente, propôs contra Mário Cardoso Pais.

I. O recorrente conclui as suas alegações da forma seguinte:

1. O Recorrente propôs uma Acção especial, que até transitar em julgado demorou mais de 16 anos.
2. "Todos têm direito a que uma causa em que intervenham seja objecto de decisão em prazo razoável e mediante um processo equitativo." (art. 20.º da C.R.P.).
3. A causa de pedir na presente Acção, dever de indemnização por parte do Estado, fundamenta-se precisamente na violação deste direito.
4. A causa virtual é o facto (real ou hipotético) que tenderia a produzir certo dano, se este não fosse causado por um outro facto.
5. A causa virtual não exonera o lesante da obrigação de indemnizar.
6. O Tribunal de 1ª Instância socorrer-se do instituto da relevância negativa da causa virtual, afastando a responsabilidade do Estado
7. Ao fazê-lo, reconhece, desde logo, a existência do dano e por outro lado a causalidade entre o dano e a conduta do Estado.
8. Por outro lado, este Instituto é aplicável, quando expressamente previsto na Lei.
9. Não existe qualquer disposição legal, aplicável ao Estrado que lhe permita eximir-se da responsabilidade civil, socorrendo-se da relevância negativa da causa virtual.
10. Violou, assim, a douta sentença, as normas estatuídas nos arts. 483.º, 486.º, 491.º a 493.º, do Código Civil.

O Estado Português, representado pelo Exm.º magistrado do Ministério Publico, contra-alegou, formulando as conclusões seguintes:

a) A douta sentença recorrida, considerou que a acção n.º 104/83 do Tribunal da Comarca de Oliveira do Hospital, foi decidida em prazo muito além do razoável.

b) No entanto, a mesma sentença deu como não verificado o requisito do nexo de causalidade.

c) Não é verdade que a sentença tenha colocado a questão da relevância jurídica da causa virtual do dano.

d) Uma vez que, tendo considerado que não se verificava o requisito do nexo de causalidade, nem sequer se pronunciou sobre o requisito do dano e da sua extensão.

e) Pois a sede própria do problema da relevância negativa da causa virtual, situa-se no capítulo da extensão do dano a indemnizar, e não no domínio do nexo causal.

f) Por isso, também não é verdade que o Tribunal tenha reconhecido a existência do dano e a causalidade entre este e a conduta do Estado.

g) De qualquer forma ficou provado que a impossibilidade de obter o pagamento da quantia arbitrada pelo Tribunal não resultou da demora no julgamento da acção, mas antes da inexistência de bens do devedor, o que sempre aconteceria se tivesse sido julgada em prazo razoável e que, a morosidade da decisão da acção – causa de pedir nos presentes autos – é neutra em relação aos danos peticionados.

h) Pelo exposto, não se mostram violados os art.s 483.º, 486.º, e 491.º a 493.º do C. Civil, pelo que, deve manter-se a douta sentença recorrida.

II. A decisão recorrida considerou assentes os seguintes factos:

1. O Autor sofreu um acidente de viação no dia 17 de Junho de 1981 – alínea A) da matéria assente.

2. No dia 20/06/1983, o Autor propôs uma acção especial (art. 68.º – do Código da Estrada) no Tribunal Judicial de Oliveira do Hospital, contra Mário Cardoso Pais e outros, pedindo a condenação dos Réus a pagarem ao Autor 2.569.092$00, em juros à taxa legal a contra da citação – alínea B) da matéria assente.

3. A audiência de julgamento foi realizada no dia 07/04/94 – alínea C) da matéria assente.

4. As respostas aos quesitos foram dadas em 11/ /04/94 – alínea D) da matéria assente.

5. A sentença foi proferida em 19/11/97, pelo Tribunal de 1ª Instância – alínea E) da matéria assente.

6. Ocorreu recurso dessa decisão, que mereceu decisão da Relação de Coimbra, por acórdão de 17/11/98 – alínea F) da matéria assente.

7. O Réu Mário Cardoso Pais foi condenado a pagar ao A. a quantia de quantia global de 12.300.000$00, acrescida de juros de mora incidentes, desde o dia 18/10/ /1983 até à data da sentença na primeira instância, sobre o montante de 1.869.992$00 e, desde essa data e até integral e efectivo pagamento sobre o montante de 12.300.000$00, computados com base nas seguintes taxas anuais:

23% aos juros vencidos desde 18/10/83 até ao dia 28/4/87;

15% aos juros vencidos de 29/4/87 até ao dia 29/5/95;

10% aos juros vencidos e vincendos a partir de 30/ /9/95 – alínea G) da matéria assente.

8. E condenou o Réu Fundo de Garantia Automóvel no pagamento ao A. da quantia global de 700.000$00, acrescida dos respectivos juros de mora, contados desde o dia 22/7/83 e até efectivo e integral pagamento e computados com base nas seguintes taxas anuais:

23% aos juros vencidos desde 18/10/83 até ao dia 28/4/87;

15% aos juros vencidos de 29/4/87 até ao dia 29/5/95;

10% aos juros vencidos e vincendos a partir de 30/ /9/95 – alínea H) da matéria assente.

9. O Fundo de Garantia Automóvel efectuou o pagamento ao autor da quantia em que foi condenado – alínea 1) da matéria assente.

10. O Réu Mário Cardoso Pais não o efectuou – alínea J) da matéria assente.

11. Em 11/11/99, o Autor instaurou acção executiva, com processo ordinário, por apenso àquela acção declarativa contra este réu que não pagou tal quantia ao Autor – alínea L) da matéria assente.

12. Foi requerida a penhora dos bens do executado, mas não foi possível encontrar bens penhoráveis ao mesmo – alínea M) da matéria assente.

13. Dão-se por reproduzidos os documentos de fls. 24 a 76 – alínea N) da matéria assente.

14. Desde o início de 1983 já o Mário Cardoso Pais não possuía bens penhoráveis susceptíveis de dar cumprimento à quantia em que foi condenado na acção n.º 104/83 – resposta ao artigo 1.º da base instrutória.

III. A sentença recorrida julgou a acção improcedente, absolvendo o Réu do pedido, com base do seguinte discurso argumentativo:

"tendo em conta a matéria acima elencada, tendo-se provado que "Desde o início de 1983 já o Mário Cardoso Pais não possuía penhoráveis susceptíveis de dar cumprimento à quantia em que foi condenado na acção n.º 104/83", como se evidenciou na fundamentação do acórdão que deu resposta ao único artigo da base instrutória oportunamente formulado, referindo-se que". .. sendo que foram unânimes no sentido de que, já à data do acidente e posteriormente, o Mário Cardoso Pais não dispunha de bens que lhe permitissem pagar qualquer indemnização, tendo mesmo a testemunha José Carlos referido que lhe chegou a emprestar dinheiro, e Filipe Alexandrino que já, nessa altura, estava falido, só com dívidas", dúvidas não nos restam de que, como refere o M.° P.°, na sua contestação, agindo em representação do Estado Português, a impossibilidade de obter o pagamento da quantia arbitrada pelo Tribunal não resultou da demora no julgamento da acção, mas antes da inexistência de bens do devedor, o que sempre aconteceria se tivesse sido julgada em prazo razoável; deste modo, a morosidade da decisão da acção – causa de pedir nos presentes autos – é neutra em relação aos danos peticionados.

Deste modo, ainda que se tenha de conceder, pela sua evidência e que não sofre contestação, que a acção foi decidida em prazo muito além do razoável – demorou cerca de 16 anos – o que consubstanciaria a verificação da ilicitude e culpa, requisitos da responsabilidade civil, nos termos acima alinhados – o certo é que a não obtenção do pagamento devido ao A., em que o réu Mário Pais foi condenado, se deveu não à demora excessiva do processo, mas antes ao facto deste não deter, já na altura e mesmo posteriormente, quaisquer bens.

Assim, a excessiva demora da acção 104/83 – elegida como causa de pedir dos autos –

foi inócua para o não ressarcimento do autor."

O Autor, ora recorrente, fundou o seu pedido indemnizatório na alegação de que os prejuízos, para ele advenientes do facto de não ter podido cobrar a quantia que o réu Mário Pais fora condenado a pagar-lhe em acção especial do Código da Estrada instaurada no

Tribunal Judicial de Oliveira do Hospital, se ficaram a dever a atraso no funcionamento da justiça, geradora de responsabilidade civil extracontratual do Estado por facto ilícito.

A sentença recorrida julgou improcedente a acção por entender, face à matéria de facto apurada, não se ter provado a existência de nexo de causalidade entre a conduta ilícita imputada aos órgãos e agentes do Estado (atraso na administração da justiça) e os prejuízos invocados.

O recorrente não questiona a matéria de facto apurada no tribunal a quo nem se verificam as condições que possibilitariam a este Supremo Tribunal a sua alteração (artigo 712.º do Código de Processo Civil).

Ora, face a essa matéria de facto, a pretensão da recorrente não poderia deixar de soçobrar.

Na verdade, foi dado como provado que a causa determinante da impossibilidade de cobrança da quantia em que foi condenado o réu na acção cível proposta pelo recorrente foi o facto de, já nessa altura o Réu não possuir penhoráveis, pelo que os prejuízos invocados pelo recorrente não decorreram, como se decidiu na sentença recorrida, da demora dos processos judiciais – declarativo e executivo – que moveu ao réu.

Como bem refere o R. Estado, representado pelo Exm.º magistrado do Ministério Público, não se trata de uma situação de causa virtual mas de falta de nexo de causalidade entre a demora na acção dos serviços de justiça – facto invocado como causa de pedir – e os prejuízos que o A. – aqui recorrente – pretende ver ressarcidos.

Não se coloca, pois, ao contrário do alegado pelo recorrente, o problema da relevância negativa da causa virtual, pois no caso em apreço constata-se a existência de apenas uma causa do dano: a real.

O problema da causa virtual do dano ocorre quando "*há uma causa real, efectiva do dano; e há, ao lado dela, um facto que teria produzido o mesmo dano se não operasse a causa real*", só se aceitando relevância da causa virtual negativa – a que exonera (ou reduz) a responsabilidade do autor da causa real, que alegou e provou a existência da causa virtual –, situando-se o problema "*não no domínio do nexo causal, mas no capítulo da extensão do dano a indemnizar*" – cfr. Antunes Varela, "Das Obrigações em Geral ", 7ª edição, pág. 923, 924 e 927.

A questão para o mesmo autor, "*só se levanta em relação ao dano provocado pela causa real, não quanto ao dano devido à causa virtual*", não havendo "*lugar para o problema da relevância negativa da causa hipotética em relação ao dano realmente provocado pela causa virtual*" – Pereira Coelho, "O Problema da Causa Virtual na Responsabilidade Civil", Coimbra, 1955, pág. 56.

No caso em apreço inexiste concausa – há apenas uma causa : a real – mas, ainda que a demora da justiça configurasse uma causa virtual dos prejuízos sofridos pelo A., na medida em que estes teriam sempre ocorrido, independentemente de tal atraso, por força da insolvência do devedor que já se verificava na altura da propositura da acção condenatória (causa real), o que o recorrente pretende como a sua alegação é retirar efeitos positivos da causa virtual – responsabilizar o autor da causa virtual pelos danos que ela teria causado, não fosse ter operado a causa real – o que, como vimos, não é admissível.

Assim, perante a matéria de facto apurada pelo tribunal, que o recorrente não questiona, não se verifica a existência do necessário nexo de causalidade adequada entre a conduta ilícita imputada aos órgãos e agentes do Estado (demora na administração da justiça) e os prejuízos cujo ressarcimento o recorrente peticionou o que, só por si, determina a improcedência da acção, como bem decidiu, pelo que a sentença recorrida não merece qualquer censura.

IV. Nos termos expostos, improcedendo todas as conclusões da alegação do recorrente, acordam em negar provimento ao recurso, mantendo a decisão recorrida.

Custas pelo recorrente, sem prejuízo do apoio judiciário concedido.

Lisboa, 9 de Junho de 2005.

Freitas Carvalho (Relator)
Santos Botelho
Adérito Santos

Recurso n.º 679/04-11

ACTO JURIDICAMENTE INEXISTENTE. ACTO APARENTE. REJEIÇÃO DO RECURSO CONTENCIOSO. OBJECTO DO RECURSO CONTENCIOSO. COMUNICAÇÃO SOBRE DECISÃO FINAL. ACTO INEXISTENTE.

(Acórdão de 3 de Maio de 2005)

SUMÁRIO:

I – O recurso contencioso de anulação interposto de acto administrativo inexistente, material ou juridicamente, deve ser rejeitado por falta de um pressuposto processual relativo ao objecto;

II – O tribunal, porém, não rejeitará o recurso, devendo declarar oficiosamente a inexistência de acto se a Administração, pelo seu comportamento, aparenta a existência de um acto lesivo, desde que não seja razoável exigir-se ao recorrente que conhecesse a falta do acto, antes da interposição;

III – Num procedimento administrativo respeitante a pedido de informação prévia, nos termos dos artigos 10.º a 12.º do DL n.º 441/91, um ofício de notificação ao requerente, após a audiência prévia, comunicando um parecer dos serviços camarários no sentido do indeferimento, e referindo ter havido despacho de concordância do presidente da Câmara, com delegação de competências, sugere que houve indeferimento do pedido;

IV – Verificando-se que, ao contrário do que inculca tal comunicação, o presidente da Câmara não se havia pronunciado sobre o pedido, antes se limitara a mandar comunicar o parecer dos serviços, há que declarar inexistente o acto recorrido, enquanto acto de indeferimento.

ACORDAM EM SUBSECÇÃO, NA SECÇÃO DO CONTENCIOSO ADMINISTRATIVO DO SUPREMO TRIBUNAL ADMINISTRATIVO:

1.

1.1. SPAD – Sociedade Portuguesa de Produção e Distribuição de Artigos de Desporto Lda., com sede na Rua do Pinhal, lotes 9 a 12, Lugar das Minhoteiras, Moreira da Maia, 4470-064 Maia, interpôs, no Tribunal Administrativo do Círculo de Lisboa, recurso contencioso de anulação do despacho do Presidente da Câmara Municipal de Cascais que lhe foi notificado, através do ofício n.º 31125 de 22.06.2001, como sendo de concordância com Parecer emitido pelos Serviços Técnicos do Departamento de Urbanismo e Infra-estruturas da Câmara Municipal de Cascais sobre pedido de informação prévia para a instalação de uma loja de desporto.

1.2. Por sentença de fls. 136-143, foi julgado inexistir o despacho, enquanto despacho de indeferimento do pedido de informação prévia.

1.3. Inconformado, o Presidente da Câmara Municipal de Cascais deduziu o presente recurso jurisdicional, em cujas alegações concluiu:

"I. O despacho recorrido consiste no "comunique-se" aposto pelo Presidente da Câmara Municipal sobre o parecer emitido pelos serviços, no qual se propunha indeferir a pretensão formulada pela recorrente;

II. Contrariamente ao entendimento perfilhado na douta decisão recorrida, existe um despacho de concordância, que tem a natureza de decisão final sobre a proposta de indeferimento dos serviços técnicos, não consistindo numa mera ordem técnica;

III. Os despachos de concordância, podem possuir terminologias variadas, como por exemplo – "CONCORDO", "DEFIRO", "INDEFIRO", "PROMOVA-SE", "EXECUTE-SE", "COMUNIQUE-SE", entre muitas outras, não deixando nunca de consubstanciar um despacho de concordância relativamente aos pareceres que os precedem e/ou sobre que são apostos;

IV. É por isso inquestionável que a entidade Recorrida tenha decidido o pedido de concordância com a proposta de indeferimento constante dos pareceres anteriores;

V. Cumpriu-se integralmente com o dever de decisão, tal como se encontra consagrado no art. 9.º do Código do Procedimento Administrativo;

VI. Parece-nos óbvio, contrariamente ao decidido, que não podemos reconduzir o acto recorrido à categoria de acto inexistente, na medida em que ao mesmo não faltam os requisitos mínimos de identificabilidade (tanto orgânicos como formais ou substanciais);

VII. A douta sentença recorrida ao declarar a inexistência jurídica do acto que indeferiu o pedido de informação prévia deduzido pelo Recorrente, enferma de erro de julgamento e viola o art. 120.º do Código do Procedimento Administrativo.

Nestes termos e nos melhores de direito, que V. Exa. doutamente suprirão, deve o presente recurso ser julgado procedente por provado, com a consequente revogação da douta sentença recorrida, com o que se fará Justiça".

1.4. O recorrente contencioso contra-alegou, concluindo:

"1ª Ao contrário do que defende a entidade administrativa recorrente, o despacho de "Comunique-se" exarado pelo Presidente da Câmara sobre um parecer dos serviços camarários, não pode ser equiparado a uma decisão do procedimento, não lhe podendo ser atribuído outro sentido e alcance que não seja o de determinar a comunicação ao requerente desse mesmo parecer, o que se compreende para efeitos de assegurar a participação da requerente no procedimento.

2ª Ao contrário do que pressupõe a entidade administrativa recorrente, uma "ordem de comunicação de um parecer não se confunde com uma "decisão final" do procedimento (v. arts. 98.º e segts. e art. 107.º do CPA), sob pena de se confundir a instrução do procedimento ou a audiência dos interessados, com a decisão (extinção do procedimento).

3ª A entender-se uma ordem de comunicação de um parecer de indeferimento como uma decisão de indeferimento, ter-se-ia de admitir que tal prática envolveria uma transferência da titularidade e do exercício da responsabilidade decisória do órgão competente para a decisão para o autor do parecer, sendo certo que a competência irrenunciável e inalienável (cfr. art. 29.º do CPA).

4ª Constando do ofício camarário enviado à recorrida que o Presidente da CMC concordou por despacho com um parecer dos serviços do qual constava uma proposta de indeferimento da pretensão da aqui recorrida e não resultando do processo instrutor qualquer despacho de conteúdo igual ou semelhante a esse ou qualquer decisão que haja recaído sobre tal pretensão, impõe-se declarar a inexistência jurídica (ou nulidade por falta de elementos essenciais) de tal acto aparente e lesivo.

5ª Ao declarar a inexistência jurídica do acto impugnado o Tribunal a quo procedeu ao adequado enquadramento jurídico da matéria de facto assente, tendo decidido na esteira de jurisprudência pacífica deste Venerando Tribunal, não merecendo a sentença sub judice qualquer juízo de censura, pois, "verificando-se que, ao contrário do que inculca tal comunicação, nenhum órgão se pronunciara sobre o pedido, há que declarar inexistente o acto recorrido" (cfr. Ac. da 3ª Subsecção do CA do STA, de 31.05.2000, no Proc. n.º 42214, in www.dgsi.pt e, no mesmo sentido os Acs. STA, de 19/11/96, no Proc. n.º 39410 e de 19/04/88, no Proc. 022655, Ap. DR de 20/01/94. pág. 1928, in www.dgsi.pt.

6ª Improcedem todas as conclusões da alegação de recurso, devendo manter-se o decidido na douta sentença recorrida que não enferma de qualquer erro ou ilegalidade.

NESTES TERMOS, deve o recurso ser julgado não provado e improcedente, mantendo-se a decisão recorrida, com as legais consequências".

1.5. A EMMP emitiu o seguinte parecer:

"Vem o presente recurso jurisdicional interposto de sentença do TAC de Lisboa que declarou a inexistência jurídica do despacho contenciosamente recorrido.

Em causa está a questão de saber se o despacho de 19.06.2001 do Sr Presidente da Câmara Municipal de Cascais, de teor "comunique-se", aposto sobre parecer emitido pelos serviços respectivos, consubstancia ou não um acto administrativo.

Considerando o circunstancialismo que rodeou a prolação do acto contenciosamente impugnado, bem evidenciado a partir da factualidade dada por assente na sentença, afigura-se-nos que o decidido não merece qualquer censura.

Na verdade, tendo o referido despacho o sentido inequívoco de concordância com o parecer do sr director do departamento de urbanismo e infra-estruturas que mais não diz que é de comunicar o teor dos pareceres anteriores – vide artigos 7.º e 8.º da matéria de facto –, lógica se mostra a conclusão acolhida na sentença de que não foi proferida qualquer decisão sobre a pretensão da recorrente contenciosa.

Nestes termos, afigurando-se-nos que foi feito correcto enquadramento jurídico da factualidade apurada nos autos, somos de parecer que o recurso não merece provimento".

Colhidos os vistos, cumpre apreciar e decidir.

2.

2.1. A sentença deu como provada a seguinte matéria, no que não vem questionada:

"*II – FACTOS PROVADOS*

Atenta a posição de Recorrente e Recorrido, o teor dos documentos, bem como do processo instrutor, mostram-se provados os seguintes factos:

1.º) A 27.07.2000 a Recorrente requereu ao Presidente da Câmara Municipal de Cascais, informação sobre a possibilidade de realização de obras no prédio sito na freguesia de Alcabideche, Concelho de Cascais, descrito na 2ª Conservatória do Registo Predial de Cascais sob as fichas n.º 4465, 2770, 2938, 5770, 8473 e 2938 dessa freguesia e inscritos na matriz sob os artigos n.º 3057, 3103, 3108 e 3107 – cf. requerimento a fl. não numeradas do processo instrutor;

2.º) O pedido referenciado na alínea anterior teve por objecto a implantação de um espaço multiusos em torno de um parque desportivo – cf. memória descritiva no processo instrutor;

3.º) Através do ofício n.º 016700 de 26.03.2001 foi a Recorrente notificada, para efeitos de audiência prévia, de um proposta de indeferimento do pedido de informação prévia formulado – cf. processo instrutor e acordo das partes;

4.º) A proposta de indeferimento notificada à Recorrente teve o seguinte teor: – "(...) 1. Pretende-se obter informação prévia sobre a viabilidade de uma intervenção de carácter comercial num conjunto de terrenos que totaliza uma área de 41851 m2 situado a norte da 3ª circular. 2. A área de intervenção encontra-se quase na totalidade inserida em Classe de Espaço de Protecção e Enquadramento, possuindo apenas cerca de 420 m2 de área classificada como espaço de Equipamento e cerca de 2190 m2 inseridos em categoria de Espaço Agrícola nível 1 (RAN). 3. Existe servidão ao Domínio Hídrico, à Reserva Agrícola Nacional (RAN), à Rede Viária Nacional e à Região Militar de Lisboa. 4. Propõe-se a construção de: a) Espaço Comercial destinado a desporto ("DECATHLON") com cerca de 3800 m2; b) Edifício para restaurante com cerca de 400m2; c) zona verde de lazer– d) Posto de Abastecimento de Combustível (+/– 200m2); e) Estrutura para Lavagens Auto (+/– 250 m2); f) Oficina com cerca de 1200 m2; g) 431 lugares de estacionamento; 5. Da análise dos elementos gráficos anexados verifica-se que a proposta apresenta os seguintes problemas: a) O espaço comercial principal ("DECATHLON") está parcialmente implantado em terreno pertencente à Reserva Agrícola Nacional, não é autorizada a construção não sendo apresentado nenhum documento válido que preveja ou comprove a desafectação pela DRA; b) O posto de abastecimento, a estrutura para lavagens auto e edifício destinado a oficina estão implantados sobre a Ribeira da Castelhana /Boqueiros; c) a proposta excede o índice de 0,1 definido para a categoria de Espaço de Protecção e Enquadramento; d) não é apresentada a autorização prévia emitida pela Direcção Geral do Comércio e da Concorrência, nem elementos justificativos ou comprovativos para que a proposta e a empresa estejam isentas de tal acto, uma vez que tal procedimento é anterior à obtenção da informação prévia de licenciamento prevista no DL n.º 445/91 de 20.11 (veja-se os arts. 7.º, 14.º, 15.º e 16 do DL n.º 218/97 de 20.08); e) A proposta não respeita os alinhamentos viários definidos para a via adjacente a sul, assim como propõem parte do acesso de retorno à 3.ª circular por terreno que não é do requerente; 6. Face ao exposto julga-se não poder considerar favoravelmente a proposta formulada, com base nas alíneas a), b) e c) do n.º 1 do art. 63.º do DL 445/91."

5.º) A 11.05.2001 veio a Recorrente pronunciar-se sobre a proposta referenciada na alínea anterior referindo, em síntese, que não se verificavam nenhum dos fundamentos apontados para o indeferimento do pedido de informação prévia – cf. documento a fl. não numeradas do processo instrutor que se dá por integralmente reproduzido;

6.º) A 11.06.2001, foi emitido, pelo Chefe da Divisão DUI-DGUO, o parecer que se transcreve: "Analisado o requerimento E.8958/DUI, referente a audiência prévia à informação de 2001.03.16 é de indeferir a presente consulta, com base nas alíneas a) e c) do n.º 1 do art. 63.º do DL n.º 445/91. O terreno é abrangido pela área de Espaço de Protecção e Enquadramento na quase totalidade das suas áreas; As restantes classes de espaço que abrangem o terreno são Industrial existente – Equipamento – Agrícola nível 1 – Espaço Canal. O pretendido, instalação de uma loja de desporto, como actividade municipal, não é compatível, em termos de uso, de acordo com o n.º 3 do art. 50.º do regulamento do PDM, para a classe de Espaço de Protecção e Enquadramento que abrange o terreno." – cfr processo instrutor;

7.º) A 19.06.2001, na sequência do parecer referenciado na alínea anterior, foi emitido, pelo Director do Departamento de Urbanismo e Infraestruturas, o seguinte parecer: "É de comunicar o teor dos pareceres anteriores" – cfr processo instrutor;

8.º) A 19.06.2001, na sequência dos pareceres emitidos pelo Chefe da Divisão DUI-DGUO e Director do Departamento de Urbanismo e Infraestruturas e referenciados nas alíneas anteriores, o Presidente da Câmara Recorrido proferiu um despacho de "Comunique-se" – cfr processo instrutor;

9.º) A 22.06.2001 foi remetido à recorrente o ofício n.º 031125 no qual consta "Relativamente ao requerimento acima referido, cumpre-me informar V.Exa., através de fotocópias anexas, o parecer emitido pelos Serviços Técnicos do Departamento de Urbanismo e Infra-estruturas desta Câmara Municipal, com o qual o Senhor Presidente da Câmara, com delegação de competências nesta área, concordou por Despacho que consta igual-

mente das supracitadas fotocópias" – cf. fl. não numeradas do processo instrutor, que se dá por integralmente reproduzido;

10.º) Através da proposta n.º 1588/99 aprovada pela Câmara Municipal em reunião de 30 de Novembro de 1999, foi delegada no Presidente da Câmara a competência para a decisão sobre os pedidos de informação prévia apresentados nos termos do DL n.º 445/91 – cf. doc. 1 junto com a contestação".

2.2.1. A recorrente contenciosa apresentou na Câmara Municipal de Cascais, ao abrigo do artigo 10.º do DL 445/91, um pedido de informação prévia sobre a possibilidade de realização de certas obras.

Depois de variada tramitação, nomeadamente de audiência prévia, foi-lhe endereçado o ofício n.º 31125, de 22JUN2001 daquela Câmara, com teor supra reproduzido (cfr. supra **2.1.** "9.º").

No parecer referenciado no dito ofício, emitiu-se, entre o mais:"*(...) é de indeferir a presente consulta, com base nas alíneas a) e c) do n.º 1 do art. 63.º do DL n.º 445/91", "o pretendido (...) não é compatível, em termos de uso, com o n.º 3, do artigo 50.º do Regulamento do PDM*".

Considerando que na comunicação de que foi destinatário se indicava ter havido despacho de concordância do presidente da Câmara Municipal de Cascais com o citado parecer, a interessada teve por bem que tinha havido despacho de indeferimento por parte do presidente da Câmara, e que aquela notificação lhe comunicava tal indeferimento.

Deve presumir-se que aquele entendimento era o entendimento que teria um destinatário normal nas mesmas circunstâncias.

Todavia, o tribunal *a quo*, na sequência, aliás, de alegação da recorrente contenciosa, após ter tomado conhecimento do efectivo despacho produzido pelo presidente da Câmara, veio a concluir que não tinha havido qualquer indeferimento, que inexistia qualquer decisão de concordância com o citado parecer.

No presente recurso jurisdicional, o presidente da Câmara Municipal de Cascais sustenta o contrário.

A questão reside, simplesmente, em saber se a sentença interpretou bem o acto do presidente da Câmara de 19.6.2001: se, como foi comunicado à interessada, recorrente contenciosa dos autos, é acto de concordância com parecer de indeferimento do pedido de informação prévia, ou se é simples determinação de comunicação de pareceres existentes sobre o pedido, e não qualquer decisão sobre o pedido.

Note-se que não existe qualquer dúvida que estamos perante um acto com identificação do autor, texto perceptível, data, assinatura do autor, enfim, como diz o presidente da Câmara na conclusão VI das suas alegações, não faltam ao acto os requisitos mínimos de identificabilidade.

O problema reside, unicamente, em saber se o acto é acto administrativo, no sentido do artigo 120.º do CPA, ou se é um mero acto de trâmite, uma determinação de processamento, e, em face dessa determinação, qual a decisão a tomar no respeitante ao recurso contencioso.

2.2.2. Disse-se, o acto do presidente da Câmara foi proferido num procedimento administrativo para decisão de pedido de informação prévia ao abrigo do artigo 10.º do DL 441/91, de 20 de Novembro.

Dispõe o artigo 12.º daquele diploma, na redacção do DL n.º 250/94, de 15 de Outubro:

"Artigo 12.º

Deliberação final

1 – A câmara municipal delibera no prazo máximo de 20 dias, a contar da data da recepção do requerimento.

2 – No caso de deliberação desfavorável, a câmara municipal indica, sempre que possível, os termos em que a mesma pode ser revista, por forma a serem cumpridas as normas estabelecidas, designadamente as constantes do plano de pormenor ou do alvará de loteamento, válido nos termos da lei.

3 – A deliberação da câmara municipal é constitutiva de direitos, e da respectiva notificação deve constar obrigatoriamente a indicação das entidades cujos pareceres, autorizações ou aprovações, bem como a respectiva natureza, condicionem a licença a emitir e dos prazos legais para a respectiva emissão".

Já se concluiu que os termos do ofício de comunicação à interessada inculcavam uma decisão do presidente da Câmara, nessa comunicação se fazendo menção, aliás, a delegação de competências para o efeito.

Porém, observado o processo administrativo, verifica-se que, após o parecer a que fazia alusão a comunicação, surgiu a seguinte proposta do Director do Departamento de Urbanização e Infra-estruturas, datada de 19.6.01 "*É de comunicar o teor dos pareceres anteriores*" (cfr. supra **2.1.** "7.º"); e foi no seguimento dessa proposta que foi emitido o despacho "*Comunique-se*", do Presidente da Câmara, datado de 19.6.2001.

Não há qualquer possibilidade de entender aquele despacho como de concordância com os pareceres que se debruçaram sobre o pedido de informação prévia.

Em primeiro lugar, não se compreende que uma decisão sujeita às exigências de explicitação indicadas no artigo 12.º do DL 441/91, fosse tomada sem uma única daquelas explicitações; em segundo lugar e, decisivamente, o despacho "*Comunique-se*" nem sequer surge imediatamente após os pareceres desfavoráveis ao pedido, ele é proferido, sim, no seguimento de proposta que sugere, tão-só, a comunicação dos pareceres, e não nenhuma decisão final; isto é, nem sequer se pode dizer que o acto, ainda que implicitamente, acolheu os pareceres, pois que não foi directamente proferido sobre eles.

Assim, o despacho "*Comunique-se*" não é, senão, como a sentença concluiu, "*uma determinação de comunicação ao Requerente do teor dos pareceres que o antecederam, sendo que a comunicação de pareceres ou actos procedimentais pode ocorrer ao longo do procedimento administrativo sem que tal configure um momento decisório – art. 59.º do CPA*".

2.2.3. Poder-se-ia pensar que, não sendo o acto contenciosamente impugnado um acto lesivo, mas mero acto de trâmite, a consequência natural seria a rejeição do recurso contencioso, por força do artigo 57.º, § 4.º, do Regulamento do Supremo Tribunal Administrativo.

Essa seria, sem dúvida, a consequência, não fora o facto de ter sido a Administração que criou a aparência de ter praticado um acto lesivo e, mais, pretender que esse acto é, efectivamente, o acto final do procedimento.

Em condições deste tipo este STA tem repetidamente julgado, como também anota a recorrente contenciosa, declarando a inexistência do acto objecto do recurso, enquanto acto administrativo.

Destaque-se, a mero título ilustrativo, os acórdãos do Pleno, de 27-01-82, recurso n.º 12522 (*Apêndice Diário da República*, de 23.01.86, págs. 198) e de 27.6.84, recurso n.º 10775 (*Apêndice Diário da República*, de 30.9.86, págs. 371) e, em subsecção, por mais recente, o Acórdão de 31.5.2000, recurso n.º 42214 (*Apêndice Diário da República*, de 9.12.2002, págs. 5057).

Assim, esteve bem a sentença quando, igualmente, julgou que "*resulta inequívoco dos factos aqui em causa que, pese embora tenha sido criada na esfera jurídica da Recorrente a aparência de um acto administrativo de indeferimento do pedido de informação prévia deduzido junto do Recorrido, tal acto é inexistente, na medida em que não foi proferida qualquer decisão que tenha visado a produção daqueles efeitos*", e terminou a declarar essa inexistência.

3. Pelo exposto nega-se provimento ao presente recurso jurisdicional.

Sem custas, por delas estar isento o recorrente.

Lisboa, 3 de Maio de 2005

Alberto Augusto Oliveira (Relator)
Políbio Henriques
João Belchior

Recurso n.º 1139/04-12

ALTA AUTORIDADE PARA A COMUNICAÇÃO SOCIAL (AACS). RECOMENDAÇÃO. LESIVIDADE. RECURSO CONTENCIOSO. REJEIÇÃO.

(Acórdão de 11 de Maio de 2005)

SUMÁRIO:

I – **Não constitui acto susceptível de recurso contencioso de anulação uma deliberação da AACS do seguinte teor:** ***"Tendo apreciado uma queixa de (...) contra (...), por este operador ter, por várias vezes, a última das quais a (...), transmitido uma reportagem em que, alegadamente sem autorização, se apresentam de forma abusiva imagens suas integradas numa operação policial de recolha de sangue para eventual verificação do nível de alcoolemia dos condutores de veículos automóveis, imagens que o queixoso reputa lesivas da sua privacidade e da sua honra, a Alta Autoridade para a Comunicação Social delibera dar procedência à queixa, recomendando à (...) que cumpra mais sistemática, na matéria, a legislação a que está obrigada, nomeadamente em sede de defesa da reserva da intimidade da vida privada dos cidadãos, seja em campanhas de fiscalização do alcoolismo seja num universo mais global";***

II – **Aquela recomendação, inscrita na actividade de regulação da AACS, não é acto administrativo;**

III – **A obrigatoriedade de publicação das recomendações da AACS resulta directamente da Lei n.º 43/98, e é independente do sentido ou conteúdo das mesmas;**

IV – **Só no processo de contra-ordenação, se for instaurado, haverá lugar a controverter aquela obrigatoriedade.**

ACORDAM EM SUBSECÇÃO, NA SECÇÃO DO CONTENCIOSO ADMINISTRATIVO DO SUPREMO TRIBUNAL ADMINISTRATIVO:

1.

1.1. TVI – Televisão Independente, S.A., interpôs, no Tribunal Central Administrativo, recurso contencioso de anulação da deliberação da Alta Autoridade para a Comunicação Social, datada de 3 de Outubro de 2001, que lhe recomendou o cumprimento mais sistemático da legislação referente a matérias relativas a intimidade da vida privada.

1.2. Pelo acórdão de fls. 107, o recurso foi rejeitado, em razão da ilegalidade da sua interposição, por a Recomendação não constituir acto administrativo.

1.3. Inconformada, a TVI deduziu o presente recurso, concluindo nas respectivas alegações:

"A) Ao contrário do que sustenta o acórdão recorrido, a recomendação da AACS é um acto administrativo contenciosamente impugnável, uma vez que lesa direitos e interesses legalmente protegidos, em função da obrigatoriedade da sua divulgação.

B) A interpretação normativa efectuada pelo acórdão recorrido do art. 23.º n.º 4 da Lei n.º 43/98 é inconstitucional, por violar o princípio da tutela jurisdicional efectiva dos administrados, que o art. 268.º n.º 4 da CRP consagra".

1.4. A entidade recorrida contra alegou concluindo:

A) A Recomendação impugnada não constitui um acto administrativo, uma vez que não é definitivo e executório, pelo que não é contenciosamente impugnável (art. 25.º n.º 1 LPTA);

B) A Recomendação não tem força executória, uma vez que, nem a TVI é obrigada a cumpri-la, nem a AACS tem meios de a obrigar a cumprir.

C) Também não é um acto administrativo, tal como configurado no art. 120.º do CPA, não sendo susceptível de produzir efeitos na esfera jurídica da recorrente;

D) Traduzindo-se, assim, num acto opinativo, carece de força executória, pelo que não é passível de recurso contencioso.

E) Não é posto em causa o princípio da tutela jurisdicional efectiva visto que a recorrente poderá sempre, por outra via, defender os seus interesses em Tribunal e aí fazer valer a sua interpretação da lei".

1.5. A EMMP emitiu o seguinte parecer:

"Na linha do parecer do Magistrado do Ministério Público junto do TCA, afigura-se-nos que o recurso jurisdicional merece provimento.

Não nos parece que a solução da questão colocada deva assentar num juízo sobre a natureza da recomendação da Alta Autoridade para a Comunicação Social como acto de regulação, de carácter pedagógico, desprovido de coercibilidade.

Em conformidade com o art.º 24.º, n.º 2, da Lei 43/98, de 06.08, a recomendação em causa é de divulgação obrigatória, a difundir no órgão de comunicação social a que diz respeito, sendo que nos termos do art.º 27.º do mesmo diploma a violação daquele dispositivo consubstancia contra-ordenação punível com coima.

Ora, é inegável que a recomendação acarreta desvantagens para o órgão de comunicação visado: ou a cumpre e a sua imagem sofrerá desprestígio, ou não a cumpre e incorrerá em contra-ordenação punível com coima.

Isto é tudo o que basta para caracterizarmos a recomendação como acto contenciosamente recorrível, à luz do art.º 268.º, n.º 4, da CRP, directamente aplicável, independentemente da faculdade legal que também assiste ao interessado de reagir contra a aplicação da coima nos termos do Regime Geral das Contra-Ordenações.

Neste sentido se pronunciou o acórdão deste STA de 96.05.23, no processo n.º 39516 (in Ap DR de 98.10.23, 3965), igualmente citado pelo Magistrado do Ministério Público junto do TCA.

Nestes termos, emitimos parecer no sentido de que deverá ser concedido provimento ao recurso jurisdicional, revogando-se o acórdão recorrido e ordenando-se a baixa dos autos ao TCA a fim de aí prosseguir termos se não ocorrer outra questão prévia que a tal obste".

Colhidos os vistos, cumpre apreciar e decidir.

2.

2.1. Vem assente a seguinte matéria:

"a) Em 19 de Julho de 2001, a Alta Autoridade para a Comunicação Social recebeu uma queixa subscrita por Marco Paulo Nestor Teixeira Lopes contra a recorrente TVI, S.A., relativa aos factos explicitados a fls. 19 e seguintes, cujo teor aqui se dá por integralmente reproduzido;

b) Na sequência de tal queixa, e após a necessária instrução, a A.A.C.S. veio a produzir a seguinte Recomendação:

"Tendo apreciado uma queixa de Marco Paulo Nestor Ferreira Lopes contra a TVI, por este operador ter, por várias vezes, a última das quais a 3 de Julho de 2001, transmitido uma reportagem em que, alegadamente sem autorização, se apresentam de forma abusiva imagens suas integradas numa operação policial de recolha de sangue para eventual verificação do nível de alcoolemia dos condutores de veículos automóveis, imagens que o queixoso reputa lesivas da sua privacidade e da sua honra, a Alta Autoridade para a Comunicação Social delibera dar procedência à queixa, recomendando à TVI que cumpra mais sistematicamente, na matéria, a legislação a que está obrigada, nomeadamente em sede de defesa da reserva da intimidade da vida privada dos cidadãos, seja em campanhas de fiscalização do alcoolismo seja num universo mais global.

c) É este o acto recorrido, cuja suspensão de eficácia foi indeferida no processo apenso".

2.2.1. Como se viu, foi interposto recurso contencioso de anulação da recomendação de 3.10.2001, da Alta Autoridade para a Comunicação Social (AACS); o acórdão impugnado julgou que ela não era susceptível de constituir objecto daquele meio processual, daí a sua rejeição.

Disse o acórdão:

"A deliberação que se pretende impugnar foi tomada pela recorrida ao abrigo da atribuição que lhe é cometida pela alínea h) do art. 3.º da Lei 43/98, de 6 de Agosto, na defesa de critérios jornalísticos ou de programação que respeitem os direitos individuais e os padrões éticos exigíveis.

No caso concreto, o que está fundamentalmente em causa na queixa apresentada é o direito ao bom nome, à reputação e à imagem das pessoas, cuja sede se encontra consagrada com a maior clareza no n.º 1 do art. 26.º da Constituição da República Portuguesa, bem como no art. 80.º n.os 1 e 2 do Código. Tal direito terá sido violado pela exposição repetida de uma reportagem relativa a uma história absolutamente vulgar, não extraordinária nem dramática, mas perturbadora do quotidiano do queixoso.

(...)

E, em concreto, a Recomendação em causa é, tão-somente, um acto de regulação, de carácter marcadamente pedagógico, que visa promover a protecção dos direitos fundamentais em casos futuros e indeterminados, mais do que dirimir qualquer conflito existente entre o participante e a TVI.

Ou seja, e como se disse no âmbito da suspensão de eficácia, a deliberação/recomendação em causa não possui carácter autoritário e vinculativo, não podendo ser objecto de coacção directa, nem produzindo qualquer efeito na esfera jurídica do destinatário (...).

A recorrente não é obrigada a seguir a Recomendação, apenas sucedendo que, em caso de não divulgação incorre, na contra-ordenação punível pelo art. 27.º n.º 2 da Lei 43/98, contra-ordenação essa contra a qual pode reagir socorrendo-se dos Tribunais, nos termos do Regime Geral das Contra-Ordenações, e aí impugnando a legalidade da Recomendação.

Assim circunscrito o aspecto jurídico essencial de questão, é de excluir que tal Recomendação constitua qualquer acto administrativo compatível com a definição constante do art.120.º do Código de Procedimento Administrativo".

A recomendação contenciosamente recorrida e o acórdão do TCA aqui sujeito a impugnação moveram-se no quadro da Lei n.º 43/98, de 6 de Agosto, que é aquele que principalmente há que tomar em consideração.

2.2.2. Na verdade, as atribuições, competências, organização e funcionamento da AACS são reguladas pela Lei n.º 43/98 (alterada, sem significado, para o que se discute, pelas Leis n.º 18-A/2002, de 18 de Julho, e 33/2003, de 22 de Agosto).

Das atribuições cometidas à AACS, e constantes do artigo 3.º, podem destacar-se:

"Assegurar o exercício do direito à informação e à liberdade de imprensa, o rigor e isenção da informação e a aplicação de critérios jornalísticos e de programação que respeitem os direitos individuais e os padrões éticos exigíveis;

Zelar pela independência dos órgãos de comunicação social e garantir o pluralismo;

Assegurar a observância dos fins genéricos e específicos da actividade de rádio e televisão;

Garantir o exercício dos direitos de antena, de resposta e de réplica política;

Fiscalizar o cumprimento da legislação aplicável à propriedade das empresas de comunicação social" (cfr.

Ana Roque, "Regulação do Mercado, novas tendências", Quid Juris, 2004, pág. 71.

E para a prossecução das suas atribuições está conferida à AACS, através do seu artigo 4.º, competência para:

"a) Atribuir as licenças e autorizações necessárias para o exercício da actividade de televisão, bem como deliberar sobre as respectivas renovações e cancelamentos;

b) Atribuir licenças para o exercício da actividade de rádio, bem como atribuir ou cancelar os respectivos alvarás ou autorizar a sua transmissão;

c) Apreciar as condições de acesso aos direitos de resposta, de antena e de réplica política e pronunciar-se sobre as queixas ou recursos que, a esse respeito, lhe sejam apresentados;

d) Arbitrar os conflitos suscitados entre os titulares do direito de antena, na rádio e na televisão, quanto à elaboração dos respectivos planos gerais de utilização;

e) Emitir parecer prévio, público e fundamentado, sobre a nomeação e destituição dos directores que tenham a seu cargo as áreas da programação e informação, assim como dos respectivos directores-adjuntos e subdirectores, dos órgãos de comunicação social pertencentes ao Estado e a outras entidades públicas ou a entidades directa ou indirectamente sujeitas ao seu controlo económico;

f) Fiscalizar o cumprimento das normas referentes à propriedade das empresas de comunicação social;

g) Fiscalizar o cumprimento das normas que obriguem as empresas de comunicação social à publicação de dados de qualquer espécie;

h) Exercer as funções relativas à publicação ou difusão de sondagens e inquéritos de opinião, nos termos da legislação aplicável;

i) Confirmar a ocorrência de alteração profunda na linha de orientação dos órgãos de comunicação social, em caso de invocação da cláusula de consciência dos jornalistas;

j) Zelar pela isenção e imparcialidade nas campanhas de publicidade do Estado, das Regiões Autónomas e das autarquias locais;

l) Pronunciar-se sobre as iniciativas legislativas que tratem de matéria relacionada com as suas atribuições;

m) Sugerir à Assembleia da República ou ao Governo as medidas legislativas ou regulamentares que repute necessárias à observância dos princípios constitucionais relativos à comunicação social ou à prossecução das suas atribuições;

n) Apreciar, por iniciativa própria ou mediante queixa, e no âmbito das suas atribuições, os comportamentos susceptíveis de configurar violação das normas legais aplicáveis aos órgãos de comunicação social, adoptando as providências adequadas, bem como exercer as demais competências previstas noutros diplomas relativas aos órgãos de comunicação social;

o) Participar, nos termos da legislação aplicável, na classificação dos órgãos de comunicação social;

p) Promover as acções de estudo, pesquisa e divulgação indispensáveis ao cumprimento das suas obrigações".

São, pois, muito diversas as competências da AACS.

Algumas delas exprimem-se, sem margem para dúvidas, através da prática de actos administrativos. Assim, a atribuição de licenças ou o cancelamento de alvarás – alíneas *a)* e *b)* do artigo 4.º.

Outras são de natureza consultiva. Assim, os pareceres das alíneas *e)* e *l)*.

Mas há outras cuja natureza não se colhe directamente neste preceito sobre competência, apenas sendo detectada pela conjugação com outras normas que cuidam do seu exercício. Assim, por exemplo, as da alíneas *c)* e *n)* do artigo 4.º.

Por ora, avancemos, para o artigo 23.º

"Artigo 23.º

Natureza das deliberações

1 – Assiste à Alta Autoridade a faculdade de elaborar directivas genéricas e recomendações que visem a realização dos seus objectivos, bem como praticar os demais actos previstos na lei ou necessários ao desempenho das suas atribuições.

2 – As deliberações produzidas no exercício das competências previstas nas alíneas a), b), c), d), i) e o) do artigo 4.º têm carácter vinculativo.

3 – No exercício das suas actividades de fiscalização, a Alta Autoridade comunicará aos órgãos competentes as irregularidades detectadas, visando a instrução do respectivo processo.

4 – São passíveis de recurso contencioso, nos termos gerais de direito, as decisões da Alta Autoridade que revistam a natureza de acto administrativo".

O que, de imediato, se deve reter do preceito é a possibilidade de recurso contencioso das decisões que revistam a natureza de acto administrativo (n.º 4).

Esta previsão, que não constava da precedente lei reguladora da AACS, a Lei n.º 15/90, de 30 de Junho, pôs fim a qualquer hesitação que subsistisse sobre a recorribilidade dos actos por ela praticados que apresentem as características materiais de actos administrativos.

Na verdade, à face da Lei n.º 15/90, o problema não tinha resposta unânime (cfr. a informação que é dada por António Simanco, "A Alta Autoridade para a Comunicação Social", em *Direito e Justiça*, Vol. XIV, tomo 1, págs. 287 e 288).

Com aquele problema da recorribilidade coligava-se o da competência dos tribunais administrativos (que era negada, por exemplo, por Vieira de Andrade, "A Justiça Administrativa", Almedina 1998, pág. 13,14; em sentido diverso, presentemente – cfr. a 4.ª edição da mesma obra, pág. 61, nota 77).

Mas, para além disto, deve observar-se, ainda, que o n.º 2 do artigo 23.º, proclamando o carácter vinculativo de certas deliberações, não inclui nele as recomendações do tipo da dos autos.

O problema que se coloca no caso em apreciação é o de saber se a recomendação objecto do recurso contencioso é acto administrativo. Se for, é inquestionável que o recurso contencioso está dotado de objecto.

2.2.3. Recorde-se o teor da deliberação que vem impugnada contenciosamente:

"Tendo apreciado uma queixa de Marco Paulo Nestor Ferreira Lopes contra a TVI, por este operador ter, por várias vezes, a última das quais a 3 de Julho de 2001, transmitido uma reportagem em que, alegadamente sem autorização, se apresentam de forma abusiva imagens suas integradas numa operação policial de recolha de sangue para eventual verificação do nível de alcoolemia dos condutores de veículos automóveis, imagens que o queixoso reputa lesivas da sua privacidade e da sua honra, a Alta Autoridade para a Comunicação Social delibera dar procedência à queixa, recomendando à TVI

que cumpra mais sistematicamente, na matéria, a legislação a que está obrigada, nomeadamente em sede de defesa da reserva da intimidade da vida privada dos cidadãos, seja em campanhas de fiscalização do alcoolismo seja num universo mais global".

O Tribunal Constitucional teve necessidade de apreciar um caso do género no seu Ac. n.º 505/96, de 20 de Março (*http://www.tribunalconstitucional.pt/tc/acordaos/*).

Nesse aresto (que não se teve de debruçar sobre o problema da recorribilidade contenciosa), em face de recomendação da AACS de tipo similar, ponderou-se:

"De facto, enquanto existiu o Conselho de Imprensa, não se conhecem opiniões doutrinais que apontassem para que idêntica competência – a de formulação de recomendações respeitantes à actividade jornalística – fosse uma competência jurisdicional. Pelo contrário, tendia a falar-se, no caso do Conselho de Imprensa, de um "tribunal moral", de um órgão plural especialmente vocacionado para dirimir questões atinentes à deontologia profissional. E, no domínio do texto constitucional saído da Segunda Revisão, a doutrina tende a falar apenas de funções "para-jurisdicionais" a propósito da apreciação pela AACS de queixas em matéria de direito de resposta (Vital Moreira, O Direito de Resposta na Comunicação Social, Coimbra, 1994, págs. 145 – 146).

(...)

Na deliberação impugnada – junta a fls. 9 a 15 dos autos – afirma-se repetidamente que não está em causa "a liberdade criativa do jornalista", nem o "valor expressivo de enunciados utilizados tanto na prosa quanto no título, e que o jornalista tem total liberdade de utilizar". Afirma-se, porém, que está em causa o facto de que, "ao extrapolar-se dos aspectos concretos que poderão afectar parte significativa da escola, destes para toda a escola, e desta escola para todo o sistema, se penaliza de modo desproporcionado o estabelecimento em causa, tornando-se particularmente legítima a parte da queixa em que se referem existirem no artigo generalizações que atingem toda a escola" (cfr. conclusão III. 2).

Quer isto dizer que a autoridade administrativa independente fundou a sua competência para conhecer da queixa no disposto na alínea e) do art. 3.º da Lei n.º 15/90 ("providenciar pela isenção e rigor da informação"), entendendo que podia elaborar uma recomendação que visasse a realização desse objectivo constante da referida alínea e) do mesmo artigo (art. 4.º, n.º 1, alínea a) da Lei n.º 15/90).

Tal recomendação nem traduz um acto censório – traduz-se antes num juízo opiniativo de natureza deontológica relativo ao exercício de uma profissão jornalística, a propósito de uma concreta notícia – nem, manifestamente, um acto jurisdicional de resolução de um litígio cível ou de conhecimento de uma infracção criminal. A publicação de recomendação no jornal destinatário, imposta pelo art. 23.º, n.º 1, da Lei n.º 15/90, visa permitir aos leitores que tomem conhecimento do teor da recomendação e que, sobre o seu conteúdo, formulem, eles próprios, um juízo".

No caso abordado pelo Tribunal Constitucional, a recomendação inscrevia-se na atribuição da AACS de *"providenciar pela isenção e rigor da informação"* (alínea *e)* do art. 3.º da Lei n.º 15/90).

Já a recomendação controvertida nestes autos vem reportada à atribuição cometida à AACS na alínea *h)* do artigo 3.º da Lei 43/98 do mesmo artigo 3.º *"Incentivar a aplicação, pelos órgãos de comunicação social, de critérios jornalísticos ou de programação que respeitem os direitos individuais e os padrões éticos exigidos"*, e ao uso da competência inscrita na alínea *n)* do artigo 4.º da mesma Lei (cfr. II da deliberação de aprovação da recomendação).

Destacou o Tribunal Constitucional, que se tratava de um *"juízo opinativo de natureza deontológica relativo ao exercício de uma profissão jornalística, a propósito de uma concreta notícia".*

Afigura-se que é essa, também, a natureza da recomendação trazida a debate nos autos.

Na verdade, se bem se reparar, o seu texto contém três segmentos:

– O respeitante à iniciativa do procedimento – iniciativa de particular;

– O respeitante à apreciação do caso;

– O respeitante à providência adoptada.

Para o que se discute, os dois primeiros segmentos não são relevantes, apenas não se devendo esquecer que, para o mesmo tipo de situação, poderia ter sido oficiosa a iniciativa do procedimento (artigo 4.º, alínea *n)*, da Lei n.º 43/98).

O que é decisivo é o segmento respeitante à providência adoptada.

E a providência foi a de recomendar "*à TVI que cumpra mais sistematicamente, na matéria, a legislação a que está obrigada, nomeadamente em sede de defesa da reserva da intimidade da vida privada dos cidadãos, seja em campanhas de fiscalização do alcoolismo seja num universo mais global".*

Nem mais, nem menos.

Nem a decisão de qualquer litígio entre o queixoso e a TVI, nem a determinação à TVI de qualquer comportamento, nem a aplicação de qualquer sanção.

Mais, nenhuma consequência ressalta do não cumprimento de tal recomendação.

Estamos perante um conselho, um aviso, uma opinião, opinião que tem o peso institucional da autoridade de regulação, mas que, como é próprio das recomendações, não obriga aquele a quem se dirige (cfr. DIOGO FREITAS DO AMARAL, com a colaboração de LINO TORGAL, "Curso de Direito Administrativo, Vol. II, Almedina 2001, pág. 273).

Ou seja, o acto em causa não visou produzir nem produziu qualquer efeito jurídico numa situação individual e concreta.

Não é acto administrativo (artigo 120.º, do CPA).

2.2.4. Alega, porém, a recorrente, que a recomendação produz efeitos lesivos, *"em função da obrigatoriedade da sua divulgação".*

E a EMMP, no seu parecer, explicita um pouco mais, considerando, na linha do Ac. deste STA, de 23.5.96, no processo n.º 39516, proferido no âmbito da anterior Lei da AACS, "*que a recomendação acarreta desvantagens para o órgão de comunicação visado: ou a cumpre e a sua imagem sofrerá desprestígio, ou não a cumpre e incorrerá em contra-ordenação punível com coima".*

Logo se vê que recorrente e Ministério Público saem do acto em causa para uma consequência exterior ao acto.

Com efeito, observámos que não está cominada qualquer consequência jurídica para o não cumprimento da recomendação.

Ocorre é que a Lei n.º 43/98, no artigo 24.º, determina a obrigatoriedade de publicação das recomendações, quaisquer que sejam, qualquer que seja o seu conteúdo, a sua natureza (vinculativas ou meramente opinativas).

E prevê, como contra-ordenação, o não cumprimento desse preceito – artigo 27.º.

Trata-se de previsão legal que nada tem a ver com a natureza do acto praticado pela AACS, pois, como se viu, qualquer que ele seja, é de publicação obrigatória.

É matéria, portanto, que só pode ser discutida em sede de processo de contra-ordenação, se chegar a ser instaurado.

Saber da bondade da Lei, enquanto determina a publicação obrigatória das recomendações da AACS, saber da verificação, em cada caso concreto, do dever de publicação, isto é, se deve considerar-se violada aquela imposição legal, em termos de dar lugar a aplicação da sanção correspondente, não é matéria do âmbito do recurso contencioso de anulação, é matéria do âmbito estrito do processo de contra-ordenação, se for instaurado.

O não cumprimento do disposto no artigo 24.º, n.º 2, alínea *c)*, e n.º 4, habilita a AACS à instauração de processo de contra-ordenação.

No processo respectivo, se chegar a ser instaurado, o interessado demonstrará por que não tinha de publicar a recomendação, podendo invocar, nomeadamente, a sua ilegalidade.

Se tiver razão, ou não chegará, sequer, a ser aplicada coima pela AACS, sendo o processo por ela arquivado (artigo 54.º, n.º 2, do DL 433/82), ou, já em tribunal, o processo será arquivado ou absolvido, sendo que é razão da absolvição a verificação de que os factos não constituem contra-ordenação (artigo 64.º, n.º 5, do DL 433/ /82, na redacção do DL n.º 244/95, de 14 de Setembro).

Quer dizer, ou não haverá, afinal, qualquer lesão, ou, se houver, a lesão existe na medida da sanção aplicada.

2.2.5. Das considerações precedentes, que conduzem à conclusão de irrecorribilidade, resulta que não fica em crise o direito à tutela jurisdicional efectiva dos administrados.

A recorrente não é directamente lesada pela recomendação que veio impugnar contenciosamente.

Apenas da não publicação pode resultar alguma consequência negativa para a sua esfera jurídica, e ela só pode ser determinada em processo de contra-ordenação, sujeito a um regime processual próprio, o do DL 433/82.

Eventuais debilidades de que esse regime processual possa enfermar, em termos da garantia de tutela jurisdicional efectiva, é no respectivo processo que devem ser suscitadas.

E isto sem deixar de se afirmar, já, que, julgando-se a irrecorribilidade da recomendação, evidentemente que são indiferentes à completa defesa do arguido no processo de contra-ordenação as vicissitudes respeitantes à sua reacção ou omissão de reacção àquela recomendação, fora de tal processo.

E pois que na alegação vem invocado o modelo francês, deve dizer-se que na afirmação precedente se patenteia o que se afigura ser uma das diferenças entre aquele modelo e o modelo português.

Na verdade, segundo se crê, no quadro da *Lei n.º 86--1067*, de 30 de Setembro de 1986, modificada pela *Lei n.º 2000-719* de 1 de Agosto de 2000 e pela *Lei n.º 2004-669*, de 9 de Julho de 2004, estabelece-se um modelo faseado de oposição às posições do *Conseil supérieur de l'audiovisuel*. A não reacção perante uma recomendação dá-a por consolidada, pelo que, na fase seguinte, se for aplicada sanção, já é só sobre os termos desta que se pode estabelecer a discussão, e não sobre a validade da recomendação cujo não acatamento é a base da punição.

3. Pelo exposto, nega-se provimento ao recurso.

Custas pela recorrente.

Taxa de justiça: 300 € (trezentos euros);

Procuradoria: 150 € (cento e cinquenta euros).

Lisboa, 11 de Maio de 2005.

Alberto Augusto Oliveira (Relator)
Rosendo José
Políbio Henriques

Recurso n.º 1234/04-12

APROVAÇÃO DE PROJECTO DE ARQUITECTURA. IRRECORRIBILIDADE.

(Acórdão de 5 de Abril de 2005)

SUMÁRIO:

I – O acto de aprovação do projecto de arquitectura é meramente instrumental e pré-ordenado à decisão final de licenciamento e destituído de autonomia funcional para por si só e desde logo ter eficácia lesiva, imediata e efectiva da esfera jurídica dos contra-interessados no licenciamento.

II – O acto lesivo é o acto final de licenciamento, que o recorrente poderá atacar com fundamento, designadamente, nos vícios do acto de aprovação do projecto de arquitectura (princípio da impugnação unitária).
Tal interpretação não ofende o art.º 25.º da LPTA, interpretado à luz do art.º 268.º, n.º 4 da CRP.

ACORDAM, EM CONFERÊNCIA, OS JUÍZES DA SECÇÃO DE CONTENCIOSO ADMINISTRATIVO DO SUPREMO TRIBUNAL ADMINISTRATIVO:

I – RELATÓRIO

Josefa Magalhães dos Santos Fernandes, com os sinais dos autos, interpõe recurso da decisão do Mmo. Juiz do Tribunal Administrativo do Círculo do Porto, que rejeitou o presente recurso contencioso interposto do despacho de 08.02.2002 do Presidente da Câmara Municipal de Póvoa de Lanhoso, por irrecorribilidade do acto impugnado.

Termina as suas alegações de recurso, formulando as seguintes CONCLUSÕES:

1 – O acto recorrido é um verdadeiro acto administrativo e não um mero acto preparatório do procedimento

administrativo de licenciamento, por possuir as características essenciais do acto administrativo.

2 – Assim, o acto administrativo é, doutrinalmente, um acto horizontal, material e verticalmente definitivo, já que do mesmo decorrem efeitos lesivos para um particular, deixando este de ser parte no procedimento, definiu uma situação jurídica concreta e foi decidido pelo mais alto superior hierárquico, no âmbito da administração autónoma, da Câmara Municipal de Póvoa de Lanhoso.

3 – Quanto à lesividade do acto, o acto recorrido possui um conteúdo decisório (estatuição autoritária) definindo imediatamente a implantação e configuração do prédio, com isso identificando o terreno por ele abrangido, afectando os direitos subjectivos e simultaneamente da colectividade.

4 – O acto recorrido produz efeitos jurídicos numa situação individual e concreta definindo a configuração e utilidade do edifício, as implicações no local onde se encontra implantado, com isso individualiza ou são individualizáveis os titulares dos direitos que serão atribuídos por força do alvará de licenciamento dos particulares afectados.

5 – Integrado num procedimento administrativo autónomo, no seio do qual se assume como acto principal, o acto recorrido não é um mero acto preparatório do acto de licenciamento do edifício, já que o acto recorrido é definidor quer da instalação da unidade industrial naquele local, da sua implantação no terreno e das condições de funcionamento requeridas pelo recorrido particular e deferidas pelo referido Presidente.

6 – O acto de aprovação ora impugnado constitui um acto administrativo funcionalmente autónomo pois é por esse acto que se operaram as transformações na ordem jurídica.

7 – Sendo certo que a alteração introduzida no art.º 268.º da CRP pela lei Constitucional n.º 1/89, consistiu em fazer recair a recorribilidade não na circunstância do acto ser definitivo e executório, mas na sua lesividade, assim se pretendendo consagrar uma garantia de accionabilidade em relação aos actos que lesem direitos ou interesses legalmente protegidos dos particulares.

8 – Colocando-se assim a tónica do critério da recorribilidade contenciosa dos actos administrativos na sua idoneidade efeitos imediatos, actual e efectivamente lesivos daqueles direitos ou interesses, concretizando assim o imperativo constitucional de um contencioso administrativo de plena jurisdição.

9 – Nestes termos, a sentença violou, para além de outros, os art.º 25.º da LPTA e art.º 264.º, n.º 4 da CRP.

Contra-alegou a recorrida CONCLUINDO assim:

I – O D. L. n.º 445/91, de 20.01, posteriormente alterado pelo DL 250/94, de 15.10, que aprovou o regime de licenciamento de obras particulares, impõe para o licenciamento a tramitação prevista no respectivo capítulo II sob a epígrafe "Processo de Licenciamento".

II – Segundo o art.º 1.º, n.º 2 do mesmo diploma legal, o licenciamento engloba a totalidade da obra a executar e a deliberação da Câmara Municipal sobe o pedido de licenciamento " incorpora a aprovação de todos os projectos apresentados" (art.º 19.º, n.º 3 do mesmo diploma legal).

III – E, assim, na subsecção II do mesmo capítulo, sob o título "Do pedido de licenciamento", vêm definidas as diversas fases porque há-de passar o processo até ao acto definitivo do licenciamento:

1.º Requerimento (art.º 14.º)
2.º Instrução do processo (art.º 15.º)
3.º Saneamento e apreciação liminar (art.º 16.º)
4.º Apreciação do Projecto de Arquitectura (art.º 17.º)
5.º Consultas no âmbito dos projectos das especialidades (art.º 19.º)
7.º Licença de Construção (art.º 20.º).

IV – O acto final, o verdadeiro acto administrativo definitivo, executório e eventualmente lesivo de direitos é o acto que concede o licenciamento.

Todos os actos que o antecedem são meramente preparatórios da decisão final.

V – E isto vale para o despacho que apreciar o projecto de arquitectura.

VI – Dispõe o art.º 17.º do já citado DL 445/91 que "à apreciação do projecto de arquitectura incide sobre a verificação de conformidade do plano de pormenor ou com o alvará de loteamento e com outras normas legais e regulamentares em vigor, bem como sobre o aspecto exterior dos edifícios e sua inserção no ambiente urbano e na paisagem"

VII – E é sobre isso que a CM delibera. Daí que quando na informação dos serviços se refere "a implantação satisfaz" se reporta tão só às normas legais em vigor.

VIII – A verdadeira análise é feita aquando da Informação final onde são escalpelizados todos os aspectos inerentes ao licenciamento, designadamente a lesão de eventuais direitos de terceiros que mereçam a tutela jurídica.

IX – Mas ainda por outra ordem de razões se entende que o projecto de arquitectura é apenas uma fase sem autonomia no processo de obras. É que a apreciação positiva do projecto de arquitectura não significa que o particular tenha qualquer direito a ver deferido o pedido de licenciamento.

Nada impede que a resolução final do processo de licenciamento, **necessária e obrigatoriamente subsequente**, tenha uma decisão desfavorável à pretensão do particular.

X – O projecto de arquitectura é objecto de uma apreciação condicionada à apresentação dos projectos de especialidade no prazo de 180 dias, sob pena de caducidade.

XI – É um acto prévio de natureza verificativa, na medida em que não é com base nele que o particular pode promover e executar a operação urbanística pretendida.

Para tal, o particular terá que dar continuidade ao procedimento administrativo tendente ao licenciamento da obra, este sim, consubstanciando o acto que se pronuncia de forma final e definitiva sobre a obra tendo, por isso, a verdadeira natureza permissiva.

XII – No caso concreto, o que, justamente, acontece é que o acto de que se interpôs recurso contencioso de anulação não representa a última palavra da Câmara Municipal na matéria.

XIII – A apreciação do projecto de arquitectura é um acto preliminar, com ausência de autonomia principal para, por si próprio e desde logo, ter eficácia lesiva e imediata na esfera jurídica dos particulares.

XIV – Só o acto de licenciamento define, concreta e individualmente, a situação do requerente e só o acto proferido neste âmbito teria idoneidade para produzir efeitos jurídicos lesivos imediatos em relação à ora recorrente.

XV – O despacho recorrido insere-se na fase instrutória do procedimento específico de licenciamento de obras que tem como acto final ou constitutivo a decisão sobre o pedido formulado desse licenciamento.

XVI – Esse acto de aprovação do projecto de arquitectura, é um acto preliminar, sem autonomia funcional, que tem apenas uma função instrumental e pré-ordenada à produção do acto final-principal, definidor e constitutivo do licenciamento da obra.

XVII – Os seus efeitos são apenas virtuais ou meramente eventuais, pois, na falta do acto final de licenciamento, a que se subordina como fim a que tende, tal acto não se consolida como caso decidido ou resolvido.

XVIII – O acto impugnado contenciosamente não tem eficácia lesiva imediata, actual e efectiva dos direitos ou interesses invocados pela recorrente.

O recorrido particular também contra-alegou, CONCLUINDO que:

I – O DL 445/91, de 20.11, posteriormente alterado parcialmente pelo DL 250/94, de 15.10, que aprovou o regime de licenciamento de obras particulares, impõe para o licenciamento a tramitação prevista no respectivo capítulo II sob a epígrafe "Processo de Licenciamento".

II – Segundo o art.º 1.º, n.º 2 do mesmo diploma legal, o licenciamento engloba a totalidade da obra a executar e a deliberação da Câmara Municipal sobre o pedido de licenciamento "incorpora a aprovação de todos os projectos apresentados" (art.º 19.º, n.º 3 do mesmo diploma legal).

III – E, assim, na subsecção II do mesmo capítulo, sob o título "Do pedido de licenciamento", vêm definidas as diversas fases porque há-de passar o processo até ao acto definitivo do licenciamento.

IV – O acto final, o verdadeiro acto administrativo definitivo, executório e eventualmente lesivo de direitos é o acto que concede o licenciamento, todos os que o antecedem são meramente preparatórios da decisão final.

V – E isto vale para o despacho que apreciar o projecto de arquitectura.

VI – Dispõe o art.º 17.º do já citado DL 445/91 que "a apreciação do projecto de arquitectura incide sobre a verificação de conformidade do plano de pormenor ou com o alvará de loteamento e com outras normas legais e regulamentares em vigor, bem como sobre o aspecto exterior dos edifícios e sua inserção no ambiente urbano e na paisagem."

VII – E é só sobre isso que a CM delibera. Daí que quando na informação dos serviços se refere "a implantação satisfaz" se reporta tão só às normas legais em vigor.

VIII – A verdadeira análise é feita aquando da informação final onde são escalpelizados todos os aspectos inerentes ao licenciamento, designadamente a lesão de eventuais direitos de terceiros que mereçam a tutela jurídica.

IX – Mas ainda por outra ordem de razões se entende que o projecto de arquitectura é apenas uma fase sem autonomia no processo de obras. É que a apreciação positiva do projecto de arquitectura não significa que o particular tenha qualquer direito a ver deferido o pedido de licenciamento.

Nada impede que a resolução final do processo de licenciamento, **necessária e obrigatoriamente subsequente**, tenha uma decisão desfavorável à pretensão do particular.

X – O projecto de arquitectura é objecto de uma apreciação condicionada à apresentação dos projectos de especialidade no prazo de 180 dias, sob pena de caducidade.

XI – É um acto prévio de natureza verificativa, na medida em que não é com base nele que o particular pode promover e executar a operação urbanística pretendida.

Para tal, o particular terá que dar continuidade ao procedimento administrativo tendente ao licenciamento da obra, este sim, consubstanciando o acto que se pronuncia de forma final e definitiva sobre a obra tendo, por isso, a verdadeira natureza permissiva.

XII – No caso concreto, o que, justamente, acontece é que o acto de que se interpôs recurso contencioso de anulação não representa a última palavra da Câmara Municipal na matéria.

XIII – A apreciação do projecto de arquitectura é um acto preliminar, com ausência de autonomia principal para, por si próprio e desde logo, ter eficácia lesiva e imediata na esfera jurídica dos particulares.

XIV – Só o acto de licenciamento define, concreta e individualmente a situação do requerente e só o acto proferido neste âmbito teria idoneidade para produzir efeitos jurídicos lesivos imediatos em relação à ora recorrente.

XV – O despacho recorrido insere-se na fase instrutória do procedimento específico de licenciamento de obras que tem como acto final ou constitutivo a decisão sobre o pedido formulado desse licenciamento.

XVI – Esse acto de aprovação do projecto de arquitectura, é um acto preliminar, sem autonomia funcional, que tem apenas uma função instrumental e pré-ordenada à produção do acto final principal, definidor e constitutivo do licenciamento de obra.

XVII – Os seus efeitos são apenas virtuais ou meramente eventuais, pois, na falta do acto final de licenciamento, a que se subordina como fim a que tende, tal acto não se consolida como caso decidido ou resolvido.

XVIII – O acto impugnado contenciosamente não tem eficácia lesiva imediata, actual e efectiva dos direitos ou interesses invocados pela recorrente.

O Digno Magistrado do MP emitiu parecer no sentido do não provimento do recurso, em conformidade com a jurisprudência firme deste Supremo Tribunal Administrativo, que cita.

Colhidos os vistos legais, cabe decidir.

II – OS FACTOS

A decisão recorrida considerou assentes os seguintes factos, que ora se submetem a alíneas:

a) A recorrente impugna o acto datado de 8.2.2002 da entidade recorrida, que prova pelo doc. junto a fls. 8, com o seguinte teor:

"Informação

Autor: Fernando Joel Gonçalves Machado, Com. Civil Dipl.

Descrição: Alteração da implantação e do projecto de arquitectura de edifício destinado a estabelecimento industrial da classe C

PDM

Ordenamento Espaço Urbano – Nível 1
Condicionantes
Implantação: A implantação apresentada cumpre os afastamentos às extremas do terreno anteriormente autorizados
PARECER: Não se colocando objecções relativamente às alterações introduzidas na implantação do edifício e no seu projecto de arquitectura, proponho o deferimento do pedido, devendo a porta prevista na sub-cave destinar-se exclusivamente a saída de emergência.

Refira-se que o requerente ainda não apresentou os projectos de especialidades e documento comprovativo da entrada das alterações ao projecto na Delegação Regional de Economia do Norte, pelo que deverá ser mantido o embargo das obras até que tais elementos sejam entregues. 7.2.2002.

"*Despacho:*

Deferido nos termos da informação dos serviços.

Mantém-se, contudo, o embargo enquanto não for dado cumprimento ao constante na Inf. dos serviços.

Notifique-se a.... que apresentou reclamação no presente processo. 8.2.2002."

b) Deste despacho foi dado conhecimento à ora recorrente e ao recorrido particular.

c) Em 4.3.2002, o recorrido particular fez dar entrada nos serviços da Câmara os elementos documentais em falta.

d) Em 6.3.2002 foi prestada a seguinte Informação: "O projecto de arquitectura encontra-se aprovado por despacho emitido em 08.02.2002.

O requerente apresentou os projectos de especialidades.

Proponho o deferimento do pedido de licenciamento de obras para efeitos de emissão do alvará de licença de construção."

e) Sobre esta informação recaiu o seguinte despacho com a mesma data proferido pela entidade recorrida: "*Defiro o pedido de licenciamento de obras para efeitos de emissão de alvará de licença de construção*".

III – O DIREITO

A única questão que se suscita no presente recurso jurisdicional é a de saber se o acto camarário de 08.02.2002, que aprovou o projecto de arquitectura apresentado pelo recorrido particular, é um acto administrativo lesivo para efeitos do art.º 264.º, n.º 4 da CRP e, portanto, recorrível contenciosamente.

O Mmo juiz "*a quo*" entendeu que tal acto não era recorrível, por se tratar de acto meramente preparatório da decisão final que consiste no deferimento do licenciamento pretendido, e, portanto, não tem autonomia funcional para, por si próprio e desde logo, ter eficácia lesiva imediata e efectiva da esfera jurídica dos recorrentes.

A recorrente não se conforma com tal decisão, por considerar, em síntese, que se não trata de um mero acto preparatório do acto de licenciamento, mas sim um acto administrativo funcionalmente autónomo e lesivo, já que possui conteúdo decisório, definindo imediatamente a implantação e configuração do prédio e com isso afectando os direitos subjectivos e simultaneamente da colectividade.

A natureza do acto de aprovação do projecto de arquitectura tem sido discutida na doutrina e na jurisprudência[1].

E como vem referido pelo MP, no seu douto parecer, constitui hoje jurisprudência sucessivamente reiterada deste Tribunal, que em face da disciplina jurídica constante do DL 445/91, de 20.11, na redacção do DL 250/ /94, de 15.10, designadamente o n.º 3 do seu art.º 19.º, que dispõe que a deliberação da câmara municipal sobre o pedido de licenciamento «*incorpora a aprovação de todos os projectos apresentados*», que o acto de aprovação do projecto de arquitectura é meramente instrumental e pré-ordenado à decisão final de licenciamento, destituído de autonomia funcional para por si próprio e desde logo ter eficácia lesiva, imediata e efectiva da esfera jurídica dos contra-interessados no licenciamento[2]. O acto de licenciamento, em que culmina o procedimento administrativo é que lesa directamente o particular, consumindo, pela afirmação da legalidade das obras a efectuar, os efeitos produzidos pelo acto anterior.

E, assim sendo, o acto de aprovação do projecto de arquitectura impugnado, inserido no procedimento que culminou no licenciamento da construção, não revestiu, perante este acto final, autonomia funcional, nem teve, desde logo, eficácia lesiva imediata na esfera jurídica da recorrente. O acto que aprovou o projecto de arquitectura foi assim e apenas, um acto *potencialmente* lesivo dos interesses da recorrente, que só viu serem lesados efectiva e imediatamente os seus interesses com o licenciamento da obra.

Consequentemente, apenas cabia recurso contencioso do posterior acto final de licenciamento, que a recorrente poderia então atacar com fundamento, sendo caso, nos vícios dos actos instrumentais, designadamente do aqui impugnado acto de aprovação do projecto de arquitectura (*princípio da impugnação unitária*).

Não se verifica, pois, a pretendida violação, pela decisão recorrida, do art.º 25.º da LPTA, interpretado em conformidade com o art.º 268.º, n.º 4 da CRP.

No sentido de que o entendimento atrás referido não viola aqueles preceitos legais já se pronunciou também este Tribunal[3] e o Tribunal Constitucional que no Acórdão n.º 40/2001[4], decidiu «*não declarar inconstitucional a norma do art.º25.º, n.º1 da LPTA, interpretada no sentido de não admitir recurso contencioso contra o acto de aprovação do projecto de arquitectura*».

Segundo este último Tribunal, o art.º 268.º, n.º 4 da CRP reconhece o direito a uma tutela jurisdicional efectiva, incluindo, nomeadamente, a impugnação de quais-

[1] Na doutrina, as opiniões divergem, nomeadamente, há quem considere que a aprovação de projecto de arquitectura é um acto prévio, que se pronuncia sobre um conjunto de condições de um modo final e vinculativo para a Administração, mas só produz efeitos jurídicos relativamente ao recorrente da licença de construção, pelo que tal acto não tem eficácia imediata e, por isso, lesiva da esfera jurídica dos contra-interessados no licenciamento (Fernanda Paula Oliveira, CJF, n.º 13, p.51-57), quem defenda que o acto de aprovação do projecto de arquitectura pode lesar os direitos desses contra-interessados, mas só é eficaz com a emissão da respectiva licença de construção, em virtude do n.º 3 do art.º 20.º do DL 445/91 (João Gomes Alves, CJA, n.º 17, p.13-16) e ainda quem entenda que embora a recorribilidade do acto de aprovação do projecto de arquitectura coloque certos problemas e possa ter efeitos perversos, deve ser admitida, embora facultativamente, ou seja, sem prejuízo da impugnação do acto de licenciamento, no recurso interposto do acto final de licenciamento (Cons. Mário Torres, CJA, n.º 27, p.41-45)..

[2] Vide, além dos acórdãos citados pelo MP, os Acs. STA de 05.05.98, rec. 43.497, de 30.09.99, rec. 44672, 08.02.01, rec. 45 490, 21.02.01, rec. 45.789, de 23.10.01, rec. 47714, de 16.05.2002, rec. 47.070, de 22.10.2003, rec. 660/02, de 22.01.2004, rec. 1578/03 e de 28.11.2004, rec. 1878/02

[3] Vide to citado Ac. STA de 22.10.03, rec. 660/02 do Cons. Santos Botelho, Contencioso Administrativo, 4ª ed., p. 286 e 287.

[4] P.405/99, de 31.01.2001

quer actos administrativos que lesem os administrados, independentemente da sua forma. Contudo, tal não impõe a impugnabilidade contenciosa imediata de todos os actos ainda que mediata ou potencialmente lesivos, podendo o legislador estabelecer condicionamentos a essa impugnação, desde que não sejam intoleráveis.

Com efeito, a tutela jurisdicional efectiva dos administrados não resulta inviabilizada – nem sequer ilegitimamente restringida – pela exigência legal que impõe que o acto administrativo impugnado defina, com carácter definitivo, a situação jurídica do interessado. Trata-se, é certo, de um condicionamento que o legislador pode impor, por não ser excessivo, do direito de recurso contencioso, sendo certo que, podendo recorrer-se contenciosamente desse acto definitivo, não se viola a garantia contenciosa dos actos administrativos lesivos de direitos ou interesses legalmente protegidos, consagrada no art.º 268.º, n.º 4 da Lei Fundamental[5].

Face ao exposto, o presente recurso não pode merecer provimento.

IV - DECISÃO

Termos em que acordam os juízes deste Tribunal **em negar provimento ao recurso.**

Custas pela recorrente, fixando a taxa de justiça em €300 e procuradoria em €150.

Lisboa, 05 de Abril de 2005.

Fernanda Xavier (Relatora)
João Belchior
Alberto Augusto Oliveira

Recurso n.º 100/04-12

ASSOCIAÇÃO SINDICAL. LEGITIMIDADE ACTIVA. RECURSO CONTENCIOSO. DEFESA COLECTIVA DE INTERESSES INDIVIDUAIS.

(Acórdão de 11 de Maio de 2005)

SUMÁRIO:

I- **A disposição do n.º 3 do art. 4.º do DL 84/99, de 19.3, ao reconhecer às associações sindicais legitimidade «*para a defesa colectiva dos direitos e interesses individuais legalmente protegidos dos trabalhadores que representem*», consagra a legitimidade processual activa dessas mesmas associações para a defesa dos direitos e interesses individuais de um só trabalhador.**

II- **Assim, o Sindicato dos Enfermeiros tem legitimidade para interpor recurso contencioso do acto que negou a vários dos seus associados a atribuição de um suplemento de risco calculado em percentagem do índice 100 da escala salarial da carreira do pessoal de enfermagem.**

ACÓRDÃO

O Sindicato dos Enfermeiros Portugueses interpôs, em representação dos seus associados Maria Helena Tempera Filipe e outros, no Tribunal Central Administrativo, recurso contencioso **pedindo a anulação do despacho** do Sr. Secretário de Estado Adjunto do Ministro da Justiça, de 28/05/2001, que revogou o seu anterior despacho que concedera provimento ao recurso hierárquico do despacho do Sr. Presidente do Conselho Directivo do Instituto de Gestão Financeira, relativo à atribuição de um suplemento de risco calculado em percentagem do índice 100 da escala salarial da carreira do pessoal de enfermagem.

O **Ilustre Magistrado do Ministério Público**, na sua vista inicial, **suscitou a questão da legitimidade activa do Recorrente** argumentando que as associações sindicais só tinham legitimidade para impugnar contenciosamente os actos que fossem lesivos dos interesses colectivos dos trabalhadores seus associados e não dos actos que afectassem apenas a situação individual de cada um deles e que, sendo assim, e sendo que, *in casu*, o acto impugnado afectava tão somente interesses individuais dos seus representados, o Recorrente carecia de legitimidade para litigar.

Por douto **Acórdão daquele Tribunal foi entendido** que o Recorrente podia "*exercitar o direito quer procedimental quer jurisdicional com vista á tutela da defesa dos interesses individuais dos trabalhadores seus representados*", pelo que tinha "*legitimidade processual para estar em juízo, através do presente recurso contencioso de anulação para impugnar os despachos recorridos que afectem juridicamente*" os seus associados.

É contra o assim decidido que vem este **recurso jurisdicional, interposto pelo Ilustre Magistrado do Ministério Público**, onde se formulam as seguintes **conclusões:**

1. A legitimidade activa dos sindicatos consubstancia-se na defesa colectiva dos interesses dos trabalhadores e não consente a intervenção na defesa individual de interesses particulares, concurso contrário do que entende o Acórdão recorrido.

2. Decidindo como decidiu, ao invés do promovido pelo Ilustre Magistrado do Ministério Público, o douto Acórdão recorrido violou, por erro de interpretação e aplicação, os art.s 46.º, n.º 1, § 4.º do art.º 57.º do RSTA, 821.º, n.º 2, do Cod. Administrativo, e n.os 3 e 4 do art.º 4.º do DL 84/99, de 19/3, e 26.º do CPC.

Contra alegando o Sindicato dos Enfermeiros Portugueses formulou as seguintes conclusões:

1. O Recorrido veio a juízo em representação e defesa (ou em representação e substituição, também assim se pode dizer) de associados seus e a pedido deles.

2. E fê-lo estribado nos art.s 2.º, n.º 2, (este porque supera uma concepção de direitos fundamentais exclusivamente centrada nos indivíduos) e 56.º, n.º 1, da CRP, nos art.s 1.º, 2.º, al. c) e 3.º, al. d), da Lei 78/98, de 19/11, (que resulta de proposta de lei apresentada pelo Governo à Assembleia da República em cumpri-

[5] Cf., entre outros, os Acs. TC n.º 9/95 e 115/96, DR II Série, de 22.03.95 e de 06.05.96, respectivamente e ac. 676/98

mento de obrigação legal) e no art.º 4.º, n.os 3 e 4 do DL 48/99, de 19/3.

3. Ora o Recorrente interpreta o art.º 4.º, n.º 3, do DL n.º 84/99, de 19/3, como se a expressão "colectiva" ali empregue qualificasse os direitos e interesses individuais legalmente protegidos dos trabalhadores que o Recorrente representa e não a defesa, em sede de tutela jurisdicional efectiva, desses mesmos direitos e interesses. Com o que

4. E salvo o merecido respeito, não faz boa interpretação do direito aos factos.

5. Na nossa arquitectura constitucional a dignidade da pessoa humana é o princípio axiológico fundamental da República – o qual fundamenta e confere unidade aos direitos fundamentais, passando também pelos direitos dos trabalhadores. Por isso,

6. E por "incorporação constitucional", as associações sindicais são "elementos funcionais" da nossa ordem jurídico-constitucional – é dizer, são "*associações necessárias*" (que não meramente lícitas) no nosso sistema político – constitucional, que é do "*Estado de direito democrático*". Assim,

7. A legitimidade processual das associações sindicais dos trabalhadores da Administração Pública para exercerem a tutela jurisdicional efectiva em defesa dos direitos e interesses individuais dos trabalhadores – um só ou mais – que representam não é configurável como "qualidade pessoal", porquanto envolve a defesa da legalidade, directa ou colaborante, para reintegração da ordem jurídica violada. E,

8. Salvo o merecido respeito, é isso que resulta dos art.s 12.º, n.º 2 (este porque supera uma concepção de direitos fundamentais exclusivamente centrada nos indivíduos) 55.º, n.º 1, e 56.º, n.º 1, da Constituição, dos art.s 1.º, 2.º, c) e 3.°, d), da Lei n.º 78/98, de 19/11 (que resulta de proposta de lei apresentada pelo Governo à Assembleia da República em cumprimento de "obrigação legal") e do art.º 4.º, n.os 3 e 4, do DL n.º 84/99, de 19/3, – do que decorre a inconstitucionalidade do art.º 46.º, n.º 1, do R.S.T.A. e do art.º 821.°, n.° 2, do Código Administrativo, na interpretação que deles é defendida pelo ora Recorrente.

9. Por outro lado, a Lei n.º 78/98, de 19/11, reproduz, no aspecto sob observação, a Proposta de Lei que o Governo apresentou à Assembleia da República – apresentação essa em cumprimento de "obrigação legal" (cfr. actos 1.º, n.º 1, 5.º, n.º 3, 6.º h) e 10.º, n.º 1, i), da Lei n.º 23/98, de 26 de Maio, em leitura conjugada). Sendo que,

10. Nas palavras proferidas na Assembleia da República pelo membro do Governo a proposta de lei "*reproduz, com fidelidade e rigor*" o que as associações sindicais "*consensualizaram ... com o Governo*". E, ainda,

11. De outra banda, a Lei n.º 78/98, de 19/11 – enquanto "*autorização legislativa*" – é "*lei de valor reforçado*". Assim,

12. O art.º 4.º, n.º 3, do DL n.º 84/99, de 19/3, quando interpretado e aplicado aquém do "sentido" do art.º 3.ºº, d), da Lei n.º 78/98, de 19/11, é inconstitucional, por colisão com os art.s 112.º, n.º 2, e 165.º, n.º 2, da Constituição.

13. Finalmente, a solução preconizada pelo Recorrente não se harmoniza com a orientação do Supremo Tribunal Administrativo no acórdão n° 1888/03, do Pleno, de 6/Maio/2004, e nos acórdãos da 2ª Subsecção de 25/Maio/2004, Proc.º n° 61/04, e de 21/Setembro/2004, Proc.º n.º 1970/03-12.

Mostrando-se colhidos os vistos legais **cumpre decidir**.

FUNDAMENTAÇÃO

I. MATÉRIA DE FACTO

A decisão recorrida julgou **provados os seguintes factos**:

1. Os associados Recorrente Maria Helena Tempera Filipe e outros indicados na petição inicial são enfermeiros na Direcção Geral dos Serviços Prisionais.

2. Em 5/01/2001 o Recorrente interpôs no Ministério da Justiça recurso hierárquico necessário do acto do Sr. Presidente do Conselho Directivo do Instituto de Gestão Financeira e Patrimonial da Justiça que calculava o suplemento de risco "*com base no valor do índice 100 da escala salarial do regime geral*" e não "*com base no valor do índice 100 da escala remuneratória da carreira de enfermagem*" – doc. 1 junto com a petição inicial.

3. O Sr. Secretário de Estado Adjunto do sr. Ministro da Justiça, por despacho de 29/3/2001, concordando com a informação da Auditoria Jurídica, deu provimento ao recurso concluindo, pois, que o suplemento de risco a que o pessoal de enfermagem tem direito é calculado em percentagem do índice 100 da escala salarial da sua carreira.

4. A Autoridade Recorrida com fundamento em parecer da Auditoria Jurídica, em 28/5/2001, exarou despacho revogatório daquele outro mencionado em 3, que concedera provimento ao recurso hierárquico necessário.

II. O DIREITO

A **questão que se nos coloca** é a de saber se as associações sindicais têm, ou não, legitimidade para intervir em juízo em defesa dos interesses individuais de um seu associado.

Trata-se de questão que foi já por diversas vezes, e por forma contraditória, abordada pela jurisprudência deste Supremo Tribunal e do Tribunal Central Administrativo o que motivou a interposição de recurso para o Pleno, por oposição de julgados.

Deste modo, e num julgamento por oposição de julgados, foi recentemente tirado Acórdão no Tribunal Pleno, com voto de vencido do aqui Relator, que foi assim sumariado:

"*I – A disposição do n.º 3 do art. 4 do DL 84/99, de 19.3, ao reconhecer às associações sindicais legitimidade* «para a defesa colectiva dos direitos e interesses individuais legalmente protegidos dos trabalhadores que representem», *consagra a legitimidade processual activa dessas mesmas associações para a defesa dos direitos e interesses individuais de um só trabalhador.*

II – Assim, o Sindicato dos Enfermeiros tem legitimidade para interpor recurso contencioso de acto que negou a uma das suas associadas a atribuição de compensação monetária por trabalho extraordinário prestado pela mesma associada."

Acórdão de 25/01/2005 (rec. 1771/03)

Sendo assim, e sendo que a uniformidade da jurisprudência é um dos valores que se impõe preservar, importa acompanhar o que se decidiu no citado Aresto do Pleno.

Aquele entendimento foi assim justificado:

"*2. Como se relatou, o acórdão recorrido teve por objecto sentença TAC de Coimbra, que rejeitou, por ilegitimidade do recorrente Sindicato dos Enfermeiros, o recurso contencioso de anulação por este interposto, em representação de uma sua associada, de despacho do Administrador Delegado do Hospital de Sobral Cid, que negara a esta interessada o pagamento de trabalho extraordinário por ela prestado no mês de Janeiro de 2000.*

O acórdão invocado como fundamento do presente recurso teve igualmente por objecto sentença do TAC, que rejeitara recurso contencioso interposto pelo mesmo Sindicato do Enfermeiros, em representação de uma sua associada, contra acto administrativo que determinara o reposicionamento desta na escala remuneratória e consequente reposição de montantes pela mesma interessada recebidos.

São, pois, idênticas as situações de facto subjacentes aos dois acórdãos referidos.

Porém, o acórdão recorrido decidiu pela confirmação da sentença recorrida, enquanto o acórdão fundamento, pelo contrário, revogou a sentença que tinha por objecto.

E as decisões de sentido oposto, afirmadas em cada um dos acórdãos, basearam-se em interpretações divergentes e opostas, extraídas da mesma disposição legal, contida no n.º 3 do art. 4.º do DL 84/99, de 19/3, que estabelece: «3. É reconhecida às associações sindicais legitimidade processual para defesa dos direitos e interesses colectivos e para defesa colectiva dos direitos e interesses individuais legalmente protegidos dos trabalhadores que representem, beneficiando da isenção do pagamento da taxa de justiça e das custas».

Com efeito, o acórdão recorrido considerou que, com tal preceito, o legislador, «ao atribuir legitimidade processual aos sindicatos da função pública, fê-lo tendo em vista a prossecução em juízo dos interesses socioprofissionais da classe que representam e não os interesses individuais dos respectivos trabalhadores».

Pelo contrário, o acórdão fundamento entendeu que tal preceito mostra que «a intenção do legislador em realçar a intervenção social das associações sindicais, também na defesa dos direitos e interesses individuais dos trabalhadores legalmente protegidos».

Assim, como se concluiu já a fls. 150 a 153, dos autos, temos que entre os referidos acórdãos existe oposição de julgados, relevante para o prosseguimento do presente recurso, quanto à questão fundamental de direito, que consiste em saber se os sindicatos têm ou não legitimidade para intervir em juízo, para defesa de interesse meramente individual de um seu associado.

3. Como se referiu, o acórdão recorrido deu resposta negativa a essa questão, seguindo o entendimento de que, para que os sindicatos tenham legitimidade processual, no que se refere aos direitos e interesses legalmente protegidos dos trabalhadores, é necessário que esteja em causa um universo de indivíduos desses que representem e nunca um só. Para além da situação de defesa dos direitos e interesses colectivos dos respectivos associados, seria esse o significado da referência, contida no citado n.º 3 do art. 4.º do DL 84/99, à «defesa colectiva dos direitos e interesses individuais legalmente protegidos dos trabalhadores».

Este entendimento corresponde à orientação que, sobre a questão, tem seguido parte da jurisprudência, designadamente deste Supremo Tribunal, para a qual a matriz da questionada legitimidade processual «contém-se na "defesa dos direitos e interesses colectivos" (defesa única de interesses comuns) e na "defesa colectiva dos direitos e interesses individuais" (defesa única de um conjunto de interesses individuais). Em todo o caso sempre na pluralidade, ou de interesses (interesses colectivos) ou de sujeitos (defesa colectiva)» *– vd. Acórdãos de 4.3.04 (R.º 1945/03) e de 3.11.04 (R.º 2018/03).*

Contra este entendimento, sustenta o recorrente que, ao reconhecer às associações sindicais legitimidade «para a defesa colectiva dos direitos e interesses individuais legalmente protegidos dos trabalhadores que representem», *a lei está a conferir-lhes legitimidade para assumirem em juízo a defesa do interesse individual de um dos seus associados.*

E é esta interpretação que temos por mais acertada. Em conformidade, aliás, com a que tem sido, sobre a questão em apreço, a orientação dominante da mais recente jurisprudência deste Supremo Tribunal. Vejam-se os acórdãos desta 1ª Secção de 6.2.03 (R.º 1785/02), de 22.10.03 (R.º 655/03), de 25.5.04 (R.º 61/04), de 21.9.04 (R.º 1970/03) e de 7.10.04 (R.º 47/04).

A expressão «defesa colectiva», *usada no referenciado n.º 3, qualifica a própria defesa, significando que é assumida por um órgão representativo de toda uma classe profissional, como é o sindicato. Ao qual assiste, pois, legitimidade para assumir em juízo a defesa tanto dos direitos e interesses colectivos como a dos direitos e interesses individuais legalmente protegidos dos trabalhadores seus associados.*

Neste sentido já decidiu também este Pleno, no respectivo acórdão de 6.5.04, proferido no R.º 1888/03, em cujo sumário se afirma que «os sindicatos têm legitimidade para a interposição de recursos contenciosos em defesa de todos os direitos e interesses individuais legalmente protegidos dos trabalhadores que representem, em matéria sócio-profissional, independentemente de, no caso concreto, estar ou não em causa o interesse de todos os seus associados».

Esta interpretação é a que confere sentido útil ao preceito do n.º 4 do referenciado art. 4.º do DL 84/99, onde se estabelece a ressalva de que «a defesa colectiva dos direitos e interesses individuais legalmente protegidos prevista no número anterior não pode implicar limitação da autonomia individual dos trabalhadores».

Com efeito, esta ressalva não teria efectivo alcance prático se, como entende a orientação interpretativa em que se enquadra o acórdão recorrido, a legitimidade dos sindicatos existisse, apenas, para a defesa de interesses colectivos ou de interesses comuns a vários associados. Pois que, se assim fosse, a intervenção do sindicato na defesa do interesse comum, desde que solicitada por qualquer dos interessados, não poderia ser impedida pela eventual oposição de um ou mais dos restantes trabalhadores participantes desse mesmo interesse.

Isto para além de que a interpretação que ora se propugna, no sentido da mais ampla legitimidade activa das associações sindicais, é a que se mostra mais conforme com o texto constitucional, ao afirmar, no art. 56.º, n.º 1, que «compete às associações sindicais defender e promover a defesa dos direitos e interesses dos trabalhadores que representem».

Ante esta formulação, e no sentido da superação do entendimento da jurisprudência tradicional, que apontava para uma limitação da legitimidade das organizações sindicais restrita à defesa dos interesses colectivos sócio-profissionais dos seus associados, o Tribunal Constitucional tem vindo também a firmar jurisprudência no sentido de que às associações sindicais cabe a defesa dos direitos e interesses dos respectivos associados, sem estabelecer qualquer distinção entre interesses colectivos e meramente individuais.

Já no acórdão n.º 75/85, publicado no DR, I Série, n.º 118, de 23.5.85, que declarou a inconstitucionalidade, com força obrigatória geral de norma constante do Estatuto do Pessoal Civil dos Serviços Departamentais das Forças Armadas, que estabelecia que a apresentação e defesa dos interesses individuais seriam «feitas, directamente, pelos próprios, perante os respectivos chefes», *o Tribunal Constitucional considerou:...*

Ora, nesta última parte, já não se está obviamente, a regular as formas de participação do pessoal civil na vida dos respectivos organismos, mas a forma que obrigatoriamente deve revestir a apresentação e defesa dos interesses individuais de cada trabalhador.

E, mais concretamente, ao determinar-se que a apresentação e defesa de tais interesses terá de ser feita directamente pelos próprios, exclui-se necessariamente a defesa colectiva de interesses individuais, designadamente através da intervenção das associações sindicais.

Todavia, quando a Constituição, no n.º 1 do seu artigo 57.º (actual artigo 56.º), reconhece a estas associações competência para defenderem os trabalhadores que representem, não restringe tal competência à defesa dos interesses colectivos desses trabalhadores: antes supõe que ela se exerça igualmente para defesa dos seus interesses individuais.

...

Na sequência desta orientação, e reconhecendo também a «amplitude com que é constitucionalmente consagrada a finalidade da intervenção sindical», *o Tribunal Constitucional, no acórdão n.º 118/97, publicado no DR I Série, n.º 96, de 24.4.97, veio a considerar que* «a defesa dos interesses individuais dos trabalhadores que representem é uma competência própria dos sindicatos», *cuja actividade,* «não se confina à mera defesa dos interesses económicos dos trabalhadores, antes se prolonga na defesa dos respectivos interesses jurídicos ... e esta defesa exige a possibilidade de os sindicatos intervirem em defesa dos direitos e interesses individuais dos trabalhadores que representem, principalmente quando se trata de direitos indisponíveis».

A validade desta jurisprudência foi, ainda, expressamente reafirmada no acórdão do mesmo Tribunal Constitucional n.º 160/99, de 10 de Março de 1999 (Acórdãos do Tribunal Constitucional, 43.º volume, p. 7, ss.), que julgou inconstitucional, por violação do art. 56.º, n.º 1 da CRP, a norma que, na interpretação da decisão ali recorrida, se extrai dos arts 77.º, n.º 2, da LPTA, 46.º, n.º 1, do RSTA e 821.º, n.º 2 do Código Administrativo, segundo a qual os sindicatos carecem de legitimidade activa para fazer valer, contenciosamente, independentemente de expressos poderes de representação e de prova de filiação dos trabalhadores directamente lesados, o direito à tutela jurisdicional da defesa colectiva de interesses individuais dos trabalhadores que representem.

Assim, afastando-se do regime inicialmente estabelecido no DL 215-B/75, de 30/04, e no art. 53.º, n.º 3, do CPA, que não conferiam aos sindicatos às associações sindicais legitimidade para defesa de direitos individuais dos trabalhadores, esta orientação consolidou-se antes da publicação do citado DL 84/99, pelo que as normas deste diploma reflectem necessariamente o seu subsídio, à luz do qual deverão, pois, ser interpretadas.

Em suma: a disposição do n.º 3 do art. 4.º do DL 84/99, de 19.3, ao reconhecer às associações sindicais legitimidade «para a defesa colectiva dos direitos e interesses individuais legalmente protegidos dos trabalhadores que representem», *consagra a legitimidade processual activa dessas mesmas associações para a defesa dos direitos e interesses individuais de um só trabalhador.*

Ao entender de modo diverso, o acórdão recorrido fez incorrecta aplicação da lei, violando, por erro de interpretação, o citado n.º 3 do art. 4.º do DL 84/99, de 19 de Março, sendo, por isso, procedente a alegação do recorrente."

Nesta conformidade, e com argumentação que se acaba de transcrever, os Juízes que compõem este Tribunal **acordam em negar provimento ao recurso e em confirmar o douto Acórdão recorrido** e, consequentemente, **ordenar a baixa** dos autos ao Tribunal a quo para que, se nada o impedir, se conheça do mérito do recurso.

Sem custas.

Lisboa, 11 de Maio de 2005.

Costa Reis (Relator)
Rui Botelho
Azevedo Moreira

Recurso n.º 274/05-11

CONCURSO DE PROVIMENTO. LISTA DE CLASSIFICAÇÃO. ACTO DE HOMOLOGAÇÃO. RECURSO HIERÁRQUICO. INDEFERIMENTO TÁCITO. REVOGAÇÃO DO INDEFERIMENTO TÁCITO.

(Acórdão de 11 de Maio de 2005)

SUMÁRIO:

I – Num concurso de provimento de pessoal, tendo o concorrente classificado em 2.º lugar apresentado recurso hierárquico do despacho de homologação da respectiva lista de classificação, o acto que expressamente o defere é imediatamente lesivo para o opositor que na referida lista figurava em 1.º lugar já que, desse modo, se vê imediatamente arredado da nomeação para o lugar, mesmo que o procedimento devesse prosseguir com a elaboração de nova lista de classificação.

II – Se interposto recurso hierárquico, este não foi decidido no prazo legal previsto na lei, deverá considerar-se indeferido tacitamente.

III – Tendo o interessado que figurava no 1.º lugar da lista de classificação fundamentado o recurso contencioso – interposto do acto que decidiu

expressamente o recurso hierárquico –, entre o mais, na circunstância de a decisão expressa do recurso hierárquico constituir revogação ilegal do indeferimento tácito, nos termos do art. 141.º do CPA, por extemporânea, haverá que indagar se este vício é procedente ou não.

IV – Sendo ilegal a revogação, a anulação da decisão do recurso hierárquico impedirá o prosseguimento do procedimento e implicará a repristinação do acto de homologação e, por isso, em execução do julgado, a Administração deverá nomeá-lo para o lugar, por ter sido o vencedor do concurso.

V – Daí, também, que a decisão do recurso hierárquico deva ser autonomamente impugnada contenciosamente e se não possa, aqui, fazer apelo ao princípio da impugnação unitária, segundo o qual a ilegalidade desse acto seria invocável no eventual recurso contencioso que viesse a ser interposto da decisão que fosse tomada no âmbito de eventual recurso hierárquico que recaísse sobre o despacho de homologação da nova lista de classificação.

ACORDAM NA 1ª SUBSECÇÃO DA 1ª SECÇÃO DO STA

I – RELATÓRIO

Maria Helena Valente Ferreira da Silva Gonçalves Vieira, residente na Alameda Padre Álvaro Proença, lote C, 11.º-B, em Lisboa, recorre jurisdicionalmente do acórdão do TCA que rejeitou o recurso contencioso ali interposto do despacho do Secretário de Estado Adjunto do Ministro da Saúde de 23/07/2002, o qual revogara o despacho do Presidente do C.A. da R.S. de Lisboa e Vale do Tejo de homologação da lista de classificação relativa ao concurso aberto para provimento do cargo de director de Serviços de Planeamento e Apoio Técnico do quadro de pessoal da ARS de Lisboa e Vale do Tejo.

Nas alegações, conclui da seguinte maneira:

«I. O douto acórdão recorrido, ao rejeitar o recurso interposto pela recorrente, fez uma incorrecta interpretação da lei e sua aplicação aos factos, motivo pelo qual deve ser revogado.

II. Os fundamentos apresentados no acórdão padecem de erro ao pressuporem que o acto recorrido não era ainda horizontalmente e verticalmente definitivo.

III. Na verdade, o acto de homologação da lista de classificação era já definitivo, uma vez que o recurso hierárquico necessário apresentado por Anabela de Oliveira Fino Ruivo Crespo, 2ª classificada, ter sido tacitamente indeferido;

IV. A então recorrente, interpôs recurso hierárquico do acto de homologação, em 10 de Abril de 2000, para o então Secretário de Estado dos Recursos Humanos e da Modernização da Saúde, recurso esse que deu entrada no gabinete do membro do Governo supra referido, em 14 de Dezembro de 2000;

V. Por seu turno, o senhor Secretário de Estado dos Recursos Humanos e da Modernização da Saúde só se pronunciou sobre o recurso hierárquico necessário no dia 23 de Julho de 2002, a que acresce o facto de a recorrente só ter sido notificada do seu despacho no dia 13 de Março de 2003;

VI. Ora, se o recurso hierárquico havia sido recebido em 14 de Dezembro de 2000 no gabinete do senhor Secretário de Estado dos Recursos Humanos e da Modernização da Saúde, de acordo com o artigo 46.º do Decreto-Lei 204/98, de 11 de Julho, a sua decisão deveria ter sido tomada até 9 de Janeiro de 2001;

VII. A partir do dia 9 de Janeiro de 2001, e como infere o supra citado artigo 46.º, formou-se, então, o indeferimento tácito do recurso hierárquico apresentado pela candidata classificada em 2° lugar, Anabela de Oliveira Fino Ruivo Crespo;

VIII. Sendo assim, o indeferimento tácito, ao consubstanciar uma vontade tácita por parte da Administração, formaria um acto definitivo horizontal, e como tal, susceptível de ser impugnado contenciosamente.

IX. Tal acto tácito não seria mesmo susceptível de revogação dado ter sido ultrapassado o prazo de um ano estabelecido para o efeito no artigo 141.º do Código do Procedimento Administrativo em conjugação com a alínea d) do n.º 1 do artigo 28.º da Lei de Processo nos Tribunais Administrativos.

X. Não foi porém esse, erradamente, o entendimento do Tribunal Central Administrativo.

Por outro lado,

XI. Mesmo considerando que o despacho do Secretário de Estado dos Recursos Humanos e da Modernização da Saúde, que determinava a revogação da homologação da classificação da lista final e de parte do processado anterior, havia sido proferido validamente, o que se considera sem conceder, o douto Acórdão, ao ter rejeitado o recurso interposto pela recorrente, também estaria a fazer uma incorrecta interpretação e aplicação da lei;

XII. Na verdade, o Tribunal considerou que, como o acto não era definitivo, a sua impugnação só deveria ser feita, não desta decisão, mas da decisão que homologasse o novo concurso, tendo como base, o princípio da impugnação unitária.

XIII. Ora, o fundamento assumido pelo Tribunal viola claramente o n.º 4 do artigo 268.º da Constituição, que garante aos administrados tutela jurisdicional adequada, assegurando, nomeadamente, a impugnação de quaisquer actos administrativos que os lesem;

XIV. Como tal, embora a decisão relativa à revogação da homologação do concurso e a determinação de um novo procedimento, possa ser considerada um acto interlocutório, tal não impede que seja também considerado um acto administrativo susceptível de impugnação, desde que afecte direitos dos particulares;

XV. Não está em causa, portanto, a qualificação do acto como definitivo ou não, mas antes a possibilidade de produzir efeitos lesivos nos direitos dos particulares;

XVI. Ora, se no acto de homologação da classificação da lista final, a recorrente havia sido colocada em primeiro lugar, consolidando assim de forma clara a posição de Directora de Serviços e Apoio Técnico do quadro de pessoal da Administração Regional de Saúde de Lisboa e Vale do Tejo, a revogação de tal acto frustrou a sua posição de vantagem juridicamente tutelada;

XVII. Mesmo que o procedimento ao retomar a uma fase inicial viesse a reconhecer-lhe a mesma posição, o certo é que a recorrente sempre perderia, como está a perder, todos estes anos desde que o procedimento concursal se iniciou. E, o que é certo é que até ao momento não foi repetido nenhum trâmite concursal.

Termos em que, deve o presente recurso ser julgado procedente e, em consequência, ser revogado o acórdão recorrido, pelas razões enunciadas nas conclusões acima elencadas, e determinado o retorno dos autos ao Tribunal Central Administrativo para conhecer do mérito do recurso contencioso de anulação».

Alegou, igualmente, a entidade recorrida pugnando pela confirmação do aresto recorrido.

O Digno Magistrado do M.P., no seu parecer final de fls. 155/156, opinou no sentido do improvimento do recurso.

Cumpre decidir.

II – OS FACTOS

O acórdão impugnado deu por assente a seguinte factualidade:

«1 – A recorrente foi oponente ao concurso para provimento, em comissão de serviço, do cargo de director de Serviços de Planeamento e Apoio Técnico do quadro de pessoal da ARS de Lisboa e Vaie do Tejo aberto por aviso 10365/99, publicado no DR, II série, de 23/6/99, tendo ficado em 1.º lugar na lista de classificação final (fls. 31 a 34 dos autos e aqui rep.).

2 – Em 10/4/00 a candidata classificada em 2.º lugar interpôs recurso hierárquico necessário do acto de homologação da lista de classificação final de 22/3/00 (fls. 34 aqui rep.).

3 – Sobre este recurso foi emitido parecer junto de fls. 39 a 47 dos autos e aqui rep., donde se extrai:

"(...) 16. Por outro lado, afigura-se como injusta e desajustada aos fins visados pela lei a formulação pelo júri do factor "Experiência Profissional Específica".

17. Efectivamente, não é justo ou proporcional à atribuição de uma pontuação única a quem exerceu funções dirigentes na área do cargo a prover durante 1 mês ou a quem as exerceu durante vários anos.

18. Não é igualmente justo ou proporcional a equiparação da valoração a atribuir ao exercício de funções dirigentes noutras áreas (que não a concursada) e ao exercício de funções de coordenação noutras áreas, atenta a maior responsabilidade inerente à primeira das mencionadas situações.

19. Conclui-se, pois, que também a formulação deste factor afronta os princípios constitucionais da igualdade, proporcionalidade, justiça e imparcialidade, violando os fins que a lei visa atingir, designadamente os contidos nos arts. 9.º do Dec-Lei 231/97 de 3 de Setembro e 5.º, 2 – al. c), 18.º e 22.º do Dec-Lei 204/98 de 11 de Julho.

20. Acresce que a inobservância pelo júri dos referidos normativos, bem como dos princípios constitucionais da igualdade, proporcionalidade, justiça e imparcialidade (limitações materiais e teleológicas do poder discricionário do júri) gera vício de violação de lei, o qual determina a revogação do acto de homologação final. (...)

21. Importa ainda referir que, atenta a procedência do referido vício, o presente recurso se encontra afectado desde a acta n.º 1, inclusive (fase em que se verificou o mencionado vício), pelo que, dada a necessidade de proceder a nova definição dos factores "Experiência Profissional Geral" e "Experiência Profissional Específica", com a inerente alteração dos critérios de selecção definidos para o presente concurso, deverá ainda ser designado novo júri, por forma a salvaguardar os princípios da imparcialidade e isenção administrativas.

Pelo exposto, confere-se provimento ao presente recurso, devendo ser revogado o despacho de homologação final."

4 – Sobre o mesmo foi proferido o acto recorrido em 23/7/02 sobre aquele parecer com o seguinte conteúdo: "Concordo. Concedo provimento ao recurso, nos termos e pelos fundamentos constantes do presente parecer" (fls. 39 aqui rep.).

***

Nos termos do art. 712.º do CPC, adita-se ainda o seguinte elemento de facto, por resultar dos autos e do processo instrutor:

5 – O despacho e homologação referido em 2 supra, foi praticado pelo Presidente do Conselho de Administração da Região de Saúde de Lisboa e Vale do Tejo (ARSLVT).

III – O DIREITO

Como resulta da matéria de facto acima exposta, tendo a recorrente ficado em 1.º lugar no concurso para o cargo de Director de Serviços de Planeamento e Apoio Técnico do quadro de pessoal da ARSLVT, acabaria por não ser nomeada para o lugar em virtude de recurso hierárquico vitorioso interposto pela candidata classificada em 2.º lugar do despacho de homologação da lista de classificação.

O acórdão sob censura, na linha do que qualificou ser "jurisprudência maioritária mais recente", considerou que o acto contenciosamente sindicado não era lesivo, por se limitar a eliminar da ordem jurídica o despacho homologatório e por reflectir apenas os seus efeitos na tramitação procedimental, sem qualquer influência no acto decisor final que viesse posteriormente a ser produzido. E com tal argumentação rejeitou o recurso.

A recorrente, porém, rebela-se contra semelhante decisão, elegendo duas principais razões:

1ª O objecto do recurso contencioso não é a decisão expressa que decidiu o recurso hierárquico, dando-lhe provimento. O que estava em causa era, diferentemente, um "acto sobre acto", uma decisão que teve por efeito a revogação do indeferimento tácito do mencionado recurso hierárquico;

2ª O acto recorrido, mesmo que assim não se entendesse, tem eficácia externa e é imediatamente lesivo (tão lesivo que a candidata classificada em 2.º lugar continua a exercer o cargo, sem que se tenha repetido qualquer trâmite procedimental).

Vejamos.

Parece não haver lugar a dúvidas que o recurso contencioso foi interposto do despacho do Senhor Secretário de Estado Adjunto do Ministro da Saúde que, em recurso hierárquico, revogou o despacho da Presidente do Conselho de Administração da Região de Saúde de Lisboa e Vale do Tejo de homologação da lista de classificação relativa ao concurso já identificado. Tal resulta muito claramente do cabeçalho da petição inicial (fls. 2) e do pedido formulado nessa peça (fls. 14).

Por conseguinte, não se pode atribuir qualquer erro de interpretação do acto sindicado pelo douto aresto posto em crise.

O que acontece é que para a decisão jurisdicional sob recurso, do acto que decidiu o recurso hierárquico não caberia recurso contencioso por não conter lesividade, uma vez que ele obrigaria à continuação do procedimento, ignorando-se, por ora, qual viria a ser a decisão final daquele, eventualmente favorável à impetrante, enquanto para a recorrente tal acto de 2.º grau, mais do que simples acto expresso, representa uma revogação ilegal de um indeferimento tácito anteriormente ocorrido.

Antes de mais nada, porém, importa fazer notar que a recorrente chegou, realmente, a trazer à liça no recurso contencioso o argumento que ora aduz no recurso jurisdicional a propósito do vício de revogação ilegal operada pelo acto recorrido. É o que consta do teor dos arts. 21.º a 29.º da p.i. Nesta parte, portanto, é verdadeira a afirmação que ora faz quando se refere ao objecto do recurso contencioso: quis ela, com efeito, atacar o acto na sua dimensão valorativa reportada a uma revogação extemporânea!

Verdadeiramente, o que a recorrente quer dizer é que a decisão do recurso hierárquico, independentemente das razões substantivas ou formais de que se tenha socorrido, não podia ter sido praticada, uma vez que, atendendo à data da sua prolação (23/07/2002) já havia decorrido há muito o prazo máximo de 15 dias para que a decisão expressa da impugnação hierárquica pudesse ser tomada, nos termos do art. 46.º do DL n.º 204/98, de 11/07. Ou seja, ter-se-ia verificado em 9/01/2001 um indeferimento tácito do recurso hierárquico interposto em 10/04/2000, que só poderia ser revogado até 9/01/ /2002. Não está, portanto, em causa a revogação que a decisão do recurso hierárquico operou do acto de homologação, mas sim a revogação, por aquela, do indeferimento tácito do recurso hierárquico.

O acórdão "a quo", citando jurisprudência deste STA (nomeadamente, os Acs. de 17/04/2002, Proc. n.º 047686, e de 28/05/2003, Proc. n.º 0244/03), entendeu que o acto decisor do recurso hierárquico, ao revogar o acto de homologação da lista de classificação final do concurso, na medida em que faz recuar o procedimento até à fase da classificação dos concorrentes, não se apresenta como a decisão final do procedimento. Seria, portanto, preciso esperar pela nova lista de classificação e pela posterior homologação, a fim de só então se apurar se o novo acto lhe seria lesivo e desfavorável, caso em que poderia reeditar os mesmos argumentos em novo recurso hierárquico de acto homologatório, sem que se pudesse falar de caso decidido relativamente às questões antes decididas.

Entendemos, porém, que a jurisprudência citada não se ajusta à situação em apreço. Todos os arestos que suportaram a decisão judicial aqui sindicada assentam num pressuposto de facto essencialmente diferente do que ora se aprecia: ao contrário do que nos presentes autos se discute, naqueles estava em causa a recorribilidade de um acto que pudesse ou não (foi concluído que não) ferir os direitos e interesses do recorrente hierárquico, cuja não satisfação plena entendia ver reparada pelo recurso contencioso. Ou seja, nos referidos processos o recorrente hierárquico, não satisfeito plenamente com a decisão da impugnação administrativa, foi o mesmo que se apresentou ao recurso contencioso.

No recurso ora em apreço, a questão da autoria dos recursos é diferente. Recorrente hierárquico foi um, recorrente contencioso é outro. O concorrente que ficara classificado em 2.º lugar da lista, inconformado com a sua posição, recorreu hierarquicamente da respectiva homologação – recurso necessário, recorde-se – tendo logrado total êxito. Só que com tal resolução, os direitos e interesses do opositor que ficara em 1.º lugar, a ora recorrente, ficaram completamente esmagados. Daí, a crítica que dirigiu ao acto decisor no recurso contencioso.

Essa é a questão que faz toda a diferença. Evidentemente, para o candidato recorrente administrativo, mesmo que alguns dos seus argumentos não tenham vingado no recurso hierárquico, a sua pretensão principal saiu vitoriosa e por isso, se o procedimento tiver que recuar à fase da classificação, é possível que a sua posição jurídica substantiva final venha a ser aquela por que sempre lutou: a classificação no topo da lista ou em lugar que permita a nomeação. Não faz sentido que da decisão do recurso hierárquico possa recorrer, por na verdade não lhe ser lesiva, antes favorável.

Mas, para o candidato que tenha ficado em 1.º lugar, como foi o caso, o afastamento dessa posição pela decisão do recurso hierárquico produz, desde logo, uma efectiva lesão. Na hipótese em apreço, contando a recorrente imediatamente ser nomeada para ocupar o lugar, viu-se, ao invés, arredada automaticamente desse cargo pelo despacho recorrido. É certo que, supondo-se legal tal acto, numa futura classificação poderia vir a ficar de novo no 1.º lugar. Contudo, esse é um facto incerto e inseguro e que, nem sequer, nenhuma expectativa lhe confere. E, mesmo nessa situação, sempre lhe traria prejuízos pelo atraso que a renovação do procedimento implicaria, com todo o cotejo de actos procedimentais a prover e com o tempo necessário ao dispêndio em impugnações administrativas e contenciosas que viessem a ser deduzidas.

Deste modo, o apelo ao princípio da impugnação unitária não serve os seus propósitos, porque isso obrigá-lo-ia a esperar pelo resultado da nova classificação para só então invocar os vícios que, em seu entender, já se verificam no acto aqui sindicado.

Portanto, a decisão do recurso hierárquico foi para ele fonte de lesão imediata porque o afastou do lugar a que se candidatou e em cujo concurso obteve o primeiro lugar da classificação. A situação inscreve-se, pois, na previsão do art. 268.º, n.º 4, da CRP.

Ora, um dos fundamentos que a recorrente elegeu para a imputação de ilegalidade que dirige ao acto é, precisamente, a violação do art. 141.º do CPA, por entender que o acto sob censura não se limitou a conferir provimento ao recurso hierárquico, mas também a revogar ilegalmente (pelo decurso do prazo, o mesmo é dizer, por incompetência "ratione temporis") o indeferimento hierárquico tacitamente já produzido.

Isto é, para si, não podia o órgão superior indeferir expressamente o recurso hierárquico interposto pela opositora classificada em 2.º lugar, sob pena de revogação extemporânea do indeferimento tácito já alcançado no mesmo recurso. Ora, este tipo de fundamentação jurídica, por ser própria e específica da crítica que o interessado acomete contra este acto de 2.º grau, contra este "acto sobre acto", implica que, logicamente, o respectivo vício seja resolvido imediatamente numa impugnação contenciosa autónoma que o tenha por objecto, sem necessidade de esperar por outro acto completamente diferente e a ele alheio.

Trata-se de um argumento de vulto e que ilustra bem quão danosa é a decisão que impugna e que constitui obstáculo à realização do seu intento. Senão repare-se: Se o tribunal entender que a entidade recorrida não podia deferir o recurso hierárquico, sob pena de com isso estar a proceder à revogação ilegal do indeferimento tácito já obtido, e se, por tal motivo, conceder provimento ao recurso contencioso, então a satisfação da pretensão da recorrente será plena.

Na verdade, em tal caso, o procedimento não prosseguirá para a realização de novo escrutínio classificativo, o que implicará a repristinação do anterior acto de homologação. O mesmo é dizer que, em execução de julgado, a Administração deverá nomeá-lo para o lugar.

Como se vê, o fundamento para esta eventual anulação é completamente independente e nada tem que ver com os fundamentos substantivos ou formais que podem servir de base a uma anulação eventual de acto final desse procedimento. Mas, por ser diferente e incompatível com outros critérios anulatórios, impõe que dele se conheça no âmbito do presente processo. Saber se este acto revoga ou não ilegalmente o acto de indeferimento tácito do recurso hierárquico afigura-se-nos, assim, prioritário.

Por aqui se vê a carga de dano que a recorrente quer afastar no recurso contencioso.

Por conseguinte, forçoso é que o tribunal "a quo" se pronuncie sobre se a revogação existe e, caso afirmativo, se é ou não válida, sem prejuízo, se tal se mostrar necessário, da apreciação dos demais atropelos que a recorrente assaca ao acto na petição inicial.

IV - DECIDINDO

Face ao exposto, acordam em conceder provimento ao recurso, revogando o acórdão recorrido e determinando a remessa dos autos ao TCA para prosseguimento se a tanto nenhuma causa obstar.

Sem custas.

Lisboa, 11 de Maio de 2005.

Cândido de Pinho (Relator)
Pais Borges
Azevedo Moreira

Recurso n.º 770/04-11

CONCURSO PARA JUIZ DO SUPREMO TRIBUNAL ADMINISTRATIVO. ORDEM DE PREENCHIMENTO DE VAGAS. ARTIGO 95.º, N.º 1 DO ETAF.

(Acórdão de 7 de Julho de 2005)

SUMÁRIO:

I – O artigo 95.º, número 1 do ETAF (aprovado pelo DL 129/84, de 27/4) estabelece a ordem e proporção por que devem ser preenchidas, por cada 5 vagas em cada secção, os lugares de juiz do Supremo Tribunal Administrativo.

II – Nos termos das disposições combinadas do número 2 daquele artigo 95.º e dos números 4 e 5 do artigo 90.º do mesmo ETAF, quando não seja possível a observância da ordem estabelecida naquele número 1 do artigo 95.º, por falta de candidatos nas condições previstas em qualquer das respectivas alíneas, são nomeados os candidatos referidos nas outras alíneas, devendo ser restabelecida a proporção, logo que possível, nos concursos que se realizem nos quatro anos subsequentes.

III – Verificando-se, em concurso para o preenchimento de 7 vagas de lugares de juiz da secção de Contencioso Administrativo do Supremo Tribunal Administrativo, a necessidade de restabelecimento da referida proporção legal, por virtude da existência de crédito, de duas vagas, em favor de candidatos referidos na alínea a) do número 1 do citado artigo 95.º, deve começar-se pela nomeação dos dois mais graduados de entre estes candidatos, para efeito desse restabelecimento, após o que deverá iniciar-se o preenchimento das restantes vagas, que compõem novo grupo de 5 vagas, segundo a ordem estabelecida no já mencionado n.º 1 do mesmo artigo 95.º do ETAF, ou seja, com a nomeação de um candidato ao abrigo da alínea a) deste preceito.

ACORDAM, NA SECÇÃO DO CONTENCIOSO ADMINISTRATIVO, DO SUPREMO TRIBUNAL ADMINISTRATIVO:

RELATÓRIO

1. José António Valente Torrão e Helena Maria Ferreira Lopes, juízes desembargadores, melhor identificados nos autos, vieram interpor recurso contencioso de anulação da deliberação do Conselho Superior dos Tribunais Administrativos e Fiscais (CSTAF), de 25.7.02, que, no âmbito do concurso curricular aberto pelo aviso publicado no Diário da República, II Série, de 2.5.02, determinou ao preenchimento de sete vagas dos lugares de juiz da Secção de Contencioso Administrativo, do Supremo Tribunal Administrativo (STA), com fundamento na existência de vícios de violação de lei e de forma, por falta de fundamentação.

Todavia, por despacho do relator, de 21.4.05, foi declarada extinta, por desistência do recorrente, a instância do recurso interposto pelo recorrente José António Valente Torrão.

No processo apenso, respeitante ao recurso interposto pela recorrente Helena Maria Ferreira Lopes, esta indicou como contra-interessados os Drs José António Freitas de Carvalho, Jorge Artur Madeira dos Santos, José Cândido de Pinho, António Bento São Pedro, Fernanda Martins Xavier e Nunes e Edmundo António Vasco Moscoso.

A entidade recorrida respondeu, sustentando que, por serem improcedentes todos os vícios imputados à deliberação impugnada, deve ser negado provimento ao recurso.

Nenhum dos indicados contra-interessados apresentou contestação, apesar de devidamente citados.

A recorrente Helena Maria Ferreira Lopes apresentou alegação, na qual formulou as seguintes conclusões:

1. A deliberação recorrida, ao determinar que a terceira vaga fosse preenchida por candidato do segundo

grupo, isto é, do grupo das alíneas *b)* e *c)* do artigo 94.º do ETAF, violou o disposto nas alíneas *a)* e *b)* do n.º 1 do artigo 95.º do ETAF;

2. Com efeito, depois de preenchidas duas primeira através do *«restabelecimento da proporção»* anteriormente perdida, impunha-se o preenchimento de um novo conjunto de 5 vagas pela ordem estabelecida no n.º 1 do artigo 95.º do ETAF;

3. Isto é, começando esse preenchimento do novo grupo de cinco vagas por candidato juiz de entre os referidos na alínea *a)* do artigo 94.º do ETAF;

4. A deliberação recorrida violou a ordem de preenchimento constante do n.º 1 do artigo 95.º;

5. Por outro lado, a deliberação recorrida é também ilegal por violação do disposto no artigo 84.º do ETAF no segmento em que esta disposição determina a ponderação global dos vários factores;

6. Com efeito, o CSTAF, ao assumir «como índices particularmente relevantes» o mérito (classificações de serviço) e a especialização (no contencioso administrativo ou fiscal) estabeleceu uma verdadeira hierarquização preferencial destes dois factores sobre os restantes;

7. Ora, como já decidiu o Venerando Supremo Tribunal Administrativo, «O Conselho está vinculado a apreciá-los 'globalmente' não podendo estabelecer qualquer hierarquização preferencial» (cfr. Acórdão do STA, Pleno da 1ªS, de 17 de Março de 1992, processo n.º 28.666);

8. Ao estabelecer uma hierarquização preferencial ou prevalecente de dois factores sobre os restantes, a deliberação recorrida não apreciou todos os factores "globalmente", violando assim o disposto no corpo do artigo 84.º do ETAF;

9. Por outro lado ainda, a deliberação recorrida também não procedeu à apreciação de todos esses factores ao avaliar o curriculum de cada candidato, em violação, portanto, do mesmo artigo 84.º do ETAF;

10. Esses factores, ainda que não tivessem "peso suficiente" para alterar a classificação final, teriam uma relevância (mesmo que diminuta), pelo que se impunha a sua ponderação;

11. A deliberação recorrida, a fazer uma apreciação do nível ou qualidade do trabalho prestado pelos candidatos, incorre igualmente no vício de violação de lei por erro na interpretação da alínea a) do artigo 84.º do ETAF;

12. Com efeito, o nível ou qualidade do trabalho prestado que determina a classificação de serviço, pelo que não pode tomar-se esse nível ou qualidade de trabalho para o elevar, autonomizado da classificação de serviço de que ele é pressuposto, a um novo factor de avaliação (ao abrigo da alínea g) do artigo 84.º);

13. O nível e a qualidade do trabalho não podem ser avaliados autonomamente, pois eles são elementos de factos pressupostos num factor de classificação que já fora ponderado: a classificação de serviço;

14. Ao apreciar o *nível* ou qualidade do trabalho prestado pelos candidatos como factor autónomo, a deliberação recorrida incorre pois no vício de violação de lei por errada interpretação do disposto na alínea *a)* do artigo 84.º do ETAF;

15. Subsidiariamente em relação ao vício arguido nas conclusões 5ª a 8ª, a recorrente alega que a deliberação recorrida padece do vício de violação de lei por erro manifesto de apreciação;

16. Com efeito, alinda que se admitisse que a assunção dos factores "mérito" e "especialização" como «parcialmente relevantes» para o juízo de avaliação e sobre os quais os outros factores apenas «poderão prevalecer pontualmente» não seria violador do artigo 84.º do ETAF, ainda assim os juízos de graduação dos candidatos da alínea *a)* do artigo 94.º do ETAF, formulados pela autoridade ora recorrida no âmbito do presente concurso, incorrem justamente, em parte, em erro manifesto de apreciação;

17. Todos os candidatos que ficaram graduados nos 6 primeiros lugares tiveram, na última classificação de serviço, *"Muito Bom"*, pelo que, quanto a estes 6 candidatos, não podia pois ser o mérito profissional («expresso na classificação de serviço», como refere a deliberação recorrida) o factor determinante das diferenças curriculares que permitem estabelecer a graduação dos mesmos: todos eles se encontram em igualdade de circunstâncias;

18. Já porém no que respeita à «especialização, isto é, a experiência decorrente do exercício de funções, ainda que a título auxiliar, no contencioso administrativo e fiscal», há algumas diferenças entre os candidatos que não podem deixar de ser evidenciadas;

19. Tanto a recorrente como o Desemb. *SÃO PEDRO* têm efectiva experiência no contencioso administrativo e fiscal, mas é objectivo e inegável que a recorrente tem mais experiência que o Desemb. SÃO PEDRO;

20. É manifesto que, em termos de especialização, a ora recorrente deveria ter sido graduada antes do Desemb. SÃO PEDRO;

21. Ao graduar o Desemb. SÃO PEDRO antes da ora recorrente, a deliberação recorrida incorre em erro manifesto de apreciação;

22. Por outro lado, relativamente à graduação da Desemb. XAVIER E NUNES é ainda mais flagrante o erro de apreciação cometido pela deliberação recorrida;

23. A Desemb. XAVIER E NUNES só tem experiência profissional na área do contencioso tributário;

24. Ora, tratando-se de um concurso para juízes da Secção de Contencioso Administrativo do STA, é por demais evidente que a especialização a ter em conta é, em primeiro lugar – e de um modo bem especial a do exercício de funções no contencioso administrativo;

25. É pois manifesto que a experiência no contencioso administrativo deve prevalecer sobre a experiência no contencioso tributário;

26. Assim sendo, tendo em conta que a Desemb. XAVIER E NUNES não tem qualquer experiência profissional no contencioso administrativo, e só tem mais um valor (15) de classificação universitária do que a ora recorrente (que tem 14), não poderia ter sido graduada antes da ora recorrente;

27. A graduação da Desemb. XAVIER E NUNES antes da ora recorrente consubstancia um erro grosseiro e manifesto de apreciação à luz das considerações genéricas formuladas pela própria deliberação recorrida;

28. Com efeito, até um leigo se aperceberia de que a ausência de qualquer experiência no contencioso administrativo não poderá ser colmatada – perante uma candidata (a ora recorrente) que tem praticamente a mesma antiguidade na jurisdição com uma classificação universitária de apenas mais um valor;

29. A própria deliberação recorrida confirma este erro, ao entrar em profunda e flagrante contradição quando, a propósito de candidatos com mais experiência na área do contencioso tributário (e também só neste), mas mais antiguidade na magistratura e a mesma classi-

ficação de serviço relativamente à ora recorrente e à Desemb. XAVIER E NUNES – os Desemb. VALENTE TORRÃO, LUCAS MARTINS e FONSECA CARVALHO – os graduou nos últimos lugares (11.º, 12.º e 13.º com o argumento bem decisivo de que «não têm experiência específica em contencioso administrativo, circunstância que os distingue dos seis concorrentes que imediatamente os antecedem»;

30. De novo subsidiariamente, desta feita em relação ao vício arguido nas conclusões 9ª a 10ª, a recorrente imputa ao acto administrativo recorrido o vício de forma por falta de fundamentação;

31. Com efeito, mesmo admitindo que os factores "não referidos no momento da graduação" (para usar as palavras da autoridade recorrida), "não ofereciam o peso suficiente para contrariar o resultado a que se chegou através daqueles que fundaram a decisão" (ainda de acordo com os termos da autoridade recorrida), ainda assim seria necessário ter explicitado a medida ou dimensão desse "peso" no contexto da ponderação global;

32. Embora se possa aceitar que tais factores não ofereciam o "peso suficiente" para alterar o sentido da decisão de classificação final, tais factores não eram pois totalmente irrelevantes (como contraditoriamente argumenta a autoridade recorrida);

33. Assim sendo, era necessário ter explicitado a dimensão concreta desse "peso" ou, ao menos, a explicitação (mas não *a posteriori)* de que eram factores totalmente irrelevantes;

34. Só assim a recorrente estaria em condições de compreender cabalmente a razão da classificação que lhe foi dada e da classificação obtida pelos restantes candidatos;

35. Ao nada referir sobre esses factores que a autoridade recorrida considerou não terem tido "peso suficiente" para "contrariar o resultado a que se chegou" por via dos factores sobre os quais se pronunciou expressamente, a deliberação recorrida incorreu no vício de forma por falta de fundamentação (por violação da alínea a) do n.º 1 do artigo 124.º do Código do Procedimento Administrativo);

36. Finalmente, mesmo no que diz respeito aos aspectos dos *curricula* que a deliberação recorrida analisa expressamente, verifica-se também que a deliberação recorrida incorre em vício de forma por falta de fundamentação;

37. É hoje assente e pacífico que o conteúdo do dever de fundamentação é inversamente proporcional à discricionariedade administrativa;

38. No caso da deliberação *sub judice,* é mais do que evidente que, com recurso aos parcos enunciados linguísticos que o CSTAF utilizou, não é possível compreender a razão concreta da graduação dos diversos candidatos, justamente num domínio de profunda discricionariedade de que gozava a autoridade recorrida;

39. Com efeito, se é certo que, em matéria de concursos, no caso da avaliação curricular, atendendo à flexibilidade da forma de concretização em que o dever de fundamentar se traduz, deve entender-se que essa obrigação é satisfeita com a simples menção dos elementos curriculares tidos como relevantes para a atribuição daquela pontuação, no caso *sub judice* nada disso sucedeu: o CSTAF não evidenciou, na maior parte dos factores que ponderou, um único facto concreto que esclarecesse concretamente qual a motivação da decisão de graduação;

40. De facto, não pode admitir-se uma fundamentação que ignore em absoluto quaisquer elementos de facto que justifiquem, ainda que na generalidade e sem um rigor máximo, os juízos de graduação;

41. Sobretudo porque se está perante conceitos vagos e indeterminados e de um domínio (o dos concursos) particularmente caracterizado pela margem de livre apreciação, pelo que o alargamento do controlo jurisdicional reforça as exigências de densidade da fundamentação formal designadamente no que toca à externação dos motivos, sem a qual se tornaria mais difícil ajuizar da legitimidade do acto;

42. No caso concreto, seria necessário ter enunciado – ao menos – quais os elementos concretos que permitiram alicerçar as conclusões de classificação, pois essa seria uma fundamentação de facto que já cumpriria minimamente a exigência legal constante do artigo 125.º do CPA;

43. Por exemplo no que diz respeito à afirmação de que certo candidato possui uma *"formação jurídica notável, como resulta dos trabalhos jurídicos anexos",* não se pretendiam as razões pelas quais tais elementos concretos permitiriam chegar à conclusão de que a formação jurídica é considerada "notável", pois isso efectivamente seria exigir a "fundamentação da fundamentação";

44. Todavia, o que se exigia era conhecer os elementos de facto do curriculum que permitiram essa conclusão ("formação jurídica notável") e não, obviamente, as razões pelas quais se considerou notável a formação do candidato;

45. Ora, a deliberação recorrida nem sequer enuncia aqueles concretos elementos de facto, pelo que não se alcança minimamente as razões da graduação dos candidatos, padecendo, portanto, do vício de forma por falta de fundamentação.

Termos em que se requer seja anulada a deliberação, de 25 de Junho de 2002, do Conselho Superior dos Tribunais Administrativos e Fiscais, que determinou o preenchimento de sete vagas para lugares de juiz da Secção de Contencioso Administrativo do Supremo Tribunal Administrativo na sequência do concurso curricular aberto pelo aviso publicado no Diário da República, II série, de 2 de Maio de 2002, por padecer dos vícios de violação de lei e dos vícios de forma acima descritos,

só assim se fazendo a costumada

JUSTIÇA!

Só a entidade recorrida, CSTAF, apresentou contra-alegação, sustentando, como fez na resposta, que devem ser julgados improcedentes todos os vícios imputados à deliberação impugnada e, por consequência, negado provimento ao recurso.

A Exma. Magistrada do Ministério Público emitiu parecer, no qual adere às razões expostas pela entidade recorrida, no sentido da improcedência do recurso.

Colhidos os vistos legais, cumpre decidir.

FUNDAMENTAÇÃO
OS FACTOS

2. Com relevo para a decisão a proferir, e em face dos elementos constantes dos autos e do processo instrutor (PI) apenso, apuram-se a seguinte matéria de facto:

a) No Diário da República – II Série, n.º 101, de 2 de Maio de 2002, foi publicado o seguinte

«Aviso n.º 5762/2002 (2ª série). – Por deliberação do Conselho Superior dos Tribunais Administrativos e Fiscais de 18 de Março de 2002, é aberto concurso curricular para provimento de lugar de juiz da Secção de Contencioso Administrativo do Supremo Tribunal Administrativo, ao abrigo das disposições legais aplicáveis, nomeadamente dos artigos 82.º, n.º 1, 84.º, 93.º, n.º 2, 94.º, 95.º, 96.º e 113.º do ETAF e do n.º 2 do artigo 32.º do Decreto-Lei n.º 374/84, de 29 de Novembro, ...»;

b) Nos termos do estabelecido no número 1 deste Aviso, o prazo de validade do concurso a que respeita era de um ano;

c) Apresentaram-se ao concurso 13 candidatos ao abrigo da alínea a) do n.º 1 do art. 94.º do Estatuto dos Tribunais Administrativos e Fiscais (ETAF), 18 candidatos ao abrigo da alínea b) do n.º 1 do art. 94.º do ETAF, 5 candidatos ao abrigo da alínea c) do n.º 1 do 94.º do ETAF e 1 candidato ao abrigo da alínea d) do n.º 1 do art. 94.º do ETAF;

d) Alguns desses candidatos, entre os quais a recorrente Helena Lopes, concorreram, simultaneamente, ao abrigo das alíneas a) e b) do referido art. 94.º ETAF;

e) Em 25.6.02, o CSTAF, tomou a deliberação, que constitui o objecto do presente recurso, cujo teor integral se dá aqui por reproduzido, e da qual consta, além do mais, o seguinte (vd. fls. 42 a 62, dos processo 1416/02 apenso):

...

3. ...

... é excluído o candidato José Antunes Ribeiro, que se apresentou a concurso ao abrigo da mencionada alínea d).

...

5. Assentes estas linhas de orientação, passemos à graduação dos candidatos, que será feita em dois grupos distintos [por um lado, os da al. a) e, por outro, os das als. b) e c)], atento o recorte das quotas de provimento constantes do n.º 1 do art. 95.º do ETAF.

5. a) No primeiro grupo a ordenação dos candidatos é estabelecida da seguinte forma:

1.º – Desemb. Jorge Artur Madeira dos Santos;
2.º – Desemb. José Cândido de Pinho;
3.º – Desemb. António Bento São Pedro;
4.º – Desembª Fernanda Martins Xavier e Nunes;
5.º – Desemb. Edmundo António Vasco Moscoso;
6.º – Desembª Helena Maria Ferreira Lopes;
7ª – ...

...

5. b) No segundo grupo, os candidatos são graduados da seguinte forma:

1.º – Desemb. Jorge Artur Madeira dos Santos;
2.º – PGA Alberto Augusto Andrade de Oliveira;
3.º – PGA António Políbio Ferreira Henriques;
4.º – PGA José António Freitas de Carvalho;
5.º – ...

...

6. Neste momento existem na Secção de Contencioso Administrativo do STA as vagas ocasionadas pela cessação de funções dos Juízes-Conselheiros Pedro Gouveia e Melo, Francisco Diogo Fernandes, Rui Pinheiro Moreira, Manuel Ferreira Neto, António Manuel Macedo de Almeida e Joaquim Marques Borges, acrescendo que no próximo dia 18 de Agosto cessará também funções, por atingir o limite de idade, o Juiz-Conselheiro Eugénio Alves Barata. Há, pois, que proceder ao preenchimento destas vagas.

As quotas para o provimento encontram-se fixadas no n.º 1 do art. 95.º do ETAF que estabelece, por cada 5 vagas, a seguinte ordem de preenchimento: a) um juiz entre os referidos na alínea a) do art. 94.º; b) um magistrado de entre os referidos nas alíneas b) e c) do artigo 94.º; c) um jurista de entre os referidos na alínea d) do artigo 94.º; d) um juiz de entre os referidos na alínea a) do artigo 94.º; um magistrado de entre os referidos nas alíneas b) e c) do artigo 94.º.

Deverá, ainda, ser levada em linha de conta a imposição, constante dos arts. 90.º, n.ᵒˢ 4 e 5 n.º 2 do mesmo diploma, que obriga ao restabelecimento da proporção dessas quotas durante um período de quatro anos.

Deste modo, uma vez que a deliberação sobre graduação e provimento com que culminou o primeiro concurso (após a entrada em vigor do ETAF) para o preenchimento de vagas na Secção de Contencioso Administrativo do STA data de 14.01.88, necessário se torna, a partir desse marco temporal, proceder ao cômputo de períodos sucessivos de quatro anos para, execução daquele restabelecimento, o último dos quais se esgotou em 14.01.00.

E verifica-se que, desde essa data até hoje, se constituiu um crédito de duas nomeações, de que beneficiam os candidatos que concorrem ao abrigo da citada alínea a), pelo que importa, antes de mais, restabelecer a referida proporção.

Assim, delibera este Conselho, nos termos dos arts. 90.º, n.ᵒˢ 4 e 5 e 95.º n.ᵒˢ 1 e 2 do ETAF, preencher da seguinte forma as vagas referidas:

A primeira e a segunda vagas são ocupadas, respectivamente, pelo Desemb. Jorge Artur Madeira dos Santos e pelo Desemb. José Cândido de Pinho, com o que se restabelece o critério legal de quotas de provimento.

A terceira é preenchida, por referência à alínea subsequente, nos termos do art. 95.º n.º 1, pelo segundo candidato do segundo grupo [als. b) e c) do art. 94.º], o PGA Alberto Augusto Andrade de Oliveira, uma vez que o primeiro já foi provido pela alínea a).

A quarta, a quinta, a sexta e a sétima vagas são respectivamente preenchidas pelos candidatos Desemb. António Bento São Pedro [al. a)], PGA António Políbio Ferreira Henriques [als. b) e c)], Desemb.ª Fernanda Martins Xavier e Nunes [al. a)], e PGA José António Freitas de Carvalho [als. b) e c)], conforme o supracitado art. 95.º n.º 1.

...

O DIREITO

3. O objecto do recurso é a deliberação do CSTAF, de 21.6.02, que graduou os candidatos admitidos ao concurso aberto, em 18.3.02, e válido pelo prazo de um ano, para provimento de lugares de juiz da Secção de Contencioso Administrativo do Supremo Tribunal Administrativo (STA) e determinou o preenchimento das sete vagas existentes.

Na respectiva alegação, a recorrente começa por invocar a existência de vício de violação de lei, por infracção ao disposto no n.º 1 do art. 95.º do ETAF.

Vejamos, pois, do fundamento dessa alegação.

Dispõe o invocado:

Artigo 95.º

(Quotas para o provimento)

1. Os lugares de juiz do Supremo tribunal Administrativo são preenchidos, por cada 5 vagas em cada secção, pela ordem seguinte:

a) Por um juiz de entre os referidos na alínea a) do artigo 94.º;

b) Por um magistrado de entre os referidos nas alíneas b) e c) do artigo 94.º;

c) Por um jurista de entre os referidos na alínea d) do artigo 94.º;

d) Por um juiz de entre os referidos na alínea a) do artigo 94.º;

e) Por um magistrado de entre os referidos nas alíneas b) e c) do artigo 94.º;

2. Na impossibilidade de observância da ordem estabelecida no número anterior, é aplicável o disposto nos n.os 4 e 5 do artigo 90.º.

Por sua vez, dispõe o

Artigo 94.º

(Concurso para o Supremo Tribunal Administrativo)

1. Podem apresentar-se a concurso para juiz do Supremo tribunal Administrativo:

a) Juízes do tribunal Central Administrativo com cinco anos de exercício de funções;

b) Juízes da relação;

c) Procuradores-gerais-adjuntos com tempo de serviço na magistratura não inferior ao do mais moderno dos juízes da relação, ou com tempo de serviço não inferior a 20 anos, sendo pelo menos 5 de serviço como procurador-geral-adjunto junto dos tribunais administrativos e fiscais;

d) Juristas de reconhecido mérito no domínio do contencioso administrativo ou tributário, consoante a vaga a preencher, com 20 anos de actividade profissional como magistrado, docente e investigar universitário, funcionário da Administração ou advogado;

2. ...

E, por fim, estabelece o

Artigo 90.º

(Provimento na 1.ª instância)

1. ...

...

4. Quando não haja requerentes nas condições previstas numa das alíneas do n.º 1 do artigo 85.º, são nomeados os referidos na outra alínea, sem prejuízo do restabelecimento, logo que possível, da proporção fixada no n.º 1.

5. O restabelecimento da proporção fixada no n.º 1, resultante do disposto nos n.os 3 e 4, é limitado ao período de 4 anos.

6. ...

Conforme a disciplina jurídica estabelecida nos preceitos legais transcritos, as quotas para provimento dos lugares de juiz do STA seguem, por cada 5 vagas, a seguinte ordem de preenchimento: a) um juiz entre os referidos na alínea a) do art. 94.º; b) um magistrado de entre os referidos nas alíneas b) e c) do artigo 94.º; c) um jurista de entre os referidos na alínea d) do artigo 94.º; d) um juiz de entre os referidos na alínea a) do artigo 94.º; e) um magistrado de entre os referidos nas alíneas b) e c) do artigo 94.º.

E, como bem anota a própria deliberação impugnada, «*deverá, ainda, ser levada em linha de conta a imposição, constante dos arts. 90.º, n.os 4 e 5 n.º 2 do mesmo diploma, que obriga ao restabelecimento da proporção dessas quotas durante um período de quatro anos*».

Ora, como também consta da deliberação impugnada, existia, por virtude das vicissitudes dos anteriores concursos, um crédito de duas nomeações, em favor dos candidatos concorrentes ao abrigo da alínea a) do artigo 94.º.

Perante o que, como reconhece a mesma deliberação, importava, «*antes de mais, restabelecer a referida proporção*».

Assim, determinou a deliberação impugnada que as duas primeiras vagas a que respeita o concurso em causa fossem imediatamente preenchidas pelos dois candidatos ordenados em 1.º e 2.º lugares do grupo dos juízes referidos naquela alínea a) do art. 94.º: os desembargadores Madeira dos Santos e Cândido de Pinho. Como o que, tal como refere a deliberação recorrida, ficou restabelecida a referida proporção.

Porém, a vaga seguinte (a terceira) foi preenchida «*por referência à alínea subsequente, nos termos do art. 95.º, n.º 1*», por um dos candidatos do segundo grupo [als. b) e c), do art. 94], concretamente, o procurador-geral adjunto (PGA) Alberto Augusto Andrade de Oliveira, graduado em 2.º lugar neste grupo, dado que o desembargador Madeira dos Santos, graduado em 1.º lugar em ambos os grupos de candidatos, fora já provido pela alínea a). E, não tendo sido admitido o único candidato concorrente ao abrigo da alínea d), do art. 94.º, foram as restantes vagas, da quarta à sétima, preenchidas, alternadamente, por um candidato dos referidos na al. a) e por um candidato dos referidos nas als. b) e c) do mesmo art. 94.º – vd. al. e), da matéria de facto.

Em suma: após o restabelecimento da proporção, com o preenchimento, por candidatos referidos na al. a) do citado art. 94.º, das duas primeiras vagas existentes, prosseguiu-se no preenchimento das restantes vagas com a atribuição da terceira delas a um magistrado de entre os referidos nas alíneas c) e d) desse mesmo preceito legal.

É este preenchimento que, segundo alega a recorrente, viola o disposto nas alíneas a) e b) do n.º 1 do art. 95.º do ETAF.

Vejamos.

Salienta a recorrente que, nos termos nesse n.º 1 do art. 95.º, à observância da ordem (e, portanto, da proporção nele fixada) é imposta «*por cada 5 vagas*». Assim, acrescenta a recorrente, se o preenchimento das duas primeiras vagas (atribuídas aos dois candidatos da alínea a) do art. 94.º mais bem graduados) teve exclusivamente em vista, nos termos do n.º 5 do art. 90.º, aplicável *ex vi* do n.º 2 do art. 95.º, o «*restabelecimento da proporção*» prevista no n.º 1 deste mesmo preceito – posta em causa em concursos anteriores –, o preenchimento dessas duas vagas dizia respeito ao último grupo de 5 vagas, que foi objecto do último concurso.

Pelo que, depois de preenchidas aquelas duas vagas, isto é, depois de «*restabelecida a proporção*» anteriormente posta em causa, se impunha o preenchimento de um novo conjunto ou ciclo de cinco vagas, que deveria começar, segundo a ordem estabelecida nas diversas alíneas do n.º 1 do art. 95.º do ETAF, «*por um juiz de entre os referidos na alínea a) do artigo 94.º*», como estabelece a al. a) daquele mesmo n.º 1 do art. 95.º do ETAF.

Assim, e segundo alega a recorrente, a terceira das sete vagas a concurso deveria ter sido preenchida por um juiz do Tribunal Central Administrativo (TCA) – al. a) do art. 95.º. E a quarta vaga por um magistrado de entre os referidos nas alíneas b) e c) do art. 94.º – al. b) do art. 95.º. E, não tendo sido admitido qualquer candidato de entre os referidos na alínea d) do n.º 1 do art. 94.º, a quinta, a sexta e a sétima vagas preenchidas, respectivamente, por candidatos das alíneas a) (a quinta), b) (a sexta) e a) (a sétima).

Deste modo, e segundo a alegação da recorrente, a observância do disposto nos n.os 1 e 2 do art. 95.º do ETAF impunha que a última vaga fosse preenchida pelo candidato graduado em 5.º lugar no grupo de juízes do TCA.

A entidade recorrida, por seu lado, sustenta, em defesa do entendimento subjacente à deliberação impugnada, que «*o legislador, nos citados preceitos dos arts. 90.º e 95.º do ETAF, apenas se preocupou como o restabelecimento "logo que possível" da proporção das quotas fixadas no n.º 1 desse art. 95.º, não pretendeu, de forma alguma, atribuir efeitos retroactivos a essas nomeações ou a esses actos de preenchimento de quotas* – vd. art. 5.º, da resposta. E, no mesmo sentido, acrescenta que não houve qualquer ilegalidade pretérita que reclamasse a reconstituição da situação, com a deslocação para o passado dos efeitos do acto agora praticado. «O que se verificou – refere ainda a mesma entidade –, foi a falta, em concursos anteriores, de candidatos de uma determinada alínea, falta essa objectiva, não imputável ao Conselho, e que a lei manda compensar mediante um novo acto (que não revoga qualquer outro nem colmata abertura criada por julgamento anulatório); um acto que se limita a restaurar o equilíbrio de quotas temporariamente perdido e que, segundo os princípios gerais, projecta os seus efeitos só para o futuro. Deste modo – conclui a entidade recorrida –, tendo as duas nomeações que repuseram a proporção legal de quotas sido efectuadas ao abrigo da al. a) do n.º 1 do art. 95.º do ETAF, foi correcto o preenchimento da terceira vaga do concurso com a nomeação de um candidato oriundo da alínea imediatamente seguinte, ou seja, da al. b, bem como o preenchimento das vagas subsequentes pela ordem assim estabelecida no n.º 1 do citado artigo 95.º» – vd. arts 7.º e 8.º da resposta.

A razão está, porém, do lado da recorrente.

Não está em causa a atribuição de efeitos retroactivos ao acto de nomeação ou de preenchimento de vagas, que visa restabelecer a proporção das quotas fixadas no n.º 1 do art. 95.º do ETAF, perturbada pela falta, em concursos anteriores, de candidatos de qualquer das alíneas desse mesmo n.º 1. Por certo que a previsão legal no sentido de tal restabelecimento não se reporta a eventuais ilegalidades no âmbito desses concursos, mas antes a falta objectiva de candidatos, não imputável ao Conselho, cujos efeitos na proporção de quotas legalmente fixada esta entidade, todavia, deve corrigir, «*logo que possível*», em qualquer dos concursos que tiver lugar no período de quatro anos, após a realização daquele em que se verificou a impossibilidade de respeitar aquela mesma proporção de quotas.

Foi isto que fez, na situação em apreço, a deliberação recorrida, ao restabelecer, «*antes de mais*», a proporção estabelecida no n.º 1 do art. 95.º, satisfazendo e anulando o crédito de duas nomeações, de que beneficiavam os candidatos concorrentes ao abrigo da al. a) do n.º 1 do citado art. 94.º (juízes do TCA). Para o que começou por nomear os dois primeiros candidatos, que se apresentaram nestas circunstâncias, para as duas primeiras vagas existentes.

Note-se, porém, que esta nomeação não foi feita «*ao abrigo da al. a) do n.º 1 do art. 95.º do ETAF*», como entende a autoridade recorrida. Antes corresponde ao cumprimento, imposto pelo n.º 2 do art. 95.º, do estabelecido na segunda parte do n.º 4 do art. 94.º, no sentido do «restabelecimento, logo que possível, da proporção» em causa.

O restabelecimento do equilíbrio/proporção significa, como refere a recorrente, que, quanto a todos os grupos de cinco vagas até então existentes, tinham entrado, em cada um, dois juízes ao abrigo da al. a) e dois magistrados ao abrigo da al. b), do art. 95.º do ETAF.

Após o que se iniciou o preenchimento de um novo grupo de cinco vagas, sujeito à regra constante do n.º 1 do citado art. 95.º.

Pelo que, a terceira das sete vagas existentes (a primeira do novo grupo de cinco) deveria ter sido preenchida, nos termos da alínea a) desse mesmo n.º 1, por um juiz de entre os referidos na al. a) do n.º 1 do art. 94.º. E não – como determinou a deliberação impugnada –, por um candidato de entre os referidos nas als. b) e c) do n.º 1 deste art. 94.º.

Deste modo, a deliberação impugnada, tendo restabelecido a proporção legal, anteriormente afectada, logo alterou, de novo, essa mesma proporção, violando o disposto no n.º 1 do citado art. 95.º do ETAF, por desrespeito da ordem nele indicada.

Procedem, assim, as conclusões 1.º a 4.º, da alegação da recorrente. Com o que fica prejudicado o conhecimento das demais questões suscitadas nessa alegação.

DECISÃO

4. Pelo exposto, acordam em conceder provimento ao recurso, anulando o acto recorrido.

Sem custas.

Lisboa, 7 de Julho de 2005.

Adérito Santos (Relator)
Angelina Domingues
Pais Borges

Recurso n.º 1415/02-11

CONSTITUCIONALIDADE. FISCALIZAÇÃO CONCRETA DA CONSTITUCIONALIDADE. APRECIAÇÃO DIFUSA DA INCONSTITUCIONALIDADE.

(Acórdão de 29 de Junho de 2005)

SUMÁRIO:

I – No domínio temporal de aplicação da LPTA (artigos 204 da Const. e 4.º n.º 3 do ETAF), tal como no domínio de vigência do CPTA (artigo 204.º da Const. e artigo 1.º n.º 2 da Lei 13/2002) a oportunidade para suscitar todo o tipo de ilegalidade, incluindo a inconstitucionalidade, do acto individual de aplicação de uma norma é o

recurso contra este acto de aplicação, independentemente das possibilidades que a lei também confere aos particulares de impugnar o acto administrativo contido numa norma ou a própria norma, quer como acto genérico, quer como acto ordenador de um procedimento.

II – É através do controlo de constitucionalidade e de legalidade destes actos de aplicação individual que no contencioso impugnatório se efectivam as garantias de tutela dos particulares – artigos 20.º n.º 1 e 268.º n.º 4.

III – O controlo de constitucionalidade assim efectuado assenta nos artigos 204.º e 280.º da Constituição, na actual redacção, sendo a concretização, no contencioso impugnatório (relativo aos actos de autoridade), da fiscalização concreta da constitucionalidade num sistema de controlo difuso – pelos próprios tribunais competentes para apreciar a substância da causa – o qual vigora no nosso país desde a Constituição de 1975 .

IV – É ilegal a decisão de tribunal administrativo que considerou inoportuno conhecer no recurso do acto de aplicação a uma pessoa concreta, da suscitada inconstitucionalidade da norma contida em Despacho Normativo, quando o acto de aplicação refere ter decidido como decidiu em virtude da aplicação da dita norma.

ACORDAM EM CONFERÊNCIA NA SECÇÃO DO CONTENCIOSO ADMINISTRATIVO DO STA:

I – RELATÓRIO

PAULO JORGE BRAGA PESSOA SEABRA

Recorreu para o TCA do indeferimento tácito do recurso hierárquico que manteve a sua graduação no 7.º grupo, código 19, do escalão 3, em vez do escalão 1, imputável ao Senhor SECRETÁRIO DE ESTADO DA ADMINISTRAÇÃO EDUCATIVA.

Por Acórdão de 21.10.2004 o recurso foi julgado improcedente.

É deste Acórdão que vem agora interposto o presente recurso contencioso.

Nele o recorrente alegou e formula as seguintes conclusões:

1. Não pretende o recorrente nas presentes conclusões reduzir o objecto do recurso.

2. Constitui objecto do presente recurso contencioso o indeferimento tácito imputável ao Exmo. Senhor Secretário de Estado da Administração Educativa.

3. O recorrente é portador da licenciatura e Relações Internacionais pela Universidade do Minho – Ramo Relações Culturais e Políticas e foi opositor ao concurso de professores dos ensinos básicos (2° e 3° ciclos) e secundário para o ano escolar de 2001/2002, 7° grupo (Cód. 19), tendo-se candidatado no 1° escalão.

4. Quando da publicação das listas provisórias, verificou que constava do 3° escalão das habilitações próprias para a docência do 7° grupo, tendo apresentado a competente reclamação que não foi aceite, pelo que apresentou, desta reclamação, o competente recurso hierárquico necessário a que ainda não obteve qualquer resposta,

5. pelo que, para efeitos de recurso contencioso, tem-se o recurso hierárquico por tacitamente indeferido, constituindo este indeferimento tácito, imputável ao Exmo. Senhor Secretário da Administração Educativa, objecto do presente recurso contencioso.

6. Na verdade, o recorrente é habilitado com o curso de Relações Internacionais da Universidade do Minho – Ramo Relações Culturais e Políticas que conforme acima se explicitou, tem ampla formação das áreas das Ciências Económicas e Sociais que lhe conferem uma sólida preparação para a leccionação do 7° grupo, (Cód. 19), pelo que deveria estar incluído no 1° escalão das habilitações próprias para a docência deste grupo.

7. Por outro lado, há 1 licenciatura quase idêntica à sua (Relações Internacionais – Ramo Económicas e Políticas que vem incluída no 1.º escalão, 1 licenciatura com menor formação que a sua (licenciatura em gestão de empresas) que também vem incluída no 1° escalão, e as licenciaturas em Direito, Ciência Política e Serviço Social com uma formação diminuta nas áreas económico/ /sociais que vêm incluídas no 2° escalão, quando a licenciatura do recorrente apenas vem incluída no 3° escalão.

8. O Ministério da Educação, ao colocar licenciatura com idêntica ou menor formação à do recorrente (Gestão de Empresas e R.I. – Ramo Económicas e Políticas) no 1° escalão e ao colocar outras licenciaturas com muito menor formação no 2° escalão, habilitações para o 7° grupo (Direito, Ciência Política e Serviço Social), autovincula-se a não colocar a licenciatura do recorrente em posição inferior às licenciaturas atrás referidas.

9. Assim, o Despacho Normativo n.º 1-A/99, de 20 de Janeiro no 3° escalão do 7° grupo e ao colocar as licenciaturas acima referidas no 1° e 2° escalão do mesmo grupo de docência, está a violar os princípios da igualdade, da justiça e da proporcionalidade, consagrados no art.º 12.º, 13.º; al. b) do art.º 58.º; n.º 2 do art.º 266.º da Constituição da República e dos arts. 3.º, 4.º, 5.º, 6.º e 6.º-A do Código de Procedimento Administrativo.

10. Assim, o Despacho Normativo n.º 1-A/99 de 20 de Janeiro ao incluir a licenciatura do recorrente – licenciatura em relações Internacionais (Ramo Relações Políticas e Culturais) no 3° escalão, 7° grupo de habilitações próprias para a docência não respeita a Constituição, nem a lei (atrás referida), desrespeitando os princípios da justiça, da igualdade e da proporcionalidade, pelo que deverá ser declarado inconstitucional ou ilegal na parte em que coloca a licenciatura no 3° escalão para a docência do 7° grupo.

11. Finalmente, o acto (recorrido) que não aceitou o recorrente no concurso de professores dos ensinos básico (2° e 3° ciclos) e secundário para o ano de 2001/ /2002, mas antes o colocou no 3.º escalão, é ilegal já que é praticado ao abrigo do Despacho Normativo n.º 1-A/99, de 10 de Janeiro que viola os princípios atrás referidos, pelo que deve ser anulado.

A entidade recorrida contra alegou sustentando que não se verifica a arguida inconstitucionalidade do Despacho Normativo n.º 1-A/99, de 20 de Janeiro porquanto é de considerar justa a desigualdade quando a disciplina jurídica desigual tenha fundamento sério razoável e com sentido legítimo.

O EMMP junto deste STA emitiu douto parecer em que considera de julgar improcedente o recurso por o recorrente não trazer novos argumentos sobre a matéria, dirigindo as suas críticas ao acto recorrido e não à decisão que é agora o objecto do presente recurso jurisdicional.

II – A MATÉRIA DE FACTO

O Acórdão recorrido considerou provada a seguinte matéria de facto:

1. O recorrente habilitado com a Licenciatura em Relações Internacionais da Universidade do Minho – Ramo Relações Culturais e Políticas, foi opositor ao concurso de professores dos ensinos básico (2.º e 3.º ciclos) e secundário para o ano escolar de 2001/2002, conforme aviso publicado no DR, II Série, de 25.01.

2. Candidatou-se ao 7.º grupo, código 19, escalão 1.º.

3. Com a publicação das listas provisórias, o recorrente verificou que se encontrava graduado no grupo 7.º, código 19, escalão 3.º.

4. O recorrente reclamou do posicionamento supra referido, reclamação que foi indeferida por despacho de 12.4.2001, "de acordo com os DN em vigor, o 1.º escalão, habilitação própria para o grupo 19 é referente à Licenciatura em Relações Internacionais, Ramo Relações Económicas e Políticas".

5. Inconformado o recorrente interpôs recurso hierárquico dirigido ao Senhor Ministro da Educação, o qual foi enviado para a Senhora Secretária de Estado da Administração Educativa.

6. Este recurso não foi objecto de pronúncia.

III – APRECIAÇÃO

O recorrente dirigiu o presente recurso contra o Acórdão do TCA que negou provimento ao recurso contencioso, de modo que as suas alegações e conclusões quando se dirigem contra o acto recorrido têm de ser lidas como críticas ao Acórdão que decidiu de modo diferente.

Portanto, a repetição dos mesmos argumentos usados contra o acto recorrido significa que o recorrente jurisdicional entende existir erro de julgamento em todos esses pontos e pretende que o tribunal de recurso os reaprecie e lhe dê razão, pois de outro modo se estaria a reduzir o sentido do recurso, das alegações e das conclusões com base numa interpretação assente em rigorismo lógico e conceptual desligado da realidade da vida, isto é que apenas consideraria as peças processuais das partes quando fossem perfeitas. Mas, a perfeição não é própria da acção humana.

Há pois que verificar se o Acórdão recorrido julgou bem ou não as questões que lhe eram colocadas.

E em primeiro lugar a questão principal suscitada pelo recorrente da ilegalidade do acto administrativo que o graduou no concurso por virtude de estar inquinado do vício do acto normativo que aplicou, a inconstitucionalidade do Despacho Normativo 1-A/99, por desrespeito dos princípios da justiça da igualdade e da proporcionalidade na colocação de licenciaturas com menor formação em escalão superior à licenciatura em Relações Internacionais da Universidade do Minho, que o recorrente detêm.

Sobre este ponto disse o Acórdão do TCA que o recorrente alega a inconstitucionalidade daquele Despacho Normativo, porém a inconstitucionalidade não foi declarada pelo Tribunal Constitucional e não é aqui o momento próprio para a sua apreciação, sendo que no concurso a Administração tinha de o aplicar, colocando a licenciatura do recorrente no lugar indicado no normativo, isto é, no 3.º escalão.

É evidente, portanto que o Acórdão não entrou a conhecer do vício de inconstitucionalidade que era apontado ao acto dizendo que não era o lugar próprio o recurso contencioso do acto de aplicação da norma constante de diploma anterior de carácter regulamentar.

Trata-se, porém, de evidente erro de direito cometido pelo Acórdão que assim decidiu. Efectivamente, incumbe aos tribunais de todas as ordens efectuar o controlo difuso de constitucionalidade – artigo 204.º da Constituição: «Nos feitos submetidos a julgamento não podem os Tribunais aplicar normas que infrinjam o disposto na Constituição ou os princípios nela consignados» e n.º 3 do artigo 4.º do ETAF.

Por outro lado não pode dizer-se como faz o Acórdão do TCA, que o recurso contra o acto de aplicação de uma norma não é o momento adequado para avaliar da constitucionalidade da mesma.

Além de a tal se opor a mencionada regra constitucional do artigo 204.º, a LPTA prevê a situação com efeitos mais amplos que a apreciação de constitucionalidade dispondo assim no n.º 2 do artigo 25.º:

"O não exercício do direito de recurso de acto contido em diploma legislativo ou regulamentar não obsta à impugnação de actos de execução ou de aplicação daquele acto".

E, quando se entendesse que este dispositivo da lei ordinária não abrangia o acto normativo (mas então não se entenderia a referência a *aplicação*) ainda assim, como não existe nenhum ónus de os particulares impugnarem por inconstitucionalidade quaisquer normas antes de lhes serem aplicadas, nem existe nenhum normativo que introduza limites à aferição da legalidade do acto que for resultante da inconstitucionalidade das normas que ele aplica, o princípio constitucional dos artigos 20.º n.º 1 e 268.º n.º 4 sempre exigiria a mesma solução para o acto concreto de aplicação de norma inconstitucional.

Dentro desta mesma linha orientadora as normas dos artigos 63.º e 68.º da LPTA também determinavam que mesmo quando os efeitos de uma norma se produzam independentemente de acto administrativo ou jurisdicional de aplicação, os recursos contra essa norma podem ser interpostos a todo o tempo, tal como sucedia em relação a todas as normas emanadas da Administração Local e dos concessionários.

Neste contexto processual, sendo certo que no caso "sub judice" as normas eram provenientes da Administração Central e não eram de aplicação imediata, independente de acto administrativo, então temos de aplicar as normas gerais sobre o controlo de constitucionalidade das normas aplicadas em actos administrativos que são as dos artigos 204.º e 280.º da Const. e 4.º n.º 3 do ETAF, em consonância com a aludida inexistência de ónus de impugnação de normas pelos particulares antes de lhes serem concretamente aplicadas, mesmo que previsivelmente o possam ser em momento próximo.

Ou seja, a inconstitucionalidade da norma aplicada por um determinado acto administrativo pode sempre ser suscitada por quem se sentir prejudicado com a norma no meio processual movido perante os tribunais administrativos para a impugnação do acto de aplicação e, é por esta via que os tribunais administrativos efectuam, em todos os meios impugnatórios de actos administrativos, o controlo difuso de constitucionalidade que a lei lhes impõe.

Esta doutrina foi reafirmada com nova redacção no n.º 3 do artigo 52.º do CPTA: "o não exercício do direito de impugnar um acto que não individualize os seus destinatários não obsta à impugnação dos seus actos de execução ou de aplicação, cujos destinatários sejam individualmente identificados".

Vale por dizer que a oportunidade para suscitar todo o tipo de ilegalidade, incluindo a inconstitucionalidade, do acto individual de aplicação de uma norma é o recurso contra este acto de aplicação, independentemente das possibilidades que a lei também confira aos particulares de impugnar a norma ou o acto genérico, ou mesmo ordenador de um procedimento, mas que não se dirigida a um caso individual e concreto.

Já no Acórdão deste STA de 30.01.90, P. 27400 se decidiu: "nos tribunais administrativos as normas regulamentares podem ser objecto quer da fiscalização concreta quer da fiscalização abstracta da legalidade e também da fiscalização concreta da constitucionalidade, mas não da fiscalização abstracta da constitucionalidade".

Ora, no caso está fora de dúvida que era pedida a fiscalização concreta e não a fiscalização da constitucionalidade da norma para efeitos exteriores ao caso concreto do recorrente.

Decidindo que não era o momento e o lugar próprio para conhecer da inconstitucionalidade, o Acórdão recorrido violou os citados preceitos legais e deve ser revogado para dar lugar à prolação de outro que aprecie aquela questão central do recurso contencioso.

IV - DECISÃO

Em conformidade com o exposto procede a crítica do recorrente quanto ao erro na apreciação da questão da constitucionalidade, pelo que acordam em conceder provimento ao recurso, revogar o Acórdão e ordenar a baixa dos autos ao TCA para ser conhecido aquele fundamento do recurso.

Sem custas.

Lisboa, 29 de Junho de 2005.

Rosendo José (Relator)
António Madureira
Fernanda Xavier

Recurso n.º 442/05-12

DEFICIENTE DAS FORÇAS ARMADAS (DFA). REVISÃO DA PENSÃO DE REFORMA. APLICAÇÃO DO DL N.º 134/97, DE 31 DE MAIO. VIOLAÇÃO DO PRINCÍPIO DA IGUALDADE.

(Acórdão de 25 de Maio de 2005)

SUMÁRIO:

I – Os militares que foram qualificados deficientes das Forças Armadas na vigência do DL n.º 43/76, de 20 de Janeiro, não têm direito à revisão da pensão de reforma a que alude o artigo 1.º do DL n.º 134/97, de 31 de Maio.

II – O disposto no citado DL n.º 134/97, só é aplicável aos deficientes das Forças Armadas que foram qualificados como tais pelo DL n.º 210/73, de 9 de Maio.

III – A diferença de regime entre os deficientes das Forças Armadas que foram qualificados como tais na vigência do DL n.º 43/76, de 20 de Janeiro e os que o foram ao abrigo do DL n.º 210/73, de 9 de Maio, não viola o princípio da igualdade, plasmado no n.º 2 do artigo 13.º da Constituição da República.

ACORDAM EM CONFERÊNCIA NA 1ª SECÇÃO DO SUPREMO TRIBUNAL ADMINISTRATIVO:

1.1. Manuel Pires da Silva (id.º a fls.2) interpôs, no Tribunal Central Administrativo, recurso contencioso do despacho de 30.12.97, do Chefe do Estado Maior da Armada, que lhe indeferiu o requerimento em que pedia a revisão da sua pensão de reforma, nos termos do D. Lei 134/97, de 31 de Maio.

1.2. Por acórdão do Tribunal Central Administrativo, proferido a fls. 161 e segs, foi concedido provimento ao recurso contencioso e anulado o acto recorrido com fundamento em vício de forma, por falta de fundamentação.

1.3. Inconformado com a decisão referida em 1.2, interpôs o Almirante Chefe de Estado Maior da Armada recurso jurisdicional para este S.T.A., ao qual foi dedo provimento pelo acórdão de fls. 196 e segs.

Em consequência, foi revogado o acórdão do T.C.A., de fls. 161 e segs, na parte respeitante ao julgamento de vício de forma e, ordenada a baixa dos autos ao T.C.A. a fim de serem apreciados os restantes vícios invocados.

1.4. A fls. 213 e segs, foi proferido novo acórdão pelo T.C.A., o qual considerou improcedentes os vícios de violação de lei invocados pelo Recorrente, negando provimento ao recurso contencioso.

1.5. Discordando da decisão referida em 1.4, interpôs o Recorrente contencioso o presente recurso jurisdicional para este S.T.A., cujas alegações, de fls. 236 e segs, concluiu pela forma seguinte:

"1. O Decreto-Lei n.º 43/76 de 20 de Janeiro não anulou o artigo 1.º do Decreto-Lei n.º 210/73, de 9 de Maio, antes pelo contrário houve a preocupação dele continuar a vigorar na ordem jurídica.

2.O Recorrente foi qualificado Deficiente das Forças Armadas na vigência do Decreto-Lei n.º 43/76 de Janeiro, mas foi-lhe aplicada uma norma (artigo 1.º, n.º 2) que já existia no Decreto-Lei n.º 210/73 de 9 de Maio, e que permaneceu em vigor.

3. Negar ao recorrente os direitos previstos no Decreto-Lei n.º 134/97 de 31 de Maio seria atribuir-lhe tratamento desigual, relativamente àqueles que em situação idêntica vêm a gozar de tais direitos, apenas pela circunstância de a decisão de qualificação de DFA ter sido proferido após a entrada em vigor do Decreto-Lei n.º 43/76 de 20 de Janeiro o que equivale a uma interpretação contrária ao princípio de igualdade consagrado pelo artigo 13.º da Constituição da Republica Portuguesa.

4. Como o recorrente ficou com uma percentagem de deficiência maior que aqueles que poderiam optar pelo serviço activo, e, consequentemente, teve que ser

reformado extraordinariamente, ao não o promoverem tratam-no de forma mais desfavorável, o que contraria o artigo 13.º da Constituição da Republica Portuguesa, e viola-se o artigo 1.º do Decreto-Lei n.º 134/97, de 31 de Maio.

5. O artigo 1.º do Decreto-Lei n.º 134/97, de 31 de Maio, deve ser interpretado de modo a incluir os militares qualificados como deficientes das forças armadas (DFA) após a entrada em vigor do Decreto-Lei n.º 43/76, de 20 de Janeiro, nomeadamente os que o foram ao abrigo do disposto no Decreto-Lei n.º 210/73, de 9 de Maio.

6. A interpretação contrária do artigo 1.º do Decreto-Lei n.º 134/97, de 31 de Maio, que só considera aplicável a quem tenha passado a situação de reforma extraordinária e qualificado DFA antes da entrada em vigor do Decreto-Lei n.º 43/76, de 20 de Janeiro, é inconstitucional por violação do princípio da igualdade consagrado no artigo 13.º da Constituição."

1.6. O Almirante Chefe do Estado Maior da Armada contra-alegou, pela forma constante de fls. 239 e 247, inc., concluindo:

"1. O objecto do recurso jurisdicional é constituído pela sentença recorrida, sendo o seu âmbito delimitado pelas conclusões das respectivas alegações, como é entendimento pacífico desse Venerando Tribunal;

2. Em tal recurso já não constitui objecto o acto inicialmente impugnado;

3. Contudo, o Recorrente continua a reportar-se exclusivamente ao referido acto, não impugnado nunca o Acórdão objecto obrigatório do seu recurso;

4. Pelo que deve o presente recurso ser liminarmente rejeitado, por carência de objecto;

5. De qualquer modo, o douto Acórdão recorrido traduz a correcta avaliação da questão em apreço;

6. A decisão que qualificou o Recorrente como DFA foi tomada ao abrigo das disposições do DL 43/76, de 20 de Janeiro, tendo todo o inerente processo decorrido nos termos do mesmo diploma;

7. O DL 134/97, de 31 de Maio, só é aplicável aos militares qualificados automaticamente como DFA's ou que o tenham sido nos termos do DL 210/73, de 9 de Maio;

8. Em consequência, o Recorrente não é um dos destinatários das suas normas, pois não faz parte de um daqueles grupos;

9. Como esse Venerando Tribunal vem ensinando, o estatuto de deficiente é definido pelo ordenamento jurídico vigente ao tempo da prolação do acto administrativo de qualificação;

10. É o momento em que é proferido o acto de qualificação que determina o regime jurídico aplicável e não o momento da ocorrência dos pressupostos dessa aplicação;

11. Como o despacho de qualificação do Recorrente foi proferido nos termos daquele DL 43/76, de 20 de Janeiro, é-lhe aplicável o regime daí decorrente e não o anterior;

12. Não sendo assim contemplado pelas disposições do DL 134/97, de 31 de Maio;

13. Tem esta tese constituído doutrina constante e pacífica desse Venerando Tribunal, como aliás da recente jurisprudência do próprio Tribunal Central Administrativo;

14. De que é exemplo. aliás, o mui douto Acórdão ora recorrido;"

1.7. O Exm.º Magistrado do M.º P.º junto deste S.T.A, emitiu, a fls. 254 a 256, o seguinte parecer:

"A... recorre para este Tribunal do douto Acórdão do Tribunal Central Sul que negou provimento ao recurso contencioso interposto do despacho de 30.12.1997 do Almirante Chefe do Estado-Maior da Armada que indeferiu o requerimento em que o recorrente pedia a revisão da pensão de reforma, no termos do Decreto-Lei n.º 134/ /97, de 3 de Maio.

Previamente à apreciação das alegações de recurso, impõe-se saber se, tal como entende a entidade recorrida, em contra-alegações, se o recurso deve ser liminarmente rejeitado por carência de objecto, pois que, "o Recorrente continua a reportar-se exclusivamente ao referido acto, não impugnando nunca o Acórdão objecto obrigatório do seu recurso."

Não se me afigura que a Entidade recorrida tenha razão.

Na verdade, o que o Recorrente ataca é o douto Acórdão do TCA, não se limitando a reportar-se "exclusivamente" ao acto recorrido.

Desde logo, ao referir que "O Tribunal a quo entende que o recorrente foi qualificado DFA já na vigência do Decreto-Lei n.º 43/76, de 20 de Janeiro, e por isso não se encontra nas condições das alíneas b) e c) do artigo 18.º desse mesmo diploma legislativo e, consequentemente, não lhe é aplicável o disposto no artigo 1.º do Decreto-Lei n.º 134/97.

Com o devido respeito, não tem razão, pois desta forma viola-se o princípio da igualdade, constante do art.º 13.º da CRP"

Estas questões foram levadas às conclusões, pelo que, improcede a questão suscitada pela entidade recorrida.

Ora, nessas conclusões, diz o Recorrente:

1. O Decretos-Leis n.º 43/76 de 20 de Janeiro não anulou o artigo 1.º do Decreto-Lei n.º 210/73, de 9 de Maio, antes pelo contrário houve a preocupação dele continuar a vigorar na ordem jurídica.

2. O recorrente foi qualificado Deficiente das Forças Armadas na vigência do Decreto-Lei n.º 43/76, de 20 de Janeiro, mas foi-lhe aplicada uma norma (artigo 1.º, n.º 2) que já existia no Decreto-Lei n.º 210/73 de 9 de Maio, e que permaneceu em vigor.

3. Negar ao recorrente os direitos previstos no Decreto-Lei n.º 134/97 de 31 de Maio seria atribuir-lhe tratamento desigual, relativamente àqueles que em situação idêntica vêm a gozar de tais direitos, apenas pela circunstância de a decisão de qualificação de DFA ter sido proferida após a entrada em vigor do Decreto-Lei n.° 43/76 de 20 de Janeiro o que equivale a uma interpretação contrária ao princípio de igualdade consagrado pelo princípio 130.º da Constituição da Republica Portuguesa.

4. Como o recorrente ficou com uma percentagem de deficiência maior que aqueles que poderiam optar pelo serviço activo, e, consequentemente, teve que ser reformado extraordinariamente, ao não o promoverem tratam-no de forma mais desfavorável, o que contraria o artigo 13.º da Constituição da Republica Portuguesa, e viola-se o artigo 1.º do Decreto-Lei n.º 134/97, de 31 de Maio.

5. O artigo 1.º do Decreto-Lei n.° 134/97, de 31 de Maio, deve ser interpretado de modo a incluir os militares qualificados como deficientes das forças armadas (DFA) após a entrada em vigor do Decreto-Lei n.º 43/76, de 20 de Janeiro, nomeadamente os que o foram ao abrigo do disposto no Decreto-Lei n.º 210/73, de 9 de Maio.

6. A interpretação contrária do artigo 1.º do Decreto-Lei n.º 134/97, de 31 de Maio, que só considera aplicável a quem tenha passado a situação de reforma extraordinária.

O douto Acórdão recorrido segue jurisprudência deste Supremo Tribunal, apoiando-se inclusive, no douto Acórdão proferido no rec. n.º 47.043, de 6.03.01.

De facto, este Supremo Tribunal já decidiu, em situações análogas à questionada no recurso interposto do douto Acórdão do TCA que:

"Os militares que foram qualificados deficientes das Forças Armadas na vigência do DL n.º 43/76, de 20 de Janeiro, não têm direito à revisão da pensão de reforma a que alude o artigo 1.º do DL n.º 134/97, de 31 de Maio.

O disposto no citado DL n.º 134/97, só é aplicável aos deficientes das Forças Armadas que foram qualificados como tais pelo DL n.º 210/73, de 9 de Maio.

A diferença de regime entre os deficientes das Forças Armadas que foram qualificados como tais na vigência do DL n.º 43/76, de 20 de Janeiro e os que o foram ao abrigo do DL n.º 210/73, de 9 de Maio, não viola o princípio da igualdade, plasmado no n.º 2 do artigo 13.º da Constituição da Republica."[1]

Ora, sendo inquestionável que o Recorrente foi considerado deficiente das Forças Armadas, na previsão do art.º 1.º DL n.º 43/76, conforme documentos de folhas 109 e 110, e o douto Acórdão recorrido, o douto Acórdão deste Supremo Tribunal supra referido responde a todas as questões suscitadas nas conclusões das alegações de recurso.

Assim sendo, o recurso não deverá merecer provimento."

2. Colhidos os vistos legais, cumpre apreciar e decidir.

2.1. Com interesse para a decisão, o acórdão recorrido considerou assentes os seguintes factos:

"A) Presente à JSN, em 13-01-1981, foi atribuído ao recorrente um grau de desvalorização de 24% da TNI pelas doenças surdez mista bilateral com zumbidos e doença ulcerosa duodenal crónica.

B) Por despacho do ALM CEMA, de 13-07-81, foi considerado que as doenças de que o recorrente padece foram adquiridas em serviço de campanha e por motivo do mesmo, sendo-lhe atribuído o grau de incapacidade de 31% da TNI.

C) Tal grau de incapacidade foi-lhe atribuído pela JSN, em sua sessão de 20-03-1981, decisão homologada, em 24-04-1981, pelo ALM CEMA.

D) Presente à JSN, em 11-08-1981, foi dado como «Incapaz para o serviço», mantendo o grau de incapacidade atribuído em sessão anterior.

E) Esta decisão foi homologada em 15-09-1981, pelo ALM CEMA.

F) Em 30-09-1981, o recorrente transitou para a situação de reserva.

G) Em 28-10-1981, o recorrente requereu que lhe fosse reconhecida a condição de DFA, tendo o mesmo requerimento sido deferido por despacho do ALM CEMA de 23-03-1982, data em que transitou para a reforma extraordinária.

H) Em 17-12-1987, o recorrente requereu a sua graduação ao posto a que se julgou com direito, tendo o mesmo merecido o despacho «Gradue-se no posto de Sargento-Ajudante», do Chefe da 3ª Repartição da Direcção do Serviço do Pessoal, de 15-01-88.

I) Em 03-07-1995, requereu, novamente, a graduação ao posto seguinte, tendo o mesmo sido deferido por despacho do V/ALM CEMA, de 19-09-95.

J) Na sequência da publicação do DL n.º 134/97, de 31-05, o recorrente dirigiu, em 26-06-97, um requerimento ao Administrador da CGA, solicitando a revisão da sua reforma, nos termos daquele diploma, o qual mereceu o seguinte despacho, de 30-12-97: «***Arquive-se uma vez que o pedido não pode ter seguimento, dado que não reunindo os requisitos indicados no art.º 1.º, do DL n.º 134/97, não pode ser promovido nos termos do mesmo diploma***».

K) Sobre o requerimento, a Repartição de Reservas e Reformados elaborou Informação 8CH/97, de 13-10-97, onde refere que, devido às dúvidas levantadas pela interpretação do DL n.º 134/97, foi realizada uma reunião com os chefes das repartições do Exército e Força Aérea, com vista a uma uniformização de critérios.

L) Daquela reunião ficou acordado, entre outros aspectos, que ficariam abrangidos pelo citado Decreto-Lei, os militares que «tivessem passado» à reforma extraordinária até 25-04-1976, data a partir da qual, conforme consta no preâmbulo do DL n.º 134/97, produz efeitos a declaração de inconstitucionalidade da norma posta em vigor pela Portaria 162/76.

Acordou-se, também, que sobre os requerimentos não abrangidos pelo DL n.º 134/97, fosse exarado o despacho «*Arquive-se, uma vez que o pedido não pode ter seguimento dado que não reunindo os requisitos indicados no art.º 1.º, do DL n.º 134/97, não pode ser promovido nos termos do mesmo diploma*».

M) Posteriormente, a Repartição de Reservas e Reformadas, ao abrigo do art.º 3.º, do DL n.º 134/97, de 31-05, elaborou sobre o pedido do recorrente a Informação de 21-10-98, na qual se propõe não dar seguimento ao pedido dirigido à Caixa Geral de Aposentações, por aquele militar não ter sido considerado DFA, ao abrigo das alíneas b) e c), do n.º 1, do art.º 18.º, do DL n.º 43/76. (fls. 22, dos autos)."

A questão colocada no presente recurso jurisdicional consiste em saber se o recorrente contencioso tem direito ao regime de promoções e correspondente pensão de reforma estabelecido nos art^os^ 1.º e 2.º do D.L. n.º 134/97, de 31 de Maio, ou se, conforme decidiu o acórdão sob recurso, não está abrangido por tal regime.

Sobre questão idêntica – e no mesmo sentido do acórdão aqui em recurso – se pronunciou o acórdão do Pleno da 1ª Secção, de 13.10.04, rec. 1918/03, proferido em recurso por oposição de julgados.

Porque concordamos inteiramente com a ponderação e decisão do aludido aresto, transcreve-se a respectiva fundamentação:

"A questão a decidir consiste, assim, em saber se o recorrente contencioso, ora recorrido, tem direito ao regime de promoções e correspondente pensão de reforma estabelecido nos arts. 1.º e 2.º do DL n.º 134/97, de 31 de Maio, sendo certo que aquele foi qualificado DFA na vigência do DL n.º 43/76.

Já vimos que o acórdão recorrido decidiu pela afirmativa enquanto o acórdão fundamento, numa situação em tudo idêntica, perfilhou a solução oposta.

A jurisprudência deste STA é abundante e pacífica no sentido do acórdão fundamento, como o evidencia a

[1] Cfr. Acórdão Pleno da Secção, de 13.10.04 e, no mesmo sentido, o Acórdão, também do Pleno da Secção de 26.06.03, rec. n.º 37 594.

citação de arestos no parecer do Ex.º Procurador-Geral Adjunto, havendo, para além desses, muitos outros constantes da Base de Dados do Ministério da Justiça (www.dgsi.pt). Tal orientação, consolidada nas Subsecções, foi recentemente confirmada por este Tribunal Pleno, no seu acórdão de 26/06/2003, proferido no Proc. n.º 037594, constante da referida Base de Dados.

Ora, como não se vislumbram razões que imponham alteração a esta jurisprudência, limitar-nos-emos a seguir a sua argumentação plasmada no citado aresto deste Pleno.

Dispõe o referido art. 18.º, n.º 1, do DL n.º 43/76, de 20 de Janeiro: o presente diploma é aplicável aos:

1. Cidadãos considerados, automaticamente, DFA:

(....)

c) ...Os considerados deficientes ao abrigo do disposto no Decreto-Lei n.º 210/73, de 9 de Maio.

Por contraposição aos n.ºs 2 e 3 do preceito (que consideram DFA, respectivamente, aqueles que venham a ser como tal reconhecidos, após revisão do processo, e os que o venham a ser reconhecidos após contrair deficiência em data ulterior à vigência deste diploma), o n.º 1 define o universo dos que são considerados "automaticamente DFA", ou seja, aqueles que, independentemente de qualquer procedimento ou declaração formal, ficam abrangidos pelo regime consagrado neste diploma.

Entre estes, como resulta da apontada al. c), "Os considerados deficientes ao abrigo do disposto no Decreto-Lei n.º 210/73, de 9 de Maio".

O DL n.º 210/73 estabelece, no seu art. 1.º, n.º 1, que "os militares dos quadros permanentes das forças armadas deficientes em consequência de acidentes ou doenças resultantes do serviço de campanha (...) podem continuar na situação de activo ou optarem pela situação de reforma extraordinária".

E a Portaria n.º 619/73, de 12 de Setembro, que regulamenta aquele DL no que se reporta aos militares do Exército, depois de referir que "são considerados deficientes para os efeitos consignados no Decreto-Lei n.º 210/73, de 9 de Maio, os militares que tenham sofrido desvalorização permanente na capacidade geral de exercício da sua actividade profissional, em consequência de acidentes ou doenças resultantes do serviço de campanha (...)" (n.º 1), estabelece uma série de procedimentos a observar, tendentes ao apuramento da incapacidade permanente, fazendo depender de tais actos ou procedimentos, que culminam com um acto de homologação ministerial, a atribuição da qualidade de deficiente.

Ora, como resulta da matéria de facto dada como provada, al. e), que de resto não se questiona, o ora recorrido foi considerado automaticamente DFA ao abrigo do disposto no art. 18.º, n.º 1, al. c) do DL n.º 43/76, de 20/01.

A jurisprudência deste Supremo Tribunal Administrativo tem entendido, que todas as situações referidas no n.º 1 do art. 18.º do DL n.º 43/76 são situações necessariamente estabelecidas e qualificadas *ex ante*, e juridicamente definidas por acto ou diploma concreto, e que as situações ainda não apreciadas à data da entrada em vigor daquele diploma ficam de pleno sob o império deste.

Do que resulta, pois, que a situação prevista na citada al. c) ["considerados deficientes ao abrigo do disposto no Decreto-Lei n.º 210/73, de 9 de Maio"], só é relevante, para efeito de qualificação desses militares como "automaticamente DFA", se essa qualidade de "deficiente" tiver sido reconhecida ao abrigo deste diploma e não do DL n.º 43/76.

A própria expressão literal usada na alínea c) ["os considerados deficientes"], contrastando com as empregadas no n.º 2 ["venham a ser consideradas"] e no n.º 3 ["venham a contrair deficiência ... e forem consideradas"], mostra claramente reportar-se aquela disposição a cidadãos que já tivessem sido considerados deficientes ao abrigo do Decreto-Lei n.º 210/73, e, portanto, a circunstâncias pretéritas.

De resto, entendimento contrário implicaria o reconhecimento de que a lei teria pactuado com o absurdo no atribuir imediatamente, por qualificação automática, o regime nela estabelecido a situações ainda juridicamente inexistentes, não obstante a sua eventual realidade material e relativamente às quais nem sequer se sabia se eram susceptíveis de tutela jurídica por falta de adequada e competente apreciação."

Ou seja, nem o DL n.º 210/73 nem a Portaria n.º 619/ /73, que o regulamenta relativamente aos militares do Exército, estabelecem uma atribuição automática da qualidade de DFA, só podendo ser "considerados automaticamente DFA", para efeito do art. 18.º, n.º 1, al. c) do DL n.º 43/76, os cidadãos que já tivessem sido formalmente considerados deficientes ao abrigo do disposto no DL n.º 210/73.

Não podia, pois, o ora recorrido ser "considerado, automaticamente, DFA", ao abrigo do disposto no art. 18.º, n.º 1, al. c) do DL n.º 43/76, de 20 de Janeiro, uma vez que só veio a ser qualificado DFA na vigência do DL n.º 43/76.

Por outro lado, e reforçando o entendimento que o disposto no art. 1.º do DL n.º 134/97, de 31/05 contempla, exclusivamente, aqueles militares que foram qualificados DFAs antes da vigência do DL n.º 43/76, de 20/01, ou seja, ao abrigo do DL n.º 210/73, pode dizer-se, na esteira do acórdão fundamento, que aquela norma – art. 1.º do DL 134/97 – tal como o diploma em que se insere, foi produzido, como consta, do respectivo preâmbulo, na sequência da declaração de inconstitucionalidade com força obrigatória geral da norma da alínea a) do n.º 7 da Port. n.º 162/76, de 24 de Março, e visou a reconstrução da situação jurídica dos deficientes das Forças Armadas nas situações de Reforma extraordinária ou de beneficiários de pensão de invalidez que já teriam podido beneficiar do direito de opção nos termos da legislação em vigor anteriormente ao DL n.º 43/76, de 20 de Janeiro, aos quais, por efeito da norma julgada inconstitucional não era reconhecido o direito de optar pelo ingresso no serviço activo (cfr. acórdão do TC n.º 563/96, de 10 de Abril de 1996 in DR, I Série-A, de 16 de Maio de 1996).

Em consonância com aquela finalidade expressa na nota preambular, o art.º 1.º do DL 134/97 apenas abrangeu na sua previsão os militares que tenham sido qualificados como DFA antes da entrada em vigor do DL 43/76, de 20.01, pois aqueles que o foram ao abrigo deste último diploma já tinham a faculdade de optar pelo ingresso no serviço activo em regime de despensa de plena validez.

Com feito, só os militares considerados DFAs no domínio do DL n.º 210/73, de 9/05, é que não puderam usufruir do direito de opção pelo serviço activo nos termos da legislação então em vigor já que era a esses e só a esses que se referia a proibição da norma da al. a) do art.º 7.º da Portaria n.º 162/76, de 24.03, suprimida da ordem jurídica por ter sido declarada inconstitucional, com força obrigatória geral, pelo referido Acórdão do TC n.º 563/96.

Ora, o recorrido, conforme resulta da matéria de facto, als. e) e f), foi considerado deficiente das Forças Armadas, ao abrigo do disposto no art. 18.º, al. c) do DL n.º 43/76, de 20 de Janeiro, e não do DL n.º 210/73, pelo que lhe não é aplicável o art. 1.º do DL n.º 134/87, de 31/05, sendo certo que poderia ter optado pelo serviço activo no regime que dispensa plena validez, faculdade esta consentida por aquele diploma.

Em suma: O art. 1.º do DL n.º 134/97, de 31/05, apenas visou a situação daqueles militares DFAs que eram afectados pela a) do n.º 7 da Portaria n.º 162/76, ou seja, daqueles militares que, não tendo podido optar pelo ingresso no serviço activo nos termos do DL n.º 43/76, também não tiveram acesso às promoções a esse mesmo serviço, visto terem sido considerados DFAs ao abrigo do DL n.º 210/73.

Como o recorrido foi considerado DFAs na vigência do DL n.º 43/76, não pode beneficiar do disposto no art. 1.º do DL n.º 134/98, de 31/05, ou seja, da revisão da sua pensão de reforma.

Nem se diga que, desta forma, se viola o princípio da igualdade plasmado no art. 13.º, n.º 2, da Constituição da República, pois, como se afirma no acórdão do Tribunal Constitucional de 3/10/2001, in DR, II Série, de 27/11/2001, que não declarou inconstitucional a norma do art. 1.º do DL n.º 134/97, de 31/05, compreende-se que o caso do recorrido não tenha sido um dos visados pelo referido art.º 1.º, pois que ele também não estivera abrangido pelo inconstitucionalizado n.º 7 da Portaria n.º 162/76: o recorrido não esteve na situação dos que foram prejudicados por não terem tido possibilidade de optar pelo serviço activo nas condições previstas no DL 43/76 e assim acederem às promoções decorrentes dessa opção.

"A invocada desigualdade de tratamento resultante do DL 134/97, entre militares reconhecidos como DFA antes e depois da publicação do Dec-Lei 43/76 não é, portanto, arbitrária e destituída de fundamento racional – antes assenta num critério distintivo que decorre da linha de raciocínio que fundamentou a declaração de inconstitucionalidade, com força obrigatória geral, constante do acórdão n.º 563/96. É que neste aresto se entendeu que a possibilidade de opção pelo serviço activo antes da publicação do DL n.º 43/76 não era "igual" à possibilidade de opção pelo serviço activo depois dessa mesma publicação.

Assim, a situação do recorrido, que foi reconhecido como DFA já na vigência deste último diploma, não é igual à dos militares que foram reconhecidos como DFA anteriormente. O art.º 1.º do DL 134/97 limita-se, portanto, a tratar diferentemente situações em si mesmo diferentes."

É esta orientação, de que não se vê razão para divergir, que aqui se reitera.

3. Nestes termos, acordam em negar provimento ao recurso confirmando o acórdão recorrido.

Custas pelo Recorrente, fixando-se:

Taxa de justiça: € 250

Procuradoria: € 125

Lisboa, 25 de Maio de 2005.

Maria Angelina Domingues (Relatora)
Costa Reis
Madeira dos Santos

Recurso n.º 990/04-11

DIRECÇÃO GERAL DAS CONTRIBUIÇÕES E IMPOSTOS. MUDANÇA DE CARREIRA. CARGO. DIVISÕES DE TRIBUTAÇÃO E JUSTIÇA TRIBUTÁRIA. DIVISÕES DE INSPECÇÃO TRIBUTÁRIA. FUNDAMENTAÇÃO.

(Acórdão de 12 de Julho de 2005)

SUMÁRIO:

I – **Um acto administrativo, apesar da não indicação expressa dos preceitos legais em que se fundou se possibilitar a referência clara e inequívoca ao recorrente do quadro jurídico-normativo em que assentou a decisão, deve ter-se como fundamentado de direito.**

II – **Chama-se *quadro* o elenco dos lugares permanentes que, em número determinado, são distribuídos por categorias a preencher por agentes administrativos para o desempenho dos cargos de um serviço.**

III – **A possibilidade que o agente tem de percorrer sucessivamente, nos termos da lei, as diversas categorias constitutivas da hierarquia dos lugares da mesma natureza incluídos no seu quadro ou num grupo deste, forma a *carreira*".**

IV – **As competências atribuídas *ao pessoal técnico tributário* e referidas no art.º 4.º do Regulamento dos Concursos das Categorias de Ingresso e de Acesso das Carreiras de Pessoal Técnico de Administração Fiscal (aprovado por despacho do Sr. Secretário de Estado dos Assuntos Fiscais de 10/5/1994) são, grosso modo, as competências atribuídas às divisões de *tributação e justiça tributária*, no art.º 34.º n.º 1 do DL. n.º 408/ /93. Já as competências do *pessoal técnico de fiscalização tributária* (art.º 5.º daquele Regulamento) correspondem às competências que aquele mesmo diploma legal confere às *divisões de inspecção tributária* (art.º 34.º n.º 2).**

V – **O recorrente, ao ser mudado da Divisão de Prevenção e Inspecção Tributária (*carreira de pessoal técnico de fiscalização tributária*) para a Divisão de Justiça Tributária (*carreira de pessoal técnico tributário*), foi obrigado a transitar de uma carreira para outra, não só com categorias diferentes, como para outra área a que corresponde um conteúdo funcional distinto.**

VI – O acto do Director de Finanças praticado nos termos acabados de referir, viola o disposto no art.º 34.º n.º 2 do DL. n.º 408/93, de 14/12, conjugado com o Anexo I à Portaria 663/94, de 19/7 e art.º 5.º do Regulamento publicado no DR II Série, de 24/5/94, vícios estes que inquinam, por igual, o acto recorrido.

VII – E contra esta conclusão referida em XII não se defenda que quer na al. h) do n.º 1 quer na al.d) do n.º 2 do art.º 34.º do DL. n.º 408/93, se afirma competir quer às *divisões de tributação e justiça tributária* quer às *divisões de inspecção tributária*, designadamente, "assegurar quaisquer funções que lhes sejam cometidas por lei ou por determinação do director de distrital de finanças" e "executar quaisquer funções que lhes sejam cometidas por lei ou decisão superior". É que o dever de executar as ordens dadas pelo superior devem ser sobre o conteúdo funcional abrangido na competência das respectivas divisões que não esteja tipificado na lei.

ACORDAM NA 1ª SECÇÃO DO SUPREMO TRIBUNAL ADMINISTRATIVO:

António Manuel da Silva Ferreira Lopes, Técnico Verificador Tributário do Quadro de Pessoal da Direcção Geral das Contribuições e Impostos, a exercer funções na Divisão de Justiça Tributária da Direcção Distrital de Finanças de Viseu, residente na Rua Dr. José Joaquim Andrade e Silva, n.º 31, r/c, Dt.º, 3500 Viseu interpôs recurso contencioso de anulação do indeferimento tácito imputável ao Sr. Secretário de Estado dos Assuntos Fiscais, na sequência do recurso hierárquico que lhe dirigiu em 30/1/98.

Por acórdão do Tribunal Central Administrativo de 31/1//2002 foi negado provimento ao recurso (fls. 79 a 84).

Nas suas alegações o recorrente formula as seguintes conclusões:

"A) O recorrente, que possui a categoria de Técnico Verificador Tributário do quadro de pessoal da DGCI, reclamou da Ordem de Serviço n.º 1/97, de 27/11, que determinou a sua mudança da Divisão de Prevenção e Inspecção Tributária II para a Divisão de Justiça Tributária, ambas da Direcção Distrital de Finanças de Viseu, tendo-lhe tal reclamação sido indeferida por despacho do Sr. Director Distrital de Finanças;

B) Do indeferimento interpôs recurso hierárquico para a autoridade contenciosamente recorrida, cujo silêncio gerou o indeferimento tácito que constituiu o objecto do recurso contencioso;

C) O indeferimento tácito recorrido recebeu o vício de falta de fundamentação de que padecia o despacho do Sr. Director Distrital de Finanças hierarquicamente recorrido, uma vez que aquele despacho não está minimamente fundamentado de direito, com violação dos arts. 124.º n.º 1 al.b) e 125.º n.º 1 do CPA;

D) Assim o douto acórdão «a quo» ao considerar, por um lado, que o despacho que indeferiu a reclamação do interessado não tem de estar fundamentado viola expressamente o disposto no art.º 124.º n.º 1 al.b) do CPA e, por outro ao sustentar que, em qualquer caso, sempre estaria fundamentado, viola o disposto no art.º 125.º n.º 1 do CPA por não haver a mínima fundamentação de direito sendo esta igualmente exigida pelo preceito em causa;

E) Não estaria o despacho em questão não fundamentado (de direito) se como sustentou o douto acórdão «a quo» aquele defendesse a validade do «acto» reclamado com o regime previsto no art.º 9.º n.º 4 do DL. n.º 248/85, de 15/7, o que não foi, manifestamente, o caso;

F) Quanto ao facto do douto acórdão «a quo» considerar que as funções diferentes daquelas que constituem o conteúdo funcional da sua carreira que lhe foram cometidas pela Ordem de Serviço primitivamente em causa, caberem na previsão do n.º 4 do art.º 9.º do DL. n.º 248/85, de 15/7, não sendo, portanto, ilegal, a ordem recebida, o certo é que esta norma apenas determina que os funcionários não podem eximir-se ao cumprimento de tarefas de complexidade e responsabilidade equiparáveis embora não mencionadas no conteúdo funcional da sua carreira o que é distinto do caso concreto em que ao recorrente foram-lhe retiradas, com carácter permanente, o exercício de todas as funções próprias da sua carreira e atribuídas outras de carreira distinta com violação do art.º 34.º n.º 2 do DL. n.º 408/93, de 14/12, conjugado com o Anexo I à Portaria 663/94, de 19/7 e art.º 5.º do Regulamento publicado no DR II Série, de 24/5/94, vícios estes que inquinam, por igual, o acórdão recorrido".

Termina a entidade recorrida as suas contra-alegações com as seguintes conclusões:

"I – O douto acórdão recorrido não merece censura, pois não sofre dos vícios que lhe são imputados pelo recorrente;

II – A Ordem de Serviço não sofre do vício de falta de fundamentação. Tendo esta um carácter instrumental, as razões que lhe estão subjacentes encontram-se claramente expostas, permitindo aos destinatários o seu conhecimento de modo inequívoco;

III – Não há igualmente violação do n.º 2 do art.º 9.º do DL. n.º 408/93, de 14/7, pois, para além de não haver ilegalidade na afectação do recorrente à Divisão de Justiça Tributária, tal afectação não significa que este tenha deixado de exercer as funções correspondentes à sua categoria, dada a complementaridade das atribuições nas diversas unidades orgânicas de uma Direcção Distrital, pois as funções nelas exercidas não pertencem a áreas funcionais diferentes, mas sim complementares;

IV – Por outro lado, sempre se dirá que a Administração poderá impor ao funcionário tarefas não compreendidas no conteúdo funcional da sua categoria, desde que compreendidas nos limites expressamente previstos no n.º 4 do art.º 9.º do DL. n.º 248/85, de 15/7".

Emitiu douto parecer o Ex.mo Magistrado do M.º P.º com o seguinte teor:

"António Manuel da Silva Ferreira Lopes, técnico verificador tributário do Quadro de Pessoal da Direcção Geral das Contribuições e Impostos interpôs no TCA recurso contencioso de anulação do indeferimento tácito imputável ao Senhor Secretário de Estado dos Assuntos Fiscais que se teria formado do recurso hierárquico que lhe dirigiu na sequência do despacho do Sr. Director Distrital de Finanças de Viseu, que lhe indeferiu uma reclamação da Ordem de Serviço n.º 1/97, de 27/11, a qual determinou a sua mudança de Divisão de Prevenção e Inspecção Tributária da Direcção Distrital de Finanças de Viseu para a Divisão de Justiça Tributária da mesma Direcção Distrital.

A douta decisão do TCA que constitui o objecto do presente recurso negou provimento àquele recurso contencioso por entender que o acto ali impugnado não padecia dos vícios que o recorrente lhe imputava: falta de fundamentação, violação de lei e incompetência.

Imputa-se ao douto acórdão recorrido a violação do disposto no art.º 124.º n.º 1 al. b) do CPA, na medida em que decidiu que o despacho que indeferiu a reclamação não estava abrangido pelo dever de fundamentação, quando devia ter decidido que tal despacho carece de fundamentação.

Afigura-se-nos que este vício há-de improceder. É que o acórdão recorrido afirmou que o despacho de indeferimento de reclamação não estava abrangido pelo dever de fundamentação. Mas acrescentou que "*...mesmo que se entendesse que tal despacho deveria ser fundamentado...sempre se deveria*

ter por verificado tal requisito, uma vez que os termos do despacho (apesar de não indicação expressa dos preceitos legais em que se fundou) possibilitam a referência clara e inequívoca para o recorrente ao quadro jurídico-normativo em que assentou a decisão..." (fls.82).

Quanto ao alegado vício de violação de lei (por desrespeito das normas dos arts. 34.º n.º 2, 46.º e 47.º, todos do DL. n.º 408/93, de 14 de Dezembro, conjugado com o Anexo I à Portaria n.º 663/94 e art.º 5.º do Regulamento dos Concursos, publicado no Diário da República, II Série, de 24/5/94) e renovando o que, a propósito, vem defendido no parecer do Ministério Público de fls. 68 e segs., entendemos também que a mudança operada pela Ordem de Serviço se efectuou dentro do mesmo serviço (Direcção Distrital de Finanças) constituindo uma afectação do funcionário a funções distintas das que vinha desempenhando. A circunstância de o recorrente ter deixado a Divisão de Prevenção e Inspecção Tributária para passar para a Divisão da Justiça Tributária não pode ser entendido como o abandono de um conteúdo funcional para o exercício para o exercício de outro, distinto. Como muito bem se escreveu no douto acórdão recorrido "*...o facto de o recorrente ter sido colocado na Divisão de Justiça Tributária não implica que tenha deixado de exercer as funções que correspondem ao conteúdo da carreira em que está integrado, pois as atribuições das diferentes unidades orgânicas de uma Direcção Distrital de Finanças não são estanques, devendo todas elas concorrer para a prossecução de todos os objectivos cometidos por lei...*" à Direcção Geral das Contribuições e Impostos – sic: fls. 83.

Como refere a entidade recorrida, o recorrente não mudou de serviço, nem de quadro, continuando a ocupar o lugar de técnico verificador tributário do Quadro de Contingentação da Direcção Geral de Finanças de Viseu. A sua deslocação é o exercício de funções em serviço diferente daquele ao qual o funcionário pertence, a título transitório – embora não ocupe vaga no Quadro de Contingentação desse serviço e, consequentemente, não deixa a vaga, que preenche, no Quadro de Contingentação do serviço ao qual pertence.

Acresce que a mudança de serviço em questão sempre encontraria suporte legal na norma do art.º 9.º n.º 4 do DL. n.º 248/85 de 15/7.

Pelas razões expostas opinamos no sentido da improcedência do recurso".

***

Colhidos os vistos legais cumpre decidir.

No acórdão recorrido foram dados como provados os seguintes factos:

A – Por requerimento dirigido ao Director Distrital de Finanças de Viseu, o recorrente reclamou da Ordem de Serviço n.º 1/97, de 27/11, que determinou a sua mudança da Divisão de Prevenção e Inspecção Tributária II da Direcção Distrital de Finanças de Viseu para a Divisão de Justiça Tributária da mesma Direcção, com efeitos a partir de 2/1/98;

B – Por despacho de 22/12/97, o Director Distrital de Finanças indeferiu a reclamação do recorrente, nos termos constantes de fls. 27, que aqui dada por reproduzida;

C – Deste despacho recorreu o recorrente hierarquicamente para o Secretário de Estado dos Assuntos Fiscais, nos termos constantes do doc. 2 a fls. 10 a 16, cujo teor aqui se dá por reproduzido;

D – Sobre este recurso hierárquico não recaiu qualquer decisão.

Foi com base nestes factos que o tribunal "a quo" deu como não verificados os vícios apontados ao acto contenciosamente impugnado e negou provimento ao recurso contencioso.

Nas conclusões A) a E) das suas alegações sustenta o recorrente que o indeferimento tácito recorrido recebeu o vício de falta de fundamentação de que padecia o despacho do Sr. Director Distrital de Finanças hierarquicamente recorrido, uma vez que aquele despacho não está minimamente fundamentado de direito, com violação dos arts. 124.º n.º 1 al. b) e 125.º n.º 1 do CPA e o acórdão recorrido ao não dar como provado este vício viola ele estes preceitos.

Para saber se procede esta conclusão há, assim, que apurar se o despacho do Sr. Director de Finanças de Viseu de 22/12/97 que indeferiu a reclamação apresentada pelo recorrente da Ordem de Serviço n.º 1/97, de 27/11 se encontra fundamentado ou não.

Escreveu-se, quanto a este vício, no acórdão recorrido que "*quanto à falta de fundamentação, prevê o n.º 2 do art.º 124.º do CPA que «salvo disposição da lei em contrário, não carecem de ser fundamentados (...) as ordens dadas pelos superiores hierárquicos aos seus subalternos em matéria de serviço e com a forma legal». O acto aqui em causa está abrangido por esta disposição legal quanto à não exigência em tais situações, de fundamentação (cfr. neste sentido Mário Esteves de Oliveira. CPA, 2ª ed., pág. 599). E, de igual modo, não se encontra abrangido pelo dever de fundamentação o despacho que indeferiu a reclamação versando a referida ordem de serviço. No entanto, mesmo que se entendesse que tal despacho deveria ser fundamentado (art.º 124.º n.º 1 al.b) do CPA), sempre se deveria ter por verificado tal requisito, uma vez que os termos do despacho (apesar da não indicação expressa dos preceitos legais em que se fundou), possibilitam a referência clara e inequívoca para o recorrente ao quadro jurídico-normativo em que assentou a decisão (cfr. Acs. do STA de 7/5/98--rec. n.º 32 694 e de 11/12/97-rec. n.º 39 656). Nestes termos, improcede o vício invocado*".

Assim, segundo a tese do acórdão o vício de falta de fundamentação apontado ao acto contenciosamente impugnado não se verifica por duas razões: 1ª – por não ser obrigatória a fundamentação do acto recorrido; 2ª – apesar desta não obrigatoriedade de fundamentação, todavia, a entidade recorrida fundamentou-o.

Assim, segundo a tese do acórdão o vício de falta de fundamentação apontado ao acto contenciosamente impugnado não se verifica por duas razões: 1ª – por não ser obrigatória a fundamentação do acto recorrido; 2ª – apesar desta não obrigatoriedade de fundamentação, todavia, a entidade recorrida fundamentou-o.

Ora independentemente de apurar se estamos perante uma ordem de serviço que devia ou não ser fundamentada, o que é certo é que se a mesma está fundamentada, fica prejudicada saber se a mesma estava sujeita a fundamentação obrigatória.

Em tal acto que determinou a mudança do recorrente refere-se que essa mudança é devida à "necessidade de reforçar alguns sectores".

Embora esta fundamentação não tenha uma densidade muito intensa, todavia, tem o mínimo de suficiente para permitir ao recorrente saber quais as razões que levaram o Sr. Director Distrital de Finanças a proceder à sua mudança dentro daquele direcção distrital.

Por outro lado, como se escreveu no acórdão do tribunal "a quo" «o despacho, apesar da não indicação expressa dos preceitos legais em que se fundou, possibilita a referência clara e inequívoca para o recorrente ao quadro jurídico-normativo em que assentou a decisão».

E assim é.

Tendo sido praticado o acto que ordenou a mudança do recorrente por um seu superior hierárquico, nos serviços da DDF, este ficou a saber qual a normação ao abrigo da qual foi tal despacho proferido (cfr. Acs. do STA de 7/5/98-rec. n.º 32 694, de 11/12/97-rec. n.º 39 656, de 10/3/1999-rec. n.º 44 302 e de 5/5/2004-rec. n.º 1 621/03).

Aliás, que o recorrente sabia qual o quadro normativo que presidiu à prática do acto resulta claramente da reclamação e do recurso hierárquico apresentados.

Não se verificando o alegado vício de falta de fundamentação, como no tribunal *"a quo"* foi decidido, improcede a conclusão A a D) das alegações do recorrente.

Nas restantes conclusões das suas alegações defende o recorrente a violação pelo acórdão recorrido do art.º 34.º do DL. n.º408/93, de 14/12, conjugado com o Anexo I à Portaria n.º 663/94, de 19/7 e do art.º 5.º do Regulamento publicado no DR, 2ª série, de 24/5/1994.

Afirma para tanto o recorrente que "ao contrário do que o douto acórdão recorrido admite, as funções diferentes daquelas que constituíam o conteúdo funcional da sua carreira que lhe foram atribuídas pela Ordem de Serviço originariamente em causa não cabe na previsão do n.º 4 do art.º 9.º do DL. n.º 248/85, de 15/7 porquanto o que aqui se determina é que os funcionários em geral não podem eximir-se ao cumprimento de tarefas de complexidade e responsabilidade equiparáveis mas não expressamente mencionadas no conteúdo funcional da sua carreira, o que é distinto do que «*in casu*» ocorreu em que, pura e simplesmente, o recorrente foi afastado das suas funções próprias inerentes à sua carreira e deslocado, com carácter permanente, para o exercício de funções próprias de outra carreira com distinto conteúdo funcional, com violação do invocado art.º 34.º n.º 2 do DL. n.º 408/93, de 14/12, conjugado com o Anexo I à Portaria n.º 663/94, de 19/7 e art.º 5.º do Regulamento dos Concursos publicados no DR 2ª série de 24/5/94".

Em suma, alega o recorrente que com o acto recorrido, sufragado pelo acórdão recorrido, foi transferido de uma carreira para outra, o que lhe acarreta vários prejuízos, designadamente, profissionais.

Na verdade, constituindo os departamentos administrativos organizações permanentes de actividades humanas, pressupõem a existência de agentes, inseridos numa estrutura que assegure a continuidade daquelas actividades. Assim, faz parte da estrutura do departamento a definição das diversas tarefas, especializadas segundo critérios de divisão de trabalho, que são os cargos a desempenhar pelos agentes.

Como pode ser necessária mais do que uma pessoa para desempenhar um cargo são criados os lugares.

Mas, como refere Marcelo Caetano, que continuamos a seguir muito de perto, "os cargos exigem aptidões e conhecimentos variados, é natural que nem todos os lugares tenham as mesmas exigências, responsabilidades e remuneração, isto é, a mesma categoria ou graduação. Deste modo, os agentes repartem-se por várias *categorias ou graduações*, cada uma das quais corresponde a certo nível de habilitações, possibilidades e remuneração, isto é, a mesma categoria ou graduação. Deste modo, os agentes repartem-se por várias categorias ou graduações, cada uma das quais corresponde a certo nível de habilitações, possibilidades e vantagens, formando um estrato, horizontal portanto, do pessoal. A diferenciação das categorias ou graus de pessoal origina em cada serviço ou especialidade uma escala vertical a que se chama hierarquias de graus....Chama-se *quadro* o elenco dos lugares permanentes que, em número determinado, são distribuídos por categorias a preencher por agentes administrativos para o desempenho dos cargos de um serviço....A possibilidade que o agente tem de percorrer sucessivamente, nos termos da lei, as diversas categorias constitutivas da hierarquia dos lugares da mesma natureza incluídos no seu quadro ou num grupo deste, forma a *carreira*" (Manual, II vol., 10ª ed., pág.649 e ss.).

"A carreira dos agentes funcionários é o conjunto de lugares – e categorias respectivas – percorridos sucessiva e, em regra, ascensionalmente, por um funcionário, mediante promoção ou admissão condicionada à ocupação de um outro lugar,...pelo que a passagem de uma para outra categoria filia-se na anteriormente ocupada" (João Alfaia, in DJAP, vol. II, pág. 232). Assim, a ideia básica do conceito de carreira é a de que a profissão se caracteriza pela melhoria, pela ascensão gradual, daqueles que a exercem.

Dito de outra maneira, e ainda segundo aquele autor, *carreira do funcionário* é o conjunto de lugares ligados pela faculdade de acesso (ob. cit., pág. 74).

Precisados estes conceitos que, em nosso entender, se tornava necessário, passamos, agora, a apurar se o recorrente foi mudado de carreira, como defende.

O Quadro de Pessoal da Direcção-Geral das Contribuições e Impostos então vigente era o constante do Anexo I da Portaria n.º 663/94, de 19/7. De acordo com este Anexo o grupo de *Pessoal técnico de administração fiscal* era constituído pelas seguintes carreiras de: *carreira de Administrador tributário, carreira de Supervisor, carreira de Técnica tributária e carreira de técnica de fiscalização tributária.*

A carreira técnica de fiscalização tributária tem as seguintes categorias: perito fiscal de 1ª classe, perito fiscal de 2ª classe, técnico verificador tributário e subinspector. O recorrente pertencia a esta carreira *(carreira de técnica de fiscalização tributária)*, com a categoria de "Técnico verificador tributário".

Pelo acto de que recorreu hierarquicamente, o recorrente foi colocado na Divisão de Justiça Tributária da mesma Direcção Distrital de Finanças de Viseu.

O recorrente vem afirmar que "a área de tributação é exercida pelo pessoal da *carreira técnica tributária* (Técnico/Liquidador Tributário; Perito Tributário de 2ª e 1ª classes), enquanto a área de fiscalização tributária é exercida pelo pessoal da *carreira técnica de fiscalização tributária* (Técnico Verificador Tributário; Perito Fiscal de 2ª e 1ª classes)...A estas diferentes carreiras – carreira técnica tributária e carreira técnica de fiscalização tributária – correspondem conteúdos funcionais distintos, como resulta dos arts. 4.º e 5.º do Regulamento dos Concursos de Provimento das Categorias de Ingresso e de Acesso das Carreiras de Pessoal Técnico da Administração Fiscal".

Efectivamente, analisando aquele Anexo da Portaria n.º 663/94 não existe qualquer carreira de Técnico da Justiça Tributária, (face à revogação operada pelo art.º 57.º do DL. n.º 408/93, de 14/12) pelo que há que apurar qual a área funcional para que o mesmo foi transferido, para se concluir se passou de uma carreira para outra diferente.

Para atingir tal desiderato há que lançar mãos da Lei Orgânica da Direcção-Geral das Contribuições e Impostos (DL. n.º408/93, de 14/12).

Passa-se a transcrever, parcialmente, o art.º 34.º do DL. n.º 408/93, de 14/12:

Art.º 34.º

Competências das divisões das direcções distritais de finanças

1 – Às divisões de tributação e justiça tributária compete, designadamente:

a) Executar todas as funções relacionadas com a tributação que lhes sejam cometidas por lei ou por normas administrativas emanadas dos serviços centrais da DGCI;

b) Orientar, coordenar e controlar a actividade dos serviços locais compreendidos nas respectivas áreas funcionais e fiscais;

c) Prestar apoio técnico ao director distrital de finanças no exercício das competências de investigação e averiguação a ele cometidas por lei no domínio da acção penal fiscal, criminal ou contra-ordenacional;

d) Prestar apoio técnico e administrativo à representação da Fazenda Pública;

e) Assegurar a prática de actos ordenados pelo magistrado judicial competente relativos à tramitação dos processos da competência dos tribunais tributários;

f) Assegurar a tramitação dos processos de natureza administrativa;

g) Participar na elaboração e assegurar a execução dos planos e programas de actividade inspectiva no âmbito distrital, de harmonia com os planos e programas estabelecidos pelos serviços centrais;

h) Assegurar quaisquer funções que lhe sejam cometidas por lei ou por determinação do director distrital de finanças.

2 – Às divisões de inspecção tributária incumbe designadamente:

a) Exercer a acção de controlo e inspecção tributária na respectiva área fiscal;

b) Participar na elaboração e assegurar a execução dos planos e programas de actividade inspectiva no âmbito distrital, de harmonia com os planos e programas estabelecidos pelos serviços centrais;

c) Prestar apoio técnico à instrução de processos judiciais ou administrativos, designadamente no tocante a informações quanto a matéria de facto pertinente à apreciação das questões suscitadas;

d) Executar quaisquer funções que lhes sejam cometidas por lei ou decisão superior.

3 – ....

4 – ....

Os conteúdos funcionais das carreiras do pessoal técnico da administração tributária da Direcção-Geral das Contribuições e Impostos (DGCI) vêm descritas nos arts. 3.º a 6.º do Regulamento dos Concursos das Categorias de Ingresso e de Acesso das Carreiras de Pessoal Técnico de Administração Fiscal (aprovado por despacho do Sr. Secretário de Estado dos Assuntos Fiscais de 10/5/1994).

Assim, quanto ao *pessoal técnico tributário* refere o art.º 4.º que "compete genericamente ao pessoal técnico tributário executar todos os procedimentos técnicos relativos à preparação, tratamento e recolha das declarações e demais documentos com elas relacionados com vista à liquidação e cobrança dos impostos, elaborar informações ou pareceres sobre dúvidas ou consultas suscitadas pelos serviços ou pelos contribuintes, efectuar estudos e trabalhos técnicos relacionados com a administração dos impostos e desempenhar as demais tarefas adequadas à correcta aplicação da política e da legislação fiscal, executar todos os procedimentos técnicos relativos à tramitação dos processos administrativos ou judiciais e ainda os de natureza administrativa necessários à prossecução das atribuições dos serviços da administração tributária".

Relativamente *ao pessoal técnico de fiscalização tributária* estatui o art.º 5.º daquele mesmo regulamento que "compete genericamente ao pessoal técnico de fiscalização tributária detectar e averiguar quaisquer actos, factos ou situações susceptíveis de configurar incumprimento de obrigações tributárias, proceder aos exames e verificações necessários para controlar a veracidade e conformidade das declarações apresentadas pelos contribuintes, controlar e apurar a respectiva situação tributária, dar notícia das infracções detectadas, bem como prestar as informações ou executar as diligências que sejam solicitadas à fiscalização tributária no âmbito da tramitação de processos administrativos ou judiciais e ainda assegurar as funções de natureza administrativa necessárias à prossecução das atribuições dos serviços de fiscalização tributária".

Neste Regulamento de Concursos apenas estão previstas as carreiras de pessoal técnico tributário (art.º 4.º), de pessoal técnico de fiscalização tributária (art.º 5.º) e de pessoal técnico de orientação e supervisão (art.º 6.º) e só as duas primeiras carreiras são invocadas pelo recorrente.

Todavia, apura-se que as competências atribuídas *ao pessoal técnico tributário* e referidas naquele art.º 4.º são, grosso modo, as competências atribuídas às divisões de *tributação e justiça tributária*, no art.º 34.º n.º 1 do DL. n.º 408/93. Já as competências do *pessoal técnico de fiscalização tributária* (art.º 5.º) correspondem às competências que aquele mesmo diploma legal confere às *divisões de prevenção e de inspecção tributária* (art.º 34.º n.º 2).

Então, o recorrente ao ser mudado da Divisão de Prevenção e Inspecção Tributária (*carreira de pessoal técnico de fiscalização tributária*) para a Divisão de Justiça Tributária (*carreira de pessoal técnico tributário*), o mesmo foi obrigado a transitar de uma carreira para outra, não só com categorias diferentes e em número diferente, como acima se viu, como para outra área a que corresponde um conteúdo funcional distinto, o que se repercute negativamente na sua situação jurídico-profissional.

Viola, por esta razão, o acórdão recorrido o disposto no art.º 34.º n.º 2 do DL. n.º 408/93, de 14/12, conjugado com o Anexo I à Portaria 663/94, de 19/7 e art.º 5.º do Regulamento publicado no DR II Série, de 24/5/94, vícios estes que inquinam, por igual, o acto recorrido.

E contra esta conclusão não se defenda que quer na al.h) do n.º 1 quer na al.d) do n.º 2 do art.º 34.º do DL. n.º 408/93, se afirmar competir quer às *divisões de tributação e justiça tributária* quer às *divisões de inspecção tributária*, designadamente, "assegurar quaisquer funções que lhes sejam cometidas por lei ou por determinação do director de distrital de finanças" e "executar quaisquer funções que lhes sejam cometidas por lei ou decisão superior".

É que o dever de executar as ordens dadas pelo superior devem ser sobre o conteúdo funcional abrangido na competência das respectivas divisões que não esteja tipificado na lei.

Em concordância com tudo o exposto, procedendo a conclusão F), e verificando-se as alegadas violações de lei, quer pelo acto recorrido hierarquicamente quer pelo acórdão recorrido, concede-se parcial provimento ao presente recurso jurisdicional, revoga-se o acórdão recorrido com tais fundamentos, concedendo-se provimento ao recurso contencioso e, anulando-se, em consequência o acto contenciosamente impugnado.

Sem custas.

Lisboa, 12 de Julho de 2005.

Pires Esteves (Relator)
António Madureira
Fernanda Xavier

Recurso n.º 935/02-12

DIREITO DE AUDIÊNCIA.

(Acórdão de 2 de Junho de 2005)

SUMÁRIO:

I – O direito de audiência previsto no art. 100.º do CPA, além de constituir uma importante garantia de defesa dos direitos do administrado constitui também uma manifestação do princípio do contraditório, pois que lhe possibilita a participação na formação da vontade da Administração, não só através do confronto dos seus pontos de vista mas também através da sugestão da produção de novas provas que invalidem ou, pelo menos, ponham em causa as certezas daquela.

II – E, além disso, e simultaneamente, contribui para melhorar os resultados da actividade da Administração e, dessa forma, para o incremento do interesse público, uma vez que a observância de uma tal formalidade permite a reunião de novos e pertinentes elementos dos quais pode resultar a formação de uma mais correcta e adequada decisão final.

III – Constitui cumprimento do citado preceito a notificação do administrado na fase conclusiva do procedimento e, portanto, já depois de recolhidos todos os elementos indispensáveis à decisão, informando-o de que tinham sido encontradas irregularidades na forma como o mesmo estava cumprir o contrato e de que, por isso, o processo iria ser "*remetido para o IFADAP para efeitos de eventual rescisão do contrato*."

ACÓRDÃO

Firmino dos Anjos Fernandes interpôs, no Tribunal Administrativo de Círculo do Porto, **recurso contencioso de anulação da deliberação**, de 30/10/2000, **do Conselho de Administração do IFADAP** – Instituto de Financiamento e Apoio ao Desenvolvimento da Agricultura e Pescas que **rescindiu o contrato** que haviam celebrado e lhe ordenou a **restituição das ajudas** recebidas, imputando-lhe os vícios de falta de fundamentação e incumprimento do disposto nos art.ºs 100.º e 101.º do CPA.

Mas **sem êxito** já que, por douta sentença de 14/01//2004, **foi-lhe negado provimento.**

Inconformado com o assim decidido **o Recorrente agravou para este Tribunal,** rematando o seu discurso alegatório com a formulação das seguintes **conclusões:**

1. O Recorrente discorda da douta sentença, na medida em que considera não verificada a falta de audiência prévia à deliberação impugnada.

2. O Recorrente foi ouvido quanto ao teor dos documentos juntos a fls. 47,48 e 49 e relativamente aos factos que dele constam.

3. Mas mesmo após os ditos relatórios, tal rescisão era eventual e não automática;

4. Ou seja, o Conselho de Administração do IFADAP poderia não rescindir o contrato de ajudas em questão.

5. E sendo assim impunha-se a audição prévia do Recorrente quanto ao acto a proferir e não quanto aos factos constatados pela alegada fiscalização.

6. E, por isso, se entende que foi infringido o disposto no art.º 100.º do CPA.

7. Assim não acontecendo tal torna o acto ilegal por violação de Lei.

8. Devendo a douta sentença ser revogada por violação do disposto no art.ºs 100.º, 101.º, e 125.º do CPA.

Não foram apresentadas contra alegações.

O Ex.mo Sr. Procurador-geral Adjunto pronunciou-se no sentido do **provimento do recurso** por entender que o dever de audiência prévia fora omitido. E justificou esse entendimento deste modo:

"*De facto, embora o Recorrente tenha sido ouvido no procedimento, conforme os documentos de fls. 47 a 49, o certo é que, conforme resulta desses documentos, a decisão sobre a rescisão do contrato cabia ao IFADAP*

– como aconteceu – e não à Direcção Regional de Agricultura de Trás os Montes.

*Assim, cabendo a decisão final ao IFADAP – daí que no documento de fls. 47 se diga que "*o processo será remetido ao IFADAP para efeitos de eventual rescisão do contrato*" e no documento de fls. 49, da mesma entidade, se diga "*devendo aguardar pela decisão o IFADAP, que brevemente lhe será comunicada – impunha-se que, previamente, à deliberação impugnada o Recorrente fosse informado, pela entidade recorrida, nos termos do referido art.º 100.º*, nomeadamente, "sobre o sentido" da decisão final do procedimento.*

E porque é assim, é que no ofício de fls. 20, do IFADAP, se refere:

«2. Na circunstância de verificação de irregularidades, a DRA competente informa o IFADAP, enviando-lhe cópia dos documentos que sustentam tal irregularidade, procedendo o IFADAP, na sequência, quando assim o entender, à rescisão do contrato ou sua modificação quanto a montantes.»

Assim, não tendo sido dada a informação ao Recorrente sobre o sentido da decisão final do procedimento, não pode dizer-se que não ocorreu a violação do art.º 100.º do CPA.

Não podendo o acto recorrido ser aproveitado com fundamento no princípio do aproveitamento dos actos administrativos, porque proferido no âmbito de poderes não vinculados, é meu entendimento que o recurso merece provimento."

Mostrando-se colhidos os vistos legais **cumpre decidir**.

FUNDAMENTAÇÃO

I. MATÉRIA DE FACTO

A decisão recorrida julgou **provados os seguintes factos**:

1. No âmbito do Regulamento (CEE) n.º 2078/92 – Medidas Agro Alimentares o Recorrente apresentou um projecto agrícola com o n.º 1994020036564.

2. Entre o IFADAP e o Recorrente foi celebrado, em 5/9/95, o "*contrato de atribuição de ajuda ao abrigo das medidas agro ambientais.*"

3. Na sequência de acção de controlo realizada em 19/3/99, pela Direcção Regional de Agricultura, foi elaborado relatório de onde consta a detecção de irregularidades.

4. Por ofício de 20/10/99 (n.º 5529) foi comunicado ao Recorrente o resultado da referida acção de controlo e fixado o prazo de 10 dias para se pronunciar sobre as referidas irregularidades.

5. Através da carta de 27/10/99 foi apresentada resposta relativa às conclusões do relatório.

6. Através do ofício n.º 2776, de 22/06/2000, a Direcção Regional de Agricultura de Trás os Montes comunicou ao Recorrente que a resposta por si apresentada não tinha alterado a situação e que posteriormente lhe seria comunicada a situação e que posteriormente lhe seria comunicada a decisão a tomar pelo IFADAP.

7. Em 30/10/2000 o Conselho de Administração do IFADAP deliberou "*rescindir unilateralmente os contratos abaixo indicados, com exigência da devolução das ajudas processadas, acrescidas dos respectivos juros, bem como a suspensão do direito á apresentação de qualquer candidatura, no âmbito dos Reg.s (CEE) n.os 2078, 2079 e 2080/92, de acordo com o estipulado no n.º 7-A do DL 31/94, de 5/2, na redacção que lhe foi introduzida pelo art.º 2.º do DL 351/97, de 5/12.*" – deliberação n.º 5228/2000.

8. Por ofício de 12/04/2002 o IFADAP notificou o Recorrente para regularizar a prestação em dívida, com vencimento em 28/2/2002 até 27/04/2002, sob pena de se proceder à sua execução.

9. Em 16/04/2002 o Recorrente solicitou ao IFADAP a passagem de certidão da deliberação do Conselho da Administração, o que foi feito em 8/5/02 e comunicado através de ofício desta mesma data.

10. O Recorrente intentou o presente recurso contencioso de anulação em 04/07/2002.

II. O DIREITO

O presente recurso jurisdicional vem da sentença do Tribunal Administrativo de Círculo do Porto que considerou que o acto impugnado não era ilegal, em virtude de não estar ferido dos vícios que lhe vinham imputados, ou seja, que o mesmo estava suficientemente fundamentado e que a sua prolação fora precedida do cumprimento do disposto no art.º 100.º do CPA.

Julgamento que foi assim justificado:

"*Consistindo a audiência prévia no direito que os interessados na decisão do procedimento têm em ser ouvidos em momento anterior à tomada da decisão final sobre o sentido em que esta vai ser tomada, concluída que esteja a instrução – cf. art.º 100.º do CPA – pode-se concluir que o Recorrente foi ouvido quanto ao sentido da decisão que veio a ser tomada.*

É que conforme o teor dos docs juntos a fls. 47, 48 e 49 o Recorrente foi ouvido quanto às questões de facto que seriam determinantes da deliberação que veio a ser tomada e quanto às mesmas se pronunciou como bem entendeu, não ocorrendo, por isso, a violação daquela norma.

E igualmente não se verifica qualquer falta de fundamentação da deliberação impugnada, uma vez que a mesma remete para os relatórios das visitas que contêm os factos fundamentadores da rescisão e que eram do conhecimento do Recorrente em sede de audiência prévia, nos termos do disposto no art.º 125.º do CPA."

O Agravante – como se vê das conclusões do seu recurso – **rejeita este julgamento apenas no tocante à decisão relativa ao alegado incumprimento do disposto no art.º 100.º do CPA.**

Vejamos se com razão.

1. Prescreve o n.º 1 do citado art.º 100.º do CPA que "*concluída a instrução, e salvo o disposto no art. 103.º, os interessados têm o direito de ser ouvidos no procedimento antes de ser tomada a decisão final, devendo ser informados, nomeadamente, sobre o sentido provável desta.*"

Esta disposição – conforme a jurisprudência e a doutrina vêm, uniformemente, afirmando – constitui uma **manifestação do princípio do contraditório**, assumindo-se como"*uma dimensão qualificada **do princípio da participação** a que se alude no art. 8.º do CPA*"[1] e como um princípio estruturante do processamento da actividade administrativa, pois que através dele se possibilita o confronto dos pontos de vista da Administração com os do Administrado e, desta forma, se intenta protegê-lo de

[1] Vd. S. Botelho, A. Esteves e C. Pinho in CPA, Anotado, 4.º ed., pags. 378 e 383 e Vieira de Andrade, Os Direitos Fundamentais na Constituição Portuguesa de 1976, Coimbra, 1983, p. 192 e segs.

decisões que contrariem a legalidade ou ofendam os seus direitos e interesses legitimamente protegidos.

A referida **disposição visa**, assim, dar cumprimento à directiva constitucional de *"participação dos cidadãos na formação das decisões ou deliberações que lhes disserem respeito"*[2] – que teve consagração expressa no art. 8.º do CPA – e representa a obrigação de **associar o administrado à tarefa de preparar a decisão final**, concedendo-lhe a possibilidade de **influenciar a formação da vontade da Administração.**

Além disso, e simultaneamente, visa também melhorar os resultados da actividade da Administração e, desta forma, contribuir para o incremento do interesse público, na medida em que a observância de uma tal formalidade pode contribuir para a reunião de novos e pertinentes elementos e destes resultar a formação de uma mais correcta e adequada decisão final.

Isto sem esquecer a vertente relacionada com a maior transparência da acção administrativa.

O exacto cumprimento desta formalidade deve, pois, ser visto não só como uma importante **garantia de defesa dos direitos do administrado**, como também como um **contributo para o melhoramento da Administração Pública.**

E, porque assim, constitui uma formalidade essencial do procedimento administrativo cuja **violação** ou **incorrecta realização determina a ilegalidade do próprio acto final**, a qual, é, em princípio, geradora de anulabilidade, sanção regra prevista no CPA para os *"actos administrativos praticados com ofensa de princípios ou normas jurídicas aplicáveis para cuja violação se não preveja outra sanção"* (art. 135.º do CPA)[3].

2. No caso dos autos o **Agravante sustenta** – no que é acompanhado pelo Ilustre Magistrado do MP – que a Administração tinha obrigação, por força do disposto no art.º 100.º do CPA, de o ouvir sobre a sua projectada intenção de rescindir o contrato que com ele tinha outorgado e que tal não fora feito já que o cumprimento dessa formalidade não se podia confundir com a sua notificação do documento de fls. 47.

Ou seja, **aquela notificação não bastava para que o dever da Administração se pudesse considerar cumprido** e, porque assim, o Sr. Juiz a quo tinha que errado quando julgara que a deliberação impugnada não era ilegal.

Mas sem razão.

Na verdade, o que ocorreu foi que, tendo o Agravante celebrado com o IFADAP um contrato de *"atribuição de ajuda ao abrigo das medidas agro ambientais"* e recebido os apoios dele decorrentes, foi objecto de uma fiscalização levada a efeito pela Direcção Regional da Agricultura de Trás os Montes, tendo em vista apurar se o mesmo estava a ser correctamente cumprido, e, no seu final, **foi notificado de que tinham sido detectadas diversas irregularidades** e de que, por isso e no prazo de 10 dias, poderia pronunciar-se sobre as mesmas, pois que, se o não fizesse, *"o processo seria remetido ao IFADAP para efeitos de eventual rescisão do contrato."*

O Agravante **contestou a existência das apontadas irregularidades**, mas sem êxito já que não conseguiu convencer o IFADAP das suas razões e, daí, a prolação da deliberação impugnada rescindindo o referido contrato.

Ora, este procedimento – ao contrário do que sustenta o Agravante – **não se configura como violador do disposto no art.º 100.º do CPA.**

Na verdade, e se é certo que aquela previsão normativa visa, em larga medida, garantir os direitos e posições subjectivas dos particulares, pois que lhes permite participar no procedimento e defender os seus direitos, também o é que, in casu, *essa perspectiva garantística foi observada uma vez que* ***o Agravante foi notificado das irregularidades que lhe apontavam e pôde contestá-las.***

E, porque assim, esta intervenção do Agravante **deve ser configurada como o exercício do direito de audiência**, porquanto, por um lado, teve lugar na fase conclusiva do procedimento e, portanto, já depois de recolhidos todos os elementos indispensáveis à decisão e, por outro, permitiu-lhe contrapor as suas razões e influenciar a vontade da Administração. Ou seja, a intervenção do Agravante ocorreu quando tinha que ocorrer, isto é, quando ele dispunha de todos os elementos recolhidos pela Administração e conhecia a sua previsível decisão e, portanto, em momento em que lhe era possível influenciar o sentido daquela decisão.

Deste modo, não nos parece aceitável que se defenda que o IFADAP tinha obrigação de notificar novamente o Agravante pois que esta notificação seria absolutamente inútil e irrelevante, já que nada ia acrescentar às suas garantias de defesa, uma vez que a sua anterior intervenção já esgotara, nesta fase, o sentido e o alcance da sua intervenção processual.

Termos em que acordam os Juízes que compõem este Tribunal ***em negar provimento ao recurso e em confirmar a douta decisão recorrida.***

Custas pelo Agravante fixando-se a taxa de justiça em 400 euros e a procuradoria em metade.

Lisboa, 2 de Junho de 2005.

Costa Reis (Relator)
Rui Botelho
Azevedo Moreira

Recurso n.º 170/05-11

DOMÍNIO PÚBLICO MARÍTIMO. LICENÇA DE CONSTRUÇÃO. EMBARGO DE OBRA. COMPETÊNCIA DAS DRAOT.

(Acórdão de 21 de Abril de 2005)

SUMÁRIO:

I – Nos termos das disposições conjugadas dos arts. 1.º, 55.º, n.º 3, e 85.º do DL n.º 46/94, de 22

[2] Art. 267.º/ 5 da CRP.

[3] Neste sentido, e sem preocupação exaustiva, podem ver-se Acórdãos de 18/5/00 (rec. 45.736), de 8/3/01 (rec. 47.134), de 17/5/01 (rec. 40.860), de 17/1/02 (rec. 46.482), de 20/11/02 (rec. 48.417), de 12/12/02 (rec. 854/02) de 1/7/03 (rec. 1.429/02), de 8/7(03 (rec. 1.609/03) de 25/9/03 (rec. 47.953) e de 18/2/04 (rec. 1.618/02).

de Fevereiro, e 1.º e 3.º do DL n.º 468/71, de 5 de Novembro, as Direcções Regionais do Ambiente e Ordenamento do Território (DRAOT's) têm competência legal para decretar o embargo de construções levadas a cabo em área classificada como domínio público marítimo, e sem licença daquela entidade.

II – A margem das águas do mar, integrante do domínio público marítimo ("faixa de terreno contígua ou sobranceira à linha que limita o leito das águas"), tem a largura de 50 metros, que se conta a partir da linha limite do leito ou, se esta atingir arribas alcantiladas, a partir da crista do alcantil.

ACORDAM, EM CONFERÊNCIA, NA SECÇÃO DO CONTENCIOSO ADMINISTRATIVO DO SUPREMO TRIBUNAL ADMINISTRATIVO:

RELATÓRIO

I. António Coutinho Raposo Magalhães, Alberto Raposo Magalhães Oliveira Ortigão, Maria Teresa Coutinho Raposo De Magalhães Oliveira Ortigão e "BRILHANTE, LDA", todos identificados a fls. 2, interpuseram neste Supremo Tribunal Administrativo recurso contencioso de anulação do acto de indeferimento tácito, imputável ao MINISTRO DO AMBIENTE E DO ORDENAMENTO DO TERRITÓRIO, do recurso hierárquico necessário interposto do acto de embargo constante do auto da Direcção Regional do Ambiente e do Ordenamento do Território de Lisboa e Vale do Tejo (DRAOTLVT), de 02.03.2001, que ordenou o embargo da obra pertencente aos recorrentes, executada pelo quarto recorrente na sequência de contrato promessa de permuta de terreno entre eles celebrado, sita na Praia Pedra do Ouro, freguesia de Patacas, Alcobaça, imputando ao acto recorrido vícios de violação de caso julgado material, de incompetência, de violação de lei e de forma por falta de fundamentação.

Na sua alegação final, formulam as seguintes CONCLUSÕES:

1. Por sentença datada de 20 de Novembro de 2000, o Tribunal Administrativo do Círculo de Coimbra intimou o Presidente da Câmara Municipal de Alcobaça a emitir alvará de licença de construção da obra propriedade dos ora recorrentes, tendo-se formado caso julgado quanto à conformidade do licenciamento com as normas jurídicas em vigor e, consequentemente, sobre a possibilidade de embargo administrativo das referidas obras.

2. Assim sendo, o embargo e por reflexo o acto de indeferimento tácito do recurso hierárquico em que aquele foi impugnado violam o conteúdo de decisão judicial transitada em julgado, enfermando tais actos de nulidade por ofensa de caso julgado, nos termos do artigo 133.º, n.º 2, alínea h), do Código de Procedimento Administrativo.

3. O Princípio da Competência implica que os órgãos e agentes administrativos apenas podem agir se para tal lhes for atribuída competência, e unicamente dentro dos limites dessa competência.

4. Não se tratando de terreno inserido no domínio hídrico, e não resultando da legislação aplicável qualquer norma habilitante da prática do acto de embargo pela D.R.A.O.T.-L.V.T., tal acto e reflexamente o acto recorrido enfermam de vício de incompetência absoluta, já que a única entidade competente para o referido embargo seria o Presidente da Câmara Municipal de Alcobaça.

5. Termos em que, o acto de embargo e, consequentemente, o acto recorrido padecem de vício de incompetência absoluta, o que nos termos do artigo 133.º, n.º 2, alínea b), do Código de Procedimento Administrativo tem como consequência a nulidade.

6. O Princípio da Legalidade obriga a que a lei seja não só o limite, mas também o fundamento de actuação dos órgãos administrativos.

7. Não resultando dos diplomas aplicáveis à presente situação qualquer preceito que fundamente o decretamento do embargo, o acto de embargo e, consequentemente, o acto recorrido enfermam de vício de violação de lei por ofensa do preceituado nos artigos 266.º, n.º 1, da Constituição da República Portuguesa e 3.º, n.º 1, do C.P.A., o que, nos termos do disposto no artigo 135.º do mesmo Código, determina a sua anulabilidade.

8. Para determinar se um terreno se insere ou não em zona do domínio hídrico, sujeita à jurisdição das D.R.A.O.T., é necessário ter em conta a disciplina consagrada no Decreto-Lei n.º 468/71, de 5 de Novembro.

9. Da confrontação do regime estabelecido no referido Diploma com as características do terreno propriedade dos ora recorrentes, resulta que o mesmo não se encontra inserido em terrenos do domínio hídrico.

10. Termos em que, o acto recorrido, tendo por base um entendimento segundo o qual tal terreno se insere em domínio hídrico padece de vício de violação de lei por erro sobre os pressupostos de facto, sendo, consequentemente, anulável nos termos do disposto no artigo 135.º, do Código de Procedimento Administrativo.

11. O artigo 3.º, n.os 2 e 6, do Decreto-Lei n.º 468/71, de 5 de Novembro, estabelece que as margens das águas do mar estão sujeitas à jurisdição das autoridades numa faixa de 50 metros de largura, consagrando os critérios para a determinação da mesma, consoante se trate de arriba alcantilada ou não.

12. No caso em apreço, a arriba existente, não é alcantilada pelo que, os 50 metros delimitadores da margem pertencente ao Domínio Hídrico, contar-se-ão da linha limite do leito, nos termos da 1ª parte do n.º 6, do artigo 3.º, do referido diploma.

13. Não obstante, ainda que se considere que a arriba é alcantilada – o que por mero dever de patrocínio se pondera sempre sem conceder –, o limite do leito não atinge o talude da arriba pois existe entre aquele e este um areal, pelo que, a contagem dos 50 metros far-se-á a partir da linha máxima da praia mar, e não da crista do alcantil.

14. Assim sendo, e mesmo que a arriba em causa seja alcantilada – o que se pondera sem conceder –, o terreno propriedade dos recorrentes e, consequentemente, a construção edificada nunca estará integrada no Domínio Hídrico.

15. Termos em que, o acto de embargo e consequentemente, o acto recorrido padecem de vício de violação de lei por ofensa do disposto no artigo 3.º, n.os 2 e 6, do Decreto-Lei n.º 468/71, de 5 de Novembro, sendo anuláveis nos termos do artigo 135.º, do Código de Procedimento Administrativo.

16. Contrariando as exigências legais e constitucionais, a fundamentação apresentada no acto de embargo, ao consistir em mera remissão para diplomas legais sem mais, reputa-se de insuficiente o que equivale a falta de fundamentação.

17. Nestes termos, o acto de embargo e reflexamente o acto recorrido violam o disposto nos artigos 124.º e 125.º, n.ᵒˢ 1 e 2 do Código de Procedimento Administrativo, padecendo de vício de forma por falta de fundamentação, sendo, consequentemente, anuláveis nos termos do artigo 135.º do C.P.A..

18. O acto recorrido constitui, para todos os efeitos, um acto que decide em contrário de pretensão formulada por um interessado, pelo que, nos termos do artigo 124.º, n.º 1, alínea a), do CPA, deve ser fundamentado, razão pela qual a falta de fundamentação é o vício por natureza de que padece o acto tácito.

19. Deste modo, o acto recorrido padece de vício de forma por falta de fundamentação, sendo, consequentemente, anulável nos termos do disposto no artigo 135.º do Código de Procedimento Administrativo.

II. Contra-alegou a autoridade recorrida, nos termos do articulado de fls. 103 e segs., pugnando pela improcedência do recurso.

Refere, em suma:

– que a construção em causa se situa claramente em domínio público marítimo, tal como foi verificado pelos técnicos competentes da DRAOT-LVT no próprio auto de embargo, pelo que é evidente a competência da DRAOT para licenciar e fiscalizar as construções ali levadas a cabo;

– que o facto de o TAC de Coimbra ter intimado a C.M. Alcobaça para emitir licença de construção apenas vincula aquela autarquia, não sendo oponível à Administração Central, nomeadamente à DRAOT, no âmbito das suas competências legais (arts. 5.º, 55.º, 58.º/n.º 2 e 85.º a 89.º, todos do DL n.º 46/94, de 22 de Fevereiro, conjugados com as disposições do DL n.º 468/71, de 5 de Novembro), pelo que não pode entender-se existir aqui caso julgado material;

– que não tem cabimento falar-se em falta de fundamentação relativamente a acto tácito de indeferimento, por não ser racional e naturalmente possível que um acto deste tipo tenha fundamentação.

III. O Exmo magistrado do Ministério Público neste Supremo Tribunal emitiu o seguinte parecer:

"O recurso vem interposto do indeferimento tácito de recurso hierárquico deduzido de acto de embargo constante do auto da Direcção Regional do Ambiente e do Ordenamento do Território de Lisboa e Vale do Tejo, nos termos do qual foi ordenado o embargo de uma obra que os ora recorrentes vinham executando na Praia Pedra do Ouro, freguesia de Pataias, Alcobaça.

Ao indeferimento tácito impugnado vêm atribuídos vícios de violação de lei decorrentes de violação de caso julgado material, incompetência, violação do princípio da legalidade, erro sobre os pressupostos de facto e violação dos artigos 3.º, n.ᵒˢ 2 e 6, do DL n.º 468/71, de 5 de Novembro, bem como de forma, por falta de fundamentação.

Acompanhando a entidade recorrida, afigura-se-me que o indeferimento tácito não enferma de tais vícios.

Vejamos.

Alegam os recorrentes que o embargo da obra em causa teria violado o caso julgado constituído pela sentença proferida pelo TAC de Coimbra, datada de 20-11-00, que intimou o Presidente da Câmara Municipal de Alcobaça a emitir o alvará de licença de construção dessa obra, na exacta medida em que aí se teria concluído pela conformidade do licenciamento com as normas jurídicas em vigor.

Acontece que essa decisão judicial não é oponível à entidade recorrida atenta a delimitação da eficácia subjectiva do invocado caso julgado.

Na verdade, não tendo sido chamado a intervir no aludido processo judicial de intimação, sendo certo que era terceiro juridicamente interessado como decorrência da competência da administração central em licenciar e fiscalizar as construções levadas a efeito em domínio público marítimo, a decisão aí proferida não se impõe ou vincula a entidade recorrida – cfr. artigos 498.º, 671.º a 673.º do CPC.

Por outro lado, defendem os recorrentes que o acto de embargo estaria ferido do vício de incompetência em face da ausência de norma que habilitasse a DRAOT-LVT à sua prática, invocando para tanto que o terreno onde decorriam as obras de construção não se inseria no domínio público marítimo.

Ainda aqui a razão não lhes assiste, desde logo porque não logram demonstrar que o acto de embargo laborasse em erro quanto ao seu pressuposto relativo à localização das obras nesse domínio público marítimo e certo é que o mesmo foi praticado no âmbito das suas competências próprias que lhe foram legalmente conferidas – cfr. artigos 5.º, 55.º, 58.º, n.º 2 e 85.º a 89.º do DL n.º 46/94, de 22 de Fevereiro, conjugados com as normas constantes do DL n.º 468/71, de 5 de Novembro.

Relativamente aos restantes vícios de violação de lei, todos eles decorrentes de alegado erro sobre a exacta localização das obras de construção embargadas, como já acima se disse, afigura-se-me que os recorrentes não logram demonstrar que as mesmas não se situavam no domínio público marítimo, facto este verificado pelos técnicos da DRAOT-LVT e que fizeram constar do respectivo auto de embargo.

No referente à falta de fundamentação do indeferimento tácito impugnado, importará desde já assinalar a sua natureza infundamentável, uma vez que inexiste acto administrativo lesivo enquanto manifestação exterior de vontade por parte da autoridade administrativa (v. acórdão de 13-7-93, no recurso n.º 31.144).

Não obstante, como no caso em apreço o indeferimento tácito é passível de ser atacado por falta de fundamentação reportada à decisão primária objecto do recurso hierárquico, sendo de considerar transferido para esse acto silente a fundamentação aí produzida, por se entender que o acto do superior manteve o acto primário pelas mesmas razões – cfr. acórdãos de 23-3-00 e 14--3-02, nos recursos n.ᵒˢ 40.827 e 45.749.

A essa luz, o auto relativo ao embargo ordenado explicita de forma clara e congruente as razões que determinaram o embargo da construção, dessa forma tendo habilitado qualquer destinatário normal, como é suposto serem os recorrentes, a apreender os motivos pelos quais se procedeu dessa forma, do que é, aliás, suficientemente elucidativo a forma como elaboraram o presente recurso contencioso e aí suscitaram as pertinentes questões jurídicas.

Termos em que se é de parecer que o recurso deverá ser improvido."

***

Colhidos os vistos, cumpre decidir.

FUNDAMENTAÇÃO
OS FACTOS

Com relevância para a decisão, consideram-se provados os seguintes factos:

1 – Os recorrentes António Coutinho Raposo de Magalhães e Maria Teresa Coutinho Raposo de Magalhães Oliveira Ortigão são donos e legítimos possuidores de um prédio rústico inscrito na matriz predial sob o n.º 11358, sito na Alva da Vitória, Freguesia de Pataias, Concelho de Alcobaça.

2 – Os referidos recorrentes assinaram com a empresa de construção civil ora recorrente, "BRILHANTE, LDA"., contrato promessa de permuta do terreno em causa, para que esta nele construísse um conjunto habitacional, ficando os proprietários do terreno obrigados a permitir a construção do referido conjunto habitacional, permutando a propriedade do terreno pela propriedade de uma fracção por cada cinco que fossem construídas;

3 – Tendo em vista o cumprimento do referido contrato, em 14 de Julho de 1998, os proprietários apresentaram na Câmara Municipal de Alcobaça um projecto de arquitectura para a construção de um conjunto habitacional no prédio referenciado, dando origem ao processo camarário n.º 911/98;

4 – Deferindo requerimento dos recorrentes, o TAC de Coimbra, por sentença de 20.11.2000, intimou "o Presidente da Câmara Municipal de Alcobaça a proceder à emissão do alvará de construção referente ao processo n.º 911/98, no prazo legal de 45 dias.";

5 – Após a emissão do referido alvará, a recorrente "BRILHANTE, LDA" iniciou a construção da referida obra, movimentando para o efeito avultados meios humanos, técnicos e financeiros, e contraindo empréstimos junto da Banca, contando com o valor resultante da venda das fracções autónomas a construir para liquidar tais dívidas;

6 – Em 02.03.2001, a referida obra foi embargada por funcionários da DRAOT de Lisboa e Vale do Tejo, por a mesma, "*utilizando uma área classificada como Domínio Público Marítimo*", e sem Licença da DRAOT-LVT, estar a ser "*executada em violação do DL n.º 468/71, de 5 de Novembro, e DL n.º 46/94, de 22 de Fevereiro*" (auto de embargo de fls. 24, cujo conteúdo se dá por reproduzido).

O DIREITO

O presente recurso contencioso tem por objecto o indeferimento tácito, por parte do Ministro do Ambiente e do Ordenamento do Território, do recurso hierárquico necessário interposto do acto de embargo constante do auto da DRAOT de Lisboa e Vale do Tejo, de 02.03.2001, que ordenou o embargo da obra pertencente aos recorrentes, executada pelo quarto recorrente na sequência de contrato promessa de permuta de terreno entre eles celebrado, sita na Alva da Vitória, Freguesia de Pataias, Concelho de Alcobaça.

Fixada a matéria de facto relevante, importa aplicar o direito, observando, na ordem de conhecimento dos vícios, os critérios definidos no art. 57.º da LPTA.

1. Começam os recorrentes por alegar a nulidade do impugnado acto de indeferimento tácito, por ofensa de caso julgado, nos termos do art. 133.º, n.º 2, alínea h), do CPA.

Reportam-se os recorrentes à sentença do TAC de Coimbra que intimou o Presidente da Câmara Municipal de Alcobaça a emitir o alvará de licença de construção dessa obra, pretendendo que aí se formou caso julgado material quanto à conformidade do licenciamento com as normas jurídicas em vigor.

É manifesto que lhes não assiste razão, pois que essa decisão judicial, proferida em processo de intimação a que são de todo alheios o Ministro do Ambiente e a DRAOT, não é oponível à entidade recorrida, atenta a delimitação da eficácia subjectiva do caso julgado (arts. 498.º e 671.º, n.º 1 do CPCivil, aplicáveis nos termos do art. 1.º da LPTA).

Com efeito, como bem refere o Exmo magistrado do Ministério Público, não tendo a autoridade recorrida sido chamada a intervir naquele processo (sendo certo que era terceiro juridicamente interessado, dada a competência da Administração Central no licenciamento e fiscalização de construções levadas a cabo em zona classificada como "domínio público marítimo"), a decisão ali proferida não é para ela vinculativa, pelo que o impugnado indeferimento tácito não padece da apontada ilegalidade.

Improcedem as conclusões 1 e 2 da alegação.

2. Alegam seguidamente os recorrentes a nulidade do acto recorrido, por incompetência absoluta (falta de atribuições) da DRAOT para ordenar o referido embargo, referindo que não está consagrada no Regime Jurídico dos Terrenos do Domínio Hídrico qualquer competência das DRAOT em tal matéria, pelo que a única entidade competente para o referido embargo seria o Presidente da Câmara Municipal de Alcobaça.

Vejamos.

O DL n.º 46/94, de 22 de Fevereiro (Estabelece o regime de licenciamento da utilização do domínio hídrico) dispõe que "a utilização privativa do domínio hídrico ... é titulada por licença ou por contrato de concessão", e que "a licença é atribuída pela respectiva direcção regional do ambiente e recursos naturais (DRARN)" (art. 1.º, n.os 1 e 2).

Na sua Secção VII (*Construções*), dispõe o art. 55.º, n.º 3 que "o licenciamento de construções em terrenos do domínio hídrico depende da obtenção de licença, que pode ser outorgada pelo prazo máximo de 10 anos, nos termos do artigo 6.º ...".

E na parte final do diploma (*Fiscalização*), refere-se que as funções de fiscalização "competem ao INAG, às DRARN, às autoridades marítimas e às autarquias locais" (art. 85.º).

Das disposições legais transcritas resulta, sem sombra de dúvida, e contrariamente ao alegado, que está legalmente consagrada a competência das Direcções Regionais do Ambiente e do Ordenamento do Território (ex-DRARN), quer para a atribuição da licença necessária à utilização privativa de terrenos do domínio público marítimo, quer para a respectiva fiscalização.

Improcedem, assim, as conclusões 3 a 5 da alegação.

3. Alegam ainda os recorrentes que, de qualquer modo, não se trata, *in casu*, de terreno inserido no domínio público marítimo, tal como este é definido nos diplomas legais aplicáveis, pelo que o acto recorrido padece de vício de violação de lei por erro nos pressupostos de facto (errada qualificação do terreno em que está a ser executada a obra embargada), violando o disposto no art. 3.º, n.os 2 e 6 do DL n.º 468/71, de 5 de Novembro, bem como o princípio da legalidade consagrado nos arts. 266.º, n.º 1 da CRP e 3.º, n.º 1 do CPA.

E, nesta perspectiva, cremos que lhes assiste inteira razão.

Importa, desde já, referir que o acto de embargo aqui em causa tem como único fundamento o de a obra embargada estar a ser executada em "*área classificada como Domínio Público Marítimo*", e sem licença da DRAOT-LVT, "*em violação do DL n.º 468/71, de 5 de Novembro, e DL n.º 46/94, de 22 de Fevereiro*" (cfr. auto de embargo de fls. 24, ponto 6 da matéria de facto).

O que vale por dizer que a legalidade do acto de embargo apenas terá que ser aferida por referência a esse fundamento legal.

O DL n.º 468/71, de 5 de Novembro (Revê, actualiza e unifica o regime jurídico dos terrenos do domínio público hídrico, no qual se incluem os leitos e as margens das águas do mar, correntes de água, lagos e lagoas) dispõe:

Art. 1.º:

Os leitos das águas do mar, correntes de água, lagos e lagoas, bem como as respectivas margens e zonas adjacentes, ficam sujeitas ao preceituado no presente diploma em tudo quanto não seja regulado por leis especiais ou convenções internacionais.

Art. 3.º:

1. Entende-se por margem uma faixa de terreno contígua ou sobranceira à linha que limita o leito das águas.

2. A margem das águas do mar, bem como a das águas navegáveis ou flutuáveis sujeitas à jurisdição das autoridades marítimas ou portuárias, tem a largura de 50 m.

(...)

5. Quando tiver natureza de praia em extensão superior à estabelecida nos números anteriores, a margem estende-se até onde o terreno apresentar tal natureza.

6. A largura da margem conta-se a partir da linha limite do leito. Se, porém, esta linha atingir arribas alcantiladas, a largura da margem será contada a partir da crista do alcantil."

Art. 5.º:

1. Consideram-se do domínio público do Estado os leitos e margens das águas do mar ..."

Resulta dos normativos transcritos que a margem das águas do mar, integrante do domínio público marítimo ("faixa de terreno contígua ou sobranceira à linha que limita o leito das águas"), tem a largura de 50 metros, e que essa largura se conta a partir da linha limite do leito ou, se esta atingir arribas alcantiladas, a partir da crista do alcantil.

Ora, dos documentos constantes dos autos (e não foram apresentados quaisquer outros que, de algum modo, os infirmassem), resulta que o local de implantação da obra se situa fora do limite do domínio público marítimo, tal como ele é definido nos apontados preceitos legais.

Vê-se dos referidos documentos (fotografias, levantamento topográfico de fls. 96, e carta marítima do Instituto Hidrográfico de fls. 98) que a arriba existente não é alcantilada ("*elevação íngreme de terreno áspero ou rocha abrupta talhada a pique – falésia*"[1]), mas sim em elevação progressiva, permitindo a acessibilidade à praia por caminhos rasgados na arriba.

E, sendo assim, a margem de 50 metros delimitadora do domínio hídrico há-de contar-se "a partir da linha limite do leito" (que é a linha máxima de preia-mar de águas vivas equinociais), nos termos da 1ª parte do n.º 6 do citado art. 3.º, ficando o limite dessa margem sensivelmente a meio da arriba, ou seja, a mais de 40 metros da vedação da obra embargada.

Aliás, e ainda que a arriba fosse alcantilada, sempre a referida obra estaria fora do domínio público marítimo, como referem os recorrentes, uma vez que, como se alcança dos aludidos documentos, a linha limite do leito, ou seja, a linha da máxima preia-mar, não atinge a base do talude da arriba (condição necessária para que os 50 metros se contassem da crista do alcantil, nos termos da 2ª parte do referido preceito), havendo de permeio alguma extensão de praia ou areal.

O que nos leva forçosamente à conclusão de que, em qualquer das situações referidas, a linha dos 50 metros delimitadora do domínio público marítimo sempre terá de ser contada a partir do areal, ficando claramente aquém da vedação da obra embargada.

Esta obra não está, pois, incluída em área do domínio público marítimo, pelo que o acto silente recorrido (indeferimento tácito do recurso hierárquico interposto do acto de embargo) incorre em violação de lei por erro nos pressupostos de facto, violando os preceitos legais referidos pelos recorrentes.

Procedem, assim, as conclusões 6ª a 15ª, ficando prejudicada a restante matéria da alegação.

DECISÃO

Com os fundamentos expostos, acordam em conceder provimento ao recurso, anulando o acto impugnado.

Sem custas.

Lisboa, 21 de Abril de 2005.

Pais Borges (Relator)
Rui Botelho
Freitas Carvalho

Recurso n.º 1.363/02-11

FUNCIONALISMO PÚBLICO. CARREIRAS. DOTAÇÕES GLOBAIS (DL 141/01, DE 24.4).

(Acórdão de 7 de Julho de 2005)

SUMÁRIO:

I – O DL 141/01, entrado em vigor no dia seguinte ao da sua publicação, visou, apenas, fixar "... o regime de dotação global dos quadros de pessoal, para as carreiras de regime geral, de regime especial e com designações específicas" (art.º 1).

II – O seu único objectivo foi o de transformar as dotações previstas para cada uma das diferentes categorias de uma carreira numa dotação global dessa carreira, cujo resultado era a soma das parcelas correspondentes a cada uma dessas categorias (art.º 3, n.º 2).

[1] Freitas do Amaral, "*Comentário à Lei dos Terrenos do Domínio Hídrico*", Coimbra Editora, 1978, pág. 90, e Mário Tavarela Lobo, "Manual de Direiro das Águas", Vol. I, 2ª ed., Coimbra, 1999, pág. 217.

III – O seu art.º 4.º, segundo o qual "O disposto no presente diploma não prejudica os concursos que se encontrem pendentes à data da sua entrada em vigor" é neutro em matéria de concursos e não pretendeu nem dar nada a mais, que já não existisse, nem retirar algo que já tivesse sido concedido.

IV – Assim, o que esse preceito veio afirmar foi que os concursos que estivessem a decorrer continuariam o seu curso normal, sujeitos às regras com base nas quais haviam sido lançados.

V – Com uma particularidade, os lugares previstos nos concursos que estivessem em curso passavam a ser providos como lugares da carreira e não como lugares da categoria.

VI – Se um concurso foi lançado para 17 vagas acrescidas das que ocorressem no prazo de um ano, que foram 10, e se esses 27 candidatos foram nomeados, cumprindo-se integralmente as finalidades assinaladas no aviso de abertura do concurso, a nomeação de um candidato mais, o 28.º, seria ilegal, como seria ilegal a nomeação da candidata graduada em 48.º lugar.

ACORDAM EM CONFERÊNCIA NA 1ª SECÇÃO DO SUPREMO TRIBUNAL ADMINISTRATIVO

1.1. Aldina Augusta Costa Figueiredo Magarreiro interpôs, no Tribunal Central Administrativo, recurso contencioso de anulação do indeferimento tácito que se teria formado na sequência do requerimento por ela dirigido ao Secretário de Estado dos Assuntos Fiscais em 23/ /09/02, cujo conteúdo adiante se precisará.

1.2. Por acórdão do T.C.A., proferido a fls. 41 e segs, foi negado provimento ao recurso contencioso.

1.3. Inconformada com o acórdão do T.C.A., interpôs a Recorrente recurso jurisdicional para este S.T.A., cujas alegações, de fls. 27 e segs, concluiu do seguinte modo:

" *a*) Pelo despacho de 19/07/02 do Sr. Director Geral dos Impostos, publicado no DR II série de 09/08/02, foram nomeados, precedendo concurso limitado de acesso para a categoria de Técnico Profissional Principal, da área de apoio técnico à utilização de equipamento informático, carreira técnico-profissional do quadro de pessoal da Direcção-Geral dos Impostos, os funcionários ali mencionados, em número de 6, que ficaram colocados nos respectivos quadros de contingentação.

b) A ora recorrente, que também fora aprovada nesse concurso conforme resulta da respectiva lista classificativa final, não foi no entanto, nomeada pelo despacho supracitado do qual, por esse facto, interpôs recurso hierárquico necessário para a Autoridade ora recorrida.

c) É certo que a Autoridade Recorrida e com ela o doutro Acórdão "a quo" sustentam que a norma do art.º 4.º do DL 141/01 deve ser interpretada no sentido de que mantém válidos os concursos pendentes, mas apenas relativamente ao número de lugares postos a concurso que estejam por preencher à data da entrada em vigor do diploma, os quais serão providos como lugares de carreira e não como lugares na categoria, estando assim fora do alcance da norma os candidatos que na lista de classificação final estão graduados em lugar que ultrapassa o número de lugares para que foi aberto o concurso.

d) Com o devido respeito, com tal interpretação não pode o recorrente conformar-se. É que, de acordo com o disposto no DL 141/2001, de 24/04/01, que veio fixar o regime de dotação global dos quadros de pessoal, para as carreiras de regime geral, de regime especial e com designações específicas, mantiveram-se válidos os concursos de promoção que se encontrassem pendentes (é o caso do dos autos) com as adaptações decorrentes da globalização das dotações, uma vez que os lugares passaram a ser previstos na carreira e não por categoria como resulta do disposto no seu art.º 4.º devidamente interpretado no seu contexto, isto é, tendo designadamente, em conta o que é dito no respectivo preâmbulo.

e) Assim sendo, os concursos que se encontravam pendentes à data da entrada em vigor deste diploma – o que era o caso do aqui em apreço – não se mantiveram válidos apenas para o preenchimento dos lugares vagos que tinham sido postos a concurso – no caso – em número de 6 – mas, sim, para todos os candidatos aprovados uma vez que, entretanto, se introduziu o novo regime de dotação global.

f) Donde, deveria a recorrente ter sido nomeada na categoria em que ficou aprovada por força do disposto no DL 141/2001 de 24/04, em especial, do seu art.º 4.º.

g) Assim, o douto Acórdão recorrido ao manter o despacho hierarquicamente recorrido que não nomeou a ora recorrente na categoria de Técnico Profissional Principal nos termos supra referidos violou o art.º 4.º do DL 141/2001 de 24/4."

1.4. A entidade recorrida contra-alegou, pela forma constante de fls. 65 e segs, sustentando o improvimento do recurso.

1.5. O Exm.º Magistrado do M.º Público emitiu, a fls. 72, o seguinte parecer:

"Em nosso parecer, o recurso não merecerá provimento, na linha da orientação jurisprudencial deste STA, expressa, entre outros, nos doutos Acórdãos de 16/11/04, rec. 871/04; de 3/2/05, rec. 0845/04; de 23/2/05, rec. 01192/04 e de 8/3/05, rec. 1114/04, a que inteiramente aderimos.

Improcedendo assim todas as conclusões das alegações da recorrente, deverá ser negado provimento ao recurso."

2. Colhidos os vistos legais, cumpre apreciar e decidir.

2.1. O acórdão recorrido considerou relevantes para a decisão os seguintes factos, que não vêm questionados:

"Tendo em atenção os docs. juntos aos autos e o constante do pa, mostram-se assentes os seguintes factos com interesse para a decisão:

a) – por despacho de 19.07.02, do Director-Geral dos Impostos, foram nomeados, precedendo concurso limitado de acesso para a categoria de Técnicos Profissional Principal, da área de apoio técnico à utilização de equipamento informático, carreira técnico-profissional do quadro de pessoal da Direcção-Geral dos Impostos, os funcionários ali mencionados, em número de 6, que ficaram colocados nos respectivos quadros de contingentação;

b) – a recorrente, que também foi aprovada nesse concurso, tendo ficado classificada em no lugar 61, com 15,75 valores, não foi nomeada pelo despacho referido em a);

c) – a recorrente interpôs recurso hierárquico para a autoridade de recorrida do despacho referido em a);

d) – sobre tal recurso a autoridade recorrida não se pronunciou."

2.2. O DIREITO

A questão a decidir no presente recurso jurisdicional prende-se, essencialmente, com a interpretação do disposto no art.º 4.º do DL 141/2001, de 24.4, e foi já objecto de apreciação em diversos arestos deste Supremo Tribunal, de que são exemplo os citados no parecer do M.º Público, os quais perfilharam entendimento idêntico ao sufragado pelo acórdão do T.C.A. sob recurso.

Por merecer a nossa inteira concordância, transcreve-se, aqui, a fundamentação do acórdão desta Subsecção, de 24.11.04, rec. 967/04, produzido a propósito de situação perfeitamente idêntica, nos contornos relevantes, à dos presentes autos, sendo também coincidentes as conclusões da alegação da recorrente:

"Assim, apesar de aprovada, a recorrente não foi nomeada pretendendo, todavia, que o deveria ter sido à luz do art.º 4 do DL 141/01, de 24.4, segundo o qual "O disposto no presente diploma não prejudica os concursos que se encontrem pendentes à data da sua entrada em vigor". Este diploma legal visou, apenas, fixar "... o regime de dotação global dos quadros de pessoal, para as carreiras de regime geral, de regime especial e com designações específicas" (art.º 1.º) O que significa, por outras palavras, que o seu único objectivo foi o de transformar as dotações previstas para cada uma das diferentes categorias de uma carreira numa dotação global dessa carreira, cujo resultado era a soma das parcelas correspondentes a cada uma dessas categorias (art.º 3.º, n.º 2).

Da simples leitura do referido art.º 4.º Trata-se de uma norma semelhante a muitas outras que visa salvaguardar as expectativas de opositores a concursos no âmbito do funcionalismo, que são apanhados a meio do concurso por alterações legislativas de vária ordem (a do concurso dos autos é meramente formal) e que sem elas sairiam prejudicados. Decorre, claramente, que o DL 141/01 é neutro em matéria de concurso e não pretendeu nem dar nada a mais, que já não existisse, nem retirar algo que já tivesse sido concedido. Assim, o que esse preceito veio afirmar foi que os concursos que estivessem a decorrer continuariam o seu curso normal, sujeitos às regras com base nas quais haviam sido lançados. Foi justamente isso que aconteceu. O concurso foi lançado para 17 vagas acrescidas das que ocorressem no prazo de um ano, que foram 10, como se viu.

Esses 27 candidatos foram nomeados, cumprindo-se integralmente as finalidades assinaladas no aviso de abertura do concurso. A nomeação de um candidato mais, o 28.º, seria, por isso, ilegal.

Como seria ilegal a nomeação da recorrente, graduada em 48.º lugar.

Contrariamente ao pretendido pela recorrente, o preâmbulo do DL 141/01 não retira nem acrescenta nada ao que se disse. Em primeiro lugar, o preâmbulo de um diploma legal é algo que, seguramente, ajuda a interpretar o seu texto se aí se observarem dúvidas interpretativas consistentes, mas não pode pretender adulterar o seu sentido ou criar uma normatividade própria que se sobreponha à que decorre do preceito interpretando. Ora, no caso dos autos o texto a interpretar é claro não suscitando qualquer dúvida razoável. Em segundo lugar, o segmento que se refere a este assunto – "Mantêm-se válidos os concursos pendentes, com as adaptações decorrentes da globalização da dotação, uma vez que os lugares passam a ser previstos na carreira e não na categoria" – não infirma minimamente a interpretação a que se chegou antes se limitando a afirmar uma decorrência lógica resultante da alteração legislativa imposta por esse DL. Apenas significa isto: os lugares previstos nos concursos que estiverem em curso (e no caso dos autos eram apenas 27 como se viu) passam a ser providos como lugares da carreira e não como lugares da categoria.

Improcedem assim todas as conclusões da alegação da recorrente."

É esta orientação, de que não se vê razão para divergir, que aqui se reitera.

Nestes termos, acordam em negar provimento ao recurso e confirmar o acórdão recorrido.

Custas pela Recorrente, fixando-se:

Taxa de justiça: € 300.

Procuradoria: € 150.

Lisboa, 7 de Julho de 2005.

Angelina Domingues (Relatora)
Costa Reis
Cândido de Pinho

Recurso n.º 538/05-11

INDEFERIMENTO TÁCITO. RECURSO CONTENCIOSO. DIRECTOR GERAL. COMPETÊNCIA. AUTORIZAÇÃO DE DESPESA.

(Acórdão de 28 de Abril de 2005)

SUMÁRIO:

I – O indeferimento tácito pressupõe que a autoridade a quem é imputado tenha o dever legal de decidir a pretensão que lhe haja sido dirigida.

II – Compete, primariamente, aos directores-gerais a competência dispositiva primária para decidir do pagamento de diferenças de vencimentos.

III – A ausência do dever de decidir conduz a que o requerente não disponha, na ausência de decisão, da faculdade de presumir o indeferimento tácito.

ACORDAM EM CONFERÊNCIA NA 1ª SECÇÃO DO SUPREMO TRIBUNAL DA ADMINISTRAÇÃO

1.1. Maria Dolores Meneses de Abreu, Técnica da Administração Tributária da Direcção Geral dos Impostos (id. a fls.2) interpôs, no Tribunal Central Administrativo, recurso contencioso de anulação do indeferimento tácito imputado ao Secretário de Estado dos Assuntos Fiscais que se teria formado na sequência do requerimento dirigido a esta entidade em 3 de Dezembro de 2001.

1.2. Por acórdão do Tribunal Central Administrativo, proferido a fls. 54 e segs, foi rejeitado o recurso contencioso por se ter entendido, em síntese, que não se tinha formado o indeferimento tácito impugnado.

1.3. Inconformada com a decisão referida em 1.2, interpôs a recorrente contenciosa recurso jurisdicional para este S.T.A., cujas alegações, de fls. 69 e segs, concluiu do seguinte modo:

"1) O douto Acórdão "a quo" ao rejeitar o recurso contencioso por alegadamente a Autoridade Recorrida não ter competência dispositiva primária para decidir a pretensão da recorrente enferma de erro nos pressupostos de facto e de direito pelo que não deve ser mantido.

2) E isto porque o indeferimento tácito contenciosamente recorrido de formou em sede de recurso hierárquico do acto processador de vencimento – o qual, segundo a jurisprudência administrativa, é um verdadeiro acto administrativo – não sendo, portanto, conforme aos factos dizer-se que se está perante o exercício de "competência dispositiva primária" a qual, é certo, não cabe à Autoridade Recorrida.

3) Ora, estando-se perante um verdadeiro recurso hierárquico à Autoridade Administrativa competente para decidir, no exercício de uma competência de 2.º grau ou de revisão, existia o dever legal de decidir aquele recurso pelo que se formou o indeferimento tácito contenciosamente recorrido.

4) Donde, o douto Acórdão "a quo" ao rejeitar o recurso violou o art. 166.º conjugado com o art.º 9.º ambos do CPA pelo que não deve ser mantido."

1.4. A entidade recorrida contra-alegou, nos termos constantes de fls. 74 e segs, sustentando a legalidade da decisão judicial impugnada e concluindo do seguinte modo:

"A) A recorrente contesta a douta decisão do Tribunal Central Administrativo, que rejeitou o recurso contencioso, considerando que não se formou acto tácito, por não existir dever legal de decidir, por parte da Entidade recorrida, carecendo o recurso, de objecto.

B) A recorrente alega que a decisão recorrida ao rejeitar o recurso, violou o artigo 166.º do CPA, conjugado com o artigo 9.º do mesmo código, pugnando pela sua revogação.

C) Ora, a pretensão da recorrente refere-se a um pedido de decisão primária sobre a alegada ilegalidade do acto processador de vencimentos do mês de Outubro de 2001.

D) Mas a recorrente apresentou esse requerimento em primeiro lugar, ao Secretário de Estado dos Assuntos Fiscais, entidade que apenas detém competência para decidir em 2.º grau.

E) De facto, no recurso hierárquico apenas se pode fazer um pedido de reapreciação, pelo que, anterior à apresentação deste recurso hierárquico, teria que ter havido uma decisão em primeiro grau praticada pelo Director Geral dos Impostos, uma vez que se trata de matéria da sua competência própria.

F) De acordo com os termos do DL. 49/99 de 22/06 no que se refere às competências próprias do Director-Geral na área dos recursos humanos, constantes do Mapa II, anexo ao referido diploma legal, era esta entidade que nesta matéria, tem competência própria, para o acto decisório em primeiro grau.

G) Efectivamente, é o Director-Geral que detém a competência primária para decidir as questões suscitadas pela recorrente, competência essa que, sendo própria não é exclusiva. Isto é, tem competência para o acto decisório de primeiro grau, e o Ministro das Finanças, ou o Secretário de Estado, no caso de ter delegado essas competências, detém competência apenas para a decisão de 2.º grau. (cfr. Diploma supra citado)

H) Porém, será que a competência do membro do Governo abrange a do subordinado, gozando de poder de substituição? A esta questão o Tribunal vem respondendo que não. Conforme jurisprudência constante do Ac. do STA – Pleno de 28 de Maio de 1999, Rec. N.º 37081.

I) Assim sendo, conforme foi decidido e bem, pelo acórdão ora recorrido, não tendo a entidade recorrida competência dispositiva primária para decidir a pretensão a pretensão da recorrente para os efeitos do artigo 109.º do CPA, não se formou indeferimento tácito, pelo que o recurso contencioso apresentado carecia de objecto, não podendo o acórdão recorrido decidir noutro sentido que não fosse, o da rejeição do recurso nos termos do artigo 57.º § 4 do RSTA.

J) De todo o exposto, resulta claramente, que o douto acórdão recorrido não viola quaisquer preceitos legais, procedendo, a uma correcta aplicação e interpretação de todas as disposições legais atendíveis, merecendo, por isso ser confirmado."

1.5. O Sr. Procurador-Geral Adjunto emitiu o parecer de fls. 83 e 84, do seguinte teor:

"A sentença recorrida rejeitou, por falta de objecto, o recurso contencioso interposto de acto de indeferimento tácito que se teria formado na sequência de recurso hierárquico que a recorrente deduzira do acto de processamento do seu vencimento do mês de Outubro de 2001.

Para tanto, após ter entendido que o referido acto de processamento não consubstanciava acto administrativo e que, de todo o modo, não se demonstrara que a respectiva notificação obedecera aos necessários requisitos legais, concluiu-se na sentença que sobre a autoridade recorrida não recaía o dever legal de decidir o requerimento que lhe fora dirigido pela ora recorrente uma vez que não detinha competência dispositiva primária para o pagamento de diferenças de vencimentos.

Inconformada com o decidido, na sua alegação de recurso a recorrente vem defender que no caso em apreço o indeferimento tácito se formara em sede de recurso hierárquico do acto de processamento de vencimento e, como tal, não estava em causa o exercício de uma competência dispositiva primária mas antes de uma competência de 2.º grau ou de revisão e daí que sobre a autoridade recorrida recaísse o dever legal de decidir o recurso que lhe fora apresentado.

Vejamos.

Muito embora se me afigura que, perante a realidade de um recurso hierárquico deduzido de um acto de processamento de vencimentos a demandar inevitavelmente uma decisão administrativa a proferir em segundo grau, a razão assiste à recorrente quando defende que se apresenta como deslocada a fundamentação aduzida na sentença para concluir pela falta do dever legal de decidir assente na ausência de competência dispositiva primária da parte da autoridade decidente, o certo é que a decisão de rejeitar o recurso contencioso por falta de objecto terá sido acertada, conquanto por motivo diferente.

Na verdade, constitui pressuposto essencial do dever legal de decidir pretensão formulada em recurso hierárquico necessário a prática por parte da autoridade subalterna de um acto que reúna os elementos essenciais para a sua qualificação como acto administrativo – cfr. acórdãos de 18-5-95 e 14-11-00, nos recursos n.º 33.930 e 35.812, respectivamente.

Ora, a sentença sindicada, sem que nesse segmento tenha sido impugnada, concluíra que o acto de processamento em questão não definira a situação da recorrente quanto ao seu posicionamento na carreira e daí que não consubstanciasse acto administrativo.

Como assim, apenas sendo admissível recurso hierárquico de actos administrativos, sobre a autoridade recorrida não recaía, embora por razões diversas das invocadas na sentença, o dever legal de decidir esse recurso, circunstância essa impede a formação do indeferimento tácito contenciosamente recorrido e, em consequência, priva de objecto o recurso contencioso.

Termos em que se é de parecer que o recurso não merece obter provimento, confirmando-se, em consequência, a sentença recorrida na parte em que, por falta de objecto, decidiu a rejeição do recurso contencioso."

2. Colhidos os vistos legais, cumpre apreciar e decidir.

2.1. Com interesse para a decisão, o acórdão recorrido considerou assentes os seguintes factos:

"1. A recorrente à data de entrada em vigor do estatuto de pessoal e regime de carreiras da DGCI, aprovado pelo Dec. Lei n.º 557/99, de 17.12 possuía a categoria de Tesoureiro da Fazenda Pública de 3ª classe e encontrava-se a exercer a gerência interina da Tesouraria de Finanças da Calheta (2ª calsse).

2.Com entrada em vigor do citado diploma, a recorrente transitou para a categoria de Técnico de Administração Tributária, nível I e manteve-se no exercício da gerência da mesma Tesouraria.

3. O vencimento da recorrente está a ser processado pelo escalão 2, índice 640 do cargo de Tesoureiro das Finanças de nível II.

4. A recorrente dirigiu ao Sr. Secretário de Estado dos Assuntos Fiscais o recurso hierárquico "do acto de processamento do seu vencimento do mês de Outubro/ /2001", solicitando a revogação do acto recorrido, "substituindo-o por outro que determine seja a recorrente abonada das diferenças remuneratórias devidas pelo índice 755 da escala salarial de Tesoureiro das Finanças de nível II em regime de substituição desde 01.01.2000." – Cf. fls.6 e 7.

5. Este recurso não foi objecto de pronúncia"

2.2. O DIREITO

2.3. O acórdão recorrido rejeitou, por falta de objecto, o recurso contencioso interposto pela Recorrente do indeferimento tácito imputado ao Secretário de Estado dos Assuntos Fiscais.

Para assim decidir, o acórdão considerou que o Secretário de Estado dos Assuntos Fiscais não tinha competência dispositiva primária para decidir a pretensão que lhe foi dirigida pela recorrente através do, por ela designado, "recurso hierárquico", por tal competência estar atribuída em 1.º grau ao Director-Geral.

E, não tendo competência dispositiva primária para decidir a pretensão em causa, não tinha obrigação legal de decidir o recurso, pelo que, não se formou o indeferimento tácito que a Recorrente lhe imputa, carecendo o recurso contencioso de objecto.

A Recorrente discorda do assim decidido, sustentando, em síntese, que não está em causa o exercício de uma competência dispositiva primária, mas sim uma competência de 2.º grau, a exercer em sede de recurso hierárquico de um acto processador de vencimento, verdadeiro acto administrativo.

Cabia assim ao Secretário de Estado o dever legal de decidir tal recurso.

Ao decidir pela forma contrária, o acórdão recorrido teria violado o art.º 166.º, conjugado com o art.º 9.º do C.P.A..

Não tem, porém razão, a Recorrente.

De facto:

Conforme resulta do requerimento dirigido pela Recorrente ao Secretário de Estado dos Assuntos Fiscais, junto à petição de recurso contencioso, embora afirme no cabeçalho do mesmo que "vem recorrer hierarquicamente do acto de processamento do seu vencimento do mês de Outubro", pretende ver alterado o seu posicionamento na escala salarial do escalão 2, índice 640, do cargo de Tesoureiro de Finanças de nível II, para o escalão 5, índice 755, na sequência do disposto no DL 557/ /99, 17.12, que, alegadamente, lhe conferiria tal direito *desde 1-01-2000,* e obter o pagamento das diferenças remuneratórias correspondentes.

É o que, com clareza, decorre do pedido que formula no final do requerimento, após aduzir os argumentos que considerou pertinentes para fundamentar o respectivo deferimento.

"Termos em que, deve V. Exª revogar o acto recorrido, substituindo-o por outro que determine seja a recorrente abonada das diferenças remuneratórias devidas pelo índice 755 da escala salarial de Tesoureiro de Finanças de nível II em regime de substituição desde 1.01.2000, como é de inteira justiça e resulta da lei".

É também esse o conteúdo que a Recorrente atribui ao "indeferimento tácito" imputado ao Secretário de Estado dos Assuntos Fiscais, na petição de recurso contencioso, como inequivocamente resulta do art.º 7.º do aludido articulado:

"Donde o indeferimento tácito sob recurso ao não reconhecer o direito da recorrente a ser abonada pelo escalão 5, índice 755 da escala salarial de Tesoureiro de Finanças de nível II a partir de 01-01-2000, violou ...".

Ora, conforme se refere no acórdão da 1ª Secção deste S.T.A., de 30.10.01, proc. 47.627 (também citado no acórdão recorrido), a propósito de questão idêntica nos seus contornos essenciais, o pedido de pagamento de diferenças de vencimentos, como toda e qualquer pretensão relativa a vencimentos e outros abonos, deve ser decidido por quem, face à lei, tenha competência dispositiva primária.

Tal competência cabe ao Director-Geral, no âmbito das suas funções de gestão dos recursos humanos – art.º 25.º, n.º 2 da Lei 49/99 de 22.6 e n.º 17 do mapa II anexo a esse diploma-conforme bem considerou o acórdão recorrido.

E, conforme também correctamente considerou a decisão judicial em apreço, de harmonia com a jurisprudência pacifica deste S.T.A. "o membro do Governo não detém o poder de substituição daquele Subalterno na prática de acto primário" (v. entre outros, ac. do Pleno da 1ª Secção de 28.5.99, rec. 37.081, in Apêndices ao D.R. de 8.5.01, pág. 903 e segs).

Deste modo, atenta a inexistência, no caso, de acto primário do Director-Geral incidindo sobre a pretensão da Recorrente, o Secretário de Estado não tinha obrigação legal de decidir a pretensão que, sob a forma de recurso hierárquico, lhe foi dirigida pela Recorrente; consequentemente, inexiste o indeferimento tácito de tal recurso, que a Recorrente imputou à mesma entidade, carecendo o recurso contencioso de objecto, como, com acerto, considerou o acórdão recorrido.

3. Nestes termos, improcedendo todas as conclusões das alegações acordam em negar provimento ao recurso, confirmando o acórdão recorrido.

Custas pela Recorrente, fixando-se:
Taxa de justiça: € 300
Procuradoria: € 150
Lisboa, 28 de Abril de 2005.

Maria Angelina Domingues (Relatora)
Costa Reis
Madeira dos Santos

Recurso n.º 663/04-11

INTERVENÇÃO CIRÚRGICA. RESPONSABILIDADE CIVIL EXTRACONTRATUAL. HOSPITAL. INTERVENÇÃO PROVOCADA DO MÉDICO.

(Acórdão de 7 de Julho de 2005)

SUMÁRIO:

I – **O regime de responsabilidade do Estado e demais pessoas colectivas públicas consagrado no DL 48.051 é o seguinte: a) responsabilidade exclusiva daquelas entidades no caso dos actos lesantes serem praticados com culpa leve; b) responsabilidade exclusiva das mesmas com direito de regresso se os actos forem praticados com culpa grave; c) responsabilidade solidária dessas entidades com o órgão ou agente se os actos forem praticados com dolo; d) responsabilidade exclusiva dos titulares do órgão, funcionários ou agentes se os actos responsáveis pela lesão tiverem excedido os limites das funções.**

II – **Nesta conformidade, os HUC poderão exercer o direito de regresso sobre os médicos e enfermeiras que intervieram nos actos que provocaram os danos peticionados se se provar que os mesmos agiram com culpa grave, isto é, *com diligência ou zelo manifestamente inferiores àqueles a que se achavam obrigados em razão do seu cargo.***

III – **E, podendo exercer esse direito, poderão requerer a intervenção daqueles contra quem ele se dirigirá pois que "*o Réu que tenha acção de regresso contra terceiro para ser indemnizado do prejuízo que lhe cause a perda da demanda pode chamá-lo a intervir como auxiliar na defesa, sempre que o terceiro careça de legitimidade para intervir como parte principal.*" – n.º 1 do art.º 330.º do CPC**

IV – **Requerimento que o Juiz tem de deferir "*quando face às razões alegadas, se convença da viabilidade da acção de regresso e da sua conexão com a causa principal*" – n.º 2 do art.º 331.º do mesmo diploma legal.**

ACÓRDÃO:

1. Maria Helena Santos Mouzinho Silva intentou, no Tribunal Administrativo de Círculo de Coimbra, contra os Hospitais da Universidade de Coimbra **acção declarativa de responsabilidade civil por actos ilícitos pedindo a sua condenação** no pagamento da quantia de 75.000 euros, a título de indemnização por danos não patrimoniais, e nos correspondentes juros vencidos e vincendos, **alegando** que neles fora internada para ser submetida a uma intervenção cirúrgica – *celioscopia com curetagem uterina* – e que no decurso dessa intervenção ocorreu, por incúria dos seus serviços de ginecologia, uma *perfuração intestinal iatrogénica,* erro que não foi imediatamente diagnosticado, apesar das suas queixas de fortes dores no pós operatório, e, sem que tivesse sido feita qualquer observação pelos médicos de serviço sobre as causas dessas dores, foi-lhe dada *alta médica.*

Regressada a casa o seu estado de saúde piorou o que a forçou a recorrer ao serviços médicos do Centro de Saúde da Murtosa que, reconhecendo a gravidade desse estado, ordenou o seu transporte de urgência para o Hospital Distrital de Aveiro, onde foi operada a uma *perfuração do intestino delgado e laparotomizada "tendo sido feita sutura de uma ansa do intestino delgado e seu mesentério e realizada uma lavagem e exploração peritoneal e pélvica".*

Em consequência destes erros resultantes da "*omissão de cuidados de diagnóstico e terapêutico exigíveis à ré*" e da falta de cuidado exigível a "*um médico especialista, zeloso, diligente*" e conhecedor das *legis artis* a Autora sofreu os danos ora reclamados.

Na sua contestação **os HUC requereram a intervenção provocada** de todos os médicos e enfermeiras que intervieram nos actos médicos que deram origem aos danos peticionados.

Pelo despacho de fls. 22 o Sr. Juiz a quo **não admitiu a requerida intervenção** e justificou esse indeferimento dizendo que o art.º 2.º do DL 48.051 só admitia o exercício do direito de regresso depois das entidades públicas "*terem satisfeito qualquer indemnização resultante de acto ilícito culposo nos termos do n.º 1 daquele art.º 2.º, após terem concluído que os agentes agiram com zelo e diligência manifestamente inferiores aos devidos, isto é, o direito de regresso só nasce após o reconhecimento ou imposição e efectivação do dever de indemnizar que cabe em primeiro lugar aos entes públicos em sede de responsabilidade por actos de gestão pública ...*"

E que, sendo assim, e sendo que, *in casu*, ainda não tinha havido o referido reconhecimento/imposição **a**

Requerente não era titular do direito de regresso, pelo que não fazia sentido admitir, nesta fase, o pretendido chamamento.

É **contra esta decisão que os HUC recorrem** rematando as suas alegações com a formulação das seguintes **conclusões**:

1. A decisão recorrida, ao negar a intervenção pelos motivos invocados, interpretou incorrectamente o art.º 330.º do CPC.

2. O normativo ínsito no art.º 330.º do CPC funciona como uma espécie de procedimento cautelar referido à acção de regresso que, no futuro e caso haja condenação do réu, este tem de interpor contra terceiro para ser indemnizado do prejuízo.

3. Pelos motivos e razões expostas na contestação e nomeadamente na fundamentação do incidente de intervenção provocada estão preenchidos os requisitos legais para que a mesma seja deferida ex vi do art.º 330.º do CPC, pelo que

4. Deverá ser revogada a decisão recorrida e, nos termos do art.º 330.º do CPC, deferida a requerida intervenção.

Não foram apresentadas contra alegações.

O Ilustre Magistrado do Ministério Público emitiu **parecer no sentido do provimento do recurso.**

Mostrando-se colhidos os vistos legais **cumpre decidir**.

2. A **questão que o recurso nos coloca** é, pois, como se vê, a de saber se na acção proposta contra um Hospital para efectivação de responsabilidade civil por facto ilícito praticado por agente(s) seu(s), no exercício das suas funções e por causa desse exercício, **aquele pode requerer a intervenção provocada dos agentes que determinaram, directamente, os danos** peticionados.

Questão cuja resolução passa pela **análise do que se dispõe nos art.s 2.º e 3.º do DL 48.051**, de 21/11/67, cujo teor é o seguinte:

Artigo 2.º

1. O Estado e demais pessoas colectivas públicas respondem civilmente perante terceiros pelas ofensas dos direitos destes ou das disposições legais destinadas a proteger os seus interesses resultantes de actos ilícitos culposamente praticados pelos respectivos órgãos ou agentes administrativos no exercício das suas funções e por causa desse exercício.

2. Quando satisfazerem qualquer indemnização nos termos do número anterior, o Estado e demais pessoas colectivas públicas gozam do direito de regresso contra os titulares do órgão ou os agentes culpados, se estes houverem procedido com diligência ou zelo manifestamente inferiores àqueles a que se achavam obrigados em razão do cargo.

Artigo 3.º

"1. Os titulares do órgão e os agentes administrativos do Estado e demais pessoas colectivas públicas respondem civilmente perante terceiros pela prática de actos ilícitos que ofendam os direitos destes ou as disposições legais destinadas a proteger os seus interesses, se tiverem excedido os limites das suas funções ou se, no desempenho destas e por sua causa, tiverem procedido dolosamente.

2. Em caso de procedimento doloso, a pessoa colectiva é sempre solidariamente responsável com os titulares do órgão ou agente."

Deste modo, e de acordo com os transcritos preceitos, aquelas entidades (designadamente os Hospitais) respondem, directa e exclusivamente, perante os lesados pelos danos resultantes de actos ilícitos praticados **culposamente** pelos respectivos órgãos ou agentes no **exercício das suas funções** e por **causa desse exercício,** podendo, no entanto, posteriormente, exercer **o direito de regresso** no caso desses órgãos ou agentes terem procedido com **diligência ou zelo manifestamente inferiores** àqueles a que se achavam obrigados em razão do seu cargo, isto é, no caso de terem **agido com culpa grave**.

Todavia, se as lesões tiverem sido provocadas pela **prática de um acto doloso** as referidas entidades, apesar de continuarem civilmente responsáveis pelos danos dele decorrentes, **dividem essa responsabilidade, solidariamente, com o órgão ou agente que praticou o acto,** o que significa que a acção de indemnização pode ser proposta contra o ente público, contra o agente responsável ou contra ambos conjuntamente.

O que quer dizer que, por via de regra, as identificadas entidades respondem pelas consequências danosas dos actos praticados pelos seus órgãos ou agentes – umas vezes só, outras solidariamente – e que só se podem eximir dessa responsabilidade quando os danos forem **provocados por actos dos seus órgãos ou agentes que excedam os limites das suas funções**, isto é, quando o dano **só na aparência** é fruto da actividade da pessoa colectiva pública (n.º 1 do art.º 3.º).

Resumindo, pode afirmar-se que **o regime de responsabilidade** do Estado e demais pessoas colectivas públicas consagrado no DL 48.051 **é o seguinte**:

"*a*) **responsabilidade exclusiva daquelas entidades** no caso dos actos lesantes serem praticados com culpa leve.

b) **responsabilidade exclusiva dessas entidades com direito de regresso** se os actos forem praticados com culpa grave.

c) **responsabilidade solidária** dessas entidades com o órgão ou agente se os actos forem praticados com dolo.

d) **responsabilidade exclusiva dos titulares do órgão, funcionários ou agentes** se os actos responsáveis pela lesão tiverem excedido os limites das funções.

Regime esse que – como se decidiu nos Acórdãos do Tribunal Constitucional n.º 236/2004, de 13/04/2004, e deste STA de 15/05/2005 (rec. 855/04) – **não sofre de inconstitucionalidade.**

3. Nesta conformidade, **os HUC poderão exercer o direito de regresso** sobre os médicos e enfermeiras que intervieram nos actos que provocaram os danos peticionados **se se provar** que os mesmos agiram com *dolo* ou *com diligência ou zelo manifestamente inferiores àqueles a que se achavam obrigados em razão do seu cargo.*

E, podendo exercer esse direito, **poderão requerer a intervenção daqueles contra quem ele se dirigirá** pois que "*o Réu que tenha acção de regresso contra terceiro para ser indemnizado do prejuízo que lhe cause a perda da demanda pode chamá-lo a intervir como auxiliar na defesa, sempre que o terceiro careça de legitimidade para intervir como parte principal.*" – n.º 1 do art.º 330.º do CPC

Requerimento que o Juiz deferirá "*quando face às razões alegadas, se convença da viabilidade da acção de regresso e da sua conexão com a causa principal*' – n.º 2 do art.º 331.º do mesmo diploma legal.

Deste modo, **só haveria fundamento para indeferir** o chamamento dos médicos e enfermeiras ora requerido se houvesse razões para pensar que **a acção de regresso que os HUC pretendem intentar carecia de viabilidade.**

O que não acontece, uma vez que os termos em que esta acção vem proposta indicia que aqueles agiram com diligência ou com zelo manifestamente inferiores aos devidos o que significa que, a provarem-se tais fundamentos, a ora Ré, de acordo com o regime de responsabilidade acima descrito, tem direito de regresso contra eles.

E os chamados têm também interesse em figurar na acção uma vez que os interesses da Ré são também seus, ainda que só reflexamente e na medida das vicissitudes da acção, visto o seu posicionamento na relação jurídica processual ter por fundamento a mesma causa de pedir e o mesmo pedido.

Nesta conformidade, e sendo que, neste momento, face ao modo a causa de pedir vem descrita, **inexistem razões susceptíveis de convencer que a acção de regresso será inviável**, haverá que deferir o requerida intervenção e, consequentemente, revogar a decisão recorrida, por não serem sufragáveis os fundamentos que a sustentaram.

Termos em que acordam os Juízes que compõem este Tribunal em **conceder provimento ao recurso** e, revogando a douta decisão recorrida, ordenar que os autos baixem ao Tribunal recorrido para que, se outra razão não obstar, seja admitido o requerido chamamento.

Sem custas.

Lisboa, 7 de Julho de 2005.

Costa Reis (Relator)
Rui Botelho
Azevedo Moreira

Recurso n.º 561/05-11

LICENCIAMENTO DE EDIFÍCIOS. PLANO DE URBANIZAÇÃO DA CIDADE DE VIANA DO CASTELO. ESTUDO DE ENQUADRAMENTO.

(Acórdão de 5 de Abril de 2005)

SUMÁRIO:

I – **Os arts. 17.º e 19.º do PUCVC permitem adoptar no licenciamento de edificações parâmetros diferentes dos que aí são estabelecidos, desde que justificados em *estudo de enquadramento*.**

II – **Independentemente dos elementos que segundo art. 219.º do PUCVC deve conter, esse estudo há-de consistir numa peça autónoma com as razões pelas quais, no entender do empreendedor, se impõe um desvio dos parâmetros-base do Plano em matéria de altura do edifício e de afastamentos, o que passará, necessariamente, por uma argumentação que, relacionando a edificação projectada com as construções vizinhas e a zona envolvente, procure convencer o órgão autárquico de que, a benefício do interesse público, se justifica o uso de outros parâmetros.**

ACORDAM NA SECÇÃO DE CONTENCIOSO ADMINISTRATIVO DO SUPREMO TRIBUNAL ADMINISTRATIVO, 2ª SUBSECÇÃO:

– I –

O VEREADOR DA ÁREA DE PLANEAMENTO E GESTÃO URBANÍSTICA DA CÂMARA MUNICIPAL DE VIANA DO CASTELO recorre da sentença do T.A.C. do Porto que declarou a nulidade do seu despacho de 12.3.01 que deferiu o pedido de licenciamento de obra cujo empreendedor era a Imobiliária Santiago da Barra, S.A. e sua antecessora José Maria & Filho, Lda.

Nas suas alegações o recorrente formulou as seguintes conclusões:

"I. No caso dos autos foi apresentado estudo de enquadramento urbanístico, no âmbito do qual foram consideradas correctas, adequadas e conformes à lei e aos regulamentos as soluções arquitectónicas adoptadas do pedido de licenciamento apresentado e deferido através do acto impugnado.

II. O estudo de enquadramento urbanístico não é obrigatoriamente constituído por todos os elementos elencados no art. 219.º do Regulamento do PUC de Viana do Castelo, devendo conter apenas os elementos que se justifiquem no caso concreto e que relevem para a apreciação da pretensão concreta apresentada.

III. O Regulamento do PUC da cidade de Viana do Castelo não exige que sejam juntos, bem pelo contrário, todos os elementos constantes do seu art. 219.º, contendo este preceito regras meramente exemplificativas, a aplicar de acordo com a natureza e especificidade do local e da pretensão concreta.

IV. Tanto podem ser exigidos algum ou alguns dos elementos referidos a título exemplificativo no art. 219.º referido, como podem ser exigidos quaisquer outros considerados adequados à situação concreta e que nem sequer constem do elenco do mesmo.

V. O próprio texto da norma em causa aponta claramente em tal sentido.

VI. No caso concreto dos autos, foi considerado que apenas interessava a apresentação de um alçado de conjunto com as construções contíguas, nomeadamente para avaliar o impacto volumétrico da proposta apresentada, o que permitiu avaliar igualmente, e de forma correcta, a altura do edifício e os afastamentos propostos.

VII. Tal decisão não violou qualquer norma legal, já que, nos termos do preceito em análise, a Câmara Municipal, no que se refere aos estudos de enquadramento urbanístico previstos no PUC, tem o poder discricionário de definir ela própria, caso a caso, os elementos que entende relevantes para ponderar e decidir da pretensão concreta que lhe é apresentada.

VIII. E a matéria relativa à volumetria, altura do edifício e afastamentos, face à sua justificação pelo estudo de enquadramento urbanístico exigido, constitui matéria integrada na margem de discricionariedade técnica da Administração que, como tal, não é contenciosamente sindicável.

IX. Salvo o devido respeito, foram violadas as normas dos arts. 6.º, 17.º, 19.º, 219.º do Regulamento do Plano de Urbanização da Cidade de Viana do Castelo, ratificado pela resolução do Conselho de Ministros n.º 99, de 13 de Agosto de 1999, publicada no DR, I Série-B, n.os 188/189, de 13.08.1999 e art. 52.º pfb) do DL. 445/91, de 20.11, na redacção do DL. 250/94, de 15.10.

Não houve contra-alegações.

O Ministério Público emitiu parecer no sentido de ser negado provimento do recurso.

O processo foi aos vistos legais, cumprindo agora decidir.

- II -

A sentença deu como provada a seguinte matéria de facto:

1. No dia 03.NOV.00, deu entrada na Câmara Municipal de Viana do Castelo um requerimento apresentado pela sociedade "José Maria & Filho, Lda" a solicitar o destaque de uma parcela de terreno para construção de um edifício bifamiliar, constituído por c/v, r/c, 1.º andar e andar recuado – Cfr. doc. de fls. 11 e segs.;

2. Tal requerimento deu origem ao Processo de Obras particulares n.º 835/00 do Departamento de Obras daquela edilidade – Cfr. Processo administrativo apenso;

3. Dou por reproduzido para todos os efeitos legais o teor do projecto de arquitectura apresentado no âmbito daquele Processo de obras, constante de fls. 19 a 60;

4. Por despacho do Vereador do Pelouro do Planeamento e Gestão Urbanística da Câmara Municipal de Viana do Castelo, datado de 31.JAN.01, foi aprovado o projecto de arquitectura relativo às obras a edificar constantes daquele Processo de obras particulares – Cfr. doc. de fls. 61, aqui dado por reproduzido (1.º acto recorrido);

5. Em 05.FEV.01, a empresa "José Maria & Filho, Lda" cedeu à Recorrida particular "Santiago da Barra, SA", os direitos referentes ao Processo de Obras particulares, em referência nos autos, tendo sido averbado em nome desta última empresa o mencionado Processo de obras – Cfr. docs. de fls. 74 e 79;

6. Por despacho do Vereador do Pelouro do Planeamento e Gestão Urbanística da Câmara Municipal de Viana do Castelo, datado de 12.MAR.01, foi deferido o pedido de licenciamento de obras particulares, referente ao Processo de Obras n.º 835 – Cfr. doc. de fls. 82, aqui dado por reproduzido (2.º acto recorrido);

7. Em 02.JUL.01, a Recorrida particular apresentou um aditamento ao projecto de arquitectura, conforme docs. de fls. 85 e 89 e segs., aqui dados por reproduzidos; e

8. Mediante despacho do Vereador do Pelouro do Planeamento e Gestão Urbanística da Câmara Municipal de Viana do Castelo, datado de 24.AG0.01, foi aprovado tal aditamento ao projecto de arquitectura relativo às obras constantes daquele Processo de obras particulares – Cfr. doc. de fls. 87, aqui dado por reproduzido (3.º acto recorrido).

9. A edificação da Recorrida particular licenciada possui 3 pisos, acima do solo, sendo um deles recuado, em relação aos demais, e destinado a solário – Cfr. Processo instrutor;

10. As edificações situadas nas proximidades daquela possuem uma tipologia de 2 pisos, acima do solo – Cfr. Processo administrativo apenso;

11. Embora possua uma tipologia de 3 pisos, a edificação da recorrida particular tem uma altura inferior às edificações circundantes – Cfr. Processo instrutor; e

12. A distância entre a projecção horizontal da edificação da Recorrida particular e qualquer extrema do terreno em que se encontra implantada, com relação aos prédios confrontantes a norte e a sul é de 3,30 metros – Cfr. Processo administrativo apenso.

- III -

A sentença recorrida declarou nulo determinado acto camarário de licenciamento de um edifício bifamiliar, composto por rés-do-chão, cave, 1.º andar e andar recuado.

Fundamento dessa pronúncia foi a desconformidade com o *Plano de Urbanização da Cidade de Viana do Castelo* (arts. 6.º, 17.º/2 e 3, 3.º, 19.º e 219.º), bem como a violação do art. 52.º, n.º 2, al. b), do Dec-Lei n.º 445/91, de 20.11, na redacção do Dec-Lei n.º 250/94, de 15.10.

Essa desconformidade consistia em excesso de altura da edificação e em insuficiente distância da mesma à extrema do terreno não confinante da via pública – isto na ausência de *estudo de enquadramento* que justificasse os parâmetros adoptados.

Nas suas alegações, o recorrente não põe em causa a desconformidade do projecto com o PU, mas procura demonstrar que apresentou o dito estudo de enquadramento, pois que este não tem necessariamente de incluir todos os elementos a que se refere o art. 219.º do Regulamento do PU, o qual não estabelece mais do que um conjunto de regras meramente exemplificativas. Esses elementos são variáveis caso a caso, competindo à Câmara o poder discricionário de definir os que considera relevantes. No caso, bastava apresentar "*um alçado de conjunto com as construções contíguas, nomeadamente para avaliar o impacto volumétrico da proposta apresentada*".

Vejamos:

O art. 17.º, n.º 2, do *Plano de Urbanização da Cidade de Viana do Castelo* estabelece que a altura dos edifícios com a tipologia do dos recorridos não deverá ultrapassar a correspondente a 2 pisos, no caso de moradias isoladas ou geminadas, ou 3, para moradias em banda contínua.

Por sua vez, o art. 19.º, n.º 1, estabelece que a distância entre a projecção horizontal da edificação e qualquer extrema do terreno deverá ser no mínimo igual a metade da altura da edificação, não podendo ser inferior a 5 m.

Todavia, o n.º 3 de ambos os artigos prevê que possam ser licenciados edifícios com altura ou afastamentos diferentes dos estabelecidos, desde que *convenientemente justificada com estudo de enquadramento* (art. 17.º/3) ou *devidamente justificados por estudo de enquadramento* (art. 19.º/3).

A leitura destes preceitos torna claro que é vinculativa a apresentação de um estudo de enquadramento com a justificação dos parâmetros divergentes da directiva genérica dos arts. 17.º e 19.º. Trata-se de aspecto em que não rege qualquer discricionariedade administrativa. A discricionariedade vem depois, e consiste na possibilidade de que dispõe o órgão camarário de, face a esse estudo, considerar ou não justificado, no caso concreto, o desvio dos valores-padrão constantes do Plano.

Ora, a sentença recorrida considerou que não tinha sido apresentado nenhum estudo de enquadramento.

Perante isso, o recorrente defende que vale com estudo de enquadramento o alçado de conjunto com as construções contíguas, sem no entanto remeter, em concreto, para nenhuma peça do processo instrutor.

Porém, tudo leva a crer que esse alçado seja o que consta de fls. 55, em que por baixo da planta de implantação se depara com um desenho mais pequeno de 4 edificações legendado como "alçado nascente conjunto".

Ora, é bem de ver que esse desenho está longe de poder constituir o *estudo de enquadramento* imposto pelo PU.

O art. 219.º do Regulamento do PU deu-se ao cuidado de estabelecer o que deveria entender-se por estude de enquadramento, definindo-o como "*o conjunto de elementos que permitem avaliar o impacte e justifiquem a adequabilidade de determinada pretensão com o meio envolvente e garantam a qualidade das intervenções nos termos do disposto no artigo 6.º*" (n.º 1). De acordo com o n.º 2, o estudo deverá conter "*as peças escritas, desenhadas e outras que se julguem relevantes para a sua compreensão, designadamente as relativas à modelação do terreno, ao derrube e implantação de árvores e à execução de infra-estruturas*" (n.º 2).

O n.º 3 acrescenta que no caso de áreas urbanas o estudo deverá conter "*a definição dos princípios gerais de ocupação do solo, os alinhamentos, a volumetria dos edifícios, a rede viária, o arranjo dos espaços livres e a execução de infra-estruturas, mediante a apresentação de plantas, alçados e cortes, às escalas convenientes, e perspectivas, axonometrias, ou fotografias da maquete*".

Como é evidente, não é a circunstância de aquele n.º 2 conter uma enumeração de elementos meramente exemplificativa que vai permitir qualificar como estudo de enquadramento algo que não o é, nem formal nem materialmente. O art. 19.º, no seu conjunto, é até particularmente exigente quanto ao deve, obrigatoriamente, constar do estudo.

E a verdade é que, mesmo que esta norma não existisse, o estudo de enquadramento imposto pelos arts. 17.º e 18.º teria sempre de consistir numa peça autónoma contendo a as razões, de índole construtiva, urbanística ou outras que nas condições concretas justificavam o desvio dos parâmetros base do PU em matéria de altura do edifício e seu afastamento às extremas do terreno. O que se pretende é que o empreendedor, relacionando a edificação com as construções vizinhas e a zona envolvente, desenvolva uma argumentação susceptível de persuadir o órgão autárquico de que, a benefício do interesse público, se impõe adoptar outros parâmetros. E não se está a ver como essa fundamentação possa ser feita na ausência de uma *memória descritiva* ou texto análogo, pois a simples apresentação de peças desenhadas dificilmente conseguirá desempenhar essa função argumentativa.

Mostra-se, pois acertada a conclusão a que chegou a sentença recorrida de que, no caso, não existiu estudo de enquadramento.

E, sendo assim, o acto de licenciamento desrespeitou realmente as prescrições dos arts. 17.º, n.os 2 e 3, e 19.º do Regulamento do PUCVC.

Nestes termos, acordam em *negar provimento* ao recurso.

Sem custas.

Lisboa, 5 de Abril de 2005.

J. Simões de Oliveira (Relator)
António Samagaio
Políbio Henriques

Recurso n.º 643/04-12

MAGISTRADO DO MINISTÉRIO PÚBLICO. REVISÃO DE PROCESSO DISCIPLINAR. LITIGÂNCIA DE MÁ FÉ.

(Acórdão de 25 de Maio de 2005)

SUMÁRIO:

I – O instituto da revisão é um meio excepcional que se traduz num desvio à regra da estabilidade das decisões de que não pode já recorrer-se.

II – Nos termos do art.º 207.º, n.º 1, do EMP a revisão de processo disciplinar só é possível desde que ocorram, cumulativamente, três situações: (i) verificação de novas circunstâncias ou de novos meios de prova; (ii) que os mesmos não tivessem podido ter sido utilizados pelo arguido no processo disciplinar; (iii) que estes demonstrem a inexistência de factos que determinaram a condenação.

III – Não pode ser deferido o pedido de revisão se os motivos indicados como fundamento do pedido de revisão não consubstanciam factos novos nem novas circunstâncias nem novos meios de prova. Nem são factos, circunstâncias ou provas que o autor desconhecesse ou pudesse desconhecer. Nem são factos, circunstâncias ou provas de que o autor não tivesse podido dispor. Nem são factos, circunstâncias ou provas que não tenham sido apreciados e ponderados no acto punitivo.

IV – Encerra litigância de má-fé o comportamento processual do autor, que antes de ter sido demitido era Magistrado do Ministério Público, ao alegar, reiteradamente, que os meios de prova com que pretendeu fundar um pedido de revisão de decisão disciplinar eram meios novos de que não pôde dispor, anteriormente, no processo disciplinar (o que sabia não corresponder à verdade), por, deliberada e conscientemente ter deduzido pretensão "cuja falta de fundamento não devia ignorar", alterado "a verdade dos factos" e "feito do processo" e "dos meios processuais um uso manifestamente reprovável com o fim de conseguir um objectivo ilegal" e "entorpecer a acção da justiça" (alíneas a), b) e d) do n.º 2 do art.º 456.º do CPC.)

ACORDAM NA SECÇÃO DE CONTENCIOSO ADMINISTRATIVO DO SUPREMO TRIBUNAL ADMINISTRATIVO:

I – RELATÓRIO

F(.....................................), com melhor identificação nos autos, veio intentar a presente acção administrativa especial contra o **Conselho Superior do Ministério Público** (CSMP), visando a anulação da sua deliberação, de 4.5.04, que indeferiu o pedido de revisão da sanção disciplinar de demissão que lhe foi imposta, e a sua condenação à prática dos actos necessários à admissão do pedido.

Alegou sucintamente que, sendo Procurador da República no Círculo Judicial de Santarém, por acórdão do CSMP (plenário), de 14.12.00 foi-lhe imposta a sanção disciplinar de demissão, que se encontra pendente de julgamento neste STA; que, em 16.12.03, apresentou um pedido de revisão dessa sanção com fundamento na circunstância de não ter sido ponderado na deliberação sancionatória o conteúdo de um documento, uma certidão de um inquérito, uma vez que a certidão junta nesses autos não continha todos os elementos que se encontravam no referido inquérito e que eram imprescindíveis para ajuizar da sua culpa; esse pedido de revisão foi-lhe indeferido pelo acto impugnado, que é manifestamente ilegal por padecer das seguintes ilegalidades:

(i) violação do art.º 207.º do Estatuto do Ministério Público, aprovado pela Lei n.º 60/98, de 27.8;

(ii) violação do princípio da justiça previsto no n.º 2 do art.º 266.º da CRP;

(iii) vício de forma, por falta de fundamentação;

(iv) erro sobre os pressupostos de facto.

Terminou a petição inicial pedindo se declare:

"A) Que se verificam os pressupostos de facto e de direito para ser admitida a Revisão do Acto Administrativo que determinou a pena disciplinar expulsiva.

B) Consequentemente seja determinada a prática dos actos necessários à requerida revisão da decisão disciplinar, designadamente a nomeação de novo instrutor, nos termos previstos no n.º 2 do Art.º 209.º do EMMP."

Contestou a Autoridade demandada referindo que a deliberação impugnada é legal já que não ocorriam, no caso, os pressupostos legais do pedido de revisão formulado pelo autor. Sustentou, a esse propósito, que a certidão integral a que o autor se refere encontra-se junta aos autos e já se encontrava há muito quando foi proferida a deliberação punitiva.

Respondeu este, mantendo, no essencial, a posição assumida na petição inicial.

Notificado para o efeito, o autor apresentou a sua alegação onde formulou as seguintes conclusões:

1 – Veio o aqui Autor intentar a presente Acção Administrativa Especial da Deliberação de 4 de Maio de 2004, proferida pelo Exmo Conselho Superior do Ministério Público, que na sequência de Pedido de Revisão da Decisão Disciplinar, entendeu considerar não verificados os pressupostos do Art.º 207.º do Estatuto do Ministério Público.

2 – Citada a Entidade Administrativa, veio a mesma apresentar a sua Contestação, tendo, consequentemente, o Autor respondido, nos termos do Art.º 85.º, n.º 5, concluindo, como na Petição Inicial pela ilegalidade da Deliberação Recorrida.

3 – O Autor dá aqui por integralmente reproduzidos todos e cada um dos fundamentos invocados na Petição Inicial, bem como na resposta à Contestação, apresentada nos termos do disposto no Art.º 85.°, n.º 5, do CPTA.

4 – Na verdade, e ao invés do entendimento perfilhado pelo Acto Recorrido acham-se no caso sub judice, preenchidos todos e cada um dos requisitos previstos no Art. ° 207.° do EMMP, para que se proceda à revisão da Decisão Disciplinar aplicada ao aqui Autor.

5 – Na verdade, dos Autos de Processo Disciplinar, que culminou com a aplicação da pena de demissão ao aqui Autor, verifica-se que todo o Processo Disciplinar foi gizado em torno de uma participação inicial contra si apresentada, que omite documentos essenciais (certidões do Registo Predial) que instruíram a Queixa Crime distribuída ao aqui Autor no exercício de funções de Magistrado do Ministério Público, na Comarca de Benavente, e tais documentos foram determinantes de um Despacho proferido pelo Autor no exercício das suas funções de Magistrado do Ministério Público, e que é censurado no âmbito do Processo Disciplinar que culminou com a aplicação da pena de demissão.

6 – Pelo que se acha preenchido o primeiro requisito exigido pelo n.º 1 do Art.º 207.º do EMMP para que se proceda à revisão da decisão disciplinar, dado que estamos perante meio de prova susceptíveis de demonstrarem a inexistência dos factos que determinaram a punição.

7 – Para além disso acha-se, igualmente, preenchido o segundo requisito previsto na citada disposição legal.

8 – De facto, no momento em que lhe foi instaurado o Processo Disciplinar o aqui Autor já não se encontrava a exercer funções no Tribunal Judicial da Comarca de Benavente, e, por outro lado, o Autor apenas emitiu um único Despacho no âmbito do Proc. de Inquérito n.º 381/ /93.0 TABNV.

9 – Acresce que, sendo o Procedimento Disciplinar instaurado pela Procuradoria-Geral da República, o Autor confiou que a certidão junta ao mesmo se achava conforme com o original e não incompleta, como veio a acontecer.

10 – Assim, o impõe, aliás, o princípio da boa fé consagrado no Art.º 6.º A do CPA.

11 – E não se diga, como é afirmado pela Entidade Administrativa que as certidões em causa na presente Acção constituem parte integrante do Processo Disciplinar desde a fase de Inquérito Pré-disciplinar.

12 – De facto, é com base na certidão incompleta que se inicia o Procedimento Disciplinar, e com base na mesma certidão (incompleta) que é produzida prova testemunhal que serviu para suportar a acusação, o Relatório Final e consequente Acto punitivo, sem que, em algum momento, tais depoimentos fossem postos em causa.

13 – Ou seja, embora o então Exmo. Inspector Instrutor (Dr. Gonçalves Carvalho) tivesse procedido à junção da certidão do Inquérito n.º 381/93 em 1999 onde constavam as certidões dos Registos, o certo é que tais documentos, não relevaram já que não foram considerados ao longo do Processo Disciplinar nem pela Decisão que culminou com a aplicação ao aqui Autor da pena de Demissão.

14 – E não pode o aqui Autor deixar de referir que nem em 1999 foi junta certidão completa do Inquérito n.º 381/93, só vindo a mesma a ser junta pelo Autor no Pedido de Revisão dirigido ao Exmo. C.S.M.P. sobre o qual recaiu a Deliberação que ora vem impugnada.

15 – De todo o exposto resulta que a Deliberação Recorrida se acha inquinada do vicio de forma, por falta de fundamentação, erro sobre os pressupostos de facto e violação de lei, por violação do disposto no n.º 1 do Art.º 207.º do Estatuto dos Magistrados do Ministério Público e Art.º 266.º, n.º 2 da CRP.

16 – Aliás, por um dos membros do Conselho Superior do Ministério foi proferido voto de vencido no sentido de que se acham, no caso sub judice, preenchidos todos os requisitos de que o Estatuto dos Magistrados do Ministério Público faz depender a revisão da Decisão Disciplinar.

17 – Sendo, pois, ostensiva e manifesta a ilegalidade do Acto Recorrido.

18 – Pelo que, deve ser julgada procedente a presente Acção Administrativa Especial e nos termos do Art.º 46.º, n.º 2 al. a) e Art.º 47.º, n.º 2, al. a), ambos do C.P.T.A., seja declarado:

A) Que se verificam os pressupostos de facto e de direito para ser admitida a Revisão do Acto Administrativo que determinou a pena disciplinar expulsiva.

B) Consequentemente seja determinada a prática dos actos necessários à requerida revisão da decisão disciplinar, designadamente a nomeação de novo instrutor, nos termos previstos no n.º 2 do Art.º 209º do EMMP.

A autoridade demandada apresentou, igualmente, alegações que concluiu assim:

1. Conforme ficou demonstrado, os meios de prova de que o A. agora pretende fazer uso, encontravam-se, já, no processo de inquérito pré-disciplinar que veio a ser convertido em processo disciplinar;

2. Ainda na fase de inquérito, o A., ao ser interrogado, referiu as certidões do Registo Predial como fundamento ao despacho que lhe estava a ser censurado;

3. Ao contrário do alegado pelo A., desde 17.2.99 que as certidões em causa, que o A. pretende inexistentes no processo disciplinar, constituem parte integrante deste, aliás, desde a fase de inquérito pré-disciplinar;

4. Assim, foram estes meios de prova considerados no Relatório Final elaborado no inquérito pré-disciplinar, onde o Inspector expressamente refere "as certidões das descrições prediais dos imóveis em causa" (fls. 555 do instrutor);

5. E trazidos à Acusação, no art. 53.º (fls. 607 do instrutor);

6. Sobre eles se pronunciou o A. na sua defesa, no sentido de pôr em relevo o seu valor determinante para o despacho pelo qual estava a ser responsabilizado (arts. 154.º e 156.º);

7. E são referidos pelo Inspector no Relatório Final, designadamente a fls. 972 e 973, 981 e 984 (Vol. 3 do processo instrutor);

8. Na verdade, o A. confunde, nas suas alegações, o inquérito pré-disciplinar, na pendência do qual foram juntas as certidões, com o processo disciplinar instaurado por deliberação do CSMP de 24 de Março de 1999;

9. Tal como o A. reconhece, o Exmo Inspector Instrutor determinou "em 11.2.1999 a organização de um apenso ao processo pré-disciplinar, contendo certidão do Processo n.º 381/93, desde o seu início até ao despacho proferido pelo Autor de 20.12.93 (...) tendo procedido à junção da referida certidão no mesmo dia 11.2.99";

10. Logo, não pode deixar de entender-se que, tendo a certidão sido junta na data referida, no âmbito do processo de inquérito pré-disciplinar, e por conseguinte antes da deliberação do CSMP de 24 de Março de 1999 que determinou a abertura do processo disciplinar, é falsa a conclusão retirada pelo A. de "omissão da junção de certidão verdadeira desde o início do Processo Disciplinar";

11. Não se mostrando pois, verificados os requisitos exigidos no art. 207.º, n.º 1 do EMP, é legalmente inadmissível a revisão da decisão disciplinar, tal como foi decidido pela Entidade Ré.

Colhidos os vistos cumpre decidir.

II – FACTOS

Matéria de facto que importa fixar:

a) O autor, desde Julho de 1999, exercia as funções de Procurador da República no Círculo Judicial de Santarém;

b) Por acórdão da Secção Disciplinar do Conselho Superior do Ministério Público, de 24.3.99, foi convertido em processo disciplinar o inquérito que corria, por factos reportados a 1993, relacionados com o seu exercício de funções, como Delegado do procurador da república na Comarca de Benavente (em causa estava o "despacho proferido pelo autor no exercício das suas funções de Magistrado do Ministério Público na Comarca de Benavente" no âmbito do "Proc. de Inquérito n.º 381/93.OTA-BNV").

c) Por acórdão da Secção Disciplinar do mesmo Conselho, de 14.12.00, foi-lhe imposta a sanção disciplinar de demissão, posteriormente confirmada por um outro, do Plenário, de 31.1.01, que indeferiu a reclamação, para o efeito, apresentada pelo autor.

d) Desse acórdão foi interposto recurso contencioso pelo autor, para este STA, dando origem ao recurso contencioso com o n.º 47555, 1.º Secção, 2.ª Subsecção, que se encontra a aguardar decisão.

e) E pedida, em 15.2.01, a suspensão da sua eficácia (P. 47272, 1.ª Subsecção), indeferida por acórdão deste STA de 10.5.01, do qual foi interposto recurso para o Pleno, indeferido por acórdão de 19.2.02, e para o Tribunal Constitucional, indeferido liminarmente por acórdão de 23.10.01, o que igualmente sucedeu à reclamação apresentada, também ela indeferida por acórdão do Tribunal Constitucional de 13.12.01

f) Na sequência do pedido de suspensão de eficácia do Acórdão do CSMP de 31.1.01, este Conselho, por deliberação de 21.2.01, declarou grave urgência para o interesse público na imediata execução da sanção disciplinar, nos termos e para os efeitos do n.º 1 do art. 80.º da LPTA;

g) Em 11.8.03 o autor veio requerer a revogação desta deliberação, o que foi indeferido por Acórdão do CSMP de 28.10.03.

h) Em 12.2.01 o autor requereu uma primeira Revisão da decisão disciplinar constante da deliberação do CSMP de 14.12.00, revisão esta que foi indeferida por Acórdão do CSMP de 4.4.01, do qual o autor interpôs recurso contencioso para o STA, em 24.3.03 (pr. n.º 631//03, 1.ª Secção, 2.ª Subsecção), que veio a ser apensado ao proc. n.º 47555.

i) Em 16.12.03 o autor apresentou na Procuradoria-geral da República o requerimento-exposição junto a fls. 14/18, aqui dado como integralmente reproduzido, e que visava a revisão da referida sanção disciplinar (2.º pedido de revisão), alicerçado nos seguintes pontos essenciais:

"– Que do exame do Processo Disciplinar, que culminou com a Deliberação expulsiva, resulta que teve origem numa participação apresentada contra o Requerente, e constituída por uma Certidão do Processo de Inquérito n.º 381/93. OTABNV que correu na Comarca de Benavente.

– Em causa está o primeiro e único Despacho proferido pelo aqui Autor no exercício das suas funções de Magistrado do Ministério Público na Comarca de Benavente e no âmbito do citado Proc. de Inquérito n.º 381/ /93.0TABNV.

– Sucede que da certidão que origina o Processo Disciplinar de que o Requerente foi alvo não constam os documentos (certidões do registo predial) que instruíram a queixa-crime apresentada ao aqui Requerente no exercício das suas funções de Magistrado do Ministério Público na Comarca de Benavente, e que foram determinantes para proferir o Despacho objecto de censura na Deliberação expulsiva.

– Na verdade, da certidão que origina o Processo Disciplinar instaurado contra o aqui Autor consta apenas uma queixa-crime apresentada por Carla Almeida contra Romeu Isidoro Lourenço de Sousa, acompanhada por uma Procuração e um contrato promessa de compra e venda, seguindo-se, o Despacho proferido pelo Requerente.

– Consequentemente ao longo do Processo Disciplinar, e da Deliberação Expulsiva, tomou-se sempre como definitivo e assente que o Despacho proferido pelo aqui Requerente era ilícito por carecer de suporte documental.

– Sucede que, a referida queixa-crime (apresentada ao Requerente no exercício das suas funções de Magistrado do Ministério Público) achava-se instruída por certidões da Conservatória do Registo Predial, e, portanto, por documentos autênticos, onde resultava que haviam sido cancelados ilegalmente registos.

– E foram, efectivamente, tais documentos autênticos que levaram o aqui exponente a proferir Despacho a ordenar a detenção para interrogatório judicial, Despacho esse que é objecto de censura pela Deliberação Expulsiva."

j) Em 4.5.04, o CSMP emitiu a seguinte deliberação – **o acto impugnado** – de indeferimento desse pedido:

"1. O Procurador da República Lic. (.........................), na sequência de exposição que fez a S.Exa o Presidente da República e convidado por despacho de S.Exa o Conselheiro Vice Procurador-Geral da República a indicar qual a certidão "truncada e falsa" que se encontra junta ao processo disciplinar, bem como as razões dessa sua afirmação, apresentou o presente requerimento no qual termina por solicitar que sejam tomadas as providências legais e adequadas, designadamente a revisão oficiosa da deliberação expulsiva e a sua reintegração nos quadros da magistratura do Ministério Público.

O Estatuto do Ministério Público dispõe, no art. 207.º n.º 1, que "as decisões condenatórias proferidas em processo disciplinar podem ser revistas a todo o tempo quando se verifiquem circunstâncias ou meios de prova susceptíveis de demonstrarem a inexistência dos factos que determinaram a punição e que não puderam ser oportunamente utilizados pelo arguido".

Este pedido de revisão encontra-se sujeito, no seu procedimento às regras indicadas no n.º 2 do art. 208.º do Estatuto, nomeadamente que "o requerimento, processado por apenso ao processo disciplinar, deve conter os fundamentos do pedido e a indicação dos meios de prova a produzir e ser instruído com os documentos que o interessado tenha podido obter".

Cumpre decidir, antes do mais se se verificam os pressupostos da revisão.

2. No seu requerimento, o Lic(...................) alega:

Do exame do referido Processo Disciplinar que culminou com a deliberação expulsiva do exponente da Magistratura, resulta que teve origem numa participação apresentada contra o aqui exponente, constituída por uma Certidão do Processo de Inquérito n.º 381/93.0TABNV, da Comarca de Benavente

Em causa está o primeiro e único Despacho proferido pelo ora exponente (no exercício das funções de Magistrado do Ministério Público na Comarca de Benavente) no Processo de Inquérito n. 381/93.0TABNV.

Sucede que da certidão que origina o Processo Disciplinar de que o exponente foi alvo, não constam os documentos que instruíram a Queixa-crime apresentada ao exponente no exercício de funções de Magistrado Público na Comarca de Benavente, e que foram determinantes para proferir o Despacho a que se faz referência supra, nas deliberações desse Conselho.

Efectivamente, da certidão que origina o Processo Disciplinar consta apenas uma queixa crime apresentada por Carla Almeida contra Romeu Isidoro Lourenço de Sousa, acompanhada por uma Procuração e um contrato promessa de compra e venda, seguindo-se, o Despacho proferido pelo aqui exponente.

E ao longo do Processo Disciplinar, e consequentemente a Deliberação Expulsiva tomou-se sempre como definitivo e assente que o Despacho proferido pelo exponente era ilícito por carecer de suporte documental.

Sucede que a referida queixa-crime achava-se instruída por certidões da Conservatória do Registo Predial, e, portanto, por documentos autênticos, onde resultava que haviam sido cancelados ilegalmente registos.

E foram, efectivamente tais documentos que levaram o aqui exponente a proferir o Despacho a ordenar a detenção de um burlão para interrogatório judicial e que é objecto de censura pela Deliberação Expulsiva.

Do requerimento do exponente agora transcrito resulta, pois, que o seu pedido assenta no facto de a certidão do inquérito 381/93.0TABNV que deu origem ao procedimento disciplinar não conter as certidões do registo predial donde constava, segundo alega, que certos registos <u>tinham</u> sido cancelados ilegalmente, motivo que o levou a ordenar a detenção dum burlão para interrogatório judicial.

A certidão que deu origem ao procedimento disciplinar foi, como se disse, extraída do inquérito 381/93.0TABNV, do qual o Lic.(............) era magistrado do Ministério Público titular. Assim sendo, estas certidões a que agora faz referência eram documentos ao qual ele tinha acesso e que poderia ter junto, ou reclamado a junção, ao processo disciplinar, quando a este teve acesso.

O acima transcrito art. 207.º do Estatuto do Ministério Público faz depender a possibilidade de revisão de decisões proferidas em processo disciplinar da existência de circunstâncias ou meios de prova capazes de demonstrar a inexistência dos factos que determinaram a punição, mas que não puderam ser oportunamente utilizados pelo arguido. Ora, no caso presente, as referidas certidões do registo predial encontravam-se no processo de que o arguido era titular e, deste modo, poderiam ter sido por ele utilizadas no momento próprio.

Assim, não se pode concluir que não puderam ser oportunamente utilizadas pelo arguido, o que determina necessariamente a não verificação dos pressupostos da revisão.

Termos em que, acordam neste Conselho Superior do Ministério Público em considerar não verificados os pressupostos de que o Estatuto do Ministério Público faz depender a revisão, na medida em que os documentos agora invocados pelo arguido eram do seu conhecimento e estavam na sua disponibilidade uma vez que se encontravam juntos ao inquérito 381/93.0 TABNV de que era titular."

l) Em 18.5.04, requereu o A. ao CSMP a revisão e alteração deste Acórdão de 4.5.04, pedido indeferido por Acórdão do CSMP de 29.9.04.

m) Ainda na fase de processo de inquérito pré-disciplinar, no Auto de interrogatório elaborado em 8.2.99, constante de fls. 523 e seguintes (Vol. 2 do processo instrutor apenso ao recurso contencioso 47555), em resposta à questão colocada pelo Inspector sobre os indícios que o autor tinha da prática de um crime de burla, respondeu este, ditando, o seguinte: *Verifica o respondente que, segundo foi dito pelo Senhor Inspector, que a queixa inicial de tal processo apenas vinha acompanhada de procuração e fotocópia do contrato promessa com as assinaturas dos outorgantes reconhecidas pelo notário. Ora, o inquérito, nesta fase inicial, era constituído por 28 folhas, ou seja, para além dos documentos já referidos, também por certidões do registo dos prédios na Conservatória do Registo Predial de Benavente* (..). *Segundo os documentos da Conservatória, tal contrato de promessa havia sido registado em relação a todos os imóveis e tinha a validade de três anos. Segundo as mesmas certidões, os registos foram cancelados ao fim de pouco mais de 6 meses. Estes últimos cancelamentos eram pois ilegais. Tais prédios haviam sido vendidos pelo denunciado a terceiros com registos definitivos na Conservatória a favor deste, em relação a alguns imóveis e com registos provisórios a favor do mesmo terceiro em relação a outros.*" (fls. 528 a 530).

n) Na sequência destas declarações, o Inspector determinou, em 11.2.99, a fls. 536 do processo instrutor, a organização de um apenso ao processo pré-disciplinar, contendo certidão do processo comum colectivo n.º 381/93.OTABNV, desde o seu início até ao despacho do A. de 20.12.93.

o) A este despacho foi dado cumprimento em 17.2.99, data em que foi autuado em apenso, constituindo o 3° Apenso ao processo pré-disciplinar, a certidão do processo 381/93.OTABNV (6° Volume do Processo Instrutor existente no STA).

p) A essas certidões se referiu o Relatório do Inspector elaborado no processo pré-disciplinar (fls. 555, art.º 53.º) constando também no art.° 53 da Acusação formulada no Processo Disciplinar (fls. 607).

q) Em 9.11.99 foi enviada ao autor certidão integral do processo disciplinar composto por 3 volumes e 4 Apensos, sendo o 3.º apenso a certidão do processo de inquérito donde constavam as certidões em causa (fls. 622 e 623 do Vol. 3).

r) Que a elas se referiu nos artigos 154 a 156 da defesa que apresentou no Processo Disciplinar e que são referidas pelo Inspector no Relatório Final (fls. 972/ /973, 981 e 984) que lhe foi notificado nos termos legais (art.º 203.º do EMP).

s) O autor, nos artigos 178.º a 180.º da petição apresentada no Recurso contencioso n.º 47555 (alínea d) supra) invoca prova documental constituída pelas referidas certidões do Registo Predial, enquanto documentos autênticos indiciadores da prática do crime e do requisito da existência de perigo de continuação da actividade criminosa.

III – DIREITO

1. Vejamos, em primeiro lugar, o que está em causa. O autor, tendo sido punido no âmbito de um processo disciplinar com a sanção disciplinar de demissão, invocando o Estatuto do Ministério Público, veio pedir a sua revisão pedido que foi indeferido pela deliberação impugnada nos presentes autos.

De acordo com o preceituado nos art.s 207.º, 208.º, 209.º e 210.º do Estatuto do Ministério Público (Lei n.º 60/98, de 27.8):

207.º

1 – As decisões condenatórias proferidas em processo disciplinar podem ser revista a todo o tempo quando se verifiquem circunstâncias ou meios de prova susceptíveis de demonstrarem a inexistência dos factos que determinaram a punição e que não puderam ser oportunamente utilizados pelo arguido.

2 – A revisão não pode, em caso algum, determinar o agravamento da pena.

208.º

1 – A revisão é requerida pelo interessado ao Conselho Superior do Ministério público.

2 – O requerimento, processado por apenso ao processo disciplinar, deve conter os fundamentos do pedido e a indicação dos meios de prova a produzir e ser instruído com os documentos que o interessado tenha podido obter.

209.º

1 – Recebido o requerimento, o Conselho Superior do Ministério Público decide, no prazo de 30 dias, se se verificam os pressupostos da revisão.

2 – Se decidir pela revisão, é nomeado novo instrutor para o processo.

210.º

1 – Se o pedido de revisão for julgado procedente, revoga-se ou altera-se a decisão proferida no processo revisto.

2 – Sem prejuízo de outros direitos legalmente previstos, o interessado é indemnizado pelas remunerações que tenha deixado de receber em razão da decisão revista".

No comentário ao art.° 78.º do Estatuto Disciplinar dos Funcionários Públicos – que define o quadro geral do procedimento disciplinar na Função Pública – inserido no "Processo disciplinar", 2.ª edição, de Leal Henriques, e sobre os requisitos da revisão, pode ver-se o seguinte:

"O meio normal de atacar as decisões condenatórias proferidas em processo disciplinar é o *recurso*, como vimos no lugar próprio.

Com efeito, através do recurso, e dentro de prazos fixos, persegue-se a *anulação* de decisões condenatórias com base em *ilegalidade* ou *injustiça*.

A *revisão* é um expediente de natureza diferente, permitindo que, em qualquer altura, o interessado provoque a *revogação* ou *alteração* da decisão proferida com base na *injustiça da condenação* (cfr. n.º 3 do art. 79.º).

Por meio desta disposição consente o legislador que o arguido venha ao processo disciplinar trazer provas, não disponíveis durante a respectiva tramitação, e susceptíveis de conduzir à demonstração da sua inocência tendo por fundamento a inexistência dos factos que levaram à sua condenação ou a não participação neles (conhecimento ou acesso superveniente a elementos infirmatórios das imputações que serviram de suporte à censura disciplinar).

Procurando estabelecer as diferenças entre o recurso contencioso e a revisão do processo disciplinar discorre nestes termos Marcello Caetano: o recurso interpõe-se nos prazos legais; a revisão pode ser requerida a todo o tempo. O recurso dirige-se a autoridade diferente da que proferiu a decisão; a revisão é permitida e resolvida pela mesma autoridade que decidiu. O recurso pode conduzir à anulação da pena e de todos os seus efeitos; a revisão inocenta o funcionário, reabilita-o, mas não anula a pena sofrida. Enfim, o recurso funda-se na ilegalidade da condenação ou do processo que a precedeu; a revisão funda-se na inocência do funcionário castigado, verificando um erro, mesmo em caso de legalidade formal... *(Manual,* 4. ed., pág. 503).

Assim, o fundamento do pedido só pode ser a *injustiça da pena aplicada,* nunca a ilegalidade desta ou do processo, pois os vícios do acto devem ser discutidos por via contenciosa na altura própria.

A injustiça da pena pode resultar da inocência do condenado ou de uma errada apreciação da sua responsabilidade. Mas o condenado não será admitido a discutir critérios, ou a debater o uso feito de poderes discricionários. O pedido de revisão há-de ter por objecto demonstrar, com novos meios de prova, que os factos essencialmente determinantes da punição não existiram, ou que o condenado não foi o autor deles ou então que este não era responsável por lhe faltar no momento da sua prática a necessária inteligência e liberdade. (Marcello Caetano, *Manual...,* Vol. II, 9.ª ed., pág.870)."

E mais adiante,

"Em resumo dir-se-á que são *requisitos essenciais* do procedimento da revisão os seguintes:

– *existência de um processo disciplinar* – o processo a rever tem que ter esta natureza, havendo nele sido aplicada uma censura disciplinar definitiva;

– *iniciativa do interessado com vista à revisão* – a revisão não tem carácter oficioso, devendo ser pedida, através de requerimento, subscrito pelo próprio arguido punido, ou seus representantes (cfr. art. 79.º);

– *alegações* – o interessado deve indicar na petição as circunstâncias ou meios de prova de que dispõe e que sejam susceptíveis de demonstrar a inexistência dos factos que determinaram a condenação e que não pudessem ter sido utilizados no processo disciplinar a rever."

É este o quadro a aplicar no caso presente e são estes os princípios fundamentais a ter em consideração nessa abordagem.

2. Importa, todavia, fazer duas advertências. A primeira assenta na circunstância de o acto administrativo que indeferiu o pedido de revisão formulado pelo autor ser um acto estritamente vinculado, subordinado em todos os seus aspectos à previsão legal. Portanto, não deixa aos seus autores qualquer margem de liberdade de acção que permita o exercício dos poderes discricionários de que os órgãos administrativos gozam em algumas matérias. Sendo um acto totalmente vinculado, a sua legalidade é simplesmente determinada pela conformidade com a lei que o prevê. Mas sendo assim, tal acto não pode, em caso algum, estar afectado de vícios que são exclusivos dos actos discricionários, designadamente a violação (ii) do princípio da justiça previsto no n.º 2 do art.º 266 da CRP ou do (iv) erro sobre os pressupostos de facto (pelo menos enquanto forma de invalidade que releve autonomamente). Noutra perspectiva, enquanto vício consumido no de violação dos preceitos apontados pelo autor, sempre improcederia pelas razões apontadas no ponto 4 infra.

A segunda, visa delimitar o âmbito da presente acção e das consequências jurídicas da sua eventual procedência. Sendo o acto impugnado de simples não admissão do pedido de revisão apresentado pelo autor, o êxito na acção apenas permitirá proceder à sua anulação e impor à entidade demandada a prática de um acto administrativo que dê como verificados os pressupostos da revisão, com as vicissitudes legais daí decorrentes. Nada mais.

3. Na conclusão 5.ª da sua alegação e para sustentar a verificação do 1.º requisito contemplado no n.º 1 do art.° 207.º do EMMP o autor diz o seguinte: "Na verdade, dos Autos de Processo Disciplinar, que culminou com a aplicação da pena de demissão ao aqui Autor, verifica-se que todo o Processo Disciplinar foi gizado em torno de uma participação inicial contra si apresentada, que omite documentos essenciais (certidões do Registo Predial) que instruíram a Queixa Crime distribuída ao aqui Autor no exercício de funções de Magistrado do Ministério Público, na Comarca de Benavente, e tais documentos foram determinantes de um Despacho proferido pelo Autor no exercício das suas funções de Magistrado do Ministério Público, e que é censurado no âmbito do Processo Disciplinar que culminou com a aplicação da pena de demissão."

4. A simples análise da matéria de facto e o seu relacionamento com os preceitos aplicáveis, acima transcritos, mostra, à evidência, que a deliberação impugnada nos autos é legal, e, consequentemente, que a acção não pode proceder.

Com efeito, nos termos do art.º 207.º, n.º 1, do EMP a revisão de processo disciplinar só é possível desde que ocorram, cumulativamente, três situações: (i) verificação de **novas** circunstâncias ou de **novos** meios de prova; (ii) que os mesmos não tivessem podido ter sido utilizados pelo arguido no processo disciplinar; (iii) que estes demonstrem a inexistência de factos que determinaram a condenação.

Trata-se de um apertado condicionalismo, face à estabilidade da decisão punitiva, condicionalismo comum, aliás, à generalidade dos processos de revisão, como pode ver-se dos art.s 78.º do Estatuto Disciplinar do Funcionalismo Público (DL 24/84, de 16.1), 449 do CPP, 100 do RSTA e 771 do CPC.

Ora, a ponderação da matéria de facto mostra que se não verificam novas circunstâncias nem se evidenciaram novos meios de prova, logo soçobrando o primeiro dos enunciados requisitos. Assim, na alínea **m)** dos factos provados pode ler-se que "Ainda na fase de processo de inquérito pré-disciplinar, no Auto de interrogatório elaborado em **<u>8.2.99</u>**, constante de fls. 523 e seguintes (Vol. 2 do processo instrutor apenso ao recurso contencioso 47555), em resposta à questão colocada pelo Inspector **sobre os indícios que o autor tinha da prática de um**

crime de burla, respondeu este, ditando, o seguinte: *Verifica o respondente que, segundo foi dito pelo Senhor Inspector, que a queixa inicial de tal processo apenas vinha acompanhada de procuração e fotocópia do contrato promessa com as assinaturas dos outorgantes reconhecidas pelo notário.* ***Ora, o inquérito, nesta fase inicial, era constituído por 28 folhas, ou seja, para além dos documentos já referidos, também por certidões do registo dos prédios na Conservatória do Registo Predial de Benavente*** (..). *Segundo os documentos da Conservatória, tal contrato de promessa havia sido registado em relação a todos os imóveis e tinha a validade de três anos. Segundo as mesmas certidões, os registos foram cancelados ao fim de pouco mais de 6 meses. Estes últimos cancelamentos eram pois ilegais. Tais prédios haviam sido vendidos pelo denunciado a terceiros com registos definitivos na Conservatória a favor deste, em relação a alguns imóveis e com registos provisórios a favor do mesmo terceiro em relação a outros.*" (fls. 528 a 530). E na alínea **n)** que "**Na sequência destas declarações, o Inspector determinou, em 11.2.99, a fls. 536 do processo instrutor, a organização de um apenso ao processo pré-disciplinar, contendo certidão do processo comum colectivo n.º 381/93.OTABNV, desde o seu início até ao despacho do A. de 20.12.93**. E na alínea **o)**, que "**A este despacho foi dado cumprimento em 17.2.99, data em que foi autuado em apenso, constituindo o 3° Apenso ao processo pré-disciplinar, a certidão do processo 381/93.OTABNV** (6° Volume do Processo Instrutor existente no STA)." E na alínea **b)**, finalmente, que "Por acórdão da Secção Disciplinar do Conselho Superior do Ministério Público, de **24.3.99**, foi convertido em processo disciplinar o inquérito que corria, por factos reportados a 1993, relacionados com o seu exercício de funções, como Delegado do procurador da república na Comarca de Benavente (em causa estava o "despacho proferido pelo autor no exercício das suas funções de Magistrado do Ministério Público na Comarca de Benavente" no âmbito do "Proc. de Inquérito n.º 381/ /93.OTABNV").

Resulta inequivocamente desta matéria (e, igualmente, da que se lhe segue nas alíneas **p)** a **s)**) que estamos a falar de factos, documentos e circunstâncias que envolveram um despacho proferido pelo autor, um Magistrado do Ministério Público, no exercício das suas funções. Cuja existência o autor demonstrou conhecer na sua integralidade, como não podia deixar de ser, e que, por força do seu depoimento, ainda na fase de inquérito pré-disciplinar, foram juntos a esses autos e que lá continuaram quanto foi convertido em processo disciplinar. De que se serviu na defesa apresentada no Processo Disciplinar e que, por isso, foram ponderados na deliberação punitiva. Que utilizou no recurso contencioso que deduziu desta deliberação (alínea **s)**).

Portanto, os motivos indicados como fundamento do pedido de revisão não consubstanciam factos novos nem novas circunstâncias nem novos meios de prova. Nem são factos, circunstâncias ou provas que o autor desconhecesse ou pudesse desconhecer. Nem são factos, circunstâncias ou provas de que o autor não tivesse podido dispor. Nem são factos, circunstâncias ou provas que não tenham sido apreciados e ponderados no acto punitivo.

Se os requisitos para fundamentar um pedido de revisão de processo disciplinar, com sucesso, são de verificação cumulativa, de tal modo que a inverificação de um frustra a possibilidade da sua ponderação favorável aos interesses do requerente, no caso dos autos do que se trata é a da inverificação de todos eles.

Todas as razões invocadas pelo autor, designadamente no requerimento de fls. 41/53, a terem alguma pertinência, era na defesa que apresentou (ou deveria ter apresentado) no processo disciplinar que levou à sua demissão. Essas razões acabam, afinal, por jogar contra si, ao admitir, como defende o CSMP, que os factos em que se baseia o pedido de revisão não são factos novos mas constavam já do processo disciplinar (ver o artigo 17 desse requerimento) de modo que tudo quanto afirma posteriormente tem a ver com a defesa nesse processo e não com os requisitos do pedido de revisão.

Finalmente, a simples leitura do acto impugnado (alínea **j)** dos factos provados) mostra à evidência que aí são explicitadas, de forma clara e muita precisa, as razões que ditaram o indeferimento do pedido de revisão, de modo que o invocado vício de forma também não tem qualquer fundamento.

Improcedem, assim, todas as conclusões da alegação do recorrente.

IV – DA LITIGÂNCIA DE MÁ FÉ

Por determinação do Relator foram as partes notificadas do seguinte despacho (fls. 84):

"A posição assumida pelo autor nos presentes autos, ao propor a acção com os fundamentos nela invocados, pode indiciar litigância de má fé nos termos do art.º 456.º, n.º 2, alíneas a), b) e d) do CPC

Assim notifique as partes para se pronunciarem (art.º 3.º do CPC)."

O autor sustentou a inexistência de má fé da sua parte, reiterando a sua posição anterior.

O CSMP veio dizer o seguinte: "Relativamente à posição assumida pelo A. nos presentes autos e indiciadora de litigância de má-fé, resulta da matéria constante quer da contestação, quer das alegações apresentadas pela entidade demandada, e em especial da prova documental constituída pelo processo instrutor apenso ao Rec. n.º 47.555 desse Venerando Tribunal, que o A. ao propor a presente acção com fundamento na "omissão da junção de certidão verdadeira desde o início do Processo Disciplinar" de certidões do Registo Predial consideradas elementos determinantes na ponderação do seu despacho censurado, deduz pretensão cuja falta de fundamento não pode ignorar, alterando a verdade dos factos e deste modo fazendo um uso do processo reprovável.

Com efeito, conforme resulta do processo instrutor, e é do conhecimento do A., os meios de prova de que agora pretende fazer uso, encontram-se no processo, já desde a fase de inquérito pré-disciplinar, e por conseguinte, desde data anterior à deliberação do CSMP de 24 de Março de 1999, que determinou a abertura do processo disciplinar.

Razão pela qual, ao propor a presente acção com os fundamentos aí invocados, que o A. bem sabe não corresponderem à verdade, agiu este em manifesta violação do dever de boa fé processual, devendo pois, ser condenado como litigante de má fé, e condenado no pagamento de multa, nos termos do disposto no art. 456.º, n.º 1 e n.º 2, als. a, b e d do CPC."

Vejamos. De acordo com o disposto no art.º 456.º do CPC:

"1. Tendo litigado de má fé a parte será condenada em multa e numa indemnização à parte contrária, se esta a pedir.

2. Diz-se litigante de má fé quem, com dolo ou negligência grave:

a) Tiver deduzido pretensão ou oposição cuja falta de fundamento não devia ignorar;

b) Tiver alterado a verdade dos factos ou omitido factos relevantes para a decisão da causa;

c) Tiver praticado omissão grave do dever de cooperação;

d) Tiver feito do processo ou dos meios processuais um uso manifestamente reprovável, com o fim de conseguir um objectivo ilegal, impedir a descoberta da verdade, entorpecer a acção da justiça ou protelar, sem fundamento sério, o trânsito em julgado da decisão."

Depois da sanção disciplinar que lhe foi imposta, ainda em apreciação neste STA (informação de fls. 54 dos autos), o autor apresentou um pedido de revogação daquela sanção e três pedidos de revisão, um antes e outro depois deste, cujos processos judiciais se encontram a correr (o último dos quais, o P 2/05, instaurado contra o indeferimento do pedido de reapreciação do acto a que aludem os presentes autos). E ainda um pedido de suspensão de eficácia – indeferido – que só terminou, também sem êxito para os seus interesses, no Tribunal Constitucional (as alíneas **d)** a **h)** da matéria de facto descrevem a actuação judicial do autor subsequente à pena disciplinar)

O autor era Magistrado do Ministério Público – Procurador da República – demitido com fundamento em graves irregularidades cometidas no exercício das suas funções. Tem especiais obrigações, face ao seu anterior estatuto profissional, quanto à inteira apreensão dos pressupostos em que se fundam os pedidos de revisão das decisões judiciais ou disciplinares, essencialmente semelhantes. Ao alegar, reiteradamente, que os meios de prova com que pretendeu fundar o pedido de revisão eram meios novos de que não pôde dispor anteriormente no processo disciplinar (o que sabia não ser verdade), o autor, deliberada e conscientemente, deduziu pretensão "cuja falta de fundamento não devia ignorar", alterou "a verdade dos factos" e "fez do processo" e "dos meios processuais um uso manifestamente reprovável com o fim de conseguir um objectivo ilegal" e "entorpecer a acção da justiça", incorrendo, assim, em litigância de má fé, nos termos das alíneas a), b) e d) do n.º 2 do art.º 456.º do CPC.

V – DECISÃO

Nos termos e com os fundamentos expostos acordam:

a) Em julgar a presente acção especial improcedente;

b) Em condenar o autor como litigante de má fé (art. 456.º, n.º 1, do CPC), na multa de 20 unidades de conta (art.º 102.º, a), do CCJ);

c) Em ordenar a remessa à Ordem dos Advogados de um duplicado deste acórdão, nos termos e para os efeitos do art.º 459.º do CPC.

Custas a cargo do autor.

Lisboa, 25 de Maio de 2005.

Rui Botelho (Relator)
Angelina Domingues
Cândido de Pinho

Recurso n.º 911/04-11

NOVA REFORMA. RECURSO EXCEPCIONAL DE REVISTA. QUESTÃO DE IMPORTÂNCIA FUNDAMENTAL. RELEVÂNCIA JURÍDICA. PERDA DE MANDATO.

(Acórdão de 24 de Maio de 2005)

SUMÁRIO:

I – O recurso de revista previsto no art.º 150.º do CPTA, quer pela sua estrutura, quer pelos requisitos que condicionam a sua admissão, quer ainda, e principalmente, pela nota de excepcionalidade expressamente estabelecida na lei, não deve ser entendido como um recurso generalizado de revista, mas como um recurso que apenas poderá ser admitido num número limitado de casos previstos naquele preceito interpretado a uma luz fortemente restritiva.

II – A relevância jurídica determinante da importância fundamental de uma questão não é uma relevância teórica medida pelo exercício intelectual, mais ou menos complexo, que seja possível praticar sobre as normas discutidas, mas uma relevância prática que tenha como ponto obrigatório de referência o interesse objectivo, ou seja, a utilidade jurídica da revista.

III – Tendo as instâncias decidido a questão objecto do recurso em idêntico sentido, com apoio firme na jurisprudência do Tribunal Constitucional e do Supremo Tribunal Administrativo, tal questão perde, substancialmente, o carácter controvertido e, por isso, não necessita de qualquer esclarecimento no quadro do recurso excepcional de revista. Não assume interesse prático, muito menos relevante.

ACORDAM NA SECÇÃO DE CONTENCIOSO ADMINISTRATIVO DO SUPREMO TRIBUNAL ADMINISTRATIVO:

Manuel de Jesus, identificado nos autos, vem recorrer, ao abrigo do disposto no art. 150.º do Código de Processo nos Tribunais Administrativos, de um acórdão do Tribunal Central Administrativo Norte que confirmou uma sentença do Tribunal Administrativo e Fiscal de Viseu que declarara a perda de mandato do ora recorrente como Presidente da Junta de Freguesia de Canedo, Município de Santa Maria da Feira.

É incontrovertido que o recorrente é sócio maioritário de uma sociedade comercial que celebrara e tinha em execução vários contratos de empreitada de obras públicas com o Município de S.M. da Feira em Dezembro de 2001, altura em que se recandidatou ao cargo de Presidente daquela JF, tendo sido reeleito.

Entendeu o aresto sob censura que, significando tal candidatura, por força da inerência legal estabelecida pelo art. 42.º n.º 1 da Lei n.º 169/99 de 18.09, também uma candidatura à Assembleia Municipal, a situação do interessado estava abrangida pela previsão do art. 7.º n.º 2 al. c) da Lei n.º 1/01 de 14.08, justificando-se deste modo, a perda de mandato decretada pela 1ª instância.

É contra esta pronúncia que se insurge o recorrente invocando a inconstitucionalidade desta última disposição legal e ainda do art. 8.º n.º 1 al. b) da Lei n.º 27/96 de 1.08, atenta a desproporção da sanção aí cominada.

Funda o recurso de revista nesta violação de lei substantiva, bem como na grave perturbação causada pela decisão das instâncias nos negócios públicos da JF, portanto na relevância social da questão.

Vejamos.

O n.º 1 do citado art. 150.º do CPTA dispõe o seguinte:

"Das decisões proferidas em segunda instância pelo Tribunal Central Administrativo pode haver, excepcionalmente, revista para o Supremo Tribunal Administrativo quando esteja em causa a apreciação de uma questão que, pela sua relevância jurídica ou social, se revista de importância fundamental ou quando a admissão do recurso seja claramente necessária para uma melhor aplicação do direito".

Como repetidamente tem sido afirmado por este Tribunal (v., entre muitos, os acs. de 9.11.04, de 9.12.04, de 3.02.05 e de 10.02.05, proferidos, respectivamente, nos procs. nos 1121/04, 1257/04, 70/05 e 124/05), o recurso de revista previsto nesta disposição, quer pela sua estrutura, quer pelos requisitos que condicionam a sua admissibilidade, quer ainda, e principalmente, pela nota de excepcionalidade expressamente estabelecida na lei, não deve ser entendido como um recurso generalizado de revista, mas como um recurso que apenas poderá ser admitido num número limitado de casos previstos naquele preceito interpretado a uma luz fortemente restritiva.

No caso dos autos, estamos perante uma questão que se resume à arguição de inconstitucionalidade de duas disposições legais [os arts. 7.º n.º 2 al. c) da Lei n.º 1/01 e 8.º n.º 1 al. b) da Lei n.º 27/96, já que a inconstitucionalidade do outro preceito não tem qualquer autonomia] as quais, conjugadas, cominam com a perda de mandato, entre outras, a situação do autarca relativamente ao qual, depois da eleição, se venha a descobrir uma causa pré-existente de inelegibilidade e que era, no caso, ser sócio-gerente ou proprietário de empresa que tinha contrato não integralmente cumprido com a autarquia.

Não se vê, nos concretos contornos da hipótese, fundamento legal suficiente para a requerida revista.

A relevância social da questão é moderada. A perturbação na vida da autarquia invocada pelo recorrente, causada pela impugnada perda de mandato reconduzir-se-ia, no fundo, à alteração dos titulares dos órgãos autárquicos, o que, em tese, certamente não seria desejável mas que, em concreto, não se vê que implique, nem o recorrente o demonstra, qualquer "estrangulamento dos projectos em curso".

A mesma conclusão vale quanto à relevância jurídica, o outro pressuposto da importância fundamental da questão.

Entendemos que essa relevância não é uma relevância teórica medida pelo exercício intelectual, mais ou menos complexo, que seja possível praticar sobre as normas discutidas, mas uma relevância prática que tenha como ponto obrigatório de referência o interesse objectivo, isto é, a utilidade jurídica da revista.

No caso em análise, temos duas pronúncias das instâncias em sentido idêntico, ou seja, considerando aplicáveis à situação do recorrente os citados preceitos dos arts. 8.º n.º 1 al. b) da Lei n.º 27/96 e 7.º n.º 2 al. c) da Lei n.º 1/01, donde resultavam a sua inelegibilidade e a consequente perda de mandato.

Pronúncias que assentam nas bases sólidas, amplamente referidas no aresto do TCAN, oferecidas pela jurisprudência do Tribunal Constitucional (entre outros, os acs. 505/01 de 21.11.01, 510/01 de 26.11.01 e 516/01) e do Supremo Tribunal Administrativo (ac. de 23.04.03 in proc. n.º 671/03) que, sem espaço para dúvidas, legitimam, de pleno, as decisões proferidas. A restrição e a sanção estabelecidas nas disposições legais em apreço não sofrem, pois, manifestamente, da inconstitucionalidade que o recorrente lhes assaca.

Podemos, assim, concluir, com a segurança admissível neste juízo preliminar, que, no contexto jurisprudencial exposto, a questão objecto do recurso perde, substancialmente, o carácter controvertido e, por consequência, não necessita de qualquer esclarecimento a produzir no quadro do recurso excepcional de revista. Não assume interesse prático, muito menos relevante. Contexto jurisprudencial que, do mesmo passo, exclui liminarmente a hipótese de melhor aplicação do direito.

Deste modo, de acordo com o disposto nos n.os 1 e 5 do art. 150.º do CPTA, acorda-se em não considerar preenchido qualquer dos pressupostos do presente recurso que, por conseguinte, não é admitido.

Custas pelo recorrente

Lisboa, 24 de Maio de 2005.

Azevedo Moreira (Relator)
António Samagaio
Santos Botelho

Recurso n.º 579/05-11

NULIDADE. ACTO ANULÁVEL. CASO JULGADO.

(Acórdão de 26 de Abril de 2005)

SUMÁRIO:

I – Os vícios que determinam nulidade são excepcionais, sendo a consequência invalidante,

como regra, a anulabilidade, conforme resulta expressamente dos artigos 135.º e 133.º do CPA.

II – As inconstitucionalidades que são apontadas às normas dos artigos 98.º; 111.º al. a) e 118.º do Estatuto dos Funcionários de Justiça, na redacção que lhes deu o DL 96/2002, de 12 de Abril, tal como a generalidade das inconstitucionalidades, determinam a anulabilidade dos actos praticados em aplicação de normas inconstitucionais, salvo se houver ofensa do conteúdo essencial de um direito fundamental.

III – Não ofende o caso julgado o acto que em execução de anulação de sanção disciplinar com fundamento em inconstitucionalidade das normas de atribuição de competência ao COJ, aplica de novo a mesma sanção, agora no novo quadro normativo desenhado pelo DL 96/2002, que efectua diferente distribuição da mesma competência disciplinar.

ACORDAM EM CONFERÊNCIA NA SECÇÃO DO CONTENCIOSO ADMINISTRATIVO DO STA:

I – RELATÓRIO

M(...)

Interpôs a presente acção administrativa especial contra o CONSELHO SUPERIOR DO MINISTÉRIO PÚBLICO.

Através da qual pretende obter a declaração de nulidade do Acórdão de 16 de Julho de 2003 que recusou conhecer do recurso interposto para aquele Conselho do Acórdão do Conselho dos Oficiais de Justiça de 12 de Novembro de 2002.

Fundamentou assim, em resumo:

– A autora foi sancionada com a pena disciplinar de aposentação compulsiva por Acórdão do COJ de 3 de Novembro de 1997.

– Em recurso contencioso tal acto foi anulado por sentença.

– Por Acórdão de 12 de Novembro de 2002, o COJ invocando execução da sentença anulatória aplicou de novo a mesma sanção disciplinar.

– Deste Acórdão do COJ interpôs recurso contencioso que foi rejeitado, tal como o requerimento de remessa do processo a este STA.

– Do mesmo Acórdão do COJ de 12 de Novembro interpôs recurso para o CSMP que decidiu não conhecer do recurso por a matéria da inconstitucionalidade ser da exclusiva competência dos tribunais.

– A recusa em conhecer do recurso é um acto nulo porque não tem base legal específica.

– É também acto nulo porque nada decidindo sobre o recurso do acto do COJ ofende um direito fundamental porque impede que o acto seja contenciosamente escrutinado no meio próprio. Efectivamente não foram criadas condições para que os seus interesses sejam julgados pelos tribunais, pelo que é ofendido o artigo 202.º n.º 2 da Const.

– A sentença do TAC que anulou o anterior Acórdão do COJ baseou-se na inconstitucionalidade das normas que atribuíam a competência disciplinar ao COJ.

– O Acórdão do COJ que reeditou a aplicação da pena disciplinar ofende o artigo 6.º do DL 256-A/77, de 17 de Junho porque não cumpre o decidido.

– O novo Acórdão do COJ foi proferido ao abrigo do disposto nos artigos 98.º e 111.º al. a) do Estatuto dos Funcionários de Justiça na redacção que lhe deu o DL 96/2002, de 12 de Abril, mas em desrespeito do Acórdão do TC 73/2002, uma vez que atribui ao COJ a competência que lhe havia sido negada por aquele Tribunal.

– Assim o Acórdão recorrido está ferido do vício de inconstitucionalidade que o Tribunal Constitucional tinha detectado no DL 343/99, de 26 de Agosto na redacção anterior ao DL 96/2002, sendo por isso nulo.

– A repercussão da inconstitucionalidade declarada pelo TC inutiliza toda a intervenção do COJ no processo, pelo que a instrução é totalmente nula.

– Deve, portanto o CSMP ser condenado a anular a decisão do COJ.

A R. contestou e conclui pela improcedência, dizendo em resumo:

– A A. no recurso administrativo visava obter um julgamento sobre a inconstitucionalidade do DL 96/2002, mas tal julgamento não pode ser efectuado senão pelos tribunais.

– O TC já decidiu pelos Ac. 378/2002 de 26/9 e 131//2004, de 9 de Março que o alcance do anterior Acórdão 73/2002 não vai ao ponto de excluir a possibilidade de ser conferida competência disciplinar ao COJ, apenas entendeu que não podia ser inteiramente excluída a competência do CSM para exercer a função disciplinar quanto aos funcionários de justiça.

No saneador foi julgada a ilegalidade do meio em relação aos vícios que poderiam determinar a anulabilidade do acto por a impugnação ter sido interposta muito para além do prazo dos artigos 28.º da LPTA e 58.º do CPTA.

II – MATÉRIA DE FACTO

– A A. prestava serviço como Secretária Técnica dos Serviços dos Serviços do Ministério Público.

– Na sequência de factos ocorridos nos anos de 1993 e 1994 foi instaurado procedimento disciplinar à A. no qual foi deduzida a acusação transcrita a fls 23 a 78.

– Por deliberação do Conselho dos Oficiais de Justiça de 3.11.1997 foi punida com a aposentação compulsiva.

– Esta deliberação foi declarada nula por falta de atribuições do autor do acto por a competência que lhe estava atribuída contrariar o disposto no artigo 219.º da CRP.

– O Conselho dos Oficiais de Justiça retomando o processo disciplinar em que fora aplicada a pena, deliberou em 12 de Novembro de 2002, aplicar a pena disciplinar de aposentação compulsiva, agora no âmbito das competências que lhe atribuía a lei com as alterações decorrentes do DL 96/2002, de 12/4.

– A ora A. contenciosa "recorreu administrativamente" desta última deliberação para o Conselho Superior da Magistratura, conforme o doc. de fls. 2 a 9 do processo instrutor apenso, reclamação que foi remetida para o Conselho Superior do Ministério Público.

– Este órgão, por deliberação de 12 de Novembro de 2002, conhecendo do recurso, disse que nele se suscitava apenas a questão da inconstitucionalidade das alterações introduzidas nos artigos 98.º; 111.º e 118.º do Estatuto dos Funcionários de Justiça (DL 343/99, de 26 de Agosto), pelo DL 96/2002, de 12/4 quanto a toda a intervenção do COJ no processo disciplinar.

Sobre esta questão decidiu não se pronunciar por não ser da sua competência porque: "... o nosso sistema jurídico-constitucional só aos tribunais atribui a fiscalização concreta de constitucionalidade de uma norma, só os tribunais podem deixar de a aplicar com fundamento em inconstitucionalidade".

III – APRECIAÇÃO. O DIREITO

Como resulta do relato anterior os vícios que a A. imputa à deliberação do CSMP que impugna, os quais qualificou como sendo de nulidade, consistem na omissão de conhecer da pretensão que formulara, o que daria lugar a não se permitir o acesso à defesa da posição individual perante os Tribunais, em segundo lugar aquela deliberação teria aplicado uma norma inconstitucional e ainda não seria conforme com sentença transitada em julgado.

Vejamos se algum dos fundamentos apresentados pode ter como efeito a nulidade do Acórdão impugnado.

Em primeiro lugar diz a A. que o Acórdão é nulo porque recusa conhecer da inconstitucionalidade, o que não teria base legal e constituiria impedimento do recurso aos tribunais.

Ora, admitindo como certa a hipótese defendida pela A. de que o acto carece de fundamento legal expresso, ainda assim ele pode basear-se em princípios gerais de direito e mesmo que não tenha fundamento jurídico então poderia estar afectado de vício de violação de lei cuja consequência é também a anulabilidade como decorre expressamente dos artigos 133.º e 135.º do CPA e a doutrina e a jurisprudência uniformemente vêm afirmando de modo pacífico.

O vício continuará a ser determinante de anulabilidade mesmo quando o acto consista em recusa de apreciar uma matéria, visto que a recusa em apreciar não tem tratamento diferente do indeferimento quanto aos efeitos dos vícios que ocorram no acto.

Neste sentido decidiram entre outros os Ac. deste STA de 1998.01.14, P. 41233; de 1998.10.27, P. 42275 e 2003.10.01, P. 48216.

Quanto ao segundo aspecto, ou argumento, diz a A. que a recusa do CSMP em conhecer da questão da inconstitucionalidade impede o recurso aos tribunais e por isso determina nulidade.

Mas não é assim.

No domínio de aplicação da LPTA a recusa pela Administração, em recurso administrativo, de conhecer de vício imputado ao acto recorrido tinha como efeito o indeferimento e deste era possível o recurso contencioso nos prazos do artigo 28.º da LPTA.

No domínio de aplicação do CPTA a recusa em conhecer de uma matéria ou de um recurso administrativo permite o uso da acção administrativa especial no prazo de três meses, do art.º 58.º pelo que a recusa em conhecer de um pedido ou de uma matéria pela Administração não tem efeito impeditivo do recurso aos tribunais administrativos na via adequada e no prazo legal, e assim, também por esta perspectiva não poderia concluir-se pela ocorrência de vício determinante de nulidade.

O facto de a entidade administrativa decidente ter considerado que não lhe estava atribuída competência para conhecer da questão de inconstitucionalidade suscitada no recurso administrativo, mesmo quando se conclua que assenta em erro de direito, daria lugar a vício de violação de lei cuja consequência é a anulabilidade, a qual exige reacção no prazo estabelecido na lei.

E, a recusa da entidade administrativa de decidir sobre a inconstitucionalidade, por considerar a matéria fora da sua competência não diminui as possibilidades de reagir contra semelhante decisão, o que sucede é que a defesa, nesta situação, está sujeita a um prazo improrrogável e peremptório.

Portanto, é de concluir que não resulta da recusa de conhecer da matéria de constitucionalidade pelo CSMP qualquer redução do direito de acesso à justiça administrativa, nem violação das normas que o asseguram dos artigos 20.º e 268.º n.º 4. Nem se mostra existir violação do artigo 202.º n.º 2 da Const. que aliás não é a sede constitucional do direito ao processo como conteúdo da garantia de tutela judicial efectiva.

Porém, aquela garantia constitucional que resulta dos artigos 20.º e 268.º n.º 4, não significa o direito à acção absolutamente livre de pressupostos, entre os quais avultam os relativos ao prazo.

Ora, é ponto assente na jurisprudência e na cultura jurídica dos países de administração executiva que a defesa dos cidadãos contra actos administrativos está sujeita a prazos rígidos e de certo modo breves por razões de segurança e operacionalidade na realização do interesse público, em relação à generalidade dos actos de autoridade, isto é excluídos apenas os casos de excepcional gravidade do vício.

Passemos pois, ao ponto seguinte.

Para a A. a recusa em conhecer da questão de constitucionalidade do artigo 118.º do DL 343/99 por um órgão da Administração, em violação do dever de decisão que este artigo, em qualquer das suas redacções, actual ou anterior, impõe ao CSMP quanto à matéria disciplinar dos funcionários nas condições da A. e mesmo a violação do dever geral de decisão do artigo 9.º do CPA, seriam também eles vícios determinantes de nulidade.

Porém, este entendimento não se conforma com o regime legal dos artigos 133.º e 135.º do CPA, o primeiro contendo os casos excepcionais de nulidade e o segundo a regra geral de anulabilidade. Ora, em primeiro lugar a Administração não omitiu toda e qualquer pronúncia, considerou não lhe estar atribuída competência para se pronunciar sobre a matéria de inconstitucionalidade, o que não entrou foi na apreciação de fundo, em lugar disso pronunciou-se sobre a competência em sentido negativo, o que nos termos do artigo 9.º do CPA afasta o dever de outra pronúncia e, em segundo lugar, mesmo através da cláusula geral do n.º 1 do artigo 133.º não é possível integrar como falta de elemento essencial do acto a recusa de outra pronúncia para além de o órgão reconhecer e declarar que a lei não lhe confere competência sobre a matéria. Nem a A. indica em que previsão integraria a situação dentre os casos excepcionais enumerados no artigo 133.º do CPA.

Quanto à pretensão de ver declarada a nulidade do Acórdão impugnado por virtude de ter aplicado normas que a A. diz inconstitucionais, importa referir que a aplicação de normas inconstitucionais tem como efeito comum a anulabilidade e não a nulidade, como mais uma vez decorre dos artigos 133.º e 135.º.

De facto, o regime geral da invalidade é a anulabilidade como refere o artigo 135.º e excepcionalmente, será a nulidade nos casos do artigo 133.º.

Mas, nos casos específicos e excepcionais não vem incluída nunca a inconstitucionalidade como vício especialmente grave ou determinante de nulidade, pelo que não basta à A. alegar que existe uma inconstitucionalidade na lei aplicada pelo CSMP ao praticar o acto recorrido para que se haja de concluir pela verificação de vício conducente à nulidade.

É certo que na petição a A. afirma que o acto lhe inviabiliza a defesa de direitos fundamentais, mas não chega a especificar qual o direito fundamental substantivo ou adjectivo que entende ter sido atingido no seu conteúdo essencial.

Porém, parece dever ler-se a sua queixa como impedimento ou grave dificuldade do direito ao processo perante os tribunais para ver apreciada a sua pretensão num processo justo e em prazo razoável – art.ºs 20.º e 268.º n.º 4 da Const.

O direito ao processo em condições de acessibilidade que não afectem na sua essência o direito à tutela judicial é um direito que embora de carácter adjectivo tem, por determinação constitucional, a natureza de direito fundamental, como decore da inserção do artigo 20.º no Título I da Parte I.

Porém, para os vícios comuns, o estabelecimento de prazo que não haja de entender-se como manifestamente injusto e desproporcionado às circunstâncias, como o prazo de dois meses para o recurso contencioso, e o actual de três meses para a acção impugnatória, não ofendem o conteúdo do direito fundamental ao processo apropriado à defesa dos direitos dos administrados.

Ao que acresce a possibilidade de impugnação a todo o tempo dos vícios excepcionalmente graves, como antes se viu, mas em que a A. não integra os que aponta, nem se vê que possam ser incluídos no círculo restrito do artigo 133.º do CPA.

Por último deve referir-se ainda que a A. invoca nulidade do acto impugnado porque ele seria a execução de uma sentença contra o que nela fora decidido, portanto ofensivo do caso julgado – art.º 133.º n.º 2 al. h).

É certo que tinha sido anulado anterior acto do COJ que aplicara a mesma pena disciplinar à A. e que foi em execução de tal decisão anulatória transitada em julgado que foi proferida nova decisão punitiva disciplinar.

Porém, não pode deixar a A. de ter em conta que houve entretanto uma alteração legal da distribuição de competências de forma que a competência exercida pelo COJ não foi aquela que lhe estava atribuída no âmbito da lei alterada, mas sim a competência com nova configuração (sujeita a intervenção do CSMP) que resultou da nova redacção dos artigos 98.º e 111.º al. a) do Estatuto dos Funcionários de Justiça na redacção que lhes conferiu o DL 96/2002, de 12 de Abril.

Esta reformulação do quadro de órgãos intervenientes na classificação e disciplina dos oficiais de justiça distribuiu entre eles as competências por forma que faz agora intervir nas decisões relativas a estas matérias, em determinadas circunstâncias e com certos poderes, os CSM, CSMP e CSTAF, pelo que assentando o caso julgado em questões de distribuição de competência sem fazer intervir o órgão que constitucionalmente deveria intervir, tal caso julgado não foi ofendido pela emissão de novo acto do COJ agora sujeito a recurso administrativo para o CSMP, órgão em cujos serviços a A. se integrava funcionalmente.

Isto é, a censura que o Tribunal administrativo tinha dirigido contra o acto anulado no TAC de Coimbra não pode ser reeditada nos mesmos termos contra o acto agora praticado, uma vez que não tendo este último sido proferido no mesmo quadro legal de competências não reedita o mesmo vício. Trata-se, portanto, da execução de caso julgado por repetição do acto administrativo isento do vício que determinara a anulação, situação frequente em direito administrativo, em que a incidência do controle a efectuar não se efectua através da proibição de novo acto, mas do controle de legalidade do acto cuja emissão é admitida, e em alguns casos até constitui uma vinculação, embora o novo acto possa ser sujeito a escrutínio.

Sem prejuízo de o novo acto poder estar inquinado de outros vícios e de ser por esse motivo alvo de impugnação.

Como temos vindo a apreciar a A. pretende neste processo sujeitar o acto a este novo escrutínio, mas não pode valer-se de ofensa de caso julgado, por esta não ocorrer quando o quadro legal em que foi praticado se alterou em relação ao momento em que fora praticado o acto anulado, e como não usou do meio processual no prazo legal neste não poderá admitir-se a apreciação do acto por vícios determinantes de anulabilidade.

Do exposto se retira que não é adiantada nenhuma razão pela A. que pudesse, mesmo quando julgada procedente, fundar a conclusão de nulidade, pelo que não é aplicável o n.º 1 do artigo 58.º do CPTA, nem o regime da impugnação a todo o tempo.

Ao invés, apreciadas as questões propostas como nulidade e concluindo-se que não se podem assim qualificar também não poder entrar-se na apreciação de fundo dos aludidos vícios, e tendo-se o acto firmado na ordem jurídica não só a impugnação deve ser julgada improcedente como também não pode prosseguir nenhuma pretensão no sentido da condenação do órgão do ente público a agir em sentido diferente daquele que constitui o conteúdo da deliberação em apreciação.

IV – DECISÃO

Em conformidade com o exposto acordam em julgar improcedente a acção quer na vertente impugnatória quer na vertente condenatória.

Custas pela A., fixando-se a taxa de justiça de cinco unidades de conta (5UC) nos termos do art.º 73.º-D n.º 3 do CCJ.

Lisboa, 26 de Abril de 2005.

Rosendo José (Relator)
J. Simões de Oliveira
São Pedro

Recurso n.º 1058/04-12

PARQUE NACIONAL DA ARRÁBIDA. OBRAS. AUTORIZAÇÃO PRÉVIA. INCOMPETÊNCIA.

(Acórdão de 7 de Junho de 2005)

SUMÁRIO:

I – Nas obras, sujeitas a autorização prévia, a realizar na zona abrangida pelo Parque Natural da Arrábida, a protecção dos valores naturais é atribuição do Parque, com ponderação a cargo do respectivo Conselho Geral (arts. 1 e 12.º/3 da Portaria n.º 26-F/80, de 9.1 e 3.º/2/b) do Decreto n.º 4/78, de 11.1).

II – Não cabe às autarquias nele englobadas tutelar aqueles valores *em vez* do Conselho Geral ou *por vez* dele.

III – O vício de incompetência de que padece o parecer negativo emitido pelo Director do Parque projecta-se no acto final de indeferimento do licenciamento das obras, gerando a invalidade deste.

ACORDAM NA SECÇÃO DO CONTENCIOSO ADMINISTRATIVO DO SUPREMO TRIBUNAL ADMINISTRATIVO

1. RELATÓRIO

Manuel Lino Rodrigues Vilarinho, já identificado nos autos, intentou, no Tribunal Administrativo do Círculo de Lisboa, recurso contencioso de anulação do despacho do Presidente da Câmara Municipal de Setúbal, de 15 de Julho de 1996, que indeferiu o pedido de licenciamento de construção de uma habitação, casa de caseiro e armazém de apoio agrícola.

Por sentença de 17 de Junho de 2004, o Tribunal Administrativo de Círculo concedeu provimento ao recurso contencioso.

1.1. Inconformado com a decisão o Presidente da Câmara Municipal de Setúbal recorre para este Supremo Tribunal apresentando alegações com as seguintes conclusões:

a) A natureza vinculativa dos pareceres do Parque Natural da Arrábida, quando exigidos por lei, impõem que não possa ser licenciada uma construção relativamente à qual aquela entidade se pronunciou desfavoravelmente, mas não impõe que se autorize uma construção que tenha merecido o seu parecer favorável ou que se indefira outra que não tenha recebido qualquer parecer válido ou que tenha merecido um parecer desfavorável mas inválido.

b) No presente caso, o acto recorrido, pelo facto de se ter escudado no parecer do P.N.A. que foi considerado proveniente de órgão incompetente, não padece de qualquer vício, já que, em face da invalidade formal de tal parecer, nada impedia que a autoridade recorrida licenciasse ou não licenciasse a construção e nada impedia que, caso adoptasse, na sua plena autonomia, esta última solução, não pudesse fazê-lo acolhendo em sua fundamentação a argumentação do Parque Nacional da Arrábida.

c) Pelo que a douta decisão recorrida não podia anular, como o fez, o acto impugnado por considerar que nele se havia repercutido o vício meramente formal de que padecia o referido parecer.

d) Nos termos dos princípios legais aplicáveis o particular só poderia construir no local, dentro dos limites permitidos pela Portaria n.º 26-F/80, de 9 de Janeiro.

e) Só sendo possível, com base nesses princípios, edificar construções justificáveis no âmbito da exploração agrícola dos terrenos como apoio necessário a essa actividade.

f) Os três prédios de propriedade do particular, para além de já se deverem considerar legalmente emparcelados, por força do disposto no art. 50.º do Dec. Lei n.º 103/90, de 22 de Março, ter-se-ão forçosamente de considerar, por força do disposto no art. 44.º desse mesmo diploma, como integrantes de uma exploração agrícola unitária.

g) Desse modo, a limitação da capacidade construtiva fixada no n.º 2 da alínea d) do art. 14.º da citada Portaria 26-F/80, atendendo à única motivação possibilitadora de construção, teria de ser avaliada relativamente aos três prédios em conjunto e não apenas ao prédio onde se pretendia situar a construção a licenciar.

h) E tendo o particular já construído uma área assinalavelmente superior ao limite máximo fixado, era impossível licenciar a sua pretensão por força das citadas disposições legais.

i) Aliás, é patente que a invocação pelo particular da necessidade de construir instalações de apoio agrícola é uma clara mistificação, atendendo às confortáveis – em termos de área e tendo em conta os parâmetros legais – instalações de que já dispõe.

j) Desse modo o despacho recorrido não violava qualquer disposição legal.

k) Pelo que a douta sentença recorrida, ao anulá-lo, fez uma errada aplicação e interpretação do disposto no Dec. Lei n.º 4/78, de 11/01, nomeadamente no seu art. 1.º e n.º 2 do art. 3.º, n.º 2 do art. 9.º do Dec. Lei n.º 622/76, de 28 de Junho, no art. 14.º da Portaria 26-F/80, de 9 de Janeiro e no art. 44.º, n.º 1 do Dec. Lei n.º 103/90, de 2 de Março, devendo, por tal, ser revogada.

1.2. Contra-alegou o recorrente contencioso, ora recorrido, concluindo:

I. O acto final de indeferimento não pode subsistir uma vez judicialmente declarada, e nem sequer impugnada pela Recorrente, a incompetência do órgão que emitiu um parecer que, imposto por lei como obrigatório e vinculativo, não só se insere no procedimento de aprovação daquele acto como também constitui seu elemento integrativo fundamental.

II. Bem andou, pois, o Tribunal *a quo* ao decidir como decidiu, anulou o acto recorrido.

III. Fica imediatamente prejudicada, assim, a questão da [suposta] legalidade substancial da decisão administrativa recorrida, suscitada pela Câmara Municipal de Setúbal no âmbito do presente recurso, da mesma forma que ficaram os demais vícios daquele acto, associados pelo aqui Recorrido no âmbito da impugnação que moveu, prejudicados pela anulabilidade do acto gerada pela incompetência relativa do parecer em que se estribou, tal como decidido pela douta sentença recorrida.

1.3. A Exmª Magistrada do Ministério Público emitiu o seu douto parecer nos seguintes termos:

"Acompanhando o ora Recorrido Manuel Lino Rodrigues Vilarinho, opinamos no sentido da improcedência do recurso.

Na verdade, também nós entendemos que o vício de incompetência que inquina o parecer obrigatório (e porque e quando desfavorável, vinculativo) se repercute no acto final do procedimento (a deliberação contenciosamente impugnada). Na verdade, a tese do ora Recorrente, Senhor Presidente da Câmara Municipal de Setúbal (segundo o qual a ora incompetência relativa de que padece o parecer não contamina a decisão de indeferimento) não merece acolhimento. O parecer (para além do mais que já ficou dito pelo aqui Recorrido), porque lesivo, podia ter sido oportuna e contenciosamente impugnado e, em caso de procedência do respectivo recurso dele interposto por verificação de tal vício, inviabilizada estaria a subsistência de todo o procedimento posterior a ele, incluindo a deliberação em causa que, por isso, se não poderia manter.

Daí que se deva manter a douta decisão recorrida, sem prejuízo, como é óbvio, de vir a ser proferida, a final, nova deliberação que, apoiada ou não, vinculada ou não ao parecer a emitir pela entidade competente, indefira o pedido de licenciamento oportunamente formulado pelo aqui Recorrido Manuel Vilarinho.

É este o nosso parecer."

2. FUNDAMENTAÇÃO

2.1. OS FACTOS

Na sentença recorrida foram dados como provados os seguintes factos:

1. Por escritura pública de 9.2.1987, o Recorrente comprou o prédio rústico, sito em Picheiro, na freguesia de S. Lourenço, concelho de Setúbal, descrito na 1ª Conservatória do Registo Predial de Setúbal sob o n.º 21607 e inscrito na matriz predial rústica da respectiva freguesia, sob o art. 209 da secção E.

2. Por escritura pública de 9.2.1987, o Recorrente comprou o prédio misto, sito em Picheiro, na freguesia de S. Lourenço, concelho de Setúbal, descrito na 1ª Conservatória do Registo Predial de Setúbal sob o n.º 9310 e inscrito a parte rústica na matriz predial rústica da respectiva freguesia, sob o art. 53.º da secção E e a parte urbana na matriz predial urbana sob o art. 1121.

3. Após a referida aquisição, o Recorrente obteve a aprovação pela CMS de projecto de remodelação e ampliação do edifício construído no prédio especificado em 2.

4. Por escritura pública de 30.12.1988, o Recorrente comprou o prédio rústico, com a área de 95 750 m2, denominado "José Dias", sito em Picheiro, na freguesia de S. Lourenço, concelho de Setúbal, descrito na 1ª Conservatória do Registo Predial de Setúbal sob o n.º 00973 e inscrito, a parte rústica na matriz predial rústica da respectiva freguesia, sob o art. 55 da secção E.

5. Os referidos três prédios situam-se dentro da área do Parque Nacional da Arrábida.

6. Em 11.7.1991, o Recorrente requereu na CMS a aprovação do pedido de licenciamento da construção de uma habitação patronal com 180 m2, casa de caseiro com 68,80 m2 e armazém de apoio agrícola com 180 m2, a ser edificada no prédio especificado em 4.

7. Em 1.4.1996, a Autoridade Recorrida solicitou à Direcção do Parque Natural da Arrábida a emissão de parecer sobre o pedido de licenciamento apresentado pelo Recorrente.

8. Em 30.4.1996, em resposta ao solicitado, foi emitido parecer desfavorável ao projecto de construção, assinado pelo Director do Parque Natural da Arrábida, nos termos e como os fundamentos constantes do processo instrutor, aqui reproduzido na íntegra.

9. A CMS recebeu o aludido parecer em 2.5. 1996.

10. Por despacho do Sr. Presidente da CMS, datado de 15.7.1996, foi indeferida a pretensão do Recorrente, nos termos e com os fundamentos constantes no processo instrutor, aqui dado por reproduzido na íntegra.

2.2. O DIREITO

A sentença recorrida considerou que *(i)* o parecer desfavorável à pretensão do particular, emitido pelo Director do Parque Natural da Arrábida, padecia do vício de incompetência relativa e que *(ii)* tal vício se repercutiu na ora impugnada deliberação de indeferimento do pedido de licenciamento da obra, gerando a respectiva anulabilidade.

A autoridade, ora recorrente, não questiona, nem a sujeição do licenciamento a prévia autorização do Parque Nacional da Arrábida, de resto indiscutível face ao disposto no artigo 12.º, n.º 3 da Portaria n.º 26-F/80, de 9.11, nem, tão-pouco, a incompetência do Director do Parque para decidir sobre a matéria.

Discorda da decisão judicial, alegando, em síntese, primeiro, que o acto, "pelo facto de se ter escudado no parecer do P.N.A que foi considerado proveniente de órgão incompetente, não padece de qualquer vício, já que, em face da invalidade formal de tal parecer, nada impedia que a autoridade recorrida licenciasse ou não licenciasse a construção e nada impedia que, caso adoptasse, na sua plena autonomia, esta última solução, não pudesse fazê-lo acolhendo em sua fundamentação a argumentação do Parque Natural da Arrábida" e, segundo, que o acto se mostra substantivamente válido, de acordo com os fundamentos constantes no parecer do P.N.A.

Porém, esta argumentação, votada a limitar a eficácia invalidante da ilegalidade externa que afecta a pronúncia do Parque não abala a correcção da sentença.

Antes de mais, porque o primeiro argumento [conclusões a) a c)], tendo ínsita a ideia de que o poder autárquico, pode acautelar os interesses que justificam a prévia auscultação do Parque, apela a um poder de substituição inadmissível face ao princípio da legalidade da competência. Na verdade, de acordo com o artigo 29.º/1 do Código de Procedimento Administrativo "a competência é definida por lei ou por regulamento e é irrenunciável e inalienável, sem prejuízo do disposto quanto à delegação de poderes e à substituição". Ora, nas obras a efectuar na zona abrangida pelo Parque Natural, a protecção dos valores naturais da serra da Arrábida, de natureza supra municipal, é atribuição do Parque, com ponderação a cargo do Conselho Geral (arts 1.º e 12.º/3 da Portaria n.º 26-F/80, de 9 de Janeiro e 3.º/2/b) do Decreto n.º 4/78, de 11 de Janeiro) Não incumbe às autarquias englobadas na respectiva delimitação geográfica. E não há lei expressa que habilite os órgãos do município, em caso algum, a tutelar esses valores *em vez* daquele órgão do Parque, ou *por vez* dele, nem relação de supremacia municipal na qual possa, de outro modo, ancorar-se o poder de substituição reclamado pela autoridade ora recorrente.

Depois, porque a falta de alternativa juridicamente válida invocada como segunda razão [conclusões d) a k)] da ineficácia invalidante do vício que afecta o acto do Parque, não está demonstrada. Nos termos do disposto no art. 14.º/2/a) da Portaria n.º 26-F/80 de 9 de Janeiro "a possibilidade de edificação para cada propriedade reporta-se à viabilidade em termos de economia de exploração (rendimento fundiário médio anual) e à compatibilidade com os valores paisagísticos ecológicos e culturais a defender na área". Esta norma de competência, abre ao Parque um espaço de avaliação e conformação, na dependência de juízos nos quais se incluirão sempre elementos psicológicos imponderáveis que radicam em cada aplicador concreto e que não permitem ao Tribunal firmar a convicção de que a solução seria a única possível e inelutável, ainda que a apreciação tivesse sido feita pelo órgão competente, no caso o Conselho Geral.

Não pode, assim, excluir-se a eficácia invalidante do vício de incompetência do acto do Director do Parque e que a deliberação impugnada absorveu.

Deste modo, improcedem as conclusões da alegação da autoridade recorrente.

3. DECISÃO

Pelo exposto, **acordam** em negar provimento ao recurso.

Sem custas.

Lisboa, 7 de Junho de 2005.

Polibio Henriques (Relator)
Rosendo José
António Madureira

Recurso n.º 405/05-12

PLANO DE URBANIZAÇÃO DA COSTA DO SOL (PUCS). APROVAÇÃO DE PROJECTO DE OBRAS EM DESCONFORMIDADE COM AS DISPOSIÇÕES DO PLANO. COMPETÊNCIA. FALTA DE AUTORIZAÇÃO MINISTERIAL. SANÇÃO.

(Acórdão de 14 de Junho de 2005)

SUMÁRIO:

I – A competência para aprovação de um projecto de obras de alteração de uma moradia já existente na área do PUCS, é da Câmara Municipal de Cascais e não do Ministro das Obras Públicas que aprovou o PUCS, (cf. art.º 5.º do DL 37.251, de 28.12.1948, art.º 52.º, n.º 2, e) do DL 100/84 e art.º 3.º do DL 166/70, de 15.04, aplicáveis ao caso).

II – A autorização Ministerial exigida nos termos do art.º 5.º do PUCS, com referência ao § único do seu art.º 1.º, constitui um acto preparatório ou pressuposto do acto de aprovação do projecto/licenciamento da obra, não interferindo com a competência da câmara para este acto.

III – A omissão de solicitação dessa autorização pela câmara não constituía, na vigência do DL 166/70, nulidade do acto de aprovação do projecto/licenciamento, designadamente por falta de atribuições (cf. art.º 88.º do citado DL 100/84).

ACORDAM, EM CONFERÊNCIA, OS JUÍZES DA SECÇÃO DE CONTENCIOSO ADMINISTRATIVO DO SUPREMO TRIBUNAL ADMINISTRATIVO:

I – RELATÓRIO:

O **MAGISTRADO DO MINISTÉRIO PÚBLICO** interpôs recurso da sentença do Mmo. Juiz do Tribunal Administrativo de Círculo de Lisboa, que *negou provimento ao recurso contencioso* que o recorrente interpôs do despacho do VEREADOR DO PELOURO DO URBANISMO DA CÂMARA MUNICIPAL DE CASCAIS de 12.09.90, *que aprovou o projecto de obras de alteração da moradia situada no n.º242 da Avenida Pedro Álvares Cabral, em Cascais*, apresentado pela recorrida particular "MARE NOSTRUM – CLÍNICA DA COSTA DO SOL SA", com os sinais dos autos, com vista à adaptação daquela moradia a estabelecimento de clínica médica.

Termina as suas alegações de recurso, formulando as seguintes CONCLUSÕES:

1ª O acto administrativo impugnado aprovou projecto de obras da alteração de uma moradia particular, que representa alteração das prescrições do Plano de Urbanização da Costa do Sol.

2ª Segundo o regime legal estabelecido nos artigos 1.º§ único, 4.º, 5.º do Decreto Lei n.º 37251, de 28.12.1948, a licença para a realização de obras que não obedeça ao estabelecido no Plano, só poderá ser concedido após consulta da ex-Direcção Geral dos Serviços de Urbanização e mediante autorização do Ministro da Tutela.

3ª Ao aprovar o projecto sem obter essa autorização, a autoridade recorrida praticou um acto que respeita às atribuições de pessoa colectiva diversa e, por isso, enferma de vício de incompetência absoluta gerador de nulidade.

4ª Ao contrário do que a decisão recorrida pretende não está apenas em causa a violação das regras urbanísticas previstas no Plano de Urbanização da Costa do Sol para a zona em que a moradia se insere.

5ª A autoridade recorrida ao deferir o pedido formulado pelo particular, violou não apenas as regras urbanísticas do Plano, mas, antes de mais, as disposições do mesmo Plano que prevêem a actuação das câmaras municipais na emissão das respectivas licenças.

6ª Na verdade, se é certo que compete às câmaras municipais conceder licenças para obras de construção civil e aprovar os respectivos projectos, no caso em apreço, a competência para o efeito, está deferida por lei (v. diploma citado que aprovou o PUCS) ao Ministro da Tutela, mediante proposta fundamentada do Município e parecer favorável da ex-Direcção-Geral dos Serviços de Urbanização.

7ª Significa isto que, na situação dos autos, a autoridade recorrida se deveria ter limitado a propor ao Ministro competente a aprovação do projecto em causa e não proceder ela própria a essa aprovação.

8ª Ao assim ter actuado, nas circunstâncias em que o fez, invadiu, efectivamente, a esfera de atribuições da Administração Central, na matéria, incorrendo o acto impugnado no vício de incompetência absoluta que lhe vem assacado na petição do recurso contencioso.

9ª Tendo decidido de forma diferente, a sentença recorrida violou o disposto nos art.º 1.º § único, 4.º, 5.º do D.L. n.º 37251, de 28.12.1948 e art.º 88.º, n.º 1, a) do DL 100/84, de 29.03.

***

Contra-alegou a entidade recorrida, concluindo que a entidade competente para conceder a licença e aprovar o projecto é a Câmara Municipal de Cascais e não qualquer outra entidade, pelo que a sentença deve ser mantida.

Colhidos os vistos legais, cumpre decidir.

II – OS FACTOS

A decisão recorrida deu por provados os seguintes factos:

1. Em 22.12.1989, a Mare-Nostrum – Clínica da Costa do Sol SA requereu à Câmara Municipal de Cascais a aprovação do projecto de obras de alteração da moradia situada no n.º242 da Avenida Pedro Álvares Cabral, em Cascais, com vista à adaptação desta a estabelecimento de clínica médica.

2. Por despacho de 12.09.1990 do Vereador do Pelouro do Urbanismo da Câmara Municipal de Cascais, proferido no uso de subdelegação de competências, foi deferido o pedido formulado nos seguintes termos: «*Defiro nas condições do parecer de 11.09.90*».

3. O parecer referido é o seguinte teor: «*Propõe-se que o projecto mereça aprovação, condicionando o licenciamento ao seguinte:*

a) apresentação dos cálculos da estabilidade.

b) apresentação do projecto de telefones.

c) apresentação do projecto de electricidade.

d) respeitar o parecer do Centro de Saúde.»

4. O projecto aprovado contempla as seguintes especificações:

a) Afectação da moradia a utilização como estabelecimento de clínica médica.

b) Aumento da área de construção em 296m2 (passando o lote de terreno respectivo, com a área de 565m2, a suportar uma área construída de 991,84m2).

c) quatro pisos e cave.

d) Prolongamento da construção até ao limite do lote contíguo a poente, eliminando a área de afastamento até aí ocupada com jardim.

e) índice de ocupação de 1,75.

5. A moradia em causa situa-se em zona abrangida pelo Plano de Urbanização da Costa do Sol, aprovado pelo DL n.º 37.251, publicado no Diário do Governo de 28.12.1948, denominado zona residencial HD.

III – O DIREITO

A questão a decidir reside em saber se o acto contenciosamente recorrido está ferido de *incompetência absoluta, por falta de atribuições*, como pretende o recorrente.

Segundo o recorrente, a licença para realização de obras que não obedeçam ao estabelecido no Plano de Urbanização da Costa do Sol (PUCS), só poderá ser concedida, mediante autorização do Ministro da Tutela, após consulta da Direcção Geral do Ordenamento do Território (ex Direcção Geral dos Serviços de Urbanização), nos termos conjugados do § único do art.º 1.º e do art.º 5.º do DL n.º 37.251, de 28.12.1948, que aprovou o PUCS, o que manifestamente não aconteceu no presente caso, pois o Vereador do Pelouro, no uso de subdelegação de competências, aprovou por despacho datado de 12.09.90, o projecto de obras de alteração de uma moradia particular, projecto este que representa, no entender do recorrente, alteração das prescrições do PUCS, sem cuidar de obter aquela autorização, ou mesmo o parecer da DGOT.

Refere que, contrariamente ao defendido na sentença recorrida, não está apenas em causa a violação das regras urbanísticas previstas no PUCS para a zona em que a moradia se insere e muito menos foi isso o que o Ministério Público alegou na qualidade de recorrente na petição inicial. E se é verdade que compete às câmaras municipais conceder licenças para as obras de construção civil e aprovar os respectivos projectos, no caso em apreço a competência para aprovar o projecto, que consubstanciava alterações de pormenor ao PUCS, cabia ao Ministro das Obras Públicas, mediante proposta fundamentada do Município de Cascais e parecer favorável da Direcção Geral dos Serviços de Urbanização, não cabendo, por conseguinte, nas atribuições da Câmara Municipal de Cascais, pelo que o acto contenciosamente recorrido é nulo, por incompetência absoluta, por falta de atribuições e a sentença recorrida violou os art.º 1.º§ único, 4.º e 5.º do DL 37251, de 28.12.48 e art.º 88.º, n.º 1 a) do DL 100/94, de 29.03.

Vejamos:

O vício de *incompetência*, enquanto vício do acto administrativo, traduz-se, na prática, por um órgão da Administração, de um acto incluído nas atribuições de pessoa colectiva diferente daquela a que pertence (incompetência *absoluta*), ou na competência de outro órgão da mesma pessoa colectiva (incompetência *relativa*).

A incompetência absoluta, porque vício mais grave, já que o órgão da Administração pratica o acto fora das atribuições da pessoa colectiva a que pertence, invadindo assim a esfera própria de outra pessoa colectiva administrativa, é sancionada na lei com a *nulidade do acto* (cf. art.º 88.º, n.º 1, a) do DL 100/84, de 29.03, aplicável à data da prática do acto contenciosamente recorrido).

Pretende o recorrente que o acto contenciosamente recorrido padece de vício de incompetência absoluta, por falta de atribuições e, por isso, é nulo, contrariamente ao decidido.

Mas, a nosso ver, não lhe assiste razão.

Resulta da matéria de facto provada nos autos, sem qualquer impugnação das partes, que se tratava de um projecto de alteração de uma moradia já pré-existente com vista à sua adaptação a clínica médica, que essa moradia se situava em zona abrangida pelo Plano de Urbanização da Costa do Sol (PUCS), denominada zona residencial HD e que esse projecto foi aprovado por despacho do vereador da Câmara Municipal de Cascais, em 12.09.1990, com as especificações enunciadas no Ponto 4 do probatório.

Assim, a legalidade do acto contenciosamente recorrido, terá de ser aferida face à legislação em vigor em **12.09.1990**, data em que o acto foi praticado, como é jurisprudência assente[1].

E essa legislação em matéria de atribuições das autarquias locais e competências dos seus órgãos era, à data, o já referido DL 100/84 de 29.03 (Lei das Autarquias Locais – LAL) e em matéria de licenciamento de obras particulares, o DL 166/70, de 15.04 (regime do licenciamento municipal de obras particulares).

Quanto ao Plano de Urbanização da Costa do Sol (PUCS), aprovado pelo D.L. n.º 37.251 de 28.12.1948, mantinha-se em vigor em 12.09.1990, pois só veio a ser revogado pelo DL 141/94, de 23.05.1994 e, mesmo assim, "a prazo", já que, nos termos do seu art.º 2.º, este último diploma entra em vigor nas circunscrições administrativas dos municípios de Cascais e Oeiras, sucessivamente, nas datas de publicação das resoluções do Conselho de Ministros que ratifiquem os respectivos planos directores municipais.

Ora, nos termos do art.º 51.º, n.º 2, e) do citado DL 100/84, «*compete à Câmara Municipal, no âmbito do planeamento do urbanismo e da construção, conceder licenças para construção, reedificação ou conservação, bem como aprovar os respectivos projectos, nos termos da lei.*»

Tal competência considera-se tacitamente delegada no presidente da câmara e este, por sua vez, pode subdelegá-la em qualquer dos vereadores, como decorre do art.º 52.º, n.º 1 e 2 do mesmo diploma legal.

Também o art.º 3.º do DL 166/70 dispunha que a competência para conceder licenças de obras é da câmara municipal.

Logo e face a estes preceitos legais, cabia nas atribuições da Câmara Municipal de Cascais e na competência subdelegada do Vereador do Pelouro do Urbanismo, a aprovação do acto contenciosamente recorrido.

O recorrente, aliás, não questiona a competência das câmaras municipais para conceder licenças de obras de construção civil e aprovar os respectivos projectos. Porém, entende que, no presente caso, essa competência estava subtraída à Câmara Municipal de Cascais, por ter sido conferida ao Ministro das Obras Públicas, nos termos conjugados do § único do art.º 1.º e do art.º 5.º do DL 37251, de 28.12.1948, que aprovou o Plano de Urbanização de Cascais, uma vez que se tratava de um projecto de obras que consubstanciava alterações de pormenor a esse Plano.

Que o projecto continha especificações que estavam em desconformidade com as características para a zona onde se inseria a moradia, constantes do PUCS, resulta da certidão emitida pela Direcção Geral do Ordenamento do Território, junta pelo recorrente com a petição (documento n.º 6) e que não foi questionado nos autos. Pelo contrário, todos os juízos emitidos pelas partes sobre a alegada incompetência, por falta de atribuições, bem como na decisão recorrida, partem desse pressuposto. Portanto, essa é uma matéria que não está aqui em discussão.

Vejamos, pois, o que consta dos preceitos do DL 37.251, que aprovou o PUCS, em que o recorrente assenta a invocada incompetência absoluta do autor do acto.

[1] Cf., por todos, o Ac. da 2ª Subsecção de 22.06.04, P.1577/03

Art.º 1.º

É aprovado o plano de urbanização da Costa do Sol, que mereceu parecer favorável do Gabinete do Plano de Urbanização da Costa do Sol, homologado pelo Ministro das Obras Públicas.

§ único. Em casos especiais, sobre propostas fundamentadas dos municípios interessados, favoravelmente informados pela Direcção Geral dos Serviços de Urbanização, poderá o Ministro das Obras Públicas autorizar, por despacho, alterações de pormenor que não contrariem as normas gerais a que obedeceu a elaboração do plano.

Art.º 4.º

As Câmaras Municipais de Oeiras e Cascais poderão autorizar a realização de obras de construção ou de modificação de construções existentes que obedeça às disposições do plano.

§ único. Para efeitos da fiscalização referida no art.º 3.º, deverão as câmaras municipais enviar à Direcção Geral dos Serviços de Urbanização até ao dia 10 de cada mês, duplicados dos projectos do mês anterior, acompanhados de cópias dos pareceres que obtiveram e dos termos em que foram concedidas as respectivas licenças.

Art.º 5.º

A licença para realização de obras não abrangidas pelo artigo anterior só poderão ser concedidas mediante prévia autorização dada nos termos do § único do artigo 1.º. Para tanto, as câmaras municipais interessadas enviarão à Direcção Geral dos Serviços de Urbanização os projectos, em duplicado, das obras que se pretendam executar, acompanhadas dos pareceres justificativos dos serviços técnicos camarários. A Direcção Geral dos Serviços de Urbanização devolverá um dos exemplares do projecto, acompanhado do respectivo parecer, no prazo máximo de 30 dias, contados da data em que tenham sido recebidos todos os elementos necessários à sua apreciação. Os projectos considerar-se-ão aprovados se, expirado esse prazo, a Direcção Geral não comunicar o seu parecer ou não solicitar esclarecimentos ou remessa de elementos complementares.

Ora, salvo o devido respeito, não se pode extrair dos citados preceitos legais a competência do Ministro das Obras Públicas para aprovar o projecto de alteração de obras da moradia aqui em causa.

Com efeito e a nosso ver, os citados preceitos do DL 37.251, não visaram retirar às câmaras de Oeiras e de Cascais a competência que, já vimos as câmaras municipais detêm em matéria de licenciamento de obras particulares, para a atribuir ao Ministro das Obras Públicas na área abrangida pelo PUCS.

Resulta dos art.º 4.º e 5.º, com clareza, que as Câmaras Municipais de Oeiras e Cascais mantiveram, na área do PUCS, a competência em matéria de licenciamento de obras de construção civil e aprovação dos respectivos projectos, e isto quer as obras a realizar obedecessem, quer não, às disposições do PUCS.

Acontece é que, em matéria de licenciamento de obras situadas na área abrangida pelo PUCS, o legislador veio exigir a intervenção da entidade fiscalizadora do cumprimento do plano, inicialmente a Direcção Geral dos Serviços de Urbanização (DGSU) (cf. art.º 3.º do PUCS), a que sucedeu a Direcção Geral do Ordenamento do Território (DGOT), a que, posteriormente, sucederam as Comissões de Coordenação Regional (CCR) (cf. DL 130/86, de 07.06 e DL 108/94, de 23.04).

Assim, se as obras obedecessem às disposições do plano, situação prevista no citado art.º 4.º do PUCS, a intervenção da entidade fiscalizadora (DGSU, DGOT ou CCR) processava-se *a posteriori*, ou seja, depois de aprovado o projecto e licenciada a obra, como decorre do § único da citada disposição legal.

Se as obras não obedecessem às disposições do PUCS, situação prevista no art.º 5.º, então a Câmara teria de obter *previamente* parecer favorável da entidade fiscalizadora, para o que deveria proceder como indicado naquele preceito legal, considerando-se aprovados os projectos se aquela entidade se não pronunciasse no prazo de 30 dias. (§ único do art.º 5.º).

Quanto à autorização do Ministro das Obras Públicas, prevista no § único do art.º 1.º, para que remete o citado art.º 5.º do PUCS, defende a autoridade recorrida, no que foi acompanhada pela decisão recorrida, que era apenas exigida em casos de alterações de pormenor do próprio Plano solicitadas pela câmara e não, como pretende o recorrente, sempre que surgisse um concreto projecto de obras em desconformidade com o Plano.

Parece não restar qualquer dúvida que, sendo o PUCS um instrumento urbanístico de natureza regulamentar, e, portanto, com carácter normativo, aprovado pelo Ministro das Obras Públicas, qualquer alteração do mesmo, importante ou de pormenor, estava sujeita a autorização desse Ministro, como aliás, expressamente o exigem os seus art.º 1.º, no que respeita às alterações de pormenor e art.º 8.º, no que respeita às alterações mais importantes. A única diferença é que, as alterações de pormenor eram precedidas de informação da DGSU, enquanto as alterações mais importantes exigiam a prévia consulta do Conselho Superior de Obras Públicas (CSOP), como melhor consta dos citados preceitos legais.

Mas será que era igualmente exigida essa autorização ministerial, sempre que fosse apresentado um concreto projecto de obras em desconformidade com as prescrições do PUCS para a zona em causa?

O recorrente defende que sim, enquanto a entidade recorrida, tal como a sentença que acolheu a sua tese, defende que bastaria a intervenção *prévia* da entidade fiscalizadora, nos termos previstos no citado art.º 5.º, pois o PUCS não sofre qualquer alteração, pelo facto de ser aprovado um *concreto* projecto de obras em desconformidade com ele.

Na verdade, a aprovação de um projecto de obras, em desconformidade com as prescrições do PUCS para a zona, não altera o PUCS.

Só que, fica por explicar, porque é que, afinal, o referido art.º 5.º, que respeita ao licenciamento de obras cujos projectos não obedeçam às prescrições do PUCS, logo no primeiro segmento, exige que se obtenha *prévia autorização, nos termos do § único do art.º 1.º*, sendo que essa autorização, como vimos, é dada pelo Ministro das Obras Públicas.

A jurisprudência deste Tribunal, apreciou esta questão em alguns arestos, e dividiu-se, nuns casos exigindo a autorização do Ministro antes da aprovação de qualquer projecto de obras desconforme com o Plano, noutros defendendo que aquela autorização só é exigida para a alteração de pormenor do próprio Plano e que tal não é o caso, quando se pretende tão só apreciar um concreto projecto de obras desconforme com o mesmo.

No entanto, não faz qualquer sentido o primeiro segmento do art.º 5.º, a entender-se desnecessária a autorização do Ministro ali exigida, prevista no § único do art.º 1.º. E, de resto, compreende-se perfeitamente a exigência de obtenção de prévia autorização do Ministro, nos casos em que as obras a licenciar não obedeciam ao PUCS, uma vez que, como vimos, só o Ministro tinha competência para alterar esse Plano.

Por outro lado, a entender-se bastante o parecer da DGSU (DGOT ou CRR), estar-se-ia a permitir sucessivas violações do PUCS, a coberto de um parecer favorável, expresso ou tácito, da própria entidade fiscalizadora do cumprimento desse Plano, o que, diga-se, também não faz qualquer sentido.

Mas o facto de se chegar à conclusão que a lei exigia, no caso, autorização prévia do Ministro das Obras Públicas, não impõe que se conclua pelo vício imputado ao acto pelo recorrente.

Com efeito, quer se entenda que era necessária autorização prévia do Ministro das Obras Públicas, quer se entenda que bastava o parecer favorável prévio da entidade fiscalizadora, a sanção para a falta de qualquer deles não é, a nosso ver, a nulidade do acto, por falta de atribuições, como pretende o recorrente.

E isto porque a câmara ao aprovar o projecto de obra em desconformidade com o PUCS, sem obter previamente a competente alteração de pormenor do Plano, violou o DL que o aprovou e as regras urbanísticas nele previstas, mas não aprovou qualquer alteração de pormenor ao Plano que, como bem refere a sentença, se manteve inalterado após aquela aprovação. Por isso, não invadiu as atribuições nessa matéria do Ministro das Obras Públicas. A Câmara limitou-se a exercer as suas próprias competências em matéria de licenciamento, embora com violação de lei.

É que, afinal, as autorizações, pareceres ou aprovações de outras entidades que a lei, em certos casos, exige sejam solicitadas previamente à prática do *acto de aprovação do projecto/licenciamento* de obras pelas câmaras, mais não são do que *actos preparatórios ou pressupostos desse acto*, condicionando-o se vinculativos, mas não interferindo com a competência das câmaras para a prática do mesmo.[2]

Ora, o DL 166/70, aplicável à data do acto contenciosamente recorrido, não sancionava com a nulidade, os actos de licenciamento de obras particulares que não tivessem sido precedidos de consulta das entidades cujos pareceres, autorizações ou aprovações fossem legalmente exigíveis (cf. art.º 9.º do DL 166/70), ou que violassem o disposto em planos urbanísticos como veio a acontecer no DL 445/91, de 20.11, que revogou aquele diploma (cf. seu art.º 52.º).

À data, também não se encontrava ainda em vigor o regime de nulidades estabelecido pelo Código de Procedimento Administrativo (art.º 133.º e seguintes), uma vez que este diploma entrou em vigor em 15.05.1992 (cf. art.º 6.º do DL 442/91, de 15.11 e Rectificação n.º 265/91, DR I série A, 17.11.92 – IV Suplemento).

---

[2] E dizemos do *acto de aprovação do projecto/ licenciamento*, porque como já referiu este Tribunal, em acórdão proferido nos autos a fls. 160 e seguintes, no regime do DL.166/70, aqui aplicável, «*competia à Câmara, no âmbito do processo de licenciamento, praticar um único acto, cujo conteúdo era simultaneamente o de aprovação do projecto de arquitectura e de licenciamento da obra. A seguir à apresentação e instrução desse pedido, colhiam-se, se fosse caso disso, os pareceres de entidades estranhas ao município e apreciava-se o projecto entregue, devendo a câmara "pronunciar-se definitivamente" em determinado prazo, variável, consoante o tipo de construção a licenciar – art.º 5.º, 6.º, 10.º e 12.º do DL 166/70.*

Assim, há apenas que atender ao regime de invalidade das deliberações dos órgãos autárquicos que era, então, o previsto nos art.º 88.º e 89.º do DL 100/84 de 29.03 (Lei das Autarquias Locais).

Dispunha o n.º 1 do art.º 88.º que:

São nulas, independentemente de declaração dos tribunais, as deliberações dos órgãos autárquicos:

a) que forem estranhas às suas atribuições.

b) que forem tomadas tumultuosamente ou com infracção do disposto no n.º 1 do art.º 79.º e no n.º 1 do art.º 80.º.

c) que transgredirem as disposições legais respeitantes ao lançamento de impostos.

d) que prorrogarem os prazos de pagamento voluntário dos impostos e de remessa de autos ou certidões de relaxe para os tribunais.

e) que nomearem funcionários sem concurso, a quem faltem requisitos exigidos por lei, com preterição de formalidades essenciais ou de preferências legalmente estabelecidas.

2. As deliberações nulas são impugnáveis, sem dependência de prazo, por via de interposição de recurso contencioso ou de defesa em qualquer processo administrativo ou judicial.

Por sua vez dispunha o art.º89.º, que:

1. São anuláveis pelos tribunais as deliberações de órgãos autárquicos feridas de incompetência, vício de forma, desvio de poder ou violação de lei, regulamento ou contrato administrativo.

2. As deliberações anuláveis só podem ser impugnadas em recurso contencioso, dentro do prazo legal.

3. Decorrido o prazo sem que se tenha deduzido impugnação em recurso contencioso, fica sanado o vício da deliberação.

Ora, não sendo caso, como vimos, de falta de atribuições da entidade recorrida para a prática do acto contenciosamente impugnado, como vinha alegado pelo recorrente, nem se enquadrando a situação dos autos em qualquer das outras alíneas do citado art.º 88.º, a arguida nulidade do acto terá de improceder.

Improcedendo, em consequência, as conclusões das alegações do MP.

IV - DECISÃO

Termos em que, acordam os juízes deste Tribunal em **negar provimento ao recurso.**

Sem custas, por o recorrente estar isento.

Lisboa, 14 de Junho de 2005.

Fernanda Xavier (Relator)
Alberto Augusto Oliveira
Rosendo José (Vencido)

Recurso n.º 1937/03-12

RAN. CERTIFICADO DO SOLO. NULIDADE.

(Acórdão de 21 de Junho de 2005)

SUMÁRIO:

I – De acordo como artigo 28.º do DL 196/89, de 14.6 as aprovações de utilização pública ou privada dos solos com fins não agrícolas serão obrigatoriamente instruídas, desde o início, com certificados dos solos que se pretendem utilizar, desde que ainda não se encontrem abrangidos por carta da RAN ou por cartas de capacidade de uso dos solos, nem se encontrem nas situações previstas no artigo 7.º.

II – As consequências da falta deste certificado do solo é a nulidade, tal como a falta de parecer favorável da Comissão da RAN para as áreas nela incluídas, por força da remissão do artigo 31.º para o artigo 9.º n.º 1 do DL 196/89.

III – O artigo 7.º do mesmo diploma não estabelece nenhuma distinção em relação aos terrenos em aglomerado urbano, antes exclui da RAN os solos que refere como sendo destinados a expansão urbana e como tal estejam consignados em planos ou áreas de desenvolvimento urbano prioritário, e áreas de construção prioritária plenamente eficazes, isto é que se encontrem em vigor, ou definidas por instrumento legislativo ou regulamentar em vigor em 14.7.89 (alíneas. a) b) e c).

Portanto, não releva para aplicação do DL 196/ /89, a classificação que os terrenos pudessem ter em face da norma do artigo 62.º do DL 794/ /76, de 5.11, como seria o caso de terrenos situados *"em aglomerado urbano"*, visto que tal regime não podia sobrepor-se ao o estabelecido em lei posterior (o DL 196/89) em matéria que esta visava especificamente regular – a defesa dos solos com capacidade agrícola.

ACORDAM EM CONFERÊNCIA NA SECÇÃO DO CONTENCIOSO ADMINISTRATIVO DO STA:

I – RELATÓRIO

O MAGISTRADO DO Ministério Público junto do TAC de Lisboa interpôs recurso contencioso para declaração de nulidade da deliberação da CÂMARA MUNICIPAL DE MOURÃO de 8 de Agosto de 1994 que aprovou a operação de loteamento e obras de urbanização promovidas pela Autarquia, no prédio rústico "Coito Penedo Gordo e Vale de Cães".

Fundamentava o pedido na obrigatoriedade de obter "certificado de classificação de solos" nos termos do DL 196/89, de 14 de Junho, por o prédio não se situar dentro do aglomerado urbano ou da área urbana nos termos das al. d) e e) do art.º 3.º do DL 448/91, de 29.11.

Por sentença de 15.7.2004 foi negado provimento ao recurso com fundamento em que a área do loteamento se inseria no aglomerado urbano, em conformidade com o artigo 62.º do DL 794/76, de 5.11 e 3.º n.º 1 d) do DL 448/91, não existindo violação do artigo 28.º do DL 196/89.

É desta sentença que vem agora interposto recurso.

O EMMP alegou e formulou conclusões em que diz:

– O processo de loteamento sempre haveria de ter sido instruído com o certificado dos solos que se pretendiam utilizar, por a tal obrigar o disposto no artigo 28.º do DL 196/89.

– Com efeito, ou houve lugar à realização de obras de melhoramento das infra-estruturas e nesse caso houve omissão dos mencionados pareceres prévios e vinculativos; ou não houve lugar a tais obras e o terreno em causa não poderia ser considerado integrado em aglomerado, pelo que a operação de loteamento careceria do mencionado "certificado dos solos".

– Por outro lado, ainda que se considere não ter havido violação do mencionado preceito, o que se não concede, sempre se verificaria a nulidade prevista no artigo 56.º n.º 1 al. a) do DL 448/91, de 29.11, uma vez que o parecer expressamente exclui os lotes de reserva, não reflectindo a aprovação da operação de loteamento tal exclusão.

– Ao não ter assim entendido a douta sentença sub judice incorreu em erro de interpretação, tendo violado o disposto no artigo 28.º do DL 196/89 de 14.6 e ainda o disposto no artigo 56.º n.º 1 al. a) do DL 448/91, de 29.11, pelo que deverá ser revogada e substituída por outra que declare a nulidade do acto impugnado.

Colhidos os vistos vemos autos à conferência.

II – A MATÉRIA DE FACTO

A sentença recorrida considerou provados os seguintes factos:

1. A Câmara Municipal de Mourão aprovou por deliberação de 8 de Agosto de 1994 a operação de loteamento e obres de urbanização, promovida pela Autarquia, no seu prédio rústico denominado "Coito Penedo Gordo e Vale de Cães", sito na freguesia e concelho de Mourão (doc. de fls. 5 e Proc. Instrutor).

2. A Comissão de Coordenação da Região do Alentejo emitiu parecer favorável através da informação n.º 138/ /DROT/97-07-07, de 7.7.94, após reanálise do processo na sequência de parecer desfavorável, nele se concluindo: "Na sequência da reunião havida com o Senhor Presidente da Câmara Municipal, em 94.05.03, e em face do pedido de reanálise do processo fundamentado na planta actualizada de infra-estruturas agora enviada, considera-se que a área a urbanizar se insere no aglomerado urbano ao abrigo do DL 794/76 – Lei dos Solos – de 5 de Novembro, com a excepção do n.º de lotes da área de reserva (doc. de fls. 17 a 20 que se dá por reproduzido e proc. instrutor).

3. A Assembleia Municipal de Mourão aprovou a proposta de ratificação do loteamento e obras de urbanização referido em 1, por deliberação de 20.09.95.

4. Em 29.09.93 a A.M. de Mourão aprovara a operação de loteamento e obras de urbanização, referida em 1) sem parecer prévio da CCRA (Proc. Instrutor).

5. Em 2.11.93 a CCRA emitiu parecer desfavorável, propondo-se à CMM o completamento do processo (informação n.º 267-DROT (doc. de fls. 13 e seg. e proc. Instrutor).

6. A CMM pediu a reapreciação do projecto de loteamento com o envio das plantas das infra-estruturas à CCRA (proc. Instrutor) tendo esta então emitido a informação n.º 138-DROT, de 7.7.94, de sentido desfavorável.

III – APRECIAÇÃO

A sentença recorrida considerou que entre o parecer desfavorável da CCRA de 2 de Nov. de 1993 e o parecer favorável da mesma entidade de 29.7.94 a Câmara não realizou quaisquer novas infra-estruturas na área a urbanizar.

Apenas juntou planta actualizada das infra-estruturas existentes, que, no seu entender permitiam considerar a área como inserida no perímetro urbano da Vila de Mourão.

De posse destes novos elementos a CCRA passou a considerar a área enquadrada dentro do próprio aglomerado urbano.

Prosseguiu a sentença: "Mais se conclui no parecer (da CCRA) que em termos de Plano Director Municipal na fase de projecto plano, no domínio das áreas urbanizáveis e perímetros urbanos integra-se o empreendimento nas classes do urbano e uma pequena franja do loteamento – lotes de reserva – no urbanizável".

A sentença considerou, portanto, que era de aceitar a posição da Câmara, tal como fora aceite pela CCRA, de que o prédio de situava em aglomerado urbano, nos termos do artigo 62.º da Lei dos Solos, pelo que o processo de loteamento não tinha de ser instruído com o certificado dos solos.

A sentença concluiu também que como a área não era abrangida por PDM era necessário e foi obtido parecer favorável da CCRA e assim não foi violado o artigo 56.º n.º 1 al. a) do DL 448/91, de 29.11.

A crítica do recorrente à decisão do TAC centra-se em primeiro lugar não tendo havido alterações nas infra-estruturas da área a urbanizar após o parecer desfavorável da CCRA de 2.11.93, o terreno não podia ser considerado integrado em aglomerado urbano, pelo que a operação de loteamento careceria do mencionado certificado dos solos.

Vejamos o regime legal e como enquadrar nele a situação concreta.

O art.º 28.º do DL 196/89 que criou a RAN está inserido no capítulo dos regimes transitórios (capítulo III) e sua Secção II – Zonas não abrangidas por carta da RAN nem por cartas de capacidade de uso dos solos – e tem como epígrafe "obrigatoriedade de certificados de classificação dos solos".

Estatui assim: "Todos os processos de iniciativa pública ou privada para licenciamento de loteamentos urbanos, obras hidráulicas, vias de comunicação, construções de edifícios, aterros, escavações ou quaisquer outras formas de utilização dos solos com fins não agrícolas serão obrigatoriamente instruídos, desde o início, com certificados dos solos que se pretendem utilizar, desde que ainda não se encontrem abrangidos por carta da RAN ou por cartas de capacidade de uso dos solos, nem se encontrem nas situações previstas no artigo 7.º."

Não era aplicável ao caso nenhuma das situações previstas no artigo 7.º.

Dispõe o artigo 31.º que:

"... Às zonas não abrangidas por cartas da RAN nem por cartas de capacidade de uso dos solos é aplicável, com as necessárias adaptações o disposto nos artigos 3.º, 6.º a 11.º e 14.º a 23.º do presente diploma".

E, o artigo 34.º comina de nulidade os actos praticados em violação do disposto no n.º 1 do artigo 9.º.

É disposto pelo n.º 1 do artigo 9.º que.

"Carecem de prévio parecer favorável das comissões regionais da reserva agrícola todas as licenças, concessões, aprovações e autorizações administrativas relativas a utilizações não agrícolas de solos integrados na RAN".

Estes preceitos interpretados em conjunto significam, portanto, que a utilização não agrícola de solos não integrados na RAN nem em cartas de capacidade de uso dos solos carecem obrigatoriamente de um "**certificado do solo**" emitido pela correspondente Direcção Regional de Agricultura (artigo 29.º n.º 1) e à sua falta é aplicável o regime do artigo 9.º n.º 1, que o artigo 34.º considera de ***nulidade***.

Isto porque o artigo 31.º remete como se viu para o artigo 9.º n.º1 em todas as parcelas de território que respeitem a zonas não abrangidas por cartas da RAN ou cartas de capacidade uso dos solos.

Isto é, a falta de pedido do certificado do solo à entidade competente para a respectiva emissão está equiparada à falta do prévio parecer favorável quanto aos efeitos sobre os actos que autorizem o aproveitamento de solos de propriedades rústicas para fins não agrícolas, sendo a diferença a seguinte: se estiverem integradas na RAN é a Comissão da RAN que tem de emitir o parecer a que se refere o artigo 9.º n.º 1 e se não estiverem integradas na RAN, nem definido o seu uso por cartas de uso os solos aprovadas, situações que se pretende venham a cobrir todo o território, então transitoriamente, até que todas as parcelas de território tenham o seu uso definido, tem de ser pedido um "**certificado do solo**" à correspondente Direcção Regional de Agricultura, nos termos do disposto no artigo 29.º n.º 1.

A CMM entendeu, porém, que estas regras não seriam aplicáveis quando o terreno a utilizar para loteamento fosse de considerar como estando enquadrado na previsão do artigo 62.º do DL 794/76, de 5.11, isto é, fosse de considerar "em aglomerado urbano", servido por vias públicas e infra-estruturas urbanísticas.

Porém, o DL 196/89, de 14.6 é posterior ao DL 794/76 e não estabelece nenhuma distinção em relação aos terrenos em aglomerado urbano, antes exclui da RAN os solos que refere no artigo 7.º destinados a expansão urbana como tal consignados em planos e áreas de desenvolvimento urbano prioritário, e áreas de construção prioritária plenamente eficazes, isto é que se encontrem em vigor ou definidas por instrumento legislativo ou regulamentar em vigor à data de 14.7.89 (al. a) ou alguma das situações das alíneas b) e c), que não ocorrem no caso uma vez que não existia plano, nem nenhuma área definida por lei com as características mencionadas em alguma das alíneas do citado artigo 7.º.

Portanto, era inócua e perfeitamente irrelevante a classificação que os terrenos pudessem ter em face da norma do artigo 62.º do DL 794/76, cujo regime não podia sobrepor-se ao o estabelecido no DL 196/89 na matéria especificamente por este regulada para a defesa dos solos com capacidade agrícola.

A sentença recorrida comete, portanto erro de interpretação e aplicação do direito ao considerar que o disposto no artigo 62.º do DL 794/76 se sobrepõe ao disposto nos artigos 1.º; 7.º; 9.º n.º 1; 28.º; 29.º n.º 1; 31.º e 34.º do DL 196/89, de 14 de Junho.

Deve pois, ser revogada.

IV - DECISÃO

Em conformidade com o exposto acordam em conceder provimento ao recurso jurisdicional e revogar a sentença e conceder também provimento ao recurso contencioso, pelo que se declara a nulidade do acto impugnado, deliberação da CMM de 8 de Agosto de 1994 que aprovou a operação de loteamento e obras de urbanização promovidas pela Autarquia, no prédio rústico "Coito Penedo Gordo e Vale de Cães".

Sem custas.

Lisboa, 21 de Junho de 2005.

Rosendo José (relator)
António Madureira
Fernanda Nunes

Recurso n.º 601/05

RESCISÃO. CONTRATO DE CONCESSÃO DE INCENTIVOS FINANCEIROS. ACTO CONTENCIOSAMENTE RECORRÍVEL. HOMOLOGAÇÃO MINISTERIAL.

(Acórdão de 5 de Abril de 2005)

SUMÁRIO:

I – **A rescisão de um contrato de concessão de incentivos financeiros ao abrigo do RIME (Regime de Incentivos às Micro – empresas), mesmo que prevista no clausulado contratual, representa uma sanção aplicável por um acto administrativo destacável.**

II – **As C.C.R., nos termos do Regulamento aprovado pela Resolução do Conselho de Ministros n.º 154/96, detêm competência própria para celebrar contratos de concessão de incentivos e para os rescindir.**

III – **A rescisão, nesse caso, define a situação jurídica do contraente particular e é, por isso, acto definitivo. A homologação da rescisão, de acordo com o art. 20.º, n.º 2 do referido Regulamento, serve apenas para àquela conferir eficácia. Trata-se, assim, de uma simples homologação-aprovação.**

IV – **O acto contenciosamente recorrível é o da rescisão decidida pela C.C.R.**

ACORDAM NA 1ª SECÇÃO DO SUPREMO TRIBUNAL ADMINISTRATIVO

1. RELATÓRIO

ANA CRISTINA MESTRE DE ALMEIDA VITORINO recorreu para este Supremo Tribunal dos despachos de 29/8/01 do Senhor SECRETÁRIO DE ESTADO ADJUNTO DO MINISTRO DO PLANEAMENTO de 30/9/01 e do Senhor SECRETÁRIO DE ESTADO DO TRABALHO E FORMAÇÃO, que homologaram a deliberação da Comissão

Coordenadora da Região de Lisboa e Vale do Tejo, que rescindiu o contrato de concessão de incentivos e aplicou a sanção daí decorrente.

Respondeu o Ministro das Cidades Ordenamento do Território e Ambiente (que sucedeu nas funções exercidas pelas autoridades que proferiram o despacho impugnado), defendendo a extemporaneidade do recurso e a irrecorribilidade do acto.

Foi ouvida a recorrente sobre as excepções.

Respondeu oportunamente, considerando o recurso tempestivo, por só ter sido notificada pessoalmente do acto em 18 de Novembro de 2003. Antes dessa data pode ter sido notificada a sociedade Almeida e Paiva, Lda. mas não a ora recorrente. Defendeu, ainda que o acto era recorrível, dado que de homologação em causa serem administrativos definitivos, susceptíveis de recurso contencioso.

O Ex.mo Procurador – geral Adjunto, neste Supremo Tribunal, emitiu parecer no sentido da improcedência da excepção da extemporaneidade, e do proceder da excepção da irrecorribilidade, invocando neste sentido a jurisprudência deste Supremo Tribunal firmada nos Acórdãos de 12-2-03 (recurso 511/02) e de 4/3/04 (recurso 46275).

Colhidos os vistos legais, é o processo submetido à conferência para julgamento das excepções.

2. FUNDAMENTAÇÃO

2.1. MATÉRIA DE FACTO

Com interesse para julgamento das excepções são relevantes os seguintes factos:

a) a recorrente foi notificada no dia 18 de Novembro de 2003 de que contra si corria processo de execução fiscal, no qual em reversão lhe era exigido o pagamento da importância de € 82.084,34 relativo a "incentivos recebidos" no valor de € 64.822,51 e juros remuneratórios de € 14.600,50 acrescida ainda de juros moratórios;

b) a recorrente é sócia minoritária da sociedade "Almeida e Paiva, Lda", com uma quota de apenas 20.000$00 em 400.000$00, e nunca geriu de facto aquela sociedade;

c) A referida sociedade Almeida e Paiva, Restauração Lda. celebrou em 8 de Julho de 1998 com a Comissão de Coordenação da Região de Lisboa e Vale do Tejo um contrato de concessão de incentivos, ao abrigo do programa RIME, com vista à exploração de um restaurante "take away" de comida chinesa.

d) A referida sociedade foi notificada da rescisão do contrato e de que deveria proceder à devolução dos incentivos em 12-11-2001, na pessoa do sócio João Carlos de Almeida e Paiva, por carta registada com AR, da decisão da CCRLVT e seus fundamentos;

e) A Comissão Regional de Selecção de Lisboa e Vale do Tejo em 6-4-01 decidiu rescindir o Contrato de Concessão de Incentivos, que tinha sido celebrado com a sociedade Almeida & Paiva, Lda.

f) a referida decisão de rescisão foi homologada em 29/8/01 pelo Ex.mo Sr. Secretário de Estado Adjunto da Ministra do Planeamento e em 30/9/2001 pelo Ex.mo Sr. Secretário de Estado do Emprego e Formação.

2.2. MATÉRIA DE DIREITO

São levantadas duas excepções, que obstem ao conhecimento do mérito do recurso: a recorribilidade do acto e a tempestividade do recurso.

i) recorribilidade

A questão da recorribilidade é colocada nos seguintes termos: o acto administrativo recorrível é o acto da Comissão de Coordenação que rescindiu o contrato de concessão de incentivos, ou o acto de homologação dessa rescisão? A homologação da rescisão, neste caso e de acordo com o art. 20.º n.º 2 do Regulamento 154/96, serve apenas para *conferir eficácia* à deliberação da Comissão ou, pelo contrário, configura o *acto definitivo* e, nessa medida lesivo e, consequentemente, recorrível?

No acórdão deste STA, de 30-10-2003, foi apreciada idêntica questão, nos termos seguintes:

"o facto de a rescisão estar prevista no clausulado contratual (cláusula 15ª: fls. 10 dos autos) não significa que, no quadro da execução do contrato, o accionamento desse poder apenas pudesse ser concretizado através de uma declaração negocial.

Com efeito, a circunstância de a rescisão ter sido negociada e assentar num acordo de vontades não retira força autoritária à actuação unilateral da Administração sempre que, em caso de incumprimento ou cumprimento defeituoso por parte do contraente privado, haja necessidade de realizar a sanção.

Porque, afinal, é disso que, verdadeiramente, se trata. A aplicação da "sanção contratual prevista para a inexecução do contrato" (cfr. art. 180.º, al.e), do CPA) leva a considerá-la como fazendo parte dos poderes de decisão unilateral do contraente público mediante acto administrativo impugnável pela via do recurso contencioso (neste sentido, F. Amaral, in Curso de Direito Administrativo, vol.II, pags. 635 e 649 e Direito Administrativo, IV, pags. 284/285; tb.,M. Esteves de Oliveira, in CPA anotado, 2ª ed., pag. 827/828).

Nesta medida, o acto que determina a rescisão (mesmo que prevista na cláusula contratual) diz-se destacável, (neste sentido, ainda, Alexandra Leitão, in Cadernos de Justiça Administrativa, n.º 25, pag. 23/26).

Em suma, é acto administrativo aquele que constitui o objecto do recurso contencioso (neste sentido, entre outros, os Acs. do STA de 21/11/2000, Rec. n.º 46677A; de 03/05/2001, Rec. n.º 045733; de 30/01/2002, Rec. n.º 046135; e de 14/02/2001, Rec. n.º 047543; tb. recentemente, o Ac. do STA/Pleno de 16/10/2003, Rec. n.º 47543/01)).

E será recorrível contenciosamente?

Para a sentença recorrida, não, visto que estava sujeito a homologação ministerial e, portanto, não passaria de acto interno ou preparatório do acto homologatório, esse, sim, definitivo, executório e lesivo.

Vejamos.

O artigo 20.º, n.º 1 do Regulamento de Aplicação do Regime de Incentivos às Microempresas, aprovado pela Resolução do Conselho de Ministros n.º 154/96, o publicado no DR, I série-B, de 17/09/1996, dispõe que «Os contratos podem ser rescindidos pelas comissões de coordenação regional, sob parecer dos coordenadores regionais...».

E o n.º 2 do artigo preceitua que «A rescisão do contrato de concessão de incentivos está sujeita a homologação dos Ministros do Equipamento, do Planeamento e da Administração do Território e para a Qualificação e o Emprego».

Não se deve, porém, olhar para ambos os preceitos dissociados do art. 13.º do Regulamento.

Na verdade, segundo este, às CCR compete:

«(...) b) Celebrar com os promotores os contratos de concessão de incentivos....;

(...) d) Proceder à rescisão dos contratos que lhes seja proposta pelos coordenadores regionais....».

Quer isto dizer que o legislador apenas quis conferir expressamente às Comissões de Coordenação Regional poderes para a prática daqueles actos: celebrar contratos de incentivo e rescindi-los. Trata-se, assim, de uma competência originária, por isso própria, que o legislador a ninguém mais atribuiu.

Qual o sentido, então, da homologação ministerial?

Costumam dar-se à homologação, geralmente, três sentidos diferentes:

1.º A homologação em sentido próprio, que é o acto pelo qual um órgão decisor, porque tem competência para tal, acolhe e se apropria do conteúdo de uma proposta ou parecer, apresentados por entes consultivos e não decisores, convertendo-o em seu. Em tais hipóteses, o acto homologatório será o acto administrativo definitivo e só ele será contenciosamente sindicável.

2.º A homologação – aprovação, que representa o acto pelo qual um órgão exprime um juízo de conformidade relativamente à resolução contida em acto anterior, já definitivo, conferindo-lhe eficácia. A definição do direito dos particulares, agora, é feita desde logo no acto homologado e por isso só este é susceptível de impugnação contenciosa.

3.º A homologação – confirmação, que exprime um juízo de conformidade a um acto executório anterior, mas não definitivo. A definitividade é-lhe apenas conferida pelo acto de homologação.

Observando cada uma destas concepções (apud, F. Amaral, na Revista O Direito, ano 102, pag. 142 e sgs.), concluiremos que o caso sub judice se encaixa na segunda.

A situação jurídica da recorrente foi estabelecida autoritariamente na deliberação de 08/03/2001, entidade competente para o efeito, como se disse. Ficou ali definitivamente decidido, sem sujeição expressa a nenhuma forma de impugnação administrativa necessária, que o contrato seria rescindido.

Esse acto, contudo, não poderia ser posto ainda em execução, isto é, não projectaria imediatamente efeitos lesivos na esfera do interessado até que fosse homologado. Quer isto dizer que a homologação, aqui, tem por finalidade conferir eficácia àquele.

Assim sendo, o acto de homologação – aprovação em apreço não se apresenta recorrível contenciosamente (neste sentido, o Ac. do STA/Pleno, de 27/06/96, in BMJ n.º 455/335 e, especificamente sobre um caso em tudo idêntico ao presente, o Ac. do STA de 12/02/2003, Recurso n.º 0511/02)."

No Acórdão deste Supremo Tribunal de 12/2/2003, recurso 0511/02, é defendida a mesma posição:

"(...)

Claro que, com a necessidade da homologação aprovação, cabe ao Ministro a última palavra em termos de executoriedade, mas essa circunstância não transforma o acto homologatório no acto que define a situação jurídica do interessado e, portanto, no acto que vai interferir na esfera jurídica deste, isto é, não o transforma no acto recorrível.

Sendo assim, a decisão da CCRLVT de rescisão do contrato celebrado com a Recorrente configura-se como um acto definitivo a que apenas faltava capacidade executiva, a qual lhe foi conferida pelo acto de homologação.

Deste modo, só aquela decisão devidamente homologada pode ser configurada como o acto lesivo, isto é, como o acto contenciosamente recorrível e, consequentemente, só esta decisão deveria ter sido impugnada.

Ao não proceder de harmonia com o exposto e ao "reclamar" dessa rescisão homologada para a Autoridade Recorrida e ao recorrer do despacho de indeferimento desta a Recorrente impugnou um acto contenciosamente irrecorrível.

(...)".

Entendemos ser de seguir a orientação acima referida e, portanto, considerar irrecorrível o acto impugnado, uma vez que a homologação feita ao abrigo do art. 20.º, n.º 2 do referido Regulamento 154/96, configura uma homologação/aprovação destinada apenas a conferir ao acto capacidade executiva (eficácia).

A situação enquadra-se, assim, na previsão do art. 129.º, al. a) do CPA – *o acto administrativo tem a sua eficácia diferida, por estar dependente de homologação/ /aprovação.* Nestes casos, o acto sujeito a homologação/ /aprovação é desde logo definitivo, uma vez que a entidade que o proferiu tem competência originária para a sua emissão (definitividade vertical e horizontal), embora só adquira *eficácia* com a homologação/aprovação. Recorrível, como se precisou no último acórdão citado é, no caso, a decisão da Comissão de Coordenação da Região de Lisboa e Vale do Tejo "*devidamente homologada*". Se a homologação, enquanto requisito de eficácia, é o elemento que desencadeia a lesividade do acto, tal significa apenas que sem homologação o acto ainda não é lesivo, ou seja, que sem homologação o acto ainda não é recorrível. Porém, depois de obtida a homologação (homologação/aprovação) o acto homologado ganha todos os atributos da recorribilidade.

Como a recorrente impugnou o *próprio acto de homologação*, e não o acto homologado, temos que concluir que o recurso deve ser rejeitado, uma vez que este acto não definiu a situação jurídica do interessado, não sendo desse modo o acto administrativo que lesou os seus direitos ou interesses legítimos, atributo específico da recorribilidade, face do disposto no art. 268.º, n.º 4.º da Constituição.

A procedência da excepção da recorribilidade, torna inútil o conhecimento da extemporaneidade, impondo-se a rejeição do recurso dada a ilegalidade da sua interposição – cfr. art. 57.º, 4.º do Regulamento do STA.

3. DECISÃO

Face ao exposto, os juízes da 1ª Secção do Supremo Tribunal Administrativo acordam em rejeitar o recurso por irrecorribilidade do acto.

Custas pela recorrente. Taxa de justiça: 250 €. Procuradoria: 50%.

Lisboa, 5 de Abril de 2005.

São Pedro (Relator)
João Belchior
Fernanda Xavier

Recurso n.º 492/04-12

RESERVA DE NÃO ADJUDICAÇÃO. PRINCÍPIO DA LEGALIDADE.

(Acórdão de 7 de Julho de 2005)

SUMÁRIO:

I – Inexiste, hoje, norma jurídica que, em geral, atribua a Administração o poder de, por sua iniciativa, reservar no programa ou no aviso de concurso que resolveu abrir, o direito a não efectuar a adjudicação – como acontecia na vigência do DL n.º 55/95, de 29-03, que no artigo 71.º, n.º 1, al.e), previa que não haveria lugar a adjudicação "quando no programa de concurso exista cláusula de não adjudicação " .

II – Assim, é ilegal por violação do princípio da legalidade consignado nos artigos 266.º, n.º 2, da CRP, e 3, do CPA, a cláusula inserta no edital em publicita o concurso em que uma Câmara Municipal reserva o direito de "não fazer a adjudicação caso a melhor proposta não satisfaça".

ACÓRDÃO

"Classe 86, Formação e Serviços, L.da ", identificada nos autos, recorre da sentença de 17-12-2002, do Tribunal Administrativo do Círculo de Coimbra, que negou provimento ao recurso contencioso que interpusera da deliberação de 1-02-2000, da Câmara Municipal de Torres Novas, que decidiu não adjudicar à recorrente a alienação do espaço aéreo da Central de Camionagem de Torres Novas.

A recorrente apresenta as seguintes conclusões:

1ª – Mal andou a, aliás, douta sentença recorrida, uma vez que o Dec.-Lei n.º 197/99, de 8 de Junho, é aplicável ao caso dos autos, designadamente, quando positiva princípios fundamentais que regem toda a actividade administrativa pré-contratual;

2.º – Mal andou a, aliás, douta sentença recorrida ao não anular o acto recorrido nos termos do artigo 135.º do CPA, dada a sua ilegalidade por violação dos princípios da transparência e publicidade, e da estabilidade do concurso, previstos nos artigos 8.º e 14.º do Dec-Lei n.º 197/ 99, de 8 de Junho, nos termos expostos;

3ª – Mal andou a, aliás, douta sentença recorrida ao não anular o acto recorrido nos termos do artigo 135.º do CPA, dada a clamorosa violação do princípio da justiça de que o mesmo padece, nos termos do artigo 6.º do CPA e do n.º 2 do artigo 266.º da CRP, nos termos expostos;

4ª – Mal andou a, aliás, douta sentença recorrida ao não anular o acto recorrido nos termos do artigo 135.º do CPA, em face da clamorosa ilegalidade de que o mesmo padece por violação do princípio da boa-fé no exercício da actividade administrativa, designadamente pré-contratual, por violação do disposto no artigo 6.º do CPA, 13.º do Dec-Lei n.º 197/99, de 8 de Junho, e do n.º 2 do artigo 266.º da CRP, tudo nos termos melhor expostos;

5ª – O acto recorrido é nulo, nos termos da alínea d) do n.º 2 do artigo 133.º do CPA, por violação do conteúdo essencial dos direitos fundamentais vinculantes da actuação administrativa, nos termos do n.º 2 do artigo 266.º da CRP, bem como do conteúdo essencial dos direitos fundamentais à igualdade, à igualdade no acesso aos cargos públicos, à iniciativa privada e à protecção da actividade económica da Recorrente, nos termos, respectivamente, dos artigos 13.º, 17.º, 18.º, 50.º, n.º 1, 61.º, n.º 1, 80.º, alínea c), e 81.º, alínea c), todos da CRP, conforme exposto.

Não houve contra-alegações.

A Exm.ª Senhora Procuradora Geral Adjunta, a fls. 376, emitiu o seguinte parecer:

"Invocando erro de julgamento por incorrecta aplicação de direito, vem o presente recurso jurisdicional interposto de sentença do TAC de Coimbra que negou provimento ao recurso contencioso de anulação porquanto considerou que o acto recorrido se não mostrava afectado dos vícios que lhe vinham assacados.

Em síntese, nas suas alegações de recurso vem a recorrente contestar a decisão judicial de não aplicação ao caso em apreço do DL 197/99 de 08.06, reiterar a argumentação já desenvolvida em sede de recurso contencioso no sentido da verificação dos vícios imputados ao acto (violação dos princípios da transparência, publicidade, estabilidade, justiça e boa-fé), e invocar a existência de vício gerador de nulidade anteriormente ainda não arguido (violação de conteúdo essencial de direito fundamental).

No que a este último vício respeita, é aceite pacificamente que o tribunal de recurso pode conhecer oficiosamente de vícios que conduzam à declaração de inexistência ou de nulidade do acto impugnado (vide Ac STA de 92.05.96 no rec. n° 34362, nomeadamente), pelo que nada obstaria ao seu conhecimento caso dos autos resultasse a alegada violação de conteúdo essencial dos direitos fundamentais de natureza análoga.

Todavia, os direitos cuja violação a recorrente pretende terem sido violados pelo acto recorrido, por esta mesma caracterizados como princípios estruturantes da actividade administrativa, não integram a categoria de direitos fundamentais constitucionalmente protegidos, sendo antes mera emanação do exercício daquela actividade.

E como se entendeu no acórdão deste STA de 20.06.2001 proferido no rec. n.º 47490 e na jurisprudência no mesmo citada, não se evidenciando no caso qualquer ilegalidade grosseira, imediatamente detectável, as ilegalidades concretamente apontadas ao acto, e traduzidas na violação dos aludidos princípios, não são susceptíveis de gerar nulidade absoluta, mas simples anulabilidade. E conclui, (..) se se consultar o elenco de actos nulos do n.º 2 do artigo 133.º do CPA, pode concluir-se que a violação dos princípios da igualdade, proporcionalidade, justiça, imparcialidade e boa-fé não está aí contemplada.

Acolhendo-se o sentido desta jurisprudência, afigura-se-nos que não procede a conclusão 5ª das alegações.

Tal como nos parece que terão de improceder as conclusões 2ª a 4ª, não que concordemos com a decisão recorrida na parte em que, ao arrepio entendimento acolhido no acórdão deste STA constante de fls 121 a 124 afastou, sem mais, a aplicação ao caso do regime do DL 197/99 de 08.06, na medida em que neste se contém a consagração de princípios constitucionais por que se deve pautar a actividade da Administração, mas porque, na esteira do parecer do Ministério Público junto do tribunal recorrido, não vemos que se possa ter como violado algum dos princípios programáticos concretizados nos preceitos legais naquelas conclusões referenciados.

Nestes termos e louvando-nos no parecer supra referido, somos de parecer que o recurso não merece provimento."

II – A decisão recorrida considerou assente a seguinte matéria de facto:

1 – Por edital oportunamente publicado a Câmara recorrida fez saber que "vai alienar o espaço aéreo da central de camionagem de Torres Novas em regime de propriedade plena".

2 – A recorrente apresentou oportunamente a sua candidatura ao "concurso", tendo sido a única.

3 – Após análise da proposta foi decidido pela comissão de análise que esta passaria à segunda fase para análise do mérito da mesma.

4 – Pela deliberação impugnada foi considerado que a proposta apresentada não satisfazia os objectivos inicialmente definidos pelo Município, pelo que não havia lugar à adjudicação.

5 – Do teor edital referido constava que "a Câmara Municipal reserva-se o direito... de não fazer a adjudicação caso a melhor proposta não satisfaça".

III – A recorrente apresentou as alegações do recurso contencioso a fls. 138 e seg.s, mas não formulou conclusões nem o tribunal a convidou para suprir a falta (cfr. artigo 690.º, n.º 4, do CPCivil, aplicável por força do artigo 67.º § único do RSTA).

A sentença recorrida sintetizou, porém, os termos da questão objecto do recurso contencioso em três parágrafos cujo teor é o seguinte:

"Classe 86 – Formação e Serviços Lda, com sede em Torres Novas, veio recorrer da deliberação da Câmara M. deste Município, de 1.2.2000, "de não adjudicação à recorrente por não satisfazer aquela os objectivos inicialmente definidos pelo Município", alegando violação de diversas normas do DL 197/99 e de diversos princípios atinentes à actividade administrativa, nomeadamente da boa-fé e da transparência no âmbito de um concurso para alienação de um bem promovido pela mesma entidade.

Aquela entidade contestou dizendo que a matéria em causa não está sujeita à jurisdição administrativa por o imóvel a alienar se situar no domínio privado do Município e que a deliberação impugnada não viola qualquer lei ou princípio jurídico.

Em alegações foram mantidos esses entendimentos, após o que o EMMP° emitiu parecer no sentido do não provimento do recurso".

O Sr. Juiz "a quo", apreciando "as ilegalidades arguidas" considerou que a deliberação recorrida não padecia dos vícios de violação de lei arguidos pela recorrente na petição de recurso contencioso, a saber: violação dos artigos 266.º, n.º 2, da CRP (que impõe que a Administração actue de acordo com os princípios da igualdade, da proporcionalidade, da justiça, da imparcialidade e da boa-fé) 6.º (justiça e imparcialidade), 6.º A (boa-fé), do CPA, e 8.º (transparência e publicidade), 13.º (boa-fé) e 14.º (estabilidade do concurso) do DL n.º 197/99. Concluiu-se na sentença recorrida que este último diploma não é aplicável ao caso, pelo que não foram violadas as normas dele constantes; relativamente à violação dos princípios contidos no artigo 266.º n.º 2 CRP e nos artigos 6.º e 6-A, do CPA, conclui-se que não foram violados porque no edital em que publicitou o concurso a Câmara Municipal de Torres Vedras reservou o direito de "não fazer a adjudicação caso a melhor proposta não satisfaça".

Dificultado, embora, pela falta de conclusões, sendo certo que foram aceites as alegações da recorrente contenciosa in totum, há que as interpretar no seu conjunto.

Ora, delas resulta, numa das vertentes do ataque que nelas dirige ao acto recorrido, que a recorrente reporta a violação dos supra referidos princípios à elaboração da cláusula concursal constante do ponto IX do edital junto a fls. 155, concluindo que a mesma, ao arrepio de tais princípios, não contendo os critérios não adjudicação – que não foram publicitados por qualquer outra forma – é, por isso, ilegal o que acarreta a ilegalidade do acto que a aplicou.

Sustenta a recorrente que a referida cláusula de não adjudicação, "em virtude da sua completa indeterminação, põe objectivamente em causa os princípios da transparência, isenção, imparcialidade, igualdade, boa fé e da confiança, assim como o princípio da racionalidade que deve enformar todo o procedimento do concurso", sendo ilegal, por inadmissível, uma vez que "remete a Câmara para o domínio do puro arbítrio, designadamente, como é o caso, quando à sua utilização não se associem quaisquer outros critérios de determinação".

Esse ataque é feito nas alegações do recurso contencioso – ponto B – e nas do presente recurso – ponto 5 e conclusões 1 e 2.

Sendo certo que o Tribunal não está sujeito à alegação das partes quanto à matéria de direito, designadamente quanto ao enquadramento jurídico que fazem dos factos – artigo 664.º, C.P.Civil – será, pois, nesta perspectiva que a sentença recorrida há-de ser apreciada no presente recurso.

O que está em causa é, pois, saber se a cláusula de não adjudicação prevista no ponto IX do edital, que publicita o concurso em causa, e que constitui o único fundamento da deliberação contenciosamente recorrida, é ou não ilegal por violação da lei ou dos princípios gerais aplicáveis aos procedimentos concursais.

Vejamos.

No ponto IX das normas do concurso – edital junto a fls. 153 – dispõe-se, no que para aqui interessa, que a "Câmara Municipal reserva-se o direito de após análise das propostas, levar a cabo negociações com os concorrentes com vista a encontrar a melhor solução ou até de não fazer a adjudicação caso a melhor proposta não satisfaça".

Trata-se pois de uma estipulação introduzida no documento do concurso pela entidade pública que decidiu a ele proceder, salvaguardando o direito de, além do mais, não efectuar a adjudicação.

A recorrente considera, como se viu, tal cláusula ilegal por violação dos princípios gerais da actuação administrativa e dos especiais que presidem ao procedimento concursal, que invoca.

Aberto o concurso com vista a uma adjudicação, a Administração fica, em princípio, constituída no dever de adjudicar verificado que seja a conformidade formal e material das propostas com os requisitos legais e os documentos reguladores do concurso.

Casos há, porém, em que a lei lhe atribui, em certas condições, o poder (ou até a obrigação) de não adjudicar – cfr. artigo 107.º, do DL n.º 59/99, de 2-03, e 57.º do DL n.º 197/99, de 8-06.

Assim, naquele primeiro diploma que disciplina o procedimento administrativo com vista à celebração do contrato de empreitadas de obras públicas, dispõe-se:

Artigo 107.º
Não adjudicação e interrupção do concurso

1 – O dono da obra não pode adjudicar a empreitada:

a) Quando por circunstâncias supervenientes resolva adiar a execução da obra pelo prazo mínimo de um ano;

b) Quando todas as propostas, ou a mais conveniente, ofereçam preço total consideravelmente superior ao preço base do concurso;

c) Quando, tratando-se de propostas condicionadas, ou de projectos ou variantes da autoria do empreiteiro, as condições oferecidas e os projectos ou variantes lhe não convenham;

d) Quando, por grave circunstância superveniente, tenha de proceder-se à revisão e alteração do projecto posto a concurso;

e) Quando haja indícios de conluio entre os concorrentes;

f) Quando todas as propostas ofereçam preço total anormalmente baixo e as respectivas notas justificativas não sejam tidas como esclarecedoras.

2 – ....

Por sua vez, o DL n.º 197/99 – que, revogando o DL n.º 55/95, de 29-03, estabelece o regime de realização de despesas públicas com a locação e aquisição de bens e serviços – dispõe:

Artigo 57.º
Causas de não adjudicação

1-Não há lugar a adjudicação nos seguintes casos:

a) quando todas as propostas apresentadas sejam consideradas inaceitáveis pela entidade competente para autorizar a despesa;

b) quando houver forte presunção de conluio entre os concorrentes, nos termos do artigo 53.

2 – ...

Inexiste, hoje, norma jurídica que, em geral, atribua a Administração o poder de, por sua iniciativa, reservar no programa ou no aviso de concurso que resolveu abrir, o direito a não efectuar a adjudicação – como acontecia na vigência do DL n.º 55/95, de 29-03, que no artigo 71.º, n.º 1, al.e), previa que não haveria lugar a adjudicação "quando no programa de concurso exista cláusula de não adjudicação".

Na verdade, o legislador do DL n.º 197/99, revogando o DL n.º 55/95 e invocando o "objectivo de aperfeiçoar o sistema de garantias para os contratantes "– cfr. ponto 10 do preâmbulo –, configurou de novo as situações que podem conduzir à não adjudicação do que foi posto a concurso, distinguindo, pela primeira vez, as causas de não adjudicação (art.º 57.º), daquelas que conduzem à anulação da adjudicação (art.º 56.º) ou à anulação do procedimento (art.º 58.º).

Assim, relativamente às causas de não adjudicação, até então previstas nas cinco alíneas do n.º 1, do artigo 71.º, do DL n.º 55/95, apenas manteve como tal as duas primeiras ali previstas, restringindo-as às situações de inaceitabilidade de todas as propostas apresentadas e de presunção de conluio entre os concorrentes – cfr. alíneas a) e b), do artigo 57.º.

Em relação às restantes causas de não adjudicação prevista naquela disposição revogada procedeu do seguinte modo:

– as previstas na alíneas c) e d) transformou-as, com alterações de redacção, em causas de anulação do procedimento cuja competência atribuiu à "entidade competente para autorizar a despesa" – al. a) e b), do artigo 58.º;

– a prevista na al. e), que previa que não haveria lugar à adjudicação "quando no programa de concurso exista cláusula de não adjudicação", excluiu-a deixando de consagrar qualquer norma em branco que permitisse à Administração introduzir, por sua livre iniciativa qualquer outra causa que obstasse a que o procedimento concursal não conduzisse à adjudicação.

A intenção de restringir tais situações resulta expressa do ponto 10, al. a), do preâmbulo do DL n.º 197/99, onde se apresenta como justificação o facto de se entender "que quando a entidade adjudicante inicia um procedimento de contratação deve, em princípio, levá-lo até ao fim, a não ser que causas supervenientes de interesse público determinem a sua anulação", o que permite concluir que o afastamento da faculdade, até aí existente, de a Administração, por sua iniciativa, reservar no programa ou no aviso de concurso que resolveu abrir, o direito a não efectuar a adjudicação.

Inexistindo, assim, norma jurídica nesse sentido não é possível, hoje, atento o princípio da legalidade, consagrado nos artigos 266.º, n.º 2, da CRP, e 3.º, do CPA, introduzir uma cláusula desse tipo nos documentos dos concursos abertos pela Administração Pública.

De acordo com este princípio, os órgãos e agentes da Administração Pública só podem agir no exercício das suas funções com fundamento na lei, e dentro dos limites por ela impostos, a qual constitui não apenas um limite a actuação da Administração como também o fundamento da acção administrativa.

Tal significa que não há um poder livre de a Administração fazer o que bem entender, vigorando, antes, a regra de que a Administração só pode fazer aquilo que a lei lhe permite que faça – cfr. Freitas do Amaral, "Direito Administrativo", Lições Policopiadas, Lisboa 1988, vol.II pág. 44 e seg.s, e Esteves Oliveira e outros, "Código de Procedimento Administrativo", volume I, anotação IV ao artigo 3.º.

Assim, na medida em que a lei, embora prevendo as situações de não adjudicação que elenca, não atribui à Administração a faculdade da reserva de não adjudicação, o ponto IX do edital, que publicita o concurso, é ilegal por violação do princípio da legalidade, previsto no artigo 266.º, n.º 2, da CRP, e 3, do Código de Procedimento Administrativo, e o acto administrativo contenciosamente impugnado porque proferido com base em tal estipulação ilegal está, igualmente, inquinado do vício de violação de lei por falta de base legal.

Conclui-se, assim, que a decisão recorrida considerando que a reserva de não adjudicação vazada no ponto IX do edital do concurso, só por si, afasta a ilegalidade do acto contenciosamente impugnado, incorre em erro de julgamento pelo que não pode manter-se.

IV – Nos termos expostos, acordam em conceder provimento ao presente recurso, revogando a decisão recorrida e, concedendo procedente o recurso contencioso, em anular o acto administrativo aí impugnado.

Sem custas.
Lisboa, 7 de Julho de 2005.

Freitas Carvalho (Relator)
Santos Botelho
Adérito Santos

Recurso n.º 352/04-11

REVOGAÇÃO. FIGURAS AFINS. ACTO INCOMPATÍVEL. DESPESA PÚBLICA. AVERIGUAÇÃO DA LEGALIDADE DA DESPESA PÚBLICA.

(Acórdão de 28 de Abril de 2005)

SUMÁRIO:

I – A revogação é um "acto sobre acto" ou "acto secundário", que tem por objecto imediato um acto administrativo anterior, destruindo-lhe os seus efeitos e eliminando-o da ordem jurídica.
II – O acto revogatório é produzido no exercício de um poder decisório e dispositivo sobre uma determinada matéria e no quadro de competências referentes a um certo tipo legal de acto.
III – Não é revogatório, mas *acto incompatível* ou *acto de efeitos incompatíveis* aquele que é praticado por um órgão determinado, no âmbito de competências próprias e específicas, e que se mostra inconciliável ou contraditório nos seus efeitos relativamente a outro tomado anteriormente por outro órgão ao abrigo de competência diferente.
IV – O *acto incompatível* não elimina da ordem jurídica, não destrói, nem suprime os efeitos do acto anterior, senão somente retém ou paralisa a eficácia deste.
V – Não é revogatório do acto do Director da DGCI que, no âmbito da sua competência em *matéria de recursos humanos*, manda pagar o acréscimo salarial de 30 pontos percentuais a certo funcionário que designou para chefiar uma Equipa de Recuperação de Créditos, nos termos do art. 10.º, n.º 3, do DL n.º 18/90, de 7/06, na redacção do DL n.º 42/97, de 7/12, o acto da Director da Direcção Geral do Orçamento que, na esfera da sua competência para o *controle e fiscalização das despesas públicas*, procede à *verificação* de que aquele pagamento é indevido e, consequentemente, nega autorização para o pagamento dessa despesa.

ACORDAM NA 1ª SUBSECÇÃO DA 1ª SECÇÃO DO STA

I - RELATÓRIO

José Luís Correia Costa, Subdirector Tributário do quadro de pessoal da Direcção Geral de Impostos, recorre jurisdicionalmente do acórdão do TCA que negou provimento ao recurso contencioso em que era recorrido o **Secretário de Estado do Orçamento** de 18/11/99, o qual, em recurso hierárquico, manteve a decisão da 3ª Delegação da Direcção Geral do Orçamento (DGO) que consistiu em determinar o não pagamento do abono de 30 pontos indiciários que lhe haviam sido concedidos pelo Director Geral das Contribuições e Impostos.

Nas alegações respectivas, concluiu:

«*a*) Por despacho do Sr. DGCI de 16-06-98 publicado no DR. II Série de 22-09-98 foi o recorrente, subdirector Tributário, designado para Coordenar a Equipa de Recuperação de Créditos 1 da Divisão de Serviços de Justiça Tributária da DGCI e autorizado a receber o abono nos termos do artigo 10.º do DL 187/90 na redacção do DL 42/97 de 7-2.

b) Todavia, a 3ª Delegação da Direcção-Geral do Orçamento decidiu não haver lugar àquele processamento, por decisão que foi dada a conhecer ao recorrente em 18-10-99.

c) Entendeu o douto Acórdão ora sob recurso que, ao contrário do sustentado pelo recorrente, a 3ª Delegação da DGO ao considerar inaplicável no caso a majoração indiciária prevista no art. 10.º do DL 187/90, não produziu a revogação do acto do Sr. DGCI porquanto as funções cometidas à DGO limitam-se à verificação da legalidade do abono, não invadindo o núcleo da competência do Sr. DGCI em matéria de recursos humanos.

d) Concluiu o douto Acórdão "quo" que podendo resultar incompatibilidade prática entre o conteúdo dos actos administrativos, não existe, apesar disso, revogação uma vez que foram praticados no exercício de competências diversas.

e) Ora, entende o recorrente, ao contrário do assim decidido, que a decisão da D.G.O, revogou (implicitamente) o acto do Sr. DGCI é fê-lo após este último se ter consolidado na ordem jurídica pelo decurso do mais dilatado prazo de recurso (1 ano) e com ofensa do art. 141.º, n.º 1 do CPA.

f) Aliás, sustentando, de igual modo, a tese da revogação implícita do acto do Sr. DGCI pela decisão da 3ª Delegação da DGO já se pronunciou em caso idêntico esse Meritíssimo STA através do Ac. proferido em 25-09--2001 rec. n.º 47616.

g) Na verdade, a não se entender assim, o princípio da segurança jurídica que está na base de irrevogabilidade dos actos, ainda que inválidos, após o decurso do mais dilatado prazo de recurso (1 ano) cairia por terra uma vez que mesmo decorrido tal prazo pudessem ficar sem efeito os actos consolidados por força da intervenção de uma outra Entidade Administrativa com competência de fiscalização da respectiva legalidade.

h) Assim, o douto Acórdão "*a quo*" ao negar provimento ao recurso interposto pelo recorrente por considerar que a decisão da 3ª Delegação da DGO, mantida pelo despacho contenciosamente recorrido, não revogou implicitamente o anterior despacho do Sr. DGCI, errou nos seus pressupostos de facto com violação do arfo 141 n.º 1 do CPA uma vez que o acto do Sr. DGCI (ainda que inválido como já decidiu esse Meritíssimo STA em anterior Acórdão) já se tinha consolidado na ordem jurídica pelo decurso do mais longo prazo de recurso quando se deu a sua revogação (implícita) por decisão da 3ª Delegação da Direcção-Geral do Orçamento».

***

Alegou, igualmente, a entidade recorrida, sustentando a confirmação do acórdão recorrido.

O digno Magistrado do MP opinou no sentido do provimento do recurso.

II – OS FACTOS

O acórdão impugnado deu por assente a seguinte factualidade:

«*a*) Por despacho do Sr. DGCI de 16-06-98, publicado no DR, II, n.º 219, de 22-09-98, foi o Recorrente, subdirector tributário, designado para coordenar a Equipa de Recuperação de Créditos 1, da Divisão de Serviços de Justiça Tributária da DGCI e autorizado a receber o "abono nos termos do artigo 10.º do DL n.º 187/90 de 7/6, com a nova redacção que lhe foi dada pelo artigo 2.º do DL n.º 42/97, de 7/2".

2 – Todavia, a 3ª Delegação da Direcção-Geral do Orçamento decidiu "*não haver lugar ao processamento dos 30 pontos indiciários a que se refere o artigo 1.º do DL 187/90 de 7/6, com a nova redacção que lhe foi dada pelo artigo 20 do DL 42/97, de 7/2*".

3 – O Recorrente dirigiu ao Ministro das Finanças um recurso hierárquico relativamente à decisão referida em 2 – documento de fls. 46/50.

4 – Por despacho de 18-11-99, cujo teor é "*Concordo, nos termos e com os fundamentos expostos na informação*", o SEO indeferiu o recurso hierárquico referido – documento de fls. 8/13, que se dá por inteiramente reproduzido».

Nos termos do art. 712.º do CPC, adita-se ainda a seguinte materialidade:

5 – Do despacho referido em 4, o recorrente interpôs recurso contencioso, tendo logrado obter provimento por acórdão do TCA de 6/06/2002, com fundamento na violação do art. 10.º do DL n.º 187/90, de 7/06 (fls. 91/97).

6 – Em sede de recurso jurisdicional interposto pela autoridade recorrida, porém, tal aresto viria a ser revogado e ordenada a baixa para conhecimento dos restantes vícios inicialmente invocados (fls. 124/131).

7– É do acórdão então proferido (fls. 141/144) que ora vem interposto o presente recurso jurisdicional.

III – O DIREITO

O douto aresto sob censura conheceu, por esta ordem, dos vícios de *revogação ilegal de acto administrativo* constitutivo de direitos e de *incompetência do* seu autor.

Para mais rapidamente compreendermos os contornos da discórdia, recordemos o núcleo da matéria factual aqui relevante.

O recorrente, subdirector tributário, fora designado pelo Director da DGCI para coordenar uma Equipa de Recuperação de Créditos I, da Divisão dos Serviços de Justiça Tributária da DGCI em 16/06/98. E, por causa dessas funções, foi autorizado pelo mesmo Director a receber o abono de um acréscimo salarial de 30 pontos indiciários a adicionar ao índice do escalão que detinha na respectiva categoria.

Todavia, a 3ª Delegação da Contabilidade Pública, por despacho da respectiva Directora de 18/10/99, determinou o não pagamento do referido acréscimo, o que o Secretário de Estado do Orçamento confirmou através da decisão do recurso hierárquico.

Pois bem. Para o recorrente, esta determinação constituiria uma revogação ilegal do despacho, válido e constitutivo de direitos, do Director da DGCI de 16/06/98, o que representaria a violação do art. 140.º, n.º1, al. b) do CPA. Por outro lado, traduziria revogação ilegal do mesmo despacho, por ter sido tomada mais de um ano depois daquele, em infracção, neste ponto, ao disposto no art. 141.º, n.º 1, do CPA.

O acórdão recorrido não acolheu a tese propugnada pelo recorrente. E bem, em nossa opinião.

Na verdade, a revogação define-se como o acto administrativo que se destina a extinguir, total ou parcialmente, os efeitos de outro acto administrativo anterior, fazendo-o desaparecer da ordem jurídica e, por isso, pertence à categoria de *acto sobre acto* ou "acto secundário". Isto é, o objecto da revogação é sempre um acto administrativo concreto.

Ora, o acto contenciosamente impugnado não foi produzido com vista à destruição do acto do Director da DGCI. Não se debruçou sobre ele, não o ponderou substantivamente, não o teve, enfim, como objecto imediato. Portanto, não foi um *acto sobre acto,* nem um "acto secundário" no sentido acima exposto.

Por outro lado, é preciso não confundir a revogação com outras "figuras afins", nomeadamente com o *acto incompatível* ou acto de *efeitos incompatíveis* com acto administrativo anterior.

Enquanto na revogação, o *acto revogatório* é produzido no exercício de um poder decisório e dispositivo sobre uma determinada matéria e no quadro de competências referentes a um certo tipo legal de acto, seja no plano horizontal (v.g., quando é o autor do acto a revogá-lo), seja em plano superior (v.g., quando o superior hierárquico o revoga: art. 174.º, n.º1, do CPA), no *acto incompatível* as coisas passam-se de maneira diferente, porque o objecto é agora colocado sobre matéria e competência diversas (a propósito de actos incompatíveis tomados no exercício de competências diferentes, mas que afastam a figura da revogação: Freitas do Amaral, *Curso de Direito Administrativo, II*, pag. 428).

Por isso, se entre um acto e outro posterior não existe esse elo ligante relativo à matéria sobre que versa e à competência do seu autor, não se pode dizer que o segundo destrua o primeiro. Na verdade, este não é eliminado da ordem jurídica e o que dele se perde é somente a sua força para se impor no mundo jurídico. Porque o *acto incompatível* não suprime os efeitos do acto anterior, ele é simplesmente um "acto obstáculo". Consequentemente, o acto anterior não fica destruído, senão somente "retido" ou "paralisado" na sua eficácia (a prova de que o acto anterior não está destruído e de que permanece reactivável está na circunstância de, anulado ou revogado o acto incompatível, ele poder voltar a ficar actuante nos seus efeitos).

Ora, o exercício funcional, neste caso, do Director da DGCI (recorde-se, de designar a chefia de uma equipa de trabalho e de atribuir um acréscimo salarial de tipo indiciário) inscreve-se numa competência própria de *gestão dos recursos humanos* e *materiais*, incluindo algum aspecto concreto em matéria de serviço ou de ordem remuneratória (cfr. n.º 17, mapa II, anexo ao DL n.º 323/89, de 26/09, então em vigor) e é diferente do exercício da competência da Direcção Geral do Orçamento, orientada para *funções de fiscalização* e *controle da legalidade das despesas públicas* (art. 16.º do DL n.º 158/96, de 3/09 – Lei orgânica do Ministério das Finanças – e art. 1.º, n.º 2, do DL n.º 344/98, de 6/11 –

Lei Orgânica da Direcção Geral do Orçamento, antiga Direcção Geral da Contabilidade Pública; sobre o assunto e sobre as fases de uma despesa pública, SOUSA FRANCO, *Finanças Públicas e Direito Financeiro*, I, Almedina, pag. 433/434).

A decisão da DGO visou somente exercitar uma competência própria e específica em matéria de legalidade de uma despesa pública, cuja realização outrem tinha autorizado. Se é sabido que um processo de realização de despesa se desenvolve em seis fases (*autorização para a realização da despesa; processamento; verificação; liquidação; autorização para o pagamento e pagamento*), é preciso que se tome por certo que o pagamento seja devido, se por *indevido* se tem o *pagamento* feito contra a lei ou regulamento (SOUSA FRANCO, *ob. cit.*, pag. 485; JOSÉ TAVARES E LÍDIO MAGALHÃES, in *Tribunal de Contas*, pag. 135), ou efectuado sem motivo fundado. Ou seja, para cada caso é preciso ver se há *causa normativa* para a despesa, mas também se há *causa material* para ela (pois pode acontecer que o pagamento ocorra sem objecto justificativo, sem causa real, por não se ter adquirido o bem ou por não ter sido prestado o serviço, por exemplo).

Ora, esta fase de *verificação*, em que é feita a avaliação da legalidade da despesa, não pode deixar de ser efectuada pelo órgão competente. E, neste caso, era o Director da Delegação da Direcção Geral do Orçamento, que, após ter chegado à conclusão de que era indevido o pagamento (por a despesa atentar contra a lei) recusou a respectiva autorização pelo despacho de 20/09/99, consubstanciado no ofício de fls. 9 dos autos.

Dito isto, de todo se mostra inócua a arguição feita pelo recorrente de que o *princípio da segurança jurídica* – que alegadamente está na base da irrevogabilidade dos actos após o prazo de um ano – se encontra ferido ou "caído por terra". Na verdade, tal princípio, devidamente adaptado à incompetência "*ratione temporis*", só relevaria num quadro revogatório, o que aqui, como se viu, não sucede.

E, portanto, se não podemos falar no caso em apreço de revogação, o acto sindicado nunca poderia ter violado os artigos 140.º e 141.º do CPA. Andou bem, pois, o aresto recorrido nesta parte.

Como o recorrente nas alegações de recurso jurisdicional, e respectivas conclusões, preferiu alvejar o acórdão recorrido na parte relativa à apreciação do vício de *revogação ilegal*, omitindo qualquer referência ao vício de *incompetência* inicialmente invocado, assim o abandonando, deste não tomaremos conhecimento.

IV – DECIDINDO

Face ao exposto, acordam em negar provimento ao recurso jurisdicional, confirmando o acórdão recorrido.

Custas pelo recorrente.

Taxa de justiça: € 300 (trezentos euros)

Procuradoria: € 150 (cento e cinquenta euros).

Lisboa, 28 de Abril de 2005.

Cândido de Pinho (Relator)
Azevedo Moreira
Pais Borges

Recurso n.º 1233/04-11

Já com as alterações constantes do acórdão rectificativo de 11/05/2005.

TÉCNICO OFICIAL DE CONTAS. PROCESSO DISCIPLINAR. DIREITO DE AUDIÊNCIA E DEFESA.

(Acórdão de 14 de Junho de 2005)

SUMÁRIO:

I – Processo disciplinar regulado no DL. n.º 452/99, de 5 de Novembro, tem estrutura acusatória.

II – Sob pena de violação do direito de audiência e defesa – art. 32.º/10 da Constituição da República Portuguesa – o instrutor do processo, que deduziu a acusação e elaborou o relatório final – está impedido de tomar a decisão final, na qualidade de membro do Conselho Disciplinar da Câmara dos Técnicos Oficiais de Contas.

ACORDAM NA SECÇÃO DO CONTENCIOSO ADMINISTRATIVO DO SUPREMO TRIBUNAL ADMINISTRATIVO

1. RELATÓRIO

F(..), já identificado nos autos, intentou, no Tribunal Administrativo do Círculo de Lisboa, recurso contencioso de anulação do Acórdão n.º 59/01, do Conselho Disciplinar da Câmara dos Técnicos Oficias de Contas, proferido a 12 de Outubro de 2001, que lhe aplicou a pena disciplinar de multa no valor de € 1 246, 49 (mil, duzentos e quarenta e seis euros e quarenta e nove cêntimos).

Por sentença de 15 de Novembro de 2004, do 1.º Juízo do Tribunal Administrativo e Fiscal de Lisboa, foi concedido provimento ao recurso e declarado nulo o acto administrativo impugnado.

1.1. Inconformado, o Conselho Disciplinar da Câmara dos Técnicos Oficiais de Contas, recorre da decisão judicial para este Supremo Tribunal apresentando alegações com as seguintes conclusões:

3.1. Só há recurso à analogia nos casos em que a lei não preveja determinadas situações.

3.2. No caso dos autos, o ETOC não tem qualquer omissão na regulação do procedimento disciplinar, pelo que o Tribunal "a quo" não podia recorrer à analogia, para assim justificar a aplicação do previsto nos arts. 40.º e 41.º, n.º 3, do C.P.P.

3.3. Deste modo, a sentença recorrida deve ser revogada, por o Acórdão proferido pelo recorrente não ter violado aquelas disposições legais.

3.4. Por outro lado, os n.os 5 e 10 do art. 32.º da CRP, que apenas se aplicam ao processo criminal e de mera ordenação social, apenas impõem que naqueles processos seja respeitado o princípio do contraditório e os direitos de audição e de defesa do arguido.

3.5. Como se pode ver do procedimento administrativo/disciplinar junto aos autos, o recorrente respeitou aquele princípio de direito do recorrido, pelo que, ainda que aquelas disposições constitucionais fossem de aplicar ao caso dos autos, o recorrente tê-las-ia respeitado.

3.6. Por último, deve referir-se que a decisão em processo disciplinar faz parte integrante do exercício do poder disciplinar, que, obrigatoriamente, tem de ser precedida do respectivo procedimento, que garanta ao prevaricador o contraditório.

3.7. A decisão em processo disciplinar não é uma diferente fase processual, como acontece em processo penal entre a fase de instrução, que termina com a decisão instrutória, e a fase de julgamento, que termina com a sentença.

3.8. Releva-se que, nos termos do art. 40.º do C.P.P., só está afastado de participar na fase de julgamento o juiz que tenha presidido ao debate instrutório e tomado decisão de pronunciar o arguido.

3.9. O vogal do recorrente, que também foi instrutor do procedimento disciplinar, não tomou qualquer decisão anterior àquela que foi objecto de recurso contencioso, pelo que o princípio da imparcialidade não foi violado pelo recorrente.

3.10. Por quanto alegado, deve ser revogada a sentença recorrida.

1.2. Contra-alegou o recorrente contencioso, concluindo:

1. Atenta a matéria de facto dada como provada, o processo disciplinar instaurado ao recorrente é nulo, nos termos do art. 133.º, n.º 2, d) do Código do Procedimento Administrativo (CPA), por violação do direito fundamental do arguido a um processo imparcial, nos termos do art. 32.º, n.º 5 e 266.º, n.º 2 da CRP, não podendo o instrutor ser simultaneamente julgador e técnico de contas, tal como também já entendeu o Exm.º Provedor de Justiça.

2. Aos Tribunais Administrativos compete unicamente apreciar a legalidade do processo e sanções disciplinares aplicados pela Administração Pública, e não substituir-se à Administração na aplicação de penas disciplinares.

3. Nos termos da estrutura acusatória do processo penal português, consagrada na Constituição da República, o agente intervém na instrução de um processo disciplinar, não pode julgar esse mesmo processo, sob pena de atingir o núcleo fundamental da garantia constitucional prevista no art. 32.º, n.º 5 da CRP.

1.3. O Exm.º Magistrado do Ministério Público emitiu o seu douto parecer nos seguintes termos.

"A sentença sob recurso declarou a nulidade do acórdão n.º 59/01, do Conselho Disciplinar da Câmara dos Técnicos de Contas, proferido a 12 de Outubro de 2001, nos termos do qual foi aplicada ao ora recorrido a pena disciplinar de multa de € 1 246,49.

Para tanto, tendo sido apurado que o instrutor do procedimento disciplinar integrara o colectivo do Conselho Disciplinar que aplicou a referida pena disciplinar de multa, conclui a sentença que tal facto fulminaria de nulidade o acórdão contenciosamente recorrido "por violação do conteúdo de direitos fundamentais que foram, no caso concreto e por se tratar de uma decisão disciplinar sancionatória, a imparcialidade do julgador e o princípio da presunção de inocência".

Insurgindo-se contra a decisão proferida, vem o recorrente defender em sede de recurso que o Estatuto da CTOC não tem qualquer omissão no regulamento do procedimento disciplinar, pelo que não seria admissível o recurso à analogia e, por via disso, a aplicação do previsto no art. 40.º do CPP, o mesmo se dizendo quanto aos n.ºs 5 e 10 do art. 32.º da CRP, por apenas se aplicarem ao processo penal e de mera ordenação social, rematando por afirmar que não teria ocorrido violação do princípio da imparcialidade já que o instrutor do procedimento disciplinar não teria tomado "qualquer decisão anterior àquela que foi objecto do recurso contencioso".

Vejamos.

Muito embora se acompanhe o recorrente quando entende que não haverá lugar ao apelo que foi feito na sentença às normas relativas ao processo penal e às garantias de processo criminal consagradas no art. 32.º da Constituição da República, uma vez que no caso a decisão sancionatória recorrida foi proferida no âmbito de um procedimento administrativo, que por ser uma realidade distinta do processo penal está submetida a princípios estruturantes com acolhimento em ordenamento diverso, qual seja o do Código de Procedimento Administrativo e com expressão constitucional no art. 266.º da CRP, a verdade é que se nos afigura que o acórdão proferido pelo Conselho Disciplinar da CTOC viola o principio da imparcialidade, como se decidiu na sentença, já que um dos membros desse órgão decisor foi o instrutor do procedimento disciplinar respectivo.

Na verdade, nos artigos 59.º a 84.º do Estatuto da CTOC (DL n.º 42/99, de 5 de Novembro), mostra-se configurada para o procedimento disciplinar uma estrutura acusatória, em que se verifica uma nítida separação de competências dos órgãos instrutor e decisor, tendo o primeiro a seu cargo proferir o despacho de acusação (art. 74.º) e o segundo a realização do pertinente julgamento (artigo 79.º).

Com essa separação de competências, o Estatuto, a nosso ver, assumiu como valor essencial do procedimento disciplinar sancionatório a salvaguarda dos direitos e liberdades individuais dos arguidos através da consagração duma tramitação que tem por objectivo impedir a interferência ou colisão de diferentes poderes funcionais (instrutores versus decisores), partindo da consciência de que essa confusão pode colocar em causa a transparência e a imparcialidade da decisão administrativa, princípios estes com particular relevância nos procedimentos sancionatórios.

Ora, "in casu", a reunião na mesma pessoa da qualidade de instrutor e de membro do colectivo do Conselho Disciplinar que aplicou a sanção disciplinar debilita, por si só, o conteúdo essencial da posição jurídica do ora recorrido, desse modo afectando o seu direito a um procedimento justo, isento e imparcial, o que consubstancia violação do princípio da justiça e imparcialidade previsto no art. 6.º do CPA e com consagração constitucional no artigo 266.º, n.º 2 da CRP.

Termos em que se é de parecer que o recurso deverá ser improvido, mantendo-se, em consequência, a decisão recorrida, com a alteração da sua fundamentação de acordo com o que acima se explanou".

Colhidos os vistos legais, cumpre decidir.

2. FUNDAMENTAÇÃO

2.1. OS FACTOS

Na sentença recorrida foram dados como provados os seguintes factos:

A. O recorrente é técnico oficial de contas inscrito na Câmara dos Técnicos Oficiais de Contas.

B. A 27 de Julho de 1994 foi celebrado um contrato, entre a "Fagel – Fiscalização, Administração e Gestão de Empresas, Lda" e a sociedade "Titonho – Sociedade de Produtos Alimentares, Lda", no qual a primeira outorgante se obrigava a "proceder à elaboração da contabilidade da segunda outorgante e orientar os seus serviços nos termos legais e a ter em boa ordem funcional todos os elementos de contabilidade que a segunda outorgante lhe forneça.

C. Da certidão de matrícula n.º 1516, emitida a 12 de Dezembro de 2000, pela Conservatória de Registo Comercial da Amadora, respeitante à "Fagel – Fiscalização, Administração e Gestão de Empresas, Lda", consta como sócio maioritário e gerente, com capacidade para obrigar a sociedade, Manuel José da Costa, ora recorrente.

D. A 10 de Novembro de 1995 a sociedade "Titonho – Sociedade de Produtos Alimentares, Lda" enviou carta registada à "Fagel – Fiscalização, Administração e Gestão de Empresas, Lda", rescindindo o contrato supra identificado no ponto B., a partir do dia 31 de Dezembro de 1995 e solicitando a entrega do "fecho do ano de 1995".

E. Em data que não se pode apurar, o Ilustre Mandatário da sociedade "Fagel – Fiscalização, Administração e Gestão de Empresas, Lda" enviou à "Titonho – Sociedade de Produtos Alimentares, Lda", uma carta na qual era alegado que a primeira era credora da segunda em esc. 840 000$00 e que após se encontrar um acordo de pagamento da referida quantia, a segunda faria a entrega imediata dos documentos retidos ao abrigo do art. 734.º do CC.

F. A 16 de Dezembro de 1996, o recorrente recebeu o duplicado de uma notificação judicial avulsa, tendo-se recusado a assiná-la, na qual era intimada a que procedesse à entrega imediata de todos os documentos relativos à contabilidade de 1995 da "Titonho – Sociedade de Produtos Alimentares, Lda" que se encontrassem na sua posse, e em cujo articulado era referido o seguinte:

"8.º A situação da requerente tem-se tornado insustentável pois que para realização da contabilidade do ano de 1996 são necessários vários elementos referentes ao ano de 1995, os quais a requerente não dispõe devido à atitude do ora requerido.

9.º Por outro lado, o Balanço anual referente a 1995 deveria ter sido entregue na Repartição de Finanças até 30 de Março de 1996, o que não aconteceu por estar nas mãos do Sr. Manuel Costa".

G. A 18 de Novembro de 1999, a "Titonho – Sociedade de Produtos Alimentares Lda" apresentou queixa do recorrente ao Conselho Disciplinar da Associação dos Técnicos Oficiais de Contas alegando a retenção dos documentos referentes ao exercício de 1995.

H. A 14 de Dezembro de 1999, foi enviada ao recorrente por carta registada com aviso de recepção, em folha de timbre da Câmara dos Técnicos Oficiais de Contas e assinada pelo instrutor do processo, Dr. Gonçalves Coelho, a notificação de que lhe tinha sido instaurado o processo disciplinar n.º 42/99, na sequência de denúncia apresentada por "Titonho – Sociedade de Produtos Alimentares Lda", mencionando os fundamentos da mesma (cf. Ponto G) supra) e que poderia no prazo de oito dias responder às acusações.

I. A 24 de Março de 2000, foi elaborada pelo Dr. Gonçalves Coelho, instrutor do processo disciplinar n.º 42/99, nota de culpa contra o recorrente, cujo teor se dá aqui por integralmente reproduzido e do qual se retira o seguinte:

"EM CONCLUSÃO:

Atento o carácter público das funções atribuídas ao Técnico Oficial de Contas, o elenco das suas funções específicas – tal como estão caracterizadas no art. 6.º do Estatuto, o comportamento ilícito de V.Exª, pela sua gravidade e consequências, colocou o contribuinte não só numa situação de incumprimento perante a Administração Fiscal como atrasou a feitura da contabilidade, pelo que não pode a Câmara dos Técnicos Oficiais de Contas contemporizar com atitudes e procedimentos como os ora descritos (...)".

J. No relatório final do processo disciplinar, datado de 1 de Outubro de 2001, foi considerado provado que o recorrente reteve a documentação contabilística da sociedade "Titonho – Sociedade de Produtos Alimentares Lda" do exercício de 1995, recusando-se a entregá-la, tendo-se concluído nos seguintes termos:

"O arguido retém documentação contabilística da firma Titonho – Sociedade de Produtos Alimentares Lda", situação que viola o disposto nos arts. 19.º, n.º 1 e 21.º, n.º 1, al. b), ambos do Estatuto dos TOC, aprovado pelo Decreto-lei n.º 265/95, de 17/10, entretanto revogado pelo Decreto-lei n.º 452/99, de 05/11, mas com idêntica redacção nos artigos 52.º, n.º 1 e 54.º, n.º 1, al. b) do Estatuto da CTOC, assim como o art. 16.º do Código Deontológico, sendo ainda susceptível de consubstanciar o crime de abuso de confiança previsto no art. 205.º do Código Penal, o que constitui infracção disciplinar prevista no artigo 26.º e punida pelo art. 27.º, ambos do Estatuto da CTOC.

6. PROPOSTA

Considerando que:

a) se trata de infractor primário;

b) o arguido não colaborou no decurso da instrução do processo; e

c) a matéria da acusação assume gravidade acrescida por não permitir que outro colega prossiga normalmente o trabalho de processamento contabilístico proponho a aplicação de pena de multa de 250 000$00

O INSTRUTOR DO PROCESSO

(António Lino Gonçalves Coelho)"

K. A 12 de Outubro de 2001, foi lavrado acórdão pelo Conselho Disciplinar da Câmara dos Técnicos Oficias de Contas, composto pelo presidente, Dr. António Joaquim Pereira Silvão, e dois vogais, Dr. António Lopes Marques e Dr. António Lino Gonçalves Coelho, no qual se decidiu a aplicação ao recorrente da pena disciplinar de multa no valor de esc. 250 000$00 (€ 1 246,49), invocando a aplicação dos arts. 59.º, n.º 2, 63.º, n.º 1, al. b) e 64.º, n.º 2 e 66.º, n.º 2 do Estatuto dos Técnicos Oficiais de Contas, e do qual se realça o seguinte:

"II – OS FACTOS

Na sequência das diligências probatórias levadas a cabo e de acordo com o relatório final, apurou-se que o Técnico Oficial de Contas n.º 13 091 era responsável pela prática dos seguintes factos disciplinarmente relevantes:

1.º A "Titonho, Lda" contratou os serviços de contabilidade com a firma "Fagel – Fiscalização, Administração e Gestão de Empresas, Lda", adiante designada "Fagel, Lda", na qual – em 1995 – era sócio gerente Manuel José da Costa, com uma quota de 400 000$00, obrigando-se a sociedade com a assinatura de qualquer dos sócios (...)

2.º Acto continuado, tem vindo a recusar desde que deixou de exercer funções – 31 de Dezembro de 1995 – a entrega da documentação pertencente à firma "Titonho, Lda".

V. CONCLUSÃO

A retenção de documentação contabilística merece censura disciplinar, porquanto, consubstancia um comportamento inadmissível que prejudicou o contribuinte – que teve de pagar multa pela falta de entrega da declaração de 1995 – e não cumpriu com as suas obrigações fiscais, bem como a Administração Fiscal, que não pôde ter acesso aos documentos que pretendia e não pôde arrecadar as receitas devidas.

Este comportamento de forma alguma se coaduna com as funções de natureza pública reconhecidas ao Técnico Oficial de Contas, o que se por um lado constitui o reconhecimento oficial da importância da profissão, confere-lhe, por outro, um acréscimo de responsabilidade perante a sociedade em geral e, em particular, perante a Administração Fiscal.

O arguido violou o disposto no art. 19.º, n.º 1 do Estatuto (aprovado pelo Dec.Lei n.º 265/95, e 17 de Outubro, adiante designado Estatuto de Associação), com idêntica redacção no art. 52.º, n.º 1 do Estatuto dos Técnicos Oficiais de Contas (aprovado pelo Dec.Lei 452/ /99, de 5 de Novembro, adiante designado de Estatuto da Câmara) infringindo o "dever de contribuir para o prestígio da profissão, desempenhando consciente e diligentemente as suas funções e evitando qualquer actuação contrária à dignidade da mesma".

Violou o art. 21.º, n.º 1, alínea b) do Estatuto da Associação com idêntica redacção no art. 54.º, n.º 1, al. b) do Estatuto da Câmara "Nas suas relações com as entidades a quem prestem serviços, constituem deveres dos Técnicos Oficiais de Contas: (...) Abster-se de qualquer procedimento que ponha em causa tais entidades"

Assinalem-se manobras dilatórias do TOC que em nada contribuíram para esclarecer a verdade material dos factos, apenas tiveram o efeito de arrastar este processo além do que era desejável e, como tal, foi tido em consideração na determinação do valor da pena de multa".

2.2. O DIREITO

No caso em apreciação, a sanção punitiva foi aplicada ao arguido com precedência de um processo disciplinar, regulado pelo DL n.º 452/99, de 5 de Novembro, no qual o instrutor nomeado, que deduziu a acusação, realizou as diligências de prova e elaborou o relatório final, propondo a pena a aplicar, participou também no julgamento do processo, na qualidade de membro do conselho disciplinar da Câmara dos Técnicos Oficiais de Contas.

A sentença recorrida considerou, no essencial, que *(i)* "a imparcialidade do julgador e a separação objectiva e subjectiva das fases de acusação e decisão, em direito sancionatório, são princípios basilares de que não se pode abdicar num Estado de Direito" e que o acto punitivo, violando o disposto no art. 40.º CPP, era inválido por ofender o conteúdo essencial do direito fundamental de defesa, consagrado no ar. 32.º, n.º 10 da Constituição da República Portuguesa.

A autoridade recorrida, ora recorrente, discorda da decisão, defendendo a validade do acto punitivo, dizendo, em síntese, que as normas dos arts. 40.º e 41.º do CPP são inaplicáveis e que não houve violação do princípio da imparcialidade.

Vejamos.

A Constituição consagra, no art. 32.º/10, o direito de audiência e defesa a assegurar em "quaisquer processos sancionatórios", incluindo-se nestes, seguramente, os processos disciplinares que são a sua espécie típica.

Ora, este direito fundamental de defesa postula um tratamento justo e imparcial do arguido. A imparcialidade do julgador é, sem sombra de dúvida, condição da eficácia da defesa do arguido, que ficará comprometida se aquele não agir com objectividade e isenção. O procedimento no qual se conforma o direito, para ser justo, não pode dispensar-se de regras que preservem o princípio da imparcialidade. Daí que as normas do CPP que regulam o impedimento do juiz em processo penal, votadas à salvaguarda do núcleo essencial do direito de audiência e defesa, arredando da decisão final o julgador que, pelo anterior contacto com o processo possa ter já uma convicção íntima que inquine a posição de objectividade que deve presidir à apreciação da prova e influencie negativamente a decisão a proferir, consubstanciem um verdadeiro princípio geral de direito e tenham vocação de aplicação genérica a todos os demais processos sancionatórios, sempre que estes não disponham de regras próprias que salvaguardem aqueles valores (cfr. acórdão STJ de 2003.09.24 – rec.º n.º 3739).

No caso em apreciação, o processo disciplinar, de estrutura acusatória, está regulado no DL n.º 452/99, de 05.11, sem que dele constem normas relativas a impedimentos. Esta imprevisão, sob pena de inconstitucionalidade, por atentar contra o direito fundamental de defesa, tem de interpretar-se como *incompletude* a carecer de integração e não como expressão de uma regulamentação completa e fechada, na qual não há lugar para as regras concretizadoras do princípio da imparcialidade. E, nesta matéria, sufraga-se o entendimento da sentença recorrida, segundo o qual a integração das lacunas, neste procedimento especial, deve fazer-se, por analogia, com apelo, sucessivamente e por ordem, ao direito processual disciplinar, às normas e princípios gerais da actividade administrativa, às normas e princípios do direito processual penal e, por último, ao direito processual civil, matriz de todo processo (cf., neste sentido, Luís Vasconcelos Abreu, in *"Para o Estudo do Procedimento Disciplinar no Direito Administrativo Português Vigente: As Relações com o Processo Penal"*, pp 84/85 e Leal Henriques in *"Procedimento Disciplinar"*, 4ª ed., pág. 111).

Dito isto, é de toda a evidência que a estrutura acusatória do processo disciplinar (arts. 74.º e 75.º do DL n.º 452/99, de 5.11), assente na separação entre a entidade que acusa e a entidade que decide é incompatível com a possibilidade de o instrutor/acusador ser, também julgador, ainda que por integração em órgão colegial. No caso concreto ocorreu, pois, uma incontornável violação do princípio geral da imparcialidade (art. 6.º CPA), sendo a conduta ilegal, desde logo à luz do art. 44.º/1/d) do CPA, norma concretizadora daquele princípio geral e aplicável por força das disposiçoes combinadas dos arts.1.º do DL n.º 452/99, de 5.11 e 2.º/b)5/7 do CPA, ou, se dúvidas houver a respeito, por violadora das normas dos arts. 39.º/1/c) e 40.º do CPP, a aplicar com as necessárias adaptações, as quais, para preservarem a imparcialidade, afastam do poder decisório a entidade que tenha acusado e/ou tenha sido instrutora do processo.

Deste modo, não merece censura a sentença recorrida, enquanto considerou ofendido o direito fundamental de audiência e defesa.

Improcede, pois, a alegação da autoridade ora recorrente.

3. DECISÃO

Pelo exposto, **acordam** em negar provimento ao recurso.

Sem custas.

Lisboa, 14 de Junho de 2005.

Políbio Henriques (Relator)
Rosendo José
António Madureira

Recurso n.º 443/05-12

VÍTIMAS DE CRIMES. INDEMNIZAÇÃO. CONDUTA DA VÍTIMA CONTRÁRIA AO SENTIMENTO DE JUSTIÇA E À ORDEM PÚBLICA. FUNDAMENTAÇÃO.

(Acórdão de 11 de Maio de 2005)

SUMÁRIO:

Não satisfaz a exigência de fundamentação o despacho ministerial que, sob a invocação do n.º 1 do art. 3.º do D-L n.º 423/91, de 30.10, e decidindo em contrário do parecer da Comissão de Protecção às Vítimas de Crimes, indefere o pedido de *indemnização de solidariedade social* regulada naquele diploma em virtude de a conduta das vítimas ser "contrária ao sentimento de justiça e à ordem pública", pois falta a descrição fáctica dos comportamentos imputados a cada uma das vítimas (comissivos ou omissivos), bem como a sua relacionação com tais valores.

ACORDAM NA SECÇÃO DE CONTENCIOSO ADMINISTRATIVO DO SUPREMO TRIBUNAL ADMINISTRATIVO, 2ª SUBSECÇÃO:

– I –

JOAQUIM CESTEIRO, por si e em representação dos menores DÉBORA FILIPA MARQUES CESTEIRO e NELSON JOAQUIM MARQUES CESTEIRO, recorrem contenciosamente do despacho do SECRETÁRIO DE ESTADO DA JUSTIÇA de 3.8.03 que indeferiu o pedido de indemnização formulado ao abrigo do Dec-Lei n.º 423/91, de 30.10.

Nas suas alegações os recorrentes formularam as seguintes conclusões:

"1 – A comissão fixou indemnização de 16.097,50 euros para o Nelson Joaquim e 19.097,50 para a Débora, num total de 35.195 euros, o qual foi determinado no âmbito do Dec. Lei 423/91 de 30 Outubro.

2 – A Sr.ª Ministra da Justiça, por delegação de competências, proferiu decisão de indeferimento que, como acto administrativo e de justiça administrativa com discricionariedade imprópria enferma de ilegalidade.

3 – A indemnização fixada pela comissão parte de análise exaustiva do pedido formulado, tendo a instrução do processo concluído pela necessidade de atribuir 35.195 euros a dois menores.

4 – Inexiste decisão judicial a "julgar" as vítimas" por conduta contrária ao sentimento de justiça e ordem pública.

5 – Há manifesta falta de fundamentação pela existência de obscuridades e ampla contradição entre os fundamentos que presidiram à fixação de indemnização e o acto recorrido. Na verdade,

6 – A comissão não encontrou indícios de sentimentos contrários à justiça e o acto recorrido não especifica um só fundamento ou um só facto que consubstancie alterações de ordem pública ou violação de sentimentos de justiça.

7 – Fixada a indemnização a atribuir às vítimas esgotou-se o poder de a comissão, que, sabiamente avaliou e doseou, pese embora de forma módica, o quantum doloris e os alimentos a atribuir aos filhos menores das vítimas.

8 – Ocorrem violações dos princípios da justiça, da igualdade e da imparcialidade que, a respeitarem-se in totum, impunham decisão bem diferente.

9 – O direito à vida / sobrevivência / alimentos dos menores Débora e Nelson sobrepõe-se a qualquer alegada conduta contrária ao sentimento de justiça e ordem pública.

10 – A interpretação expendida pela senhora ministra da justiça na óptica do artigo 3.º do Dec. Lei 423/91 de 30 Outubro viola os arts. 1.º, 24-1 e 26, 36 e 63-3 da Constituição da República Portuguesa, sendo inconstitucional.

11 – O acto é nulo por falta de fundamentação.

Foram violados: os arts. 5.º, 6.º e 6.º A e 125 -2 do C.P.A, os arts. 1.º, 24-1, 26, 36 e 63-3 da Constituição da República Portuguesa. Os Princípios da JUSTIÇA, da IGUALDADE e da IMPARCIALIDADE impunham Decisão diferente.

O Sr. Secretário de Estado ostracizou o e laborioso trabalho da Comissão e "criou" ACTO NULO *in totum* por falta de fundamentação que deve ser revogado por Vossas Excelências assim se fazendo a mais lídima JUSTIÇA".

Contra-alegando, o Secretário de Estado da Justiça concluiu:

"1. Constitui fundamento do despacho recorrido o facto de se entender ser contrário ao sentimento da justiça e à ordem pública a concessão pelo Estado da indemnização a descendentes de vítimas que actuaram criminosamente.

2. É este o fundamento do despacho recorrido que não padece, assim, do apontado vício de falta de fundamentação.

3. O despacho recorrido não viola o princípio da igualdade, imparcialidade e justiça, pois limita-se a, no âmbito de um poder discricionário, considerar inaplicável ao caso concreto o Dec-Lei n.º 423/91, de 30 de Outubro, pelas razões referidas em 1 e 2.

4. Na sua actuação, a entidade recorrida não violou os princípios da igualdade, imparcialidade e justiça".

O Ministério Público emitiu parecer no sentido do não provimento do recurso.

O processo foi aos vistos, cumprindo agora decidir.

– II –

Com interesse para a decisão da causa, resultam provados os seguintes factos:

a. O recorrente, por si e em representação do seu falecido filho **Nelson** Joaquim Cesteiro e netos menores **Débora** Filipa Marques Cesteiro e **Nelson** Joaquim Marques Cesteiro, requereu em 18.9.02 à Comissão de Protecção às Vítimas de Crimes Violentos que, ao abrigo do Dec-Lei n.º 423/91, de 30.10, lhe fosse atribuída uma indemnização, nos termos e fundamentos que se dão por reproduzidos (p.a., fls. 13).

b. A Comissão recolheu o relatório da Polícia Judiciária (fls. 40 do p.a.), bem como os relatórios das autópsias das vítimas Sandra Maria Marques Monteiro e Nelson Joaquim, Marques Cesteiro (fls. 35 e 31), que igualmente se dão por reproduzidos.

c. Em 12.3.03 o recorrente requereu a junção ao processo de cópia da acusação proferida pelo Ministério Público do Tribunal Judicial de Peniche contra Edmundo Leonardo dos Santos e Hugo Miguel Ferreira Costa. Dá-se como integralmente reproduzido o conteúdo deste documento (fls. 54 do p.a.).

d. Finda a instrução, a Comissão de Protecção às Vítimas de Crimes emitiu o seu parecer, no qual concluía pela atribuição aos requerentes das seguintes indemnizações: 16.095,50 € para o Nelson Joaquim e 19.097,50 € para a Débora Filipa. (doc. de fls. 99, que se dá por inteiramente reproduzido).

e. Esse parecer, com base nos "factos alegados pelo requerente..." e os resultantes da instrução dos autos", deu como provados os seguintes factos:

1. Nelson Joaquim Cesteiro dedicava-se ao negócio ilícito de armas e já conhecia, desde o início de 2001, Edmundo Leonardo dos Santos que se dedicava à actividade da pastorícia, com ele mantendo contactos regulares;

2. O Edmundo pretendia adquirir uma arma de fogo fora do circuito legal e o Nelson prontificou-se a arranjar-lha;

3. Em Outubro de 2001, encontraram-se para concretizar o negócio mas, ao experimentar a arma, verificaram que esta não funcionava pelo que o Nelson ficou de a levar a Torres Vedras para ser arranjada;

4. Invocando a doença dum filho, o Nelson conseguiu que o Edmundo lhe adiantasse 40.000$00 por conta do preço da arma;

5. No dia 20 de Abril de 2002, pelas 13,18 horas, o Edmundo telefonou para o Nelson e combinou um encontro junto da lixeira existente no Sítio das Salgadas – Carnide, próximo de Peniche;

6. O Nelson encontrava-se em Quinta Maria Gil – Lourinhã na companhia de Sandra Maria Marques Monteiro, com quem vivia em união de facto, e outros familiares, tendo-se todos apercebido que aquele ia fazer uma entrega de armas;

7. O Nelson e a Sandra, levando consigo 5 ou 6 armas, deslocaram-se para aquele local numa carrinha Opel Combo;

8. Aí, o Nelson subiu o caminho de acesso em terra batida, inverteu a marcha num espaço superior e veio estacionar a meio da subida em posição que lhe permitiria arrancar sem necessidade de manobras;

9. O Edmundo encontrava-se nas imediações com o rebanho e acompanhado por Hugo Miguel Pereira Costa;

10. O Edmundo e o Hugo subiram o caminho até junto da carrinha, onde a Sandra estava sentada no banco do pendura, estando o Nelson de pé junto à carrinha;

11. O Edmundo e o Nelson, após um diálogo, dirigiram-se para a parte superior do terreno a fim de experimentar as armas;

12. O Nelson entregou uma pistola semi-automática, calibre 7,65 mm, já municiada, ao Edmundo e este, de forma imprevisível, cara a cara e a cerca de 2/3 metros de distância, apontou-a na direcção do coração do Nelson e disparou;

13. O projéctil perfurou vários órgãos vitais, incluindo o coração e suas cavidades ventriculares e foi-se alojar na omoplata direita;

14. O Edmundo pousou a arma e com a "junqueira" (cajado com cerca de 1,60 m de altura, com nós de palmo a palmo e onde enfiara um tubo metálico com 5 cm de espessura e 10 cm de comprimento) e desferiu-lhe vários golpes na cabeça deixando-o desfigurado;

15. Chamou então o Hugo e ambos colocaram o corpo debaixo dumas canas ali existentes;

16. Segurando a "junqueira" na mão esquerda e levando a arma na mão direita, o Edmundo correu na direcção da carrinha e, deixando a "junqueira" nas traseiras da carrinha, abordou a Sandra, que continuava sentada no interior do veículo, pedindo-lhe munições;

17. De forma repentina, pela janela aberta, disparou 3 tiros sobre a Sandra causando-lhe perfuração do pavilhão auricular direito, fractura e esmagamento do maciço temporo-maxilar direito e fractura da 6ª costela direita, perfuração do pulmão esquerdo, fractura do 3.º arco costal anterior esquerdo, lesões que foram causa directa e necessária da sua morte;

18. De seguida, rodeou a viatura, puxou o corpo da Sandra para o exterior e, com o corpo no chão e as pernas no interior, desferiu com a "junqueira" várias pancadas na cabeça por forma a desfigurá-la;

19. Os ora requerentes Débora Filipa Marques Cesteiro e Nelson Joaquim Marques Cesteiro, nascidos em 24 de Fevereiro de 2000 e 8 de Outubro de 1996, respectivamente, eram filhos das vítimas e encontram-se actualmente a viver com o seu avô Joaquim Cesteiro;

20. O avô dos menores gastou €2195 com o funeral do filho e da sua companheira;

21. O Nelson e a Sandra eram vendedores ambulantes e auferiam uma média mensal de €750.

f. Em 3.8.03, e por delegação do Ministro da Justiça, o Secretário de Estado recorrido proferiu o seguinte despacho:

Indefiro o pedido do Requerente Joaquim Cesteiro por considerar, em consonância com o exposto no n.º 1 do art. 3 do Decreto-Lei n.º 423/91, de 30 de Outubro, a conduta de ambas as vítimas contrária ao sentimento de Justiça e à ordem pública, implicando consequentemente, a exclusão do direito à concessão de indemnização por parte do Estado.

– III –

O recorrente impugna o despacho do Secretário de Estado da Justiça que, contrariamente ao parecer da Comissão de Protecção às Vítimas de Crimes, recusou a indemnização pedida ao abrigo do Dec-Lei n.º 423/91 para os seus netos, filhos menores do seu filho Nelson Joaquim e de Sandra Monteiro, vítimas de homicídio nas circunstâncias atrás descritas na matéria de facto.

Abre-se aqui um parêntesis para considerar sanado o erro na identificação do autor do acto que o recorrente começa por cometer logo no cabeçalho da petição, em que aquele é imputado à Ministra da Justiça, para no respectivo fecho, e noutros passos do processo, o atribuir a quem efectivamente o praticou – o Secretário de Estado da Justiça. Tendo em conta que não foi afectado o contraditório, pois foi esta entidade que respondeu ao recurso e contra-alegou, há que desconsiderar o lapso cometido, na esteira, aliás, doutras decisões do Tribunal em sentido análogo, com apelo dos princípios anti-formalista e *pro actione* (cf. Acs. de 7.12.99, proc.º n.º 45.014 e 5.2.03, proc.º n.º 1227/02).

Prosseguindo:

A razão invocada no acto recorrido foi a de a conduta de "ambas as vítimas" ser "contrária ao sentimento de justiça e à ordem pública", isto com referência ao disposto no art. 3.º, n.º 1, do mencionado diploma.

Em síntese, o recorrente alega que o acto padece de insuficiência de fundamentação, de violação dos princípios da justiça, igualdade e imparcialidade, sendo ainda ilegal por "inexistir decisão judicial" a "julgar" as vítimas por conduta contrária a tais valores e porque o direito à vida e à sobrevivência dos menores se sobrepõe a qualquer conduta contrária ao sentimento de justiça.

Vejamos, em primeiro lugar, o tipo legal do acto que vem impugnado.

O Dec-Lei n.º 423/91 estabelece em favor das vítimas de actos violentos (ou de quem pela lei tenha direito a alimentos, no caso de morte) uma indemnização a pagar pelo Estado, uma vez verificados determinados requisitos.

Esta compensação tem natureza *supletiva*, pois apenas existe para o caso de não ser possível obter doutra fonte a reparação "efectiva e suficiente" dos danos, e não tem carácter indemnizatório propriamente dito. Tal como a Jurisprudência deste S.T.A. vem afirmando, trata-se de uma compensação ditada por razões de *solidariedade social* e assente no princípio da selectividade, que não assegura aos beneficiários uma reparação integral dos prejuízos, mas apenas um "regime mínimo" – *vide* Acs. de 21.11.01, proc.º n.º 43.499, 7.11.02, proc.º n.º 47.741, 21.3.02, proc.º n.º 43.717, e 9.10.02, proc.º n.º 48.121.

Contudo, o interessado pode reunir todos os requisitos enumerados no art. 1.º para a concessão da indemnização e ela não vir a ser-lhe atribuída. Efectivamente, o art. 3.º, n.º 1, do diploma prevê que a mesma possa ser reduzida ou até excluída "*tendo em conta a conduta da vítima ou do requerente antes, durante ou após a prática do factos, as suas relações com o autor ou o seu meio, ou se se mostrar contrária ao sentimento de justiça ou à ordem pública*".

A indemnização deve ser requerida por quem se julgue com direito a ela ou pelo Ministério Público, sendo a respectiva concessão da competência do Ministério da Justiça (art. 6.º, n.º 1).

A instrução do processo cabe a uma comissão com a composição fixada no n.º 2 do mesmo artigo, a qual, após as diligências que tiver por necessárias, elabora um parecer sobre a concessão da indemnização e respectivo montante.

No caso *sub judice*, a comissão propôs a concessão de indemnização por ambas as vítimas, fixou os montantes que reputava apropriados, mas a entidade recorrida optou por a recusar, fazendo apelo do dito art. 3.º, n.º 1, e considerando que a conduta de ambas as vítimas era *contrária ao sentimento de Justiça e à ordem pública*.

Entre os outros fundamentos enunciados, esta decisão vem arguida de falta ou insuficiência de fundamentação.

É certo que esta é uma ilegalidade que, a provar-se, determina a anulação do acto por vício de forma, permitindo, por conseguinte, a respectiva renovação pela Administração. Aparentemente, pois, não seria esta a ordem de apreciação dos vícios pelo Tribunal capaz de assegurar melhor tutela dos interesses ofendidos, como é imposto pelo n.º 2 do art. 57.º da LPTA (assinale-se que, contrariamente ao alegado pelo recorrente, o défice de fundamentação do acto nunca conduz à sua nulidade, mas à mera anulabilidade, como resulta, *inter alia*, do elenco constante do art. 133.º do CPA, pelo que esse vício não beneficia da prioridade de apreciação conferida pelo n.º 1 daquele art. 57.º aos actos que possam plausivelmente estar inquinados por essa forma mais grave de invalidade).

No entanto, este Supremo Tribunal vem entendendo que, em certas situações, o tribunal deve dar prioridade ao conhecimento do vício de forma por falta de fundamentação, quebrando assim a natural primazia que tem a apreciação dos vícios de fundo, em aplicação do critério da tutela mais estável dos interesses do recorrente.

E que situações são essas?

Percorrendo a Jurisprudência dos últimos anos, verifica-se que essa derrogação será consentida quando a indagação acerca da concreta motivação do acto se mostrar indispensável ao controlo dos vícios de substância que o recorrente tenha denunciado. Sempre que a carência de fundamentos impeça a apreensão dos pressupostos de facto e de direito com que foi adoptado, justifica-se que os vícios pertinentes à chamada *legalidade externa* passem à frente dos que se relacionam com a *legalidade interna*. Acrescenta-se também que é válido para os actos que se inscrevem num domínio de actuação "*não estritamente vinculado*" da Administração (*vide*, p. ex., os Acs. de 20.5.97, proc.º n.º 40.433, 23.9.99, proc.º n.º 41.234, 30.5.00, proc.º n.º 45.339, 5.6.00 (Pleno), proc.º n.º 43.085, 7.2.02, proc.º n.º 47.767 e 19.5.04, proc.º n.º 228/03).

É que, neste último campo, o tribunal deve dirigir a sua actividade sindicante, não sobre o controlo da exactidão dos fundamentos (das razões) que o órgão administrativo haja escolhido e utilizado, mas no sentido de averiguar se a decisão se harmoniza com aquilo que são os seus pressupostos legais (cf. Acs. de 9.10.02, proc.º n.º 443/02, e 10.4.02, proc.º n.º 48.423).

Ora, se a "normal" concessão da indemnização às vítimas de actos violentos, no regime do Dec-Lei n.º 423/ /92, está impregnada do exercício de poderes vinculados, mormente no preenchimento dos pressupostos ou requisitos legais, já as coisas se passam diferentemente quanto à espécie de "excepção" que o órgão decisor "pode" levantar para justificar a exclusão da indemnização, nos termos do n.º 1 do art. 3.º. Embora não se trate de discricionariedade propriamente dita, mas do preenchimento de conceitos indeterminados, o acto que se acolha neste tipo legal encerra uma margem de livre apreciação que se aproxima da escolha discricionária.

Assim, para que o tribunal possa exercer o seu controlo material, há que determinar primeiro qual a motivação específica em que o autor do acto concretamente se apoiou, ou seja, quais foram, em concreto, os juízos valorativos que exprimiu, qual a prognose que fez acerca da situação individual. De seguida, o tribunal irá ainda aquilatar da suficiência, clareza, e coerência da fundamentação usada, e só depois ficará em condições de detectar os erros, os juízos desacertados, os atropelos à lógica ou ao bom senso que possam estar a inquinar a decisão administrativa. Na impossibilidade de colher uma motivação que satisfaça tais exigências formais, a apreciação dos vícios inerentes à substância do acto ficará comprometida, ou enfrentará sério embaraço.

Eis porque, sempre a benefício da *tutela mais estável ou eficaz*, se impõe neste caso começar pelo vício de falta de fundamentação.

Constitui Jurisprudência uniforme, que dispensa citação, a de que o dever de fundamentação dos actos administrativos tem um conteúdo variável em função do tipo legal do acto e das demais circunstâncias do caso, mas que, além de clara e congruente, deve ser suficiente, de modo a que um destinatário normal fique a conhecer o itinerário cognoscitivo e valorativo do autor do acto, permitindo-lhe esclarecidamente optar entre acatá-lo ou accionar os meios legais de impugnação ao seu alcance. A fundamentação dos actos administrativos cumpre, além disso, a função de contribuir para a correcção das decisões administrativas e a de permitir o controlo eficaz da actividade administrativa pelos tribunais.

Recorde-se agora o teor do n.º 1 do art. 3.º: a concessão pode ser "excluída" em duas hipóteses, a saber:

a) Tendo em conta a conduta da vítima ou do requerente antes, durante ou depois da prática dos factos, as suas relações com o autor ou o seu meio;

b) Se se mostrar contrária ao sentimento de justiça ou à ordem pública.

A entidade recorrida, como se viu, limitou-se a afirmar que a conduta das vítimas era contrária ao sentimento de justiça.

Ao proceder dessa maneira, sem dúvida que o autor do acto se enquadrou na previsão legal e fez aplicação da norma ao caso concreto. Mas não justificou cabalmente a opção por essa solução decisória.

A remissão para o preceito legal que a legitima e a colagem à fórmula nele utilizada poderá, neste caso, satisfazer a exigência da fundamentação *de jure*. Mas não serve como justificação factual.

Fica sem se saber quais foram, em concreto, os factos relativos à conduta das vítimas que tanto impressionaram a entidade recorrida, que acções ou omissões possuem a carga negativa suficiente para, aos olhos do autor do acto, tornarem repugnante a atribuição de uma indemnização de solidariedade social. Aliás, sendo as vítimas duas, isso obrigava a especificar individualmente, para cada uma delas, os comportamentos julgados contrários ao sentimento de justiça, os quais não podem, pela naturalidade das coisas, ser iguais.

Falta igualmente a valoração que o órgão administrativo faz de tais comportamentos, o juízo de apreciação deles em confronto com os ditames da "ordem pública" e da justiça – seja no "sentimento" pessoal de quem decide, seja no captar daquilo que será o sentimento de justiça colectivo.

Sem essa dupla justificação, não pode dizer-se que a decisão impugnada se acha suficientemente fundamentada. Para mais, não tendo aderido ao parecer que lhe era presente, na qual a *Comissão de Protecção às Vítimas de Crimes* propunha a atribuição de uma indemnização, cabia ao recorrido substituir essa fundamentação por uma fundamentação inteiramente sua (cf. a al. c) do n.º 1 do art. 124.º do CPA).

Há, pois, que concluir que o acto recorrido se mostra inquinado por *vício de forma* decorrente de insuficiente fundamentação.

Nestes termos, acordam em <u>conceder provimento</u> ao recurso, anulando o acto impugnado.

Sem custas.

Lisboa, 11 de Maio de 2005.

J. Simões de Oliveira (Relator)
Políbio Henriques
António Samagaio

Recurso n.º 1515/03-12

2.ª Secção (Contencioso Tributário)

ALEGAÇÕES DE RECURSO. NOTIFICAÇÃO. OPOSIÇÃO À EXECUÇÃO FISCAL. FUNDAMENTOS. CADUCIDADE DO DIREITO À LIQUIDAÇÃO. FALTA DE NOTIFICAÇÃO DA LIQUIDAÇÃO DO TRIBUTO NO PRAZO DE CADUCIDADE.

(Acórdão de 11 de Maio de 2005)

SUMÁRIO:

I – Em processo judicial tributário a apresentação das alegações de recurso do recorrente não tem que ser notificada ao recorrido, cujo prazo para contra-alegar se conta a partir do termo do prazo de que dispõe o recorrente para alegar.

II – A falta de notificação da liquidação do tributo no prazo de caducidade só serve de fundamento à oposição quando a liquidação tenha sido efectuada dentro desse prazo, e não notificada.

III – Decorrido o prazo de caducidade sem que tenha ocorrido a liquidação, ou, caso tenha sido feita, sem que tenha sido notificada, há caducidade do direito à liquidação, a qual não serve de fundamento de oposição à execução fiscal.

ACORDÃO

1.1. O **MINISTÉRIO PÚBLICO** recorre da sentença do Mm.º Juiz do Tribunal Administrativo e Fiscal de Sintra que julgou procedente a oposição deduzida por Helena Cristina Bernardo Pedro, residente na ..., Cascais, à execução fiscal contra si instaurada para cobrança de dívida de imposto sobre o rendimento das pessoas singulares (IRS) relativo ao ano de 1996.

Formula as seguintes conclusões:

«1. Só a falta de notificação da liquidação antes de decorrido o prazo da caducidade integra o fundamento de oposição constante da alínea e) do art. 204.º do CPPT;

2. Decorrido o prazo da caducidade, a falta de notificação integra-se na própria caducidade concretizando ilegalidade da liquidação, fundamento de impugnação judicial e não de oposição à execução;

3. No caso vertente, já havia decorrido o prazo da caducidade quando foi instaurada a execução fiscal;

4. Logo, sendo caso de conhecimento da caducidade do direito à liquidação, havia erro na forma de processo;

5. Não reconhecendo o erro na forma de processo e conhecendo, ao invés, da caducidade do direito à liquidação violou a douta sentença recorrida, entre outros preceitos, o art. 97.º n.º 5 2 e 3 da LGT e os arts. 98.º n.º 4 e 204.º, n.º 1, ambos do CPPT.

Nestes termos, julgando-se procedente o presente recurso, deverá ser revogada a douta sentença recorrida».

1.2. Não há contra-alegações.

1.3. O processo tem os vistos dos Exm.ºs Adjuntos.

2. Vem fixada a factualidade seguinte:

«1. A Fazenda Publica instaurou execução fiscal contra a oponente, com o n.º 1503-02/105721.9 por dívida de IRS do ano de 1996, para cobrança coerciva das quantias em dívida, no valor de esc. 989.607, em 14.01.2002. (cfr informação constante de fls 19 e certidão de divida de fls 10 dos autos).

2. A certidão de dívida a que se refere o n.º anterior foi extraída do título de cobrança relativa àquele imposto, resultante da liquidação de imposto efectuada em 18.07.2001 – cfr. fotocópia do D.C constante de fls 13 dos autos e "print informático" junto a fls 15.

3. A liquidação mencionada em 2, foi dirigida ao oponente através de envio de simples carta registada, em 24.08.200 1, e para o seu domicílio, tendo sido devolvida em 27.08.200 1, por motivo de ausência (cfr Informação de fls 19; "print informático" de fls 11 e 12, e doc. de fls 13 e 14 dos autos).

4. A oponente procedeu à alteração do seu domicílio em 26.12.2002 para a sua morada actual, conforme consta do Sistema Informático do Cadastro Único – cfr "print informático", fls 11 e 12 dos autos.

5. O oponente não foi citado pessoalmente para a execução referida em 1, apenas tendo tomado conhecimento da execução aquando da compensação da dívida exequenda com um crédito de imposto de que era titular. (cfr Informação constante de fls 19 e p.i de oposição, de fls 3 e 4 dos autos)».

3.1. Já durante a fase do processo da recolha dos vistos dos adjuntos, veio a recorrida Helena Cristina Bernardo Pedro requerer que se considerasse não notificada das «alegações de recurso apresentadas pela FP», procedendo-se a essa notificação e abrindo-se-lhe prazo para contra-alegar.

Estriba a sua pretensão na «violação dos arts. 229.º, n.º 1 e n.º 2 do CPC, 13.º e 20.º da CRP».

O artigo 229.º do Código de Processo Civil (CPC) dispõe que:

«1 – A notificação relativa ao processo pendente deve considerar-se consequência necessária do despacho que designa dia para qualquer acto em que devam comparecer determinadas pessoas ou a que as partes tenham o direito de assistir; devem também ser notificados, sem necessidade de ordem expressa, as sentenças e os despachos que a lei mande notificar e todos os que possam causar prejuízo às partes.

2 – Cumpre ainda à secretaria notificar oficiosamente as partes quando, por virtude de disposição legal, possam responder a requerimentos, oferecer provas ou, de um modo geral, exercer algum direito processual que não dependa de prazo a fixar pelo juiz nem de prévia citação».

O caso que nos ocupa não cabe na previsão da primeira parte do n.º 1 do artigo, pois não se trata da comparência a qualquer acto; nem na da segunda, porque também se não trata de notificar qualquer sentença ou despacho (recorde-se que o que a requerente questiona é o não lhe terem sido notificadas as alegações do recorrente).

E também não cabe na previsão do n.º 2 do mesmo artigo, pois não se trata de responder a requerimentos, oferecer provas ou exercer direito processual que não dependa de prazo a fixar pelo juiz nem de prévia citação.

É que a recorrida, aquando da junção das alegações do recorrente, já fora notificada para contra-alegar no recurso jurisdicional, ao ser-lhe notificado o despacho de admissão do recurso do Ministério Público (e não da Fazenda Pública, como repetidamente refere): de acordo com o artigo 282.º n.º 3 do Código de Procedimento e de Processo Tributário, é a partir da notificação de tal despacho que se conta o prazo para o recorrente alegar e, findo este, para o recorrido contra-alegar.

De resto, conforme decidiu este mesmo Tribunal em 24 de Outubro de 2001, no recurso n.º 25887, o artigo 743.º do CPC, na redacção do decreto-lei n.º 329-A/95, de 12 de Dezembro, não se aplica ao processo judicial tributário.

É que para o processo judicial tributário sempre houve norma própria a reger nesta matéria de modo diverso, não havendo, pois, que recorrer ao CPC, o que só se justifica quando haja caso omisso, como hoje dispõe o artigo 2.º do CCPT e já antes estabelecia o mesmo artigo o Código de Processo Tributário (CPT).

No caso apreciado pelo apontado acórdão, a norma aplicável era a do artigo 171.º n.º 3 do CPT, a qual estabelecia que o prazo para as contra-alegações do recorrido, em processo judicial fiscal, se conta a partir do termo do prazo para as alegações do recorrente, e não da notificação das alegações deste último, notificação essa que, aliás, não prevê.

«Assim dispunha, também, o CPC, antes das alterações introduzidas pelo decreto-lei n.º 329-A/95, de 12 de Dezembro – cfr. o n.º 2 do artigo 743.º, na anterior redacção.

Mas do facto de a redacção vigente deste artigo 743.º ser posterior à do 171.º do CPT, que data de 23 de Abril de 1991, não resulta a revogação da norma do CPT pela do CPC, nem assim se criou qualquer caso omisso no CPT, a implicar o recurso ao CPC».

E «que o sistema nesta matéria adoptado pelo legislador de 1995 do CPC não foi acolhido no âmbito do processo judicial tributário, é evidenciado pelo facto de o artigo 282.º n.º 3 do CPPT, aprovado pelo decreto-lei n.º 433/99, de 26 de Outubro – mais tarde confirmado pela lei n.º 15/2001, de 5 de Junho, que lhe conservou a redacção –, manter o que vigorava na vigência do CPT, isto é, continuar a não prever a notificação das alegações do recorrente ao recorrido, e estabelecer que o prazo para este contra-alegar se conta a partir do termo do prazo para as aquelas alegações.

Nem pode afirmar-se (...) que assim saem ofendidos os princípios do contraditório e da igualdade.

De acordo com a disposição do CPT – o mesmo valendo quanto ao CPPT – o recorrido tem a possibilidade de contra-alegar, nos mesmos termos que tal direito é conferido ao recorrente, apenas se lhe impondo que cuide de obter, no tribunal, o duplicado das alegações do recorrente que este é obrigado a ali depositar, com esse fim, com o que em nada se coarcta a sua possibilidade de responder a essas alegações. Daí que esteja salvo o princípio do contraditório.

Também o princípio da igualdade é respeitado, ao atribuir-se a qualquer das partes – recorrente e recorrido – o mesmo prazo para fazer valer, no recurso, as respectivas posições».

Idêntica orientação, relativamente ao paralelo artigo 106.º da Lei de Processo nos Tribunais Administrativos (LPTA) tem seguido, também, a Secção de Contencioso Administrativo deste Tribunal. É ver os acórdãos proferidos em 11 de Fevereiro e 17 de Dezembro de 2003, nos recursos n.ºs 217/02 e 1499/03, respectivamente, nos quais se afirma que o artigo 743.º n.º 2 do CPC, na redacção da reforma de 1995, não revogou o artigo 106.º da LPTA, que não obriga à notificação das alegações.

No primeiro destes acórdãos lê-se que «esta norma da LPTA, por ser especial e por o legislador da reforma introduzida pelos DLs 329-A/95, de 12/2 e 180/96, de 25/9 ter visado apenas a lei processual geral e não a lei do contencioso administrativo (v. a Lei n.º 33/95 que autorizou o Governo a rever o CPC), como decorre do art.º 7.º, n.º 3 do C. Civil, em interpretação pacífica da Jurisprudência deste Supremo Tribunal (cfr. acs. de 23/3/99, rec. 42330, de 16/3/00, rec. 43432 e de 15/1/03, rec. 1254/02) não foi revogada pelo n.º 2 do art.º 743.º do CPC».

Reafirmando-se, no segundo dos aludidos arestos:

«Todavia, o processo nos tribunais administrativos é regido, em primeira linha, pela LPTA, sendo a lei processual civil de aplicação supletiva (art.º 1.º da LPTA). E, em matéria de apresentação das alegações, o art.º 106.º da LPTA contém um regime legal diferente do consagrado nas citadas disposições do CPC. O prazo, para o recorrente, conta da notificação do despacho de admissão e, para o recorrido, do termo do prazo do recorrente. Não está prevista a notificação da apresentação da alegação, nem que o prazo para o recorrido contra-alegar fica dependente da data da notificação dessa apresentação».

Saber se as coisas se terão alterado com a substituição da LPTA pelo Código de Processo nos Tribunais Administrativo é tema aqui impertinente, pois não há que recorrer a nenhum destes diplomas, perante a suficiência do CPPT.

Acrescente-se, por último, que não sai ofendida a garantia constitucional do acesso ao direito e tutela jurisdicional efectiva, uma vez que a interpretação das normas que aqui se faz não impede a recorrida de contra-alegar, nem o dificulta intoleravelmente, permitindo que faça valer as suas razões perante o tribunal de recurso e obter dele a efectiva tutela dos seus direitos.

Razão por que se indefere o requerimento da recorrida Helena Cristina Bernardo Pedro.

3.2. Considerou-se na sentença recorrida que procedia a oposição à execução fiscal fundada «na alínea e), do n.º 1, do art.º 204.º do CPPT, por a oponente não ter sido notificado do acto de liquidação do imposto no prazo de caducidade».

Julgou ainda a sentença que a liquidação, respeitando a IRS do ano de 1996, foi efectuada em 18 de Julho de 2001, não tendo sido validamente notificada até 31 de Dezembro de 2001, data em que se esgotava o prazo de caducidade do respectivo direito – julgamento que não merece o desacordo do recorrente.

Este diverge da sentença por entender que a factualidade invocada pelo oponente e acolhida pela sentença integra vício de violação de lei do acto de liquidação, por caducidade do respectivo direito, e tal vício não pode apreciar-se na oposição à execução fiscal, por não caber nos fundamentos enunciados em nenhuma das alíneas do n.º 1 do artigo 204.º do Código de Procedimento e de Processo Tributário (CPPT). Assim, devia o juiz ter declarado nulo o processo, por erro na respectiva forma, e mandá-lo prosseguir sob a forma de impugnação judicial do acto de liquidação, para aí se apreciar a legalidade desse acto.

3.3. O entendimento do recorrente parece, à primeira vista, dificilmente conciliável com a letra do artigo 204.º n.º 1 alínea e) do CPPT, segundo a qual constitui fundamento de oposição à execução fiscal a «falta de notificação da liquidação do tributo no prazo de caducidade».

Dir-se-á que isso mesmo foi o que o oponente invocou e a sentença reconheceu, pelo que nenhuma censura é merecida.

Mas só à primeira vista.

Porque, num segundo momento, não deixa de se notar que o legislador renunciou ao uso de uma expressão verbal aparentemente mais simples, que poderia ser «a caducidade do direito à liquidação». É que essa caducidade é, afinal, o resultado da «falta de notificação da liquidação do tributo no prazo de caducidade», segundo o artigo 45.º n.º 1 da Lei Geral Tributária (LGT), que neste ponto não alterou a disposição do artigo 33.º n.º 1 do Código de Processo Tributário (CPT).

Mas o legislador não o fez porque não quis fazê-lo. Nem devia, pois, como se sabe, a caducidade do direito à liquidação vicia o acto praticado após ela. Decorrido o respectivo prazo, a Administração Tributária perde o direito a liquidar o tributo; por isso, liquidando-o, incorre em ilegalidade que vicia a liquidação (citados artigos 33.º n.º 1 do CPT e 45.º n.º 1 da LGT). E como a oposição à execução não é meio processual concebido para atacar a legalidade em concreto dos actos de liquidação – vejam-se os artigos 97.º n.º 1 alínea a), 99.º e 204.º do CPPT –, incoerente seria o legislador se afirmasse que essa oposição podia fundar-se na caducidade do direito à liquidação.

Assim, ao falar na «falta de notificação da liquidação do tributo no prazo de caducidade», a lei não está a referir-se à caducidade do direito à liquidação.

Está a querer significar exactamente o que consta dos termos verbais utilizados: o que serve de fundamento à oposição é a «falta de notificação da liquidação do tributo no prazo de caducidade».

E a razão é, precisamente, a apontada pelo recorrente:

Decorrido o tempo de que a Administração Fiscal dispõe para liquidar o imposto sem que o faça, não mais pode fazê-lo, sob pena de o seu acto sofrer de vício de violação de lei, que só em sede de impugnação judicial, que não de oposição à execução, pode ser invocado.

Mas se, antes de esgotado o prazo de caducidade, a Administração liquidar o tributo, esta liquidação não enferma de vício atinente à caducidade; ponto é que venha a ser notificada ainda dentro do mesmo prazo.

Assim, entre um momento e o outro, isto é, dentro do prazo de caducidade, após a liquidação, mas antes da sua notificação, se a Administração exigir coercivamente a correspondente dívida, o executado pode opor-se invocando essa falta de notificação, isto é, alegando a falta de eficácia da liquidação (cuja validade, então, não é questionada, nem, ainda questionável, com fundamento na caducidade) relativamente à sua pessoa, porque não notificado dela. Reclama, deste modo, o fundamento da alínea e) do artigo 204.º do CPPT, ou seja, a «falta de notificação da liquidação do tributo no prazo de caducidade».

Mas, esgotado que seja o prazo de caducidade do direito à liquidação sem que esta esteja notificada, não mais pode invocar a ineficácia, porque do que então se trata não é já de uma liquidação porventura legal, ainda que ineficaz, mas de uma liquidação ilegal, porque não notificada antes de esgotado o prazo (cfr., de novo, os artigos 33.º n.º 1 do CPE e 45.º n.º 1 da LGT).

Daí que só quando a liquidação tenha sido levada a cabo dentro do prazo disponível, e não notificada, seja possível invocar, na oposição à liquidação, a sua ineficácia: a «falta de notificação da liquidação do tributo no prazo de caducidade».

No caso em apreço, o que foi invocado e a sentença constatou, é que a liquidação nunca foi validamente notificada dentro do prazo de caducidade, sendo a execução fiscal instaurada quando tal notificação já não podia impedir essa caducidade.

Como assim, tal liquidação não é ineficaz, inoponível ao executado por lhe não ter sido notificada: é ilegal, por força das apontadas disposições legais, que se não bastam com a prática do acto, exigindo a sua notificação para impedir a caducidade.

Neste sentido vem decidindo este Tribunal, como pode ver-se nos acórdãos de 2 de Abril de 2003, recurso n.º 37/03, 31 de Janeiro de 2001, recurso n.º 25498, e 27 de Fevereiro de 2002, recurso n.º 26722. Lê-se neste último:

«(...) a notificação (...) é (...) legalmente considerada como um requisito de validade da própria liquidação, entendida este em sentido lato, que não estrito, isto é, como complexo de actos tendentes à determinação do montante do imposto e imposição da obrigação do seu pagamento ao contribuinte.

Pelo que, contendendo com a legalidade da liquidação que não com a sua eficácia, constitui fundamento de impugnação judicial e não de oposição à execução fiscal.

(...)

Por um lado, a falta de notificação da liquidação antes de decorrido o prazo de caducidade, implicando a ineficácia daquela e consequenciando a inexigibilidade da divida exequenda, constitui o fundamento de oposição tipificado na dita al. e) do art 204.º do CPPT. Por outro, decorrido aquele prazo, tal falta de notificação integra-se na própria caducidade concretizando a ilegalidade da liquidação, fundamento típico de impugnação judicial e não de oposição à execução.

(...) Assim, decorrido o prazo de caducidade, a falta de notificação, por integrante daquela, é fundamento de impugnação judicial e a mesma falta, antes do decurso daquele prazo, é fundamento de oposição à execução fiscal já que a primeira respeita à própria legalidade da liquidação e a segunda à inexigibilidade da respectiva obrigação tributária ou, como é usual dizer-se, da dívida exequenda.

Ou de outro modo: instaurada execução fiscal para cobrança coerciva do tributo, antes de decorrido o prazo de caducidade, a falta de notificação da liquidação é fundamento de oposição; se decorrido já aquele prazo, tal falta é fundamento de impugnação judicial».

Nem se diga, como se faz na sentença, que este entendimento «poderia conduzir a uma situação incomportável, caso o A. tivesse sido notificado do acto de liquidação após o decurso desse prazo de caducidade, tendo-se eventualmente esgotado o prazo para impugnar (...) o que tornaria inviável a convolação para a forma adequada (...)».

É que a regra é que o decurso do prazo para impugnar supõe a legal notificação do acto de liquidação ao contribuinte, como resulta do disposto no artigo 102.º n.º 1 alínea a) do CPPT. Daí que se não possa falar do esgotamento do prazo para impugnar uma liquidação quando esta não foi validamente notificada.

No caso vertente, provado como está que a liquidação não foi notificada à oponente, na forma legal, esta está em tempo para a impugnar – razão porque não existe o obstáculo intempestividade à convolação sugerida pelo ora recorrente, no parecer que antecedeu a sentença controvertida, e que esta não acolheu.

Assim, o erro na forma de processo, ao escolher-se o de oposição à execução fiscal em vez do de impugnação judicial, não é irremediável, antes se impondo, oficiosamente, por força do disposto nos artigos 97.º n.º 3 da LGT e 98.º n.º 4 do CPPT, a convolação para a última das aludidas formas, com anulação de todos os actos praticados, salvando-se a petição inicial e documentos com ela juntos.

4. Termos em que acordam, em conferência, os juízes da Secção de Contencioso Tributário deste Supremo Tribunal Administrativo em, concedendo provimento ao recurso, anular todo o processo, com excepção da petição inicial e dos documentos que a acompanharam, determinando o seu prosseguimento como impugnação judicial do acto de liquidação de IRS relativo ao ano de 1996.

Sem custas neste Tribunal, suportando a oponente as que forem devidas na 1ª instância.

Lisboa, 11 de Maio de 2005

Baeta de Queiroz (Relator)
Brandão de Pinho
Fonseca Limão

Recurso n.º 454/05-30

CADUCIDADE DA GARANTIA. JUROS INDEMNIZATÓRIOS.

(Acórdão de 18 de Maio de 2005)

SUMÁRIO:

- I – **Os prazos estabelecidos no art.º 183.º A do CPPT aplicam-se, nos termos do art.º 11.º da Lei 15/2001, de 5-6, aos processos pendentes contando-se, contudo, a partir da entrada em vigor da mesma Lei.**
- II – **Referindo-se este art.º 183.º A do CPPT à declaração de caducidade da garantia a qual resulta imediatamente do decurso do prazo é tal preceito apenas de aplicação após a respectiva vigência ou seja a partir de 5-7-2001 pelo que apenas são indemnizáveis, nos termos deste preceito normativo, os encargos incorridos após esta data e depois de decretada a caducidade da garantia bancária pois que tal norma não é de aplicação retroactiva.**
- III – **E declarada a caducidade da garantia não tem a recorrida direito a juros indemnizatórios, nos termos da al. b) do n.º 3 do art.º 43.º da LGT pois que não estamos perante caso de anulação do acto tributário por iniciativa da administração tributária já que na situação concreta dos presentes autos apenas ocorreu a declaração de caducidade da mencionada garantia.**

ACORDAM, EM CONFERÊNCIA, NA 2ª SECÇÃO DO SUPREMO TRIBUNAL ADMINISTRATIVO:

1. A FP recorre da sentença que, no Tribunal Administrativo e Fiscal do Porto, julgou procedente a impugnação e determinou o pagamento à impugnante da quantia correspondente à totalidade dos encargos suportados com a garantia bancária no montante de 19.984, 51 €, acrescida de juros indemnizatórios contados nos termos da al. b) do n.º 3 do art.º 43.º da LGT.

Alegou formulando o seguinte quadro conclusivo:

1. A questão controvertida prende-se com a aplicabilidade à garantia constituída anteriormente à entrada em vigor da Lei n.º 15/2001, de 5 de Junho, do direito à indemnização da totalidade dos custos incorridos em virtude da prestação de garantia já declarada caducada nos termos do art.º 183.º-A, n.º 6, do Código de Procedimento e de Processo Tributário, aditado pelo art.º 7.º, n.º 3, da referida Lei, dado a reclamação graciosa do acto tributário que originou a sua prestação, não ter sido decidida no prazo de um ano a contar de 5/07/2001, nos termos do n.º 1 do normativo citado e art.º 110.º da mesma Lei, e ainda do direito a juros indemnizatórios.

2. O novo dispositivo do art.º 183.°-A do CPPT dispõe, n.os 1 e 3, que a garantia prestada para suspender a execução em caso de reclamação graciosa, impugnação judicial, recurso judicial ou impugnação caduca, se a reclamação graciosa não estiver decidida no prazo de um ano a contar da sua interposição ou se a impugnação judicial, recurso judicial ou a oposição não estiverem julgadas em 1ª instância no prazo de três anos a contar da sua apresentação, salvo quando o motivo do atraso seja imputável ao reclamante, impugnante, recorrente ou executado.

3. O legislador da Lei n.º 15/2001, de 5 de Junho, dispôs sobre a aplicação no tempo do novo regime, declarando no art.º 11.º que, relativamente a processos pendentes, os prazos definidos no art.º 183.°-A do CPPT se contam a partir da entrada em vigor desta Lei.

4. Pelo que o mecanismo de levantamento da garantia e o consequente direito à indemnização, nos termos do n.º 6 do art.º 183.°-A do CPPT, aplicam-se aos processos pendentes, mas os prazos a cujo decurso esteja condicionado o exercício do respectivo direito apenas se contam a partir de 5 de Julho de 2001, data do início da vigência da Lei n.º 15/2001, de 5 de Junho.

5. Entende-se que por maioria de razão, o direito à indemnização não poderá compreender os encargos suportados com a prestação de garantia até à entrada em vigor da referida Lei 15/2001.

6. A aplicação no tempo das normas tributárias vem expressamente enunciada no art.º 12.º da LGT, consignando o princípio de que a lei fiscal nova só rege para o futuro, não sendo, assim aplicável a factos ou situações ocorridas no passado, sendo que a doutrina do seu n.º 4 segue o disposto no art.º 12.º, n.º 1, do CC, de acordo com o qual se entende que, se a lei nova valora diferentemente os factos produzidos no domínio da lei antiga, ela não é aplicável às relações jurídicas constituídas por esses factos.

7. O princípio geral da aplicação das leis no tempo contido no art.º 12.º 1 do CC é o de que a lei só dispõe para o futuro, sem prejuízo das directrizes do n.º 2 do mesmo normativo, quanto às condições de validade substancial ou formal de quaisquer factos ou sobre os seus efeitos.

8. Sendo a obrigação de indemnizar de natureza substantiva, quando a lei nova define os efeitos da caducidade da garantia já constituída e subsistente à data da sua entrada em vigor, a sua aplicação é imediata no sentido de que se aplica de futuro, e não que pretende imputar a essa relação jurídica efeitos que anteriormente não existiam, como é o caso dos autos.

9. Apenas com a entrada em vigor do art.º 183.°-A do CPPT, é que a garantia prestada no processo de execução fiscal caduca, se o processo de reclamação graciosa que o suspende, não for decidido no prazo de um ano.

10. Até essa data, a manutenção da garantia tendo em vista a suspensão do processo de execução fiscal, seria obrigatória, nos termos conjugados dos art.ºs 169.º e 199.º do CPPT e art.º 52.º da LGT, pelo que a impugnante teria de suportar todos os encargos com a sua prestação, sem direito a qualquer indemnização.

11. Nos termos do art.º 53.º da LGT, é facto condicionante do direito à indemnização por prestação de garantia indevida, o vencimento da reclamação, impugnação ou oposição, resultando dos autos que a impugnante não obteve vencimento na reclamação graciosa a que respeita a prestação de garantia para suspensão do respectivo processo de execução fiscal.

12. Por esta via, também não lhe assistia o direito à indemnização por prestação de garantia indevida, embora, de qualquer modo, tal só abrangesse os custos incorridos após 1 de Janeiro de 1999.

13. Deve entender-se que o direito da impugnante à indemnização por caducidade da garantia prestada para suspender a execução fiscal, em virtude de a reclamação graciosa não se ter decidido no prazo de um ano, nos termos do n.º 6 do art.º 183.º-A do CPPT, apenas deve contemplar, tal como a Administração Tributária calculou, os encargos suportados com a prestação da garantia após 5 de Julho de 2001, data da entrada em vigor do referido normativo, aplicando-se desta forma a lei nova para o futuro, mantendo-se o regime vigente até à referida data.

14. É ainda entendimento da Fazenda Pública não haver lugar ao pagamento de juros indemnizatórios nos termos do art.º 43.º da LGT, porquanto o direito a tais juros abrange apenas uma das causas da responsabilidade da Administração Tributária, agindo como tal: a originada pelo pagamento indevido de tributos, que lhe for imputável.

15. A indemnização por caducidade de garantia, nos termos do n.º 6 do art.º 183.º-A do CPPT, constitui a restituição à impugnante daquilo que suportou pela prestação de garantia por tempo superior ao legalmente devido, nada tendo que ver com o pagamento indevido de tributos.

16. Deve ser revogada a sentença sob recurso, carecendo de base legal a condenação em juros indemnizatórios.

17. A sentença recorrida violou as disposições legais supracitadas.

Apresentou a recorrida contra alegações nas quais formula as seguintes conclusões:

32. O direito de indemnização pelos prejuízos incorridos com a prestação e manutenção de garantia já estava previsto antes do aditamento do artigo 183.º-A ao CPPT.

33. designadamente no artigo 100.º da LGT, do qual se extrai o postulado de que a anulação do acto tributário (p.e. de uma garantia, por caducidade) implica a anulação dos seus efeitos “ex tunc”, obrigando à reconstituição oficiosa da situação como se esse acto nunca tivesse sido praticado (p.e. à indemnização dos encargos suportados com a garantia).

34. Esta doutrina já resultava do disposto no artigo 5.° e ss. do DL 256-A/77, de 17/6, posteriormente reafirmada nos artigos 95.º e 96.º da LPTA e 145.º do CPT.

35. Ou seja, o artigo 183.º-A do CPPT, se bem que inovador quanto à caducidade da garantia, não o foi quanto ao direito de indemnização em consequência dessa caducidade.

36. Não se vislumbra no caso concreto quaisquer limitações legais a este acto de reconstituição para além das que vêm previstas no n.º 6 do artigo 183.°-A do CPPT.

37. Importa distinguir a verificação da caducidade da garantia do direito de indemnização daí decorrente.

38. Por razões de segurança jurídica, o artigo 11.º da Lei 15/2001, de 5/6, veio estabelecer um regime transitório para a aplicação do artigo 183.º-A do CPPT às situações pendentes única e exclusivamente quanto à verificação da caducidade da garantia.

39. O direito de indemnização previsto no artigo 183.°-A do CPPT, por estar dependente da verificação da caducidade, nasce depois da entrada em vigor da nova lei.

40. Nos termos do n.º 3 do artigo 12.º da LGT, as normas sobre procedimento e processo tributário, como é o caso do artigo 183.º-A do CPPT, são de aplicação imediata dado assumirem carácter de interesse público.

41. Se a intenção foi proteger o contribuinte, obrigando a uma maior celeridade na apreciação das petições por aquele apresentadas no uso do seu direito constitucional de defesa, limitar a indemnização em função do momento em que foram suportados os prejuízos, além de discriminatório, outrossim prejudica o contribuinte.

42. Verificando-se a caducidade da garantia, como foi o caso, o direito de indemnização nasce “ope legis”, autonomizando-se e abstraindo do momento em que foram suportados os encargos com a garantia.

43. Pelo que se deve entender que abrange as relações jurídicas já constituídas à data da sua entrada em vigor (cfr. artigo 12.º n.º 2, 2ª parte do CC), “rectius”

todos os encargos já suportados à data da sua entrada em vigor.

44. Só assim se salvaguarda a necessária igualdade entre os contribuintes.

45. Interpretar o disposto no artigo 183.º-A do CPPT e no artigo 11.º da Lei 15/2001, de 5/6, com um sentido que não tem correspondência com a letra da lei viola as regras de interpretação das leis tributárias (cfr. artigo 9.º n.º 2 do CC, ex vi do n.º 1 do artigo 11.º da LGT).

46. E atropela a regra segundo a qual a integração analógica não é possível no caso de normas abrangidas pela reserva de lei formal, como é o caso das relativas a "garantias dos contribuintes" (cfr artigos 11.º n.º 4 da LGT e 103.º n.º 2 da CRP).

47. Uma vez que a AF, apesar de ter declarado a caducidade da garantia em 11.10.2002, até à data ainda não pagou à Recorrida qualquer indemnização, esta tem direito a juros indemnizatórios nos termos da al. b) do n.º 3 do artigo 43.º da LGT.

O EMMP entende que deve confirmar-se a sentença recorrida na parte em condenou no pagamento de indemnização pela caducidade da garantia bancária e revogada na parte em que condenou no pagamento de juros indemnizatórios pois que:

No que se refere à indemnização por caducidade da garantia, pela sua consistência, é de sufragar a fundamentação da sentença sustentando que a indemnização devida abrange todos os encargos suportados com a prestação e manutenção da garantia, incluindo os anteriores ao início da vigência da Lei n.º 15/2001, Julho.

No que respeita aos juros indemnizatórios carece de fundamento legal uma vez que a atribuição de juros indemnizatórios, porque não se verificou qualquer pagamento indevido de prestação tributária (art. 43.º LGT) e uma vez que a atribuição de juros de mora, porque não foi proferida qualquer sentença judicial determinando a restituição de tributo pago (art. 102.° n.° 2 LGT).

2. A sentença recorrida fixou o seguinte quadro factual:

1. Em 16/5/1997, a ora impugnante apresentou reclamação graciosa da liquidação adicional de IVA, no montante de Esc. 123.210.150$00, cuja conclusão ocorreu em 10/12/2002 – cfr. fls. 129;

2. No processo de execução fiscal n.º 1805-97/104847.3 do 1° Serviço de Finanças da Maia, por dívida de IVA, no montante de € 614.569,64 (Esc. 123.210.150$00) em que era executada a requerente, foi esta notificada para prestar garantia no valor de Esc. 164.763.843$00 – cfr. fls. 94;

3. A pedido da requerente, em 12/12/1997, o Banco Fonsecas & Burnay, S.A prestou a garantia bancária n.º 97/346/47284, no valor de Esc. 1 64.736.843$00, a favor da ia Repartição de Finanças da Maia, – cfr. fls. 70;

4. Por requerimento datado de 16/9/2002 foi solicitado o cancelamento daquela garantia e a indemnização da requerente pelos prejuízos incorridos com a prestação e manutenção da mesma – cfr. fls. 8;

5. Em 12/11/2002, foi cancelada a referida garantia – cfr. fls. 93, 98 e 100;

6. O pedido de indemnização pelos prejuízos incorridos com a prestação e manutenção da garantia foi deferido parcialmente, no montante de € 3.173,83, não tendo a Direcção de Finanças do Porto considerado os prejuízos com data de emissão anterior à data da entrada em vigor da Lei n.º 15/2001 (5/7/2001) e "o documento n.º 13409, no montante de Esc. 170.027$00, por ser uma simples fotocópia do extracto da conta e não factura ou documento equivalente que comprove o pagamento de qualquer importância" – cfr. fls. 95;

7. Os encargos suportados pela impugnante com a prestação da garantia ascenderam a € 19.984,51 (€ 19.191,05 até 30/6/2002 e € 793,46 desde 30/6/2002 até 12/11/2002) – cfr. doc. de lis. 71/91 e 117.

3.1. A sentença recorrida entendeu não ocorrer violação do direito de audiência por entender que não havia lugar a audição dos interessados, decisão que não vem questionada no presente recurso.

Julgou, ainda, procedente a impugnação e determinou o pagamento à impugnante da quantia correspondente à totalidade dos encargos suportados com a garantia bancária no montante de 19.984,51 € acrescida de juros indemnizatórios contados nos termos da al. b) do n.º 3 do art.º 43.º da LGT.

Em síntese afirmou que o legislador ao consagrar que o interessado será indemnizado pelos encargos suportados com a prestação da garantia, não podia deixar de se estar a referir à totalidade dos encargos, quer fossem anteriores quer posteriores à entrada em vigor daquela Lei só, assim, se compreendendo que o legislador tenha tido presente os princípios da estabilidade e da segurança jurídicas, ao garantir a sua não aplicação imediata aos processos pendentes, dando um prazo razoável para que as decisões fossem tomadas.

Acrescentou que tem, ainda, a impugnante direito aos juros indemnizatórios peticionados, uma vez que apesar da decisão da AT sobre a verificação da caducidade da garantia e do deferimento parcial do pedido de indemnização, não foi efectuado o reembolso dos encargos suportados pela impugnante.

3.2. Contra o assim decidido insurge-se a FP sustentando, em síntese, que, nos termos do art.º 183.º-A do CPPT e 11.º da Lei n.º 15/2001, de 5 de Junho, apenas, com a entrada em vigor deste preceito legal é que a garantia prestada no processo de execução fiscal caduca, se o processo de reclamação graciosa que o suspende, não for decidido no prazo de um ano pelo que até essa data, a manutenção da garantia tendo em vista a suspensão do processo de execução fiscal, seria obrigatória, nos termos conjugados dos art.ºs 169.º e 199.º do CPPT e art.º 52.º da LGT, tendo a impugnante de suportar todos os encargos com a sua prestação, sem direito a qualquer indemnização.

É que o direito da impugnante à indemnização por caducidade da garantia prestada para suspender a execução fiscal, em virtude de a reclamação graciosa não se ter decidido no prazo de um ano, nos termos do n.º 6 do art.º 183.°-A do CPPT, apenas deve contemplar, tal como a Administração Tributária calculou, os encargos suportados com a prestação da garantia após 5 de Julho de 2001, data da entrada em vigor do referido normativo, aplicando-se desta forma a lei nova para o futuro, mantendo-se o regime vigente até à referida data.

Sustenta, ainda, a FP não haver lugar ao pagamento de juros indemnizatórios nos termos do art.º 43.º da LGT, porquanto o direito a tais juros abrange apenas uma das causas da responsabilidade da Administração Tributária, agindo como tal e originada pelo pagamento indevido de tributos, que lhe for imputável.

A recorrida pronuncia-se pela manutenção da decisão recorrida pois que o direito de indemnização pelos prejuízos incorridos com a prestação e manutenção de garantia já estava previsto antes do aditamento do artigo 183.º-A ao CPPT, designadamente no artigo 100.º da LGT, do qual se extrai o postulado de que a anulação do acto tributário (p.e. de uma garantia, por caducidade) implica a anulação dos seus efeitos "ex tunc", obrigando à reconstituição oficiosa da situação como se esse acto nunca tivesse sido praticado (p.e. à indemnização dos encargos suportados com a garantia) o que já resultava do disposto no artigo 5.º e ss. do DL 256-A/77, de 17/6, posteriormente reafirmada nos artigos 95.º e 96.º da LPTA e 145.º do CPT.

O artigo 183.º-A do CPPT, se bem que inovador quanto à caducidade da garantia, não o foi quanto ao direito de indemnização em consequência dessa caducidade pelo que não se vislumbram quaisquer limitações legais a este acto de reconstituição para além das que vêm previstas no n.º 6 do artigo 183.º-A do CPPT.

É que, por razões de segurança jurídica, o artigo 11.º da Lei 15/2001, de 5/6, veio estabelecer um regime transitório para a aplicação do artigo 183.º-A do CPPT às situações pendentes única e exclusivamente quanto à verificação da caducidade da garantia.

Verificando-se a caducidade da garantia o direito de indemnização nasce "ope legis", autonomizando-se e abstraindo do momento em que foram suportados os encargos com a garantia pelo que se deve entender que abrange as relações jurídicas já constituídas à data da sua entrada em vigor (cfr. artigo 12.º n.º 2, 2ª parte do CC), "rectius" todos os encargos já suportados à data da sua entrada em vigor só assim se salvaguardando a igualdade entre os contribuintes.

Acrescenta que uma vez que a AF, apesar de ter declarado a caducidade da garantia em 11.10.2002, até à data, ainda não pagou à Recorrida qualquer indemnização pelo que tem esta direito a juros indemnizatórios nos termos da al. b) do n.º 3 do artigo 43.º da LGT.

O EMMP entende que deve confirmar-se a sentença recorrida na parte em que condenou no pagamento de indemnização pela caducidade da garantia bancária e revogada na parte em que condenou no pagamento de juros indemnizatórios.

3.3. Conforme resulta do probatório (ponto 6) o pedido de indemnização pelos prejuízos incorridos com a prestação e manutenção da garantia foi deferido parcialmente, no montante de € 3.173,83, não tendo a Direcção de Finanças do Porto considerado os encargos ocorridos em data anterior à da entrada em vigor da Lei n.º 15/2001 (5/7/2001) e "o documento n.º 13409, no montante de Esc. 170.027$00, por ser uma simples fotocópia do extracto da conta e não factura ou documento equivalente que comprove o pagamento de qualquer importância".

Resulta, ainda, do mesmo probatório (ponto 7) que os encargos suportados pela impugnante com a prestação da garantia ascenderam a € 19.984,51 (€ 19.191,05 até 30/6/2002 e € 793,46 desde 30/6/2002 até 12/11/2002).

A sentença ora em recurso determinou o pagamento à impugnante da quantia correspondente à totalidade dos encargos suportados com a garantia bancária no montante de 19.984,51 € acrescida de juros indemnizatórios contados nos termos da al. b) do n.º 3 do art.º 43.º da LGT.

Importa por isso averiguar se, por força do o art. 183.º-A do CPPT, aditado ao referido código pela Lei 15/ /2001, de 5-6, que entrou em vigor em 5/7/2001, devem ser considerados todos os encargos incorridos até à data da entrada em vigor desta Lei pois que a AF já lhe atribuiu os decorridos depois da entrada em vigor da mesma Lei com excepção dos encargos de € 793,46 ocorridos desde 30/6/2002 até 12/11/2002.

Importa, ainda, averiguar se são devidos os juros indemnizatórios que a sentença recorrida atribuiu.

O art.º 183.º A do CPPT, aditado pela 15/2001, de 5-6, entrou em vigor em 5/7/2001, por força do seu art.º 14.º, tendo o art.º 11.º da mesma Lei acrescentado que, relativamente aos processos pendentes, os prazos definidos no mencionado art.º 183.º A do CPPT são contados a partir da entrada em vigor da mesma Lei.

O dito art. 183.º-A do CPTT estabelece que:

"1 – A garantia prestada para suspender a execução em caso de reclamação graciosa, ... caduca se a reclamação graciosa não estiver decidida no prazo de um ano a contar da data da sua interposição ...

...

6 – Em caso de caducidade da garantia, o interessado será indemnizado pelos encargos suportados com a sua prestação, nos termos e com os limites previstos nos n.º 3 e 4 do artigo 53.º da lei geral tributária."

Do exposto resulta que este preceito normativo entrou em vigor em 5-7-2001, que o prazo de caducidade da garantia se iniciou com a entrada em vigor desta norma e que caducada a garantia o interessado será indemnizado pelos encargos suportados com a sua prestação.

Esta indemnização terá como limite máximo o montante resultante da aplicação ao valor garantido da taxa de juros indemnizatórios por força do n.º 6 do art.º 283.º A do CPPT e do n.º 3 do art.º 53.º da LGT.

E este art.º 183.º A do CPPT refere-se à declaração de caducidade da garantia a qual resulta imediatamente do decurso do prazo a que se refere o mesmo preceito normativo.

Não importa, na situação de caducidade da garantia a que se refere este art.º 183.º-A, averiguar se ocorreu prestação indevida por erro imputável aos serviços e se a posição do administrado fez vencimento no recurso administrativo, impugnação ou oposição á execução, situação a que se reporta o art.º 53.º da LGT.

E para a apreciação da indemnização por prestação indevida ou indevidamente prestada a que se refere o art.º 53.º da LGT estabelece o art.º 171.º do CPPT que a mesma indemnização será requerida no processo em que seja controvertida a legalidade da dívida exequenda sendo, por isso, solicitada na reclamação ou recurso ou no caso de o fundamento da indemnização ser superveniente no prazo de 30 dias após a sua ocorrência.

E naquela situação de caducidade da garantia, como a que ocorreu nos presentes autos, desnecessário se torna apreciar se a posição do administrado mereceu vencimento ou se ocorreu prestação indevida por erro imputável à administração, bastando, para o efeito o mero decurso do prazo a que se refere o indicado art.º 183.º A do CPPT.

E nesta situação de caducidade acrescenta o n.º 4 do art.º 183.º A do CPPT que a verificação da caducidade cabe ao tribunal tributário de 1ª instância onde estiver pendente a impugnação, recurso ou oposição, ou, nas situações de reclamação graciosa, ao órgão com competência para decidir a reclamação.

Daí que se possa afirmar que o direito de indemnização, inerente à declaração de caducidade da garantia, resulte imediatamente do decurso do prazo a que se refere o mesmo preceito normativo, implique a constituição de um novo direito substantivo regulado de novo e atribuído pelo indicado art.º 183.º A do CPPT diferente daquele outro estabelecido pelo art.º 53.º da LGT e art.º 171.º do CPPT.

Por isso é o mesmo de aplicação apenas após a vigência deste preceito normativo que o criou ou seja a partir da vigência do art.º 183.º A do CPPT (5-7-2001).

Assim sendo por força deste art.º 183.º A do CPPT apenas são indemnizáveis os encargos decorridos após esta data e depois de decretada a caducidade da garantia bancária pois que tal norma não é de aplicação retroactiva.

Na verdade criando a mesma norma um direito de natureza substantiva o mesmo só ocorrerá por força da caducidade declarada após a vigência da mesma norma.

Daí que se possa acrescentar que por força do art.º 11.º da lei 15/2001, de 5-6, os prazos previstos no art.º 183.º A só são contados a partir da data da sua entrada em vigor como só a partir desta mesma data da entrada em vigor serão indemnizados os encargos inerentes à garantia cuja caducidade foi declarada.

Assim sendo tem a recorrida direito a receber os encargos que suportou com a prestação da garantia cuja caducidade foi verificada e ocorridos desde 5-7--2001.

Por isso além do montante a que se refere o n.º 6 do probatório e que a AF não questiona de € 3.173,83 tem, ainda, direito à quantia de € 793,46 por encargos suportados de 30/6/2002 até 12/11/2002 a que se refere o n.º 7 do probatório.

Não tem, pelos motivos expostos, direito aos encargos suportados em data anterior a 5-7-2001.

3.4. Atribuiu, ainda, a sentença recorrida juros indemnizatórios contados nos termos da al. b) do n.º 3 do art.º 43.º da LGT.

Com efeito estabelece o n.º 1 deste preceito legal que "são devidos juros indemnizatórios quando se determine, em reclamação graciosa ou impugnação judicial, que houve erro imputável aos serviços de que resulte pagamento da dívida tributária em montante superior ao legalmente devido" acrescentando o n.º 2 que se considera "também haver erro imputável aos serviços nos casos em que, apesar da liquidação ser efectuada com base na declaração do contribuinte, este ter seguido, no seu preenchimento, as orientações genéricas da administração tributária, devidamente publicadas".

Por força do n.º 3 do mesmo art.º 43.º da LGT são, ainda, devidos juros indemnizatórios "quando não seja cumprido o prazo legal de restituição oficiosa dos tributos" (al. a), "em caso de anulação do acto tributário por iniciativa da administração tributária, a partir do 30.º dia posterior à decisão, sem que tenha sido processada a nota de crédito" (al. b) e "quando a revisão do acto tributário por iniciativa do contribuinte se efectuar mais de um ano após o pedido deste, salvo se o atraso não for imputável à administração tributária" (al. c).

Em todas estas situações ocorre anulação total ou parcial de acto tributário ou restituição de imposto pago.

É manifesto que a situação dos presentes autos não se enquadra na al. b) do mencionado n.º 3 do art.º 43.º da LGT pois que não estamos perante caso de anulação do acto tributário por iniciativa da administração tributária já que na situação concreta dos presentes autos apenas ocorreu a declaração de caducidade da mencionada garantia.

E esta situação não é enquadrável em qualquer dos diversos preceitos normativos acabados de referir pelo que não tem a recorrida direito a juros indemnizatórios por força do indicado art.º 43.º da LGT.

4. Nos termos expostos concede-se parcial provimento ao recurso e, consequentemente, revoga-se, em parte, a sentença recorrida na medida em que condenou em encargos superiores aos de € 3.173,83 (admitidos pela AF) e de € 793,46 suportados pela recorrida de 30/6/2002 até 12/11/2002.

Custas pela recorrida na primeira instância e neste STA na proporção em que decaiu fixando-se neste STA em 50% a procuradoria.

Lisboa, 18 de Maio de 2005.

António Pimpão (Relator)
Baeta de Queiroz
Lúcio Barbosa

Recurso n.º 40-05

CHEQUES AUTO.
DESPESAS CONFIDENCIAIS.

(Acórdão de 15 de Junho de 2005)

SUMÁRIO:

I – A aquisição de cheques auto traduz-se numa operação de mera troca de meios de pagamento que não se traduz num custo efectivo, pois que a despesa só ocorre aquando da compra do combustível.
Podia e devia a impugnante documentar a despesa correspondente com a aquisição do combustível, pois que se a impugnante continuasse a ter na sua disposição os referidos cheques auto não teria suportado qualquer despesa.

II – Se os mesmos deixaram de estar na sua posse sem se saber se foram utilizados na aquisição de combustível ou se tiveram qualquer outro destino, então não só se desconhece o caminho que os mesmos seguiram, como onde foram efectivamente parar, pelo que podem ser integrados nas denominadas despesas confidenciais.

ACORDAM, EM CONFERÊNCIA, NA 2ª SECÇÃO DO SUPREMO TRIBUNAL ADMINISTRATIVO:

1. A FP recorre da sentença que, no Tribunal Tributário de 1ª Instância do Porto, 3.º Juízo, 1ª Secção, julgou procedente a impugnação de IRC de 1996, derrama e juros compensatórios, anulou a liquidação na parte relativa à tributação autónoma das despesas referidas na al. a) da matéria de facto provada e declarou o direito da impugnante a juros indemnizatórios.

Alegou formulando o seguinte quadro conclusivo:

A. Julgou a sentença procedente a impugnação por considerar que as despesas contabilizadas como custos fiscais e relativas à compra de cheques auto, estão documentadas, embora não na forma devida no que concerne à sua dedutibilidade, sendo contudo suficientes para retirar confidencialidade às ditas despesas.

B. E, finaliza dizendo que "não é legítimo como fez a AT, uma correspondência entre custos indevidamente documentados e despesas confidenciais ou não documentadas".

C. Em causa está, a final, a tributação autónoma em sede de IRC das despesas havidas com aquisição dos cheques auto enquanto custos carecidos de documento justificativo idóneo, portanto não documentados, nos termos e para efeitos do preceituado no art.º 4.º do Dec. Lei n.º 192/90 de 9/06, com a redacção dada pela Lei n.º 39-B/94, de 27/12.

D. Contrariamente ao preconizado na sentença recorrida, perfilhamos o entendimento de que, ao sujeito passivo incumbe organizar a contabilidade nela integrando os elementos necessários para se aferir da exactidão da sua elaboração e, se contabiliza como custo um determinado montante, cabe-lhe ter disponíveis as especificações que permitem aferir do momento da efectivação do custo, de quem e por conta e no interesse de quem se efectuou e da indispensabilidade da efectivação de despesa para a realização dos proveitos, sob pena de, por falta de um qualquer requisito respectivo, nos termos do art. 23.º e art.º 41.º n.º 1 al. h) do CIRC, se não possa ter por fiscalmente relevante o custo contabilístico relevado.

E. E, a ausência de documentos justificativos de todo e qualquer gasto, que explicite as características essenciais da operação, nomeadamente os sujeitos, o preço, a data e o objecto do acto mercantil em que a mesma se consubstancia, culmina com a sujeição do valor indocumentado à tributação autónoma, prevista no art.º 4.º do DL 192/80, de 9-6, com a redacção dada pela Lei n.º 39-B/84 de 27/12.

F. O regime fiscal deste tipo de despesas – não documentadas ou indocumentadas – foi inicialmente delineado pelo n.º 3 do art.º 25.º de Lei n.º 101/89, de 29/12, sendo o Governo autorizado a tributar autonomamente em IRC a uma taxa agravada, e sem prejuízo do disposto na al. h) do n.º 1 do art.º 41.º do CIRC, quer as despesas confidenciais quer as despesas não documentadas.

G. No uso dessa autorização legislativa o art. 4.º do Decreto-Lei n.º 192/90, de 9-6, dispõe sobre a matéria e, a redacção então vigente é determinada pelo art. 29.º da Lei n.º 39-B/94, de 27/12.

H. Partindo da premissa de que o legislador se exprime com correcção e nos termos adequados, resulta claro da redacção da norma que a conjunção "ou" pretende designar duas situações alternativas e distintas – Despesas Confidenciais ou Não Documentadas – considerando apenas como relevante para o efeito a ausência de documento justificativo idóneo.

I. Pelo que, não merece censura a actuação da AT por se achar em conformidade com a lei, quando decidiu proceder à tributação autónoma em IRC, a uma taxa agravada (e sem prejuízo do disposto na al. h), n.º 1, do art.º 41.º do CIRC), as despesas ou custos sem documento ou indocumentadas.

J. Em face do incumprimento dos deveres acessórios decorrentes da inexistência de suportes documentais, consideramos que a sentença recorrida violou os normativos legais prescritos no art.º 4.º do DL 192/90, na redacção então vigente, nos art.º 23.º, n.º 1 e art.º 41.º n.º 1 al. h), e ainda nos art.º 98.º n.º 3 al. a) conjugado com o art.º 18.º n.º 3, todos do CIRC.

A recorrida apresentou alegações pedindo a manutenção da sentença recorrida pois que:

1. Em sentença proferida os custos referentes a despesas incorridas pela recorrida na aquisição de cheques auto, no valor de € 47.360,86 (Esc. 9.495.000), foram considerados não aceites do ponto de vista fiscal e, como tal, desconsiderados para o efeito de apuramento do lucro tributável daquele exercício não merecendo, todavia, a tributação adicional característica das despesas confidenciais ou não documentadas.

2. Isto porque foi entendimento do Juiz do processo que, apesar da indevida documentação, esta não constituía razão para que aquelas despesas fossem consideradas não documentadas ou confidenciais, e consequentemente sujeitas a tributação autónoma à taxa, aplicável à data, de 25% do respectivo valor.

3. Foi entendido que há, por parte da legislação fiscal, uma clara distinção na classificação e tratamento de despesas não devidamente documentadas daquelas que são confidenciais ou não documentadas, e que o caso em apreço não é enquadrável nestas últimas, tratando-se antes de um custo indevidamente documentado.

4. De facto, a configuração de uma despesa como confidencial ou não documentada implica a ausência de qualquer documento que ateste a sua efectividade e valor.

5. Ora, tal não acontece na situação em concreto, já que o Finibanco detém o documento de suporte comprovativo das referidas despesas. Mais; a recorrida facultou o seu acesso desses documentos aos técnicos da Administração Tributária no momento da inspecção tributária de que foi alvo, afastando, desde logo, a sua classificação como confidencial ou não documentada.

6. Terão entendido os referidos técnicos que, uma vez que no momento em que o custo é assumido na contabilidade não haveria documento suporte relativo a esse reconhecimento, esta situação seria enquadrável como uma despesa confidencial ou não documentada.

7. O raciocínio acima explanado, para além de extremamente redutor e simplista, ignora o facto de a documentação daquele facto ocorrer no momento em que a despesa é efectuada e não no momento em que o custo é reconhecido na contabilidade.

8. Por outro lado, atendendo ao espírito da lei, facilmente se depreende que um dos principais fitos, se não mesmo o principal, do legislador nesta matéria foi o de obviar o conhecimento da contraparte contratual e, dessa forma, evitar a ausência de tributação na esfera da mesma.

9. Como é bom de ver, no caso julgado, as partes da transacção estão perfeitamente identificadas, pelo que

seria uma violação gritante do princípio da justiça tributária a consideração daquelas despesas como confidenciais ou não documentadas e atribuir-lhes o tratamento fiscal consonante.

10. Destarte, a serem atendidas as pretensões da Fazenda Pública, aquelas despesas seriam merecedoras de um tratamento mais penalizador quando, de facto e de direito, não se encontram preenchidas as condições necessárias para as enquadrar como tal.

11. Em conclusão, e em face do exposto, o Finibanco não pode concordar com a Fazenda Pública ao acusar a sentença proferida de ter violado os normativos legais aplicáveis ao não considerar as despesas aqui em análise como confidenciais ou não documentadas.

O EMMP entende que o recurso não merece provimento pois que:

"Despesas confidenciais são as que não especificam a sua natureza, origem e finalidade.

Tais despesas são, por natureza indocumentadas.

Não é confidencial a despesa, titulada por documento, do qual constam as identidades do vendedor e do adquirente e a designação do bem transmitido e respectivo preço.

Esta despesa não é susceptível de tributação autónoma nos termos do artigo n.º 4 do DL 192/90 de 09.06, escreve-se no Acórdão do STA de 03.12.2003, Processo 1283/2003.

2. A sentença recorrida fixou o seguinte quadro factual:

a) No exercido de 1996, a impugnante contabilizou como custos do exercício a compra de cheques auto no montante de 9.945.000$00.

b) O único suporte documental de tais despesas é o talão de venda emitido pela instituição bancária.

c) A Administração tributária considerou que tais encargos não se encontram devidamente documentados e, como tal, efectuou correcção à matéria tributável naquele montante referido na alínea a).

d) Por outro lado, tributou tais despesas autonomamente, à taxa de 25%, nos termos do art. 4.º do DL n.º 192/90, de 9 de Junho.

e) Em consequência dessa e de outras correcções, foi efectuada a liquidação de IRC, juros compensatórios e derrama, cuja nota demonstrativa consta de fls. 16 e que aqui se dá por reproduzida no seu teor.

f) O prazo para pagamento voluntário da referida liquidação terminou em 6 de Outubro de 1999.

g) A impugnante pagou a quantia liquidada em 6 de Outubro de 1999.

h) Em 11 de Novembro de 1999, a impugnante apresentou reclamação graciosa contra a dita liquidação.

i) Essa reclamação foi indeferida por decisão notificada à impugnante em 10 de Maio de 2002.

j) A presente Impugnação foi apresentada em 24 de Maio de 2002.

3.1. A sentença recorrida julgou procedente a impugnação de IRC de 1996, derrama e juros compensatórios, anulou a liquidação na parte relativa à tributação autónoma das despesas referidas na al. a) da matéria de facto provada e declarou o direito da impugnante a juros indemnizatórios

E a questão que importa reapreciar prende-se com saber se as despesas que a impugnante declarou como custos fiscais e relativas à compra de cheques – auto são ou não de considerar como despesas confidenciais.

3.2. Conforme resulta da petição inicial a impugnante e aqui recorrida aceita que tais despesas não se encontram documentadas.

Na verdade a impugnante depois de, nos art.ºs 4.º a 7.º da dita petição, afirmar que aceitava as correcções de amortizações não aceites como custos e de provisões acima dos limites aceites fiscalmente acrescenta (cfr. art.ºs 9.º e seguintes da mesma petição) que "aceita que o custo efectivo não se encontrará devidamente documentado, por lhe faltarem os documentos subsequentes, subjacentes à despesa efectuada, pelo que deverá ser desconsiderado como custo, para os efeitos da alínea g) do n.º 1 do art.º 42.º do código do IRC" (cfr. art.º 11.º da mesma petição bem como 19.º e 20.º).

Daí que a impugnante aceite que a quantia de 9.945.000$00 integre uma despesa não documentada discordando apenas que tal montante fique sujeito a tributação autónoma de 25% (cfr. art.º 12.º e seguintes) pois que, na sua perspectiva o art.º 4.º do DL 192/90, de 9-6, restringe o seu âmbito de aplicação a despesas confidenciais ou não documentadas propriamente ditas ou seja aquelas em relação às quais falta todo e qualquer suporte documental susceptível de poder indiciar qual a sua natureza (cfr. art.º 13.º da petição).

Acrescentava a impugnante, nos art.ºs 14.º e 15.º da mencionada petição, que esta situação não é equiparável à situação objecto de controvérsia, uma vez que para esta situação existem documentos bancários suporte da despesa efectuada (aquisição de cheques – auto), sendo assim perfeitamente identificável, porque documentada, a natureza das despesas pois que ainda que possa não existir prova documental do destino dado aos referidos cheques – auto, subjacente à sua aquisição, existe o fluxo financeiro entre o Banco emissor e o adquirente, conforme se pode comprovar pelos talões emitidos pelo Banco emissor.

Diversamente entende a AF que "a aquisição de cheques auto se traduz numa operação de mera troca de meios de pagamento que não se traduz num custo efectivo ... só se efectuando as despesas aquando da compra do combustível" (art.º 12.º da petição inicial) acrescentando o parecer de fls. 31 do P. A. que "não existe qualquer documento de suporte para a importância de Esc. 9.495.000, que refira qual a despesa inerente a este valor nem quem recebeu a quantia em que a mesma se consubstancia".

No mesmo sentido pode consultar-se o fundamento da correcção (cfr. II. Análise e parecer – p. 31 e fls. 16 da última parte do P. A. – Linha 14 do Quadro 20 – Correcção no valor de 9.495.000$00.

Importa, por isso, determinar se a referida quantia de 9.495.000$00, que não foi aceite como custo, nos termos do art.º 41.º 1 h) do CIRC, por se tratar de um custo não documentado, podia ser tributada autonomamente à taxa de 25%, conforme sustenta a FP.

Estabelecia este art. 41.º n.º 1 alínea h) do CIRC, na redacção aqui aplicável, que não são dedutíveis, para efeito de determinação do lucro tributável, "os encargos não devidamente documentados e as despesas de carácter confidencial".

A questão controvertida é, por isso, a de saber se as despesas que a impugnante declarou como custos fiscais e relativas à compra de cheques – auto são ou não despesas confidenciais.

Nesta parte parece ser de acompanhar a AF quando afirma que a aquisição de cheques auto traduz-se numa operação de mera troca de meios de pagamento que não se traduz num custo efectivo pois que a despesa só ocorre aquando da compra do combustível.

Podia e devia a impugnante documentar a despesa correspondente com a aquisição do combustível.

Com efeito se a impugnante continuasse a ter na sua disposição os referidos cheques auto manifestamente não teria suportado qualquer despesa.

Se os mesmos deixaram de estar na sua posse sem se saber se os mesmo foram utilizados na aquisição de combustível ou se tiveram qualquer outro destino então não só se desconhece o caminho que os mesmos seguiram como onde foram efectivamente parar.

Daí que se possa afirmar que aqueles cheques, como meios de pagamento de combustível, não só não constituem custos para a impugnante como esta não revela o seu destino final.

Nesta perspectiva tem razão a AF quando afirma que não se sabe, nem a impugnante alega, nem demonstra, qual a despesa inerente a este valor nem quem recebeu a quantia em que a mesma se consubstancia".

Estabelecia o artigo 4.º do DL 192/90, de 9 de Junho, na redacção aqui aplicável que:

"As despesas confidenciais ou não documentadas efectuadas no âmbito do exercício de actividades comerciais, industriais ou agrícolas por sujeitos passivos de IRS que possuam ou devam possuir contabilidade organizada ou por sujeitos passivos de IRC não enquadrados nos artigos 8.º e 9.º do respectivo Código são tributados autonomamente em IRS ou IRC, conforme os casos, a uma taxa de 25%, sem prejuízo do disposto na alínea h) do n.º 1 do artigo 41.º do CIRC."

Do probatório resulta que, no exercício de 1996, a impugnante contabilizou como custos do exercício a compra de cheques – auto nos montantes de 9.495.000$00 tendo como único suporte documental o talão de venda emitido pela instituição bancária.

Se tal talão demonstra que a impugnante adquiriu tal montante em cheques auto nada demonstra quanto á sua utilização nem por quem foram utilizados e daí que não se possa falar em verdadeira despesa ou custo.

Diversamente do sustentado na sentença recorrida entende-se que a referida quantia cabe sob a alçada do mencionado art. 4.º do DL 192/90 que tributa, autonomamente, as despesas em causa como despesas confidenciais, à taxa de 25%.

Acompanha-se a leitura interpretativa da norma do art. 4.º do DL 192/90 defendida na sentença recorrida enquanto afirma que a norma do art. 41.º n.º 1 al. h) do CIRC que se reporta aos encargos não dedutíveis, distingue de uma forma muito clara entre encargos não devidamente documentados e as despesas de carácter confidencial.

E é, ainda, de acompanhar quando afirma que, embora umas e outras não sejam dedutíveis para efeitos fiscais, as despesas confidenciais sofrem uma tributação acrescida, por aposição de uma determinada taxa sobre o montante do gasto pois que nas despesas confidenciais ou indocumentadas o contribuinte "não deseja revelar a causa negocial e a contraparte contratual, por diversas razões: por estratégia empresarial (para não divulgar a identidade do fornecedor), por total impossibilidade em titular certas operações societárias (como as comissões pelo trabalho de intermediação na internacionalização das empresas).

Não se acompanha a sentença recorrida quando afirma que no caso dos autos não estamos perante despesas confidenciais pois que como já se referiu, na situação dos autos, apenas está documentada a aquisição dos mencionados cheques auto.

A posse pela impugnante de tais cheques auto não implica, por si só, qualquer despesa contudo já existiria tal custo se a impugnante utilizasse tais cheques auto no abastecimento dos seus veículos.

A despesa existiria nesse momento.

Contudo na situação concreta dos autos não se sabe o que aconteceu a tais meios de pagamento não sendo o talão de venda emitido pela instituição bancária documento capaz para documentar a compra de combustível nem por quem o mesmo foi utilizado.

Diversamente do afirmado na sentença recorrida as ditas despesas não estão documentadas e os ditos talões não são suficientes para retirar confidencialidade às ditas despesas.

Do exposto resulta que é de revogar a sentença recorrida e de manter a liquidação impugnada.

4. Nos termos expostos concede-se provimento ao recurso, revoga-se a sentença recorrida e, julgando-se improcedente a impugnação, não se anula o acto tributário da liquidação.

Custas pela recorrente na primeira instância e neste STA fixando-se neste em 60% a procuradoria.

Lisboa, 15 de Junho de 2005.

António Pimpão (Relator)
Baeta de Queiroz
Lúcio Barbosa

Recurso n.º 45/05-30

CONTENCIOSO ADUANEIRO. FOSFATO DICÁLCICO. CLASSIFICAÇÃO PAUTAL.

(Acórdão de 29 de Junho de 2005)

SUMÁRIO:

I – O fosfato dicálcico pode ser obtido, entre vários processos, pela reacção do fosfato monocálcico com um produto à base de cálcio.

II – Destes processos de fabrico, conforme a utilização a dar ao produto final, resultam fosfatos dicálcicos de purezas diferentes:

a) O fosfato dicálcico industrial para uso agrícola, na forma de um pó branco ou acinzentado.

b) O fosfato dicálcico puro para uso farmacêutico e medicinal, na forma de um pó microcristalino, branco, inodoro, insípido.

III – Só o referido em b) cabe na posição pautal 28 (2835 25 90 00 0000), por se tratar de um elemento químico isolado.

IV – O referido em a) não cabe naquela posição pautal mas sim na posição pautal 2309 90 97 00 0000, por não se tratar de um elemento químico isolado nem de um composto de constituição química definida.

ACORDAM, EM CONFERÊNCIA, NA SECÇÃO DE CONTENCIOSO TRIBUTÁRIO DO SUPREMO TRIBUNAL ADMINISTRATIVO:

1. QUÍMICA ATLÂNTICA, Lda., com sede na Rua Tierno Galvan, Torre 3, 5.º andar, Porta 506, Lisboa, interpôs, junto do Tribunal Central Administrativo, recurso de anulação de uma decisão do Conselho Técnico Aduaneiro, homologado pelo Secretário de Estado dos Assuntos Fiscais, em 24/7/2000.

O TCA, por acórdão de 21/09/2004, negou provimento ao recurso.

Inconformada, a recorrente interpôs recurso para este Supremo Tribunal.

Formulou as seguintes conclusões nas respectivas alegações de recurso:

O douto acórdão enferma de omissão de pronúncia quando nada refere sobre a invocada não informação do teor da análise à recorrente, sobre a recusa em sujeitar a mesma à repetição em sede de recurso conforme prevê pelo Dec.-Lei n.º 39279 de 17/7/53 e sobre a existência da análise efectuada pela Universidade do Minho.

O douto Tribunal decidiu e fez reverter contra a recorrente omissões de prova, que a recorrente requereu e que decorriam de documentos em posse das Alfândegas (CPC 528.º).

A recorrente nunca teve possibilidade de conhecer e contraditar a denúncia de pessoa com interesse directo na decisão do pleito; a decisão está assim insuficientemente fundamentada, e, no entanto, o douto acórdão não dá como provado o vício de forma em notório erro de pronúncia.

O douto acórdão errou, também, na pronúncia quando estabelece um raciocínio fundamentador da classificação violador da regra interpretativa n.º 1 da PDI ao não considerar que o fosfato dicálcico está identificado no capítulo 28 da PDI.

E não observa a regra 2-b porquanto preconiza que a mercadoria deve ser classificada pelo capítulo 23 por ser uma mistura quando aquela regra admite que tal não influi na classificação pautal.

E faz errónea interpretação sobre a composição do produto apurada pelo Laboratório da DGAIEC (impropriamente) e pela Laboratório da Universidade do Minho que apontam para a sua caracterização como produto orgânico – fosfato monocálcico – sujeito a transformação de que resultou fosfato dicálcico.

Assenta em erro a rejeição da classificação pelo código 28 35 52 90.

Preceitos violados

- CRP art.ºs 266.º e 268.º
- As Regras de Interpretação da PDI n.os 1 e 2-b
- CPC 528.º

Contra-alegou o representante da Fazenda Pública, sustentando que o recurso não merece provimento.

O EPGA junto deste Supremo Tribunal defende que o recurso deve improceder.

Colhidos os vistos legais, cumpre decidir.

2. É a seguinte a matéria de facto fixada na instância:

A. A recorrente, em 1997, importou da Turquia, 2.196 toneladas de Fosfato Dicálcico, transportado pelo navio "SEA WESER", com a contra-marca 973/97, de 97AGO3O, através do DU de introdução em livre prática e consumo n.º 2 02 83 82, datado de 97SET01.

B. No referido D.U., a recorrente declarou que a tal mercadoria cabia no Código Pautal n.º 28 35 25 90 00 0000.

C. Em 97SET02 foi participado, por funcionário alfandegário, que a mercadoria fora indevidamente classificada pelo Código Pautal mencionado na precedente alínea, já que o deveria ter sido pelo CP 23 09 90 97 00 0000, o que originou que tivessem ficado por liquidar as importâncias de 3.799. 656$ e de 189.983$, referentes, respectivamente, a direitos e a IVA.

D. Notificada a recorrente para se pronunciar sobre tal questão relativa à qualificação pautal, veio a mesma, em 97SET02, manifestar a sua discordância com o teor da participação aludida em C).

E. Em 97SET03 foram colhidas amostras da mercadoria importada, tendo em vista a sua subsequente análise laboratorial.

F. Em 97SET10 foi levantado o auto inicial do processo técnico de contestação da classificação pautal a atribuída à mercadoria acima referida, nos termos do doc. de fls. 3/4 do proc. instrutor apenso, para o qual se remete.

G. Na sequência de despacho de 97SET12 o verificador participante elaborou a nota justificativa que constitui o doc. de fls. 6/7 do proc. apenso instrutor, que, aqui se dá por reproduzido e no qual e no essencial justifica o entendimento de que a mercadoria importada pela recorrente deve ser classificada segundo a posição pautal 23.09.9097.00.0000 na medida em que o Hidrogeno-ortofosfato de cálcio, da posição pautal 28.35.25.90.00.0000, declarada no D.U., *"... é somente um dos elementos químicos isolados que entra na composição da mercadoria alvo desta contestação* (...)"..

H. Em 970UT13, a recorrente contestou, por seu turno, o processo técnico de contestação, nos termos do doc. que constitui fls. 30 a 37 do proc. instrutor apenso e para o qual se remete.

I. Em 99MAI17 a Directora do laboratório da DGAIEC remeteu ao Presidente do CT Aduaneiro, o resultado da análise efectuada às amostras colhidas da mercadoria aqui em questão, nos termos referidos em E). que antecede, acompanhada de oficio de que se respiga a seguinte súmula conclusiva:

"1 – O fosfato dicálcico (Ca HPO4. 2H20) pode ser obtido, entre vários processos, pela reacção do fosfato monocálcico com um produto a base de cálcio, como o indicado pelo fabricante.

2 – Destes processos de fabrico, conforme a utilização a dar ao produto final, resultam fosfatos dicálcicos de purezas diferentes.

– O fosfato dicálcico industrial para uso agrícola, na forma de um pó branco ou acinzentado contendo 35-42% de P205 (75;5-87% de fosfato dicálcico – Ca HP04. 2H20)

– O fosfato dicálcico puro para uso farmacêutico e medicinal, na forma de um pó microcristalino, branco, inodoro, insípido e que deverá conter, segundo as "Farmacopeias Nacional e Internacionais" um mínimo de 96 a 98% de Ca HP04. 2H20 (fosfato dicálcico).

3 – Parece-nos ser este último produto o que deverá ser considerado como fosfato dicálcico correspondente ao código NC 2835 25 90 00 0000, dado tratar-se de um "composto de constituição química definida mesmo contendo impurezas (2a 4%) enquanto que a mercadoria em apreço contendo além de fosfato dicálcico, cerca de 30% de fosfato monocálcico, 6% de carbonato de cálcio, 3,5% de sulfatos, sílica e outros elementos, mesmo que considerados como resíduos do processo de fabrico, não pode ser considerada como um "produto de constituição química definida" na acepção do capítulo 28, mas sim com fosfato dicálcico industrial para usos específicos.

Acrescenta-se ainda que o teor de 22% de fósforo total da amostra (expresso em P205) é inferior aos teores normais de fosfato dicálcico para uso agrícola indicados no ponto 2 da presente informação".

J. Em 990UT20, o Relator do processo emitiu o parecer favorável à classificação da mercadoria em causa pelo CPautal 2309 90 97 00 0000.

K. Em 00MAR30 o CT Aduaneiro deliberou que a mercadoria em questão e importada pela recorrente, fosse classificada pelo CPautal 2309 90 97 00 0000, com suporte na seguinte argumentação;

"Considerando que a mercadoria, objecto de litígio, é constituída por uma mistura de fosfatos, carbonatos, cálcio e outros elementos, utilizada como suplemento, para a alimentação de amimais;

Considerando que a nota I, a) (do???) Capítulo 28, que indica que "as posições do presente capítulo correspondem apenas os elementos químicos isolados ou os compostos de constituição química definida apresentados isoladamente, mesmo contendo impurezas";

Considerando o resultado da análise laboratorial que indica que a mercadoria em apreço contém além de fosfato dicálcico, cerca de 35% de fosfato monocálcico, 6% de carbonato de cálcio e 3,5% de sulfatos, sílica e outros elementos;

Considerando que as características específicas do produto limitam a sua aplicação, pelos teores indicativos dos fosfatos e da parte inerte, que a tornam particularmente apta para a alimentação animal, preterindo a sua aplicação geral (cf. Nota Explicativa do Sistema Harmonizado, pág. 228);

Considerando as Regras Gerais 1 e 6 para a Interpretação da Nomenclatura Combinada;

Resolvem que a mercadoria em causa seja classificada pelo Código pautal 2309 90 97 00 0000".

A mercadoria em questão, atenta a sua composição, constitui " (...) um produto composto, resultante do processo de fabrico (...).

3. Para responder às três primeiras conclusões das alegações de recurso importa conhecer as três primeiras conclusões das alegações apresentadas pela recorrente junto do tribunal recorrido.

São elas do seguinte teor:

A decisão recorrida não foi tomada em concordância com o parecer do Laboratório da DGAIEC e do funcionário que procedeu a uma acção inspectiva realizada na sequência de delação de um concorrente comercial da recorrente.

• A recorrente nunca teve a possibilidade de conhecer e contraditar a denúncia da pessoa com interesse directo na decisão do pleito.

• A decisão está assim insuficientemente fundamentada, enfermando de vício de forma.

Pois bem.

Como resulta do acima exposto é fácil constatar que não há a omissão de pronúncia assacada ao acórdão recorrido na 1ª conclusão das alegações de recurso.

É que do acervo daquelas conclusões acima expressamente transcritas não constam os factos aí referidos.

E o facto não é de conhecimento oficioso.

Não ocorre assim a alegada omissão de pronúncia.

E não faz também qualquer sentido falar-se de violação do art. 528.º do CPC a que se refere a conclusão 2ª.

Demais que nem se anota nos autos a existência do requerimento a que alude o citado preceito legal.

É certo que no final da petição inicial, a ora recorrente pede que a autoridade recorrida seja convidada a juntar aos autos o relatório da acção inspectiva a que terá sido sujeita.

Mas não diz a que destina tal relatório, sendo que, no dizer da própria recorrente, o mesmo é posterior à posição final da dita autoridade, no tocante à posição pautal.

Escreve com efeito a recorrente nas suas alegações (fls. 136 e 137):

"Em notória violação do dever de isenção, alinhando por interesses individualizados, as Alfândegas portuguesas não ajuizaram da idoneidade da denúncia, não ouviram a denunciada, não a notificaram do resultado da análise que efectuaram, apressaram-se a impor a classificação pelo código pautal 2309 90 97, e, *de seguida, mandaram inspeccionar a ora recorrente*".

Não se vê assim sequer a utilidade do relatório de inspecção.

Tanto que a recorrente não anota a sua falta, aquando da apresentação das alegações finais, nem em momento algum especifica os factos que com tal documento pretende provar.

Pelo que também aqui manifestamente improcede tal conclusão das alegações de recurso.

No tocante à 3ª conclusão sempre se dirá que não há nos autos qualquer rasto de um qualquer denunciante, não se vendo assim onde esteja o alegado vício de forma.

Diremos apenas, na esteira do acórdão recorrido, que a alegação de que "a recorrente nunca teve possibilidade de conhecer e contraditar a denúncia de pessoa com interesse directo na decisão do pleito" é apenas uma alegação e não mais do que isso. Não há nos autos qualquer indício que leve a uma tal conclusão.

Fica assim insanavelmente comprometida, como referimos, a existência de qualquer vício de forma.

Resta-nos apenas e tão só a questão de fundo, a saber, o alegado erro na classificação pautal.

Vejamos então.

Defende a recorrente que a mercadoria em questão deve ser classificada na posição pautal 28 35 52 90.

Outra e diversa é a perspectiva da autoridade recorrida, que classificou a mercadoria em causa na posição pautal 2309 90 97 00 0000. Perspectiva que mereceu o acolhimento do acórdão recorrido.

Pois bem.

A chave da questão haverá de ser encontrada na nota 1, alínea a) do Capítulo 28 da Pauta, que estatui que "as posições do presente Capítulo compreendem apenas os elementos químicos isolados ou os compostos de constituição química definida apresentados isoladamente, mesmo contendo impurezas".

Para concluir como concluiu (ou seja, classificar a mercadoria em causa nesta última posição pautal) o acórdão recorrido finalizou o seu raciocínio da seguinte maneira:

"Por consequência temos que para uma qualquer mercadoria cair no âmbito de aplicação do estatuído na nota 1, al. a), do Capítulo 28 da Pauta, ou ela é constituída por um elemento químico simples, ou então por um agrupado de tais elementos, mas desde que se apresente isoladamente e com uma constituição química definida; ora, atenta esta realidade e a composição da mercadoria em questão crê-se inexorável, mesmo sem qualquer conhecimento especializado em química, a conclusão que a mesma não se apresenta como um elemento químico isolado, nem tão pouco como um composto de tais elementos químicos, com uma constituição química e apresentados isoladamente.

"Antes e como se dá conta nos autos a mercadoria constituirá, antes, uma preparação química de distintos elementos, ou, como de alguma forma se refere na al. b), do regulamento anexo ao DL 82/2003 são de entender como tal " ... as misturas ou soluções compostas por duas ou mais substâncias".

Diremos desde já que concordamos com estas observações do acórdão recorrido, que levaram em linha recta à improcedência do recurso, pois permitiram confirmar a classificação pautal fixada pela autoridade recorrida.

E isto parece-nos assim se nos ativermos ao probatório no ponto específico respectivo, ou seja, no resultado das análises efectuadas às amostras do produto em causa (vide alínea i) do probatório).

Transcrevendo de novo o ponto com interesse:

"1. O fosfato dicálcico (Ca HPO4. 2H20) pode ser obtido, entre vários processos, pela reacção do fosfato monocálcico com um produto a base de cálcio, como o indicado pelo fabricante.

"2.Destes processos de fabrico, conforme a utilização a dar ao produto final, resultam fosfatos dicálcicos de purezas diferentes.

"O fosfato dicálcico industrial para uso agrícola, na forma de um pó branco ou acinzentado contendo 35-42% de P205 (75;5-87% de fosfato dicálcico – Ca HP04. 2H20).

"O fosfato dicálcico puro para uso farmacêutico e medicinal, na forma de um pó microcristalino, branco, inodoro, insípido e que deverá conter, segundo as "Farmacopeias Nacional e Internacionais" um mínimo de 96 a 98% de Ca HPO4. 2H20 (fosfato dicálcico).

"Parece-nos ser este último produto o que deverá ser considerado como fosfato dicálcico correspondente ao código NC 2835 25 90 00 0000, dado tratar-se de um "composto de constituição química definida mesmo contendo impurezas (2 a 4%) enquanto que a mercadoria em apreço contendo além de fosfato dicálcico, cerca de 30% de fosfato monocálcico, 6% de carbonato de cálcio, 3,5% de sulfatos, sílica e outros elementos, mesmo que considerados como resíduos do processo de fabrico, não pode ser considerada como um "produto de constituição química definida" na acepção do capítulo 28, mas sim com fosfato dicálcico industrial para usos específicos.

"Acrescenta-se ainda que o teor de 22% de fósforo total da amostra (expresso em P205) é inferior aos teores normais de fosfato dicálcico para uso agrícola indicados no ponto 2 da presente informação".

Vemos aqui a forma de obter fosfato dicálcico, com purezas diferentes.

E entende-se e aceita-se a consideração de que na dita posição pautal indicada pelo recorrente apareça apenas o fosfato dicálcico puro para uso farmacêutico e medicinal, com um mínimo de 96 a 98% de Ca HP04. 2H20 (fosfato dicálcico), onde podemos ver aqui um elemento químico isolado, com resíduos do processo de fabrico, adequando-se perfeitamente à nota 1, a) do Capítulo 28 da Pauta.

Mas já não o fosfato dicálcico industrial para uso agrícola, na forma de um pó branco ou acinzentado contendo 35-42% de P205 (75;5-87% de fosfato dicálcico – Ca HP04. 2H20), pois para além de fosfato dicálcico, temos ainda cerca de 30% de fosfato monocálcico, 6% de carbonato de cálcio, 3,5% de sulfatos, sílica e outros elementos, mesmo que considerados como resíduos do processo de fabrico, pelo que não pode ser considerada como um "produto de constituição química definida" na acepção do capítulo 28, mas sim com fosfato dicálcico industrial para usos específicos.

A isto obtempera o recorrente ao referir-se à regra 2-b), onde se diz que "qualquer referência a uma matéria em determinada posição diz respeito a essa matéria quer em estado puro, quer misturada ou associada a outras matérias", acrescentando que há na Pauta uma posição que se refere expressamente a "Hidrogeno – ortofosfato de cálcio (fosfato dicálcico), código 28.35.25.

Mas esta tese não se nos afigura pertinente, por isso que a mercadoria em causa não representa um elemento químico isolado nem é um composto de constituição química definida.

Demais que, como vimos, são diversos as utilizações do fosfato dicálcico puro e do fosfato dicálcico industrial: aquele serve para fins farmacêuticos e medicinais este para uso agrícola, nomeadamente alimentação de animais.

As finalidades absolutamente díspares correspondem compreensivelmente códigos pautais diversos.

A menos que a pauta a isso se opusesse. O que, como vimos, não é o caso.

Não merece pois censura a classificação pautal fixada pela autoridade recorrida.

Movendo-se nestes parâmetros, o acórdão recorrido, também por aqui não merece censura.

4. Face ao exposto, acorda-se em negar provimento ao recurso.

Custas pela recorrente, fixando-se a taxa de justiça em 400 € e a procuradoria em 60%.

Lisboa, 29 de Junho de 2005.

Lúcio Barbosa (Relator)
António Pimpão
Baeta de Queiroz

Recurso n.º 97/05-40

CONTRA-ORDENAÇÃO FISCAL ADUANEIRA. PRESCRIÇÃO DO PROCEDIMENTO.

(Acórdão de 18 de Maio de 2005)

SUMÁRIO:

I- Em matéria de prescrição, é aplicável às contra-ordenações fiscais aduaneiras o regime fixado no art.º 121.º, n.º 3 do Código Penal.
II- No regime anterior à Lei n.º 109/01 de 24/12, que alterou o art.º 27.º-A do Regime Geral das Contra-ordenações, não havia suspensão da prescrição do procedimento contra-ordenacional derivada apenas da pendência do processo, após a interposição do recurso judicial da decisão de aplicação de coima.

ACORDAM NESTA SECÇÃO DO CONTENCIOSO TRIBUTÁRIO DO SUPREMO TRIBUNAL ADMINISTRATIVO:

1 – O Magistrado do Ministério Público, não se conformando com a decisão do Tribunal Tributário de 1ª Instância de Aveiro que declarou a prescrição da contra-ordenação em causa nestes autos e, em consequência, procedente o recurso e o arquivamento dos autos, dele vem interpor o presente recurso, formulando as seguintes conclusões:

1.º A decisão recorrida ao declarar a prescrição do procedimento por contra-ordenação, fez uma errada aplicação dos artigos 27.º-A do Decreto-Lei 433/82 de 27 de Outubro, na redacção dada pelo Decreto-Lei 244/95 de 14 de Setembro e 120.º n.º 1 al. b) e n.º 2 do Código Penal.

2.º Atento o estabelecido no Acórdão n.º 6/2001 do Supremo Tribunal de Justiça é aplicável ao regime das contra-ordenações a regra do n.º 3 do artigo 121.º do Código Penal quanto à prescrição do procedimento por contra-ordenações.

3.º O regime da suspensão da prescrição do procedimento criminal é aplicável ao regime da prescrição do procedimento contra-ordenacional. Tal como fixou o Acórdão do Supremo Tribunal de Justiça n.º 2/2002.

4.º A notificação da decisão que aplicou a coima interrompeu o prazo da prescrição pelo começou que começou nova contagem em 31 de Janeiro de 1998.

5.º A notificação do despacho que recebeu o recurso e designou data para julgamento, de 22 de Junho de 1999, suspendeu a contagem do prazo de prescrição em curso durante três anos, prazo que, ainda, não terminou.

6.º O douto despacho ora recorrido deverá ser substituído por outro que designe data para continuação do julgamento.

7.º Foram violados os artigos 27.º-A do Decreto-Lei 433/82 de 27 de Outubro, na redacção dada pelo Decreto-Lei 244/95 de 14 de Setembro e 120.º n.º 1 al. b) e n.º 2 do Código Penal.

A entidade recorrida não contra-alegou.

O Exm.º Procurador-Geral Adjunto teve vista do processo, mas não emitiu parecer atento o disposto no art.º 109.º, n.º 3 da LPTA.

Colhidos os vistos legais, cumpre decidir.

2 – Por despacho de fls. 151, o Mm.º Juiz "a quo" declarou prescrito o procedimento contra-ordenacional pela infracção que deu origem aos presentes autos, por violação do disposto no art.º 19.º, n.º 1 do Decreto-lei n.º 52/93 de 26/2 e punível na al. e) do n.º 1 do art.º 61-A, com referência ao seu n.º 3 do Decreto-lei n.º 325/93 de 25/9, perpetrada em 5 de Maio de 1998.

Para o efeito, funda-se essa decisão no facto de Ter já decorrido o prazo de prescrição de dois anos, acrescido de metade, sendo certo que não se verificou qualquer causa de suspensão.

É contra o assim decidido que se insurge o Magistrado recorrente, uma vez que e no seu entender, tal prazo de prescrição se interrompeu com a notificação da decisão que aplicou a coima, pelo que começou nova contagem em 31/1/99, prazo esse que se veio a suspender com a notificação do despacho que recebeu o recurso e designou data para julgamento, de 22/7/99.

Vejamos se lhe assiste razão.

Sobre esta questão se pronunciou já esta Secção do STA no Acórdão de 22/9/04, in rec. n.º 570/04, tirado em caso idêntico, que pela sua bondade e pela necessidade de obter uma interpretação e aplicação uniformes do direito (cfr. art.º 8.º, n.º 3 do CC), vamos aqui transcrever, tanto mais que as conclusões são as mesmas, sendo embora diferente o montante da coima que é de 2.095.100$00 e a data da prática da infracção, mas sem qualquer influência no prazo de prescrição.

Diz-se, então, no citado aresto que "em matéria de direito sancionatório, vale o princípio constitucional da aplicação do regime globalmente mais favorável ao infractor que, embora apenas previsto expressamente para as infracções criminais (art. 29.º, n.º 4, da C.R.P.), é de aplicar analogicamente aos outros direitos sancionatórios.

Por isso, para além de nunca poder ser aplicável uma lei sobre prescrição mais gravosa para o arguido do que a vigente no momento da prática da infracção, será mesmo aplicável retroactivamente o regime que, globalmente, mais favoreça o infractor.

Assim, para apreciar se ocorreu ou não a prescrição, deverá apreciar-se se ela ocorre à face de qualquer dos regimes vigentes desde a data da infracção e o presente.

Tendo o decurso do prazo de prescrição o efeito de extinguir o procedimento – art. 27.º do Decreto-lei n.º 433/82, de 27 de Outubro e, consequentemente, a responsabilidade do arguido pela infracção, será de aplicar em tal matéria qualquer dos regimes vigentes desde a prática da infracção que conduza a tal extinção, pois, obviamente, não poderá haver regime mais favorável do que algum que extinga a responsabilidade do arguido.

Na aplicação de tais regimes, deverá considerar-se a aplicação em bloco das normas de cada um deles e não a parte mais favorável de cada um deles, como vem sendo jurisprudência pacífica.

Por força de tal princípio constitucional, estará afastada, também, a possibilidade de fazer aplicação, nesta matéria, da norma sobre sucessão no tempo de leis sobre prazos, contida no art. 297.º do Código Civil.

Por outro lado, verificando-se actos interruptivos da prescrição do procedimento, é aplicável subsidiariamente, nesta matéria, por força do preceituado no art. 32.º do Decreto-lei n.º 433/82 a norma do n.º 3 do art. 121.º do Código Penal (na redacção do Decreto-lei n.º 48/95, de 15 de Março, a que correspondia o art. 120.º, n.º 3, na redacção inicial), que determina que a prescrição ocorrerá sempre que, ressalvado o tempo de suspensão, tiver decorrido o prazo normal de prescrição acrescido de metade.

... A infracção foi praticada na vigência do Regime Jurídico das Infracções Fiscais Aduaneiras, aprovado pelo Decreto-lei n.º 376-A/89, de 25 de Outubro.

Nos termos do art. 20.º do RJIFA, o prazo de prescrição das contra-ordenações fiscais aduaneiras puníveis com coima superior a 100.000$00, como sucede no caso dos autos, era de dois anos.

Assim, por força do disposto no art. 121.º n.º 3, do Código Penal, o prazo máximo de prescrição, havendo actos interruptivos, era de três anos a contar da data da prática da infracção, ressalvado o prazo de suspensão.

Na redacção do RGCO vigente à data da prática da infracção, o regime da suspensão do procedimento contra-ordenacional era regulado pelo art. 27.º-A que estabelecia, na redacção inicial, introduzida pelo Decreto-lei n.º 244/95, de 14 de Setembro, que "a prescrição do procedimento por contra-ordenação suspende-se, para além dos caos previstos na lei, durante o tempo em que o procedimento não puder legalmente iniciar-se ou continuar por falta de autorização legal".

A existência desta norma especial sobre o regime da suspensão da prescrição do procedimento contra-ordenacional, que reproduz uma das situações de suspensão prevista no art. 120.º, n.º 1, do Código Penal (o procedimento não puder legalmente iniciar-se ou continuar por falta de autorização legal), leva a concluir que não eram aplicáveis neste procedimento as restantes causas admitidas no processo penal que tinham potencialidade para ser aplicadas em processo contra-ordenacional, pois, se a referência aos "casos previstos na lei" se reportasse às previstas naquele art. 120.º não se justificaria a reprodução daquela.

A redacção introduzida pela Lei n.º 109/2001, aditando duas novas causas de suspensão, reforça a ideia de que só vigoram no processo contra-ordenacional as causas de suspensão próprias.

Por isso, não é de aceitar a Jurisprudência do Supremo Tribunal de Justiça, adoptada no acórdão proferido em 17-1-2002 para fixação de jurisprudência, que teve o n.º 2/2002, publicado no Diário da República, I Série, de 5-3-2002, que decidiu que "o regime da suspensão da prescrição do procedimento criminal é extensivo, com as devidas adaptações, ao regime de suspensão prescricional das contra-ordenações, previsto no art. 27.º-A do Decreto-lei n.º 433/82, de 17 de Outubro, na redacção dada pelo decreto-lei n.º 244/95, de 14 de Setembro".

Aliás, sendo o prazo de prescrição das coimas por contra-ordenações fiscais aduaneiras de dois e um ano, seria incongruente aplicar um prazo de suspensão da prescrição de três anos a contar da notificação da acusação (situação que nem existe no processo contra-ordenacional em que o que é notificado ao arguido é a decisão de aplicação da coima), derivado da aplicação do art. 120.º, n.º 1, alínea b), e n.º 2, do Código Penal. O exagero de um prazo desse tipo é patenteado pela redacção introduzida pela Lei n.º 109/2001, de 24 de Dezembro, a estabelecer que, nos casos de suspensão a partir da notificação do despacho que procede ao exame preliminar do recurso da decisão da autoridade administrativa, ela não pode exceder 6 meses.

Assim, é de concluir que, à face do regime anterior a esta Lei, não havia suspensão da prescrição derivada apenas da pendência do processo, após a interposição do recurso judicial da decisão de aplicação de coima.

Nestes termos, não havendo qualquer causa de suspensão da prescrição aplicável ao caso em apreço, à face da redacção inicial do art. 27.º-A do RGCO, é manifesto que ocorreu a prescrição, por desde a data da prática da infracção terem decorrido mais de três anos".

No mesmo sentido, pode ver-se acórdãos desta Secção do STA de 29/10/04, in rec. n.º 699/04 e de 19/1/05, in recs. n.º 1.294/04 e 1.293/04.

3 – Nestes termos, acorda-se em negar provimento ao recurso e manter a decisão recorrida.

Sem custas por não serem devidas.

Lisboa, 18 de Maio de 2005.

Pimenta do Vale (Relator)
Lúcio Barbosa
António Pimpão

Recurso n.º 1.291/04-40

CONTRA-ORDENAÇÃO FISCAL. RGIT. COIMA. IRRECORRIBILIDADE DA DECISÃO. ART. 83.º DO RGIT.

(Acórdão de 22 de Junho de 2005)

SUMÁRIO:

O arguido não pode interpor recurso da decisão de aplicação da coima se o valor desta não ultrapassar um quarto da alçada fixada para os tribunais judiciais de 1ª instância e não for aplicada sanção acessória, e não ocorrer qualquer das hipóteses previstas nas alíneas d) e e) do n.º 1 e no n.º 2 do art. 73.º do Regime Geral das Contra-Ordenações (RGCO).

ACORDAM, EM CONFERÊNCIA, NA SECÇÃO DE CONTENCIOSO TRIBUTÁRIO DO SUPREMO TRIBUNAL ADMINISTRATIVO:

1. Mónica Vanessa Costa Garcia dos Santos Tomás, identificada nos autos, foi condenada, nos presentes autos de contra-ordenação, por infracção ao art. 7.º do Regulamento da Contribuição Especial aprovada pelo DL n.º 43/98, de 3/3, pelo Chefe do Serviço de Finanças do Seixal, na coima de € 125,00.

Inconformada, a arguida interpôs recurso para o TAF de Almada.

Este julgou o recurso improcedente.

Inconformada, a arguida trouxe recurso para este Supremo Tribunal.

Formulou as seguintes conclusões nas respectivas alegações de recurso:

1. A sentença recorrida não deveria ter sido proferida.

2. A recorrente solicitou várias vezes que o processo não tramitasse sem a decisão relativa ao apoio judiciário.

3. Sem a decisão referente ao apoio judiciário, a recorrente não sabe se poderá custear o processo.

Contra-alegou o Ministério Público, tendo o Senhor Procurador da República concluído as suas contra-alegações com o seguinte quadro conclusivo:

1. Dado que a decisão condenou a arguida numa coima inferior a um quarto da alçada dos tribunais judiciais de 1ª instância, tal decisão é irrecorrível, motivo pelo qual o recurso deve ser rejeitado;

2. De todas as formas a recorrente não alega qualquer fundamento válido, nem invoca qualquer norma que a sentença da Mm. Juiz "*a quo*" tenha violado, estando, assim, recurso votado ao insucesso;

3. A eventual concessão de apoio judiciário requerido tem repercussão na cobrança da custas em que a recorrente tenha sido condenada, resultado esse que a Mm. Juiz "*a quo*" acautelou na sentença que proferiu;

4. Deve pois a douta sentença do tribunal "*a quo*" ser mantida na ordem jurídica.

Colhidos os vistos legais cumpre decidir.

2. Importa decidir a questão prévia suscitada pelo M.P., que tem a ver com a irrecorribilidade da decisão.

Nos termos do art. 83.º, 1, do RGIT, o arguido pode recorrer da decisão, excepto se o valor da coima aplicada não ultrapassar um quarto da alçada fixada para os tribunais judiciais de 1ª instância e não for aplicada sanção acessória.

A alçada dos tribunais judiciais de 1ª instância em processo civil foi fixada em € 3740,98 – art. 24.º, n.º 1, da Lei n. 3/99, de 13/1, na redacção do DL n. 323/2001, de 17/12.

Ou seja, a decisão só é recorrível se a coima aplicada for superior a € 935,25 ou for aplicada sanção acessória.

Não é o caso.

Por outro lado, não se está perante qualquer das hipóteses previstas nas alíneas c), d) e e) do n.º 1 e no n.º 2 do art. 73.º do Regime Geral das Contra-Ordenações (RGCO).

A decisão proferida não é assim recorrível.

É certo que o Mm. Juiz *a quo* admitiu o recurso.

Porém, tal decisão não vincula o tribunal superior – art. 687.º, 4, do CPC.

É certo que a questão que a recorrente pretende ver apreciada no recurso tem a ver com o facto de ter sido proferida decisão sem que previamente fosse decidida a questão referente ao apoio judiciário.

Mas quanto a isto convém anotar três coisas.

Primeiro, a recorrente não alega (nem prova) que tenha, nos presentes autos, requerido expressamente a concessão de apoio judiciário. Antes, e pelo contrário, parece até que nem requereu apoio judiciário nos presentes autos (vide fls. 57 dos autos).

Depois, porque não indica qual a norma que o Mm. Juiz tenha violado.

Finalmente, e conexa com esta, porque não alega que ocorra qualquer das excepções previstas nos n.os 2 a 5 do art. 25.º da Lei n.º 30-E/2000 de 20/12.

3. Face ao exposto, acorda-se em julgar o recurso inadmissível, pelo que dele se não toma conhecimento.

Custas pela recorrente, fixando-se a taxa de justiça em 2 UC e a procuradoria em um quarto.

Lisboa, 22 de Junho de 2005.

Lúcio Barbosa (relator)
António Pimpão
Baeta de Queiroz

Recurso n.º 554/05-30

DECRETO REGULAMENTAR.

(Acórdão de 6 de Abril de 2005)

SUMÁRIO:

Não pode um Decreto Regulamentar excluir da previsão, contida no articulado do Decreto Lei, que aquele visa regulamentar, certos sujeitos que, por força do referido Decreto Regulamentar, ficariam sujeitos a taxas para a Segurança Social diversas das consagradas naquele Decreto Lei.

ACORDAM, EM CONFERÊNCIA, NA 2ª SECÇÃO DO SUPREMO TRIBUNAL ADMINISTRATIVO:

1. A. A. Ferreira, S.A., recorre da sentença que, no Tribunal Administrativo e Fiscal de Mirandela, julgou improcedente a impugnação do acto tributário da liquidação de Contribuições para a Segurança Social e, por isso, manteve a respectiva liquidação.

Alegou formulando o seguinte quadro conclusivo:

1ª O n.º 2 do artigo 4.º do Decreto Regulamentar n.º75/86, que foi introduzido pelo Decreto Regulamentar n.º 9/88, é ilegal porque viola o n.º 2 do artigo 5.º do Decreto-Lei n.º 401 /86;

2ª Essa disposição regulamentar é também inconstitucional, por força do actual n.º 6 do artigo 112.º da Constituição (o então n.º 5 do artigo 115.º da Constituição).

3ª A sentença objecto do presente recurso jurisdicional, ao aplicar, *in casu,* o referido n.º 2 do artigo 4.º do Decreto Regulamentar n.º 75/86, que foi acrescentado pelo Decreto Regulamentar n.º 9/88, incorreu em erro de julgamento.

4ª A sentença fez essa aplicação, ao considerar que um acto de liquidação de contribuições para a segurança social baseado nesse n.º2 do artigo 4.º é válido.

5ª O Supremo Tribunal Administrativo, por Acórdão de 16 de Junho de 2004, já veio reconhecer que a razão está com a ora Recorrente (Proc. 297/04 – 2ª Secção).

O EMMP entende que o recurso merece provimento nos termos da jurisprudência deste STA que identifica.

2. A sentença recorrida fixou o seguinte quadro factual:

1. Em 17 de Junho de 1996 a Impugnante procedeu ao pagamento de contribuições para a Segurança Social

no montante de 215.902$00, referente ao mês de Maio de 1996, aplicando a taxa social única de 34,75% – documento de fls. 15.

2. A Impugnação foi deduzida em 20-07-1996 – fls. 1.

3.1. A sentença recorrida julgou improcedente a impugnação.

Sustentou, para tanto, que não ocorre falta de fundamentação pois que foi a impugnante que determinou o montante da contribuição a pagar pelo que não faz sentido a invocação da falta de fundamentação do acto tributário uma vez que nenhum foi praticado pela Segurança Social e que não ocorre caducidade do direito à liquidação.

Acrescentou que não ocorre ilegalidade do DR 9/98 por não violar o disposto no n.º 2 do art.º 5.º do Dec. Lei n.º 401/86, de 2-12, pois que aquele introduz alterações de carácter meramente interpretativas neste, em obediência aos ditames das normas habilitantes que conferem competência para a respectiva edição.

Concluiu que o despacho n.º 84/SESS/89 não sofre de ilegalidade nem inconstitucionalidade uma vez que o mesmo não tem aplicação à situação dos autos pois que as contribuições em causa não resultam da sua aplicação por serem posteriores ao DR 9/88.

3.2. E sobre a questão controvertida nos presentes autos pronunciou-se já este STA no Ac. de 16-06-2004, Rec. 297-04.

A jurisprudência deste STA acompanhou este acórdão nomeadamente em 13-10-2004, Rec. 311-04, 332-04 e 374-04.

Na situação concreta dos presentes autos importa apreciar a questão de saber qual a taxa devida à Segurança Social, relativamente a trabalhadores aos serviço da recorrente.

A tal questão respondeu o STA naquele primeiro acórdão pelo que, perfilhando a sua doutrina, transcrevemos a respectiva argumentação:

"...

3.2. A invocação dos vícios de forma por falta de fundamentação, e de caducidade parcial do direito à liquidação, em que a impugnante fez assentar a sua pretensão de anulação desta, foi abandonada na presente fase, de recurso jurisdicional, vindo a sentença questionada, apenas, no que concerne ao julgamento feito sobre o vício de violação de lei imputado ao acto de liquidação.

Tal vício radica nas alegadas ilegalidade e inconstitucionalidade do n.º 2 do artigo 4.º do decreto regulamentar n.º 75/86, introduzido pelo decreto regulamentar n.º 9/88, de 3 de Março, por violação do artigo 5.º do decreto-lei n.º 401/86, de 2 de Dezembro, e 115.º n.º 5 da Constituição (actualmente, 112.º n.º 6).

Conforme se afirma na sentença recorrida, «defende a impugnante que a alteração do artigo 4.º do Decreto Regulamentar n.º 75/86 dada pelo Decreto Regulamentar n.º 9/98, de 3 de Março, viola o n.º 2 do artigo 5.º do Decreto Lei n.º 401/86, de 2 de Dezembro, face à definição restritiva do conceito de exploração agrícola». E que o decreto regulamentar de 1998 modificou o falado decreto-lei, atentando contra o artigo 112.º n.º 6 da Constituição (ao tempo, 115.º n.º 5).

Ora, a questão que está em causa na presente impugnação judicial é a de saber qual a taxa devida à Segurança Social relativamente a trabalhadores agrícolas ao serviço da impugnante, ora recorrente. A Segurança Social entendeu que essa taxa é de 34,75%, já que se trata de trabalhadores que prestam serviço em explorações agrícolas destinadas essencialmente à produção de matérias-primas para indústrias transformadoras que constituem, em si mesmas, objectivo da empresa empregadora, a recorrente. Esta, ao invés, defende que não há que distinguir em função da natureza ou dimensão da exploração agrícola em que se emprega o trabalhador. Assim, a taxa devida será, no seu caso, de 32,5%, para trabalhadores diferenciados, e de 29%, para trabalhadores indiferenciados.

Tudo está em saber se é legal e, portanto, pode ser aplicado pela liquidação impugnada, o disposto no artigo único do decreto regulamentar n.º 9/88, de 3 de Março, no segmento em que alterou o artigo 4.º do decreto regulamentar n.º 75/86, de 30 de Dezembro, o qual, por sua vez, regulamentara o decreto-lei n.º 401/86, de 2 de Dezembro.

3.3. O decreto-lei n.º 81/85, de 28 de Março (mais tarde referido no decreto-lei n.º 401/86, de 2 de Dezembro, e por ele não revogado), pretendeu definir «o regime especial de segurança social dos trabalhadores das actividades agrícola, silvícola e pecuária», tal como se pode ler no sumário publicado no respectivo «Diário da República». Sumário que não reflecte toda a realidade, pois a ambição do diploma é mais vasta: além de aproximar do regime geral o regime especial de segurança social «das pessoas que trabalham em actividades agrícolas», alarga consideravelmente o universo dos trabalhadores agrícolas por conta de outrem (que são os que aqui nos interessam) que coloca ao abrigo do regime geral de segurança social, deixando submetidos ao regime especial, apenas, «a generalidade dos trabalhadores eventuais e os trabalhadores por conta própria na agricultura, silvicultura e pecuária de baixos rendimentos». Quanto aos «trabalhadores por conta de outrem, alargaram-se as categorias de trabalhadores agrícolas que por ele [regime geral] são abrangidos, englobando, de entre os trabalhadores por conta de outrem, aqueles que o são por forma mais caracterizada ou regular» (do preâmbulo do diploma). Assim é que o artigo 3.º, conjugado com o artigo 2.º n.º 2, ambos do falado decreto-lei, definiu como abrangidos pelo regime geral «os trabalhadores ao serviço da exploração agrícola que sejam trabalhadores agrícolas permanentes, independentemente da natureza e dimensão da exploração agrícola»; os «que exerçam profissão para cujo exercício se exijam habilitações técnicoprofissionais especializadas»; os «que exerçam profissão comum a outras actividades económicas»; os que prestem serviço às empresas» «que se dediquem à produção da pecuária, da hortofloricultura, da floricultura, da avicultura e da apicultura, em que a terra tem como função predominante o suporte de instalações e cujos produtos se destinam ao mercado comercial ou industrial»; e os «que, sendo profissionalmente indiferenciados, prestem serviço, embora a título eventual, a empresas individuais ou colectivas com 5 ou mais trabalhadores permanentes».

Abrangidos pelo «regime especial de segurança social das actividades agrícolas» ficaram, nos termos do artigo 8.º do diploma, «os trabalhadores por conta de outrem que prestem serviço em explorações agrícolas e que não sejam, por essa mesma actividade, abrangidos pelo regime geral»; os demais a que o artigo se refere não interessam ao nosso caso, por se não tratar de trabalhadores por conta de outrem, mas de produtores agrícolas e seus familiares ou equiparados.

Ainda com interesse para o presente processo, pode notar-se que não há, no decreto-lei de 1985, uma definição do que sejam trabalhadores agrícolas – para além do que consta do já transcrito artigo 3.º –, e que o diploma abrange, de acordo com o artigo 2.º, no conceito de actividade agrícolas, a silvicultura e a pecuária, bem como «as empresas, e respectivos trabalhadores, que se dediquem à produção da pecuária, da hortofloricultura, da floricultura, da avicultura e da apicultura, em que a terra tem como função predominante o suporte de instalações e cujos produtos se destinam ao mercado comercial ou industrial».

A fixação das taxas contributivas devidas pelos trabalhadores agrícolas e respectivas entidades patronais foi deixada para o decreto regulamentar publicado na mesma data sob o n.º 19/85.

3.4. Quando, mais de um ano volvido, o legislador voltou a intervir neste campo, estavam abrangidos pelo regime geral de segurança social cerca de 100.000 trabalhadores agrícolas, e mantinham-se enquadrados no regime especial cerca de 510.000, a acreditar na notícia dada no preâmbulo do decreto-lei n.º 401/86, de 2 de Dezembro.

Intenção confessa deste diploma é fazer cessar o regime especial, que já no preâmbulo do decreto-lei n.º 81/85 se afirmava de «natureza residual», e no respectivo artigo 2.º n.º 2 se dizia ser de «natureza transitória», incorporando os trabalhadores agrícolas no regime geral de segurança social.

Atendendo, porém, às perturbações que presumiu poder causar a «sectores economicamente mais débeis» «uma brusca subida dos encargos sociais», contrapartida necessária da «elevação qualitativa e quantitativa das prestações a que os trabalhadores agrícolas passam a ter direito», o diploma adoptou medidas tendentes a atenuá-las, entre elas a fixação, relativamente às entidades patronais agrícolas, transitoriamente, da menor das taxas contributivas do regime geral (ao tempo, 21%), e diminuiu a taxa relativa aos trabalhadores por conta de outrem já então abrangidos pelo regime geral.

No artigo 5.º fixa-se o regime contributivo dos trabalhadores agrícolas por conta de outrem, permanentes, independentemente da natureza e dimensão da exploração agrícola; e dos que, sendo profissionalmente indiferenciados, prestem serviço, embora a titulo eventual, a empresas individuais ou colectivas com 5 ou mais trabalhadores permanentes. A taxa global, a ser gradualmente atingida até 1993, em termos a regulamentar, é de 29%, dos quais 21% cabem às entidades patronais.

No artigo 6.º estabelece-se o regime contributivo dos outros trabalhadores agrícolas por conta de outrem: os que exerçam profissão para cujo exercício se exijam habilitações técnicoprofissionais especializadas; os que exerçam profissão comum a outras actividades económicas; e os que prestem serviço às empresas que se dediquem à produção da pecuária, da hortofloricultura, da floricultura, da avicultura e da apicultura, em que a terra tem como função predominante o suporte de instalações e cujos produtos se destinam ao mercado comercial ou industrial. A taxa global é de 32,5%, dos quais 23% a cargo das entidades patronais.

Todo o articulado do diploma se refere a «trabalhadores que exerçam actividades agrícolas», ou a «trabalhadores agrícolas», encontrando-se, no artigo 6.º, referência «aos trabalhadores por conta de outrem de explorações agrícolas». As respectivas entidades empregadoras são designadas por «entidades patronais» tal como, aliás, já acontecia com o decreto-lei n.º 81/85.

Por último, o artigo final estabelece que o diploma «será objecto de regulamentação por decreto regulamentar».

3.5. Decreto regulamentar esse que viria a ser publicado em 30 de Dezembro seguinte, e a que coube o n.º 75/86.

Trata-se, como todos os regulamentos, de um acto normativo, o que vale por dizer que não é, nem um acto legislativo, de força igual à da lei, nem um acto administrativo – embora seja emitido no exercício da função administrativa, o que logo aponta no sentido de se tratar de actividade que tem de ser levada a cabo sob dependência da lei, pois toda a actividade administrativa é subordinada à lei.

Como se sabe, a Constituição da República Portuguesa – ao tempo, artigo 202.º – permite ao Governo, no exercício da função administrativa, «fazer os regulamentos necessários à boa execução das leis». Independentemente de saber se assim se autorizam, ou não, os regulamentos independentes, o certo é que o regulamento que nos ocupa é de execução, ou seja, acessório e executivo da lei, na medida em que o próprio legislador do decreto-lei n.º 401/86 o mandou emitir para regulamentar o regime desse diploma legislativo. O que significa que este regulamento não só não pode contrariar a lei formal, tal qual acontece com qualquer regulamento, como, sendo complementar do referido decreto-lei, não pode ir além de dar-lhe execução, concretizando e precisando o regime nele estabelecido, mas não podendo, ele mesmo, fixar, de modo independente, um regime legal que vá além do contido no diploma legal regulamentado.

Dentro do papel que assim atribuímos a este decreto regulamentar n.º 75/86 cabem, pois, algumas das definições que nele encontramos e estavam ausentes do decreto-lei n.º 401/86, úteis para a aplicação deste: entre elas, as de «regime geral» e «regime especial», «regime geral dos trabalhadores por conta de outrem», e de «trabalhadores por conta de outrem».

Mas nada nele se vislumbra que não caiba dentro da função de execução do diploma legal regulamentado.

3.6. Veio o Governo dizer, tempo volvido, que a aplicação deste diploma regulamentar suscitava «alguns pontos de dúvida que importa clarificar», um deles respeitante «ao enquadramento da actividade desenvolvida pelos trabalhadores ao serviço de empresas do sector secundário que, paralelamente, se dedicam à produção agrícola de matérias-primas para fornecimento e manutenção de indústrias transformadoras, ultrapassando o âmbito do sector primário da produção agrícola». E, para clarificar as dúvidas, aprovou novo decreto regulamentar, publicado em 3 de Março do ano seguinte, sob o n.º 9/88.

Não parece que haja obstáculo legal a este procedimento do Governo, ao reiterar o uso do poder regulamentar que lhe conferira o artigo 12.º do decreto-lei n.º 401/86. Mas é claro que também relativamente ao novo regulamento se mantinha a subordinação à lei, nos precisos termos em que pudera o Governo emitir o decreto regulamentar n.º 75/86.

No artigo 4.º n.º 2 do decreto regulamentar n.º 9/88 exclui-se da noção de «explorações agrícolas para os efeitos deste diploma as que se destinem essencialmente à produção de matérias-primas para indústrias transformadoras que constituam, em si mesmas, objectivos dessa empresas».

Explicando-se, no preâmbulo, a razão de ser da disposição: é que «no fundo, o objectivo das referidas explorações é coincidente com as finalidades das empresas transformadoras, em que, afinal, se integram» aquelas empresas, assim se «ultrapassando o âmbito do sector primário da produção agrícola».

Sector primário que, recorde-se, é o visado pelo conjunto normativo a que nos vimos referindo, dominado pela preocupação de integrar no regime geral de segurança social os trabalhadores agrícolas, fazendo-os beneficiar de uma melhoria do esquema de prestações sociais, a que corresponde a contrapartida da subida do nível contributivo exigido, quer aos trabalhadores, quer às entidades suas empregadoras. Foi considerando as características dos beneficiários e da actividade agrícola em que se empregam – designadamente, a debilidade económica do sector e seus trabalhadores – que, para não causar perturbações excessivas, foram tomadas as já referidas medidas transitórias, no concernente ao regime contributivo. Medidas essas que o decreto regulamentar n.º 9/88 entendeu não se justificarem naqueles casos em que se trata de trabalhadores agrícolas ao serviço de empresas do sector terciário, que exercem a actividade agrícola com vista a obterem através dela a matéria-prima para a respectiva transformação.

3.7. Defende a recorrida, e acolheu a sentença agora posta em crise, que, ao assim proceder, o regulamentador não restringiu o âmbito de aplicação do diploma legal regulamentado, pois ele continua a aplicar-se a todos os trabalhadores agrícolas, tal qual são definidos pelo artigo 5.º n.º 2 do decreto-lei n.º 401/86.

Nos termos deste artigo, a definição de trabalhadores agrícolas é independente da «natureza e dimensão da exploração agrícola» em que se ocupam. E o regulamento não limitou quanto a este ponto, isto é, não veio confinar a aplicação do regime consagrado no decreto-lei aos trabalhadores (agrícolas) de explorações com determinada natureza ou dimensão. O que fez foi definir o que não se considera exploração agrícola, que é matéria que não ocupara o legislador de 1986.

Ou seja, a estes trabalhadores, embora funcionalmente agrícolas, pela natureza da sua actividade, não se aplica o regime transitório da taxa contributiva do regime geral mais baixa, dado que o sector em que se inserem as entidades suas empregadoras, não sendo o primário, mas o terciário, e não se lhe reconhecendo as mesmas debilidades que àquele se identificaram, não sofrerá, com o esforço contributivo exigido, as perturbações que se anteviram quanto a sectores mais débeis, e que levaram o legislador a minimizá-las, estabelecendo um regime de transição, com subida gradual desses encargos.

Deste modo, o decreto regulamentar n.º 9/88 não fez nenhuma restrição ao âmbito de aplicação do decreto-lei n.º 401/86, apenas concretizou a abrangência da taxa reduzida.

Por tudo isto, nenhuma contrariedade se observa entre o artigo 4.º n.º 2 do decreto regulamentar n.º 75/86, na redacção dada pelo artigo único do decreto regulamentar n.º 9/88, e o artigo 5.º n.º 2 do decreto-lei n.º 401/86.

E, pelas mesmas razões, não se acolhendo que o decreto regulamentar haja alterado o decreto-lei que regulamentou, não sofre de ilegalidade, por violação do artigo 3.º do Código de Procedimento Administrativo, ou inconstitucionalidade, por ofensa ao artigo 266.º n.º 2 da Constituição.

3.8. Não parece de sufragar o entendimento adoptado pela sentença recorrida.

O que está em causa é saber se o regime contributivo fixado no decreto-lei n.º 401/86 – e já vimos ser ele mais favorável do que o geral – se aplica, ou não (neste último caso, negativo, por força do diploma regulamentar de 1988), a trabalhadores agrícolas de empresas do sector secundário, e a elas mesmas, quando a actividade agrícola desenvolvida vise a produção de matérias-primas para fornecimento e manutenção de indústrias transformadoras.

Ora, os já apontados artigos 5.º e 6 do decreto-lei n.º 401/86 definem, sem deixar espaços vazios, os regimes contributivos para a segurança social de todos os trabalhadores agrícolas por conta de outrem, e repartem o correspondente esforço entre o trabalhador e a respectiva entidade patronal.

Como assim, com a entrada em vigor do decreto-lei, em 1 de Janeiro de 1987 (cfr. o artigo 12.º), a recorrente passou a estar obrigada aos respectivos descontos nos salários dos seus trabalhadores agrícolas, e à sua entrega nos cofres da previdência, conjuntamente com a contribuição a seu cargo.

Evidencia-se, assim, que, neste ponto, a lei não carecia de regulamentação.

O que aconteceu com a publicação do decreto regulamentar n.º 9/88 foi, afinal, a alteração do regime contributivo a que até então estava sujeita a recorrente, tal como os seus trabalhadores agrícolas. Modificação que decorreu desse decreto regulamentar, o qual, todavia, não podia dispor contra o decreto-lei n.º 401/86, nem, sequer, para além dele, pois o administrador não dispunha de credencial, emitida pelo legislador, para estabelecer, ele mesmo, o regime contributivo aplicável ou, sequer, o universo subjectivo por ele atingido.

A matéria que o diploma legal, por si só, já disciplina, sem necessidade de regulamentação, não pode ser contrariada pelo regulamento, nem este poderá estabelecer em matérias de que se não ocupe a lei, tendo que limitar-se ao necessário para assegurar a sua execução.

E o certo é que o diploma legal aqui regulamentado não consagra vários regimes contributivos conforme seja principal ou acessória a actividade agrícola desenvolvida pelas entidades patronais dos respectivos trabalhadores.

Não podia, pois, um regulamento intervir nesse domínio, alterando o regime contributivo fixado nas normas legais a que era suposto dar mera execução, relativamente a certas entidades patronais e aos seus trabalhadores.

E foi o que aconteceu, pela já apontada via indirecta: sem que se tenham, através do regulamento, alterado as taxas contributivas, excluiu-se do universo dos contribuintes que a elas estavam sujeitos uma parte deles – os trabalhadores empregues em explorações agrícolas que se destinem essencialmente à produção de matérias-primas para indústrias transformadoras que constituam, em si mesmas, objectivos de empresas do sector secundário, e as próprias empresas.

E fez-se isso mediante uma curiosa afirmação: não se consideram explorações agrícolas determinadas explorações agrícolas – só para efeitos do diploma, claro...

Assim, e ao contrário do que mais tarde viria a afirmar o despacho 84/SESS/89, de 22 de Junho de 1989, publicado na II série, de 14 de Julho seguinte, do Diário da República, o decreto regulamentar em apreciação não se limitou a interpretar a lei. Ao definir, restritivamente, o conceito de «explorações agrícolas», introduziu nela uma nova configuração, que o texto do decreto-lei não comportava, com consequências em relação às taxas aplicáveis aos contribuintes envolvidos nessa inovadora delineação.

Conforme se viu, o decreto-lei n.º 401/86, de acordo com o seu artigo 1.º, ocupa-se «das pessoas que trabalham em actividades agrícolas», que o artigo 2.º recorta de modo assaz amplo, considerando como tal a silvicultura e a pecuária, e abrangendo «as empresas, e respectivos trabalhadores, que se dediquem à produção da pecuária, da hortofloricultura, da floricultura, da avicultura e da apicultura, em que a terra tem como função predominante o suporte de instalações e cujos produtos se destinam ao mercado comercial ou industrial». Abrange, pois, todos os trabalhadores agrícolas por conta de outrem, independentemente do tipo de exploração agrícola em que se ocupem, e do destino dado à respectiva produção, e todas as suas entidades patronais.

É verdade que o n.º 2 do artigo 4.º do decreto regulamentar n.º 75/86, na redacção dada pelo decreto regulamentar n.º 9/88, ao distinguir entre as entidades patronais que se inserem no sector primário e aquelas que se integram no sector terciário, ainda que empregadoras, também, de trabalhadores agrícolas, parece, até, concretizar os intentos do diploma legal regulamentado, expressos no seu preâmbulo: diminuir o impacto causado a um sector economicamente débil pela súbita imposição de um regime contributivo mais exigente. A contrario, dir-se-á, não há que ter igual cuidado relativamente a outro sector de actividade.

Mas não pode acolher-se esta ideia.

O que ao titular do poder regulamentar cabe regulamentar é a disciplina legal contida no diploma regulamentado, de modo a permitir a sua aplicação prática. Não é a ele, mas ao próprio legislador, que cumpre concretizar as intenções afirmadas no preâmbulo da lei. Esse preâmbulo ilumina o regulamentador para melhor interpretar o espírito da lei, mas seria perverso que lhe fosse permitido usá-lo para se afastar da disciplina estabelecida no texto da lei, a pretexto de melhor atingir as intenções expressas na sua parte preambular.

E, no nosso caso, como se viu, o regime contributivo está fixado no articulado do decreto-lei n.º 401/86 para todos os trabalhadores agrícolas por conta de outrem, e para todas as suas entidades patronais, sem qualquer distinção (e, menos, exclusão) assente no destino dado à produção, ou na intenção com que é feita, ou na primacial idade ou secundar idade da exploração agrícola enquanto actividade empresarial. O que parece dever, antes, ser interpretado no sentido de que o legislador entendeu que mereciam o benefício de suportar taxas contributivas transitoriamente inferiores às normais, todos os trabalhadores agrícolas por conta de outrem, independentemente daquele para quem trabalham, e todas as entidades que se dedicam à exploração agrícola, nela empregando trabalhadores, e não só aquelas que fazem dessa exploração a sua actividade principal. E que foi assim mesmo que quis concretizar, e concretizou, o princípio declarado no preâmbulo do diploma. Ao contrário do que pretendeu fazer o titular do poder regulamentar que emitiu o decreto regulamentar n.º 9/88.

Temos, pois, que, ao invés do que decidiu a sentença impugnada, é ilegal o artigo único do decreto regulamentar n.º 9/88, de 3 de Março, no segmento em que, acrescentando um n.º 2 ao artigo 4.º do decreto regulamentar n.º 75/86, de 30 de Dezembro, o fez em contrariedade com o disposto nos artigos 5.º e 6.º do decreto-lei n.º 401/86, de 2 de Dezembro, na medida em que nestas últimas normas se estabelece o regime contributivo aplicável a todos os trabalhadores agrícolas por conta de outrem, e respectivas entidades patronais, e na norma regulamentar se quiseram excluir daquele regime algumas dessas entidades patronais, e seus trabalhadores.

Ilegalidade essa que torna ilegal o acto tributário que dela fez aplicação, e que no presente processo vem impugnado.".

4. Termos em que se acorda em, concedendo provimento ao recurso, revogar a sentença recorrida e, julgando procedente a impugnação, anular o acto tributário impugnado.

Sem custas.

Lisboa, 6 de Abril de 2005.

António Pimpão (Relator)
Baeta de Queiroz
Lúcio Barbosa

Recurso n.º 1295/04-30

ESCRITURA DE COMPRA A VENDA. PREÇO.

(Acórdão de 8 de Junho de 2005)

SUMÁRIO:

A AF não está impedida, por força do art.º 32.º do CPT, de, em face de certa escritura de compra e venda, na qual se declarou que a compra e venda foi efectuada por certo preço, considerar, por presunção fundada, um preço superior ao declarado.

ACORDAM, EM CONFERÊNCIA, NA 2ª SECÇÃO DO SUPREMO TRIBUNAL ADMINISTRATIVO:

1. Delfim Mendes, L.da, recorre do acórdão que, no Tribunal Central Administrativo, negando provimento ao recurso, confirmou a sentença que julgou improcedente impugnação do acto tributário da liquidação de IRC relativo ao exercício de 1991.

Alegou formulando o seguinte quadro conclusivo:

a) Devia ter sido requerida a nulidade das escrituras públicas de compra e venda, cfr. Art.º 32.º, n.º 1, do CPT:

b) Não constava, na lei em vigor, como pressuposto para decidir e aplicar os métodos indirectos, a discrepância entre o preço constante das escrituras públicas e o preço de mercado, cfr. Art.º 51.º e 52.º do CIRC.

c) Deve a decisão recorrida ser revogada e substituída por outra que aprecie os vícios e erros alegados, com efeitos na anulação da liquidação impugnada.

O EMMP sustenta que o recurso não merece provimento pois que:

É de acompanhar o entendimento de que o valor probatório das escrituras públicas de compra e venda (conclusão a), inspirado em recente jurisprudência do STA (acórdão 19.02.2003 processo n.º 1757/02), que se pode sintetizar nos seguintes termos:

– a simulação do preço é uma simulação relativa e não absoluta

– na simulação absoluta só existe o negócio simulado, inexistindo qualquer negócio real dissimulado

– na simulação relativa existe o negócio simulado aparente e o negócio dissimulado por detrás daquele; vale o negócio dissimulado desde que satisfeitos os requisitos de validade, se não padecer de vício formal (art. 241.º CCivil)

– a simulação relativa, restrita ao preço e venda, não torna nulo o negócio; ainda que o preço declarado não corresponda ao preço real, subsiste o negócio jurídico de compra e venda, relevado como facto tributário

A doutrina do acórdão do STA alinha com anterior jurisprudência do mesmo tribunal superior, que se pronunciou sobre questão idêntica, à luz do art. 39.º LGT (acórdãos 26.02.2003 processo n.º 89/03; 2.04.2003 processo n.º 1756/02;15.12.2004 processo n.º 1083/04).

2. Pressupostos de aplicação dos métodos indiciários (conclusão b)

A aplicação dos métodos indiciários não se baseou na divergência entre o preço constante das escrituras públicas de compra e venda e o preço de mercado; antes no entendimento de que as irregularidades detectadas na contabilidade do sujeito passivo, conjugadas com o resultado da prospecção do mercado na área da situação dos imóveis, eram de molde a concluir no sentido da existência de indícios fundados de que a contabilidade não reflectia a exacta situação patrimonial e o resultado efectivamente obtido (art. 51.º n.º 1 al. d) CIRC redacção originária)

Este juízo conclusivo formulado pelas instâncias, extraído da prova submetida à sua apreciação, não pode ser questionado pelo STA na qualidade de tribunal de revista (art. 21.º n.º 4 ETAF; art. 729.º n.os 1/2 CPC / art. 2.º al. e) CPPT).

2. O acórdão recorrido fixou o seguinte quadro factual:

1. A Impugnante Delfim Mendes, L.da, foi objecto de um exame à escrita para análise da sua situação tributária relativamente ao Imposto sobre o Rendimento das Pessoas Colectivas de 1991 — informação de fis. 75.

2. Foi elaborado o relatório do exame à escrita e com base nele foi fixado o lucro tributável por métodos indiciários no montante de 31.935.719$00 — informação de fls. 75.

3. Dou aqui por reproduzido o teor do relatório do exame à escrita junto a fls. 123 e seguintes.

4. A ora Impugnante reclamou para a Comissão Distrital de Revisão.

5. Não tendo havido acordo entre os vogais nomeados, foi pelo Presidente da Comissão decidida a reclamação, tendo fixado o lucro tributável de 22.271.840$00 – informação de fis. 75.

6. Esta decisão foi notificada à Impugnante por carta registada com aviso de recepção – informação de fis. 75.

7. Foi liquidado o imposto (liquidação n.º 8310004770), na importância de 9.494.821$00, sendo 8.017.862$00 de Imposto sobre o rendimento das Pessoas Colectivas e 1.477.705$00 de juros compensatórios – informação de fis. 75.

8. Dou aqui por reproduzido o teor da decisão do Presidente da Comissão Distrital de Revisão, junto a fis. 72.

9. Dou aqui por reproduzido o teor do laudo do vogal da Fazenda Pública, junto a fis. 120 e seguintes.

10. O prazo para pagamento voluntário do imposto terminou em 15-08-94 – fis. 10.

11. A impugnação foi deduzida em 29-09-94 – fis. 2.

3.1. O acórdão recorrido identificou como questões a decidir as relativas ao valor probatório das escrituras públicas de compra e venda; aos pressupostos elencados para a aplicação dos métodos indiciários e ao índice justificativo da quantificação.

E sobre a primeira das questões entendeu o acórdão em apreciação que a A. Fiscal tem que considerar tais escrituras de compra e venda e retirar delas as respectivas consequências fiscais o que não obsta a que possa, nos termos da lei, fiscalizar e introduzir as correcções que couberem à matéria tributável (poderes que, no caso do IRC, são conferidos pelos arts. 75.º do CPT e 77.º, 107.º e 108.º do Código do IRC), socorrendo-se, se for caso disso, de métodos presuntivos.

Referiu que foi o que, no caso, aconteceu pois que a A. Fiscal não pôs em causa a existência dos negócios jurídicos de compra e venda que constam das escrituras públicas apesar de corrigir a matéria tributável declarada, presumindo uma superior à que consta dessas escrituras, por considerar simulado o preço nelas declarado, mas sem que tenha tributado outro negócio que não o que consta das escrituras. Pois que a simulação do preço (e outra aqui não é aventada) não é uma simulação absoluta, mas tão só, relativa até porque na simulação absoluta só há o negócio simulado, ou seja, não há nenhum negócio real (sendo a nulidade do negócio absoluta) enquanto que na simulação relativa ou há o negócio aparente (ainda que um ou vários dos seus elementos possam não ser reais), ou um negócio distinto, dissimulado, latente, oculto, por detrás do ostensivo, fictício (não sendo a nulidade absoluta), valendo o negócio dissimulado, desde que estejam satisfeitos os requisitos da sua validade, se não enfermar de vício formal.

Acrescentou que a simulação relativa, limitada ao preço da compra e venda, não é bastante para tomar nulo o negócio ou seja, ainda que o preço declarado não seja o real, não deixa de existir um negócio jurídico, a compra e venda que transparece da escritura pública – e esse foi o negócio aqui tomado como facto tributário –

pelo que a Administração Fiscal não tinha que obter uma declaração de nulidade da compra e venda titulada para a tributar, pois nunca questionou a existência e validade do negócio, apenas entendeu que um dos seus elementos, o preço, não era o que declarado fora na escritura pública.

Concluiu, por isso, que improcede tal pretensão da recorrente.

E sobre as questões relativas aos pressupostos elencados para a aplicação dos métodos indiciários e ao índice justificativo da quantificação afirma o acórdão recorrido que o que conduziu à tributação por métodos indirectos foram não só as situações ou irregularidade detectadas na contabilidade da impugnante, estas já por si suficientemente indiciadoras de que a contabilidade não merecia credibilidade, mas também as prospecções efectuadas com vista a apurar se os elementos contabilísticos estavam a ficcionar uma realidade que nada tivesse a ver com o real volume de negócios da impugnante, prospecções essas que permitiram consolidar a já fundada suspeita de que a contabilidade não reflectia a exacta situação patrimonial e o resultado efectivamente obtido.

Por isso afirmou que se encontram, pois, enunciados factos objectivos e concretos, indiciadores de que os elementos contabilísticos da impugnante não merecem confiança, por não reflectirem a exacta situação patrimonial e o resultado efectivamente obtido e de que é impossível apurar, clara e inequivocamente, o real lucro tributável através dos dados dessa contabilidade, constituindo tais factos indiciários matéria substancial para que a tributação se faça através da aplicação de métodos presuntivos.

Referiu, ainda, que não tem, por isso, razão a recorrente ao afirmar que as irregularidades detectadas na sua contabilidade eram passíveis de mera correcção pela A. Fiscal e de que a discrepância entre o valor das prospecções o valor declarado não constam dos factos jurídicos tipificados na lei para a tributação para os métodos indiciários e que o critério utilizado pela A. Fiscal no controlo que efectuou à matéria colectável da impugnante assenta em factores objectivos, conhecidos e prováveis, adequados à situação.

Concluiu que, neste contexto, é de considerar que a AF fez prova dos pressupostos legais que legitimam a determinação da matéria tributável por métodos indiciários pelo que passou a competir à impugnante demonstrar a ilegitimidade do acto, seja pela prova de erro nos pressupostos de facto e de direito que conduziram à tributação por métodos indiciários, seja por erro na quantificação da respectiva matéria colectável, o que manifestamente não logrou fazer, dado que nenhuma prova produziu nesse sentido pois que a impugnante não trouxe aos autos quaisquer elementos de prova para demonstrar que a contabilidade reflecte a exacta situação patrimonial e o resultado efectivamente obtido ou que, embora não o reflectindo, é perfeitamente possível apurar o real lucro tributável através dos dados dessa contabilidade nem produziu qualquer prova tendente a demonstrar o erro na quantificação, designadamente quanto ao respectivo índice justificativo, até porque nem sequer questionou, na petição inicial, tal matéria, nada tendo aí alegado sobre o acerto ou admissibilidade de tal índice ou sobre o critério utilizado na quantificação da sua matéria colectável por métodos indiciários, limitando-se a pôr em causa que a A. Fiscal tenha desconsiderado o preço constante das escrituras pelos motivos enunciados.

3.2. Nas conclusões das suas alegações sustenta a recorrente que devia ter sido requerida a nulidade das escrituras públicas de compra e venda e que não constava, na lei em vigor, como pressuposto para decidir e aplicar os métodos indirectos, a discrepância entre o preço constante das escrituras públicas e o preço de mercado.

Sustenta o EMMP que o recurso não merece provimento nos termos da jurisprudência deste STA que identifica.

Entende-se que é de acompanhar a jurisprudência citada.

Com efeito das ditas escrituras de compra e venda não resulta, como se escreveu no acórdão recorrido, que o preço da compra e venda tenha sido efectivamente o que as partes declararam perante o notário pois que o que se fica a saber perante as escrituras é apenas que as partes declararam perante aquela entidade pública que era esse o preço do negócio que estavam a outorgar e daí que quanto ao preço, a escritura apenas tem força plena no que se refere ao facto de os intervenientes terem dito perante o notário que a venda era feita por determinado valor, nada mais provando quanto ao efectivo e real preço dessa venda.

Por isso a escritura não faz prova plena do referido preço apesar de ser um documento autêntico, nos termos do art. 35.º do Código do Notariado e art. 369.º n.º 1 do Código Civil, e daí que o valor e força probatória das escrituras, definido no art. 371.º do Código Civil, seja o de que os documentos autênticos só fazem prova plena dos factos que referem como praticados pela autoridade ou oficial público respectivo, assim como dos factos que nele são atestados com base nas percepções da entidade documentadora e que os meros juízos pessoais do documentador só valem como elementos sujeitos à livre apreciação do julgador.

Acompanha-se ainda o acórdão recorrido quando afirma que o facto de o art. 32.º n.º 1 do CPT dispor que "os actos ou negócios jurídicos nulos ou anuláveis constantes de documentos autênticos produzem os correspondentes efeitos jurídico-tributários enquanto não houver decisão judicial a declará-los nulos ou a anulá-los salvas as excepções expressamente previstas nas leis tributárias", significa que a A. Fiscal não pode ignorar os negócios jurídicos fiscalmente relevantes que constam de documento autêntico, pretextando a sua nulidade ou anulabilidade, enquanto tal não for judicialmente declarado.

Pode, contudo, a AF introduzir as correcções que couberem à matéria tributável, nomeadamente nos termos dos art.ºs 75.º do CPT e 77.º, 107.º e 108.º do Código do IRC, com recurso aos métodos presuntivos.

E, na situação concreta dos presentes autos, a A.F. não questiona a existência dos referidos negócios de compra e venda, titulados pelas referidas escrituras públicas, pois que a AF apenas corrigiu a matéria tributável declarada, presumindo uma superior à que resultava dessas escrituras, por considerar simulado o preço nelas declarado, mas sem que tenha tributado outro negócio que não o que consta das escrituras.

Acompanha-se, desta forma, a jurisprudência deste STA, cfr. Ac. de 19/02/03, Rec. 1757/02, onde se afirma que a simulação do preço não é uma simulação absoluta, mas tão só, relativa pois que na simulação absoluta só há o negócio simulado, ou seja, não há nenhum negócio real sendo a nulidade do negócio absoluta enquanto que na simulação relativa ou há o negócio aparente, ou um negócio distinto, dissimulado, latente, oculto, por detrás do ostensivo, fictício e por isso, a nulidade não é absoluta, valendo o negócio dissimulado, desde que estejam satisfeitos os requisitos da sua validade, se não enfermar de vício formal. Por isso a simulação relativa, limitada ao preço da compra e venda, não é bastante para tomar nulo o negócio pelo que ainda que o preço declarado não seja o real, não deixa de existir um negócio jurídico, a compra e venda que transparece da escritura pública o qual, por isso, integra o negócio que pode servir de suporte ao facto tributário.

Nesta perspectiva é de confirmar o acórdão recorrido quando afirma que a Administração Fiscal não tinha que obter uma declaração de nulidade da compra e venda titulada para a tributar, pois nunca questionou a existência e validade do negócio, apenas entendeu que um dos seus elementos, o preço, não era o que fora declarado na escritura pública pois que mal se compreenderia que, consagrando a LGT a presunção de veracidade das declarações dos contribuintes apresentadas à Administração Fiscal, e nem por isso lhe proibindo o recurso a métodos presuntivos (artigo 75.º), atribuísse às declarações prestadas perante outro oficial público – o notário – valor superior, tal que a Administração ficasse manietada, dependente da obtenção de uma declaração judicial de nulidade pois que não se vislumbra razão para conferir maior força à declaração feita perante um notário do que àquela que é produzida perante a Administração Fiscal.

3.3. O acórdão recorrido entendeu que os pressupostos que levaram ao recurso aos métodos indiciários foram as irregularidades enumeradas no relatório da fiscalização que, entre si conjugadas, permitiram concluir que a escrita da impugnante não merecia credibilidade, sendo susceptíveis de inviabilizar o apuramento do lucro tributável de forma directa.

E dessas irregularidades destacou as seguintes, cuja verificação não foi questionada pela recorrente:

– "registo na contabilidade de vendas de fracções autónomas de propriedade horizontal como sendo vendas operadas em 1991, quando pelos elementos colhidos, nomeadamente escritura de compra e venda, deveriam tais vendas ser consideradas como proveitos nos anos de 1989 e 1990;

– registo de documentos de aquisição de materiais como se tratassem de operações de 1991, quando efectivamente foram aquisições efectuadas em 1990;

– contabilização de documentos em duplicado;

– registo como custos de documentos de "despesas gerais", os quais pela sua natureza não podem ser considerados como respeitantes à actividade do contribuinte;

– movimentos registados na conta "Caixa" e "Depósitos à Ordem" sem suporte documental e sem que tenham sido apresentados, apesar de solicitados pelo técnico da fiscalização, os extractos bancários para conferência e comprovação dos lançamentos contabilísticos efectuados;

– emissão de factura-recibo relativas a adiantamentos de clientes, com a mesma numeração mas referentes a importâncias diferentes e sem respeitarem o disposto no artigo 35.º do CIVA;

– vendas de apartamentos abaixo do preço de custo e abaixo do valor da hipoteca à Caixa Geral de Depósitos e disparidade entre valores das fracções escrituradas pelo contribuinte;".

Refere, ainda, o acórdão recorrido que:

"Ao constatar-se a existência de vendas de apartamentos abaixo do preço de custo foram pedidas informações à DDF de Faro acerca dos valores praticados no mercado imobiliário de Portimão e esta informou que através de uma prospecção efectuada em Janeiro 91 os preços praticados naquela cidade, em valores médios, cifravam-se no seguinte:

Lojas e espaços para escritórios:

– espaços com menos de 40 m2 250.000$00/m2

– espaços com mais de 40 m2 200.000$00/m2

Apartamentos:

– TI (60 m2) 5 a 6.000 contos

– T2 (80 m2) 6 a 7.500 contos

– T3 (100 m2) 8 a 9.000 contos

Em prospecção efectuada à impugnante e ao bloco denominado "Edifício Desafio" por funcionários do Núcleo de Fiscalização de Empresas na qualidade de potenciais compradores, constatou-se o seguinte:

Numa primeira prospecção (Julho de 1992)

T3 c/garagem 17.000 contos

Numa segunda prospecção (Outubro de 1992)

T2 c/garagem 14.000 contos

T3 c/garagem 17.500 contos

Sendo salientado nessa prospecção que os preços praticados pela impugnante são mais elevados do que a média do mercado imobiliário em Portimão, devendo-se esse facto à boa qualidade do empreendimento, à linha arquitectónica e excelente localização junto do mercado municipal.

Essas prospecções levaram a A. Fiscal a concluir que o valor das vendas reais da impugnante, estimado com base nos preços médios mínimos de mercado, é superior ao declarado.".

Por isso concluiu o mesmo acórdão recorrido que as irregularidades detectadas na contabilidade da impugnante, conjugadas com o resultado emergente do controle efectuado pela A. Fiscal através das preditas prospecções, são de molde a concluir que a contabilidade da impugnante não merecia crédito, por terem sido detectadas situações subsumíveis à previsão normativa da alínea d) do art. 51.º do CIRC, isto é, que consubstanciam "indícios fundados de que a contabilidade não reflecte a exacta situação patrimonial e o resultado efectivamente obtido" (fls. 260).

Daí que se possa afirmar, acompanhando o parecer do EMMP, que a aplicação dos métodos indiciários não se baseou na divergência entre o preço constante das escrituras públicas de compra e venda e o preço de mercado mas antes no entendimento de que as irregularidades detectadas na contabilidade do sujeito passivo, conjugadas com o resultado da prospecção do mercado na área da situação dos imóveis, eram de molde a concluir no sentido da existência de indícios fundados de que a contabilidade não reflectia a exacta situação patrimonial e o resultado efectivamente obtido.

E assentes aqueles pressupostos factuais que este STA, como tribunal de revista não pode reapreciar, nos termos do art. 21.º n.º 4 ETAF e art. 729.º n.ºs 1 e 2 CPC, por força do art. 2.º al. e) CPPT, não merece censura o acórdão recorrido ao entender que podia a AF socorrer-se, como se socorreu dos métodos indiciários na determinação do lucro tributável.

Com efeito o art.º 51.º do CIRC especifica os factos que permitem a determinação do lucro tributável por métodos indiciários ao enumerar a:

"*a)* inexistência de contabilidade, falta ou atraso de escrituração dos seus livros e registos e, bem assim, irregularidades na sua organização ou execução;

b) recusa de exibição da contabilidade e demais documentos legalmente exigidos, bem como a sua ocultação, destruição, inutilização, falsificação ou viciação;

c) existência de diversas contabilidades com propósito de dissimular a realidade perante a administração fiscal;

d) erros e inexactidões na contabilização das operações ou indícios fundados de que a contabilidade não reflecte a exacta situação patrimonial e o resultado efectivamente obtido" acrescentando o n.º 2 dessa norma que "a aplicação por métodos indiciários em consequência de anomalias e incorrecções da contabilidade só poderá verificar-se quando não seja possível a comprovação e a quantificação directa e exacta dos elementos indispensáveis à determinação da matéria colectável de harmonia com as disposições da secção II deste capítulo".

Tendo o acórdão recorrido concluído por tal impossibilidade igualmente fica tal juízo conclusivo fora do âmbito de apreciação deste STA.

Assim sendo não merece provimento o presente recurso.

4. Nos termos expostos nega-se provimento ao presente recurso e confirma-se o acórdão recorrido.

Custas pela recorrente fixando-se em 50% a procuradoria.

Lisboa, 8 de Junho de 2005.

António Pimpão (Relator)
Lúcio Barbosa
Baeta de Queiroz

Recurso n.º 230-05-30

IMPUGNAÇÃO. STA. TRIBUNAL DE REVISTA. ERRO NA APRECIAÇÃO DAS PROVAS E NA FIXAÇÃO DOS FACTOS MATERIAIS. DÚVIDA FUNDADA. ART. 121.º DO CPT. ÓNUS DE PROVA.

(Acórdão de 11 de Maio de 2005)

SUMÁRIO:

I – O Supremo Tribunal Administrativo, como tribunal de revista, só pode sindicar o erro na apreciação das provas e na fixação dos factos materiais, nos limitados termos do art. 722.º, 2, do CPC.

II – Só há dúvida sobre o facto tributário se da prova produzida resultar fundada dúvida sobre a existência e quantificação do facto tributário.

III – Cabe à Administração o ónus da prova da verificação dos pressupostos da tributação e ao contribuinte o ónus de prova da existência dos factos tributários que alega como fundamento do seu direito.

ACORDAM, EM CONFERÊNCIA, NA SECÇÃO DE CONTENCIOSO TRIBUTÁRIO DO SUPREMO TRIBUNAL ADMINISTRATIVO:

1. MARTINS & SILVA, LDA., com sede em Calvete, Figueira da Foz, impugnou judicialmente, junto do então Tribunal Tributário de 1ª Instância de Coimbra, a liquidação adicional de IRC, referente ao exercício de 1990.

O Mm. Juiz daquele Tribunal, por sentença de 11/ /11/99, julgou a impugnação procedente.

Inconformada, a Fazenda Pública interpôs recurso para o TCA.

Este, por acórdão de 22/6/2004, concedeu provimento parcial ao recurso, revogando "a sentença recorrida na medida em que julgou procedente a impugnação por vício de forma (falta de fundamentação) e na medida em que também se julgou procedente a impugnação da liquidação quanto à verba de Esc. 2.000.000$00 de custos referentes a despesas de publicidade", confirmando, no mais, a sentença recorrida.

Foi a vez da **impugnante** se insurgir contra esta decisão, interpondo recurso para este Supremo Tribunal.

A impugnante formulou as seguintes conclusões nas respectivas alegações de recurso:

A. O presente recurso incide apenas sobre a parte do douto acórdão recorrido, que revogou a sentença da 1ª Instância e considerou *como válida a não considerou as despesas com publicidade que a ora recorrente efectuou* e, para tal, o acórdão recorrido entende que, desde que as despesas estejam documentadas, as mesmas devem ser aceites, ainda que os documentos que as titulam não cumpram todos os requisitos do art. 35.º do CIV A, quando considerados para efeitos de IRC.

B. Reafirma-se que *a fundamentação expressa na al. s) dos factos assentes é insuficiente* e a lei, no art. 120.º, al. c) do Cod. Proc. Trib. vigente ao tempo, considerava fundamento de impugnação judicial a "*ausência ou vicio da fundamentação legalmente exigida*".

C. Tal como a fundamentação se apresenta de forma unitária, fica-se com a ideia de que o que o relatório da AT quis foi *não aceitar a despesas por não ser necessária à formação do rendimento*, ou seja, *aceitou a realização da despesa* e considerou que a mesma não era ilegível, por não ser necessária à formação do rendimento, tal como acontecera com as *reintegrações e as amortizações e com os custos de deslocação*, pelo que foi alegada e provada a matéria que foi vertida nas alíneas m), n), o) e r) citadas.

D. Do mesmo modo, nas contra-alegações de recurso se defendeu a mesma ideia de que era um custo necessário à formação do rendimento.

E. No acórdão recorrido a interpretação é outra e afinal o que a AT pretendia questionar era o documento em si mesmo, mas tal *não era perceptível da fundamentação apresentada*, pois, do documento constante da alínea s) dos factos, *nem sequer por referência à norma legal aplicável*, resulta que a despesa não fosse ilegível por falta de requisitos do documento de suporte.

F. Só em sede de recurso, a Fazenda Pública veio defender esta posição, ao que a ora recorrente respondeu que os *custos de publicidade* se encontram *perfeitamente documentados, pois há um fornecedor que debita à empresa uma certa e determinada importância, encontrando-se o fornecedor perfeitamente identificado, até pelo número do fax.*

G. Os *custos de publicidade* encontram-se perfeitamente documentados, pois há um fornecedor que debita à empresa uma certa e determinada importância, encontrando-se o fornecedor perfeitamente identificado, até pelo número do fax e era através de Itália, que a impugnante fazia a maior parte dos seus negócios com África, era através de Itália, que a impugnante fazia a maior parte dos seus negócios com África, *facto que foi dado como provado pela decisão recorrida*, pelo que foi dado como provado o seu custo e, nos termos do disposto na alínea b) do art. 23.º do CIRC, devem ser considerados custos as despesas com publicidade, independentemente das transacções efectuadas posteriormente, improcedendo a conclusão 3ª do recurso da Fazenda Pública.

H. Não põe a Administração Fiscal em causa a realização das referidas despesas, apenas as não aceita por estarem indevidamente documentadas, não as considerando ilegíveis por razões formais e baseando-se, para tanto, no disposto no art. 41.º, n. 1, al. h) do CIRC, sendo insuficiente a fundamentação do acto tributário para considerar não ilegíveis as referidas despesas.

I. Aliás, sendo a tributação baseada nos resultados efectivos e não tendo sido posta causa a realização dos custos, por força do disposto no art. 121.º do Cod. Proc. Tributário, a impugnante goza da *presunção de anulabilidade do acto*, por a manifesta insuficiência dos elementos que baseiam a liquidação adicional que foi feita à ora impugnante.

J. Pelo que se deixa exposto, o acórdão recorrido, nesse ponto, fez *incorrecta interpretação e aplicação das normas legais*, pelo que deve ser revogado na parte em que julgou improcedente a impugnação da ora recorrente, devendo ficar a prevalecer a decisão da 1ª instância, como é de lei e de justiça.

***

Não houve contra alegações.

Neste STA, o EPGA defende que o recurso não merece provimento.

Colhidos os vistos legais, cumpre decidir.

3. É a seguinte a matéria de facto assente no TCA:

a) A empresa impugnante tem como actividade principal a exportação de produtos que adquire no mercado nacional;

b) Desenvolve a sua actividade a partir do Luxemburgo dedicando-se a importações e exportações de mercadorias;

c) Tratando-se de firma de importação e exportação de mercadorias;

d) Tem sede em Calvete, Alqueidão e possui um armazém nas Alhadas;

e) Recebe cargas vindas do estrangeiro quer de nacionais, para, depois, distribuir;

f) Os produtos ficam, entretanto, no armazém que é propriedade do Sr. Rui Silva;

g) O aquecimento em causa é diferente do das habitações destinando-se à conservação dos produtos que são depositados no armazém;

h) O aquecimento está suspenso do tecto e destina-se à conservação de têxteis e outros produtos;

i) Foi a Martins e Silva quem o custeou;

j) O senhor Rui, sócio gerente da empresa, faz deslocações em viatura própria, do Luxemburgo para Portugal e o inverso, ao serviço da empresa;

k) O senhor Rui tem, também, residência no Luxemburgo e desloca-se, com frequência, aos países onde tem interesses;

l) Nos anos em que vinha a Portugal, de automóvel, debitava os quilómetros como despesas;

m) A impugnante exporta maioritariamente para outros mercados;

n) O aparecimento de projecções tem a ver com estudos do mercado para atingir outros sectores;

o) A Itália servia como «trampolim» para atingir os mercados de África;

p) O prédio onde se situa o armazém é do Sr. Rui Silva, que nunca debitou à empresa qualquer importância pela sua ocupação;

q) Foi a impugnante quem suportou as obras de adaptação no armazém, incluindo o aquecimento;

r) Quanto às despesas de publicidade em Itália, existe "fax" referenciando 2 mil contos de valor.

s) As correcções que originaram a liquidação impugnada, são as que constam no Quadro 20 do Mapa de Apuramento Modelo DC-22 de IRC, constante de fls. 25 e 26 e cuja fundamentação é a seguinte:

«– Acréscimo do montante de 1.798.525$00 referente a reintegrações e amortizações não aceites como custo nos termos do art. 32.º do CIRC, em virtude de não terem sido praticadas em bens afectos a fins empresariais mas sim em benefício do sócio gerente da firma – Rui Manuel Fernandes e Silva: – Ferramentas e utensílios (escarificador e pá) – 45.529$

– Edifício – Outras construções (casa de habitação) 1.752.996$

– Acréscimo da quantia de 2.907.720$00 relativa a custos não documentados, não aceites como custo nos termos da alínea h) do n.º 1 do art. 41.º do CIRC, sendo:

– Deslocações tituladas por doc. emitido pelo próprio gerente da firma -909.720$

– Custos de publicidade titulados por fax com data de 22/02/91 -2.000.000.

– Refira-se que os únicos sócios que constituíram e fazem parte da sociedade são marido e esposa.

– Os documentos que deram origem às correcções encontram-se anexos à informação (fls. 21, 3, 19 e 20, respectivamente) prestada para efeitos de reembolso de IVA em 4/9/91 e junta à declaração modelo 22 de IRC.»

t) A citada informação prestada para efeitos de reembolso de IVA em 4/9/91 é a que se encontra junta por cópia a fls. 27 e 28 dos autos e aqui se tem por reproduzida.

3. Sendo estes os factos, vejamos agora o direito.

Estão em causa, neste recurso, apenas e tão só os custos de publicidade.

O TCA desvalorizou esses custos, com a seguinte fundamentação:

"Finalmente, quanto à verba por custos de publicidade titulados por fax com data de 22/02/91 – 2.000.000, afigura-se-nos que a razão está com a recorrente Fazenda.

"Na verdade, mesmo tendo em conta os fundamentos aduzidos anteriormente, *não se vê que a recorrida tenha feito prova da existência deste custo.*

"É que, apesar do entendimento supra exposto de que o documento de suporte para que possa relevar para efeitos de IRC, não tem, necessariamente, que observar todos os requisitos do art. 35.º do CIVA, o que é certo é que, quanto a esta verba, a impugnante *não fez prova* nem de que respectivos serviços foram efectivamente prestados nem de que tiveram que ser realizadas para que os proveitos fossem obtidos. Da prova produzida apenas se apurou que a impugnante exporta maioritariamente para outros mercados (al. m) do probatório), que o aparecimento de projecções tem a ver com estudos do mercado para atingir outros sectores (al. n) do probatório), que a Itália servia como «trampolim» para atingir os mercados de África (al. o) do probatório) e que para suporte dessa despesa de publicidade em Itália, existe o questionado "fax" referenciando o valor de 2.000.000$00 (al. r) do probatório).

"Ora, *estes factos não provam*, só por si, *que tenha sido efectuada tal despesa com publicidade nem que a mesma, a ter sido feita, tivesse que ser realizadas para que os proveitos fossem obtidos.*

"Nesta parte, portanto, a liquidação impugnada não sofre de ilegalidade e a sentença recorrida enferma de erro de julgamento, carecendo, nessa medida, de ser revogada, por violação do disposto nos art. 23.º e na al. h) do n.º 1 do art. 41.º do CIRC".

Quer isto dizer que o acórdão recorrido não considerou provado que tenha sido feita tal despesa (2.000.000$00) com publicidade.

Será que a asserção do TCA pode ser sindicada?

Vejamos então.

Como é sabido, este Supremo Tribunal só pode sindicar o erro na apreciação das provas e na fixação dos factos materiais, nos limitados termos do art. 722.º, 2, do CPC: ofensa de uma disposição expressa da lei que exija certa espécie de prova para a existência do facto ou que fixe a força de determinado meio de prova.

Que aliás não vem alegada.

Assim, este Supremo Tribunal não pode sindicar a matéria de facto fixada na instância, por isso que é um tribunal de revista. Com aquela excepção já referida.

Escreve Alberto dos Reis[1]:

"O Supremo não é um tribunal de 3ª Instância; é um tribunal de revista. Com isto quer significar-se que o Supremo não conhece de questões de facto; conhece somente de questões de direito.

"As questões de facto ficam arrumadas definitivamente na Relação; ao Supremo cumpre acatar a decisão do tribunal de 2ª instância sobre a matéria de facto; a sua função é definir o regime jurídico adequado aos factos fixados pela Relação e fazer aplicação dele a esses factos".

Não pode pois este Supremo Tribunal censurar a apreciação da prova feita pelo tribunal da 2ª Instância.

Ora, o tribunal de recurso considerou que não se fez prova da despesa com publicidade

E sobre isto não há censura possível a fazer.

[1] Código de Processo Civil, anotado, Volume VI, reimpressão, pág. 28

Concluindo:

A apreciação da matéria de facto está, no caso concreto, vedada a este Supremo Tribunal, face ao disposto no art. 21.º, n.º 4 do anterior ETAF (aqui aplicável), que dispõe:

"A Secção de Contencioso Tributário apenas conhece de matéria de direito nos processos inicialmente julgados pelos tribunais tributários de 1ª Instância e pelos tribunais fiscais aduaneiros".

Mas tal regra admite, como dissemos, excepções, quais sejam as decorrentes do n.º 2 do art. 722.º do C. P. Civil, aplicável ex-vi do art. 2.º, f) do CPT, a saber:

"Ofensa duma disposição expressa da lei que exija certa espécie de prova para a existência do facto ou que fixe a força de determinado meio de prova".

Não estando em causa esta previsão legal, que aliás, como dissemos, não vem sequer alegada, é evidente que o aresto recorrido, neste ponto, não é passível de censura.

O julgamento, em sede de matéria de facto, não é susceptível de ser sindicado por este Supremo Tribunal.

Que, como dissemos, é um tribunal de revista.

Mas será que é possível lançar mão do art. 121.º do CPT?

Vejamos.

Dispunha o n. 1 do citado artigo:

"Sempre que da prova produzida resulte a fundada dúvida sobre a existência e quantificação do facto tributário, deverá o acto impugnado ser anulado".

Comentando este artigo, escrevem Alfredo de Sousa e José Paixão[2]:

"...afigura-se-nos irrecusável, por o mesmo exprimir um princípio estruturante não só do processo contencioso tributário como do processo *administrativo* tributário, que a *fundada dúvida sobre a existência do facto tributário* deve implicar que a administração fiscal se abstenha, quer da respectiva quantificação, quer da subsequente liquidação do imposto.

"É a consagração do princípio de que a dúvida reverte a favor do contribuinte, em substituição do princípio *in dubio pro fisco* que, na prática era acatado no regime anterior à Reforma Fiscal (CIRS e CIRC).

"O preceito em anotação, todavia, carece de aprofundado esforço interpretativo, a fim de se aferir do seu correcto alcance.

"A *prova produzida* de que há-de resultar *a fundada dúvida sobre a existência e quantificação do facto tributário* há-de ser, não só a prova aduzida pelas partes, como também e sobretudo a prova que ao juiz se impõe diligenciar.

"Com efeito, os juízes dos tribunais tributários devem realizar ou ordenar todas as diligências que considerarem úteis ao *apuramento da verdade* (art. 40.º, n.º 1).

"A dúvida que implica a anulação do acto impugnado não pode considerar-se *fundada*, se assentar na ausência ou na inércia probatória das partes, sobretudo do impugnante.

"Este não deve limitar-se a alegar factos que ponham em dúvida *a existência e quantificação do facto tributário.*

"Cabe-lhe o ónus da prova de tais factos, sem embargo de o juiz, no âmbito do seu poder-dever inquisitório, diligenciar também comprová-los.

[2] Código de Processo Tributário, Comentado e Anotado, 4ª Edição, págs. 275 e ss.

"Só mediante a prova concludente de tais factos é que é possível concluir-se pelo fundamento daquela dúvida".

É uma perspectiva jurídica que colhe o nosso acordo.

Porém, face ao probatório, diremos que nem sequer se põe o problema da fundada dúvida, que, assentamos, há-de ser aferida em função da matéria de facto fixada.

Conexionada, porém, com esta, e situando-se até antes dela, está a questão da repartição do ónus de prova.

Porém, a recorrente não coloca a questão nesta sede. Pelo que não há que apreciar este ponto, que não foi questionado. Ou seja, saber se o tribunal decidiu mal, por não atentar à questão da repartição do ónus de prova, é ponto que este Tribunal não pode já sindicar, pois a recorrente não diz que, para chegar a tal conclusão, o Tribunal recorrido violou o princípio da repartição do ónus de prova.

Ora, o tribunal *a quo* decidiu que a impugnante (ora recorrente) *não fez prova* nem de que os respectivos serviços foram efectivamente prestados, nem de que tiveram que ser realizadas para que os proveitos fossem obtidos.

Daqui não há que sair.

Demais que, como é sabido, a questão de saber se há ou não dúvida sobre a existência e quantificação do facto tributário situa-se ainda no domínio da matéria de facto, ou seja, subtraída à sindicância deste Supremo Tribunal.

É pois possível concluir, como o faz o EPGA, que os encargos invocados como custo fiscal (como publicidade) devem ser desconsiderados, atento o disposto nos art.ºs 23.º, 1, b) e 42.º, 1, h) do CIRC, na redacção então vigente.

4. Face ao exposto, acorda-se em negar provimento ao recurso.

Custas pela recorrente, fixando-se a procuradoria em 50%.

Lisboa, 11 de Maio de 2005.

Lúcio Barbosa (relator)
Fonseca Limão
Baeta de Queiroz

Recurso n.º 94/05-30

IRS. RESIDENTE EM PORTUGAL. RENDIMENTOS DE TRABALHO OBTIDOS NA ALEMANHA. IMPOSTO PAGO NA ALEMANHA. CONVENÇÃO. DEDUÇÃO DO IMPOSTO. PROVA.

(Acórdão de 20 de Abril de 2005)

SUMÁRIO:

I – Pago na Alemanha imposto por rendimentos de trabalho aí auferidos, por residente em Portugal, pode o mesmo imposto ser deduzido no IRS, face ao disposto no art. 24.º, 1 da "Convenção entre a República Portuguesa e a República Federal da Alemanha para evitar a dupla tributação em matéria de Impostos sobre o Rendimento e sobre o Capital".

II – Se o sujeito passivo do imposto estiver impossibilitado de apresentar documento, emitido pela AT alemã, comprovativo desse pagamento, é bastante para a dedução a apresentação de declaração da entidade patronal, onde constam as retenções efectuadas, bem como das guias de pagamento.

ACORDAM, EM CONFERÊNCIA, NA SECÇÃO DE CONTENCIOSO TRIBUTÁRIO DO SUPREMO TRIBUNAL ADMINISTRATIVO:

1. Júlio Freitas Martins e mulher, Carminda Maria Rodrigues, identificados nos autos, impugnaram judicialmente, junto do então Tribunal Tributário de 1ª Instância de Braga, a liquidação de IRS do ano de 1998.

O Mm.º. Juiz daquele Tribunal julgou a impugnação procedente.

Interposto recurso para este Supremo Tribunal, foi aqui proferido acórdão, revogando-se a sentença recorrida, e ordenando-se a ampliação da matéria de facto.

Baixara os autos à 1ª Instância.

O Mm.º Juiz do TAF de Braga julgou então a impugnação procedente, anulando a liquidação impugnada.

Inconformado, o representante da **FAZENDA PÚBLICA** interpôs recurso para este Supremo Tribunal.

Formulou as seguintes conclusões nas respectivas alegações de recurso:

I. Tendo os sujeitos passivos sido notificados para comprovar os elementos constantes da declaração de rendimentos por si apresentada, nomeadamente mediante a apresentação de declaração emitida ou autenticada pela Administração Fiscal do território onde foi prestado o trabalho e alegadamente pago o imposto;

II. E, não tendo os sujeitos passivos apresentado qualquer prova, é de aplicar o disposto no art. 135.º, n.º 3 do CIRS, ou seja, não deve ser levado em consideração tal imposto alegadamente pago naquele território na liquidação do imposto;

III. O disposto no n.º 1 do art. 27.º da CDT não pode ser interpretado no sentido de impor à AT nacional a obrigação de solicitar à AT alemã a confirmação de dados inscritos pelos sujeitos passivos nas suas declarações de rendimentos;

IV. Ao decidir em sentido contrário a douta sentença do Tribunal *a quo* violou o disposto no n.º 2 daquela norma legal e os art.ºs 128.º, 132.º e 135.º, e todos do CIRS.

Contra-alegaram os impugnantes, formulando as seguintes conclusões nas respectivas contra-alegações:

I. O art. 15.º do CIRS define que fazem parte do âmbito de sujeição de IRS todos os rendimentos de residentes em território português, incluindo os obtidos fora de Portugal.

II. Da conjugação do n.º 2 do art. 16.º CIRS com a alínea a) do n.º 2 do art. 15.º da Convenção para evitar a dupla tributação celebrada entre Portugal e a Alemanha (Lei no 12/82 de 3 de Junho), resulta que as remunerações do trabalho obtidas na Alemanha por residente português serão obrigatoriamente tributadas naquele país desde que o sujeito passivo aí permaneça por um período superior a 183 dias.

III. A alínea a) do n.º 2 do art. 15.º da Convenção, sendo uma norma de direito internacional, afasta a previsão do n.º 2 do art. 16.º do CIRS (direito interno).

IV. Em consequência determina a não aplicação do n.º 1 do art. 15.º do CIRS, porque em contradição com uma norma de força legal superior (alínea a) do n.º 2 do art. 15.º da Convenção).

V. Os Recorridos juntaram tempestivamente e na medida em que lhes foi permitido, todos os documentos de prova necessários e bastantes quanto à regularidade da sua situação fiscal, designadamente a *Lanshsteuerkarte* (declaração da entidade patronal onde constavam as retenções efectuadas) bem como as guias dos respectivos pagamentos, documentos que revelam o montante dos rendimentos obtidos no estrangeiro bem como o montante do imposto retido.

VI. Não tendo a Recorrente impugnado a autenticidade dos documentos apresentados pelos Recorridos, entende ainda assim que a *Lanshsteuerkarte* é insuficiente para fazer prova do montante de imposto retido no estrangeiro.

VII. Ora, volvidos quatro anos após a apresentação da declaração de IRS, as autoridades fiscais na Alemanha já não emitem o designado *Bescheid* {nota de liquidação), pois só a emitem nos dois anos subsequentes ao exercício a que respeita, sendo certo que durante esse período de tempo a administração fiscal portuguesa nunca solicitou aquele documento aos Recorridos;

VIII. Ou seja, é a própria administração que pretende tributar duplamente que impossibilita a produção dos meios de prova necessários a evitar essa dupla tributação!

IX. Ora, não corresponde à verdade o alegado peta Recorrente nas suas doutas alegações, pois tal como é referido no ponto I das suas conclusões, o uso do termo "nomeadamente" indica que além da declaração emitida ou autenticada pela Administração Fiscal na Alemanha, os Recorridos poderiam apresentar outros elementos de prova, o que efectivamente fizeram – através da apresentação da Lanshsteuerkarte – sendo por isso errado o alegado no ponto II das conclusões da Recorrente, quanto a ".. não tendo os sujeitos passivos apresentada qualquer prova..";

X. Na verdade os sujeitos passivos, ora Recorridos, apresentaram tempestivamente, e na medida do que lhes foi possível, todos os elementos de prova, os quais, não tendo sido impugnados pela Recorrente, se deverão considerar suficientes para provar o pagamento daquele imposto junto das autoridades fiscais na Alemanha;

XI. Além de que, nos termos do art. 27.º da CDT, à administração fiscal portuguesa era-lhe permitido recolher informação junto das autoridades fiscais alemãs, estando até numa posição mais privilegiada do que os próprios Recorridos para obter tais informações;

XII. O que, em última instância determina uma violação do princípio da boa-fé que deve pautar a administração fiscal, ao impor sobre os Recorridos um ónus que bem sabe os mesmos não poderem cumprir por absoluta impossibilidade, penalizando-os por essa impossibilidade, criada aliás, pela própria administração.

XIII. Em conformidade, encontra-se devidamente regularizada a situação fiscal dos recorridos relativamente ao exercício de 1998, incorrendo em ilegalidade a liquidação efectuada pela administração fiscal Portuguesa, por configurar uma situação de dupla tributação internacional.

Neste STA, o EPGA defende que o recurso não merece provimento.

Colhidos os vistos legais, cumpre decidir.

2. É a seguinte a matéria de facto fixada na instância:

1. Em 9 de Março de 1999 os impugnantes apresentaram a declaração modelo 3 de Imposto sobre o Rendimento das Pessoas Singulares (IRS) referente ao ano de 1998, a que juntaram o anexo J referente a rendimentos obtidos no estrangeiro no valor de 3 464 639$00 (17.281,55 €) e respectivo imposto pago de 505.324$00 (2.520,55 €);

2. O impugnante trabalhou na Alemanha sob ordens e direcção da empresa de construção civil Carcasais – Indústria de Carpintaria Casais, Lda., entre 13.02.1998 e 17.12.1998;

3. Pelo impugnante foi junto documento emitido pela entidade patronal onde constava as retenções efectuadas e as guias comprovativas dos respectivos pagamentos às entidades fiscais Alemãs;

4. O documento certifica que o impugnante marido, no período compreendido entre 01.01.1998 e 31.12.1998, auferiu na Alemanha rendimentos tributáveis no montante de 3.464.639$00 e pagou imposto no valor de 505.324$00;

5. Os impugnantes foram notificados pela liquidação n.º 4113837507 para procederem ao pagamento de 1.848,13 €, tendo por data limite de pagamento voluntário o dia 23.01.2002;

6. Os rendimentos obtidos na Alemanha foram sujeitos a retenção na fonte de imposto, no valor de 505.324$00 e os mesmos rendimentos em Portugal foram sujeitos ao pagamento de imposto no montante de 370.517$00 (1.848,13 €);

7. Na liquidação não foi considerada qualquer parcela de imposto suportado pelo sujeito passivo A (marido) na Alemanha tendo sido considerado somente os rendimentos auferidos;

8. A Direcção de Finanças de Braga, em 2002.02.26, notificou o impugnante informando que deveria "(..) juntar aos autos prova dos rendimentos auferidos na Alemanha e do imposto pago (BESCHEID) com referência ao IRS do ano de 1998, através de documento original ou autenticado pelas autoridades fiscais alemãs ou ainda através de fotocópia autenticada, não carecendo estes documentos caso se encontrem na língua inglesa, francesa ou alemã, de tradução, conforme dispõe o ofício circulado n.º 20022 de 19/05/2000 da Direcção de Serviços de Benefícios Fiscais em vigor e informação n.º 403/2000 de 22/12/2000 da mesma Direcção de Serviços, a fim de evitar a dupla tributação dos mesmos em Portugal. (...);

9. O impugnante não apresentou outro documento o que levou a Administração Fiscal ao cálculo do imposto sem considerar o imposto retido na Alemanha;

10. 0 impugnante em 08.01.2002, relativamente ao acto de liquidação impugnado deduziu reclamação graciosa;

11. A reclamação foi indeferida em 25.10.2002 e notificada ao impugnante em 29.10.2002;

12. A presente impugnação foi intentada em 13.11.2002. do acto de liquidação.

3. São duas as questões que demandam resposta deste Supremo Tribunal, e que o Mm.º Juiz bem intuiu na sentença proferida, a saber: (1) se os rendimentos do trabalho auferidos na Alemanha pelo impugnante marido hão-de aí ser tributados ou se o devem ser em Portugal; e (2) se os documentos apresentados para comprovar a retenção na fonte de imposto pago são suficientes para operar a dedução.

Como também referiu o Mm.º Juiz, a primeira questão já obteve resposta deste Supremo Tribunal.

Escreveu-se no aresto de 16 de Junho de 2004 (fls. 49 a 52):

"Do que fica exposto ... muito embora não haja dúvidas de que o marido da impugnante é tido como residente em Portugal, o certo é que resulta também que as remunerações em causa foram obtidas na Alemanha, onde aquele permaneceu por período superior a 183 dias".

Esta questão, como bem refere o Mm.º Juiz, foi assim definitivamente resolvida. Assim, tal rendimento deve ser tributado em Portugal, dado que os impugnantes são havidos como residentes em Portugal (art. 16.º do CIRS).

Resta-nos a segunda questão.

De novo se traz à colação o acórdão citado.

Escreveu-se aí:

"Estabelece, porém, o art. 24.º, n.º 1, da predita Convenção que se o residente em Portugal obtiver rendimentos na Alemanha será deduzida ao imposto pago em Portugal uma importância igual ao imposto que tenha pago na Alemanha, com um limite de dedução.

"Ora, o impugnante alega que efectuou o pagamento do imposto na Alemanha, o que não foi levado em conta...

"Acontece que, a este propósito, nada consta do elenco probatório vertido na sentença recorrida".

Está aqui o cerne da questão a resolver: se o imposto foi ou não pago na Alemanha, onde os rendimentos de trabalho foram obtidos.

A questão é pois linear.

O Mm.º Juiz respondeu a esta questão de forma clara. Citando:

"Estando demonstrado que o impugnante recebeu rendimentos na Alemanha tendo sido retido imposto sobre esse rendimento".

E para assim concluir, o Mm.º Juiz ateve-se aos documentos apresentados pelo impugnante marido, a saber: declaração da entidade patronal, onde constavam as retenções efectuadas, e as guias de pagamento.

Ora, a AF não aceita que tais documentos tenham a virtualidade pretendida (comprovativo do pagamento do imposto), defendendo que o impugnante deveria apresentar o original da documentação emitida pela Administração Fiscal alemã.

Se bem entendemos a tese sustentada pela FP, está em causa um ónus de prova, a ilidir pelo impugnante. O art. 4.º das alegações de recurso, dá-nos a medida desta questão, ao escrever-se: "... a questão que aqui se coloca é a de saber se é – como considerou o Mm.º Juiz do tribunal *a quo* – à Administração Tributária (AT) que incumbe tal obrigação, ou se, ao invés, é sobre os sujeitos passivos que recai tal ónus".

Porém, essa elisão verificou-se, pois o Mm.º Juiz decidiu que os impugnantes fizeram a prova de que o desconto foi feito, ao estatuir que "os documentos apresentado pelo impugnante ... revelam o montante dos rendimentos obtidos no estrangeiro bem como o montante do imposto retido".

É certo que a questão poderia ter outra solução se a lei exigisse um determinado tipo de prova (como parece sustentar a Fazenda Pública); no caso, e como expressamente refere, uma "declaração emitida ou autenticada pela Administração Fiscal do território onde foi prestado o trabalho e alegadamente pago o imposto".

Mas não é assim.

A lei não estipula um regime de prova vinculada.

Pelo contrário, nesta matéria, o n.º 3 do art. 128.º, 3, do CIRS aponta até em sentido diverso.

Dispões este normativo:

"O extravio dos documentos referidos no n.º 1 por motivo não imputável ao sujeito passivo não o impede de utilizar outros elementos de prova daqueles factos".

Factos que o n.º 1 enuncia: rendimentos auferidos, deduções, abatimentos e outros factos ou situações mencionados na referida declaração.

É certo que não estamos aqui perante um extravio de documentos. Mas estamos perante uma situação mais grave, que o Mm.º Juiz anota na sentença, a saber: impossibilidade de conseguir tal documento. Ou seja, podemos ver aqui um argumento *a fortiori* no apontado sentido.

Escreveu-se na sentença sob censura:

"Sendo o imposto referente a IRS de 1998 a administração fiscal ao exigir volvidos 4 anos documentos ao impugnante a emitir pela administração fiscal alemã está a penalizar o impugnante pondo mesmo numa situação de *impossibilidade*".

Ora, à míngua de ser questionada a autenticidade dos documentos comprovativos desse pagamento, apresentados pelo impugnante (declaração da entidade patronal, com indicação das retenções efectuadas, e guias do pagamento respectivo), e tendo em conta a impossibilidade do impugnante de obter um documento passado pela AT alemã, decorrido que foi um largo período temporal (4 anos), nada há a censurar ao Mm. Juiz na fixação dos factos, dado que, como dissemos, não estamos no domínio da prova vinculada.

Aliás, e como bem refere o Mm.º Juiz, a AF bem poderia, nos termos do art. 27.º da "Convenção entre a República Portuguesa e a República Federal da Alemanha para evitar a dupla tributação em matéria de Impostos sobre o Rendimento e sobre o Capital" (CDT), recolher informação pertinente junto das autoridades alemãs.

Não se trata de colocar o ónus de prova sobre a AF, mas a eventual possibilidade de contraditar os documentos apresentados pelo impugnante.

Não o tendo feito, corria a AF o risco de ver o Mm.º Juiz, na livre apreciação da prova, considerar os factos provados, face aos documentos apresentados. O que, como sabemos, aconteceu.

E assim, tendo em conta o disposto no art. 24.º, n.º 1, a) do CDT, o imposto pago na Alemanha pode e deve ser deduzido no imposto sobre o rendimento, com o limite fixado na última parte daquele preceito.

Não considerando tal dedução, a AT violou aquele comando legal, pelo que a liquidação impugnada enferma de vício de violação de lei.

Na verdade, e do que vai dito, é possível concluir que o Mm.º Juiz não violou, como defende a recorrente, as normas ínsitas nos art.ºs 128.º, 132.º e 135.º, 3, do CIRS.

A liquidação não pode pois manter-se.

4. Face ao exposto, acorda-se em negar provimento ao recurso.

Sem custas, por o recorrente delas estar isento.

Lisboa, 20 de Abril de 2005.

Lúcio Barbosa (Relator)
Fonseca Limão
Pimenta do Vale

Recurso n.º 1254/04

IVA. ARTIGO 3.º N.º 4. RECLAMAÇÃO PRÉVIA.

(Acórdão de 6 de Abril de 2005)

SUMÁRIO:

I – Está sujeita a IVA a transmissão onerosa de partes de uma empresa para duas outras quando cada uma dessas transmissões não constitui um estabelecimento nem seja susceptível de constituir um ramo de actividade independente – artigo 3.º n.º 4 do CIVA.

II – Não viola o artigo 20.º da CRP a exigência por parte do artigo 84.º do CPT de reclamação prévia à impugnação quando se fixe a matéria tributável com fundamento em errónea quantificação.

ACORDAM NESTA SECÇÃO DO CONTENCIOSO TRIBUTÁRIO DO SUPREMO TRIBUNAL ADMINISTRATIVO:

Aurélio Ferreira Morais Portugal Dinis e Alípio Dinis impugnaram judicialmente no Tribunal Tributário de 1ª Instância de Coimbra as liquidações de IVA relativo aos anos de 1992 e 1993, referentes à sociedade "Famopep – Fábrica de Moldes e Plásticos, Lda.".

Por sentença do M.º Juiz daquele Tribunal foi a impugnação julgada parcialmente procedente.

Dessa decisão recorreram os impugnantes e a Fazenda Pública para o Tribunal Central Administrativo que julgou deserto o recurso da Fazenda Pública e negou provimento ao dos impugnantes.

Dessa decisão recorreram então os mesmos para este Supremo Tribunal Administrativo, pedindo a revogação na parte em que ficaram vencidos, tendo formulado as seguintes conclusões:

a) A Famopep transferiu, primeiro a sua secção de moldes para a Entamoldes

b) Donde encerrou a sua secção de moldes.

c) Depois, transferiu todo o seu demais activo para a Agostinho & Santos, Lda., cessando de "imediato", a sua actividade.

d) Donde, todo o activo da Famopep foi transferido para a Agostinho & Santos, com todos os elementos, matérias e materiais.

e) Anteriormente, a sua secção de moldes havia sido transferida para a Entamoldes, nos precisos termos retro mencionados.

f) A Agostinho & Santos, Lda., passou a ocupar as instalações, que até aí, pertenciam à Famopep.

g) E, embora, a Famopep haja efectuado para a Agostinho & Santos, Lda., não só a transferência do seu activo, definitivamente, mas outrossim o direito à exploração do seu estabelecimento, que passou a sê-lo, pela adquirente,

h) O certo é que, a lei, n.º 4 do art.º 3.º do CIVA, não isenta apenas do IVA, quando se trate duma transferência dum estabelecimento comercial (industrial) – como foi o caso.

i) Mas, sempre que se transmite a totalidade ou parte do património.

j) E, quer para a Entamoldes, primeiro, quer para a Agostinho & Santos, Ld.ª, posteriormente, e definitivamente, a Famopep transferiu parte, e depois, a totalidade, que à data detinha, do seu património, ao ponto de ficar sem nada.

k) Nada recebeu, nem de IVA, nem do preço das transferências, que ainda não recebeu.

l) Logo, quem transfere o que tem a mais não é obrigado.

m) A condição da impugnabilidade, à prévia reclamação para a Comissão Técnica, é inconstitucional porque afasta o recurso aos tribunais previsto no art.º 20.º da Constituição da República Portuguesa, inconstitucionalidade que se argui para todos os devidos e legais efeitos – e isto quer quanto ao acto tributário de 1992, quer no concernente à aplicação de métodos indiciários.

n) Violou assim o douto Acórdão o ínsito no n.º 4 do art.º 3.º do CIVA e o art.º 20.º da CRP.

Não houve contra-alegações

Pelo Exmo Magistrado do Ministério Público foi emitido parecer no sentido da confirmação do julgado por se ter feito boa interpretação do artigo 3.º n.º 4 do CIVA, não se vendo em que é que a reclamação prévia necessária viola o artigo 20.º da CRP.

Colhidos os vistos legais cumpre decidir.

No acórdão recorrido vêm dados como provados os seguintes factos:

1º – Como decorre do relatório de exame à escrita, foi considerado pela Administração, estarem em dívida importâncias de IVA liquidado àquela sociedade, em relação aos anos de 1992 e 1993.

2º – Assim, a dívida relativa a 1992, no valor de Esc.: 15.116.290$00, foi determinada com recurso à aplicação de «métodos indiciários»,

3º – A dívida de 1993, no valor de Esc. 95.033.499$00, provém de imposto liquidado em facturas e não entregue nos cofres do Estado e de regularizações a favor do Estado não efectuadas;

4º – Nos casos dos Autos, nem a originária devedora, nem os impugnantes deduziram reclamação para a Comissão de Revisão;

5º – A Famopep – Fábrica de Moldes Plásticos Técnicos é uma sociedade comercial com sede na Estrada de Eiras, constituída por escritura de 7.10.93 e matriculada na Conservatória do Registo Comercial de Coimbra, sob o n.º 3122 a fls. 143 v°, do livro C – 10; que se dedicava ao fabrico de moldes e peças técnicas de plástico.

6.º – Os impugnantes foram sócios da Famopep, até 30.04.1993;

7.º – Por escritura de 7 de Abril de 1993, lavrada na Secretaria Notarial de Coimbra, entre José Agostinho dos Santos e mulher Rosa Maria Bernardes da Silva, foi constituída a Sociedade "Agostinho e Santos – Plásticos Técnicos, Lda.", com sede e estabelecimento na Estrada de Eiras, freguesia de Eiras, e que se dedica à transformação de matérias plásticas;

8.º – O José Agostinho dos Santos, foi gerente da mesma sociedade até 30.06.93 e desde 93.04.07;

9.º – Sendo a referida sociedade obrigada pela sua assinatura;

10.º – Em 30.06.93, assumiu a gerência de tal sociedade o senhor Fernando Antunes João;

11.º O senhor Fernando Antunes João foi também gerente da Famopep até 26.04.93;

12.º – A Sociedade Famopep era dona, entre outros valores, de:

a) Um barracão com várias divisões e escritórios com logradouro anexos, que confronta de norte com Blazer, nascente desconhecido, sul com a estrada particular e Coimbra Alimentar, Ldª e do poente com estrada pública, com a área de 5.000 m2;

b) Diversas máquinas, equipamentos, instalações, matérias-primas, produtos acabados, acessórios, veículos automóveis;

13.º – Por contrato de promessa de compra e venda de coisas imóveis e de venda de coisas móveis, outorgado em 30 de Março de 1993, a Sociedade Famopep, representada por todos os seus sócios, à altura, Alípio Dinis, Fernando Antunes João, Aurélio Ferreira Morais Portugal Dinis e Joaquim Escairo da Silva, "prometeu vender e vendeu à sociedade Agostinho e Santos, Ld.ª os seguintes bens, de que era dona e legítima possuidora, à data:

a) Um barracão com várias divisões e escritórios, com logradouro anexos, com as confrontações aí expressas, livre de quaisquer ónus ou encargos, pelo preço de 150.000.000$00;

b) Todo o seu activo, nomeadamente as máquinas, equipamentos, instalações, matérias primas, produtos acabados e acessórios e veículos automóveis, pelo preço global de Esc.: 200.000.000$00;

14.º – A venda de tais bens "seria e foi" objecto das correspondentes facturas de onde constariam os correspondentes preços:

15.º – O preço global da transacção foi de 350.000.000$00 e seria pago da seguinte forma:

a) Assumindo a Sociedade Agostinho e Santos, Ld", todas as dívidas da Famopep, à data 93.03.30, para com os diversos bancos e ainda a empresa Factoring, que se estimava em 326.000.000$00;

b) O restante seria pago em dinheiro a entregar à Famopep, logo que apurado o saldo devedor dos Bancos;

16.º – O pessoal da Famopep foi transferido, de imediato, para a Agostinho e Santos, Lda., com a antiguidade que tinha à data 93.03.30;

17.º – Foi, posteriormente, dada nova redacção ao contrato, tão só quanto à repartição do preço parcelar;

18.º – Pelo que do contrato ficou a constar que o prédio referido na cláusula 1ª do contrato era de 25.000.000$00, e não o de 150.000.000$00;

19.º – E os bens referidos na cláusula 3ª do contrato 325.000.000$00 e não 200.000.000$00;

20.º – Continuando, contudo, o preço global das transacções de 350.000.000$00;

21.º – Daí que, na escritura pública de compra e venda lavrada no dia 20 de Abril de 1993, na Secretaria Notarial de Coimbra, o referido prédio (edifício) consta o valor de 25.000.000$00 e não de 150.000.000$00;

22.º – O José Agostinho veio a ser nomeado gerente de Agostinho e Santos, Ld.ª 23.º – Tendo os demais sócios consagrado no pacto social, que a sociedade se obrigava, apenas e não só, com a assinatura de tal sócio gerente;

24.º – E sendo nomeado seu gerente o José Agostinho Santos, o mesmo veio renunciar à Gerência em 30.06.93;

25.º – Data em que foi registada a gerência de um não sócio Fernando Antunes João, que era sócio da Famopep;

26° – É o mesmo senhor Fernando Antunes João, à altura sócio gerente da Famopep, que outorga a escritura de compra e venda do edifício de rés-do-chão, com a área coberta de 3200 m2 e descoberta de 3.090 m2, sita no lugar de S. Miguel, freguesia de Eiras, em 20.04.93, em representação da Famopep;

27.º – A Famopep transferiu para a Agostinho e Santos, Lda., por efeitos dos aludidos contratos, todo o seu activo imobilizado, cessando, de imediato, toda a sua actividade;

28.º – A fim de fazer valer os seus direitos, a Famopep e os seus ex-sócios Alípio Dinis e o ora impugnante, instauraram uma acção com processo ordinário que corre os seus termos pelo 1° Juízo do Circulo Judicial de Coimbra, sob o n.º 283/94;

29.º – Todo o activo da Famopep foi, pois, transferido para a Agostinho e Santos, salvo a secção de moldes, que foi para a "Entamoldes";

30.º – Todo o pessoal da Famopep transitou para a nova firma, salvo 2 ou 3 casos de recusa;

31.º – A Famopep nada facturou relativo a esta venda, uma vez que ficou sem ninguém, a partir de 1 de Abril, de 1993;

32.º – Sendo que só poderia facturar depois de expresso compromisso assumido nos termos do contrato promessa formulado;

32.º – O que não aconteceu,

33.º – A contabilidade da Famopep, nessa altura, estava numa sala das instalações ao lado do escritório;

34.º – O contrato aludido respeitava à circunstância de a nova empresa – Agostinho e Santos – assumir os encargos, o que, até ao momento, não cumpriu;

35.º – Alguém no entanto, facturou com IVA;

36.º – Exigindo os Bancos garantias, só foi possível fazer a escritura do terreno, contabilizado em 25 mil contos (terreno e barracão);

37.º – As diferenças para os 150 mil contos respeitariam ao edifício;

38.º – A Famopep nunca chegou a facturar nada, nem tinha pessoal que o fizesse;

39.º – Estranhamente aparecem facturas;

40.º – A contabilidade da Famopep confirmou nas instalações da Agostinho e Santos, o que foi combinado de "boa fé"

41.º – Só alguém ligado à Agostinho e Santos poderia ter facturado;

42.º – Foi a Entamoldes que, inicialmente, adquiriu a Secção de Moldes da Famopep.

43.º – O contrato aludido entre a Famopep e a Agostinho e Santos foi feito já em nome desta última, que estava, na altura, em vias da constituição;

44.º – A contabilidade da Famopep ficou numa sala das instalações da Agostinho e Santos, provisoriamente, até terminar o processo de liquidação da sociedade;

45.º – A Agostinho e Santos liquidou cerca de oito (8) mil contos e nada mais;

46.º – O gestor do programa do sistema era o Sr. Lino Guimarães, genro do Sr. Fernando Antunes João, que chegou a ser gerente da Famopep e gerente da Agostinho e Santos;

47.º – Só ele é que tinha a chave do sistema;

48.º – Foi no computador do Sr. Lino que ficou apenas a facturação;

49.º – A Entamoldes liquidou a sua factura com IVA incluído;

50.º – O preço da venda do diverso equipamento do activo imobilizado corpóreo à Sociedade Entamoldes, Lda., foi de Esc. 55.200.000$00;

51.º – Relativamente a 1992, os métodos utilizados e quantificação de valores foi resultado, designadamente, da constatação de apurar através dos elementos contabilísticos em apuro dos custos unitários dos produtos fabricados;

52.º – Não alterado dos preços de custo das principais matérias primas consumidas;

53.º – Que alguns dos preços de venda praticados desceram relativamente a 1991 cerca de 20%, com a consequente diminuição da margem de lucro bruto;

54.º – Confirmação, por parte do então, gerente, Sr. Fernando João, de que os preços de venda desses produtos não foram inferiores aos custos das matérias-primas e outros custos indirectos;

55.º – Levando a eleger como método para quantificar as vendas efectivamente realizadas, no exercício de 1992, o somatório de todos os custos directos;

56.º – O livro de actas nunca foi consultado para análise e inferências circunstanciais (fls. 50), porque não facultado.

57.º – Da contabilidade da Famopep, Lda. verifica-se que o edifício foi concluído em 31.10.92 e que o seu valor contabilístico é de Esc. 97.898.423$00. (fls. 55).

58.º – Também a contabilidade da Famopep revela que o terreno onde a construção do edifício foi implantado tem um valor contabilístico de Esc. 18.522.000$00. (fls. 55);

59.º – Igualmente a Famopep, Ld procedeu à venda de equipamento diverso do "activo imobilizado corpóreo" à firma Entamoldes – Fabricação de Moldes, Lda., com sede na Marinha Grande:

60.º – Verificando-se a emissão de duas facturas à Entamoldes, Lda., ambas com o mesmo número (5533 fls. 1 e 2), datadas de 23.04.93;

61.º – Constando num original o valor de 168.200$00 e noutro original o valor de 55.200.000$00, pág. 56;

62.º – Os bens descritos em ambos são exactamente os mesmos; (pág. 56);

63.º – Diferindo apenas os valores parciais e consequentemente o valor total das facturas (pág. 56);

64.º – A Empresa Entamoldes – Fabricação de Moldes, Lda. procedeu ao lançamento contabilístico pelo valor mais baixo e deduziu IVA no montante de 7.200.000$00 (pág. 56);

65.º – Todos os valores de vendas, quer para a firma Agostinho e Santos, Lda., quer para a firma Entamoldes, fabricação de Moldes, Ld.ª, não foram contabilizados pela Famopep, Lda;

66.º – A alienação do imóvel pela Famopep à Agostinho e Santos, Plásticos Técnicos, Ld.ª através da escritura de 20.04.1993, correspondeu com a concomitante ocupação por parte da compradora;

67.º – Como em relatório circunstancial também se assinala, a construção ocorreu em 1991e 1992;

68.º – A Famopep deduziu o IVA suportado em bens e serviços relacionados com a construção de tal edifício;

Assentes tais factos apreciemos o recurso.

São fundamentalmente duas as questões suscitadas no recurso: aplicabilidade à situação concreta do artigo 3.º n.º 4 do CIVA e inconstitucionalidade da prévia reclamação para a "Comissão Técnica".

Nos termos do artigo 1.º do CIVA estão sujeitos a este imposto as transmissões de bens e as prestações de serviços efectuadas em território nacional, a título oneroso, por um sujeito passivo agindo como tal. E o n.º 1 do artigo 3.º subsequente considerava como transmissão de bens a transferência onerosa de bens corpóreos por forma correspondente ao exercício do direito de propriedade.

Por seu turno, prescrevia o n.º 4 do artigo 3.º do CIVA:

"Não são consideradas transmissões as cessões a título oneroso ou gratuito do estabelecimento comercial, da totalidade de um património ou de uma parte dele, que seja susceptível de constituir um ramo de actividade independente, quando, em qualquer dos casos, o adquirente seja, ou venha a ser, pelo facto da aquisição, um sujeito passivo do imposto de entre os referidos na alínea a) do n.º 1 do artigo 2.º".

E aquela alínea a) diz estarem sujeitas a imposto sobre o valor acrescentado "As transmissões de bens e as prestações de serviços efectuadas no território nacional, a título oneroso, por um sujeito passivo agindo como tal".

Vejamos então se nesta parte assiste razão aos recorrentes.

Como se alcança do probatório a "Famopep" vendeu à "Entamoldes" a sua secção de moldes e à "Agostinho e Santos" um barracão e os seus outros activos, nomeadamente máquinas, equipamentos, instalações, matérias-primas, produtos acabados e veículos automóveis. Pretendem os recorrentes que a venda de tais bens a uma e outra das empresas não são passíveis de IVA nos termos do transcrito n.º 4 do artigo 3.º porque acabaram por ficar sem quaisquer bens. Não têm porém razão. Como se decidiu no acórdão recorrido não ocorreu qualquer transmissão de um estabelecimento comercial nem de um património susceptível de constituir um ramo de actividade independente. O que foi transmitido foi uma parte da empresa para a "Entamoldes" e outra para a "Agostinho e Santos", nada constando do probatório ou do próprio acórdão recorrido que cada um dessas partes constituísse um ramo de actividade independente, o que aliás também não vem afirmado pelos recorrentes. E assim sendo dúvidas não restam de que as transacções efectuadas estavam sujeitas a IVA.

Pretendem também os recorrentes que é inconstitucional a necessidade de prévia reclamação como condição de impugnabilidade, considerando que tal exigência afasta o recurso aos tribunais previsto no artigo 20.º da Constituição da República Portuguesa. Embora tal alegação seja uma mera afirmação destituída de qualquer explicitação jurídica, não tem a mesma qualquer razão de ser. O artigo 84.º do CPT então vigente prescrevia a necessidade de reclamação para a comissão de revisão da decisão que fixasse a matéria tributável com fundamento na sua errónea quantificação, sendo tal reclamação condição da impugnação judicial. Ora a necessidade de uma reclamação prévia à impugnação em nada contende com o direito do contribuinte de ver a sua situação apreciada pelos tribunais, não violando tal artigo qualquer disposição constitucional e nomeadamente o invocado artigo 20.º da CRP.

Em conformidade com o exposto, acorda-se em conferência neste Supremo Tribunal Administrativo em negar provimento ao recurso, assim mantendo o acórdão recorrido.

Custas pelos recorrentes, fixando em 60% a procuradoria.

Lisboa, 6 de Abril de 2005.

Vítor Meira (Relator)
António Pimpão
Brandão de Pinho

Recurso n.º 1183/04-30

IVA. CADUCIDADE DO DIREITO À LIQUIDAÇÃO. PRAZO. ART.S 45.º, N.º 5 DA LGT E 11.º DA LEI N.º 15/01 DE 5/6/01.

(Acórdão de 4 de Maio de 2005)

SUMÁRIO:

I – O princípio geral sobre o prazo de caducidade do direito à liquidação dos tributos, consagrado no art.º 45.º, n.º 1 da LGT, sofre uma excepção, que é aquela que resulta do n.º 5 deste preceito legal, posteriormente eliminado pela Lei n.º 32-B/02 de 30/12.

II – Com este dispositivo legal, pretendeu o legislador encurtar aquele prazo de caducidade, criando, deste modo, mecanismos de celeridade na actuação da Administração Fiscal, tendo sempre como pano de fundo o reforço das garantias do contribuinte.

III – Com a entrada em vigor da Lei n.º 15/01 de 5/6, o regime de transição ali consagrado no seu art.º 11.º não tem como pressuposto a pendência do procedimento da inspecção tributária, mas sim o direito à liquidação do tributo, como resulta, expressamente, deste preceito legal.

IV – Sendo assim, o prazo de caducidade de seis meses, ali previsto, do direito de liquidar os tributos incluídos no processo inspectivo conta-se, não a partir do termo deste processo, mas sim da entrada em vigor da referida Lei n.º 15/01.

ACORDAM NESTA SECÇÃO DO CONTENCIOSO TRIBUTÁRIO DO SUPREMO TRIBUNAL ADMINISTRATIVO:

1 – Fonte & Filhos, Lda, pessoa colectiva n.º 502713186, com sede no lugar das Almas, Carvalhos, Barcelos, não se conformando com a sentença do Tribunal Administrativo e Fiscal de Braga que julgou improcedente a impugnação judicial deduzida contra os actos de liquidação de IVA respeitantes ao 4.º trimestre dos anos de 1997 e 1998 e todo o ano de 1999, no montante global de 33.373,93 euros, dela vem interpor o presente recurso, formulando as seguintes conclusões:

A) De acordo com o disposto no art.º 11.º da Lei 15/ /2001, de 5 de Junho, o prazo de caducidade previsto no n.º 5 do art.ç 45.º da LGT conta-se, para os processos pendentes, a partir da entrada em vigor da Lei.

B) O processo da recorrente, porque resultou da instauração de um procedimento de inspecção tributária, embora já concluído à data da entrada em vigor da Lei 15/2001, deve considerar-se "pendente" para efeitos da aplicação daquele artigo 11.º.

C) A pendência resulta do facto de, à data da entrada em vigor da Lei, a administração tributária não ter efectuado as liquidações dos tributos (IVA) compreendidos no âmbito daquele procedimento inspectivo.

D) Sendo assim as liquidações, para obstar à caducidade, deveriam ter-lhe sido notificadas até 5 de Janeiro de 2002, coincidindo com o termo final do prazo de 6 meses referido no n.º 5 do art.º 45.º.

E) Tendo sido efectuadas depois daquela data, deve verificar-se a caducidade do direito à liquidação, por ter sido exercido para além do prazo legalmente previsto.

F)- Ao decidir em sentido contrário a sentença recorrida violou e fez errada aplicação das normas dos art.s 45.º, 5 da LGT, 11.º e 14.º da Lei 15/2001 de 5 de Junho.

A Fazenda Pública não contra-alegou.

O Exm.º Procurador-Geral Adjunto emitiu douto parecer no sentido de que o julgado se devia manter, devendo, assim, ser negado provimento ao recurso.

Colhidos os vistos legais, cumpre decidir.

2 – O tribunal recorrido fixou a seguinte matéria de facto:

1) A Administração fiscal promoveu uma acção de fiscalização geral, designadamente em matéria de IVA, à escrita da impugnante, relativa aos exercícios de 1996 a 1999, com suporte em despacho de 27/6/000, tendo início a 28/6/00 – Fls. 26ss.

2) A acção inspectiva teve conclusão a 20/12/00. O projecto de conclusão de relatório foi elaborado a 22/12/ /2000 fls. 26 a 37.

3) O relatório da inspecção tributária foi elaborado a 1/2/01, com despacho final a 26/2/01 – fls. 47 a 59, cujos dizeres se dão por reproduzidos.

4) O IVA foi fixado nos seguintes valores:

1999		**1998**		**1997**	
1.º Trimestre	437.690	1.º Trimestre	566.323	1.º Trimestre	**355.677**
2.º Trimestre	437.690	1.º Trimestre	566.323	1.º Trimestre	**355.677**
3.º Trimestre	437.690	1.º Trimestre	566.323	1.º Trimestre	**355.677**
4.º Trimestre	437.690	1.º Trimestre	566.323	1.º Trimestre	**355.678**
Total	**1.750.760**	**Total**	**2.265.292**	**Total**	**1.422.709**

Conforme fls. 19 a 21.

5) Notificada dos actos resultantes da inspecção – fls. 23 e 24 e fls. 71, a impugnante requereu pedido de revisão do imposto fixado.

6) A impugnante foi notificada a 28/5/01 pelo ofício n.º 300.5322, do resultado da reunião de revisão que apreciou aquele pedido, tendo-lhe sido fornecida cópia da respectiva acta – fls. 38 ss, cujo teor se dá por reproduzido.

7) Da acta de reunião consta terem sido acordados quanto ao IVA os seguintes valores a repartir equitativamente por cada um dos períodos de imposto (trimestrais) em que se encontra enquadrado:

1996 – 903.475$00
1997 – 1.422.709$00
1998 – 2.265.292$00
1999 – 1.750.760$00.

8) A impugnante foi notificada das liquidações do IVA dos referidos anos (excepto 1996), de fls. 11 a 25, por cartas de 3/10/02 – fls. 90ss.

3 – O objecto do presente recurso consiste em saber se o direito às liquidações em causa já caducou, atento o disposto no art.º 45.º, n.º 5 da LGT, na redacção que lhe foi dada pela Lei n.º 15/01 de 5/6 e posteriormente eliminado pela Lei n.º 32-B/02 de 30/12.

Na sentença "a quo" entendeu-se que, tendo a inspecção tributária ocorrido em data anterior à entrada em vigor da citada Lei n.º 15/01, com relatório final datado de 26/2/01 e a revisão da matéria colectável sido decidida em reunião de peritos ocorrida em 9/5/01e notificada à impugnante em 28/5/01, à data da entrada em vigor do predito art.º 45.º, n.º 5 (5/7/01) o procedimento inspectivo já havia terminado, pelo que "não é aquela causa de caducidade aplicável ao presente caso".

É contra o assim decidido que se insurge, agora, a recorrente, alegando, em síntese, que, embora o processo inspectivo estivesse já concluído à data da entrada em vigor da Lei n.º 15/01, deve considerar-se "pendente" para efeitos da aplicação do seu art.º 11.º, na medida em que, à data da entrada em vigor desta Lei, a administração tributária ainda não tinha efectuado as liquidações do tributo em causa compreendido no âmbito daquele procedimento inspectivo e, em consequência, delas não tinha sido notificado até 5/1/02, coincidindo, assim, com o prazo de seis meses a que alude o n.º 5 do art.º 45.º da LGT.

Vejamos se lhe assiste razão.

Conforme resulta do disposto no art.º 45.º, n.º 1 da LGT, o direito de liquidar os tributos caduca se a liquidação não for validamente notificada ao contribuinte no prazo de quatro anos (era de cinco anos na vigência do art.º 33.º, n.º 1 do CPT).

Todavia, este princípio geral sofre uma excepção, que é aquela que resulta do estabelecido no seu n.º 5.

Aí se diz expressamente que "instaurado o procedimento de inspecção tributária, o direito de liquidar os tributos incluídos no âmbito da inspecção caduca no prazo de seis meses após o termo do prazo fixado para a sua conclusão, sem prejuízo das prorrogações previstas na lei reguladora daquele procedimento, a não ser que antes dessa ocorra a caducidade prevista no prazo geral fixado no n.º 1".

A nosso ver e com este dispositivo legal, pretendeu, assim, o legislador encurtar o prazo de caducidade do direito de liquidar, criando, deste modo, mecanismos de celeridade na actuação da Administração Fiscal, tendo sempre como pano de fundo o reforço das garantias do contribuinte.

Entretanto e com a entrada em vigor da citada Lei n.º 15/01 – o que aconteceu em 6/7/01 (cfr. art.º 14.º) –, estabeleceu este diploma legal, no seu art.º 11.º, que "relativamente a processos pendentes, os prazos definidos no artigo 183.º-A do Código do Procedimento e de Processo Tributário e no n.º 5 do artigo 45.º da lei geral tributária são contados a partir da entrada em vigor da presente lei".

Ora e ao contrário do entendimento do Mm.º Juiz "a quo", o regime de transição prevista neste normativo legal não tem como pressuposto a pendência do procedimento da inspecção tributária ou mesmo da revisão da matéria colectável.

Como resulta do teor desse artigo, este regime de transição tem antes como pressuposto o prazo a que alude o art.º 45.º n.º 5 da LGT. Prazo esse, de seis meses, que se reporta não à inspecção tributária, mas ao direito de liquidar. De harmonia, aliás, com o que ali se estabelece expressamente: "...o direito de liquidar os tributos incluídos no âmbito da inspecção caduca no prazo de seis meses após o termo do prazo fixado para a sua conclusão...".

Sendo assim e com a entrada em vigor do art.º 11.º, a contagem do prazo de seis meses para proceder à liquidação do tributo passou a contar-se, não do termo do processo inspectivo, mas da entrada em vigor da própria Lei n.º 15/01. Houve como que uma prorrogação do citado prazo.

Daí que, da conjugação dos preditos art.s 11.º e 45.º, n.º 5 o prazo de liquidação dos tributos incluídos no processo inspectivo caduca se não for validamente notificada ao contribuinte dentro do prazo de seis meses contados a partir da data da entrada em vigor da referida Lei n.º 15/01.

4 – Posto isto e voltando ao caso dos autos, resulta provado que a impugnante só foi notificada das respectivas liquidações do IVA em 3/10/02 (vide n.º 8 do probatório).

Ora e nesta data, ia já decorrido o prazo de seis meses a que alude o citado art.º 11.º da Lei n.º 15/01.

Pelo que, havia, assim, já caducado o direito de liquidar o tributo em causa, o que aconteceu em 6/1/02.

5 – Nestes termos, acorda-se em conceder provimento ao presente recurso, revogando-se a decisão recorrida e julgar, também, procedente a impugnação judicial, nesta parte, com a consequente anulação dos actos de liquidação do tributo em causa respeitantes ao 4.º trimestre de 1997 e 1998 e ao ano de 1999.

Sem custas.

Lisboa, 4 de Maio de 2005.

Pimenta do Vale (Relator)
Lúcio Barbosa
António Pimpão

Recurso n.º 965/04-30

PEDIDO DE ANULAÇÃO DA VENDA. FORMA PROCESSUAL. RECLAMAÇÃO PARA O JUIZ NOS TERMOS DO ARTIGO 276.º DO CÓDIGO DE PROCEDIMENTO E DE PROCESSO TRIBUTÁRIO.

(Acórdão de 11 de Maio de 2005)

SUMÁRIO:

A decisão do pedido de anulação da venda não é da competência do órgão da Administração Tributária que dirige a execução, com posterior reclamação para o Juiz, nos termos do artigo 276.º do Código de Procedimento e de Processo Tributário, tratando-se, antes, de incidente cuja decisão de primeiro grau compete ao Juiz.

ACORDAM, EM CONFERÊNCIA, NA 2ª SECÇÃO DO SUPREMO TRIBUNAL ADMINISTRATIVO:

1.1. GRUPO PIE - PORTUGAL, S.A., com sede na Póvoa de Varzim, recorre da sentença da Mmª Juiz do Tribunal Administrativo e Fiscal do Porto que negou provimento, por extemporaneidade, à reclamação do despacho do chefe da Repartição de Finanças da Póvoa de Varzim que não anulou as vendas efectuadas na execução fiscal instaurada contra Restinfor – Sociedade Informática, Lda., com sede, também, na Póvoa de Varzim.

Formula as seguintes conclusões:

«A – O Art.º 278.º n.º 5 no CPPT não tem aplicação ao prazo para a dedução da reclamação, porquanto tal norma apenas tem aplicação na definição das regras de apreciação e julgamento da reclamação a partir do momento em que esta é apresentada a juízo;

B – O prazo para a apresentação da reclamação prevista no Art.º 276.º do CPPT, suspende-se durante as férias judiciais nos termos do Art.º 144.º do CPC, ex-vi Art.º 20.º do CPPT e Art.º 103.º da LGT;

C – A apreciação da nulidade decorrente da falta de citação é de conhecimento oficioso, razão pela qual, ainda que se concluísse que não tinha sido excedido o prazo para a dedução da reclamação;

D – A decisão ora em recurso viola o disposto nos Arts. 20.º do CPPT, 144.º do CPC, 103.º da LGT e 165.º do CPPT, e aplica de maneira não conforme o Art.º 278.º n.º 5 do CPPT;

Pelo exposto, deve o presente recurso ter provimento, e em conformidade, deverá ser revogada a douta decisão ora em recurso».

1.2. Não há contra-alegações.

1.3. O Exm.º Procurador-Geral Adjunto junto deste Tribunal é de parecer que a forma de processo adequada é a correspondente a requerimento de anulação de venda, havendo que proceder à respectiva convolação e devolver o processo à 1ª instância, para aí ser julgado sob essa forma.

2. A decisão recorrida é, na parte relevante, do teor seguinte:

«Grupo PIE – Portugal, S.A, (...), vem requerer, nos termos do art. 276.º 277.º e 257.º a anulação das vendas efectuadas e a repetição da citação e a marcação de nova data para se proceder à abertura das propostas.

Fundamenta o seu pedido em irregularidades várias que terão ocorrido nas diligências para a venda dos bens penhorados e no próprio acto de venda.

(...)

A caducidade do direito de deduzir a presente reclamação foi suscitada pela Fazenda Pública por se ter ultrapassado o prazo a que alude o art. 277.º do Código do Procedimento e Processo Tributário. O M.P. emitiu douto parecer no sentido da procedência da excepção peremptória suscitada. A reclamante devidamente notificada pronunciou-se pela sua improcedência.

(...)

Segundo o art. 276.º do CPPT o prazo para apresentar a reclamação é de 10 dias após a notificação, caso se trate de acto praticado pelo órgão da execução fiscal.

Há que ter ainda em conta que, este prazo de 10 dias se conta nos termos do art. 144.º do CPC por remissão do artigo 20.º do CPPT e sendo o presente processo considerado urgente por força do art. 278.º n.º 5 do CPPT os seus prazos correm em férias judiciais. Sobre este assunto o pode ler-se a anotação ao art. 277.º do CPPT de Jorge Lopes de Sousa in Código do Procedimento e Processo Tributário Anotado, 4 Edição, 2003, Vislis, pags. 177 e 1047 que: "*O prazo para apresentação da reclamação é de 10 dias (...) prazo este que se conta nos termos do art. 144° do C.P.C. (art. 20.º n.º 2 deste Código). À face deste art. 144°, a diferença essencial entre a contagem de prazos no procedimento tributário e no processo judicial reconduz-se à suspensão durante as férias que não ocorre no primeiro caso e que se verifica no segundo (excepções são os prazos superiores a seis meses e os prazos em processos urgentes, que correm em férias judiciais*) (sublinhado nosso)".

Ora, uma vez que a notificação dos ofícios datados de 16/07/04, objecto da presente reclamação, foi efectuada em 21/07/04, tal como consta de fls. 79 dos autos e do aviso de recepção junto, e tendo a presente reclamação dado entrada em 13/08/04 fácil é concluir que em muito foi ultrapassado o prazo de 10 dias previsto no art. 276.º do CPPT.

Consequentemente, há que concluir que o prazo de 10 dias se mostra excedido, com a consequente verificação da invocada caducidade do direito a deduzir reclamação.

(...)

Pelo exposto, nega-se provimento à reclamação, por extemporaneidade».

3.1. A recorrente dirigiu ao chefe da repartição de finanças aonde corria uma execução fiscal em que foram penhorados e vendidos imóveis um requerimento pedindo a anulação das vendas e a sua citação enquanto preferente, com marcação de «nova data para se proceder à abertura das propostas».

Assentou a pretensão na sua qualidade de «arrendatária e possuidora dos bens», na ocorrência de nulidade processual, consistente na sua falta de citação para intervir na praça, enquanto preferente, na existência de «um ónus real» sobre os bens vendidos, consubstanciado na pendência de uma acção de impugnação pauliana, e, ainda, no facto de a abertura das propostas não ter tido «sequer lugar nos dias indicados nos anúncios».

Indeferido este requerimento pelo órgão da Administração, o processo foi mandado subir a juízo «para efeitos do art.º 277.º, N.º 2 do CPPT», mas o juiz julgou caducado o direito à reclamação.

Dessa sentença vem o presente recurso jurisdicional, com os fundamentos vertidos nas conclusões acima transcritas.

O Ministério Público, acompanhando a recorrente no entendimento de que a sentença deve ser revogada, estriba-se em razões divergentes: a existência de erro na forma de processo que interessa remediar, e que levou a um desacertado julgamento acerca da tempestividade do pedido da recorrente, devendo a 1ª instância proferir nova decisão já no meio processual adequado.

3.2. Na verdade, apesar de assim ter sido tramitada e decidida, não estamos perante uma questão a ser resolvida pelo órgão da Administração que dirige a execução, com posterior reclamação para o juiz, nos termos do disposto no artigo 276.º do Código de Procedimento e de Processo Tributário (CPPT).

A execução fiscal é um processo de natureza judicial, como é definido pelo artigo 103.º n.º 1 da Lei Geral Tributária (LGT).

Não obstante, corre perante um órgão da Administração Fiscal, que o dirige, cabendo das suas decisões reclamação para o juiz.

Todavia, a intervenção desse órgão da Administração não pode resultar em prejuízo das competências que a lei atribui ao juiz: «decidir os incidentes, os embargos, a oposição, incluindo quando incida sobre os pressupostos da responsabilidade subsidiária, a graduação e verificação de créditos e as reclamações dos actos materialmente administrativos praticados pelos órgãos da execução fiscal» – veja-se o artigo 151.º n.º 1 do CPPT. O artigo 279.º do mesmo diploma reafirma que são actos jurisdicionais «no processo de execução fiscal (...) as decisões sobre incidentes, oposição, pressupostos da responsabilidade subsidiária, verificação e graduação definitiva de créditos, anulação da venda e recursos dos demais actos praticados pelo órgão da execução fiscal».

É que o órgão da Administração, embora dirija a execução fiscal, não pratica nela actos de natureza jurisdicional, nem tal seria possível, face à reserva da função judicial contida no artigo 202.º n.º 1 da Constituição da República. Os actos desta natureza só são praticados pelo tribunal, e entre eles figura a decisão sobre o pedido de anulação da venda.

De resto, parece claro que, tendo sido a própria Administração Fiscal a conduzir o processo executivo aonde ela mesma procedeu à venda, da qual é beneficiária, enquanto exequente, a apreciação do requerimento da respectiva anulação não pode deixar de integrar a função jurisdicional, pois do que se trata é da resolução, de acordo com a lei, de um conflito entre vários interesses antagónicos: o do requerente da anulação da venda, por um lado; e o da Administração Tributária e outros interessados na sua manutenção, nomeadamente, o adquirente, por outro lado.

Temos, pois, que ao órgão da Administração que dirige a execução fiscal não cabe apreciar o pedido de anulação da venda, antes se tratando de incidente (ainda que não consagrado pelo artigo 166.º do CPPT) a submeter ao tribunal, com recurso para os tribunais superiores da decisão de 1ª instância, nos termos dos já apontados artigos 151.º n.º 1 e 279.º n.º 1 alínea b) do CPPT.

Deste modo, nem competia submeter-lhe o requerimento de anulação da venda, nem, consequentemente, tinha que decidi-lo, nem da sua decisão sobre a matéria cabia reclamação nos termos do artigo 276.º do CPPT.

O requerimento de anulação da venda devia, após junção ao processo executivo, ter sido apresentado ao juiz, para decisão do incidente.

3.3. O prazo para apresentação do requerimento da anulação da venda está indicado no artigo 257.º do CPPT, e varia entre 15 e 90 dias, sendo contado nos termos do Código de Processo Civil, por força do disposto no artigo 20.º n.º 2 do CPPT. O seu termo inicial é a «data da venda ou da que o requerente tome conhecimento do facto que servir de fundamento à anulação, competindo-lhe provar a data desse conhecimento (...)».

Não está fixada a factualidade pertinente para apreciação da tempestividade da apresentação do requerimento de anulação da venda, à luz do citado artigo 257.º do CPPT. Tudo o que pode adiantar-se neste momento é que a questão não deve ser avaliada do modo que fez a sentença, ou seja, apreciando, não a tempestividade do requerimento de anulação, mas a da reclamação da decisão do órgão da Administração.

A consequência do uso de meio processual impróprio é, nos termos do disposto nos artigos 97.º n.º 3 da LGT e 98.º n.º 4 do CPPT, a correcção da forma de processo para o adequado incidente de anulação da venda. Sem prejuízo, é claro, do julgamento a aí fazer sobre a tempestividade do requerimento da ora recorrente.

A convolação implica a anulação do processado entre o requerimento de fls. 91 a 95 e a sentença recorrida, esta inclusive.

4. Termos em que acordam, em conferência, os juízes da Secção de Contencioso Tributário deste Supremo Tribunal Administrativo, em declarar a nulidade do processo, por erro na respectiva forma, com anulação do processado posterior ao requerimento de fls. 95 até à sentença recorrida, inclusive, para que o processo siga na forma de requerimento de anulação da venda.

Sem custas neste Supremo Tribunal Administrativo, suportando a recorrente as devidas na1ª instância.

Lisboa, 11 de Maio de 2005.

Baeta de Queiroz (Relator)
Lúcio Barbosa
António Pimpão

Recurso n.º 456/05

PEDIDO DE REVISÃO.

(Acórdão de 8 de Junho de 2004)

SUMÁRIO:

O meio processual adequado para atacar o acto administrativo que não aprecia o pedido de revisão do acto tributário da liquidação, por entender que o mesmo é intempestivo, é o recurso contencioso e não a impugnação, uma vez que estamos perante acto que não aprecia a legalidade do acto de liquidação.

ACORDAM, EM CONFERÊNCIA, NA 2ª SECÇÃO DO SUPREMO TRIBUNAL ADMINISTRATIVO:

1. José Manuel da Câmara de Almeida recorre da sentença que, no Tribunal Tributário de 1ª Instância do Porto, 3.º Juízo, 2ª Secção, julgou provada e procedente a excepção peremptória da caducidade do direito de impugnar a liquidação e, em consequência absolveu a FP do pedido subsidiário formulado.

Alegou formulando o seguinte quadro conclusivo:

1. A sentença recorrida labora em erro de julgamento quando afirma que o impugnante pediu a anulação do acto de indeferimento do pedido de revisão ou, pelo menos, a anulação do acto tributário mencionado (de liquidação de IA, com fundamento em violação do direito comunitário) e o reembolso consequente do imposto pago, com juros indemnizatórios.

2. A sentença incorre em erro de julgamento quando decide que o processo de impugnação judicial não é o processo próprio para apreciar a legalidade do despacho que indeferiu o pedido de revisão oficiosa do acto de liquidação do IA, mas antes o recurso contencioso.

3. A sentença recorrida incorre em erro de julgamento quando afirma que se verifica um desacordo manifesto entre o pedido de anulação do despacho de indeferimento do pedido de revisão do acto de liquidação do IA feito pelo impugnante à AT e a sua causa de pedir, desacordo esse que não explicita minimamente e de forma entendível e que, na verdade, não existe.

4. A sentença recorrida incorre em erro de julgamento ao decidir que, estando em causa a eventual anulabilidade de um acto tributário, este só pode ser atacado no prazo de 90 dias, contados da data em que terminou o prazo de pagamento voluntário, nos termos do art.º 102.º n.º 1 al. a) do CPPT; pois que, in casu, o prazo de 90 dias para deduzir a impugnação se conta a partir da notificação do despacho de indeferimento, nos termos do art.º 102.º n.º 1 al. e).

5. Incorre em erro de julgamento ao decidir que, quando deu entrada em juízo a impugnação já estava esgotado o prazo peremptório para a deduzir, não tendo em conta que a citada al. e) se reporta à sindicabilidade de um acto administrativo em matéria tributária por meio de uma «impugnação autónoma» da que poderia ter sido interposta imediatamente do acto de liquidação, no prazo de 90 dias a contar da prática deste.

6. A sentença recorrida incorre em erro de julgamento quando decide que a questão de haver o dever de a AT se pronunciar sobre uma pretensão que lhe foi apresentada pelo contribuinte nada tem a ver com a validade ou invalidade do acto de liquidação de IA que ela tenha praticado. Isto porque, sendo inválido o acto de liquidação do IA e não se tendo esgotado o prazo da sua revisão oficiosa, impendia sobre a AT o dever de a ela proceder, nos termos do art. 56.º da LGT, que lhe foi pedida pelo impugnante, assistindo a este o correspondente direito subjectivo.

7. O despacho de indeferimento do pedido de revisão oficiosa do acto de liquidação do IA é inválido, por erro nos pressupostos de direito, e imediatamente sindicável, pela via da impugnação judicial (que não do recurso contencioso), por se tratar de um acto administrativo em matéria tributária que comporta a apreciação da legalidade de um acto tributário e porque, negando-se a AT a dar satisfação à pretensão do contribuinte, o seu acto de indeferimento é lesivo dos seus legítimos direitos e interesses, por manter ilegalmente a recusa de uma pretensão conforme ao direito comunitário.

8. Salvo as situações excepcionais contempladas nas als. a) e b) do n.º 2 do art. 56.º da LGT (que, no caso, se não verificam), a AT tem o dever legal de reapreciação nos casos de actos negativos expressos, sem que com isso seja subvertida a ordem jurídica administrativa e lesada a autoridade das decisões administrativas e sem a ofensa da segurança jurídica.

9. A forma de processo adequada para reagir contra um acto de indeferimento do pedido de revisão de actos tributários é a impugnação judicial (art. 97.º n.º 1 al. d) do CPPT e 95.º n.º 1 e 2 al. d) da LGT), e não o recurso contencioso (arts. 101.º al. j) da LGT e 97.º n.º 1 al. p) do CPPT, para questões tributárias que não comportem a apreciação da legalidade do acto de liquidação) e o prazo para tal impugnação é de 90 dias, a contar da notificação do indeferimento (segundo o art.º 102.º n.º 1 al. e) do CPPT) e não a contar do termo do prazo do pagamento voluntário do acto de liquidação a anular.

10. A sentença a quo violou, por errada aplicação ou interpretação, as disposições dos arts. 97.º n.º 1 al. d), 89.º n.º 1 al. a) e n.º 4, 99.º, 102.º n.º 1 als. a) e e), 104.º e 108.º do CPPT, 94.º n.º 1 al. b) do CPT, 56.º n.º 1, 78.º n.º 1 e 79.º n.º 1 da LGT, 193.º n.ºs 1 e 2 al b), 493.º, 494.º al b) e 495.º do CPC, art. 1.º n.º 7 do DL n.º 40/93, de 18 de Fevereiro, 90.º do Tratado de Roma, contrariando, ainda, a jurisprudência deste STA firmada nos seus ac. de 19.02.2003 (in proc. n.º 01461/02), de 20.03.2002 (in proc n.º 026580), de 29.01.2003 (in proc. n.° 01945/02) e de 12.02.2003 (in proc. 01516/02) e a doutrina mais representativa nas matérias versadas.

11. Deve conceder-se provimento ao recurso, revogando-se a decisão recorrida, devendo os autos prosseguir os seus termos legais, anulando-se o despacho de indeferimento do pedido de revisão oficiosa do IA impugnado, bem como, e na sua procedência, a liquidação mediatamente impugnada.

O EMMP sustenta que o recurso merece provimento com anulação do processado e aproveitamento apenas da petição inicial e prosseguimento do processo como recurso contencioso pois que:

1. A decisão de indeferimento de pedido de revisão de acto de liquidação de Imposto Automóvel constitui acto lesivo (art. 95.º n.ºs 1 e 2 al. d) LGT).

O meio processual adequado de reacção contra decisão de indeferimento de pedido de revisão de acto de liquidação, com fundamento em extemporaneidade do pedido, é o recurso contencioso (e não a impugnação judicial), na medida em que aquela decisão constitui acto administrativo em matéria tributária que não comporta a apreciação da legalidade do acto de liquidação (art. 97.º n.º 2 al. p) CPPT).

No sentido apontado a jurisprudência do STA tem-se pronunciado sem divergência (acs. STA 20.05.2003 recurso n.º 638/03; 20.05.2003 recurso n.º 305/03; 15.10.2003 recurso n.º 1021/03; 12.11.2003 recurso n.º 1192/03; 12.11.2003 recurso n.º 1206/03; 19.11.2003 recurso n.º 1258/03; 19.11.2003 recurso n.º 1300/03)

O erro na forma de processo é de conhecimento oficioso, determinando a convolação na forma de processo adequada, anulando-se os actos que não puderem ser aproveitados e praticando-se os estritamente necessários para que o processo se aproxime, quanto possível, da forma estabelecida na lei (arts.199.º n.º 1 e 202.º CPC; arts. 97.º n.º 3 LGT e 98.º n.º 4 CPPT).

O prazo para a interposição de recurso contencioso é de 2 meses, contados da notificação da decisão expressa de indeferimento (art. 28.º n.º 1 al. a) LPTA, art. 97.º n.º 2 CPPT).

2. Contrariamente ao entendimento vertido na sentença, não existe desacordo manifesto entre a causa de pedir e o pedido, determinante da ineptidão da petição inicial e da nulidade de todo o processo (art.193° n.º 1 e 2 al. b) CPC, art.2° al. e) CPPT): o pedido de anulação do acto de indeferimento do pedido de revisão do acto tributário, por intempestividade, é consequência lógica do fundamento invocado de tempestividade do pedido de revisão (independentemente da sua valia, que interessa ao mérito do recurso mas não à ineptidão da petição).

2. A sentença recorrida fixou o seguinte quadro factual:

a) O impugnante, em Novembro de 2002 comprou na Alemanha, o veículo automóvel ligeiro de passageiros, usado, marca Mercedes-Benz, modelo E 270 CDI, com 2 685 cm3 de cilindrada, a gasóleo, pelo preço de 5 000 000$00, cuja 1ª matrícula era do ano de 1999;

b) Em 8 de Novembro de 2000, o impugnante declarou na estância aduaneira do Freixieiro, que esta viatura se destinava à importação definitiva e que o respectivo valor de aquisição era de 6 000 000$00;

c) A Alfândega do Freixieiro ordenou a liquidação de imposto automóvel, devido pela importação definitiva do veículo, cujo montante fixou em 2 298 555$00, a que se refere o registo de liquidação n° 0341576, de 8 de Novembro de 2000, que foram pagos pelo impugnante, em 09 de Novembro de 2000;

d) O presente processo foi instaurado no dia 6 de Fevereiro de 2002;

Não está provado:

que o montante residual do IA incorporado nos veículos semelhantes ao mencionado anteriormente e que foram importados em 1999 no estado de novos, seja inferior ao que resulta da aplicação das percentagens de redução previstas no DL n.º 40/93.

3.1. A sentença recorrida começou por afirmar que a decisão que indeferiu o pedido de revisão oficiosa do acto de liquidação é judicialmente impugnável, nos termos do disposto no art.º 95.º da Lei Geral Tributária, que o pedido de revisão do acto de liquidação de imposto automóvel foi indeferido, ao abrigo do disposto no art.º 56.º, n.º 2, b), da Lei Geral Tributária, por ter sido, no entender da Administração Aduaneira, apresentado depois de esgotado o prazo legal para o efeito sendo esta decisão de indeferimento um acto administrativo impugnável por via de um recurso contencioso do acto administrativo em matéria tributária que não comporta a apreciação da legalidade do acto de liquidação e que segue as normas de processo dos Tribunais Administrativos.

Que o processo de impugnação do acto de liquidação não é o processo próprio para apreciar a legalidade da decisão que indeferiu o pedido de revisão oficiosa ocorrendo erro na forma de processo, nos termos do disposto no art.º 199.º do Código de Processo Civil o qual importa unicamente a anulação dos actos que não possam ser aproveitados, devendo praticar-se os que forem estritamente necessários para que o processo se aproxime, quanto possível, da forma estabelecida na lei, convolando-se na forma de processo adequada, art.º 98.º, n.º 4, do Código de Procedimento e de Processo Tributário.

Que entre a causa de pedir e o pedido se verifica um desacordo manifesto que determina a ineptidão da petição inicial quanto a este pedido, que determina a nulidade do processo, art.º 193.º, n.ºs 1 e 2, alínea b) do Código de Processo Civil pois o pedido formulado é de "ser anulado, ou dado sem efeito, o acto de indeferimento do pedido de revisão efectuado, e declarando-se existir o dever de a Administração Tributária decidir a pretensão do impugnante, por ser nulo o acto de liquidação de imposto automóvel do seu veículo, ou pelo menos anulável por vício de violação de lei e erro nos pressupostos de direito, com direito à restituição do imposto automóvel liquidado e pago, e de juros indemnizatórios, à taxa legal desde o pagamento até efectivo reembolso.

Não se estando perante qualquer nulidade do acto de liquidação dado que da violação do direito comunitário pode apenas decorrer a anulabilidade do acto praticado pelo que estando em causa, como está a eventual anulabilidade de um acto tributário, só pode este ser atacado nos prazos legalmente fixados que são de 90 dias contados da data em que terminou o prazo de pagamento voluntário.

Acrescentou que, assim, por estar demonstrada a verificação da excepção dilatória de nulidade do processo, no que ao pedido principal diz respeito, absolvo a Fazenda Pública da instância, nos termos do art.º 493.º, 494, b) 495.º, todos do Código de Processo Civil.

Ainda segundo a sentença recorrida há dois pedidos formulados sendo que o de anulação do acto de liquidação de imposto automóvel assume a forma de pedido subsidiário relativamente ao de anulação da decisão de indeferimento do pedido de revisão oficiosa.

Que o pedido subsidiário é de anulação do acto de liquidação de imposto automóvel, com fundamento na violação do direito comunitário por parte das normas nacionais que fundamentam juridicamente esse acto de liquidação o qual foi objecto de registo de liquidação n.º 200/0 341 576, de 8 de Novembro de 2000 tendo o montante liquidado sido pago em 9 de Novembro de 2001 pelo que ao deduzir a impugnação em 6 de Fevereiro de 2002, fê-lo depois de esgotado o prazo previsto no art.º 102.º n.º 1, a) do CPPT, quando foi deduzida a presente impugnação estava já esgotado o prazo peremptório para a deduzir, que se apresenta como um prazo de caducidade e de conhecimento oficioso por versar sobre direitos indisponíveis, sendo a sua dedução intempestiva uma vez que apenas está em causa a anulabilidade do acto de liquidação.

3.2. A sentença em apreciação entendeu que da petição inicial constava um pedido principal o qual se prenderia com a anulação da decisão que indeferiu o pedido de revisão oficiosa do acto de liquidação e um subsidiário de anulação do acto de liquidação.

Com efeito da mesma sentença consta a fls. 96 V.º que "há, em nossa interpretação, dois pedidos formulados sendo que o de anulação do acto de liquidação de imposto automóvel assume a forma de pedido subsidiário relativamente ao de anulação da decisão de indeferimento do pedido de revisão oficiosa".

Acrescentou que "o pedido subsidiário é de anulação do acto de liquidação de imposto automóvel, com fundamento na violação do direito comunitário por parte das normas nacionais que fundamentam juridicamente esse acto de liquidação".

E relativamente a tais pedidos entendeu a sentença recorrida, cfr. fls. 97, que "o acto de liquidação impugnado foi objecto de registo de liquidação... . O montante liquidado foi pago em 9 de Novembro de 2001. Assim, ao deduzir a impugnação em 6 de Fevereiro de 2002, a impugnante fê-lo depois de esgotado o prazo previsto no art.º 102.º, n.º 1, a) do Código de Procedimento e de Processo Tributário.

Assim, quando foi deduzida a presente impugnação estava já esgotado o prazo peremptório para a deduzir, que se apresenta como um prazo de caducidade e de conhecimento oficioso por versar sobre direitos indisponíveis, no que tange ao Representante da Fazenda Pública, pelo que a sua dedução é intempestiva uma vez que apenas está em causa a anulabilidade do acto de liquidação".

Consequentemente julgou provada e procedente a deduzida excepção peremptória de caducidade do direito de impugnar a 1iquidação e em consequência absolveu a Fazenda Pública do pedido subsidiário nestes autos formulado acrescentando que ficava prejudicado o conhecimento das demais questões suscitadas nos autos.

Da petição inicial resulta que o recorrente efectuou cumulativamente três pedidos que consistiriam na anulação da decisão ou seja o despacho de indeferimento do pedido de revisão do IA, na declaração de que existe o dever de a Administração Tributária decidir a pretensão do impugnante e que se anule o acto de liquidação do IA, com direito à sua restituição.

É jurisprudência deste STA, que se acompanha, Cfr. STA de 12-12-2003, Rec. 1206-03 e 1192-03 e de 19-11--2003, Rec. 1258-03, de 19-11 que, em situações paralelas à dos presentes autos e interpretando a petição, apenas é formulado um pedido de anulação da decisão de indeferimento do pedido de revisão sendo os demais consequências ou antecedentes deste.

Com efeito a recorrente só poderia pretender o deferimento do mencionado pedido de revisão se existisse aquele dever de decidir por parte da Administração Tributária ao que acresce que a nulidade ou anulabilidade do acto de liquidação, por sofrer de eventual vício de violação de lei e erro nos pressupostos de direito integraria o fundamento do pedido de anulação da decisão em apreciação.

O pedido de restituição da quantia liquidada sendo uma consequência da eventual anulação nada acrescenta ao pedido pois que se anulado a AT sempre terá de reconstituir a situação actual hipotética que existiria se o acto anulado não tivesse sido praticado.

Partindo do entendimento que com a petição inicial pretende a recorrente a anulação da decisão a quo ou o indeferimento do pedido de revisão importa determinar a sorte do presente recurso.

Estabelece o art.º 97.º do CPPT, referentemente à impugnação dos actos administrativos em matéria tributária, que cabe a impugnação judicial quando esteja em causa "a apreciação da legalidade do acto de liquidação", al. d) do n.º 1 e recurso contencioso quando não está em causa tal apreciação da legalidade do acto de liquidação, al. p) in fine e seu n.º 2.

Uma vez que o acto questionado não apreciou a legalidade da liquidação era o mesmo susceptível de recurso contencioso e não de impugnação (cfr. Jorge de Sousa, CPPT Anotado, 4.ª edição, pág. 426, nota 18) pois que o processo de impugnação não é o próprio para apreciar a legalidade da decisão administrativa que indeferiu, por extemporaneidade, o pedido de revisão oficiosa.

Daí que ocorra erro na forma de processo sendo adequada o recurso contencioso e não a impugnação judicial que a recorrente deduziu.

Contudo, nos termos do art.º 199.º do CPCivil, o erro na forma de processo conduz à anulação dos actos que não possam ser aproveitados, devendo praticar-se os que forem estritamente necessários para que o processo se aproxime, quanto possível, da forma estabelecida na lei.

Nos mesmos termos se pronuncia o n.º 3 do art.º 98.º do CPPT, devendo o processo ser "convolado" para a forma adequada nos termos da lei o que resulta do n.º 4 do mesmo preceito legal e do art.º 97.º n.º 3 da LGT.

Na situação concreta dos presentes autos apenas pode aproveitar-se a petição inicial, entendida como recurso e os documentos que com ela foram juntos pela ora recorrente.

Acompanha-se, por isso, o parecer do EMMP quando afirma que o prazo para a interposição de recurso contencioso é de 2 meses, contados da notificação da decisão expressa de indeferimento (art. 28.º n.º 1 al. a) LPTA, art. 97.º n.º 2 CPPT) e que, contrariamente ao entendimento vertido na sentença, não existe desacordo manifesto entre a causa de pedir e o pedido, determinante da ineptidão da petição inicial e da nulidade de todo o processo (art. 193.º n.º 1 e 2 al. b) CPC, art. 2.º al. e) CPPT) já que o pedido de anulação do acto de indeferimento do pedido de revisão do acto tributário, por intempestividade, é consequência lógica do fundamento invocado de tempestividade do pedido de revisão (independentemente da sua valia, que interessa ao mérito do recurso mas não à ineptidão da petição).

4. Termos em que se acorda em anular todo o processado a partir da petição inicial com aproveitamento dos documentos que com a mesma foram juntos, assim se concedendo provimento ao recurso jurisdicional prosseguindo os autos como recurso contencioso.

Sem custas.

Lisboa, 8 de Junho de 2005.

António Pimpão (Relator)
Baeta de Queiroz
Lúcio Barbosa

Recurso n.º 16/05-40

PRESCRIÇÃO DE OBRIGAÇÃO TRIBUTÁRIA. IMPUGNAÇÃO. IVA. PRESCRIÇÃO COMO CAUSA DE INUTILIDADE SUPERVENIENTE DA LIDE. PROCESSO PARADO POR MAIS DE UM ANO POR FACTO NÃO IMPUTÁVEL AO CONTRIBUINTE. ART. 134.º DO CPT.

(Acórdão de 08 de Junho de 2005)

SUMÁRIO:

I - **É possível conhecer da prescrição da obrigação tributária em processo de impugnação se tal for necessário para conhecer da utilidade superveniente da lide.**

II - **Tal é o caso se o processo de impugnação se arrastou durante muitos anos, a pontos do contribuinte, em recurso interposto para o STA, suscitar apenas e tão só essa questão.**

III - **Ocorre prescrição da obrigação tributária se o IVA respeita aos anos de 1986 e 1987, o processo de impugnação foi autuado em Maio de 1991 e o processo esteve parado mais de 1 ano entre 1992 e 1993, por facto não imputável ao contribuinte.**

IV - **É aplicável, nesta hipótese, o disposto no art. 34.º do CPT.**

ACORDAM, EM CONFERÊNCIA, NA SECÇÃO DE CONTENCIOSO TRIBUTÁRIO DO SUPREMO TRIBUNAL ADMINISTRATIVO:

1. AUTO-ABASTECEDORA DE COMBUSTÍVEIS DE SANTOS & PRATAS, LD., com sede em Cruz Nova, Soure, impugnou judicialmente, junto do então Tribunal Tributário de 1ª Instância de Coimbra, a liquidação de IVA dos anos de 1986 e 1987, e juros compensatórios.

O Mm. Juiz daquele Tribunal julgou a impugnação improcedente.

Inconformada, a impugnante interpôs recurso para o TCA.

Este, por acórdão de 18 de Maio de 2004, negou provimento ao recurso.

De novo inconformada, a impugnante interpôs recurso para este Supremo Tribunal.

Formulou as seguintes conclusões nas respectivas alegações de recurso:

A. A prescrição é de conhecimento oficioso.

B. Os factos tributários imputados à ora recorrente já prescreveram, dado que, já decorreram mais de 13 anos, desde o momento em que ocorreram.

C. A referida prescrição resulta do disposto no art. 34.º do CPT. Ou seja,

D. Apesar de ter havido interrupção/suspensão da prescrição, com a instauração do proc. de impugnação, o processo esteve parado mais de 1 ano, daí que, comece a correr o tempo, para a prescrição, a partir dessa data, somando-se, ainda, o tempo que decorreu desde o início até à data da suspensão.

E. Encontrando-se esgotado o prazo de 10 anos, previsto no art. 34.º do Código de Processo Tributário.

F. Assim, o douto acórdão em recurso violou, entre outros, o princípio da legalidade, segurança e certeza jurídicas e ainda as disposições legais contidas no art. 34 do CPT.

Não houve contra-alegações.

Neste STA, o EPGA defende que o recurso merece provimento.

Colhidos os vistos legais, cumpre decidir.

2. Como questão liminar importa apreciar a questão da alegada prescrição da obrigação tributária.

Esta é de conhecimento oficioso (art. 175.º do CPPT).

Em sede judicial o juiz conhece da prescrição em processo de oposição à execução – art. 204.º, 1, d) do CPPT.

Porém, excepcionalmente, pode ser apreciada em processo de impugnação, se tal for necessário para conhecer da utilidade superveniente da lide[1].

Já vimos que a impugnante fundamenta o seu recurso única e simplesmente na referida prescrição. Questão que, a proceder, fará extinguir o processo.

Estamos assim perante a apontada excepcionalidade.

Vejamos então.

Aquando do nascimento das obrigações tributárias estava em vigor o Código de Processo das Contribuições e Impostos.

Aí o prazo de prescrição das dívidas de impostos era de vinte anos – art. 27.º do citado Código.

Com o surgimento do Código de Processo Tributário (que entrou em vigor em 1 de Julho de 1991) tal prazo passou para dez anos – art. 34.º, 1, deste Código.

Com a vigência da Lei Geral Tributária (a partir de 1/1/99) esse mesmo prazo passou para oito anos – vide art. 48.º, 1.

Tendo em conta a doutrina do art. 297.º do Código Civil, o diploma aplicável é o Código de Processo Tributário.

Vejamos então.

Nos termos do art. 34.º, n.º 2, do CPT, e tendo em conta que o IVA é de 1986 e 1987, o prazo prescricional iniciou-se em 1987 e 1988, respectivamente.

A impugnação foi apresentada em 17 de Maio de 1991.

O processo foi autuado na Repartição de Finanças em 17/5/91.

Em 9/1/92 existe nos autos um termo de remessa para o Tribunal Tributário de 1ª Instância de Coimbra (fls. 176, verso).

O termo seguinte dos autos (informação prestada pela Direcção de Finanças de Coimbra) tem a data de 6/9/93 (fls. 177).

---

[1] JORGE DE SOUSA, CPPT, anotado, 4ª edição, págs. 442, 443, 802 e 803

Assim, o processo esteve parado, nesta fase, por mais de um ano, por facto não imputável ao contribuinte.

Assim, é meridianamente evidente (face ao disposto no art. 34.º, n.º 3, do CPT), que as obrigações tributárias estão prescritas.

3. Face ao exposto, acorda-se em conceder provimento ao recurso, revogando-se as decisões recorridas, julgando-se prescritas as obrigações tributárias e, consequentemente, extinta a instância por inutilidade superveniente da lide – art. 287.º, e) do CPC.

Sem custas.

Lisboa, 08 de Junho de 2005.

Lúcio Barbosa – (relator)
António Pimpão
Baeta de Queirós

Recurso n.º 92/05-30

PRESCRIÇÃO DE QUANTIAS DEVIDAS AO FUNDO SOCIAL EUROPEU.

(Acórdão de 29 de Junho de 2005)

SUMÁRIO:

É de vinte anos, nos termos do art.º 309.º do C. Civil, o prazo de prescrição das quantias devidas ao Fundo Social Europeu.

ACORDAM, EM CONFERÊNCIA, NA 2ª SECÇÃO DO SUPREMO TRIBUNAL ADMINISTRATIVO:

1. Correia, SA & C.ª, L.da, recorre da sentença que, no Tribunal Administrativo e Fiscal de Viseu, julgou improcedente a oposição referente à execução por dívidas ao DAFSE.

Alegou formulando o seguinte quadro conclusivo:

1.º O DAFSE suprimiu parte do apoio concedido para Formação Profissional e solicitou a restituição do mesmo.

2.º Fê-lo, coercivamente, através de execução fiscal. Ora,

3.º O Tribunal Tributário é Incompetente, em razão da matéria, para em Execução Fiscal cobrar dívida da natureza da, aqui, em causa. Na verdade,

4.º Nos termos do disposto no artigo 233.º do C.P.T. equiparar "outras dívidas" a crédito do Estado, para as executar por esta via, tem de o ser por "Lei".

5.º No caso não o é por organicamente inconstitucional o artigo 1.º do DL. 158/90.

6.º O DAFSE é um Instituto Autónomo, com gestão de receitas próprias.

7.º Não está definido a que título está a exigir da Recorrente a quantia exequenda.

8.º Esta não é equiparável a comparticipação saída do Orçamento de Estado.

9.º Seja como for sempre a alegada dívida estará prescrita.

10.º Se se aplicar o direito civil, por via do direito de regresso o prazo é de três anos.

11.º Se se pretender que se trata de reposição de dinheiros públicos o prazo será de cinco anos. Ora,

12.º O Despacho que suprimiu o apoio foi proferido em 04/12/90 e a R. citada em 30/07/99.

Decidindo-se como se decidiu violou-se o disposto no artigo 167.º – 1, alínea q) da C.R.P., artigo 498.º – 2 do Código Civil e 40.º do DL.– 155/92.

Deve revogar-se a decisão recorrida e julgar-se procedente a oposição.

O EMMP entende que o recurso não merece provimento nos termos da jurisprudência deste STA que identifica.

2. A decisão recorrida fixou o seguinte quadro factual:

A) Com base na certidão de dívida emitida pelo Departamento Para os Assuntos do Fundo Social Europeu foi instaurada contra a oponente a execução fiscal n.º 3760-99/100597.9, na 2ª Repartição de Finanças de Ovar, para cobrança coerciva da quantia de 1.801.369$00, proveniente de verbas recebidas indevidamente do Fundo Social Europeu e do Estado Português, respeitante à acção de formação profissional desenvolvida no âmbito do "dossier" 870276 P1, cfr. certidão de fls. 6 destes autos que aqui se dá por inteiramente reproduzida.

B) A oponente foi citada em 30/07/1999, por carta registada com aviso de recepção, cfr. certidão de citação e aviso de recepção de fls. 14 e 15 que aqui se dão por inteiramente reproduzidos.

C) A petição inicial da presente oposição deu entrada na 2ª Repartição de Finanças do Concelho de Ovar em 18/08/1999, conforme carimbo aposto a fls. 2 destes autos.

D) Por despacho do Secretário de Estado do Emprego, de 04/12/90, foi suprimido o apoio do FSE e a correspondente comparticipação pública nacional, cfr. ofício de fls. 10 que aqui se dá por inteiramente reproduzido.

E) O DAFSE, por ofício de 4/11/98, solicitou à oponente a devolução da quantia de 1.801.369$00, cfr. ofício de fls. 7 a 9 que aqui se dá por inteiramente reproduzido.

3.1. A sentença recorrida entendeu não sofrer de inconstitucionalidade orgânica a norma do art.º 1.º do DL 158/90, de 17-5 e não haver decorrido o prazo da prescrição da dívida exequenda depois de afirmar a competência do tribunal recorrido.

3.2. São estas questões que a recorrente suscita no presente recurso e a que este STA já respondeu nos acórdãos de 03-07-2002, rec. 26.647, 06-11-2002, rec. 727-02 e 25-06-2003, rec. 325 e que acompanharemos.

Entende-se, por isso, que tendo sido retirado à oponente o apoio financeiro referido e ordenada a restituição do montante de 1.801.369$00 foi instaurada execução fiscal para cobrança coerciva de dívida ao Departamento para os Assuntos do Fundo Social Europeu respeitante a acção de formação profissional.

E o processo de execução fiscal abrange a cobrança de tal dívida.

Com efeito e como resulta do preâmbulo do Decreto-Lei n.º 158/90, de 17 de Maio, transcrito na sentença recorrida:

«As normas jurídicas portuguesas existentes no âmbito das comparticipações financeiras do Fundo Social Europeu prevêem a restituição voluntária sempre que as mesmas não sejam utilizadas ou, sendo-o, sejam utilizadas para fins diferentes daqueles para que foram concedidas.

Portugal é, nos termos do direito comunitário, subsidiariamente responsável, perante a Comissão das Comunidades Europeias, pelo reembolso das comparticipações pagas e não utilizadas ou indevidamente aplicadas.

A natureza das verbas envolvidas impõe, assim, que as acções contenciosas conducentes à reposição daqueles subsídios, quando irregularmente utilizados, se processem no domínio da justiça fiscal. Isto, obviamente, sem prejuízo da responsabilidade criminal que, eventualmente, se verifique em cada situação concreta.

Este decreto-lei tem por objectivo fixar a instância processual competente, definir os títulos executivos necessários à propositura da acção e, ainda, graduar os créditos emergentes daquelas situações, em ordem a garantir o respectivo pagamento na concorrência de mais credores.»

Por isso estabeleceu o art.º 1.º do mesmo Decreto-Lei n.º 158/90, de 17 de Maio, com as alterações introduzidas pelo Decreto-Lei n.º 246/91,de 6 de Julho, que:

"1 – Sempre que as entidades obrigadas à restituição de qualquer quantia recebida no âmbito das comparticipações do Fundo Social Europeu e do Estado Português não cumpram a sua obrigação no prazo estipulado, será a mesma realizada através de execução fiscal.

2 – A execução fiscal será promovida pelos serviços competentes de justiça fiscal com base em certidão do despacho do director-geral do Departamento para os Assuntos do Fundo Social Europeu que determine a restituição e sua notificação à entidade devedora.

3 – A representação do exequente nos tribunais tributários faz-se nos termos do disposto no artigo 42.º do Código de Processo Tributário, aprovado pelo Decreto-Lei n.º 154/91, de 23 de Abril."

E por força do art.º 233.º n.º 2 alínea b) do C.P.T., referente ao âmbito da execução fiscal serão igualmente cobradas mediante processo de execução fiscal "outras dívidas equiparadas por lei aos créditos do Estado";

No mesmo sentido estabelecia o art.º 62.º do Estatuto dos Tribunais Administrativos e Fiscais (Decreto-Lei n.º 129/84, de 27 de Abril – ETAF) que "compete aos tribunais tributários de 1ª instância conhecer:

...

c. Da cobrança coerciva de dívidas a pessoas de direito público, nos casos previstos na lei, (...);

...

g. Das demais matérias que lhes forem confiadas por lei:"

Nos termos do art.º 31.º do CPT "constituem garantias dos créditos do Estado, além de outras previstas na lei, a sua cobrança coerciva mediante processo de execução fiscal e o direito de reclamação de créditos fiscais em processos de execução que não sigam os termos da execução fiscal".

Neste mesmo sentido se pronunciou este STA (citado Ac. 06-11-2002, rec. 727/02) em cujo sumário se escreveu que "na apontada qualidade compete-lhe (ao FSE), além do mais, proceder à eventual cobrança coerciva, através da via contenciosa da justiça fiscal – execução fiscal – dos saldos credores a final apurados por decisão da Comissão Europeia relativamente às acções de formação comparticipadas com verbas daquele FSE e do OSS, porventura emergentes da não aplicação ou aplicação indevida dos subsídios concedidos".

3.3. Conforme se decidiu no já referido acórdão deste STA de 03-07-2002, rec. 26647, das decisões do DAFSE que ordenam a restituição de quantias indevidamente recebidas cabe recurso contencioso para os tribunais administrativos de círculo pelo que não tendo sido interposto tal recurso não podem os interessados pretender fazer valer os seus direitos através de oposição à execução fiscal por não poder ser aí apreciada a ilegalidade em concreto nos termos do art.º 286.º 1 g) do CPT.

Nem sofre a norma do art.º 1.º do DL 158/90, de 17-5, na redacção do DL 246/91, de 6-7, de inconstitucionalidade tal como o entendeu o TC no acórdão 440/ /2000, proc. 7/2000, de 2000-10-24.

Com efeito e conforme neste acórdão se escreveu:

"...

Assim, de acordo com toda esta legislação, a competência dos tribunais fiscais para, através da acção executiva, cobrarem dívidas ao Estado abrange, para além das resultantes de contribuições, impostos e taxas, coimas e outras sanções pecuniárias decorrentes de contra-ordenações fiscais, os reembolsos e reposições e ao lado destes, podem também ser cobradas através do processo de execução fiscal, outras dívidas ao Estado, de qualquer natureza, desde que a obrigação de pagamento esteja reconhecida por despacho ministerial, e ainda, as dívidas que, por lei, são equiparadas aos créditos do Estado e ainda a cobrança de dívidas a pessoas de direito público, nos casos previstos na lei.

No caso em apreço torna-se relevante salientar que, aprovado o financiamento público de uma acção de formação (que corresponde á soma da contribuição comunitária com a contribuição pública) e realizados os adiantamentos previstos, quando se detecta a existência de montantes indevidamente pagos ou não justificados cabe ao DAFSE notificar as entidades promotoras para procederem á restituição desses montantes.

Trata-se portanto de reembolsos de dinheiros do Estado (caso da comparticipação vir do Orçamento) ou de dinheiros vindos do FSE, cujo pagamento é feito por intermédio do Estado e por cujo reembolso o Estado é, em certos termos, responsável, como resulta das disposições citadas dos Regulamentos (CEE) n.os 1681/94 e 4253/88.

Assim, a norma do diploma que determina que estas restituições devem se cobradas através do processo de execução fiscal no caso de não cumprimento da restituição voluntária não vem alargar ou sequer modificar a competência já estabelecida no Código de Processo Tributário. Com efeito, o CPT de 1991 inclui no âmbito do processo de execução os reembolsos e reposições de créditos do Estado, o que aliás também já constava do Código das Contribuições e Impostos, que foi por aquele revogado (artigo 144.º).

Não existe assim qualquer violação da reserva de lei da Assembleia da República uma vez que não há nenhuma invasão do poder legiferante do Parlamento quando o Governo legisla respeitando os limites já definidos da competência dos serviços de justiça fiscal, designadamente, do âmbito do processo de execução fiscal.".

Acompanhando o TC entende-se não ocorrer a questionada inconstitucionalidade.

3.4. Nem ocorreu a invocada prescrição que a oponente continua a sustentar estar sujeita a um prazo de 3 anos, nos termos do n.º 2 do artigo 498.º do Código Civil ou de cinco anos.

Conforme se escreveu na sentença recorrida não prevendo as normas comunitárias prazo para a prescrição das dívidas resultantes de comparticipações recebidas e a restituir, por não terem sido utilizadas ou terem sido indevidamente utilizadas, sendo certo que as comparticipações resultam de acordo entre o FSE e certas entidades públicas ou privadas que se comprometem a atingir determinados objectivos no âmbito da formação profissional, a situação de prescrição enquadra-se no domínio da lei civil, pelo que o prazo de prescrição à face do direito português será de vinte anos, nos termos do art.º 309.º do Código Civil.

É também esta a doutrina dos dois últimos acórdãos citados deste STA (06-11-2002, rec. 727-02 e 25-06-2003).

Escreveu-se neste último que:

"Quanto à prescrição:

Nos termos do art.º 40.º n.º 1 do Dec. Lei 155/92, de 28Jul, que estabelece o regime da administração financeira do Estado, "a obrigatoriedade de reposição das quantias recebidas prescreve decorridos cinco anos após o seu recebimento".

Aquele diploma faz referência à Lei 8/90, de 20 Fev – Lei de Bases da Contabilidade Pública – que no seu art.º 2.º, faz apelo "à autonomia administrativa nos actos de gestão corrente" que define como sendo "todos aqueles que integram a actividade que os serviços e organismos normalmente desenvolvem para a prossecução das suas atribuições", excluindo de tal âmbito "os actos que envolvam opções fundamentais de enquadramento da actividade dos serviços e organismos e designadamente, que se traduzam na aprovação dos planos e programas de actividades e respectivos relatórios de execução ou na autorização para a realização de despesas cujo montante ou natureza ultrapassem a normal execução dos planos e programas aprovados" – seu n.º 3.

O Dec. Lei 155/92 – art.º 1.º – "contém as normas legais de desenvolvimento do regime de administração financeira do Estado a que se refere a lei n.º 8/90, de 20 Fev.

E o próprio preâmbulo daquele primeiro diploma legal faz apelo, procurando concretizá-la, a "uma definição mais rigorosa do âmbito da gestão corrente e princípios de organização interna que o adequam à estrutura do Orçamento por programas".

Ora, o débito em causa não tem aquela natureza de despesa de gestão corrente.

Na verdade, como resulta do probatório, trata-se de comparticipações conjuntas recebidas pela oponente, do FSE e do OSS, em que se torna difícil separar a origem dos fundos – como se refere no Ac. do TC de 24/10/00 Proc° 7/00 –, ainda que seja o Estado Português o responsável pela devolução, às autoridades comunitárias, dos valores por aquela primeira entidade adiantadas – art. 6.º do Regulamento CEE n.º 2950/83, do Conselho, de 17 Out. E a quantia reclamada no processo executivo corresponde as saldo credor apurado, a final, por decisão da Comissão relativamente às acções de formação profissional comparticipadas com as referidas verbas.

E as comparticipações financeiras do FSE e do OSS, para tais acções, constituem, não despesas de gestão corrente ou de administração mas, antes, "despesas de capital", como tal inscritas no Orçamento da Segurança Social, conforme mapas anexos ao respectivo Orçamento anual do Estado.

Não tem, pois, aplicação nos autos o prazo de prescrição de 5 anos referido no dito art.º 40.º n.º 1 do Dec. Lei 155/92.

Mas antes o geral ordinário de 20 anos, nos termos do art.º 309.º do Cód. Civil.".

E na situação concreta dos presentes autos, tal como decidiu a sentença recorrida, o referido prazo ainda não decorreu pois que tendo o despacho que suprimiu o apoio do FSE sido proferido em 04/12/1990 e sendo a oponente foi citada em 30/07/1999 não se encontrava prescrita a dívida exequenda.

4. Nos termos expostos nega-se provimento ao recurso.

Custas pela recorrente fixando-se em 50% a procuradoria.

Lisboa, 29 de Junho de 2005.

António Pimpão (Relator)
Jorge de Sousa
Brandão de Pinho

Recurso n.º 369/05-30

QUESTÃO FISCAL. CONCESSÃO DE RESTITUIÇÕES À EXPORTAÇÃO DE CARNE DE SUÍNO. REPOSIÇÃO DE VERBAS RECEBIDAS. REGULAMENTO (CEE) N.º 2768/75, DO CONSELHO, DE 29/10/75. INCOMPETÊNCIA, EM RAZÃO DA MATÉRIA, DO TRIBUNAL TRIBUTÁRIO. REMESSA DOS AUTOS AO TRIBUNAL COMPETENTE. SUA INOFICIOSIDADE.

(Acórdão de 08 de Junho de 2005)

SUMÁRIO:

I – O despacho que ordena a reposição de verbas de restituições à exportação não é uma questão fiscal.

II – Assim, o Tribunal competente para sindicar contenciosamente tal despacho é o tribunal administrativo e não o tribunal tributário.

III – Declarada a incompetência, em razão da matéria, do tribunal tributário, o juiz não pode oficio-

samente ordenar a remessa dos autos ao tribunal administrativo.

ACORDAM, EM CONFERÊNCIA, NA SECÇÃO DE CONTENCIOSO TRIBUTÁRIO DO SUPREMO TRIBUNAL ADMINISTRATIVO:

1. CAMPOFRIO Portugal, SA, com sede na Estrada Nacional n.º 249 – km 14, Mem Martins, interpôs, junto do TAF de Sintra, recurso contencioso do despacho do Conselho de Administração do INGA/IFADAP – Instituto de Financiamento e Apoio ao Desenvolvimento da Agricultura e Pescas, tendente à reposição de verbas recebidas a título de restituições à exportação de carne de suíno.

O Mm. Juiz daquele Tribunal julgou o tribunal fiscal incompetente, em razão da matéria, sendo competente o tribunal administrativo, e ordenou a remessa dos autos à formação administrativa do TAF de Sintra, após trânsito em julgado da sua decisão.

Inconformados, recorreram para este Supremo Tribunal quer a Campofrio Portugal, SA, quer o Conselho de Administração do INGA/IFADAP.

A recorrente, **Campofrio Portugal, SA**, apresentou as respectivas alegações, que finalizaram com o seguinte quadro conclusivo:

A. Não faz sentido negar a natureza fiscal das restituições à exportação, por na perspectiva da decisão recorrida se tratarem "antes de benefícios de natureza financeira, já que não se trata de instrumento destinado a tutelar interesses públicos relevantes";

B. Antes pelo contrário, adoptando outrossim uma perspectiva ampla de integração do nosso país no espaço mais vasto da União Europeia, as restituições à exportação, à semelhança dos direitos niveladores e montantes compensatórios de adesão, deverão antes ser entendidos como instrumentos essenciais ao serviço da necessária uniformização da economia nacional no Mercado Único Europeu;

C. Daí que os actos de concessão ou revogação deste "subsidio" ou os actos de liquidação dos encargos como é o caso dos direitos niveladores, sendo de natureza administrativa, são-no de natureza administrativa, tributária e no caso dos autos de índole aduaneira, porque têm subjacente a prossecução de um interesse público essencial à estratégia comunitária de protecção aos novos países aderentes à União Europeia;

D. Daí que como resulta óbvio o relacionamento estabelecido entre a recorrente Campofrio Portugal, SA e o INGA, tem subjacente uma relação jurídico tributária, já que, mais que atribuir à recorrente um subsídio visa-se essencialmente a prossecução de uma politica proteccionista dos produtos nacionais face à necessidade de harmonização da economia comunitária;

E. Pelo que desinserir a relação jurídica decorrente da concessão/revogação das restituições à exportação do seu objectivo ultimo mais amplo, qual seja o de compensar preços e obter receitas, visando a harmonização da economia comunitária, é nem mais nem menos que adoptar uma interpretação monista e uma visão redutora das trocas comunitárias nacionais, em clara violação dos mais elementares princípios da solidariedade comunitária consagrados no direito de concorrência resultante do Tratado de Roma e na Constituição da República Portuguesa;

F. Como mecanismo de ajustamento de preços, as restituições à exportação, sendo subsídio ao produto nacional desempenha um papel mais vasto de harmonização da economia dos países aderentes face aos demais já integrantes da União Europeia;

G. Caracterizada como fica a relação jurídica estabelecida entre a recorrente e o instituto público INGA, como de natureza jurídica administrativa, porém indubitavelmente tributária, porque ao serviço de mais vastos interesses da Ordem Jurídica Comunitária, revelada no art. 8.º da Constituição da República Portuguesa, cai pois pela base a caracterização do instituto como mero subsídio de natureza financeira;

H. Visando pois a atribuição das restituições à exportação a prossecução de interesses públicos fundamentais da Ordem Jurídica Comunitária, por terem por objectivo essencial a satisfação de interesses mais vastos da política agrícola comum, é pois evidente a sua natureza tributária.

Por sua vez, são do seguinte teor as conclusões das alegações de recurso do recorrente, **Conselho de Administração do INGA/IFADAP**:

1. A decisão recorrida devia ter-se limitado a declarar a incompetência absoluta do tribunal e indicar qual o tribunal julgado competente, em razão da matéria.

2. Ao ordenar oficiosamente tal remessa, após trânsito, o Exmo. Senhor Juiz violou o disposto no art. 18.º, n.os 2 e 3 do CPPT.

Não houve contra-alegações.

Neste STA, o EPGA defende que o recurso da recorrente Campofrio não merece provimento, mas já o merece o recurso do recorrente, Conselho de Administração do INGA / IFADAP.

Colhidos os vistos legais, cumpre decidir.

2. Estão em causa dois recursos: um da recorrente Campofrio, questionando a decisão do Mm. Juiz que julgou o tribunal tributário incompetente em razão da matéria; o outro do Conselho de Administração do INGA/IFADAP, questionando a remessa oficiosa dos autos ao tribunal administrativo.

Apreciaremos primeiramente o recurso interposto pela recorrente Campofrio. E só na eventual improcedência deste é que será possível apreciar o recurso do Conselho de Administração do INGA/IFADAP.

Apreciemos então o primeiro recurso. Mas primeiro apreciemos o despacho impugnado.

2.1. O despacho impugnado.

O dito despacho, traduzido aliás pelo Mm. Juiz na sua decisão, vem transcrito a fls. 24 dos autos e é do seguinte teor:

"Dado que o valor da restituição solicitado é superior ao que têm direito, há lugar à aplicação do art. 11.º, n.º 1, alínea a) do Reg. (CEE) n.º 3665/87 da Comissão de 27 de Novembro de 1987, que prevê que "sempre que se verifique que com vista à concessão de uma restituição à exportação, um exportador solicitou uma restituição superior à aplicável, a restituição devida para a exportação em causa será aplicável aos produtos efectivamente exportados, diminuída de um montante correspondente a metade da diferença entre a restituição solicitada e a restituição aplicável à exportação efectivamente realizada "(cfr. alteração do art. 11.º pelo Reg. (CE) n.º 2945/ /94, da Comissão, de 2 de Dezembro).

"Para além disso, há que aplicar o n.º 3 do art. 11.º, que dispõe "(...) em caso de pagamento indevido de uma restituição, o beneficiário será obrigado a reembolsar os montantes indevidamente recebidos – o que inclui qualquer sanção aplicável nos termos do primeiro parágrafo do n.º 1 – aumentados dos juros calculados em função do período decorrido entre o pagamento e o reembolso (...)".

"Atento o acima exposto, considera-se improcedente a resposta apresentada, *determinando-se*, em consequência disso, e ao abrigo do art. 11.º do Reg. (CEE) n.º 3665/87, da Comissão, e do art. 4.º n.º 1 do Reg. (CE) n.º 2988/95, de 18 de Dezembro, *a reposição da quantia de € 104.635,07, considerada como indevidamente recebida, relativamente à Ajuda Comunitária Restituições à Exportação de Carne de Suíno, acrescida do montante exigido pela al. a) do n.º 1 do art. 11.º*, de € 52.317,54, *e dos juros vencidos até ao dia 30 de Junho de 2004*, os quais ascendem a € 37.883,57, o que perfaz um total de € 194.836,18 (cento e noventa e quatro mil, oitocentos e trinta e seis euros e dezoito cêntimos) calculados de acordo com o mapa abaixo, ao qual serão acrescidos juros vincendos contados até ao efectivo pagamento dessa importância...".

Está em causa, como é bom de ver, as chamadas "restituições à exportação".

Apreciemos então os recursos interpostos.

3.1. Do recurso da recorrente Campofrio.

Para fundamentar a alegada competência do tribunal tributário, a recorrente Campofrio define as restituições à exportação como benefícios fiscais de natureza aduaneira.

Será assim?

É óbvio que no cerne disto estará em saber se estamos perante uma questão fiscal, que abrangerá sem dúvida os benefícios fiscais.

Só aí se surpreenderá a competência dos tribunais tributários, face ao disposto no art. 49.º, 1, a), iv, do ETAF ("actos administrativos respeitantes a questões fiscais que não sejam atribuídos à competência de outros tribunais").

O que é uma questão fiscal?

O acórdão deste STA de 24/01/2001 [1] faz uma resenha da jurisprudência deste STA, concluindo que são duas as teses definidoras de tal conceito. Segundo a primeira, questão fiscal é "toda a que emerge de resolução autoritária que imponha aos cidadãos o pagamento de qualquer prestação pecuniária com vista à obtenção de receitas destinadas à satisfação de encargos públicos do ente respectivo". De acordo com a segunda, questão fiscal é "a que exija a interpretação e aplicação de quaisquer normas de direito fiscal substantivo ou adjectivo, para resolução de questões sobre matérias respeitantes ao exercício da função tributária da Administração Pública".

E aí se toma partido por esta última tese, pois é aquela que está mais "em sintonia com a razão de ser da repartição da competência em razão da matéria entre os vários tipos de tribunais, que assenta, essencialmente, em procurar incrementar a melhoria da qualidade das decisões judiciais, que se crê ser um corolário natural da especialização".

[1] Vide Acórdãos Doutrinais, Ano XL, n. 478, págs. 1309 e 1310

Mais abrangentemente, porém o acórdão do Plenário deste Supremo Tribunal de 29/10/2003 (Rec. n.º 937/03), de que o ora relator foi adjunto, considerou questões fiscais "tanto as resultantes de imposições autoritárias que postulem aos contribuintes o pagamento de toda e qualquer prestação pecuniária, em ordem à obtenção de receitas destinadas à satisfação de encargos públicos dos respectivos entes impositores, como também das que as dispensem ou isentem, ou, numa perspectiva mais abrangente, as respeitantes à interpretação e aplicação de normas de direito fiscal, com atinência ao exercício da função tributária da Administração Pública, em suma, ao regime legal dos tributos".

É esta, como é óbvio, a perspectiva que acolhemos, que traduz uma competência acrescida dos tribunais tributários (aí face ao disposto no art. 62.º do anterior ETAF e da Lei n.º 4/86, de 21/3), tendo como escopo não só desagravar o contencioso administrativo como também uniformizar e melhorar nos tribunais tributários (especializados) o conhecimento das matérias fiscais.

Por sua vez o art. 2.º do EBF, estatui:

"1. Consideram-se benefícios fiscais as medidas de carácter excepcional instituídas para tutela de interesses públicos extra fiscais relevantes que sejam superiores aos da própria tributação que impedem.

"2. São benefícios fiscais as isenções, as reduções de taxas, as deduções à matéria colectável e à colecta, as amortizações e reintegrações aceleradas e outras medidas fiscais que obedeçam às características enunciadas no número anterior".

Ora, o acto em causa (ordem de reposição de determinada quantia, considerada como indevidamente recebida, relativamente à "Ajuda Comunitária Restituições à Exportação de Carne de Suíno") não traduz a ordem de restituição de benefícios fiscais, mas claramente uma ordem de restituição de benefícios financeiros.

Vejamos porquê.

As restituições à exportação para a carne de suíno encontram fundamento legal no Regulamento (CEE) n.º 2759/75, do Conselho, de 29/10/75, que "estabelece a organização comum do mercado no sector da carne de suíno".

Escreveu-se no preâmbulo do citado Regulamento:

"Considerando que a possibilidade de conceder, aquando da exportação para países terceiros, uma restituição igual à diferença entre os preços na Comunidade e no mercado mundial é de natureza a salvaguardar a participação da Comunidade no comércio internacional da carne de porco; que para garantir aos exportadores da Comunidade uma certa segurança no que respeita à estabilidade das restituições, se torna necessário prever a possibilidade de fixar antecipadamente as restituições no sector da carne de porco".

Por sua vez, o Regulamento (CEE) n. 2768/75, do Conselho, de 29/10/75, "que estabelece as regras gerais relativas à concessão de restituições à exportação e os critérios de fixação do seu montante, no sector de carne de suíno", dispõe do seguinte modo:

"Art. 1.º – O presente regulamento estabelece as regras relativas à fixação e à concessão de restituições à exportação para os produtos referidos no n.º 1 do art. 1.º do Regulamento (CEE) n. 2759/75.

"Art. 2.º – As restituições são fixadas tendo em conta os seguintes elementos...".

Pois bem.

Como decorre do atrás exposto, as restituições à exportação destinam-se a salvaguardar a participação da Comunidade no comércio internacional da carne de porco.

Não têm a ver com qualquer questão fiscal (aduaneira), nem têm nada a ver com benefícios fiscais.

Estamos antes perante benefícios financeiros com o apontado escopo.

Pelo que realmente o tribunal tributário é incompetente, em razão da matéria, para conhecer da pretensão da recorrente Campofrio.

Competente é sim o tribunal administrativo – vide art.s 44.º, n.º 1 e 49.º, 1, a), iv, do ETAF.

Não pode pois proceder a sua pretensão.

3.2. Do recurso do recorrente, Conselho de Administração do INGA/IFADAP.

Já vimos que este recorrente se insurge contra a remessa oficiosa do processo à formação administrativa do TAF de Sintra.

E tem razão.

Dispõe o art. 18.º, n.º 2, do CPPT:

"Nos restantes casos de incompetência pode o interessado, no prazo de 14 dias a contar da notificação que a declare, requerer a remessa do processo ao tribunal competente".

Vale isto por dizer que, sem requerimento expresso do interessado, no prazo aí fixado, o Mm. Juiz não pode ordenar a remessa dos autos ao tribunal que considera competente.

4. Face ao exposto, acorda-se:

a) em julgar improcedente o recurso interposto pelo recorrente Campofrio Portugal, SA, confirmando, nesta parte a sentença recorrida;

b) em julgar procedente o recurso interposto pelo recorrente, Conselho de Administração do INGA/IFADAP, revogando a sentença recorrida na parte em que ordenou oficiosamente a remessa dos autos à formação administrativa do TAF de Sintra.

Custas pela recorrente Campofrio Portugal, SA, fixando-se a procuradoria em 1/8.

Lisboa, 08 de Junho de 2005.

Lúcio Barbosa (Relator)
António Pimpão
Baeta de Queiroz

Recurso n.º 133/05-30

REACÇÃO CONTRA O DESPACHO DE REVERSÃO DA EXECUÇÃO FISCAL. MEIO PROCESSUAL ADEQUADO.

(Acórdão de 29 de Junho de 2005)

SUMÁRIO:

I – A forma processual que a jurisprudência tem eleito como adequada para reagir contra o despacho que determina a reversão da execução fiscal é a de oposição à execução.

II – Sendo duvidoso que tal reacção possa concretizar-se mediante a reclamação a que se refere o artigo 276.º do Código de Procedimento e de Processo Tributário, é seguro que não é meio próprio a impugnação judicial.

ACORDAM NA SECÇÃO DO CONTENCIOSO TRIBUTÁRIO DO STA:

1.1. João Manuel Ferreira De Carvalho, residente na Amadora, recorre do despacho da Mmª. Juiz do Tribunal Administrativo e Fiscal de Sintra que indeferiu liminarmente a impugnação judicial dirigida contra o acto que ordenou a reversão de execução fiscal contra si, determinando o prosseguimento do processo como oposição.

Formula as seguintes conclusões:

«1. É da letra da lei a possibilidade do recurso ao caminho processual da impugnação para atacar as ilegalidades de que o acto da reversão enferma.

2. O recurso a outras vias processuais, como a reclamação ou oposição, no presente caso, circunscreve os meios de defesa do ora recorrente.

3. Estão assim reunidos os fundamentos necessários para que se admita a impugnação e não proceda a convolação da mesma em oposição, como se fez, aliás, na douta sentença recorrida, que não deverá ser mantida».

1.2. Não há contra-alegações.

1.3. O Exm.º Procurador-Geral Adjunto junto deste Tribunal é de parecer que o recurso não merece provimento, conforme jurisprudência deste Tribunal, de que aponta exemplos.

1.4. O processo tem os vistos dos Exm.ºs Adjuntos

***

2. No segmento relevante, o despacho recorrido é deste teor:

«(...) deduziu a presente impugnação judicial, na qual coloca em causa o acto que identifica como «Reversão contra o Impugnante por dívida de "Indutec – Tecnologia Industrial, S.A.", alegando em síntese, diversas irregularidades do acto em causa, nomeadamente, o facto de tal reversão não ter sido precedida de audiência prévia, ausência de fundamentação do acto que ordena a reversão, a falta do envio dos elementos respeitantes à dívida exequenda (como a certidão de dívida) e, ainda, a falta da indicação de outros elementos que deveriam constar da citação e não constam (período temporal a que se reporta a dívida, prazo em que ocorreu o pagamento voluntário, entre outros aspectos).

Termina pedindo que a impugnação seja julgada procedente e, consequentemente, seja anulado o acto impugnado. Pede, ainda, a apensação de todos os processos de impugnação instaurados na presente data, porquanto as referidas impugnações foram deduzidas em consequência da prolação de diversos despachos de reversão contra o ora Impugnante.

Conforme decorre do articulado, o acto impugnado é o acto do órgão da execução fiscal que ordenou a reversão da execução instaurada contra a sociedade INDUTEC, contra o ora impugnante, enquanto responsável subsidiário e para a qual foi citado conforme consta do documento que junta a fls. 9. Trata-se pois, de um acto praticado pela Administração Tributária no âmbito da execução fiscal, o que suscita desde logo a questão da eventual verificação de erro na forma de processo utilizada.

Com efeito, estamos perante um acto proferido pela Administração Tributária no âmbito do processo de execução fiscal e, portanto, relativamente ao qual o código prevê, meios de reacção específicos que não passam pela Impugnação Judicial, prevista no artigo 101.º, alínea a) da Lei Geral Tributária – LGT e no 97.º e 99.º do Código de Procedimento e de Processo Tributário (CPPT), a qual tem por fim a anulação, declaração de nulidade ou inexistência anulação de actos administrativos tributários, nas situações elencadas nas alíneas a) a g) do n.º 1 do artigo 97.º do CPPT (normalmente visando actos de liquidação de tributos ou de fixação de matéria colectável). Não é manifestamente o caso dos autos, pelo que se conclui pela verificação de erro na forma processual utilizada.

Tendo presente as formas processuais previstas no CPPT, é de considerar, como susceptível de adequação ao caso dos autos, a reclamação constante do art. 276.º e segs. ou a oposição, constante do art. 203.º e segs..

Vejamos.

Tendo o processo de execução fiscal natureza judicial mesmo na fase em que corre perante as autoridades administrativas, são impugnáveis, todos os actos que seriam susceptíveis de recurso jurisdicional se a decisão fosse proferida por um juiz, pelo que, conforme dispõe o artigo 276.º do CPPT, podem ser objecto de reclamação, quaisquer decisões da Administração Tributária proferidas no processo de execução fiscal que afectem direitos ou interesses legalmente protegidos dos interessados, independentemente de se tratar ou não de actos materialmente administrativos.

Tratam os presentes autos do acto que ordena a reversão da execução contra o responsável subsidiário, na sequência do qual, este é citado para a execução, podendo utilizar o meio processual previsto nos artigos 203.º e seguintes do CPPT — Oposição à execução fiscal.

Entende o Tribunal, seguindo de perto a douta opinião do Senhor Conselheiro Lopes de Sousa, na anotação que faz ao art. 276.º do CPPT, in Código de Procedimento e de Processo Tributário, anotado, 2002, 3 edição, pág. 1159 a 1161, que no caso em apreço, dada a pretensão formulada do impugnante, o meio processual cuja utilização se impunha, deveria ser a oposição à execução fiscal, atento o teor do disposto no artigo 204.º do CPPT, porque é aquele que lhe assegura uma melhor tutela dos seus interesses, tendo em conta que a tramitação da reclamação do art. 276.º do CPPT, impondo a subida a final depois da venda, não lhe confere essa protecção.

Verifica-se assim, erro na forma de processo, nulidade susceptível de sanação, nos termos do art. 97.º, n.º 3 da LGT, 98.º, n.º 4 do CPPT.

Nos termos legais, nada obsta à possibilidade de convolação do processo de impugnação em processo de oposição, desde que, causa de pedir e pedido se adaptem a esta forma processual e que a petição inicial tenha sido tempestivamente apresentada.

No caso presente os fundamentos alegados e a respectiva consequência legal adequam-se à forma processual da oposição.

Quanto à tempestividade da oposição, os autos não facultam o conhecimento de elementos que permitam aferir da oportunidade de apresentação da petição, pelo que a análise da viabilidade da oposição no que se refere à tempestividade, terá de ser relegada para momento processual posterior.

Em face do exposto, nos termos do artigo 98.º, n.º 4 do CPPT, deve operar-se, no caso em apreço, a convolação da presente impugnação judicial em oposição, relegando-se para momento processual posterior a análise da apensação requerida pelo impugnante.

Nestes termos:

– Indefiro liminarmente a presente impugnação, tendo em conta que os factos alegados não se subsumem aos fundamentos legalmente previstos nos artigos 97.º e 99.º do CPPT.

– Determino que os presentes autos sigam como oposição, nos termos do artigo 98.º, n.º 4 do CPPT e 97.º da LGT, bem como dos artigos 199.º 2 202.º do CPC ex vi da al. e) do art. 2.º do CPPT (...)».

***

3.1. Importa, antes de mais, interpretando o despacho judicial impugnado, dizer que, apesar de nele se ter escrito «Indefiro liminarmente a presente impugnação», o sentido por que tomamos esta expressão não é o comum, de pôr termo à demanda, com a absolvição do seu sujeito passivo, mas antes, e só, o de pôr termo ao processo na forma de impugnação judicial que vinha sendo respeitada.

Assim se compatibiliza este segmento da decisão com o que se lhe segue, no qual se determina «que os presentes autos sigam como oposição».

Deste modo terá, também, entendido o recorrente, por isso que se não insurge contra o indeferimento liminar da petição, pugnando pelo prosseguimento da demanda; dirige a sua crítica, tão só, à decisão que mandou prosseguir o processo como oposição à execução e não como impugnação, defendendo, no recurso, que esta última, e não aquela, é a forma processual adequada.

Temos, consequentemente, que a única questão a decidir no presente recurso jurisdicional consiste em saber qual o meio processual próprio para o revertido reagir contra ilegalidades do despacho de reversão proferido na execução fiscal: se a impugnação, como advoga o recorrente, se a oposição à execução, como decidiu o despacho recorrido.

3.2. Trata-se de tema que, sem deixar de ser polémico, tem sido plúrimas vezes tratado por este Tribunal, sempre de modo uniforme. De entre os muitos acórdãos que se debruçaram sobre a matéria veja-se o de 12 de Maio de 2005, proferido no recurso n.º 1229/04, aonde se lê:

«(...) como este S.T.A. vem decidindo, o despacho de reversão da execução não é passível de impugnação judicial, mas sim de oposição à execução fiscal (v. entre outros, os Acs. S.T.A. de 4/11/98, rec. 22728, 24/1/01, rec. 25701 e 7/5/03, rec. 159/03, relatado pelo ora relator).

Neste, a este propósito, referiu-se o seguinte:

"Porém, a impugnação apenas é admitida, como decorre do art. 97.º n.º 1 do citado compêndio normativo, nas situações previstas nas suas alíneas a) e g).

Significa isto que o revertido pode deduzir impugnação judicial, com fundamento em qualquer ilegalidade, porém, apenas naquelas situações; nelas não se inclui, todavia, o despacho que ordena a reversão da execução.

De concluir é, pois, que do despacho que ordena a reversão não cabe impugnação judicial.

Por outro lado, face ao disposto no art.º 204.º n.º 1 al. b) do C.P.P.T., desde logo resulta que, quando o revertido pretenda discutir a responsabilidade pelo pagamento da divida, o meio próprio é a oposição.

O que também resulta do art. 151.º daquele Compêndio normativo (C.P.P.T.), na medida em que o afastamento da responsabilidade da pessoa citada pelo pagamento da dívida traduz-se na ilegitimidade daquela face à instância executiva, constituindo um dos pressupostos da responsabilidade subsidiária, o que, tudo, deve ser discutido em sede de oposição".

Em suma, ao usar o meio processual impugnação judicial em vez da oposição à execução, cometeu o recorrido e então impugnante, erro na forma do processo».

Não vemos razões para nos afastarmos desta jurisprudência, seguida, também, no despacho recorrido.

3.3. O recorrente arrima-se às alíneas c) e d) do artigo 99.º do Código de Procedimento e de Processo Tributário (CPPT), aonde se prescreve que a impugnação pode fundar-se em qualquer ilegalidade, designadamente, a «ausência ou vício da fundamentação legalmente exigida» e a «preterição de outras formalidades legais».

Sendo seu objectivo demonstrar que o acto que determinou a reversão da execução contra si enferma de vício atinentes à fundamentação, e que não foram cumpridas as formalidades impostas pela lei, afigura-se-lhe adequado, à luz das transcritas alíneas, usar a impugnação.

Mas o artigo 99.º do CPPT não pode ser lido isoladamente.

O artigo 97.º do diploma, ao enumerar os tipos de processos que se incluem no processo judicial tributário, refere-se, em várias alíneas, a impugnações: dos actos de liquidação de tributos, dos de fixação de matéria tributável, dos de fixação de valores patrimoniais, dos de indeferimento de reclamações graciosas, dos administrativos em matéria tributária que comportem a apreciação da legalidade da liquidação, e das providências cautelares adoptadas pela Administração Tributária.

A impugnação dos despachos de reversão proferidos no processo de execução fiscal não cabe neste rol.

Surpreende-se, em tudo isto, alguma confusão terminológica de que o legislador não sai inocentado:

Na realidade, os actos praticados na execução fiscal pelo órgão que a dirige são judicialmente «impugnáveis», isto é, podem ser levados à discussão perante os tribunais, mas sem que essa sua «impugnação» se faça através do processo judicial tipificado denominado «impugnação judicial».

Em regra, esses actos são impugnáveis mediante a forma processual a que, hoje, o artigo 276.º do CPPT chama «reclamação», e que, anteriormente, o artigo 355.º do Código de Processo Tributário designava por «recurso judicial» (designação que, ainda assim, continua a ser usada nos artigos 62.º n.º 1 alínea g) do Estatuto dos Tribunais Administrativos e Fiscais de 1984, na redacção dada pelo artigo 1.º de decreto-lei n.º 229/96, de 29 de Novembro, 10.º n.º 1 do Regulamento de Custas nos Processos Tributários, e no já citado 97.º n.º 1 alínea n) do próprio CPPT).

Porém, no que toca ao despacho de reversão, alguma doutrina e a generalidade da jurisprudência têm entendido que o meio mais adequado, por melhor tutelar os interesses do revertido, não é aquela reclamação, mas a oposição à execução. Os argumentos em que se estriba este entendimento, que aqui nos dispensamos de referir por não ser questão que se imponha tratar no presente recurso, em que a alternativa colocada é entre a impugnação e a oposição, podem ver-se em Jorge Lopes de Sousa, *Código de Procedimento e dee Processo Tributário Anotado*, 4ª edição, pág. 1044 a 1045.

A decisão recorrida integrou-se nesta corrente doutrinária e jurisprudencial, como, aliás, nela é referido.

3.4. Queixa-se o recorrente de que a opção pela oposição à execução «circunscreve» os seus «meios de defesa».

Esta afirmação não a entendemos facilmente, na medida em que a escolha do meio processual ajustado, através da convolação, é feita atendendo ao pedido e à causa de pedir que o autor traz ao tribunal; assim, não é susceptível de limitar os seus meios de defesa, pois ao convolar-se o processo tem-se em vista, precisamente, assegurar que, atentos o pedido e a causa de pedir formulados, a instância se desenrole de modo a possibilitar que atinja o seu fim útil, e esse fim é a tutela dos interesses do autor, mediante a apreciação da sua pretensão.

Ou seja, não é por o processo seguir a forma processual ajustada ao caso, de oposição, em lugar de impugnação, que deixará de ser apreciada toda a «defesa» do recorrente; ao invés, é para o possibilitar que se seguirá a forma apropriada – de oposição à execução –, e não outra.

Improcedem, pelo exposto, as conclusões das alegações de recurso.

***

4. Termos em que acordam, em conferência, os juízes da Secção de Contencioso Tributário deste Supremo Tribunal Administrativo em, negando provimento ao recurso, confirmar a decisão impugnada.

Custas a cargo do recorrente, com 1/6 (um sexto) de procuradoria.

Lisboa, 29 de Junho de 2005.

Baeta de Queiroz (relator)
Brandão de Pinho
Vítor Meira

Recurso n.º 501/05-30

RECLAMAÇÃO DA LIQUIDAÇÃO. RECURSO HIERÁRQUICO. IMPUGNAÇÃO JUDICIAL. CPT. EXAUSTÃO DOS MEIOS GRACIOSOS. DEFINIÇÃO DA SITUAÇÃO JURÍDICA.

(Acórdão de 6 de Abril de 2005)

SUMÁRIO:

I – Na vigência do art. 130.º do CPT, deduzida reclamação graciosa na pendência de impugnação judicial da liquidação, aquela devia ser apensada a esta, sem qualquer decisão e sendo nela considerada, pelo que era o Tribunal e não a Administração Tributária a efectuar a apreciação das questões suscitadas na reclamação.

II – Havia, pois, uma preferência absoluta do meio judicial de impugnação sobre tal meio administrativo, impedindo-se a apreciação, por via administrativa, da legalidade do acto tributário de liquidação, objecto de impugnação judicial.

III – Mas, assim, o mesmo entendimento deve ser perfilhado relativamente ao recurso hierárquico que, pendente recurso contencioso, deve ser apensado a este, sem qualquer decisão – art. 100.º do CPT.

IV – Nada obstando a não exaustão dos meios graciosos que só tem sentido para o recurso hierárquico necessário mas já não para o facultativo – art. 92.º do CPT.

V – Tanto mais que o acto de liquidação – que é o que define a situação jurídica – é também objecto – imediato ou mediato, pouco importa – daquela impugnação contenciosa – Ac' do STA de 19/01/2005 rec. 1021/04.

VI – Pelo que, interpostos simultaneamente, recursos hierárquico e contencioso, de decisão do Director Distrital de Finanças, não deve este ser rejeitado mas antes seguir seus legais termos, com a apensação daquele, com ou sem decisão que não prejudica aquela admissibilidade.

ACORDAM NA SECÇÃO DO CONTENCIOSO TRIBUTÁRIO DO STA:

Vem o presente recurso jurisdicional, interposto por IRMÃOS CUNHA, LDA, do acórdão do TCA – Norte, que negou provimento ao recurso que a mesma interpusera do despacho do então Tribunal Tributário de 1ª Instância de Viana do Castelo, que lhe indeferiu liminarmente o recurso contencioso interposto de despacho do Director Distrital de Finanças da mesma cidade.

Fundamentou-se a decisão no «facto de ainda não haver decisão recorrível contenciosamente» já que, decorrendo a situação na vigência do CPT, «a entidade competente para decidir a reclamação era o Director Distrital de Finanças e, sendo assim, face ao estatuído no art. 100.º do mesmo diploma legal, o recurso contencioso a interpor não era desse indeferimento imediato mas antes da decisão do recurso hierárquico que caberia da decisão do Director Distrital de Finanças se se optasse pela via do recurso contencioso de tal decisão, cfr. n.º 2 do art. 100.º do CPT.»

A recorrente formulou as seguintes conclusões:

«1. – Nos presentes autos foi indeferido o recurso contencioso interposto dado que, da mesma decisão, a recorrente defendeu-se do seguinte modo:

– por um lado recorrendo hierarquicamente para o Director-Geral das Contribuições e Impostos;

– por outro recorrendo contenciosamente para este Tribunal Tributário.

2. – Estamos aqui face a um procedimento de reclamação graciosa, efectuada por requerimento de 14/01/1991, dirigido ao chefe da Repartição de Finanças de Viana do Castelo.

3. – Ao tempo dessa reclamação encontrava-se ainda em vigor o Código de Processo das Contribuições e Impostos, regendo-se tal reclamação pelos artigos 77.º e ss. desse diploma legal.

4. – Nos termos do disposto no artigo 79.º desse diploma, a reclamação graciosa era dirigida ao Chefe da Repartição de Finanças, sendo da competência deste a apreciação do mérito da reclamação deduzida.

5. – Em 01/07/1991 entrou em vigor o Código de Processo Tributário, o qual por força do artigo 2.º do Decreto-Preambular era aplicável aos processos pendentes.

6. – Ao tempo da entrada em vigor deste Código já havia sido proferido despacho de indeferimento da reclamação graciosa deduzida.

7. – Pelo que, atento o estado dos autos, em termos de evolução processual, após a decisão de indeferimento, apenas se pode aplicar a norma do novo regime que preveja a forma de reagir à decisão sobre a reclamação graciosa.

8. – Essa norma é o artigo 100.º do mencionado Código de Processo Tributário que refere que "do indeferimento total ou parcial da reclamação cabe recurso hierárquico (...)".

9. – O que a recorrente fez, interpondo recurso hierárquico daquele despacho de indeferimento, para o superior hierárquico do autor do acto, que no caso era o Director Distrital de Finanças.

10. – Sendo que as normas que alteram a competência para conhecer da reclamação não podem ser aplicadas retroactivamente, na medida em que a mesma já havia sido objecto de decisão.

11.– Dispõe o n.º 2 do mesmo preceito que "a decisão sobre o recurso hierárquico é passível de recurso contencioso, salvo se de tal decisão já tiver sido deduzida impugnação judicial com o mesmo objecto".

12. – A recorrente não impugnou judicialmente o acto de liquidação em causa.

13. – Pelo que, nos termos do citado n.° 2 do artigo 100.º do CPT, da decisão proferida sobre o recurso hierárquico interposto cabe recurso contencioso.

14. – Ao interpor o segundo recurso hierárquico, a recorrente praticou um acto que a lei não permite, sendo a cominação para estes actos a de nulidade, nos termos do disposto no artigo 201.º do Código de Processo Civil.

15. – Pelo que, não pode o mesmo ser tido em conta como prejudicial ao recurso contencioso.

16. – Para se aferir da admissibilidade do presente recurso, temos apenas de verificar se o acto é recorrível, se o recurso foi tempestivo e se foi correctamente interposto, obedecendo a todos os requisitos essenciais.

17. – Face ao já exposto, a decisão recorrida (sobre o recurso hierárquico) é passível de recurso contencioso e não de outro qualquer recurso, pelo que, deve o mesmo ser admitido.

18. – A douta decisão ora recorrida violou, assim, por errada interpretação o disposto nos artigos 79.º do D.L. n.º 45005, de 27/04/1967, artigo 2.º do Decreto-Preambular do Código de Processo Tributário, aprovado pelo D.L. n.º 154/91, de 23/04, e artigos 99.º e 100.º deste último Decreto-Lei.

Termos em que, deve dar-se provimento ao presente recurso e, em consequência, revogar-se a douta decisão recorrida, substituindo-se por outra que admita o recurso contencioso interposto.»

Não houve contra-alegações.

O Ex.mo magistrado do Ministério público emitiu parecer no sentido do não provimento do recurso, já que, nos termos do art. 100.º do CPT, cabia, do acto do Director Distrital de Finanças, recurso hierárquico facultativo, que foi interposto, para o Director-Geral das Contribuições e Impostos e, da decisão deste, recurso contencioso, que não daquele primeiro acto.

E, corridos os vistos legais, nada obsta à decisão.

Vejamos, pois:

Como se mostra dos autos, a recorrente deduziu reclamação graciosa, para o Chefe da Repartição de Finanças, da liquidação do imposto de mais-valias do exercício de 1988, em 16/01/1991, nos termos do art. 82.º do CPCI.

Tal reclamação era, ao tempo, decidida pela mesma entidade – art. 80.º –, só se tornando definitiva depois de confirmada a decisão, pelo respectivo Director de Finanças – seu § único –, sendo insusceptível de recurso hierárquico – art. 83.º – e dela cabendo, desde logo, impugnação judicial – art. 84.º.

O Chefe da Repartição de Finanças indeferiu a reclamação, por despacho de 13/06/1991, notificada ao contribuinte, por carta registada com aviso de recepção, assinado em 05/11/1991, já, pois, em plena vigência do CPT, entrado em vigor em 01 de Julho anterior, «aplicando-se aos processos pendentes» – art. 2.º do D.L. n.º 154/91 que aprovou aquele diploma legal.

E já, pois, nos termos deste diploma, a ora recorrente interpôs recurso hierárquico – art. 100.º – para o Director Distrital de Finanças que confirmou a decisão graciosamente recorrida.

Desta, interpôs dois recursos: um hierárquico para o Director-Geral das Contribuições e Impostos e outro – o presente – contencioso para o Tribunal Tributário, ambos na mesma data, em 16/01/1995 – art. 62.º, n.º 1, al. a) do ETAF então vigente.

É, assim, aplicável à situação a dirimir, nos autos, o CPT.

O art. 130.º deste diploma regula as relações entre a impugnação judicial e a reclamação por modos que, pendente aquela, esta não tenha decisão autónoma, sendo sempre apensada à impugnação e nesta considerada – n.ºs 5 a 7.

Pelo que era o Tribunal e não a Administração Tributária a efectuar a apreciação das questões suscitadas na reclamação graciosa.

Havia, pois, uma preferência absoluta do meio judicial de impugnação sobre tal meio administrativo, impedindo-se a apreciação, por via administrativa, da legalidade do acto tributário de liquidação, objecto de impugnação judicial.

A apensação era, pois, efectuada, mesmo que não houvesse decisão na reclamação, sendo as questões aqui suscitadas, apreciadas na impugnação, mesmo que o não tivessem sido nesta.

Mas, assim sendo para a reclamação, e visto tal princípio, nada obsta a que o mesmo entendimento seja perfilhado relativamente ao recurso hierárquico.

Efectivamente, num e noutro caso, vale a mesma razão de ser, a preocupação legislativa é a mesma: evitar a pendência simultânea de impugnações graciosas e contenciosas, administrativas e judiciais, sobre o mesmo acto tributário.

É, aliás, esta a nova formação constante do CPPT: art. 111.º – cfr. Jorge de Sousa, Código de Procedimento e de Processo Tributário Anotado, 4ª edição.

Nos autos, assim, interposto recurso contencioso, devia ter-lhe sido apensado, sem qualquer decisão, o recurso hierárquico; não o tendo sido, esta, pois que de indeferimento posterior à apresentação daquele, é inócua relativamente à admissibilidade do recurso contencioso.

E nada obsta ao exposto, como aliás se sublinha na decisão recorrida, não se ter exaurido ou esgotado a via graciosa.

É que tal exaustão, como requisito ou pressuposto da admissibilidade do recurso contencioso, só tem sentido para o recurso hierárquico necessário – definitividade vertical.

Mas já não para o facultativo, como o dos autos – art. 92.º do CPT – pois que se não destina, como ali, à abertura da via contenciosa.

Tanto mais que o acto de liquidação é também objecto – mediato ou imediato, pouco importa (cfr. o recente Ac' do STA de 19/01/2005 rec. 1021/04) – daquela impugnação contenciosa.

Nem esta é possível se tiver já sido deduzida impugnação judicial – art. 100.º, n.º 2 do CPT.

O acto que define a situação jurídica é a liquidação pelo que, em tais casos, a decisão do recurso hierárquico funciona, mais, como pressuposto do recurso ou impugnação contenciosa.

Em suma, o recurso contencioso é admissível, (sem prejuízo de eventual convolação para impugnação judicial).

Termos em que se acorda conceder provimento ao recurso, revogando-se o aresto recorrido e consequentemente o despacho da 1ª Instância, a ser substituído por outro que não seja de indeferimento pelo motivo invocado.

Sem custas.

Lisboa, 06 de Abril de 2005

Brandão de Pinho (Relator)
Lúcio Barbosa
Baeta de Queiroz

Recurso n.º 1391/04-30

REVISÃO DO ACTO TRIBUTÁRIO. PEDIDO DO CONTRIBUINTE. ERRO IMPUTÁVEL AOS SERVIÇOS. JUROS INDEMNIZATÓRIOS.

(Acórdão de 11 de Maio de 2005)

SUMÁRIO:

I – A revisão do acto tributário «por iniciativa da administração tributária» pode efectuar-se «a pedido do contribuinte» como resulta do art. 78.º, n.º 6 da LGT e 86.º, n.º 4, al. a) do CPPT, bem como dos princípios da legalidade, justiça, igualdade e imparcialidade – art. 266.º, n.º 2 da CRP.

II – O «erro imputável aos serviços» constante do art. 78.º, n.º 1 *in fine* da LGT compreende o erro de direito cometido pelos mesmos que não apenas o simples lapso, erro material ou de facto.

III – Nos termos do art. 61.º, n.º 3 do CPPT, os juros indemnizatórios são contados desde a data do pagamento do imposto indevido até à data da emissão da respectiva nota de crédito.

ACORDAM NA SECÇÃO DO CONTENCIOSO TRIBUTÁRIO DO STA:

Vem o presente recurso jurisdicional, interposto pela FAZENDA PÚBLICA, da sentença do TAF do Porto, que julgou «procedente por provada» a impugnação judicial deduzida por HOZAR PORTUGAL, SGPS, S.A., anulando «a conta de emolumentos impugnada», «tendo a impugnante direito a juros indemnizatórios, nos termos do art. 43.º da LGT».

Fundamentou-se a decisão na admissibilidade da revisão do tributo em causa, a qualificar de taxa, ainda que de um «género especial», que, todavia, contraria o direito comunitário – directiva 69/355/CEE, de 17/07//1969 – a qual «reúne os pressupostos necessários para que lhe seja reconhecido o chamado efeito directo» tendo, assim, «aplicação nos Estados-membros, independentemente de ser transposta para a legislação nacional pelo que é lícito aos particulares invocarem-na junto da respectiva jurisdição», sendo devidos «juros vencidos e vincendos desde a data do pagamento até integral restituição».

A Fazenda recorrente formulou as seguintes conclusões:

"1.ª A sociedade "HOZAR PORTUGAL, SGPS, S.A." interpôs, em 09 de Janeiro de 2003, recurso contencioso de anulação do acto de indeferimento do pedido de revisão oficiosa recebido na Conservatória do Registo Comercial do Porto em 13 de Maio de 2002.

2.ª Alicerçou o seu pedido na ilegalidade da liquidação de emolumentos, consubstanciada na desconformidade da Tabela de Emolumentos do Registo Nacional de Pessoas Colectivas, com o disposto no artigo 100, alínea c) da Directiva n.º 69/335/CEE, do Conselho, de 17 de Julho, bem como na ilegalidade do indeferimento do pedido de revisão oficiosa.

3.ª Os emolumentos objecto do presente litígio, respeitantes ao registo de aumento de capital, foram cobrados pela Conservatória do Registo Comercial do Porto (2.ª Secção), em 03 de Abril de 2001 (Ap. 6), e resultam da aplicação do artigo 1, n.os 2 e 3 da Tabela de Emolumentos do Registo Comercial, aprovada pela Portaria 996/98, de 25 de Novembro, com a redução prevista no artigo 59.º da Lei 30-C/2000, de 29 de Dezembro.

4.ª Por despacho do Meritíssimo Juiz de Direito do Tribunal Administrativo e Fiscal do Porto, Unidade Orgânica 1, datado de 22 de Abril de 2004, foi o recurso contencioso convolado em impugnação judicial.

5.ª A douta sentença recorrida julgou o pedido procedente anulando a liquidação de emolumentos impugnada, com fundamento na violação do citado normativo comunitário, e condenou a Administração na restituição da quantia paga acrescida de juros indemnizatórios desde a data do seu pagamento até à emissão da respectiva nota de crédito.

6.ª Ora, a anulação judicial de um acto de liquidação de emolumentos com fundamento na sua ilegalidade, para além do prazo previsto na alínea a) do n.º 1 do artigo 102.º do CPPT, depende da verificação dos pressupostos de aplicação do artigo 78.º, n.º 1 da LGT, na parte em que prevê a revisão oficiosa de actos tributários com fundamento em «erro imputável aos serviços».

7.ª Para se colocar em causa os actos de liquidação, correm os prazos constantes na alínea a) do n.º 1 do artigo 102.º do CPPT, ou seja, 90 dias contados a partir do termo do prazo para pagamento voluntário dos emolumentos em causa.

8.ª Pois, se o que a autora pretende é impugnar o acto de liquidação, então os únicos meios serão a reclamação graciosa ou a impugnação judicial dos actos de liquidação. E tais procedimentos deveriam ter sido desencadeados em tempo útil, tendo em consideração o efeito directo da Directiva em causa.

9.ª De facto, de acordo com o artigo 102.º do Código de Procedimento e de Processo Tributário, a impugnação deveria ter sido apresentada no prazo de 90 dias contados a partir do termo do prazo de pagamento dos emolumentos em causa.

10.ª Por seu turno o artigo 70.º do Código de Procedimento e de Processo Tributário dispõe que "a reclamação graciosa pode ser deduzida com os mesmos fundamentos previstos para a impugnação judicial e será apresentada no prazo fixado no n.º 1 do artigo 102.º".

11.ª Ora o prazo de 90 dias previsto no n.º 1 do artigo 102.º do CPPT não ofende o direito comunitário. De facto, o Tribunal de Justiça das Comunidades Europeias por acórdão proferido em 17 de Junho de 2004, no processo C-30/02 (Recheio-Cash & Carry vs. Fazenda Pública/Registo Nacional de Pessoas Colectivas), e que se junta como doc. n.º 2, relativamente às questões prejudicais submetidas pelo Tribunal Tributário de 1ª Instância de Lisboa, decidiu que:

12.ª «O princípio da efectividade do direito comunitário não se opõe à fixação de um prazo de caducidade de 90 dias para apresentação do pedido de reembolso de um imposto cobrado em violação do direito comunitário, contados a partir do termo do prazo de pagamento voluntário do referido imposto.»

13.ª Liminarmente, deverá referir-se que o artigo 78.º da Lei Geral Tributária, distingue claramente entre a revisão dos actos tributários pela entidade que os praticou desencadeada por iniciativa do contribuinte ou por iniciativa da Administração Tributária.

14.ª O legislador foi coerente a este respeito: o pedido de revisão dos actos tributários por iniciativa do contribuinte previsto na primeira parte do n.º 1 do artigo 78.º da LGT não é mais do que uma reclamação graciosa (apesar da LGT a denominar como reclamação administrativa), pelo que o seu prazo é coincidente com o desta, bem como os fundamentos: "(...) qualquer ilegalidade".

15.ª Em termos de harmonia sistemática, o procedimento encontra-se bem construído. O contribuinte pode alegar qualquer ilegalidade verificada no procedimento no prazo normal de reclamação. Tal é totalmente conforme com o regime de anulabilidade do acto, que impede que a liquidação em causa possa ser impugnada a todo o tempo, mas apenas no prazo previsto no n.º 1 do artigo 102.º do CPPT: 90 dias a contar da data do pagamento das liquidações impugnadas (cfr., por exemplo, Acórdão do STA de 20 de Março de 2002, referente ao processo n.º 026774)

16.ª Esse é um corolário do princípio da segurança jurídica, corporizado na estabilidade dos actos de liquidação de tributos, pois, a possibilidade de utilização do regime da revisão oficiosa do acto tributário como meio de impugnação indirecta de actos de liquidação já há muito estabilizados tem como consequência a total supressão dos prazos de impugnação e reclamação para todos os actos da Administração praticados em violação de lei, mormente naqueles casos em que o tributo não tenha sido pago, em que a revisão se pode fazer a todo o tempo.

17.ª Por seu lado, de acordo com a segunda parte do n.º 1 do artigo 78.º, a Administração Tributária, pode iniciar um procedimento de revisão oficiosa com fundamento em erro imputável ao serviço.

18.ª O procedimento de revisão oficiosa de iniciativa da administração, mesmo entendendo-se que o particular o pode desencadear, não pode englobar juízos de legalidade ou ilegalidade da liquidação, limitando-se a Administração à apreciação e eventual correcção de erros materiais.

19.º De facto, uma análise atenta da natureza jurídica do acto de revisão revela a sua natureza de acto administrativo secundário do tipo rectificativo, enquanto subespécie dos actos modificativos, tendencialmente semelhante ao dispositivo normativo que consta do artigo 148.º do Código do Procedimento Administrativo (CPA) nos termos do qual englobam-se na rectificação dos actos administrativos «os erros de cálculo e os erros materiais na expressão da vontade do órgão administrativo, quando manifestos», os quais «podem ser rectificados, a todo o tempo, pelos órgãos competentes para a revogação do acto».

20.ª Qualquer outro entendimento que se possa avançar é desequilibrado em sede de harmonia do sistema e um alargamento dos casos de aplicação do artigo 78.º da LGT às situações de erro de direito não só é totalmente contrário ao espírito da lei, como redundaria em total insegurança jurídica. Note-se que o erro de direito não integra – nem poderia integrar – o elenco das causas de rectificação dos actos administrativos previstas no artigo 148.º do CPA e *rectius* no artigo 78.º da LGT.

21.ª Veja-se os termos restritos com que os n.ºs 3 e 4 do artigo 78.º, estabelecem a intervenção do dirigente máximo do serviço na revisão da matéria tributável – erro muito manifesto e de correcção muito mais simplificada e justificada, que o erro alegado no caso *sub judice*. Neste caso, o dirigente máximo pode autorizar no prazo de 3 anos, excepcionalmente, a revisão, com fundamento em injustiça grave e notória. Não satisfeito com os termos restritos previstos no n.° 3 o legislador sentiu a necessidade de restringir ainda mais os termos enquadrantes da decisão definindo que [...] apenas se considera notória, a injustiça ostensiva e inequívoca, e grave, a resultante de tributação manifestamente exagerada e desproporcionada com a realidade [...]".

22.ª O mesmo argumento é aplicável tomando em consideração o n.º 5 do artigo 78.º. Nesse número refere-se que "a revisão do acto tributário por motivo de duplicação de colecta (causada por erro material, na esmagadora maioria das situações) pode efectuar-se, seja qual for o fundamento, no prazo de quatro anos".

23.ª Assim, e atendendo ao carácter excepcional das referidas situações, não fará sentido qualquer interpretação que advogue uma solução mais atentatória da estabilidade do acto tributário – logo do princípio da segurança jurídica – noutras situações do que nestes casos denominados excepcionais face à injustiça grave e notória manifestamente causada na esfera patrimonial do contribuinte. Tal interpretação, a efectuar-se, seria totalmente desfasada da realidade sistemática do processo tributário.

24.ª Qualquer juízo de legalidade efectuado pela Administração Tributária fora dos prazos de reclamação ou impugnação judicial é extemporâneo, logo, insusceptível de ser efectuado.

25.ª Defender que o erro de direito está englobado no conceito de «erro imputável aos serviços» previsto na segunda parte do n.º 1 do artigo 78.º da LGT seria atribuir mais poder à Administração Tributária em sede de revisão oficiosa do acto tributário, do que aquele que decorre do regime geral de revogação administrativa regulada no artigo 141.º do CPA nos termos do qual "os actos administrativos que sejam inválidos só podem ser revogados com fundamento na sua invalidade e dentro do prazo do respectivo recurso contencioso ou até à resposta da entidade recorrida".

26.ª A expressão «erro imputável aos serviços» encontra-se directamente relacionada com a actividade operacional da Administração (o erro de facto, operacional ou material) e não com o erro de direito.

27.ª A Administração Tributária não pode actuar de forma mais ampla em matéria de revisão oficiosa dos actos tributários do que em sede de revogação fundada em ilegalidade, sob pena de total incoerência sistemática.

28.ª Por essa razão, reitera-se, o legislador efectuou a distinção entre a primeira parte do n.º 1 do artigo 78.º da LGT – que regula a revogação provocada por iniciativa do contribuinte, com fundamento em ilegalidade geradora de invalidade – e a segunda parte do mesmo número – que regula a possibilidade da Administração Tributária poder revogar o acto em razão de erro imputável ao serviço – que não a ilegalidade.

29.ª Actos de revogação supervenientes ao decurso do prazo de impugnação contenciosa só podem ter como fundamento apreciações de mérito e não de legalidade. Daí que, ultrapassado o prazo para o recurso contencioso, o acto tributário só possa ser revogado com fundamento em "injustiça grave ou notória".

30.ª Conclui-se, assim que, o artigo 78.º, n.º 1, 2.ª parte, da LGT é insusceptível de aplicação como meio de impugnação de liquidações emolumentares definitivamente consolidadas na ordem jurídica em virtude de ter sido ultrapassado o respectivo prazo de impugnação com fundamento em ilegalidade.

31.ª Sem conceder quanto a todo o exposto anteriormente, não pode o Representante da Fazenda Pública concordar com a condenação no pagamento de juros indemnizatórios contabilizados desde a data do pagamento da liquidação de emolumentos anulada (03 de Abril de 2001) até à emissão da nota de crédito a favor da impugnante.

32.ª De facto, nos termos da alínea e) do n.º 3 do artigo 43.º da LGT, os juros indemnizatórios a serem devidos deverão ser contabilizados a partir de um ano após o pedido de revisão efectuado pela recorrida. Incorre, assim, a sentença, também nesta parte, em erro de julgamento.

Nestes termos e nos demais de direito que V. Ex.as doutamente suprirão, deve o presente recurso ser julgado procedente, revogando-se a douta decisão recorrida.»

E contra-alegou a impugnante, concluindo por sua vez:

«1. Atento o disposto no art. 95.º, n.º 2, al. d), da LGT não poderão restar dúvidas que o acto de indeferimento em causa nos presentes autos é um acto lesivo do contribuinte.

2. Recaindo sobre a Administração o dever legal de rever o acto de liquidação emolumentar em crise, em benefício da requerente, agora Recorrida, é óbvio que a recusa em fazê-lo constitui acto lesivo.

3. O objecto deste processo e a respectiva causa de pedir consistem na ilegalidade (por omissão do dever legal de revisão oficiosa) do acto de indeferimento do pedido de revisão.

4. O pedido consiste na anulação do dito acto de indeferimento (pois se é ilegal deve ser anulado) e na consequência jurídica que da mesma anulação resulta, i.e., a Administração deverá proceder à revisão oficiosa requerida e, em consequência, deverá restituir a quantia anulada acrescida dos competentes juros legais, acto esse absolutamente vinculado, e cujo conteúdo pode ser determinado antecipadamente.

5. A revisão oficiosa de um acto tributário pode ser desencadeada por um pedido do contribuinte: existindo um erro imputável aos serviços, fica a administração constituída num dever legal de rever o acto.

6. A HOZAR podia pedir a revisão oficiosa do acto tributário em causa – tal resulta da letra da lei (arts. 78.º, n.º 6 da LGT, 86.º, n.º 4, al. a) do CPPT e 93.º do CPT), da sua história (comparação face ao instituto da reclamação extraordinária, previsto no CPCI), bem como do princípio da legalidade da Administração (art. 266.º, n.º 2 da CRP) e do correlativo poder-dever de decisão ou pronúncia (art. 9.º do CPA).

7. Pelo que o pedido de revisão oficiosa, tendo sido interposto no prazo legal, é totalmente tempestivo.

8. A tabela de emolumentos em causa é contrária ao direito comunitário designadamente à Directiva 69/335//CEE (de 17 de Julho de 1969), sendo inaplicável pelas autoridades nacionais, administrativas ou judiciais.

9. É ilegal o indeferimento do tempestivo pedido de revisão oficiosa de liquidação emolumentar calculada em violação de normas do Direito Comunitário.

10. No caso vertente, existiu um «erro imputável aos serviços» na liquidação de emolumentos: uma vez que, desde logo, e face ao direito comunitário, tal liquidação não poderia ter tido lugar; e, por outro lado, a mesma não é da responsabilidade da HOZAR, mas da Administração.

11. O conceito de «erro imputável aos serviços» não se restringe aos chamados erros materiais, ou erros de facto, mas como vem sendo afirmado abrange também os erros de direito, tal pelo Supremo Tribunal Administrativo, na interpretação do conceito referido, quer ao art. 43.º, n.º 1, quer ao art. 78.º, n.º 1, ambos da LGT.

12. Incumbe sobre a Administração o dever de, verificada a ilegalidade da liquidação efectuada por erro imputável aos serviços, rever a mesma e restituir as quantias indevidamente recebidas.

13. Nessa circunstância não cabe à Administração um qualquer poder discricionário, mas um poder absolutamente vinculado.

14. O indeferimento do pedido de revisão oficiosa, por o seu conteúdo ser lesivo de direitos e interesses legalmente protegidos, é susceptível de impugnação contenciosa.

15. Como sobre a Administração recai o dever legal de rever o acto de liquidação emolumentar em causa, e daí resultam benefícios patrimoniais para a requerente, ora Recorrida, é óbvio que a recusa em fazê-lo constitui acto lesivo, pois o impede de gozar dessas vantagens.

16. O que se pede é que o Tribunal ordene à Administração o cumprimento de actos exigíveis por força da respectiva decisão de anulação – actos, note-se, não discricionários, mas absolutamente vinculados, e cujo conteúdo pode ser determinado antecipadamente.

17. Que o Tribunal goza desse poder tornou-se indiscutível com a reformulação, pela revisão constitucional de 1997, do art. 268.º da CRP, que prevê a condenação na prática de actos administrativos legalmente devidos.

18. Pelo que a HOZAR tem direito ao reembolso integral dos emolumentos cobrados.

19. A eventual negação do meio processual que tem vindo a ser afirmado pelo STA como legítimo e adequado, tendo em vista o cumprimento do princípio da efectividade, equivale a uma violação da ordem jurídica comunitária, pois que os tribunais nacionais têm a obrigação de interpretar e aplicar a lei interna por forma a garantir, em toda a medida do possível, a vigência efectiva do direito comunitário.

20. Subsistindo quaisquer dúvidas quanto à determinação e alcance dos princípios de direito comunitário do primado da efectividade e da protecção da confiança legítima cabe questionar o TJCE quanto à correcta interpretação de tais princípios no contexto da situação *sub judice*.

21. Para além do direito ao reembolso integral dos emolumentos cobrados, a FIOZAR tem ainda direitos aos juros respectivos, como resulta claramente do art. 1000, e também do art. 430.º n.º 1, ambos da LGT.

22. O fundamento legal da obrigatoriedade do pagamento de juros indemnizatórios ao contribuinte quando – verificadas as demais condições legais – se demonstre que um tributo foi indevidamente pago, radica na teoria da responsabilidade civil extracontratual da Administração por actos ilícitos, ademais, com expressa tradução no art. 22.º da Constituição da República Portuguesa.

23. Enquanto esteve em vigor o CPT, o reconhecimento do direito aos juros compensatórios dependia

apenas de, em sede de reclamação graciosa ou de processo judicial (cfr. o n.º 1 do art. 24.º daquele diploma), se determinar a existência de um erro imputável aos serviços na cobrança do tributo. Verificado este pressuposto, havia então lugar à aplicação da regra prevista no n.º 6 daquele art. 24.º, nos termos da qual os juros eram contados desde a data do pagamento do imposto até à data da emissão da respectiva nota de crédito.

24. A entrada em vigor da LGT veio alterar este regime, dispondo o n.º 1 do seu art. 43.º que o direito a juros indemnizatórios depende de, em sede de reclamação graciosa ou de impugnação judicial (e já não, simplesmente, em sede de processo judicial), se verificar a existência de um erro imputável aos serviços na cobrança do tributo.

25. Esta regra geral de atribuição do direito aos juros é alvo de uma extensão, prevista no n.º 3 do mesmo artigo: aí se diz que ao contribuinte é ainda reconhecido aquele direito, quando a revisão do acto tributário por sua iniciativa se efectuar mais de um ano após o seu pedido.

26. As regras do art. 43.º da Lei Geral Tributária nada dispõem sobre a medida do direito a juros compensatórios (ou seja, sobre o período pelo qual se vencem). Através delas, o legislador apenas pretendeu fixar os pressupostos de que depende a atribuição do direito.

27. Quanto à questão de saber qual a extensão do direito aos juros, ou seja, quais são as regras que determinam a contagem dos juros (quando se reconheça que o contribuinte a eles tem direito) está este aspecto regulado hoje em dia pelo Código de Procedimento e Processo Tributário, no seu art. 61.º, onde a letra da lei é clara e não admite excepções: existindo um direito a juros indemnizatórios (por estarem preenchidos os respectivos pressupostos), eles contam-se desde a data do pagamento do imposto até à data da emissão da respectiva nota de crédito (cfr. n.º 3 do art. 61.º daquele diploma).

28. O art. 43.º da Lei Geral Tributária nada dispõe sobre a forma como devem ser contados os juros, limitando-se a regular as condições em que o direito deve ser reconhecido.

29. Tratando-se de uma revisão do acto, o direito aos juros só nasce quando essa revisão tenha lugar mais de um ano depois da iniciativa do contribuinte. Caso a Administração mostre celeridade na sua decisão – ou caso o atraso não lhe seja imputável – e o acto venha a ser revisto antes de decorrer aquele prazo (de um ano sobre o respectivo pedido), não se chega a formar o direito a juros, pelo que o contribuinte apenas tem direito a ser reembolsado da quantia indevidamente paga.

30. Urna vez nascido o direito – por a revisão do acto ter ocorrido mais de um ano depois do pedido – a sua medida rege-se pela regra geral (de resto a única que versa sobre a matéria): os juros contam-se desde a data do pagamento indevido até ao respectivo reembolso (cfr. n.º 6 do art. 24.º do Código de Processo Tributário, a que sucedeu o n.º 3 do art. 61.º do Código de Procedimento e de Processo Tributário).

31. Uma interpretação da al. c) do n.º 3 do art. 43.º da Lei Geral Tributária no sentido de que os juros indemnizatórios devidos ao contribuinte em caso de revisão do acto de liquidação se contam apenas a partir do momento em que decorra um ano sobre o seu pedido feriria tal norma de inconstitucionalidade.

32. O art. 22.º da Constituição da República Portuguesa estabelece uma responsabilidade patrimonial directa do Estado por danos causados aos particulares no exercício das suas funções, quer esses danos decorram de actos lícitos ou ilícitos.

33. Ao dever geral de ressarcir os particulares dos danos provocados por entidades públicas, configurado como um dever fundamental, corresponde naturalmente o direito fundamental à reparação dos danos provocados pelos actos estaduais lesivos dos seus direitos ou interesses legalmente protegidos.

34. No âmbito do direito tributário, o legislador optou por modelar o direito à reparação dos danos causados pela liquidação ilegal de um tributo através da figura dos juros indemnizatórios.

35. Quando a anulação da liquidação do tributo ocorra por via de um pedido de revisão desencadeado pelo contribuinte, tendo decerto em atenção os alargados prazos de que dispõe, o legislador só lhe reconheceu o direito aos juros quando, independentemente do tempo que decorreu desde o pagamento do tributo, a anulação do acto ocorra mais de um ano depois do momento em que o pedido foi efectuado.

36. Foi por essa via – e não pela via da contagem dos juros – que o legislador "puniu" a inércia do contribuinte, considerando todavia que, decorrendo mais de um ano sobre o pedido sem que o acto seja anulado, é já a inércia da Administração que deve ser "punida", nascendo, nesse momento, um direito a juros indemnizatórios que se contam desde a data do pagamento.

37. O entendimento segundo o qual a norma da ai. c) do n.º 3 do art. 43.º da Lei Geral Tributária determinaria que, em caso de revisão do acto tributário, os juros indemnizatórios se contariam apenas a partir do fim do primeiro ano após o pedido de reviso, por limitar de forma desproporcionada e injustificável o direito fundamental dos particulares a serem integralmente ressarcidos pelos danos causados pelos actos estaduais ilícitos viola frontalmente os arts. 2.º e 22.º da Constituição da República Portuguesa – o que aqui se invoca para todos os efeitos – pelo que não deve aquela norma ser aplicada ao caso, com fundamento em inconstitucionalidade.

Termos em que deverá negar-se provimento ao recurso apresentado pelo Ex.mo Representante da Fazenda Pública, mantendo-se a douta decisão recorrida, com todas as consequências legais.

Sugere-se, ainda, que, se porventura dúvidas subsistirem em como a interpretação dada pelo TJCE aos aludidos artigo 10.º CE e aos princípios comunitários do primado, da efectividade e da confiança legítima, impõe o acesso à via da revisão oficiosa para efeito de recuperar quantias indevidamente cobradas por violação do direito comunitário, a instância poderá ser suspensa e, nos termos do art. 234.º do Tratado de Roma, formulada ao TJCE a seguinte questão prejudicial:

Os princípios fundamentais do ordenamento comunitário, nomeadamente o princípio da efectividade, o princípio da protecção da confiança legítima, o art. 10.º do Tratado de Roma ou qualquer outra disposição de direito comunitário, impõem que o meio da revisão oficiosa previsto no sistema procedimental e processual tributário português – tido pelo próprio STA em inúmeras decisões como forma adequada de protecção dos direitos dos particulares em sede de restituição de quantias emolumentares indevidamente liquidadas por violação do direito comunitário (e não impugnadas judicialmente no prazo de noventa dias) – não possa ser precludido com o mero argumento de não ser o meio processual nacional mais adequado?»

O Ex.mo magistrado do Ministério Público emitiu parecer no sentido do não provimento do recurso, já que: «é vasta a jurisprudência da secção, a manter de resto, a que sustenta que a «iniciativa da Administração Tributária» pode ser provocada, como foi no caso dos autos, pelo sujeito passivo; o «erro imputável aos serviços» abrange o erro de direito, como é ponto assente na doutrina e na jurisprudência; aos juros indemnizatórios aplica-se, no caso, o n.º 1, e não o n.º 3, al. c) do art. 43.º da LGT, já que o erro foi declarado na sentença de impugnação judicial e não houve revisão do acto tributário.

E, corridos os vistos legais, nada obsta à decisão.

Em sede factual, vem apurado que:

«*a)* Em 2001/04/03 a Recorrente pagou na Conservatória do Registo Comercial do Porto a quantia de Esc. 395.528$00 liquidada nos termos do art. 1.º da Tabela de Emolumentos do Registo Comercial liquidado pela inscrição do aumento de capital – cfr. proc. adm. apenso –.

b) Em 2002/05/13 a Recorrente requereu ao Director-Geral dos Registos e Notariado a revisão oficiosa do acto de liquidação não tendo aquela Direcção-Geral emitido qualquer pronuncia – cfr. proc. adm. apenso –.

c) Em 2003/01/13 foi apresentada a presente acção – cfr. fls. 2.»

Vejamos, pois:

QUANTO À TEMPESTIVIDADE DO PEDIDO DE REVISÃO:

O art. 78.º da LGT prevê a revisão do acto tributário «por iniciativa do sujeito passivo» ou «da administração tributária», aquela «no prazo de reclamação administrativa e com fundamento em qualquer ilegalidade», e esta «no prazo de quatro anos após a liquidação ou a todo o tempo se o tributo ainda não tiver sido pago, com fundamento em erro imputável aos serviços».

Todavia, tal não significa que o contribuinte não possa, no prazo da revisão oficiosa, pedir esta mesma revisão.

Tal resulta, desde logo, dos princípios da legalidade, da justiça, da igualdade e da imparcialidade – art. 266.º, n.º 2 da CRP.

Como se refere no Ac. do STA de 20/03/2002, rec 26.5 80:

Face a tais princípios, não se vê como possa a Administração demitir-se legalmente de tomar a iniciativa de revisão do acto quando demandada para o fazer através de pedido dos interessados já que tem o dever legal de decidir os pedidos destes, no domínio das suas atribuições, sendo que «o dever de pronúncia constitui, de resto, um princípio abertamente assumido pelo art. 9.º do CPA, no domínio do procedimento administrativo mas aqui também aplicável por mor do disposto no art. 2° do mesmo código».

E, mais adiante: «é claro que a revisão do acto tributário, na sua dimensão de acto a favor do contribuinte, que é a dimensão que aqui importa ter em conta, acaba por implicar um alargamento do prazo de estabilidade da situação tributária a que se refere. Mas uma tal consequência não é uma objecção que o intérprete possa colocar ... pois a adopção, pelo legislador, da possibilidade de revisão do acto pressupõe exactamente o equacionamento dessa questão e a sua resolução no sentido de fazer, dentro de certos condicionalismos ... outros valores para além da segurança jurídica a prazo certo».

E de lei escrita.

Na verdade, o próprio art. 78.º, n.º 6 refere o pedido do contribuinte dirigido ao órgão competente da administração tributária para a sua realização.

E o art. 86.º, n.º 4, ai. a) do CPPT menciona o «pedido de revisão oficiosa da liquidação do tributo».

É, aliás, no sentido exposto, a jurisprudência, que se crê uniforme, do STA.

Cfr., por todos, os Acds. de 20/03/2002 citado, 19/11//2003 rec. 1181/03, 17/12/2002 rec. 1182/03, 29/10/2003 rec. 462/03, 02/04/2003 rec. 1771/02, 20/07/2003 rec. 945/03, 30/01/2002 rec. 26.231.

QUANTO AO «ERRO IMPUTÁVEL AOS SERVIÇOS»:

O referido art. 78.º, n.º 1 da LGT prevê a revisão oficiosa «com fundamento em erro imputável aos serviços».

Que, no entender da Fazenda, excluiria o controlo da legalidade do acto, erro de direito, abarcando somente o «erro de facto, operacional ou material».

Mas a asserção não é correcta.

É que este pode ser corrigido ou rectificado a todo o tempo.

Desde logo, se for praticado pelo contribuinte – art. 79.º, n.º 2 da LGT.

Mas também pela Administração – art. 148.º do CPA.

Ora, o «erro» referido na parte final do n.º 1 do dito art. 78.º só é relevante no prazo ali referido.

O «erro imputável aos serviços» concretiza qualquer ilegalidade, não imputável ao contribuinte mas à Administração, com ressalva do erro na autoliquidação que, para o efeito, é equiparado aos daquela primeira espécie – art. 78.º, n.º 2 *in fine*.

É o que este STA tem uniforme e reiteradamente afirmado, a propósito do art. 43.º da LGT.

Como se refere no Ac. de 12/12/2001, rec. 26.233: «havendo erro de direito na liquidação, por aplicação de normas nacionais que violem o direito comunitário e sendo ela efectuada pelos serviços, é à administração tributária que é imputável esse erro, sempre que a errada aplicação da lei não tenha por base qualquer informação do contribuinte. Por outro lado, esta imputabilidade aos serviços é independente da culpa de qualquer dos seus funcionários ao efectuar liquidação afectada por erro» já que «a administração tributária está genericamente obrigada a actuar em conformidade com a lei (arts. 266.º, n.º 1 da CRP e 55.º da LGT), pelo que, independentemente da prova da culpa de qualquer das pessoas ou entidades que a integram, qualquer ilegalidade não resultante de uma actuação do sujeito passivo será imputável a culpa dos próprios serviços».

Cfr., no mesmo sentido e por todos, os Acds. de 06//02/2002 rec. 26.690, 05/06/2002 rec. 392/02, 12/12/2001 rec. 26.233, 16/01/2002 rec. 26.391, 30/01/2002 rec. 26.231, 20/03/2002 rec. 26.580, 10/07/2002 rec. 26.668.

Nem contrariam o exposto os n.°s 3 e 4 daquele art. 78.º, uma vez que ressalva «o disposto nos números anteriores».

Ou seja: pode ser efectuada essa revisão, por iniciativa da Administração Tributária, mesmo que não exista erro imputável aos serviços.

Cfr. Leite de Campos e outros, LGT Anotada, 2 edição, pág. 346, nota 7 e Lima Guerreiro, ibidem, pág. 346, nota 7.

QUANTO AOS JUROS INDEMNIZATÓRIOS:

Como bem refere o MP, não há lugar à aplicação do disposto no art. 43.º, n.º 3, al. *c)* da LGT, uma vez que não teve lugar, no caso, qualquer revisão do acto tributário por iniciativa do contribuinte mas, antes, do n.º 1 já que o erro imputável aos serviços foi determinado na presente impugnação judicial.

E, para a sua contagem, rege o art. 610.º, n.º 3 do CPPT: os juros são contados desde a data do pagamento até à da emissão da respectiva nota de crédito.

Termos em que se acorda negar provimento ao recurso, confirmando-se a sentença recorrida.

Sem custas.

Lisboa, 11 de Maio de 2005.

Brandão de Pinho (Relator)
Vítor Meira
Jorge de Sousa

Recurso n.º 319/05-30

SIGILO BANCÁRIO. SISA. IRC. IVA. PROCESSO INSPECTIVO. FIXAÇÃO DO LUCRO TRIBUTÁVEL EM SEDE DE IRC. ART. 63.º-B DA LGT.

(Acórdão de 22 de Junho de 2005)

SUMÁRIO:

I – Não é possível ordenar o levantamento do sigilo bancário de uma conta bancária pertencente ao gerente de uma sociedade que vendeu um imóvel para determinar se há ou não lugar ao pagamento de sisa, se o comprador do prédio urbano (contribuinte) não está identificado.

II – Não é igualmente possível ordenar o levantamento do sigilo bancário de conta bancária do gerente referido em I, para determinar o IRC, se foi instaurado à sociedade em causa processo inspectivo, que finalizou, sendo aí fixado o lucro tributável respectivo.

III – Se no tocante ao IVA foi instaurado processo inspectivo, mas se desconhece se aí foi ou não fixado o lucro tributável, impõe-se, no tocante a este ponto, ordenar a ampliação da matéria de facto.

ACORDAM, EM CONFERÊNCIA, NA SECÇÃO DE CONTENCIOSO TRIBUTÁRIO DO SUPREMO TRIBUNAL ADMINISTRATIVO:

1. O Representante da **Fazenda Pública** junto do TAF de Almada veio requerer o levantamento do sigilo bancário, para os anos de 2001 e 2002, relativamente a conta bancária, que identificou, cujo primeiro titular é Beatriz Maria Varela Machado Fernandes.

O Mm. Juiz daquele Tribunal autorizou o acesso à dita conta, relativamente aos exercícios de 2001 e 2002.

Inconformada com esta decisão, a **requerida Beatriz Fernandes** interpôs recurso para este STA.

Formulou as seguintes conclusões nas respectivas alegações de recurso:

I. Os actos de inspecção consideram-se concluídos na data da notificação da nota de diligência emitida pelo funcionário incumbido do procedimento.

II. Para conclusão do procedimento é elaborado um relatório final com vista à identificação e sistematização dos factos detectados e sua qualificação jurídica.

III. Já tendo as sociedades em que a ora recorrente exerce funções de gerência, sido notificada do relatório final, bem como/ da nota de diligência emitida pelo funcionário incumbido do procedimento, não restam dúvidas de que terminou a inspecção tributária.

IV. Caso a derrogação do sigilo bancário pretendida fosse necessária, não seria proferida decisão final em sede de Inspecção Tributária, ficando esta a aguardar o trânsito em julgado da decisão final sobre aquela, sendo que o prazo de duração do procedimento inspectivo se encontraria suspenso.

V. O princípio da proporcionalidade obriga a administração a não afectar os direitos ou interesses legítimos dos administrados em termos não adequados e proporcionais aos objectivos a realizar (art. 5.º, n.º 2, do CPA).

VI. Este princípio obriga a administração tributária a abster-se da imposição aos contribuintes de obrigações que sejam desnecessárias à satisfação dos fins que aquela visa prosseguir.

VII. Ora, relativamente a IRC e IVA os montantes de imposto serão liquidados com base na matéria tributável fixada nos Relatórios de Inspecção, pelo que, resulta claro que não foi, *in casu*, a derrogação do sigilo bancário indispensável para tal tributação.

VIII. A derrogação do sigilo bancário relativamente às contas de um contribuinte para determinar a matéria colectável devida por outro sujeito passivo viola o princípio constitucional do respeito pela reserva da intimidade da vida privada, consagrado no art. 26.º da Constituição da República Portuguesa, pelo que não pode servir como fundamento válido para tal derrogação.

IX. O fundamento do segredo bancário assenta, entre outros, no direito de personalidade à reserva da vida privada e familiar consagrado no art. 26.º, n. 1 da CRP.

X. Sendo que o artigo 26.º, n.º 1, da CRP, se integra nos preceitos constitucionais relativos a Direitos, Liberdades e Garantias, nos termos do art. 18.º, n.º 2 da Lei Fundamental, apenas podem ser restringidas pela lei nos casos previstos na Constituição, e ainda assim, "devendo as restrições limitar-se ao necessário ara salvaguardar outros direitos ou interesses constitucionalmente protegidos".

XI. O art. 63-B da LGT, n.º 7 da LGT deve ser interpretada de forma restritiva pelo menos no sentido de que tal derrogação apenas deve ocorrer quando for indispensável a restrição do direito fundamental em causa o que não acontece no caso em análise.

XII. Assim, não se encontra, salvo o devido respeito e melhor opinião, fundamento para que possa ser derrogado o sigilo bancário, nos termos pretendidos pela Administração Fiscal.

Violou a douta sentença recorrida, entre outros, o disposto nos artigos 18.º, n.º 2, 26.º e 266.º, n.º 2 da CRP, art. 5.º, n.º 2 do CPA, bem como, o disposto nos artigos art.s 55.º e 59.º, da LGT.

Não houve contra-alegações.

Neste STA, o EPGA defende que o recurso merece provimento parcial.

Com dispensa de vistos, vêm os autos à conferência.

2. É a seguinte a matéria de facto fixada na instância:

1. Com data de 24/08/2004 foi elaborada peja Divisão de Prevenção e Inspecção Tributária 1ª da Direcção de Finanças de Setúbal, informação referente à ora recorrente como consta de fls. 15/124 dos presentes autos, cujo teor se dá por integralmente reproduzido.

2. A informação referida no ponto anterior foi objecto de parecer da coordenadora daqueles serviços, datado de 24/08/2004, com o seguinte teor: "A presente informação é elaborado com o objectivo de pedir autorização poro aceder à informação bancária, relativa a familiares ou terceiros que se encontrem numa relação especial, com o contribuinte, nos termos do n.º 7 do art. 63.º-B da Lei Geral Tributária, relativamente aos exercícios de 2001 e 2002. O sujeito passivo é conjuntamente com o seu marido, Sr. Rogério Coelho Fernandes, gerente das empresas CVT – Construções Civis, Ld. (NIPC 501 247 729) e Transurbe – Construções, Lda. (501 168 869). Encontra-se a decorrer acção inspectiva às duas empresas aos exercícios de 2000, 2001 e 2002. A actividade das duas empresas insere-se no sector da construção civil, e consiste concretamente no seguinte:

– CVT – Construções Civis, Lda., – Venda de lotes de terreno na Urbanização Quinta da Amizade, em Setúbal, tendo vendido 8 lotes em 2001 e 65 em 2002.

– Transurbe -Construções Lda., – Venda de lotes de terrenos na Urbanização Vale Ana Gomes em Setúbal, e na Urbanização Quinta da Várzea, Sobreda de Caparica. Na Urbanização do Vale Ana Gomes foram vendidos 54, 84 e 45 lotes em 2000, 2001 e 2002, respectivamente. Nas duas urbanizações também construiu moradias em alguns dos lotes vendidos, mediante a celebração de contratos de empreitada.

No decurso das acções inspectivas, concluiu-se que os terrenos quer da CVT quer da Transurbe foram vendidos por valores muito superiores aos declarados para efeitos de escritura, e das empreitadas efectuadas a Transurbe não contabilizou quaisquer proveitos nem o IVA liquidado.

Através da exibição de contratos de promessa de compra e venda e meios de pagamento por parte dos compradores, concluiu-se que de facto os preços reais dos terrenos foram muito superiores aos valores declarados (...) Existem elementos que nos permitem concluir que os restantes lotes de terreno foram vendidos por valores superiores aos constantes das escrituras (...) na análise aos meios de pagamento exibidos pelos compradores constatou-se que parte desses pagamentos foi efectuado através de transferência bancária para a conta n. 062. 10-008178.5 do Montepio Geral cuja primeira titular é a Sra. Beatriz Maria Varela Machado Fernandes. Da análise aos extractos bancários exibidos das duas empresas verificou-se que existem muitos movimentos quer a débito quer a crédito, relativos a transferências entre as contas da CVT e da Transurbe e a conta da gerente. Contabilisticamente estas transferências são registadas como pagamentos ou recebimentos de sócios. Apurou-se que nos exercícios de 2001 e 2002 o montante global das transferências da conta da gerente para as contas das duas empresas foi de € 2.213.082;69 (...). Tudo leva a crer que grande parte dos proveitos das duas empresas não são registados na contabilidade sendo os respectivos pagamentos depositados na referida conta da gerente. Tomando-se indispensável o conhecimento exacto do movimento bancário da conta da Sra. Beatriz Maria Varela Machado Fernandes, de modo a que a tributação das duas empresas seja o mais real possível, requer-se autorização para aceder à informação bancária respeitante aos exercícios de 2001 e 2002 da conta n. 062.10-008178.5, constituída junto da Caixa Económica Montepio Geral" (cfr. fls. 15 e 15/verso).

3. Em 25/08/2004 foi proferido pelo Director de Finanças Adjunto, despacho concordante e exarado na referida informação (cfr. fls. 15).

4. Em 15/09/2004 foi elaborado pelo Director-Geral dos Impostos o projecto de decisão constante de fls. 14.

5. Com data de 20/09/2004 foi emitido o ofício n.º 28673 dos Serviços de Inspecção, dirigido à ora recorrente, para efeitos de notificação do exercício do direito de audição nos termos do art. 60.º e art. 63.º-B, n. 3 da Lei Geral Tributária (cfr. consta do doc. de fls. 8 dos presentes autos).

6. Em 01/10/2004, a ora recorrente exerceu o seu direito de audição conforme documento de fls. 9/13.

7. Com data de 08/10/2004 foi proferida pelos Serviços de Inspecção Tributária a "informação posterior à audição prévia" constante de fls. 2/4, cujo teor se dá por integralmente reproduzido.

8. Com data de 25/10/2004 foi proferido despacho pelo Director Geral dos Impostos com o seguinte teor "1. Concordo, nos termos e com os fundamentos da presente informação, bem como com o teor do parecer e despacho que sobre a mesma recaíram. 2. Verificando-se o condicionalismo previsto no n.º 7 do art. 63.º-B da LGT aprovada pelo art. 1.º do Decreto-Lei n.º 398/98 de 17 de Dezembro, e tendo-se já procedido à audição prévia de Beatriz Maria Varela Machado Fernandes, contribuinte n.º 144830795, como imposto pelo citado normativo, impõe-se cumprir o procedimento previsto no art. 146.º-C do Código de Procedimento e Processo Tributário aprovado pelo artigo 1.º do Decreto-Lei n.º 433/99 de 26 de Outubro. 3. Nestes termos, devolva-se o processo à Direcção de Finanças de Setúbal, a qual deverá anexá-lo ao requerimento a apresentar junto do tribunal tributário de 1ª instância da área do domicílio fiscal da contribuinte aqui identificada, como elemento de prova, com vista à obtenção da autorização judicial para acesso à informação bancária da mesma" (cfr. consta de fls. 1).

9. Com data de 12/11/2004 foi elaborado o relatório de inspecção tributária, relativamente ao IRC dos exercícios de 2000 2001 e 2002 e à empresa CVT -Construções Civis, Lda., tendo sido fixado o lucro tributável em sede de IRC através de ava1iação indirecta nos montantes de € 93.153,73 e € 791.581,94 para os exercícios de 2001 e 2002, respectivamente (cfr. consta de fls. 2 do processo administrativo).

10. Com data de 12/11/2004 foi elaborado o relatório de inspecção tributária, relativamente ao IRC e IVA dos exercícios de 2001 e 2002, e à empresa Transurbe – Construções, Lda., tendo sido fixado o lucro tributável em sede de IRC através de avaliação indirecta nos

montantes de € 887.910,50 e € 661.612,66 para os exercícios de 2001 e 2002 respectivamente (cfr. consta de fls. 244 do processo administrativo em apenso).

11. A petição foi apresentada neste Tribunal em 25/11//2004.

3. Sendo estes os factos, vejamos agora o direito.

Como resulta da petição inicial, a Fazenda Pública pretende a derrogação do sigilo bancário com três finalidades, a saber:

– Determinar o IRC dos exercícios de 2001 e 2202, relativamente às sociedades CVT – Construções Civis, Ld. e Transurbe Construções, Ld. (art. 3.º da petição inicial e pontos 9 e 10 do probatório);

– Determinar o IVA dos exercícios de 2001 e 2002, relativamente à sociedade Transurbe Construções, Ld. (art.s 3.º e 9.º da petição inicial e ponto 10 do probatório);

– Determinar a matéria colectável, em matéria de imposto de sisa, relativamente aos adquirentes dos terrenos (art. 25.º da petição inicial).

Vejamos então.

A Fazenda Pública fundamenta a sua pretensão de acesso à conta bancária da ora recorrente com o disposto no art. 63.º-B, n.os 2, als. a) e c) e 7 da LGT.

Analisemos cada ponto de per si.

3.1. Dir-se-á desde já ser possível concluir da impossibilidade de derrogação do sigilo bancário no tocante ao imposto de sisa. Na verdade, os adquirentes não estão identificados, pelo que não são, na hipótese dos autos, os contribuintes a que se refere o n.º 2 do art. 63.º-B da LGT.

Ora, se é certo que a recorrente é terceira que se encontra numa relação especial no tocante às empresas referidas nos autos, já não se verifica tal requisito relativamente a um contribuinte que nem sequer está identificado.

Como resulta da lei, a derrogação do sigilo bancário relativamente a terceiros só é possível quando esteja em causa um contribuinte em relação ao qual se verifiquem os requisitos previstos nos n.os 1 e 2 do art. 63.º-B (vide, a propósito, o acórdão deste STA de 16/2/2005 – rec. n.º 1395/04).

Assim sendo, e como é evidente, não é possível derrogar o sigilo bancário da recorrente relativamente ao imposto de sisa.

3.2. O mesmo se diga, igualmente quanto ao IRC.

Mas aqui por razões diversas.

Diremos porquê.

Já vimos que foram realizadas acções inspectivas relativamente às sociedades em causa, tendo sido fixados os lucros tributáveis, em sede de IRC – vide pontos 9 e 10 do probatório.

Ora, se foi já fixado o lucro tributável, e não estando em causa a revisão da matéria colectável ou do acto tributário, é óbvio que é injustificada a pretendida derrogação do sigilo bancário.

Na verdade, fixado que está o lucro tributável, está findo o processo inspectivo – vide art.s 60.º e ss. do Regime Complementar do Procedimento de Inspecção Tributária (RCPIT), sendo que a autoridade tributária não lançou mão do disposto no n.º 5 do art. 36.º do mesmo Diploma (aditado pela Lei n.º 32-B/2002, de 30/12).

Dispõe este normativo:

"Independentemente do disposto nos números anteriores, o prazo para conclusão do procedimento de inspecção suspende-se quando, em processo especial de derrogação do segredo bancário, o contribuinte interponha recurso com efeito suspensivo da decisão da administração tributária que determine o acesso à informação bancária ou a administração tributária solicite judicialmente acesso a essa informação, mantendo-se a suspensão até ao trânsito em julgado da decisão em tribunal".

Ora, esta última situação (ou seja, quando a administração tributária solicite judicialmente acesso a informação bancária), só ocorre, quando está em causa um terceiro, como resulta do n.º 7 do art. 63.º-B da LGT.

Ora, a recorrente é terceira, mas a administração fiscal, apesar de ter pedido judicialmente o acesso a informação bancária, não suspendeu o processo de inspecção.

É certo que, face ao disposto no art. 63.º , n.º 3, da LGT, pareceria poder concluir-se por solução contrária.

Dispõe este normativo:

"O procedimento da inspecção e os deveres de cooperação são os adequados e proporcionais aos objectivos a prosseguir, só podendo haver mais que um procedimento externo de fiscalização respeitante ao mesmo sujeito passivo ou obrigado tributário, imposto e período de tributação mediante decisão, fundamentada com base em factos novos, do dirigente máximo do serviço, salvo se a fiscalização visar apenas a confirmação dos pressupostos de direitos que o contribuinte invoque perante a administração tributária e sem prejuízo do apuramento da situação tributária do sujeito passivo por meio de inspecção ou inspecções dirigidas a terceiros com quem mantenha relações económicas".

Decorre deste preceito que, apesar de terminado o processo inspectivo, as sociedades podem ser sujeitas a novo procedimento inspectivo, seja pelo surgimento de factos novos, seja em função de inspecções dirigidas a terceiros com quem as sociedades em causa mantenham relações económicas, apesar dos factos em causa já terem sido objecto de fiscalização externa[1].

Mas não nos parece que seja esta a hipótese dos autos, pois o terceiro (ora recorrente) não está a ser sujeito a uma acção inspectiva, mas sim a ser analisado em função de uma acção inspectiva que tem como escopo as ditas sociedades.

O que é coisa diversa.

3.3. E que dizer do IVA?

Sabemos, através do probatório, que a acção inspectiva teve como escopo, relativamente à sociedade Transurbe – Construções, Ld., não só o IRC mas também o IVA.

Porém, se é certo que, no tocante ao IRC está decidido que foi já fixado o lucro tributável – ponto 10 do probatório – não é menos verdade que, no tocante ao IVA não resulta do mesmo probatório da sentença que tenha sido fixado o lucro tributável relativamente a este imposto.

Impõe-se assim ampliar a matéria de facto para averiguar se, no tocante ao IVA de 2001 e 2202, relativamente à sociedade Transurbe – Construções, Ld., também foi fixado o lucro tributável.

Sendo certo que, na hipótese de resposta afirmativa, procederá inteiramente a pretensão da recorrente.

Obviamente pelas mesmas razões que estão na base da procedência do recurso no tocante ao IRC.

[1] Lei Geral Tributária, comentada e anotada de Diogo Campos e Outros, 3ª Edição, pág. 309

Não assim se o lucro tributável não tiver sido fixado. Em tal hipótese, a pretensão da recorrente improcede necessariamente neste ponto, já que a mesma centrou a sua censura à sentença recorrida apenas e tão só no facto de ter sido já fixado a matéria colectável (aqui em sede de IVA).

Pelo que, a não se concretizar esta hipótese, nada mais se pode censurar, neste ponto, à decisão recorrida.

Nem vale acenar, como faz a recorrente, com a violação do princípio constitucional do respeito pela personalidade e pela reserva da intimidade da vida privada, consagrado no art. 26.º da Constituição da República Portuguesa, ou com o princípio da proporcionalidade, consagrado no art. 18.º, n.º 2, da Lei Fundamental, princípios impeditivos, no seu entendimento, da violação do segredo bancário.

Vejamos porquê.

Como é sabido, o sigilo bancário tem como finalidade, a salvaguarda de interesses públicos e privados.

"Os primeiros têm a ver com o regular funcionamento da actividade bancária, o qual pressupõe a existência de um clima generalizado de confiança nas instituições que a exercem, que se revela de importância fundamental para o correcto e regular funcionamento da actividade creditícia e, em especial, no domínio do incentivo ao aforro".

E os segundos com o facto de que "a finalidade do instituto do segredo bancário é também o interesse dos clientes, para quem o aspecto mais significativo do encorajamento e tutela do aforro é a garantia da máxima reserva a respeito dos próprios negócios e relações com a banca".

"Com o sigilo bancário o legislador pretende pois rodear da máxima discrição a vida privada das pessoas, quer no domínio dos negócios, quer dos aços pessoais a ele ligados"

Nos termos da jurisprudência do TC, o sigilo bancário integra-se na própria intimidade da vida privada – art. 26.º, 1, da CRP – pelo que, aí, se justificará numa intromissão externa nos casos especialmente previstos e em articulação com os respectivos mecanismos do direito processual (vide acórdão deste STA de 13/10/2004 – rec. n.º 950/04).

Mas seja isto, ou destine-se apenas o sigilo bancário a proteger a reserva da privacidade, o certo é que pode ele pode sofrer restrições impostas pela necessidade de salvaguardar outros direitos ou interesses também constitucionalmente protegidos: cooperação com a justiça, combate à corrupção e criminalidade económica e financeira, dever fundamental de pagamento de impostos, etc. – acórdão citado.

Ora, tendo presente a doutrina acima referida, o disposto no art. 63.º-B da LGT e o ponto 2 do probatório, justifica-se o acesso à conta bancária da recorrente, com as limitações ora impostas e verificados os pressupostos atrás indicados.

A ampliação da matéria de facto, ora ordenada, e com o presente âmbito, encontra fundamento legal nos art.s 729.º, 3 e 730.º, 1, do CPC.

4. Face ao exposto acorda-se em:

a) Julgar procedente o recurso interposto pela recorrente, no segmento que questiona a derrogação do sigilo bancário, no tocante ao imposto de sisa, nessa parte se revogando a decisão recorrida, e não se admitindo aquela derrogação.

b) Julgar procedente o recurso interposto pela recorrente, no segmento que questiona a derrogação do sigilo bancário no tocante ao IRC, respeitante às sociedades CVT – Construções Civis, Ld. (NIPC 501 247 729) e Transurbe – Construções, Ld, nessa parte se revogando a decisão recorrida, e não se admitindo aquela derrogação.

c) Ordenar a ampliação da matéria de facto, no segmento que questiona a derrogação do sigilo bancário no tocante ao IVA, respeitante à sociedade Transurbe – Construções, Ld., nos termos, com a amplitude e com as consequências jurídicas atrás fixadas.

Sem custas.

Lisboa, 22 de Junho de 2005.

Lúcio Barbosa (Relator)
Brandão de Pinho
Jorge de Sousa

Recurso n.º 543/05-30

TRIBUTAÇÃO DE VEÍCULOS EM 2ª MÃO. TRIBUTAÇÃO DA MARGEM. VALOR TRIBUTÁVEL.

(Acórdão de 8 de Junho de 2005)

SUMÁRIO:

I – O valor tributável dos veículos comprados em segunda mão no estrangeiro e vendidos no território nacional é constituído pela diferença entre o preço de compra, com inclusão do IVA, e o preço de venda.

II – No preço de compra não se inclui o Imposto Automóvel, pois este é pago em pago em Portugal e a aquisição dos veículos ocorreu no estrangeiro.

III – Nem na factura ou documento equivalente consta qualquer montante referente ao IA.

ACORDAM, EM CONFERÊNCIA, NA 2ª SECÇÃO DO SUPREMO TRIBUNAL ADMINISTRATIVO:

1.º RELATÓRIO

Com fundamento em vício de violação de lei por erro de interpretação do art.º 4.º, n.º 1, do Decreto-Lei n.º 199/96, de 18 de Outubro, STAND ARAÚJO – Comércio de Automóveis, Lda., com sede no Lugar da Seara, Frossos, Braga, impugnou judicialmente as liquidações adicionais de IVA e respectivos juros compensatórios, relativas aos exercícios de 1998 a 2001, no montante global de 538.066,58 euros. Como se dedicou à venda de veículos usados importados, entende que, para efeitos do valor tributável nas transmissões desses veículos o mesmo deve ser constituído pela diferença, devidamente justificada, entre a contraprestação obtida ou a obter do cliente e o preço de compra dos mesmos veículos, com inclusão quer do IVA quer do Imposto Automóvel suportado em Portugal.

Por sentença de fls. 113 e seguintes foi a impugnação julgada improcedente, tendo o M.º Juiz do extinto Tribunal Tributário de Braga entendido que na noção de preço de compra se não incluem outros custos, como é o caso do IA.

Não se conformando com esta sentença dela recorreu a contribuinte para este STA, tendo apresentado as suas alegações de fls. 119 e seguintes nas quais concluiu que o IA se inclui no conceito legal de preço de compra; que a lei não excluiu o IA do preço de compra; que preço de compra é o mesmo que custo de aquisição e que é equivalente à noção de preço de custo.

Não houve contra-alegações da Fazenda.

Neste STA, o M.ºP.º emitiu douto parecer nos termos do qual se deve negar provimento ao recurso.

Corridos os vistos cumpre decidir a questão de saber se a decisão recorrida deve ser confirmada ou reformada.

São os seguintes os factos que foram dados como provados:

1. Nos exercícios em questão, a impugnante adquiriu, a particulares residentes noutros Estados-Membros da União Europeia, os automóveis relacionados nos mapas de fls. 49 a 71, pelos preços aí discriminados;

2. Pagou de IA, pela entrada em Portugal de cada um deles, o valor inscrito nesses mapas;

3. Ao revendê-los em Portugal, liquidou IVA, relativamente a cada um deles, no valor assinalado naqueles mapas, tendo entrado em linha de conta, para cálculo do IVA, com o valor do IA pago e que acresceu ao preço de compra de cada automóvel.

2.º FUNDAMENTAÇÃO

A questão que se discute é a da correcta interpretação do disposto no art.º 4.º, n.º 1, do Decreto-Lei n.º 199/96, de l8 de Outubro.

Diz esta norma o seguinte:

"O valor tributável das transmissões de bens referidas no artigo anterior., efectuadas pelo sujeito passivo revendedor, é constituída pela diferença, devidamente justificada, entre a contraprestação obtida ou a obter pelo cliente, determinada nos termos do artigo 16.º do código do imposto sobre o valor acrescentado, e o preço de compra dos mesmos bens, com inclusão do imposto sobre o valor acrescentado, caso este tenha sido liquidado e venha expresso na factura ou documento equivalente".

Esta forma de tributar é conhecida como "regime especial de tributação da margem" e tem como finalidade eliminar ou atenuar a dupla tributação ocasionada pela reentrada no circuito económico de bens que já tinham sido definitivamente tributados.

A forma de determinação do valor tributário e a determinada nos termos do referido n.º 1 do art.º 4.º: diferença entre o preço de compra e o preço de venda. Ao preço de compra adiciona-se o IVA. A lei não diz que também se adiciona o Imposto Automóvel. A recorrente entende que também se deve adicionar o IA. Terá razão?

Em primeiro lugar, a lei só manda adicionar o IVA e não o IA.

Só por analogia se poderia adicionar o IA.

Sucede que o valor tributário dos bens a tributar é um elemento essencial da tributação, pois faz parte da norma de incidência.

Ora, as lacunas resultantes de normas tributárias abrangidas pela reserva de lei não são susceptíveis de integração analógica (art.º 11.º, n.º 4, da Lei Geral Tributária).

Depois, quando a recorrente comprou, no estrangeiro, os veículos, não pagou IA, mas IVA (este na medida em que já fazia parte do conteúdo fiscal do produto, pois os veículos já tinham sido definitivamente tributados no estrangeiro). Só depois de a recorrente ter comprado os veículos no estrangeiro é que procedeu à sua introdução no nosso país. Quando a recorrente pagou o IA – e quando este lhe foi liquidado – já os veículos lhe pertenciam. Mesmo o IVA só é incluído no preço de aquisição dos veículos "caso tenha sido liquidado e venha expresso na factura ou documento equivalente". Se o IVA não tiver sido liquidado e não venha expresso na factura também não é tomado em consideração. Isto porque o sistema comum IVA é o de que este imposto está incluído no preço dos produtos. É o sistema "preço imposto incluído".

Por estas razões, não se pode fazer uma interpretação extensiva daquela norma e, muito menos, uma integração analógica. A lei quis abranger, exclusivamente, o IVA, com exclusão do IA ou de outros impostos.

Sendo o IA pago no nosso país e o preço de compra pago no estrangeiro, não se pode dizer que o IA é uma componente do preço de compra. O preço de compra é o que consta da factura e nele não está incluído o IA.

A recorrente fez uma aquisição intracomunitária de bens e, só depois, é que pagou o IA referente a cada veículo. Assim, o IA nem sequer faz parte do preço de aquisição. O IA é uma imposição interna do nosso país e não uma imposição "externa" pela aquisição intracomunitária de bens.

O legislador bem sabia que os veículos importados pagam IA para obterem a matrícula portuguesa. Logo, se quisesse incluir o IA no preço de compra tê-lo-ia dito.

Por todas estas razões improcedem todas as conclusões do recurso.

3.º DECISÃO

Nestes termos, acordam os juízes deste STA em negar provimento ao recurso e em confirmar a decisão recorrida.

Custas pela recorrente, com 50% de procuradoria.

Lisboa, 8 de Junho de 2005.

Almeida Lopes (Relator)
Brandão de Pinho
Pimenta do Vale

Recurso n.º 1958/03-30

TRIBUTAÇÃO PELO LUCRO CONSOLIDADO EM IRC.

(Acórdão de 29 de Junho de 2005)

SUMÁRIO:

Não podem servir de fundamento de impugnação do acto tributário da liquidação de IRC os eventuais vícios do acto administrativo que declarou a caducidade da autorização de tributação pelo lucro consolidado, subsistindo este acto por falta de impugnação autónoma do mesmo.

ACORDAM, EM CONFERÊNCIA, NA 2ª SECÇÃO DO SUPREMO TRIBUNAL ADMINISTRATIVO:

1. Sebastião Santos Cunha recorre da sentença que, no Tribunal Administrativo e Fiscal de Braga, julgou improcedente a impugnação do acto tributário da liquidação de IRC e juros compensatórios referente ao ano de 1995.

Alegou formulando o seguinte quadro conclusivo:

1ª Na sua petição inicial a recorrente arguiu uma pluralidade de vícios contaminadores: uns, da validade do acto tributário "stricto sensu" – a liquidação do IRC e dos respectivos juros compensatórios; outros, da validade das decisões de indeferimento da reclamação graciosa deduzida contra a referida liquidação e do recurso hierárquico interposto daquele indeferimento.

2ª Em matéria de prova dos factos, revela a douta sentença que a convicção do tribunal se fundou no teor de diversos documentos juntos aos autos de fls. 12 a 114, 121 a 123 e 159 a 232.

3ª Por força do princípio do contraditório, consagrado no art. 3.º, n.º 3, do CPC, que estrutura o processo de impugnação judicial, todos os documentos trazidos aos autos oficiosamente ou por iniciativa da Fazenda Pública têm de ser notificados ao impugnante.

4ª Porque do elenco numérico dos documentos referidos na conclusão 2ª faz parte pelo menos um largo conjunto de que a impugnante não foi notificada e, porque tal omissão é susceptível de influir no exame final da decisão da causa, a sentença violou o disposto no art. 3.º, n.º 3, do CPC e incorreu na nulidade cominada no art. 201.º, n.º 1, do mesmo diploma.

5ª Por seu turno, a mera referenciação numérica dos documentos utilizados na formação da convicção do tribunal não satisfaz o disposto nos art.s 123.º, n.º 2, do CPPT, e 65.º, n.º 2, do CPC, v.g. quanto à análise crítica das provas, e à especificação dos fundamentos que foram decisivos para a convicção do julgador e à fundamentação da decisão pelo que, também por esta razão a sentença enferma de nulidade.

6ª Nos termos do art. 125.º, n.º 1, do, CPPT, constitui causa de nulidade da sentença a falta de pronúncia sobre questões que o juiz deva apreciar, e, nos termos do art. 660.º, n.º 2, do CPC, "O juiz deve resolver todas as questões que as partes tenham submetido à sua apreciação, exceptuadas aquelas cuja decisão esteja prejudicada pela solução dada a outras".

7ª Na p.i. a recorrente suscitou múltiplas questões de que a sentença não conheceu e cuja decisão não se deve considerar prejudicada pela solução dada às que foram, apreciadas.

8ª Estão nestas circunstâncias as seguintes:

a) Vício de forma por incongruência ou desconformidade entre os fundamentos da liquidação e os que a entidade decidente da reclamação, graciosa invocou como tendo sido os adoptados naquele acto tributário;

b) Vício de violação de lei da liquidação por as respectivas correcções à matéria colectável se terem, baseado, segundo alega a entidade decidente da reclamação graciosa, no art. 59.º, n.º 3, al. a), do CIRC, norma que só foi aditada em 1998, e de que, portanto, se fez aplicação retroactiva;

c) Vício de forma por erro na fundamentação gerador da ilegalidade da liquidação e da decisão de indeferimento de reclamação graciosa;

d) Vício de violação de lei invalidante das decisões de indeferimento da reclamação graciosa e do recurso hierárquico por erro nos pressupostos, ou seja, que o pedido de autorização para a tributação pelo lucro consolidado deveria ter sido renovado face à reactivação das sociedades "Dispetro" e "Vitoriana";

e) Vício de forma da decisão de indeferimento da reclamação graciosa por contradição intrínseca da sua fundamentação;

f) Vicio de violação de lei invalidante, quer da liquidação, quer das decisões de indeferimento da reclamação graciosa e do recurso hierárquico, por aplicação juridicamente vinculante de uma norma legal – o n.º 7, do art. 59.º, do CIRC – que constitui uma norma ininteligível e, como tal, desprovida de eficácia normativa;

g) Vício de violação de lei invalidante da liquidação por esta se ter fundado num diploma legal – a Lei n.º 71/93, de 26 /11 – eivada de irregularidades formais no seu processo legiferante e, portanto, privado de eficácia normativa;

h) Vício de forma da liquidação por incongruência ou contradição dos fundamentos em que se baseou evidenciada em dois ofícios oriundos da DSIR/DGCI;

i) Vicio de violação de lei invalidante da liquidação, alegado a título subsidiário, por erro na determinação da matéria tributável considerada, no montante de 56.009.948$00, quando apenas seria de 65% daquele valor.

9ª A omissão de pronúncia sobre as questões enunciadas na conclusão 8ª viola o disposto no preceito referido na conclusão 6ª e fere a sentença de nulidade mencionada na mesma conclusão.

10ª A recorrente arguiu a liquidação de ilegalidade por aquela se ter baseado, no plano jurídico, em normas feridas, de inconstitucionalidade, v.g. os art.s 59.º, n.os 6 a 9 e 60.º, corpo e al. c), ambos do CIRC.

11ª Trata-se de uma inconstitucionalidade derivada da inconstitucionalidade dos diplomas legais ao abrigo dos quais aqueles preceitos foram criados e convertidos em lei, a saber: a Lei n.º 65/90, de 28/12 e o DL n.º 251-A/91, de 16/07.

12ª As normas referidas na conclusão 10ª foram introduzidas no CIRC pelo DL n.º 251-A/91, que, por sua vez, foi publicado em execução da Autorização Legislativa inserta no art. 25.º, n.º 1, al c), da Lei n.º 65/90.

13ª Sendo que, esta lei é inconstitucional por não preencher os requisitos ou pressupostos do art. 168.º, n.º 2, da Constituição (actual art. 165.º, n.º 2) na redacção em vigor no período a que se reporta a sua aplicação, v.g. quanto ao sentido ou alcance.

14ª Da inconstitucionalidade da Lei n.º 65/90 decorre, por derivação, a do DL n.º 251-A/91.

15ª Por sua vez, este diploma padece, ele próprio, de inconstitucionalidade "a se" por a sua disciplina normativa extravasar do âmbito objectivo da Lei n.º 65/90, v.g. o preceituado nos n.os 6 a 9 do art. 59.º do CIRC.

16ª As normas que definem o regime da tributação pelo lucro consolidado – v.g. o art. 59.º do CIRC – inserem-se no Capítulo da Determinação da Matéria Colectável, através do qual as regras de incidência assumem expressão quantitativa, pelo que fazem parte integrante destas estando, por isso, sujeitas ao princípio da legalidade consagrado ao tempo no art. 103.º, n.º 2, da Constituição da República Portuguesa.

17ª A competência para legislar em matéria de incidência é da Assembleia da República, pelo que o Governo, ao extravasar do âmbito traçado pela Lei n.º 65/90, violou, por inconstitucionalidade material e orgânica o art. 103.º n.º 2, da CRP.

18ª Tendo recusado a inconstitucionalidade das normas e diplomas legais referidos nas conclusões 10ª a 17ª, a sentença violou o disposto nos art.s 103.º, n.º 2, 168.º, n.º 2 (actual n.º 165.º, n.º 2) e 204.º da CRP.

O EMMP entende que o recurso não merece provimento pois que:

Não ocorre a omissão de pronúncia alegada nas conclusões 6ª, 7ª, 8ª e 9ª, das alegações uma vez que a sentença recorrida fundamentou o não conhecimento das questões nelas referidas.

Os doc. de fls. 12 – 114 foram juntos pela recorrente; dos de fls. 121 a 123 teve ela conhecimento, como resulta do seu teor e do seu endereço; os doc.s de fls. 159-232 são cópia da reclamação graciosa deduzida pela recorrente pelo que improcedem as conclusões 2ª, 3ª e 4ª.

A 5ª conclusão não procede porque o vício alegado não constitui nulidade da sentença, uma vez que assim não está definida na lei processual; constitui, antes, mera irregularidade, sem virtualidade de afectar a validade formal da sentença.

A sentença decidiu bem ao sustentar que o acto administrativo de natureza fiscal que declarou a caducidade da autorização para a tributação do grupo pelo lucro consolidado se volveu, oportunamente, em caso resolvido por falta de impugnação autónoma e que, por isso, não podia fundamentar a impugnação da liquidação.

Por isso improcedem as restantes conclusões.

2. A sentença recorrida fixou o seguinte quadro factual:

1. A impugnante é uma sociedade por quotas e foi autorizada, por despacho de 25.05.93, pelo Subdirector Geral dos Impostos, na qualidade de empresa dominada, a tributação pelo lucro consolidado, nos termos do art. 59.º do CIRC;

2. O grupo das empresas é constituído pela impugnante (sociedade dominada) e por Sesacla – Sociedade Gestora de Participações Sociais, SA (empresa dominante) Santos da Cunha, Lda., Santos da Cunha – Máquinas Industriais e Agrícolas, Lda. e Irmãos Santos da Cunha, Lda.

3. Por ofício n.º 57 872, de 18.11.96 e do Ofício 42252 de 24.07.98 da DISRC dirigida a empresa dominante foi notificada da caducidade da autorização concedida por despacho de 93.05.25, por não ter sido cumprido o disposto no n.º 7 do art. 59.º do CIRC, nomeadamente por não ter sido requerida a renovação da autorização até 30 de Abril de 1994, atendendo que a empresa Dispreto – Distribuição e Comércio de Produtos Petrolíferos, Lda., detida a 90 % desde 07.11.91, tendo estado inactiva, em Janeiro de 1994 iniciou a actividade e como tal deveria ter feito parte do grupo;

4. No exercício de 1995, deveria ter sido requerida a renovação da autorização até 30 de Abril de 1995, para a empresa "Vitoriana – Comércio de Automóveis, Lda., detida a 100 % desde 20.11.92 e que tendo estado inactiva, exerceu naquele exercício a actividade e por conseguinte deveria ter feito parte do grupo;

5. A tributação do grupo pelo lucro consolidado caducou no ano de 1995, por violação do disposto no n.º 7 do art. 59.º do CIRC;

6. Do modelo DC 22, 03998023010, consta a seguinte fundamentação: "O D.C. 22 resulta do facto de se ter verificado a caducidade na aplicação do regime de tributação pelo lucro consolidado do Grupo SESACLA – Soc. Gestora de Participações Sociais, S.A., com a inerente passagem ao regime geral de tributação de todas as sociedades que a integravam.

Linha 1 do quadro 20 – Considerou como custo extraordinário do exercício (linha 8.2 do quadro 28), em vez de custo diferido a integrar no imobilizado, a quantia de 1 500 000$00 respeitante a indemnização paga a um inquilino de prédio pertencente ao seu imobilizado e que, segundo a fotocópia do documento de "acordo", fornecido a solicitação verbal, seria objecto de obras de reconstrução total";

7. Da informação que esteve na base do indeferimento da reclamação graciosa consta (fls. 67 a 70) que: Os fundamentos da correcção basearam-se no seguinte: "No exercício de 1995 (Of. 57872 de 18/11/96 e Of. 42252 de 24/07/98 da DSIRC) verificou-se a caducidade da autorização para a Tributação do Grupo pelo Lucro Consolidado pelo não cumprimento ao disposto no n.º 7 do art. 59.º do CIRC, nomeadamente não ter requerido a renovação da autorização até 30/04/94, uma vez, que a sociedade Dispetro – Distribuição Comércio de Produtos Petrolíferos, Lda. detida a 90% desde 91/11/07, tendo estado inactiva, iniciou a actividade em Janeiro de 1994 e como tal deveria ter feito parte do grupo. Deveria igualmente até 95/04/30, ter requerido a renovação autorização, para inclusão da empresa Vitoriana – Comércio de Automóveis, Lda., detida a 100% desde 1992/11/20 e que tendo estado inactiva, exerceu naquele exercício actividade e, por conseguinte deveria ter feito parte do grupo»

8. No exercício de 1995, e na sequência da decisão da caducidade da autorização à impugnante, foi o lucro tributável corrigido para 54 509 948$00;

9. Os serviços fiscais da DGCI procederam à liquidação adicional n.º 8310015975, de IRC relativa ao ano de 1995 e respectivos juros compensatórios, no montante total de 32 067 330$00 (159 951,17 €).

3.1. A sentença recorrida sustenta que:

– que o acto questionado está fundamentado pois que tendo a impugnação judicial por base a liquidação adicional de IRC 1995 e tendo a impugnante conhecimento prévio da declaração de caducidade da autorização do lucro consolidado, por comunicação anterior, estava na posse de todos os elementos que lhe permitiam conhecer as razões de facto e de direito da decisão (fls. 247);

– a divergência na fundamentação das decisões dos processos de reclamação basearam-se nos mesmos factos e direito tendo sido, no entanto, proferidas por órgãos diferentes sendo diferente a explanação das mesmas (fls. 248);

– a Lei 65/90 define o objecto, o sentido e extensão da autorização legislativa pelo que não se verifica a inconstitucionalidade da alínea c) do n.º 1 do art.º 25.º da Lei 65/90 e no que respeita à questão da inconstitucionalidade do DL n.º 251-A/91, de 16-7, se o diploma autorizado se contém nos parâmetros da Lei n.º 65/90 – como resulta do exposto o referido DL não sofre de inconstitucionalidade derivada (fls. 249);

– da análise dos n.os 6 a 9 do art.º 59.º e 60.º do CIRC resulta que não estamos perante a criação de impostos nem perante a aplicação retroactiva de impostos pelo que não ocorre inconstitucionalidade das referidas normas quer material quer orgânica (cfr. fls. 251);

– a impugnante não assaca vícios à liquidação adicional pois que apenas alega que o acto tributário está eivado de ilegalidade porque não estavam reunidos os pressupostos previstos no art.º 59.º n.º 7 do CIRC que levaram à caducidade da autorização do regime do lucro consolidado pelo que se os actos constantes dos despachos, que declararam a caducidade, não foram oportunamente atacados constituem caso resolvido não podendo os seus eventuais vícios ser questionados no âmbito da impugnação da liquidação a que se reportam os presentes autos (fls. 252 e 253).

3.2. Conforme sustenta o EMMP não ocorre a suscitada omissão de pronúncia pois que a sentença recorrida fundamenta o não conhecimento das questões a que se reporta o recorrente nas conclusões 6ª, 7ª, 8ª e 9ª, das alegações.

Com efeito ao afirmar que os eventuais vícios, referentes ao acto que declarou a dita caducidade da autorização de tributação pelo lucro consolidado são inerentes a tal acto e não do acto da liquidação imediatamente está a demonstrar a impossibilidade de conhecer de tais eventuais vícios na impugnação do acto tributário da liquidação a que se reportam os presentes autos.

Por isso, ao referir que deles não pode conhecer, a sentença em apreciação tomou posição sobre os mesmos pelo que não ocorre nulidade por omissão de pronúncia.

3.2. Notificado o recorrente do despacho do Ex.mo Relator de fls. 285 V.º para "sob pena de, nessa parte, não se conhecer do recurso, ... indicar com rigor, referindo o respectivo número de folha que constituem, os documentos a que se reporta a conclusão 2ª, que devendo sê-lo, não lhe foram notificados" nada disse o recorrente.

Aplicando a cominação a que se refere o dito despacho não pode este STA conhecer das questões a que se reportam as conclusões 1ª a 4ª.

Por isso torna-se desnecessário apreciar a questão tal como o EMMP a perspectiva ao afirmar que os doc. de fls. 12 a 114 foram juntos pela recorrente, que os de fls. 121 a 123 teve ela conhecimento, como resulta do seu teor e do seu endereço e que os doc. de fls. 159-232 são cópia da reclamação graciosa deduzida pela recorrente.

3.3. Sustenta o recorrente na conclusão 5ª que "a mera referenciação numérica dos documentos utilizados na formação da convicção do tribunal não satisfaz o disposto nos art.s 123.º, n.º 2, do CPPT, e 65.º, n.º 2, do CPC, v.g. quanto à análise crítica das provas, e à especificação dos fundamentos que foram decisivos para a convicção do julgador e à fundamentação da decisão pelo que, também por esta razão, a sentença enferma de nulidade".

Tal vício, suscitado pelo recorrente, não integra nulidade da sentença pois que constitui, diversamente, mera irregularidade a qual não afecta a validade formal da sentença.

Do exposto resulta que improcede a dita conclusão.

3.4. No mais é de confirmar a sentença recorrida pois que a mesma se integra em corrente jurisprudencial consolidada deste STA enquanto sustenta que o acto administrativo de natureza fiscal que declarou a caducidade da autorização para a tributação do grupo pelo lucro consolidado constitui caso resolvido, por falta de impugnação autónoma, e que, por isso, os eventuais vícios que o mesmo comporte não podem servir de fundamento à impugnação do acto tributário da liquidação que na sequência daquele foi praticado.

Com efeito notificado o impugnante da caducidade da autorização para aplicação do citado regime de consolidação podia questionar tal acto com os eventuais vícios de que o mesmo sofresse.

Estamos por, isso, perante situação concreta que já foi apreciada por diversas vezes neste STA tendo merecido sempre a mesma solução (cfr. STA 10-07-2002, Rec. 531, 2-10-2002, Rec. 528-02, 2-10-2002, Rec. 775-02 e 6-11-2002, Rec. 533-02).

Por nos merecer total acolhimento acompanha-se tal jurisprudência.

Na verdade foi a dita declaração de caducidade da tributação pelo lucro consolidado que levou a AT a efectuar a liquidação aqui impugnada.

E nos presentes autos de impugnação pretende-se a anulação desta liquidação e não do acto que declarou aquela caducidade.

A presente impugnação do acto de liquidação foi deduzida com fundamento em vícios do acto que declarou a caducidade de despacho anterior, autorizando a tributação pelo lucro consolidado das empresas que constituíam o grupo de sociedades. O acto administrativo que declarou essa caducidade e originou as correcções que vieram a ser introduzidas foi notificado à recorrente, como consta da matéria de facto provada.

E o mencionado acto administrativo que declarou a caducidade da anterior autorização de tributação pelo lucro consolidado, estabilizou-se, fixando-se na ordem jurídica como caso decidido ou resolvido.

Não podia o impugnante, ao questionar os actos de liquidação resultantes de ter deixado de vigorar a autorização de tributação pelo lucro consolidado, fazê-lo com base num suposto direito a tributação por esse mesmo regime.

É que o dito acto constitui um acto administrativo autónomo, contenciosamente impugnável, e não um acto interlocutório inserido no mesmo procedimento em que foram praticados os de liquidação impugnados, motivo por que não tem aqui aplicação o princípio da impugnação unitária pelo que fundando-se a petição de impugnação em vícios que não são próprios do acto de liquidação impugnado, mas em vícios de outro acto, anterior e distinto, e sindicável de modo autónomo, a impugnação estava, desde logo, votada ao insucesso, pois nunca os alegados vícios de um acto podiam levar à anulação de outros, diferentes, como é o caso das liquidações.

Com efeito os ditos vícios de violação de lei só poderiam levar à anulação desse acto se o mesmo tivesse, autonomamente, sido questionado, através do adequado recurso contencioso, perante o tribunal competente.

Daí que a anulação da liquidação impugnada só poderia ocorrer perante vícios próprios da liquidação ou de actos anteriores, inseridos no mesmo procedimento, que a inquinassem.

Assim sendo o recurso não merece provimento.

4. Nos termos expostos nega-se provimento ao recurso.

Custas pelo recorrente fixando-se em 60% a procuradoria.

Lisboa, 29 de Junho de 2005.

António Pimpão (relator)
Jorge de Sousa
Brandão de Pinho

Recurso n.º 39/05-30

Tribunal Central Administrativo

1.ª Secção (Contencioso Administrativo)

ACTO DE GESTÃO PÚBLICA. COMPETÊNCIA DOS TRIBUNAIS ADMINISTRATIVOS. (ART. 51.º, N.º 1, AL. H), DO ETAF).

(Acórdão de 14 de Abril de 2005)

SUMÁRIO:

I – São actos de gestão pública os que se compreendem no exercício de um poder público, integrando eles mesmos a realização de uma função pública, independentemente de envolverem ou não o exercício de meios de coerção e independentemente de envolverem ou não ainda regras, técnicas ou de outra natureza, que na prática dos actos devam ser observadas.

II – Configura-se como de gestão pública a decisão de transferência e a atribuição de tarefas à Autora (Santa Casa da Misericórdia de Lisboa), dada a natureza da relação de emprego, que é regulada por normas próprias do funcionalismo público e estando em causa normas de direito público.

III – À causa de pedir na acção indemnizatória descrita em II subjaz, assim, uma relação jurídica administrativa, portanto uma actuação de gestão pública fundamentadora da competência dos tribunais administrativos.

ACORDAM NO 2.º JUÍZO DO TCA – SUL

A recorrente, Santa Casa da Misericórdia, tendo sido notificada do despacho que admitiu o recurso de agravo interposto com fundamento em incompetência em razão da matéria do TACL, para decidir da acção de responsabilidade civil extracontratual, que lhe foi movida pela Autora, veio apresentar as suas alegações de fls. 3 e ss, com as respectivas conclusões de fls. 10 13, que de seguida se juntam por fotocópia extraída dos autos.

(.......................................)

A fls. 15 veio apresentar as suas contra-alegações, com as respectivas conclusões de fls. 25 a 28, que de seguida se juntam por fotocópia extraída dos autos.

(.......................................)

No seu douto e fundamentado parecer de fls. 105 a 106, o Sr. Procurador-Geral Adjunto entendeu que deve negar-se provimento ao recurso.

A questão que importa resolver é a da competência, em razão da matéria, dos tribunais judiciais ou dos administrativos para julgar a acção de indemnização que a Autora, ora recorrida, propôs, em sede de responsabilidade civil extracontratual, contra a Ré, a Santa Casa da Misericórdia de Lisboa.

Neste domínio, compete à jurisdição administrativa, por disposição expressa da lei (art.s 212.º, n.º 3, da CRP e 51º, n.º 1, al. h) do ETAF), conhecer das acções sobre responsabilidade civil do Estado, dos demais entes públicos e dos titulares dos seus órgãos e agentes por prejuízos decorrentes de *actos de gestão pública*, cabendo aos tribunais judiciais (cfr. art.º 66.º, do CPC) conhecer dessas acções se, porventura, tais prejuízos emanarem de *actos de gestão privada*.

Entendemos que o tribunal competente em razão da matéria é o TACL.

Na verdade, e como bem refere o Mm.º juiz «a quo», no seu douto despacho saneador, onde apreciou a excepção, a competência dos tribunais administrativos em matéria de acções para efectivação de responsabilidade civil extracontratual é fixada no art.º 51.º, n.º 1, al. h), do ETAF, no qual se lhes atribui a competência para conhecer «Das acções sobre responsabilidade civil do Estado, dos demais entes públicos e dos titulares dos seus órgãos e agentes por prejuízos decorrentes de actos de gestão pública, incluindo acções de regresso».

Acresce que o art.º 25.º dos Estatutos da Santa Casa da Misericórdia de Lisboa consagrou, no âmbito do regime jurídico do pessoal, como regime geral o de o direito privado constante do regime jurídico do contrato individual de trabalho, permitindo que o pessoal com vínculo definitivo à data da entrada em vigor dos Estatutos pudesse optar definitivamente por esse regime (art.º 26.º).

Porém, garantindo a esse pessoal, com vínculo definitivo, que não fizesse tal opção, a manutenção de todos os direitos e regalias de que era titular e enquadrado em quadro a criar, especificamente, para o efeito, cujos lugares serão extintos à medida que vagarem. (art.º 27.º).

Ora, face a este preceito e dada a não opção da Autora por um regime de contrato individual de trabalho, há que concluir que o regime jurídico que se lhe aplica é o de emprego público, sendo a sua forma de vínculo a de nomeação por tempo indeterminado (cfr. art.s 5.º e 6.º, do DL n.º 427/89, de 07-12), o que, aliás, é consensual, entre as partes, em termos de facto.

Assim sendo, a relação jurídica de emprego tem por base um acto unilateral da administração (v. art.º 4º, n.º 1, do referido Diploma legal).

Daí que o pedido de indemnização dos invocados prejuízos decorrentes da alegada actuação da Ré, Santa Casa da Misericórdia, ao não atribuir à Autora funções próprias da sua categoria de educadora de infância e ao atribuir-lhe um lugar de trabalho sem condições dignas, se deva considerar como sujeito ao regime da responsabilidade civil extracontratual e não da contratual.

E, sendo essa relação de emprego regulado por normas próprias do funcionalismo público, estão em causa normas de direito público, pelo que a nosso ver se trata, claramente, de *actos de gestão pública.*

Todavia, como decorre da norma já citada do art.º 51.º, n.º 1, al. h), do ETAF, a competência do TAC é fixada em relação às acções de responsabilidade civil do Estado, demais entes públicos e dos titulares dos seus órgãos e agentes, por prejuízos decorrentes de actos de gestão pública.

Acresce que, no domínio do recurso contencioso de anulação, o TAC goza de competência para conhecer dos actos administrativos praticados pelas pessoas colectivas de utilidade pública administrativa (actos que o Prof. F. do Amaral, Direito Administrativo, vol. III, ed. De 1989, pág. 73, entende não serem verdadeiros actos administrativos, precisamente, por não emanarem de um ente público), como expressamente estipula a al. c), do citado art.º 51º, n.º 1, do ETAF).

Ora, cremos que as mesmas razões que aconselharam tal solução legal, impõem que a responsabilidade civil emergente de actos de gestão pública praticados por pessoas colectivas de utilidade pública administrativa seja apreciada pelos órgãos da jurisdição administrativa.

Conclui-se, assim, que os tribunais administrativos são materialmente competentes para conhecer da presente acção, pelo que improcede a excepção dilatória de incompetência absoluta, pelo que o TACL é o competente em razão da matéria. (Cfr., entre outros, o Ac. do STA, de 02-02-2005, Rec. n.º 026/03).

Abordou, ainda, a R, ainda que sem o destaque próprio, uma outra excepção, esta classificável de peremptória – a de não ter sido interposto pela A. recurso hierárquico da deliberação da Mesa n.º 1071, de 18-07-91, que indeferiu o pedido indemnizatório que directamente endereçou, e, caso a decisão de tal recurso lhe fosse desfavorável, recurso contencioso, antes se conformando com a definição de direito da R., formando-se caso resolvido.

Na réplica, a Autora opôs-se.

Entendemos que a Ré tem razão.

Efectivamente, a falta de recurso hierárquico ou contencioso da deliberação da Mesa que recusou a satisfação do pedido de atribuição de uma indemnização não fez extinguir o direito accionado, não constituindo, por conseguinte, um facto extintivo, que conduza à improcedência da acção.

Pelo exposto, é improcedente tal excepção peremptória inominada.

DECISÃO:

Acordam os Juízes do TCA, em conformidade, em julgar o TACL competente em razão da matéria.

Sem custas.

Lisboa, 14 de Abril de 2005

António Forte
Carlos Araújo
Fonseca da Paz

Recurso n.º 11 315/02/A

APOSENTAÇÃO ANTECIPADA. DETERMINAÇÃO DO REGIME APLICÁVEL. DEC. LEI N.º 116/85 DE 19 DE ABRIL. DECLARAÇÃO DE INEXISTÊNCIA DE PREJUÍZO PARA O SERVIÇO.

(Acórdão de 21 de Abril de 2005)

SUMÁRIO:

I – **A determinação do regime de aposentação é efectuada pela Caixa Geral de Aposentações com base na lei em vigor, independente das normas indicadas pelo interessado no respectivo requerimento.**

II – **A declaração de inconstitucionalidade do artigo 9.º da Lei n.º 32-B/2003 pelo Acórdão do T.C. n.º 360/2003, determinou a repristinação do regime jurídico constante do Dec. Lei n.º 116/85, de 19 de Abril.**

III – **Se, do pedido de aposentação antecipada efectuada ao abrigo do Dec. Lei n.º 116/85, de 19 de Abril, não constar a declaração de inexistência de prejuízo para o serviço, deverá a Caixa Geral de Aposentações providenciar no sentido da junção da mesma pelo serviço respectivo.**

ACORDAM NO 2.º JUÍZO DO TCA – SUL

1. RELATÓRIO

Olga Maria Cartaxo Santana Casaca, funcionária pública em serviço no 3.º local das Finanças da Amadora, intentou no TAF de Sintra acção administrativa especial, contra a Caixa Geral de Aposentações, em face do indeferimento do seu pedido de aposentação antecipada, datado de 31.10.2003.

Os Mmo. Juízes do TAF de Sintra, por Acórdão de 21.06.2004, julgaram a acção procedente e, verificando que a autoridade demandada não chegou a conhecer do mérito do pedido, condenaram a mesma autoridade a praticar acto administrativo "que aprecie e decida o pedido de aposentação antecipada, formulado pela A., de acordo com a legislação em vigor".

É de tal decisão que vem interposto o presente recurso jurisdicional pela C.G.A. que, nas conclusões das suas alegações sustenta ter havido por parte do acórdão recorrido, violação do disposto no artigo 43.º n.º 1, alínea a) do Estatuto da Aposentação, bem como do princípio do aproveitamento dos actos administrativos.

A recorrida contra-alegou.

O Digno Magistrado do Ministério Público não emitiu parecer sobre o mérito do recurso.

2. MATÉRIA DE FACTO

O acórdão recorrido considerou provada a seguinte factualidade relevante:

a) A autora é funcionária pública desde 18 de Março de 1967– acordo.

b) Por requerimento/nota biográfica de 3 de Junho de 2003, a autora deduziu o pedido de aposentação antecipada – doc. fls. 18 e 19, que se por integralmente reproduzido.

c) À data do pedido assente na alínea anterior, a autora possuia mais de 36 anos completos de serviço e mais de 55 anos de idade.

d) A autora emitiu declaração de honra, comprometendo-se a não exercer qualquer actividade de consultadoria ou procuradoria na área tributária – doc. fls. 20.

e) Em 20.06.2003, foi elaborada a Informação n.º 483/03, pela Técnica Superior Verónica Domingues, da Direcção de Serviços de Gestão de Recursos Humanos, sobre o pedido de aposentação da autora, tendo-se considerado que o pedido reunia as condições necessárias para merecer deferimento, nos termos do disposto no artigo 37.º A do Dec-Lei n.º 498/72, de 9.12, alterado pela Lei n.º 32-B-03 de 30.12 ¾ doc. fls. 16;

f) Em 4.07.03, foi emitido despacho de concordância da Subdirectora Geral, por delegação de competências do Director Geral da Direcção de Serviços de Gestão dos Recursos Humanos, da D.G.I., autorizando a autora a aposentar-se;

g) Por ofício de 15.07.03, da Direcção de Serviços de Gestão dos Recursos Humanos, dirigido ao Chefe de Serviço de Pessoal da C.G.A., relativamente ao pedido de aposentação da autora, foi comunicado que "foi autorizada a aposentar-se ao abrigo do art.º 37º-A do Dec. Lei 498/72, de 9.12 (E.A.), aditado pela Lei n.º 32-B//2002 de 30.12" e enviado o requerimento de aposentação, acompanhado de nota biográfica" – doc. fls. 15;

h) Em 31.10.2003, os Directores da C.G.A., por delegação de poderes do Conselho de Administração, deliberaram indeferir o pedido de aposentação antecipada requerido pela autora, concordando com os termos da Informação do Chefe de Serviço SAC-3 da C.G.A., emitida na mesma data, no sentido de "O subscritor solicitou a aposentação antecipada, o que só era possível ao abrigo do artigo 37º-A do Estatuto da Aposentação, aditado pelo artigo 9.º n.º 2 da Lei n.º 32-B/2003, de 30 de Dezembro (Orçamento de Estado para 2003). Uma vez que o Tribunal Constitucional, através do Acórdão n.º 360/2003, declarou a inconstitucionalidade, com força obrigatória geral, das normas constantes dos números 1 a 8 do artigo 9.º da referida Lei n.º 32-B/2002, aquele artigo 37º-A não tem, precisamente, existência legal" – cfr. doc. fls. 19 do processo instrutor;

i) Por ofício datado de 3.11.2003, da Caixa Geral de Aposentações, dirigido à Direcção Geral de Impostos, foi comunicado que, por despacho de 31.10.03 da Direcção da CGA, ao abrigo d delegação de poderes, foi indeferido o pedido de aposentação antecipada formulado pela autora;

j) Por ofício de 17.12.2003 da Direcção de Finanças de Lisboa, recebido em 20.11.2003 na 3ª Repartição de Finanças da Amadora, foi comunicado ao Chefe de Serviço da Amadora-3, a deliberação da CGA sobre o indeferimento do pedido de aposentação antecipada da autora – doc. fls. 26;

k) Em 25.11.2003, a autora interpôs recurso hierárquico facultativo dirigido à Ministra das Finanças, no sentido de ser revogado o acto de indeferimento da aposentação;

l) Em 24.11.2003, a autora deduziu novo pedido de aposentação antecipada; – doc. fls. 79 a 82;

m) Nos termos da Informação n.º 09/04 da Direcção de Serviços de Gestão de Recursos Humanos, da Direcção Geral dos Impostos, do Ministério das Finanças, em 9.01.2004, foi pela Subdirectora Geral, por delegação de competências do Director Geral, emitido despacho de indeferimento do pedido de aposentação da autora, assente em l) – doc. fls. 73 a 76;

n) Em 20.02.04, a autora deduziu a presente acção administrativa especial.

3. DIREITO APLICÁVEL

A decisão recorrida concluiu pela procedência da presente acção administrativa especial, anulando o acto de indeferimento do pedido de aposentação antecipada formulado pela autora, com base na violação do n.º 1 do artigo 282.º da Constituição da República Portuguesa e do regime instituído pelo Dec. Lei n.º 116/85, de 19 de Abril.

Para tanto, considerou, nomeadamente, que a autora não indicou no requerimento de aposentação, qual o regime jurídico em que o mesmo se baseava ou que considerava aplicável, mas que pelo ofício endereçado à Caixa Geral de Aposentações foi indicado ter sido autorizada a aposentação antecipada da autora, com base no disposto no artigo 37º-A do Dec-Lei n.º 498/72, de 9 de Dezembro, alterado pela Lei n.º 32-B/2003, de 30 de Dezembro.

Prosseguiu a sentença recorrida, observando que a C.G.A veio a indeferir o pedido de aposentação com o fundamento de o normativo que serviu de base ao pedido ter sido eliminado da ordem jurídica, pelo que, inexistindo, não poderia, na óptica da C.G.A., ser deferido tal pedido, de onde resultou que a autoridade demandada não chegou a conhecer do mérito da questão, ou seja, não se pronunciando, como era seu dever, sobre se a autora reunia ou não os requisitos para que fosse deferido o seu pedido de aposentação antecipada, nomeadamente face ao regime jurídico aprovado pelo Dec-Lei n.º 116/85, de 19 de Abril.

Considerou, ainda, a decisão "a quo", que, tendo o Acórdão do Tribunal Constitucional n.º 360/2003, proferido no proc. 13/2003, declarado inconstitucionais, com força obrigatória geral, as normas constantes dos números 1 a 8 do artigo 9.º da Lei n.º 32-B/2003, de 30 de Dezembro, foi reposta a vigência do Dec-Lei n.º 116/85, de 19 de Abril, por repristinação.

Deste modo, não indicando embora a autora qual o regime jurídico aplicável ao seu pedido, mas decorrendo dos autos que o mesmo fora autorizado pelo seu serviço ao abrigo do art. 37º-A do E.A., caberia à C.G.A., como entidade decisora, determinar o regime em vigor (o indicado ou outro). Pretendendo contrariar este entendimento, a C.G.A. alega que a A. solicitou, em 3.06.03, a sua aposentação antecipada, ao abrigo do artigo 37º-A do Dec-Lei 498/72, de 9 de Dezembro, alterado pela Lei n.º 32-B/2003, de 30 de Dezembro, e que à data em que foi proferido o despacho da C.G.A. a indeferir expressamente o pedido de aposentação formulado, já havia sido publicado o Acórdão do Tribunal Constitucional n.º 360/ /2003, pelo qual o artigo 37º-A, aditado pela Lei n.º 3-B/ /2002, de 30 de Dezembro, foi *erradicado da ordem jurídica*, pelo que não restava outra alternativa que não fosse o indeferimento expresso do pedido, nos termos do artigo 43.º n.º 1 do Estatuto da Aposentação.

Acresce que, conclui ainda a C.G.A., posteriormente ao indeferimento expresso referido, a autora requereu nova aposentação, desta vez ao abrigo do Decreto-Lei n.º 116/85, de 19 de Abril, tendo o serviço onde exerce funções recusado emitir a declaração de inexistência de prejuízo para o serviço, pelo que também por esta via o pedido de aposentação da autora ao abrigo do Dec. Lei n.º 116/85, de 19 de Abril, seria indeferido.

Consequentemente, conclui a C.G.A., a sentença recorrida violou o artigo 43.º n.º 1, alínea a) do Estatuto da Aposentação bem como o princípio do aproveitamento dos actos administrativos.

É esta a questão a analisar.

Como é sabido, a Lei 32-B/2002, de 30 de Dezembro (Orçamento do Estado para 2003), preceituou no n.º 2 do seu artigo 9.º o seguinte:

É aditado um artigo 37º-A ao Estatuto da Aposentação, aprovado pelo Dec. Lei n.º 498/72, de 9 de Dezembro, com a seguinte redacção:

"Artigo 37º-A. Aposentação antecipada.

1. Os subscritores da Caixa Geral de Aposentações que contem, pelo menos, 36 anos de serviço, podem, independentemente de submissão a Junta Médica, e sem prejuízo da aplicação do regime da pensão unificada, requerer a aposentação antecipada".

E o n.º 3 do mesmo diploma determinou, igualmente, a revogação do Decreto-Lei n.º 116/85, de 19 de Abril.

Ora, o referido Acórdão do Tribunal Constitucional n.º 360/2003, de 8 de Julho veio declarar a inconstitucionalidade do art.º 9.º da Lei n.º 32-B/2002, pela seguinte forma: "Nestes termos, o Tribunal decide declarar a inconstitucionalidade, com força obrigatória geral, das normas constantes dos números 1 a 8 do artigo 9.º da Lei n.º 32-B/2002, por violação do direito das associações sindicais à participação na elaboração da legislação do trabalho, previsto na alínea a) do n.º 2 do artigo 56.º da Constituição".

Os efeitos da declaração de inconstitucionalidade são os previstos no artigo 282.º da C.R.P., que dispõe: "A declaração de inconstitucionalidade ou de ilegalidade com força obrigatória geral produz efeitos desde a entrada em vigor da norma declarada inconstitucional ou ilegal e *determina a repristinação das normas* que ela, eventualmente, haja revogado" (sublinhado nosso).

A repristinação traduz-se na *reentrada* em vigor das normas revogadas pela norma declarada inconstitucional, portanto, neste caso, pela reentrada em vigor do Decreto-Lei n.º 116/85, de 19 de Abril.

E a repristinação decorre automaticamente da declaração de inconstitucionalidade, pelo que o Tribunal Constitucional não tem de decidir "expressis verbis" efeitos repristinatórios, nem tem de especificar quais as normas repristinadas (cfr. Gomes Canotilho, "Direito Constitucional e Teoria da Constituição", Almedina, 1997, p. 903).

Em face destes princípios, a C.G.A. não podia, pura e simplesmente, indeferir o pedido, sob o pretexto de que o artigo 37.º A do Estatuto da Aposentação foi eliminado da ordem jurídica, mas antes tomar conhecimento do mesmo ao abrigo do Dec. Lei n.º 116/85, de 19 de Abril.

Ou seja, e como diz a sentença recorrida, "impunha-se à Caixa Geral de Aposentações apreciar o pedido de aposentação antecipada formulado pela autora face ao regime do Dec. Lei n.º 116/85, emitindo uma pronúncia expressa sobre a verificação ou não dos seus pressupostos".

Ainda que autora, no seu requerimento de aposentação antecipada, indicasse um determinado regime jurídico e o mesmo não fosse o aplicável, deveria a C.G.A., na sua qualidade de entidade administrativa competente, corrigir o eventual erro jurídico, apreciando a pretensão à luz do normativo aplicável ao caso concreto.

E note-se, aliás, que a autora deduziu novo pedido de aposentação antecipada (fls. 79 a 82), no sentido de esclarecer, expressamente, que o pedido era formulado "ao abrigo das disposições contidas no Dec. Lei n.º 116/85, de 19 de Abril", comprometendo-se a requerente a "não exercer qualquer actividade de consultadoria ou procuradoria na área tributária".

O que, aliás, era desnecessário, face ao que anteriormente ficou dito.

Finalmente, apresenta a C.G.A. um último argumento: o de que o serviço da interessada, em parte alguma, declarou ou sustentou a não existência de prejuízo para o serviço na aposentação da autora, requisito essencial para o deferimento do pedido ao abrigo do Decreto-Lei n.º 116/85.

Ao fazê-lo, afinal, a C.G.A. aceita a aplicação do Decreto-Lei n.º 116/85 ao caso concreto e, assim sendo, em nome da verdade material e do princípio da boa fé, deveria esclarecer tal situação, solicitando a informação respectiva ao serviço de origem, relativa à existência ou inexistência de prejuízo para o serviço.

E isto porque, como é evidente face ao regime previsto no Dec-Lei n.º 116/85, de 19 de Abril, a obtenção da declaração de *inexistência de prejuízo para o serviço da requerente* não pode ser suprida pela autora, visto que depende de pronúncia pelo serviço da autora, complementada por despacho do membro do Governo competente, o qual, concordando, determinava o seu envio à Caixa Geral de Aposentações.

E não resulta dos autos que a referida declaração tenha sido recusada, mas apenas que a mesma deles não consta.

Bem andou, pois, a decisão recorrida, ao concluir ter existido violação, por parte da C.G.A., do disposto no n.º 1 do artigo 282.º da C.R.P. e do regime jurídico aprovado pelo Dec. Lei n.º 116/85, de 19 de Abril, assim condenando a entidade demandada à prática de acto administrativo que aprecie e decida o pedido de aposentação formulado nos autos.

4. DECISÃO

Em face do exposto, acordam em negar provimento ao recurso e em confirmar a decisão recorrida.

Custas pela entidade demandada, fixando a taxa de justiça em 5 UC e o mínimo de procuradoria (artigo 73-D n.º 3 do Código das Custas Judiciais).

Lisboa, 21 de Abril de 2005

as.) António de Almeida Coelho da Cunha (Relator)
Maria Cristina Gallego dos Santos
Teresa Maria Sena Ferreira de Sousa

Recurso n.º 00492/04

ASSISTENTE ADMINISTRATIVO DO QUADRO DE VINCULAÇÃO DISTRITAL DOS TRABALHADORES NÃO DOCENTES DOS ESTABELECIMENTOS DE ENSINO NÃO SUPERIOR. NOMEAÇÃO COMO ASSISTENTE ADMINISTRATIVO. INCOMPATIBIL IDADES. (ART. 78.º, 1, DO EA, E ART. 29.º, 2, AL. E), DO DL N.º 204/98, DE 11-07). NULIDADE.

(Acórdão de 19 de Maio de 2005)

SUMÁRIO:

I – Só podem ser admitidos a concurso os candidatos que satisfaçam os requisitos gerais de admissão a concurso e provimento em funções públicas, bem como os requisitos especiais legalmente exigidos para o provimento dos lugares a preencher.

II – São requisitos gerias de admissão a concurso e provimento em funções públicas:
Não estar inibido do exercício de funções públicas ou interdito para o exercício das funções a que se candidata.

III – Os aposentados ou reservistas das FA não podem exercer funções públicas ou prestação de trabalho remunerado nas empresas públicas, excepto se se verificarem algumas das seguintes circunstâncias: a) quando exerçam funções em regime de prestação de serviços, nas condições previstas na al. a), do n.º 2, do art.º 1.º; b) quando haja lei que o permita: c) quando, sob proposta do membro do Governo que tenha poder hierárquico ou tutela onde prestará o seu trabalho o aposentado ou reservista, o Primeiro-Ministro, por despacho, o autorize.

IV – A entidade recorrida revogou o despacho de nomeação do recorrente, por o mesmo estar inibido do exercício de funções públicas, até porque está aposentado, não podendo, por isso mesmo, exercer funções públicas.

V – Sendo a inexistência de inibição do exercício de funções públicas requisito para ser nomeado funcionário público, o despacho que nomeia funcionário em violação de tal imposição é nulo, nos termos do art.º 133.º, 1, e 2, al. c), parte final.

VI – Elementos essenciais, no sentido do n.º 1, do art.º 133.º, do CPA – cuja falta determina a nulidade do acto administrativo – seriam, pois, todos aqueles que se ligam a momentos ou aspectos legalmente decisivos e graves dos actos administrativos, além daqueles a que se refere já o seu n.º 2.

ACORDAM NO 2.º JUÍZO DO TCA – SUL

O recorrente, António da Costa Rodrigues Moreno, veio interpor recurso contencioso de anulação do despacho, de 26-01-2001, da entidade recorrida.

A fls. 33 e ss, foi proferida douta sentença, datada de 31-01-02, pela qual foi negado provimento ao recurso.

Inconformado com a sentença, o recorrente veio dela interpor recurso jurisdicional, apresentando as suas alegações, de fls. 47 e ss, com as respectivas conclusões de fls. 52 verso a 53 verso, que de seguida se juntam por fotocópia extraída dos autos.

A fls. 61, a entidade recorrida veio apresentar as suas contra-alegações, que de seguida se juntam por fotocópia extraída dos autos.

No seu douto e fundamentado parecer, de fls. 71, o Sr. Procurador-Geral Adjunto entendeu que deve conceder-se provimento ao recurso.

MATÉRIA DE FACTO:

Com interesse para a decisão, considero provados e relevantes os seguintes factos:

1º)– Em 18-02-2000, o recorrente foi nomeado assistente administrativo do quadro de vinculação do distrito de Coimbra.

2º)– Antes, o recorrente havia exercido funções, nos CTT, tendo sido aposentado compulsivamente, no âmbito de processo disciplinar que correu contra si, estando a receber a correspondente pensão.

3º)– Por despacho de 26-01-2001, publicado no DR, II Série, de 29-03-2001, a autoridade recorrida declarou sem efeito a nomeação do recorrente como assistente administrativo do quadro de vinculação do distrito de Coimbra.

4º)– A autoridade recorrida comunicou ao Director de Recursos Humanos da Direcção Regional de Educação do Centro (DRHDREC) que a nomeação do recorrente havia sido dada sem efeito, por este estar inibido do exercício de funções públicas, nos termos do art.º 88.º, do DL n.º 100/64, de 29-03, e 134.º, do CPA.

O DIREITO:

O recorrente, na conclusão 10, das sua alegações, refere que a sentença recorrida, ao considerar que se encontrava inibido para o exercício de funções públicas, sem que essa supressão da sua capacidade administrativa tivesse sido previamente declarada judicialmente, laborou em erro de interpretação do direito aplicável .

Sendo que o próprio ED, n.º seu art.º 13.º, n.º 11, não prevê a inibição para o exercício de funções públicas de funcionário ou agente que haja sido punido com demissão, antes admite nova nomeação ou contratação após a aplicação dessa pena.

Assim, a decisão recorrida violou a norma legal acabada de citar.

Entendemos que o recorrente não tem razão.

Começaremos por dizer que o recorrente não foi demitido, mas aposentado compulsivamente, implicando esta pena para o recorrente a aposentação, nos termos e nas condições estabelecidos no EA. (art.º 13.º – Efeitos das penas –, n.º 10, do ED.

A autoridade recorrida invoca a situação de aposentado do recorrente como determinando a sua incompatibilidade para exercer funções públicas.

Daqui decorreria, pois, a falta de requisito legal para a nomeação e, consequentemente, a nulidade do despacho de nomeação.

E começa por referir as normas referidas, para fundamentar um tal raciocínio.

O art.º 29.º (Requisitos de admissão), do DL n.º 204/98, de 11-07, dispõe que « 2– São requisitos gerais de admissão a concurso e provimento em funções públicas:

...

e) Não estar inibido do exercício de funções públicas ou interdito para o exercício das funções a que se candidata».

Portanto, é requisito de admissão não estar inibido do exercício de funções públicas.

E, segundo o art.º 78.º, n.º 1, do DL n.º 498/72, de 09-12, os aposentados não podem exercer funções públicos. O recorrente é aposentado, logo não pode exercer funções públicas.

O recorrente refere que a sua anterior situação profissional era abrangida pelo regime do direito privado, pelo que a sanção aplicada enquanto trabalhador, nos CTT, não pode relevar em sede de Administração Pública.

A douta sentença refere que a nomeação do recorrente foi revogada não por ter sido sancionado disciplinarmente, mas por estar inibido do exercício de funções públicas.

E esta inibição decorre da sua situação de aposentado.

O art.º 1.º, 1, do DL n.º 87/92, de 14-05, dispõe que «A empresa pública CTT, criada pelo DL n.º 49 368, de 10-11-69, é transformada pelo presente diploma em sociedade anónima de capitais exclusivamente públicos, passando a denominar-se CTT-S.A..

Nos termos do art.º 9.º-1, do mesmo Diploma legal, «Os trabalhadores e pensionistas da empresa pública CTT, S.A., mantêm perante os CTT, S.A., todos os direitos e obrigações de que foram titulares na data da entrada em vigor do presente diploma...».

No que concerne ao estatuto dos seus trabalhadores, não assiste razão ao recorrente quando diz que a sua relação de trabalho era de direito privado.

Se o fosse, não se compreenderia o motivo de descontar para a CGA, além de que não se vislumbraria razão para que os múltiplos processos dos CTT, EP, fossem instaurados nos TACs.

Sendo a inexistência de inibição do exercício de funções públicas requisito para ser nomeado funcionário público, naturalmente, que o despacho que nomeia alguém, em violação de tal imposição, é nulo.

É a sanção que a lei determina, no art.º 133.º, n.º 1, do CPA: «são nulos os actos a que falte qualquer dos elementos essenciais...».

E sendo nulo, tal nulidade pode ser declarada a todo o tempo, não estando sujeita ao regime do art.º 141.º, do CPA.

Apesar de não ter sido respeitado o artº100.º, do CPA, resulta que o direito de audiência, no caso «sub judice», era insusceptível de produzir qualquer efeito útil.

Como acima se referiu o art.º 78.º (incompatibilidades), do EA, dispõe que «1 – Os aposentados ou reservistas das FA não podem exercer funções públicas ou a prestação de trabalho remunerado nas empresas públicas, excepto se se verificarem algumas das seguintes condições:

a) Quando exerçam funções em regime de prestação de serviços...

b) Quando haja lei que o permita;

c) Quando, sob proposta do membro do Governo que tenha poder hierárquico ou tutela sobre a entidade onde prestará o seu trabalho o aposentado ou reservista, o Primeiro Ministro, por despacho, o autorize, constando no despacho o regime jurídico a que ficará sujeito e a remuneração atribuída».

Pela matéria de facto, verificamos que o recorrente declarou que não estava abrangido por quaisquer disposições legais relativas a incompatibilidades.

Daí que a entidade recorrida declarasse sem efeito a nomeação do recorrente e comunicasse esse facto à DREC, por estar inibido do exercício de funções públicas.

Entendemos que, no caso concreto, houve um comportamento ilícito e doloso, por parte do recorrente, violando, assim, gravemente, os dispositivos legais referidos (art.s 78.º, 1, do EA, e 29.º, 2, al. e), do DL n.º 204/98, de 11-07).

Por isso, entendemos que tal comportamento doloso tenha afectado a formação de vontade da Administração, o que pode reconduzir a uma ausência de vontade da Administração.

O que nos leva a reafirmar o decidido, na douta sentença, quanto à nulidade do acto. Esteves de Oliveira, Pedro Costa Gonçalves e J. Pacheco de Amorim dizem a propósito do arr.º 133.º, 1, do CPA, in Código do PA, Comentado, 3ª ed., pág. 641-642:

(...) Adoptou-se, aqui, uma solução semelhante à que ficou consagrada na lei alemã, onde se estabelece que « é nulo o acto administrativo afectado por um vício especialmente grave, desde que isso resulte evidente de uma avaliação razoável das circunstâncias a tomar em consideração», embora o Código pareça afastar-se da lei alemã, quanto à fixação do critério densificador das nulidades, que já não é o «vício grave», mas a falta de «elementos essenciais».

Podem considerar-se, contudo, serem nulos os actos administrativos que careçam de elementos, que, no caso concreto, devem considerar-se essenciais, em função do tipo de acto em causa ou da gravidade do vício que o afecta, podendo encontrar-se assim casos de nulidades similares àqueles que a cláusula geral da lei procedimental potencia. (cfr. douto Ac. do STA, de 17-02-2004, P 01572/02).

(...) «Elementos essenciais», no sentido do n.º 1, do art. 133.º, do CPA – cuja falta determina a nulidade do acto administrativo – seriam, pois, todos aqueles que se ligam a momentos ou aspectos legalmente decisivos e graves dos actos administrativos, além daqueles a que se já o n.º 2.

Daí, entendermos ser doloso e muito grave o facto de o recorrente ter declarado que não estava abrangido por incompatibilidades, o que, efectivamente, não ocorreu. (cfr. art. 133.º, 2, al. c), do CPA.

Pelo exposto, o recurso não merece provimento.

DECISÃO:

Acordam os Juízes do TCAS, em conformidade, em negar provimento ao recurso, mantendo-se a sentença, por razões diferenciadas.

Custas pelo recorrente, fixando-se a taxa de justiça, em € 150 e a procuradoria em € 75.

Lisboa, 19 de Maio de 2005

António Forte
Carlos Araújo
Fonseca da Paz

Recurso n.º 11 429/02

CARREIRA E CATEGORIA. CARREIRAS HORIZONTAIS. CATEGORIAS SEM REPORTE A CARREIRA. PROGRESSÃO CONFORME AS CARREIRAS HORIZONTAIS, DE 4/4 ANOS. ENCARREGADO DE SERVIÇO DE HIGIENE E LIMPEZA.

(Acórdão de 5 de Maio de 2005)

SUMÁRIO:

I – O art.º 4.º n.º 1 do DL 248/85 de 15.07 define carreira como "(..) o conjunto hierarquizado de categorias às quais corresponde funções da mesma natureza a que os funcionários têm acesso de acordo com a antiguidade e o mérito evidenciado no desempenho profissional".

II – O art.º 4.º n.º 2 do mesmo DL n.º 248/85 de 15.07 define categoria como "(..) a posição que os funcionários ocupam no âmbito de uma carreira, fixada de acordo com o conteúdo e qualificação de função ou funções, referida à escala salarial da função pública".

III – No art.º 38.º n.º 1 do DL n° 247/87 de 17.06, "1. São consideradas carreiras horizontais as (..)", categorias de seguida descritas, sendo que do elenco não consta a categoria de encarregado de serviço de higiene e limpeza da Administração Local.

IV – Porque se trata de uma categoria não reportada a nenhuma carreira, deverá enquadrar-se no domínio do art.º 38.º n.º 3 do DL 247/87 de 17.06, que diz: "3. A progressão nas restantes categorias que integram as carreiras referidas no n.º 1 far-se-á de harmonia com as regras definidas na lei geral para as carreiras horizontais".

V – O Anexo n.º 3 do DL 353-A/98 de 16.10, sob a epígrafe – Administração Local – Carreiras a categorias específicas, integra no quadro do "Grupo de Pessoal Auxiliar" e no quadro das "Categorias", entre outras, a categoria de encarregado de serviço de higiene e limpeza – escalões 225, 230, 235 e 245, todavia, não reportada a nenhuma carreira.

VI – O DL 412-A/98 de 30.DEZ, manteve no Anexo II (a que se refere o n.º 1 do art.º 13.º) no quadro do "Grupo de Pessoal Auxiliar" e no quadro das "Categorias", a fls. 7304-(9) DR I Série A, n.º 300, a categoria de encarregado de serviço de higiene e limpeza – escalões 235, 240, 245 e 255, não integrada em nenhuma carreira.

VII – Neste contexto, por aplicação do art.º 38.º n.º 3 do DL 247/87 de 17.06, DL 412-A/98 de 30.12, Anexo II, art.º 19.º n.º 1 e 2 a) DL 353-A/98 de 06.10, Anexo n.º 3 e DL 412-A/98 de 30.12, Anexo II, a categoria encarregado de serviço de higiene e limpeza pertencente ao Grupo de Pessoal Auxiliar no que respeita à progressão por mudança de escalão faz-se por reporte às carreiras horizontais, de quatro em quatro anos.

ACORDAM NO 2.º JUÍZO DO TCA – SUL

O Presidente da Câmara Municipal de Torres Novas, com os sinais nos autos, inconformado com a sentença proferida pelo Mmo. Juiz do Tribunal Administrativo de Círculo de Coimbra dela vem recorrer concluindo como segue:

1. Na douta Sentença recorrida ao considerar-se que a progressão na carreira do recorrente deveria ter ocorrido automática e oficiosamente três anos após 26/6/ /1996, decidiu-se erradamente porque a carreira do recorrente não é vertical e porque à carreira do recorrente não é aplicável o disposto no n.º 5 do art. 15.º do D.L. 404-A/98, de 18/12.

2. A carreira do recorrente não é vertical contrariamente ao decidido, porque tem que se dar relevância – e não se deu – ao disposto no anexo 3 referido no art.° 22 do D.L. 353-A/89, de 16/10 onde a categoria de chefe de serviços da limpeza (logo ao topo da pág. 13) figura como unicategorial.

3. A progressão na carreira do recorrente não se faz em módulos de 3 anos porque estando inserida no anexo III do DL 412-A/89, de 30/12 é do grupo de pessoal auxiliar e não de chefia de pessoal operário semiqualificado prevista no n.º 5 do art. 15.º do D.L. 404-A/98 de 18/12.

4. A solução interpretativa uniforme homologada pelo Despacho do Secretário de Estado da Administração Local em 4/2/2002 é legal e juridicamente correcta.

***

O Recorrido não contra-alegou.

***

O EMMP junto deste Tribunal Central Administrativo Sul emitiu parecer no sentido que se transcreve:

"(..)

Afigura-se-me que a douta sentença recorrida não sofre de qualquer reparo, mostrando-se irrepreensível na aplicação da lei aos factos e aderindo à tese do Ministério Público constante do parecer de fls. 32, que aqui se dá por integralmente reproduzido e sem necessidade de considerações suplementares, emite-se parecer pela confirmação da sentença e a improcedência do recurso. (..)".

***

Colhidos os vistos legais e entregues as competentes cópias aos Exmos. Senhores Juízes Desembargadores Adjuntos, vem para decisão em conferência.

***

Pelo Senhor Juiz foi julgada provada a seguinte factualidade:

1. O recorrente é funcionário do Município de Torres Novas, detendo a categoria de encarregado dos serviços de higiene e limpeza desde 26 de Junho de 1996 – cfr. termo de aceitação de nomeação junto pelo recorrente sob documento n.º 2, a fls. 8, que aqui se dá por reproduzido.

2. E tendo sido posicionado no 1° escalão, índice 225 dessa categoria, com efeitos reportados desde 26 de Junho de 1996 – cfr. recibo junto pelo recorrente sob documento n.º 3, a fls. 9, que aqui se dá por reproduzido.

3. Com data de 12 de Outubro de 2001, o recorrente dirigiu ao presidente da Câmara Municipal de torres Novas o requerimento cuja cópia constitui fls. 7 e cujo teor aqui se dá por integralmente reproduzido, referindo que «*a carreira de encarregado dos serviços de higiene é limpeza é uma carreira vertical, cuja mudança de escalão se processa de três em três anos*», *e requerendo fosse ordenada* «*a sua progressão para o 2° escalão com efeitos reportados a 26 de Junho de 1999*».

4. Sobre este requerimento o recorrente não obteve, até à data em que o presente recurso deu entrada no Tribunal, qualquer resposta.

5. Em reunião de coordenação jurídica de 25 de Setembro de 2001, a Direcção Geral das Autarquias Locais (DGAL) propôs a seguinte interpretação uniforme, que foi homologada por despacho do Secretário de Estado da Administração Local em 4 de Fevereiro de 2002:

«*Carreiras Horizontais*

As carreiras que <u>não constem do elenco de carreiras horizontais</u> do artigo 38.º do Decreto-Lei n.º 247/87, de 17 de Junho, *mas que de acordo com o disposto no* Decreto-Lei n.º 353-A/89, de 16 de Outubro, *passaram a unicategoriais, devem ser consideradas horizontais para efeitos de progressão*» – cfr. documento junto pelo recorrido sob n° 2, a fls. 17 e 18, que aqui se dá por reproduzido.

Não foram provados quaisquer outros factos com relevo para a decisão.

DO DIREITO

Tendo como ponto de partida o facto provado quanto ao ora Recorrido, de que detém a categoria de encarregado dos serviços de higiene e limpeza da CM de Torres Novas desde 26 de Junho de 1996, cumpre conhecer da violação primária de lei substantiva assacada à sentença nas seguintes questões:

1. a carreira é vertical ou horizontal .... ítens 1 e 2 das conclusões de recurso;

2. qual o regime de progressão .... ítens 3 e 4 das conclusões de recurso.

***

O discurso jurídico fundamentador em sede de sentença recorrida é o seguinte:

"(..)

IV. O DIREITO

Em 12 de Outubro de 2001, o recorrente dirigiu ao presidente da Câmara Municipal de Torres Novas requerimento no qual requer o seu reposicionamento na carreira (progressão para o 2° escalão) com efeitos reportados a 26 de Junho de 1999, alegando que a sua carreira é vertical e como tal, a mudança de escalão processa-se automática e oficiosamente de três em três anos, não tendo, até à data em que o presente recurso deu entrada no Tribunal, obtido qualquer resposta.

Alega, com razão, que nos termos conjugados do disposto no n.º 1 do artigo 9.º e dos n.ºs 1 e 2 do artigo 109.º do CPA, se formou um acto de indeferimento tácito sobre o requerido.

Invocando o direito à remuneração pelo escalão superior, pede a anulação do acto que indefere o seu pedido de progressão, por considerar que o mesmo viola o disposto no artigo 59.º, n.º 1, al. a) da Constituição da República Portuguesa (CRP) e as disposições contidas nos artigos 3.º, 4.º, 19.º, n.º 2 e 20.º do D.L. n.º 353-A/89, de 16 de Outubro.

O presidente da Câmara Municipal de Torres Novas apenas se limita a defender que agiu de acordo com a interpretação uniforme da Direcção Geral das Autarquias Locais (DGAL), homologada por despacho do Secretário de Estado da Administração Local em 4 de Fevereiro de 2002, à qual se considera vinculado, segundo a qual a carreira do recorrente, sendo unicategorial, deve ser considerada carreira horizontal, cuja progressão se processa apenas de quatro em quatro anos, pelo que o despacho impugnado é legal e não merece, no seu entendimento, qualquer reparo.

***

Essencialmente, para aferir o acerto do acto impugnado, importa apurar se a carreira do recorrente se deverá qualificar como horizontal ou vertical.

O **DL n° 248/85, de 15 de Julho**, que estabeleceu o regime geral de estruturação das carreiras e as definições de carreira e categoria da função pública, define, no seu **artigo 4.º**, os conceitos de **carreira** e **categoria,** sendo a **primeira** um *conjunto hierarquizado de categorias às quais correspondem as funções da mesma natureza a que os funcionários terão acesso de acordo com a antiguidade e o mérito evidenciado no desempenho profissional*, e a **segunda** como a *posição que os funcionários ocupam no âmbito de uma carreira, fixada de acordo com o conteúdo e qualificação da função ou funções, referida à escala salarial da função pública.*

O artigo 5.º do DL n.º 248/85, de 15 de Julho, estabelece a distinção entre carreiras verticais e horizontais, considerando *verticais* as carreiras *que integram categorias com o mesmo conteúdo funcional, diferenciadas em exigências, complexidade e responsabilidade*, e *horizontais* as carreiras *que integram categorias com o mesmo conteúdo funcional cuja mudança de categoria corresponde <u>à maior eficiência</u> na execução das respectivas tarefas.*

O DL n.º 247/87, de 17 de Junho, que densificou e estabeleceu o regime específico de estruturação de carreiras para o pessoal da Administração Local, enumera, nos seus **artigos 37.º e 38.º,** quais as *carreiras mistas e horizontais*, respectivamente.

***

No que ao caso presente concerne, o **artigo 38.º** daquele diploma estabelece de forma taxativa quais as carreiras que se consideram horizontais, nelas *não estando incluída a de encarregado de serviços de higiene e limpeza.*

Nos termos do n.os 1 e 2 do artigo 19.º do DL n.º 353--A/89, de 16 de Outubro (que fixa as regras sobre o *estatuto remuneratório dos funcionários da função pública e a estrutura das remunerações das respectivas carreiras e categorias*), a progressão nas categorias faz-se por mudança de escalão, que depende nas *carreiras horizontais,* da permanência no escalão imediatamente anterior durante quatro anos, e nas carreiras verticais da permanência durante três anos, sendo certo que, nos termos do n.º 1 do artigo 20.º, esta progressão é automática e oficiosa.

Finalmente, o n.º 5 do artigo 15.º do DL n.º 404-A/98, de 18 de Dezembro, que *vem esclarecer e fixar o regime de progressão nas carreiras e categorias da função pública e respectivas escalas salariais,* dispõe que a *progressão na categoria de encarregado se faz de três em três anos.*

Cumpre decidir.

Sendo certo que com a entrada em vigor do DL n.º 353-A/89, de 16 de Outubro, a categoria de encarregado de serviços de higiene e limpeza passou a unicategorial (cfr. Anexo 3 ao referido diploma), a leitura conjugada de todos os diplomas citados e ao caso aplicáveis *não nos permite considerar as carreiras unicategoriais como horizontais.*

Na verdade, apesar do despacho que fixa a interpretação uniforme que o recorrido invoca para legitimar a sua decisão e sendo certo que este procedimento está conforme ao estabelecido naquele despacho, este Tribunal não está vinculado à qualificação jurídica dos factos estabelecida na citada interpretação uniforme, nem às alegações das partes, devendo decidir à luz do direito aplicável (artigo 664.º do Código de Processo Civil).

Assim, como bem refere o digno magistrado do MP no seu douto parecer, a distinção entre carreiras horizontais e verticais é legislativamente estabelecida, sendo certo que para a administração local o legislador optou por uma enumeração extensa e taxativa das carreiras consideradas horizontais (e mistas) – cfr. os artigos 37.º e 38.º do DL n.º 247/87, de 17 de Junho –, neste elenco não tendo incluído a de encarregado de serviços de higiene e limpeza, pelo que é licito concluir que a mesma é vertical, por não ter sido por este excepcionada do regime do artigo 36.º do mesmo diploma, que prevê o regime de progressão das carreiras verticais.

Por outro lado, independentemente de se considerar vertical ou horizontal, nos termos do n.º 5 do artigo 15.º do DL n.º 404-A/98, de 18 de Dezembro, a progressão na categoria de encarregado faz-se em módulos de três anos.

Deste modo, considerando que o recorrente foi nomeado para a categoria de encarregado de serviços de higiene e limpeza com efeitos a partir de 26 de Junho de 1996, a sua progressão para o escalão seguinte deveria ter ocorrido automática e oficiosamente três anos após aquela data, em 26 de Junho 1999, devendo igualmente lhe ser reconhecido o direito à remuneração de acordo com aquela progressão e com efeitos reportados à data da mesma, nos termos das disposições conjugadas da *alínea b) do n.º 2 do artigo 19.º e artigo 20.º do DL n.º 353-A/89, de 16 de Outubro, e artigo 36.º e 38.º (a contrario sensu) do DL n.º 247/87, de 17 de Junho.*

Consequentemente, julgo o presente recurso contencioso de anulação procedente, anulando o acto de indeferimento tácito do Presidente da Câmara Municipal de Torres Novas que versou sobre o pedido de reposicionamento na carreira do recorrente.

V. DECISÃO

Pelo exposto, julgo o presente recurso procedente, anulando o acto impugnado. (..)"

***

Não se acompanha o discurso jurídico fundamentador em sede de 1ª Instância pelas razões que seguem, sendo que manda a verdade que se diga que o regime jurídico em causa é tudo menos claro e conexo na sua disciplina, salvo o devido respeito a todos os títulos devido, não só ao legislador em concreto mas também pelo melindre e complexidade – além de jurídica, política e social – de que esta matéria se reveste.

***

O art.º 4.º n.º 1 do DL 248/85 de 15.JUL define carreira como "(..) *o conjunto hierarquizado de categorias às quais corresponde funções da mesma natureza a que os funcionários têm acesso de acordo com a antiguidade e o mérito evidenciado no desempenho profissional*".

O art.º 4.º n.º 2 do mesmo DL 248/85 define categoria como *"(..) a posição que os funcionários ocupam no âmbito de uma carreira, fixada de acordo com o conteúdo e qualificação de função ou funções, referida à escala salarial da função pública*"

***

Daqui decorre que carreira significa "(..) uma determinada profissão com um conjunto de funções de natureza idêntica, entre as quais possa existir uma determinada graduação.

A carreira corresponderá à profissão e as categorias a diversas graduações dentro da mesma carreira, com funções que se vão tornando mais exigentes à medida e que se ascende na carreira (..)"[1]

***

O DL 247/87 de 17.JUN, que "*procede à adaptação do DL n.º 248/85 de 15.JUL. às carreiras de pessoal da administração local*", como se diz no preâmbulo, enumerava no art.º 37.º as carreiras mistas e no art.º 38.º as carreiras horizontais, sendo a *progressão numas e noutras* "(..) *de harmonia com as regras definidas na lei geral para as carreiras horizontais*"

***

Todavia, o art.º 37.º do DL 247/87 (carreiras mistas) foi revogado pelo art.º 25.º a) do DL 412-A/98 de 30.DEZ.

E começa aqui a nossa discordância da tese sustentada em 1ª Instância de que "(..) para a administração local o legislador optou por uma enumeração extensa e taxativa das carreiras consideradas horizontais (e mistas) – cfr. os artigos 37.º e 38.º do DL n.º 247/87, de 17 de Junho –, neste elenco não tendo incluído a de encarregado de serviços de higiene e limpeza, pelo que é licito concluir que a mesma é vertical, por não ter sido por este excepcionada do regime do artigo 36.º do mesmo diploma, que prevê o regime de progressão das carreiras verticais. (..)".

[1] Maria José Castanheira Neves, *Governo e administração local,* Coimbra/2004, pág. 283; Paulo Veiga e Moura, *Função pública, 1.º volume,* 2ª edição Coimbra/2001, pág. 66, Ilustre Mandatário do ora Recorrido.

É verdade que não foi excepcionada.

Todavia, no que respeita às carreiras horizontais diz o art.º 38.º n.º 1 do DL n.º 247/87 de 17.06, "1. São consideradas carreiras horizontais as de (..)", descrevendo uma série de categorias mas *não a de* encarregado de serviço de higiene e limpeza.

Pese embora esta conste do Anexo I a que se refere o art.º 8.º, no "Grupo de Pessoal", "Auxiliar", sob a "Categoria" de encarregado dos serviços de higiene e limpeza, letra de vencimento K e 9.º ano e escolaridade ou equiparada, a fls. 2342 do DR n.º 137, I Série, de 17.6.1987.

Pelo que, a nosso ver, já que se trata de uma categoria não reportada a nenhuma carreira, deverá enquadrar-se no domínio do art.º 38.º n.º 3 do DL 247/87 de 17.06, que diz:

"3. A progressão nas restantes categorias que integram as carreiras referidas no n.º 1 far-se-á de harmonia com as regras definidas na lei geral para as carreiras horizontais".

E neste sentido seria de aplicar o disposto no art.º 19.º n.os 1 e 2 a) do citado DL 353-A/98 que diz:

"1 – A progressão nas categorias faz-se por mudança de escalão."

"2 a) – Nas carreiras horizontais, quatro anos."

É que no caso concreto estamos perante uma categoria não reportada a nenhuma carreira e apenas com escalões de índice numérico remuneratório em sede de progressão.

De facto, o DL 353-A/98 de 16.OUT, aplicável à Administração Central e Local – vd. art.º 1.º b) – veio estatuir no art.º 22.º que:

"As escalas salariais de cada uma das carreiras e categorias da administração local constam dos Anexos 2 e 3 ao presente diploma, do qual fazem parte integrante."

O Anexo n.º 3 do DL 353-A/98 sob a epígrafe – Administração Local – Carreiras a categorias específicas, a fls. 4530-(13) do DR I Série n.º 238, integra no quadro do "Grupo de Pessoal Auxiliar" e no quadro das "Categorias" as seguintes categoria, entre outras:

– encarregado de serviço de higiene e limpeza – escalões 225, 230, 235 e 245:

Categoria que, como já dito, não tem reporte a nenhuma carreira, como se vê do citado Anexo n.º 3, o que quer dizer que – como doutrinado no domínio do art.º 5.º DL 248/85 para os três tipos de carreiras, verticais, horizontais e mistas – *as exigências funcionais "(..) se mantêm inalteradas independentemente da categoria, correspondendo a mudança de posição apenas a um prémio pela presunção de que uma maior antiguidade gera uma maior eficiência na execução de funções"*[2].

Ora, foi na categoria, supra, escalão 225, que o Recorrido foi integrado na função pública a 26.06.96.

Sendo certo que o DL 412-A/98 de 30.DEZ, manteve no Anexo II (a que se refere o n.º 1 do art.º 13.º) no quadro do "Grupo de Pessoal Auxiliar" e no quadro das "Categorias", a fls. 7304-(9) DR I Série A, n.º 300, a categoria:

– encarregado de serviço de higiene e limpeza – escalões 235, 240, 245 e 255:

***

E continuamos no mesmo contexto: esta categoria não está integrada em nenhuma carreira.

[2] Paulo Veiga e Moura, *Função pública – 1.º volume,* 2ª edição Coimbra//2001, pág. 69

***

Diz-nos a Doutrina a propósito destes Anexos II e III do DL 412-A/98, de 30.DEZ "(..) Julga-se que se estará necessáriamente perante um lapso do legislador, pois se ainda é compreensível a existência de carreiras sem categorias ou de categoria única, já não se afigura viável pensar-se em categorias não integradas em qualquer carreira. Aliás, a própria noção legal de categoria pressupõe a existência de uma carreira na qual aquela se integre. (..)" [3]

O caso do encarregado de serviço de higiene e limpeza *não se integra em nenhuma carreira*, antes se integra no Grupo de Pessoal Auxiliar, conforme diplomas DL 353-A/89 de 16.OUT, Anexo n.º 3 e DL 412-A/98 de 30.DEZ, Anexo II, e ponto final.

***

Estamos absolutamente de acordo com o Autor supra citado – o Ilustre Mandatário do ora Recorrido – quando diz que "(..) não seria de excluir a hipótese de incumbir aos tribunais a classificação das carreiras como verticais ou horizontais.

Semelhante possibilidade não seria de descurar se tal matéria não fosse do foro legislativo e se o legislador não tivesse procedido àquela classificação.

Com efeito, tenha-se presente que a Constituição da República Portuguesa consagra no n.º 1 do art.º 47.º, o direito à liberdade de escolha da profissão, o qual garante, entre outros, o direito de progresso na carreira profissional.

Esse direito de escolha profissional está, como direito, liberdade e garantia, sob reserva de lei restritiva, pelo que conforma reconhecem G. Canotilho e V. Moreira, é ao legislador que compete presidir à fixação do conteúdo profissional de cada carreira.

(...)

Só serão, como tal, carreiras horizontais e mistas aquelas que por força de disposição legal assim estejam classificadas, sendo verticais todas as demais que não estejam incluídas naquela enumeração taxativa. (..)" [4].

Ressalvado o devido respeito, não acompanhamos a tese do carácter remissivo das carreiras verticais antes competindo, ao caso dos autos, a carreira horizontal por aplicação do regime conjugado dos art.s 38.º n.os 1 e 3 do DL 247/87 de 17.06 e art.º 19.º n.os 1 e 2 a) do citado DL 353-A/98 de 16.10 na exacta medida em que a *categoria de encarregado de serviço de higiene e limpeza não se integra em nenhuma carreira*, antes se integra no Grupo de Pessoal Auxiliar, conforme diplomas DL 353--A/89 de 16.10, Anexo n.º 3 e DL 412-A/98 de 30.12, Anexo II.

Em nosso critério, no tocante ao conteúdo funcional e salarial de categorias sem reporte a carreira, houve, de facto, lapso do legislador, só que aos Tribunais é vedado, a propósito da criação da norma do caso concreto, criar a norma que o legislador teria criado se tivesse pensado no assunto, (as chamadas lacunas da lei), fora do contexto em que tal é permitido, que é exactamente o que ocorre na hipótese dos autos porque se trata de matéria sob reserva restritiva do Poder Legislativo.

Portanto, teremos que procurar aplicar o normativo que já existe.

[3] Paulo Veiga e Moura, *Função pública – 1.º volume,* 2ª edição Coimbra//2001, pág. 69, nota (96).

[4] Paulo Veiga e Moura, *Função pública – 1.º volume,* 2ª edição Coimbra//2001, págs. 71 e 72 e nota (104).

***

Segundo Maria José Castanheira Neves com o DL 353-A/89 "(..) as carreiras horizontais passaram a ser, em regra, unicategoriais, ou seja, a deterem uma única categoria, pelo que se deve e pode questionar se o elenco do art.º 38.º, atrás referido [o art.º 38.º das carreiras horizontais do DL 247/87] ainda se deve considerar exaustivo.

Consideramos que não, isto é, admitimos que existem outras carreiras horizontais, para além das enunciadas no art.º 38.º do citado diploma, que serão, em regra, unicategoriais, isto é, aquelas em que não existem nunca maiores exigências profissionais, já que o conteúdo funcional não é evolutivo.

No entanto, a importância desta distinção continua a fazer-se sentir, porque nos dois tipos de carreiras – verticais e horizontais – existe progressão, isto é, mudança de escalão na mesma categoria a que corresponde um diferente índice remuneratório.

Mas, nas carreiras *verticais,* a mudança de escalão – a progressão – efectua-se de *três em três anos,* enquanto que nas *horizontais* de *quatro em quatro anos* (..)" [5]

É o estatuído no art.º 19.º n.º 2 do DL 353-A/89.

***

Por tudo o exposto, por aplicação do art.º 38.º n.º 3 do DL 247/87 de 17.06, DL 412-A/98 de 30.12, Anexo II, art.º 19.º n.º 1 e 2 a) DL 353-A/98 de 06.10, Anexo n.º 3 e DL 412-A/98 de 30.12, Anexo II, a categoria encarregado de serviço de higiene e limpeza pertencente ao Grupo de Pessoal Auxiliar no que respeita à progressão por mudança de escalão faz-se por reporte às carreiras horizontais, de quatro em quatro anos.

Portanto, o indeferimento tácito presumido para efeitos de acesso aos Tribunais em via impugnatória jurisdicional deverá ter em conta os diplomas citados no tocante ao acto expresso, dado que estamos em 2005, nada mais cumprindo dizer sob pena de excesso de pronúncia.

***

Neste sentido se conclui pela procedência do recurso e consequente revogação do julgado.

***

Termos em que acordam, em conferência, os Juízes Desembargadores da Secção de Contencioso Administrativo do TCS – 2.º Juízo em julgar procedente o recurso e revogar a sentença recorrida.

Sem tributação.

Lisboa, 5 de Maio de 2005

Cristina dos Santos
Teresa de Sousa
Coelho da Cunha

Recurso n.º 558/05

[5] Maria José Castanheira Neves, *Governo e administração local*, Coimbra, 2004, pág. 284/285.3

CONCURSO EXTERNO DE INGRESSO PARA ADMISSÃO DE UM LUGAR PARA ESTAGIÁRIO TÉCNICO DE ANIMAÇÃO. DESPACHO REVOGATÓRIO DE UM DESPACHO QUE DETERMINOU A ABERTURA DAQUELE CONCURSO. ACTO LESIVO. PRINCÍPIO DA BOA-FÉ. POSIÇÕES DE VANTAGEM E INTERESSE LEGALMENTE PROTEGIDO.

(Acórdão de 21 de Abril de 2005)

SUMÁRIO:

I – A lesividade não é uma categoria abstracta, inerente a uma certa categoria de actos, devendo, antes aferir-se em função das circunstâncias concretas de cada caso.

II – O princípio da boa fé, hoje expressamente consagrado no art.º 6.º-A, do CPA, impõe uma actuação ponderada e coerente na decisão de abertura e ao longo de todo o processo concursal, na medida em que tais actos suscitam nos candidatos que a ele se apresentam a confiança de que a Administração visa prossegui-lo até à decisão final de contratar ou de adjudicar.

III – As posições adquiridas ao longo das sucessivas fases do processo concursal, representam a consolidação de «posições de vantagem», que integram interesses juridicamente tutelados, susceptíveis de defesa contenciosa.

IV – No que concerne à irrecorribilidade de um acto revogatório de acto que determina a abertura de um concurso, tal acto é lesivo, na medida em que, estando a Administração vinculada ao princípio da legalidade, com a abertura do procedimento concursal, autovincula-se a seguir os trâmites legais e a assegurar que o mesmo termina com uma decisão válida, o que poderá implicar o surgimento na esfera jurídica dos concorrentes de um direito ou interesse protegido (a que o concurso termine com essa decisão válida).

V – O acto revogatório de acto que determina a abertura de um concurso «não é um simples acto de trâmite ou preparatório de uma decisão final, nem «visa qualquer decisão futura, da qual ele seja meramente instrumental».

VI – É, ao invés, ele próprio, autónomo no plano procedimental, pondo termo ao concurso em causa. É o resultado final «daquele concreto procedimento».

VII – A admissão de candidatos a um concurso é um acto constitutivo de direitos, porque só aos admitidos permite a prestação de provas e só estes têm direito a ser classificados nesse concurso.

ACORDAM NO 2.º JUÍZO DO TCA – SUL

O recorrente veio interpor recurso contencioso de anulação do despacho n.º 55/VAP do recorrido Vereador, de 12-04-02, que revogou o despacho de 27-06-01, que determinou a abertura do concurso externo de ingresso para admissão de um lugar para estagiário técnico de animação cultural cujo aviso foi publicado no DR, II Série, de 11-08-01.

A fls. 46 e ss, foi proferida douta sentença, do TAFL, de 13-10-2004, pela qual foi concedido provimento ao recurso e anulado o despacho recorrido.

Inconformado com a sentença, o Vereador veio dela interpor recurso jurisdicional, apresentando as suas alegações de fls. 63 e ss, com as respectivas conclusões de fls. 65 a 66, que de seguida se juntam por fotocópia extraída dos autos.

A agravada veio apresentar as suas contra-alegações de fls. 68 e ss, com as respectivas conclusões de fls. 73 a 74, que de seguida se juntam por fotocópia extraída dos autos.

No seu douto e fundamentado parecer, a Srª Procuradora-Geral Adjunta entendeu que o recurso jurisdicional deve improceder.

MATÉRIA DE FACTO:

Com interesse para a decisão, considero provados e relevantes os factos constantes da sentença, de fls. 48 a 51, nos termos do art.º 713.º, 6, do CPC.

O DIREITO:

Nas conclusões das suas alegações, o recorrente refere que o acto recorrido é um acto interno, não assumindo o carácter de acto administrativo, não tendo natureza definitiva, nem sendo constitutivo de direitos ou interesses legalmente protegidos, no sentido do art.º 140.º, do CPA, pelo que é irrecorrível.

Não padece dos vícios de violação de lei que lhe são imputados. (Art. 140.º, n.º 1, alíneas b) e c), e 3.º, 6.º-A, n.º 2, al. a), todos do CPA, e 266º, n.º 2, da CRP.

Deve o presente recurso jurisdicional ser considerado procedente.

Nas suas contra-alegações, a agravada defende que estamos perante um acto administrativo lesivo, aduzindo que o art.º 120.º, do CPA não deve ser tomado como uma definição legal que corresponda a uma construção conceptual imperativa. Antes se procurou encontrar um conceito operativo para delimitação do âmbito material de aplicação do CPA.

Há que não olvidar que do acto do agravante foram cridas expectativas legais na esfera jurídica individual da agravada, pelo que a fundamentação (art.s 6.º a 8.º das alegações) é tudo menos consequente.

O acto constitutivo de direitos, favorável à ora agravada, decorrem por isso infalivelmente obrigações legais para a agravante, que as terá que cumprir.

O acto de «revogação» é, assim, absolutamente ilegal, nos termos das alíneas b) e c), do n.º 1, do art.º 140.º, do CPA.

Deve improceder o recurso jurisdicional, mantendo-se a douta sentença recorrida.

Ora, entendemos que a douta sentença não merece censura, nomeadamente, quanto à irrecorribilidade do despacho de 12-04-02.

O presente recurso jurisdicional vem interposto da sentença que julgou procedente o recurso contencioso interposto do referido despacho de 12-04-02, do Vereador do Pelouro dos Recursos Humanos da CM d e Loures, que revogou o despacho, de 27-01-01, que determinou a abertura do concurso externo de ingresso para admissão de um lugar para estagiário técnico de animação cultural e cujo aviso foi publicado no DR, II Série, de 11-08-01.

A sentença recorrida refere que, no que respeita à irrecorribilidade de um acto revogatório de acto que determina a abertura de um concurso, por se tratarem de actos internos, na perspectiva da autoridade recorrida, tal acto revogatório é um acto lesivo, na medida em que, estando a Administração vinculada ao princípio da legalidade, com a abertura do procedimento concursal, autovincula-se a seguir os trâmites legais e a assegurar que o mesmo termina com uma decisão válida, o que poderá implicar o surgimento na esfera jurídica dos concorrentes de um direito ou interesse protegido (a que o concurso termine com essa decisão válida).

Efectivamente, ainda que se considere que a decisão de «anular» um concurso se reveste para a Administração, de ampla margem de discricionariedade, também esta está sujeita a vinculações legais, sindicáveis contenciosamente.

Trata-se, ainda, de um acto que produz efeitos externos, relativamente aos concorrentes.

Pelo que se considera que não aceitar a respectiva recorribilidade se consubstanciaria numa violação ao disposto no n.º 4, do art.º 268.º, da CRP.

Por outro lado, a argumentação expendida pela autoridade recorrida, no sentido de estarmos perante um acto «instrumental» e «preparatório» não colhe, uma vez que o acto revogatório de acto que determina a abertura de um concurso «não é um simples acto de trâmite ou preparatório de uma decisão final», nem « visa qualquer decisão futura, da qual ele seja meramente instrumental.

É, ao invés, ele próprio, autónomo no plano procedimental, pondo termo ao concurso em causa. É o resultado final «daquele concreto procedimento». (cfr. Ac. do STA, Pleno, de 17-12-99, Rec. n.º 40.313, com Anotação de Margarida Olazabal Cabral, in Cadernos de Justiça Administrativa, n.º 32, Braga, CEJUR, págs. 31 a 40).

E prossegue, dizendo que «independentemente de sabermos se a Administração se auto-vincula, pela abertura do concurso, a levá-lo até ao fim, sempre se concluirá que o acto de anulação de um concurso – depois da entrega das propostas – é um acto lesivo.

A partir do momento em que entregam as suas propostas, os concorrentes têm o direito (ou o interesse legalmente protegido) a que o concurso decorra nos termos legais e, deste modo, a que a decisão que lhe põe termo – através de um acto de adjudicação ou anulação – seja uma decisão válida.

Para apurar da recorribilidade do acto, parece-me indiferente o momento do procedimento concursal em que se procede à anulação do concurso: em qualquer caso, a anulação do concurso constitui um acto externo que lesa direitos ou interesses dos destinatários.

Saber se essa anulação é decidida antes da análise das propostas, ou quando já existe adjudicatário, poderá relevar para apurar o universo dos concorrentes com legitimidade para impugnar o acto, e, certamente, para a determinação dos titulares, e do montante, de uma eventual indemnização, mas não para se apurar da recorribilidade do acto.

Como refere o Digno Magistrado do MºPº, o facto de o despacho de abertura de um concurso ser um acto interno e preparatório e, como tal, não definidor da situação jurídica dos concorrentes, não implica que o seja também o acto que põe termo ao concurso, já que este, ao contrário daquele, é susceptível de afectar direitos ou interesses juridicamente protegidos dos administrados.

Daí, improceder a questão prévia da irrecorribilidade do despacho de 12-04-02.

Também entendemos que a sentença recorrida decidiu bem ao considerar o acto revogatório ilegal, fazendo uma correcta aplicação da lei e dos princípios gerais de direito.

Na verdade, como refere o Digno Magistrado do MºP.º, o acto revogatório em análise tem uma amplitude de efeitos muito ampla, já que não se limita a revogar o acto de abertura do concurso, como no seu texto se refere, consubstanciando, antes, um acto de anulação ou revogação de todo o processo concursal até à elaboração da lista de classificação final, embora sem homologação e publicação.

E como resulta da matéria de facto dada como provada, a recorrente foi a única candidata admitida ao concurso, tendo prestado prova de conhecimentos e feito a entrevista, e tendo a mesma sido aprovada com a classificação global de 12, 29 valores, verificando-se, assim, estar incluídos, no processo concursal, vários actos constitutivos de direito ou de expectativas jurídicas para a recorrente. (cfr. os n.os 5, 6, 7, 8 e 9, da matéria de facto provada).

Ora, o acto de admissão dos candidatos a um concurso, praticado na sequência do acto de abertura, confere aos candidatos admitidos o direito ao prosseguimento do concurso, com a inerente prestação de provas e subsequente classificação final e posterior nomeação. (cfr. Ac. do STA, de 06-02-96, Rec. n.º 35 404).

O acto recorrido também revogou, implicitamente aqueles actos sem, contudo, fundamentar tal revogação em qualquer ilegalidade dos mesmos. (o despacho em causa é omisso no que se refere à fundamentação).

É que a revogação só seria possível com base em ilegalidade do procedimento concursal, o que não ocorreu.

Nos termos do art.º 140.º, 1, al. b), do CPA, «Os actos administrativos que sejam válidos são livremente revogáveis, excepto nos casos seguintes:

b) Quando forem constitutivos de direitos ou de interesses legalmente protegidos.

E a admissão dos candidatos a um concurso de provimento é um acto constitutivo de direitos, porque só aos admitidos permite a prestação de provas e só estes têm direito a ser classificados nesse concurso. (cfr. anotação 23, ao art.º 140.º, do CPA, CPA, Anotado, Almedina, 5ª edição, S. Botelho, P. Esteves e C. de Pinho, pág. 897).

Pelo exposto, não se verificando esses casos, e não sendo o fundamento da revogação a invalidade dos actos revogados, a mesma está ferida do vício de violação de lei, por preterição do disposto na al. b), do n.º 1, do referido art.º 140, do CPA.

É que existindo um interesse legalmente protegido, não podia a Autoridade recorrida revogar o acto de abertura do concurso «sub judice», pois deste modo violou o disposto no referido art.º 140.º, n.º 1, al. b), do CPA.

Na verdade, os actos válidos constitutivos de direitos ou interesses legalmente protegidos não são susceptíveis de revogação pela Administração.

DECISÃO:

Acordam os Juízes do TCAS, em conformidade, em negar provimento ao recurso jurisdicional, mantendo a sentença recorrida, nos seus precisos termos.

Sem custas.

Lisboa, 21 de Abril de 2005

António Forte
Carlos Araújo
Fonseca da Paz

Recurso n.º 00695/05

CONCURSO PÚBLICO. ART. 100.º N.º 3 DO DEC. LEI 197/99. INACEITABILIDADE DAS PROPOSTAS.

(Acórdão de 2 de Junho de 2005)

SUMÁRIO:

I – É inaceitável a proposta que, contrariando normas expressas constantes do Programa do Concurso, apresenta valores relativos a encargos sociais obrigatórios inferiores aos valores mínimos previstos na respectiva convenção colectiva de trabalho (cfr. art. 100.º n.º 3 do Dec. Lei 197/99).

II – Tal inaceitabilidade, reconduzindo-se à ilegalidade da proposta, determina necessariamente a exclusão do concorrente, sob pena de violação dos princípios da transparência e igualdade.

ACORDAM NO 2.º JUÍZO DO T.C.A. – SUL

1. RELATÓRIO

Itau – Instituto Técnico de Alimentação Humana, S.A., veio interpor recurso jurisdicional do acórdão proferido pelo T.A.F. de Sintra fls. 402 e seguintes na parte em que o mesmo decidiu:

– Negar provimento ao pedido de anulação da deliberação da Comissão Executiva, de 1.09.04, proferida no âmbito do Concurso Público Internacional n.º AQS 2003 2101 299, na parte em que excluiu a proposta do ITAU – Instituto Técnico de Alimentação Humana, S.A;

– Negar provimento ao pedido de anulação da da deliberação da Comissão Executiva de 1.09.04 proferida no âmbito do mesmo Concurso, na parte em que adjudicou à UNISELF – Gestão e Exploração de Restaurantes de Empresas, Lda, o fornecimento de refeições e serviço de bar para o Centro de Reabilitação Profissional de Alcoitão;

– Negar provimento ao pedido de intimação do I.E.F.P para se abster de celebrar contrato com a UNISELF – Gestão e Exploração de Restaurantes de Empresas, Lda;

– Negar provimento ao pedido de intimação do IEFP para a prática do acto administrativo devido de admissão da proposta do ITAU ao Concurso Público Internacional n.º AQS 2003101299;

– Negar provimento ao pedido de intimação do IEFP à prática do acto administrativo devido de adjudicação ao ITAU do fornecimento de refeições e serviço de bar para o Centro de Reabilitação Profissional do Alcoitão.

O recorrente enuncia, nas suas alegações, as conclusões seguintes:

1ª) O ITAU indicou na sua proposta todos os elementos exigidos pelo Programa do Concurso e pelo Caderno de Encargos;

2ª) O Programa do Concurso e o Caderno de Encargos não exigem que os concorrentes, nas suas propostas, apresentem a *justificação do valor que indicam para os encargos sociais obrigatórios*;

3ª) O facto de o ITAU não ter indicado na sua proposta que a alimentação em espécie que fornece aos seus trabalhadores 11 meses por ano é por si contabilizada como um custo com a matéria prima e não como um custo com o pessoal, não legitima o juri do concurso a excluir a sua proposta, já que os documentos concursais não exigem que os concorrentes nas propostas esclareçam a forma como calcularam os valores que indicam como encargos sociais obrigatórios;

4ª) Não sendo um elemento exigido pelos documentos concursais, o juri do concurso não podia ter, sem mais, excluído a proposta do ITAU, concluindo, errada e precipitadamente que o ITAU não cumpre os encargos sociais obrigatórios estabelecidos na Convenção Colectiva de Trabalho;

5ª) O ITAU cumpre os encargos sociais obrigatórios estabelecidos pela Convenção Colectiva de Trabalho;

6ª) A norma do art. 4.º n.º 1 do Programa do Concurso tem por finalidade evitar que a Administração Pública acabe por contratar com o concorrente que apresenta o preço mais baixo mas que não cumpre os encargos directos obrigatórios estabelecidos na Convenção Colectiva de Trabalho, conseguindo, precisamente por não suportar esses encargos, o preço mais baixo. Nestes casos, a entidade adjudicante tem legitimidade para excluir o concorrente que, apesar de apresentar o preço mais baixo, não cumpre os encargos directos obrigatórios estabelecidos na Convenção Colectiva de Trabalho;

7ª) O que não é o caso do ITAU;

8ª) A hipótese da inaceitabilidade das propostas prevista no artigo 100.º n.º 3 do D.L. 197/99 de 8/6, "respeita ao facto de, em relação a algum ou alguns dos critérios e factores da sua apreciação, elas se revelarem inaceitáveis em termos absolutos, tão fracas ou tão deficientes que se torna inconcebível ou inviável celebrar um contrato em que figurasse uma cláusula correspondente a esse aspecto ou prestação;

9ª) Tendo presente o conceito de inaceitabilidade das propostas, forçosa é a conclusão de que a proposta do ITAU não se enquadra no referido conceito, já que o ITAU cumpre os encargos sociais obrigatórios estabelecidos na Convenção Colectiva de Trabalho aplicável ao sector;

10ª) A forma como contabiliza os custos com a alimentação em espécie que fornece aos seus trabalhadores não torna a sua proposta inaceitável

11ª) Ao entender diversamente, o Acórdão recorrido violou, entre outras, a disposição do art. 100.º n.º 3, de 8 de Junho, devendo, por conseguinte, ser revogado.

O Instituto do Emprego e Formação Profissional contra-alegou, pugnando pela manutenção do julgado.

O Digno Magistrado do Ministério Público emitiu douto parecer no sentido de ser negado provimento ao recurso, por a decisão recorrida não merecer qualquer censura, não havendo violação de quaisquer normas, designadamente a pretensa violação do artigo 100.º n.º 3 do Dec. Lei n.º 197/99, de 8 de Junho.

2. MATÉRIA DE FACTO

A matéria de facto relevante é a fixada na decisão de 1ª instância, para cujos termos se remete (artigo 713.º n.º 6 do Cod. Proc. Civil).

3. DIREITO APLICÁVEL

O recorrente ITAU impugna a decisão "a quo", por entender que a deliberação da Comissão Executiva do Concurso, de 1.09.04 violou a disposição do artigo 100.º do Dec. Lei 197/99, de 8 de Junho, na medida em que excluiu a sua proposta e adjudicou à UNISELF o fornecimento de refeições e serviço de bar para o Centro de Reabilitação Profissional do Alcoitão. O recorrente alegou, em síntese, que a sua proposta indica e cumpre todos os elementos exigidos no Programa de Concurso e no Caderno de Encargos, os quais não exigem que os concorrentes, nas suas propostas, apresentem a justificação do valor referente aos encargos sociais obrigatórios (conclusões 1ª e 2ª). O facto de a Itau não ter indicado na sua proposta que a alimentação em espécie que fornece aos seus trabalhadores 11 meses por ano é por si contabilizada como um custo com a matéria prima e não como um custo pessoal, não legitima a sua proposta (conclusão 3ª), sendo errada a ilacção de que o ITAU não cumpre os encargos sociais obrigatórios estabelecidos na Convenção Colectiva de Trabalho (conclusão 4ª).

Refere ainda a recorrente que a norma do artigo 4.º n.º 1 do Programa do Concurso tem por finalidade evitar que a Administração Pública acabe por contratar com o concorrente que apresenta o preço mais baixo mas que não cumpre os encargos sociais obrigatórios, o que não é o caso da ITAU, cuja proposta não se enquadra no conceito de inaceitabilidade das propostas previsto no art. 100.º n.º 3 do Dec. Lei 197/99, de 8 de Junho (conclusões 6ª a 9ª).

Finalmente, na conclusão 10ª), a recorrente alega que "a forma como contabiliza os custos com a alimentação em espécie que fornece aos seus trabalhadores não torna a sua proposta inaceitável.

Vejamos se lhe assiste razão.

Efectivamente, e como nota a decisão recorrida, o Juri do Concurso considerou *inaceitável* a proposta da recorrente, com fundamento na *insuficiência dos encargos obrigatórios* indicados na proposta apresentada, em relação ao valor mínimo dos mesmos resultante da aplicação da respectiva Convenção Colectiva de Trabalho, e considerando que, nos Termos do Programa de Concurso, a recorrente ITAU estava obrigada a indicar nas propostas os encargos mensais com pessoal por lote, serviço de refeições e de bar, bem como respectivos vencimentos e encargos sociais obrigatórios (cfr. artigos 8.º n.º 3, alíneas d) e f) e 11.º n.º 2 do Programa do Concurso).

Na verde, nos termos da alínea d) do n.º 3 do artigo 8.º do Programa do Concurso, os concorrentes deveriam indicar na proposta, por cada um dos serviços, o preço da refeição, por lote, acompanhado de mapa justificativo do preço proposto, que incluisse custos alimentares e não alimentares, sendo obrigatória a apresentação de um valor único para formando e não formandos.

E, de acordo com a alínea f) do mesmo número e artigo deveriam também ser indicados nas propostas os encargos mensais com pessoal, por lote, incluindo valor dos vencimentos e respectivos encargos sociais, discriminado para serviço de refeições e serviço de bar.

Estabelece ainda o n.º 2 do art. 11.º do Programa do Concurso, que na formulação de preços, no item – Encargos com Pessoal, "O quadro de pessoal terá de mencionar obrigatoriamente as respectivas categorias do Acordo Colectivo de Trabalho, bem como, os vencimentos mensais e custos com os encargos sociais obrigatórios". – cfr. alíneas C) D) e G) da matéria de facto provada.

Ora, como justamente refere a decisão "a quo", o ITAU, ao apresentar valores relativos aos Encargos Obrigatórios com o Pessoal para o Centro de Reabilitação do Alcoitão e de Formação Profissional de Sintra (respectivamente 2.362.16 € e 1.634.02 €, não indicou o valor referente a 11 meses de subsídio de alimentação para os trabalhadores constantes nos respectivos mapas de pessoal, pelo que os valores indicados foram considerados pelo juri, em sede de avaliação de propostas, como inaceitáveis.

Sendo o critério de adjudicação, unicamente, o do mais baixo preço, tendo em conta, entre outros aspectos, os encargos directos obrigatórios estabelecidos na CCT e em vigor à data da apresentação das propostas, entendeu correctamente o Mmo. Juiz "a quo", que a proposta do ITAU seria de valor inferior à dos demais concorrentes, e daí a decisão de exclusão do concorrente, ao abrigo do n.º 3 do artigo 100.º do Dec. Lei 197/99.

Ou seja, a proposta do recorrente não foi excluída por este não ter esclarecido ou demonstrado a forma como calculou o valor por si indicado para os encargos sociais obrigatórios, como este refere nas suas alegações, mas sim por ter sido considerada inaceitável com fundamento na previsão do n.º 3 do art. 100.º do Dec. Lei n.º 197/99, de 8 de Junho, em virtude da insuficiência do valor proposto para os *encargos sociais obrigatórios* em relação ao valor mínimo dessa rubrica resultante da aplicação da respectiva Convenção Colectiva de Trabalho.

A exclusão também não derivou da falta de composição na proposta daqueles valores globais, e nem tal motivo é sequer aflorado na decisão recorrida, e nem sequer por ter sido considerado que a inaceitabilidade da proposta derivou da circunstância de a forma como o recorrente contabiliza os custos com a alimentação em espécie que fornece aos seus trabalhadores ser contrária às exigências do concurso.

O conceito de inaceitabilidade reconduz-se neste caso, à ilegalidade da proposta (encargos com o pessoal inferior ao mínimo constante da convenção colectiva de trabalho), o que determina a respectiva exclusão, sob pena de violação dos princípios da igualdade, imparcialidade e concorrência (cfr. Margarida Olazabal Cabral, "O Concurso Público nos contratos administrativos", Almedina, 1997, p. 184).

Conclui-se, pois, que o acórdão recorrido não violou o artigo 100.º n.º 3 do Dec. Lei 197/99, de 8 de Junho, nem qualquer outra disposição legal.

4. DECISÃO

Em face do exposto, acordam em negar provimento ao recurso e em confirmar o acórdão recorrido.

Custas pela recorrente, no montante de 10 UC (art. 73.º-D n.º 3 do C.C.J.), com redução a metade (art. 73.º-E n.º 1, alínea d).

Lisboa, 2 de Junho de 2005

as.) António de Almeida Coelho da Cunha (Relator)
Maria Cristina Gallego dos Santos
Teresa Maria Sena Ferreira de Sousa

Recurso n.º 00748/05

CONTENCIOSO PRÉ-CONTRATUAL. PROCEDIMENTO CAUTELAR. CADUCIDADE. NULIDADE.

(Acórdão de 12 de Maio de 2005)

SUMÁRIO:

I – **Nos termos do disposto no art.º 101.º do CPTA, aplicável ao contencioso pré-contratual, "*Os processos do contencioso pré-contratual têm carácter urgente e devem ser intentados no prazo de um mês a contar da notificação dos interessados ou, não havendo lugar a notificação, da data do conhecimento do acto.*"**

II – **Este especial prazo curto de um mês tem carácter imperativo e é o único aplicável à impugnação dos actos administrativos relativos à formação dos contratos previstos no art.º 100.º do CPTA, sendo imposto pela eficácia e celeridade que se pretendem assegurar, com vista a que, aquando da celebração do respectivo contrato, possa estar assegurada a sua estabilidade e a legalidade da Administração para o celebrar com o adjudicatário escolhido.**

III – **Não é de aplicar no contencioso pré-contratual, em qualquer situação, o prazo geral de impugnação de actos previsto no art.º 58.º, n.º 1 – prazo de impugnação de actos nulos – por estar especialmente previsto prazo próprio de impugnação no art.º 101.º do CPTA.**

IV – **Não tendo o interessado feito uso no respectivo prazo – prazo de um mês previsto no art.º 101.º do CPTA – do meio contencioso adequado à impugnação da deliberação de que havia requerido a suspensão de eficácia, mesmo alegando que esta é nula, tendo ultrapassado tal prazo, deu azo à previsão do disposto no art.º 123.º, n.º 1-a) do CPTA, pelo que, não tendo exercitado esse seu direito no prazo devido, tal direito extinguiu-se por caducidade, assim como o seu direito à providência cautelar, que caducou pelo decurso de tal prazo sem a respectiva instauração em juízo da acção principal.**

ACORDAM NO TCAS, SECÇÃO CONTENCIOSO ADMINISTRATIVO, 2.º JUÍZO

EUREST (PORTUGAL) – SOCIEDADE EUROPEIA DE RESTAURANTES, LDA., identificada nos autos, interpôs recurso jurisdicional da sentença do TAF de Lisboa que absolveu do pedido o INSTITUTO DE EMPREGO E FORMAÇÃO PROFISSIONAL, com fundamento na caducidade do direito de acção e da providência cautelar de suspensão de eficácia que havia requerido da deliberação de adjudicação, datada de 16.12.04, à Uniself – Gestão e Exploração de Restaurantes de Empresas, Lda., do fornecimento de refeições e serviços de bar nos Centros de Formação Profissional de Viana do Castelo e Rio Meão, n.º âmbito do Concurso Público Internacional n.º 20032100869.

Formulou as seguintes conclusões, nas respectivas alegações:

"1 – A requerente diverge da posição assumida na douta sentença recorrida, desde logo, por ser feita uma interpretação extensiva do art.º 101.º do CPTA, a todos os tipos de invalidade (anulabilidade e nulidade) e, por conseguinte sujeitando qualquer tipo de desvalor a um prazo de caducidade de acção.

2 – Ao contrário da douta sentença, a requerente considera que a interpretação daquele preceito aglutinador dos tipos de invalidade, conduz a um corte com o sistema, mormente o art.º 134.º do CPA, e os prazos constantes do art.º 58.º do CPTAF. Sendo que a própria directiva – 89/665/CEE não impõe a interpretação expressa pelo julgador *a quo*.

3 – Se por um lado a ratio dos preceitos citados na douta sentença, têm em vista combater a delonga excessiva de uma decisão em tempo útil, conciliando interesses públicos e privados, tal não afasta per si o regime da nulidade, que face ao grau de lesão, é o tipo de invalidade à qual assiste uma maior garantia, tendente à defesa absoluta da posição dos particulares (art.º 58.º n.º 1 CPTA e 134.º do CPA), orientação que não deveria ser posta em causa, pelo simples facto, de estarmos em sede de contencioso pré-contratual.

4 – A Directiva n.º 89/665//CEE do Conselho tem como objectivo assegurar uma tutela célere e eficaz dos interesses dos particulares nos processos de formação dos contratos, e carácter urgente que se traduz actualmente, num prazo de 30 dias para a interposição do recurso, visa possibilitar a impugnação do acto pré-contratual antes da celebração do contrato, mas não impõe a interpretação de afastar a impugnação do acto nulo conforme o regime geral.

5 – Ademais, o processo urgente de contencioso pré-contratual configura-se como uma espécie de acção administrativa especial (art.º 102.º n.º 1 CPTA) com as especialidades que decorrem do disposto nos n.º 2 e 3 do art.º 103.º, mormente o que concerne ao prazo constante do art.º 101.º do referido diploma, não obstante, o mesmo não contempla um regime próprio para o desvalor de nulidade, pelo que ao não remeter para o regime supletivo, afigura-se como atentatório da tutela jurisdicional efectiva (artigos 2 do CPTA e art.º 20.º da CRP).

6 – A requerente considera que a favor da sua posição – o não afastamento do regime regra da nulidade, na situação *sub judice* – o facto de o próprio artigo 101.º CPTA possibilitar, segundo parte da doutrina a aplicação do art.º 58.º, n.º 4 daquele diploma, que prevê a possibilidade de um prazo (anulabilidade) deixar de ter natureza absolutamente peremptório, o que por maioria de razão, deverá entender-se quanto ao regime geral da nulidade.

7 – O legislador não fez a distinção entre invalidades, anulabilidades e nulidades, pelo que o esgotamento do prazo de um mês, não poderá ter como consequência o afastamento do regime geral, e a inimpugnabilidade do acto administrativo nulo, pelo que, em concordância com o regime geral deveria à requerente ser facultada a possibilidade de apresentar uma impugnação pela forma de acção administrativa especial, uma vez ter invocado ao acto que se pretende ver banido, o vício de nulidade.

8 – Só perante uma situação de anulabilidade, o acto teria que ser impugnado no prazo de um mês, porquanto, não existe qualquer norma específica que afaste os artigos 134.º, n.º 2 do CPA e 58.º, n.º 1 do CPTA.

9 – A requerente entende que não obstante, ter interposto processo cautelar nos termos do disposto no artigo 132.º, n.º 1 do CPTAF, e na qual veio requerer nomeadamente a suspensão do acto de adjudicação, ser-lhe aplicado o prazo constante do art.º 100.º do mesmo diploma, uma vez que o desvalor invocado é o **de nulidade de acto**, particularmente, *maxime* – vício de violação de lei, n.º 2 do artigo 106.º do Decreto-Lei n.º 197/99 de 6 de Junho, uma vez que considera estar perante a ofensa do princípio da igualdade (cfr. alínea d) do nº2 do artigo 133 do CPA, e 13 da CRP), ao não ter sido cumprido o **Programa de Concurso/, no que concerne ao critério de adjudicação.**

10 – O regime do contencioso pré-contratual, não poderá afastar o regime da nulidade do acto de acordo com o 134.º do CPA, e os prazos constantes do art.º 58.º do CPTAF, uma vez que não sendo apenas o acto destacável de decisão de adjudicação que se quer banido da ordem jurídica, mas igualmente o acto sequente – o respectivo contrato – que por todas as razões invocadas, padecerá de nulidade, vício esse que pela natureza, terá certamente um regime de impugnação que não se compadece com o regime do contencioso pré-contratual.

11 – No caso *sub judice*, o critério de adjudicação não foi tido em consideração, aquando a decisão de adjudicação à UNISELF – Gestão e Exploração de Restaurantes de Empresas, Lda., pelo que, é entendimento da requerente, face aos elementos carreados para o processo, ter feito prova, de a sua proposta (aquela que satisfazia o critério de adjudicação) ter claramente sido afastada em violação do caderno de encargos /Programa de Concursos, consubstanciando a violação do princípio da igualdade, porquanto,

12 – Sendo a requerente, concorrente no concurso em questão, encontrando-se em igualdade de circunstâncias, veio a sua proposta ser excluída, apesar de *apresentar o mais baixo preço (único critério de adjudicação), para o concurso tendente a contratar a prestação de fornecimento de refeições e serviços de bar.*

13 – Assim, e porque o art.º 101.º CPTA não faz qualquer distinção entre actos nulos e anuláveis, a requerente julga defensável fazer uma distinção entre este tipo de actos, porquanto, a vertente garantística deste mecanismo processual no domínio da contratação pública, seria posta em causa se o particular por dificuldades próprias de um caso concreto, não tivesse interposto recurso no prazo de 30 dias.

14 – Por outro lado, também o próprio regime substantivo da nulidade dos actos administrativos, seria posto em causa, uma vez que o art.º 134.º do CPA estabelece que a nulidade é invocável a todo o tempo.

15 – Se tal não fosse assim, chegar-se-ia à situação de que no contencioso pré-contratual, todos os actos administrativos praticados seriam sempre anuláveis, (não haveria distinção entre actos nulos e anuláveis) pois que outra forma haveria para distinguir o desvalor jurídico da nulidade e da anulabilidade, senão pela possibilidade dos actos nulos serem invocáveis a todo o tempo.

16 – A não distinção de desvalor jurídico do acto pré-contratual no art.º 101.º CPTA, não pode deixar de se coadunar com o regime substantivo da nulidade dos actos administrativos, sob pena de incongruência absoluta de sistema e violação da tutela jurisdicional efectiva.

17 – Assim, face a actos pré-contratuais nulos, não obstante, o mecanismo específico do contencioso pré-contratual, deve ser sempre dada ao particular a possibilidade de se socorrer da acção administrativa especial, tal como consta do art.º 58.º n.º 1 CPTA, sob pena de ser posta em causa o princípio da tutela jurisdicional efectiva no âmbito do contencioso pré-contratual e o próprio intuito da directiva "Recursos", que visa o reforço das garantias dos particulares perante a Administração.

18 – Pelo exposto, a requerente entende que o esgotamento do prazo indicado no artigo 101.º do CPTA, não pode ter como consequência a inimpugnabilidade do acto nulo (no mesmo sentido, cfr. Pedro Gonçalves, in Cadernos de Justiça Administrativa n.º 44, Março/Abril de 2004), discordando assim, da excepção peremptória de caducidade do direito de acção.

19 – Por conseguinte, a douta sentença ao ter declarado procedente a excepção de caducidade do direito de Acção, absolvendo por conseguinte a requerida do respectivo pedido, violou o disposto nos artigos 2.º e 58.º n.º 1 do CPTA, art.º 134.º CPA e art.º 20.º da CRP.

20 – Ademais, a douta sentença ao ter julgado procedente a excepção de caducidade da Acção, deixou de se pronunciar sobre questões que deveria apreciar – nulidade do acto, e que a requerente invocou – sendo por conseguinte nula a mesma sentença, ao abrigo do disposto no art.º 668.º n.º 1/d do CPC."

O recorrido contra-alegou, concluindo:

"1ª A douta sentença recorrida não faz uso de nenhuma "interpretação extensiva" do art. 101.º do CPTA, mas sim a interpretação consentânea com o seu sentido literal, lógico e visado pelo legislador.

2ª Aliás, defender que este preceito apenas é aplicável aos processos do contencioso pré-contratual em que esteja em causa certos tipos de invalidade e não outros, traduz-se numa distinção que o legislador não fez e que não cabe ao intérprete fazer.

3ª Na verdade, tal como se diz na douta sentença recorrida, o legislador não quis distinguir, pois caso contrário teria definido em sede própria – art. 101.º do CPTA – prazos consoante o tipo de invalidade de que o objecto da impugnação padecesse.

4ª Mas assim não quis nem o fez, pois acaso o fizesse poderia comprometer o cumprimento das directivas comunitárias da criação de meios processuais céleres de resolução das questões atinentes aos actos praticados no âmbito de procedimentos concursais e de formação de contratos.

5ª Por outro lado, ao contrário do que argumenta e conclui a Recorrente, o art. 101.º do CPTA também em nada se revela atentatório da tutela jurisdicional efectiva por não contemplar um regime próprio para o desvalor da nulidade e não remeter para o regime supletivo.

6ª Aliás, como com razão é referido na douta sentença, não se alcança qual o interesse do particular, no âmbito do contencioso pré-contratual, em protelar o julgamento e decisão de eventuais ilegalidades geradoras de anulabilidade ou de nulidade no seio de um processo de natureza urgente, o qual garante uma pronta e pontual tutela jurisdicional efectiva.

7ª De facto, como salienta a douta sentença, o desiderato deste meio processual é apreciação e decisão céleres e definitivas de questões relativas a actos de formação de contratos, de molde a garantir a certeza e segurança jurídicas, o que é incompatível com em direito de acção exercitável a todo o tempo.

8ª Daí que, como constata a douta sentença, não é perceptível qual a garantia dos particulares atingida com o entendimento de que o regime do contencioso pré-contratual é o meio processual de natureza urgente, único e obrigatório, para a apreciação dos actos procedimentais relativos à formação dos contratos, sejam eles feridos de mera anulabilidade ou de nulidade.

9ª De resto, tal como foi decidido no Acórdão do TCA Sul, 2° Juízo, proc° n.º 394/04, de 13-01-2005, in www.dgsi.pt, o prazo de um mês previsto no art. 101.º do CPTA, à semelhança do prazo antes previsto no art.º 3.º, n.º 2 do Dec.-Lei n.º 134/98, de 15 de Maio, na redacção dada pela Lei n.º 4-A/2003, de 19 de Fevereiro, aplica-se em todos os casos, não sendo de aplicável no contencioso pré-contratual, em qualquer situação, o prazo geral de impugnação de actos previsto no art. 58.º, n.º 2 do CPTA, por estar especialmente previsto prazo distinto de impugnação.

10ª Ora, não oferece dúvidas que prevalece sempre a norma especial em detrimento da geral.

11ª Assim, deve considerar-se que o mecanismo específico do contencioso précontratual consagrado pelo legislador nos art.s 100.º a 103.º do CPTA, tal como já o tinha feito no Dec.-Lei n.º 134/98, de 15 de Maio, e na falta de ressalva expressa da própria lei, afasta o regime geral da impugnação dos actos nulos constante do art. 51.º, n.º 1 do CPTA e do art. 134.º do C.P.A..

12ª De facto, a imperatividade do prazo especial de um mês para intentar processos do contencioso pré-contratual, com exclusão de quaisquer outros prazos e independentemente da natureza dos actos a impugnar, por um lado, decorre com evidência da letra da própria lei.

13ª Por outro lado, a imperatividade e abrangência daquele prazo resultam de forma clara da vontade do legislador em criar um regime específico e obrigatório, de natureza urgente, para a impugnação dos actos administrativos relativos à formação de contratos previstos no art. 100.º, n.º 1 do CPTA, sem qualquer distinção do tipo de ilegalidade que afecta aqueles.

14ª Aliás, a preocupação do legislador em definir um prazo especial, único e obrigatório, para o exercício do direito de acção em sede de formação dos contratos previstos no art. 100.º, n.º 1 do CPTA, independentemente da natureza dos actos a impugnar, levou-o a referir-se no art. 101.º, não a actos administrativos, mas sim a processos de contencioso pré-contratual, quaisquer que sejam, portanto, o acto ou os actos objecto dos mesmos.

15ª Por conseguinte, assim tendo sido considerado na douta sentença recorrida, não logra a Recorrente pôr minimamente em causa a decisão nela proferida, sendo totalmente improcedentes as conclusões apresentadas na sua alegação."

OS FACTOS

Nos termos do disposto no art.º 713.º, n.º 6 do CPC, remete-se a fundamentação de facto para a constante da sentença recorrida.

O DIREITO

Da **nulidade da sentença** recorrida.

Na conclusão 20 das suas alegações, a recorrente suscita a questão da nulidade da sentença recorrida, ao abrigo do disposto no art.º 668.º, n.º 1-d) do CPC, alegando que "a douta sentença ao ter julgado procedente a excepção de caducidade da Acção, deixou de se pronunciar sobre questões que deveria apreciar – nulidade do acto, e que a requerente invocou – sendo por conseguinte nula a mesma sentença, ao abrigo do disposto no art.º 668.º n.º 1/d do CPC."

Dispõe este normativo, art.º 668.º, n.º 1-d), do CPC, que: "*1. É nula a sentença: (...) d) Quando o juiz deixe de pronunciar-se sobre questões que devesse apreciar (...).*"

A nulidade da sentença, nos termos de tal preceito, deriva da violação do dever imposto pelo n.º 2 do art.º 660.º do CPC, segundo o qual «*o juiz deve resolver todas as questões que as partes tenham submetido à sua apreciação exceptuadas aquelas cuja decisão esteja prejudicada pela solução dada a outras*».

A nulidade de omissão de pronúncia prevista na alínea d) do n.º 1 do art.º 668.º do CPC traduz-se, precisamente, no incumprimento, por parte do julgador, do dever prescrito no art.º 2.º do citado art.º 660.º, entendendo-se como questões os "assuntos", os "pontos a discutir", reputados à causa de pedir e ao pedido da acção, neste caso, reputados ao pedido e aos fundamentos da presente providência cautelar, em que é solicitada a suspensão de eficácia da deliberação de 16.12.04, do recorrido.

Ora, a decisão recorrida julgou

A decisão recorrida decidiu julgar "*verificada a excepção de caducidade do direito de acção e de caducidade da providência, e em consequência, absolver a entidade requerida do pedido.*"

Pronunciou-se, deste modo, a decisão recorrida sobre a caducidade do direito de acção e a caducidade da própria providência cautelar, nos termos do disposto no art.º 123.º, n.º 1 do CPTA, perante o facto de ter decorrido o prazo de um mês sem que o ora recorrente tivesse feito uso do meio contencioso adequado à tutela dos interesses invocados, tendo apreciado questão que se impunha apreciar oficiosamente, com o consequente prejuízo para o conhecimento das questões que o recorrente pretendia ver apreciadas nos presentes autos de providência cautelar, face à solução alcançada da caducidade da providência cautelar.

Dito de outro modo, a decisão recorrida, face ao enquadramento jurídico escolhido para solucionar o peticionado, tornou irrelevante (inútil) o conhecimento do pedido formulado pelo ora recorrente, e, logicamente, o conhecimento dos fundamentos de tal pedido, neles se incluindo a alegada nulidade, apenas, e, em decorrência da eventual apreciação sumária dos vícios imputados ao acto suspendendo (fumus boni iuris).

Ora, só a falta absoluta de apreciação de questões de que se deva conhecer integra a nulidade prevista no supra citado normativo, e não a falta de apreciação de questões cujo conhecimento ficou prejudicado pela solução jurídica dada à lide – caducidade da providência cautelar e consequente absolvição do pedido –, mesmo que tais questões implicassem o conhecimento do mérito do pedido, conhecimento que, no caso dos autos ficou prejudicado pela solução dada ao pleito pelo tribunal *a quo*.

Pelo exposto, a decisão recorrida não é nula por omissão de pronúncia, não se verificando os pressupostos do art.º 668º, n.º 1-d), improcedendo a arguição de tal nulidade, e de igual modo a conclusão 20 das alegações de recurso, não tendo o tribunal recorrido violado o disposto no citado normativo do CPC.

Do *mérito* do recurso.

A sentença recorrida julgou extinto o direito de acção da ora recorrente, por caducidade, face ao decurso do prazo de um mês, previsto no art.º 101.º do CPTA, sem que a recorrente intentasse acção de impugnação do acto de adjudicação cuja suspensão a recorrente requereu nos presentes autos.

Como consequência de tal conduta, a sentença recorrida julgou verificada a caducidade da presente providência cautelar, de acordo com o disposto no art.º 123.º, n.º 1 do CPTA.

Contra este entendimento se insurge a recorrente, com o argumento de que, estando o acto suspendendo ferido de vício que determina a sua nulidade, sendo esta invocável a todo o tempo, nos termos do disposto no art.º 134.º do CPA, o prazo para a sua impugnação contenciosa não decorreu, de acordo com o disposto no art.º 58.º, n.º 1 do CPTA.

Vejamos.

O art.º 101.º do CPTA, aplicável ao contencioso pré-contratual, domínio no qual nos encontramos, embora em sede de procedimento cautelar – art.º 132.º do CPTA –, dispõe que: "*Os processos do contencioso pré-contratual têm carácter urgente e devem ser intentados no prazo de um mês a contar da notificação dos interessados ou, não havendo lugar a notificação, da data do conhecimento do acto.*"

Este especial prazo curto de um mês tem carácter imperativo e é o único aplicável à impugnação dos actos administrativos relativos à formação dos contratos previstos no art.º 100.º do CPTA, sendo imposto pela eficácia e celeridade que se pretendem assegurar, com vista a que, aquando da celebração do respectivo contrato, possa estar assegurada a sua estabilidade e a legalidade da Administração para o celebrar com o adjudicatário escolhido, não sendo de aplicar no contencioso pré-contratual, em qualquer situação, quer o prazo geral de impugnação de actos previsto no art.º 58º, n.º 2 e a regra do n.º 4 deste mesmo art.º 58.º do CPTA, quer o disposto no n.º 1 do mesmo art.º 58.º – impugnação a todo o tempo de actos nulos ou inexistentes – por estar especialmente previsto prazo distinto de impugnação no art.º 101.º do CPTA, sem distinção das consequências invalidantes dos respectivos vícios assacados ao acto.

Por outro lado, o art.º 100.º, n.º 1 do CPTA, inserido na Secção II, do Capítulo I, do Título IV, só *subsidiariamente* remete para o disposto na Secção I, do Capítulo II, do Título III (art.s 50.º a 65.º do CPTA), quanto às disposições legais que regem a impugnação dos actos administrativos relativos à formação dos contratos aí previstos. Ora, em sede de contencioso pré-contratual, o art.º 101.º disciplina o prazo de propositura de tais impugnações, pelo que o art.º 58.º do CPTA não tem aplicação subsidiária em tais casos, sendo tal prazo, em qualquer circunstância, de um mês, não distinguido o art.º 101.º do CPTA o prazo de propositura da acção consoante os tipos de invalidade – nulidade ou anulabilidade – que sejam assacadas ao acto impugnado.

Com efeito, o prazo de um mês previsto no art.º 101.º do CPTA, à semelhança do prazo anteriormente previsto no art.º 3º, n.º 2 do DL 134/98, de 15.05, na redacção dada pela Lei 4-A/2003, de 19.02, e também de um mês, aplica-se, imperativamente, em todos os casos, quer se esteja perante actos nulos ou anuláveis, não sendo de aplicar no contencioso pré-contratual, em qualquer situação, o prazo geral de impugnação de actos nulo previsto no art.º 58º, n.º 1 do CPTA, por estar especialmente previsto prazo distinto de impugnação no art.º 101.º do CPTA, prevalecendo sempre a norma especial em detrimento da geral.

Assim como se aplica, v.g., o prazo de um mês previsto no citado art.º 101.º do CPTA, sempre que, no âmbito do exercício do direito de acção do regime especial do contencioso pré-contratual previsto nos art.s 100.º a 103.º do CPTA, se pretenda a condenação da entidade competente à prática de um acto. Não colhe, pois, a argumentação da recorrente no sentido de que o prazo de propositura da acção administrativa especial de impugnação do acto suspendendo, ainda não decorreu, por se estar perante uma deliberação nula, sendo a mesma impugnável a todo o tempo, pois estando-se no âmbito do já referido contencioso pré-contratual, onde o prazo para o exercício do direito à acção a observar é sempre e em todos os casos, independentemente das pretensões que se possam formular ao tribunal, o prazo previsto no art.º 101.º do CPTA, isto é, um mês.

Tal entendimento decorre, em primeiro lugar, da letra da própria lei, e em segundo lugar, da intenção do legislador que, sem dúvida, consagrou a especial natureza urgente de tal procedimento judicial, e lhe conferiu carácter obrigatório sempre que esteja em causa impugnação de actos administrativos relativos à formação dos contratos mencionados no art.º 100.º, n.º 1 do CPTA, na consideração de que só assim estaria garantida a efectiva realização do interesse público em obter uma estabilização rápida e definitiva dos procedimentos pré-contratuais, com as inerentes limitações para o exercício de direitos por parte dos administrados, das quais é exemplo o encurtamento do prazo de impugnação dos actos administrativos relativos à formação dos contratos enunciados no art.º 100.º, n.º 1 do CPTA, limitação que, todavia, não viola de forma irremediável o direito ao recurso, não sendo por isso violadora do disposto no art.º 20.º da CRP, como argumenta a recorrente.

O art.º 101.º do CPTA ao estabelecer o encurtamento do prazo de impugnação contenciosa (à semelhança do anteriormente previsto pelo DL 134/98), não restringe a tutela dos administrados, pois não afecta os seus direitos substantivos e, a exigência processual de maior celeridade que lhes impõe é em seu próprio favor e não se mostra desproporcionada à obtenção do efeito que pretende – evitar que se criem situações de facto irreversíveis em desfavor dos interessados na destruição do acto (neste sentido Ac. STA de 09.04.02, in Rec 179/02, disponível em www.dgsi.pt).

Já no domínio do anterior regime do DL 134/98, face ao estabelecido no art.º 3.º deste diploma legal, o prazo aí previsto era considerado uno, quer se estivesse perante actos nulos, inexistentes ou meramente anuláveis, como se confirma com a doutrina contida no Ac. do STA de 27.10.98, in Rec. 44 153, onde se considerou "*E não se diga que tal interpretação colide com a regra de impugnação contenciosa, a todo o tempo, de actos nulos ou actos inexistentes juridicamente, já que nada impede que um diploma específico preveja um prazo uno e especialmente célere para a impugnação de tais actos, seja qual for a natureza do vício que os possa afectar. É que, se o recurso contencioso e as medidas provisórias em causa destinadas a eliminar e a corrigir ilegalidades e a suspender efeitos danosos para as partes causados no decurso do procedimento de formação do contrato de empreitada de obras públicas, não se justifica que essa tutela que se pretende eficaz e célere fique dependente de recurso contencioso que possa ser interposto a todo o tempo.*"

Em conclusão, tal como decidiu o tribunal *a quo*, e porque o decurso do referido prazo sem a respectiva interposição de acção, extingue o correspondente direito, ocorreu a caducidade do direito de acção da ora recorrente à acção principal, face à matéria de facto apurada e o disposto no art.º 101.º, n.º 1 do CPTA.

Ora, sendo os presentes autos uma providência cautelar a tramitar de acordo com o disposto no art.º 132.º do CPTA (providência cautelar especial relativa a procedimentos de formação de contratos), para a presente providência cautelar valem as regras previstas nos art.s 112.º e ss do CPTA, por remissão do disposto no art.º 132.º, n.º 3: "*3 – Aplicam-se, neste domínio, as regras do capítulo anterior, com ressalva do disposto nos números seguintes.*"

Assim sendo, importa ter presente o que dispõe o art.º 123.º, n.º 1-a) do CPTA: "*1 – As providências cautelares caducam nos seguintes casos: a) Se o requerente não fizer uso, no respectivo prazo, do meio contencioso adequado à tutela dos interesses a que o pedido de adopção de providência cautelar se destinou.*"

Do que ficou dito, e independentemente de se alegar que os vícios assacados ao acto suspendendo se apresentam como geradores de nulidade do mesmo, é seguro afirmar-se que a recorrente não fez uso no respectivo prazo – prazo de um mês previsto no art.º 101.º do CPTA – do meio contencioso adequado à impugnação da deliberação suspendenda, tendo ultrapassado tal prazo, dando azo à previsão do disposto no art.º 123.º, n.º 1 – a) do CPTA.

Neste sentido, cfr. Ac. do TCAS, de 13.01.05, in Rec. 394/04 e Ac. do TCAS de 21.04.05, in Rec. 645/05, em cujo sumário se pode ler: "*Os processos do contencioso pré-contratual a que alude o art.º 101.º do CPTA devem ser intentados no prazo de um mês a contar da notificação dos interessados, não havendo que indagar se os vícios invocados pelo requerente da providência são geradores de nulidade ou de simples anulabilidade.*" (disponíveis em www.dgsi.pt)

Não tendo a recorrente exercitado aquele seu direito no prazo devido, tal direito extinguiu-se por caducidade, assim como o seu direito à presente providência cautelar caducou pelo decurso de tal prazo sem a respectiva instauração em juízo da acção principal, consequência da natureza instrumental ou acessória das próprias providências cautelares.

Assim sendo, e em conclusão, o direito da recorrente à providência cautelar requerida mostra-se extinto por caducidade, improcedendo todas as conclusões das alegações de recurso, devendo a sentença recorrida manter-se, por não ter incorrido em erro de julgamento, designadamente por não ter errado na interpretação e aplicação que fez das normas citadas, não tendo violado qualquer das normas referidas pela recorrente.

Acordam, pois, os juízes do TCAS, Secção Contencioso Administrativo, 2.º Juízo, em:

a) – negar provimento ao recurso jurisdicional, mantendo o decidido;

b) – condenar a recorrente nas custas, fixando-se a procuradoria em 2/10.

Lisboa, 12 de Maio de 2005

Magda Geraldes
Mário Gonçalves Pereira
António Vasconcelos

Recurso n.º 756/05

DIRECTORES-GERAIS. COMPETÊNCIA PRÓPRIA MAS NÃO EXCLUSIVA OU RESERVADA. PROMOÇÃO DE UM TÉCNICO DE ADMINISTRAÇÃO TRIBUTÁRIA ADJUNTO À CATEGORIA DO GRAU 4, DO GAT.

(Acórdão de 14 de Abril de 2005)

SUMÁRIO:

I – No sistema constitucional vigente, o Governo continua a ser o orgão superior da Administração Pública a quem cabe dirigir os serviços e a administração directa do Estado (art.º 199.º, als. d) e e), da CRP), pelo que a competência dos Directores-Gerais, prevista nos art.s 11.º e 12.º, do DL n.º 323/89, de 26-09, é uma competência própria mas não exclusiva ou reservada, para efeitos de promoção de um técnico de administração tributária adjunto à categoria do grau 4, do GAT.

II – Dos actos previstos no referido diploma cabe recurso hierárquico, para se abrir a via contenciosa.

ACORDAM NO TCAS, SECÇÃO CONTENCIOSO ADMINISTRATIVO, 2.º JUÍZO

O recorrente veio interpor recurso contencioso de anulação do despacho, de 13-02-01, do Sr. Subdirector-Geral dos Impostos.

Em sede de vista inicial, o Digno Magistrado do MºP.º suscitou a excepção da irrecorribilidade do acto posto em crise.

Foi proferida, a fls. 33 e ss dos autos, douta sentença, no TAC do Porto, datada de 11-10-2002, pela qual foi rejeitado, liminarmente, o recurso contencioso, nos termos do art.º 838.º, do Código Administrativo.

Inconformado coma sentença, o recorrente veio dela interpor recurso jurisdicional da mesma, apresentando as suas alegações de fls. 40 e ss, com as respectivas conclusões de fls. 42 e verso, que de seguida se juntam por fotocópia extraída dos autos.

A fls. 45 e ss, a entidade recorrida veio apresentar as suas contra-alegações, com as respectivas conclusões de fls. 49 a 50, que de seguida se juntam por fotocópia extraída dos autos.

No seu douto e fundamentado parecer, o Sr. Procurador-Geral adjunto entendeu que deve improceder o recurso jurisdicional, mantendo-se a sentença recorrida.

MATÉRIA DE FACTO:

Com interesse para a decisão, considero provados e relevantes os seguintes factos:

1) O recorrente, técnico de administração tributária adjunto, nível 3, requereu ao Director-Geral dos Impostos pedido de promoção à categoria do grau 4, do GAT, e a sua nomeação como chefe de serviço de Finanças, em qualquer serviço de Finanças do País e, caso não houvesse vaga, a nomeação como adjunto de chefe de serviço também em qualquer parte do país e, finalmente, caso não houvesse vaga requeria além da referida promoção a colocação no 1.º Serviço de Finanças de Guimarães.

2) O acto impugnado é o despacho, de 13-02-2001, do Subdirector-Geral, João Durão, no uso de competências delegadas pelo Director-Geral dos Impostos, por via da qual aquele seu pedido foi indeferido. (Doc. de fls. 5 a 6, cujo teor aqui se dá por reproduzido).

3) O recorrente foi notificado daquele despacho, em 30-03-2001 e veio instaurar o presente recurso (Acórdão de 7 de Abril de 2005).

O DIREITO:

Nas conclusões das suas alegações, designadamente, na 5ª, o recorrente refere que a sentença recorrida, ao rejeitar o recurso contencioso, por não ter sido deduzido recurso hierárquico, violou o DL n.º 323/89, de 26-09, por erro de aplicação, bem como o referido DL n.º 557//99, d e17-12, ao abrigo do qual devia ter sido apreciado o requerimento de promoção e nomeação do recorrente, para o cargo de chefia tributária .

A entidade recorrida, nas suas contra-alegações, entende que deve ser negado provimento ao recurso e mantida a sentença recorrida.

Ora, na sentença recorrida refere-se que a intervenção do Subdirector Geral dos Impostos, por delegação de competências do Director-Geral teve lugar ao abrigo do DL n.º 323/98, de 26-09. (art.s 11.º, 12.º 3 e 13.º, n.º 2, e ponto 10 do Mapa II anexo).

Ora, só por mero lapso se referiu na sentença o DL n.º 323/98, em vez do DL n.º 323/89, de 26-09.

Como bem refere o Digno Magistrado do MºP.º, não só essa base legal não é invocada por aquela autoridade, como, na data em que o acto foi proferido – 13-02-2001 – já não vigorava aquele diploma legal, pois tinha sido revogado pela Lei n.º 49/99, de 22-06 (art.º 40.º).

Não é curial, por isso, a invocação das disposições legais citadas, na decisão recorrida, para lhe servir de fundamento.

Daí, porém, não se pode concluir, necessariamente, que decidiu erradamente e, por isso, deva ser revogada, pois pode acontecer que, e citamos, não obstante se apoiar declaradamente em diploma inaplicado e inaplicável, a lei aplicável e vigente contenha normas de idêntico sentido.

E é, precisamente, o caso dos autos.

Na verdade, a Lei n.º 49/99 confere aos Directores-Gerais competências idênticas às supostamente exercidas pela autoridade recorrida – art. 25.º, n.ºs 1 e 2, e mapa II anexo.

No art.º 25.º, n.º 4, do Diploma Legal referido, dispõe-se que « compete ao subdirector-geral exercer as competências que lhe forem delegadas pelo membro do Governo competente ou delegadas ou subdelegadas pelo director-geral...».

Por outro lado, o art.º 18.º (entidade competente para o provimento), do DL n.º 57/99, de 17-12, dispondo que «O provimento dos cargos de chefia tributária é feito pelo director-geral», não só não alarga aquela competência, o que seria admissível nos termos do art.º 26.º (competências específicas), da Lei 49/99, de 22-06, como não altera a sua natureza, o que estaria vedado por aquele Lei, que no art.º 38.º (Prevalência) dispõe que «a presente lei prevalece sobre quaisquer disposições gerais ou especiais relativas aos diversos serviços e organismos.

Assim sendo, para além de nada permitir supor que o DL n.º 557/99 pretendeu inverter a regra da hierarquia, entregando ao Director-Geral dos Impostos competência exclusiva e reservada, e não meramente separada, como entendeu a sentença recorrida, se tal tivesse acontecido em contradição com o regime estabelecido na Lei n.º 49/99, sempre deveria este prevalecer.

Ora, a Jurisprudência dos nossos Tribunais superiores (cfr., entre outros, o Ac. do TCA, de 19-10-2000, Rec. n.º 02743/99, e Ac. do STA, de 19-06-2001, Rec. n.º 043961) tem entendido que, no sistema constitucional vigente continua a ser o Governo o órgão superior da Administração Pública a quem cabe dirigir os serviços e a administração directa do Estado (art.º 199.º, alíneas d) e e), da CRP, pelo que a competência dos directores-gerais, prevista nos nos artºs 11.º e 12.º, do DL n.º 323/89, de 26-09, é uma competência própria, mas não exclusiva, cabendo recurso hierárquico necessário dos actos previstos neste último diploma para se abrir a via contenciosa.

Pelo exposto, o recurso jurisdicional não merece provimento.

DECISÃO:

Acordam os Juízes do TCA, em conformidade, em negar provimento ao recurso jurisdicional, mantendo a sentença recorrida, mas com as alterações acima referidas.

Custas pelo recorrente, fixando-se a taxa de justiça em € 120 e a procuradoria em € 60.

Lisboa, 14 de Abril de 2005.

António Forte
Carlos Araújo
Fonseca da Paz

Recurso n.º 12 148/03

JURISDIÇÃO ADMINISTRATIVA. COMPETÊNCIA MATERIAL. DL 197/99 DE 8 DE JUNHO. HOSPITAIS DE CAPITAIS EXCLUSIVAMENTE PÚBLICOS. CONCURSO DE FORNECIMENTO DE REFEIÇÕES A PESSOAL E DOENTES.

(Acórdão de 7 de Abril de 2005)

SUMÁRIO:

I – O Decreto-Lei n.º 197/99 de 8 de Junho que aprovou o regime jurídico de realização de despesas públicas e da contratação pública, transpôs para a ordem interna a Directiva n.º 97/52/ /CE do Parlamento Europeu e estabeleceu no art.º 3.º a extensão do âmbito de aplicação pessoal do art.º 2.º a outras "pessoas colectivas sem natureza empresarial".

II – Para efeitos de integração no âmbito de aplicação pessoal do DL 197/99 de 8 de Junho e à luz do novo regime jurídico da gestão hospitalar, os hospitais públicos integrados na rede de prestação de cuidados de saúde podem revestir figuras jurídicas distintas, entre as quais a de sociedades anónimas de capitais exclusivamente públicos – cfr. art.º 2.º, n.º 1 c) do Regime Jurídico de Gestão Hospitalar aprovado pelo art.º 2.º da Lei 27/02 de 8 de Novembro.

III – Ao procedimento concursal aberto por entidade hospitalar de capitais exclusivamente públicos para fornecimento de refeições a pessoal e doentes é aplicável o regime do DL 197/99 de 08.06.

IV – A jurisdição administrativa é competente para conhecer dos litígios emergentes de contratos e procedimentos pré-contratuais abrangidos pelo regime do DL 197/99 de 08.06.

ACORDAM NO 2.º JUÍZO DO TCA – SUL

SERUNIÓN – Restaurantes de Portugal S.A, com os sinais nos autos, contra-interessada na acção administrativa em processo urgente sobre contencioso pré-contratual em que é Autora GERTAL – Cª Geral de Restaurantes e Alimentação, S.A, e Réu o Hospital do Barlavento Algarvio, S.A, inconformada com a decisão de improcedência da excepção dilatória de incompetência absoluta dos Tribunais Administrativos para julgar o pleito, proferida pela Mma. Senhora Juiz do Tribunal Administrativo e Fiscal de Sintra, dela vem recorrer, concluindo como segue:

1. O Hospital do Barlavento Algarvio, S.A. é uma sociedade anónima de capitais exclusivamente públicos que, nos termos do Decreto-Lei 280/2002, de 9 de Dezembro, que regula a sua transformação, se rege pelo referido diploma, pelos seus estatutos, pelo regime jurídico empresarial do Estado e pela lei reguladora das sociedades anónimas, bem como pelas normas especiais cuja aplicação decorra do seu objecto social e do seu regulamento.

2. O Réu Hospital rege-se, nos termos do art.º 7.º do Decreto-Lei 558/99, de 17 de Dezembro, que regula o sector empresarial do Estado, pelo direito privado.

3. Os referidos Decreto-Lei 280/2002 e Decreto-Lei 214/2004, bem como o Estatutos do Hospital não lhe conferem quaisquer poderes públicos de autoridade, isto é, poderes para praticar actos regidos pelo direito administrativo.

4. Em causa nos presentes autos, estão apenas relações entre entes privados.

5. O facto de o Hospital, para a contratação de Serviços de Fornecimento de Refeições para o Hospital do Barlavento Algarvio, S.A., ter optado por um processe de escolha do adjudicatário que designou por «Procedimento por Negociação com Publicação Prévia de Anúncio» e que se assemelha ao previsto no Decreto-Lei 197/99 de 8 de Junho, não quer dizer que este diploma legal seja aplicável à situação em apreço.

6. O Decreto-Lei 197/99, de 8 de Junho, nos seus artigos 2.º e 3.º, exclui do seu âmbito de aplicação as pessoas colectivas que revistam a natureza de empresa pública, como é o caso do Hospital.

7. Inexiste, portanto, qualquer norma legal que imponha ao Réu Hospital o cumprimento de um especial procedimento pré-contratual regulado por normas de direito público.

8. Ao contrário do que decorre do douto despacho recorrido, a menção no Programa do Procedimento a "entidade pública contratante" e a remissão para os tribunais administrativos efectuada no art.º 26.º do Caderno de Encargos, apenas podem ser entendidas como lapso de escrita/ eventualmente decorrente da utilização de minutas anteriormente usadas pelo Hospital, noutros procedimentos e ao tempo em que revestia a qualidade de hospital público, e em nada altera a configuração das relações jurídicas existentes entre as partes da presente acção como particulares.

9. A qualificação de uma relação jurídica como pública ou privada não depende da simples vontade das partes mas sim do seu efectivo regime e enquadramento legal.

10. Impõe-se, pois, considerar a cláusula geral do artigo 1.º, n.º 1 do ETAF, segundo o qual estão sujeitos à jurisdição administrativa "os litígios emergentes das relações jurídicas administrativas", bem como o elenco exemplificativo do artigo 4.º do mesmo diploma.

11. A alínea e) do n.º 1 do art.º 4.º do ETAF submete à jurisdição dos tribunais administrativos as "questões relativas à validade de actos pré-contratuais e à interpretação, validade e execução de contratos, a respeito dos quais haja lei específica que os submeta, ou que admita que sejam submetidos a um procedimento pré contratual regulado por normas de direito público".

12. Para decidir a questão da competência ora em apreço é, pois, decisivo concluir se o procedimento em causa se rege por normas de direito público ou de direito privado.

13. Certo é que, conforme ficou dito supra, o Réu Hospital não está sujeito a qualquer procedimento pré-contratual, regulado por normas de direito público, para a aquisição de serviços de fornecimento de refeições a doentes pois, inexiste qualquer norma legal que imponha a este a adopção deste tino de procedimento para o fornecimento em causa.

14. Os actos impugnados foram praticados por um sujeito privado e fora do âmbito de um procedimento regulado por normas de direito público, pelo que não está em causa uma relação jurídica administrativa.

15. Daqui decorre que o litígio em discussão nos presentes autos não cabe na previsão da alínea e) do n.º 1 do art.º 4.º do ETAF e, consequentemente, os Tribunais Administrativos são absolutamente incompetentes, em razão da matéria. para conhecer do mesmo.

16. Ao julgar como julgou, o Meritíssimo Juiz "a quo" fez, salvo o devido respeito, uma inadequada interpretação e aplicação do direito e violou, entre outros, os artigos 1.º e 4.º do ETAF, pelo que o douto despacho recorrido deve ser substituído por um outro que julgue os tribunais administrativos incompetentes para conhecer dos presentes autos.

***

A Recorrida GERTAL – Cª Geral de Restaurantes e Alimentação, S.A contra-alegou, concluindo como segue:

1. No caso dos presentes autos, estamos perante a apreciação de um litígio que tem por objecto questão respeitante à validade de acto pré-contratual relativo à formação de contrato a respeito do qual há lei específica que o submete a um procedimento pré-contratual regulado por normas de direito público, a saber, o Decreto--Lei n.º 197/99 de 8/6.

2. Conforme é salientado por Mário Bernardino, in "Aquisições de bens e serviços na Administração Pública", 2ª Edição revista e actualizada, Almedina, "...com a aprovação do novo regime jurídico da gestão hospitalar, os hospitais públicos integrados na rede de prestação de cuidados de saúde podem revestir figuras jurídicas distintas, para efeitos de integração no âmbito de aplicação pessoal do Decreto-Lei n.º 197/99, de 8 de Junho: Sociedades anónimas de capitais exclusivamente públicos (S.A.) 3.1. São hospitais que se regem pelos seus Estatutos, pelo regime jurídico do sector empresarial do Estado e pela lei reguladora das sociedades anónimas. 3.2. Quanto à realização de despesas com a locação e aquisição de bens e serviços, integram o âmbito de aplicação pessoal do diploma, embora apenas no que se refere ao capítulo XIII do Decreto-Lei n.º 197/99, que contém as disposições especiais de natureza comunitária" (cit. p. 23 a 26, o salientado é nosso).

3. Aos Hospitais, S.A. aplica-se o Decreto-Lei n.º 197/ /99 de 8 de Junho, e, designadamente, o seu capítulo XIII.

4. Tendo em consideração que, por um lado, o objecto do contrato é a aquisição de serviços de fornecimento de refeições, portanto, serviços incluídos no Anexo VII do Decreto-Lei n.º 197/99 (designadamente, na categoria 17 – Serviços de hotelaria e restauração) e que, por outro lado, o seu valor é superior a 200.000 euros (o valor da proposta da Gertal, que é a economicamente mais vantajosa, é de 1.147.4806 para o Hospital do Barlavento Algarvio, S.A. e de 211.645 € para o Hospital Distrital de Lagos – cfr. fls. 8 e 10 da certidão junta aos autos),

5. Então, à aquisição de serviços sub judice aplicam-se as disposições do capítulo XIII do decreto-lei n.º 197/ /99 de 8/6 cumulativamente com as disposições dos capítulos anteriores nos termos do disposto no seu Art.° 191.º n.º 3.

6. Esta interpretação é, aliás, a única possível tendo em consideração as directivas comunitárias que o Decreto-Lei n.º 197/99 de 8/6 transpôs para a ordem jurídica portuguesa.

7. O Decreto-Lei n.º 197/99 de 8/6 transpôs para a ordem jurídica interna a Directiva n.º 97/52/CE do Parlamento Europeu e do Conselho de 13 de Outubro e por isso deve ser interpretado e aplicado em conformidade com a aludida Directiva, bem como com as Directivas 92/50/CEE, 93/36/CEE e 93/37/CEE (que aquela Directiva alterou).

8. Interpretação diversa ficará ferida de inconstitucionalidade por violação do Artigo 8.º n.º 3 da Constituição que consagra o Primado do Direito Comunitário sobre o Direito Interno.

9. A Directiva 92/50/CEE incluiu expressamente no seu âmbito subjectivo os estabelecimentos públicos de saúde, sem fazer qualquer distinção em função da fornia jurídica que os mesmos assumam (cfr., o Anexo I da Directiva 71/305/CEE do Conselho de 26 de Julho de 1971 para a qual remete o artigo 1.º alínea b) da Directiva 92/50/CEE, a qual foi posteriormente substituída pela lista constante do Anexo à Decisão 92/456/CEE da Comissão de 31 de Julho de 1992).

10. A Directiva n.º 911521 CE do Parlamento Europeu e do Conselho de 13 de Outubro inclui expressamente no seu âmbito de aplicação os Hospitais, centrais e distritais, sem fazer qualquer distinção consoante a forma jurídica que revestem (cfr. Anexo I).

11. Conforme é salientado pelo douto despacho recorrido, o Tribunal de Justiça das Comunidades Europeias "tem declarado reiteradamente que, à luz do duplo objectivo de abertura à concorrência e de transparência prosseguido pelas directivas de coordenação dos procedimentos de adjudicação de contratos de direito público, o conceito de organismo de direito público deve ser objecto de uma interpretação funcionar (o sublinhado é nosso).

12. Conforme entendimento expresso no douto Acórdão do Tribunal de Justiça das Comunidades Europeias de 15/5/2003, C-214/00, que o douto despacho recorrido transcreve: "... o conceito de «organismo de direito público» deve ser entendido em sentido amplo (Acórdão de 27 de Fevereiro de 2003, Adolf Truley, C-373/00, ainda não publicado na Colectânea, n.º 43). ... o modo de constituição da entidade era, para o efeito, indiferente (v., neste sentido, entre outros, acórdãos Mannesmann Anlagenbau Áustria e o., já referido, n.os 6 e 29; de 10 de Novembro de 1998, BFI Holding, C-360/96, Colect., p. I-6821, n.os 61 e 62; e Comissão/França, já referido, n.os 50 e 60. ...o estatuto de direito privado de uma entidade não constitui um critério apto para excluir a sua qualificação como entidade adjudicante na acepção do artigo 1.º, alínea b) das Directivas 92/50, 93/36 e 93/37 e, portanto, do artigo 1.º n.º 1 da Directiva 89/665. ...o efeito útil tanto das Directivas 92/50, 93/36 e 93/37 como da Directiva 89/665 não ficaria plenamente salvaguardado se a aplicação destas directivas a uma entidade que preenchesse os três requisitos já referidos pudesse ser afastada pelo mero facto de a sua forma e o seu regime jurídico serem, nos termos do direito nacional a que estivesse sujeita, de direito privado" (o sublinhado é nosso).

13. Para qualificar uma determinada entidade como "organismo de direito público" para efeitos das directivas comunitárias é irrelevante quer a forma jurídica de que se reveste quer o regime jurídico a que está sujeita nos termos do direito nacional.

14. O que releva é, apenas e só, a circunstância de a entidade ter sido criada para satisfazer necessidades de interesse geral, sem carácter industrial ou comercial, ser dotada de personalidade jurídica e ser dependente do Estado, de autarquias locais ou de outros organismos de direito público.

15. Não há que averiguar nem a natureza jurídica da entidade (se pública, se privada) nem a natureza jurídica dos actos por ela praticados (se públicos, se privados), designadamente, não há que averiguar se o regime jurídico a que a mesma está sujeita lhe confere poderes para a prática de actos regidos pelo direito administrativo.

16. O artigo 4.º n.º 1 alínea e) do E.T.A.F. não exige que o autor do acto seja um ente público nem que os actos por ele praticados sejam actos administrativos para que os tribunais administrativos sejam competentes para apreciar o litígio em questão.

17. O Artigo 4.º n.º 1 alínea e) do E.T.A.F. não faz referência alguma nem à natureza jurídica desses actos nem a natureza jurídica dos seus autores. Ora, *Ubi lex non distinguit nec nos distinguere debemus*.

18. O que releva para estabelecer a competência dos tribunais administrativos é tão só a existência de uma lei que submeta tais actos a um procedimento pré-contratual regulado por normas de direito público, sejam tais actos de direito privado ou de direito público e sejam os seus autores pessoas colectivas de direito privado ou de direito público.

19. Face à actual redacção da alínea e) do n.º 1 do Art.º 4.º do E.T.A.F. não há, contrariamente ao explanado no douto acórdão citado pela recorrente, que indagar se a lei geral ou o estatuto da empresa pública lhe confere poderes para praticar actos regidos pelo direito administrativo.

20. Fazendo, como o Artigo 8.º n.º 3 da nossa Constituição impõe, uma interpretação do Decreto-Lei n.º 197/ /99 de 8 de Junho em conformidade com as Directivas supra referidas, é forçosa a conclusão que o aludido decreto-lei é obrigatoriamente aplicável aos procedimentos pré-contratuais adoptados pelos Hospitais S.A na medida em que 1° os Hospitais, S.A. foram criados para satisfazem necessidades de interesse geral, a saber, a prestação de serviços de saúde às populações, estando integrados no Serviço Nacional de Saúde, 2° sendo sociedades anónimas de capitais exclusivamente públicos, gozam de personalidade jurídica e 3° são estreitamente dependentes do Estado, o seu único accionista (cfr. Art.º 1.º, alínea b), segundo parágrafo da Directiva

92/5 O/CEE do Conselho de 18 de Junho de 1992 relativa à coordenação dos processos de adjudicação de contratos públicos de serviços e Art.º 3.º n.º 1 do DL 197/99 de 8/6).

21. A única consequência da interpretação do Decreto-Lei n.º 197/99 de 8/6 em conformidade com as Directivas Comunitárias é a da sua aplicação aos Hospitais, S.A..

22. A competência dos tribunais administrativos portugueses não é estabelecida pelas directivas comunitárias mas pela alínea e) do n.º 1 do Art.º 4.º do E.T.A.F.. É esta disposição legal que estabelece a competência dos tribunais administrativos para apreciar litígios que tenham por objecto questões relativas à validade de actos pré-contratuais a respeito dos quais há lei específica que os submete a um procedimento pré-contratual regulado por normas de direito público.

23. A aplicação do Decreto-lei n.º 197/99 de 8/6 aos procedimentos pré-contratuais adoptados pelos Hospitais, S.A. radica precisamente na prossecução do interesse público que a estes enquanto hospitais impende, a saber, a garantia da concorrência e da boa gestão dos dinheiros públicos na prestação de serviços de saúde aos seus utentes.

24. O CENTRO HOSPITALAR DO BARLAVENTO ALGARVIO, S.A. optou por aplicar o regime constante do Decreto-Lei n.° 197/99 de 8/6. 25. Conforme é salientado por MÁRIO AROSO DE ALMEIDA in "*O Novo Regime de Processo nos Tribunais Administrativos*", 2a Edição Revista e Actualizada, Almedina, p. 260, o Artigo 100.º estende o âmbito de aplicação do regime a actos jurídicos praticados por sujeitos privados no âmbito de procedimentos pré-contratuais de direito público e "Está, neste último domínio, a pensar-se primacialmente nos casos em que pessoas colectivas de direito privado são obrigadas por lei a adoptar – ou, em todo caso, optam por adoptar procedimentos pré-contratuais previstos e regulados por normas de direito público ..." (o salientado é nosso).

25. Forçosa, é, pois, a conclusão os Tribunais Administrativos e Fiscais são os tribunais materialmente competentes para conhecer o presente litígio nos termos do disposto no Art.º 4.º n.º 1 al. e) do E.T.A.F..

***

Com substituição legal de vistos pelas competentes cópias entregues aos Exmos. Desembargadores Adjuntos, vem para decisão em conferência – art.s 36.º n.ºs 1 e 2 CPTA e 707.º n.º 2 CPC, ex vi art.º 140.º CPTA.

***

Pela Senhora Juiz foi julgada provada com relevo para a questão da competência a factualidade que segue:

A) O Hospital do Barlavento Algarvio, S.A, aprovou o Programa do Procedimento por Negociação com Publicação Prévia de Anúncio n.º 1/2004, para Fornecimento de Refeições a Pessoal e doentes (fls. 61l vol.);

B) Nos termos Programa indicado em A), – o procedimento concursal tinha como objecto a contratação de Serviços de Fornecimento de Refeições para o Hospital do Barlavento Algarvio, SÁ., e podendo também ter por objecto a contratação de Serviços de Fornecimento de Refeições e Cafetaria para o Hospital Distrital de Lagos (art. 1.º) – a entidade pública contratante é o Hospital do Barlavento Algarvio – art. 2.º – (cfr. fls. 61 dos autos).

C) Nos termos do art. 1.º do Caderno de Encargos "Na execução da prestação de serviços abrangida pelo presente concurso, observar-se-ão:

a. as cláusulas do contrato e o estabelecido em todos os documentos de que dele fazem parte integrante.

2. Para os efeitos definidos na alínea a) do número anterior, consideram-se integrados no contrato, este caderno de encargos e os restantes elementos, patenteados neste procedimento e mencionados no índice geral, a proposta do adjudicatário assim como, todos os documentos que sejam referidos a título contratual ou neste caderno de encargos" – (cfr. fls. 81 dos autos);

D) Nos termos do art. 26.º do Caderno de Encargos, nas cláusulas especificas especial "As questões que se suscitem sobre interpretação, validade ou execução dos contratos, que não sejam dirimidas pelos meios graciosos serão submetidas aos tribunais administrativos nos termos da lei respectiva" – (cfr. fls. 88 dos autos);

E) O valor estimado do contrato a celebrar pela Gertal no concurso indicado em A) era de 1.1147.480,00 € para o Hospital do Barlavento Algarvio e de 211.645.00 € para o Hospital Distrital de Lagos (fls. 10 e 8 do processo instrutor).

DO DIREITO

Vem assacada a decisão incidental de incorrer em violação primária de lei processual por erro de julgamento em matéria de competência em razão da matéria – art.s 1.º e 4.º do ETAF .... ítens 1 a 16 das conclusões de recurso.

***

O discurso jurídico fundamentador em sede de decisão incidental é o que segue:

"(..)

Estabelece o art. 4.º, n.º 1, alínea e) do Estatuto dos Tribunais Administrativos e Fiscais, aprovado pela Lei n.º 13/2002, de 19 de Fevereiro, que compete ao tribunais da jurisdição administrativa resolver a apreciação de litígios que tenham por objecto, nomeadamente, "*questões relativas à validade de actos pré-contratuais e à interpretação, validade e execução de contratos a respeito dos quais haja lei específica que os admita ou que ainda que sejam submetidos a um procedimento pré--contratual regulado por normas de direito público*."

Assume a Autora que "A Directiva 92/50/CEE *inclui expressamente no seu âmbito subjectivo os estabelecimentos públicos de saúde, sem fazer qualquer distinção em função da forma jurídica que os mesmos assumam (cfr. em caso de dúvida, o Anexo I da Directiva 71/305/CEE do Conselho de 26 de Julho de 1971 para a qual remete o artigo I" alínea b) da Directiva 92/50/CEE, a qual foi posteriormente substituída pela lista constante do Anexo à decisão 92/456, da Comissão de 31 de Julho de 1992). Por seu turno a Directiva 97/52/CE, inclui expressamente no seu âmbito de aplicação os Hospitais, centrais e distritais, sem Jazer qualquer distinção consoante a forma jurídica que revestem (cfr. Anexo I)*".

Com a aprovação do novo regime jurídico da gestão hospitalar os hospitais públicos integrados na rede de prestação de cuidados de saúde podem revestir figuras jurídicas distintas, para efeitos de integração no âmbito de aplicação pessoal do DL 197/99, entre os quais sociedades anónimas de capitais exclusivamente públicos (cfr. art. 2.º, n.º 1, alin. c) do Regime Jurídico de Gestão Hospitalar aprovado pelo art. 2.º da Lei n.º 27/2002, de 8 de Novembro), como é o caso do Centro Hospitalar do Barlavento Algarvio, S.A. (cf. artigos 1.º do DL 214/2004 e dos Estatutos aprovados pelo mesmo diploma).

O Decreto-Lei n.º 197/99 transpôs para a ordem interna a Directiva n.º 97/52/CE do Parlamento Europeu, estabelecendo no seu art. 3.º uma extensão do âmbito de aplicação pessoal do art. 2.º a outras "pessoas colectivas sem natureza empresarial".

Ora a questão que importa resolver é de saber o alcance daquela norma para apurar quais as regras aplicáveis ao procedimento concursal de fornecimento de refeições a pessoal e doentes realizado pelo Hospital do Barlavento Algarvio.

***

Confrontando os artigos 1.º das Directivas n.os 92/50 CEE, 93/36/CEE 93/37,

"Considera-se organismo de direito público qualquer organismo:

– criado com o objectivo específico de satisfazer necessidades de interesse geral, sem carácter industrial ou comercial,

– dotado de personalidade jurídica, e financiado maioritariamente pelo Estado, por autarquias locais ou regionais ou por outros organismos de direito público, ou submetido a um controlo de gestão por parte dessas entidades, ou que tenha um órgão de administração, de direcção ou de fiscalização cujos membros são, em mais de 50 %, designados pelo Estado, por autarquias locais ou regionais ou por outros organismos de direito público.

Noção que veio a ser reafirmada no n.º 9 do art. 1.º da Directiva n.º 2004/18/CE do Parlamento Europeu e do Conselho, de 31 de Março de 2004, publicada no Jornal Oficial da União Europeia, de 30.04.2004.

A Directiva 97/52/CE do Parlamento Europeu e do Conselho, de 13 de Outubro de 1997 que altera as Directivas 92/50/CEE, 93/36/CEE e 93/37/CEE, relativas à coordenação dos processos de adjudicação respectivamente de serviços públicos, de fornecimentos públicos e de empreitadas de obras públicas, tendo passado a constar no Anexo I, no que concerne a Portugal, os hospitais centrais e distritais.

O TJCE tem declarado reiteradamente que, à luz do duplo objectivo de abertura à concorrência e de transparência prosseguido pelas directivas de coordenação dos procedimentos de adjudicação de contratos de direito público, o conceito de organismo de direito público deve ser objecto de uma interpretação funcional (vide designadamente, os acórdãos de 1.02.2001, Comissão/França, C-237/99, e de 12.12.2002, Universale-Bau e o G470/99).

Transcreve-se, na parte que importa para os presentes autos, o **acórdão de 15/5/2003, C-214/00:**

"52. O Tribunal de Justiça já esclareceu, a propósito do artigo 1.º, alínea b), segundo parágrafo, da Directiva 93/37, que, para poder ser qualificada como organismo de direito público para efeitos deste artigo, uma entidade deve satisfazer os três requisitos cumulativos aí enunciados, ou seja, deve ser um organismo criado para satisfazer especificamente necessidades de interesse geral sem carácter industrial ou comercial, dotado de personalidade jurídica e estreitamente dependente do Estado, de autarquias locais ou de outros organismos de direito público (acórdão de ***15 de Janeiro de 1998****, Mannesmann Anlagenbau Áustria e o., C-44/96, Colect., p. 1-75, n.os 20 e 21).*

53. Acresce que o Tribunal de Justiça tem declarado reiteradamente que, à luz do duplo objectivo de abertura à concorrência e de transparência prosseguido pelas directivas para coordenação dos procedimentos de adjudicação de contratos de direito público, o conceito de «organismo de direito público» deve ser objecto de uma interpretação funcional (v., designadamente, acórdãos de ***I de Fevereiro de 2001****, Comissão/França, C-237/99, Colect., p. I-939, n.os 41 a 43, e de* ***12 de Dezembro de 2002****, Universale-Bau e o., C-470/99, ainda não publicado na Colectânea, n.os 51 a 53). O Tribunal de Justiça precisou igualmente que, à luz deste duplo objectivo, o conceito de «organismo de direito público» deve ser entendido em sentido amplo (acórdão de* ***27 de Fevereiro de 2003****, Adolf Truley, C-373/00, ainda não publicado na Colectânea, n.º 43).*

54. Foi nesta perspectiva que, para resolver a questão da qualificação eventual como organismos de direito público de diversas entidades de direito privado, o Tribunal de Justiça se limitou, seguindo uma jurisprudência constante, a verificar unicamente se estas entidades reuniam as três condições cumulativas enunciadas no artigo 1.º, alínea b), segundo parágrafo, das Directivas 92/50, 93/36 e 93/37, considerando que o modo de constituição da entidade em causa era, para o efeito, indiferente (v., neste sentido, entre outros, acórdãos Mannesmann Anlagenbau Áustria e o., já referido, n.os 6 e 29; de ***10 de Novembro de 1998****, BFI Holding, C–360/96, Colect., p. 1-6821, n.os 61 e 62; e Comissão//França, já referido, n.os 50 e 60). (...)*

55. Resulta dos princípios assim destacados pela jurisprudência do Tribunal de Justiça que o estatuto de direito privado de uma entidade não constitui um critério apto para excluir a sua qualificação como entidade adjudicante na acepção do artigo 1.º, alínea b), das Directivas 92/50, 93/36 e 93/37 e, portanto, do artigo 1.º, n.º 1, da Directiva 89/665.

56. Sublinhe-se, além disso, que o efeito útil tanto das Directivas 92/50,93/36 e 93/37 como da Directiva 89/665 não ficaria plenamente salvaguardado se a aplicação destas directivas a uma entidade que preenchesse os três requisitos já referidos pudesse ser afastada pelo mero Jacto de a sua forma e o seu regime jurídico serem, nos termos do direito nacional a que estivesse sujeita, de direito privado" – in www.curia.

***

Por tudo isto, o **art. 3.º, n.º 1, do DL n.º 197/99**, que sujeita as disposições do seu cap. XIII *às pessoas colectivas sem natureza empresarial,* **deve ser interpretado em conformidade com as Directivas Comunitárias, ou seja abrangendo as pessoas colectivas que reunam as referidas condições** e sem carácter industrial ou comercial. Na interpretação conforme as directivas comunitárias a expressão "*sem natureza empresarial*" **deve ser aferida face à natureza funcional e não à mera natureza jurídica**.

Pois que, como refere **José Luís da Cruz Vilaça**, "A propósito dos efeitos das directivas na ordem jurídica dos Estados membros", in **CJA, n.º 30, pág. 13**, *"A deficiente atenção dos Estados-membros às suas obrigações de transposição correcta e completa, por um lado, e a não verificação, em muitos casos, das condições para accionar o efeito directo das disposições legais das directivas, por outro lado, levaram o Tribunal de Justiça a impor, sempre que possível, às autoridades e, em particular, aos órgãos jurisdicionais uma obrigação de interpretação conforme do direito internos.*

Isto significa, antes de mais, que as directivas devem servir de referência para a a interpretação do direito nacional apto a dar-lhes execução.".

Esta é também a conclusão de MÁRIO BERNARDINO in, *"Aquisições de bens e serviços a Administração Pública"*, 2ª edição, pág. 26, *que considera que os hospitais sociedade anónima de capitais exclusivamente públicos não revestem a natureza e designação de empresa pública, ficando sujeitos às disposições do cap. XIII do DL 197/99, se, no caso dos autos, o valor estimado dos contratos seja igual a superior ao equivalente de 200.000 DSE.*

O Hospital do Barlavento Algarvio, S.A, é uma sociedade anónima de capitais exclusivamente públicos, no caso do Estado, que tem por objecto a prestação de serviços de saúde, integrado no serviço nacional de saúde (art. 2.º, n.os 1 e 2, do DL 280/2002), pelo que forçoso será concluir pela aplicação do art. 1.º, alíneas a) e b), do DL 197/99.

O próprio objecto do contrato, fornecimento de refeições a pessoal e doentes, insere-se no âmbito do serviço público de saúde, ao prestar os cuidados mínimos de apoio a quem se desloca ou se encontra internado no Hospital.

Acresce que de acordo com a proposta vencedora ora autora, o valor estimado do contrato era, pelo menos, de 1.147.480,00 € (*alín. E do probatório*), muito superior aos limites estabelecidos no art.º 191.º, n.º 3, do DL 197/99 e categoria 17 do anexo VII, considerando os contravalores em euros, conforme despacho n.º 8460/ /2002, do Ministro das Finanças – DR, D Série, 97, de 26.04.2002.

Aliás, no próprio caderno de encargos ficou estabelecida a competência dos tribunais administrativos para resolver os conflitos resultantes do contrato (ali. D) do probatório).

***

Assim, conclui-se que ao procedimento por negociação com publicação prévia e anúncio aplicam-se as normas do DL 197/99, interpretadas em conformidade com as Directivas comunitárias n.º 97/52/CEE, 92/50/CE e 93/36/CEE, estando, assim, sujeito a normas de direito público, nos termos e para efeitos do disposto na alínea e) do n.º 1, do art. 4.º do CPTA.

Termos em que improcede a excepção dilatória de incompetência absoluta dos tribunais administrativos suscitada pelo Réu, Centro Hospitalar do Barlavento; Algarvio, S.A. e pela contra-interessada SERUNIÒN – Restaurantes de Portugal S.A. (..)"

***

Segundo o art.º 4.º n.º 1 e) do novo ETAF[1], compete à jurisdição administrativa apreciar as questões relativas à validade de actos pré-contratuais e, no domínio dos contratos, as questões relativas à interpretação, validade e execução dos contratos a respeito dos quais haja lei específica que os submeta ou que admita que sejam submetidos a procedimento pré-contratual regulado por normas de direito público.

À luz deste critério,

"(..) *foi o legislador do ETAF ao encontro de um argumento invocado na doutrina e reiterado durante a discussão pública: o de que, por impulso do direito comunitário,* ***o nosso ordenamento jurídico tende a submeter diversos tipos contratuais a regras específicas de procedimento pré-contratual****, independentemente da qualificação desses contratos, segundo os cânones tradicionais, como contratos privados ou como contratos administrativos – regras específicas* ***que não podem deixar de ser qualificadas como de direito público, uma vez que têm em vista contratos celebrados por entidades que gerem recursos públicos para a satisfação de necessidades colectivas****.*

Ora, as razões que levaram o ordenamento jurídico a submeter a celebração de certo tipo de contratos, celebrados por esse tipo de entidades, a um regime pré-contratual comum de direito público ***justificam a atribuição à jurisdição administrativa da competência para dirimir os litígios que possam surgir no âmbito das respectivas relações contratuais****.*

E repare-se que tanto podem estar aqui em causa contratos celebrados por pessoas colectivas de direito público, como contratos celebrados por entidades públicas sob formas privadas, entidades privadas de mão pública que, por determinação comunitária, também estão obrigadas às regras de direito público em matéria de procedimentos pré-contratuais.

Compete, assim, aos **tribunais administrativos apreciar a conformidade com essas regras dos actos pré-contratuais,** *designadamente a adjudicação, que essas entidades, nesse contexto, pratiquem (cfr. a propósito artigos 100.º n.º 3 e 132.º n.º 2 do CPTA), bem como* **dirimir os litígios que possam surgir a propósito dos correspondentes contratos** (..)"[2]

"(..) *paradigmáticamente,* **aos contratos de locação e aquisição de bens móveis e serviços abrangidos pelo regime do Decreto-Lei n.º 197/99 de 8 de Junho** (..)"[3], diploma que aprovou o regime jurídico de realização de despesas públicas e da contratação pública.

***

Como decidido por esta mesma formação em Acórdão proferido no **Rec. n.º 99/04 de 29.04.2004** respeitante ao regime das sub-empreitadas derivado do DL 59/99 de 02.03, em que também se suscitou e decidiu de forma favorável a competência dos Tribunais Administrativos para dirimir litígios suscitados no seu âmbito em via de aplicação do regime do DL 197/99 de 8 de Junho, **dada a indissociável ligação entre Direito Administrativo e jurisdição administrativa, constitucionalmente firmada** nos art.s 212.º n.º 3 e 268.º n.º 4 da CRP, a

"(..) *fuga generalizada da actividade administrativa para o Direito Privado, frustando a competência reservada dos tribunais administrativos, acabaria por mutilar todos os direitos subjectivos de natureza processual conferido pelo artigo 268.º n.º 4, enquanto formas específicas configuradas pela Constituição se concretização pelos administrados do direito geral de acesso aos tribunais, desvirtuando ou inutilizando o princípio do acesso à justiça administrativa. (..) Neste preciso sentido, pode extrair-se, em conclusão,* **a existência de uma reserva de Direito Administrativo garantida pela Constituição** (..)" [em que o Direito Privado] "(..) *expressa valores e interesses constitucionais decorrentes dos princípios da igualdade e da liberdade que, bem ao contrário do prin-*

[1] Introduzido pela Lei 13/2002 de 19.02, republicado e em vigor desde 1.1.2004 conforme art.º 1.º da Lei n.º 4-A/2003 de 19.02 que deu nova redacção ao art.º 9.º da Lei 13/02,

[2] DIOGO FREITAS DO AMARAL, MÁRIO AROSO DE ALMEIDA, *Grandes linhas da reforma do contencioso administrativo*, Almedina, 2ª edição,/2003, págs.39 e 40.

[3] MÁRIO AROSO DE ALMEIDA, *O novo regime do processo nos tribunais administrativos*, Almedina/2003, pág. 90.

cípio da competência e da relação supra-ordenação/ /subordinação, que caracteriza o Direito Administrativo, se mostram insusceptíveis de constituir a forma típica de actuação da Administração quando esta exerce prerrogativas de autoridade (..) poderes unilaterais de autoridade visando a prossecução do interesse público e cujo fundamento de conformidade não podia ter como padrão as soluções do Direito Civil (..)".[4]

***

Pelo que vem dito, confirma-se integralmente e sem qualquer declaração de voto o julgado em 1ª Instância, quer quanto à decisão quer quanto aos respectivos fundamentos e para os quais se remete ao abrigo do disposto no art.º 713.º n.º 5 CPC, aplicável nesta sede ex vi art.º 1.º CPTA.

***

Termos em que acordam, em conferência, os juízes da Secção e Contencioso Administrativo do Tribunal Central Administrativo Sul – 2.º Juízo e negar provimento ao recurso e confirmar a decisão incidental recorrida.

Custas a cargo da Recorrente, sendo o valor da causa de 1.359.125 € (um milhão trezentos e cinquenta e nove mil, cento e vinte e cinco euros) conforme decisão a fls. 815 dos autos – art.º 73.º-E n.º 1 CCJ.

Lisboa, 7 de Abril de 2005

Cristina dos Santos
Teresa de Sousa
Coelho da Cunha

Recurso n.º 559/05

LICENÇA SEM VENCIMENTO. EFEITOS. PROFESSORES DO QUADRO. CONTRATO ADMINISTRATIVO DE PROVIMENTO.

(Acórdão de 21 de Abril de 2005)

SUMÁRIO:

I – Requerida licença sem vencimento por parte de um professor do quadro geral do 1.º ciclo, a concessão da mesma determina a suspensão do vínculo relativamente ao Ministério da Educação.

II – Se, no momento em que o referido professor requer o seu regresso ao serviço de origem, se verifica inexistência de vaga, e a interessada acaba por celebrar contratos administrativos de provimento, nos anos lectivos de 1997/1998 e 1998/1999, a sua situação remuneratória corresponde ao estipulado em tais contratos.

ACORDAM NO 1.º JUÍZO LIQUIDATÁRIO DO T.C.A – SUL

1. RELATÓRIO

Maria Clementina Guimarães de Sousa Martins, professora do quadro geral do 1.º ciclo, intentou no T.A.C. do Porto acção para reconhecimento de direito ou interesse legalmente protegido, pedindo o reconhecimento do direito a ser reintegrada no 4.º escalão, nos anos de 1997/1998 e 1998/99, bem como a condenação do R. Ministério da Educação a pagar-lhe as respectivas diferenças salariais, acrescidos de juros de mora legais, até efectivo e integral pagamento.

Por sentença de 15.11.02, o Mmo. Juiz do T.A.C. de Lisboa, julgou a acção improcedente.

É dessa sentença que vem interposto o presente recurso, em cujas alegações a recorrente formulou as conclusões seguintes:

a) A recorrente suspendeu o seu vínculo laboral em 3.01.90;

b) Nessa data, a recorrente tinha 15 anos e 127 dias de serviço (5603 dias de serviço);

c) Na altura em que o vínculo foi suspenso, a recorrente era remunerada pelo 4.º escalão;

d) A recorrente, em 3.12.96, requereu o regresso ao serviço;

e) O Ministério da Educação comunicou à recorrente a impossibilidade de regresso à escola de origem, por inexistência de vaga;

f) No ano lectivo imediatamente a seguir ao referido pedido, 1997/98, cessava a suspensão, e porque se mantinha a referida impossibilidade de regresso ao local de origem, por inexistência de vaga, nesse e no ano de 1998/99, a recorrente desempenhou as funções de docente no regime de contratada;

g) Nos termos legais, no início do ano lectivo imediatamente a seguir ao pedido de cessação da licença sem vencimento, 1.09.97, devia a ora recorrente ser readmitida, sem perda de qualquer direito adquirido, desde logo a remuneração

h) Em 1 de Setembro de 1997, cessou a suspensão do vínculo laboral iniciada em 3.01.90

i) O Ministério da Educação, nos anos lectivos de 1997/98 e 1998/99 remunerou a recorrente pelo 1.º escalão, quando a devia remunerar pelo 4.º e 5º, respectivamente;

j) Isto atento o tempo de serviço da recorrente e o facto de, quando se iniciou a licença sem vencimento, a recorrente ser abonada pelo 4.º escalão, que devia ser mantido com o regresso à função, em 1.09.97;

l) É, por isso, a recorrente credora das diferenças salariais entre os montantes pagos nos anos escolares de 1997/98 e 1998/99 e os que lhe são devidos atenta a sua integração no 4.º e 5.º escalão, respectivamente, acrescido dos juros vencidos e vincendos.

Não houve contra-alegações

O Digno Magistrado do M.º P.º emitiu douto parecer no sentido de ser concedido provimento ao recurso.

O Ministério da Educação recorreu do despacho de fls. 45 e 46, que julgou improcedentes as questões prévias da inutilidade parcial da lide, inadequação do meio processual e ilegal cumulação de pedidos.

Colhidos os vistos legais, cumpre decidir.

[4] PAULO OTERO, *Vinculação e liberdade de conformação jurídica do sector empresarial do Estado*, Coimbra Editora/1998, págs. 291 e 292.

2 – MATÉRIA DE FACTO

A matéria de facto é a fixada na decisão de 1ª instância, para cujos termos se remete ao abrigo do disposto no art. 713.º n.º do Cod. Proc. Civil.

3. DIREITO APLICÁVEL

Quanto ao recurso interposto pelo Ministério da Educação, parece-nos evidente que o mesmo improcede, desde logo quanto à inutilidade da lide, visto que a A. pediu não só o reconhecimento do direito à sua reintegração no 4.º escalão, mas também o pagamento das diferenças salariais, natural consequência daquele reconhecimento. O seu interesse na lide é evidente.

Por outro lado é de subscrever o entendimento do Mmo. Juiz no tocante à adequação do meio processual utilizado – a acção para o reconhecimento de direitos – dada a possibilidade de tal acção, no caso concreto, possibilitar o conhecimento amplo e abrangente do litígio em causa, afigurando-se insuficiente para tal o recurso contencioso.

Isto posto, passemos à questão de fundo.

Embora sem invocar, nas suas conclusões, a violação de quaisquer normas jurídicas por parte da decisão recorrida, a recorrente entende ser credora das diferenças salariais entre os montantes pagos nos anos escolares de 1997/98 e 1988/99 e os que lhe são devidos atenta a sua integração no 4.º e 5.º escalão, acrescidos dos juros vencidos e vincendos.

Salvo o devido respeito, não lhe assiste razão.

E isto porque a A. celebrou com a DREN – Direcção Escolar de Braga – em 8 de Outubro de 1997 e em 20 de Outubro de 1998 – contratos administrativos de provimento para vigorar enquanto durasse o impedimento do titular do cargo, em virtude dos quais não lhe assiste o direito a ser abonada com o vencimento correspondente ao 4.º escalão.

Na verdade, são esses contratos, livremente celebrados, que naqueles anos definiram a situação jurídica da A., e de acordo com o clausulado neles constante, a A. apenas tem direito ao vencimento correspondente ao 1.º escalão, índice 100 (cfr. os contratos constantes do processo instrutor a fls. 14 e 18, e art.º 67.º, n.º 1, als. a) e b) do Dec. Lei 35/88, de 4 de Fevereiro, na redacção do Dec. Lei n.º 350/89, de 13 de Outubro).

Não pode, assim, nos anos referidos, invocar a A. outro vínculo ao abrigo do qual estava integrada na carreira docente, suspenso em virtude da licença sem vencimento requerida, e apesar de na data da concessão da mesma ser professora do quadro geral do 4.º escalão.

Ou seja, e como se nota no Parecer do Ministério Público em 1ª instância, "a concessão da licença sem vencimento de longa duração, situação em que se encontrava a A., determinou a suspensão do vínculo com a administração, não podendo a recorrente ser provida em lugares dos quadros enquanto se mantiver nessa situação – cfr. artigos 80 n.º 1 e 78.º n.º 4 do Dec. Lei 497/88, de 30 de Dezembro".

Orientação esta, justamente, perfilhada na decisão recorrida, ao observar que a concessão da licença sem vencimento de longa duração em que a A. se encontrava determinou a suspensão do seu vínculo à Administração, não podendo ser provida em lugares do quadro enquanto se mantivesse em tal situação.

Desta forma, e como se escreve na sentença "a quo", não pode a recorrente aproveitar dos efeitos da relação suspensa, tanto mais que tais efeitos respeitam à progressão na carreira, não abrangendo o pessoal docente em situação de meramente contratado. Em suma, não assiste à A., enquanto meramente contratada nos períodos indicados, direito a ser remunerada pelo escalão que detinha enquanto integrada no quadro.

4. DECISÃO

Em face do exposto acordam em negar provimento ao recurso e em confirmar a decisão recorrida.

Custas pela recorrente, fixando a taxa de justiça em 200 Euros e a procuradoria em 100 Euros.

Lisboa, 21 de Abril de 2005

as.) António de Almeida Coelho da Cunha (Relator)
Maria Cristina Gallego dos Santos
Teresa Maria Sena Ferreira de Sousa

Recurso n.º 12488

NOTAÇÃO DE FUNCIONÁRIO. ART. 31.º N.º 1 DO DEC. REGULAMENTAR 44-B/83. ENTREVISTA. FORMALIDADE ESSENCIAL.

(Acórdão de 14 de Abril de 2005)

SUMÁRIO:

A entrevista a que alude o art. 31.º n.º 1 do Dec. Regulamentar 44 – B/83 constitui formalidade essencial, cuja não realização determina a anulabilidade do acto de notação final.

ACORDAM NO 1.º JUÍZO DO TRIBUNAL LIQUIDATÁRIO DO T.C.A.

1. RELATÓRIO

José António Lameira da Silva, desenhador especialista da Câmara Municipal de Beja, NF 109060873, interpôs no T.A.C. de Lisboa recurso contencioso da deliberação da Câmara Municipal de Beja, de 3.05.000, da qual teve conhecimento em 5.05.000, deliberação essa que indeferiu o recurso hierárquico apresentado pelo ora recorrente e relativo à sua classificação de serviço 1998.

A entidade recorrida respondeu, defendendo a improcedência do recurso.

O Mmo Juiz do T.A.C. de Lisboa, por decisão de 15.03.02, negou provimento ao recurso.

É dessa sentença que vem interposto o presente recurso jurisdicional, no qual o recorrente enuncia as seguintes conclusões:

1ª) Estabelece o art. 31.º n.º 1 do Dec.-Regulamentar 44-B/83, de 1 de Junho, que deverá existir no processo de notação do funcionário uma entrevista com os respectivos notadores;

2ª) Como formalidade prevista na lei é necessariamente uma formalidade essencial de cumprimento obrigatório;

3ª) Como se refere no Ac. da 2ª sub. do C.A. do S.T.A. de 28.11.89, 02661, JSTA 00031238, a entrevista no processo de classificação é uma fase que, só não se verificando por culpa do notando é que não implicará preterição da formalidade em que a entrevista se consubstancia;

4ª) Como tal, deverá a douta sentença recorrida ser revogada.

A Câmara Municipal de Beja contra-alegou, pugnando pela manutenção do julgado

O Digno Magistrado do M.ºP.º emitiu parecer no sentido de ser negado provimento ao recurso.

Colhidos os vistos legais, cumpre decidir.

2. MATÉRIA DE FACTO

A sentença recorrida considerou provada a seguinte factualidade relevante:

a) O recorrente é funcionário da C.M. Beja, onde detém a categoria de desenhador especialista;

b) O recorrente foi notado no período referente a 1.1.98 e 31.12.98, tendo-lhe sido atribuída a classificação de serviço de "Bom" (doc. fls. 5/7 dos autos e 178 do Proc. Instrutor).

c) O recorrente tomou conhecimento do teor da ficha de notação em 9.3.2000, não tendo feito qualquer reparo à mesma (doc. – fls. 517 dos autos e 178 do proc. instrutor);

d) Essa classificação de serviço veio a ser homologada em 10.3.2000;

e) Não concordando com essa classificação, o recorrente interpôs em 29.3.2000 recurso hierárquico para a Câmara Municipal de Beja, no qual termina pedindo a alteração da notação que lhe foi atribuída para "Muito Bom";

f) Esse recurso hierárquico veio a ser julgado improcedente por deliberação da C.M. Beja

g) Tal deliberação constitui o acto recorrido.

3. DIREITO APLICÁVEL

Nas conclusões das suas alegações, o recorrente alega, no essencial, que a sentença recorrida violou o art. 31.º n.º 1 do Decreto Regulamentar 44-B/83, de 1 de Junho, que prevê a existência de uma entrevista com os respectivos notadores, no decurso do processo de notação.

O recorrente considera essa entrevista uma formalidade essencial de cumprimento.

A sentença recorrida entendeu que, como o recorrente tomou conhecimento do teor da ficha referente ao ano de 1998, nela apondo a data e a assinatura sem efectuar qualquer reserva, não houve qualquer violação de procedimento, (...), tudo se resumindo "à notificação do teor da ficha de notação, posto que a mesma, como acto normalizado que é, contém já a sua fundamentação".

Por sua vez, a entidade recorrida quase se limita a dizer que "a falta da entrevista não influiu no objectivo específico que com ela se visava alcançar.

Não é, porém, assim

Por força da evolução do direito administrativo, o processo de notação de funcionários deixou de ser o que era, passando a adaptar-se às novas exigências constitucionais.

Não é, nomeadamente admissível, por falta quase total de referências concretas, uma fundamentação de conteúdo excessivamente minimalista, como aquela que transparece das fichas de fls. 6 e seguintes dos autos, sob a epígrafe de "Notação Periódica do Pessoal Administrativo e Técnico-Profissional", cuja apreciação geral é totalmente hermética e meramente conclusiva, sem revelar a reflexão motivadora que conduzia à decisão final classificativa.

O conteúdo da fundamentação, no âmbito da notação de funcionários, embora possa assumir um carácter mais genérico ou conter referências factuais menos concretas, não dispensa a observância dos requisitos formais mínima de lógica e congruência, devendo externar a existência de uma reflexão motivadora (cfr. Vieira de Andrade, "O Dever de Fundamentação Expressa de Actos Administrativos", Almedina, p. 256 e seguintes; Freitas do Amaral, "Direito Administrativo", vol. II, p. 256 e seguintes; Ac. T.C.A. de 17.12.2003, Rec. 1246/03.

Ora, no caso concreto, a finalidade da entrevista a que alude o art. 31.º n.º 1 do Dec.-Reg. 44-B/3, que consiste em o notador dar ao notado a oportunidade de conhecer a ficha de notação e de passar a uma fase de esclarecimentos sobre os vários itens da mesma, não foi minimamente cumprida, por razão exclusivamente imputável ao notador.

Ou seja: o recorrente não foi ouvido nem achado sobre o assunto, tendo-lhe sido entregue apenas a ficha de notação para assinar, assim se fazendo tábua rasa da norma que obriga à entrevista.

Conclui-se, portanto, que a entidade recorrida violou o art. 31.º n.º 1 do Decreto Regulamentar 44-B/83, de 1de Junho, aplicável à notação dos funcionários das autarquias locais por força do Decreto Regulamentar 45/88, de 16.12.

4. DECISÃO

Em face do exposto acordam em revogar a sentença recorrida e em anular o acto recorrido, por vício de forma.

Lisboa, 14 de Abril de 2005

as.) António de Almeida Coelho da Cunha (Relator)
Maria Cristina Gallego dos Santos
Teresa Maria Sena Ferreira de Sousa

Recurso n.º 11494/02

PRINCÍPIO DO ARQUIVO ABERTO. INTERPRETAÇÃO CONFORME À CONSTITUIÇÃO DA REPÚBLICA PORTUGUESA DAS NORMAS RELATIVAS AO DIREITO À INFORMAÇÃO. PEDIDO DE PARECER À CADA DEPOIS DE INTENTADA A INTIMAÇÃO.

(Acórdão de 13 de Julho de 2005)

SUMÁRIO:

I – No nosso sistema jurídico vigora o princípio do arquivo aberto (open file), devendo as normas relativas do direito à informação ser interpretadas de acordo com o texto constitucional, maxime, com o disposto no art. 268.º da C.R.P.

II – Não tendo havido decisão sobre o pedido de acesso a documentos administrativos no prazo de 10 dias, o interessado pode recorrer à intimação para prestação de informações, consulta de documentos ou passagem de certidões previstas no art. 104.º e seguintes do CPTA.

III – Se, já no decurso do processo de intimação, a Administração solicitar à CADA parecer relativo à matéria em litígio, tal não determina a inutilidade superveniente da lide.

ACORDAM NO 2.º JUÍZO DO T.C.A. - SUL

1. RELATÓRIO

Fundensino, Cooperativa de Ensino, Formação e Desenvolvimento, C.R.L., requereu no T.A.F. de Lisboa, ao abrigo dos arts. 104.º e 105º, alínea c) do CPTA, a intimação da Sra. Ministra da Ciência, Inovação e Ensino Superior, para proceder à passagem das certidões requeridas em 7.02.05.

Alegou, em síntese, ter remetido em 7.02.2005 à entidade requerida, um requerimento para passagem de certidões ou reproduções autenticadas, tendo provado o seu interesse legítimo, ao abrigo dos arts. 61º, 62.º n.º 3, 63º, 64.º n.º 1 e 2 do C.P.A., sem que a entidade requerida tivesse respondido ao seu pedido, no prazo legal.

Por decisão de 15.04.2005, o Mmo. Juiz do T.A.F. de Lisboa julgou inútil o prosseguimento do processo de intimação relativamente aos elementos requeridos nos pontos 1 e 4 do requerimento, por considerar satisfeito o requerido, e intimou o Sr. Ministro da Ciência, Tecnologia e Cultura a dar satisfação ao solicitado nos pontos 5 a 14 do requerimento que a ora requerente dirigiu à entidade requerida em 7.02.2005 (expurgados que estejam os documentos de eventuais dados reservados).

Inconformado com tal decisão, o Ministério da Ciência, Tecnologia e Ensino Superior, veio recorrer jurisdicionalmente, na parte em que não considerou verificar-se a inutilidade superveniente da lide também quanto ao pedido de intimação relativo aos documentos indicados nos números 5 a 14 do requerimento de 7.02.05.

Formulou, para tanto, as conclusões de fls. 118 v e 119.

A recorrida contra-alegou, pedindo a improcedência do recurso, formulando as conclusões de fls. 221 v a 223, e pedindo a condenação do recorrente em multa, por litigância de má fé.

O Digno Magistrado do Ministério Público emitiu douto parecer no sentido de ser negado provimento ao recurso.

2. MATÉRIA DE FACTO

A matéria de facto é a fixada na decisão de 1ª instância, para cujos termos se remete na íntegra (art. 713.º n.º 6 do C.P. Civ.).

3. DIREITO APLICÁVEL

A entidade recorrente entende, nas conclusões das suas alegações, que a decisão "a quo", ao não decidir pela inutilidade superveniente da lide também quanto ao pedido de intimação relativo aos documentos indicados nos números 5 a 14 do requerimento de 7.02.2005, violou os artigos 10.º e 15.º a 17.º da LADA (conclusão 6ª).

Para tanto, alegou e concluiu que "O decurso do prazo previsto no art.º 15.º da LADA (Lei n.º 65/93 de 26.08, alterada pela Lei n.º 8/95, de 29-03 e pela Lei n.º 94/99, de 16.08), não extingue a possibilidade de a Administração, na dúvida sobre a licitude da divulgação dos documentos pretendidos, solicitar o parecer da Comissão de Acesso aos Documentos Administrativos (art.º 15.º n.º 3 da Lei), e que, a não ser assim, teria que se concluir que também decorrido o referido prazo, a Administração não poderia adoptar nenhuma das outras atitudes ali previstas, incluindo a de recusar o acesso a documentos classificados ou a de satisfazer a pretensão do interessado" (conclusões 2ª e 3ª).

Refere ainda a entidade recorrente que, "a considerar-se o efeito preclusivo do decurso do prazo aplicável apenas à possibilidade de solicitar o parecer da Comissão (conclusão sem correspondência no texto da lei), a recusa da Administração fornecer as informações com qualquer dos fundamentos previstos no art. 10º, tornar-se-ia insindicável por qualquer órgão independente. Com efeito, à CADA a administração deve fornecer todos os elementos solicitados (art.º 15.º n.º 4 e 21.º da Lei), o que já não poderá fazer no processo de intimação, ou o seu conteúdo seria divulgado ao interessado (conclusões 4ª e 5ª).

É esta a argumentação da recorrente, que cumpre analisar.

Como é sabido, no nosso sistema jurídico vigora o princípio do arquivo aberto (open file), traduzido no reconhecimento do direito de acesso às informações constantes de documentos, dossiers, arquivos e registos administrativos – mesmo que não se encontre em curso qualquer procedimento administrativo que lhes diga directamente respeito, e que as matérias em causa não incidam sobre a segurança interna e externa, a investigação criminal ou a intimidade das pessoas (cfr. Ac. – T.C. n.º 176/92, in D.R. de 18.09.02; Ac. T.C.A. de 13.11.03, Rec. 12850, in, "Antologia de Acórdãos do Supremo Tribunal Administrativo e do Tribunal Central Administrativo", Ano VII, n.º 1, p. 241 e seguintes; Vieira de Andrade, "A Justiça Administrativa", 3ª ed. Almedina, p. 197 e seguintes).

Por outro lado, tem-se entendido que as normas relativas ao direito à informação devem ser interpretadas de acordo com os princípios constitucionais, maxime com o disposto no art.º 268.º da C.R.P., não podendo com eles colidir (cfr. Sérvulo Correia, "O Direito dos interessados à informação, "ubi jus, ibi remedium", anotação ao Ac. STA de 2.5.1996, in "Cadernos de Justiça Administrativa", n.º 5, p. 3 e seguintes).

Em face destes princípios, no caso concreto não se verificam quaisquer obstáculos substancias à pretensão deduzida nos pontos 5 a 14 do requerimento que a requerente dirigiu à Sra. Ministra da Ciência, Inovação e do Ensino Superior, pois que, como justamente observou a decisão "a quo" a fls. 149, o que está em causa é o acesso "às propostas que a Direcção Geral do Ensino Superior dirigiu àquele Gabinete ministerial, e as respectivas datas em que tais propostas terão ali dado entrada, relativamente ao reconhecimento de interesse público da Escola Superior Jean Piaget de Vila Nova de Gaia, do Instituto Superior Manuel Teixeira Gomes, do Instituto Superior D. Dinis e do Instituto Politécnico do Oeste.

Relativamente ao reconhecimento de interesse público destas duas últimas escolas, pretende ainda saber a data em que o Gabinete da Sra. Ministra terá enviado o projecto de Decreto-Lei relativo ao respectivo reconhecimento de interesse público para a Presidência do Conselho de Ministros".

Efectivamente, não se vislumbra que de tais documentos e informações constem dados pessoais ou informações relativas à segurança do Estado, ou sequer elementos que possam pôr em causa segredos comerciais, industriais ou sobre a vida interna das empresas.

Em todo o caso, ao reconhecer o direito da requerente aceder a tais informações, a decisão "a quo" esclareceu que, no caso de haver quaisquer dados daquela natureza, deveria a informação requerida ser expurgada dos mesmos, como é habitual nestas situações.

Nada há, pois, a censurar à decisão recorrida, ao considerar que "não tendo sido dada integral satisfação aos pedidos formulados no exercício do direito à informação não procedimental, haveria que intimar a entidade requerida a emitir certidão da qual constem, nos termos referidos, as informações solicitadas".

Apesar disso, a entidade ora recorrente, alegando ter dúvidas sobre a natureza dos dados pretendidos, entendeu solicitar o parecer da CADA, nos termos do art. 15.º da Lei 65/93, de 26 de Agosto, argumentando que "tais dúvidas não podem ser resolvidas no processo", devendo ser declarada a inutilidade superveniente da lide também quanto ao pedido formulados pontos 5 a 14 do requerimento dirigido à recorrente em 7.02.05.

Salvo o devido respeito não lhe assiste razão.

Em primeiro lugar, e como consta do probatório fixado em 1ª instância, verifica-se que, em 7.02.05, a recorrida dirigiu ao recorrente um requerimento no qual solicitava a reprodução autenticada nos documentos elencados de 1 a 14 do probatório, sendo certo que o ora recorrente não deu qualquer resposta ao requerimento no prazo de 10 dias, o que legitimou a recorrida a intentar, em 24.02.05, intimação para consulta de documentos e passagem de certidões.

Desde logo, é de realçar que só após a propositura da intimação, em 28.02.05, a Sra. Ministra da Ciência, Inovação e Ensino Superior deu resposta ao requerimento de 7.02.05.

Ou seja: só após da intimação ter sido intentada é que o requerimento da recorrida foi objecto de resposta, com a alegação de de dúvidas sobre a possibilidade de concessão dos documentos solicitados.

Ora, a decisão "a quo", louvando-se doutrina do Ac. STA de 31.01.02, P. 048285, considerou que "não tendo havido decisão sobre o pedido de acesso a documentos administrativos no prazo de 10 dias, o interessado pode recorrer à intimação para prestação de informações, consulta de documentos ou passagem de certidões prevista no art.º 104.º e seguintes do C.P.T.A.".

É correcto tal entendimento, pois que, sendo de dez dias o prazo para a Administração facultar o processo (arts. 61.º n.º 3, 63.º n.º 1 e 73.º n.º 1 do C.P.A.), decorrido o mesmo, pode desde logo o interessado requerer a intimação (cfr. "Comentário ao Código de Processo nos Tribunais Administrativos", Mario Aroso de Almeida e Carlos Alberto Fernandes Cadilha", Almedina, 2005, p. 530).

E o facto de, extemporaneamente, a Administração ter solicitado à CADA um parecer para o qual não se vislumbra justificação plausível, não pode determinar a inutilidade superveniente da lide, sob pena de frustrar as garantias legais relativas ao direito à informação, tal como acima definidas, conforme os preceitos constitucionais.

Como justamente alega a recorrida, "a vingar tal entendimento, criar-se-ia a possibilidade de a qualquer momento e quando bem o entendesse, a Administração Pública poder pôr termo a qualquer processo judicial para consulta de documentos e passagem de certidões, bastando-lhe, para tanto, requerer junto da CADA inúteis pareceres e em seguida invocar a inutilidade superveniente da lide".

Desta forma, os direitos e interesses legalmente protegidos dos administrados estariam condicionados, não pela sua efectiva existência, mas sim pela vontade da Administração, subvertendo-se, inclusive, a submissão do poder administrativo ao poder judicial, pois, em última análise, sempre seria a administração a condicionar o resultado da lide.

Deve, assim, concluir-se que a interpretação, efectuada pelo ora recorrente, dos artigos 10.º, e 15.º a 17.º da LADA não está conforme com as normas constitucionais relativas ao direito à informação, violando frontalmente o disposto nos artigos 20.º e 268.º n.º 4 da C.R.P, na medida em que implica uma restrição da tutela jurisdicional efectiva da recorrida.

E, finalmente não procede a argumentação de só agora desenvolvida nas alegações de recurso, de que estão em causa segredos comerciais ou sobre a vida interna dos estabelecimentos de ensino, pois que, como justamente notou a decisão recorrida, "o que está em causa é o acesso à forma como terão decorrido os procedimentos (já findos), relativos ao reconhecimento de interesse público de estabelecimentos de ensino superior, particular ou cooperativo, nos termos dos artigos 50.º a 56.º do Dec. Lei n.º 16/94, diploma que aprovou o Estatuto do Ensino Superior Particular e cooperativo. Dos elementos que devem instruir os pedidos de reconhecimento de interesse público daqueles estabelecimentos de ensino, e da forma como o procedimento legalmente tramita, não se vê que dos documentos e informações requeridas possam constar ou dados pessoais, ou informações relativas à Segurança do Estado, ou elementos que possam pôr em causa segredos comerciais, industriais ou sobre a vida interna das empresas".

Pelo contrário, e como nota o Digno Magistrado do Ministério Público, estando em causa documentos administrativos de carácter não nominativo, vale a regra geral de acesso generalizado e sem restrições decorrente dos artigos 4.º, n.º 1, alínea a) e 7.º n.º 1 da Lei 65/93, de 26 de Agosto.

Improcedem, assim, na íntegra, as conclusões das alegações da recorrente.

Não se vislumbra, no entanto, base suficiente para a pedida condenação da recorrente como litigante de má fé, visto se considerar estar em causa, tão somente, uma errada interpretação de normas legais, por parte da recorrente.

4. DECISÃO

Em face do exposto, acordam em negar provimento ao recurso e em confirmar a sentença recorrida.

Sem custas (art.º 73.º-C, n.º 2, alínea b) do C.C.J., na redacção dada pelo Dec.-Lei n.º 324/2003, de 27 de Dezembro).

Lisboa, 13 de Julho de 2005

as.) António de Almeida Coelho da Cunha (Relator)
Maria Cristina Gallego dos Santos
Teresa Maria Sena Ferreira de Sousa

Recurso n.º 880/05

PROGRAMAS DE CONCURSO. CRITÉRIOS DE AVALIAÇÃO. SUB-CRITÉRIOS E MICRO-CRITÉRIOS. LIMITES TEMPORAIS E DE CONTEÚDO. MARGEM DE LIVRE APRECIAÇÃO.

(Acórdão de 19 de Maio de 2005)

SUMÁRIO:

I – Os programas de concurso respeitantes a empreitadas de obras públicas destinam-se a definir os termos a que obedece o programa concursal, constituindo verdadeiros regulamentos administrativos disciplinadores do seu procedimento.

II – As propostas dos concorrentes qualificados devem ser analisadas em função do critério de adjudicação estabelecido.

III – Os sub-critérios e micro-critérios são juridicamente admissíveis, mas não totalmente livres, estando sujeitos a limites temporais e de conteúdo, na medida em que devem constituir a densificação ou desenvolvimento de outros critérios legais ou factores já fixados no anúncio do programa de concurso.

IV – Os limites temporais exigem que tais sub-critérios não podem ser fixados após a abertura das propostas, de modo a salvaguardar os princípios da imparcialidade e da transparência.

V – A ausência de indicação no Programa de Concurso das pontuações que deverão ser atribuídas a cada um dos sub-factores neles previstos conduz a que tal tarefa seja necessariamente exercida pela Comissão de Análises, a fim de estabelecer os parâmetros de valoração e diferenciação dos sub -factores.

VI – A introdução de uma escala de valores e de critérios quantitativos de avaliação dentro dessa escala não significa a criação de novas categorias autónomas.

VII – A actividade de valoração das propostas mediante a atribuição da pontuação a cada um dos factores e sub-factores insere-se na margem de livre apreciação que assiste à Comissão de Análise, e tal actividade só poderá ser sindicada pelo tribunal caso ocorra erro grosseiro ou manifesto.

ACORDAM NO 2.º JUÍZO DO T.C.A. – SUL

1. RELATÓRIO

José Matias Empreiteiros, S.A., veio interpor recurso jurisdicional da sentença de 1.2.05, proferida a fls. 446 e seguintes dos autos, que julgou totalmente improcedente a acção de impugnação da deliberação do Conselho de Administração da EPAL – Empresa Portuguesa das Águas Livres, S.A., no âmbito do concurso público para execução da "Empreitada Geral de Escavação, Aterro, Reposição de Pavimentos, Reparação e Tubagem e de Ramais de Substituição de Ramais" de 25.02.04..

Formula, para tanto, as conclusões seguintes:

1ª) No documento que apenas foi disponibilizado à recorrente no acto de abertura das propostas, a recorrente, em manifesta violação do citado art.º 66.º n.º 2, al. a) do Dec-Lei n.º 59/99 (agora sim aplicável "ex vi" do art. 1.º n.º 1 do Dec-Lei n.º 223/01) fixou subcritérios, factores de avaliação e fórmulas de atribuição que não se encontravam estabelecidas no Caderno de Encargos;

2ª) Foi pela aplicação dos critérios constantes do Programa do Concurso com as alterações que lhe foram introduzidas pelo documento intitulado "Método de Avaliação de Propostas para o concurso por lotes, referente à Empreitada Geral de escavação, Aterro, Reposição de Pavimentos, Reparação de Tubagem e Ramais e Substituição de Ramais" (apenas disponibilizado aos concorrentes no acto de abertura das propostas), que a Comissão de Avaliação das Propostas procedeu à classificação dos concorrentes e apresentou a sua proposta de adjudicação, tendo sido este o conteúdo da deliberação impugnada;

3ª) Na verdade, nos termos do ponto 2 do Relatório de Avaliação, a recorrida especificou a pontuação que seria atribuída ao critério estabelecido na alínea a) do ponto 22 do Programa do Concurso, tendo apresentado a fórmula matemática de atribuição da respectiva pontuação, fórmula essa que não tem qualquer paralelismo com o que havia sido estabelecido no Programa do Concurso, tendo a sua aplicação significado, portanto, uma verdadeira alteração dos critérios de adjudicação estabelecidos;

4ª) Por outro lado, no que concerne ao subcritério relativo aos "Meios Humanos a afectar à empreitada", a recorrida não só apresentou uma nova fórmula de atribuição da pontuação para este critério como estabeleceu um factor que serviria de referência para a atribuição da pontuação das propostas: o número máximo. E por assim ser, a sua aplicação significou mais uma alteração dos critérios de adjudicação estabelecidos;

5ª) Ora, a falta de especificação no Programa do Concurso do número de meios humanos considerados máximos adequados inviabilizou que a recorrente apresentasse uma proposta com disponibilização desses meios máximos;

6ª) O que o documento intitulado "Método de Avaliação de Propostas para o concurso por lotes, referente à Empreitada Geral de escavação, Aterro, Reposição de Pavimentos, Reparação de Tubagem e de Ramais e Substituição de Ramais", fez, foi, assim, verdadeiramente atribuir relevância enquanto factor de avaliação a um critério que não era ponderado. Ao fazê-lo criou um novo critério e adulterou o critério em que esta avaliação (não) seria ponderada;

7ª) Também no que concerne à avaliação do subcritério "Equipamentos a afectar à empreitada", a recorrida estabeleceu um novo factor de avaliação que não se encontrava previsto no Programa de Concurso: a fixação de limites máximos.

8ª) Ora, esse documento apenas foi disponibilizado à recorrente na data da abertura das propostas, o que inviabilizou a consideração deste factor na elaboração da sua proposta.

9ª) Ao contrário da fundamentação adoptada pelo Tribunal recorrido, o documento "Método de Avaliação da Proposta para o concurso por lotes, referente à Empreitada Geral de escavação, Aterro, Reposição de Pavimento, Reparação de Tubagem e de Ramais e Substituição de Ramais, não se limitou a desenvolver os critérios e subcritérios previstos no Programa de Concurso. Na verdade, nos termos desse documento, a recorrida apresentou novas fórmulas de classificação das propostas, e tendo fixado um novo factor de avaliação de propostas: a consideração de limites máximos na avaliação dos subcritérios Meios Humanos e Equipamentos a afectar à obra;

10ª) Sublinhe-se que, em sede de providência cautelar, foi por este mesmo juizo considerado que o acto de adjudicação era manifestamente inválido, por violação do disposto nos artigos 100.º e 66.º do Dec-Lei 55/99;

11ª) Nos termos do Relatório de análise das propostas que foi notificado à recorrente para efeito de audiência prévia, a Comissão de Análise das propostas, na apreciação do subcritério do sistema da qualidade, atribuiu à proposta da recorrente a nota 3, à proposta da Elesa a nota 5 e à proposta da CME a nota 3. Porém, a Comissão de Análise das propostas não procedeu a qualquer fundamentação destas notas;

12ª) Incorreu, pois, em erro de julgamento o Tribunal recorrido, ao considerar como suficiente a fundamentação adoptada, porquanto, "no que respeita à "metodologia de implementação do Regulamento de Higiene e Segurança no trabalho", a apreciação dos aspectos da "estrutura organizacional" e "procedimento", também a definição das funções dos vários intervenientes na segurança, higiene e saúde no trabalho». E na avaliação do "sistema de controlo de qualidade da empreitada" do concorrente melhor classificado (ELESA), destaca-se a existência de uma estrutura organizacional para o efeito (cfr. pág. 9 da sentença recorrida).

13) É que, nos termos do Documento "Método de Avaliação de "propostas para o concurso por lotes ..." ficou definido que "considera-se como suficiente, a definição de uma estrutura organizacional para o efeito ..." pelo que, continuamos sem vislumbrar porque motivo obteve este concorrente a pontuação máxima ...

14ª) Tratando-se de um concurso em que, obviamente, se procede a uma análise comparativa das propostas apresentadas, a recorrente não entende a razão pela qual a proposta da Elesa obteve a pontuação máxima, a razão pela qual a sua proposta apresentou "uma metodologia de implementação do regulamento muito superior ao referido como suficiente";

15ª) Foi, assim, preterida a formalidade essencial da fundamentação dos actos administrativos, o que inquina o acto impugnado de vício de forma;-

16ª) O documento intitulado "Método de Avaliação de Propostas para o concurso por lotes, referente à Empreitada Geral de escavação, Aterro, Reposição de Pavimentos, Reparação de Tubagem e de Ramais e Substituição de Ramais" foi elaborado após a constituição da Comissão de Análise das Propostas, e a recorrida não detinha já competência para a definição da metodologia a adoptar na avaliação das propostas;

17ª) Deste modo, o referido documento e manifestamente inválido, sendo consequentemente nula a deliberação impugnada, nos termos do disposto no n.º 2, al. i) do art. 133.º do C.P.A.;

18ª) O tribunal recorrido não só desconsiderou o facto de não ter sido a Comissão a apresentar o mencionado documento para aprovação da recorrida, como menosprezou a eficácia da referida aprovação prévia no âmbito deste procedimento concursal;

19ª) Conforme consta dos autos, a apresentação do documento para aprovação por parte do Conselho de Administração da recorrida continha a indicação de que "caso a presente informação mereça a concordância superior, o Método de Avaliação das Propostas será distribuído aos concorrentes no acto público de abertura das propostas", pelo que não é, deste modo irrelevante, ao contrário do que considerou o tribunal recorrido, a aprovação deste documento por parte do Conselho de Administração, porquanto, acaso a recorrida não tivesse aprovado o documento ter-se-ia assistido à elaboração de um novo método, porventura com instruções precisas por parte da recorrida;

20ª) Deste modo, porque o mencionado documento foi aprovado após a constituição da Comissão de Análise das Propostas, a recorrida não detinha já competência para a definição da metodologia a adoptar na avaliação das propostas;

21ª) O tribunal recorrido incorreu também em erro de julgamento ao assumir que o mencionado documento foi elaborado pela Comissão, porquanto dos autos resulta apenas que o mesmo foi apresentado para aprovação por parte do Presidente da Comissão de Avaliação das Propostas;

22ª) Ora, a Comissão de Análise das Propostas é um órgão colegial, não competindo ao Presidente o exercício isolado das competências que foram incumbidas aquele órgão.

23ª) Pelo exposto, o documento intitulado "Método de Avaliação de Propostas para o concurso por lotes, referente à Empreitada Geral de Escavação, Aterro, Reposição de Pavimentos, Reparação de Tubagem e de Ramais e Substituição de Ramais", é manifestamente inválido, sendo consequentemente nula a deliberação impugnada, nos termos do disposto no n.º 2, al. i) do art. 133.º do CPA, porquanto determinou a adjudicação das empreitadas por aplicação do referido documento.

Contra-alegou a recorrida EPAL – Empresa Portuguesa das Águas Livres, S.A., pugnando pela manutenção do julgado.

O Digno Magistrado do Ministério Público não emitiu parecer sobre o mérito do recurso.

2. MATÉRIA DE FACTO

A matéria de facto é a fixada na decisão de 1ª instância, para cujos termos se remete (art. 713.º n.º 6 do Cod. Proc. Civil).

3. DIREITO APLICÁVEL

Como decorre das conclusões supra transcritas, a recorrente imputa à decisão recorrida os seguintes vícios:

– Violação do disposto no artigo 66.º do Dec-Lei n.º 59/99, de 2 de Março

– Falta de fundamentação da deliberação impugnada

– Incompetência da EPAL para a elaboração do documento "Método de Avaliação das Propostas".

No tocante à pretensa violação do artigo 66.º do Dec-Lei n.º 59/99, de 2 de Março, a recorrente alega que, no documento que apenas lhe foi disponibilizado no acto de abertura das propostas, em manifesta violação do artigo 66.º n.º 2, alínea a) do Decreto-Lei n.º 59/99 (agora sim aplicável "ex vi" do artigo 1.º n.º 1 do Decreto-Lei n.º 223/2001), a recorrida fixou subcritérios, factores de avaliação e formulas de atribuição de pontuação que não se encontravam estabelecidos no Caderno de Encargos (conclusão 1ª). E que foi pela aplicação dos critérios constantes do Programa de Concurso, com as alterações que lhe foram introduzidas pelo documento intitulado "Método de Avaliação de Propostas ...", apenas disponibilizado aos concorrentes no acto de abertura das propostas, que a Comissão de Avaliação das Propostas procedeu à classificação dos concorrentes e apresentou a sua proposta de adjudicação, tendo sido este o conteúdo da deliberação impugnada (conclusão 2ª).

Ora, nos termos do ponto 2 do Relatório de Avaliação, a recorrida especificou a pontuação que seria atribuída ao critério estabelecido na alínea a) do ponto 22 do Programa do Concurso, tendo apresentado a fórmula matemática de atribuição da respectiva pontuação, formula essa que não tem qualquer paralelismo com o que havia sido estabelecido no Programa de Concurso, o que constituiu alteração dos critérios de adjudicação estabelecidos (conclusão 3ª).

No que diz respeito ao subcritério relativo aos "Meios Humanos a afectar à empreitada", a recorrida apresentou uma nova fórmula de atribuição de pontuação e estabeleceu um factor que serviria de referência para a atribuição de propostas = o número máximo. E, por assim ser, a sua aplicação significou mais uma alteração aos critérios de adjudicação estabelecidos (conclusão 4ª).

O documento intitulado "Método de Avaliação de Propostas", refere ainda a recorrente, atribuiu, assim, relevância enquanto factor de avaliação a um critério que não era ponderado, e também no que concerne à avaliação do critério "Equipamentos a afectar à empreitada, a recorrida estabeleceu um novo factor de avaliação que não se encontrava previsto no Programa do Concurso: a fixação de limites máximos (conclusões 5ª a 7ª).

Em síntese, poderá dizer-se que a recorrente entende que o documento "Método de Avaliação de Propostas", não se limitou a desenvolver os critérios e subcritérios previstos no Programa de Concurso, tendo a recorrida apresentado novas fórmulas de classificação das propostas e fixado um novo factor de avaliação de propostas: a consideração de limites máximos na avaliação dos subcritérios Meios Humanos e Equipamentos a afectar à obra (conclusão 9ª).

Vejamos se se verifica este primeiro vício.

Como é sabido, e aliás se nota na decisão recorrida, os programas de concurso respeitantes a empreitadas de obras públicas destinam-se a «definir os termos a que obedece o respectivo processo" (n.º 1 do art. 66.º do Dec-Lei n.º 59/99), e tais programas constituem verdadeiros regulamentos administrativos disciplinadores do seu procedimento, onde se encontram inscritas as formalidades a que, imperativamente, o mesmo deve observar e os parâmetros que devem presidir à adjudicação (cfr. Ac. STA de 17.03.04, Rec. 0173/04).

E entre as especificações que dele, obrigatóriamente, devem constar encontra-se o critério de adjudicação da empreitada, com indicação dos factores e eventuais subfactores de apreciação das propostas e respectiva ponderação (cfr. al. e) do n.º 1 do art. 66.º do citado Dec-Lei).

Por outro lado, a lei manda que "as propostas dos concorrentes qualificados devem ser analisadas em função do critério de adjudicação estabelecido", e que a Comissão de Análise elabore um "relatório fundamentado sobre o mérito das propostas, ordenando-as para efeitos de adjudicação, de acordo com o critério de adjudicação e com os factores e eventuais sub-factores de apreciação das propostas e respectiva ponderação fixados no Programa do Concurso (cfr. art.º 100.º n.ºs 1 e 2 do mesmo diploma).

A jurisprudência do STA tem vindo a decidir, com uniformidade, que tais normas visam proporcionar uma apreciação das propostas com observância dos princípios da legalidade, justiça, igualdade, transparência e imparcialidade, e que tal obriga a que nessa apreciação se não introduzam sub-critérios ou subfactores – isto é, novos elementos de ponderação e de diferenciação – já depois de conhecidos os concorrentes e suas propostas.

Ou seja, tem sido dito que "... sendo os subcritérios ou microcritérios juridicamente permitidos, não são todavia livres, mas sim sujeitos a limites temporais ou de conteúdo. De conteúdo, na medida em que devem constituir uma densificação ou desenvolvimento de outros critérios legais ou factores já fixados no anúncio do programa de concurso. Temporais, na medida em que não sendo fixados no anúncio ou programa do concurso, pelo menos não devem ultrapassar a data de abertura das propostas, atentos os princípios atrás enunciados do direito concursal (cfr. Ac. STA de 24.5.01, Rec. 47565; Ana Gouveia, Anotação ao Ac. STA de 2.8.2000, P. 46.110, in "Cadernos de Justiça Administrativa, n.º 46, p. 26 e seguintes).

O estabelecimento de sub factores e grelhas da sua pontuação numérica ou percentual, não previstos no Programa do Concurso, só pode ser efectuado, em todo o caso, antes de serem conhecidas as propostas, a valorar, a fim de conter o risco de actuações parciais, decorrentes da intenção de beneficiar ou prejudicar alguém (cfr. Mário Esteves de Oliveira e Rodrigo Esteves de Oliveira, "Concursos e outros procedimentos de adjudicação administrativa", Almedina, p. 533 e seguintes).

Aplicando estes princípios ao caso concreto, verifica-se, em primeiro lugar que o documento "Método de avaliação das propostas" foi entregue aos concorrentes no acto da abertura das propostas (cfr. alínea i) da matéria de facto, facto admitido por acordo), após ter sido aprovado pelo Conselho de Administração da EPAL em 25.09.2003 (cfr. alínea i), o que significa que houve respeito pelos limites temporais aludidos. E é certo que a recorrente não apresentou nenhuma objecção ao referido documento, nos termos previstos nos artigos 49.º, 88.º, 89.º al. e) e 99.º do Dec-Lei n.º 59/99, o que não pode deixar de traduzir a aceitação do conteúdo do mesmo (cfr. art.º 56.º do CPTA), tornando-o inimpugnável.

Como se nota na decisão recorrida, é este documento denominado "Método de Avaliação das Propostas ...", que a ora recorrente considera inovador relativamente aos critérios e subcritérios estabelecidos no Programa do Concurso, o que determinaria a invalidade da decisão, por violação do disposto na alínea a) do n.º 2 do art. 66.º do Dec-Lei n.º 59/99.

Não cremos que assim seja.

Como é sabido, nos procedimentos concursais, para adjudicação de contrato de obras públicas, regulados pelo Dec-Lei n.º 59/99, de 2 de Março, os factores e subfactores da apreciação das propostas, bem como a respectiva ponderação, têm de ser fixados no programa de concurso; a comissão de análise pode seleccionar os elementos a ponderar em cada factor ou subfactor enunciado no programa de concurso, sem introduzir inovações, de modo a tornar mais objectivo e transparente o seu trabalho, desde que com carácter abstracto e antes da abertura das propostas, sob pena de violar o princípio da imparcialidade (cfr. Ac. STA de 23.06.04, Proc. 588/04; Ac. STA 22.04.04, P. 300/04).

O recorrente pretende que no Documento "Método de Avaliação das Propostas" foram estabelecidos novos sub-factores, mas a verdade é que o mesmo contém apenas regras de avaliação, decorrentes de uma classificação numérica e de fórmulas matemáticas, não se verificando o aditamento de quaisquer novos critérios ou alterações incompatíveis com o Programa do Concurso.

Como justamente se nota na decisão recorrida, no ponto 2 do "Método de Avaliação ..." define-se que o subcritério "Preço total", constante da alínea a) do número 22.1 do Programa do Concurso será pontuado entre 5 e 1, correspondendo 5 à proposta de valor mais baixo, e 1 às propostas de valor igual ou superior a 1,4 do valor da proposta mais, estabelecendo-se uma fórmula matemática para a atribuição dessa pontuação (cfr. a alínea G da matéria de facto fixada, onde se refere a fórmula constante de páginas 2/8 do documento).

Entendemos que a pontuação assim definida não altera o subcritério de adjudicação "Preço Total", limitando-se a estabelecer parâmetros objectivos para pontuar esse critério.

Note-se que, como se referiu na decisão "a quo", sendo o programa de concurso omisso quanto às pontuações a atribuir em cada um dos subcritérios (cfr. alínea c) da matéria de facto), o seu estabelecimento pela Comissão de Análise insere--se na margem de livre apreciação que lhe assiste na actividade de valoração das propostas.

Na verdade, e como se escreve no Ac. STA de 17.03.2004, Proc. 0173/04, "a ausência de indicação no Programa das pontuações que deverão ser atribuídas a cada um dos subfactores nele previstos, impõe que essa tarefa seja exercida pela Comissão de Análise que, no seu prudente arbítrio, com justiça, equilíbrio e equidade, tem de estabelecer, tem de estabelecer os seus parâmetros de valoração e de diferenciação desses subfactores."

E no mesmo aresto se reconhece que este modo de agir, não só não é ilegal, como até contribui para uma melhor compreensão dos seus critérios (cfr. no mesmo sentido, o Ac. STA de 23.6.2004, Rec. 0622/04, no qual se salienta que a Comissão de Análise pode seleccionar os elementos a ponderar em cada factor ou subfactor enunciado no Programa do Concurso, sem introduzir inovações, de modo a tornar mais objectivo e transparente o seu trabalho.

Cumpre ainda observar que, estando em causa fórmulas matemáticas, estas não têm de corresponder a quaisquer fórmulas que não existem, nem teriam que existir no Programa do Concurso. Como decorre das suas alegações, a recorrente coloca no mesmo plano subcritérios, factores de avaliação e formulas de avaliação, o que a nosso ver é incorrecto.

Os princípios expendidos são igualmente válidos no que concerne ao ponto 3 do documento "Método de Avaliação das Propostas", porquanto também aqui se procedeu à fixação da forma como a Comissão iria pontuar os subcritérios "Meios Humanos e Equipamentos a afectar à Empreitada", critérios esses que constavam do programa do concurso e obrigavam a que as propostas dos concorrentes incluíssem quadros com as listas de equipamentos e meios humanos que se propunham afectar à empreitada.

Como se considerou na alínea c) da matéria de facto provada:

"C) De acordo com o ponto 22.1 do Programa do Programa do Concurso, "o critério de adjudicação da empreitada é o da proposta economicamente mais vantajosa, de acordo com os seguintes factores e respectiva ponderação, diferenciados por Lote:

LOTE I

a) Preço total 45%

b) Valia Técnica da Proposta 35%

b1) Meios Humanos a afectar à empreitada 40%

b2) Equipamentos a afectar à empreitada 40%

b3) Metodologia da execução dos trabalhos 20%

c) Metodologia de implementação do Regulamento de higiene e Segurança no trabalho, 10%

d) Sistema de controle de qualidade da empreitada 10%

LOTE II

a) Preço total 40%

b) Valia Técnica da Proposta 40%

b1) Meios Humanos a afectar à empreitada 40%

b2) Equipamentos a afectar à empreitada 40%

b3) Metodologia de execução dos trabalhos 20%

c) Metodologia de implementação do Regulamento de Higiene e Segurança do Trabalho 10%

d) Sistema de controlo de qualidade da empreitada 10% (cfr. PROGRAMA do CONCURSO, Vol. I. do p.a.).

E, conforme consta da alínea d) do probatório fixado, "de acordo com o ponto 17.1 do Programa de Concurso, a proposta é instruída com os seguintes documentos por cada Lote:

«(...) g) Lista dos equipamentos afectos à empreitada. A lista de equipamentos deverá ser apresentada segundo o modelo constante do Anexo VI; h) Lista dos meios humanos afectos à empreitada. A lista de meios humanos deverá ser apresentada segundo o modelo constante do Anexo VII (...)».

Uma vez que o Programa do Concurso é omisso quanto à forma de pontuar estes elementos, tal pontuação foi igualmente concretizada no documento "Método de Avaliação das Propostas", mediante a fixação de uma escala de 0,5 a 5 e por aplicação da fórmula matemática referida na alínea g) do probatório fixado. Como parte integrante da dita fórmula, o documento fixou os "meios máximos considerados suficientes", quer para os meios humanos, quer para os equipamentos, estabelecendo um tecto máximo que implica desconsiderar os números acima do máximo estabelecido.

A recorrente alega (conclusão 5ª) que a falta de especificação no Programa do Concurso do número de meios humanos considerados máximos adequados inviabilizou que apresentasse uma proposta com disponibilização de tais meios máximos, tendo assim sido alterados os subcritérios b1 e b2, respectivamente, "Meios Humanos a afectar à empreitada" e "Equipamentos a afectar à empreitada (conclusões 6ª e 7ª).

Já na decisão recorrida se havia notado que "a fixação dos meios humanos considerados suficientes" não altera os subcritérios "meios humanos" e "equipamentos", uma vez que tal limite máximo constitui um parâmetro objectivo para pontuar as propostas, que, mais uma se insere na margem de livre apreciação da Comissão, ou seja, trata-se apenas de definir, objectivamente, quais as propostas que iriam ser melhor pontuadas e de não sobrevalorizar propostas com meios em número superior ao definido como suficiente.

E é certo que do Programa não teria que constar a indicação precisa dos meios humanos máximos considerados suficientes, mas tão somente a pontuação que lhe era atribuída enquanto subcritério, incumbindo à recorrente formular a proposta de acordo com os respectivos recursos e estratégia, o mesmo se passando relativamente aos "equipamentos a afectar à obra"

Deste modo, não procede o argumento da A. no sentido de que não podia apresentar esses meios humanos na sua proposta por não se encontrarem estabelecidos no Programa de Concurso. Caberia à recorrente avaliar, da forma mais adequada e de acordo com a sua estratégia, o número concreto de meios humanos e equipamentos a fazê-los constar da sua proposta, de acordo com a natureza do concurso e as exigências da entidade adjudicante. Não o tendo feito, como é óbvio, acabou por apresentar uma proposta a que foi atribuída menor valia técnica.

Conclui-se, pois, que o documento "Método de Avaliação das propostas", ao definir métodos de classificação dos subcritérios aludidos, mediante a introdução de uma escala de valores e de critérios quantitativos de avaliação dentro dessa escala, não definiu nem criou novas categorias autónomas, pelo que a decisão impugnada não infringiu o disposto no artigo 66.º n.º 1, alínea e) do Decreto-Lei n.º 59/99.

Improcede, pois, o primeiro dos vícios alegados.

Passemos à análise do segundo, relativo à pretensa falta de fundamentação da deliberação impugnada.

Nas conclusões 11ª a 15ª das suas alegações, a recorrente alega, no essencial, que a Comissão de Análise não fundamentou as notas atribuídas, tanto em relação a si com às contra-interessadas, na apreciação do subcritério "Sistema de qualidade", no Relatório que foi enviado à A. para efeitos de audiência prévia. Alega ainda que, tendo suscitado essa questão, o Relatório Final também não fornece fundamentação suficiente, não sendo perceptível o iter valorativo e cognoscitivo que determinou a classificação diferenciada das três propostas em causa, desconhecendo as razões pelas quais foi atribuída a classificação 5 à Elesa e a pontuação 3 à recorrente e à contra-interessada CME.

Referindo que na sua proposta assumiu o compromisso de contratar uma empresa especializada na área de S.H.S.T., considera imperceptível a razão pela qual a Comissão considerou a proposta como suficiente, concluindo assim que o acto impugnado está inquinado por vício de forma.

Também aqui lhe não assiste razão.

Com efeito, da matéria de facto provada resulta que o Relatório Final se pronuncia, expressamente, sobre a questão da falta de fundamentação invocada pela A., quer quanto ao subcritério "metodologia de implementação do Regulamento de Higiene e Segurança no Trabalho, quer quanto ao subcritério "sistema de controlo da qualidade da empreitada".

Consta, efectivamente, da alínea Q) do probatório fixado, nos pontos D, D_1, D_2 e D_3 o seguinte:

D) Relativamente ao alegado de "... falta de fundamentação nos pontos 2.6.1, 2.6.2., 2.7.1., e 2.7.2., esclarece-se o seguinte

D_1) No que concerne aos pontos 2.6.1. e 2.6.2., de ambos os lotes, as propostas apresentam uma metodologia de implementação do regulamento igual ao referido como suficiente. Na atribuição da nota foi tido em consideração: I) a apresentação de uma estrutura organizacional (organograma) em que se prevê unicamente três encarregados de frente a depender do Coordenador de Segurança (Director de Obra), sendo omisso os outros cinco encarregados apresentados nos meios humanos (8 na alínea h) do 17.1 da proposta), não se encontrando igualmente definido no organigrama a relação com a empresa especializada na área da Segurança, Higiene e Saúde no Trabalho (S.H.S.T.); não se refere a forma como a empresa especializada na área da S.H.S.T. intervém na empreitada, assim como a quantidade de técnicos e a respectiva carga de trabalho dos mesmos, III – os procedimentos apresentados e que se consideram como complemento ao Plano de Saúde e Segurança (PSS) são de aplicação geral.

Pelo que, a Comissão de Análise das Propostas mantém a nota dada ao concorrente n.º 5, "José Matias, Empreiteiros, S.A., isto é nota 3 (três).

D_2) No que concerne aos pontos 2.7.1 e 2.7.2., de ambos os lotes, as propostas apresentam um Sistema de Controlo da Qualidade da Empreitada, igual ao referido como suficiente. Na atribuição da nota foi tido em consideração: I) a apresentação do Sistema de Controlo da Qualidade da Empreitada limita-se apenas a definição de cinco procedimentos. Não é referida qualquer interligação com outro sistema de Qualidade eventualmente praticado pela empresa; II) é apresentado o procedimento da "Análise do Contrato" e "Análise dos Elementos de Projecto", elementos estes que não são relevantes para o Sistema pretendido, nem suficientemente adequados ao objecto da Empreitada Posta a Concurso;

D_3) No procedimento apresentado sobre "Planeamento e "Controlo de qualidade" e no que se refere à actividade de "Analisar e Implementar o Plano de Segurança e Saúde", a responsabilidade é unicamente do Director da Obra, não é referida a intervenção da empresa especializada da S.H.S.T. e dos encarregados (como foi referido no documento apresentado na alínea j) do 17.1 da Proposta).

Pelo que a Comissão de Análise das Propostas mantém a nota dada ao concorrente n.º 5, "José Matias, Empreiteiros, S.A", isto é, nota três.

A fundamentação exposta, embora não exaustiva, é suficientemente clara para que um destinatário médio possa compreender, quanto aos vários itens em análise, o percurso avaliativo e cognoscitivo que conduziu às notas atribuídas à A., sendo certo que, também nos pontos 2.6 e 2.7 do Relatório Inicial da Comissão de Análise, a avaliação das Propostas nestes pontos não se limita a enunciar a classificação, referindo igualmente os elementos que estiveram na base da classificação atribuída (cfr. alíneas L) e M) da matéria de facto).

Improcede, assim, o alegado vício de forma por falta de fundamentação.

Finalmente, e quanto à alegada incompetência da EPAL para elaborar o documento "Método de Avaliação das Propostas", a recorrente alega (conclusões 17ª a 23ª), que o mesmo é manifestamente inválido, sendo consequentemente nula a deliberação impugnada, nos termos do disposto na alínea i) do n.º 2 do artigo 133.º do C.P.A.

Refere a recorrente, nomeadamente, que o mencionado documento foi aprovado após a constituição da Comissão de Análise das propostas, sendo que a recorrida não detinha já competência para a definição da metodologia a adoptar na avaliação das propostas.

Também neste ponto a sua argumentação não é aceitável.

Decorre da matéria de facto (alíneas F e G), que o documento em causa foi apresentado à EPAL sobre a forma de "proposta", e posteriormente aprovado pelo Conselho de Administração da EPAL, em 25.09.2003 (alínea H), o que significa que a actividade avaliativa não deixou de ser totalmente exercida pela Comissão de Análise das Propostas, conforme se vê dos Relatórios a que se referem as alíneas L), M) e Q) da matéria de facto fixada.

Não se verificou, portanto, qualquer ilegalidade do procedimento, sendo manifestamente aplicável ao caso o disposto no art. 133.º n.º 2, al. i) do C.P.A.

Deste modo, improcede este último vício invocado, nada havendo que censurar à decisão recorrida.

4. DECISÃO

Em face do exposto, acordam em negar provimento ao recurso e em confirmar o acórdão recorrido.

Custas pela recorrente, fixando a taxa de justiça em 15 UC, com redução a metade (art. 446 n.º 1, do Cód. Proc. Civil, "ex vi" do art.º 1.º do CPTA e dos arts. 73.º-D/3 e 73.º E/1 do Cod. Custas Jud.).

Lisboa, 19 de Maio de 2005

as.) António de Almeida Coelho da Cunha (Relator)
Maria Cristina Gallego dos Santos
Teresa Maria Sena Ferreira de Sousa

Recurso n.º 755/05

RECURSO CONTENCIOSO DE ANULAÇÃO. TRABALHO EXTRAORDINÁRIO. PESSOAL DE ENFERMAGEM. LEGITIMIDADE PROCESSUAL DOS SINDICATOS. DECRETO-LEI N.º 84/99, DE 19-03.

(Acórdão de 9 de Junho de 2005)

SUMÁRIO:

I– Atenta a prossecução dos fins que são constitucionalmente cometidos às associações sindicais, ou sindicatos, têm os mesmos competência própria para a defesa dos interesses individuais dos trabalhadores que representam.

II– A legitimidade que lhes é reconhecida pelo art.º 4.º, n.º 3, do DL n.º 84/99, de 19-03, é a legitimidade para, quer perante a Administração (art.º 53.º, do CPA), quer em juízo, defenderem, também, direitos e interesses legalmente protegidos dos trabalhadores que representem, mesmo que tal direito ou interesse legalmente protegido pertença apenas a algum ou alguns dos seus representantes (art.º 56.º, n.º 1, da CRP).

ACORDAM NO 2.º JUÍZO DO T.C.A. – SUL

O recorrente veio interpor recurso contencioso de anulação do despacho, de 01-08-2000, proferido pela entidade recorrida, e notificado à recorrente, em 08-08--2000.

A fls. 17 e ss, foi proferida sentença, datada de 27-11--2000, do TAC de Coimbra, pela qual foi julgada procedente a excepção da ilegitimidade do recorrente e, consequentemente, foi rejeitado o presente recurso.

Inconformado com a sentença, o recorrente Sindicato dos Enfermeiros Portugueses veio dela interpor recurso jurisdicional da mesma, apresentando as suas alegações, de fls. 29 e ss, com as respectivas conclusões, de fls. 32 a 33, que de seguida se juntam por fotocópia extraída dos autos.

Não foram apresentadas contra-alegações.

No seu douto e fundamentado parecer, de fls. 43 a 44, o Sr. Procurador-Geral Adjunto entendeu que deve dar-se provimento ao recurso jurisdicional, ordenando-se o ulterior prosseguimento do recurso.

MATÉRIA DE FACTO:

Com interesse para a decisão, considero provados e relevantes os seguintes factos:

1) A enfermeira Gisela Maria Ribeiro Cardoso é associada, com o número 30619.

2) Com a data de 26-06-2000, a associada Gisela solicitou, através do requerimento dirigido ao Presidente do Conselho de Administração do Hospital Amato Lusitano, lhe fosse efectuado o correcto pagamento do trabalho extraordinário efectuado, no dia 06-04-2000, tudo nos termos que constam da cópia que constitui fls. 8, dos autos, e cujo teor se dá aqui por reproduzido.

3) Sobre o aludido requerimento, o Serviço de Pessoal do Hospital Amato Lusitano pronunciou-se, em 27-07-2000, nos termos que constam de fls, 8 v.º, no sentido de apenas serem pagas as horas extraordinárias de acordo com o dia em que a requerente efectuou a deslocação, o qual era dia útil e não dia de descanso semanal, folga, dia feriado, Sábado ou Domingo.

4) A autoridade recorrida, com base na informação supra referida, pronunciou-se, proferindo o seguinte despacho: «pague-se conforme informação do Serviço de Pessoal. 2000-08-01».

O DIREITO

Nas conclusões das suas alegações, o recorrente refere que trata-se mesmo de «direito» da sua associada já que, subjacentemente, está em causa o pagamento de trabalho pela mesma prestado.

A douta sentença não fez boa interpretação e aplicação do direito – e, pois, não fez bom julgamento.

Sob outra perspectiva: a não se crer entender assim, os normativos (expressa ou implicitamente) eleitos pela douta sentença recorrida, para fundar o julgado são, na interpretação e aplicação que deles fez, inconstitucionais.

Deve ser revogada a douta sentença recorrida.

A douta sentença recorrida, refere, designadamente, que no caso dos presentes autos não está em causa um interesse colectivo da classe, mas apenas o interesse individual e concreto de uma enfermeira, no âmbito de uma questão de pagamento de horas extraordinárias, que apenas a ela diz respeito.

A questão que é objecto do presente recurso jurisdicional é a de saber se as associações sindicais têm legitimidade para interpor recursos contenciosos de anulação de actos administrativos lesivos para associados seus, quando estão em causa directamente, apenas, os seus interesses individuais.

O art.º 4.º, n.º 3, do DL n.º 84/99, de 19-03, dispõe que « é reconhecida às associações sindicais legitimidade processual para defesa dos direitos e interesses colectivos e para defesa dos direitos e interesses individuais legalmente protegidos dos trabalhadores que representem, beneficiando da isenção do pagamento da taxa de justiça e das custas».

E o art.º 56.º, n.º 1, da CRP, estipula: « Compete às associações sindicais defender e promover a defesa dos direitos e interesses dos trabalhadores que representem».

A norma contida no art.º 4.º, n.º 3, do referido Dec-Lei, tem de ser articulada com o disposto no art.º 56.º, 1, da CRP, da qual é aliás, um afloramento e, de igual modo, deve ser interpretado com o art.º 53.º, do CPA, quanto à legitimidade procedimental das associações sindicais, quando se apresentem a defender interesses individuais de representantes seus.

Ora, se «a lei só pode restringir os direitos, liberdades e garantias nos casos expressamente previstos na CRP, devendo as restrições limitar-se ao necessário para salvaguardar outros direitos ou interesses constitucionalmente protegidos» – art.º 18.º, n.º 2, do CRP – também ao intérprete é vedada qualquer interpretação que redunde em tal restrição.

Quando o art.º 4.º, n.º 3, do diploma citado reconhece às associações legitimidade processual para a defesa colectiva dos direitos e interesses individuais dos trabalhadores que representem, não sendo, constitucionalmente, permitida qualquer interpretação restritiva da norma contida no art.º 4.º, n.º 3, do DL n.º 84/99, de 9-03, por forma a que se retire aos sindicatos legitimidade activa para, em contencioso administrativo ou procedimento administrativo, defenderem interesses individuais dos seus associados.

É que, tendo em consideração a prossecução dos fins que são constitucionalmente cometidos às associações sindicais, ou sindicatos, tendo os mesmos competência própria para a defesa dos interesses individuais dos trabalhadores que representem, a legitimidade que lhes é reconhecida pelo referido art.º 4.º, n.º 3, do DL n.º 84/99 é a legitimidade para, quer perante a Administração (art.º 53.º, do CPA), quer em juízo, estar em defesa, também, de direitos e interesses individuais legalmente protegidos dos trabalhadores que representem, mesmo que tal direito ou interesse legalmente protegido pertença apenas a algum ou alguns dos seus representados.

É o que decorre directamente do n.º 1, do art.º 56.º, da CRP, que reconhece às associações sindicais a competência para para defenderem os direitos e interesses dos trabalhadores que representem, sem restringir tal competência à defesa dos interesses colectivos desses trabalhadores, antes supondo que ela se exerça igualmente dos seus interesses individuais.

Tal entendimento, acolhido pelo DL n.º 84/99, de 19-03, é expressamente referido no preâmbulo deste diploma, quando aí se refere: « (...) *De igual modo é reconhecida às associações sindicais legitimidade processual para defesa colectiva dos direitos e interesses colectivos e para defesa colectiva ds direitos e interesses individuais legalmente protegidos dos trabalhadores que representem (...)*».

A expressão defesa colectiva contida, quer no preâmbulo do citado diploma, quer no n.º 3, do art.º 4.º, apenas pode ser interpretada no sentido de significar defesa de *muitas pessoas*, várias pessoas, muitos associados, todos os associados, alguns associados, *um associado*, etc., por referência à natureza colectiva que uma associação sindical é.

Tal defesa – colectiva com o significado apontado – pode prosseguir a tutela de direitos e interesses, estes sim, colectivos ou individuais. É o que resulta do preceito contido no art.º 4.º, n.º 3, do DL n.º 84/99 citado.

Esta defesa dos interesses individuais dos trabalhadores que as associações sindicais representam, é uma competência própria dos sindicatos, sob pena de lhes ser negada a prossecução dos fins que lhes estão constitucionalmente cometidos. (cfr. Ac. do TCA, de 14-10-04, Rec.n.º 05977/04, e Ac. do STA, Pleno, de 06-05-04, P. 01888/03).

Pelo exposto, a fim de exercitar o direito, com vista à tutela da defesa dos interesses individuais dos trabalhadores representados pelo recorrente, tem este a legitimidade processual para estar em juízo, através do presente recurso contencioso de anulação, para impugnar o despacho recorrido, que afecte, juridicamente, a associada que o recorrente vem representar em juízo.

Improcede, assim, a ilegitimidade do recorrente, Sindicato dos Enfermeiros Portugueses, sendo o mesmo parte legítima nos presentes autos.

DECISÃO:

Acordam os Juízes do TCAS, em conformidade, em julgar procedente o recurso jurisdicional, assim revogando a sentença recorrida, ordenando a baixa dos autos à 1ª instância, afim de ser proferida decisão que não seja de rejeição do recurso contencioso pelos motivos indicados.

Sem custas (art.º 2.º, da Tabela de Custas).

Lisboa, 9 de Junho de 2005.

António Forte
Carlos Araújo
Fonseca da Paz

Recurso n.º 10 539/01

RESPONSABILIDADE CIVIL EXTRACONTRATUAL. PRESSUPOSTOS. ILEGAL TRANSFERÊNCIA DA AUTORA. ACTOS DE GESTÃO PÚBLICA. COMPETÊNCIA DO TACS.

(Acórdão de 14 de Abril de 2005)

SUMÁRIO:

I – A regra geral, no instituto da responsabilidade civil extracontratual, é a de que não há obrigação de indemnizar sem culpa, constituindo também a regra geral no domínio da responsabilidade por actos de gestão pública, como é, no caso dos autos, a decisão de transferência e a atribuição de tarefas à Autora, dada a natureza da relação de emprego, regulada por normas próprias do funcionalismo público.

II – Como decorre da norma do art.º 51.º, n.º 1, alínea h), do ETAF, a competência do TAC é fixada em relação às acções de responsabilidade civil do Estado, demais entes públicos e dos titulares dos seus órgãos ou agentes, por prejuízos decorrentes de actos de gestão público.

III – Os pressupostos da responsabilidade civil extracontratual (o facto ilícito, a culpa, o dano e o nexo de causalidade entre o facto e o dano) são de verificação cumulativa.

IV – Sendo admissível que, em consequência das condições de instalação na Divisão Intermédia e da atribuição de tarefas fora do âmbito da carreira e da categoria da Autora, tais factos gerem sentimentos de injustiça, de arbitrariedade, de desaproveitamento e de inadequação, e até depressão nervosa, não ficou cabalmente demonstrado o nexo de causalidade entre os factos e o evento (essencialmente a grave depressão nervosa).

V – Daí que, falecendo um dos pressupostos essenciais à responsabilidade civil, com base nos quais é formulado o pedido de condenação em indemnização, o pedido terá de improceder.

ACORDAM NO 2.º JUÍZO DO T.C.A. – SUL

A A. veio intentar a presente Acção Emergente de Responsabilidade Civil extracontratual, com processo ordinário contra a Ré, pedindo a condenação da Ré a pagar-lhe: 1.º *a quantia de Esc. 2.048.000$00, a título de indemnização por danos patrimoniais, que correspondem à soma das despesas com assistência médica e medicamentosa que teve e tem de continuar a ser-lhe prestado e que teve como causa directa e necessária a situação laboral causada pela Ré*; 2.º *a quantia de Esc. 8.000.000$00, a título de danos não patrimoniais sofridos com a prática de actos ilícitos, concretamente a ilegal transferência e manutenção de local de trabalho da A., a colocação desta a exercer funções reconhecidamente incompatíveis com a sua categoria e carreira e a colocação da A. em local de trabalho degradante e humilhante, e ainda o facto de perpetuar esta situação, nunca a corrigindo, embora a reconhecendo até à presente data, e ainda*, 3.º, *em juros vincendos, desde a data da sua citação e até integral cumprimento à taxa legal.*

A fls. 98 e ss, o Mm.º Juiz «a quo» elaborou o despacho saneador e julgou improcedente a excepção peremptória inominada da incompetência absoluta, em razão da matéria, invocada pela Ré, tendo vindo a A. responder a fls. 74 e ss, concluindo pela sua improcedência.

A fls. 106, a Ré não se conformando com a decisão que julgou improcedente a excepção de incompetência absoluta em razão da matéria do TACL para conhecer do objecto da acção, veio dela interpor recurso.

A fls. 112, o Mm.º Juiz «a quo» recebeu o recurso, que subiu imediatamente e em separado, com efeito suspensivo.

A fls. 163 e ss, foi proferida douta sentença, no TACL, datada de 10-01-2002, pela qual Na conclusão 1, das contra-alegações, a fls. 218, a Recorrida Santa Casa da Misericórdia alega que os TACs são incompetentes em razão da matéria, nos termos da alínea h), do n.º 1, do art.º 51.º, do ETAF, para conhecer das acções emergentes de responsabilidade civil intentada contra a Ré foi julgada improcedente a acção e absolvida a R. do pedido.

Inconformada, com a referida sentença, a A., ora recorrente, veio dela interpor recurso jurisdicional da mesma, apresentando as suas alegações a fls. 181 e ss, dos autos, com as respectivas conclusões de fls. 199 a 203, que de seguida se juntam por fotocópia extraída dos autos.

***

A fls. 210 e ss, a R., ora recorrida, veio apresentar as suas contra-alegações, com as respectivas conclusões de fls. 218 a 222, que de seguida se juntam por fotocópia extraída dos autos.

A fls. 246, o Mm.º Juiz « a quo » ordenou que fosse aberta conclusão no agravo em separado. (L., 25-05-04).

***

No seu douto parecer de fls. 249, o Sr. Procurador-Geral Adjunto entendeu que deve ser negado provimento ao recurso jurisdicional, assim se confirmando a sentença impugnada.

Por requerimento de fls. 253, em resposta ao douto parecer de fls. 249, a recorrente/Autora secunda, sem reservas, a posição do MºP.º quanto à questão da incompetência dos TACs., mas já não concorda com o referido parecer.

MATÉRIA DE FACTO:

Com interesse para a decisão considero provados e relevantes os factos constantes da sentença de fls. 163 e ss, nos termos do art.º 713.º, 6, do CPC.

O DIREITO:

Conquanto falemos do assunto, no recurso em separado, o certo é que não temos dúvida de que o TACL é o competente para apreciar as acções emergentes de responsabilidade civil do Estado, demais entes públicos e dos titulares dos seus órgãos ou agentes, por prejuízos decorrentes de actos de gestão pública. (art.º 51.º, n.º 1, al. h), do ETAF.

Concordamos inteiramente com o decidido a fls. 98, que julgou improcedente a excepção de incompetência, em razão da matéria.

É que à causa de pedir, na acção indemnizatória, subjaz uma relação jurídica administrativa, portanto, uma actuação de gestão pública fundamentadora da competência dos TACs.

Também concordamos, inteiramente, com a douta sentença, de fls. 163 e ss, para cuja fundamentação se remete, nos termos do art.º 713.º, 5, do CPC, apenas esclarecendo que o conceito de um e de outro tipo de actos foi objecto de larga elaboração jurisprudencial e doutrinária, podendo dar-se como assente (cfr. os Acs. do Trib. de Conflitos, de 20-10-83 (proc. n.º 153) e de 12-05-99 (proc. n.º 338) que são actos de gestão privada os que se compreendem numa actividade em que a pessoa colectiva, despida do poder público, se encontra e actua numa posição de paridade com os particulares a que os actos respeitam e, portanto, nas mesmas condições e no mesmo regime em que poderia proceder um particular, com submissão a normas de direito privado.

Por sua vez, são actos de gestão pública os que se compreendem no exercício de um poder público, integrando eles mesmos a realização de uma função pública, independentemente de envolverem ou não o exercício de meios de coerção e independentemente ainda das regras técnicas ou de outra natureza, que na prática dos actos devam ser observadas. (cfr. Ac. do STA, de 18-01-2005, proc. n.º 0555/04, e o de 02-02-05, in Proc. n.º 026/03).

Se o desenho teórico desta fronteira não oferece, hoje em dia, quaisquer dificuldades, já a colocação dos casos concretos num lado ou noutro dessa linha suscita, por vezes algumas dúvidas.

Vejamos, pois, o caso concreto.

Como se refere na douta sentença recorrida, a regra geral, no instituto da responsabilidade civil extracontratual, é a de não há obrigação de indemnizar sem culpa.

Este princípio, consagrado no direito civil (art.º 483.º, n.º 2, do CC) constitui também a regra geral no domínio da responsabilidade por **actos de gestão pública** (Ver Prof. F. do Amaral, Direito Administrativo, vol. II, ed. 89, págs. 514 e 517), *como é sem dúvida de classificar a decisão de transferência e a atribuições de tarefas à Autora, dada a natureza jurídica da relação de emprego da Autora.*

Acresce que os pressupostos da referida responsabilidade (o facto ilícito, a culpa, o dano e o nexo de causalidade entre o facto e o dano) são de verificação cumulativa.

Ora, como bem acentua a douta sentença recorrida, a A. limitou-se a alegar que fora em consequência das condições de instalação na Divisão Intermédia e da atribuição de tarefas fora do âmbito da sua carreira e categoria, e do arrastar dessa situação sem que a mesma fosse alterada, que se desencadeou um esgotamento físico e psíquico e um abalo dessa mesma natureza, que se veio a traduzir em grave depressão.

Segundo a experiência comum, é admissível que tais factos gerem sentimentos de injustiça, de arbitrariedade, de desaproveitamento e ainda de inadequação, e desencadeiem uma reacção psicológica algo negativa em alguém que, por longos anos, desempenhou, consecutivamente, funções de chefia de um estabelecimento tipo infantário ou creche.

Mas não se afigura, segundo essa experiência comum e de acordo com a sua natureza geral, que desencadeiem normalmente, só por si, um processo de grave depressão nervosa.

Acresce que foram restritivas as respostas aos quesitos 11.º e 12.º, em que se encontra vertida, com base em alegação pouco concreta da A., a matéria relativa ao nexo de causalidade.

Com efeito, e citando, nessas respostas não foi dado como provado pelo Colectivo que a situação de esgotamento psíquico e debilitação física fosse determinada pela situação referida nos quesitos anteriores, ou seja, pelas em que a A. foi instalada, pelas funções atribuídas estranhas à sua carreira e categoria e pelo protelar de uma solução adequada decorrente da deliberação da mesa referida na alínea F), embora se apurasse uma sequência temporal entre o abalo psíquico e físico e a colocação na Divisão Intermédia.

Ora, quer das insuficiências de prova, quer da inadequação acima evidenciada entre os factos e o evento (essencialmente grave depressão), impõe-se a conclusão que não ficou cabalmente demonstrado o nexo de causalidade entre aqueles e este.

Pelo exposto, não se verificando um dos pressupostos, que são de verificação cumulativa (falta de nexo entre os factos e o evento (essencialmente a grave depressão), tem que julgar-se improcedente o pedido.

DECISÃO:

Acordam os Juízes do TCAS, em conformidade, em negar provimento ao recurso, confirmando a sentença recorrida, nos seus precisos termos.

Custas pela Autora.

Lisboa, 14 de Abril de 2005.

António Forte
Carlos Araújo
Fonseca da Paz

Recurso n.º 11 315/02

2.ª Secção (Contencioso Tributário)

CONTRATOS DE PUBLICIDADE CELEBRADOS POR CLUBE DESPORTIVO. IMPUGNAÇÃO DE IVA. CADUCIDADE DO DIREITO À LIQUIDAÇÃO DO IVA COMO IMPOSTO DE OBRIGAÇÃO ÚNICA.

(Acórdão de 13 de Julho de 2005)

SUMÁRIO:

I – **Revestindo o IVA natureza de imposto de obrigação única, o respectivo *dies a quo* inicia-se a partir da data em que o facto tributário ocorreu e não no final do ano a que o imposto respeita, sendo igualmente certo que ocorreu a revogação tácita do art.º 88.º do CIVA através do disposto no art.º 11.º do diploma que aprovou o CPT, porque contrário ao CPT no capítulo das normas de caducidade do direito à liquidação.**

II – **A liquidação adicional de IVA é um acto tributário susceptível de alterar a situação tributária do contribuinte e deva ser levada ao conhecimento deste mediante carta registada com aviso de recepção (art.º 65.º n.º 1 do CPT).**

III – **Revelando os autos que a notificação da liquidação ao impugnante, a qual veio a ser efectuada mediante carta registada com aviso de recepção em 18 de Novembro de 1997, referindo-se a liquidação adicional em causa a IVA referente aos períodos de Março e Setembro do ano de 1992, impõe-se-nos concluir que na data em que se considera efectivada a notificação do sujeito passivo já havia decorrido em relação ao àqueles períodos o prazo de caducidade do direito à respectiva liquidação.**

IV – **É que, como decorre do art. 33.º CPT, o que funciona como facto impeditivo da caducidade do direito à liquidação não é a sua efectivação mas sim a notificação da mesma ao sujeito passivo dentro do prazo legalmente estabelecido para a administração fiscal exercitar tal direito.**

V – **Resultado com clareza e segurança que os contratos celebrados por um clube desportivo com empresas dão lugar a obrigações recíprocas para os contraentes pois estes ficaram simultaneamente na situação de credores e devedores, coexistindo prestações com contraprestações, i. é, o sinalágma já que o impugnante se obrigou a difundir a respectiva mensagem publicitária quer nas suas instalações, quer no equipamento desportivo dos atletas e, como contrapartida, as empresas efectuaram-lhe diversas entregas em dinheiro, estamos perante contratos de *"prestação de serviços"* pois é manifesto que, por eles, uma das partes se obriga a executar um serviço pedido pela outra, mediante certa retribuição.**

VI – **Nesse sentido aponta indubitavelmente o art. 3.º n.º 1 do Código da Publicidade (CP) aprovado pelo Dec.-lei n.º 330/90, de 23.10, considerando *publicidade, (...), qualquer forma de comunicação feita no âmbito de uma actividade comercial, industrial, artesanal ou liberal, com o objectivo de promover o fornecimento de bens ou serviços, incluindo direitos e obrigações.***

VII – **A publicidade é um genuíno instrumento ao serviço da actividade económica pois com ela se visa propiciar o conhecimento por parte do público da existência da empresa, da actividade que desenvolve, da qualidade ou potencialidade dos produtos ou serviços produzidos ou comercializados, etc. Em tal situação existe, pois, uma contrapartida económica para ambas as partes (pelo clube, os montantes recebidos e, pela empresa, a publicitação dos seus produtos e serviços, potenciadores de maiores proventos), a qual exclui o *animus donandi* típico dos donativos.**

VIII – **Não podendo as verbas em causa ser qualificadas como meros donativos, antes sendo um elemento típico de um negócio oneroso de prestação de serviços, tal implica que a recorrida praticou operações sujeitas a este imposto nos termos dos art.s 1.º e 4.º do mesmo Código, o que lhe atribui a qualidade de sujeito passivo (art. 2.º), estando vinculada às obrigações de liquidação e imposto, é devedora ao Estado do correspondente IVA.**

ACORDA-SE, EM CONFERÊNCIA, NA SECÇÃO DE CONTENCIOSO TRIBUTÁRIO (2.ª SECÇÃO) DO TRIBUNAL CENTRAL ADMINISTRATIVO:

I – RELATÓRIO

1 – A EXCELENTÍSSIMA REPRESENTANTE DA FAZENDA PÚBLICA, com os sinais identificadores dos autos, interpôs recurso jurisdicional da decisão do Mmo. Juiz do Tribunal Tributário de 1ª Instância do Porto, que julgou improcedente a presente impugnação judicial deduzida por **ASSOCIAÇÃO RECREATIVA VILANOVENSE – AGREMIAÇÃO RECREATIVA E DESPORTIVA** contra as liquidações de IVA do ano de 1992 e de juros compensatórios, concluindo assim as suas alegações:

1. A douta sentença recorrida julgou a impugnação procedente, por haver entendido que ocorreu a caducidade do direito à liquidação no que concerne às operações a que se reportam os recibos de 30 de Março (recibo n.º 86) e 30 de Setembro de 1992 (recibo n.º 91), e no que concerne à operação a que respeita o recibo n.º 11 de 30 de Dezembro de 1992, haver entendido que a impugnante não prestou serviços de publicidade, não obstante ter emitido recibos em que tal era mencionado, pois que resultou do probatório que esses recibos se reportam a donativos efectuados à mesma, pelo que conclui que "não tendo a impugnante praticado a operação tributável alegada pela Administração Tributária padecem as liquidações impugnadas de ilegalidade".

2. A recorrente considera, por um lado que, não ocorreu a caducidade do direito à liquidação, pois resulta da conjugação do disposto nos art.s 33.º, n.º 1 do CPT e art. 88.º, n.º 1 do CIVA (em vigor à data quer do nascimento dos factos tributários, quer da notificação da liquidação), que o prazo de caducidade de cinco anos para a liquidação do IVA deve ser contado a partir do termo do ano em que se verifica o facto tributário, sem ter em conta a periodicidade do tributo, pelo que tendo a notificação do imposto, relativo ao ano de 1992, sido efectuada em 18 de Novembro de 1997, o foi no prazo legal. (No mesmo sentido, o Acórdão do STA de 11/06/97, Rec. 21 654)

3. Por outro lado, tendo a recorrida emitido recibos referentes a prestação de serviços de publicidade, praticou operações sujeitas a este imposto nos termos dos art.s 1.º e 4.º do mesmo Código, o que lhe atribui a qualidade de sujeito passivo (art. 2.º), pelo que estando a recorrida obrigada às obrigações de liquidação e imposto, é devedora ao Estado do correspondente IVA.

4. Esta última questão controvertida, prende-se pois, em determinar se a prova testemunhal produzida no sentido de considerar as operações em causa como donativos, é suficiente para afastar a tributação de tais operações em IVA, baseada no vertido nos recibos emitidos pela recorrida e demais factos constantes do relatório da inspecção tributária.

5. Entende a recorrente que não, por se estar em presença de factos tributários vertidos em documentos autênticos, em que a própria recorrida, encontrando-se em contacto directo com a realidade económica subjacente, qualificou como prestação de serviços de publicidade, ressaltando dos autos que a não liquidação do imposto ter-se-á ficado mais a dever ao facto de a recorrida entender que, na qualidade de agremiação recreativa e desportiva "goza de alguns benefícios fiscais e isenções", do que propriamente à materialidade de tais operações.

6. Pelo que não pode bastar para prova de outra qualificação agora mais apropriada aos interesses da recorrida, a produzida por testemunhas a si associadas e com responsabilidades, pois a primeira testemunha, à data dos factos era treinador das equipas jovens, e as duas seguintes exerceram funções na direcção.

7. Não sendo despiciendo para o caso concreto, as implicações jurídico – tributárias decorrentes para a contraparte, da qualificação de tais operações.

8. Como donativos, os mesmos só são considerados custos fiscais nos estritos termos dos art.s 39.º e 40.º do CIRC, enquanto que os gastos com publicidade são custos fiscais nos termos da alínea b) do n.º 1 do Art. 23.º do mesmo Código.

9. Desta forma, as entidades beneficiárias da prestação dos serviços de publicidade constantes dos recibos emitidos pela recorrida, contabilizaram os referidos gastos como custos susceptíveis de aceitação fiscal.

10. Pelo que, por coerência e unidade do sistema fiscal, com o devido respeito pelo doutamente decidido, a pronúncia judicial não se pode alicerçar simplesmente, no testemunho de terceiros empenhados na salvaguarda dos interesses da associação ora recorrida.

11. A actuação da Administração Tributária foi conforme à lei, justificando-se a manutenção das correcções efectuadas, por se encontrar demonstrada a sua validade e justeza.

12. A douta sentença sob recurso violou o disposto no art. 33.º do CPT e art.s 1.º, 2.º, 4.º, 7.º, 26.º e 88.º do CIVA.

Termos em que entende que deve ser dado provimento ao presente recurso, revogando-se a douta sentença recorrida.

Não houve contra – alegações.

O EMMP emitiu o seguinte douto parecer que se encontra a fls. 97:

"Tem sido jurisprudência geralmente aceite dos tribunais superiores que o IVA é um imposto instantâneo cujo acto tributário se consuma no acto da transacção.

Assim, o prazo de caducidade da liquidação inicia-se com aquele facto e não no termo do ano civil em que o mesmo foi praticado.

Não tem, pois, razão a recorrente nessa parte.

Parece-nos, porém, que tem razão quanto à incidência do imposto sobre o recibo de Dezembro.

Com efeito, dele constando que se tratou de uma prestação de serviço em cujo preço foi incluído o IVA, ainda que a realidade efectiva subjacente seja totalmente diferente, dado o carácter formal de tal documento, para efeitos do CIVA tem de haver-se como sendo uma transacção. Ainda que a realidade seja diferente, isto é, ainda que o recibo seja "falso" tal facto não emotivo de isenção de imposto.

Somos de parecer que o recurso merece provimento nessa parte."

Os autos vêm â conferência depois de corridos os vistos legais.

II – FUNDAMENTAÇÃO

2.1. DOS FACTOS

a) A impugnante é uma associação sem fins lucrativos que promove actividades desportivas.

b) A contabilidade da impugnante foi objecto de fiscalização pelos Serviços de Prevenção e Inspecção Tributária do Porto que detectaram que a impugnante emitiu recibos mencionando a prestação de serviços de publicidade.

c) Tais recibos têm as datas de 30 de Março de 1992 (recibo n.º 86); 30 lie Setembro de 1992 (recibo n.º 91) e 30 de Dezembro de 1992 (recibo n.º 11).

d) Com referenda ás operações a que tais recibos se reportam a impugnante não liquidou IVA.

e) A Administração Tributária considerou que se estava perante operações tributáveis e procedeu às liquidações de IVA e juros compensatórios no montante global de 3.517.523$00.

f) A impugnante foi notificada dessas liquidações em 18 de Novembro de 1997 através de carta registada com aviso de recepção.

g) Não obstante os recibos supra referidos mencionarem a prestação de serviços de publicidade, os mesmos reportavam-se a donativos efectuados à impugnante.

h) O prazo para pagamento voluntário das liquidações terminou em 16 de Dezembro de 1997 e a presente impugnação foi apresentada em 12 de Fevereiro de 1998.

***

Não há factos relevantes para a discussão da causa que importe registar como não provados.

***

A decisão sobre a matéria de facto baseou-se na análise da prova documental junta aos autos e dos depoimentos das testemunhas Valdemar António Araújo Maia, António Pereira Martins e António Dias dos Santos, que referiram que a impugnante não efectuava qualquer publicidade e que os recibos com essa menção se reportavam a donativos.

2.2. DO DIREITO:

Fixada a materialidade fáctica plausível à solução do pleito, vejamos agora o direito.

Como é pacificamente defendido pela nossa doutrina e decidido na nossa jurisprudência, por força dos termos conjugados dos art.os. 684.º, n.º 3 e 690.º, n.º 1 do CPC, o âmbito do recurso é determinado pelas conclusões da alegação do recorrente, só abrangendo as questões que nestas estejam contidas *(cfr. Prof. J.A.Reis, in CPC Anotado, Vol. V, pág. 363, Rodrigues Bastos, in Notas ao CPC, Vol. III, pág. 299 e, entre muitos, os Acs. do STJ de 4/7/76, BMJ 258.º-180, de 2/12/82, BMJ 322.º-315 e de 25/7/86, BMJ 359.º-522).*

Donde que:

A sentença julgou procedente a impugnação no que concerne às operações a que se reportam os recibos de 30 de Março de 1992 (recibo n.º 86) e 30 de Setembro de 1992 (recibo n.º 91), por julgar verificada a caducidade do direito à liquidação.

Fundamentando, depois evocar o disposto no artigo 33.º do CPT, que estabelece que o *direito à liquidação caduca se não for exercido ou a liquidação não for notificada ao contribuinte no prazo de cinco anos contados, nos impostos periódicos de obrigação única, a partir da data em que o facto tributário ocorreu,* considera que o IVA é um imposto de obrigação única e, como tal, o prazo de caducidade conta-se a partir da data em que ocorreu o facto tributário – neste sentido, entre outros. Ac. STA 20 Mar. 2002, Processo 26806 e Ac. STA 17 Abr. 2002, Processo 65/02.

Porque assim, quanto às operações a que se reportam os recibos de 30 de Março de 1992 (recibo n.º 86) e 30 de Setembro de 1992 (recibo n.º 91), uma vez que o impugnante foi notificado da liquidação do imposto em 18 de Novembro de 1997, ocorreu a caducidade do direito á liquidação.

Contudo, a recorrente FªPª não acompanha a fundamentação aduzida na sentença porque, em substância, entende que o IVA deve ser catalogado como um imposto periódico e, sendo assim, o prazo para o Estado proceder à liquidação, em sede de IVA, era então o estabelecido no n.º 1, do art. 88.º do CIVA.

O que significa que, respeitando o acto tributário ao ano de 1992, devia o impugnante inclui-lo na declaração periódica relativa a esse período, ou seja, o prazo de caducidade de cinco anos para a liquidação do IVA devia ser contado a partir do termo do ano em que se verifica o facto tributário, sem ter em conta a periodicidade do tributo, pelo que tendo a notificação do imposto, relativo ao ano de 1992, sido efectuada em 18 de Novembro de 1997, o foi no prazo legal não precludindo o mencionado direito à liquidação.

Consequentemente, para a recorrente FªPª foi violado, além do mais, o disposto no art. 88.º, n.º 1 do CIVA na decisão recorrida, pelo que deve a mesma ser revogada e de seguida, julgar-se a impugnação improcedente.

Dissentimos de tal entendimento e sufragamos inteiramente a tese da sentença recorrida.

Na verdade, seguindo a jurisprudência firmada neste TCA, revestindo o IVA natureza de imposto de obrigação única, o respectivo termo *a quo* inicia-se a partir da data em que o facto tributário ocorreu e não no final do ano a que o imposto respeita, sendo igualmente certo que ocorreu a revogação tácita do art.º 88.º do CIVA operada pelo disposto no art.º 11.º do diploma que aprovou o CPT, porque contrário ao CPT no capítulo das normas de caducidade do direito à liquidação.

Mas mesmo que se considerasse em vigor o art.º 88.º do CIVA nos termos sustentados pelo M.ºP.º, sempre a solução seria a mesma.

Dispunha o n.º 1 do citado normativo que "Só poderá ser liquidado imposto nos cinco anos civis seguintes àquele em que se verificou a sua exigibilidade" e a exigibilidade do IVA em causa verificou-se, por referência ao disposto no art.º 7.º, n.º 1 al. b) do mesmo Código com a ocorrência dos factos referidos, i. é, ***no momento da realização das prestações de serviços*** (a alegada prestação de serviços de publicidade realizou-se em 30 de Março de 1992 (recibo n.º 86) e 30 de Setembro de 1992 (recibo n.º 91)).

Resultando do art. 1.º do CIVA que estão sujeitas a IVA, além do mais, as transmissões de bens e as prestações de serviços efectuadas, no território nacional, a título oneroso, por um sujeito passivo tem aquele a natureza de imposto de obrigação única já que incide sobre cada transmissão e no momento em que esta ocorre independentemente de o seu apuramento (art. 19 e segs. do CIVA) e pagamento (art. 26.º e segs.) assumirem certa periodicidade.

Devendo o IVA ser qualificado como imposto de obrigação única a caducidade do direito à sua liquidação verificar-se-á se a notificação da dita liquidação não ocorrer no prazo de cinco anos a contar da data em que o facto tributário ocorreu, nos termos do art. 33.º do CPT.[1]

[1] Nesse sentido se pronunciou o Acórdãos do STA de 8/6/98, no Recurso n.º 21116.

Ora, a liquidação adicional em causa a IVA refere-se aos períodos de Março e de Setembro do ano de 1992 e, por injunção normativa contida no n.º 1 do art. 65.º, sempre que "tenham por *objecto actos ou decisões susceptíveis de alterarem a situação tributária dos contribuintes" as* notificações são obrigatoriamente efectuadas por carta registada com aviso de recepção.

A liquidação adicional é um acto tributário susceptível de alterar a situação tributária do contribuinte que deverá obrigatoriamente ser levada ao conhecimento deste mediante carta registada com aviso de recepção.

E revelam os autos que a impugnante foi notificada dessas liquidações em 18 de Novembro de 1997 através de carta registada com aviso de recepção.

Ora, como decorre do art. 33.º, e constitui, aliás, jurisprudência uniforme (cfr. por todos, acórdão do STA de 8.10.97, recurso n.º 19.886), o facto impeditivo da caducidade do direito à liquidação não é a sua efectivação mas a notificação da mesma ao sujeito passivo dentro do prazo legalmente estabelecido para a administração fiscal exercitar tal direito.

Destarte, tendo em conta o momento em que relativamente aos tributos em causa ocorreu o respectivo termo inicial, impõe-se-nos concluir, em acolhimento pleno do que se diz na sentença, que na data em que se considera efectivada a notificação do sujeito passivo já havia decorrido, em relação aos períodos controvertidos, o prazo de caducidade do direito à respectiva liquidação.

Improcedem, pois, as conclusões do recurso da FªP nesta parte.

***

Quanto à liquidação atinente ao recibo n.º 11 de 30 de Dezembro de 1992, foi julgado na sentença que a mesma padecia de ilegalidade por não ter a impugnante praticado a operação tributável alegada pela Administração Tributária, e, consequentemente, a procedência da presente impugnação.

A recorrente FªPª insurge-se, antes de mais, contra a decisão fáctica (vd. conclusões 2ª a 5ª e 8ª) já que, no seu entendimento, a questão controvertida prende-se, primordialmente, em determinar se a prova testemunhal produzida no sentido de considerar as operações em causa como donativos, é suficiente para afastar a tributação de tais operações em IVA, baseada no vertido nos recibos emitidos pela recorrida e demais factos constantes do relatório da inspecção tributária.

A recorrente entende que não, por considerar que estamos em presença de factos tributários vertidos em documentos autênticos, em que a própria recorrida, encontrando-se em contacto directo com a realidade económica subjacente, qualificou como prestação de serviços de publicidade, só não tendo liquidado o imposto por se considerar erradamente dele isenta.

Donde que, para a recorrente FªPª não pode bastar para prova de outra qualificação agora mais apropriada aos interesses da recorrida, a produzida por testemunhas a si associadas e com responsabilidades, pois a primeira testemunha, à data dos factos era treinador das equipas jovens, e as duas seguintes exerceram funções na direcção.

É que, como donativos, os mesmos só poderão ser considerados custos fiscais nos estritos termos dos art.s 39.º e 40.º do CIRC, enquanto que os gastos com publicidade são custos fiscais nos termos da alínea b) do n.º 1 do Art. 23.º do mesmo Código.

Nessa base, as entidades beneficiárias da prestação dos serviços de publicidade constantes dos recibos emitidos pela recorrida, contabilizaram os referidos gastos como custos susceptíveis de aceitação fiscal.

O M.º Juiz «a quo» entendeu que não tendo a impugnante praticado as operações tributáveis alegadas pela Administração Tributária, padecem as liquidações impugnadas de ilegalidade e isso porque partiu do pressuposto factual de que a impugnante não prestou serviços de publicidade, não obstante ter emitido recibos em que tal era mencionado, antes deu como provado que os ditos recibos se reportavam a donativos efectuados à mesma.

Quid juris?

Objectivam os autos que através de acção inspectiva a que foi sujeita a impugnante, os serviços da AT constataram que, em 30 de Dezembro de 1992 aquela emitira o questionado recibo referente *"a prestação de serviços de publicidade"*, sem que haja procedido à liquidação do IVA por entender que se considerava isenta nos termos do art.º 9.º do CIVA – cfr. Relatório de fls. 15 e segs.

Ora, porque a AF entendeu que a impugnante não estava isenta e que as operações em causa eram tributáveis nos termos dos art.s 1.º a 4.º do CIVA, procedeu à liquidação do IVA.

Afigura-se-nos que é indiscutível a bondade do procedimento da AF ao qualificar, para aquele efeito, a prestação de serviços de publicidade como um ***contrato sinalagmático oneroso*** enquadrando-o na definição constante do art.º 3.º n.º 1 do Código de Publicidade, face à qual o impugnante estava obrigado a liquidar o corresponde te IVA.

Em sede de probatório e com base na inquirição de testemunhas deu o M.º Juiz «a quo» como provado que o recorrido emitiu os recibos na sequência de **donativos** efectuados à impugnante (probatório, al. g)).

A nosso ver, merece acolhimento a alteração ao probatório pretendida pelo recorrente pois, como se vê da prova documental carreada para os autos pela AF a ponta no sentido de que os recibos emitidos se reportam a prestações de serviços de publicidade, e os depoimentos das testemunhas indicadas pelo impugnante não são idóneos para infirmar essa conclusão.

Se não, vejamos:

A testemunha António Pereira Martins só exerceu funções na impugnante no ano de 1989/90, e de útil sobre a matéria dos autos disse *"...ter ouvido dizer pela então Direcção da impugnante que essas empresas solicitavam a emissão de recibo com menção de pagamento de publicidade feita pela impugnante em nome daquelas"* – cfr. fls. 49.

Também nos Acórdãos daquele Supremo de 20/03/02 e de 17/4/02, tirados nos Recursos n.º 26806 e 65/02, se doutrinou, respectivamente, que: " Sendo o IVA um imposto de obrigação única o período de caducidade do direito à liquidação contava-se, nos termos do artigo 33.º do Código de Processo Tributário, tendo em conta o prazo de cinco anos entre a data em que ocorreu o facto tributário e a data em que teve lugar a notificação da liquidação."

"I – O imposto sobre o valor acrescentado deve ser qualificado como imposto de obrigação única, e não como imposto periódico, pois incide sobre factos tributários de carácter instantâneo, reportando-se a cada um dos actos concretos praticados, não relevando, para tal qualificação, que o sujeito passivo exerça continuada ou só ocasionalmente a respectiva actividade.

II – O termo inicial do prazo extintivo do direito da Fazenda à liquidação do IVA fixa-se, pois, com referência à data do surgimento do facto tributário, e não ao fim do ano da sua ocorrência."

Por sua vez, a testemunha António Dias dos Santos exerceu funções na impugnante no ano de 1992/93, afirmou que *"...a Associação, pelo menos nesse período, não fazia qualquer tipo de publicidade estática ou sonora no ringue que possuía"* fls. 49.

Também a testemunha Valdemar António Araújo Maia que à data dos factos era treinador das equipas jovens, prestou um depoimento vago e inconcludente ao afirmar que *"...em tal recinto não é do seu conhecimento que tivessem sido afixados placares fazendo publicidade de qualquer empresa. Do mesmo modo não é do seu conhecimento que fosse feita qualquer publicidade de empresas no equipamento dos atletas ou na aparelhagem sonora do recinto..."* e que por confidenciais de membros da Direcção da impugnante *"...os recibos(...) foram preenchidos nos termos deles constantes, a solicitação de algumas das empresas que faziam donativos à impugnante, com vista a auxiliá-la a suportar os respectivos custos de funcionamento".*

Na senda da recorrente FªPª, a não consideração de tais factos resultou da contraditoriedade da prova produzida. Assim, para além dos documentos insertos nos autos pela administração fiscal, a impugnante produziu apenas prova testemunhal (fls.48 a 50). Ora, da análise dos respectivos depoimentos precedentemente feita, extrai-se ou o desconhecimento de factos incontestados (por exemplo, a ausência de suporte dos recibos e cheques que eventualmente haja recebido para pagamento das quantias tituladas pelos ditos recibos, quando está provado que os mesmos existiram).

Termos em que procedem as conclusões sob análise, alterando-se o probatório elaborado na sentença recorrida pela vertendo na al. g) o que constava na al. h), suprimindo-se esta, a saber:

g) O prazo para pagamento voluntário das liquidações terminou em 18 de Dezembro de 1997 e a presente impugnação foi apresentada em 12 de Fevereiro de 1998.

***

Perante esta factualidade e aquelas conclusões de recurso delimitadoras do seu objecto, cumpre definitivamente decidir de direito a questão posta e que se enuncia: – Saber se as quantias titulada pelo recibo n.º 11 constitui receita proveniente de serviços prestados de que o impugnante esteja isento de IVA ou simples donativos..

"Prima facie", se o intuito das empresas identificadas nos recibos, ao pagar os valores que nestes constam era o da recorrente, deveria tê-lo concretizado por outros meios designadamente através de lídimos donativos pois, ainda que no **contrato** de **publicidade** houvesse algum intuito de liberalidade, haveria que ter-se em conta que ela nenhum benefício teria obtido.

A questão decidenda passa, pois, pela correcta qualificação jurídica dos negócios jurídicos celebrados, captando o espirito de liberalidade para aferirmos se se trata de donativos e concluirmos pela procedência da impugnação – tese do Recorrente e da sentença) ou a sinalagmaticidade para concluirmos pela existência de um contrato de publicidade e a improcedência da impugnação – tese da AT.

Indo por exclusão de partes, entendemos que se demonstrado ficar que se tratam de contratos signalagmáticos, arredada fica a tese do Recorrente.

Como se colhe em *Galvão Telles, Direito das Obrigações, 6ª ed. 453,* nos contratos signalagmáticos as partes obrigam-se reciprocamente e, portanto, cada uma delas é credora e devedora de outra. Do contrato nascem duas obrigações contrárias, com objectos diferentes. Essas duas obrigações estão ligadas entre si: são interdependentes. Esta interdependência significa que, se uma das obrigações não for cumprida, a outra não o será também. Por isso se chamam também a estes contratos *"bivinculantes" ou "bilaterais".*

Da análise do normativo do art.º 3.º n.º 1 do Código de Publicidade aprovado pelo DL 330/90, de 23/10, resulta com clareza e segurança que a prestação de serviços de publicidade dá lugar a obrigações recíprocas para os contraentes pois estes ficaram simultaneamente na situação de credores e devedores, coexistindo prestações com contraprestações. Assim, existe o falado sinalágma já que o impugnante se obrigou a difundir a respectiva mensagem publicitária e, como contrapartida, as empresas efectuaram-lhe diversas entregas em dinheiro.

Igualmente decorre que estamos perante contratos de *"prestação de serviços"* pois é manifesto que, por eles, uma das partes se obriga a executar um serviço pedido pela outra, mediante certa retribuição.[2]

Nesse sentido aponta indubitavelmente o citado art. 3.º n.º 1 do Código da Publicidade (CP) aprovado pelo Dec.-lei n.º 330/90, de 23.10, considerando *publicidade, (...), qualquer forma de comunicação feita no âmbito de uma actividade comercial, industrial, artesanal ou liberal, com o objectivo de promover o fornecimento de bens ou serviços, incluindo direitos e obrigações.*

A publicidade é um genuíno instrumento ao serviço da actividade económica pois com ela se visa propiciar o conhecimento por parte do público da existência da empresa, da actividade que desenvolve, da qualidade ou potencialidade dos produtos ou serviços produzidos ou comercializados, etc. Em tal situação existe, pois, uma contrapartida económica para ambas as partes (pelo clube, os montantes recebidos e, pela empresa, a publicitação dos seus produtos e serviços, potenciadores de maiores proventos), a qual exclui o *animas donandi* típico dos donativos.

Do que fica dito, é forçoso concluir que a verba em causa não pode ser qualificada como mero donativo, antes sendo um elemento típico de um negócio oneroso de prestação de serviços, pelo que a impugnante praticou operações sujeitas a este imposto nos termos dos art.s 1.º e 4.º do mesmo Código, o que lhe atribui a qualidade de sujeito passivo (art. 2.º), estando vinculada às obrigações de liquidação e imposto, é devedora ao Estado do correspondente IVA.

III – DECISÃO

Pelo exposto, concede-se parcial provimento ao recurso, revoga-se a sentença recorrida e julga-se improcedente a impugnação quanto ao recibo n.º 11.

Custas pela impugnante, fixando-se a taxa de justiça em 3 U.C.s.

Lisboa, 13 de Julho de 2005

Gomes Correia
Casimiro Gonçalves
Ascensão Lopes

Recurso n.º 522/03

[2] Nestes termos, *C. Gonçalves, Dos Contratos em Especial, 97).*

DUPLA TRIBUTAÇÃO INTERNACIONAL. CONVENÇÃO PARA EVITAR A DUPLA TRIBUTAÇÃO. FALTA DE CERTIFICADO DE RESIDÊNCIA. JUNÇÃO DE DOCUMENTO EM FASE DE RECURSO.

(Acórdão de 5 de Julho de 2005)

SUMÁRIO:

I – É lícita a apresentação de documentos com as alegações de recurso (cfr. arts. 743.º, n.º 3, e 706.º, n.os 1 e 2, do CPC) se a junção dos mesmos apenas se tornou necessária em virtude do julgamento no tribunal *a quo* (art. 706.º, n.º 1, 2.ª parte, do CPC).

II – Demonstrado que está que não havia lugar a tributação pelo Estado Português em IRS dos rendimentos pagos em 1994 por uma sociedade portuguesa a um cidadão espanhol a título de "comissões de vendas", por este não ter residência nem estabelecimento estável ou instalação fixa em Portugal ao qual pudessem ser imputáveis os rendimentos em causa (atento o disposto nos arts. 7.º e 14.º da Convenção Para Evitar a Dupla Tributação celebrado entre Portugal e a Espanha, aprovada pelo Decreto-Lei n.º 49.223, de 4 de Setembro de 1969, em vigor à data), não pode a AT liquidar àquela sociedade o IRS que considerou que esta deixou de reter na fonte, por força do disposto nos arts. 91.º e 94.º do CIRS (na versão em vigor à data).

III – Quando muito, se para que a sociedade deixasse de proceder à retenção do IRS na fonte era necessária a verificação de um requisito formal que não se encontrava verificado à data, qual seja um certificado de residência emitido pelo país do beneficiários dos rendimentos, poderá a AT sancioná-la em sede contra-ordenacional; o que nunca poderá é tal falta dar origem à liquidação do imposto que comprovadamente se não mostra devido.

ACORDA-SE, EM CONFERÊNCIA, NA SECÇÃO DE CONTENCIOSO TRIBUTÁRIO (2.ª SECÇÃO) DO TRIBUNAL CENTRAL ADMINISTRATIVO:

1. RELATÓRIO

1.1 A sociedade denominada "FAPAJAL – FÁBRICA DE PAPEL DO TOJAL, LDA." (adiante Contribuinte, Impugnante ou Recorrente) pediu ao Juiz do Tribunal Tributário de 1.ª instância de Lisboa, mediante processo de impugnação judicial, a anulação da liquidação de Imposto sobre o Rendimento das Pessoas Singulares (IRS) e respectivos juros compensatórios, dos montantes de esc. 955.145$00 e 423.179$00, respectivamente, que lhe foi efectuada com referência ao ano de 1994 por a Administração tributária (AT), nos termos do auto de notícia que lhe levantou, ter considerado que, ao longo daquele ano «o sujeito passivo pagou e ou pôs à disposição do Senhor Luis Verdu Aznar, contribuinte de nacionalidade Espanhola, com o CIF 21552444H, e não residente em Portugal, o montante de Esc: 6 367 623$00, correspondente a 5 170 413 pesetas, referente a Comissões de Vendas, conforme se encontra apurado no Mapa 1, com base nos documentos cujas fotocópias se juntam nos Anexos A a L.

De harmonia com o disposto nos artigos 91.º e 94.º, do CIRS, o sujeito passivo encontra-se obrigado a reter na fonte e a entregar nos Cofres do Estado o imposto devido, correspondente à taxa de 15%, prevista na alínea b) do número 4 do artigo 74.º, também do CIRS»[1].

Como fundamentos daquele pedido, a Impugnante alegou, em síntese, o seguinte:

– as comissões pagas ao referido cidadão espanhol são de considerar como rendimentos comerciais, categoria C, conforme disposto na alínea *l)* do art. 4.º do Código do Imposto sobre o Rendimento das Pessoas Singulares (CIRS)[2] ou, se assim não se entender, como rendimentos do trabalho independente;

– assim, atento o disposto no art. 7.º, n.º 1, da Convenção entre Portugal e a Espanha para Evitar a Dupla Tributação em Matéria de Impostos sobre o Rendimento (adiante designada, abreviadamente, por CDT), aprovada pelo Decreto-Lei n.º 49.223, de 4 de Setembro, porque aquele cidadão espanhol não tinha em Portugal qualquer estabelecimento estável ao qual pudessem ser imputados os rendimentos, não havia lugar à tributação dos rendimentos em causa em Portugal e, consequentemente, não recaía sobre a Impugnante qualquer obrigação de retenção de imposto;

– igual solução se impõe caso se considerem os rendimentos em causa como resultantes de actividade de carácter independente (comissionista), nesse caso face ao disposto no art. 14.º da referida Convenção, pois o cidadão espanhol é residente em Espanha, como se refere no auto de notícia, e não dispõe no nosso País de qualquer instalação fixa para o exercício das suas actividades.

1.2 O Juiz do Tribunal Tributário de 1.ª instância de Lisboa julgou a impugnação totalmente improcedente.

Para tanto, começou por definir a questão como sendo a de «saber se é necessária a apresentação do Certificado de residência fiscal do residente em Espanha para efeitos de aplicação da Convenção celebrada entre Portugal e Espanha».

Depois, e em síntese, considerou que

– «o cidadão espanhol acima referido, não residente em Portugal, tendo obtido rendimentos em Portugal, estava sujeito a IRS e, sendo assim, de harmonia com o disposto nos artigos 91.º e 94.º do CIRS, a impugnante encontrava-se obrigada a reter na fonte e a entregar nos cofres do Estado o imposto devido correspondente à aplicação da taxa de 15% prevista na al. b), do n.º 4, do artigo 74.º, também do CIRS»;

– no entanto, face ao disposto na CDT, porque o mesmo cidadão espanhol tinha domicílio fiscal em Espanha, não tendo residência nem estabelecimento estável

[1] As partes entre aspas e com um tipo de letra diferente, aqui como adiante, são transcrições.

[2] Todas as referências ao CIRS se reportam à versão anterior à da revisão operada pelo Decreto-Lei n.º 198/2001, de 3 de Julho.

em Portugal, «os seus rendimentos só poderiam, em princípio, ser tributados em Espanha»;

– assim, para conciliar estes regimes legais, e porque «não se pode obrigar qualquer administração Fiscal, seja de que país for, incluindo Portugal ou Espanha, a adivinhar que determinados rendimentos [...] estão abrangidos por uma das Convenções sobre dupla tributação celebradas por Portugal com outros países», «parece óbvio que se a empresa pretender não efectuar a retenção na fonte, a título definitivo, terá que [...] ter em seu poder "algo" que a desvincule da retenção na fonte» e «como também parece lógico, face ao teor da própria CDT, que exige que o credor dos rendimentos seja residente no outro Estado Contratante, esse "algo" não pode deixar de ser um documento oficial do Estado da residência do credor dos rendimentos onde se certifique a residência do mesmo credor»;

– no caso de Portugal e Espanha esse documento é o «Certificado de Residência do credor dos rendimentos, emitido pelo País de residência para o que existe, inclusivamente, modelo oficial próprio que tanto pode ser obtido junto da Administração Tributária Portuguesa, como junto da Administração Tributária Espanhola, cujo modelo, no caso concreto, é o n.º 4 – RFI»;

– «a obrigação de apresentar o "Certificado de Residência" não tem que estar expressamente prevista na Convenção, nomeadamente nos art. 4.º ou 5.º, na medida em que, quem invoca um facto do qual decorre um direito, tem que provar esse facto»;

– «porque a impugnante não obteve, atempadamente, junto do credor dos rendimentos o referido Certificado de Residência, [...] a impugnação não pode deixar de improceder».

1.3 A Impugnante interpôs recurso da sentença para este Tribunal Central Administrativo, o qual foi admitido, para subir imediatamente, nos próprios autos e com efeito meramente devolutivo.

1.4 O Recorrente apresentou as alegações de recurso, que sintetizou nas seguintes conclusões:

«1 – No ano de 1994, a sociedade recorrente pagou comissões de vendas ao cidadão espanhol, Senhor Luís Verdu Aznar, no montante global de 6.367.623$00 (seis milhões trezentos e sessenta e sete mil seiscentos e vinte e três escudos), relativamente às quais a Administração Fiscal considerou haver lugar a retenção na fonte à taxa de 15%, por imposição dos artigos 74.º, n.º 4, alínea b), 91.º e 94.º, todos do Código do Imposto Sobre o Rendimento das Pessoas Singulares, na redacção ao tempo em vigor.

2 – Trata-se de rendimentos comerciais incluídos na categoria C do IRS.

3 – A Convenção Para Evitar a Dupla Tributação celebrada entre Portugal e Espanha é aplicável ao caso concreto, e dispõe no seu artigo 7.º, na redacção em vigor à data, que tais rendimentos são apenas tributados em Espanha, a não ser que o seu beneficiário disponha de um estabelecimento estável em Portugal, para exercício da sua actividade, o que não sucede no caso concreto, uma vez que o cidadão espanhol em causa não tem qualquer estabelecimento estável em Portugal, tal como ficou provado na sentença sob recurso.

4 – O Meritíssimo Juiz da 1ª Instância considerou tais rendimentos incluídos na categoria B do IRS, tese com a qual a recorrente discorda frontalmente.

5 – Contudo, ainda assim, de acordo com o artigo 14.º da mesma Convenção, tais rendimentos também não seriam tributados em Portugal, mas somente em Espanha, uma vez que o cidadão beneficiário dos mesmos não dispõe, de forma habitual, de uma instalação fixa em Portugal, para o exercício das suas actividades, tal como foi também dado como provado na sentença da 1ª instância.

6 – A questão essencial prende-se com o facto de saber se para efeitos de aplicação da referida Convenção, e portanto para que os rendimentos em causa não fossem sujeitos a tributação em Portugal, seria ou não necessária a apresentação de um certificado emitido pelas autoridades fiscais espanholas, que atestasse que o beneficiário dos rendimentos tinha no ano em causa a qualidade de sujeito passivo residente em Espanha.

7 – A recorrente considera que, ao tempo, tal prova não era obrigatória, uma vez que não existia qualquer dispositivo legal ou sequer instrução administrativa que impusesse tal obrigação, sendo que também não havia modelo próprio aprovado para esse efeito.

8 – Todavia, ainda assim, a recorrente juntou às presentes alegações um documento emitido recentemente pelas autoridades fiscais espanholas, que atesta que o cidadão beneficiário dos rendimentos em causa era um sujeito passivo residente em Espanha no ano em causa (1994).

9 – A junção do documento em causa às presentes alegações é legalmente consentida pelo n.º 1 do artigo 706.º do Código de Processo Civil, que prevê a hipótese da respectiva junção se tornar necessária em virtude do julgamento proferido em 1ª instância – são as chamadas decisões-surpresa.

10 – E foi precisamente o que sucedeu no caso concreto, uma vez que a fundamentação do acto de liquidação impugnado pela ora recorrente não fazia qualquer referência à falta de apresentação do referido certificado de residência, ou sequer à Convenção para Evitar a Dupla Tributação celebrada entre Portugal e Espanha, limitando-se a apelar aos dispositivos legais do ordenamento jurídico interno português que, no entender da técnica de fiscalização tributária, impunham a obrigação de efectuar a retenção na fonte em Portugal.

11 – Por outro lado, e repita-se, uma vez que não existia ao tempo qualquer preceito de direito interno ou mesmo internacional que impusesse tal obrigação, nem tão pouco alguma instrução administrativa nesse sentido, não havendo sequer modelo próprio oficialmente aprovado para o efeito, a recorrente não fez tal prova no âmbito do processo de impugnação judicial apresentado, sendo legítimo e razoável que tal prova não fosse considerada necessária, antes de proferida a sentença sob recurso.

12 – Assim, ficou provado que bem andou a recorrente ao não ter efectuado retenção na fonte sobre tais rendimentos em Portugal, uma vez que os mesmos devem apenas ser tributados em Espanha, de acordo com a Convenção Para Evitar a Dupla Tributação celebrada entre estes dois países.

13 – A não ser devido imposto, também não serão devidos juros compensatórios, não só por essa razão, mas sobretudo por ausência total de culpa da recorrente e por inexistência de qualquer prejuízo efectivo para a Fazenda Pública.

Nestes termos, deverão V. Exas. conceder provimento ao presente recurso, devendo a sentença do Tribunal Tributário de 1ª Instância ser revogada, por ilegalidade, seguindo-se os ulteriores termos do processo até final.

Só desta forma, farão V. Exas. a costumada JUSTIÇA!».

1.5 Com as alegações de recurso o Recorrente juntou o documento a que alude em *8* das conclusões acima transcritas e, mediante solicitação deste Tribunal, a tradução do mesmo.

1.6 A Fazenda Pública não contra alegou.

1.7 Dada vista ao Representante do Ministério Público junto deste Tribunal Central Administrativo, a Procuradora-Geral Adjunta emitiu parecer no sentido de que seja negado provimento ao recurso. Isso, com a seguinte fundamentação:

«As comissões auferidas por não residentes, por intermediação, na celebração de contratos, estão sujeitas a retenção a titulo definitivo com tributação de 15% de acordo com o n.º 4 b) do artigo 74 do CIRS.

No caso vertente de Luís Verdu Aznar, cidadão espanhol, não residente em Portugal, existia o requisito de fundo (Beneficiário residente de um estado contratante diferente do da proveniência dos rendimentos) mas não se verifica o requisito formal (solicitação da aplicação da Convenção de Dupla Tributação através de certificado de residência fiscal emitido e autenticado pelas respectivas autoridades tributárias).

Luís Verdu Aznar tinha residência em Espanha.

Existe convenção entre Portugal e Espanha para evitar dupla tributação a qual foi aprovada pelo DL 49223 de 04.09.1969.

Terão de ser tidos em conta os artigos 2.º, 4.º, e 16.º da referida CDT.

A obrigação de apresentar o "certificado de residência" não tem sequer que estar expressamente previsto na Convenção dado que quem alega um facto do qual decorre um direito, tem de provar esse facto.

No caso dos autos a ora recorrente não obteve junto do credor dos referidos rendimentos o aludido certificado de residência.

A retenção na fonte seria legítima».

1.8 Colhidos os vistos dos Juízes adjuntos, cumpre apreciar e decidir.

1.9 A questão de que cumpre conhecer neste recurso jurisdicional é a de saber se a decisão recorrida fez errado julgamento quando entendeu que a liquidação impugnada não enferma de invalidade alguma porque a Recorrente, para se dispensar da retenção de IRS sobre as "comissões de vendas" pagas a um cidadão espanhol não residente em Portugal, carecia de se ter munido de um certificado emitido pelas autoridades tributárias espanholas, que atestasse que o beneficiário dos rendimentos tinha, no ano em causa, a qualidade de sujeito passivo residente em Espanha.

2. FUNDAMENTAÇÃO

2.1 DE FACTO

2.1.1 Na sentença recorrida, o julgamento da matéria de facto foi efectuado nos seguintes termos:

«Compulsados os autos e vista a prova produzida nos mesmos, podem-se dar como provados os seguintes factos;

A) – No dia 10 de Janeiro de 1997 a AF levantou um Auto de Notícia contra a aqui impugnante entre outros motivos porque "Durante o exercício em análise, 1994, o sujeito passivo pagou e/ou colocou à disposição do Senhor LUÍS VERDU AZNAR, contribuinte de nacionalidade Espanhola, com o CIF 21552444H, e não residente em Portugal, o montante de Esc. 6.367.623$00, correspondente a 5 170 413 pesetas, referente a Comissões de Vendas, conforme se encontra apurado no Mapa 1, com base nos documentos cujas fotocópias se juntam nos Anexos A a L. ....

De harmonia com o disposto nos artigos 91.º e 94.º do CIRS, o sujeito passivo encontra-se obrigado a reter na fonte e a entregar nos Corres do Estado o imposto devido correspondente à aplicação da taxa de 15% prevista na ai. b), do n.º 4, do artigo 74.º, também do CIRS.

....

Contudo não o fez, nem nas datas previstas nas supra citadas disposições legais, nem até à presente data. ....

O valor global do imposto apurado em falta, no já referido Mapa 1, ascende a Esc. 955.145$00, repartido pelos seguintes períodos de imposto...............

(.........................)", conforme documento de fls. 8 a 12, que se dá por reproduzido;

B) – Em consequência, foi liquidado IRS no montante de 955.145$00, com data limite de pagamento em 06.08.1997, conforme documento de fls. 7, que se dá por reproduzido,

C) – A impugnante não pediu a Luís Verdu Aznar, credor dos rendimentos/comissões pagas, documento oficial de que o mesmo era residente em Espanha.

D) – A presente Impugnação foi deduzida no dia 4 de Setembro de 1997, conforme carimbo aposto na primeira folha da douta P.I. e o qual se dá por reproduzido».

2.1.2 Porque não vem posto em causa o julgamento da matéria de facto efectuado pela 1.ª instância, consideramos fixada a factualidade acima referida.

Com interesse para a decisão da causa, julgamos ainda provados outros dois factos, o primeiro[3], com base no acordo entre as partes, o segundo, com base no documento de fls. 72, com tradução a fls. 82, documento cuja apresentação foi efectuada pela Recorrente com as alegações de recurso (e sobre a admissibilidade dessa apresentação nos pronunciaremos adiante):

E) O referido Luís Verdu Aznar não tinha em 1994 estabelecimento ou quaisquer instalações em Portugal;

F) Conforme certificado pelas autoridades tributárias espanholas, emitido em 19 de Outubro de 2001, no ano de 1994 o referido Luís Verdu Aznar, «esteve de alta, durante o exercício de 1994, no imposto de actividades económicas, actividade número 511, relativa aos agentes comerciais», estando-lhe atribuído o NIF 21552444H.

2.2 DE FACTO E DE DIREITO

2.2.1 AS QUESTÕES A APRECIAR

A AT, tendo verificado no âmbito de uma fiscalização à sociedade denominada "FAPAJAL – Fábrica de Papel do Tojal, Lda." que esta, no ano de 1994, pagou a um cidadão espanhol "comissões de vendas", do montante de esc. 6.367.623$00, e que não procedeu à retenção do IRS, do montante de esc. 955.145$00, como lho impunham os arts. 74.º, n.º 4, alínea *b)*, 91.º e 94.º do

[3] Em bom rigor, este facto foi também dado como assente pela 1.ª instância. Na verdade, na sentença, a fls. 38, ficou dito «tem que se ter assente, porque não contestado por qualquer uma das partes, que o mesmo cidadão não tinha estabelecimento estável em Portugal». Mas, porque este facto não foi expressamente consignado na parte da sentença que tem como epígrafe «OS FACTOS», entendemos por bem, com vista a uma melhor estruturação formal da decisão, ora aditá-lo ao probatório.

CIRS[4], procedeu à liquidação do imposto, por aquele montante, e respectivos juros compensatórios, do montante de esc. 423.179$00.

Aquela sociedade insurgiu-se contra a liquidação e pediu judicialmente que a mesma fosse anulada com o fundamento que o cidadão espanhol a quem pagou aquelas comissões nunca poderia ser tributado em IRS por aqueles rendimentos no nosso País, atento o disposto na Convenção entre Portugal e a Espanha para Evitar a Dupla Tributação em Matéria de Impostos sobre o Rendimento (adiante designada, abreviadamente, por CDT), aprovada para ratificação pelo Decreto-Lei n.º 49.223, de 4 de Setembro de 19 e ratificada conforme Aviso publicado no *Diário da República* em 23 de Março de 1970[5], motivo por que não tinha que proceder à retenção do imposto na fonte. Isto porque, qualquer que seja a qualificação que se faça daqueles rendimentos – quer se considere que constituem rendimentos comerciais quer se considere que constituem rendimentos de uma actividade de carácter independente, com a natureza de profissão liberal – nunca o Estado português poderia tributar aqueles rendimentos, atento o disposto nos arts. 7.º, n.º 1, e 14.º da CDT[6], pois aquele cidadão, residente em Espanha, como a AT reconheceu, não tem estabelecimento estável nem qualquer instalação fixa em Portugal para o exercício da sua actividade.

O Juiz do Tribunal Tributário de 1.ª instância de Lisboa não acolheu a pretensão da Impugnante. Isto, em síntese, porque, apesar de dar como assente que o referido cidadão espanhol beneficiário dos rendimentos em causa não tinha residência em Portugal e também não dispunha de estabelecimento estável no nosso País, o que significa que esses rendimentos, nos termos da CDT, só poderiam ser tributados pelo Estado Espanhol, considerou que a Impugnante só poderia deixar de fazer a retenção do imposto na fonte se tivesse em seu poder «um documento oficial do Estado da residência do credor dos rendimentos onde se certifique a residência do mesmo credor», sendo que «no caso de Portugal e Espanha trata-se do Certificado de Residência do credor dos rendimentos, emitido pelo País de residência para o que existe, inclusivamente, modelo oficial próprio que tanto pode ser obtido junto da Administração Tributária Portuguesa, como junto da Administração Tributária Espanhola, cujo modelo, no caso concreto, é o n.º 4 – RFI»; mais considerou que «a obrigação de apresentar o "Certificado de Residência" não tem que estar expressamente prevista na Convenção [...], na medida em que quem invoca um facto do qual decorre um direito, tem de provar esse facto», sendo que, no caso, o facto a provar é a residência do credor dos rendimentos no outro Estado Contratante e «e, aqui, como em toda a parte, a "residência" prova-se por certificados de residência só que, no caso sub judice, até existe modelo oficial do respectivo impresso».

A Impugnante não se conformou com o decidido e recorreu da sentença para este Tribunal Central Administrativo. Sustenta que a CDT não impõe para a sua aplicação que o beneficiário dos rendimentos obtenha junto do Estado da sua residência a certificação desta e que não havia à data qualquer circular ou outra instrução administrativa que o impusesse ou sequer «qualquer modelo próprio aprovado para esse efeito».

No entanto, para a eventualidade de se entender, como na sentença recorrida, que a residência do beneficiário dos rendimentos se trata de um facto que lhe incumbe provar e através de certificado, e porque nunca antes da sentença recorrida lhe fora feita qualquer menção a essa exigência, vem agora, ao abrigo do disposto no art. 706.º, n.º 1, do Código de Processo Civil (CPC), apresentar esse documento, emitido pelas autoridades tributárias espanholas.

Assim, antes do mais, cumpre averiguar da admissibilidade da junção aos autos do documento.

Depois, a questão que cumpre apreciar e decidir, como ficou já dito em 1.9, é a de saber se a decisão recorrida fez errado julgamento quando entendeu que a liquidação impugnada não enferma de invalidade alguma porque a Recorrente, para se dispensar da retenção de IRS sobre as "comissões de vendas" pagas a um cidadão espanhol não residente em Portugal, carecia de se ter munido de um certificado emitido pelas autoridades

---

[4] Disposições legais que, na redacção aplicável, dispunham:

«art. 74.º

1 – Estão sujeitos a retenção na fonte a título definitivo, os rendimentos obtidos em território nacional constantes dos números seguintes, às taxas liberatórias neles previstas.

[...]

4 – São tributados à taxa de 15%:

[...]

b) As comissões por intermediação na celebração de quaisquer contratos, auferidos por não residentes em Portugal.

[...]

art. 91.º

1 – Nos casos previstos nos artigo 92.º a artigo 94.º e noutros estabelecidos na lei, a entidade devedora dos rendimentos sujeitos a retenção na fonte é obrigada, no acto do pagamento, do vencimento, ainda que presumido, da sua colocação à disposição ou do apuramento do respectivo quantitativo, consoante os casos, ou, tratando-se de comissões devidas pela intermediação na celebração de quaisquer contratos, no acto do seu pagamento ou colocação à disposição, a deduzir-lhes as importâncias correspondentes à aplicação das taxas neles previstas por conta do imposto respeitante ao ano em que esses actos ocorrem.

2 – As quantias retidas deverão ser entregues em qualquer dos locais a que se refere o artigo 98.º, nos prazos indicados nos números seguintes.

[...]

art. 94.º

1 – As entidades que, dispondo ou devendo dispor de contabilidade organizada, devam rendimentos das categorias B, E e F ou comissões por intermediação na celebração de quaisquer contratos são obrigadas a reter o imposto mediante aplicação, aos rendimentos ilíquidos, da taxa de 15%, sem prejuízo do disposto no número seguinte.

2 – Tratando-se de rendimentos sujeitos a tributação pelas taxas previstas no artigo 74.º:

a) As entidades devedoras dos rendimentos deduzirão a importância correspondente às taxas nele fixadas;

[...]».

[5] Note-se que era ainda esta a CDT em vigor à data. Actualmente, e desde 1 de Janeiro de 1996, a CDT em vigor entre Portugal e Espanha é a que foi aprovada para ratificação pela Resolução da Assembleia com o n.º 6/1995, de 28 de Janeiro, e ratificada por Decreto do Presidente da República com o n.º 14/95, da mesma data.

[6] Diziam os referidos preceitos da CDT:

«art. 7.º

I. Os lucros de uma empresa de um Estado Contratante só podem ser tributados nesse Estado, a não ser que a empresa exerça a sua actividade no outro Estado Contratante por meio de um estabelecimento estável aí situado. Se a empresa exercer a sua actividade deste modo, os seus lucros podem ser tributados no outro Estado, mas unicamente na medida em que forem imputáveis a esse estabelecimento estável.

[...]

art. 14.º

Os rendimentos obtidos por um residente de um Estado Contratante pelo exercício de uma profissão liberal ou de outras actividades de carácter independente só podem ser tributados nesse Estado, a não ser que esse residente disponha, de forma habitual, no outro Estado contratante, de uma instalação fixa para o exercício das suas actividades. Se dispuser de uma instalação fixa, os rendimentos podem ser tributados no outro Estado, mas unicamente na medida em que sejam imputáveis a essa instalação fixa».

tributárias espanholas, que atestasse que o beneficiário dos rendimentos tinha, no ano em causa, a qualidade de sujeito passivo residente em Espanha.

2.2.2 DA ADMISSIBILIDADE DA JUNÇÃO AOS AUTOS DO DOCUMENTO APRESENTADO EM SEDE DE RECURSO

Antes do mais, cumpre apreciar se pode ou não aceitar-se, para ser junto aos autos, o documento de fls. 72 apresentado pela Recorrente com as alegações de recurso. Vejamos:

Nos termos do disposto no art. 523.º, n.os 1 e 2, do CPC, os documentos destinados a fazer prova dos fundamentos da acção ou da defesa devem ser apresentados com o articulado em que se aleguem os factos correspondentes; podem ainda ser apresentados até ao encerramento da discussão em 1.ª instância, mas a parte apresentante será condenada em multa, excepto se provar que os não pôde oferecer com o articulado.

O art. 524.º, n.º 1, do CPC, permite ainda a apresentação de documentos, no caso de recurso, após o encerramento da discussão, mas faz depender a sua admissão do facto de a respectiva apresentação não ter sido possível até àquele momento.

No n.º 2 do mesmo artigo autoriza-se a apresentação de documentos destinados a provar factos posteriores aos articulados ou cuja apresentação se tenha tornado necessária por virtude de ocorrência posterior, em qualquer estado do processo.

No art. 706.º, n.º 1, do CPC, admite-se a junção de documentos apresentados com as alegações, no caso de a junção apenas se tornar necessária em virtude do julgamento proferido na 1.ª instância.

Dos referidos preceitos legais, bem como dos n.º 3 do art. 743.º, do CPC, resulta que se admite que os recorrentes juntem documentos com as alegações, mas apenas nos seguintes casos: impossibilidade de apresentação anterior (arts. 524.º, n.º 1, e 706.º, n.º 2, do CPC); os documentos destinarem-se à prova de factos posteriores à petição e à resposta ou a respectiva apresentação só se ter tornado necessária por virtude de ocorrência posterior à apresentação daquelas peças processuais (art. 524.º, n.º 2, do CPC); a junção apenas se tornar necessária em virtude do julgamento proferido na 1.ª instância (art. 706.º, n.º 1, do CPC)[7].

No caso *sub judice* está afastada a possibilidade da junção do documento ao abrigo do disposto no art. 524.º, do CPC, pois a Recorrente nada alegou quanto à impossibilidade de apresentar os documentos em momento anterior, o que afasta a possibilidade de a junção ser admitida ao abrigo da primeira parte do n.º 1 do art. 706.º do CPC[8-9].

No caso, a Recorrente, alegando no sentido de justificar a apresentação do documento com as alegações de recurso, referiu que nunca antes da sentença foi suscitada a questão da falta de apresentação do certificado de residência, sendo que no auto de notícia que serve de fundamentação à liquidação impugnada nada foi referido quanto a esse documento e na própria CDT não há qualquer referência ao documento, bem como à data não existia sequer qualquer instrução administrativa que se lhe referisse. Pretende, pois, a Recorrente justificar a apresentação do documento ao abrigo do art. 706.º, n.º 1, segunda parte, do CPC, que expressamente invocou.

Será que a junção poderá encontrar apoio legal nessa disposição legal, isto é, que a junção apenas se tornou necessária em virtude do julgamento proferido na 1.ª instância? Como dizem ANTUNES VARELA, J. MIGUEL BEZERRA e SAMPAIO E NORA, referindo-se a este segmento da norma legal, «é evidente que, na sua última parte, a lei não abrange a hipótese de a parte se afirmar surpreendida com o desfecho da acção (ter perdido, quando esperava obter ganho de causa) e pretender, com tal fundamento, juntar à alegação documento que já poderia e deveria ter apresentado em primeira instância.

O legislador quis manifestamente cingir-se aos casos em que, pela fundamentação da sentença ou pelo objecto da condenação, se tornou necessário provar factos com cuja relevância a parte não pode razoavelmente contar antes da decisão ser proferida»[10].

Pensamos que a junção do documento nesta fase processual encontra justificação no referido artigo legal. Na verdade, tendo a AT no auto de notícia que deu origem e serviu de fundamento ao acto impugnado dado como assente que o beneficiário dos rendimentos tinha residência em Espanha, não era razoável que a Impugnante previsse como necessária a prova desse facto e a efectuar por esse documento. Ademais, nunca a AT tinha referido à Impugnante a necessidade desse documento, que, tal como afirma a Recorrente, não é previsto na CDT nem, tanto quanto pudemos apurar[11], em orientação administrativa alguma em vigor à data (1994).

Assim, pode afirmar-se que a necessidade do documento ora apresentado pela Recorrente era imprevisível antes de proferida a decisão na 1.ª instância. A Recorrente não podia, razoavelmente, contar com essa decisão[12].

Nada obsta, pois, à possibilidade de junção aos autos do documento de fls. 72, com tradução a fls. 82.

2.2.3 DO ERRO DE JULGAMENTO

Será que, como considerou a sentença recorrida, a Impugnante não podia deixar de proceder à retenção na fonte do IRS respeitante aos rendimentos que pagou ao referido cidadão espanhol sem que tivesse em seu poder um documento emitido pelas autoridades tributárias espanholas a certificar a residência deste em Espanha?

Qualquer que seja a resposta que se dê a esta questão, afigura-se-nos que sempre haverá de concluir-se pela ilegalidade da liquidação impugnada. Vejamos:

Atenta a factualidade provada, designadamente a que se refere à residência do cidadão espanhol beneficiário dos rendimentos em causa e à inexistência de estabelecimento ou instalações fixas no nosso País, é inquestionável que, qualquer que seja a qualificação que se faça dos rendimentos em causa pagos ao referido

[7] Neste sentido, *vide* JORGE LOPES DE SOUSA, *Código de Procedimento e de Processo Tributário Anotado*, 4.ª edição, nota 15 ao art. 279.º, págs. 1073 a 1075.

[8] Note-se que este momento, no processo tributário, será o do termo do prazo para a apresentação das alegações escritas.

[9] Neste sentido, os acórdãos do Supremo Tribunal de Justiça (STJ), de 16 de Janeiro de 1993, publicado no *Boletim do Ministério Justiça* n.º 433, págs. 467 a 475, e do Supremo Tribunal Administrativo, de 28 de Outubro de 1998, proferido no recurso com o n.º 22.603, publicado no *Apêndice ao Diário da República* de 6 de Abril de 2001, pág. 351, ambos citados por JORGE LOPES DE SOUSA, *ob. cit.*, nas notas de rodapé com os n.os 1745 e 1746, pág. 1074.

[10] *Manual de Processo Civil*, 2.ª edição, págs. 533/534.

[11] É difícil o conhecimento de todas as orientações administrativas da AT, sobretudo se reportadas a períodos mais remotos.

[12] Cfr. o referido acórdão do STJ.

cidadão espanhol pela ora Recorrente, o Estado português, no âmbito da CDT acima referida, reconhece ao Estado espanhol o poder exclusivo de tributar aqueles rendimentos (cfr. os arts. 7.º e 14.º da CDT, citados na nota de rodapé com o n.º 6). Ora, como é sabido, as CDT´s, como diplomas de direito internacional que são, quando devidamente ratificados e publicados, sobrepõem-se à legislação ordinária interna (*v.g.* CIRS), atento o disposto no art. 8.º, n.º 2, da Constituição da República Portuguesa. De tudo isto deu conta o Juiz do Tribunal Tributário de 1.ª instância de Lisboa, nessa parte em sintonia (apenas quebrada no que respeita à qualificação dos rendimentos) com a Impugnante.

Assim, não tendo o Estado português o poder de tributar os rendimentos em causa, não tinha também a Impugnante que proceder à retenção de percentagem alguma desses rendimentos a título de retenção do IRS na fonte.

O facto de a Impugnante, à data em que deixou de efectuar a retenção do imposto na fonte, não estar munida de qualquer documento comprovativo de que o referido cidadão espanhol era residente em Espanha, sendo certo que, em momento ulterior, a AT espanhola certificou que aquele cidadão «esteve de alta, durante o exercício de 1994, no imposto de actividades económicas, actividade número 511, relativa aos agentes comerciais», estando-lhe atribuído o NIF 21552444H, não significa que o Estado português possa, com base na falta de oportuno cumprimento desse requisito formal, tributar os rendimentos em causa.

Quando muito, se para que a Impugnante deixasse de proceder à retenção do IRS na fonte era necessária a verificação de um requisito formal (dando de barato que assim seja) que não se encontrava verificado à data, qual seja a um certificado de residência emitido pelas autoridades tributárias espanholas, poderá a AT sancioná-la em sede contra-ordenacional; o que nunca poderá é tal falta dar origem à liquidação do imposto que comprovadamente se não mostra devido.

Neste sentido, embora com fundamentação algo diversa, decidiu já, por remissão para a sentença da 1.ª instância, o acórdão deste Tribunal Central Administrativo de 3 de Novembro de 2004, proferido no processo com o n.º 151/04, e com texto integral disponível em *htpp://www.dgsi.pt/*.

Assim, a liquidação impugnada não pode manter-se, por ilegal, uma vez que viola a CDT.

A sentença recorrida, que decidiu em sentido diverso, será, pois, revogada.

2.2.4 CONCLUSÕES

Preparando a decisão, formulam-se as seguintes conclusões:

I – É lícita a apresentação de documentos com as alegações de recurso (cfr. arts. 743.º, n.º 3, e 706.º, n.os 1 e 2, do CPC) se a junção dos mesmos apenas se tornou necessária em virtude do julgamento no tribunal *a quo* (art. 706.º, n.º 1, segunda parte, do CPC).

II – Demonstrado que está que não havia lugar a tributação pelo Estado Português em IRS dos rendimentos pagos em 1994 por uma sociedade portuguesa a um cidadão espanhol a título de "comissões de vendas", por este não ter residência nem estabelecimento estável ou instalação fixa em Portugal ao qual pudessem ser imputáveis os rendimentos em causa (atento o disposto nos arts. 7.º e 14.º da Convenção Para Evitar a Dupla Tributação celebrado entre Portugal e a Espanha, aprovada pelo Decreto-Lei n.º 49.223, de 4 de Setembro de 1969, em vigor à data), não pode a AT liquidar àquela sociedade o IRS que considerou que esta deixou de reter na fonte, por força do disposto nos arts. 91.º e 94.º do CIRS (na versão em vigor à data).

III – Quando muito, se para que a sociedade deixasse de proceder à retenção do IRS na fonte era necessária a verificação de um requisito formal que não se encontrava verificado à data, qual seja um certificado de residência emitido pelo país do beneficiários dos rendimentos, poderá a AT sancioná-la em sede contra-ordenacional; o que nunca poderá é tal falta dar origem à liquidação do imposto que comprovadamente se não mostra devido.

3. DECISÃO

Face ao exposto, os juízes da Secção do Contencioso Tributário deste Tribunal Central Administrativo acordam, em conferência, conceder provimento ao recurso, revogar a sentença recorrida e julgar procedente a impugnação judicial.

Sem custas.

Lisboa, 5 de Julho de 2005

Francisco Rothes
Lucas Martins
Gameiro Pereira

Recurso n.º 5675/01

EXECUÇÃO FISCAL. COMPENSAÇÃO POR INICIATIVA DO CONTRIBUINTE. REQUISITOS DA COMPENSAÇÃO. ART. 90.º, DO CPPT. QUESTÃO NOVA.

(Acórdão de 31 de Maio de 2005)

SUMÁRIO:

I – Pretendendo a Executada efectuar o pagamento da dívida exequenda por compensação com um crédito sobre o Estado de que se diz titular, em sede de processo de execução cumpre apenas verificar se estão reunidos os requisitos legais para a pedida compensação, e já não averiguar e decidir se o crédito existe ou não e em que termos.

II – Não reconhecendo o Estado tal crédito e estando mesmo a existência do mesmo em discussão numa acção para reconhecimento de direito, não se pode, por ora, dar como verificado o primeiro dos requisitos para a compensação, qual seja a existência de um crédito a favor do contribuinte de que seja devedor o Estado.

III – Acresce que, se o invocado crédito não é de natureza tributária (porque alegadamente resul-

tante da diferença entre os bens entregues no âmbito de uma dação em pagamento e o valor das dívidas ao Estado), a compensação tem ainda como requisitos, para além do mais e nos termos dos n.os 4 e 5 do art. 90.º do CPPT, que exista prévio reconhecimento pelo ministro de que depende o serviço devedor e pelo Ministro das Finanças de que a dívida correspondente ao crédito que o contribuinte se arroga sobre o Estado é certa, líquida e exigível e tem cabimento orçamental.

IV – **Entendendo a Executada ora recorrente que, porque a discussão sobre a existência desse crédito está a ser feita em sede de uma acção para o reconhecimento de um direito que ela instaurou contra o Estado, ocorre motivo para suspensão da instância, nos termos do disposto no art. 279.º, n.º 1, do CPC, deveria ter suscitado essa questão junto do Tribunal de 1.ª instância e só depois, mediante a invocação de erro de julgamento ou omissão de pronúncia, poderia requerer a este Tribunal *ad quem* que (re)apreciasse a questão; não o tendo feito e não tendo também a questão sido conhecida pelo tribunal *a quo*, não pode agora o Tribunal de 2.ª instância sobre ela pronunciar-se.**

ACORDA-SE, EM CONFERÊNCIA, NA SECÇÃO DE CONTENCIOSO TRIBUTÁRIO (2.ª SECÇÃO) DO TRIBUNAL CENTRAL ADMINISTRATIVO:

1. RELATÓRIO

1.1 A sociedade denominada "INTERHOTEL – SOCIEDADE INTERNACIONAL DE HOTÉIS, S.A." (adiante Executada, Requerente ou Recorrente), em dois processos de execução fiscal instaurados contra ela pelo Serviço de Finanças de Lisboa (SFL) para cobrança de dívidas provenientes de contribuições para a Segurança Social e acrescido[1], alegando deter um crédito sobre o Estado e com ele pretender o pagamento da dívida exequenda por compensação, pediu aos Ministros das Finanças e da Segurança Social:

«1. Seja emitido – ou se oficie a emissão, junto da entidade competente – título de crédito a favor da Requerente;

2. Seja aceite a presente compensação e, consequentemente;

3. Seja considerada extinta a presente execução por efectivação do pagamento da dívida exequenda por compensação;

Mais se requer,

4. Seja considerada suspensa a presente execução até efectiva extinção da mesma»[2].

1.2 Esses pedidos foram indeferidos por despacho[3] do Conselho Directivo do Instituto de Gestão Financeira da Segurança Social (IGFSS), no qual se considerou, em síntese, o seguinte:

– o crédito com que a Executada pretende compensar a dívida exequenda não existe, pois ela renunciou expressamente a um eventual crédito que resultasse a seu favor da dação em pagamento e não existe qualquer reconhecimento desse crédito;

– a suspensão da execução fiscal não é possível senão mediante prestação de garantia, nos termos do disposto no art. 169.º, do Código de Procedimento e Processo Tributário (CPPT), ou caso haja dispensa da respectiva prestação, ao abrigo do disposto no art. 170.º do mesmo Código, situações que não se verificaram no caso *sub judice*.

1.3 A Executada reclamou, ao abrigo do disposto no art. 276.º do CPPT, dessa decisão do Conselho Directivo do IGFSS para o Juiz do Tribunal Administrativo e Fiscal de Lisboa (TAFL), requerendo a subida imediata da reclamação, «com a consequente suspensão do presente processo executivo», e que «Seja aceite a compensação cujo despacho de indeferimento se reclama, mediante a emissão de título de crédito a favor da Reclamante e com a consequente extinção dos processos de execução referidos».

Invocou, em síntese:

– que, contrariamente ao que entendeu o Conselho Directivo do IGFSS, existe um crédito a favor das empresas do Grupo Grão Pará, de que a Reclamante faz parte, crédito esse resultante do acordo Global celebrado entre o Estado e aquele grupo empresarial pelo qual a Reclamante acordou com a AT o pagamento de diversas dívidas ao Estado pela dação em pagamento de bens cujo valor, nos termos da avaliação efectuada no âmbito daquele acordo, é superior em muito ao das dívidas, sendo que a renúncia a eventual crédito resultante da dação em pagamento, estipulada no mesmo acordo, é inválida, padecendo de nulidade por ser contrária à lei e por pôr em causa diversos princípios constitucionais, que enumerou;

– que esse crédito não depende de qualquer acto expresso de reconhecimento por parte da AT, motivo por que não podia agora recusar-se que o mesmo seja dado à compensação com as dívidas exequendas.

1.4 A reclamação foi julgada improcedente, por sentença em que a Juíza do TAFL considerou, em síntese, o seguinte:

– a Reclamante renunciou expressamente a um eventual crédito a seu favor que resultasse da dação em pagamento, sendo que tal crédito, relativamente a ela, não é irrenunciável;

– «o crédito que a reclamante diz deter sobre o Estado não é certo nem exigível porquanto não é reconhecido por este pretenso devedor», sendo que, porque teria origem numa dação em pagamento, teria de ser constituído expressamente no despacho de autorização, como resulta do disposto nos arts. 284.º, n.º 9, do Código de Processo Tributário (CPT) e 201.º, n.º 9, do CPPT, do que não há notícia;

– em sede de execução apenas cumpre averiguar da verificação dos requisitos legais da compensação e não da existência dos alegados créditos.

1.5 A Executada interpôs recurso daquela sentença para o Supremo Tribunal Administrativo, sendo que com o respectivo requerimento apresentou as alegações, resumidas nas seguintes conclusões:

«1. A Recorrente solicitou o pagamento das contribuições e cotizações devidas ao Centro Regional de Segurança Social do Algarve, com relação aos meses de Setembro de 2000 a Novembro de 2001, através da utilização do crédito fiscal que titula sobre o Estado

[1] Os dois processos, ulteriormente, foram apensados.

[2] As partes entre aspas e com um tipo de letra diferente, aqui como adiante, são transcrições.

[3] Ver nota 1.

português, mais concretamente, o Ministério das Finanças e o Ministério da Segurança Social.

2. Estes requerimentos de pagamento foi indeferido por despacho do Conselho Directivo do IGFSS, de 15 de Novembro de 2002.

3. A Recorrente apresentou uma reclamação desse indeferimento, nos termos do disposto no art. 276.º do CPPT.

4. A Recorrente requereu a subida imediata da reclamação.

5. O Meritíssimo Juiz *a quo* admitiu a referida reclamação para conhecimento imediato.

6. Na apreciação do mérito da causa o Meritíssimo Juiz *a quo* indeferiu o pedido da Recorrente de anulação do despacho referido no ponto 2.

7. O entendimento do Meritíssimo Juiz *a quo*, sobre o fundo da causa não merece provimento.

8. Com efeito e na verdade, a Recorrente é titular, em conjunto com as demais empresas do Grupo Grão Pará, de um crédito fiscal sobre o Ministério das Finanças e o Ministério da Segurança Social e do Trabalho, no valor de Euro 16.952.409,06 (dezasseis milhões, novecentos e cinquenta e dois mil, quatrocentos e nove euros e seis cêntimos).

9. Este crédito resulta das dações em pagamento efectuadas em Fevereiro de 2000, ao abrigo do Acordo Global celebrado com o Estado português, em Julho de 1997, e do respectivo Acordo de Fecho, de Fevereiro de 2000.

10. Com efeito, os bens dados em pagamento foram avaliados, ao abrigo do disposto no n.º 3 do art. 284.º do CPT, por uma comissão constituída para o efeito, que fixou – em 1996 e antes da assinatura do Acordo Global – o seu valor em Euro 27.491.744,89 (vinte e sete milhões, quatrocentos e noventa e um mil, setecentos e quarenta e quatro euros e oitenta e nove cêntimos).

11. O montante global das dívidas do Grupo Grão Para, a pagar com recurso àquele instituto, ascendia a Euro 10.539.335,83 (dez milhões, quinhentos e trinta e nove mil, trezentos e trinta e cinco euros e oitenta e três cêntimos).

12. O excesso apurado a favor daquelas empresas é, pois, de Euro 16.952.409,06 (dezasseis milhões, novecentos e cinquenta e dois mil, quatrocentos e nove euros e seis cêntimos).

13. Nos termos do art. 201.º, n.º 9 do CPPT, correspondente ao anterior n.º 9 do art. 284.º do CPT, este crédito constitui-se *ope legis*, em consequência da aceitação por parte do órgão competente da dação com bens de valor superior ao das dívidas.

14. Razão pela qual a renúncia – na cláusula 3.5 – invocada pelo Meritíssimo Juiz *a quo* como fundamento para a inexistência de qualquer crédito a favor da Recorrente é, de todo em todo, improcedente.

15. Como é, também, improcedente, por incorrecta, a qualificação do crédito referido no n.º 9 do art. 201.º do CPPT como um direito disponível.

16. A constituição deste crédito é um efeito impostergável do regime da dação em pagamento em procedimento tributário, que não pode ser afastado por vontade das partes.

17. É um efeito imperativo, que visa salvaguardar o contribuinte, e dar pleno cumprimento ao princípio da legalidade, da igualdade e da proporcionalidade.

18. Não está, por isso, mesmo na livre disponibilidade do contribuinte, prevendo-se inclusivamente, no n.º 10 do art. 201.º do CPPT, que o crédito em causa é intransmissível e impenhorável.

19. Não é, pois, equiparável a um qualquer outro direito de crédito.

20. Ao entender que o crédito constituído a favor do devedor pelo n.º 9 do art. 284.º do CPT é por este livremente renunciável, a sentença recorrida enferma de erro de julgamento por errada interpretação a e aplicação do disposto expressamente no n.º 10 do art. 284.º do CPT, viola o disposto no n.º 1 do art. 401.º conjugado com o art. 289.º, n.º 1 do CC, e viola o princípio constitucional da legalidade tributária, da proporcionalidade e da igualdade, bem como o princípio da proibição do enriquecimento sem causa subjacente à protecção constitucional da propriedade privada.

21. Mais acrescentou o Meritíssimo Juiz *a quo* que não tendo havido reconhecimento expresso por parte da entidade competente da existência do crédito invocado pela Recorrente, não pode esta pretender o seu reconhecimento judicial.

22. Este entendimento do Meritíssimo Juiz *a quo* não tem qualquer suporte legal.

23. No âmbito tributário, os efeitos da dação em pagamento com bens de valor superior ao das dívidas a pagar com recurso a este instituto legal, estão definidos taxativamente na lei, não competindo ao órgão responsável pela decisão final – neste caso o Ministro das Finanças – conformar esses mesmos efeitos.

24. O Ministro das Finanças pode ou não aceitar a dação em pagamento requerida, em função dos resultados da avaliação efectuada e a susceptibilidade de realização, em concreto, desse valor.

25. Mais, aceitando a dação não pode pretender, depois, conformar os efeitos legais decorrentes desse acto de aceitação, nomeadamente denegando a constituição do crédito decorrente do facto de o valor dos bens dados em pagamento exceder o montante das dívidas a pagar.

26. Aceite a dação em pagamento com bens de valor superior ao das dívidas, impõe a lei que, em simultâneo com a extinção das dívidas pagas nesses moldes, se constitua um crédito a favor do contribuinte, no valor desse excesso.

27. A sentença recorrida, ao interpretar o n.º 9 do art. 284.º do CPT, no sentido de que o despacho que aceita a dação em pagamento com bens de valor superior ao das dívidas fiscais não constitui, *ope legis*, um crédito a favor do contribuinte, estando esta constituição dependente de uma declaração expressa nesse sentido que deverá constar do próprio despacho, faz uma errada interpretação da letra e do espírito do preceito, violando o princípio da proibição de enriquecimento sem causa do Estado (art. 437.º n.º 1 do CC) e violando o princípio da legalidade tributária (art. 103.º, n.º 2 e art. 165.º, n.º 1, alínea i) da CRP), o que importa uma interpretação da lei contrária à Constituição e uma violação ostensiva do direito fundamental da propriedade privada e da garantia de que ninguém pode ser expropriado sem o pagamento de uma justa indemnização (artigo 62.º da Constituição)

28. Por fim, a questão da existência, certeza e exigibilidade do crédito assume a natureza de questão prejudicial que, estando a ser apreciada num processo

autónomo, destinado exclusivamente a esse fim – a referida acção de reconhecimento de um direito em matéria tributária – é fundamento de suspensão dos presentes autos, nos termos do disposto no n.º 1 do art. 279.º do CPC.

29. Face a tudo o que vem exposto, não restará a este Tribunal decidir noutro sentido que não seja o da revogação da sentença ora recorrida, e consequentemente, anulando o despacho do Conselho Directivo do IGFSS, reclamado nos presentes autos de reclamação..

Nestes termos e nos melhores de Direito,

Deve ser julgado procedente, por provado, o presente recurso, e consequentemente, ser revogada a sentença recorrida e dado integral provimento ao peticionado pelo Recorrente em sede de reclamação judicial.

Sem prejuízo, deve ser reconhecida a relação de prejudicialidade entre a questão em apreço nos presentes autos e o recurso judicial da sentença proferida na acção de reconhecimento de um direito em matéria tributária, com a consequente suspensão destes autos».

1.6 O recurso foi admitido, a subir imediatamente, nos próprios autos e com efeito meramente devolutivo.

1.7 Não foram apresentadas contra-alegações.

1.8 O Supremo Tribunal Administrativo declarou-se incompetente em razão da hierarquia para conhecer do presente recurso e indicou como competente para o efeito este Tribunal Central Administrativo, ao qual o processo foi remetido a pedido da Recorrente.

1.9 Recebido os autos neste Tribunal Central Administrativo, foi dada vista ao Ministério Público e o Procurador-Geral Adjunto emitiu parecer no sentido de que seja negado provimento ao recurso.

1.10 Cumpre apreciar e decidir.

1.11 A única questão de que cumpre conhecer é, como procuraremos demonstrar, a de saber se a sentença fez errado julgamento quando considerou que a Reclamante não pode ver deferida a sua pretensão de ver compensada a dívida exequenda com o crédito que se arroga sobre o Estado.

2. FUNDAMENTAÇÃO

2.1 DE FACTO

2.1.1 Na sentença recorrida, o julgamento de facto foi feito nos seguintes termos:

«A) Contra a reclamante foram instauradas as execuções fiscais, com os n.os 1101200201026852, para cobrança coerciva da quantia global de 236.499,12 €, e acrescido, proveniente de contribuições para a Segurança Social, conforme autos de execução apensa (volume com capa amarela) e n.º 1101200201026739, para cobrança coerciva da quantia global de 511.171,76 €, e acrescido, proveniente também de contribuições para a Segurança Social, conforme autos de execução apensa (2 volumes com capa amarela), cujos autos, das execuções, se dão por integralmente reproduzidos;

B) A reclamante requereu na execução n.º 1101200201026739, de fls. 14 a 24, em requerimento dirigido aos Senhores Ministros das Finanças e da Segurança Social, em 23.09.2002, o pagamento da dívida exequenda, 511.171.,76 €, e acrescido, através de compensação com parte de um crédito fiscal que afirma deter sobre o Estado, no montante de 16.952.409$00, em virtude de cessão em pagamento efectuada no âmbito do Acordo Global celebrado entre o Estado e grupo Grão Pará;

C) No mesmo dia 23.09.2002, mas na execução n.º 1101200201026852, de fls. 13 a 23, em requerimento também dirigido aos Senhores Ministros das Finanças e da Segurança Social, a reclamante requereu o pagamento da dívida exequenda, 236.499,12 €, e acrescido, através de compensação com parte do mesmo crédito fiscal que afirma deter sobre o Estado, no montante de 16.952.409$00, em virtude de cessão em pagamento efectuada no âmbito do Acordo Global celebrado entre o Estado e grupo Grão Pará;

D) Por despacho relativamente às duas execuções fiscais, que se apensaram para o efeito, foram indeferidos os pedidos da reclamante, por não se reconhecer à mesma a existência do invocado crédito fiscal, quer porque, em síntese, nunca ocorreu qualquer acto de reconhecimento quer porque no referido Acordo Global a reclamante renunciou expressamente a um eventual crédito fiscal, tudo conforme documentos de fls. 178 a 186 da execução fiscal com o n.º 1101200201026739.

E) É contra o indeferimento referido na alínea anterior que a reclamante se vem insurgir;

F) A reclamante e as sociedades Imobiliária Construtora Grão Pará, S.A., Matur – Sociedade de Empreendimentos Turísticos da Madeira, S.A. e a Autodril, Sociedade Gestora de Participações Sociais, S.A., intentaram, contra o Ministro das Finanças e o Secretário de Estado dos Assuntos Fiscais, o Ministro do Trabalho e da Solidariedade e o Secretário de Estado da Segurança Social, acção para reconhecimento de um direito, que seguiu termos por este TAF de Lisboa, 2.º Juízo, com o n.º 1/2002 – ex 5.º J, 2ª sec., pedindo o reconhecimento da existência de um crédito fiscal no montante de 3.398.652.874$00, a qual foi julgada improcedente, tendo sido interposto recurso dessa decisão, conforme documento de fls. 156 a 175 e por meu conhecimento pessoal por ter também decidido a reclamação da aqui reclamante que seguiu termos por este Tribunal com o n.º 1794/04.0BELSB;

G) Dão-se por reproduzidos todos os documentos entregues pela reclamante quer na reclamação quer nas execuções fiscais, todos relativos ao dito Acordo Global.

***

Não se provaram outros factos com interesse para a decisão.

***

A convicção do Tribunal formou-se com base no teor dos documentos em causa e, quanto à al. F) supra, pelo conhecimento pessoal da signatária por terem sido juntas, a outros processos de que é titular, fotocópias da mesma douta decisão[4], proferida, aliás, também pelo ex titular destes autos, e o qual era, também, antes de subir à Relação de Lisboa, o titular da reclamação n.º 1794/ /04BELSB».

2.1.2 Porque concordamos integralmente com o julgamento de facto efectuado em 1.ª instância[5], que não vem posto em causa, consideramos fixada a matéria de facto acima transcrita.

2.2 DE FACTO E DE DIREITO

2.2.1 AS QUESTÕES A APRECIAR

A AT está a exigir neste processo de execução fiscal à sociedade denominada "INTERHOTEL – Sociedade

[4] Nos termos do disposto no art. 514.º, n.º 2, do CPC, quando o Tribunal se socorra de factos de que tem conhecimento por virtude do exercício de funções, deverá fazer juntar documento que os comprove.

[5] Sem prejuízo de não concordarmos com a técnica utilizada na alínea *G)* do probatório.

Internacional de Hotéis, S.A." o pagamento de dívidas à Segurança Social por contribuições e cotizações.

A Executada requereu a compensação da dívida exequenda com um crédito que alegou deter, conjuntamente com outras empresas do grupo empresarial a que pertence, sobre o Estado. Esse crédito proviria da diferença entre o valor dos bens que ofereceu e entregou em dação em pagamento de outras dívidas ao Estado e o valor destas dívidas.

Esse requerimento foi indeferido pelo Conselho Directivo IGFSS com o argumento de que o crédito invocado não existe nem foi reconhecido, motivo por que não pode ser autorizada a compensação.

Do indeferimento desse pedido foi interposto recurso judicial (denominado reclamação) para o TAFL de Lisboa, sustentando a Executada que o crédito que pretende dar à compensação existe e é certo, líquido e exigível. Isto, porque tal crédito se constituiu a favor das empresas do Grupo Grão Pará (de que a Reclamante faz parte) nos termos do art. 201.º, n.º 9, do CPPT, independentemente de reconhecimento por parte da AT, em virtude de na execução do acordo Global celebrado entre o Estado e aquele grupo empresarial – pelo qual a Reclamante acordou com a AT o pagamento de diversas dívidas ao Estado pela dação em pagamento de diversos bens –, se ter verificado que o valor dos bens entregues ultrapassa em muito ao das dívidas. Mais alegou a Reclamante que a renúncia a eventual crédito resultante da dação em pagamento, estipulada no mesmo acordo, é inválida, padecendo de nulidade por ser contrária à lei e por pôr em causa diversos princípios constitucionais, que enumerou.

A reclamação foi julgada improcedente por a Juíza daquele Tribunal ter considerado que a decisão reclamada não enferma de qualquer invalidade, pois não há notícia de que no despacho que autorizou a referida dação em pagamento se tenha constituído crédito algum a favor da ora Recorrente. Assim, porque o Estado não reconheceu a existência do crédito com o qual a Reclamante pretende compensar a dívida exequenda, a reclamação não pode proceder.

A Reclamante, inconformada com a sentença, dela recorreu, continuando a sustentar a sua tese de que é titular de um crédito certo, líquido e exigível sobre o Estado e, por isso, que não há motivo para que se lhe recuse a possibilidade de compensar a dívida exequenda com esse crédito.

Mais pediu a suspensão deste processo até que esteja decidida a acção para reconhecimento de um direito a que aludiu nas alegações.

A questão que cumpre apreciar e decidir é, pois, como já deixámos dito em 1.11, a de saber se a sentença fez errado julgamento quando considerou que a Reclamante não pode ver deferida a sua pretensão de ver compensada a dívida exequenda com o crédito que se arroga sobre o Estado.

Deixaremos também expostos os motivos por que entendemos não dever conhecer da questão relativa à suspensão deste processo.

Este Tribunal Central Administrativo tem vindo a pronunciar-se recentemente sobre questão em tudo idêntica, várias vezes suscitada por empresas do Grupo Grão Pará. Seguimos tal jurisprudência[6], por concordarmos com as decisões e com a fundamentação expendida em seu suporte.

2.2.2 DO ERRO DE JULGAMENTO

A compensação é uma forma de extinção das obrigações que pode verificar-se quando duas pessoas sejam reciprocamente credor e devedor, tornando-se efectiva mediante declaração de uma parte à outra (cfr. arts. 847.º, n.º 1, e 848.º, n.º 1, do Código Civil (CC)).

Como resulta da alínea *a)* do art. 847.º, n.º 1, do CC, para que possa operar a compensação exige-se que o crédito com se pretende compensar a dívida seja exigível judicialmente, ou seja, que o credor possa compelir judicialmente o devedor a cumprir a obrigação.

Também em sede das obrigações tributárias está prevista a compensação como forma de extinção das dívidas, quer por iniciativa da AT, quer por iniciativa do contribuinte (cfr. arts. 89.º e 90.º do CPPT).

Quando a compensação seja da iniciativa do contribuinte, fica dependente da verificação de diferentes requisitos, consoante a pretendida compensação seja a efectuar com créditos tributários ou com créditos sobre o Estado de natureza não tributária. Assim, para a compensação de dívidas com créditos tributários, por iniciativa do contribuinte, que pode ser feita ainda na fase de cobrança voluntária[7], exige-se:

a) que haja um crédito a favor do contribuinte de que seja devedora a AT;

b) que esse crédito resulte de reembolso, ou de revisão oficiosa, ou de reclamação graciosa, ou de impugnação judicial, ou de outro meio gracioso ou contencioso;

c) que o credor *(contribuinte)* seja, ao mesmo tempo, devedor de tributos;

d) que o mesmo credor peticione, em requerimento, a compensação;

e) caso se trate de compensação com crédito de terceiro, que seja apresentada prova de que este consente que se faça a compensação[8].

Caso a compensação de dívidas seja a fazer com créditos de natureza não tributária que o contribuinte detenha sobre o Estado, exige-se ainda, para além dos requisitos acima referidos e de que se esteja já em fase de cobrança coerciva (execução fiscal), que, nos termos do disposto nos n.os 4 e 5 do art. 90.º do CPPT, haja prévio reconhecimento do ministro de que depende o serviço devedor e do Ministro das Finanças, de que a dívida é certa, líquida, exigível e tem cabimento orçamental.

Ora, no caso *sub judice*, desde logo, não está verificado o primeiro dos referidos requisitos, pois não está definida a existência do invocado crédito a favor da Recorrente, sendo que a discussão em torno da existência do crédito está a ser efectuada em acção para o reconhecimento de um direito ainda pendente. A própria Recorrente o admite, quando, no item *28.* das conclu-

---

[6] *Vide* os seguintes acórdãos deste Tribunal Central Administrativo:
- de 15 de Fevereiro de 2005, proferido no processo com o n.º 438/05;
- de 22 de Fevereiro de 2005, proferido no processo com o n.º 446/05 (este decidido pela mesma formação a quem cumpre proferir o presente acórdão);
- de 22 de Fevereiro de 2005, proferido no processo com o n.º 486/05;
- de 10 de Maio de 2005, proferido no processo com o n.º 585/05.

[7] Cfr. JORGE LOPES DE SOUSA, *Código de Procedimento e de Processo Tributário Anotado*, 4.ª edição, nota 3 ao art. 90.º, pág. 401.

[8] Cfr. JORGE LOPES DE SOUSA, *idem*, nota 2 ao art. 90.º, págs. 400/401.

sões do recurso, refere que «a questão da existência, certeza e exigibilidade do crédito assume a natureza de questão prejudicial que, estando a ser apreciada num processo autónomo, destinado exclusivamente a esse fim – a referida acção de reconhecimento de um direito –, é fundamento de suspensão dos presentes autos, nos termos do art. 279.º do CPC».

Por outro lado, dada a natureza não tributária do crédito invocado pela Recorrente – o crédito não resulta de qualquer das situações previstas no n.º 1 do art. 89.º do CPPT, mas antes, de acordo com o alegado, resulta da diferença entre os bens entregues no âmbito de uma dação em pagamento e o valor das dívidas ao Estado pagas pela entrega desses bens –, sempre seria exigível, nos termos dos referidos n.os 4 e 5 do art. 90.º do CPPT, o prévio reconhecimento do ministro de que depende o serviço devedor e do Ministro das Finanças, de que a dívida é certa, líquida, exigível e tem cabimento orçamental

Seja como for, isto é, qualquer que seja a natureza do crédito com o qual a Executada pretende compensar a dívida exequenda, porque a existência desse crédito não está definida (bem pelo contrário, não é aceite pelo Estado, como resulta claramente do despacho que indeferiu a pretendida compensação, e está ainda em discussão judicial), a Recorrente não pode ver deferida a sua pretensão de ver compensado o crédito exequendo com aquele alegado crédito sobre o Estado.

Como bem ficou dito na sentença recorrida, não cumpre nesta sede (execução fiscal) averiguar e decidir da existência ou não do crédito invocado pela Executada, existência que aqui deve surgir como incontroversa, pois apenas cumpre verificar o preenchimento dos requisitos de que a lei faz depender a possibilidade da compensação de créditos.

Por tudo o que ficou dito, a sentença recorrida não merece censura, pelo que será negado provimento ao recurso.

2.2.3 DA SUSPENSÃO DA INSTÂNCIA

A Recorrente, no item *28.* das conclusões do recurso, refere que «a questão da existência, certeza e exigibilidade do crédito assume a natureza de questão prejudicial que, estando a ser apreciada num processo autónomo, destinado exclusivamente a esse fim – a referida acção de reconhecimento de um direito –, é fundamento de suspensão dos presentes autos, nos termos do art. 279.º do CPC».

A final, formulou expressamente pedido no sentido de ser suspensa a instância executiva com esse fundamento.

Como deixámos já dito, não conheceremos dessa questão. Cumpre, agora, referir por que entendemos dela não conhecer:

A ora Recorrente nunca antes pediu a suspensão do processo executivo com fundamento na pendência da referida acção para o reconhecimento de um direito. Por isso, o Tribunal *a quo* não se pronunciou sobre essa questão a pedido da Recorrente, como também não o fez oficiosamente.

Assim, não cumpre agora a este Tribunal, enquanto instância de recurso, emitir pronúncia sobre a questão.

Na verdade, saber se o Tribunal *a quo* deveria ou não ter-se pronunciado sobre essa suspensão não é questão de que deva conhecer-se oficiosamente e porque a questão não vem colocada a este Tribunal *ad quem* por qualquer das formas que poderia revestir a crítica à sentença – nulidade ou erro de julgamento –, não devemos dela conhecer, sabido que é que os recursos jurisdicionais não servem para proferir novas decisões nem para apreciar questões que não tenham nem devessem ter sido apreciadas, mas para aferir da legalidade das decisões já proferidas.

Os poderes de cognição dos tribunais de recurso limitam-se ao reexame da decisão recorrida, confirmando-a ou alterando-a de acordo com a lei, não podendo criar decisões sobre questões novas, salvo se forem de conhecimento oficioso, o que não é o caso.

2.2.4 CONCLUSÕES

Preparando a decisão, formulam-se as seguintes conclusões:

I – Pretendendo a Executada efectuar o pagamento da dívida exequenda por compensação com um crédito sobre o Estado de que se diz titular, em sede de processo de execução cumpre apenas verificar se estão reunidos os requisitos legais para a pedida compensação, e já não averiguar e decidir se o crédito existe ou não e em que termos.

II – Não reconhecendo o Estado tal crédito e estando mesmo a existência do mesmo em discussão numa acção para reconhecimento de direito, não se pode, por ora, dar como verificado o primeiro dos requisitos para a compensação, qual seja a existência de um crédito a favor do contribuinte de que seja devedor o Estado.

III – Acresce que, se o invocado crédito não é de natureza tributária (porque alegadamente resultante da diferença entre os bens entregues no âmbito de uma dação em pagamento e o valor das dívidas ao Estado), a compensação tem ainda como requisitos, para além do mais e nos termos dos n.os 4 e 5 do art. 90.º do CPPT, que exista prévio reconhecimento pelo ministro de que depende o serviço devedor e pelo Ministro das Finanças de que a dívida correspondente ao crédito que o contribuinte se arroga sobre o Estado é certa, líquida e exigível e tem cabimento orçamental.

IV – Entendendo a Executada ora recorrente que, porque a discussão sobre a existência desse crédito está a ser feita em sede de uma acção para o reconhecimento de um direito que ela instaurou contra o Estado, ocorre motivo para suspensão da instância, nos termos do disposto no art. 279.º, n.º 1, do CPC, deveria ter suscitado essa questão junto do Tribunal de 1.ª instância e só depois, mediante a invocação de erro de julgamento ou omissão de pronúncia, poderia requerer a este Tribunal *ad quem* que (re)apreciasse a questão; não o tendo feito e não tendo também a questão sido conhecida pelo tribunal *a quo*, não pode agora o Tribunal de 2.ª instância sobre ela pronunciar-se.

3. DECISÃO

Face ao exposto, os juízes da Secção do Contencioso Tributário deste Tribunal Central Administrativo acordam, em conferência, negar provimento ao recurso, confirmando a sentença recorrida.

Custas pela Recorrente, fixando-se a taxa de justiça em 4 UCs, sem prejuízo do que vier a ser decidido quanto ao apoio judiciário.

Lisboa, 31 de Maio de 2005

Francisco Rother
Jorge Lino
Pereira Gameiro

Recurso n.º 619/05

EXECUÇÃO FISCAL. RECURSO JUDICIAL DAS DECISÕES DO ÓRGÃO DA EXECUÇÃO FISCAL. ART. 355.º DO CPT. DECISÃO A QUE NÃO CORRESPONDE DESPACHO EXARADO NO PROCESSO. DECISÃO RECORRÍVEL. LESÃO DOS DIREITOS E INTERESSES LEGÍTIMOS DOS INTERESSADOS.

(Acórdão de 12 de Abril de 2005)

SUMÁRIO:

I – O recurso previsto pelo art. 355.º do CPT é uma forma de reacção contra as decisões proferidas em sede de execução fiscal pelo chefe do serviço de finanças e outras autoridades da AT que afectem os direitos do executado (ou de terceiro).

II – Ainda que a decisão não revista a forma de despacho no processo, não havendo dúvida quanto à sua existência (no caso, foi notificada à Executada por ofício subscrito pelo seu autor – o Chefe do SFA – e de que ficou cópia nos autos), não pode argumentar-se com a inexistência de despacho para considerar que o recurso interposto dessa decisão ao abrigo do art. 355.º do CPT carece de objecto.

III – Tendo o Chefe do SFA (na sequência de uma informação homologada por despacho do Subdirector-Geral dos Impostos) notificado a Executada para comparecer no serviço de finanças, a fim de se proceder à rectificação do auto de aceitação da dação em pagamento, por forma a que dele constasse como valor das dívidas o que fora fixado no despacho que autorizou a dação em pagamento (neste despacho conjunto do Secretário de Estado do Tesouro e das Finanças e Secretário de Estado dos Assuntos Fiscais fixou-se o valor das dívidas relativamente às quais se aceitava a dação em pagamento em esc. 747.007.366$00; o Chefe do SFA, antes de lavrar o auto de aceitação da dação em pagamento, o que demorou ano e meio a contar da data que lhe foi comunicado aquele despacho, declarou prescrita parte da dívida, num montante de esc. 202.072.830$00, e corrigiu-a, face a um ofício da entidade emissora de um título executivo, pelo montante de esc. 540.321$00, pelo que apenas fez constar do auto de aceitação da dação em pagamento o valor restante de esc. 544.394.215$00, acrescido de custas do montante de esc. 5.131.521$00) e que, caso não comparecesse, tal facto seria de imediato comunicado, para que «seja proposta a revogação do Despacho Conjunto que aceitou a dação e, posteriormente, ser pedida a anulação da mesma», não cabe recurso previsto no art. 355.º do CPT da decisão que ordenou a comparência da Executada, por a mesma não constituir acto lesivo dos direitos da Executada.

IV – Na verdade, o acto lesivo só virá a ocorrer se aquele auto de aceitação vier a ser revogado, o que não aconteceu ainda e nem sequer é seguro que venha a acontecer, ainda que a Executada não adira à rectificação proposta por aquela notificação.

ACORDA-SE, EM CONFERÊNCIA, NA SECÇÃO DE CONTENCIOSO TRIBUTÁRIO (2.ª SECÇÃO) DO TRIBUNAL CENTRAL ADMINISTRATIVO:

1. RELATÓRIO

1.1 O Serviço de Finanças de Albufeira (SFA), então denominado Repartição de Finanças de Albufeira (RFA), instaurou contra a sociedade denominada "MONTECHORO – Empresa de Investimentos Turísticos, S.A." (adiante Executada ou Recorrente) um processo de execução fiscal, o qual, depois de lhe terem sido apensados outros, prosseguia para cobrança de dívidas à Segurança Social, provenientes de contribuições e juros de mora, e que ascendiam, à data que ora nos interessa considerar, a esc. 747.007.366$00.

A Executada requereu a adesão ao regime do Decreto-Lei n.º 124/96, de 10 de Agosto e, por despacho conjunto do Secretário de Estado do Tesouro e Finanças (SETF) e do Secretário de Estado dos Assuntos Fiscais (SEAF), e na parte que ora nos interessa, foi aceite o pagamento das dívidas à Direcção-Geral do Tesouro (DGT) – sendo estas as referidas dívidas exequendas do montante de esc. 747.007.366$00, uma vez que o Tesouro adquiriu os respectivos créditos à Segurança Social – mediante a dação em pagamento de um prédio rústico, fixando-se a este o valor de esc. 752.960.000$00.

O Chefe do SFA, a quem a DGT solicitou que lavrasse o auto de aceitação da dação, só o veio a fazer mais de um ano e meio depois e, antes disso, a requerimento da Executada, deu por prescritas dívidas do montante de esc. 202.072.830$00, bem como operou uma correcção numa das dívidas exequendas[1], motivo por que no referido auto apenas fez consignar o montante de esc. 544.394.215$00 como dívidas ao Tesouro, a que acrescem esc. 5.131.521$00 de custas.

Entretanto, a Executada pediu à Direcção-Geral dos Impostos (DGI) que o crédito a favor dela resultante

[1] Por força do que consta no ofício do Centro Regional de Segurança Social do Algarve, a fls. 134.

daquela dação em pagamento, que considerou ser de esc. 203.434.264$00 [isto é, 752.960.000$00-(544.394.215$00+5.131.521$00)], fosse utilizado no pagamento de outras dívidas, o que motivou que o Subdirector-Geral dos Impostos proferisse despacho em que homologou o parecer do Director de Serviços de Justiça Tributária que considerou, para além do mais, dever proceder-se à correcção do auto de aceitação da dação em pagamento «por forma a que do mesmo constem os valores indicados no Despacho Conjunto que aceitou a dação» e que «Caso a empresa não aceite rectificar o auto de aceitação [...], deverá ser tal facto comunicado de imediato [...], por forma a que seja proposta a revogação do Despacho Conjunto que aceitou a dação, e posteriormente ser pedida a anulação da mesma [...], devendo nesse caso prosseguir de imediato, e com carácter de urgência, os respectivos processos de execução fiscal onde as dívidas abrangidas pelo aludido Despacho se encontram a ser exigidas».

Na sequência da comunicação do teor do referido despacho do Subdirector-Geral dos Impostos ao Chefe do SFA, este remeteu à Executada um ofício pelo qual a notificava para, no prazo de dez dias, comparecer no SFA «para se proceder à rectificação do auto de aceitação da dação», nos termos que ficaram referidos, e de que «decorrido o citado prazo sem que tenha comparecido nestes Serviços para o efeito em causa, tal facto será de imediato comunicado à Direcção de Serviços de Justiça Tributária, para que seja proposto a revogação do Despacho Conjunto que aceitou a dação, e posteriormente ser pedida a anulação da mesma».

1.2 A Executada interpôs recurso judicial, ao abrigo do disposto no art. 355.º do Código de Processo Tributário (CPT), da decisão veiculada pelo referido ofício.

Alegou e formulou as seguintes conclusões:

«*a)* o despacho recorrido é manifestamente ilegal;

b) a dívida exequenda no montante de 747 007 366$00 veio a ser declarada parcialmente prescrita no montante de 202 434 264$00;

c) esta declaração de prescrição, notificada à credora, não foi objecto de qualquer oposição ou recurso, tendo transitado em julgado;

d) a prescrição ocorreu em momento anterior a ser lavrado o auto de aceitação da dação, pelo que as dívida exequenda a essa altura era apenas de 544 394 215$00;

e) sendo portanto esta a única parte da dívida exequenda exigível àquela data;

f) a prescrição, para além de ser do conhecimento oficioso, foi requerida pela aqui recorrente e foi declarada pelo órgão de execução fiscal competente para o efeito;

g) embora a dação em causa se tenha verificado no âmbito de adesão ao regime do DL n.º 124/96 (com emissão do Despacho Conjunto citado), esta ocorre no âmbito do processo de execução fiscal onde a dívida é exigida e não pode, em caso algum, ser exigível o pagamento de dívida exequenda que já se mostra prescrita;

h) o despacho aqui recorrido ordena à recorrente que proceda à rectificação do auto de aceitação da dação, corrigindo o valor da dívida exequenda para 747 077 366$00, ordenando, assim a inclusão no mesmo de parte da dívida exequenda que já havia sido declarada prescrita em data anterior ao do referido auto de aceitação, o que é manifestamente ilegal, pois a parte da dívida que já se encontra prescrita não é exigível.

Nestes termos e nos demais que V. Exa. muito doutamente suprirá, deve ao presente recurso ser concedido provimento, revogando-se o despacho recorrido, com o que se fará inteira JUSTIÇA».

1.3 O recurso foi "indeferido" por o Juiz do Tribunal Tributário de 1.ª instância de Faro ter considerado que «Subjacente a tal ofício não há qualquer despacho» do Chefe do SFA, motivo por que «carece de objecto o recurso interposto».

1.4 A Executada interpôs recurso daquela decisão para este Tribunal Central Administrativo, sendo que com o respectivo requerimento apresentou as alegações, resumidas nas seguintes conclusões:

«A) O objecto do recurso judicial interposto é a decisão do órgão de execução fiscal competente que manda proceder à rectificação do auto de aceitação da dação, consubstanciada na notificação efectuada pelo ofício n.º 1323;

B) Pese embora o facto da decisão do órgão de execução fiscal tenha tido na sua base o despacho do Senhor Subdirector-geral exarado na Informação n.º 511/2000, a decisão de rectificação do referido auto é da competência daquele;

C) O ofício n.º 5018 do Senhor Director de Finanças de Faro respeita à decisão de indeferimento de pagamento por compensação de créditos, a qual foi objecto de notificação efectuada pelo Chefe de Finanças de Albufeira através do ofício n.º 1322, a qual foi, de forma autónoma, objecto de recurso contencioso;

D) A da decisão do órgão de execução fiscal que ordena a rectificação do auto de aceitação da dação que foi notificada à aqui recorrente através do ofício n.º 1323 produz os seus efeitos legais e é legalmente recorrível, sob pena de transitar em julgado.

E) A recorribilidade da decisão notificada pelo próprio órgão de execução fiscal competente é independente deste ter exarado o correspectivo despacho nos autos.

F) Indeferindo o recurso como faz, a douta sentença recorrida padece do vício de ilegalidade

Nestes termos e nos demais de Direito que V. Exas. muito doutamente suprirão, deve a douta sentença recorrida ser revogada, ordenando-se a prossecução dos autos para decisão do mérito do recurso interposto».

1.4 O recurso foi admitido, a subir imediatamente, nos próprios autos e com efeito meramente devolutivo.

1.5 A Fazenda Pública não contra-alegou.

1.6 Recebidos os autos neste Tribunal Central Administrativo, foi dada vista ao Ministério Público e o Procurador-Geral Adjunto emitiu parecer do seguinte teor:

«Em nosso entender não assiste razão à recorrente.

Como se refere na decisão em causa «o chefe da Repartição de Finanças limitou-se a enviar à recorrente o ofício de fls. 191» não tendo produzido qualquer despacho.

Pelo exposto, verifica-se a carência de objecto do recurso interposto pelo que somos de parecer que deve ser negado provimento».

1.7 Colhidos os vistos dos Juízes adjuntos, cumpre apreciar e decidir.

1.8 A questão de que cumpre conhecer neste recurso jurisdicional é a de saber se a decisão recorrida fez errado julgamento quando entendeu que o recurso judicial carecia de objecto por não existir decisão alguma do Chefe do SFA subjacente à notificação efectuada à Executada.

Caso se entenda que existe decisão, cumprirá então averiguar se tal decisão é recorrível.

2. FUNDAMENTAÇÃO

2.1 DE FACTO

Com interesse para a decisão a proferir, há que ter em conta as seguintes incidências processuais, reveladas nos autos:

a) A RFA instaurou contra a sociedade denominada "MONTECHORO – Empresa de Investimentos Turísticos, S.A." um processo de execução fiscal, o qual, depois de lhe terem sido apensados outros, prosseguia para cobrança de dívidas à Segurança Social, provenientes de contribuições e juros de mora (cfr. o processo principal, com o n.º 89/060553.0 e os apensos);

b) A Executada requereu a regularização das dívidas fiscais e ao Tesouro ao abrigo do disposto no Decreto-Lei n.º 124/96, de 10 de Agosto (cfr. ofício de fls. 136);

c) Os referidos créditos da Segurança Social, que ascendiam, à data que ora nos interessa considerar, a esc. 747.007.366$00, foram adquiridos pela DGT à Segurança Social (cfr. ofício de fls. 136 e a relação de dívidas junta ao mesmo);

d) Por despacho conjunto do SEFT e do SEAF, de 20 de Agosto de 1998, foi aceite o pagamento das dívidas fiscais em 150 prestações mensais e das dívidas ao Tesouro – sendo o montante destas aí referido de esc. 747.007.366$00 – mediante a dação em pagamento de um prédio rústico, fixando-se a este o valor de esc. 752.960.000$00 (cfr. cópia do despacho de fls. 149 a 151)

e) Por ofício datado de 15 de Setembro de 1998, que deu entrada na RFA em 18 do mesmo mês, a DGT deu a conhecer ao Chefe da RFA o teor do referido despacho e solicitou-lhe a notificação do mesmo à Executada e a elaboração e remessa do «auto da dação» (cfr. ofício de fls. 148);

f) Por ofícios datados de 10 de Março e de 17 de Maio de 1999, entrados na RFA em 12 de Março e 18 de Maio de 1999, respectivamente, a DGT solicitou ao Chefe da RFA o envio de cópia do auto de dação (cfr. os referidos ofícios, a fls. 154 e 155);

g) Por requerimento entrado na RFA em 16 de Dezembro de 1999, a Executada solicitou ao Chefe da RFA que declarasse a prescrição de dívidas exequendas no processo de execução com o n.º 89/0605553.0 e no processo apenso com o n.º 92/060311.2 (cfr. o requerimento de fls. 156/157);

h) Reportando-se a esse requerimento, a Escrivã do processo, em 31 de Janeiro de 2000, lavrou informação do seguinte teor:

«Para os devidos efeitos cumpre-me informar V. Exª. que, relativamente às contribuições dos anos de 1986, 1987 e 1988, no montante global de 202 072 830$00, encontra-se, já, decorrido o prazo de 10 (dez) anos a que se refere o artigo 14.º do Decreto-Lei n.º 103/80, de Maio e artigo 53.º, n.º 2 da Lei 84/84, de 14 de Agosto» (cfr. a informação a fls. 158);

i) Em 31 de Janeiro de 2000, o Chefe da RFA lavrou nos autos despacho do seguinte teor:

«Tendo em conta o teor da informação supra declaro prescrita a dívida exequenda no montante de 202 072 830$00 (artigo 259.º do Código de Processo Tributário (CPT).

Comunique-se à entidade credora» (cfr. o despacho a fls. 158);

j) Dos autos consta cópia de um ofício, datado de 1 de Fevereiro de 2000, endereçado ao Centro Regional de Segurança Social do Algarve, do seguinte teor:

«Em relação ao Processo de Execução Fiscal n.º 60311.2/92 V. certidão 1247/92 em nome de Montechoro – empresa de Investimentos Turísticos, S.A. tenho a honra de informar V.Exª que o montante de 202.072.830$00 dos meses de Novembro/86 a Dezembro/88 foi considerado prescrito em Janeiro de 2000, nos termos do art.º 14.º do D. Lei 103/80 de Maio e artigo 53.º n.º 2 da Lei 84/84 de 14 de Agosto» (cfr. cópia do ofício a fls. 161);

k) Dos autos não consta documentação relativa a qualquer outra notificação relativamente ao despacho dito em *i)* até 13 de Outubro de 2000 (cfr. processado ulterior a fls. 158 até fls. 176);

l) Em 25 de Fevereiro de 2000, na RFA, então já denominada SFA, foi lavrado «AUTO DE DAÇÃO EM PAGAMENTO», no qual, para além do mais, ficou escrito que, pelos representantes da Executada foi dito que «conforme foi autorizado por despacho de 20/8/1998 dos Senhores Secretários de Estado do Tesouro e das Finanças e dos Assuntos Fiscais, comunicada pelo ofício n.º 7 619, de 2 de Setembro de 1998 da Direcção de Serviços de Justiça Tributária da Direcção-Geral dos Impostos [com cópia a fls. 144], vai efectuar-se a entrega, pela sua representada, do citado bem ao Estado, a fim de efectuar o pagamento integral da dívida exequenda (544 394 215$00) bem como de 5 131 521$00 do acrescido (custas) sendo esta entrega feita por meio de dação» e pelo Chefe do SFA foi dito que «na sua qualidade de representante do Estado, como consta do ofício n.º 14 720, de 15/9/1998 da Direcção-Geral do Tesouro [dito em *e)* e com cópia a fls. 148], aceita a presente dação em pagamento com o consequente pagamento integral da dívida exequenda e acréscimos, no montante de 549 525 736$00, ficando, assim, extinta esta dívida da Sociedade já referida porquanto o valor de avaliação do imóvel dado em pagamento é de 752 960 000$00» (cfr. o auto a fls. 159/160);

m) Em 21 de Março de 2000, o Chefe do SFA remeteu ao Director-Geral do Tesouro cópia do auto de dação (cfr. ofício de fls. 163);

n) Em 19 de Julho de 2000 a Executada requereu ao Director-Geral dos Impostos que o crédito a favor dela resultante daquela dação em pagamento, que considerou ser de esc. 203.434.264$00 [isto é, a diferença entre o valor do prédio dado em pagamento, avaliado em esc. 752.960.000$00, e a soma das dívidas consideradas no auto de dação 544.394.215$00 com as custas 5.131.521$00, reduzidas a 50%], fosse utilizado no pagamento de outras dívidas (cfr. cópia do requerimento a fls. 178/179);

o) Pronunciando-se sobre esse requerimento, o Subdirector-Geral dos Impostos, em 12 de Dezembro de 2000, proferiu despacho em que homologou o parecer do Director de Serviços de Justiça Tributária e uma informação prestada pela Direcção de Serviços de Justiça Tributária da DGCI, nos quais se considerou, para além do mais,

– ter sido com base no valor declarado pela Executada declaradas no seu requerimento de adesão ao Decreto-Lei n.º 124/96, de 10 de Agosto, do montante total de esc. 747.007.366$00, que no despacho conjunto do SETF e do SEAF foi aceite a dação em pagamento, pelo que o auto de aceitação deveria ser lavrado por esse valor e não por qualquer outro, motivo por que não se constituiu crédito algum a favor da devedora e, consequentemente, não pode ser deferida a sua pretensão de pagamento de dívidas dela com esse pretenso crédito;

– não ser líquido que se tenha verificado a prescrição das dívidas exequendas declarada pelo Chefe do SFA;

– dever proceder-se à correcção do auto de aceitação da dação em pagamento «por forma a que do mesmo constem os valores indicados no Despacho Conjunto que aceitou a dação» e que «Caso a empresa não aceite rectificar o auto de aceitação [...], deverá ser tal facto comunicado de imediato [...], por forma a que seja proposta a revogação do Despacho Conjunto que aceitou a dação, e posteriormente ser pedida a anulação da mesma [...], devendo nesse caso prosseguir de imediato, e com carácter de urgência, os respectivos processos de execução fiscal onde as dívidas abrangidas pelo aludido Despacho se encontram a ser exigidas» (cfr. cópia dos referidos despacho e parecer de fls. 184 a 187);

p) Pelo ofício n.º 5018 da Direcção de Finanças de Faro, datado de 20 de Dezembro de 2000 e entrado no SFA em 22 do mesmo mês, foi dado conhecimento do teor do referido despacho ao Chefe do SFA, nos seguintes termos:

«Para que se proceda em conformidade, tenho a honra de enviar a V. Exª cópia do ofício n.º 13787 de 14/12/00 da direcção de Serviços de Justiça Tributária bem como do expediente que o acompanhou.

Deverá a interessada ser notificada em conformidade com os requisitos mencionados no n.º 2 do art.º 36.º do CPPT, designadamente fazendo-se referência que, querendo, poderá reagir contra o acto notificado, recorrendo contenciosamente nos termos da alínea p) do n.º 1 e n.º 2 do art.º 97.º do CPPT e alínea b) do n.º 1 do art.º 41.º do ETAF, para o Tribunal Central Administrativo, no prazo de dois meses contados da respectiva notificação» (cfr. o ofício a fls. 182);

q) Na sequência desse ofício, o Chefe do SFA remeteu à Executada dois ofícios, ambos datados de 21 de Janeiro de 2001, sob correio registado e com aviso de recepção, sendo que os respectivos avisos foram devolvidos assinados pelo destinatário com carimbo postal aposto em 29 do mesmo mês:

– um, com o n.º 1323, do seguinte teor:

«Fica V. Exª, por este notificado, para, no prazo de 10 dias, comparecer neste Serviço de Finanças para se proceder à rectificação do auto de aceitação da dação, lavrado em 25/02/2000, por forma a que do mesmo constem os valores indicados no Despacho Conjunto de 20/08/1998, dos Senhores Secretários de Estado do Tesouro e das Finanças e dos Assuntos Fiscais, ou sejam, os valores de 752.960.000$00 e 747.007.366$00, referentes, respectivamente, ao valor da avaliação do bem oferecido em dação e o valor das dívidas declaradas pela empresa, pois só assim se dará cumprimento integral ao mesmo, sendo certo que este foi proferido tendo por base estes pressupostos, que não podem "à posteriori" ser alterados.

Mais fica notificado que decorrido o citado praz sem que tenha comparecido nestes Serviços para o efeito em causa, tal facto será de imediato comunicado à Direcção de Serviços de Justiça Tributária, para que seja proposto a revogação do Despacho Conjunto que aceitou a dação, e posteriormente ser pedida a anulação da mesma»

– o outro, com o n.º 1322, do seguinte teor:

«Fica V. Exª., por este meio notificado que, por Despacho do Exm.º Sr. Subdirector Geral dos Impostos, por delegação do Exm.º Sr. Director Geral dos Impostos, foi *indeferido o V/ pedido* apresentado nestes Serviços *em 19/07/2000*, relativamente ao assunto referenciado em epígrafe [o assunto referido em epígrafe é: «DEC. LEI N.º 124/96. DE 10 DE AGOSTO – PAGAMENTO POR COMPENSAÇÃO DE CRÉDITOS»], pelos fundamentos constantes da informação n.º 511/2000 e no parecer nela exarado que o despacho de indeferimento homologou, de que se junta fotocópia.

Mais fica V. Exª notificado, que, querendo, poderá reagir contra o acto notificado, recorrendo contenciosamente nos termos da alínea p) do n.º 1 e n.º 2 do art.º 97.º do CPPT e alínea b) do n.º 1 do art.º 41.º do ETAF, para o Tribunal Central Administrativo, no prazo de dois meses a contar da respectiva notificação» (cfr. os ofícios e respectivos avisos de recepção, a fls. 191/192 e 193/194, respectivamente)

r) Em 9 de Fevereiro de 2001 a Executada fez dar entrada no SFA a petição que deu origem ao recurso judicial (cfr. a petição de fls. 198 e segs.).

2.2 DE FACTO E DE DIREITO

2.2.1 AS QUESTÕES A APRECIAR

A Executada, notificada por ofício subscrito pelo Chefe do SFA para, em dez dias, comparecer naquele Serviços de Finanças para se proceder à correcção do auto de dação em pagamento, por forma a que deste passasse a constar como valor das dívidas a pagar pela dação o montante de esc. 747.0007.366$00 e não o montante que nele ficou a constar, de esc. 544.394.215$00, recorreu da decisão subjacente àquela notificação para o Tribunal Tributário de 1.ª instância de Faro.

O Juiz daquele Tribunal considerou que o recurso carece de objecto porque «subjacente a tal ofício não há qualquer despacho» do Chefe do SFA.

Inconformado com essa decisão, a Executada dela recorre para este Tribunal Central Administrativo.

Sustenta a Recorrente, se bem interpretamos as alegações de recurso e respectivas conclusões, que, contrariamente ao que entendeu o Juiz do Tribunal *a quo*, o recurso judicial tem objecto, que é a decisão do Chefe do SFA que ordenou a rectificação do auto de dação em pagamento, decisão esta que existe, independentemente do Chefe ter exarado ou não o respectivo despacho nos autos.

Assim, como deixámos dito em 1.8, a questão de que cumpre conhecer neste recurso jurisdicional é a de saber se a decisão recorrida fez errado julgamento quando entendeu que o recurso judicial carecia de objecto por não existir decisão alguma do Chefe do SFA subjacente à notificação efectuada à Executada.

Caso se entenda que existe decisão, cumprirá então averiguar se a mesma é recorrível.

2.2.2 O RECURSO JUDICIAL CARECE DE OBJECTO?

Salvo o devido respeito, o entendimento adoptado na decisão recorrida – de que, porque não existe despacho do Chefe do SFA a ordenar a rectificação do auto, o recurso carece de objecto – não pode vingar.

Desde logo, tal entendimento, em abstracto, permitiria uma intolerável restrição dos direitos dos interessados: bastaria que o órgão da execução fiscal se limitasse a notificar as suas decisões no processo sem que as fizesse anteceder de despacho que as suportasse para, assim, vedar aos interessados a possibilidade de fazerem sindicar ao abrigo do art. 355.º do CPT[2] a legalidade dessas decisões.

Como é manifesto, não pode ser esse o entendimento acolhido pela lei. O facto de as decisões estarem ou não suportadas por despacho lavrado nos autos não releva para efeito de possibilidade de suscitar o controlo judicial das mesmas; o que importa para esse efeito é que as decisões existam[3].

Ora, no caso *sub judice*, não há dúvida quanto à existência da decisão, pois que foi o próprio Chefe do SFA quem subscreveu o ofício a notificar a Executada para comparecer no Serviço de Finanças, a fim de se proceder à rectificação do auto de dação em pagamento.

Sustentou o Juiz do Tribunal *a quo* que não há decisão alguma do Chefe do SFA pois este, em vez de dar conhecimento à Executada do despacho do Subdirector-Geral dos Impostos, com a menção de que podia insurgir-se contra tal despacho por via de recurso contencioso a interpor no prazo de dois meses para o Tribunal Central Administrativo, tal como lhe fora solicitado pelo Director de Finanças de Faro pelo ofício n.º 5018, de 20 de Dezembro de 2000, se limitou a enviar à recorrente o ofício de fls. 191 (pelo qual notificou a Executada para comparecer no SFA, a fim de se proceder à rectificação do auto de dação em pagamento).

Salvo o devido respeito, não foi exactamente assim, como aliás bem salientou a Recorrente nas suas alegações do presente recurso jurisdicional.

O que sucedeu foi que o Chefe do SFA, a quem foi dado conhecimento do teor do referido despacho do Subdirector-Geral dos Impostos, efectuou duas notificações à Executada:

– uma, para que comparecesse no Serviço de Finanças, a fim de se proceder à rectificação do auto de dação (notificação efectuada através do ofício n.º 1323, com cópia a fls. 191);

– outra, dando-lhe conta do teor daquele despacho e de que podia reagir contra o mesmo mediante recurso contencioso de anulação, a interpor no prazo de dois meses e para o Tribunal Central Administrativo (notificação efectuada através do ofício n.º 1322, com cópia a fls. 193).

Esta última notificação, salvo o devido respeito, nem sequer devia ter sido efectuada no presente processo de execução, pois refere-se à decisão sobre o pedido de pagamento de outros créditos, que não os exequendos, mediante compensação com um alegado crédito resultante da dação em cumprimento efectuada, essa sim, neste processo. Tal lapso deu origem, aliás, a que a Executada tivesse vindo apresentar a petição inicial por que pediu a anulação daquele despacho no próprio processo de execução fiscal (petição de que se encontra certidão de fls. 286 a 294), o que deu origem ao despacho de fls. 267, de desentranhamento daquela petição e de autuação em separado, como recurso contencioso.

Quanto à primeira notificação, operada pelo ofício com cópia a fls. 191, entendemos que ela encerra em si mesma a decisão do Chefe do SFA de ordenar a convocação da Executada para se rectificar o auto de dação.

Mas, ainda que tal notificação se tivesse limitado a dar conhecimento de uma decisão do Subdirector-Geral dos Impostos no sentido dessa rectificação, como entendeu o Juiz do Tribunal Tributário de 1.ª instância de Faro, tal facto nem sequer assumiria o relevo que este Magistrado lhe pretendeu conferir: é que fosse de quem fosse a autoria da decisão para rectificar o auto de dação (do Chefe do SFA, como entendemos que é, ou do Subdirector-Geral dos Impostos, como entendeu o Juiz do Tribunal *a quo*), caso se verificassem os demais requisitos para a sua sindicância judicial, sempre dela caberia recurso judicial e, porque proferida no âmbito da execução fiscal, sempre a interpor nos termos do art. 355.º do CPT e para o tribunal tributário de 1.ª instância. Note-se que, ainda que se considerasse que a decisão é o do Subdirector-Geral dos Impostos, nem sequer se colocaria a questão da tempestividade do recurso, uma vez que a Executada só teve conhecimento do despacho daquele Subdirector-Geral quando recebeu o referido ofício de fls. 191.

Em conclusão, entendemos que existe decisão do Chefe do SFA a ordenar a comparência da Executada naquele Serviço de Finanças pois, como bem resumiu a Recorrente «A recorribilidade da decisão notificada pelo próprio órgão de execução fiscal competente é independente deste ter exarado o correspectivo despacho nos autos» (cfr. conclusão *E)* do recurso jurisdicional), motivo por que não subscrevemos a tese da decisão recorrida, de que o recurso judicial carece de objecto.

No entanto, tal não significa que essa decisão seja recorrível nos termos do art. 355.º do CPT, como procuraremos demonstrar de seguida.

2.2.3 A DECISÃO RECORRIDA ADMITE RECURSO JUDICIAL NOS TERMOS DO ART. 355.º DO CPT?

Nos termos do disposto no art. 355.º do CPT[4], cabe recurso judicial para o tribunal tributário de 1.ª instância das decisões proferidas pelo chefe da repartição de finanças e outras autoridades da administração fiscal que afectem os direitos e interesses legítimos dos interessados[5].

[2] O recurso judicial foi instaurado ainda no domínio da vigência do CPT. Embora nesse preceito legal se aludisse apenas ao executado, a doutrina e a jurisprudência desde há muito vinham entendendo que o recurso dos actos praticados pelo chefe da repartição de finanças no processo de execução fiscal que afectem os direitos e interesses legítimos de todos os interessados, e não apenas do executado, estava previsto no art. 355.º do CPT, constituindo uma concretização dos direitos consagrados nos arts. 19.º, alínea *c)*, e 23.º, alínea *f)*, do mesmo código. Nesse sentido, ALFREDO JOSÉ DE SOUSA e JOSÉ DA SILVA PAIXÃO, CPT Comentado e Anotado, 4.ª edição, nota 7 ao art. 355.º, pág. 795 e entre muitos outros, os seguintes acórdãos do Supremo Tribunal Administrativo:

– de 31 de Maio de 1995, proferido no processo com o n.º 19.243 e publicado no *Apêndice ao Diário da República* de 14 de Agosto de 1997, pág. 1614;

– de 14 de Junho de 1995, proferido no processo com o n.º 18.914 e publicado no *Apêndice ao Diário da República* de 14 de Agosto de 1997, pág. 1705;

– de 18 de Junho de 1997, proferido no processo com o n.º 19.218 e publicado no *Apêndice ao Diário da República* de 9 de Outubro de 2000, pág. 1817;

– de 17 de Dezembro de 1997, proferido no processo com o n.º 21.796 e publicado no *Apêndice ao Diário da República* de 30 de Março de 2001, pág. 3384;

– de 4 de Fevereiro de 1998, proferido no processo com o n.º 22.231, e publicado no *Apêndice ao Diário da República* de 8 de Novembro de 2001, pág. 268.

[3] E, para além disso e como melhor veremos adiante, que lesem os direitos e interesses legítimos dos interessados.

[4] A que corresponde hoje o art. 276.º do Código de Procedimento e Processo Tributário.

[5] Ver nota 2.

Trata-se de um corolário do direito de «reclamação, impugnação e audição», à data consagrado no art. 19.º, alínea *c)* do CPT, e que compreende, designadamente, o «recurso dos actos praticados pelo chefe de repartição de finanças no processo de execução fiscal que afectem os direitos e interesses legítimos dos contribuintes», previsto na alínea *g)* do art. 23.º do CPT[6].

Como resulta dos citados arts. 355.º e 23.º, alínea *g)*, do CPT, não é susceptível de recurso judicial qualquer decisão do órgão da execução fiscal, mas apenas as que «afectem os direitos e interesses legítimos» dos interessados. Ou seja, se a decisão não afecta ou lesa os direitos e interesses legítimos do interessado é inadmissível o recurso[7].

Salvo o devido respeito, a referida decisão do Chefe do SFA não lesa qualquer direito ou interesse legítimo da Executada. Vejamos:

O Subdirector-Geral dos Impostos entendeu que o Chefe do SFA não podia ter lavrado o auto de dação em pagamento, como lavrou, com referência a outros valores que não os fixados no despacho que autorizou a dação, ou seja, entendeu que no auto de dação em pagamento deveriam constar como dívidas a pagar todas aquelas que a Executada indicara no seu requerimento de adesão ao Decreto-Lei n.º 124/96, de 10 de Agosto, e que constam do despacho que autorizou a dação em pagamento. Como vimos já, não foi isso que sucedeu: o SFA demorou cerca de ano e meio até lavrar o auto de dação em pagamento e quando o lavrou, dele não fez constar dívidas do montante de esc. 202.072.830$00, que o Chefe daquele Serviço de Finanças declarou prescritas no mês anterior.

Mais entendeu o Subdirector-Geral dos Impostos, que também exprimiu dúvidas quanto à prescrição das dívidas que o Chefe do SFA declarou prescritas, que o auto de dação deverá ser rectificado, por forma a que dele passe a constar o valor das dívidas referido no despacho que autorizou a dação em pagamento e que, caso a Executada recuse aquela rectificação, «deverá ser tal facto comunicado de imediato [...], por forma a que seja proposta a revogação do Despacho Conjunto que aceitou a dação, e posteriormente ser pedida a anulação da mesma [...], devendo nesse caso prosseguir de imediato, e com carácter de urgência, os respectivos processos de execução fiscal onde as dívidas abrangidas pelo aludido Despacho se encontram a ser exigidas».

Apesar desse entendimento do Subdirector-Geral dos Impostos, que terá alicerçado a decisão do Chefe do SFA de notificar a Executada para comparecer naquele Serviço, a fim de ser rectificado o auto de dação em pagamento, certo é que, até ao presente, o auto de dação em pagamento não foi objecto de revogação. Ou seja, até ao presente, não existe acto algum que ponha em causa os direitos ou interesses legítimos da Executada. O acto lesivo só virá a ocorrer se aquele auto de aceitação vier a ser revogado, o que não aconteceu ainda e nem sequer é seguro que venha a acontecer, ainda que a Executada não adira à rectificação proposta por aquela notificação.

A decisão do Chefe do SFA não provoca qualquer lesão à Executada e isso mesmo que ela não aceite a notificação para comparecer naquele Serviço de Finanças e para rectificar o auto. Só na sequência da eventual revogação do auto haverá acto lesivo susceptível de recurso judicial.

A nosso ver, a decisão do Chefe do SFA limita-se a procurar a adesão voluntária da Executada a um entendimento da Administração tributária, veiculado no despacho do Subdirector-Geral dos Impostos, mas que não teve ainda concretização, nem há a certeza de que venha a ter, num acto que viole os direitos e interesses legítimos da Executada.

Não podemos sequer excluir a possibilidade de a Administração tributária, mesmo que a Executada não compareça no SFA para os fins constantes da notificação efectuada pelo ofício de fls. 191, vir a subscrever entendimento diferente do que o Subdirector-geral adoptou no referido no despacho.

Entendemos, pois, que a decisão do Chefe do SFA constante do ofício de fls. 191 dos autos não admite recurso nos termos do art. 355.º do CPT.

A não ser assim, estaria o Tribunal a conhecer desde já de questões – como, designadamente, a da vinculação do Chefe do SFA aos termos do despacho que autorizou a dação em pagamento, a da prescrição das dívidas exequendas declaradas prescritas pelo Chefe do SFA e a do trânsito em julgado do despacho de prescrição – relativamente às quais a Administração tributária, embora tendo exprimido o seu entendimento no referido despacho do Subdirector-Geral dos Impostos, ainda nada decidiu.

Face ao exposto, entendemos não dever conhecer-se do recurso judicial deduzido pela Executada, embora por fundamentos diferentes dos da decisão recorrida.

2.2.4 CONCLUSÕES

Preparando a decisão, formulam-se as seguintes conclusões:

I – O recurso previsto pelo art. 355.º do CPT é uma forma de reacção contra as decisões proferidas em sede de execução fiscal pelo chefe do serviço de finanças e outras autoridades da AT que afectem os direitos do executado (ou de terceiro).

II – Ainda que a decisão não revista a forma de despacho no processo, não havendo dúvida quanto à sua existência (no caso, foi notificada à Executada por ofício subscrito pelo seu autor – o Chefe do SFA – e de que ficou cópia nos autos), não pode argumentar-se com a inexistência de despacho para considerar que o recurso interposto dessa decisão ao abrigo do art. 355.º do CPT carece de objecto.

III – Tendo o Chefe do SFA (na sequência de uma informação homologada por despacho do Subdirector-Geral dos Impostos) notificado a Executada para comparecer no serviço de finanças, a fim de se proceder à rectificação do auto de aceitação da dação em pagamento, por forma a que dele constasse como valor das dívidas o que fora fixado no despacho que autorizou a dação em pagamento (neste despacho conjunto do Secretário de Estado do Tesouro e das Finanças e Secretário de Estado dos Assuntos Fiscais fixou-se o valor das dívidas ao Tesouro relativamente às quais se aceitava a dação em pagamento em esc. 747.007.366$00; o Chefe do SFA, antes de lavrar o auto de aceitação da dação

[6] Cfr. Alfredo José de Sousa e José da Silva Paixão, *ob. cit.*, nota 3 ao art. 355.º, pág. 793.

[7] *Idem*, nota 6 ao art. 355.º, págs. 794/795.

em pagamento, o que demorou ano e meio a contar da data que lhe foi comunicado aquele despacho, declarou prescrita parte da dívida, num montante de esc. 202.072.830$00, e corrigiu-a, face a um ofício da entidade emissora de um título executivo, pelo montante de esc. 540.321$00, pelo que apenas fez constar do auto de aceitação da dação em pagamento o valor restante de esc. 544.394.215$00, acrescido de custas do montante de esc. 5.131.521$00) e que, caso não comparecesse, tal facto seria de imediato comunicado, para que «seja proposta a revogação do Despacho Conjunto que aceitou a dação e, posteriormente, ser pedida a anulação da mesma», não cabe recurso previsto no art. 355.º do CPT da decisão que ordenou a comparência da Executada, por a mesma não constituir acto lesivo dos direitos da Executada.

IV – Na verdade, o acto lesivo só virá a ocorrer se aquele auto de aceitação vier a ser revogado, o que não aconteceu ainda e nem sequer é seguro que venha a acontecer, ainda que a Executada não adira à rectificação proposta por aquela notificação.

3. DECISÃO

Face ao exposto, os juízes da Secção do Contencioso Tributário deste Tribunal Central Administrativo acordam, em conferência, negar provimento ao recurso, mantendo a decisão recorrida com a presente fundamentação.

Custas pela Recorrente, fixando-se a taxa de justiça em seis UCs.

Lisboa, 12 de Abril de 2005

Francisco Rothes
Jorge Lino
Pereira Gameiro

Recurso n.º 6107/01

IMPUGNAÇÃO JUDICIAL DE IRS. GRATIFICAÇÕES AUFERIDAS PELOS EMPREGADOS DE BANCA DOS CASINOS. NÃO CONHECIMENTO DE VÍCIOS FORMAIS DA SENTENÇA POR ACCIONAMENTO DO PRINCÍPIO *PRO – ACTIONE* PLASMADO NOS ARTS. 20.º E 268.º N.º 4 DA CRP E 124.º DO CPPT. VIOLAÇÃO DE NORMA COMUNITÁRIA E REENVIO PREJUDICIAL. INCONSTITUCIONALIDADE.

(Acórdão de 10 de Maio de 2005)

SUMÁRIO:

I – O princípio *pro actione* (também chamado *anti-formalista*) encontra clara manifestação no art. 124.º do CPPT (o qual segue de muito perto o art.º 57.º da LPTA) e aponta para a ultrapassagem de escolhos de cariz adjectivo e processual em ordem à resolução do dissídio para cuja tutela o meio processual fora utilizado.

II – A finalidade de tal normativo é a de conferir uma maior eficácia e estabilidade à tutela jurisdicional dos interesses do ofendido, impondo que, em regra, de entre os vícios que conduzam à declaração de invalidade, o juiz conhecerá prioritariamente daqueles que, em seu prudente critério, determinam uma *mais estável e eficaz tutela dos interesses ofendidos.*

III – Aplicando tal princípio ao recurso, deve conhecer-se das questões de mérito, preterindo o conhecimento dos vícios formais da sentença quando estes não contendam com a procedência daquelas o que não significa, porém, que a instauração do recurso seja de todo alheia à observância de um número mais ou menos apertado de regras instrumentais adequadas a esse fim.

IV – Tal inovação abrangente ínsita no preceito não teve porém o propósito de subverter a "normalidade" legal antes visando alcançar uma adequação ou racionalização dos meios de tutela processual aos fins a atingir, em consonância com o art. 2.º, n.º 2 do CPC por forma a estabelecer um elo de correspondência entre o direito a defender e o meio processual a utilizar para o efeito.

V – Nesse sentido, há a considerar que o "pro actione" postula, além do mais, uma interpretação da situação em análise, por forma a privilegiar, sempre que tal seja processualmente possível, o conhecimento da questão de fundo, assim se assegurando a tutela jurisdicional efectiva, possibilitando o exame do mérito das pretensões deduzidas em juízo. Dito de outro

modo: – o que releva é que à Recorrente se possa reconhecer um interesse actual na anulação da sentença por vícios de forma ou de estruturação em virtude de, a partir do conhecimento de tal vício, se poder alcançar uma *decisão de fundo favorável.*

VI – O art. 124.º do CPPT possui um sentido útil que resulta da respectiva interpretação conforme a Constituição: o conhecimento dos vícios formais da sentença só deverá ser exercitado nos casos em que a solução normal e típica não se apresente como garantindo uma efectiva tutela jurisdicional do direito ou interesse em causa; isto segundo uma ideia de complementaridade ou alternatividade instrumental, que não por uma ideia de subalternização ou de secundarização dos vícios formais em relação aos substanciais.

VII – Estando no caso *sub-specie* em causa questões que têm a ver com direitos que a Recorrente pretende ver reconhecidos através da impugnação que deduziu contra actos de liquidação de impostos e respectivos juros compensatórios, concreta e substancialmente, o direito de obter a anulação de tal acto, não podendo ser cabalmente satisfeitos pela anulação da decisão em causa, tal implica que a decisão de fundo deixará a situação no estado em que se encontrava antes da sua prolação, levando a execução da sentença cuja anulação se pretende, ainda que declarada pelas causas invocadas, à manutenção dessa situação, não se justifica o meio processual utilizado (arguição de nulidades da sentença).

VIII – Em tal desiderato não deverão aquelas nulidades ser conhecidas, de modo a permitir ao tribunal *«ad quem»* dirimir definitivamente a questão, em homenagem ao princípio *«pro actione»* ou *«pro-recurso»*, consubstanciado no velho brocardo latino *«favorabilia amplianda, odiosa restringenda»*, de que constitui evidente erupção todos os citados normativos.

IX – A questão dos meios probatórios é uma questão processual, prévia e instrumental em relação à decisão final. Consequentemente, saber se determinados factos deviam ou não ter sido objecto de apreciação na sentença, por serem relevantes para o enquadramento jurídico das questões a apreciar e decidir, é matéria que se coloca no âmbito da validade substancial da sentença, ou seja, o facto de na sentença não ter sido ou não ter sido considerada dada factualidade referida pelo Recorrente poderá constituir erro de julgamento.

X – Ao considerar rendimento do trabalho dependente as gorjetas recebidas pelos empregados de banca dos casinos, a alínea h) do n.º 3 do art.º 2.º do CIRS não viola o art.º 141.º n.º 2 do Tratado que institui a Comunidade Europeia.

XI – Ao sujeitar a IRS as gorjetas recebidas pelos empregados de banca dos casinos, o citado preceito, não padece de inconstitucionalidade orgânica nem ofende os princípios constitucionais da legalidade, igualdade e justiça tributária.

ACORDA-SE, EM CONFERÊNCIA, NA SECÇÃO DE CONTENCIOSO TRIBUTÁRIO (2.ª SECÇÃO) DO TRIBUNAL CENTRAL ADMINISTRATIVO SUL:

I – RELATÓRIO

1.1.– ANTÓNIO JOSÉ FIGUEIREDO MOÇO e ROSA MARIA TORRES DUARTE CADIMA DE FIGUEIREDO MOÇO, inconformados com a sentença de fls. 51-60 do TAF de Sintra que julgou improcedente esta impugnação judicial, por eles deduzida contra liquidação adicional de IRS dos anos de 1999 e de 2000, dela recorrem para este Tribunal Central Administrativo Sul, culminando a atinente alegação com as seguintes conclusões:

1 – Deverá julgar-se a existência de uma situação violadora das normas e do sentido da jurisprudência comunitária, por violação do art. 141.º/2 do Tratado que Institui a Comunidade Europeia, e pela desconformidade existente entre o art. 2.º/3/h do CIRS e o sentido dos acórdãos proferidos pelo TJCE sobre a matéria, devendo ser suscitadas as questões prejudiciais requeridas na impugnação;

2 – Deverá julgar-se a inconstitucionalidade material e orgânica da alínea h) do n.º 3 do art. 2.º do CIRS, por violação dos princípios da legalidade, da igualdade» e da justiça;

3 – Atendendo a que o processo padece de défice Instrutório, deve a decisão recorrida ser anulada, descendo o processo ao tribunal de 1ª instância para completar a pertinente instrução e seguidamente proferir nova decisão;

4 – Deverá Julgar-se a sentença nula, pôr inexistência ou vido de fundamentação, de facto e de direito, e pôr terem ocorrido ilegalidades várias;

5 – Se as decisões da administração fiscal e dos órgãos Jurisdicionais competentes não nos deixarem outra alternativa, logo se requererá a fiscalização concreta de constitucionalidade da alínea h) do n.º 3 do art. 2.º do CIRS, nos termos da alínea b) do n.º 1 do art. 280.º da Constituição, e da alínea b) do n.º 1 do art. 70.º da Lei 28/82, de 15/11, na redacção dada pela Lei 85/89, de 07/09;

6 – Não é devida taxa de Justiça.

Termos em que entende que:

a) Deverá a decisão recorrida ser anulada, descendo o processo ao tribunal de 1ª instância para completar a pertinente instrução e seguidamente proferir nova decisão, e

b) Deverá o presente recurso ser julgado integralmente procedente e ser a sentença recorrida revogada e substituída por outra que absolva os impugnantes, com a consequente extinção da divida, pois só assim será feita JUSTIÇA.

Não houve contra-alegações.

O EPGA pronunciou-se no sentido de que o recurso não merece provimento por adesão ao que se decidiu na sentença quer quanto à desconformidade com as normas comunitárias, quer quanto à questão da constitucionalidade.

Satisfeitos os vistos legais, cumpre decidir.

2. FUNDAMENTAÇÃO

2.1 DOS FACTOS

Na sentença recorrida fixou-se a seguinte tela factual, com a fundamentação que dela consta:

1 – No âmbito de uma acção de fiscalização realizada

à Sociedade Estoril Sol SGPS, SÁ, os Serviços de Inspecção detectaram que aquela Sociedade distribuiu gratificações ao o primeiro Impugnante, seu trabalhador, nos anos de 1999 e 2000, nos montantes de E 16.861,96 e 16.792,15, respectivamente, que este omitiu nas suas declarações de rendimentos para efeito de IRS – fls. 34 e seguintes do processo administrativo;

2. A Administração Fiscal considerou que os rendimentos auferidos pelo Impugnante, a título de gratificações, consubstanciam prestações – gorjetas – não atribuídas pela entidade patronal, constituindo rendimentos do trabalho dependente – Categoria A – sujeitos a tributação, nos termos da alínea h) do n.º 3 do art. 2.º do Código do IRS – cfr. Relatório de fls. 34 e seguintes, do processo administrativo;

3. Apreciando os argumentos aduzidos pelos ora Impugnantes em sede de direito de audição, refere-se no Relatório, a fls. 37 do processo administrativo,'(...) a matéria objecto de controvérsia (gratificações recebidas pelo sujeito passivo), consubstanciam prestações – gorjetas –, não atribuídas pela entidade patronal. O que significa, que são prestações que não resultam directamente da relação jurídica laboral entre a Estoril Sol SGPS, S.A. e o sujeito passivo, mas sim em razão da prestação de trabalho. Ou melhor, é pelo facto de o sujeito passivo trabalhar nas salas de Jogo de Fortuna e Azar do Casino do Estoril, que lhe são atribuídas, por terceiros, tais gratificações. Donde, por força da alínea h) do n.º 3 do artigo 2.º do Código do IRS, as referidas gratificações são qualificadas como rendimentos do trabalho dependente sujeitas a tributação em sede de IRS!'

4 – Os Impugnantes foram notificados em 27.08.2003, do teor do Relatório de Inspecção, antes referido –. fls. 40 e 42 do P.A;

5 – Na sequência do Relatório de Inspecção acima referido, foram efectuadas as liquidações adicionais n.os 4324061442, e 4324147962, referentes, respectivamente, ao IRS dos anos de 1999 e 2000-fls.44 do PA.

Inexistem factos não provados com relevância para a decisão.

A convicção do Tribunal quanto aos factos considerados provados resultou do exame dos documentos, não impugnados, e das informações oficiais constantes dos autos.

2.2. – DO DIREITO

Atentas aquelas conclusões e a factualidade fixada e que se reputa a relevante, vejamos qual a sorte do recurso em que a questão decidenda é a da saber se ocorre:

A) A nulidade da sentença por inexistência de fundamentação de facto e de direito (conclusão 4ª);

B) Anulação da sentença por défice instrutório (conclusão 3ª);

C) Violação das normas e do sentido da jurisprudência comunitária e reenvio prejudicial (conclusão 1ª);

C) Inconstitucionalidade material e orgânica da alínea h) do n.º 3 do art.º 2.º do CIRS, por violação dos princípios da legalidade, da igualdade, e da justiça (conclusão 2ª);

***

Quanto aos vícios formais da sentença (falta de fundamentação e défice instrutório – conclusões indicadas nos itens A e B), dir-se-á que esta é uma decisão dos tribunais no exercício da sua função jurisdicional que, no caso posto à sua apreciação, dirimem um conflito de interesses públicos e privados no âmbito das relações jurídicas administrativas fiscais (art.º 3.º do ETAF). Ela conhece do pedido e da causa de pedir, ditando o direito para o caso concreto, pelo que a sentença pode estar viciada de duas causas que poderão obstar à eficácia ou validade da dicção do direito: – por um lado, pode ter errado no julgamento dos factos e do direito e então a consequência é a sua revogação; por outro, como acto jurisdicional, pode ter atentado contra as regras próprias da sua elaboração e estruturação ou contra o conteúdo e limites do poder à sombra da qual é decretada e então torna-se passível de nulidade, nos termos do art.º 125.º do CPPT.

A matéria alegada no recurso, qualificável como omissão de pronúncia e falta de fundamentação, substanciada nas sobreditas conclusões, delimitadoras do objecto do recurso, integra a primeira a situação em que se imputa à sentença violação das regras da sua elaboração e estruturação ou vício que atenta contra o conteúdo e limites do poder à sombra da qual é decretada – cfr. *Ac. deste Tribunal Central Administrativo Sul de 25/01/2005, no Recurso n.º 375/03.*

Todavia, vigora o principio pro actione consagrado no art. 288.º n.º 3 CPC, também denominado como "prevalência da decisão de mérito" em desfavor da decisão de forma, à luz do qual se permite a prolação de decisão de mérito mesmo que, por subsistir uma excepção dilatória, coubesse antes declarar a absolvição da instância ao abrigo dos arts. 105.º n.º 1, 288.º n.º 1 a), 493.º n.º 2 e 494.º n.º 1 a), CPC.

E o princípio pro actione, é aplicável ex vi art. 2.º al. e) do CPPT até porque inexiste norma especial que inviabilize a sua transposição para a situação concreta, tendo hoje acolhimento expresso nos arts. 7.º e 12.º n.º 3 do CPTA – cfr. *Acórdão do Tribunal Central Administrativo Sul (Contencioso Administrativo) de 06/01/2005, Recurso n.º 12301/03*, em cuja fundamentação nos louvamos no discurso imediatamente a seguir.

Como ensina o Prof. Miguel Teixeira de Sousa, Estudos sobre o novo processo civil, Lex, 2ª edição, 1997, págs.477/478:

"(...) se estiverem simultaneamente pendentes uma apelação relativa à decisão de mérito desfavorável ao autor e um agravo relativo à decisão sobre os pressupostos processuais interposto pelo réu, o art. 710.º n.º 1 (aplicável à revista ex vi do art. 726.º), determina que este agravo só deva ser apreciado se a decisão sobre o mérito for confirmada (..)

(...) [se] o réu agravou do despacho saneador que reconheceu a legitimidade das partes (...) e o autor apelou da decisão de improcedência da causa (...) segundo o art. 710.º n.º 1, o Tribunal *ad quem* só se ocupa do problema da legitimidade processual se a absolvição do pedido não for confirmada, o que mostra que a confirmação de uma decisão de mérito favorável ao réu recorrido pretere (ou permite deixar em aberto) a análise daquele pressuposto processual.

Se o Tribunal tiver conhecido do mérito da causa e se só tiver sido interposto recurso dessa decisão, há que averiguar em que condições o Tribunal *ad quem* se pode pronunciar sobre esse mérito (confirmando ou revogando a decisão recorrida) se faltar um pressuposto processual geral.

O critério continua a ser, dado o abandono da apreciação prévia dos pressupostos processuais estabelecido no art. 288.º n.º 3, 2ª parte, o de averiguar se a decisão sobre o mérito é favorável à parte que seria beneficiada com o preenchimento do pressuposto que (eventualmente) falta. A aplicação deste critério conduz aos seguintes resultados:

– se **o autor** tiver recorrido de uma decisão de improcedência, o Tribunal pode confirmar essa decisão, ainda que entenda que falta um pressuposto processual favorável ao réu, mas **não pode** revogá-la e substituí-la por uma decisão condenatória **sem verificar o preenchimento dos pressupostos favoráveis ao demandado;**

– se o **réu** tiver interposto recurso de uma decisão de procedência, o Tribunal *ad quem* **pode** revogá-la, mesmo que falte um pressuposto favorável ao réu, mas **não pode** confirmá-la **sem o preenchimento dos pressupostos favoráveis ao autor** (...)".

Ora, o princípio *pro actione* (também chamado *anti-formalista*) encontra igualmente clara manifestação no art. 124.º do CPPT (o qual segue de muito perto o art.º 57.º da LPTA) e aponta para a ultrapassagem de escolhos de cariz adjectivo e processual em ordem à resolução do dissídio para cuja tutela o meio processual fora utilizado.

Como salientam *A.J. Sousa e Silva Paixão, CPPT Comentado e Anotado, 1ª ed., pág. 303,* a finalidade de tal normativo é a de conferir uma maior eficácia e estabilidade à tutela jurisdicional dos interesses do ofendido, impondo que, em regra, de entre os vícios que conduzam à declaração de invalidade, o juiz conhecerá prioritariamente daqueles que, em seu prudente critério, determinam uma ***mais estável e eficaz tutela dos interesses ofendidos.***

Aplicando tal princípio ao presente recurso, tendemos a considerar que se deve conhecer das questões de mérito, preterindo o conhecimento dos vícios formais da sentença quando estes não contendam com a procedência daquelas o que não significa, porém, que a instauração do recurso seja de todo alheia à observância de um número mais ou menos apertado de regras instrumentais adequadas a esse fim.[1]

Foi o n.º 5 do art. 268.º da Constituição da República Portuguesa, introduzido pela Lei Constitucional n.º 1/89 (após a revisão constitucional operada pela Lei Constitucional 1/97 de 20/9, é o n.º 4 desse preceito), que veio reforçar o *princípio "pro actione" ou da accionabilidade*, com a institucionalização da viabilidade de acções jurisdicionais administrativas a título principal, que não apenas para mero suprimento ou colmatação das lacunas ou insuficiências da protecção proporcionada pelo recurso contencioso de anulação.

É claro que, como se salienta no *Ac. do STA de 31/03/98, Recurso* n.º 038367 (Contencioso Administrativo), tal inovação abrangente ínsita no preceito não teve porém o propósito de subverter a "normalidade" legal antes visando alcançar uma adequação ou racionalização dos meios de tutela processual aos fins a atingir, em consonância com o art. 2.º, n.º 2 do CPC por forma a estabelecer um elo de correspondência entre o direito a defender e o meio processual a utilizar para o efeito.

Neste ponto, há a considerar que o "pro actione" postula, além do mais, uma interpretação da situação em análise, por forma *a privilegiar, sempre que tal seja processualmente possível, o conhecimento da questão de fundo*, assim se assegurando a tutela jurisdicional efectiva, possibilitando o exame do mérito das pretensões deduzidas em juízo.

Dito de outro modo: – o que releva é que ao Recorrente se possa reconhecer um interesse actual na anulação da sentença por vícios de forma ou de estruturação em virtude de, a partir do conhecimento de tal vício, se poder alcançar uma *decisão de fundo favorável.*

Para esse efeito, é mister fazer-se uma apreciação casuística das situações para se aquilatar da racionalidade e da funcionalidade da cognição das arguidas nulidades da sentença. Em princípio, e segundo um critério de normalidade, perante a existência de uma decisão que prejudica o interesse do recorrente, a interposição do recurso que seja julgado improcedente de fundo, com a consequente execução de sentença, assegurará uma eficaz tutela jurisdicional dos direitos ou interesses afectados e, por isso, surgirá como totalmente injustificado o conhecimento das nulidades. Só assim não será se do conhecimento das nulidades resulte a "insuficiência" ou a "ineficácia" do uso do "meio normal", cabendo ao interessado/recorrente o ónus objectivo da prova do seu interesse processual, designadamente que a solução encontrada não prejudica o conhecimento de questões omitidas, não é consequência de outras questões de que não podia conhecer, que faltam os fundamentos de facto ou de direito em que a mesma se funda, que a fundamentação adoptada impunha decisão diversa, enfim, uma das situações tipificadas na lei (art.º 125.º do CPPT e 668.º do CPC) como geradoras de nulidade da sentença.

O art. 124.º do CPPT possui um sentido útil que resulta da respectiva interpretação conforme a Constituição: o conhecimento dos vícios formais da sentença só deverá ser exercitado nos casos em que a solução normal e típica não se apresente como garantindo uma efectiva tutela jurisdicional do direito ou interesse em causa; isto segundo uma ideia de complementaridade ou alternatividade instrumental, que não por uma ideia de subalternização ou de secundarização dos vícios formais em relação aos substanciais.

Estando no caso *sub-specie* em causa questões que têm a ver com direitos que a Recorrente pretende ver reconhecidos através de impugnação que deduziu contra actos de liquidação de impostos e respectivos juros compensatórios, concreta e substancialmente, o direito de obter a anulação de tais actos, não podendo ser cabalmente satisfeitos pela anulação da decisão em causa, tal implica que a decisão de fundo deixará a situação no estado em que se encontrava antes da sua prolação, levando a execução da sentença cuja anulação se pretende, ainda que declarada pelas causas invocadas, à manutenção dessa situação, não se justifica o meio processual utilizado.

Nessa perspectiva havendo, pois, que confirmar a sentença não obstante os vícios formais que lhe são assacados, verifica-se a existência de situação que obsta, à luz do princípio da prevalência da substância sobre a forma ou *pro – actione* ao conhecimento das nulidades arguidas.

Em suma: por mor do princípio pro actione consagrado, prevalentemente, no art. 124.º do CPPT e 2.º, n.º 2 do CPC, também denominado como *"prevalência da decisão*

[1] Nesse sentido, vide o *Ac. do STA – Contencioso Administrativo, de 18/03/2004, no Recurso n.º* 01930/03.

de mérito" em desfavor da decisão de forma, permite-se a prolação de decisão de mérito mesmo que, por subsistir uma causa de nulidade, coubesse antes declarar a anulação da sentença e conhecer de mérito em substituição ao abrigo do art. 715.º do CPC, se a decisão do mérito vier a ser a mesma que a acolhida na sentença recorrida.

Na verdade, tanto na hipótese em que o objecto do recurso é uma nulidade da sentença, o Tribunal *ad quem* não deve ocupar-se desse vício se a decisão sobre o mérito não puder ser favorável à parte que beneficiaria com o seu preenchimento.

Tal não constitui um excesso de exigência quanto ao exacto conteúdo dos direitos que as partes podem exercer pressupondo que estas deverão estar ao corrente, e conhecer com minúcia, todos os meios legais que lhe são facultados.

E tal exigência não é excessiva porquanto se harmoniza com o princípio ***pro actione ou do direito à justiça*** plasmado no art. 20.º da Constituição.

E entre a ofensa a um tal direito e o inconveniente de facultar-se às partes, em mais do que um momento, o exercício do direito que lhe compete, não pode duvidar-se que a opção acertada é o do respeito daquele direito fundamental.

Em tal desiderato não deverão aquelas nulidades ser conhecidas, de modo a permitir ao tribunal «ad quem» dirimir definitivamente a questão, em homenagem ao princípio «pro actione» ou «pro-recurso», consubstanciado no velho brocardo latino «favorabilia amplianda, odiosa restringenda», de que constitui evidente erupção todos os citados normativos.

Em face do que vem dito tem precedência o conhecimento das questões suscitada pelos Recorrente nos demais itens, tanto mais que em parte se conectam com erro de julgamento sobre matéria de facto o que envolve actividade no domínio da fixação/discussão da matéria de facto[2] quando é certo que a arguida nulidade pressupõe a total omissão dos fundamentos de facto e de direito e que assenta a decisão, o que não ocorre com a sentença recorrida porquanto a mesma está suficientemente fundamentada de facto e de direito.

De resto, a conclusão 4ª refere-se ao facto de a sentença ter considerado que as gratificações que motivaram as liquidações impugnadas foram distribuídas pela Sociedade Estoril Sol, o que não corresponde à verdade na medida em que a competência legal para tal efeito está atribuída à Comissão de Distribuição das Gratificações.[3]

Assim, o que terá existido é um erro de julgamento, completamente inócuo sobre a decisão de fundo, como adiante se analisará, sendo que a matéria de facto se revela a suficiente, afigurando-se-nos desnecessária a instrução dos autos com elementos relativos às categorias profissionais que, segundo os recorrentes, se encontram em idêntica situação do impugnante como taxistas, engraxadores, etc.,. É que a sentença recorrida, ao apreciar o vício de violação do princípio da igualdade, conclui que a norma do art.º 2.º n.º 3 alínea h) do CIRS não se revela discriminatória dos profissionais das salas de jogos de fortuna ou azar dos restantes contribuintes dado quer essa norma abrange na sua previsão normativa todos quantos aufiram gratificações não pagas pela sua entidade patronal, mas em razão da prestação do seu trabalho, independentemente de certas categorias de contribuintes se encontrarem mais controladas que outras e que umas possam pagar mais do que outras.

***

Donde que:

Da violação das normas e do sentido da jurisprudência comunitária e reenvio prejudicial (conclusão 1ª):

Dizem os recorrentes que deverá julgar-se a existência de uma situação violadora das normas e do sentido da jurisprudência comunitária, por violação do art. 141.º/2 do Tratado que Institui a Comunidade Europeia, e pela desconformidade existente entre o art. 2.º/3/h do CIRS e o sentido dos acórdãos proferidos pelo TJCE sobre a matéria, devendo ser suscitadas as questões prejudiciais requeridas na impugnação.

Sobre esta questão, expendeu-se na sentença recorrida que:

"Importa decidir já, por de algum modo, constituir questão prévia, o requerimento de serem colocadas ao Tribunal de Justiça das Comunidades Europeias, ao abrigo do art. 234.º do Tratado, as três questões prejudiciais formuladas no art. 36.º da pi, nos seguintes termos:

1) A alínea h) do n.º 3 do art. 2.º do Código do IRS, na redacção vigente a partir de 1999, na interpretação que lhe foi dada pelo n.º 9 do art. 29° da Lei 87-B/98, de 31/12, ao tributar as gratificações atribuídas pêlos clientes dos casinos aos *trabalhadores das salas de jogos, viola o conceito de remuneração previsto no n.º 2 do art. 141.º do Tratado que Institui a Comunidade Europeia, na redacção dada pelo Tratado de Amsterdão?*

2) A alínea h) do n.º 3 do art. 2.º do Código do IRS, na redacção vigente a partir de 1999, na interpretação que lhe foi dada pelo n.º 9 do *art. 29.º da Lei 87-B/98, de 31/12, ao tributar as gratificações atribuídas pelos clientes dos casinos aos trabalhadores das salas de*

---

[2] É essa a doutrina consagrada no recente *Ac. do STA – 2ª secção – de 02/02/05*, tirado no *Recurso n.º 1220/04*.

[3] De resto, retira-se da fundamentação da sentença que a questão não passou despercebida ao julgado pois quanto à alegação de ausência ou vício de fundamentação, expendeu o seguinte: *"Entendem os Impugnantes que a referência feita pela autoridade inspectiva às gratificações é "insuficiente, não clara e até contraditória', concluindo que 'tal imprecisão textual, por obscura e insuficiente, é susceptível de gerar a anulabilidade do acto notificado" ao referir que foi a Sociedade Estoril Sol, SGPS, S.A. que distribuiu gratificações ao sujeito passivo, e que tais gratificações consubstanciam prestações – gorjetas – não atribuídas pela entidade patronal.*

O cerne da questão assenta no facto de no relatório da inspecção se referir que as gratificações em causa são distribuídas pela Sociedade Estoril Sol, SGPS, S.A, entidade patronal do primeiro impugnante, e que tais gratificações consubstanciam prestações – gorjetas – não atribuídas pela entidade patronal.

Efectivamente, a fundamentação dos actos administrativos é uma formalidade legal que, quando preterida, gera a anulabilidade do acto em causa, decorrendo o dever de fundamentação dos actos tributários, desde logo, do artigo 268.º n.º 3 da Constituição da República Portuguesa. Mas, o facto de no relatório da autoridade inspectiva se referirem as gratificações em causa como distribuídas pela entidade patronal e como não atribuídas pela mesma entidade, para além de não constituir qualquer contradição, pois que distribuir não é o mesmo que atribuir, torna-se em absoluto irrelevante, uma vez que os Impugnantes demonstram conhecer, sem qualquer dúvida, as motivações da Administração Tributária ao decidir que sobre elas incide o imposto liquidado.

E, como sempre tem entendido o STA, o acto administrativo está devidamente fundamentado se um destinatário normalmente diligente, colocado na situação concreta expressada pela declaração fundamentadora e perante o concreto acto, fica em condições de conhecer o itinerário funcional, cognoscitivo e valorativo do autor do acto. (v., por todos, Acórdão da 1.ª Secção, de 06.02.90, em Acórdãos Doutrinais, n.º 351, pág., 339 e seguintes).

jogos, mas não as tributando a quaisquer outros cidadão que, por força dos usos sociais igualmente as recebem, viola o princípio da igualdade de tratamento previsto nos artigos 137.º e 141.º do Tratado que Institui a Comunidade Europeia, na redacção dada peto Tratado de Amsterdão, bem como os artigos 20.º e 21.º da Carta dos Direitos Fundamentais da União Europeia, e ainda a Directiva 76/207/CEE?

3) A alínea h) do n.º 3 do art. 2.º do Código do IRS, na redacção vigente a partir de 1999, na interpretação que lhe foi dada pelo n.º 9 do art. 29.º da Lei 87-B/98, de 31/12, ao tributar as gratificações atribuídas pelos clientes dos casinos aos trabalhadores das salas de jogos, não contraria o sentido jurisprudencial prolatado no Acórdão do TJCE, proferido em 03/03/1994, em processo de recurso prejudicial com o n.º C-16/93, opondo R. J. Tolsma contra Inspecteur der Omzetbelasting, supra referido no art. 34.º, e no acórdão respeitante ao processo C-404/99, datado de 23/11/2000, supra referido no art. 35.º?

Na perspectiva dos Impugnantes, o conceito de rendimento estabelecido pelo n.º 2 do art. 141.º do Tratado de Roma, na redacção que lhe foi conferida pelo Tratado de Amsterdão, não inclui as gratificações tributadas no ordenamento interno ao abrigo da mencionada alínea h) do n.º 3 do art. 2.º do Código do IRS.

Mas a norma do art. 141.° do Tratado de Roma, na redacção que lhe foi conferida pelo Tratado de Amsterdão, tem como único objectivo, como, claramente, resulta do seu n.º 1, o de impor aos Estados-membros o respeito pelo princípio da igualdade de remuneração entre homens e mulheres, esclarecendo no n.º 2, o que considera como remuneração, mas no mesmo contexto, ou seja, unicamente com o fim de evitar a discriminação salarial em razão do sexo.

Trata-se, aliás, de norma enquadrada no Título relativo à política social e não no reservado à matéria fiscal.

Acresce que, o artigo 93.º do Tratado, a propósito da harmonização fiscal, deixa de fora o imposto sobre o rendimento das pessoas singulares.

No que se refere à invocada Directiva 76/207/CEE do Conselho, de 09-02-76, também nela se circunscreve o respectivo âmbito de aplicação à concretização do principio da igualdade de tratamento entre homens e mulheres, no que se refere ao acesso ao emprego, à formação e promoção profissionais e às condições de trabalho (cfr. J.O. n.º L 39/40 de 14-02-76), não sendo igualmente, portanto, apta a fundamentar a pretensão dos Impugnantes.

Também os artigos 20.º e 21.º da Carta dos Direitos Fundamentais da União Europeia o que consagram é o Princípio da Igualdade. E o n.º 9 do art. 29.º da Lei n.º 87-B/98 de 31.12, ao equiparar as importâncias atribuídas aos profissionais de banca dos casinos pelos jogadores, em função dos prémios ganhos, a gratificações auferidas pela prestação ou em razão da prestação de trabalho, contrariamente ao alegado, não vem proceder à alteração da alínea h) do n.º 3 do art. 2.º do Código do IRS, nada vindo inovar na ordem jurídica, já que as importâncias, auferidas pelos profissionais de banca dos casinos já vinham sendo consideradas rendimento tributável pela Jurisprudência dos Tribunais Superiores, ao abrigo daquele dispositivo legal (v.. Ac. do STA, de 12.05.98, e Ac. do STA, de 10.03.99, ambos da 2ª secção, proferidos, respectivamente, nos processos n.os 022815, e 022994).

Quanto ao invocado Acórdão do TJCE proferido no processo de recurso prejudicial n.º C-16/93, o que estava em causa também não era matéria de IRS mas de IVA pelo que, as conclusões a que aí se chegou não são extensíveis ao caso dos autos.

Do exposto resulta que não está em causa nos presentes autos a aplicação de qualquer norma constante do Tratado de Roma pelo que não se verificando o pressuposto do recurso ao mecanismo do art. 234.º do Tratado, decido não submeter à apreciação do TJCE as questões suscitadas no art. 36.º da pi."

Aderindo inteiramente à fundamentação aduzida na sentença, entendemos que não se justifica o reenvio prejudicial porquanto, como assertivamente se refere nela se refere, o Tratado da União Europeia não inclui no âmbito da harmonização fiscal o imposto ora em causa.

***

Da inconstitucionalidade material e orgânica da alínea h) do n.º 3 do art.º 2.º do CIRS, por violação dos princípios da legalidade, da igualdade, e da justiça (conclusão 2ª):

Quanto às demais questões, identificou-as a sentença, no que merece a nossa plena concordância, como sendo a apreciação da legalidade, em sentido amplo (abrangendo a constitucionalidade), da tributação em IRS dos montantes auferidos a título de gratificações ou gorjetas, pelos profissionais das salas de jogo dos casinos, a saber e segundo a ordem estabelecida pelo artigo 124.º do CPPT[4]:

Quanto à alegada Violação do Princípio Constitucional da Legalidade Tributária (cfr. Artigos 106.º n.º 2 e 3,168.º n.º 1 i) e 2, e 115.º n.º 2 da CRP, na redacção ao tempo em vigor), em virtude de da confrontação do art. 4.º, n.º 2 alínea a) da Lei 106/88, de 17.09 (Lei de autorização legislativa), com a alínea h) do n.º 3 do art. 2.º do CIRS, resultar a desconformidade entre os dois textos legais. A questão foi já, amplamente, apreciada, entre outros, pelo Acórdão da 2ª Secção do STA, de 22.03.2000, proferido no processo n.º 024529 em cujo sumário, em www.dgsi.pt. se lê

"IV – Por força do disposto no art. 4.º da Lei n.º106/ /88, de 17 de Setembro, o Governo estava autorizado a definir os rendimentos que devem considerar-se como rendimentos do trabalho, estando limitado na sua facão apenas peta possibilidade de os rendimentos deverem chegarem à titularidade dos sujeitos passivos em virtude da prestação de trabalho e representarem para quem os aufere um rendimento efectivo e não meramente aparente.

V – As gratificações referidas representam para quem as aufere um benefício patrimonial real e é a prestação de trabalho em salas de jogos que permite que elas sejam auferidas.

VI – Designadamente, em face do regime legal de distribuição do produto de tais gratificações, a percepção individual pêlos empregados das salas de jogos de rendimentos provenientes de gratificações não dependia

[4] Tal como se refere no Ac. deste Tribunal Central Administrativo Sul de 29.03.2005, in Recurso n.º 425/05, em que as conclusões são em tudo idênticas às *sub judice*, a sentença recorrida apreciou a questão das ilegalidades, ao nível da EU como dizem os recorrentes, da violação do instituto de audiência prévia e duma arguida inutilidade superveniente da lide; mas, visto que o objecto e âmbito do recurso jurisdicional são delimitados pelas atinentes conclusões, tem de inferir-se que os recorrentes "deixaram cair" as relativas ao instituto da audiência prévia e à inutilidade superveniente da lide.

sequer da eventualidade de quem os recebe ter sido contemplado com a oferta de alguma gratificação por parte de qualquer dos frequentadores das salas de jogos, mas sim, e apenas da detenção dessa qualidade de trabalhador dos quadros das salas de jogos e do exercício da correspondente actividade profissional.

VII – Nestas condições, a qualificação de tais rendimentos como provenientes do trabalho não pode considerar-se como desajustada, pelo que não poderá entender-se que, ao aprovar a referida alínea h) do n.º 3 do art. 2.º do C.I.R.S; o Governo não tenha agido em sintonia com a lei de autorização legislativa que serviu de suporte à sua actuação".

E, em idêntico sentido, os Acórdãos da 2ª Secção do STA, de 09.02.2000, 19.05.99, 10.03.99, e 04.11.98, proferidos, respectivamente, nos processos n.os 023489, 023204, 022994, 022815, igualmente em www.dgsi.pt.

***

Quanto à alegada *violação do art. 13.ºº da Constituição da República Portuguesa*

Alegam os Impugnantes que a alínea h) do n.º 3 do art. 2.º do Código do IRS é violadora do princípio da igualdade, "pois *que (...) apenas os profissionais das salas de jogos de fortuna ou azar estão sujeitos a tributação'.*

Dispõe o preceito em causa:

Art. 2.º n.º 3: *'Consideram-se ainda rendimento do trabalho dependente:*

h) As gratificações auferidas pela prestação ou em razão da prestação do trabalho, quando não atribuídas pela respectiva entidade patronal.

Seja qual for o método de interpretação que se adopte, nada nesta norma permite discriminar os profissionais das salas de jogos de fortuna ou azar dos restantes contribuintes. No entender dos Impugnantes, a questão coloca-se com o que consideram ser o esclarecimento de que os destinatários de tal norma são os profissionais de banca dos casinos, pelo n.º 9 do art. 29.º da Lei 87-B/98, de 31 de Dezembro, onde se lê que "as *importâncias auferidas pelos profissionais de banca dos casinos que lhe são atribuídas pelos jogadores em função dos prémios ganhos soo equiparadas a gratificações auferidas pela prestação ou em razão da prestação de trabalho'.*

É com esta norma, que classificam de *precisão normativa,* que os Impugnantes invocam a inconstitucionalidade da tributação das gratificações auferidas pelos profissionais das salas de jogo. Mas a *precisão normativa* efectuada pelo n.º 9 do art. 29.º da Lei 87-B/98, nada veio acrescentar à norma de incidência da alínea h) do n.º 3 do art. 2.º do Código do IRS.

Já antes da entrada em vigor da Lei 87-B/98, de 31 de Dezembro, relativamente à alínea h) do n.º 3 do art. 2.º do CIRS, tinha o Supremo Tribunal Administrativo entendido, em Acórdão proferido pela 2ª Secção, em 04.11.98, no processo n.º 022815, que, *"Não viola aquele preceito o princípio da igualdade pelo facto de alguns contribuintes se encontrarem mais controlados que outros que igualmente recebem gorjetas pois que ao tributarem-se essas fontes de rendimento, deduz-se a «margem de desigualdade que a ausência de tributação implicaria em relação ao universo de todos os contribuintes".*

E, no mesmo sentido, podem, também, ver-se os sumários de outros Acórdãos do STA, em www.dgsi.pt. como os de 22.03.2000, 09.02.2000 e 10.03.1999, proferidos, respectivamente, nos processos n.°s 024529,023489 e 022994.

***

Quanto à alegada *Violação do Princípio da Justiça tributária*

Entendem os Impugnantes, que a alínea h) do n.º 3 do art. 2.º do *CIRS encerra diversas anomalias, contradições e violações ao qualificar as gratificações como rendimento do trabalho, mas impedindo a dedução do montante descontado para o fundo especial de segurança social (...) e omitindo qualquer contribuição patronal para a segurança social e para o desemprego.*

Também esta questão foi, já, por mais de uma vez, apreciada pelos tribunais superiores, tendo sido entendido pelo STA, no Acórdão proferido pela 2ª Secção, em 04.11.98, no processo n.º 022815, que; *"Tendo as referidas gratificações relevância fiscal, não pode a norma de incidência tributária ser considerada injusta pelo facto de as referidas gorjetas não serem consideradas para efeitos laborais ou de segurança social pois que será neste campo que a injustiça, eventualmente se verificará"* Também o Tribunal Central Administrativo entendeu, em Acórdão de 20.10.98, proferido no Processo n.º 00937/98, que, *"...ainda que as gratificações em causa não fossem consideradas para efeitos de segurança social e desemprego (o que não é rigorosamente verdade), a haver inconstitucionalidade seria, por omissão, relativamente aos sistemas social e da protecção do desemprego, em nada podendo afectar a norma de incidência'.*

Carece, pois, de fundamento a imputação à alínea h) do n.º 3 do art. 2.º do Código do IRS de violação do princípio da justiça, se o próprio fundamento para tal, não radica na norma de incidência tributária, ou sequer no próprio ordenamento jurídico-tributário, mas em díspar ordenamento jurídico, de segurança social, laboral, etc.

Do mesmo modo, a não dedutibilidade, em sede de IRS, dos montantes descontados para o fundo especial de segurança social, é questão de que não cabe, aqui conhecer, porque, também aqui, não é a norma de incidência que encerra a *contradição* ou o *vício* invocado, mas sim o respectivo mecanismo de dedução, que se situa fora da própria norma, e fora dos poderes de conhecimento deste Tribunal, atenta a causa de pedir.

***

Quanto às Alegadas *ilegalidades (art. 99.º do CPPT)*

Alegam os Impugnantes que a natureza jurídica das gratificações em causa jamais poderá permitir qualificá-las como rendimentos de trabalho dependente, pois não resultam dos efeitos do contrato de trabalho, não constituindo contrapartida remuneratória, mas sim, donativos conformes aos usos sociais.

O acima citado Acórdão do STA, de 22.03.2000, a cujos fundamentos aderimos, decidiu que:

I – No n.º 3 do art. 2.º do C.I.R.S. consideram-se como rendimentos do trabalho dependente proventos que não se consubstanciam, explicitamente, em remuneração de trabalho prestado, mas que têm relação com ele, pôr ser a existência de uma prestação de trabalho que proporciona as condições para tais rendimentos serem auferidos.

II – Assim, à face do art. 2.º do C.I.R.S., não são de considerar como rendimentos do trabalho dependente apenas as importâncias atribuídas aos sujeitos passivos pelas respectivas entidades patronais a título remunera-

ções do trabalho, sendo como tal consideradas também as indicadas naquele n.º 3.

III – Na alínea h) deste n.º 3, prevêem-se como rendimentos do trabalho as gratificações auferidas pela prestação ou em razão da prestação do trabalho, quando não atribuídas pela entidade patronal, hipótese esta em que se enquadram as gratificações referidas atribuídas aos empregados de salas de jogos pelos respectivos frequentadores."

***

Diga-se que, tal como salientou o EPGA no seu douto parecer, tendo o Tribunal Constitucional, em sede de fiscalização abstracta, proferido o seu veredicto relativamente à questão da Constitucionalidade da norma constante da al. h) do n.º 3 do artigo 2.º do Código do Imposto Sobre o Rendimento das Pessoas Singulares (CIRS), na redacção ao tempo, são de adoptar os fundamentos expressos no Ac. daquele Tribunal publicado no D.R., II Série, de 10 de Outubro de 1997.

A essa luz podemos prismar as ilegalidades que os recorrentes assacam ao acto tributário do seguinte modo:

1.º – O artigo 2.º n.º 3 alínea h) do CIRS é materialmente inconstitucional, por o legislador ter excedido o âmbito e o limite da autorização legislativa?

2.º – A mesma norma é ainda materialmente inconstitucional por violar os princípios da igualdade (artigo 13.º da Constituição), da equidade, enquanto valor ético da caris supra constitucional, e da justiça do sistema?

3.º – O CIRS define a liquidação e cobrança do imposto no caso de incidência ali criado, o qual não é compatível com o sistema e a estrutura do Código – é impossível a retenção na fonte – pelo que há inconstitucionalidade material por violação do artigo 106.º n.os 2 e 3 da Constituição, que impõe que seja a lei a criar e definir os elementos essenciais do imposto?

Conhecendo das questões acabadas de enunciar, diremos:

Sobre a inconstitucionalidade material do artigo 2.º n.º 3 alínea h) do CIRS, por o legislador ter excedido o âmbito e o limite da autorização legislativa expendeu-se no citado Acórdão de 9/7/1997, do Tribunal Constitucional, adpatado ao caso concreto:

«A Lei n.º 108/88, nos termos da alínea a) do n.º 2 do artigo 4.º, autorizou o Governo a legislar, no âmbito da incidência objectiva do IRS, de modo a serem consideradas como rendimentos de trabalho dependente «todas as remunerações provenientes do trabalho por conta de outrém, prestado, quer por servidores do Estado e demais pessoas colectivas de direito público, quer em resultado de contrato de trabalho ou de outro a ele equiparado».

(...) «Não se considera que a tributação desses rendimentos seja susceptível de afectar os limites da autorização legislativa.

*Os contornos da delimitação e condicionamento da âmbito das leis de autorização têm sido objecto da jurisprudência deste Tribunal, que os vem definindo numa linha discursiva segundo a qual **o objecto** da autorização constitui o elemento enunciador da matéria sobre que a autorização versa, a **extensão** específica a amplitude das leis autorizadas e pelo **sentido** se fixam os princípios bases que hão-de orientar o Governo na elaboração destas últimas(...)*

Cabendo, assim, à extensão da autorização especificar os aspectos da disciplina jurídica da matéria objecto do exercício dos poderes delegados, não se tem esta por desrespeitada pelo iniciativa do Governo, nomeadamente por exorbitar o programa e o conjunto de directrizes proposto pela autorização legislativa».

Este TCA tem seguido a jurisprudência do TC manifestada no Acórdão atrás excertado como pode ver-se, por todos, dos Acórdãos de 16 de Dezembro de 1997, tirado no recurso n.º 63 491 (este relator também tem o registo de acórdãos tirados nos recursos n.os 830/98, 849/98, 855/98, 872/98, 876/98, 1.184/98 e 1.192/98, em que essa jurisprudência foi afirmada).

***

Quanto à violação do ***princípio da tipicidade*** em virtude de não estarem previstos e descritos no CIRS os elementos tributários, liquidação e cobrança não cabendo o novo imposto no tipo legal.

A tipicidade é decorrência da legalidade e a mesma não impõe a abrangência de todos os elementos do imposto mas unicamente os necessários para caracterizar o tipo legal de imposto, quais sejam: – ***a incidência, a taxa, os benefícios fiscais e as garantias dos contribuintes.*** Essenciais já não são os aspectos relativos à liquidação e cobrança, sendo certo que as normas a que se assaca a inconstitucionalidade se limitaram a alagar a incidência de um imposto já existente cujo regime já se encontrava definido na lei em que o regime de liquidação e cobrança já estava fixado.

Acresce que, aquilo que na tese do recorrente se tratava de um novo imposto por não caber no tipo legal existente na consideração de que nem todas as normas de liquidação e cobrança estão incluídas no CIRS, não colhe também porque o regime regra de retenção na fonte, p. no artigo 91.º, não significa que porque o caso concreto não se subsume a essa regra relativa ao pagamento que deixa de estar caracterizado pela lei o tipo legal de imposto.

***

No que à invocada violação do princípio da igualdade respeita, transcreve-se, mais uma vez, o que no citado Acórdão do TC se doutrinou:-

«...se é incontroverso existirem, no comum dos casos, dificuldades práticas no controlo de quem recebe gorjetas e dos respectivos montantes, ao invés do que é suposto acontecer com os trabalhadores ora em causa, nem por isso se justifica tributar uma situação em que é possível, mercê do mecanismo legal existente, controlar os rendimentos auferidos por esta via, com projecção na capacidade contributiva dos respectivos destinatários. Dir-se-á, nesta perspectiva, que, na medida em que é possível tributara essas fontes de rendimentos, estar-se-á a reduzir a margem de desigualdade que a ausência de tributação implicaria em relação ao universo de todos os contribuintes.

A esta luz, a obrigatoriedade que impende sobre o contribuinte de declarar os seus rendimentos sujeitos a imposto não tem a virtualidade de impedir, de modo absoluto, a ocultação, deliberada ou negligente, desses rendimentos (...). Não pode falar-se de uma desigualdade constitucionalmente censurável se uns contribuintes se encontram circunstancialmente mais apertadamente controlados que outros.

Assim, não se interpreta o princípio da igualdade em termos que se projectam na não tributação de alguém porque outrém, em situação de igual incidência, não é tributado por dificuldades técnicas de aplicação da lei».

***

Por fim, quanto à questão da inconstitucionalidade decorrente da injustiça do sistema radicada no facto de as gratificações em causa relevarem no âmbito fiscal, mas não fora dele, designadamente, para efeitos de segurança social, e indemnização por acidente de trabalho e despedimento:

Ora, a primeira afirmação não corresponde à verdade porquanto as gratificações são tomadas em conta para efeitos de previdência como se vê do n.º 8 al. b) do despacho normativo n.º 82/85, de 31 de Julho, do Secretário de Estado do Trabalho, e dos n.os 4 al. a) e 4.1. do despacho normativo n.º 2$/89, de 17 de Fevereiro, do Ministro do Emprego e da Segurança Social.

Mas não é do facto de as gratificações não relevarem sob o prisma fiscal, que pode derivar a inconstitucionalidade da norma de incidência que como tal as considera pois, como se afirma no *Acórdão desta Secção do TCA de 27 de Janeiro de 1998, tirado no Recurso n.º 63673, «A haver, aqui, alguma injustiça, ela estaria no sistema de segurança social e de protecção no desemprego, que não atribui relevância às faladas gratificações, e não no sistema fiscal, que as considera como ganhos sujeitos a imposto».*

***

Face ao exposto, que o foi em reforço argumentativo, dúvidas não sobram de que a liquidação impugnada não padece de vício que acarrete a sua anulação e que ao assim julgar, nenhuma censura merece a sentença recorrida

3 - DECISÃO:

Termos em que se acorda em conferência nesta Secção de Contencioso Tributário deste TCA em, negando provimento ao recurso, confirmar a sentença recorrida por remissão para os respectivos fundamentos ao abrigo do art.º 713.º n.º 5 do CPC.

Custas a cargo dos recorrentes, sem prejuízo do apoio judiciário concedido.

Lisboa, 10 de Maio de 2005

Gomes Correia
Casimiro Gonçalves
Ascensão Lopes

Recurso n.º 528/05

IMPUGNAÇÃO JUDICIAL EM MATÉRIA ADUANEIRA. ALTERAÇÃO DO EFEITO DO RECURSO. LIQUIDAÇÃO *A POSTERIORI*. ERRO DA AUTORIDADE ADUANEIRA.

(Acórdão de 28 de Junho de 2005)

SUMÁRIO:

I- **Decorre do art. 687.º do CPC que o despacho que admitiu o recurso não vincula o Tribunal superior, nada obstando que se aprecie e decida agora qual o efeito que melhor quadra ao recurso interposto.**

II- **Consoante o art. 169.º do CPPT, só a reclamação, a impugnação ou recurso judicial que tenham por objecto a legalidade da dívida exequenda, é que *suspendem* a execução desde que tenha sido constituída garantia nos termos do art. 195.º do CPPT ou prestada nos termos do art. 199.º do CPPT, ou desde que a penhora garanta a totalidade da dívida exequenda.**

IV- **De todo o modo, a execução terá necessariamente que suspender-se após a prestação de garantia ou após a penhora de bens suficientes (no caso de não ser requerida a prestação de garantia ou, sendo-o, não chegar a ser prestada). O núcleo das garantias constitucionais fica, portanto, salvaguardado com este regime de suspensão obrigatória, nesta fase, da execução instaurada, pois que, se a impugnação for julgada procedente, a execução se extinguirá necessariamente devido à consequente anulação da dívida e pois que o executado só responderá pelas custas relativas ao processado posterior à penhora no caso de não dar conhecimento da existência de processo que justifique a suspensão da execução (n.º 4 do art. 169.º do CPPT).**

V- **Mas como a suspensão da execução é da competência do CRF, sendo certo que a suspensão da execução por virtude de pendência de reclamação, impugnação judicial ou recurso judicial que tenha por objecto a legalidade da dívida exequenda, só ocorre se e desde que seja prestada garantia, e, no caso dos autos, não está demonstrada a verificação desta condição e a garantia de que fala o n.º 2 do art.º 286.º do CPPT não foi prestada.**

VI- **O efeito devolutivo não afectará a utilidade do recurso visto que a retenção dos agravos só os torna absolutamente inúteis se estes ficarem sem finalidade alguma ou se a sua decisão, ainda que favorável ao recorrente, já lhe não pode aproveitar, o que não é o caso dos recorrentes em cuja situação se mantém intacto o seu interesse e finalidade.**

VII- **A liquidação aduaneira *"a posteriori"* só não terá lugar se, cumulativamente, os direitos não**

tenham sido cobrados devido a erro das próprias autoridades aduaneiras competentes, o erro por estas cometido não pudesse razoavelmente ser detectado pelo devedor de boa-fé e o devedor tivesse observado todas as disposições previstas pela regulamentação em vigor, no que respeita à declaração aduaneira – cfr. al. b) do n.º 2 do artigo 200.º do Código Aduaneiro Comunitário.

VIII – Assim, a liquidação aduaneira *"a posteriori"* terá sempre de efectuar-se em caso de erro de declaração inexacta do devedor.

ACORDAM, EM CONFERÊNCIA, NA SECÇÃO DE CONTENCIOSO TRIBUTÁRIO (2.ª SECÇÃO) DO TRIBUNAL CENTRAL ADMINISTRATIVO:

1. – **MAR DO BACALHAU – Produtos do Mar, Lda,** com os sinais dos autos, recorreu para o TCA da sentença que, proferida pelo Mm.º Juiz do Tribunal Tributário de Iª Instância de Aveiro, que julgou improcedente a impugnação judicial por si deduzida contra a liquidação de dívida aduaneira, apurado no processo de cobrança n.º 189/1998.

No seu recurso, o recorrente alega e formula as seguintes Conclusões:

1ª As taxas aduaneiras que serviram de base às liquidações "a posteriori" impugnadas não foram consideradas em virtude de um *erro activo* das autoridades aduaneiras;

2ª Na verdade, tratando-se de importações propostas para beneficiarem de regimes pautais preferenciais autónomos, obrigadas ao respeito de preços de referenda, de acordo com o Regulamento (CE) n.º 789/95, do Conselho, de 22/4/96 e Regulamento n.º 2970, da Comissão, de 19/12/95, as autoridades aduaneiras estavam obrigadas, após a aceitação das declarações de importação (DU) a verificarem não só do cabimento dessas importações nos contingentes estabelecidos pela Comunidade, como também a verificarem se os preços de referenda eram respeitados;

3ª Para esse efeito bastava a essas autoridades dividirem os valores indicados nas facturas que lhes eram apresentadas pelos pesos, pesos estes que elas próprias controlavam por pesagem;

4ª Embora na ocasião houvesse que respeitar esses preços de referenda as autoridades aduaneiras não procederam a essa verificação, deferindo os pedidos de importação a uma taxa que não correspondia à que devia ser aplicada;

5ª A actuação dos importadores, no caso das importações em causa, traduz-se num pedido dirigido a essas autoridades consubstanciador de uma intenção de fazer as importações em condições preferenciais;

6ª Esse pedido tem de ser apreciado, mediante análise dos elementos apresentados, pelas autoridades aduaneiras, uma vez que não é automática a concessão dessas condições preferenciais, estando essas autoridades obrigadas a notificar a Comissão para ser processado o saque sobre o contingente;

7ª Só após estas operações a Direcção-Geral das Alfândegas, através da sua Divisão especializada, comunica à estância de importação se a importação pode ou não ser processada nas condições propostas;

8ª Assim sendo, estando as autoridades aduaneiras obrigadas a este controlo e existindo, como depois vieram a concluir, preços de referenda em vigor, se essas autoridades autorizaram a concessão das condições preferenciais de importação quando o não deviam fazer, na base dessas condições está um ERRO ACTIVO das autoridades aduaneiras;

9ª Erro esse que não era razoavelmente detectável pêlos importadores uma vez que não só sabiam que as autoridades estavam obrigadas àquele controlo como pêlos próprios funcionários aduaneiros que intervieram em todas as importações idênticas, de diversos importadores (e muitas foram) lhes era assegurada unanimemente a regularidade das condições preferenciais das importações;

10ª Da matéria de facto provada resulta também que os importadores agiram de boa fé e respeitaram toda a regulamentação em vigor respeitante às declarações aduaneiras;

11ª A alínea b) do n.º 2 do art. 220.º do Código Aduaneiro Comunitário estabelece que *não se efectuará* um registo de liquidação "a posteriori" se

"O registo de liquidação do montante dos direitos legalmente devidos não tiver sido efectuado em consequência de um erro das próprias autoridades aduaneiras, que não podia ser razoavelmente detectado pelo devedor, tendo este, por seu lado, agido de boa fé e observado todas as disposições previstas pela regulamentação em vigor no que se refere à declaração aduaneira."

12ª Tendo existido, no caso das importações dos autos, um erro (activo) das próprias autoridades aduaneiras, que não podia ser razoavelmente detectado pelos devedores, que, por isso, agiram de boa fie e com respeito da regulamentação em vigor referente às declarações aduaneiras que apresentaram;

13ª A sentença recorrida, ao decidir a matéria de facto no sentido de não existir prova desse erro activo errou na apreciação da prova pelo que a respectiva matéria deve ser alterada no sentido de se considerar provado ter existido erro activo das autoridades aduaneiras;

14ª Ao efectuar as liquidações "a posteriori" impugnadas por despacho do seu Director, a Alfândega de Aveiro violou o art. 220.º E alínea b) do n.º 2 do Código Aduaneiro Comunitário, instituído pelo Regulamento (CEE) n.º 2913/92, do Conselho, de 12 de Outubro de 1992;

15ª A violação de lei é um vido do acto administrativo que importa a sua anulação, designadamente por via contenciosa;

16ª Ao não proceder a essa anulação, mantendo as liquidações impugnadas, a aliás douta sentença recorrida errou na apreciação da matéria de facto e violou a alínea b) do n.º 2 do art. 220.º do citado Código Aduaneiro Comunitário.

Termos em que entende que deve ser dado provimento ao recurso e, em consequência, revogada a sentença recorrida e anulados todos os actos de liquidação impugnados, com as consequências legais, por ser de LEI e de JUSTIÇA.

Não houve contra-alegações.

O MP emitiu o seguinte douto parecer:

"Requerimento de fls. 519:

Uma coisa é o recurso contencioso de um acto da Administração, ainda que nesse recurso se discuta a suspensão da execução, outra o recurso em processo de impugnação.

Aquele recurso não tem qualquer efeito no andamento e nos trâmites deste.

Assim, no processo de impugnação só não há efeito devolutivo nos casos referidos na parte final do artigo 286.º n.º 2 do CPPT.

Não se mostra prestada a garantia nem que o efeito devolutivo tome inútil o presente recurso.

Assim, somos de parecer que deve ser mantido o efeito devolutivo fixado a fls. 486.

Do recurso:

Não nos merece censura a sentença recorrida.

Com efeito, como bem aí se refere a aceitação do declaração do contribuinte não implica o controle dessa declaração pör acto activo da Administração Aduaneira. Se essa declaração contém erros estes são da responsabilidade de quem a apresenta.

Ao incluir os bens numa determinada posição pautal, o contribuinte está a induzir em erro a Administração que mais não pode fazer senão liquidar conforme a declaração sem embargo de qualquer correcção a posteriori."

Satisfeitos os vistos legais, cumpre decidir.

2. – São os seguintes os factos dados como provados em 1ª instância e que interessam à decisão da causa:

3. MATÉRIA DE FACTO

3.1. FACTOS PROVADOS

Resultante da prova documental junta, é o seguinte o acervo dos factos a extrair do alegado pelas partes e a dar como assente, com interesse para a decisão de mérito:

3.1.1. A Impugnante importou dos Estados Unidos da América 18 paletas de bacalhau salgado verde *«Gadus Macrocephalus»,* no total de 19.700 Kg. e de Esc. 11.122.352$00 – facto extraído do alegado no artigo 5.º da douta P.L, na parte em que se alude a «mercadoria importada» e se remete para o "DU" que a descreve e referencia a factura n.º 196.45, junta sob cópia a fls. 214 dos autos; trata-se de facto reconhecido por todos os intervenientes, nomeadamente pelos Serviços da Alfândega no ponto 2. l. da resposta, a fls. 27 dos autos;

3.1.2. Para o efeito, foi preenchido em 96.04.29 o documento único "D.U." n.º 200635, de que se junta cópia de fls. 207 a fls. 208 e cujo teor aqui se dá pôr integralmente reproduzido para todos os legais efeitos, tendo sido apostos no exemplar 6, quadro 39 (*«Contingente»), os* seguintes dizeres: «MF092765»;

3.1.3. Foi também preenchido o impresso de liquidação "I.L.", tendo sido aposta no exemplar I, casa B («NÚMERO e DATA DO REGISTO DA LIQUIDAÇÃO») o n.º 96/49150 e a data 96.04.29, seguida da rubrica do funcionário responsável pela aceitação, e liquidado o montante de 333.671$00 a título de direitos aduaneiros CEE, código 801, à taxa de 3% – documento de fls. 210 dos autos;

3.1.4. Através do fax com o n.º de saída 586, de 96.04.30, o Ex.mo Director da Alfândega de Aveiro solicitou ao Ex.° Chefe de Divisão de Origens e Relações Externas contigente pautal para a importação de bacalhau salgado verde a que se alude em 3. l. l. supra – fls. 226 dos autos;

3.1.5. Através do fax com o n.º de saída 367-DO, de 96.05.14, a Divisão de Origens e Valor Aduaneiro da D.G.A. informou a Alfândega de Aveiro que o pedido tinha cabimento no contigente fixado pelo Regulamento n.º 789/96 – doc. de fls. 227;

3.1.6. Tendo-se apurado que com base no Reg.º (CEE) n.º 789/96 a mercadoria do CPC n.º 092765 deve direitos à taxa de 4%, procedeu-se em 96.05.23 à liquidação rectifícativa com o n.º de registo 96/64583 e liquidado o montante de Esc. 111.223SOO a título de direitos aduaneiros CEE, código 801 – doc.s de fls. 209 e 216 dos autos;

3.1.7. A Impugnante importou também dos Estados Unidos da América 72 paletas de bacalhau salgado verde, espécie *«Gadus Macrocephalus»,* no total de 76.400 Kg. (apurados após rectificação da pesagem) e de Esc. 40.973.078$00 – facto extraído do alegado no artigo 5.º da douta P.L, na parte em que se alude a «mercadoria importada» e se remete para o "DU" que a descreve e referencia à factura n.º 197.45 junta sob cópia a fls. 253 dos autos; trata-se de facto reconhecido por todos os intervenientes, nomeadamente pelos Serviços da Alfândega no ponto 2.1. da resposta, a fls. 27 dos autos;

3.1.8. Para o efeito, foi preenchido em 96.04.29 o documento único "D.U." n.º 200636, de que se junta cópia de fls. 229 a fls. 231 e cujo teor aqui se dá por integralmente reproduzido para todos os legais efeitos, tendo sido apostos no exemplar 6, quadro 39 *(«Contingente»), os* seguintes dizeres: «MF092765»;

3.1.9. Foi também preenchido o impresso de liquidação "I.L.", tendo sido aposta no exemplar I, casa B («NÚMERO E DATA DO REGISTO DA LIQUIDAÇÃO») o n.º 96/ /49860 e a data 96.04.30, seguida da rubrica do funcionário responsável pela aceitação, e liquidado o montante de 1.229.192$00 a título de direitos aduaneiros CEE, código 801, à taxa de 3% – documento de fls. 298 dos autos;

3.1.10. Através do fax com o n.º de saída 586, de 96.04.30, o Ex.mo Director da Alfândega de Aveiro solicitou ao Ex.° Chefe de Divisão de Origens e Relações Externas contigente pautal para a importação de bacalhau salgado verde a que se alude em 3.1.7. supra – fls. 248 dos autos;

3.1.11. Através do fax com o n.º de saída 367-DO, de 96.05.14, a Divisão de Origens e Valor Aduaneiro da D.G.A. informou a Alfândega de Aveiro que o pedido tinha cabimento no contigente fixado pelo Regulamento n.º 789/96 – doc. de fls. 250;

3.1.12. Tendo-se apurado que com base no Reg.º (CEE) n.º 789/96 a mercadoria do CPC n.º 092765 deve direitos à taxa de 4%, procedeu-se em 96.05.24 à liquidação rectificativa com o n.º de registo 96/64516 e liquidado o montante de Esc. 409.731 $00 a título de direitos aduaneiros CEE, código 801 – doc.s de fls. 234 e 236 dos autos;

3.1.13. A Impugnante Importou também dos Estados Unidos da América 20 chapas de bacalhau salgado verde, espécie *«Gadus Macrocephalus»,* no total de 18.398 K.g. (apurados após rectificação da pesagem) e de Esc. 9.930.757$00 – facto extraído do alegado no artigo 5.º da douta P.L, na parte em que se alude a «mercadoria importada» e se remete para o "DU" que a descreve e referencia a factura n.º 203.4, junta sob cópia a fls. 267 dos autos; trata-se de facto reconhecido por todos os intervenientes, nomeadamente pelos Serviços da Alfândega no ponto 2.1. da resposta, a fls. 27 dos autos (cfr. também fls. 269);

3.1.14. Para o efeito, foi preenchido em 96.07.01 o documento único "D.U." n.º 200709, de que se junta cópia de fls. 255 a fls. 256 e cujo teor aqui se dá por integralmente reproduzido para todos os legais efeitos, tendo sido apostos no exemplar 6, quadro 39 *(«Contingente»), os* seguintes dizeres: «MF092765»;

3.1.15. Foi também preenchido o impresso de liquidação "I.L.", tendo sido aposta no exemplar I, casa B («NÚMERO e DATA DO REGISTO DA LIQUIDAÇÃO») o n.º 96/52658 e a data 96.05.07, seguida da rubrica do funcionário responsável pela aceitação, e liquidado o montante de 398.430$00 a título de direitos aduaneiros CEE, código 801, à taxa de 4% – documento de fls. 257 dos autos;

3.1.16. Através do fax com o n.° de saída 645, de 96.05.13, o Ex.mo Director da Alfândega de Aveiro solicitou ao Ex.° Chefe de Divisão de Origens e Relações Externas contigente pautai para a importação de bacalhau salgado verde seco a que se alude em 3. I. 13. supra – fls. 280 dos autos;

3.1.17. Através dos fax com os n.os de saída 373-DO, de 96.05.15, a Divisão de Origens e Valor Aduaneiro da D.G.A. informou a Alfândega de Aveiro que o pedido tinha cabimento no contigente fixado pelo Regulamento n.º 789/96 – doc. de fls. 279 a 335;

3.1.18. A Impugnante importou também dos Estados Unidos da América 18 paletas de bacalhau salgado verde, espécie *«Gadus Macrocephalus»,* no total de 20.971 Kg. (apurados após rectificação da pesagem) e de Esc. 11.125.349$00 € facto extraído do alegado no artigo 5.º da douta P.I, na parte em que se alude a «mercadoria importada» e se remete para o "DU" que a descreve e referencia a factura n.º 202-2, junta sob cópia a fls. 290 dos autos; trata-se de facto reconhecido por todos os intervenientes, nomeadamente pelos Serviços da Alfândega no ponto 2.1. da resposta, a fls. 27 dos autos (cfr. também doc. de fls. 292);

3.1.19. Para o efeito, foi preenchido em 96.05.08 o documento único "D.U." n.º 200731, de que se junta cópia de fls. 281 a fls. 284 e cujo teor aqui se dá por integralmente reproduzido para todos os legais efeitos, tendo sido apostos no exemplar 6, quadro 39 *(«Contingente»),* os seguintes dizeres: «MF092765»;

3.1.20. Foi também preenchido o impresso de liquidação "I.L.", tendo sido aposta no exemplar I, casa B («NÚMERO E DATA DO REGISTO DA LIQUIDAÇÃO») o n.° 96/53719 e a data 96.05.08, seguida da rubrica do funcionário responsável pela aceitação, e liquidado o montante de 446.214$00 a título de direitos aduaneiros CEE, código 801, à taxa de 4% – documento de fls. 285 dos autos;

3.1.21. Através do fax com o n.º de saída 1645, de 96.05.13, o Ex.mo Director da Alfândega de Aveiro solicitou ao Ex.° Chefe de Divisão de Origens e Relações Externas contigente pautai para a importação de bacalhau salgado não seco a que se alude em 3. I. 18. supra – fls. 304 dos autos;

3.1.22. Através do fax com o n.º de saída 373-DO, de 96.05.15, a Divisão de Origens e Valor Aduaneiro da D.G.A. informou a Alfândega de Aveiro que o pedido tinha cabimento no contigente fixado pelo Regulamento n.º 789/96 – doc. de fls. 303;

3.1.23. A Impugnante importou também dos Estados Unidos da América 54 paletas de bacalhau salgado verde, espécie *«Gadus Macrocephalus»,* no total de 61.000 Kg. (apurados após rectificação da pesagem) e de Esc. 32.258.162$00 – facto extraído do alegado no artigo 5.º da douta P.I., na parte em que se alude a «mercadoria importada» e se remete para o "DU" que a descreve e referencia a factura n.º 214-45, junta sob cópia a fls. 316 dos autos; trata-se de facto reconhecido por todos os intervenientes, nomeadamente pelos Serviços da Alfândega no ponto 2.1. da resposta, a fls. 27 dos autos (cfr. também fls. 317);

3.1.24. Para o efeito, foi preenchido em 96.05.08 o documento único "D.U." n.º 200732, de que se junta cópia de fls. 305 a fls. 307 e cujo teor aqui se dá pôr integralmente reproduzido para todos os legais efeitos, tendo sido apostos no exemplar 6, quadro 39 *(«Contingente»),* os seguintes dizeres: «MF092765»;

3.1.25. Foi também preenchido o impresso de liquidação "I.L.", tendo sido aposta no exemplar I, casa B («NÚMERO E DATA DO REGISTO DA LIQUIDAÇÃO») o n.º 96/53727 e a data 96.05.08, seguida da rubrica do funcionário responsável pela aceitação, e liquidado o montante de 1.293.926$00 a título de direitos aduaneiros CEE, código 801, à taxa de 4% – documento de fls. 308 dos autos;

3.1.26. Através do fax com o n.º de saída 1645, de 96.05.13, o Ex.mo Director da Alfândega de Aveiro solicitou ao Ex.° Chefe de Divisão de Origens e Relações Externas contigente pautal para a importação de bacalhau salgado verde seco a que se alude em 3.1.23. supra – fls. 329 dos autos;

3.1.27. Através do fax com o n.º de saída 373-DO, de 96.05.15, a Divisão de Origens e Valor Aduaneiro da D.G.A. informou a Alfândega de Aveiro que o pedido tinha cabimento no contigente fixado pelo Regulamento n.º 789/96 € doc. de fls. 328;

3.1.28. A Impugnante importou também dos Estados Unidos da América 18 paletas de bacalhau salgado verde, espécie *«Gadus Macrocephalus»,* no total de 23.306 Kg. (apurados após rectificação da pesagem) e de Esc. 12.000962$00 – facto extraído do alegado no artigo 5.º da douta P.L, na parte em que se alude a «mercadoria importada» e se remete para o "DU" que a descreve e referencia a factura n.° 224-12, junta sob cópia a fls. 340 dos autos; trata-se de facto reconhecido por todos os intervenientes, nomeadamente pelos Serviços da Alfândega no ponto 2.1. da resposta, a fls. 27 dos autos (cfr. também fls. 344);

3.1.29. Para o efeito, foi preenchido em 96.05.09 o documento único "D.U." n.º 200743, de que se junta cópia a fls. 334 e de fls. 330 a fls. 330 e cujo teor aqui se dá por integralmente reproduzido para todos os legais efeitos, tendo sido apostos no exemplar 6, quadro 39 *(«Contingente»), os* seguintes dizeres: «MF092765»;

3.1.30. Foi também preenchido o impresso de liquidação "I.L.", tendo sido aposta no exemplar I, casa B («NÚMERO e DATA DO REGISTO DA LIQUIDAÇÃO») o n.º 96/54499 e a data 96.05.09, seguida da rubrica do funcionário responsável pela aceitação, e liquidado o montante de 481.238$00 a título de direitos aduaneiros CEE, código 801, à taxa de 4% – documento de fls. 346 dos autos;

3.1.31. Através do fax com o n.º de saída 676, de 96.05.15, o Ex.mo Director da Alfândega de Aveiro solicitou ao Ex.° Chefe de Divisão de Origens e Relações Externas contigente pautal para a importação de bacalhau salgado não seco a que se alude em 3.1.28. supra – fls. 336 dos autos;

3.1.32. Através do fax com o n.º de saída 396-DO, de 96.05.22, a Divisão de Origens e Valor Aduaneiro da D.G.A. informou a Alfândega de Aveiro que o pedido tinha cabimento no contigente fixado pelo Regulamento n.º 789/96 – doc. de fls. 343;

3.1.33. A Impugnante importou também dos Estados Unidos da América 18 paletas de bacalhau salgado verde, espécie *«Gadus Macrocephalus»,* no total de 20.020 Kg. (apurados após rectificação da pesagem) e de Esc. 11.209.366$00 – facto extraído do alegado no artigo 5.º da douta P.L, na parte em que se alude a «mercadoria importada» e se remete para o "DU" que a descreve e referencia a factura n.º 235-1, junta sob cópia a fls. 235-1 dos autos; trata-se de facto reconhecido por todos os intervenientes, nomeadamente pelos Serviços da Alfândega no ponto 2. l. da resposta, a fls. 27 dos autos (cfr. também fls. 358);

3.1.34. Para o efeito, foi preenchido em 96.05.21 o documento único "D.U." n.º 200875, de que se junta cópia de fls. 352 a fls. 354 e CUJO teor aqui se dá por integralmente reproduzido para todos os legais efeitos, tendo sido apostos no exemplar 6, quadro 39 *(«Contingente»), os* seguintes dizeres: «MF092765»;

3.1.35. Foi também preenchido o impresso de liquidação "I.L.", tendo sido aposta no exemplar I, casa B («NÚMERO e DATA DO REGISTO DA LIQUIDAÇÃO») o n.º 96//63617 e a data 96.05.21, seguida da rubrica do funcionário responsável pela aceitação, e liquidado o montante de 1.170.019$00 a título de direitos aduaneiros CEE, código 801, à taxa de 4% – documento de fls. 355 dos autos;

3.1.36. Através do fax com o n.° de saída 720, de 96.05.21, o Ex.mo Director da Alfândega de Aveiro solicitou ao Ex.° Chefe de Divisão de Origens e Relações Externas contigente pautal para a importação de bacalhau salgado verde seco a que se alude em 3.1.33. supra – fls. 372 dos autos;

3.1.37. Através do fax com o n.º de saída 410-DO, de 96.05.29, a Divisão de Origens e Valor Aduaneiro da D.G.A. informou a Alfândega de Aveiro que o pedido tinha cabimento no contigente fixado pelo Regulamento n.º 789/96 – doc. de fls. 373;

3.1.38. A Impugnante importou também dos Estados Unidos da América 20 paletas de bacalhau salgado verde, espécie *«Gadus Macrocephalus»,* no total de 39.320 Kg. (apurados após rectificação da pesagem) e de Esc. 22.125.561$00 – facto extraído do alegado no artigo 5.º da douta P.L, na parte em que se alude a «mercadoria importada» e se remete para o "DU" que a descreve e referencia a factura n.º 236-1, junta sob cópia a fls. 391 dos autos; trata-se de facto reconhecido por todos os intervenientes, nomeadamente pelos Serviços da Alfândega no ponto 2.1. da resposta, a fls. 27 dos autos (cfr. também fls. 380);

3.1.39. Para o efeito, foi preenchido em 96.05.21 o documento único "D.U." n.º 200876, de que se junta cópia a fls. 386 e de fls. 375 a fls. 376 e cujo teor aqui se dá por integralmente reproduzido para todos os legais efeitos, tendo sido apostos no exemplar 6, quadro 39 *(«Contingente»), os* seguintes dizeres: «MF092765»;

3.1.40. Foi também preenchido o impresso de liquidação "I.L.", tendo sido aposta no exemplar I, casa B («NÚMERO E DATA DO REGISTO DA LIQUIDAÇÃO») o n.º 96/63633 e a data 96.05.21, seguida da rubrica do funcionário responsável pela aceitação, e liquidado o montante de 885.022$00 a título de direitos aduaneiros CEE, código 801, à taxa de 4% – documento de fls. 377 dos autos;

3.1.41. Através do fax com o n.º de saída 1720, de 96.05.24, o Ex.mo Director da Alfândega de Aveiro solicitou ao Ex.° Chefe de Divisão de Origens e Relações Externas contigente pautai para a importação de bacalhau salgado não seco a que se alude em 3.1.38. supra – fls. 387 dos autos;

3.1.42. Através do fax com o n.º de saída 410-DO, de 96.05.29, a Divisão de Origens e Valor Aduaneiro da D.G.A. informou a Alfândega de Aveiro que o pedido tinha cabimento no contigente fixado pelo Regulamento n.º 789/96 – doc. de fls. 388;

3.1.43. A Impugnante importou também dos Estados Unidos da América 730 paletas de bacalhau salgado verde, espécie *«Gadus Macrocephalus»,* no total de 778.120 Kg. (apurados após rectificação da pesagem) e de Esc. 454.827.376$00 – facto extraído do alegado no artigo 5.º da douta P.L, na parte em que se alude a «mercadoria importada» e se remete para o "DU" que a descreve e referencia as facturas n.os 230-1, 232-2, 239-4 e 247-12, juntas sob cópia a fls. 408 a 411 dos autos; trata-se de facto reconhecido por todos os intervenientes, nomeadamente pelos Serviços da Alfândega no ponto 2.1. da resposta, a fls. 27 dos autos (cfr. também fls. 427);

3.1.44. Para o efeito, foi preenchido em 96.05.29 o documento único "D.U." n.º 200952, de que se junta cópia a fls. 402 e de fls. 401 a fls. 403 e cujo teor aqui se dá por integralmente reproduzido para todos os legais efeitos, tendo sido apostos no exemplar 6, quadro 39 *(«Contingente»), os* seguintes dizeres: «MF092765»;

3.1.45. Foi também preenchido o impresso de liquidação "I.L.", tendo sido aposta no exemplar I, casa B («NÚMERO e DATA DO REGISTO DA LIQUIDAÇÃO») o n.° 96/68163 e a data 96.05.29, seguida da rubrica do funcionário responsável pela aceitação, e liquidado o montante de 18.213.095$00 a titulo de direitos aduaneiros CEE, código 801, à taxa de 4% – documento de fls. 404 dos autos;

3.1.46. Através do fax com o n.º de saída 796, de 96.06.07, o Ex.mo Director da Alfândega de Aveiro solicitou ao Ex.° Chefe de Divisão de Origens e Relações Externas contigente pautal para a importação de bacalhau salgado não seco a que se alude em 3.l.43. supra – fls. 436 dos autos;

3.1.47. Através do fax com o n.º de saída 447-DO, de 96.06.11, a Divisão de Origens e Valor Aduaneiro da D.G.A. informou a Alfândega de Aveiro que o pedido tinha cabimento no contigente fixado pelo Regulamento n.º 789/96 – doc. de fls. 419;

3.1.48. A Impugnante importou também dos Estados Unidos da América 144 paletas de bacalhau salgado verde, espécie *«Gadus Macrocephalus,* no total de 164.730 Kg. (apurados após rectificação da pesagem) e de Esc. 88.835.063$00 – facto extraído do alegado no artigo 5.º da douta P.L, na parte em que se alude a «mercadoria importada» e se remete para o "DU" que a descreve e referencia a factura n.º 248-2, juntas sob cópia a fls. 445 dos autos; trata-se de facto reconhecido por todos os intervenientes, nomeadamente pelos Serviços da Alfândega no ponto 2.1. da resposta, a fls. 27 dos autos (cfr. também fls. 452);

3.1.49. Para o efeito, foi preenchido em 96.06.04 o documento único "D.U." n.º 201003, de que se junta cópia a fls. 437 e de fls. 438 a fls. 439 e cujo teor aqui se dá por integralmente reproduzido para todos os legais efeitos, tendo sido apostos no exemplar 6, quadro 39 *(«Contingente»), os* seguintes dizeres: «MF092765»;

3.1.50. Foi também preenchido o impresso de liquidação "I.L.", tendo sido aposta no exemplar I, casa B

(«NÚMERO e DATA do REGISTO da LIQUIDAÇÃO») o n.º 96/70931 e a data 96.06.04, seguida da rubrica do funcionário responsável pela aceitação, e liquidado o montante de 3.563.003$00 a título de direitos aduaneiros CEE, código 801, à taxa de 4% – documento de fls. 440 dos autos;

3.1.51. Através do fax com o n.º de saída 796, de 96.06.07, o Ex.mo Director da Alfândega de Aveiro solicitou ao Ex.° Chefe de Divisão de Origens e Relações Externas contigente pautai para a importação de bacalhau salgado não seco a que se alude em 3.1.48. supra – fls. 451 dos autos;

3.1.52. Através do fax com o n.º de saída 447-DO, de 96.06.11, a Divisão de Origens e Valor Aduaneiro da D.G.A. informou a Alfândega de Aveiro que o pedido tinha cabimento no contigente fixado pelo Regulamento n.º 789/96 – doc. de fls. 450;

3.1.53. As declarações de importação a que aludem os n.os anteriores foram objecto de revisão pela Alfândega de Aveiro, tendo sido organizado o processo de cobrança *a posteriori,* ao qual foi atribuído o n.º CF/CP/ /189/98, com base no parecer de serviço de 98.09.09 de que se junta cópia de fls. 35 a fls. 39 dos autos e cujo teor aqui se tem por reproduzido para todos os legais efeitos, e de onde além do mais consta:

«Mostra o processo que na declaração de Importação pata Introdução em Livre Prática e Consumo de Ordem n.º *(1),* de *(1).* Registo de Liquidação n.º *(2),* de //, Receita n.º *(2),* de /(2) /, processada e na Alfândega de *Aveiro,* em nome de *Mar do Bacalhau – Produtos do Mar, Lda.,* com sede em *Largo São João do Souto, 14-2." – 4700 Braga,* contribuinte n.º *502 724 528,* foi paga a menos/ a quantia de Esc. *27.107.381$00 (vinte e sete milhões cento e sete mil trezentos e oitenta e um escudos)* assim distribuída:

Direitos Ad. CEE (Cód. 801)	*25.445.5 57$00*
Iva Taxa Reduzida (Cód. 521)	*1.272.278$00*
Juros Compensatórios (Cód. 651)	*389.546$00*
TOTAL	*27.107.381$00*

O citado pagamento a menos, nas rubricas acima indicadas, resultou de parte/toda a mercadoria importada através do DU(s) acima indicado(s), ter beneficiado indevidamente da taxa reduzida de 4% de direitos aduaneiros no âmbito do contingente pautai n.º 092765, instituído pelo Regulamento (CE) n.º 2970/95, do Conselho, de 19 de Dezembro de 1995, por inobservância do preço de referência, fixado pelo Regulamento (CE) n.º 789/96, da Comissão, de 22 de Abril.

De facto, constata-se que a(s) varias verba(s) da(s) factura(s) que amparou(aram) o(s) DU(s) supra referido(s), corresponde(m) preço(s) inferiores) ao regulamentarmente exigido, pelo que, nos termos e de acordo com o n.º 1 do art. 220.º do Código Aduaneiro Comunitário, estabelecido pelo Regulamento (CEE) n.º 2 913/92, do Conselho, de 12 de Outubro, ha lugar a registo de liquidação "a posteriori" da dívida apurada e atrás indicada a fls. 13, 26, 36, 46, 57, 67, 77, 87, 106 e 117 do processo, a que acresce a quantia de 389.546$00, a título de Juros Compensatórios, calculados à taxa de 13,25% ao ano, nos termos dos n.os 1 e 2 do art. 89.º do Código do Imposto Sobre o Valor Acrescentado, na redacção dada pelo Decreto-Lei n.º 7/96, de 7 de Fevereiro (...)» – cfr. também I.L. de fls. 40 dos autos;

3.1.54. Sobre o parecer a que alude o n.º anterior incidiu douto despacho do Ex.mo Director da Alfândega de Aveiro datado de 98.09.09, com o seguinte teor: *«Visto. Concordo com o parecer de serviço exarado a folhas 125 a 128 do presente processo. Registe-se a dívida e notifique-se o devedor para proceder ao pagamento dos montantes em débito, no prazo de dez dias»* – fls. 39 dos autos;

3.1.55. À liquidação foi atribuído o n.º de registo 900283/98, tendo a Impugnante sido notificada do despacho a que alude o n.º anterior pelo ofício registado n.º 5484, de 98.09.21, cfr. fls. 42 e 43 dos autos e cujo teor aqui se tem por reproduzido;

3.1.56. A Impugnação deu entrada na Alfândega de Aveiro em 98.11.23 -cfr. carimbo aposto no cabeçalho da douta P.I;

3.2. FACTOS NÃO PROVADOS

Não detectei na douta petição a alegação de outros factos a considerar com interesse para a decisão final ou que devam considerar-se como não provados.

***

3. – Importa solver a questão prévia suscitada pela recorrente e sobre a qual o EMMP junto desta instância tomou posição quanto à decisão judicial de fixação de efeito suspensivo ao recurso jurisdicional interposto.

No Requerimento de fls. 519 pretende a recorrente que seja alterado o efeito do recurso mas, como salienta o EPGA, uma coisa é o recurso contencioso de um acto da Administração, ainda que nesse recurso se discuta a suspensão da execução, outra o recurso em processo de impugnação.

É que aquele recurso não tem qualquer efeito no andamento e nos trâmites deste.

Quid Juris?

Como decorre do art.º 687.º do CPC, o despacho que admitiu o recurso não vincula o Tribunal superior, pelo que nada obsta que se aprecie e decida agora se o efeito do recurso deve ser o suspensivo.

O despacho do juiz recorrido e do próprio relator que admita e declare não obsta ao conhecimento do recurso, é provisório e não vincula este Tribunal.

E constitui jurisprudência pacífica a de que a decisão que admita o recurso, fixe a sua espécie, ou determine o efeito que lhe compete não vincula o tribunal superior (cfr. art.º 687.º, n.º 4 do CPC), ao passo que o despacho do relator no tribunal superior é também provisório por ser modificável pela conferência por iniciativa do próprio relator, dos seus adjuntos e até das próprias partes (vd. B.M.J., 263.º-218; 180.º-244; 174.º-182, 156.º-307; 124.º-647; 93.º-286 e 46.º-347).

Como o recurso não foi julgado findo, pelo não conhecimento do seu objecto, por despacho do relator (art. 700.º n.º 1 al. e) CPC/art.749.º CPC/art. 281.º CPPT), nada obsta que a conferência o possa fazer agora.

Resulta do art.º 286.º, n.º 2 do CPPT, que os recursos têm efeito meramente devolutivo, salvo se for prestada garantia nos termos desse Código ou o efeito devolutivo afectar o efeito útil dos recursos.

Assim, como a recorrente pretende que ao recurso seja atribuído efeito suspensivo ao recurso que interpôs, deveria pedir, no requerimento da sua interposição, a fixação do valor da garantia idónea a prestar (nesse sentido, vd. *A. Sousa e Silva Paixão, CPPT Anotado).*

Ora, vê-se do requerimento de interposição do presente recurso, que a recorrente não pediu que fosse atribuído efeito suspensivo ao recurso como previsto no n.º 2 do art.º 286.º do CPPT nem que haja requerido a prestação de garantia suficiente calculada nos termos dos art.s 169.º n.º 2 e 199.º n.º 2 do CPPT).

Todavia, decorre dos termos do art. 169.º do CPPT, que a reclamação, a impugnação ou recurso judicial que tenham por objecto a legalidade da dívida exequenda, **só suspendem** a execução desde que tenha sido constituída garantia nos termos do art.º 195.º do CPPT ou prestada nos termos do art. 199.º do CPPT, ou desde que a penhora garanta a totalidade da dívida exequenda. Isto é a reclamação, a impugnação ou o recurso judicial, não impedem a instauração da execução. Mas, de todo o modo, a execução terá necessariamente que suspender-se após a prestação de garantia ou após a penhora de bens suficientes (no caso de não ser requerida a prestação de garantia ou, sendo-o, não chegar a ser prestada). O núcleo das garantias constitucionais fica, portanto, salvaguardado com este regime de suspensão obrigatória, nesta fase, da execução instaurada, pois que, se a impugnação (ou qualquer dos mencionados processos) for julgada procedente, a execução se extinguirá necessariamente devido à consequente anulação da dívida e pois que o executado só responderá pelas custas relativas ao processado posterior à penhora no caso de não dar conhecimento da existência de processo que justifique a suspensão da execução (n.º 4 do art. 169.º do CPPT).

Não se mostra prestada a garantia nem que o efeito devolutivo torne inútil o presente recurso pois que retenção dos agravos só os torna absolutamente inúteis se estes ficarem sem finalidade alguma ou se a sua decisão, ainda que favorável ao recorrente, já lhe não pode aproveitar, o que não é o caso da recorrente em cuja situação se mantém intacto o seu interesse e finalidade.

Improcede, por isso, a questão prévia suscitada pela recorrente tal obstando à alteração do efeito fixado ao recurso pelo M.º Juiz «a quo».

***

Atentas a factualidade apurada e as conclusões de recurso delimitativas do objecto deste, tal como se considerou nos Acórdãos deste TCA de 4/05/2004, tirados nos Recursos n.os 1227/03 e 1295/03, bem como nos Acórdãos de 1.6.04, 15.6.04, 10.5.05 e 31.05.05, nos Recursos 1145/03, 1143/03, 1142/03 e 1141/03, respectivamente, em casos em tudo idênticos ao presente, a única questão a decidir nos presentes autos é a de saber se as autoridades aduaneiras, ao aceitarem a declaração de importação que a recorrente lhes submeteu para efeitos de importação de mercadorias, ao abrigo do regime pautai preferencial autónomo consagrado nos Regulamentos (CE) n.º 789/95 do Conselho, de 22.4.1996 e 2.970/95 da Comissão, de 19.12.1995, ficaram impedidas de efectuar liquidação "a posteriori" no caso de terem constatado que na importação não foram observados os preços de referência. Isto porque, no entender da recorrente, estaríamos perante um caso de não liquidação integrado no n.º 2, alínea b) do artigo 220.º do Código Aduaneiro Comunitário.

Naqueles dois primeiros arestos expendeu-se a seguinte fundamentação que integralmente adoptaremos por razões de uniformidade, coerência, economia e boa aplicação do Direito:

"Com efeito, na sua petição de impugnação, a recorrente havia submetido à apreciação do Tribunal, para além da questão supra – referida, a do preço de referência estabelecido para as importações de bacalhau congelado no ano de 1996, entendendo que este deveria ser fixado obtendo o quociente do valor global da factura pelo preço e não por categoria.

Ora, tendo a sentença recorrida decidido esta questão desfavoravelmente à recorrente e não atacando este a sentença nesta parte, não está este Tribunal obrigado a conhecer daquela questão.

Deste modo fica apenas para apreciação a primeira questão que o recorrente considera violadora do disposto no artigo 220.º, n.º 2, alínea b) do Código Aduaneiro Comunitário.

5.1. A recorrente imputa à decisão recorrida a violação do disposto na alínea b) do n.º 2 do artigo 220.º do Código Aduaneiro Comunitário. Tal norma, na redacção em vigor à data dos factos, estabelecia o seguinte:

"2. Excepto nos casos referidos no segundo e terceiro parágrafos do n.º 1 do artigo 217.º, não se efectuará o registo da liquidação de liquidação "a posteriori", quando:

b) O registo da liquidação dos direitos legalmente devidos não tiver sido efectuado em consequência de um erro das próprias autoridades aduaneiras, que não podia ser razoavelmente detectado pelo devedor, tendo este, por seu lado, agido de boa – fé e observado todas as disposições previstas pela legislação em vigor, no que se refere à declaração aduaneira".[1]

Para demonstrar a violação de tal norma, a recorrente veio concluir nas suas conclusões 5ª a 10ª das alegações:

A actuação dos importadores, no caso das importações em causa, traduz-se num pedido dirigido a essas autoridades consubstanciador de uma intenção de fazer as importações em condições preferenciais;

Esse pedido tem de ser apreciado, mediante análise dos elementos apresentados, pelas autoridades aduaneiras, uma vez que não é automática a concessão dessas condições preferenciais, estando essas autoridades obrigadas a notificar a Comissão para ser processado o saque sobre o contingente;

Só após estas operações a Direcção-Geral das Alfândegas, através da sua Divisão especializada, comunica à estância de importação se a importação pode ou não ser processada nas condições propostas;

Assim sendo, estando as autoridades aduaneiras obrigadas a este controlo e existindo, como depois vieram a concluir, preços de referência em vigor, se essas autoridades autorizaram a concessão das condições preferenciais de importação quando o não deviam fazer, na base dessas condições preferenciais de importação quando o não deviam fazer, na base dessas condições está um erro activo das autoridades aduaneiras,

Erro esse que não era razoavelmente detectável pelos importadores uma vez que não só não sabiam que as autoridades estavam obrigadas aquele controlo como pelos próprios funcionários aduaneiros que intervieram em todas as importações idênticas, de diversos importadores (e muitas foram) lhes era assegurada unanimemente a regularidade das condições preferenciais das importações;

[1] Esta alínea veio posteriormente a ter nova redacção dada pelo n.º 16 do artigo 1.º do Regulamento (CE) n.º 2700/2000 do Parlamento Europeu e do Conselho, de 16.11.2000.

Da matéria de facto provada resulta também que os importadores agiram de boa fé e respeitaram toda a regulamentação em vigor respeitante à declarações aduaneiras.

Em face destas conclusões importa então apurar se a aceitação da declaração pelas autoridades aduaneiras, impedia estas de, posteriormente, desencadearem a acção de cobrança "a posteriori" que veio a ter lugar.

5.2. As importações efectuadas pela recorrente tiveram lugar ao abrigo do contingente pautai comunitário autónomo para produtos de pesca aprovado pelo Regulamento (CE) n.º 789/96 do Conselho, de 22.4.1996 com a alteração introduzida pelo Regulamento (CE) n.º 2471/96 do Conselho, de 20.12.1996.

O n.º 2 do artigo 1.º do Regulamento (CE) n.º 789/96 citado estabelece o seguinte:

"As importações dos produtos em questão só beneficiarão dos contingentes referidos no n.º 1 sob condição de o preço franco – fronteira, estabelecido nos Estados – Membros em conformidade com o disposto no artigo 22° do Regulamento (CEE) n° 3.759/92 do Conselho, de 17.12.1992, que estabelece a organização comum de mercado no sector dos produtos de pesca e agricultura, ser, pelo menos igual ao preço de referência fixado para os produtos ou categorias de produtos considerados".

"Os contingentes pautais a que se refere o artigo 1.º serão geridos pela Comissão que pode tomar todas as medidas necessárias para assegurar eficazmente a respectiva gestão (artigo 2.º do mesmo diploma).

O artigo 3.º ainda do mesmo diploma diz o seguinte:

"Se um importador apresentar num Estado – Membro uma declaração de introdução em livre prática que inclua um pedido de benefício preferencial para um produto referido no presente regulamento e se essa declaração for aceite pelas autoridades aduaneiras, o Estado – Membro em causa procederá, por via de notificação à Comissão, ao saque sobre o volume do contingente correspondente às suas necessidades.

Os pedidos de saque, com indicação da data da aceitação das referidas declarações, devem ser transmitidas à Comissão.

Os saques serão concedidos pela Comissão em função da data da aceitação das declarações de introdução em livre prática pelas autoridades na medida em que o saldo disponível o permita".

No que se refere aos preços de referência, o artigo 22.º, n.º 1 do Regulamento (CEE) n.º 3.759/92 do Conselho, de 17.12.1992, que estabelece a organização comum do mercado no sector dos produtos de pesca e da agricultura, estabelece o seguinte:

"Para os produtos enumerados nos anexos I, II,III, IV letra B e no anexo V, são fixados anualmente e por categoria de produto preços de referência válidos para a Comunidade, a fim de evitar perturbações causadas por fornecimentos provenientes de países terceiros feitos a preços anormalmente baixos ou em condições tais que comprometam as medidas de estabilização referidas nos artigos 11.º, 12.º, 13.º, 14.º, 16.º e 17.º, sob reserva dos processos de consulta previstos para certos produtos de acordo com os compromissos internacionais da Comunidade no âmbito do Acordo Geral Sobre Pautas Aduaneiras e Comércio (GATT)".

Finalmente, e no que se refere aos preços de referência para a campanha de 1996 dos produtos que constam dos anexos I, II, III, das partes A e B do anexo IV e do anexo V do Regulamento (CEE) n.º 3.759/92, estão os mesmos fixados no artigo 1.º do Regulamento (CE) n.º 2.790/95 da Comissão, de 19.12.1995, entrando em vigor em 1.1.1996.

5.3. Temos então que, no caso concreto, a administração aduaneira aceitou a declaração de importação da recorrente, a qual não respeitava o preço de referência estipulado em legislação comunitária, o que implicava que a importação não poderia ter beneficiado do tratamento pautal favorável conferido pelo respectivo Regulamento.

Aceite a declaração pelas autoridades aduaneiras ficou então a recorrente na posição de beneficiar de um direito que a legislação comunitária lhe não conferia, visto que estamos perante erro da autoridade aduaneira que determina que não possa ser efectuada liquidação "a posteriori" ao abrigo do artigo 220.º, n.º 2, alínea b) do Código Aduaneiro Comunitário?

Vejamos.

5.4. Conforme referido na sentença recorrida e estipulado no n.º 17 do artigo 4.º do Código Aduaneiro Comunitário a declaração aduaneira é o acto pelo qual uma pessoa manifesta, na forma e segundo as modalidades prescritas, a vontade de atribuir a uma mercadoria determinado regime aduaneiro.

Resulta ainda dos n.os 3 e) e 4 do artigo 20.º do mesmo diploma que também as medidas pautais preferenciais adoptadas unilateralmente pela Comunidade serão aplicadas a pedido do declarante.

Nas declarações feitas por escrito (é o caso dos autos), estas devem ser emitidas num formulário conforme com o modelo oficial previsto para esse efeito, devendo ser assinadas e conter todos os elementos necessários à aplicação das disposições que regem o regime aduaneiro para o qual são declaradas as mercadorias (artigo 62.º do CAC), sendo imediatamente aceites as declarações que obedeçam as condições do artigo 62.º (artigo 63.º do mesmo diploma).[2]

Ainda de acordo com o disposto no artigo 199.º, n.º 1 do Regulamento (CEE) n° 2.454/93 da Comissão, de 2.7.1993, e sem prejuízo da eventual aplicação de disposições repressivas, a entrega numa estância aduaneira de uma assinada pelo declarante ou pelo seu representante tem valor vinculativo nos termos das disposições em vigor, no que diz respeito:

a) À exactidão das indicações constantes da declaração;

b) À autenticidade dos documentos juntos;

c) À observância de todas as obrigações inerentes à sujeição das mercadorias em causa ao regime considerado.

Com interesse para esta questão importa ainda considerar o disposto nos artigos 13.º e 220.º, n.º 1 do Código Aduaneiro Comunitário que estabelecem, respectivamente, o seguinte:

"As autoridades aduaneiras podem adoptar, nas condições fixadas pelas disposições em vigor, todas as medidas de controlo que considerem necessárias para a correcta aplicação da legislação aduaneira".

---

[2] O modelo oficial de declaração aduaneira elaborada pôr escrito, no âmbito do procedimento normal, para sujeição das mercadorias a um regime aduaneiro ou para a sua reexportação em conformidade com o n.º 3 do artigo 182.º do CAC, é o documento administrativo único (v. os artigos 205.º, n.º 1 do Regulamento (CEE) n.º 2.454/93 da Comissão, de 2.7.1993; sobre o mesmos documento administrativo único v. ainda os artigos 206.º a 215.º do mesmo diploma).

*"1. Sempre que o registo de liquidação do montante de direitos resultante de uma divida aduaneira não tenha sido efectuado em conformidade com o disposto nos arts. 218.º e 219.º ou tenha sido efectuado num nível inferior ao montante legalmente devido, o registo de liquidação do montante de direitos a cobrar ou da parte pôr cobrar deverá efectuar-se no prazo de dois dias a contar da data em que as autoridades aduaneiras se tenham apercebido dessa situação e em que possam calcular o montante legalmente devido e determinar o devedor (registo de liquidação "a posteriori**). Este prazo pode ser prorrogado nos termos do art. 219.º."*

5.5.Como atrás se referiu, a recorrente veio invocar a violação do disposto no artigo 220.º, n.º 2, alínea b) do Código Aduaneiro Comunitário por parte da sentença.

E isto porque, se as autoridades aduaneiras autorizaram a concessão das condições preferenciais de importação quando o não deveriam fazer, na base dessas condições está um erro activo das autoridades aduaneiras, erro esse que não era razoavelmente detectável pelos importadores, uma vez que não só....... não sabiam que as autoridades estavam obrigadas aquele controlo, como pelos próprios funcionários aduaneiros que intervieram em importações idênticas, de diversos importadores lhe era assegurada unanimemente a regularidade das condições preferenciais das importações.

Por outro lado, os importadores agiram de boa fé e respeitaram toda a regulamentação em vigor respeitante às declarações aduaneiras.

Vejamos então se se verificam preenchidos os requisitos do artigo 220.º citado para que não tenha lugar a liquidação "a posteriori".

5.5.1. Nos termos da citada norma, em vigor à data da liquidação "a posteriori" (Agosto de 1998), eram três os requisitos cumulativos para que as autoridades pudessem não proceder à liquidação "a posteriori" dos direitos de importação, a saber:

a) Que os direitos não tenham sido cobrados devido a erro das autoridades competentes;

b) Que o erro por estas cometido pudesse razoavelmente ser detectado pôr um contribuinte de boa fé;

c) Que o contribuinte tivesse cumprido todas as disposições previstas pela regulamentação em vigor em matéria de declaração aduaneira.[3]

Esta norma (bem como a equivalente do anterior Regulamento 1.697/79), conforme o TJUE tem salientado, tem como objectivo proteger a confiança legítima do devedor quando este não tenha tido responsabilidade pela não cobrança oportuna dos direitos aduaneiros.[4]

Isto significa que a confiança legítima do contribuinte só será digna da protecção prevista neste artigo quando tiverem sido as próprias autoridades aduaneiras a criar a base em que essa confiança assentou.

No caso dos autos e neste particular vem alegado pela recorrente que a Alfândega, no caso de pedido de importação de mercadorias a imputar a um contingente pautal autónomo, após a recepção do pedido mandava pesar a mercadoria com a presença de funcionário aduaneiro que efectuava o respectivo relatório e que, quando o peso estivesse conforme com o declarado nos documentos de apoio do DU, a Alfândega efectuava o pedido de imputação ao contingente mencionado nesse pedido ao abrigo do Regulamento em que se apoiava.

Seguidamente a Alfândega submetia o pedido à Comissão, donde decorre uma segunda intervenção activa das autoridades aduaneiras e da própria Comissão.

Deste modo, entende a recorrente que tendo a Alfândega logo na altura do pedido por ela formulado todos os elementos para decidir, se decidiu mal, não pode agora vir corrigir a sua anterior decisão, procedendo a liquidação "a posteriori".

Por outro lado, pretende ainda a recorrente que se dêem provados os factos resultantes do depoimento prestado pela testemunha Arménio das Neves a fls. 83/85.

Ora, o Mm° Juiz "a quo" não relevou tal depoimento uma vez que este se debruça sobre matéria consagrada na lei e contém meras opiniões pessoais destituídas de relevância para os autos.

Por outro lado, determinados factos referidos pela testemunha deveriam ser comprovados por documentos ou por funcionários aduaneiros e não pela testemunha.

Deste modo bem andou o Mm° Juiz "a quo" ao não dar a relevância pretendida pela recorrente ao referido depoimento.

De qualquer modo, a tese da recorrente não acolhe apoio legal.

Como bem refere a decisão recorrida "se a aceitação da declaração tivesse os efeitos pretendidos pelo impugnante, o erro jamais seria imputável ao declarante. Todos os erros posteriormente detectados seriam sempre imputados às autoridades aduaneiras e nunca poderia haver liquidações "a posteriori".

Por outro lado, concluiu-se também no Acórdão do TJUE, de 14.5.1996 – Processos apensos n.os C–153/94 e 204/94, embora a propósito da validade de certificados de origem que "o devedor não pode fazer assentar uma confiança legítima quanto à validade dos certificados no facto da sua aceitação inicial pelas autoridades aduaneiras de um Estado-Membro, dado que o papel desses serviços no âmbito da primeira aceitação das declarações em nada obsta ao exercício de fiscalização posterior".[5]

É que, deste modo, a autoridade aduaneira ficaria impedida de dar cumprimento ao artigo 13° do Código Aduaneiro Comunitário.

E, reproduzindo aqui afirmações da sentença recorrida, diremos que o pedido apresentado à Alfândega não contém qualquer declaração ou certificação pôr parte desta de conformidade do pedido de imputação com aquelas medidas preferenciais. E a confirmação do cabimento no contingente também não envolve nenhum acto de verificação de tal conformidade traduzindo apenas um acto de gestão de quotas do contingente português.

Deste modo, a observância do requisito enunciado no artigo 1.º, n.º 2 do Regulamento (CE) n.º 789/96 do Conselho, de 22.4.1996 – preço franco-fronteira pelo menos igual ao preço de referência fixado ou a fixar pela

[3] Sobre esta matéria v. os Acórdãos do TJUE, de 12.7.1989 – Processo n.º C-161/88, CJ pág. 2415. n.os 15 e 16, de 27.6.1991 – Processo n.º C-348/99, CJ 1-3277, n.º 12, de 4.5.1993 – Processo n.º C-292/91, CJ, I – 2219, n.º 14, de 14.5.1996 – Processos n.os C–153/94 e C– 204/94, CJ 1-2465, n.º 93; V. ainda os despachos do mesmo Tribunal, de 9.12.1999 – Processo n.º C–299/98 P, CJ I – 8683, n.º 22 e de 11.10.2001 – Processo n.° C – 30/00, CJ I – 7511, n.os 68 a 72 e o Acórdão do Tribunal de 1ª Instância, de 5.6.1996 – Processo I – 75/95, CJ-497, n.º 42.

[4] Neste sentido v. os Acórdãos do TJUE, de 27.6.1991 – Processo n.º C-348/89, CJ I-3277 e de 14.5.1996 – Processos apensos n.os C-153//94 e 204/94, CJ I-2465).

[5] Neste sentido v. também o Acórdão de 13.11.1984 – Processos n.º 98/83 e 230/83 – Recueil, pág. 3.762, n.º 20.

Comunidade para os produtos ou categorias de produtos considerados – cabe, em primeira mão, ao interessado, não vinculando a aceitação da declaração as autoridades aduaneiras à observância dos requisitos exigidos para o benefício pautal.

Isto é, as autoridades aduaneiras, ainda que aceitem determinada declaração que, posteriormente, se venha a verificar não cumprir os requisitos legais para obter o benefício de tratamento pautai favorável, não ficam impedidas de efectuar o controlo posterior dessa declaração ao abrigo do disposto no artigo 13.º do CAC.

Todavia, ainda que se admitisse o erro das autoridades aduaneiras neste caso, nem mesmo assim a recorrente teria razão na sua pretensão, pois que se não verificam os demais requisitos referidos no citado artigo 220°, como adiante se verá.

5.5.1.2. Apreciemos agora o segundo requisito enunciado no artigo 220.º, n.º 2, alínea b) citado – que o erro cometido pelas autoridades competentes não pudesse razoavelmente ser detectado por um contribuinte de boa fé.

Também aqui seguimos a jurisprudência do TJUE.[6]

O carácter detectável de um erro cometido pelas autoridades aduaneiras – dando aqui por assente que estamos perante um erro das entidades aduaneiras, no caso concreto, e apenas para efeitos de raciocínio – deve ser apreciado tendo em conta a natureza do erro, a experiência profissional dos operadores interessados e a diligência por eles manifestada.

No que toca à natureza do erro há que a apreciar» tendo em conta a complexidade ou o carácter suficientemente simples da regulamentação em causa e o lapso de tempo durante o qual as autoridades aduaneiras persistiram no erro.[7]

Ora, no caso em apreço, refere a recorrente que é de salientar o que decorre desse depoimento relativamente ao entendimento generalizado entre funcionários da Alfândega de Aveiro que, relativamente às importações em causa, não existia subordinação a preços de referência, que, quer esses funcionários, quer os importadores consideravam unanimemente ter cessado a partir de 1994.

Refere ainda a recorrente que "o comportamento das autoridades aduaneiras ao não levarem ao conhecimento dos importadores ou despachantes a manutenção dos preços de referência mais convenceram estes da sua inexistência".

Desde logo se vê que estas afirmações não colhem o apoio nos factos provados nos autos e muito menos nas disposições legais aplicáveis.

Com efeito, as regras aplicáveis à utilização do contingente pautal comunitário em causa são definidas pelos diplomas relativos à abertura e modo de gestão desse contingente.

Os diplomas aplicáveis ao caso dos autos são os Regulamentos (CE) n.os 789/96 do Conselho, de 22.4.1996 (JO n° L 108, pág. 8), n.º 2471/96 do Conselho, de 20.12.1996 (JO n° L 335, pág. 11) e n.º 2790/95 da Comissão, de 19.12.1995 (JO n° L 310, pág. 23).

Portanto, ainda que fosse verdade que a Alfândega tivesse deixado de fornecer os preços de referência, tal seria irrelevante uma vez que a matéria é determinada de acordo com os citados Regulamentos que são de aplicação directa e em todos os seus elementos (artigo 249.º, segundo parágrafo do Tratado de Roma, após alterações operadas pêlos tratados que posteriormente o alteraram).

Deste modo, atenta a publicação dos Regulamentos no Jornal Oficial, estava perfeitamente ao alcance dos importadores conhecer a matéria dos preços de referência e a obrigação de os cumprir.

Por outro lado, sempre poderiam obter as referidas informações junto das autoridades aduaneiras, sendo certo até que nem era pacífico o entendimento quanto à forma de determinação dos preços de referência, existindo divergências entre as entidades aduaneiras e os importadores (v. a petição inicial).

Temos então que também este requisito se não verifica pois o erro poderia ser facilmente detectável mediante o recurso às norma legais comunitárias sobre a matéria.

5.5.13. E, desde já adiantaremos que também o terceiro requisito – cumprimento por parte da recorrente de todas as disposições previstas pela regulamentação em vigor em matéria de declaração alfandegária – se não verifica.

Na verdade, foi a recorrente que, ao apresentar um pedido sem que se verificassem os requisitos legais para beneficiar do tratamento pautal favorável, determinou as autoridades aduaneiras a desencadear um procedimento que não teria razão de ser por as importações em causa não poderem ser imputadas ao contingente pautal em causa.

Era à recorrente que, desde logo, cabia verificar se as importações poderiam ou não caber no contingente em causa.

A não ser assim, qualquer lapso das autoridades aduaneiras iria permitir que não pudessem posteriormente ser desencadeadas acções de cobrança "a posteriori", ainda que tivesse havido contribuição negligente ou dolosa dos interessados.

Assim, verificando as autoridades aduaneiras em acção de controlo "a posteriori" que a recorrente não preenchia os requisitos de acesso ao contingente pautal a que nos vimos referindo, bem andaram estas, em cumprimento do disposto no artigo 220.º, n.º 1 do Código Aduaneiro Comunitário, em desencadear a necessária acção para cobrança dos direitos devidos e não pagos anteriormente pela recorrente.

5.6. Em face de tudo o que ficou dito, entende-se que não estão preenchidos no caso dos autos os requisitos previstos no artigo 220.º, n.º 2, alínea b) do Código Aduaneiro Comunitário, para que se não proceda à liquidação "a posteriori" dos direitos em causa nos autos.

Improcedem, pelo exposto todas as conclusões das alegações da recorrente, que, como oportunamente referimos, se reportam apenas à questão apreciada, razão pela qual não nos debruçámos sobre a outra questão – determinação dos preços de referência – que foi objecto da sentença, mas não deste recurso."

4. Nestes termos e pelo exposto nega-se provimento ao recurso, confirmando-se a decisão recorrida e julgando-se improcedente a impugnação com a consequente manutenção da liquidação impugnada.

[6] V. os Acórdãos de 14.5.1996 – Processos apensos n.os 153/94 e 204/94, CJ I – 2465 e de 8.4.1992 – Processo n.º C – 371/90, CJ I – 2715, de 19.10.2000 – Processo n.º C – 15/99, CJ 8989 e de 14.11.2002 – Processo n.º C – 251/00, CJ I – 10 433, entre outros.

[7] Sobre esta questão v. os Acórdãos do TJUE, de 12.12.1996 – Processo n.º C – 38/95, CJ I – 6543 e de 14.11.2002 – Processo n.º C 251/00, CJ I – 10.443.

Custas pela recorrente fixando-se a taxa de justiça em sete UC.

Lisboa, 28 de Junho de 2005

Gomes Correia
Pereira Gameiro
Ascensão Lopes

Recurso n.º 1144/03

IMPUGNAÇÃO JUDICIAL. CADUCIDADE DO DIREITO DE LIQUIDAR. FALTA DE NOTIFICAÇÃO DA LIQUIDAÇÃO DENTRO DO PRAZO DA CADUCIDADE. IMPUGNAÇÃO JUDICIAL E OPOSIÇÃO À EXECUÇÃO FISCAL. CONVOLAÇÃO.

(Acórdão de 7 de Junho de 2005)

SUMÁRIO:

I – **O facto de o tribunal *ad quem* não poder apreciar a sentença na parte em que esta, por falta de recurso, transitou em julgado, não significa que no recurso respeitante à outra parte da sentença tenha que seguir entendimento idêntico ao adoptado pela sentença na parte que não é objecto de recurso; designadamente, não está o tribunal de recurso obrigado a considerar, como o tribunal *a quo* considerou, que, apesar do pedido formulado ser de anulação das liquidações e a causa de pedir invocada ser a caducidade do direito à liquidação, se pode em sede de impugnação judicial e com fundamento na falta de notificação daqueles actos, declarar a inexigibilidade das respectivas obrigações tributárias, que estão a ser exigidas coercivamente ao contribuinte.**

II – **Deduzida em 2002 impugnação judicial com fundamento na caducidade do direito à liquidação relativamente a liquidações de IRC do ano de 1997 e de IRS dos anos de 1997 e 1998, não merece censura a sentença que, relativamente ao pedido de anulação dessas liquidações, absolveu a Fazenda Pública do pedido, pois, atento o disposto no art. 33.º do CPT, que é o aplicável, é inequívoco que, à data em que foi deduzida a impugnação judicial, não podia ainda ter ocorrido a caducidade do direito à liquidação.**

III – **Sendo certo que a falta de notificação da liquidação dentro do prazo da respectiva caducidade constitui fundamento de oposição à execução fiscal, subsumível à alínea *e)* do art. 204.º, n.º 1, do CPPT, não pode em sede de recurso convolar-se a impugnação judicial em oposição à execução fiscal, quando o pedido formulado foi o de anulação das liquidações impugnadas e a causa de pedir invocada foi a caducidade do direito à liquidação, pedidos e causa de pedir típicas da impugnação judicial e não adequados à oposição à execução fiscal. Isto, tanto mais que parte da sentença proferida no processo, enquanto impugnação judicial, transitou já em julgado, não podendo o mesmo processo (entendido aqui como autos) revestir duas formas processuais distintas.**

ACORDAM, EM CONFERÊNCIA, NA SECÇÃO DE CONTENCIOSO TRIBUTÁRIO (2.ª SECÇÃO) DO TRIBUNAL CENTRAL ADMINISTRATIVO:

1. RELATÓRIO

1.1 A sociedade denominada "LIMPECAL – Sociedade de Limpezas, Lda." (adiante Contribuinte, Impugnante ou Recorrente), mediante petição inicial na qual foi aposto carimbo de entrada com data de 11 de Junho de 2002, deduziu impugnação judicial contra liquidações adicionais de Imposto sobre o Rendimento das Pessoas Colectivas (IRC) dos anos de 1994, 1995, 1996 e 1997 e de Imposto sobre o Rendimento das Pessoas Singulares (IRS) dos anos de 1990, 1991, 1992, 1993, 1996, 1997 e 1998[1], alegando, em síntese, o seguinte:

– foi citada em 10 de Maio de 2002 no âmbito de um processo de execução fiscal para o pagamento das liquidações acima referidas, quando «certo é que nunca a impugnante foi notificada, por qualquer forma, de qualquer liquidação dos impostos e juros impugnados»[2];

– «Nos termos do art.º 33.º do CPT, então aplicável por então vigente, [...] o direito de liquidar os tributos caduca se a notificação não for validamente notificada ao contribuinte no prazo legal, ao tempo, no prazo de cinco anos»;

– porque as «notificações nunca foram realizadas pela forma legal, ou seja, por carta registada com aviso de recepção, formalidade que é a que se aplica ao presente caso», em que estão em causa actos em matéria tributária que afectam os direitos e interesses legítimos do contribuinte, «caducou o direito de liquidação dos impostos e juros impugnados, por força do disposto no art.º 33.º do CPT»;

– «A exigibilidade[3] de tais impostos e juros sem que tenha havido uma notificação dentro dos cinco anos seguintes ao da ocorrência dos factos tributários [...] ofende tal preceito legal».

Concluiu pedindo ao Juiz do Tribunal Tributário de 1.ª instância de Setúbal que «se digne julgar procedente por provada a presente impugnação, decretando a anulação das liquidações impugnadas».

1.2 Na sentença recorrida, o Juiz daquele Tribunal, depois de enunciar a questão a apreciar e decidir como

[1] Na petição inicial pediu também a anulação de algumas liquidações adicionais de IVA, mas, ulteriormente (cfr.fls.166), reduziu o pedido, deixando fora do objecto da impugnação judicial tais liquidações.

[2] As partes entre aspas e com um tipo de letra diferente, aqui como adiante, são transcrições.

[3] Pensamos que o Impugnante queria dizer a exigência.

sendo a de saber se caducou o direito à liquidação, considerou, em síntese,

– «que a falta de notificação da liquidação por si só não conduz à anulação da liquidação, mas sim à inexigibilidade da dívida exequenda, o que constitui fundamento de oposição à execução, enquadrável, actualmente, na al. e) do n.º 1 do art. 204.º do C.P.P.T. (e no âmbito do C.P.T. na al. h) do n.º 1 do art. 286.º)», mas que «também nesse caso é possível recorrer ao processo de impugnação para declarar a inexigibilidade da obrigação»; salientou ainda que «Questão diferente é a de a própria liquidação ter sido efectuada já após ter decorrido tal prazo de caducidade, estando, então, tal acto inquinado de ilegalidade e susceptível de ser atacado através do meio de impugnação judicial previsto no art. 99.º do C.P.P.T., o que não é o caso dos autos; Ou a liquidação ter sido efectuada dentro do prazo de caducidade, mas a notificação ter ocorrido após o decurso desse prazo»

– que as notificações das liquidações em causa não foram efectuadas através da forma legalmente exigível – a carta registada com aviso de recepção, como o impunha o art. 65.º, n.º 1, do CPT –, mas por carta registada simples, motivo por que, não tendo a AT feito prova de que a Impugnante teve conhecimento das liquidações, a inobservância da lei no que respeita à notificação «implica que não se tenha como notificada a impugnante nas datas referidas pela administração tributária», mas apenas em 10 de Maio de 2002, data em que a Impugnante, com a citação para a execução, teve conhecimento das liquidações;

– que, nesta última data, «já se tinha verificado a caducidade do direito de liquidação nos casos do IRC de 1994, 1995 e 1996, e do IRS dos anos de 1991, 1992, 1993 e 1996» mas, «Quanto às demais liquidações – IRC de 1997 e IRS de 1997 e 1998 – àquela data – ainda não tinha decorrido o prazo de cinco anos "a partir do termo daquele em que ocorreu o facto tributário", pelo que não se verificou a alegada caducidade do direito de liquidação, já que com a citação o impugnante ficou a conhecer as liquidações e podia tê-las impugnado com fundamento diferente»; ou seja – concluiu o Juiz do Tribunal Tributário de 1.ª instância de Setúbal – «através da citação em processo executivo sana-se o vício da não notificação da liquidação».

Assim, o Juiz do Tribunal *a quo*, julgando a impugnação parcialmente procedente, decidiu nos seguintes termos:

«5.1 Declaro inexigíveis as liquidações adicionais n.º 831001476 de IRC de 1994 esc: 1.176.814[$00], 8310014777 de IRC de 1995 esc: 3.310.856$00, n.º 2310144850 de IRC de 1996 esc: 374.228$00, 6410002619 de IRS de 1990 esc: 848.397$00, 6410002621 de IRS de 1992 esc: 1.013.222$00, 6410002623 de IRS de 1996 esc: 412.670$00, 6410002620 de IRS de 1991 esc: 703.844$00, 6410002622 de IRS de 1993 esc: 813.939$00, 8310001360 de IRC de 1996 esc: 3.802.237$00.

5.2 Absolvo a F.P. do pedido quanto às liquidações adicionais n.º 2310144854 de IRC de 1997 esc: 383.805$00, n.º 6410002625 de IRS de 1998 esc: 1.075.465$00, n.º 6410002624 de IRS de 1997 esc: 796.698$00, n.º 8310001359 de IRC de 1997 esc: 2.557.257$00, que a impugnante terá de pagar, bem como aquelas cujo pedido desistiu [...]».

1.3 A Impugnante recorreu da sentença, na parte que lhe foi desfavorável (se bem que apenas se refira a três das quatro liquidações que foram abrangidas pela absolvição do pedido), para este Tribunal Central Administrativo e o recurso foi admitido, a subir imediatamente, nos próprios autos e com efeito devolutivo.

Apresentou alegações de recurso, que resumiu nas seguintes conclusões:

«*a)* Entende a recorrente que a douta sentença recorrida incorreu em erro de julgamento em matéria de direito e, subsidiariamente, para o caso na necessidade de convolação do processo de impugnação em processo de oposição, em matéria de facto;

b) Não vê a recorrente necessidade de tal convolação, face ao afirmado nos pontos 9.º a 12.º do texto alegatório, sendo certo que a ocorrer, a petição inicial deve considerar-se apresentada não no dia 11 de Junho de 2002, como consta do ponto 5) do probatório, mas sim na data do registo da sua expedição, ou seja, 7 de Junho de 2002 (Doc. 1);

c) Ao contrário do constante da douta sentença recorrida, entende a recorrente que nada obsta a que no processo de impugnação judicial seja declarada a inexigibilidade de dívidas, cuja caducidade ainda não se tinha verificado à data da apresentação da petição inicial;

d) Isto se se estiver perante um caso de notificação irregular, o que é o que se verifica face ao probatório fixado, na medida em que "equivalente à falta de notificação dentro do prazo será a efectivação apenas de uma notificação irregular, pois a notificação que obsta à caducidade terá de ser uma notificação válida" – Senhor Juiz Conselheiro Jorge Lopes de Sousa, CPPT, anotado, 2000, Vislis Editores;

e) Acrescendo que, ao contrário do afirmado na douta sentença recorrida e, salvo o devido e muito respeito, em parte alguma se consagra que a citação em processo executivo sana o vício da não notificação da liquidação, pois que a citação não tem a virtualidade de transformar uma notificação inexistente ou irregular em notificação existente ou de acordo com os preceitos legais;

f) Subsidiariamente, caso se entenda de forma contrária, então terá de considerar-se a existência de erro na forma do processo, que autoriza a convolação da impugnação judicial em oposição à execução (situação que o Supremo Tribunal Administrativo vem admitindo, sem discrepância), uma vez que não é manifesta a sua improcedência, bem pelo contrário, é tempestiva e a petição é idónea (Cfr. Acs. do STA, Secção do Contencioso Tributário, de 21.6.00, Rec. 24605, 23.02.00, Rec. 24357, 17.02.99, Rec. 22927 entre outros), concluindo-se, dado que o processo fornece todos os elementos de facto necessários, pela procedência daquela em virtude das dívidas em causa não serem ainda exigíveis, por desrespeito da forma legal de notificação, sem óbvio prejuízo dos efeitos do julgado, na parte não recorrida (art.º 684.º, n.º 4 do CPC).

Por tudo isto e pelo que V.ªas Ex.ªs se dignarão doutamente suprir, deve conceder-se provimento ao recurso, revogando-se a decisão recorrida, na parte impugnada, julgando-se totalmente procedente a impugnação judicial e anulando-se as liquidações em causa, com todas as consequências legais, assim se fazendo justiça».

1.4 Não foram apresentadas contra-alegações.

1.5 Recebido os autos neste Tribunal Central Administrativo, foi dada vista ao Ministério Público e o Procurador-Geral Adjunto emitiu parecer no sentido de que seja negado provimento ao recurso com a seguinte fundamentação:

«(...) A pretensão da recorrente apresentada nas conclusões de recurso não merece proceder, uma vez que colide com uma correcta interpretação dos documentos que foram apresentados e que afastam a ocorrência da pretendida caducidade da liquidação dos impostos referenciados na sentença no ponto 5.2, correlacionados com a citação em processo executivo.

Não se afigura ter sido cometido erro de julgamento na apreciação da matéria probatória, mostrando a sentença recorrida ter feito uma correcta interpretação dos preceitos legais que fundamentam a decisão, não merecendo qualquer censura.

Pelo exposto, entende-se que deve ser negado provimento ao recurso».

1.6 Colhidos os vistos dos Juízes adjuntos, cumpre apreciar e decidir.

1.7 A questão sob recurso, delimitada pelas alegações da Recorrente e respectivas conclusões, é a de saber se a sentença recorrida fez errado julgamento quando não declarou a inexigibilidade de algumas das liquidações impugnadas.

2. FUNDAMENTAÇÃO

2.1 DE FACTO

2.1.1 Na sentença recorrida, o julgamento de facto foi feito nos seguintes termos:

«Dos elementos dos autos emerge a seguinte factualidade

1.º – A impugnante é tributada em IRC pelo exercício da actividade de limpeza industrial a que corresponde o CAE 74700.

2.º – Na sequência de uma acção de fiscalização os Serviços Fiscais concluíram que em sede de IRC foram efectuadas correcções técnicas de que resultaram as liquidações adicionais n.º 831001476 de IRC de 1994 esc: 1.176.814$00, 8310014777 de IRC de 1995 esc: 3.310.856$00, 2310144850 de IRC de 1996 esc: 374.228$00, 2310144854 de IRC de 1997 esc: 383.805$00, 6410002619 de IRS de 1990 esc: 848.397$00, 6410002621 de IRS de 1992 esc: 1.013.222$00, 6410002623 de IRS de 1996 esc: 412.670$00, 6410002625 de IRS de 1998 esc: 1.075.465$00, 6410002620 de IRS de 1991 esc: 703.844$00, 6410002622 de IRS de 1993 esc: 813.939$00, 6410002624 de IRS de 1997 esc: 796.698$00, 8310001360 de IRC de 1996 esc: 3.802.237$00, 8310001359 de IRC de 1997 esc: 2.557.257$00.

3.º – A administração fiscal remeteu cartas registadas sem A. R. à impugnante a notificá-la destas liquidações.

4.º – A impugnante foi citada para os termos da execução instaurada com base em certidão de relaxe relativa a tais impostos no dia 10 de Maio de 2002.

5.º – A impugnante apresentou impugnação no dia 11 de Junho de 2002.

A convicção do Tribunal baseou-se nos documentos juntos aos autos.

Não se provaram outros factos, nomeadamente que a impugnante tenha recebido as notificações das liquidações em causa».

2.1.2 Porque concordamos integralmente com o julgamento de facto efectuado em 1.ª instância e porque este não vem posto em causa pela Recorrente, à excepção do que respeita à data da apresentação da petição inicial, consideramos fixada a matéria de facto acima transcrita, que, no entanto, entendemos ser de corrigir no que se refere ao facto consignado como 5.º, que passará a ter a seguinte redacção:

5.º – A petição inicial que deu origem ao presente processo foi remetida à Repartição de Finanças de Santiago de Cacém por correio registado em 7 de Junho de 2002 (cfr. documento de fls. 196, que não foi impugnado pela Fazenda Pública, que também não questionou que o documento seja o sobrescrito respeitante à remessa da petição inicial).

Cumpre aqui deixar uma breve nota quanto à admissibilidade da apresentação do documento de fls. 196 (que serviu à fundamentação do julgamento quanto ao facto ora dado como assente) com as alegações de recurso.

Como é sabido, não é lícita a apresentação de documentos com as alegações de recurso (cfr. arts. 743.º, n.º 3, e 706.º, n.os 1 e 2, do Código de Processo Civil (CPC)), a menos que se trate de documentos cuja junção apenas se tenha tornado necessária em virtude do julgamento no tribunal *a quo* (art. 706.º, n.º 1, do CPC), que não tenham podido ser apresentados até ao encerramento da discussão da causa em 1.ª instância (art. 524.º, n.º 1, do CPC), que se destinem a provar factos posteriores à petição e à resposta ou cuja apresentação se tenha tornado necessária por virtude de ocorrência ulterior à apresentação destas peças processuais (art. 524.º, n.º 2, do CPC).

No caso *sub judice*, tal documento só se tornou necessário em virtude do julgamento efectuado pelo Tribunal de 1.ª instância. Na verdade, só quando do julgamento da matéria de facto, a Impugnante se pôde aperceber de que a Repartição de Finanças não juntara o sobrescrito por que foi remetida a petição inicial, nem dera informação quanto a esse facto (como lhe competia, por se tratar de facto relevante para efeitos de averiguar da caducidade do direito de acção), motivo por que o Juiz dele não podia ter conhecimento.

2.2 DE FACTO E DE DIREITO

2.2.1 AS QUESTÕES A APRECIAR

A AT, na sequência de uma visita de fiscalização à Contribuinte, efectuou diversas correcções ao lucro tributável declarado com referência aos anos de 1994, 1995, 1996 e 1997 de que resultaram as consequentes liquidações adicionais de IRC, bem como considerou que a Contribuinte não entregara diversas quantias de IRS retido ao seus trabalhadores nos anos de 1990, 1991, 1992, 1993, 1996, 1997 e 1998.

Citada que foi em sede de execução fiscal instaurada em 2000 para a cobrança coerciva dos montantes correspondentes às obrigações tributárias resultantes daqueles actos, a Contribuinte veio deduzir impugnação judicial com fundamento na caducidade do direito do Estado à liquidação daqueles tributos, que, segunda alega, não lhe foram notificados dentro do prazo do art. 33.º do CPT.

O Juiz do Tribunal Tributário de 1.ª instância de Setúbal, se bem interpretamos a sentença, apesar de ter considerado que a invocada falta de notificação das liquidações, por si só, não pode determinar a anulação destes actos (ou seja, que não constitui fundamento de impugnação judicial, acrescentamos nós), antes constituindo fundamento de oposição à execução fiscal, entendeu que «também nesse caso [de falta de notificação] é possível recorrer ao processo de impugnação para declarar a inexigibilidade da obrigação».

Assim, e considerando que as liquidações em causa não foram efectuadas por carta registada com aviso de recepção, como o impunha o n.º 1 do art. 65.º do CPT, e que a AT não logrou demonstrar que a Impugnante delas tenha tido conhecimento antes da citação efectuada no processo de execução fiscal, data em que «já se tinha verificado a caducidade do direito de liquidação nos casos do IRC de 1994, 1995 e 1996, e do IRS dos anos de 1991, 1992, 1993 e 1996», mas não relativamente às demais liquidações impugnadas, julgou a impugnação parcialmente procedente, e decidiu nos seguintes termos:

«5.1 Declaro inexigíveis as liquidações adicionais n.º 831001476 de IRC de 1994 esc: 1.176.814[$00], 8310014777 de IRC de 1995 esc: 3.310.856$00, n.º 2310144850 de IRC de 1996 esc: 374.228$00, 6410002619 de IRS de 1990 esc: 848.397$00, 6410002621 de IRS de 1992 esc: 1.013.222$00, 6410002623 de IRS de 1996 esc: 412.670$00, 6410002620 de IRS de 1991 esc: 703.844$00, 6410002622 de IRS de 1993 esc: 813.939$00, 8310001360 de IRC de 1996 esc: 3.802.237$00.

5.2 Absolvo a F.P. do pedido quanto às liquidações adicionais n.º 2310144854 de IRC de 1997 esc: 383.805$00, n.º 6410002625 de IRS de 1998 esc: 1.075.465$00, n.º 6410002624 de IRS de 1997 esc: 796.698$00, n.º 8310001359 de IRC de 1997 esc: 2.557.257$00, que a impugnante terá de pagar, bem como aquelas cujo pedido desistiu [...]».

A Impugnante não se conformou com o decidido e veio recorrer da sentença na parte em que esta lhe foi desfavorável.

Desde já, embora a Recorrente nas alegações de recurso refira que vem pôr em causa a sentença apenas quanto a três liquidações – uma de IRC do ano de 1997, com o n.º 2310144854, e duas de IRS, sendo uma, com o n.º 6410002624, do ano de 1997 e a outra, com o n.º 6410002625, do ano de 1998 –, afigura-se-nos que pretende atacar a sentença no que respeita às quatro liquidações relativamente às quais a sentença proferiu decisão a absolver a Fazenda Pública do pedido e que apenas por lapso não terá mencionado expressamente a quarta liquidação, a que tem o n.º 8310001359, de IRC do ano de 1997. Não se entenderia o porquê de deixar fora do âmbito do recurso o julgamento sobre uma das liquidações quando o julgamento tem os mesmos fundamentos relativamente às quatro liquidações e é manifesto que não foi essa a sua intenção, pois na parte final das suas conclusões formulou pedido de que seja julgada *totalmente* procedente a impugnação judicial.

Consideraremos, pois, que a Recorrente ataca a sentença recorrida em toda a amplitude da parte que lhe foi desfavorável.

Já quanto ao julgamento efectuado quanto às demais liquidações, a sentença, que as julgou «inexigíveis» transitou em julgado, pois a Fazenda Pública desistiu no recurso que interpôs da sentença.

Assim, a sentença, nessa parte, não pode agora ser objecto de censura, se bem que, como é óbvio, não se imponha a este Tribunal que, ao sindicar a sentença na parte recorrida, adopte o entendimento ao abrigo do qual o Tribunal *a quo* julgou procedente a impugnação judicial na parte que não está sob recurso. Ou seja, não está este Tribunal *ad quem* obrigado ao mesmo entendimento da 1.ª instância, de que, em sede de impugnação judicial em que foi pedida a anulação das liquidações com fundamento na caducidade do direito à liquidação, se pode declarar a inexigibilidade dessas liquidações.

Feitas estas advertências, passemos agora a averiguar se a sentença recorrida fez errado julgado de direito quando não declarou a inexigibilidade das obrigações resultantes das quatro referidas liquidações de IRC do ano de 1997 (duas) e de IRS dos anos de 1997 e 1998 e, na negativa, se, como alega a Recorrente a título subsidiário, deve fazer-se seguir o presente processo, que foi instaurado como impugnação judicial, sob a forma de oposição à execução fiscal.

2.2.2 DA CADUCIDADE DO DIREITO DE LIQUIDAÇÃO

Antes do mais, afigura-se-nos pertinente relembrar que a caducidade do direito de liquidar constitui vício da própria liquidação, que deve ser suscitado em sede de impugnação judicial contra aquele acto e que, porque contende com a legalidade em concreto da liquidação da dívida exequenda, não pode constituir fundamento de oposição à execução fiscal (cfr. art. 204.º, n.º 1, alínea *h)*, do CPPT); já a falta de notificação da liquidação da dívida exequenda dentro do prazo da caducidade constitui um fundamento válido de oposição: a inexigibilidade da dívida exequenda, subsumível à previsão da alínea *e)* do art. 204.º, n.º 1, do CPPT[4].

Como lapidarmente ficou dito no acórdão do Supremo Tribunal Administrativo de 27 de Fevereiro de 2002: «a falta de notificação da liquidação antes de decorrido o prazo de caducidade, implicando a ineficácia daquela e consequenciando a inexigibilidade da dívida exequenda, constitui o fundamento de oposição tipificado na dita al. e) do art 204.º do CPPT. Por outro, decorrido aquele prazo, tal falta de notificação integra-se na própria caducidade concretizando a ilegalidade da liquidação, fundamento típico de impugnação judicial e não de oposição à execução»; assim, «instaurada execução fiscal para cobrança coerciva do tributo, antes de decorrido o prazo de caducidade, a falta de notificação da liquidação é fundamento de oposição; se decorrido já aquele prazo, tal falta é fundamento de impugnação judicial. Pois que uma coisa é a ilegalidade da liquidação e outra bem diferente é a inexigibilidade da divida».

Ora, como é bom de ver, no caso *sub judice*, à data em que foi instaurada a execução fiscal – em 2000 –, não tinha ainda decorrido o prazo de caducidade do direito às liquidações do IRC do ano de 1997 e do IRS dos anos de 1997 e 1998 (cfr. art. 33.º do CPT).

Por isso, não merece censura alguma a sentença que julgou improcedente a impugnação judicial na parte respeitante àquelas liquidações.

[4] Neste sentido, *vide* os seguintes acórdãos do Supremo Tribunal Administrativo:

– de 27 de Fevereiro de 2002, proferido no recurso com o n.º 26.722 e publicado no *Apêndice ao Diário da República* de 16 de Fevereiro de 2004, págs.722 a 725;

– de 23 de Outubro de 2002, proferido no recurso com o n.º 937/02 e publicado no *Apêndice ao Diário da República* de 12 de Março de 2004, págs.2404 a 2406;

– de 11 de Maio de 2005, proferido no recurso com o n.º 454/05 e com texto integral disponível em htpp://www.dgsi.pt/.

Entendendo a Executada que não tinha sido notificada daquelas notificações podia ter deduzido oposição à execução fiscal instaurada para cobrança coerciva das respectivas obrigações tributárias, sendo que a invocada falta de notificação constituiria fundamento de oposição subsumível à previsão da alínea *e)* do art. 204.º do CPPT.

O que não podia, pelo menos relativamente às quatro liquidações ora em causa, era deduzir com sucesso impugnação judicial com fundamento na caducidade do direito do Estado liquidar aquelas liquidações, como deduziu na sequência da citação que lhe foi feita na execução fiscal instaurada para cobrança coerciva das obrigações decorrentes das liquidações.

Na verdade, no que respeita a estas quatro liquidações, entendendo a Contribuinte que não tinha sido notificada das mesmas e porque estava ainda em curso o respectivo prazo de caducidade, o que deveria ter feito era deduzir oposição, com fundamento na inexigibilidade das dívidas que tiveram origem naquelas liquidações.

Sustenta a Recorrente que nada obsta a que se declare em sede de impugnação judicial a inexigibilidade destas dívidas. Salvo o devido respeito, e sem prejuízo do que ficou decidido pela sentença recorrida na parte em que transitou em julgado, que não nos cumpre apreciar, entendemos que não pode ser assim.

A impugnação judicial tem um âmbito específico, definido pelas causas de pedir e pelo pedido, que não se confunde com a oposição à execução fiscal. Aquela é a sede própria para a apreciação de eventuais ilegalidades da liquidação – vícios que afectem a validade ou a existência deste acto – e, entre elas, a caducidade do direito à liquidação. Já a oposição à execução fiscal constitui um meio de defesa contra a execução, no qual o pedido típico é a extinção da execução, se bem que, em certos casos, se admitam outros pedidos, como a suspensão da execução.

Assim, não podemos concordar com a Recorrente quando sustenta que é possível recorrer ao processo de impugnação judicial para declarar a inexigibilidade da dívida.

Mais sustenta a Recorrente, a título subsidiário, que se deve então proceder à convolação da impugnação judicial em oposição à execução fiscal.

Também aqui não podemos concordar com a Recorrente. É certo que, nos casos de erro na forma do processo, a lei impõe a convolação para a forma processual adequada (cfr. art. 98.º, n.º 4, do CPPT). No entanto, no caso dos autos não pode falar-se em erro na forma do processo: o que o Contribuinte pediu ao Tribunal Tributário de 1.ª instância de Setúbal foi a anulação das liquidações e o meio processual de que lançou mão, a impugnação judicial, é, inequivocamente, o meio próprio para esse pedido.

Ora, para que a convolação fosse possível, seria necessário, para além da inexistência de obstáculo quanto ao prazo, que também a causa de pedir invocada e o pedido formulado (ou, pelo menos, o pedido que se possa considerar implícito naquele), fossem ajustados à forma processual a seguir.

No caso, se o primeiro requisito está verificado (pois, após ter sido feita a correcção ao facto consignado no probatório como *5.º*, não há qualquer obstáculo quanto ao prazo), afigura-se-nos que o não estão os dois restantes.

Quanto à causa de pedir, vimos já que não se confunde a caducidade do direito à liquidação com a falta de notificação da liquidação dentro do prazo da caducidade. Trata-se de causas de pedir distintas, que devem ser invocadas, como também já ficou referida, em meios processuais diversos.

Quanto ao pedido, que foi de anulação das liquidações impugnadas, trata-se de um pedido típico da impugnação judicial, que não é adequado ao processo de oposição à execução fiscal[5].

Assim, por não estarem verificados estes dois requisitos para a convolação da impugnação judicial em oposição à execução fiscal, não vemos como possa deferir-se a pretensão da Recorrente a esse propósito.

Mas, ainda que assim não fosse, existe um outro obstáculo à convolação, este, a nosso ver, absolutamente intransponível. É que parte da sentença, proferida no âmbito da forma processual que o processo (aqui entendido como autos) reveste – a impugnação judicial – transitou em julgado. Por efeito do caso julgado, não pode agora alterar-se a forma processual seguida. É que, sendo certo que o caso julgado só se formou relativamente à parte da sentença que não vem atacada, não vemos como seria possível que um mesmo processo (autos) seguisse duas formas processuais: parte dele como impugnação judicial e outra parte como oposição.

***

Por tudo o que ficou exposto, concluímos que o recurso não merece provimento, devendo manter-se a sentença recorrida na parte que ora vem posta em causa.

2.2.3 CONCLUSÕES

Preparando a decisão, formulam-se as seguintes conclusões:

I – O facto de o tribunal *ad quem* não poder apreciar a sentença na parte em que esta, por falta de recurso, transitou em julgado, não significa que no recurso respeitante à outra parte da sentença tenha que seguir entendimento idêntico ao adoptado pela sentença na parte que não é objecto de recurso; designadamente, não está o tribunal de recurso obrigado a considerar, como o tribunal *a quo* considerou, que, apesar do pedido formulado ser de anulação das liquidações e a causa de pedir invocada ser a caducidade do direito à liquidação, se pode em sede de impugnação judicial e com fundamento na falta de notificação daqueles actos, declarar a inexigibilidade das respectivas obrigações tributárias, que estão a ser exigidas coercivamente ao contribuinte.

II – Deduzida em 2002 impugnação judicial com fundamento na caducidade do direito à liquidação relativamente a liquidações de IRC do ano de 1997 e de IRS dos anos de 1997 e 1998, não merece censura a sentença que, relativamente ao pedido de anulação dessas liquidações, absolveu a Fazenda Pública do pedido, pois, atento o disposto no art. 33.º do CPT, que é o aplicável, é inequívoco que, à data em que foi deduzida

[5] Neste sentido, *vide* Jorge Lopes de Sousa, *Código de Procedimento e de Processo Tributário Anotado*, 4.ª edição, nota 10 ao art.98.º, pág.432, que diz textualmente: «Noutros casos, a inviabilidade da convolação resultará de o pedido formulado não se compaginar com a forma de processo adequado.Por exemplo, sendo formulado um pedido de extinção de uma execução, numa petição de oposição à execução fiscal, não poderá efectuar-se a convolação para processo de impugnação judicial, pois o objecto deste é a anulação ou declaração de nulidade ou inexistência de um acto (art.124.º deste Código).Porém, mesmo em situações deste tipo, deverá ter-se em conta a possibilidade de interpretação da petição, designadamente se nela é detectável um pedido implícito compatível com a forma de processo adequada».

a impugnação judicial, não podia ainda ter ocorrido a caducidade do direito à liquidação.

III – Sendo certo que a falta de notificação da liquidação dentro do prazo da respectiva caducidade constitui fundamento de oposição à execução fiscal, subsumível à alínea *e)* do art. 204.º, n.º 1, do CPPT, não pode em sede de recurso convolar-se a impugnação judicial em oposição à execução fiscal, quando o pedido formulado foi o de anulação das liquidações impugnadas e a causa de pedir invocada foi a caducidade do direito à liquidação, pedidos e causa de pedir típicas da impugnação judicial e não adequados à oposição à execução fiscal. Isto, tanto mais que parte da sentença proferida no processo, enquanto impugnação judicial, transitou já em julgado, não podendo o mesmo processo (entendido aqui como autos) revestir duas formas processuais distintas.

3. DECISÃO

Face ao exposto, os juízes da Secção do Contencioso Tributário deste Tribunal Central Administrativo acordam, em conferência, negar provimento ao recurso, mantendo com a presente fundamentação a sentença recorrida na parte que vinha atacada.

Custas pela Recorrente, fixando-se a taxa de justiça em quatro UCs.

Lisboa, 7 de Junho de 2005

Francisco Rothes
Jorge Lino
Pereira Gameiro

Recurso n.º 471/05

IMPUGNAÇÃO JUDICIAL. IRC. CONTABILIDADE. DECLARAÇÃO. PRESUNÇÃO DE VERDADE. CONTROLO DA ADMINISTRAÇÃO FISCAL. DEDUTIBILIDADE DO CUSTO. PRESSUPOSTOS DA LIQUIDAÇÃO. ÓNUS DA PROVA.

(Acórdão de 31 de Maio de 2005)

SUMÁRIO:

I – A matéria colectável em IRC é determinada na base da declaração do contribuinte, suportada nos elementos da contabilidade, e com o controlo da Administração Fiscal.

II – A *contabilidade* engloba, não só *livros e registos*, mas também os respectivos *documentos* justificativos ou de suporte.

III – Nos termos da alínea a) do n.º 3 do artigo 98.º do Código do IRC, *todos os lançamentos da contabilidade devem estar apoiados* em documentos justificativos, datados, e susceptíveis de serem apresentados sempre que necessário.

IV – A *contabilidade do contribuinte* tem relevo ou "valor probatório", nos termos do artigo 78.º do Código de Processo Tributário, presumindo-se a *veracidade dos dados e apuramentos dela decorrentes*, "salvo se se verificarem erros, inexactidões ou outros indícios fundados de que ela não reflecte a matéria tributável efectiva do contribuinte".

V – A *dedutibilidade fiscal do custo* deve depender apenas de uma *relação justificada com a actividade produtiva da empresa.*

VI – De harmonia com o disposto no artigo 121.º do Código de Processo Tributário, cabe à Administração Fiscal, fora de toda a dúvida fundada, o *ónus da prova material* de todos os *pressupostos* da respectiva liquidação tributária.

ACORDAM, EM CONFERÊNCIA, NA SECÇÃO DE CONTENCIOSO TRIBUTÁRIO (2.ª SECÇÃO) DO TRIBUNAL CENTRAL ADMINISTRATIVO:

1.1 "Serra & Tomás, L.da", devidamente identificada nos autos, vem interpor recurso jurisdicional da sentença do Tribunal Administrativo e Fiscal de Lisboa II, de 19-11-2004, que julgou improcedente a impugnação judicial por si deduzida contra a liquidação adicional de IRC respeitante ao exercício do ano de 1991 – cf.fls.359 e seguintes.

1.2 Em alegação, a recorrente formula conclusões, que se apresentam do seguinte modo – cf.fls.377 a 402.

a) Da análise dos documentos juntos resulta com clareza que as despesas em causa são despesas de natureza administrativa, deslocações, refeições e alojamento, e estão tituladas por facturas juntas aos autos.

b) Tais facturas possibilitaram o preenchimento das folhas de ajudas de custo mencionadas nos autos.

c) Não é a materialidade das operações que foi posta em causa pela Administração Fiscal, mas tão somente a sua comprovação, atacando-se deste modo a veracidade dos documentos juntos aos autos e comprovam as despesas incorridas pela empresa.

d) A Administração Fiscal, e a sentença ora em crise que confirma o seu entendimento, não podem estabelecer uma presunção de dispensabilidade dos custos incorridos pela empresa, não fundamentando devidamente as razões em que assenta a sua convicção quanto à ausência do respectivo documento de suporte legal.

e) Assim, a correcção efectuada pela Administração Fiscal é ilegal, porquanto a cobertura dos encargos em causa é claramente indispensável para a prossecução da actividade da ora recorrente, sendo certo que à data em que o custo foi incorrido e a que se referem os factos subjacentes à liquidação, não existia qualquer obrigação acessória de documentação das ajudas de custo nos termos genericamente invocados pela Administração Fiscal.

f) A Administração Fiscal não aceitou como custo do exercício despesas declaradas pela impugnante no valor total de € 17 047,67, relativas a viagens ao estrangeiro, consideradas dispensáveis para a formação dos proveitos.

g) A verba em causa respeita a custos de alojamento e viagens de um grupo de clientes da impugnante a

Itália à "Feira Internazionale del Bovino da latte dell'approvvigionamento dell'agricultura", e que integrou um grupo de 18 pessoas devidamente identificadas, tendo os participantes estado presentes numa feira realizada em Cremona e efectuado simultaneamente uma visita a Veneza, conforme prova produzida nos presentes autos.

h) De igual modo, a Administração Fiscal não aceitou como custo do exercício despesas declaradas pela impugnante no valor total de 7 316,96, também relativas a viagens ao estrangeiro, consideradas dispensáveis para a formação dos proveitos e não devidamente documentadas.

i) Trata-se de custos em que a empresa incorreu e referente a despesas com deslocações do gerente da ora recorrente e vários fornecedores, centrados em diferentes localidades de Espanha, designadamente Jaen e Saragoça, Lérida e Badajoz, e a França, em conformidade com o alegado em sede de impugnação pela ora recorrente.

j) Encontra-se provado nos presentes autos que era frequente os gerentes da impugnante deslocarem-se a Espanha e França, países onde, na primeira metade dos anos noventa do século passado, existiam diversas empresas fornecedoras da "Serra & Tomás, L.da", nomeadamente a firma francesa "Boumatic".

k) Porém, quanto a tais despesas com deslocações, a sentença ora em crise, perfilhando o entendimento da Administração Fiscal, veio rejeitar a dedutibilidade de tais custos, fundamentando vagamente e sem mencionar em concreto os documentos a que se refere, pela ausência de menção ao sujeito passivo ou à "falta de requisitos legais dos documentos em causa", não fundamentando as razões em que alicerçou tais conclusões.

l) Por outro lado, actuando num mercado concorrencial, a ora recorrente tem de afectar parte importante dos seus recursos a acções de *marketing*, tais como patrocínios, prémios à produção e, como foi o caso, deslocações de grupos de clientes, empresas que integram as áreas das relações comerciais da recorrente a feiras e outros certames internacionais.

m) E, naturalmente, que tais deslocações com clientes necessitam de acompanhamento dos colaboradores da recorrente, que assim participam na viagem, inserindo-se a excursão a Veneza a partir de Cremona no contexto promocional acima referido.

n) Trata-se de uma prática que a recorrente levava a cabo periodicamente e que reputa indispensável para assegurar o bom nível da sua imagem comercial e ganhar quota de mercado.

o) Refira-se ainda que foi devido a acções da natureza das acima expressas que a ora impugnante apresentou em 1991 vendas totais no montante de cerca de € 700 000,00 (cf.declaração de IRC apresentada), consolidando a sua liderança num mercado fortemente concorrencial.

p) A programação de diversos contactos profissionais em Espanha, aproveitando a deslocação a Paris como fez o sócio gerente da impugnante, constitui também uma acertada medida de gestão, permitindo evitar ulteriores deslocações e racionalizar custos.

q) Justifica-se, assim, plenamente a deslocação de um automóvel para possibilitar a necessária mobilidade nos contactos a estabelecer em Espanha durante o período da viagem.

r) À Administração Fiscal, enquanto entidade fiscalizadora, cabia-lhe o ónus de prova da verificação dos pressupostos das correcções técnicas, cumprindo-lhe demonstrar a factualidade que a leva a desconsiderar determinada verba como custo.

s) E essa materialidade tem que ser apta a abalar a presunção de veracidade das operações constantes da escrita da impugnante e dos respectivos documentos de suporte.

t) O critério para aferir da dedutibilidade dos custos é simplesmente a sua correlação com a obtenção dos proveitos, aferida de acordo com critérios de gestão. Provada que esteja essa relação, a indispensabilidade presume-se.

u) Os custos suportados pela ora impugnante, pelas razões apontadas, visaram benefícios económicos para a impugnante, os quais permitiram a continuidade da empresa e a sua permanência num mercado claramente competitivo, sendo por isso indispensáveis para a manutenção da empresa como realidade produtiva.

1.3 Não houve contra-alegação.

1.4 O Ministério Público neste Tribunal emitiu o parecer de que o recurso não merece provimento – cf.fls. 409.

1.5 Colhidos os vistos, cumpre decidir, em conferência.

Vê-se do confronto dos termos da petição inicial com os termos das conclusões da alegação que a impugnante, ora recorrente, não põe em causa no presente recurso jurisdicional a liquidação impugnada, na parte em que ela acolhe o acréscimo à matéria colectável da quantia de 44 604$00 relativa a «seguros em nome de outrem».

Então, em face do teor da sentença recorrida, do teor das conclusões da alegação, bem como do teor da fundamentação formal apresentada pela Administração Fiscal, e ainda da posição do Ministério Público neste Tribunal, a questão que aqui se põe – ficando prejudicado o conhecimento de qualquer outra, em caso de resposta negativa a esta – é a de saber se goza, ou não, de fundamentação substantiva a liquidação impugnada, na parte em que se sustenta no acréscimo à matéria colectável do valor de 1 451 155$00 relativo a «despesas não devidamente documentadas»; do valor de 3 417 750$00 relativo a «viagens dispensáveis à formação dos proveitos»; e do valor de 1 466 918$00 relativo a «viagens não devidamente documentadas e não justificadas» – cf., a este respeito, o que consta de fls.15 e 234 verso (Mapa de Apuramento Mod.DC – 22).

2.1 Com interesse para a decisão julgamos provada a seguinte matéria de facto.

a) A liquidação adicional em causa diz respeito a IRC referente ao exercício do ano de 1991, da impugnante, ora recorrente, na importância global de 3 387 856$00, incluindo juros compensatórios – cf.o documento de fls.14.

b) A liquidação dita em a) foi «efectuada nos termos do artigo 77.º do Código do IRC», e tem como causa «despesas não devidamente documentadas» no valor de 1 451 155$00; «viagens dispensáveis à formação dos proveitos (art.23.º)» no valor de 3 417 750$00; «viagens não devidamente documentadas e não justificadas» no valor de 1 466 918$00; e «seguros em nome de outrem» no valor de 44 604$00 – cf.fls.15 e 234 verso (Mapa de Apuramento Mod.DC – 22).

c) O dito valor de 1 451 155$00, «despesas não devidamente documentadas», «resulta das "folhas de ajudas de custo" processadas pela empresa» – cf.fls.235 verso (Mapa de Apuramento Mod.DC – 22).

d) As ditas "folhas de ajudas de custo" estão processadas como a seguir se indica: refeições, 722 878$00; representação, 108 817$00; combustíveis, 339 985$00; material de escritório, 12 638$00; e outras despesas, 266 836$00 – conforme se vê de «folha anexa com a discriminação exaustiva» (cf.fls.235 verso, Mapa de Apuramento Mod.DC – 22).

e) Da dita «folha anexa com a discriminação exaustiva», intitulada «despesas em "folhas de ajudas custo" não documentadas, ano 1991», constam "refeições" no indicado valor total de 722 878$00, documentadas como segue: doc.n.º 91332, 4 550$00; doc.n.º 91333, 21 500$00; doc.n.º 91133, 3 940$00; doc.n.º 91626, 30 849$00; doc.n.º 91625, 42 480$00; doc.n.º 91011, 57 068$50; doc.n.º 91206, 61 376$00; doc.n.º 91476, 9 555$00; doc.n.º 91331, 72 551$00; doc.n.º 91571, 37 970$00; doc.n.º 91010, 30 096$00; doc.n.º 91679, 28 445$00; doc.n.º 91459, 25 065$00; doc.n.º 91272, 26 460$00; doc.n.º 91420, 28 435$00; doc.n.º 91132, 18 815$00; doc.n.º 91680, 155 227$00; doc.n.º 91038, 19 930$00; doc.n.º 91122, 12 685$00; doc.n.º 91134, 15 160$50; doc.n.º 91210, 20 720$00 – cf.fls.237 (folha anexa ao Mapa de Apuramento Mod.DC – 22).

f) Da dita «folha anexa com a discriminação exaustiva», intitulada «despesas em "folhas de ajudas custo" não documentadas, ano 1991», constam despesas de "representação" no indicado valor total de 108 817$00, documentadas como segue: doc.n.º 91419, 15 390$00; doc.n.º 91269, 76 200$00; doc.n.º 91272, 13 307$00; doc.n.º 91038, 3 920$00 – cf.fls.237 (folha anexa ao Mapa de Apuramento Mod.DC – 22).

g) Da dita «folha anexa com a discriminação exaustiva», intitulada «despesas em "folhas de ajudas custo" não documentadas, ano 1991», constam despesas de "combustíveis" no indicado valor total de 339 985$00, documentadas como segue: doc.n.º 91626, 38 501$00; doc.n.º 91331, 28 300$00; doc.n.º 91571, 17 600$00; doc.n.º 91679, 32 800$00; doc.n.º 91459, 26 820$00; doc.n.º 91272, 51 909$00; doc.n.º 91420, 32 820$00; doc.n.º 91682, 6 000$00; doc.n.º 91038, 32 260$00; doc.n.º 91122, 17 475$00; doc.n.º 91134, 29 000$00; doc.n.º 91210, 26 500$00 – cf.fls.237 (folha anexa ao Mapa de Apuramento Mod.DC – 22).

h) Da dita «folha anexa com a discriminação exaustiva», intitulada «despesas em "folhas de ajudas custo" não documentadas, ano 1991», constam despesas em "material de escritório" no indicado valor total de 12 638$00, documentadas como segue: doc.n.º 91626, 1 850$00; doc.n.º 91011, 1 785$00; doc.n.º 91206, 625$00; doc.n.º 91459, 4 773$50; doc.n.º 91132, 3 120$00; doc.n.º 91682, 485$00 – cf.fls.237 (folha anexa ao Mapa de Apuramento Mod.DC – 22).

i) Da dita «folha anexa com a discriminação exaustiva», intitulada «despesas em "folhas de ajudas custo" não documentadas, ano 1991», constam "outras despesas" no indicado valor total de 266 836$00, documentadas como segue: doc.n.º 91011, 19 440$50; doc. n.º 91206, 1 520$00; doc.n.º 91476, 33 260$00; doc. n.º 91331, 33 436$00; doc.n.º 91571, 9 000$00; doc. n.º 91679, 52 000$00; doc.n.º 91420, 13 450$00; doc. n.º 91680, 41 322$00; doc.n.º 91038, 7 120$00; doc. n.º 91122, 26 203$00; doc.n.º 91134, 14 721$00; doc. n.º 91210, 15 364$00 – cf.fls.237 (folha anexa ao Mapa de Apuramento Mod.DC – 22).

j) As «viagens dispensáveis à formação dos proveitos (art.23.º)» no valor de 3 417 750$00, ditas em b), dizem respeito a «uma viagem envolvendo 18 pessoas, sendo somente consideradas 2 pessoas, os gerentes de empresa, e de uma viagem em nome de um cliente» – cf.fls.235 verso (Mapa de Apuramento Mod.DC – 22).

k) Estas viagens referidas em j) são «viagem Itália 16 pessoas – 2 436 710$00»; «viagem de cliente – 969 990$00»; e «viagem barco em Veneza – 11 050$00» – cf.fls.235 verso (Mapa de Apuramento Mod.DC – 22).

l) As «viagens não devidamente documentadas e não justificadas» no valor de 1 466 918$00, ditas em b), dizem respeito a «viagem ao estrangeiro que não foram devidamente documentadas e, por outro lado, também não foi justificado para o contribuinte a sua necessidade e âmbito» – cf.fls.235 verso (Mapa de Apuramento Mod.DC – 22).

m) Estas viagens aludidas em l) são «606 714$00 – doc.91003»; «39 184$00 – doc.91009»; «142 697$00 – doc.91008»; e «678 322$00 – doc.91036» – cf.fls.235 verso (Mapa de Apuramento Mod.DC – 22).

Não se prova que as despesas, no valor de 1 451 155$00, ditas em b), não estejam «devidamente documentadas».

Não se prova que as viagens, no valor de 3 417 750$00, ditas em b), sejam «dispensáveis à formação dos proveitos».

Não se prova que as viagens, no valor de 1 466 918$00, ditas em b), não estejam «devidamente documentadas» e não sejam «justificadas».

2.2 No âmbito do sistema fiscal em vigor a partir de 1989, a contabilidade deverá estar organizada designadamente nos termos da lei comercial e fiscal, e de acordo com a normalização contabilística e outras disposições legais em vigor para o respectivo sector de actividade, reflectindo todas as operações realizadas pelo sujeito passivo, de molde a permitir o controlo do lucro tributável – cf.as alíneas a) e b) do n.º 3 do artigo 17.º, e o n.º 1 do artigo 98.º do Código do IRC.

Nos termos do artigo 78.º do Código de Processo Tributário (aqui aplicável), a contabilidade assim organizada tem relevo ou "valor probatório", presumindo-se a veracidade dos dados e apuramentos dela decorrentes, "salvo se se verificarem erros, inexactidões ou outros indícios fundados de que ela não reflecte a matéria tributável efectiva do contribuinte".

Obviamente que a primeira condição para a relevância da contabilidade é que ela exista e esteja em condições de justificar os movimentos que reflecte e que afectam o património e os resultados da empresa em causa.

Ora, em termos de suportes materiais, a contabilidade engloba, não só livros e registos (alguns dos quais são obrigatórios e devem obedecer a determinadas formalidades), mas também documentos justificativos.

Neste sentido, dando expressão a uma regra já consagrada pelos princípios geralmente aceites e que, por isso, se pode dizer que já vigorava anteriormente, o Código do IRC dispõe que "todos os lançamentos devem estar apoiados em documentos justificativos, datados e susceptíveis de serem apresentados sempre que necessário" – cf.a alínea a) do n.º 3 do artigo 98.º do Código do IRC.

Quanto aos documentos justificativos, eles podem ser de origem externa (é a regra geral quanto aos que justificam as aquisições de bens e serviços), e de origem interna (é a regra geral quanto aos que justificam as vendas de bens e as prestações de serviços).

A inexistência de documento externo destinado a comprovar uma operação para a qual ele devia existir afecta necessariamente, e em princípio, o valor probatório da contabilidade e essa falta não pode ser suprida pela apresentação de documento interno.É que o valor probatório de uma contabilidade assente essencialmente nos respectivos documentos justificativos e, quanto aos que o devam ser, é a origem externa que lhes confere um carácter que se pode designar por presunção de autenticidade.Um documento de origem interna só pode substituir um documento de origem externa quando sejam reunidas provas adicionais que confirmem a autenticidade dos movimentos nele reflectidos.

Cf.o que vem de ser dito no Parecer n.º 3/92, de 6-1-1992, do Centro de Estudos Fiscais, proferido por Manuel Henrique de Freitas Pereira, publicado na *Ciência Técnica e Fiscal* n.º 365, pp.343 a 352, e cuja doutrina foi sancionada por despacho do Director Geral das Contribuições e Impostos, de 2-1-1992.

A questão da comprovação do custo exigida pelo corpo do artigo 23.º do Código do IRC tem levantado alguns pomos de discórdia e discussão na doutrina, sobretudo em torno dos requisitos formais do documento justificativo e dos meios de prova admitidos.

Trata-se de um requisito que se reporta à efectividade da realização dos custos.A prova que se exige no artigo 23.º do Código do IRC "é a prova da efectiva realização dos factos constitutivos dos encargos; prova que concretamente consiste nas variáveis formas de apoio escritural aos lançamentos contabilísticos dos custos" – como sublinha Vítor Faveiro, em *O Estatuto do Contribuinte: A Pessoa do Contribuinte no Estado Social de Direito*, Coimbra, 2002, p.848.

O sujeito passivo não pode, por isso, deduzir componentes negativas ao rendimento que não figurem nas suas contas. Ou seja, o sujeito passivo está impossibilitado de, por mero acto de vontade, no momento da auto-liquidação do imposto, proceder a quaisquer modificações ao resultado contabilístico, para além das inerentes às correcções fiscais expressamente preceituadas na lei.Esta conclusão deriva do vínculo formal ou relação de dependência existente entre o balanço comercial e o balanço fiscal.

Por outro lado, a exigida indispensabilidade entre custos e proveitos deve ser aferida a partir de um juízo positivo da subsunção na actividade societária.Os custos indispensáveis equivalem, assim, aos gastos contraídos no interesse da empresa.A dedutibilidade fiscal do custo deve depender apenas de uma relação justificada com a actividade produtiva da empresa e esta indispensabilidade justifica-se sempre que, por funcionamento da teoria da especialidade das pessoas colectivas, as operações societárias se insiram na sua capacidade, por subsunção ao respectivo escopo societário e, em especial, desde que se conectem com a obtenção de lucro ainda que de forma indirecta ou mediata, como as despesas com publicidade, por exemplo.

Cf.o que vem de ser dito em António Moura Portugal, *A Dedutibilidade dos Custos na Jurisprudência Fiscal Portuguesa*, Coimbra Editora, 2004, especialmente pp. 108 a 127.

Portanto, a liquidação de IRC é, em regra, baseada na avaliação directa da matéria colectável patenteada na declaração do contribuinte, eventualmente corrigida pela Administração Fiscal, quando houver fundamento para tal.

Com efeito, a liquidação de IRC pode ser corrigida pela Administração Fiscal nomeadamente em consequência de erros de facto ou de direito ou omissões verificados em exame à contabilidade da empresa contribuinte – cf. especialmente os artigos 70.º, 71.º e 77.º do Código do IRC.

Nos termos do n.º 1 do artigo 20.º do Código do IRC, consideram-se proveitos ou ganhos, para efeitos de determinação do lucro contabilístico tributável em IRC, os derivados de operações de qualquer natureza em consequência de uma acção normal ou ocasional, básica ou meramente acessória, designadamente os resultantes de: a) vendas ou prestações de serviços, descontos, bónus e abatimentos, comissões e corretagens; b) rendimentos de imóveis; c) rendimentos de carácter financeiro, tais como juros, dividendos, descontos, ágios, transferências, diferenças de câmbio e prémios de emissão de obrigações; d) rendimentos da propriedade industrial ou outros análogos; e) prestações de serviços de carácter técnico; f) mais-valias realizadas; g) indemnizações auferidas, seja a que título for; h) subsídios ou subvenções de exploração.

Por sua vez, segundo o n.º 1 do artigo 23.º, consideram-se custos ou perdas os que comprovadamente forem indispensáveis para a realização dos proveitos ou ganhos sujeitos a imposto ou para a manutenção da fonte produtora, nomeadamente os seguintes: a) encargos relativos à produção ou aquisição de quaisquer bens ou serviços, tais como matérias utilizadas, mão-de-obra, energia e outros gastos gerais de fabricação, conservação e reparação; b) encargos de distribuição e venda, abrangendo os de transporte, publicidade e colocação de mercadorias; c) encargos de natureza financeira, com juros de capitais alheios aplicados na exploração, descontos, ágios, transferências, diferenças de câmbio, gastos com operações de crédito, cobrança de dívidas e emissão de acções, obrigações e outros títulos e prémios de reembolso; d) encargos de natureza administrativa, tais como remunerações, ajudas de custo, pensões ou complementos de reforma, material de consumo corrente, transportes e comunicações, rendas, contencioso, seguros, incluindo os de vida e operações de ramo "Vida", contribuições para fundos de pensões e para quaisquer regimes complementares de segurança social; e) encargos com análises, racionalização, investigação e consulta; f) encargos fiscais e parafiscais; g) reintegrações e amortizações; h) provisões; i) menos-valias realizadas; j) indemnizações resultantes de eventos cujo risco não seja segurável.

Cf. José Casalta Nabais, *Direito Fiscal*, 2.ª edição refundida e aumentada, Almedina, 2003, pp.529 a 568.

Como se vê, os custos ou perdas, indicados no artigo 23.º do Código do IRC, consistem em decréscimos patrimoniais comprovadamente indispensáveis para a realização dos proventos ou ganhos sujeitos a imposto ou para a manutenção da fonte produtora reflectidos no resultado líquido do exercício.

As variações patrimoniais negativas são as indicadas e delimitadas no artigo 24.º do Código do IRC, consistindo em decréscimos não reflectidos no resultado líquido do exercício.

A pedra de toque da noção de custo para efeitos fiscais consiste em saber se, perante uma despesa, esta é ou não indispensável para a realização dos ganhos ou proveitos sobre que recai a tributação.

Como sucedia com a norma do artigo 23.º do Código da Contribuição Industrial (quanto à expressa menção a certos e determinados factos qualificáveis como proveitos ou ganhos), e com o artigo 26.º do mesmo Código (quanto à enumeração que faz de certos factos havidos como custos ou perdas), também as normas do artigo 20.º do Código do IRC (quanto a proveitos ou ganhos que indica), e do artigo 23.º deste mesmo Código do IRC (quanto a custos ou perdas) são meramente exemplificativas ou explicativas na enumeração que fazem de certos factos havidos, quer como proveitos ou ganhos, quer como custos ou perdas.

Essas normas estabelecem exemplos de tipos de factos tributários positivos, que constituem os componentes igualmente positivos de lucro fiscal; e estabelecem também uma tipologia não exaustiva dos factos tributários negativos.

Tal como sucede com os proveitos ou ganhos, também a lei não define o sentido absoluto de nenhum dos conceitos de custos ou perdas que emprega indistintamente em sentido comum.

De onde resulta que deverão considerar-se como custos ou perdas todos os gastos ou depreciações de valor que seja indispensável suportar para a realização dos proveitos, ou para a manutenção da respectiva fonte produtora.

Cf.a propósito do conceito de custos e proveitos em IRC, v.g., os acórdãos desta Secção deste Tribunal Central Administrativo, de 20-3-2001, e de 8-6-2004, proferidos nos recursos n.º 3669-00, e n.º 776-03, publicados na *Antologia de Acórdãos do Supremo Tribunal Administrativo e do Tribunal Central Administrativo*, ano IV, n.º 2, pp.307 a 310, e ano VII, n.º 3, pp.301 a 307.

2.3 No caso sub judicio, a liquidação impugnada diz respeito ao IRC referente ao exercício do ano de 1991, da impugnante, ora recorrente, na importância global de 3 387 856$00, incluindo juros compensatórios.

Na parte aqui em causa, a liquidação impugnada, segundo a fundamentação formal apresentada pela Administração Fiscal, é resultante do acréscimo à matéria colectável do valor de 1 451 155$00 relativo a «despesas não devidamente documentadas»; do valor de 3 417 750$00 relativo a «viagens dispensáveis à formação dos proveitos (art.23.º)»; e do valor de 1 466 918$00 relativo a «viagens não devidamente documentadas e não justificadas» – cf.o que se regista na alínea b) do probatório.

A impugnante, ora recorrente, contrapõe, mormente, que as despesas em causa são despesas de natureza administrativa, deslocações, refeições e alojamento, e estão tituladas por facturas juntas aos autos; que a sentença ora em crise, a confirmar o entendimento da Administração Fiscal, não pode estabelecer uma presunção de dispensabilidade dos custos incorridos pela impugnante, ora recorrente, não fundamentando devidamente as razões em que assenta a sua convicção quanto à ausência do respectivo documento de suporte legal; que a sentença ora em crise, perfilhando o entendimento da Administração Fiscal, veio rejeitar a dedutibilidade de tais custos, não fundamentando as razões em que alicerçou tais conclusões; que à Administração Fiscal, enquanto entidade fiscalizadora, cabia-lhe o ónus de prova da verificação dos pressupostos das correcções técnicas, cumprindo-lhe demonstrar a factualidade que a leva a desconsiderar determinada verba como custo; que essa materialidade tem que ser apta a abalar a presunção de veracidade das operações constantes da escrita da impugnante e dos respectivos documentos de suporte; que o critério para aferir da dedutibilidade dos custos é simplesmente a sua correlação com a obtenção dos proveitos, aferida de acordo com critérios de gestão, pelo que, provada que esteja essa relação, a indispensabilidade presume-se; e que os custos suportados pela impugnante, ora recorrente, visaram benefícios económicos para a impugnante, os quais permitiram a continuidade da empresa e a sua permanência num mercado claramente competitivo, sendo por isso indispensáveis para a manutenção da empresa como realidade produtiva.

Quer dizer: a impugnante, ora recorrente, conclui, no essencial, que cabe à Administração Fiscal o ónus de prova da verificação dos pressupostos das correcções técnicas, cumprindo-lhe demonstrar as razões em que assenta a sua convicção quanto à ausência do documento de suporte legal do respectivo custo, e também demonstrar a factualidade que a leva a desconsiderar determinada verba como custo.

E tem razão a impugnante, ora recorrente.

A Administração Fiscal, como se depreende do probatório e melhor se colhe dos elementos dos autos, alude a «despesas não devidamente documentadas»; a «viagens dispensáveis à formação dos proveitos»; e a «viagens não devidamente documentadas e não justificadas».

Mas a Administração Fiscal não aponta os requisitos que diz estarem em falta nos respectivos documentos; como não explicita as razões por que diz serem determinadas viagens dispensáveis à formação dos proveitos da impugnante, ora recorrente; nem indica também o motivo ou os motivos por que diz não serem outras viagens consideradas «devidamente documentadas e não justificadas».

Na verdade, a fundamentação da Administração Fiscal é apenas aquela constante do citado Mapa de Apuramento Mod.DC-22, o que no caso se revela muito pouco, sendo completa a omissão da Administração Fiscal quanto às razões por que concluiu como concluiu nesse Mapa de Apuramento Mod.DC-22.

Em primeiro lugar, que as aludidas «despesas não devidamente documentadas» estão, afinal, exaustivamente documentadas parece poder depreender-se até do que se deixou registado nas alíneas c) a i) do probatório, em que se apontam, «com discriminação exaustiva», pelo respectivo número, todos os documentos em que se encontram documentadas todas as «despesas não devidamente documentadas» –, não concretizando a Administração Fiscal em tal documentação a falta de um sequer qualquer específico requisito, essencial ou não.

Pelo que é legítimo concluir – como, aliás, se deixou exarado supra no probatório – que não se prova que não estejam «devidamente documentadas» as despesas apontadas pela Administração Fiscal no valor de 1 451 155$00.

Depois, basta atentar no que se deixou consignado nas alíneas j) a m) do probatório para logo se ver que não são explicitadas pela Administração Fiscal as razões por que determinadas viagens são dispensáveis à formação dos proveitos da impugnante, ora recorrente; e outras viagens não são consideradas devidamente documentadas e «não justificadas».

A Administração Fiscal conclui que as viagens são «dispensáveis à formação dos proveitos», fundamentando tal conclusão apenas em que «uma viagem envolvendo 18 pessoas, sendo somente consideradas 2 pessoas, os gerentes de empresa, e de uma viagem em nome de um cliente».

Mas nada diz especificamente acerca das razões da (im)possibilidade de considerar «justificadas» todas essas viagens, mormente em face do objecto ou actividade da impugnante, ora recorrente.E a verdade é que a impugnante, ora recorrente, vem dizendo desde a petição inicial, sem qualquer contestação da Fazenda Pública, aliás, que se trata de viagens «de pessoas com importantes ligações à área de actuação comercial da impugnante», que permitiram «consolidar o bom relacionamento comercial entre as entidades em causa e aumentar as vendas da impugnante-recorrente», e «esse aumento reflectiu-se nos anos subsequentes de forma significativa» – cf. por exemplo os artigos 13.º a 16.º da petição inicial.

Assim, de igual modo, devemos concluir – como também se deixou registado no probatório – que não se prova que sejam «dispensáveis à formação dos proveitos» as viagens no valor de 3 417 750$00.

E que não se prova ainda que não estejam «devidamente documentadas» e não sejam «justificadas» as viagens no valor de 1 466 918$00.

Na verdade, não se prova que a Administração Fiscal tenha fundamentos que baseiem a liquidação de IRC impugnada – sendo certo que o ónus da prova material dos pressupostos de facto da liquidação tributária, fora de toda a dúvida fundada, de harmonia com o disposto no artigo 121.º do Código de Processo Tributário, cabe à Administração Fiscal, e esta, no caso, segundo julgamos, não se desonera cabalmente de tal encargo.

Estamos, deste modo, a concluir – e em resposta ao _thema decidendum_ – que não goza de fundamentação substancial a liquidação impugnada, na parte em que se sustenta no acréscimo à matéria colectável do valor de 1 451 155$00 relativo a «despesas não devidamente documentadas»; do valor de 3 417 750$00 relativo a «viagens dispensáveis à formação dos proveitos»; e do valor de 1 466 918$00 relativo a «viagens não devidamente documentadas e não justificadas».

E, por isso, na parte aqui em questão, a liquidação impugnada não apresenta fundamento legal.

Consequentemente, e na medida em que está em crise no presente recurso, deve ser revogada a sentença recorrida, que não laborou neste entendimento.

2.4 De todo exposto podemos extrair, entre outras, as seguintes proposições, que se alinham em súmula.

I. A *matéria colectável em IRC* é determinada na base da *declaração do contribuinte*, suportada nos elementos da *contabilidade*, e com o *controlo da Administração Fiscal*.

II. A *contabilidade* engloba, não só *livros* e *registos*, mas também os respectivos *documentos* justificativos ou de suporte.

III. Nos termos da alínea a) do n.º 3 do artigo 98.º do Código do IRC, *todos os lançamentos da contabilidade devem estar apoiados* em documentos justificativos, datados, e susceptíveis de serem apresentados sempre que necessário.

IV. A *contabilidade do contribuinte* tem relevo ou "valor probatório", nos termos do artigo 78.º do Código de Processo Tributário, presumindo-se a *veracidade dos dados e apuramentos dela decorrentes*, "salvo se se verificarem erros, inexactidões ou outros indícios fundados de que ela não reflecte a matéria tributável efectiva do contribuinte".

V. A *dedutibilidade fiscal do custo* deve depender apenas de uma *relação justificada com a actividade produtiva da empresa*.

VI. De harmonia com o disposto no artigo 121.º do Código de Processo Tributário, cabe à Administração Fiscal, fora de toda a dúvida fundada, o *ónus da prova material* de todos os *pressupostos* da respectiva liquidação tributária.

3. Termos em que se decide:

– conceder provimento ao recurso;

– e, em consequência, revogar a sentença recorrida, na parte impugnada;

– julgando-se procedente a impugnação judicial, na parte aqui em questão;

– e anulando-se a liquidação impugnada, na mesma parte.

Sem custas, nesta instância; e, na 1.ª instância, na proporção do decaimento.

Lisboa, 31 de Maio de 2005

Jorge Lino
Pereira Gameiro
Gomes Correia

Recurso n.º 494-05

IMPUGNAÇÃO JUDICIAL. IRS. REMUNERAÇÕES ACESSÓRIAS. COLHEITA DO BENEFÍCIO, COMO MOMENTO DA TRIBUTAÇÃO. SEGURO DE VIDA, COMO CONDIÇÃO E PENHOR DE EMPRÉSTIMO BANCÁRIO. ÓNUS DA PROVA.

(Acórdão de 31 de Maio 2005)

SUMÁRIO:

I – Todos os *direitos, benefícios ou regalias não incluídos na remuneração principal, que sejam auferidos devido à prestação de trabalho, ou em conexão com esta*, e constituam para o respectivo beneficiário uma vantagem económica, representam *remunerações acessórias*, considerando-se, como tal, ainda *rendimentos do trabalho dependente* – nos termos do artigo 2.º do Código do IRS.

II – De acordo com os termos do n.º 3 do artigo 2.º do Código do IRS, o *momento* escolhido pela lei para operar a tributação é *o da colheita pelo trabalhador dos benefícios propiciados pelo correspondente dispêndio* da sua entidade patronal.

III – O *contrato de seguro "Ramo Vida"*, realizado pela sociedade a favor do seu sócio-gerente, como *condição e penhor do cumprimento das obrigações decorrentes de um empréstimo bancário* contraído pela mesma sociedade, não representa para esse sócio-gerente *ganho de natureza remuneratória* tributável de acordo com os termos do artigo 2.º do Código do IRS.

IV – De harmonia com o disposto no artigo 121.º do Código de Processo Tributário, cabe à Administração Fiscal, fora de toda a dúvida fundada, o *ónus da prova material* de todos os *pressupostos* da respectiva liquidação tributária.

ACORDAM, EM CONFERÊNCIA, NA SECÇÃO DE CONTENCIOSO TRIBUTÁRIO (2.ª SECÇÃO) DO TRIBUNAL CENTRAL ADMINISTRATIVO:

1.1 PEDRO ALEXANDRE SOUSA MACHAQUEIRO, devidamente identificado nos autos, vem interpor recurso jurisdicional da sentença do Tribunal Administrativo e Fiscal de Lisboa, de 16-8-2004, que julgou improcedente a impugnação judicial por si deduzida contra a liquidação adicional de IRS do ano de 1997 – cf.fls.72 e seguintes.

1.2 Em alegação, o recorrente formulou as seguintes conclusões – cf.fls.95 a 100, e 112 e 113.

a) A conclusão do tribunal *a quo* parte da premissa errada de que, se a entidade patronal pagou 12 000 000$00 como prémio de seguro em favor do recorrente, então existiu proveito para o mesmo, quando, na realidade, a entidade só constituiu o seguro em favor do ora recorrente, porquanto, à altura dos factos, este era o seu sócio maioritário e gerente.

b) Os dois únicos resgates sobre o seguro de vida contratado foram efectuados em favor da "Dobraço 2-Construção Civil e Obras Públicas, L.da", e da "Varmolda-Estruturas para Betão e Construção Civil, L.da", nem tendo os resgates efectuados quaisquer efeitos na sua esfera jurídica.

c) Os extractos da conta corrente "Varmolda-Estruturas para Betão e Construção Civil, L.da" comprovam que a existência de uma regularização relativa à "Dobraço 2-Construção Civil e Obras Públicas, L.da" corresponde a um encontro de contas entre as duas sociedades.

1.3 Não houve contra-alegação.

1.4 O Ministério Público neste Tribunal emitiu o parecer de que o recurso não merece provimento – cf. fls. 115.

1.5 Colhidos os vistos, cumpre decidir, em conferência.

Em face do teor das conclusões da alegação do recorrente, bem como da posição do Ministério Público, a questão que aqui se põe é a de saber se estamos, ou não, em presença de recebimento por banda do impugnante, ora recorrente, de quantias tributáveis em IRS no ano de 1997, justificadoras da liquidação impugnada.

2.1 Com interesse para a decisão julgamos provada a seguinte matéria de facto.

a) A liquidação em causa diz respeito a IRS referente ao ano de 1997, do impugnante, ora recorrente, na importância global de € 29 343,06, incluindo juros compensatórios – cf.o documento de fls.26.

b) A liquidação dita em a) fundamenta-se em despacho do Director de Finanças, datado de 10.08.2001, no qual se diz que «verificam-se reunidos os pressupostos formais e legais, para que, nos termos artigo 83.º, n.º 1, e 84.º da LGT, se proceda à avaliação directa do rendimento tributável de IRS do exercício de 1997, com base nas correcções aritméticas (*vide* mapa de conclusões da acção inspectiva), pelo que os rendimentos declarados foram alterados nos termos do n.º 4 do artigo 65.º do Código do IRS» – cf.o documento de fls.29.

c) O despacho dito em b) foi proferido sobre o parecer de um Inspector Tributário, em que se diz, no essencial, que «o sujeito passivo auferiu a título de ajudas de custo o valor de 12 000 000$00, referente ao pagamento de prestações de um seguro de reforma, a qual foi considerada rendimento do trabalho dependente, nos termos do artigo 2.º do Código do IRS»; e que «deste modo, propõe-se que os rendimentos declarados da categoria A, em 1997 sejam alterados de 2 049 588$00 para 14 049 588$00, nos termos do n.º 4 do artigo 65.º do Código do IRS» – cf.o documento de fls.29.

d) O relatório da acção inspectiva aludida no despacho dito em b), por sua vez, diz, além do mais, que «na sequência da acção inspectiva externa ao contribuinte "Varmolda-Estruturas para Betão e Construção Civil, L.da", NIPC 503039470, foi verificado que o sujeito passivo referenciado recebeu dessa empresa, no mês de Novembro de 1997, a título de ajudas de custo, o montante de 12 000 000$00, que dizem respeito ao Seguro Reforma, conforme fotocópia do Certificado Individual de Seguro (Anexo 1), que configuram rendimentos do trabalho dependente, e, como tal, sujeitas a tributação em sede de IRS-Categoria A, nos termos do artigo 2.º, n.º 3, alínea c), 3), do Código do IRS» – cf.o documento de fls.31 e 32.

e) Com data de início em 30-11-1997, foi constituído, na "Ocidental Companhia Portuguesa de Seguros de Vida, SA" (Grupo Banco Comercial Português), pela apólice n.º 0020427, um seguro "Ramo Vida", tipo de contrato "Duplo Valor-Reforma Ocidental", pelo prazo de 9 anos, e pelo prémio total de 12 000 000$00, em que é tomador do seguro "Varmolda-Estruturas para Betão e Construção Civil, L.da", e pessoa segurada o impugnante, ora recorrente, sócio-gerente desta sociedade, beneficiário em caso de vida, e, em caso de morte, beneficiária Tânia Patrícia Sousa Machaqueiro – cf.o documento de fls.35.

f) O contrato de seguro dito em e) foi celebrado como «documento complementar» do contrato, datado de 31-12-1997, de empréstimo bancário no valor de 12 000 000$00, realizado entre o "Banco Comercial Português" e "Varmolda-Estruturas para Betão e Construção Civil, L.da", «dele fazendo parte integrante para todos os efeitos legais» – cf.o documento de fls.37 e 38, especialmente o seu ponto 8..

g) Nos próprios termos deste contrato celebrado entre o "Banco Comercial Português" e "Varmolda-Estruturas para Betão e Construção Civil, L.da", referido em f), o «crédito resultante de um seguro de capitalização designado por "Reforma Ocidental" constituído na "Ocidental Companhia Portuguesa de Seguros de Vida, SA", no montante de 12 000 000$00, em nome do Exmo. Sr. Pedro Alexandre Sousa Machaqueiro», é penhor «para garantia das obrigações emergentes do presente contrato» – cf.o documento de fls.37 e 38, especialmente o seu ponto 8.

Não se prova que, no ano de 1997, o impugnante, ora recorrente, tenha recebido, por qualquer modo, a quantia de 12 000 000$00, dita em c), d), e) e g) – cf. especialmente os documentos de fls.43 e 44.

2.2 Há um princípio básico geralmente relevado pelos autores que se debruçam sobre a temática das vantagens acessórias, e que, aliás, tem consagração na quase generalidade das legislações fiscais, segundo o qual todos os benefícios em numerário ou em espécie, auferidos pelo trabalhador em resultado dos serviços prestados ou a prestar à entidade patronal, devem concorrer para a formação do seu rendimento tributável.

O peso relativo das vantagens acessórias na remuneração global é muito variável, podendo atingir percentagens mais ou menos expressivas, nomeadamente (mas não só) quando os beneficiários exercem funções de gerência ou de administração na empresa em causa.

Pode até suceder, nos casos em que a parte fixa da remuneração seja reduzida ao salário mínimo, que a parte variável se transforme, afinal, na sua componente principal.

Cf. Maria dos Prazeres Rito Lousa, *Aspectos Relativos à Tributação das Vantagens Acessórias*, na Ciência Técnica Fiscal n.º 374, pp.8 e ss.

A sujeição a IRS das chamadas «vantagens acessórias» poderá resultar da definição ampla de rendimentos do trabalho fornecida pela lei.

Do artigo 2.º do Código do IRS resulta que todos os direitos, benefícios ou regalias não incluídos na remuneração principal que sejam auferidos devido à prestação de trabalho ou em conexão com esta e constituam para o respectivo beneficiário uma vantagem económica representam remunerações acessórias, considerando-se, como tal, ainda rendimentos do trabalho dependente.

Assim, do mesmo dispositivo legal resulta inequivocamente que, com base nele, apenas podem ser tributados os rendimentos obtidos que estejam em conexão directa ou indirecta com a prestação de trabalho por conta de outrem, isto é, resultantes da existência de um vínculo laboral – ou seja, a norma abrange exclusivamente os ganhos com carácter remuneratório.

Nos termos do artigo 2.º, n.º 3, alínea c), 3), do Código do IRS (na redacção, aqui aplicável, do artigo 25.º, n.º 3, da Lei n.º 39-B/94 de 27-12) encontra-se uma referência expressa à consideração como rendimentos do trabalho dependente dos «benefícios ou regalias auferidos pela prestação ou em razão da prestação do trabalho dependente, designadamente as importâncias despendidas, obrigatória ou facultativamente, pela entidade patronal com seguros e operações do ramo "Vida" (...), ou quaisquer regimes complementares de segurança social, desde que constituam direitos adquiridos e individualizados dos respectivos beneficiários, bem como os que, não constituindo direitos adquiridos e individualizados dos respectivos beneficiários, sejam por estes objecto de resgate (...) ou qualquer outra forma de antecipação da correspondente disponibilidade, ou, em qualquer caso, de recebimento em capital (...)».

E, então, para que as importâncias despendidas pela entidade patronal em favor do seu trabalhador, por exemplo, com operações do ramo "Vida", devam ser tributadas na esfera do mesmo trabalhador, e, deste modo, consideradas rendimentos do trabalho dependente, torna-se necessário:

– que tais importâncias sejam despendidas, e auferidas pelo trabalhador, em razão da prestação do trabalho dependente;

– que as mesmas importâncias constituam direito adquirido e individualizado do respectivo beneficiário;

– ou, então, caso as mesmas importâncias não constituam direito adquirido e individualizado do respectivo beneficiário, elas sejam pelo respectivo beneficiário objecto de resgate ou qualquer outra forma de antecipação da correspondente disponibilidade, ou, em qualquer caso, de recebimento em capital.

Desde que as importâncias despendidas pela entidade patronal não constituam direitos adquiridos dos trabalhadores, e que, cumulativamente, não haja qualquer antecipação da disponibilidade dos montantes referidos, elas não são consideradas rendimento do trabalho dependente – diz André Salgado de Matos, in *Código do Rendimento das Pessoas Singulares (IRS) Anotado*, revisão de Rodrigo Queiroz e Melo, Instituto Superior de Gestão, 1999, na anotação 16.ao artigo 2.º.

É importante dizer-se ainda que, dos termos da alínea c) do n.º 3 do artigo 2.º do Código do IRS (na redacção, aqui aplicável, do artigo 25.º, n.º 3, da Lei n.º 39-B/94 de 27-12), resulta muito claramente ter a lei escolhido para momento da tributação o da colheita pelo trabalhador dos benefícios ou regalias propiciados pelos correspondentes dispêndios da respectiva entidade patronal, designadamente com «seguros e operações do ramo "Vida"» – e não ter a lei elegido para momento da tributação o momento do investimento da entidade patronal nessas operações de benefício do trabalhador.

E do que não há dúvida, deve dizer-se também, é de que – de harmonia com o disposto no artigo 121.º do Código de Processo Tributário, aqui aplicável – é sobre a Administração Tributária que impende o ónus da prova da verificação de todos os pressupostos de incidência da norma de tributação (balizada pela delimitação negativa que a lei fizer da mesma norma de incidência).

2.3 No caso *sub judicio*, a liquidação impugnada de IRS do ano de 1997, feita ao impugnante, ora recorrente, foi levada a efeito com a fundamentação de que «na sequência da acção inspectiva externa ao contribuinte "Varmolda-Estruturas para Betão e Construção Civil, L.da", NIPC 503039470, foi verificado que o sujeito passivo referenciado recebeu dessa empresa, no mês de Novembro de 1997, a título de ajudas de custo, o montante de 12 000 000$00, que dizem respeito ao Seguro Reforma, conforme fotocópia do Certificado Individual de Seguro (Anexo 1), que configuram rendimentos do trabalho dependente, e, como tal, sujeitas a tributação em sede de IRS-Categoria A, nos termos do artigo 2.º, n.º 3, alínea c), 3), do Código do IRS» – cf.o que deixou registado especialmente na alínea d) do probatório.

Mas a realidade das coisas é bem diversa no caso.

O que, em boa verdade, acontece no caso é que o dito contrato de seguro, *rectius*, o «crédito resultante de um seguro de capitalização designado por "Reforma Ocidental" constituído na "Ocidental Companhia Portuguesa de Seguros de Vida, SA", no montante de 12 000 000$00, em nome do Exmo.Sr.Pedro Alexandre Sousa Machaqueiro», é penhor «para garantia das obrigações emergentes» do contrato, datado de 31-12-1997, de empréstimo bancário no valor de 12 000 000$00, realizado entre o "Banco Comercial Português" e "Varmolda-Estruturas para Betão e Construção Civil, L.da", sociedade esta de que o impugnante, ora recorrente, é sócio-gerente; e acontece também que o dito contrato de seguro foi celebrado como «documento complementar» de tal contrato de empréstimo bancário no mesmo valor de 12 000 000$00, desse contrato «fazendo parte integrante para todos os efeitos legais» – consoante se deixou assente nas alíneas f) e g) do probatório, e claramente resulta dos elementos dos autos.

E, assim, o que logo se evidencia é que a dita quantia não tem (bem ao invés) qualquer relação com a prestação de trabalho do impugnante, ora recorrente – ou seja, não se verifica que essa quantia tenha o carácter remuneratório exigido pela lei para que deva ser tributada como rendimento do trabalho dependente.

De resto – conforme, aliás, se regista no probatório –, não se prova que, no ano de 1997, o impugnante, ora recorrente, tenha recebido, por qualquer modo, a dita quantia de 12 000 000$00.Com efeito, os únicos pedidos de resgate de parcelas do capital segurado, constantes dos autos, são aqueles documentados a fls. 43 e 44, e não são do ano de 1997.

Portanto: têm razão o impugnante, ora recorrente, quando no presente recurso, e desde a petição inicial, defende a inexistência de facto tributário.

Na verdade, ao contrário do que alega a Administração Fiscal para fundamentar a liquidação impugnada, o impugnante, ora recorrente, realmente não «recebeu dessa empresa, no mês de Novembro de 1997, a título de ajudas de custo, o montante de 12 000 000$00, que dizem respeito ao Seguro Reforma».

Como assim, resta-nos, então, concluir – em resposta ao <u>*thema decidendum*</u> – que não estamos em presença de recebimento por banda do impugnante, ora recorrente, de quantias tributáveis em IRS no ano de 1997, justificadoras da liquidação impugnada.

Pelo que, assim sendo, deve ser revogada a sentença recorrida, que não laborou neste entendimento.

2.4 De todo exposto podemos extrair, entre outras, as seguintes proposições, que se alinham em súmula.

I. Todos os *direitos, benefícios ou regalias não incluídos na remuneração principal*, que sejam *auferidos devido à prestação de trabalho, ou em conexão com esta*, e constituam para o respectivo beneficiário uma vantagem económica, representam *remunerações acessórias*, considerando-se, como tal, ainda *rendimentos do trabalho dependente* – nos termos do artigo 2.º do Código do IRS.

II. De acordo com os termos do n.º 3 do artigo 2.º do Código do IRS, o *momento* escolhido pela lei para operar a tributação é *o da colheita pelo trabalhador dos benefícios propiciados pelo correspondente dispêndio* da sua entidade patronal.

III. O *contrato de seguro "Ramo Vida"*, realizado pela sociedade a favor do seu sócio-gerente, como *condição e penhor do cumprimento das obrigações decorrentes de um empréstimo bancário* contraído pela mesma sociedade, não representa para esse sócio-gerente *ganho de natureza remuneratória* tributável de acordo com os termos do artigo 2.º do Código do IRS.

IV. De harmonia com o disposto no artigo 121.º do Código de Processo Tributário, cabe à Administração Fiscal, fora de toda a dúvida fundada, o *ónus da prova material* de todos os *pressupostos* da respectiva liquidação tributária.

3. Termos em que se decide:
- conceder provimento ao recurso;
- e, em consequência, revogar a sentença recorrida;
- julgando-se procedente a impugnação judicial;
- e anulando-se a liquidação impugnada.

Sem custas.

Lisboa, 31 de Maio de 2005

Jorge Lino
Pereira Gameiro
Gomes Correia

Recurso n.º 440-05

IMPUGNAÇÃO JUDICIAL. IVA. DIREITO A DEDUÇÃO. LIMITAÇÕES. "VIATURAS DE TURISMO". APARCAMENTO: DESPESAS DE UTILIZAÇÃO.

(Acórdão de 13 de Julho de 2005)

SUMÁRIO:

I – Em *princípio*, todo o sujeito passivo tem *direito à dedução*, no IVA liquidado nos <u>*outputs*</u>, do IVA suportado nos <u>*inputs*</u> – de harmonia com o disposto nos artigos 19.º e 22.º do Código do IVA.

II – A *regra* dita em I.comporta, <u>*inter alia*</u>, as *limitações* previstas na alínea a) do n.º 1 do artigo 21.º do Código do IVA, nomeadamente quanto ao IVA contido nas *despesas* de aquisição e *de utilização* de "viaturas de turismo".

III – As despesas feitas em serviços de *aparcamento de "viaturas de turismo"* constituem *despesas de utilização* de tais viaturas – pelo que não dedutível o IVA suportado em tal tipo de *prestação de serviços*.

ACORDAM, EM CONFERÊNCIA, NA SECÇÃO DE CONTENCIOSO TRIBUTÁRIO (2.ª SECÇÃO) DO TRIBUNAL CENTRAL ADMINISTRATIVO:

1.1 "Sociedade Portuguesa do Acumulador Tudor, SA", devidamente identificada nos autos, vem interpor recurso jurisdicional da sentença do Tribunal Tributário de 1.ª Instância de Lisboa, de 9-10-2003, que julgou improcedente a impugnação judicial por si deduzida contra as liquidações adicionais de IVA, e juros compensatórios, referentes aos anos de 1995, 1996 e 1997 – cf.fls.111 e seguintes.

1.2 Em alegação, a recorrente formula conclusões que se apresentam a seguir – cf.fls.118 a 122.

a) As viaturas da recorrente, enquanto estacionadas nos locais que para isso foram arrendados pelo respectivo proprietário, não estão a ser utilizadas em qualquer actividade produtiva.

b) Em consequência, as despesas (rendas) inerentes a esse estacionamento não se configuram como despesas de utilização das mesmas viaturas, nomeadamente para o efeito de retirar ao IVA incidente sobre essas despesas e debitado à recorrente o direito à sua dedução no IVA por esta debitado relativamente às operações activas com os seus clientes, que lhes é reconhecido no artigo 20.º, n.º 1, alínea a), do Código do IVA.

c) A legalidade dessa dedução reforça-se com a ideia de que, contrariamente ao entendimento da sentença recorrida, tais despesas têm uma relação directa de indispensabilidade (e daí o seu carácter essencial) para a realização dos proveitos ou ganhos sujeitos a IRC da recorrente, nos termos explícitos do artigo 23.º, n.º 1, alínea d), do Código do IRC, princípio este que, por coerência e unidade do sistema jurídico-tributário, terá aplicação, *mutatis mutandis*, ao IVA, nomeadamente para efeitos da sua dedução nos termos do artigo 20.º, n.º 1, alínea a), do Código do IVA.

1.3 Não houve contra-alegação.

1.4 O Ministério Público neste Tribunal emitiu o parecer de que deve ser negado provimento ao recurso – cf.fls.84.

1.5 Colhidos os vistos, cumpre decidir, em conferência.

Em face do teor das conclusões da alegação, bem como da posição do Ministério Público, a questão que aqui se põe é a de saber se é, ou não, dedutível o IVA contido nas despesas incorridas pela ora recorrente, por mor do estacionamento das viaturas a que alude.

2.1 Em matéria de facto, remetemos para os termos da decisão da 1.ª instância, de acordo com o disposto no n.º 6 do artigo 713.º do Código de Processo Civil.

2.2 Em princípio, todo o operador económico tem o direito de deduzir, do IVA liquidado nas suas vendas, o montante de IVA que onerou as suas compras – conforme resulta do disposto nos artigos 19.º e 22.º do Código do IVA.

De facto, o IVA opera, na prática, pelo método designado do crédito do imposto.Importa, na verdade, realçar que o IVA suportado em todas as aquisições efectuadas é, em regra, dedutível. Quer dizer: ao valor do IVA liquidado nas vendas cada operador económico deduzirá o valor do IVA suportado nas compras de bens duradouros sejam destinados à produção, sejam reservados à comercialização (matérias-primas e subsidiárias, subprodutos, mercadorias para revenda, etc.). Bem como deduzirá o valor do IVA suportado nas compras de bens de consumo corrente (material de escritório, de publicidade e propaganda, de limpeza de conservação e reparação, etc.). E também deduzirá o valor do IVA suportado pela encomenda e recebimento de serviços diversos (trabalhos especializados, honorários, trabalhos executados no exterior, etc.).E ainda deduzirá o valor do IVA suportado nas aquisições de bens capitais duradouros (máquinas, imóveis, etc.).

Na realidade, a espinha dorsal do IVA consiste no direito à dedução do imposto suportado a montante.

Todo o IVA liquidado por determinado operador é, através da facturação, repercutido imediata e totalmente para o agente que se lhe segue na cadeia, o qual, em princípio, o vai poder deduzir integralmente no imposto que, por sua vez, irá cobrar nos seus *outputs*, e assim sucessivamente, até atingir o consumidor final, que suportará, então, a totalidade do imposto.

Contudo, da regra do direito à dedução devem ter-se em conta as limitações que para essa mesma regra decorrem do disposto no artigo 21.º do Código do IVA.

De facto, está excluído do direito à dedução o imposto suportado na aquisição de certos bens e serviços cujas características os tornam facilmente desviáveis para consumos particulares ou pouco essenciais à actividade produtiva.

Trata-se das viaturas de turismo, barcos de recreio, helicópteros, aviões, motos e motociclos, dos combustíveis (com excepção do gasóleo cujo imposto é, na maior parte dos casos, dedutível na proporção de 50%), das despesas relativas a transportes e viagens de negócios, despesas de alojamento, alimentação, bebidas e tabaco, despesas de recepção e despesas de divertimento e luxo.

Porém, o IVA suportado na aquisição dos referidos bens e serviços é dedutível sempre que sejam objecto da actividade negocial do sujeito passivo ou constituam um meio de exploração.Esta doutrina encontra-se consagrada pela Comunidade Económica no Projecto de 12.ª Directiva em matéria de harmonização das legislações dos Estados relativas aos impostos sobre volume de negócios.

Cf. tudo o que vem a ser dito em EMANUEL VIDAL LIMA, *Imposto sobre o Valor Acrescentado*, 7.ª edição, Porto Editora, especialmente pp.35 e 36.

A respeito de viaturas ou veículos automóveis, preceitua a alínea a) do n.º 1 do artigo 21.º do Código do IVA que se exclui do direito à dedução o IVA contido nas despesas relativas, nomeadamente à aquisição e à utilização de viaturas de turismo.

Segundo o mesmo dispositivo legal, é considerado "viatura de turismo" qualquer veículo automóvel, com inclusão do reboque, que, pelo seu tipo de construção e equipamento: não seja destinado unicamente ao transporte de mercadorias; ou não seja destinado a uma utilização com carácter agrícola, comercial ou industrial; ou que, sendo misto ou de transporte de passageiros, não tenha mais de 9 lugares, com inclusão do condutor. A verificação de um qualquer dos três requisitos negativos acabados de apontar (visto que não são cumulativos, mas antes alternativos) é quanto basta para que o veículo automóvel seja considerado "viatura de turismo", com a consequente negação do direito à dedução do IVA.Ou, visto de ângulo inverso: a verificação em forma positiva de algum dos apontados requisitos é determinante de o veículo não poder ser considerado, para efeitos de dedução de IVA, "viatura de trabalho", mas antes "viatura de turismo" – e, como tal, com exclusão de dedução do IVA suportado na sua aquisição.Assim, um automóvel que, pelo seu tipo de construção e equipamento, tenha embora adequação a um aproveitamento efectivo como meio ou instrumento de exploração de uma actividade de natureza agrícola, comercial ou industrial, pode não ser considerado uma "viatura de trabalho", para efeitos de direito à dedução do IVA, mas antes uma "viatura de turismo", desde que esse automóvel, *v.g.*, seja um veículo misto com menos de 9 lugares – por inarredável imperativo do artigo 21.º, n.º 1, alínea a), *in fine*, do Código do IVA.

Mesmo quando tais bens ("viaturas de turismo", barcos de recreio, helicópteros, aviões, motos e motociclos) estejam efectivamente ao serviço da empresa e se afigure equitativa outra solução, a verdade é que o legislador, para afastar polémicas e evitar a possibilidade de fraude generalizada, optou pelas regras constantes do n.º 1 do artigo 21.º do Código do IVA, que se justificam à luz do pragmatismo que deve informar decisões deste tipo, afastando dificuldades na administração do imposto e um infindável contencioso sobre a matéria. Há a considerar, porém, e como já se disse, as situações em que tais bens ou a sua exploração constituam o objecto da actividade da empresa. É o caso dos vendedores desses bens, aos quais é permitida a dedução do imposto suportado a montante na sua aquisição e fabrico e com os serviços prestados, v.g., reparação, transformação, conservação e estacionamento – cf. F. Pinto Fernandes, e J. Cardoso dos Santos, *Código do Imposto sobre o Valor Acrescentado*, Anotado e Comentado, comentários 2.1 e 2.6 ao artigo 21.º, pp.622 e 624.

Tem ainda interesse consignar a posição de Emanuel Vidal Lima, em *Imposto sobre o Valor Acrescentado*, 7.ª edição, Porto Editora, a p.344, em relação ao IVA suportado nas despesas com o estacionamento de carros das firmas, onde se diz que o IVA não é dedutível, se as mesmas despesas se enquadram na alínea c) do artigo 21.º do Código do IVA (despesas de transportes e viagens de negócios do sujeito passivo do imposto e do seu pessoal).

Quer dizer: neste entendimento, que perfilhamos, ainda mesmo que tais viaturas tenham utilização ao serviço da actividade da empresa contribuinte, não é dedutível o IVA contido em despesas com a prestação de serviços de estacionamento ou aparcamento para guarda de "viaturas de turismo".

E, portanto, o sujeito passivo de IVA, que haja comprado e utilizado uma tal espécie de veículo automóvel ("viatura de turismo"), não goza do direito à dedução do IVA contido, quer nas despesas da sua aquisição, quer nas despesas relativas à sua utilização.

Cf.um caso semelhante no acórdão desta Secção deste Tribunal Central Administrativo, de 14-11-2000, proferido no recurso n.º 1864/99.

2.3 No caso sub judicio, não está em causa que sejam realmente "de turismo" as viaturas, em relação às quais a ora recorrente quer ver deduzido o IVA suportado nas despesas do serviço de aparcamento respectivo.

A ora recorrente, como se vê das conclusões da alegação do presente recurso, questiona apenas que sejam despesas de utilização das aludidas viaturas as quantias despendidas em estacionamento das mesmas viaturas.

Diz a ora recorrente que «as viaturas (...), enquanto estacionadas nos locais que para isso foram arrendados (...), não estão a ser utilizadas em qualquer actividade produtiva».

Mas a relação que interessa para o efeito da não dedutibilidade do IVA suportado é a relação do aparcamento com a viatura, e não a relação do aparcamento com a actividade da empresa.

É para nós evidente que a guarda e o estacionamento de uma viatura em lugar apropriado constitui um serviço relacionado com a utilização dessa mesma viatura; e que o estacionamento e guarda do veículo visa uma conveniente e proveitosa utilização deste (não importa se ao serviço da actividade da empresa, ou não).

Estamos, assim, inteiramente de acordo com o entendimento da sentença recorrida, quando afirma que «as despesas com o estacionamento das viaturas não consistirá em mais do que despesas com a própria utilização dos veículos, já que a aludida utilização há-de integrar todos os actos e componentes necessários à manutenção dos veículos de molde a garantir a sua utilização».

A ora recorrente diz ainda, e além do mais, que tais despesas têm uma relação directa de indispensabilidade para a realização dos proveitos ou ganhos sujeitos a IRC da recorrente, nos termos explícitos do artigo 23.º, n.º 1, alínea d), do Código do IRC.

Ora, isso não está em causa.Em causa não está a consideração das despesas de estacionamento como custos para efeitos de IRC.Em causa está apenas o direito da ora recorrente deduzir, ou não, o IVA suportado juntamente com a despesa atinente à prestação do serviço de estacionamento das aludidas viaturas.

Aliás, e como já se deixou dito, em face do regime legal, acima descrito, aplicável à situação, saber se as aludidas viaturas eram, ou não, utilizadas ao serviço da actividade da ora recorrente é assunto inteiramente desinteressante para o caso.

Como assim, o IVA contido na despesa da prestação do serviço de aparcamento de tais viaturas está excluído do direito à dedução do imposto, de harmonia com os termos da alínea a) do n.º 1 do artigo 21.º do Código do IVA.

E, então – em resposta ao *thema decidendum* –, estamos a concluir que não é dedutível o IVA contido nas despesas incorridas pela ora recorrente, por mor do estacionamento das viaturas a que alude.

Pelo que, assim sendo, deve ser confirmada a sentença recorrida que laborou neste entendimento.

2.4 Do exposto podemos extrair, entre outras, as seguintes proposições, que se alinham em súmula.

I. Em *princípio*, todo o sujeito passivo tem *direito à dedução*, no IVA liquidado nos outputs, do IVA suportado nos inputs – de harmonia com o disposto nos artigos 19.º e 22.º do Código do IVA.

II. A *regra* dita em I.comporta, inter alia, as *limitações* previstas na alínea a) do n.º 1 do artigo 21.º do Código do IVA, nomeadamente quanto ao IVA contido nas *despesas* de aquisição e *de utilização* de "viaturas de turismo".

III. As despesas feitas em serviços de *aparcamento de "viaturas de turismo"* constituem *despesas de utilização* de tais viaturas – pelo que não dedutível o IVA suportado em tal tipo de *prestação de serviços.*

3. Termos em que se decide negar provimento ao recurso, e, em consequência, confirmar a sentença recorrida.

Custas pela recorrente.
Taxa de justiça: cinco unidades de conta.
Lisboa, 13 de Julho de 2005

Jorge Lino
Lucas Martins
Eugénio Sequeira

Recurso n.º 1354-03

IMPUGNAÇÃO JUDICIAL. TAXA DE URBANIZAÇÃO. OMISSÃO DE PRONÚNCIA. A CITAÇÃO DA LEI HABILITANTE PODE FAZER-SE APENAS NO EDITAL QUE PUBLICITA O REGULAMENTO. - INCONSTITUCIONALIDADE FORMAL.

(Acórdão de 13 de Julho de 2005)

SUMÁRIO:

I - A pronúncia judicial exigida pelo n.º 2 do art.º 660 do CPC sobre todas as questões suscitadas pelas partes, não têm de ser expressa, podendo ser implícita ou genérica, desde que seja possível reconstituir o pensamento do juiz sobre determinada questão, através dos motivos da sentença e, designadamente, pode nem existir, se ficar prejudicada pela solução dada a outra questão, como expressamente se prevê no citado preceito legal.

II - E existe a falada nulidade já que a questão de que se omitiu pronúncia não estava prejudicada pela solução dada às outras, como decorre do art.º 660.º, n.º 2 do CPC, impondo-se, por isso, a anulação da sentença - cfr. arts. 144.º n.º 1 e 2.º al.f) do CPT e arts. 668 n.º 1 al.d) do CPC).

III - Tendo a impugnante dado a conhecer suficientemente as razões de facto e de direito que fundamentam o efeito jurídico que pretendia obter, não é permitido aos tribunais *«a quo»* e *«ad quem»* alterar ou substituir o facto jurídico que aquele invocara como base da sua pretensão de modo a decidir a questão posta ao veredicto judicial, com fundamento numa causa que aquela não pôs à sua consideração e decisão.

IV - Para se cumprir a exigência constitucional de que os regulamentos devem fazer referência à lei habilitante, é suficiente a indicação da norma ou normas legais que habilitam o seu autor a editá-los, desde que tal norma ou normas contenham a definição da competência objectiva e subjectiva para a emissão daquele tipo de regulamento.

V - Por outro lado, a citação da lei habilitante pode fazer-se apenas no Edital que publicita o regulamento, dado que a "ratio" daquela exigência constitucional é a de que os destinatários saibam em que norma legal se funda o poder de os editar, por razões de segurança e transferência.

VI - Segundo jurisprudência do TC, não tendo constado na publicação de um Edital a menção da lei habilitante de regulamento nele contido (embora constasse da proposta camarária e como tal tivesse sido aprovado em reunião da assembleia municipal), mas tendo sido publicada uma rectificação a corrigir aquele erro material, não deve conhecer-se do pedido de inconstitucionalidade das normas daquele diploma regulamentar, uma vez que, cumprido esse dever de citação, da lei habilitante inexiste para o futuro a invocada inconstitucionalidade formal.

VII - Mas, no que respeita ao período intertemporal decorrido entre as duas publicações, se efeitos eventualmente tivessem sido produzidos pelas suas normas, poderão sempre ser eliminados por meio de mecanismos processuais a disposição dos interessados, incluindo o controlo concreto da constitucionalidade de que é meio a presente impugnação.

ACORDA-SE, EM CONFERÊNCIA, NA SECÇÃO DE CONTENCIOSO TRIBUTÁRIO (2.ª SECÇÃO) DO TRIBUNAL CENTRAL ADMINISTRATIVO:

1. ASSOCIAÇÃO NACIONAL DE FARMÁCIAS, com os sinais identificadores dos autos, recorreu para o STA da sentença do Mm.° Juiz do Tribunal Tributário de 1ª Instância de Lisboa que lhe julgou improcedente o recurso contencioso que havia interposto contra o despacho proferido pelo Senhor Vereador do Pelouro do Urbanismo da CML de 16/11/93, no qual se condicionava a emissão da licença de construção ao pagamento de taxa pela realização de infraestruturas urbanísticas, no valor de PTE 119 323 800$00, processo que foi convolado para impugnação judicial pelo douto acórdão do STA de 27/04/2005, proferido a fls.651 a 661, terminando as suas alegações com a formulação do seguinte quadro conclusivo:

1ª - A sentença proferida pelo tribunal recorrido, em 2001.09.27, enferma de nulidade, dado não se ter pronunciado sobre questão que devia apreciar (artigo 144.º, n.º 1, do CPT/é artigos 660.º, n.º 2, e 668.º, n.º 1, al.d) do CPC);

2ª - Em reunião da Assembleia Municipal de Lisboa de 91.07.11 foi aprovado um Regulamento que criou a TRIU, sem que se fizesse constar de tal Regulamento qualquer menção à lei habilitante;

3ª - Tal circunstância, como é entendimento pacífico na doutrina e jurisprudência, determina a inconstitucionalidade formal de tal Regulamento, por violação do disposto no artigo 115.º, n.º 7, da CRP (na versão de 1989, então aplicável, correspondente ao actual artigo 12.º, n.º 8, da CRP);

Na verdade,

4ª - O *Tribunal Constitucional* tem vindo a declarar, *uniformemente*, em sucessivos acórdãos, a inconstitucionalidade de regulamentos das Autarquias que criam, precisamente, taxas pela realização de infra-estruturas urbanísticas, sem menção de lei habilitante;

5ª - O Regulamento em causa é, ainda, organicamente inconstitucional, por ter criado verdadeiros impostos, em violação do disposto nos artigos 106.º, n.º 2 e 168.º, alínea i), da CRP (na versão revista pela Lei Constitucional n.º 1/82, ao tempo aplicável);

6ª - Conforme o STA Já teve ocasião de decidir a respeito de caso em tudo similar/Ac, de 94.02.10, Rec. n.º 32 410, em Ap.DR de 20.12.96);

7ª – Contrariamente ao que sucedia com o Regulamento apreciado no acórdão do Tribunal Constitucional n.º 357/99 (Proc.1005/98, DR II Série, de 02.03.2000), o Regulamento do Município de Lisboa constante do Edital n.º 269/91 não contém qualquer delimitação negativa da incidência da denominada taxa, ou conexão directa entre o pagamento da mesma e os eventuais serviços prestados pela Autarquia;

8ª – Sendo que tal contrapartida é pressuposto da existência da taxa e não se verifica no caso dos autos.

9ª – A deliberação da Assembleia Municipal de Lisboa que aprovou o Regulamento é nula por violação do disposto nos artigos 88.º, n.º 1, alínea a), do DL n.º 100//84, e 133.º, n.º 1, alínea b), do CPA.

10ª – O acto recorrido é nulo por ter condicionado a emissão da licença ao pagamento de um imposto não previsto na lei e, bem assim, por violação do conteúdo essencial do direito ao não pagamento de impostos que não hajam sido criados nos termos da Constituição (artigos 103.ºº, n.º 3, da CRP e 133.º, n.º 1, alínea d) do CPA).

NESTES TERMOS Com o douto suprimento, que se invoca, deve ser suprida a nulidade invocada, nos termos e para os efeitos do disposto no artigo 668.º, n.º 4, do CPC, declarando-se a inconstitucionalidade do RTMIEU aprovado pelo Edital da Câmara Municipal de Lisboa n.º 269/91, de 20.12.91, por violação do artigo 115.º, n.º 7, da CRP (na versão de 1989, então aplicável) ou, caso assim não se entenda, deve ser concedido provimento ao presente recurso, revogando-se a douta sentença recorrida, com todos os seus legais efeitos.

Contra-alegou o MUNICÍPIO DE LISBOA, terminando com as seguintes conclusões:

1. As alegações produzidas pela recorrente são extemporâneas por não terem sido apresentadas no prazo de quinze dias imposto pelo n.º 3, do art. 282.º do CPPT, devendo, por isso, ser julgado deserto o presente recurso.

2. Ao contrário do que a própria Recorrente alega, nunca a questão apreciação da inconstitucionalidade do RTMIEU foi pedida, nem seria certamente esta a sede própria para o efeito.

3. Se o objectivo da Recorrente era também a declaração de inconstitucionalidade ou ilegalidade do RTMIEU deveria essa pretensão ter sido veiculada através de meio processual próprio, ao abrigo do disposto nos arts. 66.º a 68.º da LPTA.

4. Não pode considerar-se, de forma alguma, que uma mera menção consubstanciada na afirmação de que o RTMIEU "não regulamentou qualquer lei existente, que aliás nem sequer indica", introduzida no art. 14.º da petição de recurso, seja uma questão que o Tribunal devesse conhecer.

5. Acerca da nulidade e anulabilidade do acto administrativo *sub judice,* bem como de todas as questões pedidas, conheceu a sentença pelo que esta, não é nula por omissão de pronúncia.

6. Sendo o pedido, a pretensão da Recorrente, esta não podia, como fez, limitar-se apenas a apresentar argumentos na narração, omitindo aqueles no petitório *(conclusio libelli, non narratio, attendenda est).*

7. Tendo havido omissão do referido pedido de declaração de inconstitucionalidade na petição de recurso, a sua alusão nas alegações consiste numa ampliação do pedido, que já não é possível efectuar, nos termos do n.º 2, do art. 273.º do CPC.

8. Restringindo-se o objecto de desacordo da Recorrente à mera nulidade sentença com fundamento no n.º 2 do art. 660.º e al.d) do n.º 1 do art. 668.º ambos do CPC, o suprimento desta deveria ser efectuado mediante reclamação nos termos previstos no art. 669.º do mesmo diploma.Ora, neste sentido caberia ao Meritíssimo Juiz *"a quo"* conhecer e decidir sobre a referida nulidade da sentença, cabendo apenas recurso desta decisão.

Nestes termos e nos demais de Direito, invocando o douto suprimento de V.Exas.

a) deverá ser julgado deserto o presente recurso por extemporaneidade da apresentação das alegações da recorrente; ou caso assim não se entenda

b) deverá ser negado provimento ao presente recurso, mantendo-se, em consequência, a sentença recorrida, por inexistência de omissão de pronúncia.

Ouvida a recorrente sobre a questão prévia suscitada pelo recorrido nas suas contra – alegações consistente na extemporaneidade das alegações produzidas pela recorrente, este sustentou a sua improcedência e pediu a condenação do recorrido como litigante de má-fé nos termos e para os efeitos do disposto no art.º 456.º n.ºs 1 e 2, alíneas b) e d) do CPC.

Seguidamente, veio o Município de Lisboa veio oporse à sua condenação como litigante de má fé dizendo, sem substância, que apenas exerceu o seu direito de defesa.

O STA veio a declarar-se incompetente em razão da hierarquia e, remetidos os autos a este TCA a requerimento da recorrente, neles teve Vista a EPGA que opinou no sentido de que "o recurso merece provimento devendo o recurso seguir os seus trâmites legais sem que seja o recorrido condenado em litigância de má – fé."

Colhidos os vistos legais, cumpre decidir.

2. Em sede de probatório o M.º Juiz do Tribunal «a quo» fixou a seguinte factualidade, a qual, igualmente, se reproduz na íntegra:

a) Em 25/10/1989 a recorrente, "Associação Nacional das Farmácias", na qualidade de proprietária de um prédio sito na rua Dr.Luís de Almeida e Albuquerque, n.º 5, em Lisboa, requereu na CMLisboa a aprovação de um projecto de arquitectura de obras de alteração e ampliação que pretendia levar a efeito naquele prédio, bem como a emissão da competente licença de construção – cfr.proc.5010/OB/89, *maxime* fls.1;

b) Em 11/05/1992, os serviços da CML informaram o seguinte: "Após análise dos processos n.ºs 5010/OB/89 e 5012/OB/89 e do processo 9762/91, apensos, verificou-se que foi dada resposta positiva às questões que levaram ao indeferimento do p.p., tendo já sido emitidos pareceres favoráveis pela DMPGU, Departamento de Tráfego e Departamento de Gestão Urbanística, pelo IPPC, ASC e RSB.Não havendo nada a opor, mantêm-se os pareceres e despachos anteriores, pelo que se julga de propor o deferimento do presente processo" – cfr.fls.178 do proc.5010/OB/89;

c) Sobre essa informação recaiu o seguinte despacho: "Concordo.Aprovo.25/5/92 O Vereador", seguida de uma assinatura – cfr.fls.178 do proc.5010/OB/89;

d) Através da informação n.º 1410/DP/93, constante de fls.665 e 666 do proc.5010/OB/89/ de 15/11/1993, foi efectuado o cálculo da "taxa urbanística" prevista nos arts. 4.º e 5.º do Regulamento Municipal da Taxa pela Realização de Infra-estruturas Urbanísticas, no montante de esc.119 323 800$00 – cfr.fls.supra;

e) A informação a que se alude em d) que antecede mereceu despacho de "Concordo", proferido pelo Vereador Luís Simões, da CMLisboa, em 16/11/1993, que condicionou a emissão da licença de construção ao pagamento de taxa pela realização de infra-estruturas urbanísticas, adiante designada TRIU – cfr.fl.665 do proc.5010/OB/89;

f) A recorrente obteve da CML autorização para efectuar obras de alteração do seu prédio constituído por 4 pisos destinados a habitação, conservando as fachadas do edifício e demolindo e reconstruindo o respectivo interior, prevendo tal alteração um aumento de área de cerca de 2036 m2 e a mudança de uso de habitação para serviços – cfr.fls.5 a 29,112,113, 665 e 666 do proc.5010/OB/89;

g) Em 28/02/1994 a recorrente foi notificada pelos competentes serviços da CML, através de ofício com data de 25/02/1994, para proceder ao pagamento no prazo de 30 dias úteis a partir da data do aviso de recepção, da licença de obras no montante de esc. 1 427 480$00 e da TRIU no montante de esc.119 323 800$00 – cfr.fls.677 e 678 do proc.5010/OB/89;

h) Em 28/02/1994 a recorrente procedeu ao pagamento daquelas licença de obras e TRIU referidas em g) que antecede – cfr.fls.679 e 681 do proc.5010/OB/89;

i) A quantia referida em d) que antecede foi liquidada com base no Regulamento da TRIU, constante do Edital n.º 269/91, de 20/12/1991, alterado pela Deliberação n.º 487/AML/93, de 18/06/1993 – cfr.fls.232 e 233 destes autos;

j) No Diário Municipal n.º 16 233, de 21/10/1991, foi publicado o Despacho n.º 192/P/91, no qual, para além do mais, o então Presidente da CML delegou no.Vereador Luís Simões, com a faculdade de subdelegar, as competências que são próprias do Presidente da CML *e* as que lhe estão delegadas, a fim de gerir a Direcção Municipal de Finanças e Património – cfr.fls.39 a 41 destes autos;

l) A petição inicial que originou estes autos de recurso deu entrada no TAC de Lisboa em 28/04/1994 e, após sucessivas decisões de declaração de incompetência material, foi distribuída neste tribunal, em 22/10/1998.

Ao abrigo do art.º 712.º n.º 1 al.a) do CPC aditam-se ao probatório os seguintes factos que relevam para a decisão da nulidade por omissão de pronúncia suscitada no recurso e das questões que sobre a mesma opôs a recorrida:

m) No art. 14.º da p.i.a impugnante alegou que "O referido RTMIEU sempre seria nulo, pois não se limitou a regulamentar qualquer lei existente, que aliás nem sequer indica".

n) Na sua resposta apresentada a fls.134 e ss, o recorrido veio afirmar que "as normas contidas no Regulamento das Taxas de Infra-estruturas Urbanísticas, encontram o seu fundamento legal na al.a) do art.º 11.º da Lei 1/87 – Lei de habilitação– e suporte constitucional nos arts. 240.º e 242.º da CRP".

o) Por despacho proferido em 11/06/1999, exarado a fls.170, o M.º Juiz «a quo» determinou que " Com fotocópias de fls.11, oficie aos serviços da CMC solicitando nos remetam fotocópia do ou dos Editais tidos em consideração naquele acto de liquidação".

p) Através do ofício que se encontra a fls.177, os serviços da CMC remeteram cópia do Edital n.º 122/95, de 5/12, que aprova a alteração ao RTMIEU, concretamente dos seus artigos 3.º, 4.º, 5.º, 6.º, 7.º e 8.º e quadros anexos a esse Regulamento, publicado através dos Editais n.os 24 e 135/94 e 56/95, respectivamente de 14/2, 6/12 e 30/5.

q) A liquidação foi operada com base no RTRIU aprovado pela deliberação de 11/07/1991 da Assembleia Municipal de Lisboa, constante do Edital n.º 296/91, constante de fls.232 cujo intróito, sob a epígrafe "CRIAÇÃO DA TAXA MUNICIPAL DE INFRA-ESTRUTURAS URBANÍSTICAS", é do seguinte teor: – *Faz-se saber que em reunião da Assembleia Municipal de Lisboa de 11 de Julho de 1991, foi aprovada a criação da Taxa Municipal de Infra-Estruturas Urbanísticas, conforme Proposta n.º 138/91, que a seguir se transcreve: Proposta n.º 138/91 (subscrita pelo Vareador Luís Simões: – Proponho: Submeter à Assembleia Municipal a criação da Taxa Municipal de Infra-Estruturas Urbanísticas,, que se rege pelo seguinte Regulamento:".*

r) A cópia de RTRIU, referida na antecedente al.foi junta pela recorrente nas suas alegações pré – sentenciais, além do mais para demonstrar, por confronto com o Edital n.º 122/95, mencionado na l.u) supra e remetido pelos serviços da CMC a solicitação do M.º Juiz, que "*O RTIU é ainda inconstitucional por não conter qualquer indicação respeitante à lei que visa regulamentar ou que define a competência subjectiva e objectiva para a sua emissão, em clara violação do disposto no art.º 112.º, n.º 8, da CRP"*– cfr.art.º 25.º da peça –; que, *"sendo os regulamentos elaborados pelas autarquias no âmbito do prossecução das suas actividades o exemplo de escola dos regulamentos independentes (V.Freitas do Amaral, ob.Cit.pp 20), claro está que não poderia o RTRIU deixar de fazer referência à lei de habilitação, sob pena de ser, como é, inválido"* – vd.art.º 27.º; que *"De resto, neste sentido, cumpre salientar que o próprio RTRIU, nas suas versões mais recentes, – de que é exemplo a que resultou das alterações de 09.11.95 e que consta do edital n.º 122/95 junto aos autos pela recorrente – já faz referência à lei de habilitação, em conformidade com o imperativo constitucional acima referido "*– art.º 29.º – e que *"Sucede que, à data da prática do acto recorrido (16.11.93) – não fazia, posto que o Regulamento então existente e, consequentemente, aplicável, era o que foi aprovado em reunião da assembleia municipal de 11.07.91, constando do edital n.º 269/91, conforme já foi sobejamente referido"* – art.º 30.º da mesma peça.

s) Por seu lado, a recorrida apresentou as suas alegações a fls.241 em que refere, a págs.245/246 que "*...face à Lei de previsão, ou Lei da Habilitação, art.º 11.º alínea a) da Lei n.º 1/87 ..."* e, mais adiante "*Refere a Recorrente que o Regulamento da TRIU, aprovado pela deliberação da Assembleia Municipal de 91.07.11 publicado no DM n.º 16276 de 91.12.21.é inconstitucional. (..) Isto porque, segundo a Recorrente, o RTRIU consubstancia a criação de um imposto não previsto na lei e sempre seria nulo por não ter natureza regulamentar de qualquer lei existente, que nem sequer indica (cfr. arts. 13.º a 15.º da p.i.).*

3. A questão prévia da tempestividade do recurso suscitada pelo recorrido foi já decidida no douto acórdão do STA proferido nos autos em que se determinou que

"...as alegações do recurso jurisdicional foram tempestivamente apresentadas como se conclui das alíneas p) e q) da matéria de facto fixada", pelo que atenta a factualidade apurada e acabada de fixar com expurgo da que à questão prévia se reportava, e aquelas conclusões que delimitam o objecto do recurso, a questão que cabe apreciar em primeiro lugar no recurso, é a da omissão de pronúncia, vício assacado à sentença recorrida.

Nesse âmbito, a questão a decidir consiste em saber se se verifica a nulidade da decisão recorrida por a mesma violar os arts. 2.º, n.º l, alínea f), 125.º, n.º 1 do Código de Procedimento e de Processo Tributário e Arts. 668.º, n.º 3 e 670.º, n.º l do CPC porquanto devia ter apreciado a ilegalidade do acto decorrente em reunião da Assembleia Municipal de Lisboa de 91.07.11 ter sido aprovado um Regulamento que criou a TRIU, sem que se fizesse constar de tal Regulamento qualquer menção à lei habilitante, circunstância que, como é entendimento pacífico na doutrina e jurisprudência, determina a inconstitucionalidade formal de tal Regulamento, por violação do disposto no artigo 115.º, n.º 7, da CRP (na versão de 1989, então aplicável, correspondente ao actual artigo 12.º, n..º8, da CRP) – (conclusões 1ª a 3ª).

Compulsando a p.i., vê-se que no seu art.º 14.º a impugnante alegou que "O referido RTMIEU sempre seria nulo, pois não se limitou a regulamentar qualquer lei existente, que aliás nem sequer indica".

Nas suas alegações pré-sentenciais verteu o oponente que a liquidação foi operada com base no RTRIU aprovado pela deliberação de 11/07/1991 da Assembleia Municipal de Lisboa, constante do Edital n.º 296/91, constante de fls.232 cujo intróito, sob a epígrafe "CRIAÇÃO DA TAXA MUNICIPAL DE INFRA-ESTRUTURAS URBANÍSTICAS", é do seguinte teor:– *Faz-se saber que em reunião da Assembleia Municipal de Lisboa de 11 de Julho de 1991, foi aprovada a criação da Taxa Municipal de Infra-Estruturas Urbanísticas, conforme Proposta n.º 138/91, que a seguir se transcreve: Proposta n.º 138/ 91 (subscrita pelo Vareador Luís Simões:– Proponho: Submeter à Assembleia Municipal a criação da Taxa Municipal de Infra-Estruturas Urbanísticas,, que se rege pelo seguinte Regulamento:"*, sendo a referida cópia do RTRIU, junta nas mesmas alegações pré – sentenciais, além do mais para demonstrar, por confronto com o Edital n.º 122/95, mencionado na l.u) supra e remetido pelos serviços da CMC a solicitação do M.º Juiz, que *"O RTIU é ainda inconstitucional por não conter qualquer indicação respeitante à lei que visa regulamentar ou que define a competência subjectiva e objectiva para a sua emissão, em clara violação do disposto no art.º 112.º, n.º 8, da CRP"*– cfr. art.º 25.º da peça –; que, *"sendo os regulamentos elaborados pelas autarquias no âmbito do prossecução das suas actividades o exemplo de escola dos regulamentos independentes (V. Freitas do Amaral, ob.Cit.pp 20), claro está que não poderia o RTRIU deixar de fazer referência à lei de habilitação, sob pena de ser, como é, inválido"* – vd. art.º 27.º; que *"De resto, neste sentido, cumpre salientar que o próprio RTRIU, nas suas versões mais recentes, – de que é exemplo a que resultou das alterações de 09.11.95 e que consta do edital n.º 122/95 junto aos autos pela recorrente – já faz referência à lei de habilitação, em conformidade com o imperativo constitucional acima referido "*– art.º 29.º – e que *"Sucede que, à data da prática do acto recorrido (16.11.93) – não fazia, posto que o Regulamento então existente e, consequentemente, aplicável, era o que foi aprovado em reunião da assembleia municipal de 11.07.91, constando do edital n.º 269/91, conforme já foi sobejamente referido"* – art.º 30.º da mesma peça.

Evidencia-se no probatório ampliado que na sua resposta apresentada a fls.134 e ss, o recorrido veio afirmar que "as normas contidas no Regulamento das Taxas de Infra-estruturas Urbanísticas, encontram o seu fundamento legal na al.a) do art.º 11.º da Lei 1/87 – Lei de habilitação – e suporte constitucional nos arts. 240.º e 242.º da CRP".

Acresce que, como decorre ainda do probatório, por despacho proferido em 11/06/1999, exarado a fls.170, o M.º Juiz «a quo» determinou que "Com fotocópias de fls.11, oficie aos serviços da CMC solicitando nos remetam fotocópia do ou dos Editais tidos em consideração naquele acto de liquidação".

Flui ainda do probatório que, através do ofício que se encontra a fls.177, os serviços da CMC remeteram cópia do Edital n.º 122/95, de 5/12, que aprova a alteração ao RTMIEU, concretamente dos seus arts. 3.º, 4.º, 5.º, 6.º, 7.º e 8.º e quadros anexos a esse Regulamento, publicado através dos Editais n.ºs 24 e 135/94 e 56/95, respectivamente de 14/2, 6/12 e 30/5.

Enfatize-se que a recorrida apresentou as suas alegações a fls.241 em que refere, a págs.245/246 que "*...face à Lei de previsão, ou Lei da Habilitação, art.º 11.º alínea a) da Lei n.º 1/87 ...*" e, mais adiante "*Refere a Recorrente que o Regulamento da TRIU, aprovado pela deliberação da Assembleia Municipal de 91.07.11 publicado no DM n.º 16276 de 91.12.21.é inconstitucional. (..) Isto porque, segundo a Recorrente, o RTRIU consubstancia a criação de um imposto não previsto na lei e sempre seria nulo por não ter natureza regulamentar de qualquer lei existente, que nem sequer indica (cfr. arts. 13.º a 15.º da p.i.).*

Ora, depois de todo este afã, veio em contra-alegações o recorrido insurgir-se contra a invocação da nulidade por omissão de pronúncia (vd.conclusões 2 e ss) começando por afirmar que, ao contrário do que a própria Recorrente alega, nunca a questão apreciação da inconstitucionalidade do RTMIEU foi pedida, nem seria certamente esta a sede própria para o efeito.

E, continua, se o objectivo da Recorrente era também a declaração de inconstitucionalidade ou ilegalidade do RTMIEU deveria essa pretensão ter sido veiculada através de meio processual próprio, ao abrigo do disposto nos arts. 66.º a 68.º da LPTA, não podendo considerar-se, de forma alguma, que uma mera menção consubstanciada na afirmação de que o RTMIEU "não regulamentou qualquer lei existente, que aliás nem sequer indica", introduzida no art. 14.º da petição de recurso, *seja uma questão que o Tribunal devesse conhecer.*

Ora, acerca da nulidade e anulabilidade do acto administrativo *sub judice,* bem como de todas as questões pedidas, conheceu a sentença pelo que esta, não é nula por omissão de pronúncia.

Diz ainda o recorrido que, sendo o pedido, a pretensão da Recorrente, esta não podia, como fez, limitar-se apenas a apresentar argumentos na narração, omitindo aqueles no petitório *(conclusio libelli, non narratio, attendenda est).*

E, tendo havido omissão do referido pedido de declaração de inconstitucionalidade na petição de recurso, a sua alusão nas alegações consiste numa ampliação do pedido, que já não é possível efectuar, nos termos do n.º 2, do art. 273.º do CPC.

Remata, dizendo que restringindo-se o objecto de desacordo da Recorrente à mera nulidade sentença com fundamento no n.º 2 do art. 660.º e al.d) do n.º 1 do art. 668.º ambos do CPC, o suprimento desta deveria ser efectuado mediante reclamação nos termos previstos no art. 669.º do mesmo diploma.Ora, neste sentido caberia ao Meritíssimo Juiz *"a quo"* conhecer e decidir sobre a referida nulidade da sentença, cabendo apenas recurso desta decisão.

Quid juris?

Ás partes cabe alegar os factos que integram a causa de pedir. (Art. 264.º n.º 1 do C.P.C.) e definir o objecto do litígio através da dedução das suas pretensões, e no presente caso o oponente baseia a sua pretensão, ao que defende e agora releva, em que "O referido RTMIEU sempre seria nulo, pois não se limitou a regulamentar qualquer lei existente, que aliás nem sequer indica".

Nas suas alegações pré-sentenciais verteu o oponente que a liquidação foi operada com base no RTRIU aprovado pela deliberação de 11/07/1991 da Assembleia Municipal de Lisboa, constante do Edital n.º 296/91, constante de fls.232 cujo intróito, sob a epígrafe "CRIAÇÃO DA TAXA MUNICIPAL DE INFRA-ESTRUTURAS URBANÍSTICAS", é do seguinte teor:– *Faz-se saber que em reunião da Assembleia Municipal de Lisboa de 11 de Julho de 1991, foi aprovada a criação da Taxa Municipal de Infra-Estruturas Urbanísticas, conforme Proposta n.º 138/91, que a seguir se transcreve: Proposta n.º 138/ /91 (subscrita pelo Vareador Luís Simões: – Proponho: Submeter à Assembleia Municipal a criação da Taxa Municipal de Infra-Estruturas Urbanísticas,, que se rege pelo seguinte Regulamento:", sendo a* referida cópia do RTRIU, junta nas mesmas alegações pré – sentenciais, além do mais para demonstrar, por confronto com o Edital n.º 122/95, mencionado na l.u) supra e remetido pelos serviços da CMC a solicitação do M.º Juiz, que "*O RTIU é ainda inconstitucional por não conter qualquer indicação respeitante à lei que visa regulamentar ou que define a competência subjectiva e objectiva para a sua emissão, em clara violação do disposto no art.º 112.º, n.º 8, da CRP*"– cfr. art.º 25.º da peça –; que, *"sendo os regulamentos elaborados pelas autarquias no âmbito do prossecução das suas actividades o exemplo de escola dos regulamentos independentes (V. Freitas do Amaral, ob.Cit.pp 20), claro está que não poderia o RTRIU deixar de fazer referência à lei de habilitação, sob pena de ser, como é, inválido"* – vd. art.º 27.º; que *"De resto, neste sentido, cumpre salientar que o próprio RTRIU, nas suas versões mais recentes, – de que é exemplo a que resultou das alterações de 09.11.95 e que consta do edital n.º 122/95 junto aos autos pela recorrente – já faz referência à lei de habilitação, em conformidade com o imperativo constitucional acima referido* "– art.º 29.º– e que *"Sucede que, à data da prática do acto recorrido (16.11.93) – não fazia, posto que o Regulamento então existente e, consequentemente, aplicável, era o que foi aprovado em reunião da assembleia municipal de 11.07.91, constando do edital n.º 269/91, conforme já foi sobejamente referido"* – art.º 30.º da mesma peça.

Assim, o tribunal tem que respeitar o pedido da tutela jurídica que lhe foi feito e as alegações dos fundamentos em que ele se baseia e, como a impugnante admitira a referida inconstitucionalidade formal, não podia o Meritíssimo "Juiz a quo" deixar de se pronunciar sobre a mesma, porque tal não lho permitia o art. 664.º do C.P.C.

A solução deste litígio, na parte destacada, passa por saber qual é a causa de pedir, sendo certo que a petição deve obedecer aos requisitos *substanciais* e *formais* exigidos para a impugnação judicial.

Assim, por injunção do art.º 108.º do CPPT, na petição teriam de ser expostos os factos e as razões de direito que fundamentavam o pedido. À impugnante cabia, pois, o ónus da alegação dos factos integradores das ilegalidades (vícios) do acto, consubstanciando tais factos a *«causa de pedir»,* ou seja, o fundamento do pedido de anulação do acto que deveria ser expressamente formulado, acarretando a falta ou ininteligibilidade do pedido ou da causa de pedir a nulidade por ineptidão da petição inicial (cfr. art.º 193.º n.º 2, al.a) do CPC).

Como se vê da p.i.a impugnante, indicou os factos materiais e jurídicos (nos art.s que se salientaram alega e procura demonstrar que o *O RTIU é ainda inconstitucional por não conter qualquer indicação respeitante à lei que visa regulamentar ou que define a competência subjectiva e objectiva para a sua emissão, em clara violação do disposto no art.º 112.º, n.º 8, da CRP"*– cfr. art.º 25.º da peça –; que, *"sendo os regulamentos elaborados pelas autarquias no âmbito do prossecução das suas actividades o exemplo de escola dos regulamentos independentes (V. Freitas do Amaral, ob.cit. pp 20), claro está que não poderia o RTRIU deixar de fazer referência à lei de habilitação, sob pena de ser, como é, inválido".*

Dúvidas não sobram, pois, de que a impugnante deu a conhecer suficientemente qual o efeito jurídico que pretendia obter pelo que não era não parece que haja alterado ou substituído o facto jurídico que aquela invocara como base da sua pretensão de modo a decidir a questão posta ao veredicto judicial, com fundamento numa causa que não pôs à sua consideração e decisão.

É certo que pode bem acontecer que a causa de pedir invocada expressamente pela impugnante não exclua uma outra que, por interpretação da p.i., seja susceptível de compreender-se naquela mas mesmo nesse caso, como expende o *Prof. Vaz Serra in Rev.Leg.Jur., 105.º, 233-234,* a indicação da causa de pedir tem de ser entendida de modo a corresponder ao sentido que ele quis atribuir a tal indicação, desde que tal sentido possa valer nos termos gerais da interpretação das declarações de vontade.

Ora, da interpretação da p.i., mormente do seu art.º 14.º, vê-se claramente que a impugnante invocou como causa de pedir a "nulidade" do RTMIEU por *não se ter limitado a regulamentar qualquer lei existente, que aliás nem sequer indica"* isso na perspectiva de que o tributo em causa se tratava de um imposto; mas, o facto de poder tratar-se de uma taxa, em nada altera a questão nuclear que é *a falta de indicação da lei existente.*

Sucede que, como se deixou patenteado acima, nas alegações pré-sentenciais a impugnante veio sustentar que *O RTIU é ainda inconstitucional por não conter qualquer indicação respeitante à lei que visa regulamentar*", o que não pode deixar de considerar-se, por interpretação da p.i., como susceptível de compreender-se na invocada causa de pedir indicada inicialmente e tem de ser entendida de modo a corresponder ao sentido que a impugnante quis atribuir a tal indicação, pois que tal sentido cabe nos termos gerais da interpretação das declarações de vontade.

A alteração da causa de pedir apenas respeita à actuação processual da impugnante que, a nosso ver e contra o entendimento do recorrido, não veio agora configurá-la de modo distinto do que fizera na p.i..

Inquestionavelmente que a recorrente deu a conhecer suficientemente as razões de facto e de direito que fundamentam o efeito jurídico que pretendia obter pelo que não pode afirmar-se que alterou ou substituiu o facto jurídico que aquela invocara como base da sua pretensão de modo a decidir a questão posta ao veredicto judicial, com fundamento numa causa que aquela não pôs à sua consideração e decisão.

A causa de pedir pode definir-se como o facto concreto que serve de fundamento ao efeito jurídico pretendido, não bastando a indicação vaga ou genérica dos factos em que o autor fundamenta a sua pretensão para que se verifique o preenchimento de tal exigência legal (cfr.Antunes Varela e outros, Manual de Processo Civil, 2ª edição, Coimbra Editora, 1985, pág.245; José Alberto dos Reis, Comentário ao C.P.Civil, II, Coimbra, 1945, pág.369 e seg.).

No caso "sub judice", da inspecção da p.i. apresentada pela impugnante desde logo se deve concluir que identificou, claramente, o facto concreto que serve de fundamento à impugnação, isto é, a causa de pedir que depois "desenvolve" nas suas alegações pré – sentenciais e de recurso.

Com efeito, analisando atentamente as conclusões, logo nos apercebemos que a recorrente invoca matéria que era objecto da p.i.e de que, por isso, a 1ª instância se deveria ocupar (veremos adiante se o fez).

A ser assim, como é, vigorando o princípio, acolhido dominantemente pela jurisprudência, de que os recursos são meios de obter a reforma das decisões dos tribunais inferiores (cfr. os art.s 676.º, n.º 1, 680.º, n.º 1 e 690.º, todos do CPC) pelo que o seu objecto tem de cingir-se em regra à parte dispositiva destas (art.º 684.º, n.º 2, do CPC), encontrando-se, portanto, objectivamente delimitado pelas questões postas ao tribunal recorrido.[1]

No nosso ordenamento jurídico é sobre o recorrente que impende o ónus de alegar e concluir (cfr. art.º 684.º do CPC), não podendo suscitar questões novas, não enunciadas no requerimento inicial apresentado no TT 1ª Instância, sendo que, notoriamente, foi arguida nulidade de conhecimento não oficioso como são as elencadas no art.º 125.º do CPPT e o recurso jurisdicional visa a apreciação da legalidade da sentença com fundamento na imputação de nulidade ou de erros de julgamento sobre a matéria de facto e /ou de direito e não a apreciação em 1.º grau de jurisdição de questão nova que não tenha sido submetida ao veredicto do TT1ª Instância.

Por isso importa sempre e em sede de recurso, determinar se nas conclusões alegatórias se limita o recorrente a imputar à sentença algum vício consistente em erro de determinação, aplicação ou interpretação de normas que traduzam específica crítica à legalidade da decisão que justifique a sua apreciação pelo Tribunal Superior.

Como se disse, é pacificamente entendido, os recursos jurisdicionais têm por objecto a apreciação de decisões da mesma natureza proferidas por Tribunais de grau hierárquico inferior, visando a respectiva anulação ou revogação, por vícios de forma ou de fundo.

Significa isto que nos recursos jurisdicionais não é possível fazer a apreciação de quaisquer questões que sejam novas, isto é, que não tenham sido colocadas à apreciação do Tribunal "a quo", salvo quando o seu conhecimento seja imposto por lei.

No caso vertente, a recorrida coloca a questão atrás enumerada no sentido de que a referida falta de menção da lei habilitante foi suscitada apenas perante o Tribunal «ad quem», já que não foi invocada perante o Tribunal «a quo» que, assim, não teria a obrigação de sobre ela se pronunciar.

Ora, se a recorrente, apesar de vencida, invoca nas conclusões uma questão em que ficou vencida, o tribunal de recurso pode e deve apreciá-la.

Infere-se das conclusões alegatórias, pois, que a recorrente não aduz questão nova que foi e poderia ter sido considerada na sentença recorrida.

Assim, a recorrente não pretende a emissão de pronúncia sobre questão nova, o que o mesmo é dizer que a questão suscitada nas conclusões alegatórias não excede o objecto do recurso.

***

Do que vem dito, decorre com segurança que o Mm.º Juiz recorrido, não se pronunciou concretamente sobre tal questão.

Daí que a recorrente com justeza argua omissão de pronúncia ao afirmar nas conclusões que a decisão recorrida viola os art.s 144.º do CPT (correspondente ao art.º 125.º do CPPT) e 668.º do C.P.C. porquanto devia ter apreciado a legalidade do acto na referida vertente e deixou de o fazer.

A pronúncia judicial exigida pelo n.º 2 do art.º 660.º do CPC sobre todas as questões suscitadas pelas partes, não tem de ser expressa, podendo ser implícita ou genérica, desde que seja possível reconstituir o pensamento do juiz sobre determinada questão, através dos motivos da sentença e, designadamente, pode nem existir, se ficar prejudicada pela solução dada a outra questão, como expressamente se prevê no citado preceito legal (cfr. Prof A. Reis, CPC, V, 1981, p.63).

E existe a falada nulidade já que a questão de que se omitiu pronúncia não estava prejudicada pela solução dada às outras, como decorre do art.º 660.º, n.º 2 do CPC (vd., nesse sentido, o *Ac.da Relação do Porto de 14/06/76, Col.Jur., 1976, 2.º-397).*

Sendo certo que a questão cujo conhecimento se diz ter sido omitido devia ser resolvida na sentença configura-se, na actuação descrita, omissão de pronúncia.

Termos em que procede o fundamento em análise, o que impõe a anulação da sentença – cfr. art.s 144.º n.º 1 e 2.º al.f) do CPT e art.s 668.º n.º 1 al.d) do CPC).

***

Todavia, conquanto este Tribunal de recurso declare nula a sentença proferida na 1ª instância, terá de conhecer do objecto da impugnação que deixou de ser conhecido pelo Tribunal recorrido (cfr. n.º 1 do art.º 715.º do CPC).

***

Cabe, então, determinar se a liquidação padece de vício de violação de lei constitucional.

[1] Nesse sentido, os Acs.do STA de 12/6/1991 no recurso n.º 13 169, de 16/10/1991 no Recurso n.º 13 553 e de 22/1/1992 no recurso n.º 13331; do STJ de 27/7/1965 in BMJ 149, pág.297, de 23/2/78, BMJ, 274.º-191 e de 25/2/93, publicado na CJ-Acórdãos do STJ, Ano I-Tomo I, pág.151; J.A.Reis CPC Anotado, 5.º-211; A.Varela, Manual Proc.Civil, 1ª ed.-52 e Castro Mendes, Recursos, 1980, 14).

Em 15 de Novembro de 1995, no Acórdão n.º 639/95, Processo n.º Processo n.º 19/94, 2ª/Plenário, do qual foi relator o Exm.º Cons. Guilherme da Fonseca o Tribunal Constitucional proferiu a decisão da qual se respigam os seguintes passos:

"...outras de natureza regulamentar, todas as normas constantes do Edital n.º 269/91, publicado no Diário Municipal da Câmara Municipal de Lisboa, n.º 16276, de 20 de Dezembro de 1991, sob a epígrafe de: Criação da Taxa Municipal de Infra-Estruturas Urbanísticas (o Edital contém oito artigos, assim distribuídos: o artigo 1.º, sobre a natureza e fins da taxa municipal, que "constitui a contrapartida devida ao município pelas utilidades prestadas aos particulares pelas infra-estruturas urbanísticas primárias e secundárias cuja realização, remodelação ou reforço seja consequência de operações de construção, reconstrução ou ampliação de edifícios ou de alterações na forma de utilização destes"; o artigo 2.º, sobre a incidência da taxa; o artigo 3.º, definindo isenções e reduções; os artigos 4.º e 5.º, enunciando o cálculo da taxa; o artigo 6.º, sobre liquidação e cobrança da taxa; o artigo 7.º, sobre a fixação do valor unitário; e o artigo 8.º, contendo disposições transitórias e finais).

Por estas últimas – as normas do Edital n.º 269/91 – se vai começar, apenas por uma razão de comodidade, atento o teor da resposta da Assembleia Municipal de Lisboa.

6. O pedido do requerente assenta apenas na afirmação de que "*tal diploma, de cariz claramente regulamentar, não cita a lei habilitante, nos termos impostos pelo n.º 7 do artigo 115.º da CRP, o que acarreta a respectiva inconstitucionalidade formal, pelas razões apontadas no Acórdão n.º 76/88 do Tribunal Constitucional, emitido a propósito de caso análogo ao presente*".

Ao que responde a Assembleia Municipal de Lisboa que tal pedido "*fundamenta-se num pressuposto errado*", pela simples razão de que houve manifesto erro na publicação do citado Edital, não constando dela a parte da deliberação da Assembleia Municipal de Lisboa "*onde vêm expressamente mencionadas as leis habilitantes para a sua emissão*".

"*Existiu na verdade uma discrepância entre o texto original do diploma, nos termos em que foi aprovado pela AML, e o texto impresso na respectiva publicação através do Edital n.º 269//91 (publicado no Diário Municipal n.º 16276, de 20/12/91), em virtude de na publicação não ter constado a menção das leis habilitantes, erro esse que foi já rectificado através do Edital n.º 22/94, publicado no Diário Municipal n.º 16816, de 14 de Fevereiro de 1994 (cfr. DOC n.º 2 adiante junto)*" – é a afirmação essencial que se extrai da resposta da autora do Edital.

Será assim?

Do resultado da diligência ordenada pelo relator decorre à evidência que o Edital em causa nasceu de uma proposta – a Proposta n.º 138/91 – da Câmara Municipal de Lisboa, que foi aprovada por maioria na acta da reunião de 5 de Junho de 1991, com 13 votos a favor e 2 abstenções, nela se invocando expressamente "*o que se expõe ao abrigo do determinado no art.º 11.º a) da Lei n.º 1/87 de 6 de Janeiro (Finanças Locais), art.º 39.º, n.º 2, l) do Decreto-Lei n.º 100/84 de 29 de Março e expressamente art.º 43.º, n.º 1 do Decreto-Lei n.º 400/84 de 31 de Dezembro*".

Por sua vez, da acta n.º 45 da sessão ordinária da Assembleia Municipal de Lisboa iniciada no dia 20 de Junho e continuada em 11 de Julho de 1991 consta o "*ponto onze*", exactamente sobre a dita Proposta, enviada "*ao abrigo da alínea l) do numero dois do artigo trigésimo nono do decreto lei cem/ /oitenta e quatro, de vinte e nove de Março*", aí se dando conta da apresentação da proposta pelo vereador Luís Simões e da discussão que ela originou, com intervenção de vários vogais da assembleia, terminando com a votação, "*tendo a Assembleia deliberado aprová-la, por maioria, sem votos contra, votos favoráveis de todas as forças políticas e a abstenção do Partido Social Democrata*".

Tais elementos probatórios apontam claramente no sentido de que, contrariamente ao que invoca o requerente, as normas regulamentares aprovadas pela Assembleia Municipal de Lisboa assentaram numa proposta camarária, nos termos previstos nos artigos 39.º, n.º 2, l) e 51.º, n.º 3, a) do Decreto-Lei n.º 100/84, de 29 de Março, e nela vem citada e identificada a lei habilitante.

Lê-se no acórdão deste Tribunal Constitucional n.º 76/88, citado pelo requerente:

"*(...) Dispõe o n.º 7 do artigo 115.º da CRP que 'os regulamentos devem indicar expressamente as leis que visam regulamentar ou que definem a competência subjectiva para a sua emissão'. Para a perfeita compreensão do sentido e alcance do preceito, indispensável é estabelecer-se o confronto do n.º 7 com o n.º 6 do artigo 115.º.*

De facto, enquanto o n.º 6 do artigo 115.º da CRP estipula que 'os regulamentos do Governo revestem a forma de decreto regulamentar quando tal seja determinado pela lei que regulamentam, bem como no caso de regulamentos independentes', limitando por conseguinte, e de modo expresso, a determinação dele constante aos regulamentos do Executivo, já o n.º 7 do mesmo artigo se refere a regulamentos tout court, sujeitando, assim, todo e qualquer regulamento, independentemente da consideração do órgão ou da autoridade donde tiverem emanado, à imposição de tipo alternativo nele prevista.

É, pois, claro, face a este simples cotejo normativo, que abrangidos pela regra bidireccional do n.º 7 do artigo 115.º da CRP estão todos os Regulamentos, nomeadamente os que provenham do Governo [artigo 202.º, alínea c)], dos órgãos de governo próprio das regiões autónomas [artigo 229.º, alínea b)] e dos órgãos próprios das autarquias locais (artigo 242.º da CRP). Todos esses regulamentos, de um ou de outro modo, estão umbilicalmente ligados a uma lei, à lei que necessariamente precede cada um deles, e que, por força do disposto no n.º 7 do artigo 115.º da CRP, tem de ser obrigatoriamente citada no próprio regulamento.

O papel dessa lei precedente – di-lo o n.º 7 do artigo 115.º – não é sempre o mesmo.

Umas vezes a lei a referir é aquela que o regulamento visa regulamentar.Será esse o caso dos regulamentos de execução stricto sensu ou dos regulamentos complementares.

Outras vezes a lei a indicar é a que define a competência subjectiva e objectiva para a sua omissão. De facto, no exercício do poder regulamentar têm de ser respeitados diversos parâmetros, e assim é que 'cada autoridade ou órgão só pode elaborar os regulamentos para cuja feitura a lei lhe confira competência, não podendo invadir a de outras autoridades ou órgãos (competência subjectiva)' e nessa 'feitura deverá visar-se o fim determinante da atribuição do poder regulamentar (competência objectiva)' – Afonso Rodrigues Queiró, 'Teoria dos Regulamentos' Revista de Direito e Estudos Sociais, ano XXVII, n.os 1-2-3-4, p.19.A necessidade de citação dessa lei definidora da competência, subjectiva e objectiva da autoridade ou órgão que emite o regulamento, verificar-se-á designadamente no caso dos regulamentos autónomos."

Obedecendo a este quadro está o Regulamento ora em causa, constante do Edital n.º 269/91, pois da proposta camarária n.º 138/91 logo constava a identificação da lei habilitante, e como tal ela foi aprovada em reunião da Assembleia Municipal de Lisboa.Em termos tais que se pode considerar cumprido "*o dever de citação da lei habilitante*" de que falam Gomes Canotilho e Vital Moreira ("*O princípio da primariedade ou precedência da lei é claramente afirmado no n.º 7, onde se estabelece: a) a precedência da lei relativamente a toda a actividade regulamentar; b) o dever de citação da lei habilitante por parte de todos os regulamentos.Esta dupla exigência torna ilegítimos não só os regulamentos carecidos de habilitação legal mas também os regulamentos que, embora com provável fundamento legal, não individualizam expressamente este* fundamento" – escrevem aqueles Autores, Constituição Anotada, 3ª ed.pág.514).

Por consequência, não se pode falar *in casu* da ausência de um elemento formal constitucionalmente necessário, inexistindo, assim, inconstitucionalidade formal, por referencia ao n.º 7 do artigo 115.º da CRP.

E, então, que influência pode ter em tal conclusão a inexactidão da publicação no Diário Municipal do Edital n.º 269/91, corrigida mais tarde por via do Edital n.º 22/94 (e este enuncia logo no frontispício: "*Por ter saído incompleta a publicação da deliberação da Assembleia Municipal de Lisboa constante do Edital n.º 269/91 (Diário Municipal n.º 16276, de 20 de Dezembro de 1991)(...)),* já na pendência destes autos de fiscalização abstracta?

Parece evidente que, à luz da principiologia do Estado de direito democrático constitucionalmente consagrado no artigo 2.º da CRP, a função da exigência do dever de citação da lei habilitante consiste não apenas em disciplinar o uso do poder regulamentar, obrigando os órgãos da Administração a controlarem, em cada caso, a habilitação legal de cada regulamento, mas também em garantir a segurança e a transparência jurídicas, importantes para os destinatários da norma regulamentar.

Ora, a partir do momento da publicação no Diário Municipal, n.º 16876, de 14 de Fevereiro de 1994, do citado Edital n.º 22/94, mostra-se cumprido o tal dever de citação da lei habilitante, pois por essa via foi corrigida a inexactidão da publicação no Diário Municipal do anterior Edital n.º 269/91, inexistindo, deste modo, e para o futuro, relativamente ao Regulamento em causa, a invocada inconstitucionalidade formal.

Quanto ao período intertemporal decorrido entre os dois Editais – pouco mais de dois anos – e tratando-se *in casu* de processo de fiscalização abstracta de constitucionalidade, não se vê que exista um interesse jurídico relevante na emissão de uma declaração de inconstitucionalidade formal, com força obrigatória geral, que atinja todas as normas constantes do Regulamento em causa.

É que, como se disse já no acórdão deste Tribunal Constitucional n.º 17/83, nos Acórdãos do Tribunal Constitucional, 1.º volume, pág.96, "*qualquer interesse, eventualmente existente, na pretendida declaração de inconstitucionalidade não se reveste de conteúdo prático aplicável*", sendo "*inadequado e desproporcionado accionar um mecanismo de índole genérica e abstracta, como é a declaração com força obrigatória geral, da inconstitucionalidade*". Pois que, os efeitos eventualmente produzidos por tais normas, durante aquele tempo em que vigoraram, podem sempre ser eliminados por meio de mecanismos processuais à disposição dos interessados, incluindo o controlo concreto de constitucionalidade.

Com o que não há fundamento para declarar a inconstitucionalidade do Regulamento aprovado em reunião da Assembleia Municipal de Lisboa, de 11 de Julho de 1991 (Publicado no Diário Municipal n.º 16 276, de 20 de Dezembro)."

***

Tendo em conta ou doutrinado no Acórdão do TC acabado de referir e que cobre a situação concreta dos autos, bem como todos os arestos citados pela recorrente nas suas alegações, tendo o acto em causa sido praticado em 16/11/1993, o mesmo cai no período intertemporal decorrido entre os dois Editais pelo que os efeitos produzidos por tais normas podem ser eliminados por meio de mecanismos processuais à disposição dos interessados, incluindo o controlo concreto de constitucionalidade como é a presente impugnação.

Verificando-se que à data da liquidação se mantinha o vício da versão originária do Regulamento de falta de indicação de lei habilitante, o mesmo está afectado de inconstitucionalidade formal.

O acórdão do Tribunal Constitucional impõe-se a este Tribunal Central Administrativo Sul no tocante ao juízo de inconstitucionalidade emitido.

E a procedência deste fundamento acarreta a prejudicialidade da cognição dos demais e impõe a anulação do acto tributário impugnado.

4. Nestes termos, acorda-se nesta 2ª Secção do TCA em, concedendo provimento ao recurso, declarar nula a sentença e, conhecendo em substituição, julgar procedente a impugnação e, em consequência, anular a liquidação impugnada.

Sem custas.

Lisboa, 13 de Julho de 2005

Gomes Correia
Casimiro Gonçalves
Ascensão Lopes

Recurso n.º 7161/02

OPOSIÇÃO À EXECUÇÃO FISCAL. FUNDAMENTOS. LEGALIDADE DA DÍVIDA EXEQUENDA. DECISÃO FUNDANTE DA EXTRACÇÃO DA CERTIDÃO DE DÍVIDA. INDEFERIMENTO LIMINAR.

(Acórdão de 3 de Maio de 2005)

SUMÁRIO:

I – A *oposição à execução fiscal*, em regra, não pode ter por *fundamento a (i)legalidade concreta da liquidação da dívida exequenda* – sendo que tal *proibição* funciona *qualquer que tenha sido a entidade liquidadora.*

II – No entanto, a oposição à execução fiscal poderá ter por fundamento a ilegalidade da liquidação da dívida exequenda, *sempre que a lei não assegure meio judicial de impugnação ou recurso contra o acto de liquidação.*

III – Saber se a lei assegura ou não meio judicial de impugnação ou recurso contra o acto da liquidação exequenda implica necessariamente a prévia *determinação da decisão (formal, ou informal) que baseia a extracção da respectiva certidão de dívida.*

IV – Como assim, quando no processo faltar a determinação de uma tal decisão, não é caso de *indeferimento liminar da oposição à execução*, sob o argumento de que não é consentida a discussão da (i)legalidade concreta da dívida exequenda.

ACORDA-SE, EM CONFERÊNCIA, NA SECÇÃO DE CONTENCIOSO TRIBUTÁRIO (2.ª SECÇÃO) DO TRIBUNAL CENTRAL ADMINISTRATIVO:

1.1 "O Calipolense-Clube Desportivo de Vila Viçosa", devidamente identificada nos autos, vem interpor recurso jurisdicional do despacho do Tribunal Administrativo e Fiscal de Beja, de 27-4-2004, que rejeitou liminarmente a oposição à execução fiscal por si deduzida – cf.fls.26 e ss.

1.2 Em alegação, a recorrente formula conclusões, que se apresentam textualmente – cf.fls.37 e 38.

a) Salvo o devido respeito, houve erro de subsunção do estatuído no artigo 204.º, alínea h), do CPPT à matéria dos autos, que levou ao despacho de rejeição liminar da oposição à execução por parte da Meritíssima Juiz *a quo*.

b) Da parte do IGFSS não foi efectuada a liquidação da dívida, impedindo o oponente/recorrente de discutir a sua legalidade em sede de impugnação judicial.

c) Assim sendo, no caso *sub judice*, é na oposição à execução a sede própria para a discussão da legalidade da dívida em concreto, nos termos do artigo 204.º, alínea h), do CPPT.

1.3 Não houve contra-alegação.

1.4 O Ministério Público neste Tribunal emitiu o parecer de que «deve ser concedido provimento ao recurso e ordenar-se a baixa dos autos ao TAF a fim de se convolar o processo para impugnação», dizendo, além do mais, o seguinte – cf.fls.64.

«(...) não se sabe se o oponente nos autos qual a natureza daquela dívida: se provém da liquidação oficiosa ou de liquidação não paga.

Assim, se tratasse – como nos parece ser o caso – de liquidação oficiosa, o oponente teria a faculdade de impugnar a partir da data em que dela teve conhecimento, ou seja, na data da citação se não foi antes.

Em face da petição, o presente processo poderia ter sido convolado em processo de impugnação, se entretanto não tivesse decorrido o respectivo prazo.

Ora, em face do que se referiu supra, não se sabe se o oponente foi notificado antes, se só teve conhecimento da liquidação com a citação ou se se trata de uma autoliquidação. Isto é, não se sabe se estaria em tempo para deduzir impugnação».

1.5 Colhidos os vistos, cumpre decidir, em conferência.

Em face do teor do despacho recorrido, e das conclusões da alegação do recurso, bem como da posição do Ministério Público, a questão que aqui se põe é a de saber se, pelo fundamento empregado, o despacho recorrido de indeferimento liminar pode manter-se, ou não.

2. Como é sabido, a oposição à execução fiscal só é permitida nas hipóteses e com os estritos fundamentos previstos no artigo 204.º do Código de Procedimento e de Processo Tributário (aplicável ao presente caso) – cf. também o artigo 286.º do Código de Processo Tributário, e ainda o artigo176.º do Código de Processo das Contribuições e Impostos.

Em processo executivo, mormente em oposição à execução fiscal, atendendo ao carácter especial e sumário deste instrumento processual, não é consentido, em princípio, apreciar a legalidade da liquidação da quantia exequenda – cf.a este respeito o disposto no artigo 204.º do Código de Procedimento e de Processo Tributário [e também nos artigos 236.º e 286.º, n.º 1, alínea h), do Código de Processo Tributário, e nas alíneas a) e g) do artigo 176.º, e artigo 145.º do Código de Processo das Contribuições e Impostos].

Na realidade, o processo de oposição tem por escopo essencial o ataque (global ou parcial) à execução fiscal, visando a extinção da execução, ou absolvição do executado da instância executiva, pela demonstração do infundado da pretensão do exequente em face dos fundamentos limitados do artigo 176.º do Código de Processo das Contribuições e Impostos – cf. Laurentino Araújo, *Processo de Execução Fiscal*, 1968, p.257 e ss.; e, correspondentemente, os termos do artigo 286.º do Código de Processo Tributário, também do artigo 204.º do actual Código de Procedimento e de Processo Tributário.

A ilegalidade concreta da liquidação da dívida exequenda não pode, pois, em regra, servir de fundamento de oposição à execução fiscal.

É, no entanto, pacífico que a oposição poderá ter por fundamento a ilegalidade da liquidação da dívida exequenda, sempre que a lei não assegure meio judicial de impugnação ou recurso contra o acto de liquidação – cf. o disposto na alínea h) do artigo 204.º do Código de Procedimento e de Processo Tributário [o mesmo se podendo entender que valia já no domínio do anterior regime; cf. a alínea g) do n.º 1 do artigo 286.º do Código de Processo Tributário; e nota 16. ao artigo 176.º do *Código de Processo das Contribuições e Impostos Comentado e Anotado*, 2.ª edição, de Alfredo de Sousa, e Silva Paixão].

A proibição de a ilegalidade concreta da liquidação servir de fundamento à oposição funciona qualquer que tenha sido a entidade que procedeu a essa liquidação.

A impossibilidade da apreciação, em sede de oposição, da ilegalidade concreta da liquidação da dívida vale, assim, também para as execuções fiscais de dívidas a organismos ou departamentos não dependentes da Direcção-Geral das Contribuições e Impostos, de natureza fiscal ou não – cf. Alfredo de Sousa, e Silva Paixão, nota 8. ao artigo 286.º do *Código de Processo Tributário Comentado e Anotado*, 3.ª edição; e notas 7. e 8. ao artigo 176.º do *Código de Processo das Contribuições e Impostos Comentado e Anotado*, 2.ª edição, dos mesmos autores.

No caso *sub judicio*, a oponente, ora recorrente, alega e conclui no presente recurso jurisdicional que «da parte do IGFSS não foi efectuada a liquidação da dívida, impedindo o oponente/recorrente de discutir a sua legalidade em sede de impugnação judicial».

Alegação, de que «não foi efectuada a liquidação da dívida», no entanto, não é inteiramente consentânea, senão que antes é dissonante, com as alegações constantes da petição inicial, de que «em inspecção realizada pelo IGFSS, foi detectado importâncias pagas a título de transporte ou ajudas aos seguintes colaboradores»; «não há nesta relação de colaboração qualquer vínculo laboral ou contrato de trabalho, pressuposto essencial para a obrigação legal de contribuir para a segurança social»; «não podem pois tais importâncias serem consideradas passíveis de sujeição a contribuições para a segurança social, no regime geral»; «apesar do IGFSS, órgão da execução fiscal ter recolhido todos os esclarecimentos e suficientes documentos sobre a situação do executado, entendeu que tais importâncias estão sujeitas a contribuições para a segurança social no regime geral, promovendo a actual execução»; «decisão que o executado não aceita e não se conforma, pois é ilegal» – cf.nomeadamente os artigo 6.º, 7.º, 10.º, 12.º e 13.º da petição inicial.

Com efeito, pelo que, *prima facie*, se colhe dos termos da petição inicial, parece que terá havido uma definição prévia das obrigações exequendas, ou seja, ter-se-á procedido ao apuramento (liquidação) da dívida exequenda – através talvez de processo contra-ordenacional, ou quiçá por meio de proferimento de acto administrativo.

Mas o que é certo é que, pelos termos por que foi proposta a presente oposição, vê-se que a oponente, ora recorrente, pretende impugnar em concreto a legalidade da dívida exequenda.

E, no caso, poderá fazê-lo, ou não, consoante, na situação concreta, a lei lhe proporcione, ou não, outro meio de impugnação da (i)legalidade dessa mesma dívida exequenda.

Segundo informa Jorge Lopes de Sousa, no *Código de Procedimento e de Processo Tributário*, anotado, 4.ª edição, 2003, em anotação 42. ao artigo 204.º, há situações como as que se passam com as contribuições para a Segurança Social, em que a lei, em regra, não assegura meios de impugnação dos actos de liquidação, porque permite-se a extracção de certidões de dívida perante a mera constatação de omissão de um pagamento, sem que haja um acto administrativo ou tributário prévio definidor da obrigação [muito embora nos pareça que este comentário já não tem actualidade para o processo de execução especial por dívidas à Segurança Social (de que aqui se trata), em face do regime sancionatório próprio estabelecido para a Segurança Social pelo Decreto-Lei n.º 64/89 de 25-2].

O que é certo, porém, é que os autos não fornecem qualquer elemento que nos possa certificar sobre que tipo de decisão (judicial, administrativa, formal ou informal) terá estado na base da extracção das certidões de dívida juntas aos autos a fls.8 e 9.

Deste modo, em face do desconhecimento da decisão fundamentadora das dívidas exequendas, não ficamos absolutamente certos de que a oponente, ora recorrente, tenha ao seu dispor outro meio legal para discutir a legalidade das mesmas, que não apenas o presente processo de oposição à execução fiscal.

Assim, desta perspectiva, a presente oposição à execução fiscal não se afigura *in limine* destituída de razão de ser, e, por isso, não parece que seja desperdício manifesto de actividade judicial iniciar o seu andamento, ao menos com vista a dilucidar a questão da admissibilidade, ou não, da mesma oposição – cf., a propósito, Alberto dos Reis, *Código de Processo Civil Anotado*, II, p.315; e, por todos, os acórdãos da Secção de Contencioso Tributário do Supremo Tribunal Administrativo de 6-6-1990 e de 27-5-1992, nos *Apêndices ao Diário da República*, respectivamente, de 15-10-1992, pp.393 e ss., e de 22-2-1995, pp.1611 e ss..

Portanto: em nosso entendimento, não está posta de parte, *a priori* e de imediato, a viabilidade da pretensão da oponente, ora recorrente – não se devendo descurar também a possibilidade da conversão processual para impugnação judicial aventada pelo Ministério Público neste Tribunal (se for caso disso).

Como assim, julgamos que o presente caso não é de indeferimento liminar da oposição à execução fiscal.

Razão por que deve ser revogado o despacho recorrido, que assim o não entendeu.

De todo o exposto podemos extrair, entre outras, as seguintes proposições, que se alinham em súmula.

I. A *oposição à execução fiscal*, em regra, não pode ter por *fundamento* a *(i)legalidade concreta da liquidação da dívida exequenda* – sendo que tal *proibição* funciona *qualquer que tenha sido a entidade liquidadora.*

II. No entanto, a oposição à execução fiscal poderá ter por fundamento a ilegalidade da liquidação da dívida exequenda, *sempre que a lei não assegure meio judicial de impugnação ou recurso contra o acto de liquidação.*

III. Saber se a lei assegura ou não meio judicial de impugnação ou recurso contra o acto da liquidação exequenda implica necessariamente a prévia *determinação da decisão (formal, ou informal) que baseia a extracção da respectiva certidão de dívida.*

IV. Como assim, quando no processo faltar a determinação de uma tal decisão, não é caso de *indeferimento liminar da oposição à execução*, sob o argumento de que não é consentida a discussão da (i)legalidade concreta da dívida exequenda.

3. Termos em que se decide:

– conceder provimento ao recurso;

– e, em consequência, revogar o despacho recorrido – a substituir por decisão que não seja de indeferimento liminar pelo motivo agora rejeitado.

Sem custas.

Lisboa, 3 de Maio de 2005

Jorge Lino
Gomes Correia
Pereira Gameiro

Recurso n.º 487-05

OPOSIÇÃO À EXECUÇÃO FISCAL. RESTITUIÇÃO DE VERBAS RECEBIDAS NO ÂMBITO DO FSE. PRAZO DE PRESCRIÇÃO. ILEGALIDADE EM CONCRETO DA DÍVIDA EXEQUENDA. ART. 286.º, N.º 1, ALÍNEA *G)*, DO CPT.

(Acórdão de 15 de Junho de 2005)

SUMÁRIO:

I – Às dívidas que, apesar da possibilidade de serem cobradas em processo de execução fiscal, não tenham natureza tributária não é aplicável o prazo de prescrição do art. 34.º do CPT.

II – O prazo de prescrição das dívidas por verbas indevidamente recebidas do FSE e do OSS no âmbito de acções de formação profissional é de 20 anos (cfr.art. 309.º do CC).

III – Saber se as quantias provenientes de apoios recebidos pela Executada do FSE e do Estado Português e cuja devolução lhe está a ser exigida coercivamente são ou não devidas constitui matéria que contende com legalidade em concreto da dívida exequenda (com a validade do acto que ordenou a devolução desses montantes), que não pode discutir-se em sede de oposição à execução fiscal, atento o disposto na alínea *g)* do art. 286.º, n.º 1, do CPT (em vigor à data), pois tal discussão apenas é possível relativamente a dívidas que não tenham origem num acto administrativo-tributário (quanto a este, a lei prevê sempre meio judicial de impugnação ou recurso, como decorre do art. 268.º, n.º 4, da CRP).

IV – O que releva para a possibilidade de discussão da legalidade da liquidação em sede de oposição à execução fiscal é que a lei não preveja meio legal de impugnação contenciosa e não que ainda não se tenha aberto o prazo para essa impugnação, por falta de notificação do acto ou irregularidade nessa notificação.

V – O Tribunal de recurso não pode conhecer de questões que, por não terem sido oportunamente suscitadas, não terem sido apreciadas na sentença recorrida nem serem do conhecimento oficioso, são de considerar como novas.

ACORDA-SE, EM CONFERÊNCIA, NA SECÇÃO DE CONTENCIOSO TRIBUTÁRIO (2.ª SECÇÃO) DO TRIBUNAL CENTRAL ADMINISTRATIVO:

1. RELATÓRIO

1.1 A "ASSOCIAÇÃO CRISTÃ DA MOCIDADE – ACÇÃO SÓCIO CULTURAL" (adiante Executada, Oponente ou Recorrente) deduziu oposição à execução fiscal que foi instaurada contra ela para cobrança coerciva da quantia de esc.17.435.552$00 por dívida proveniente de verbas consideradas indevidamente recebidas do Fundo Social Europeu (FSE) e do Estado Português, respeitante a acções de formação profissional.

Pediu a extinção da execução, invocando como fundamento o previsto na alínea *h)* do art. 286.º, n.º 1, do Código de Processo Tributário (CPT).

Para tanto, alegou, em resumo, o seguinte:

– no âmbito da sua actividade realizou diversas acções de formação profissional no âmbito do FSE, para o que está credenciada pelo Instituto do Emprego e Formação Profissional (IEFP), tendo recebido o adiantamento estipulado por lei para as candidaturas a projectos operacionais, estando agora a ser-lhe exigido o pagamento de esc.17.435.552$00 de «verbas alegadamente indevidamente recebidas»[1];

– «A fundamentação para a presente oposição encontra-se vertida nos documentos emitidos pela ora opositora contestando o resultado dos relatórios das auditorias efectuadas às despesas imputadas aos cursos em apreço, que devem, para todos os efeitos, ser considerados aqui como integralmente reproduzidos, considerando-se parte integrante da presente oposição»;

– verifica-se a «inexigibilidade parcial da dívida exequenda», pois o «valor real exegível [sic]» é o que consta dos referidos documentos, ascendendo a esc.2.929.076$00.

1.2 Na sentença recorrida, o Juiz do Tribunal Tributário de 1.ª instância de Lisboa, considerou, em resumo, o seguinte:

– que «a apreciação e contestação do resultado dos relatórios das auditorias efectuadas às despesas imputadas aos cursos de formação, tendo em visto apresentar valor distinto do que terá resultado daqueles relatórios, os quais estiveram na origem da dívida exequenda, obriga a uma apreciação da legalidade da liquidação da dívida exequenda e apresenta uma interferência em matéria de exclusiva competência da entidade que extraiu o título», motivo por que o fundamento invocado não é enquadrável na alínea *h)* do art. 286.º, n.º 1, do CPT;

– «Mesmo que se tentasse enquadrar a situação descrita na alínea g), do mencionado art.º 286.º, n.º 1, teríamos que concluir que a mesma não caberia em tal previsão, pois que esta só permite conhecimento da ilegalidade da liquidação nos casos em que a lei não assegure meio judicial de impugnação, o que não sucede aqui».

[1] As partes entre aspas e com um tipo de letra diferente, aqui como adiante, constituem transcrições.

Assim, o Juiz do Tribunal *a quo*, julgou a oposição totalmente improcedente.

1.3 A Oponente recorreu da sentença para o Supremo Tribunal Administrativo e o recurso foi admitido, a subir imediatamente, nos próprios autos e com efeito devolutivo.

1.4 A Oponente apresentou alegações de recurso, que resumiu nas seguintes conclusões:

«*a)* Face ao teor da notificação do DAFSE e da citação realizada, não se deve entender que existia outro meio legal para atacar a execução;

b) O Meretíssimo [sic] Juiz *a quo* devia ter conhecido da prescrição da dívida exequenda, por ser de conhecimento oficioso, nos termos do Art. 259.º do C.P.T.;

c) Se a tivesse conhecido teria tido a possibilidade de verificar que efectivamente houve prescrição da dívida exequenda, por ter decorrido mais de 10 anos sobre o ano seguinte em que ocorreram as acções de formação em 1990/1991, promovidas pela ora recorrente com o apoio a verbas atribuídas pelo FSE, tendo o processo estado parado durante mais de 5 anos por facto não imputável à ora recorrente.

Termos em que deve ser dado provimento ao presente recurso, revogando-se a decisão recorrida por ser JUSTIÇA!».

1.5 Não foram apresentadas contra-alegações.

1.6 o Supremo Tribunal Administrativo declarou-se incompetente em razão da hierarquia para conhecer do presente recurso, indicando como tribunal competente para o efeito este Tribunal Central Administrativo, ao qual o processo foi remetido a pedido da Recorrente.

1.7 Recebido os autos neste Tribunal Central Administrativo, foi dada vista ao Ministério Público e o Procurador-Geral Adjunto emitiu parecer que se transcreve na íntegra:

«À recorrente são facultados meios de reacção, nomeadamente através do recurso contencioso das decisões que a obrigam a repor os subsídios referidos nos autos.

Assim, não é possível a discussão da legalidade em concreto da dívida, neste processo de execução.

A sentença não merece, pois, qualquer reparo.

Somos de parecer que o recurso não merece provimento».

1.8 Colhidos os vistos dos Juízes adjuntos, cumpre apreciar e decidir.

1.9 As questões sob recurso, delimitadas pelas alegações da Recorrente e respectivas conclusões, são as de saber se a sentença recorrida

1.ª – padece de nulidade ou erro de julgamento por não ter declarado a prescrição da dívida exequenda, matéria que a Recorrente considerou ser do conhecimento oficioso (cfr. conclusões de recurso formuladas sob as alíneas *b)* e *c)*);

2.ª – fez errado julgamento de direito ao decidir que a factualidade invocada pelo Oponente não constitui fundamento válido de oposição, não sendo subsumível à previsão da alínea *h)* nem da alínea *g)* do art. 286.º, n.º 1, do CPT (cfr. conclusão de recurso formulada sob a alínea *a)*).

2. FUNDAMENTAÇÃO

2.1 DE FACTO

2.1.1 Na sentença recorrida, o julgamento de facto foi feito nos seguintes termos:

«Dos elementos constantes dos autos resulta provada a seguinte factualidade:

1. Em 27/5/1996, foi instaurada contra a ora oponente o processo de execução fiscal n.º 3654/96-100927.3, por dívida proveniente de verbas indevidamente recebidas do Fundo Social Europeu e do Estado Português, respeitante a acções de formação profissional, no valor de esc.17.435.552$00, como resulta da informação de fls.161 e do doc.de fls.162, aqui dado inteiramente por reproduzido;

2. A oponente foi citada para a execução, nos termos do art.º 238.º-A, do C.P.Civil, em 17/7/1996, como resulta da informação de fls.161;

3. A oponente apresentou 23 docs., constantes de fls.6 a 158, através dos quais pretende rebater o resultado dos relatórios das auditorias efectuadas às despesas imputadas aos cursos de formação profissional, relatórios esses que estiveram no origem da dívida exequenda, como resulta desses mesmos docs. e do alegado no art.º 9.º, da petição inicial.

***

A matéria dada por provada resultou dos elementos a que expressamente se fez referência nos diversos pontos do probatório».

2.1.2 Porque concordamos integralmente com o julgamento de facto efectuado em 1.ª instância e porque este não vem posto em causa pela Recorrente, consideramos fixada a matéria de facto acima transcrita

2.2 DE FACTO E DE DIREITO

2.2.1 AS QUESTÕES A APRECIAR

A "Associação Cristã da Mocidade – Acção Sócio Cultural", ora recorrente, deduziu oposição contra a execução fiscal que foi instaurada contra ela pela 2.ª Repartição de Finanças de Oeiras para cobrança coerciva da quantia de esc.17.435.552$00, proveniente de quantias consideradas indevidamente recebidas do FSE e do Estado Português no âmbito de acções de formação profissional.

Invocando a alínea *h)* do art. 286.º, n.º 1, do CPT, em vigor à data, a Oponente, pese embora se refira à inexigibilidade da dívida, argumentou exclusivamente no sentido de que os valores que lhe estão a ser exigidos não são os por ela devidos.Isto, em síntese, porque entende, contrariamente ao que entendeu o DAFSE, que são elegíveis diversas despesas que aquele Departamento não considerou na sequência de auditorias contabilístico-financeiras realizadas com vista a indagar da razoabilidade e elegibilidade dos custos apresentados pela ora Oponente no âmbito das acções de formação profissional.

Perante essa única alegação, o Juiz do Tribunal Tributário de 1.ª instância de Lisboa considerou na sentença recorrida que a Oponente pretendia discutir a legalidade em concreto da dívida exequenda, o que lhe estava vedado em sede de oposição à execução fiscal, sendo que a factualidade alegada não era subsumível nem à alínea *h)*, do art. 286.º, n.º 1, do CPT, nem à alínea *g)* do mesmo preceito legal.

A Oponente, se bem interpretamos as alegações de recurso e respectivas conclusões, entende que foi feito errado julgamento quando se considerou que a lei lhe assegurava meio judicial de impugnação da legalidade da dívida exequenda, motivo por que esta não podia ser apreciada em sede de oposição à execução fiscal. Mais entende a Oponente que o Juiz do Tribunal *a quo* deveria ter declarado a prescrição da obrigação que lhe está a ser exigida coercivamente.

Daí que tenhamos fixado as questões a apreciar e decidir nos termos que ficaram expostos em 1.9:

– primeira, saber se a sentença enferma de nulidade (por omissão de pronúncia) ou de erro de julgamento por não ter declarado prescrita a obrigação correspondente à dívida exequenda;

– segunda, saber se a sentença recorrida enferma de erro de julgamento por ter considerado que a factualidade invocada pelo Oponente não constitui fundamento válido de oposição, não sendo subsumível à previsão da alínea *h)* nem da alínea *g)* do art. 286.º, n.º 1, do CPT.

2.2.2 DA PRESCRIÇÃO DA OBRIGAÇÃO QUE ESTÁ A SER EXIGIDA COERCIVAMENTE

A Recorrente sustenta que o Juiz do Tribunal Tributário de 1.ª instância «não se pronunciou sobre a prescrição da dívida exequenda, o que deveria ter feito, face ao disposto no Art.259.º do C.P.T.» (cfr.item *11* das alegações de recurso).Ou seja, embora o não diga expressamente, parece assacar à sentença recorrida a nulidade por omissão de pronúncia.

Note-se, desde já e aceitando a tese da Recorrente, de que a prescrição é do conhecimento oficioso (tese que, embora com algumas dúvidas, aceitamos dada a natureza pública da obrigação subjacente à dívida exequenda[2]), que, porque se trata de questão só suscitada em sede de recurso da sentença que julgou a oposição improcedente, a omissão do dever de pronúncia sobre a questão não constituirá nulidade, mas sim erro de julgamento[3].

Vejamos:

A dívida exequenda respeita a um financiamento recebido pelo Recorrente no âmbito do FSE[4] destinado e condicionado à realização de acções de formação. Na verdade, a quantia em cobrança coerciva na execução fiscal contra a qual foi deduzida a presente oposição corresponde aos montantes adiantados à Oponente no âmbito de acções de formação comparticipadas com verbas do FSE e do Estado Português (Orçamento da Segurança Social *(OSS)*) e resulta da não aplicação ou aplicação indevida desses montantes.

Essa quantia é susceptível de cobrança coerciva mediante processo de execução fiscal, nos termos do Decreto-Lei n.º 158/90, de 17 de Maio[5-6], na redacção que lhe deu o Decreto-Lei n.º 246/91, de 6 de Julho[7], conjugado com o art. 233.º, n.º 2, do CPT.

O credor dessa quantia é o DAFSE, um organismo da Administração Central dependente do Ministério do Emprego e da Segurança Social, que no plano nacional, é o interlocutor, face às instâncias comunitárias, das entidades gestoras das intervenções operacionais na parte correspondente ao apoio do FSE bem como dos promotores públicos e privados de acções apoiadas por este Fundo (cfr. art. 1.º n.º 1 do Decreto-Lei n.º 37/91, de 18 de Janeiro).

No entanto, não é pelo facto de uma dívida ser susceptível de cobrança em processo de execução fiscal que adquire a natureza de dívida tributária e, consequentemente, que fica sujeita ao regime da prescrição estatuído no art. 34.º do CPT, em vigor à data.Tal facto em nada altera a natureza da quantia exequenda e, em consequência, não altera, designadamente, a natureza do regime substantivo regulador da relação jurídica material.

Assim, o prazo de prescrição, contrariamente ao que sustenta a Recorrente, não é o previsto naquele preceito legal, ou seja, de dez anos, mas antes o prazo geral ordinário da prescrição previsto no art. 309.º do Código Civil (CC), que é de 20 anos.Neste sentido se tem vindo a pronunciar uniformemente a jurisprudência do Supremo Tribunal Administrativo[8].

Ora, porque a Recorrente reporta o recebimento de quantias do DAFSE a 1990 e 1991 é manifesto que nunca poderia verificar-se a prescrição.

Nunca a oposição poderia ser julgada procedente com fundamento na prescrição da dívida exequenda.

2.2.3 DA (IN)ADMISSIBILIDADE DA DISCUSSÃO DA LEGALIDADE DA DÍVIDA EXEQUENDA EM SEDE DE OPOSIÇÃO À EXECUÇÃO FISCAL

Considerou-se na sentença recorrida, e bem, adiantamo-lo já, que a Oponente pretendia discutir a legalidade da liquidação da dívida exequenda, o que lhe estava vedado, nos termos do art. 286.º, n.º 1, alínea *g)*, do CPT.

---

[2] Note-se que, como o Supremo Tribunal Administrativo tem vindo repetidamente a salientar (designadamente em relação às dívidas de natureza civil ou comercial, *v.g.*, à Caixa Geral de Depósitos, aos CTT e a outras entidades que gozavam da faculdade de cobrar os seus créditos em processo de execução fiscal), não é a possibilidade de utilização do processo de execução fiscal para cobrança de uma dívida que determina o regime substantivo regulador da respectiva relação jurídica material.A prescrição a que se refere o CPT é a prescrição das obrigações tributárias (cfr. art. 34.º daquele Código) e, por isso, o art. 259.º do mesmo Código, a nosso ver, refere-se exclusivamente ao conhecimento da prescrição daquelas obrigações e não de quaisquer outras.Admitimos, no entanto, e sem prejuízo de melhor estudo, que as razões que levam ao conhecimento oficioso da prescrição das dívidas tributárias se verificam também em relação a outras dívidas de natureza pública, como as ora em cobrança coerciva.Por isso, admitimos o conhecimento oficioso da prescrição no presente caso.

[3] Neste sentido, Jorge Lopes de Sousa, *Código de Procedimento e de Processo Tributário Anotado*, nota 11 ao art.125.º, págs.566/567, com indicação de doutrina e jurisprudência.

[4] Fundo que foi criado pelo art.123.º do Tratado de Roma, que dispunha: «A fim de melhorar as oportunidades de emprego dos trabalhadores no mercado interno e contribuir assim para uma melhoria do nível de vida, é instituído um Fundo Social Europeu, nos termos das disposições seguintes, que tem por objectivo promover facilidades de emprego e a mobilidade geográfica e profissional dos trabalhadores na Comunidade, bem como facilitar a adaptação às mutações industriais e à evolução dos sistemas de produção, nomeadamente através da formação e da reconversão profissionais».

[5] Que introduziu no sistema legal português um conjunto de normas a fim de sujeitar ao regime da execução fiscal a cobrança das dívidas respeitantes a comparticipações do FSE.

[6] No sentido da não inconstitucionalidade da norma do artigo 1.º do Decreto-Lei n.º 158/90, de 17 de Maio, na redacção do Decreto-Lei n.º 246/91, de 6 de Julho, pronunciou-se o Tribunal Constitucional por acórdão de 24 de Outubro de 2000, acórdão n.º 440/00, proferido no processo com o n.º 7/2000, com texto integral disponível em *htpp://www.tribunalconstitucional.pt/*.

[7] Que operou a simplificação do processo executivo previsto no Decreto-Lei n.º 158/90, de 17 de Maio, por forma a não entravar o processo de cobrança que se quis adoptar.

[8] *Vide* os seguintes acórdãos do Supremo Tribunal Administrativo, todos com texto integral disponível em *htpp://www.dgsi.pt/*:

– de 6 de Novembro de 2002, proferido no recurso com o n.º 727/02 e publicado no *Apêndice ao Diário da República* de 12 de Março de 2004, págs.2536 a 2539;

– de 4 de Junho de 2003, proferido no recurso com o n.º 153/03 e publicado no *Apêndice ao Diário da República* de 7 de Abril de 2004, págs.1128 a 1132;

– de 25 de Junho de 2003, proferido no recurso com o n.º 325/03 e publicado no *Apêndice ao Diário da República* de 7 de Abril de 2004, págs.1278 a 1282.

Na verdade, a Oponente, pese embora tenha invocado como fundamento da oposição a alínea *h)* do art. 286.º, n.º 1, do CPT, e tenha argumentado com a "inexigibilidade parcial" da dívida exequenda, o que pretende é discutir a liquidação[9] da dívida. Segundo ela, o montante que lhe está a ser exigido não é o realmente por ela devido, pois o DAFSE erradamente considerou como inelegíveis várias despesas por ela apresentadas.

Ora, tal como considerou o Juiz do Tribunal *a quo*, tal discussão não é admissível em sede de oposição à execução fiscal.Se é certo que a lei admitiu excepções a este princípio da impossibilidade de apreciação da ilegalidade em concreto da liquidação em sede de oposição à execução fiscal, como decorre da alínea *g)* do n.º 1 do art. 286.º, do CPT[10], é preciso que tenhamos em conta o alcance desta excepção.Nos termos da referida alínea *g)* do art. 286.º, n.º 1, do CPT, que foi uma inovação deste código, pois não tinha correspondência em qualquer das alíneas do art. 176.º do Código de Processo das Contribuições e Impostos, é possível discutir a legalidade em concreto da liquidação da dívida exequenda em sede de oposição «sempre que a lei não assegure meio judicial de impugnação ou recurso contra o acto de liquidação».Esta disposição legal surgiu da necessidade de facultar ao executado na oposição os meios de defesa que até aí não tinha tido[11]. Assim, a discussão da legalidade da liquidação da dívida exequenda em sede de oposição só será possível nas «situações em que seja *a própria lei* que não prevê meio de impugnação contenciosa», como o são aquelas «aqueles em que se permite a extracção de certidões de dívida perante a mera constatação de omissão de um pagamento sem que haja um acto administrativo ou tributário prévio definidor da situação»[12].

Na verdade, o direito de recurso contencioso contra quaisquer actos administrativos, independentemente da sua forma, desde que lesivos de direitos ou interesses legalmente protegidos está hoje constitucionalmente consagrado (art. 268.º, n.º 4, da Constituição da República Portuguesa *(CRP)*) e a garantia do recurso contencioso configura-se, de acordo com o entendimento unânime, como tendo a natureza de um direito fundamental, análogo aos "direitos, liberdades e garantias"[13]. Assim, a discussão da legalidade da liquidação da dívida exequenda na oposição à execução só é permitida nos casos em que, por via do "âmbito da execução fiscal" definido no art. 233.º do CPT[14], são cobradas dívidas, através de tal processo, que não foram criadas por acto administrativo. Só em relação a estas se pode afirmar que o executado não teve anteriormente a possibilidade de utilizar meio judicial de impugnação ou recurso para sindicar a respectiva legalidade.

Não é, manifestamente, o caso dos presentes autos, pois Recorrente teve possibilidade de recorrer contenciosamente da decisão (acto administrativo) que determinou a restituição das quantias consideradas indevidamente recebidas[15].

É certo que a Recorrente alega agora que na notificação que lhe foi feita daquele acto não lhe foi comunicada a possibilidade de dele recorrer contenciosamente.

Desde logo, porque tal questão só foi suscitada pela Oponente em sede de recurso, pois nada foi alegado a esse propósito na petição inicial, e também porque nada foi dito a esse propósito na sentença recorrida, não deve agora este Tribunal Central Administrativo, como tribunal de recurso, conhecer dessa questão, que é de considerar como questão nova.

Como é sabido, os recursos jurisdicionais não servem para proferir novas decisões nem para apreciar questões que não tenham nem devessem ter sido apreciadas, mas para aferir da legalidade das decisões já proferidas.Os poderes de cognição dos tribunais de recurso limitam-se ao reexame da decisão recorrida, confirmando-a ou alterando-a de acordo com a lei, não podendo criar decisões sobre questões novas, salvo se forem de conhecimento oficioso.Ora, a perfeição da notificação não foi objecto de decisão por parte da sentença recorrida.

Em todo o caso, e sem prejuízo do que ficou dito, nunca eventual irregularidade (ou até falta) da notificação daquele acto abriria à Oponente a faculdade de discutir a legalidade da dívida (se esta é ou não devida) em sede de oposição.

Na verdade, como resulta do que ficou já dito a propósito do fundamento de oposição à execução fiscal previsto na alínea *g)* do art. 286.º, n.º 1, do CPT, a possibilidade de discutir a legalidade da liquidação em sede de oposição só existe quando a liquidação não foi feita por acto administrativo-tributário, não ficando dependente da notificação ou não deste acto. Dito de outro modo, o que releva para a possibilidade de discussão da legalidade da liquidação em sede de oposição à execução fiscal é que a lei não preveja meio legal de impugnação contenciosa e não que ainda não se tenha aberto o prazo para essa impugnação, por falta ou irregularidade da notificação do acto.

9 Liquidação entendida aqui com o seu sentido comum, de determinação do montante de uma obrigação, e não em sentido técnico-tributário, de acto de liquidação, ou seja, como aplicação ao caso concreto de uma lei material tributária.

10 A que corresponde o art. 204.º, n.º 1, alínea *h)*, do CPPT.

11 Esta disposição terá certamente surgido por influência do art. 158.º do Estatuto das Estradas Nacionais, que, permitia que as dívidas provenientes de indemnizações fixadas pelos prejuízos causados nas estradas nacionais e seus pertences fossem cobradas mediante execução fiscal e autorizava o executado a deduzir oposição com fundamento na ilegalidade concreta da dívida. A jurisprudência, apesar de no art. 176.º do Código de Processo das Contribuições e Impostos não se prever a ilegalidade concreta da dívida exequenda como fundamento de oposição, considerou que aquele artigo se mantinha em vigor, sensível ao facto de ao executado não serem facultados pela lei em momento anterior os meios contenciosos para reagir contra a dívida exequenda.Neste sentido, ALFREDO JOSÉ DE SOUSA e JOSÉ DA SILVA PAIXÃO, *Código de Processo Tributário Comentado e Anotado*, 4.ª edição, notas 39 a 41 ao art. 286.º, págs.614 a 616.

12 JORGE LOPES DE SOUSA, *ob.cit.*, nota 41 ao art. 204.º, pág.907.

13 Cfr., entre outros, o acórdão do Tribunal Constitucional de 15 de Junho de 1989, publicado no *Diário de República*, II Série, de 21 de Setembro de 1989.

14 A que corresponde o art. 148.º do CPPT.

15 Neste sentido, *vide* os seguintes acórdãos do Supremo Tribunal Administrativo:

– de 19 de Outubro de 1994, proferido no recurso com o n.º 18.034 e publicado no *Apêndice ao Diário da República* de 20 de Janeiro de 1997, págs.2348 a 2349;

– de 14 de Dezembro de 1994, proferido no recurso com o n.º 17.477 e publicado no *Apêndice ao Diário da República* de 20 de Janeiro de 1997, págs.2796 a 2891, com sumário disponível em *htpp://www.dgsi.pt/*;

– de 24 de Setembro de 1997, proferido no recurso com o n.º 17.467 e publicado no *Apêndice ao Diário da República* de 29 de Novembro de 2000, págs.2185 a 2188;

– de 3 de Dezembro de 1997, proferido no recurso com o n.º 21.598 e publicado no *Apêndice ao Diário da República* de 30 de Março de 2001, págs.3189 a 3192;

– de 3 de Julho de 2002, proferido no recurso com o n.º 26.647 e publicado no *Apêndice ao Diário da República* de 9 de Março de 2004, págs.1960 a 1964, com texto integral disponível em *htpp://www.dgsi.pt/*.

Por outro lado, o facto de na citação efectuada em sede de execução fiscal a Administração tributária ter indicado à ora Recorrente o prazo em que podia deduzir oposição (indicação que lhe era imposta pelo art. 273.º, n.º 1, do CPT) não tem o significado que a Recorrente lhe pretende dar: tal indicação não visa, nem podia visar, o alargamento dos fundamentos da oposição à execução fiscal, que estavam taxativamente previstos no n.º 1 do art. 286.º do CPT.

Assim, a sentença recorrida, que considerou que não foi alegada matéria subsumível a qualquer dos fundamentos de oposição à execução fiscal legalmente admissíveis, não merece censura[16].

2.2.4 CONCLUSÕES

Preparando a decisão, formulam-se as seguintes conclusões:

I – Às dívidas que, apesar da possibilidade de serem cobradas em processo de execução fiscal, não tenham natureza tributária não é aplicável o prazo de prescrição do art. 34.º do CPT.

II – O prazo de prescrição das dívidas por verbas indevidamente recebidas do FSE e do OSS no âmbito de acções de formação profissional é de 20 anos (cfr. art. 309.º do CC).

III – Saber se as quantias provenientes de apoios recebidos pela Executada do FSE e do Estado Português e cuja devolução lhe está a ser exigida coercivamente são ou não devidas constitui matéria que contende com legalidade em concreto da dívida exequenda (com a validade do acto que ordenou a devolução desses montantes), que não pode discutir-se em sede de oposição à execução fiscal, atento o disposto na alínea *g)* do art. 286.º, n.º 1, do CPT (em vigor à data), pois tal discussão apenas é possível relativamente a dívidas que não tenham origem num acto administrativo-tributário (quanto a este, a lei prevê sempre meio judicial de impugnação ou recurso, como decorre do art. 268.º, n.º 4, da CRP).

IV – O que releva para a possibilidade de discussão da legalidade da liquidação em sede de oposição à execução fiscal é que a lei não preveja meio legal de impugnação contenciosa e não que ainda não se tenha aberto o prazo para essa impugnação, por falta de notificação do acto ou irregularidade nessa notificação.

V – O Tribunal de recurso não pode conhecer de questões que, por não terem sido oportunamente suscitadas, não terem sido apreciadas na sentença recorrida nem serem do conhecimento oficioso, são de considerar como novas.

3. DECISÃO

Face ao exposto, os juízes da Secção do Contencioso Tributário deste Tribunal Central Administrativo acordam, em conferência, negar provimento ao recurso, mantendo a sentença recorrida.

Custas pela Recorrente, fixando-se a taxa de justiça em quatro UCs.

Lisboa, 15 de Junho de 2005

Francisco Rothes
Lucas Martins
Pereira Gameiro

[16] Neste sentido, decidiu também o acórdão deste Tribunal Central Administrativo de 26 de Outubro de 2004, proferido no recurso com o n.º 7536/02, com texto integral disponível em *htpp://www.dgsi.pt/*.

Recurso n.º 104/03

OPOSIÇÃO. PAGAMENTO DA DÍVIDA EXEQUENDA. IMPUTAÇÃO DO PAGAMENTO POR CONTA COMO ACTO DA COMPETÊNCIA EXCLUSIVA DA ENTIDADE QUE EMITIU O TÍTULO.

(Acórdão de 31 de Maio de 2005)

SUMÁRIO:

I – O pagamento da dívida exequenda é fundamento de oposição fiscal nos termos da al.e) do n.º 1 do art.º 286.º do CPT mas só se ocorreu antes de instaurada a execução.

II – O pagamento invocado como base da oposição há-de provar-se documentalmente, sendo inadmissível prova testemunhal; só a prova documental é viável, até porque a exigência da dívida é feita através do documento que a incorpora.

III – Como decorre do art.º 88.º n.º 1 do CPPT, a certidão de dívida será extraída pelos serviços competentes com base nos elementos que tiverem ao seu dispor, devendo conter os elementos discriminados no n.º 2 do mesmo preceito legal, destacadamente, a proveniência da dívida e seu montante.

IV – E, para ter força executiva, a certidão de dívida ou certidão extraída do título de cobrança conforme a al.a) do art.º 162.º, deve mencionar os requisitos discriminados no art.º 163.º do CPPT, a saber: – menção da entidade que a emitiu, data da emissão, nome e domicílio do devedor e natureza e proveniência da dívida, com a indicação por extenso do respectivo montante.

V – A falta de imputação de pagamento por conta, não constitui nulidade do título executivo, por esta ter a ver com a falta de requisitos essenciais do título executivo referidos no art.º 163.º e prevista no artigo 165, n.º 2, ambos do C.P.P.T. e não constitui fundamento de oposição à execução fiscal, por não incluída em qualquer das alíneas, nomeadamente na i), do n.º 1 do artigo 204.º do mesmo diploma, devendo, antes, invocar-se no próprio processo de execução.

VI – E isso é o corolário de que os títulos executivos em conformidade com as notas de cobrança que certificam são equiparados por lei a decisão com trânsito em julgado não sendo legalmente possível fora dos casos ressalvados no

CPPT apreciar em sede de execução a legalidade da liquidação que aqueles certificam.

VII – No título estão indicadas a data a partir da qual são devidos juros de mora bem como da importância sobre que incidem, mas a sua falta jamais obstaria à instauração da execução nem implicaria indeferimento liminar, originando apenas um simples despacho de aperfeiçoamento à semelhança do que se prevê no art.º 811.º B do CPC, ou seja, solicitação da indicação daqueles elementos à entidade que extraiu o título sob pena de, não o fazendo, no prazo que lhe foi fixado, a execução prosseguir, sem tomar em consideração os juros de mora (cfr.também o art.º 5.º, n.º 4 do CCJ).

VIII – Há que distinguir entre os actos da competência da AF e os actos da competência dos tribunais tributários.E, assim, nos termos do art.º 151.º do CPPT, compete aos tribunais apenas decidir os incidentes, os embargos, a oposição, a graduação e verificação dos créditos e as reclamações dos actos materialmente administrativos praticados pelos órgãos da AT em sede de execução fiscal. Já à AT, concretamente aos órgãos da execução fiscal, compete a prática de todos os demais actos, nomeadamente a instauração da execução, a citação dos executados, a reversão da execução contra terceiros, a penhora dos bens, a venda dos bens penhorados, a anulação da venda, a anulação da dívida e a extinção da execução, o que também ocorre relativamente às dívidas de natureza não fiscal, que por força da lei são cobradas através da execução fiscal.

IX – Assim, não obstante o art.º 103.º da LGT atribua ao processo de execução fiscal natureza judicial, ele só o é em determinados casos e de forma muito limitada visto que só será processo judicial se e na medida em que tenha de ser praticado algum dos nomeados actos de natureza judicial, sendo que, na prática, o grande grosso dos processos de execução fiscal se iniciam e se concluam nos órgãos de execução fiscal e sem qualquer intervenção dos tribunais tributários.

X – Por tudo quanto ficou dito, sendo forçoso concluir que tem de aceitar-se que a eventual não imputação do valor parcial por conta não é uma questão que possa ser decidida pelo tribunal tributário, sob pena de se estar a apreciar e decidir sobre a verificação dos requisitos do título executivo e de matérias da exclusiva competência da entidade que o extraiu, até porque, na oposição à execução a causa de pedir é constituída pelo facto material ou jurídico de qualquer dos fundamentos do art.º 204.º do Código do Processo Tributário, e apenas desses.

ACORDAM, EM CONFERÊNCIA, NA SECÇÃO DE CONTENCIOSO TRIBUTÁRIO (2.ª SECÇÃO) DO TRIBUNAL CENTRAL ADMINISTRATIVO:

1. TRANSPORTES LEANDRO & PACHECO, Ldª., com os sinais identificadores dos autos, veio recorrer da decisão do Mm° Juiz do Tribunal Administrativo e Fiscal de Santarém que julgou improcedente a oposição por si deduzida, contra a execução fiscal instaurada para cobrança de dívidas de IVA referente aos anos de 1997, 1999 e 2000, apresentando, para o efeito, alegações nas quais conclui:

1ª Os factos levados ao probatório não estão provados, quer porque foram esquecidos factos relevantes, quer porque a escassa prova produzida foi insuficiente, nem daqueles se permite tirar ilações de certeza, liquidez e exigibilidade da dívida fiscal.

2ª Omitindo os elementos essenciais de prova, tais como a demonstração dos cálculos efectuados para achar os montantes a pagar pela contribuinte, informação e esclarecimentos dos critérios de aplicação de coimas e consequentemente a fundamentação, é impossível dizer que foram carreadas provas no processo de tal forma que, impossibilita o conhecimento real e profundo que permita haver uma decisão do Tribunal, este, deu como boa uma prova muito insuficiente que quase nada esclarece dos elementos essenciais de prova que permita uma decisão segura e justa.

3ª Assim, a Administração Fiscal não esclarecendo, não informando, não demonstrando, não fundamentando, vai contra os princípios de garantia dos contribuintes que são princípios de legalidade, igualdade e justiça fiscal que são do interesse público as quais vinculam a administração tributária no exercício das suas atribuições e procedimentos tributários, não fazendo prova dos seus procedimentos, ocultando-os, obstrui a tomada de conhecimento quer pela contribuinte quer pela Tribunal de Iª Instância, ficando-se pela insuficiência, tal não permite ajuizar correctamente e consequentemente não permite decisão segura e justa.

Não houve contra – alegações.

O EMMP pronunciou-se pela improcedência do recurso pelos fundamentos expressos no seguinte parecer emitido a fls.154/155:

"Não nos parece, porém, ter razão.Vejamos as conclusões:

1ª – "Os factos (...) não estão provados...".Não se alega, porém quais os factos que deveriam ser provados em vez dos que o foram nem as razões para essa alteração da prova.

2ª e 3ª – Não sabemos a que "elementos essenciais de prova" o recorrente se reporta, sendo que o mesmo fora notificado das importâncias a pagar quando foi notificado da liquidação e quando foi citado para a execução. Não consta que tenha reagido contra as liquidações, nomeadamente impugnando.

Por outro lado, constando as importâncias a pagar de títulos executivos, o seu montante é líquido e exigível, não constando, tal como se verifica de fls.58 e 74 que as mesmas tenham sido pagas.

Somos de parecer que o recurso não merece provimento."

Os autos vêm à conferência com dispensa de vistos.

2. Na sentença recorrida, deram-se como provados os seguintes factos:

FACTOS PROVADOS:

1. Pelo 0/SPL de Almeirim corre termos o processo de execução fiscal, inicialmente identificado e seus dois apensos – n.º 01/100879.0 e 02/100170.1, contra a sociedade Ote, para cobrança de dívidas de IVA e juros.

2. No processo n.º 01/100529.4 estava em dívida imposto/IVA, relativo aos meses de Janeiro a Abril, Junho a Setembro, Novembro e Dezembro de 1997, no montante total de 30.672,69 euros.

3. Com relação ao montante em dívida neste processo, a Ote efectuou os **pagamento por conta identificados a fls.*75, os* quais foram imputados aos** juros de mora, custas e imposto, pela forma aí indicada – *o que aqui se tem **por integralmente reproduzido** –*, **após o que a quantia exequenda ficou** reduzida à importância total de 8.339,80 euros.

4. No processo n.º 01/100879.0 está em dívida imposto/IVA, relativo aos meses de Janeiro a Junho de 2000, no montante total de 20.866,00 euros e no n.º 02/ /100170.1 está em dívida imposto/IVA, relativo aos meses de Janeiro a Outubro de 1998, Janeiro, Março a Dezembro de 1999 e Julho de 2000, no montante total de 79.243,05 euros.

5. **A Ote** foi citada para os termos dos processos executivos identificados em I., a 7.9.2001.

FACTOS NÃO PROVADOS

Em ordem à decisão da causa *nada mais se provou,* sem prejuízo de outros factos de menor relevo, conclusões ou alegações de matéria de direito, vertidas na p.i.

***

Estes factos foram assumidos a partir do teor da informação de fls.58/59, complementada a fls.74/77, dos documentos que a acompanham e dos demais disponíveis nos autos.

Anote-se que dos documentos juntos pela Ote a fls.4 segs., o de fls.10 reporta-se a um pagamento que terá sido efectuado no âmbito do processo de execução fiscal n.° 99/101527.3, **o qual não apresenta qualquer conexão com os ores processos executivos** visados pela presente oposição, sendo certo que os demais conferem com os pagamentos **identificados pelo OEP – cfr.fls.119 a 124.**

***

3. Fixada a factualidade relevante, vejamos agora o direito donde emerge a solução do pleito sendo certo que, perante as conclusões do recurso, o «thema decidendum» é o de saber se a dívida exequenda é líquida e certa não obstante terem sido efectuados pagamentos por conta.

Na sentença recorrida perfilhou-se o entendimento de que, sem prejuízo de não ter sido feito qualquer tipo de prova do alegado no art. 2.º da pi, posto o que resulta dos itens 2.ª 4., a dívida exequenda nos versados processos de execução fiscal é, patentemente, líquida e certa.

E, quanto ao pagamento, expendeu-se que competia a respectiva comprovação e amplitude ao devedor e, nesta matéria, está assente que a Ote somente procedeu a pagamentos (por conta) no âmbito do processo de execução n.º 01/100529.4, os quais foram imputados em conformidade com os ditames legais, sendo que a dívida exigida coercivamente àquela correspondente à diferença entre os montantes devidos e as importâncias que foram pagas.

Remata o M.º juiz dizendo que não se deve olvidar que, em sede de pagamento de tributos, importa respeitar os termos prescritos no art. 93.º do CPPT, somente podendo a prova do cumprimento/pagamento efectivar-se pela documentação aludida no art. 94.º do mesmo diploma.

Contra este entendimento se insurge a recorrente dizendo, em substância, que os factos levados ao probatório não estão provados, omitindo os elementos essenciais de prova, não esclarecendo, não informando, não demonstrando, não fundamentando.

Sobre esta argumentação se pronunciou o EPGA junto desta instância dizendo que a recorrente não se alega, porém quais os factos que deveriam ser provados em vez dos que o foram nem as razões para essa alteração da prova e, quanto aos "elementos essenciais de prova" não diz o recorrente a que se reporta, sendo que o mesmo fora notificado das importâncias a pagar quando foi notificado da liquidação e quando foi citado para a execução.Não consta que tenha reagido contra as liquidações, nomeadamente impugnando.Por outro lado, constando as importâncias a pagar de títulos executivos, o seu montante é líquido e exigível, não constando, tal como se verifica de fls.58 e 74 que as mesmas tenham sido pagas.

Quid juris?

A cobrança coerciva é a efectuada através do processo de execução fiscal regulado nos arts. 103.º da LGT e 148.º e ss do CPPT.

Sobre o âmbito da execução fiscal dispõe o n.º 1 do art.º 148.º do CPPT que o processo de execução fiscal abrange a cobrança coerciva de diversas dívidas, a saber: 1.º – tributos, incluindo impostos aduaneiros, especiais e extrafiscais, taxas e demais contribuições financeiras a favor do Estado, adicionais cumulativamente cobrados, juros e outros encargos legais; 2.º – coimas e outras sanções pecuniárias fixadas em decisões, sentenças ou acórdãos relativos a contra-ordenações tributárias, salvo quando aplicadas pelos tribunais comuns.

No que tange à tramitação do processo de execução fiscal, decorre dos arts. 188.º e ss do CPPT que o mesmo começa com a instauração da execução com base em despacho no ou nos títulos executivos ou em relação desses títulos, no prazo de 24 horas após o recebimento e efectuado o competente registo.

E, como decorre do art.º 88.º n.º 1 do CPPT, a certidão de dívida será extraída pelos serviços competentes com base nos elementos que tiverem ao seu dispor, devendo conter os elementos discriminados no n.º 2 do mesmo preceito legal, destacadamente, *a proveniência da dívida e seu montante.*

E, para ter força executiva, a certidão de dívida ou certidão extraída do título de cobrança conforme a al.a) do art.º 162.º, deve mencionar os requisitos discriminados no art.º 163.º do CPPT, a saber: – menção da entidade que a emitiu, data da emissão, nome e domicílio do devedor e *natureza e proveniência da dívida, com a indicação por extenso do respectivo montante.*

Assim e para o que ao caso releva, tem de constar do título a indicação da natureza e proveniência da dívida consiste numa indicação que permita conhecer-se o facto que está subjacente à dívida exequenda.

A certidão em que se baseia a presente execução, tem força executiva porquanto satisfaz os requisitos imperativamente fixados no art.º 163.º do CPPT (ou do correspondente 149.º do CPT).

Só a falta de um desses requisitos, é que constituiria nulidade nos termos do art.º 165.º, n.º 1, al.b) CPPT, nulidade que considera passível de suprimento mediante a junção de documentos, conforme a última parte da disposição legal referida, a qual tinha de verificar-se até ao momento da citação.Com efeito, impor-se-ia a devolução do título deficiente à entidade que o extraíra unicamente no caso de a execução ainda não foi instaurada, pois, se as deficiências do título forem detectadas depois da instauração da execução e se a falta desse requisito não puder ser suprida por prova documental, ocorrerá nulidade insanável, nos termos da al.b) do n.º 1 do art.º 165.º do CPPT.

Neste particular a recorrente parece assacar à sentença uma interpretação errónea dos art.º 163.º e 165.º do C.P.P.Tributário, na medida em que a sua interpretação parecer assentar no pressuposto de que do título executivo não consta, a indicação de uma dívida certa, liquida e exigível.

Segundo o disposto nos art.os 203.º e 204.º do CPPT a executada podia opor-se à execução fiscal, oposição que só pode ser deduzida por um dos fundamentos taxativamente previstos na lei.

Como flui do relatado, a matéria alegada pela oponente e sob análise no respeitante à liquidez e certeza da dívida exequenda não configura pressuposto do processo de execução porque não se traduz na alegação da verificação de facto extintivo ou modificativo da dívida exequenda até porque, como salienta o M.º Juiz «a quo», não foi feita qualquer prova do alegado, sendo que, como fundamenta ao decidir de facto, os factos levados ao probatório foram assumidos a partir do teor da informação de fls.58/59, complementada a fls.74/77, dos documentos que a acompanham e dos demais disponíveis nos autos e que os documentos juntos pela Ote a fls.4 segs., o de fls.10 reporta-se a um pagamento que terá sido efectuado no âmbito do processo de execução fiscal n.º 99/101527.3, o qual não apresenta qualquer conexão com os ores processos executivos visados pela presente oposição, sendo certo que os demais conferem com os pagamentos identificados pelo OEP – cfr.fls.119 a 124.

O desiderato apontado pela oponente acaba por manifestamente interferir com a legalidade em concreto da dívida exequenda.

No mencionado preceito faz-se a restrição dos fundamentos da oposição à execução que tendem a coincidir com os dos embargos de executado em processo comum relativos a execução fundada em sentença (art.º 813.º do CPC).

De modo que os títulos de cobrança na execução fiscal são equiparados a decisões com trânsito em julgado e não se pode discutir, na execução, a legalidade da liquidação da dívida exequenda, salvo nas excepções previstas nos art.os.em referência.

Por isso que a mencionada al.deva ser aproximada da al.i) do art.º 813.º do CPC referido, que preceitua que a oposição à execução fundada em sentença SÓ pode ter os fundamentos que tipifica: – "qualquer facto extintivo ou modificativo da obrigação desde que seja posterior ao encerramento da discussão no processo de declaração e se prove por documento".

Mas em oposição à execução fiscal, à sombra da al.i) do n.º 1 do art.º 204.º do CPPT, nunca é de admitir a apreciação da ilegalidade, em concreto, da dívida exequenda; para isso, há sempre outros caminhos idóneos, e respectivos prazos: – a impugnação, nas dívidas emergentes de actos tributários – e, nas de outra proveniência, o foro próprio correspondente, para além dos meios graciosos.

Cabia à oponente, a ser verdade o que alega, designadamente, arguir no processo principal a nulidade do título executivo e isso porque a execução terá sempre por base um título que certifique a existência de uma dívida certa, líquida e exigível (cfr. arts.162.º e 163.º do CPPT) procurando demonstrar que o título dado à execução estava carecido de força executiva.

Podia, em vez de se opor, suscitar no processo executivo a questão da «falta de requisitos essenciais do título executivo» ou a nulidade da citação porque desacompanhada do título executivo nos termos dos arts. 165.º do CPPT e 198.º n.º 1 CP.

Como se considerou já, infere-se que o conhecimento das questões suscitadas pela recorrente envolvia a apreciação da legalidade da dívida exequenda em termos de interferir em matéria da exclusiva competência da entidade que extraíu o título uma vez que estamos em sede executiva, não podendo ser apreciadas na oposição.

Consoante o disposto no art.º 55.º, n.º 1, do C.P.C., a execução tem de ser promovida pela pessoa que no título executivo figure como credor e deve ser instaurada contra a pessoa que no título tenha a posição de devedor, o que se verifica "in casu" tanto no lado activo, como no lado passivo da relação.

O título executivo é, no ensinamento do Prof. MANUEL DE ANDRADE, contido nas suas "Noções", pág.58, um documento de acto constitutivo ou certificativo de obrigações, a que a lei reconhece a eficácia de servirem de base ao processo executivo; documento que, no dizer dos antigos, tem execução aparelhada ("parata executio").O título é condição necessária do processo executivo ("nulla executio sine titulo") – Cfr. art.º 45.º do C.P.C..

Aos títulos executivos têm de assistir os fundamentos de exequibilidade legalmente exigidos, pois que:

a) Dele se deve inferir, até pela natureza pública do documento, a relativa certeza ou probabilidade suficiente da existência da dívida, em termos que tornam inútil, à partida, o processo declaratório na presunção de que ele conduziria ao mesmo resultado que decorre da mera inspecção do título;

b) Há-de existir a segura possibilidade de se provar no próprio processo executivo que comporta as formalidades para tal fim necessárias, que não obstante o título, a dívida não existe, seja porque não chegou a constituir-se validamente, seja porque em virtude de causa ulteriormente verificada se extinguiu, tornando injusta a execução.

É certo que o título faz fé da existência da obrigação exequenda até à demonstração inverso, é o acto constitutivo da dívida, presumindo-se a ausência de causas impeditivas, modificativas ou extintivas.

Assim, o título dado à execução deve conter os requisitos estabelecidos no art.º 163.º do CPPT e certificará a existência de dívida certa, liquida e exigível, funcionando como causa de pedir e harmonizando-se o pedido com o mesmo.Se não, padecerá de nulidade que deverá ser suscitada no processo principal.

***

Depois e no que tange às consequências dos pagamentos por conta efectuados pela oponente e que esta diz serem fundamento de oposição, dir-se-á que o desiderato apontado, acaba por manifestamente interferir com a legalidade em concreto da dívida exequenda.

Como se disse, no mencionado preceito faz-se a restrição dos fundamentos da oposição à execução que tendem a coincidir com os dos embargos de executado em processo comum relativos a execução fundada em sentença (art.º 813.º do CPC).

De modo que os títulos de cobrança na execução fiscal são equiparados a decisões com trânsito em julgado e não se pode discutir, na execução, a legalidade da liquidação da dívida exequenda, salvo nas excepções previstas nos art.os.em referência.

Mas à sombra da al.h) do n.º 1 do art.º 204.º do CPPT (tal como acontecia com a al.g) do n.º 1 do art.º 286.º do velho CPT) não pode discutir-se a inexistência de facto gerador da dívida exequenda, em manifesta interferência em matéria da exclusiva competência da entidade que extraiu o título.

Por outro lado, se o acto que determinou o pagamento da dívida exequenda estará ferido de ilegalidade, e se a executada não reagiu contra tal ilegalidade, em devido tempo e pelo processo adequado – recurso hierárquico e (ou) contencioso visto tratar-se de liquidação feita por entidade dependentes da DGCI –, fica precludida a sua apreciação em sede de execução fiscal.

É que nos termos do art.º 204.º n.º 1 als.a) e g) do CPPT a legalidade do acto tributário de liquidação só pode ser válida e eficazmente controvertida ou questionada em processo de oposição à execução fiscal nos casos de ilegalidade abstracta – al.a) – e em casos de ilegalidade concreta apenas quando a lei não assegure meio judicial de impugnação ou recurso contra o acto de liquidação – al.g) –. Ou seja, em oposição à execução fiscal, à sombra da al.g), nunca é de admitir a apreciação da ilegalidade, em concreto, da dívida exequenda; para isso, há sempre outros caminhos idóneos, e respectivos prazos:– a impugnação, nas dívidas emergentes de actos tributários – e, nas de outra proveniência, o foro próprio correspondente, para além dos meios graciosos.

Por esta alínea, apenas é susceptível fazer seguir a oposição para o conhecimento da ilegalidade em concreto ou correcta liquidação, quando não caiba impugnação judicial ou recurso contencioso do acto de liquidação, quando não exista na jurisdição administrativa e fiscal meio contencioso de reagir contra a mesma liquidação – cfr. Acórdãos do STA de 27.5.1992 e de 26.1.1993, recursos n.os 13 840 e 61 147, respectivamente que, embora tirados no domínio do CPT, continuam a ter valência.

Resulta da petição apresentada pela oponente que ela claramente pretende a discussão da legalidade da dívida.

É forçoso concluir, pois, que a recorrente tinha ao seu dispor meios de reacção contra o acto tributário.

Por outro lado, cabia à oponente, designadamente, arguir no processo principal a nulidade do título executivo pelos factos ora alegados e isso porque a execução terá sempre por base um título que certifique a existência de uma dívida certa, líquida e exigível, procurando demonstrar que o título dado à execução estava carecido de força executiva.

A citação no processo principal é o acto pelo qual se dá conhecimento ao réu de que foi proposta contra ele determinada acção e se chama ao processo para se defender. Duma maneira geral é o acto pelo qual se chama, pela primeira vez, ao processo, alguma pessoa interessada na causa.

Ora, a oponente, ao deduzir a presente oposição, manifesta conhecimento de que contra ela foi proposta acção executiva, dela se defendendo por um dos meios possíveis ao seu alcance.

Podia, em vez de se opor, suscitar no processo executivo a questão da «falta de requisitos essenciais do título executivo ».

Há-de ver-se, pois, que o conhecimento das questões em apreço envolvia a apreciação da legalidade da dívida exequenda em termos de interferir em matéria da exclusiva competência da entidade que extraiu o título uma vez que estamos em sede executiva.

Assim, o título dado à execução deve conter os requisitos estabelecidos na lei e certificará a existência de dívida certa, liquida e exigível, funcionando como causa de pedir e harmonizando-se o pedido com o mesmo.Se não, padecerá de nulidade que deverá ser suscitada no processo principal.

Na verdade, dos autos resulta com clareza que a «liquidação» e a extracção dos títulos se baseou nos elementos colhidos pelos serviços, pelo que a apreciação dessa questão interferiria, forçosamente, com a competência da entidade liquidadora.

Ora, a falta de imputação das quantias alegadamente pagas «por conta» até nem **constitui nulidade do título executivo,** por esta ter a ver com a falta de requisitos essenciais do título executivo referidos no art.º 163 e prevista no artigo 165, n.º 2, ambos do C.P.P.T.e não constitui fundamento de oposição à execução fiscal, por não incluída em qualquer das alíneas, nomeadamente na i), do n.º I do artigo 204.º do mesmo diploma, devendo, antes, invocar-se no próprio processo de execução.Nesse sentido, veja-se o Acórdão do STA de 1999-04-14, processo n.º 22906.

E isso é o corolário de que os títulos executivos em conformidade com as notas de cobrança que certificam são equiparados por lei a decisão com trânsito em julgado não sendo legalmente possível fora dos casos ressalvados no CPPT apreciar em sede de execução a legalidade da liquidação que aqueles certificam.

É por isso precisamente que a al.i) do no I do art.º 204.º do CPPT, quando prevê que podem basear a oposição quaisquer fundamentos não referidos nas alíneas anteriores a provar apenas por documento, desde que não envolvam apreciação da legalidade da liquidação da dívida exequenda, nem representem interferência em matéria de exclusiva competência da entidade que houver extraído o título, deva ser aproximada da al.h) do art.º 813° do CPC referido, que preceitua que a oposição à execução fundada em sentença SÓ pode ter os fundamentos que tipifica; -*" qualquer, facto extintivo ou modificativo da obrigação desde que seja posterior ao encerramento da discussão no processo de declaração e se prove por documento".*

Donde que, para a oposição à execução fiscal, são admissíveis quaisquer fundamentos a provar por documento, desde que não envolvam a apreciação da legalidade da liquidação da dívida exequenda, *nem representem interferência em matéria de exclusiva competência da entidade que houver extraído o título executivo.*

Ora, já se vê que o raciocínio da recorrente inculca que o título executivo seria nulo por falta dos requisitos essenciais referidos no art.163° do CPPT ou até mesmo falso, sendo que não se pode configurar como falsidade do título executivo a que se refere a al.c) do art.286.º do CPT, nem tão pouco na al.h) do mesmo artigo, uma vez que tal representa interferência em matéria da exclusiva competência da entidade que extraiu o título.

Por outro lado, a recorrente estaria a pressupor a falsidade do título executivo, pois, é apodíctico que quando afirma que a declaração da extinção parcial da dívida por pagamento (parcial, por conta), está a afirmar que **não se procedeu à imputação** do anteriormente referido pagamento.

Ora, é manifesto que também aqui entrou a recorrente na discussão da ilegalidade concreta da dívida exequenda.

A falsidade do título executivo consubstancia fundamento de oposição previsto no art.º 204.º, n.º 1, al.c), do C.P.P.Tributário.

No entanto, o título reflecte correctamente o suporte de onde foi extraído, ainda que o conteúdo desse suporte seja, porventura, inverídico.

Na verdade e como decorre do probatório e dos próprios títulos dados á execução, estão indicadas a data a partir da qual são devidos juros de mora bem como da importância sobre que incidem e a sua falta jamais obstaria à instauração da execução nem implicaria indeferimento liminar, originando apenas um simples despacho de aperfeiçoamento à semelhança do que se prevê no art.º 811.º B do CPC, ou seja, *solicitação da indicação daqueles elementos à entidade que extraiu o título sob pena de, não o fazendo, no prazo que lhe foi fixado, a execução prosseguir, sem tomar em consideração os juros de mora (cfr. também o art.º 5.º, n.º 4 do CCJ).*

Chegados aqui, cabe salientar que é importante distinguir entre os actos da competência da AF e os actos da competência dos tribunais tributários. E, assim, nos termos do art.º 151.º do CPPT, compete aos tribunais apenas decidir os incidentes, os embargos, a oposição, a graduação e verificação dos créditos e as reclamações dos actos materialmente administrativos praticados pelos órgãos da AT em sede de execução fiscal. Já à AT, concretamente aos órgãos da execução fiscal, compete a prática de todos os demais actos, nomeadamente a instauração da execução, a citação dos executados, a reversão da execução contra terceiros, a penhora dos bens, a venda dos bens penhorados, a anulação da venda, a anulação da dívida e a extinção da execução. Claro que tudo isso também ocorre relativamente às dívidas de natureza não fiscal, como a presente, que por força da lei são cobradas através da execução fiscal.

Conseguintemente, não obstante o art.º 103.º da LGT atribua ao processo de execução fiscal natureza judicial, ele só o é em determinados casos e de forma muito limitada visto que só será processo judicial se e na medida em que tenha de ser praticado algum dos nomeados actos de natureza judicial, sendo que, na prática, o grande grosso dos processos de execução fiscal se iniciam e se concluam nos órgãos de execução fiscal e sem qualquer intervenção dos tribunais tributários.

Ora, se por tudo quanto ficou dito, é forçoso concluir que a eventual falta de imputação *do valor parcial pago por conta não é uma questão que possa ser decidida pelo tribunal tributário, sob pena de se estar a apreciar e decidir sobre a verificação dos requisitos do título executivo e de matérias da exclusiva competência da entidade que o extraiu, até porque, na oposição à execução a causa de pedir é constituída pelo facto material ou jurídico de qualquer dos fundamentos do art.º 204.º do Código do Processo Tributário, e apenas desses.*

Os fundamentos definidos na lei para a oposição do executado encontram-se consagrados no art.º 204.º, n.º 1, do C.P.P.Tributário, preceito que consagra uma enumeração legal taxativa dado utilizar a expressão "...a oposição só poderá ter algum dos seguintes fundamentos...". Tal regime de fundamentação da oposição a execução fiscal, o qual já se encontrava consagrado nos arts. 84.º e 86.º, do Código das Execuções Fiscais de 1913, visa, em princípio, evitar o protelamento excessivo da cobrança coerciva dos créditos do Estado.O legislador teve, por isso, a preocupação de limitar as possibilidades de defesa em processo de execução fiscal aos casos de flagrante injustiça (cfr.ac.S.TA. 2ª Secção, 15/ /3/95, rec.18898, Ap.D.R., 31/7/97, pág.781 e seg.; Soares Martínez, *Direito Fiscal*, 8ª Edição, Almedina, 1996, pág.449).

A causa de pedir pode definir-se como o facto concreto que serve de fundamento ao efeito jurídico pretendido, não bastando a indicação vaga ou genérica dos factos em que o autor fundamenta a sua pretensão para que se verifique o preenchimento de tal exigência legal (cfr. Antunes Varela e outros, Manual de Processo Civil, 2ª.edição, Coimbra Editora, 1985, pág.245; José Alberto dos Reis, Comentário ao C.P.Civil, II, Coimbra, 1945, pág.369 e seg.).

Por seu lado, o pedido pode definir-se como o meio de tutela jurisdicional pretendido pelo autor, ou seja, o efeito jurídico que quer obter com a acção, devendo o mesmo ser formulado na conclusão da p.i.e não bastando para a satisfação desta exigência legal que o pedido surja acidentalmente referido na parte narrativa da peça processual em questão (cfr.Antunes Varela e outros, ob.cit, pág.245; José Alberto dos Reis, ob.cit., pág.360 e seg.).

No caso "sub judice", da inspecção da p.i.apresentada pela opoente, desde logo se deve concluir que se identifica, claramente, os factos concretos que servem de fundamento à oposição, isto é, a causa de pedir.Assim é, porquanto, sabendo-se que o objecto desta forma de processo se consubstancia num dos diversos fundamentos consagrados no citado art°.204, n°.1, do C.P.P.Tributário, o oponente identifica claramente quais os fundamentos da oposição, a saber:– o pagamento (parcial) da dívida exequenda.

Como bem se alcança de uma rápida análise da materialidade descrita na questionada petição de oposição, um dos seus fundamentos reconduz-se ao previsto no art°.204, n°.1, al.f), do C.P.P.Tributário (pagamento parcial da dívida exequenda).

De acordo com a doutrina e jurisprudência dominantes só constitui fundamento de oposição à execução o pagamento, ainda que parcial, da dívida exequenda, desde que o mesmo tenha ocorrido antes da instauração da execução fiscal.Por outro lado, a prova do referido pagamento só pode efectuar-se através de documento, dado ser esta a única forma de prova admissível para o pagamento (cfr.ac.S.TA.2ª.Secção, 19/12/79, Acórdãos Doutrinais, n°.221, pág.598 e seg.; ac.S.T.A.2ª.Secção, 8/11/95, rec.19499, Ap.D.R., 14/11/97, pág.2628 e seg.; A.José de Sousa e J.da Silva Paixão, Código de Processo Tributário anotado e comentado, 3ª.edição, 1997, pág.597 e CPPT Comentado e Anotado, pág.496).E, como se doutrina no Ac.do STA de 24/04/90, Ads 356/ 357-1002, a *prova de quitação* não pode ser negada ao devedor que efectua o pagamento de seu débito, pois sem ele o devedor poderá ficar sujeito a exigência de novo pagamento.

"In casu", é evidente a constatação de que a oponente

nem logrou provar que efectuou o pagamento, ainda que parcial, da dívida exequenda, em momento anterior à instauração do processo de execução fiscal contra o mesmo movido.

Aliás, na sentença recorrida refere-se que do que se vê do título, é indicado um montante concreto, cuja prova de pagamento não está a oponente impedida de demonstrar.

Sendo fundamento de oposição, exige, todavia, que se trate de pagamento anterior à instauração da execução, e que logre a sua demonstração documental – cfr., Ac.do TCA, de 19/11/2002, rec. n.º 6651/02.

O que aqui (só) se verifica, como se diz na sentença e objectivam os autos, somente quanto a pagamentos (por conta) no âmbito do processo de execução n.º 01/ /100529.4, os quais foram imputados em conformidade com os ditames legais, sendo que a dívida exigida coercivamente àquela correspondente à diferença entre os montantes devidos e as importâncias que foram pagas.

Na senda da sentença recorrida, em sede de pagamento de tributos, importa respeitar os termos prescritos no art.º 93.º do CPPT, somente podendo a prova do cumprimento/pagamento efectivar-se pela documentação aludida no art.º 94.º do mesmo diploma.

A decisão recorrida não merece qualquer censura pois, resultando provado dos autos que a executada, ora recorrente, havia liquidado parte da quantias referidas no título executivo, antes de instaurada a execução, é entendimento deste TCA que o pagamento da dívida exequenda, invocado como causa de pedir, é fundamento de oposição fiscal nos termos da al.e) do n.º 1 do art.º 286.º do CPT) mas só o é se ocorreu antes de instaurada a execução.

O pagamento invocado como base da oposição há-de provar-se documentalmente, como ensina *Laurentino Araújo*, sendo inadmissível prova testemunhal.

Só a prova documental é viável, até porque a exigência da dívida é feita através do documento que a incorpora.Nesse sentido, *o Ac.do STA de 19/12/79, in ADs 221.º-603.*

A ora recorrente tinha, nos sobreditos termos, o ónus da alegação e prova dos factos materiais e concretos que integram o facto jurídico.

E a prova do pagamento foi feita nos precisos termos considerados na sentença pois foram juntos documentos que provam o pagamento de parte das dívidas constantes do título executivo, sendo da competência da entidade que extraiu o título proceder à sua imputação nos termos que resultam da lei e não podem aqui discutir.

Face ao exposto, sem necessidade de mais amplas considerações, deve considerar-se manifestamente improcedente o fundamento aduzido pela recorrente.

4. Pelo exposto, acorda-se em negar provimento ao recurso assim se confirmando a decisão recorrida.

Custas pela recorrente com 7(sete) UCs de taxa de justiça.

Lisboa, 31 de Maio de 2005

Gomes Correia
Casimiro Gonçalves
Ascensão Lopes

Recurso n.º 590/05

PROVIDÊNCIAS CAUTELARES A FAVOR DO CONTRIBUINTE. PRESSUPOSTOS: RECEIO FUNDADO DE LESÃO PRESUNÇÃO LEGAL: PROVA DO CONTRÁRIO.

(Acórdão de 12 de Abril de 2005)

SUMÁRIO:

I – De harmonia com o disposto nos n.os 5 e 6 do artigo 91.º da Lei Geral Tributária, a *falta não justificada do perito do contribuinte* à primeira reunião de *revisão da matéria colectável* implica a *desistência do pedido* de revisão formulado.

II – De acordo com os termos do n.º 3 do artigo 39.º do Código de Procedimento e de Processo Tributário, quando o aviso de recepção haja sido assinado por terceiro presente no domicílio do destinatário, presume-se que o expediente foi oportunamente entregue ao destinatário.

III – A presunção anterior (entrega oportuna da carta ao seu destinatário) constitui uma *presunção legal* (não natural, ou judicial), e ilidível por *prova em contrário*, não bastando a mera contraprova, destinada a tornar duvidoso o facto.

IV – Nas *providências cautelares a favor do contribuinte* ou demais obrigados tributários deve o requerente, nos termos do n.º 6 do artigo 147.º do Código de Procedimento e de Processo Tributário, «*invocar e provar o fundado receio de uma lesão irreparável do requerente a causar pela actuação da Administração Tributária*».

V – Não provado que não foi oportunamente entregue ao perito do contribuinte a carta de notificação para a primeira reunião de revisão da matéria colectável, não pode procedentemente o mesmo contribuinte invocar *receio de lesão pela actuação da Administração Tributária*, em virtude de ter considerado, nos termos da lei, ter havido desistência do pedido de revisão.

VI – Com efeito, nas circunstâncias apontadas, *não é fundado o receio de lesão* previsto no n.º 6 do artigo 147.º do Código de Procedimento e de Processo Tributário – pelo que, em tal caso, *não pode proceder a providência cautelar que vise suster a sequente actuação da Administração Tributária.*

ACORDA-SE, EM CONFERÊNCIA, NA SECÇÃO DE CONTENCIOSO TRIBUTÁRIO (2.ª SECÇÃO) DO TRIBUNAL CENTRAL ADMINISTRATIVO:

1.1 O Director Geral dos Impostos vem interpor recurso jurisdicional da sentença do Tribunal Administrativo e Fiscal de Almada, de 23-11-2004, que julgou procedentes os presentes autos de providência cautelar de suspensão da eficácia de um acto administrativo, em que é requerente "Martins & Abrantes, L.da", devidamente identificada nos autos – cf.fls.142 e seguintes.

1.2 Em alegação, a entidade recorrente, o Director Geral dos Impostos, formula conclusões, que se apresentam, em síntese, do modo seguinte – cf.fls.187 a 198.

a) A douta sentença considera que existe um "direito da suspensão da liquidação sem necessidade de prestar garantia", nos termos do n.º 8 do artigo 92.º da Lei Geral Tributária, ao qual a requerente não teve acesso, pelo que o acto que a impediu de aceder a esse "direito" é directamente recorrível, porque imediatamente lesivo de um direito.

b) Todavia, a douta sentença não fez uma correcta interpretação e aplicação do n.º 8 do artigo 92.º da Lei Geral Tributária, uma vez que não se pode entender que se esteja perante um "direito", mas apenas de uma faculdade ou possibilidade, depois de verificado determinado pressuposto.

c) Ou seja, este acto não é imediatamente lesivo, porque o reconhecimento de efeito suspensivo à reclamação ou impugnação judicial da liquidação, previsto no n.º 8 do artigo 92.º da Lei Geral Tributária, apenas se verifica nos casos em que ocorra concordância relativamente aos pareceres do perito do contribuinte e do perito independente.

d) E não há qualquer garantia de que vai haver concordância entre os pareceres dos peritos, é apenas uma probabilidade que se pode verificar ou não.

e) Caso não haja concordância, ou esta seja apenas parcial, é sempre necessário prestar garantia, nos termos gerais, em relação à parte restante da liquidação em que não há concordância nos pareceres dos peritos, de modo a assegurar o efeito suspensivo.

f) Acresce que também não se verificam os pressupostos para que possa ser adoptada a providência cautelar solicitada.

g) Não se pode retirar da matéria dada como provada que o perito do contribuinte não tenha recebido a carta por culpa da porteira que assinou o aviso, por esta não lhe ter sido entregue em mão.

h) Assim, a douta sentença recorrida enferma de erro na apreciação da prova, pelo que, não tendo a requerente ilidido a presunção de notificação, não tendo o Tribunal feito uma correcta aplicação do direito, e, por isso, deve a decisão *a quo* ser revogada.

1.3 A requerente, ora recorrida, "Martins & Abrantes, L.da", contra-alegou, para defender a sentença proferida – cf.fls.207 a 236.

1.4 O Ministério Público neste Tribunal emitiu o parecer de que o recurso merece provimento, aduzindo textualmente o seguinte – cf.fls.269 verso.

«*Parece-nos ter razão o recorrente.*

Com efeito, em nossa opinião, não se verifica prejuízo irreparável para a recorrida com a eventual liquidação do imposto.

Se a recorrida viesse a ter de prestar garantia por efeito dessa liquidação, os eventuais prejuízos com essa prestação são perfeitamente quantificáveis e, por conseguinte, reparáveis».

1.5 Colhidos os vistos, cumpre decidir, em conferência.

Em face do conteúdo da sentença recorrida e do teor das conclusões da alegação, bem como do teor da contra-alegação, e ainda da posição do Ministério Público, a questão essencial que aqui se põe – ficando prejudicado o conhecimento de qualquer outra, na hipótese de resposta negativa a esta – é a de saber se no caso se verificam, ou não, os pressupostos de decretamento da providência cautelar em causa.

2.1 Com interesse para a decisão julgamos provada a seguinte matéria de facto.

a) A ora recorrida, "Martins & Abrantes, L.da", requereu, nos termos do n.º 1 do artigo 91.º da Lei Geral Tributária, a revisão da matéria colectável de IRC e de IVA, que lhe foi fixada por recurso a métodos indirectos nos exercícios dos anos de 2000 e 2001 – cf.a informação oficial de fls.26.

b) Nos termos do n.º 5 do referido artigo 91.º da Lei Geral Tributária, o perito nomeado pela dita ora recorrida foi notificado para comparecer na respectiva reunião, a decorrer pelas 10 horas do dia 7-5-2004 na Direcção de Finanças de Setúbal – cf.a informação oficial de fls.26.

c) Mais foi notificado esse perito de que, no caso de faltar à aludida reunião, uma nova e última ficava marcada para o 5.º dia subsequente, no mesmo local e hora – cf. a informação oficial de fls.26.

d) De igual modo foi notificado o perito independente nomeado para o processo – cf. a informação oficial de fls.26.

e) Em 7-5-2004, à hora marcada, compareceu no local da reunião o perito independente, não o tendo feito o perito da ora recorrida – cf. a informação oficial de fls.26.

f) Em 12-5-2004 compareceu para a reunião o perito independente, não o tendo feito o perito da ora recorrida, nem tendo justificado a falta à primeira reunião – cf. a informação oficial de fls.26.

g) Perante isso, a Administração Tributária considerou que a ora recorrida havia desistido do pedido de revisão referido em a) – cf.a informação oficial de fls.26.

h) A notificação do perito da ora recorrida, com o conteúdo dito em b) e c), foi operada por meio de carta registada com aviso de recepção, assinado pela porteira habitual do prédio do domicílio do perito da ora recorrida – cf.especialmente o documento de fls.84.

Não se prova que a carta, com o conteúdo referido em b) e c), de notificação do perito da ora recorrida, não tenha sido oportunamente entregue a este mesmo perito.

2.2 As providências cautelares a favor do contribuinte ou demais obrigados tributários estão previstas no n.º 6 do artigo 147.º do Código de Procedimento e de Processo Tributário.

Aí se preceitua, textualmente, que se deve «invocar e provar o fundado receio de uma lesão irreparável do requerente a causar pela actuação da Administração Tributária».

A propósito dos "critérios de decisão" em providências cautelares, veja-se ainda, e por exemplo, a alínea a) do n.º 1 do artigo 120.º do Código de Processo nos Tribunais Administrativos, que reza expressamente que, sem prejuízo do disposto nos números seguintes, as providências cautelares são adoptadas quando seja evidente a procedência da pretensão formulada ou a formular no processo principal, designadamente por estar em causa a impugnação de acto manifestamente ilegal, de acto de aplicação de norma já anteriormente anulada ou de acto idêntico a outro já anteriormente anulado ou declarado nulo ou inexistente.

No n.º 4 do artigo 268.º da Constituição da República Portuguesa estabelece-se explicitamente que a tutela judicial efectiva que se garante abrange a «adopção das medidas cautelares adequadas».

É a esta exigência constitucional que visa dar satisfação o n.º 6 deste artigo 147.º do Código de Procedimento e de Processo Tributário.

Por isso, a adopção de medidas cautelares a favor dos contribuintes impor-se-ia como regra (que deverá conhecer excepções derivadas da ponderação de interesses conflituantes superiores), para além dos casos em que possa ocorrer um prejuízo irreparável, quando se indicie que a pretensão formulada será julgada procedente e seja de prever que a demora do processo provoque prejuízos ao requerente (situação em que se justifica que os inconvenientes derivados da demora do processo sejam suportados por quem parece que teve uma actuação ilegal e não por quem parece que tem razão).

Cf. Jorge Lopes de Sousa, *Código de Procedimento e de Processo Tributário Anotado*, 4.ª edição, Vislis, 2003, anotação 12. ao artigo 147.º.

Aliás, fica agora assente, espera-se que definitivamente – diz João Caupers, em *Introdução ao Direito Administrativo*, Âncora Editora, 7.ª edição, 2003, p.366 – que a protecção cautelar na jurisdição administrativa respeita o princípio da tutela jurisdicional efectiva, querendo com tal significar que nela se incluem quaisquer providências julgadas adequadas pelo juiz para conferir tutela provisória apropriada e suficiente ao interesse do autor.

De resto, as providências cautelares, como princípio geral, justificam-se essencialmente porque nem sempre a regulação dos interesses conflituantes pode aguardar o proferimento da decisão do Tribunal que resolve, de modo definitivo, aquele conflito.Por vezes, torna-se necessário obter uma composição provisória da situação controvertida antes do proferimento da decisão definitiva. Essa composição provisória justifica-se sempre que ela seja necessária para assegurar a utilidade da composição definitiva e também a efectividade da tutela jurisdicional (artigo 2.º, n.º 2, *in fine*, do Código de Processo Civil). E, na medida em que contribui decisivamente para o êxito dessa tutela, encontra o seu fundamento constitucional basilar na garantia do acesso ao direito e aos tribunais (artigo 20.º, n.º 1, da Constituição da República Portuguesa) – cf. Miguel Teixeira de Sousa, *Estudos sobre o Novo Processo Civil*, 2.ª edição, Lex, Lisboa 1997, pp.226 a 236.

A respeito do decretamento das providências cautelares, a doutrina e a jurisprudência correntes, para além da expressão *periculum in mora*, usam ainda as expressões, também latinas, de *fumus boni iuris*, e de *summaria cognitio*, traduzindo a suficiência de um juízo tão somente provisório de mera probabilidade, que não de inequívoca e definitiva existência, do direito invocado e que se visa proteger e acautelar – cf., a este propósito, *v.g.*, os acórdãos desta Secção deste Tribunal Central Administrativo, de 21-1-2003, de 28-1-2003, e de 23-11--2004, proferidos, respectivamente, nos recursos n.ºs 7350/00, 7533/02, e 3579/00.

De outra banda, o artigo 91.º da Lei Geral Tributária prevê que o sujeito passivo pode solicitar a revisão da matéria tributável fixada por métodos indiciários em requerimento dirigido ao órgão da Administração Tributária da área do seu domicílio fiscal, contendo a indicação do perito que o representa (n.º 1).

O pedido referido no número anterior tem efeito suspensivo da liquidação do tributo (n.º 2).

Recebido o pedido de revisão, o órgão da Administração Tributária, no prazo de oito dias, designará um perito da Administração Tributária e marcará uma reunião entre este e o perito indicado pelo contribuinte, a realizar no prazo máximo de 15 dias (n.º 3).

A convocação é efectuada com antecedência não inferior a oito dias, por carta registada, e «vale como desistência do pedido a não comparência injustificada do perito designado pelo contribuinte» (n.º 5).

Em caso de falta do perito do contribuinte, o órgão da Administração Tributária marcará nova reunião para o 5.º dia subsequente, «advertindo simultaneamente o perito do contribuinte que deverá justificar a falta à primeira reunião, e que a não justificação da falta ou a não comparência à segunda reunião valem como desistência da reclamação» (n.º 6).

Por sua vez, preceitua o artigo 38.º do Código de Procedimento e de Processo Tributário que as notificações, sempre que tenham por objecto a convocação dos contribuintes para estes assistirem ou participarem em actos ou diligências, são efectuadas obrigatoriamente por carta registada com aviso de recepção (n.º 1).

As notificações não abrangidas pelo n.º 1 do presente artigo serão efectuadas por carta registada (n.º 3).

As notificações por carta registada com aviso de recepção, previstas no n.º 1 do artigo 38.º do Código de Procedimento e de Processo Tributário, no que concerne à convocação para assistência ou participação em actos ou diligências, reportam-se apenas à convocação dos contribuintes.Os outros intervenientes processuais serão convocados por carta registada, nos termos do n.º 3 deste artigo 38.º – cf. Jorge Lopes de Sousa, *Código de Procedimento e de Processo Tributário Anotado*, 4.ª edição, Vislis, 2003, anotação 7.ao artigo 38.º.

Acerca da perfeição das notificações efectuadas nos termos do n.º 3 deste artigo 38.º (notificações por carta registada), reza o artigo 39.º do Código de Procedimento e de Processo Tributário que essas notificações «presumem-se feitas no 3.º dia posterior ao registo ou no 1.º dia útil seguinte a esse, quando esse dia não seja útil» (n.º 1).

A presunção do número anterior (realização da notificação «no 3.º dia posterior ao registo ou no 1.º dia útil seguinte a esse, quando esse dia não seja útil»), nos termos do n.º 2 do mesmo artigo 39.º do Código de Procedimento e de Processo Tributário, «só pode ser ilidida pelo notificado, quando não lhe seja imputável o facto de a notificação ocorrer em data posterior à presumida, devendo para o efeito a Administração Tributária ou o Tribunal, com base em requerimento do interessado, requerer aos Correios informação sobre a data efectiva da recepção».

Para se poder extrair a presunção prevista no n.º 1 do dito artigo 39.º (realização da notificação «no 3.º dia posterior ao registo ou no 1.º dia útil seguinte a esse, quando esse dia não seja útil») é necessário que a notificação tenha sido efectuada nos termos legais, designadamente que a carta tenha sido enviada para o domicílio da pessoa a notificar, e que a carta não tenha sido devolvida.

O ónus de demonstrar a correcta efectivação da notificação cabe à Administração Tributária.

O único meio de prova admissível para contrariar a presunção legal de realização da notificação «no 3.º dia posterior ao registo ou no 1.º dia útil seguinte a esse, quando esse dia não seja útil» é a informação dos Correios, que tem de ter como suporte um requerimento do interessado nesse sentido.

Há, assim, um ónus do interessado em diligenciar para ser ilidida a referida presunção, não podendo o Tribunal ou o Serviço de Finanças, se tal não lhes for requerido, diligenciar no sentido da obtenção daquela informação.

O Decreto de 14 de Julho de 1902 – ainda em vigor por não ter sido publicada a regulamentação do Regulamento do Serviço Público de Correios quanto a esta matéria (artigo 4.º, n.º 2, do Decreto-Lei n.º 176/88 de 18 de Maio) – estabelece sobre a recepção de correspondência registada, designadamente, que o recibo das correspondências registadas pode ser assinado pelo destinatário ou por pessoa de sua família ou sua dependente, que seja competente para fazê-lo, ou por indivíduo especialmente autorizado por escrito para esse fim (artigo 99.º, § 1.º).

No n.º 3 do artigo 39.º do Código de Procedimento e de Processo Tributário estabelece-se um desvio a este regime, pois as cartas registadas com aviso de recepção podem ser assinadas por qualquer terceiro presente no domicílio do destinatário, presumindo-se que a carta foi entregue à pessoa a quem é dirigida.

Cf. Jorge Lopes de Sousa, *Código de Procedimento e de Processo Tributário Anotado*, 4.ª edição, Vislis, 2003, anotações 2.a 5. ao artigo 39.º.

Na verdade, nos termos do falado n.º 3 do artigo 39.º do Código de Procedimento e de Processo Tributário, «havendo aviso de recepção, a notificação considera-se efectuada na data em que ele for assinado e tem-se por efectuada na própria pessoa do notificando, mesmo quando o aviso haja sido assinado por terceiro presente no domicílio do contribuinte, presumindo-se neste caso que a carta foi oportunamente entregue ao destinatário».

Saber nomeadamente se «a carta foi oportunamente entregue ao destinatário» implica saber se determinados factos estão ou não provados – o que constitui tarefa de índole técnico-jurídica, regulada por normas de direito probatório, quer material, quer processual.

Costumam as provas ser classificadas de legais, e livres.

Prova livre é aquela que é apreciada pelo juiz segundo a sua experiência, a sua prudência, o seu bom senso, com inteira liberdade, sem estar vinculado ou adstrito a quaisquer regras, medidas ou critérios legais – cf. Pires de Lima, e Antunes Varela, no *Código Civil Anotado*, nota 1. ao artigo 389.º; e acórdão do Supremo Tribunal de Justiça de 30-12-1977, no *Boletim do Ministério da Justiça* n.º 271.º, p.185.

São legais aquelas provas cuja apreciação obedece a critérios legais fixados em abstracto; a sua força probatória está legalmente tabelada; proporcionam ao juiz uma verdade formal – cf. Manuel de Andrade, *Noções Elementares de Processo Civil*, 1976, p.280.

Dentre as provas legais, o direito probatório material consagra as presunções, como ilações que, designadamente, a lei tira de um facto conhecido para firmar um facto desconhecido – cf.artigo 349.º do Código Civil.

A classificação mais vulgar das presunções é a que distingue entre presunções legais, que são as estabelecidas pela lei, e as presunções judiciais (comuns ou de homem), que são as que se deixam à prudência do juiz.

As presunções legais, por sua vez, costumam dividir-se em absolutas (*juris et de jure*) e relativas (*juris tantum*), conforme, respectivamente, não admitam, ou admitam, prova em contrário.

Presunções são as ilações que a lei ou o julgador tira de um facto conhecido para firmar um facto desconhecido – cf.os termos do artigo 349.º do Código Civil.

Conforme a indução ou inferência é feita pela própria lei, que do facto conhecido presume a existência do facto desconhecido, sem dependência de apreciação do juiz, ou, diversamente, a indução ou inferência é feita pelo juiz através das regras da experiência ou das regras da vida (*id quod plerumque accidit*), a presunção diz-se legal, no primeiro caso, ou natural (simples ou judicial), na segunda hipótese – cf., por todos, Anselmo de Castro, *Direito Processual Civil*, 1960-1961, pp.485 e 486; Jacinto Rodrigues Bastos, *Das Relações Jurídicas*, V, p.76 e 77; e Francisco Rodrigues Pardal, *O Uso de Presunções no Direito Tributário*, na *Ciência Técnica e Fiscal* n.os 325-327, p.20.

Como acima se viu, havendo aviso de recepção, a notificação considera-se efectuada na própria pessoa do notificando, mesmo quando o aviso haja sido assinado por terceiro presente no domicílio do notificando, presumindo-se neste caso que a carta foi oportunamente entregue ao destinatário – nos termos do n.º 3 do artigo 39.º do Código de Procedimento e de Processo Tributário.

Portanto: para, nesta situação, concluir pela perfeição da notificação não é necessário adquirir a certeza de que a mesma notificação foi realmente efectivada.

Basta a presunção de que essa notificação haja sido realizada.Ou seja, na situação, basta que a lei presuma que a carta foi oportunamente entregue ao seu destinatário.

A lei, nesta situação, presume a entrega oportuna da carta, quando o aviso de recepção haja sido assinado por terceiro presente no domicílio do destinatário.

Assim, de um facto conhecido (assinatura de terceiro presente no domicílio do notificando) a lei presume, isto é, tem como certo um facto desconhecido (a efectiva notificação).

E esta efectiva notificação (presunção legal) só pode ser ilidida ou infirmada mediante prova em contrário – nos termos do n.º 2 do artigo 350.º do Código Civil.

Na verdade, para destruir as presunções legais, nos casos em que a lei o não proíbe, não basta fazer contraprova, ou seja, não é suficiente tornar duvidoso o facto presumido, ou simplesmente abalar a convicção resultante da presunção, como nos casos de presunção simples, judicial, ou natural.

Diversamente, em caso de presunção legal, o interessado terá de fazer prova do contrário, isto é, terá de provar que o facto que a lei presume, e que tem como certo, não se verifica.

Porém, não serve aqui um ónus da prova rigorosamente subjectivo, formal ou de produção – como decorre da valência em contencioso tributário dos princípios do inquisitório ou da investigação e da livre apreciação das provas, e ainda do princípio da aquisição processual. Os limites existentes em qualquer processo cognitivo, o carácter necessariamente limitado da investigação judicial e os princípios da economia processual podem, no entanto, abrir caminho para a introdução de um ónus material da prova por parte do contribuinte. Mas o ónus que pesa sobre ele tem necessariamente a natureza de um ónus material, e não de um ónus formal ou subjectivo. O ónus subjectivo coloca-nos perante a necessidade de saber quem deve produzir as provas, a quem cabe o ónus de trazer para o processo determinados factos.Por ónus subjectivo tem de entender-se uma responsabilidade insuprível da parte no carrear para o processo dos factos sobre os quais se vai basear a decisão judicial: é uma manifestação da auto-responsabilidade das partes. A impossibilidade da existência de um ónus em sentido formal ou subjectivo no campo tributário está ligada à função que esse ónus desempenha no processo civil e que o torna dificilmente adaptável a qualquer outra forma de relação processual. Entendemos que no campo administrativo-tributário –, inexistindo um ónus da prova formal, a cargo, especial ou exclusivamente, de algum dos participantes processuais –, releva sobremodo um ónus da prova substancial, objectivo, ou material, no sentido de que a decisão tem de desfavorecer naturalmente quem não consiga ver materialmente provados os factos em que assenta a sua posição. Pelo que um *non liquet* quanto à prova de determinado facto ou ocorrência relevante para a decisão da causa determina que a decisão judicial desfavoreça a posição da parte que sairia favorecida com a demonstração da verificação desse mesmo facto ou ocorrência – assentando-se, assim, na não verificação de tal facto ou ocorrência, factualidade que, deste modo, se haverá de ter por não provada – cf., neste sentido, e por todos, *v.g.*, o acórdão desta Secção deste Tribunal Central Administrativo, de 31-3-1998, proferido no recurso n.º 322/97.

2.3 No caso *sub judicio* – consoante se regista no probatório, e melhor se colhe dos elementos dos autos –, a ora recorrida, "Martins & Abrantes, L.da", requereu, nos termos do n.º 1 do artigo 91.º da Lei Geral Tributária, a revisão da matéria colectável de IRC e de IVA, que lhe foi fixada por recurso a métodos indirectos nos exercícios dos anos de 2000 e 2001.

Nos termos do n.º 5 do referido artigo 91.º da Lei Geral Tributária, o perito nomeado pela dita ora recorrida foi notificado para comparecer na respectiva reunião, a decorrer pelas 10 horas do dia 7-5-2004 na Direcção de Finanças de Setúbal.

Mais foi notificado esse perito de que, no caso de faltar à aludida reunião, uma nova e última ficava marcada para o 5.º dia subsequente, no mesmo local e hora.

De igual modo foi notificado o perito independente nomeado para o processo.

Em 7-5-2004, à hora marcada, compareceu no local da reunião o perito independente, não o tendo feito o perito da ora recorrida.

Em 12-5-2004 compareceu para a reunião o perito independente, não o tendo feito o perito da ora recorrida, nem tendo justificado a falta à primeira reunião.

Perante isso, a Administração Tributária considerou que a ora recorrida havia desistido do pedido de revisão que tinha formulado.

A notificação do perito da ora recorrida, com o conteúdo anteriormente dito, foi operada por meio de carta registada com aviso de recepção, assinado pela porteira habitual do prédio do domicílio do perito da ora recorrida.

E não se prova que a carta, com o referido conteúdo, de notificação do perito da ora recorrida, não tenha sido oportunamente entregue a este mesmo perito.

Como se vê, o perito da ora recorrida indicado para as reuniões de revisão da matéria colectável não compareceu nem justificou a falta a essas reuniões; o aviso de recepção da carta da sua notificação para essas reuniões foi assinado pela porteira habitual da morada desse perito; como assim, a Administração Tributária considerou o perito perfeitamente notificado; e, em face disso, e nos termos dos n.º 5 e 6 do artigo 91.º da Lei Geral Tributária, decidiu que a ora recorrida havia desistido do pedido de revisão da matéria colectável que por esta havia sido formulado.

Embora julguemos mais defensável que a notificação do perito devesse ter sido feita através de carta registada simples (uma vez que se trata de um mero interveniente processual que não é parte), o que é facto é que a carta para notificação do perito, no caso, foi realmente enviada por meio de registo com aviso de recepção.

Ora, «havendo aviso de recepção», dispõe o n.º 3 do artigo 39.º do Código de Procedimento e de Processo Tributário, a notificação considera-se efectuada:

a) quando o aviso haja sido assinado por terceiro presente no domicílio do destinatário;

b) presumindo-se neste caso que a carta foi oportunamente entregue ao destinatário.

Não se questiona, no caso, que a carta de notificação do perito da ora recorrida foi dirigida pela Administração Tributária ao domicílio correcto.

Também não se questiona que o aviso de recepção tenha sido assinado por terceiro presente no domicílio do perito a notificar.

Em causa está sobremaneira saber se se encontra, ou não, ilidida, no caso, a presunção legal de que a carta foi entregue oportunamente ao seu destinatário, o perito da ora recorrida.

Assinado o respectivo aviso de recepção, ainda que por terceiro presente no domicílio correcto, a lei, como se viu, presume (isto é, tem por certo) que a carta, visando a notificação do perito, foi oportunamente entregue a este.

Como assim, e tratando-se como se trata de presunção legal, a ora recorrida teria de provar que o facto que a lei presume, e que tem como certo (que a carta foi oportunamente entregue ao seu destinatário) não se verifica.

Isto é, a ora recorrida teria de fazer radicar no espírito do julgador a certeza de que a carta de notificação não foi oportunamente entregue ao seu destinatário.

E é isso que não prova a ora recorrida.

Pode dizer-se que isto constitui uma prova muito difícil, e impossível até (*prova diabolica*).

A prova, neste caso, de que a carta de notificação não foi oportunamente entregue ao seu destinatário, sendo embora difícil, não é impossível.

Aliás, o perito da ora recorrida dá conta da possibilidade de uma tal prova, ao dizer que «a única possibilidade lógica que encontro é que tenha sido efectuada pela porteira do prédio, a qual terá colocado a carta na caixa de correio de outro vizinho» – cf.o documento de fls.28.

Só que a ora recorrida não curou sequer de se colocar na peugada do seu perito, ou no rasto por ele apontado, e não explorou, em termos probatórios, a hipótese, aventada por ele como «a única possibilidade lógica», qual seja a de a porteira ter «colocado a carta na caixa de correio de outro vizinho».

A ora recorrida, com a finalidade de descredibilizar a posição da Administração Tributária, curou apenas de lançar a dúvida sobre a entrega da carta ao seu perito – quando era necessário fazer a prova de que essa carta não tinha sido entregue ao mesmo –, e então pôs-se a disparar, sem nexo, em vários sentidos: «a falta de entrega de um documento pode acontecer pelas mais variadas razões»; «pode acontecer que por engano se deite fora o documento»; «pode acontecer que, por engano ou descuido, seja destruído»; «pode acontecer que a pessoa obrigada a entregar a carta seja assaltada»; «enfim, são certamente intermináveis as circunstâncias que podem levar a que uma pessoa não entregue um documento a outra»; «sendo que, qualquer destas circunstâncias, desde que devidamente provadas, será adequada a ilidir aquela presunção» – cf. os artigos 38.º e 39.º da petição inicial.

Em face da presunção legal, de entrega oportuna da carta de notificação ao destinatário, de que goza a Administração Tributária, a ora recorrida precisava de deixar, como diz, «devidamente provadas» algumas circunstâncias que tornem credível o «extravio», que vem aventado. Ou seja, a ora recorrida precisava de, concludentemente, fazer prova do contrário: especialmente, precisava de alegar e de provar factos susceptíveis de radicar no espírito do julgador a certeza (e não apenas lançar a dúvida) de que a carta de notificação para as reuniões não foi realmente entregue ao perito da ora recorrida.

Provar, como aponta o perito da ora recorrida, como «a única possibilidade lógica», que a carta de notificação não lhe foi oportunamente entregue, por ter sido colocada inadvertidamente na caixa de correio de outro vizinho, não parece que seja tarefa absolutamente impossível de conseguir, se, na verdade, essa desatenção da porteira realmente tiver acontecido.

A prova de que a carta não foi entregue ao seu destinatário pode até ser difícil, no caso.De todo o modo, é uma prova de tal tipo (a prova do contrário do facto presumido) que a lei exige na situação à ora recorrida.

E compreende-se bem.Se bastasse a simples afirmação, ou a dúvida razoável até, sobre a entrega, ou não, ao respectivo destinatário da carta de notificação, estaria encontrado o caminho para a notificação operada por meio de carta registada com aviso de recepção assinado por terceiro só dever considerar-se perfeita, quando o notificando muito bem entender – ficando ao sabor das alegações mais ou menos credíveis destes sobre o «extravio» da carta, com perda insofrível da segurança das relações jurídicas.

E o que é certo que, do ponto de vista jurídico, não é legítimo o Tribunal bastar-se com afirmações plausíveis desculpabilizantes e dúvidas razoáveis, quando a lei exige a prova do contrário, ou seja, a prova, no caso, de que a carta de notificação não foi entregue ao perito da ora recorrida.

E o é certo é também que a Administração Tributária, para gozar da presunção de que a carta de notificação foi realmente entregue em tempo oportuno ao perito da ora recorrida, precisava apenas de provar (o que no caso acontece) o facto indiciário ou facto-base pertinente: o de que o respectivo aviso foi efectivamente assinado por terceiro presente no domicílio do destinatário da carta.

Mas, a nosso ver, o problema não é tanto saber se o perito não recebeu a carta (postura em que se coloca a sentença recorrida).Essencial é saber se se prova que a carta de notificação não foi entregue ao perito (*rectius*: saber se a carta não chegou à sua esfera de influência, *v.g.*, por não ter sido colocada na caixa de correio do perito). E seguramente que esta prova negativa não é feita. Ou seja, não se prova que a carta não lhe foi entregue. E isso não se prova, porque não se prova nenhuma circunstância suficientemente indiciadora de que tal tenha acontecido. O falado «extravio» é apenas afirmado, e nada é apontado que o torne verdadeiramente plausível e credível.

É verdade que, a fls.86 dos autos, a porteira do prédio da morada do perito aparece a assinar uma declaração em que atesta que a carta «nunca foi entregue» «em virtude de a mesma se ter extraviado». No entanto, não é avançada uma explicação para isso ter acontecido, nem indicada uma única circunstância que o possa ter provocado, e que faça ao menos parecer real esse extravio.E apontar as circunstâncias pouco habituais em que se terá dado o extravio da carta era tanto mais necessário quanto é certo que a sentença recorrida assenta em que «a porteira recebia habitualmente as cartas registadas dos moradores do prédio, tendo por procedimento habitual colocá-las nas respectivas caixas do correio».

Estamos em sede de recurso jurisdicional de decisão proferida em processo de natureza cautelar, e provisória – razão por que o que vem de dizer-se não implica um juízo definitivo sobre a não ilisão da presunção legal de que a carta foi efectivamente entregue em tempo oportuno ao perito destinatário.

Esse juízo definitivo é mais adequado a um processo de natureza principal, que não de carácter marcadamente acessório, como é o presente de providência cautelar.

O que parece certo, porém, é que ficamos aqui numa situação de incerteza quanto a saber se a carta de notificação para as reuniões de revisão da matéria colectável foi ou não entregue oportunamente ao perito da ora recorrida.

E, a não haver certeza, como não há, de que a carta não foi entregue, e, por isso que a situação não é líquida, o estado de dúvida quanto a saber se a carta foi realmente entregue ou não reverte contra a ora recorrida, que sairia favorecida com a prova (que não é feita) de que a carta não foi oportunamente entregue ao perito.

Só com a certeza de que a carta não foi oportunamente entregue ao perito por si indicado, a ora recorrida poderá almejar obter vencimento na impugnação (judicial ou administrativa) que venha a fazer da liquidação que tenha por base a matéria colectável fixada nas reuniões a que esse perito faltou.

E temos de convir que não é conveniente, adequada ou própria, em processo (necessariamente sumário e urgente) de providência meramente cautelar, a dilucidação de uma situação de iliquidez quanto à prova de um dos factos pressupostos de procedência de uma acção principal (a qual constitui o lugar próprio a uma mais exigente e demorada investigação em matéria de facto).

E o que é certo, no entanto, é que, como acima se viu, as providências cautelares a favor do contribuinte só podem ser decretadas, quando se «provar o fundado receio de uma lesão irreparável do requerente a causar pela actuação da Administração Tributária», nos termos do n.º 6 do artigo 147.º do Código de Procedimento e de Processo Tributário, ou, para dizer com os termos da alínea a) do n.º 1 do artigo 120.º do Código de Processo nos Tribunais Administrativos, seja «evidente a procedência da pretensão formulada ou a formular no processo principal».

Ora, como facilmente se conclui, não é desde já evidente que possa proceder a pretensão da ora recorrida, de anulação do acto que considerou ter a ora recorrida desistido do pedido de revisão da matéria colectável – porque, por ora, não é evidente que a carta de notificação do seu perito para a respectiva reunião não tenha sido entregue a este (o facto é apenas duvidoso, pelo que não é certo, e muito menos é evidente). E, assim, também pela mesma razão, não se indicia a procedência da pretensão formulada pela ora recorrida.

Pelo que, assim sendo, julgamos que o acto da Administração Tributária, de consideração da falta às reuniões do perito da ora recorrida como desistência do pedido de revisão da matéria colectável, não é de molde a causar lesão a esta, nem muito menos receio de lesão que seja fundado, nos termos do n.º 6 do artigo 147.º do Código de Procedimento e de Processo Tributário – por falta de prova seguramente indiciária da existência de *bonus iuris* na esfera da ora recorrida.

E certamente que também concordamos com o Ministério Público neste Tribunal, quando sustenta que «não se verifica prejuízo irreparável para a recorrida com a eventual liquidação do imposto».

Concluímos, portanto – e em resposta ao *thema decidendum* – que no caso não se verificam os pressupostos de decretamento da providência cautelar em causa.

Por conseguinte, deve ser revogada a sentença recorrida, que não laborou neste entendimento.

2.4 De todo o exposto podemos extrair, entre outras, as seguintes proposições, que se alinham em súmula.

I. De harmonia com o disposto nos n.os 5 e 6 do artigo 91.º da Lei Geral Tributária, a *falta não justificada do perito do contribuinte* à primeira reunião de *revisão da matéria colectável* implica a *desistência do pedido* de revisão formulado.

II. De acordo com os termos do n.º 3 do artigo 39.º do Código de Procedimento e de Processo Tributário, quando o *aviso de recepção haja sido assinado por terceiro presente no domicílio do destinatário*, presume-se que *o expediente foi oportunamente entregue ao destinatário*.

III. A presunção anterior (entrega oportuna da carta ao seu destinatário) constitui uma *presunção legal* (não natural, ou judicial), e ilidível por *prova em contrário*, não bastando a mera contraprova, destinada a tornar duvidoso o facto.

IV. Nas *providências cautelares a favor do contribuinte* ou demais obrigados tributários deve o requerente, nos termos do n.º 6 do artigo 147.º do Código de Procedimento e de Processo Tributário, «*invocar e provar o fundado receio de uma lesão irreparável do requerente a causar pela actuação da Administração Tributária*».

V. Não provado que não foi oportunamente entregue ao perito do contribuinte a carta de notificação para a primeira reunião de revisão da matéria colectável, não pode procedentemente o mesmo contribuinte invocar *receio de lesão pela actuação da Administração Tributária*, em virtude de ter considerado, nos termos da lei, ter havido desistência do pedido de revisão.

VI. Com efeito, nas circunstâncias apontadas, *não é fundado o receio de lesão* previsto no n.º 6 do artigo 147.º do Código de Procedimento e de Processo Tributário – pelo que, em tal caso, *não pode proceder a providência cautelar que vise suster a sequente actuação da Administração Tributária.*

3. Termos em que se decide:

– conceder provimento ao recurso;

– e, em consequência, revogar a sentença recorrida;

– julgando-se improcedente a providência cautelar requerida.

Custas pela recorrida, em ambas as instâncias.

Lisboa, 12 de Abril de 2005

Jorge Lino
Pereira Gameiro
Gomes Correia

Recurso n.º 544-05

Índice

SUPREMO TRIBUNAL ADMINISTRATIVO PLENO

1.ª SECÇÃO

Automóveis. Classificação. Veículo pesado de passageiros. Ac. 5/05/2005. Rec. n.º 547/02-20 3
Caixa Geral de Depósitos. Regime disciplinar. Tribunal competente. Ac. 24/05/2005. Rec. n.º 927/02-20 6
Concurso Público. Empreitada de Obras Públicas. Prazo de Pagamento. Ac. 5/05/2005. Rec. n.º 588/04-20 16
Concursos. Pessoal de enfermagem. Classificação final. Aviso de abertura. Ac. 12/04/2005. Rec. n.º 109/04-20 19
Conselho Superior dos Tribunais Administrativos e Fiscais. Reclamação facultativa. Classificação de juiz. Irrecorribilidade do acto que indefere reclamação de deliberação de classificação. Ac. 24/05/2005. Rec. n.º 1652/02-20 21
Deficiente das Forças Armadas. DL n.º 43/76, de 20/1. Ac. 16/06/2005. Rec. n.º 274/04-20 25
Execução de sentença. Procedimento disciplinar. Anulação da pena e aposentação compulsiva. Acto punitivo renovador: pena de inactividade. Direito de promoção. Ac. 5/05/2005. Rec. n.º 29726/A-20 32
Gestor do Programa Pessoa. IEFP. Atribuições. Formação Profissional. Saldo final. Ac. 5/05/2005. Rec. n.º 750/02-20 36
Legitimidade. Aceitação tácita de acto administrativo. Contrato de concessão de Incentivos (RIME). Ac. 5/05//2005. Rec. n.º 1002/02-20 38
Processamento de vencimentos. Progressão nos escalões. Notificação do acto Administrativo. Lista de progressão nos escalões. Ac. 12/04/2005. Rec. n.º 623/04.20 43
Recurso contencioso. Acto interno. Auto-estrada. Comparticipação nas despesas de portagem. Rejeição do recurso contencioso. Ac. 16/06/2005. Rec. n.º 963/03-20 46
Reversão de bem expropriado. Princípio tempus regit actum. Matéria de facto. Ac. 5/05/2005. Rec. n.º 614/02 50

2.ª SECÇÃO

Custas administrativas e fiscais. Cobrança coerciva. CPPT. Processo de execução fiscal. ETAF aprovado pela Lei n.º 13/02, de 19 de Fevereiro. Ac. 8/06/2005. Rec. n.º 413/05-50 54
Nulidade de acto tributário. Deliberação nula. Acto de liquidação. Anulabilidade. Ac. 22/06/2005. Rec. n.º 1259/04-50 55
Oposição de acórdãos. Caducidade da liquidação. Regime do seu conhecimento. Ac. 18/05/2005. Rec. n.º 1178/04-50 58
Privilégio creditório. Ac. 13/04/2005. Rec. n.º 442/04-50 60
Renovação de licença de publicidade. Taxa. Imposto. Afixação de anúncios em prédio particular. Reserva parlamentar em matéria fiscal. Ac. 18/05/2005. Rec. n.º 1176/04-50 63

ACÓRDÃOS DO SUPREMO TRIBUNAL ADMINISTRATIVO

1.ª SECÇÃO

Acção de responsabilidade civil extracontratual do Estado. Demora na administração da justiça. Nexo de causalidade. Causa virtual. Ac. 9/06/2005. Rec. n.º 679/04-11 67
Acto juridicamente inexistente. Acto aparente. Rejeição do recurso contencioso. Objecto do recurso contencioso. Comunicação sobre decisão final. Acto inexistente. Ac. 3/05/2005. Rec. n.º 1139/04-12 69

Alta Autoridade para a Comunicação Social (AACS). Recomendação. Lesividade. Recurso Contencioso. Rejeição. Ac. 11/05/2005. Rec. n.º 1234/04-12 ... 73
Aprovação de projecto de arquitectura. Irrecorribilidade. Ac. 5/04/2005. Rec. n.º 100/04-12 ... 77
Associação sindical. Legitimidade activa. Recurso contencioso. Defesa colectiva de interesses individuais. Ac. 11/05/2005. Rec. n.º 274/05-11 ... 81
Concurso de provimento. Lista de classificação. Acto de homologação. Recurso hierárquico. Indeferimento tácito. Revogação do indeferimento tácito. Ac. 11/05/2005. Rec. n.º 770/04-11 ... 84
Concurso para juiz do Supremo Tribunal Administrativo. Ordem de preenchimento de vagas. Artigo 95.º, n.º 1 do ETAF. Ac. 7/07/2005. Rec. n.º 1415/02-11 ... 88
Constitucionalidade. Fiscalização concreta da constitucionalidade. Apreciação difusa da Inconstitucionalidade. Ac. 29/06/2005. Rec. n.º 442/05-12 ... 93
Deficiente das Forças Armadas (DFA). Revisão da Pensão de Reforma. Aplicação do DL n.º 134/97, de 31 de Maio. Violação do Princípio da Igualdade. Ac. 25/05/2005. Rec. n.º 990/04-11 ... 96
Direcção Geral das Contribuições e Impostos. Mudança de carreira. Cargo. Divisões de tributação e justiça tributária. Divisões de inspecção tributária. Fundamentação. Ac. 12/07/2005. Rec. n.º 935/02-12 ... 100
Direito de Audiência. Ac. 2/06/2005. Rec. n.º 170/05-11 ... 105
Domínio público marítimo. Licença de construção. Embargo de obra. Competência das DRAOT. Ac. 21/04//2005. Rec. n.º 1.363/02-11 ... 107
Funcionalismo Público. Carreiras. Dotações globais (DL 141/01, de 24.4). Ac. 7/07/2005. Rec. n.º 538/05-11 ... 111
Indeferimento tácito. Recurso contencioso. Director Geral. Competência. Autorização de despesa. Ac. 28//04/2005. Rec. n.º 663/04-11 ... 113
Intervenção cirúrgica. Responsabilidade civil extracontratual. Hospital. Intervenção provocada do Médico. Ac. 7/07/2005. Rec. n.º 561/05-11 ... 116
Licenciamento de edifícios. Plano de Urbanização da cidade de Viana do Castelo. Estudo de enquadramento. Ac. 5/04/2005. Rec. n.º 643/04-12 ... 118
Magistrado do Ministério Público. Revisão de Processo Disciplinar. Litigância de má fé. Ac. 25/05/2005. Rec. n.º 911/04-11 ... 120
Nova reforma. Recurso excepcional de revista. Questão de importância fundamental. Relevância jurídica. Perda de mandato. Ac. 24/05/2005. Rec. n.º 579/05-11 ... 127
Nulidade. Acto Anulável. Caso Julgado. Ac. 26/04/2005. Rec. n.º 1058/04-12 ... 128
Parque nacional da Arrábida. Obras. Autorização prévia. Incompetência. Ac. 7/06/2005. Rec. n.º 405/05-12 ... 132
Plano de urbanização da Costa do Sol (PUCS). Aprovação de projecto de obras em desconformidade com as disposições do plano. Competência. Falta de autorização Ministerial. Sanção. Ac. 14/06/2005. Rec. n.º 1937/03-12 ... 134
RAN. Certificado do solo. Nulidade. Ac. 21/06/2005. Rec. n.º 601/05 ... 138
Rescisão. Contrato de concessão de incentivos financeiros. Acto contenciosamente recorrível. Homologação ministerial. Ac. 5/04/2005. Rec. n.º 492/04-12 ... 140
Reserva de não adjudicação. Princípio da legalidade. Ac. 7/07/2005. Rec. n.º 352/04-11 ... 143
Revogação. Figuras afins. Acto incompatível. Despesa pública. Averiguação da legalidade da despesa pública. Ac. 28/04/2005. Rec. n.º 1233/04-11 ... 146
Técnico Oficial de Contas. Processo Disciplinar. Direito de Audiência e Defesa. Ac. 14/06/2005. Rec. n.º 443/05-12 ... 148
Vítimas de crimes. Indemnização. Conduta da vítima contrária ao sentimento de justiça e à ordem pública. Fundamentação. Ac. 11/05/2005. Rec. n.º 1515/03-12 ... 152

2.ª SECÇÃO

Alegações de recurso. Notificação. Oposição à execução fiscal. Fundamentos. Caducidade do direito à liquidação. Falta de notificação da liquidação do tributo no prazo de caducidade. Ac. 11/05/2005. Rec. n.º 454/05-30 ... 156
Caducidade da garantia. Juros indemnizatórios. Ac. 18/05/2005. Rec. n.º 40-05 ... 159
Cheques auto. Despesas confidenciais. Ac. 15/06/2005. Rec. n.º 45/05-30 ... 163
Contencioso aduaneiro. Fosfato dicálcico. Classificação pautal. Ac. 29/06/2005._Rec. n.º 97/05-40 ... 166
Contra-ordenação fiscal aduaneira. Prescrição do procedimento. Ac. 18/05/2005. Rec. n.º 1.291/04-40 ... 170
Contra-ordenação fiscal. RGIT. Coima. Irrecorribilidade da decisão. Art. 83.º do RGIT. Ac. 22/06/2005. Rec. n.º 554/05-30 ... 171
Decreto Regulamentar. Ac. 6/04/2005. Rec. n.º 1295/04-30 ... 172
Escritura de compra e venda. Preço. Ac. 8/06/2005. Rec. n.º 230-05-30 ... 176
Impugnação. STA. Tribunal de revista. Erro na apreciação das provas e na fixação dos factos materiais. Dúvida fundada. Art. 121.º do CPT. Ónus de prova. Ac. 11/05/2005. Rec. n.º 94/05-30 ... 180
IRS. Residente em Portugal. Rendimentos de trabalho obtidos na Alemanha. Imposto pago na Alemanha. Convenção. Dedução do imposto. Prova. Ac. 20/04/2005. Rec. n.º 1254/04 ... 183
IVA. Artigo 3.º n.º 4. Reclamação prévia. Ac. 6/04/2005. Rec. n.º 1183/04-30 ... 186

IVA. Caducidade do direito à liquidação. Prazo. Art.s 45.º, n.º 5 da LGT e 11.º da Lei n.º 15/01 de 5/6/01. Ac. 4/05/2005. Rec. n.º 965/04-30 189
Pedido de anulação da venda. Forma processual. Reclamação para o juiz nos termos do artigo 276.º do Código de Procedimento e de Processo Tributário. Ac. 11/05/2005. Rec. n.º 456/05 191
Pedido de revisão. Ac. 8/06/2004. Rec. n.º 16/05-40 193
Prescrição de obrigação tributária. Impugnação. IVA. Prescrição como causa de inutilidade superveniente da lide. Processo parado por mais de um ano por facto não imputável ao contribuinte. Art. 134.º do CPT. Ac. 8/06/2005. Rec. n.º 92/05-30 .... *196*
Prescrição de quantias devidas ao Fundo Social Europeu. Ac. 29/06/2005. Rec. n.º 369/05-30 197
Questão fiscal. Concessão de restituições à exportação de carne de suíno. Reposição de verbas recebidas. Regulamento (CEE) n.º 2768/75, do conselho, de 29/10/75. Incompetência, em razão da matéria, do tribunal tributário. Remessa dos autos ao tribunal competente. Sua inoficiosidade. Ac. 8/06/2005. Rec. n.º 133/05-30 199
Reacção contra o despacho de reversão da execução fiscal. Meio processual adequado. Ac. 29/06/2005. Rec. n.º 501/05-30 202
Reclamação da liquidação. Recurso hierárquico. Impugnação judicial. CPT. Exaustão dos meios graciosos. Definição da situação jurídica. Ac. 6/04/2005. Rec. n.º 1391/04-30 205
Revisão do acto tributário. Pedido do contribuinte. Erro imputável aos serviços. Juros indemnizatórios. Ac. 11/05/2005. Rec. n.º 319/05-30 207
Sigilo bancário. Sisa. IRC. IVA. Processo inspectivo. Fixação do lucro tributável em sede de IRC. Art. 63.º-B da LGT. Ac. 22/06/2005. Rec. n.º 543/05-30 212
Tributação de veículos em 2ª mão. Tributação da margem. Valor tributável. Ac. 8/06/2005. Rec. n.º 1958/03-30 . 215
Tributação pelo lucro consolidado em IRC. Ac. 29/06/2005. Rec. n.º 39/05-30 217

TRIBUNAL CENTRAL ADMINISTRATIVO

1.ª SECÇÃO

Acto de Gestão Pública. Competência dos Tribunais Administrativos. (Art. 51.º, n.º 1, al. h), do ETAF). Ac. 14/04/2005. Rec. n.º 11 315/02/A 221
Aposentação antecipada. Determinação do regime aplicável. Dec. Lei n.º 116/85 de 19 de Abril. Declaração de inexistência de prejuízo para o serviço. Ac. 21/04/2005. Rec. n.º 00492/04 222
Assistente administrativo do Quadro de Vinculação Distrital dos Trabalhadores Não Docentes dos Estabelecimentos de Ensino Não Superior. Nomeação como Assistente Administrativo. Incompatibilidades. (Art. 78.º, 1, do EA, e art. 29.º, 2, al. e), do DL n.º 204/98, de 11-07). Nulidade. Ac. 19/05/2005. Rec. n.º 11 429/02 225
Carreira e categoria. Carreiras horizontais. Categorias sem reporte a carreira. Progressão conforme as carreiras horizontais, de 4/4 anos. Encarregado de serviço de higiene e limpeza. Ac. 5/05/2005. Rec. n.º 558/05 227
Concurso Externo de Ingresso para Admissão de um Lugar para Estagiário Técnico de Animação. Despacho revogatório de um despacho que determinou a abertura daquele concurso. Acto Lesivo. Princípio da Boa-Fé. Posições de vantagem e interesse legalmente protegido. Ac. 21/04/2005. Rec. n.º 00695/05 ... 231
Concurso público. Art. 100.º n.º 3 do Dec. Lei 197/99. Inaceitabilidade das propostas. Ac. 2/06/2005. Rec. n.º 00748/05 233
Contencioso pré-contratual. Procedimento cautelar. Caducidade. Nulidade. Ac. 12/05/2005. Rec. n.º 756/05 235
Directores-Gerais. Competência própria mas não exclusiva ou reservada. Promoção de um técnico de administração tributária adjunto à categoria do grau 4, do GAT. Ac. 14/04/2005. Rec. n.º 12 148/03 240
Jurisdição administrativa. Competência material. DL 197/99 de 8 de Junho. Hospitais de capitais exclusivamente públicos. Concurso de fornecimento de refeições a pessoal e doentes. Ac. 7/04/2005. Rec. n.º 559/05 241
Licença sem vencimento. Efeitos. Professores do quadro. Contrato administrativo de provimento. Ac. 21/04/ /2005. Rec. n.º 12488 247
Notação de funcionário. Art. 31.º n.º 1 do Dec. Regulamentar 44-B/83. Entrevista. Formalidade essencial. Ac. 14/04/2005. Rec. n.º 11494/02 248
Princípio do arquivo aberto. Interpretação conforme à Constituição da República Portuguesa das normas relativas ao direito à informação. Pedido de parecer à CADA depois de intentada a intimação. Ac. 13/07/ /2005. Rec. n.º 880/05 250
Programas de concurso. Critérios de avaliação. Sub-critérios e micro-critérios. Limites temporais e de conteúdo. Margem de livre apreciação. Ac. 19/05/2005. Rec. n.º 755/05 252
Recurso contencioso de anulação. Trabalho extraordinário. Pessoal de enfermagem. Legitimidade processual dos Sindicatos. Decreto-Lei n.º 84/99, de 19-03. Ac. 9/06/2005. Rec. n.º 10 539/01 257

Responsabilidade civil extracontratual. Pressupostos. Ilegal transferência da Autora. Actos de gestão pública. Competência do TACS. Ac. 14/04/2005. Rec. n.º 11 315/02 ... 259

2.ª SECÇÃO

Contratos de Publicidade celebrados por Clube desportivo. Impugnação de IVA. Caducidade do direito à liquidação do IVA como imposto de obrigação única. Ac. 13/07/2005. Rec. n.º 522/03 ... 261
Dupla tributação internacional. Convenção para evitar a dupla tributação. Falta de certificado de residência. Junção de documento em fase de recurso. Ac. 5/07/2005. Rec. n.º 5675/01 ... 266
Execução fiscal. Compensação por iniciativa do contribuinte. Requisitos da compensação. Art. 90.º, do CPPT. Questão nova. Ac. 31/05/2005. Rec. n.º 619/05 ... 271
Execução fiscal. Recurso judicial das decisões do órgão da execução fiscal. Art. 355.º do CPT. Decisão a que não corresponde despacho exarado no processo. Decisão recorrível. Lesão dos direitos e interesses legítimos dos interessados. Ac. 12/04/2005. Rec. n.º 6107/01 ... 277
Impugnação Judicial de IRS. Gratificações auferidas pelos empregados de banca dos casinos. Não conhecimento de vícios formais da sentença por accionamento do princípio *pro-actione* plasmado nos arts. 20.º e 268.º n.º 4 da CRP e 124.º do CPPT. Violação de norma comunitária e reenvio prejudicial. Inconstitucionalidade. Ac. 10/05/2005. Rec. n.º 528/05 ... 283
Impugnação Judicial em matéria aduaneira. Alteração do efeito do recurso. Liquidação a posteriori. Erro da autoridade aduaneira. Ac. 28/06/2005. Rec. n.º 1144/03 ... 291
Impugnação judicial. Caducidade do direito de liquidar. Falta de notificação da liquidação dentro do prazo da caducidade. Impugnação judicial e oposição à execução fiscal. Convolação. Ac. 7/06/2005. Rec. n.º 471/05 ... 301
Impugnação judicial. IRC. Contabilidade. Declaração. Presunção de verdade. Controlo da Administração Fiscal. Dedutibilidade do custo. Pressupostos da liquidação. Ónus da prova. Ac. 31/05/2005. Rec. n.º 494-05 ... 306
Impugnação judicial. IRS. Remunerações acessórias. Colheita do benefício, como momento da tributação. Seguro de vida, como condição e penhor de empréstimo bancário. Ónus da prova. Ac. 31/05/2005. Rec. n.º 440-05 ... 311
Impugnação judicial. IVA. Direito a dedução. Limitações. "Viaturas de turismo". Aparcamento: despesas de utilização. Ac. 13/07/2005. Rec. n.º 1354-03 ... 314
Impugnação judicial. Taxa de urbanização. Omissão de pronúncia. A citação da lei habilitante pode fazer-se apenas no Edital que publicita o regulamento. – Inconstitucionalidade formal. Ac. 13/07/2005. Rec. n.º 7161/02 ... 317
Oposição à execução fiscal. Fundamentos. Legalidade da dívida exequenda. Decisão fundante da extracção da certidão de dívida. Indeferimento liminar. Ac. 3/05/2005. Rec. n.º 487-05 ... 325
Oposição à execução fiscal. Restituição de verbas recebidas no âmbito do FSE. Prazo de prescrição. Ilegalidade em concreto da dívida exequenda. Art. 286.º, n.º 1, alínea g), do CPT. Ac. 15/06/2005. Rec. n.º 104/03 ... 327
Oposição. Pagamento da dívida exequenda. Imputação do pagamento por conta como acto da competência exclusiva da entidade que emitiu o título. Ac. 31/05/2005. Rec. n.º 590/05 ... 331
Providências cautelares a favor do contribuinte. Pressupostos: receio fundado de lesão. Presunção legal: prova do contrário. Ac. 12/04/2005. Rec. n.º 544-05 ... 337

Boletim de Assinatura

Antologia de Acórdãos
do
Supremo Tribunal Administrativo
e
Tribunal Central Administrativo

Solicito a assinatura anual de "Antologia de Acórdãos do STA e TCA", constituída por três números dos seguintes anos:

					N.º 1	N.º 2	N.º 3
Ano I	☐	€ 50,00	N.º Avulso	€ 20,00	☐	☐	☐
Ano II	☐	€ 50,00	N.º Avulso	€ 20,00	☐	☐	☐
Ano III	☐	€ 50,00	N.º Avulso	€ 20,00	☐	☐	☐
Ano IV	☐	€ 50,00	N.º Avulso	€ 20,00	☐	☐	☐
Ano V	☐	€ 50,00	N.º Avulso	€ 20,00	☐	☐	☐
Ano VI	☐	€ 50,00	N.º Avulso	€ 20,00	☐	☐	☐
Ano VII	☐	€ 50,00	N.º Avulso	€ 20,00	☐	☐	☐
Ano VIII	☐	€ 50,00	N.º Avulso	€ 20,00	☐	☐	☐

Os exemplares devem ser enviados para:

Nome: ....

Morada: ....

Código Postal: .... Localidade: ....

N.º de Contribuinte: ....

Telefone: .... Fax: .... E-mail: ....

O recibo deve ser emitido em nome de:

Nome: ....

Morada: ....

Código Postal: .... Localidade: ....

Telefone: .... Fax: .... E-mail: ....

O pagamento pode ser efectuado:
Por cheque em nome da Livraria Almedina
Por transferência bancária para:
Banco Espírito Santo – NIB 000702020038396000144

Enviar para:

Livraria Almedina
Arco de Almedina, 15
3004-509 Coimbra

Telefone: 239 851900
Fax: 239 851901
www.almedina.net

Encontram-se disponíveis todos os números publicados